Edgar Löw (Hrsg.)

Rechnungslegung für Banken nach IFRS

Edgar Löw (Hrsg.)

Rechnungslegung für Banken nach IFRS

Praxisorientierte Einzeldarstellungen

2., vollständig überarbeitete
und erweiterte Auflage

Bibliografische Information Der Deutschen Bibliothek
Die Deutsche Bibliothek verzeichnet diese Publikation in der Deutschen Nationalbibliografie;
detaillierte bibliografische Daten sind im Internet über <http://dnb.ddb.de> abrufbar.

Prof. Dr. Edgar Löw ist Leiter Department of Professional Practice Banking & Finance der KPMG Deutsche Treuhand-Gesellschaft Aktiengesellschaft Wirtschaftsprüfungsgesellschaft in Frankfurt am Main. Er ist außerdem u. a. als Honorarprofessor an der Wissenschaftlichen Hochschule für Unternehmensführung (WHU) in Koblenz tätig. Die Beitragsautoren verfügen über langjährige praktische Erfahrungen bei der Rechnungslegungsumstellung auf IAS/IFRS.

1. Auflage April 2003 (Die 1. Auflage erschien unter dem Titel
   „Rechnungslegung für Banken nach IAS – Praxisorientierte Einzeldarstellungen")
   Nachdruck Juli 2003
2. Auflage Mai 2005
   Nachdruck Juli 2006

Alle Rechte vorbehalten
© Betriebswirtschaftlicher Verlag Dr. Th. Gabler/GWV Fachverlage GmbH, Wiesbaden 2005

Lektorat: Jutta Hauser-Fahr / Annegret Eckert

Der Gabler Verlag ist ein Unternehmen von Springer Science+Business Media.
www.gabler.de

Das Werk einschließlich aller seiner Teile ist urheberrechtlich geschützt. Jede Verwertung außerhalb der engen Grenzen des Urheberrechtsgesetzes ist ohne Zustimmung des Verlags unzulässig und strafbar. Das gilt insbesondere für Vervielfältigungen, Übersetzungen, Mikroverfilmungen und die Einspeicherung und Verarbeitung in elektronischen Systemen.

Die Wiedergabe von Gebrauchsnamen, Handelsnamen, Warenbezeichnungen usw. in diesem Werk berechtigt auch ohne besondere Kennzeichnung nicht zu der Annahme, dass solche Namen im Sinne der Warenzeichen- und Markenschutz-Gesetzgebung als frei zu betrachten wären und daher von jedermann benutzt werden dürften.

Umschlaggestaltung: Ulrike Weigel, www.CorporateDesignGroup.de
Druck und buchbinderische Verarbeitung: Wilhelm & Adam, Heusenstamm
Gedruckt auf säurefreiem und chlorfrei gebleichtem Papier
Printed in Germany

ISBN 3-409-22376-2

Vorwort zur zweiten Auflage

Seit der ersten Auflage dieses Buches sind genau zwei Jahre vergangen. Änderungen an wesentlichen, die Rechnungslegung einer Bank betreffenden Standards durch das IASB im Rahmen des Improvements Project und einschneidende Anpassungen der beiden Standards zu Finanzinstrumenten im Rahmen des Amendments Project, jeweils Ende des Jahres 2003, erfordern bereits nach recht kurzer Zeit die Herausgabe einer zweiten, in weiten Teilen völlig überarbeiteten Auflage. Ermutigt durch die positive Annahme des Buches in Wirtschaft, Wissenschaft und Wirtschaftsprüfung, fanden sich nahezu alle Autoren, die bei der ersten Auflage mitgewirkt haben, sofort bereit, sich der Aufgabe zu stellen, die noch immer recht schwer verständlichen Texte erneut in beeindruckender Klarheit zu erläutern und praxisnah aufzubereiten. Selbst bei den wenigen Beiträgen, die thematisch nicht anzupassen gewesen wären, sind Erweiterungen, etwa durch die Hinzufügung illustrativer Beispiele, vorgenommen worden. Vor dem Hintergrund, dass gerade auf den Autoren ganz selbstverständlich in ihren Unternehmen die Last der Implementierung der Regeländerungen oder die Unterstützung bei deren Adaptierung maßgeblich liegt, ist dieses Engagement nicht hoch genug zu würdigen. Den Autoren gebührt mehr als nur ein Wort des Dankes – auch denjenigen, die zahlreiche private Stunden auf sie verzichteten.

Der bewährte Aufbau wurde beibehalten. Bestehenden Themen wurden, bedingt durch die Veröffentlichung von fünf neuen Standards, neue Beiträge hinzugefügt. Bisherige Themen liegen neu bearbeitet vor. Zu Beginn wird wieder der stets aktuellen Frage nachgegangen: Rechnungslegung quo vadis? Es folgt ein neuer Beitrag zur Erstanwendung der Bilanzierung nach den nunmehr sich International Financial Reporting Standards (IFRS) nennenden Regeln des International Accounting Standards Board (IASB). Ein Überblick für den interessierten Generalisten über die Bilanzierung einer Bank nach IFRS schließt sich an. Hier werden die Inhalte der Rechnungslegungsinstrumente Bilanz, Gewinn- und Verlustrechnung sowie Notes behandelt. Die weiteren Instrumente eines Abschlusses nach IFRS werden – der bisherigen Systematik folgend – in zwei Beiträgen zur Eigenkapitalveränderungsrechnung und zur Kapitalflussrechnung vorgestellt.

Vor einer Erörterung von Einzelfragen der Bilanzierung steht ein neuer Beitrag zur Konzernrechnungslegung als übergreifendes Themengebiet. Er geht nicht nur auf den Konsolidierungskreis (einschließlich vielfältiger Arten von Zweckgesellschaften) und die Konsolidierungsmethoden (einschließlich einer ausgeprägten Behandlung der Goodwill-Bilanzierung) ein, sondern umfasst auch die Bilanzierung von Gemeinschaftsunternehmen und assoziierten Unternehmen (einschließlich des Blickwinkels von Venture-Capital-Gesellschaften).

Die Bankbilanzierung wird geprägt durch Ansatz, Bewertung und Offenlegung von Finanzinstrumenten. Die neuen Regelungen an den betreffenden Standards erforderten eine merkbare Überarbeitung des Beitrages zu deren Offenlegung und ebenfalls einen neuen Beitrag zu ihrem Ansatz und ihrer Bewertung. Entsprechend der Bedeutung wurden die Erläuterungen zu Ansatz und zur Bewertung von Finanzinstrumenten deutlich erweitert sowie um zahlreiche Beispiele und Praxisfälle ergänzt.

Neben dem Standard zur Erstanwendung, IFRS 1, werden auch die anderen neuen Standards – zur aktienbasierten Vergütung, IFRS 2; zu Unternehmenszusammenschlüssen, IFRS 3; zu Versicherungsverträgen, IFRS 4; und zur Veräußerung von eigentlich langfristig gehaltenen Vermögenswerten, IFRS 5; – umfassend behandelt.

Den Abschluss bildet wiederum ein (überarbeiteter) Beitrag, der (nicht nur) dem Bilanzierenden den Spiegel vorhält und die enormen Möglichkeiten, aber auch die unüberwindbaren Grenzen einer Bankbilanzanalyse nach IFRS eindrucksvoll beschreibt.

Die (wenigen, aber umso wertvolleren) Mitarbeiter des Herausgebers haben sich – abgesehen von der Verfassung wichtiger Beiträge – auch redaktionell um das Werk sehr verdient gemacht. Nicht zu dem Autorenkreis gehören dabei Bettina Hillekamp und Stefanie Linke. Für ihr Engagement um die Redaktion gebührt ihnen ein besonderer Dank.

Der Herausgeber konnte seitens des Verlages wieder einmal auf die vertrauensvolle Zusammenarbeit mit Frau Claudia Splittgerber und Frau Annegret Eckert bauen, die die Fertigstellung des Werkes in bewährter – und beruhigender – Manier unterstützt haben.

Frankfurt am Main, 11. März 2005

Edgar Löw

Vorwort zur ersten Auflage

„Nicht weil die Dinge schwierig sind, wagen wir sie nicht, sondern weil wir sie nicht wagen, sind sie schwierig" – könnte über einem Projekt zur Umstellung der Rechnungslegung von HGB auf IAS ebenso stehen wie über dem Vorhaben, darüber ein Buch herauszugeben.

Eine Rechnungslegungsumstellung wird von kapitalmarktorientierten Konzernen entsprechend der am 7. Juni 2002 vom Ministerrat der Europäischen Union verabschiedeten und im Frühherbst desselben Jahres im Amtsblatt der Europäischen Union veröffentlichten „Verordnung des Europäischen Parlaments und des Rates betreffend die Anwendung internationaler Rechnungslegungsstandards" (EU-Verordnung) ab dem Geschäftsjahr 2005, gegebenenfalls mit einer erweiterten Übergangsregelung für bestimmte Unternehmen ab dem Jahr 2007, verlangt. Ein Buchprojekt konnte nur durch den völlig unzeitgemäßen Einsatz der mitwirkenden Autoren verwirklicht werden. Die Verfasser waren von der Idee, ihr Wissen nicht nur in Vorträgen auf Seminarveranstaltungen bereitwillig weiterzugeben, sondern dieses auch schriftlich zu fixieren, sehr schnell zu überzeugen. Neben der beruflichen Anspannung im Tagesgeschäft bedurfte es zur Fertigstellung eines gewaltigen Opfers an persönlicher Freizeit, wofür ein bloßer Dank an dieser Stelle eigentlich viel zu gering erscheint.

Die Verfasser haben eine Rechnungslegungsumstellung (mindestens) schon einmal praktisch durchgestanden, sei es als Mitarbeiter führender deutscher Kreditinstitute, sei es als Mitarbeiter aus der Wirtschaftsprüferbranche. In diesem Sinne trägt die Autorengemeinschaft in ihrer Zusammensetzung zu großer „Marktnähe" bei. Neben einer Beschreibung der theoretischen Basis liegt das Schwergewicht in einem Aufzeigen der praktischen Umsetzungsschwierigkeiten und deren Überwindung.

Die Rahmenbedingungen einer Rechnungslegung nach IAS werden vornehmlich auf internationaler Ebene beim International Accounting Standards Board (IASB) in London gesetzt. Zusätzlich wirkt die europäische Ebene ein. So wurde die Verpflichtung zur Erstellung eines Konzernabschlusses nach IAS für börsenorientierte Unternehmen verknüpft mit einem sogenannten Endorsement Mechanism, der Notwendigkeit der Anerkennung von IAS durch die Europäische Union und der (vorgeschalteten) Prüfung der Vereinbarkeit der IAS mit den politischen Zielen der EU. Hierzu wurden neue Institutionen gegründet. Schließlich obliegt es der nationalen Ebene unter anderem, über die in der EU-Verordnung enthaltenen Mitgliedstaatenwahlrechte zu entscheiden. Neben dem federführenden Bundesministerium der Justiz (BMJ) wird die Rechnungslegung in Deutschland seit dem Jahre 1998 maßgeblich durch das Deutsche Rechnungslegungs Standards Committee (DRSC) geprägt. Weiterhin stehen Entscheidungen zum Enforcement aus, also der Durchsetzung, dass dort wo IAS „drauf" steht, auch IAS „drin" sind. Der erste Beitrag widmet sich allen diesen institutionellen und organisatorischen

Rahmenbedingungen der künftigen Rechnungslegung nach IAS und hinterfragt dabei das internationale und nationale Umfeld.

In den fachbezogenen Beiträgen wird auf die derzeitigen Regelungen nach IAS ebenso eingegangen, wie auf die anstehenden materiellen Veränderungen, soweit sie gegenwärtig bereits absehbar sind. Insofern finden sich regelmäßig Hinweise auf geplante Änderungen, etwa aufgrund des gut 400 Seiten umfassenden Improvements Projects oder des rund 350 Seiten starken (umstrittenen) Amendments Projects zu Finanzinstrumenten, beide Mitte des Jahres 2002 erschienen.

Der erste Beitrag zur Bankbilanzierung beschäftigt sich mit den Instrumenten Bilanz, Gewinn- und Verlustrechnung sowie Notes für einen Bankenabschluss nach IAS. Er stellt gleichzeitig einen komprimierten Überblick über die generellen Veränderungen in einem Abschluss nach IAS im Vergleich zu einem deutschen Abschluss dar. Der Artikel geht darüber hinaus auf mögliche Erleichterungen der Umstellung auf IAS durch einen geplanten Standard zur Erstanwendung (First-Time-Application) ein.

Die Vorstellung der Instrumente eines Abschlusses nach IAS werden abgerundet durch die Beiträge zur Eigenkapitalveränderungsrechnung, die unter IAS eine spezifische Bedeutung erlangt, und zur Kapitalflussrechnung unter Einschluss der bankspezifischen Regelungen der Deutschen Rechnungslegungs Standards (DRS).

Übergreifenden Einfluss auf einen Konzernabschluss hat die Festlegung des Konsolidierungskreises und die Wahl der Konsolidierungsmethode, weshalb vor Erörterung von Einzelfragen zur Bilanzierung (Ansatz, Bewertung und Offenlegung) ein eigenständiger Artikel diesem Themenbereich gewidmet ist.

In einer Bankbilanz umfassen Financial Assets etwa 97% der Aktivseite und Financial Liabilities rund 95% der Passivseite. Daher ist dem Komplex von Ansatz und Bewertung, einschließlich der praktischen Umsetzungsmöglichkeiten der Bilanzierungsanforderungen, ein gesonderter Beitrag gewidmet. Publizitätspflichten von Financial Instruments werden getrennt davon in einem weiteren Artikel in einen inneren Zusammenhang zu den zugrundeliegenden Risiken gekleidet.

Abgerundet wird die Behandlung von Einzelfragen der Aktivseite einer Bankbilanz durch einen Beitrag zu Immateriellen Vermögenswerten, der der zunehmend wichtigeren Frage der Bilanzierung von Software ein besonderes Augenmerk widmet, sowie durch einen Beitrag zur Bilanzierung von Leasingverhältnissen, der Wege zur Klassifizierung von Leasingverträgen unter IAS und der Folge für die Bilanzierung beim Leasinggeber und Leasingnehmer aufzeigt.

Für die Bilanzierung von Versicherungsverträgen gibt es noch keinen eigenen Standard unter den IAS. Eine unveränderte Übernahme des nach HGB erstellten (Teilkonzern-) Abschlusses einer Versicherungsgesellschaft, wie noch in den ersten Konzernabschlüssen der Deutschen Bank Mitte der 90er Jahre erfolgt, ist inzwischen gleichwohl kaum vertretbar. Die Praxis behilft sich häufig mit einer Adaption von US-GAAP. Gleichzeitig arbeitet das IASB mit Hochdruck an einem Projekt zur Behandlung von Versicherungsverträgen. Beigefügter Beitrag gewährt einen Einblick in den aktuellen Stand der Erörterungen.

Auf der Passivseite – nicht nur einer Bankbilanz – gewinnen die Pensionsverpflichtungen eine besondere Bedeutung, stecken doch in ihnen regelmäßig dann stille Lasten, wenn der Konzernabschluss nach HGB in gängiger Praxis unter der Prämisse der einkommensteuerlichen Regelungen erstellt wurde. Der Artikel zu Pensionsverpflichtungen zeigt dabei unter anderem, dass die Versicherungsmathematik nur das umzusetzen vermag, was zuvor – bisweilen vielleicht auch unter Einfluss langfristiger bilanzpolitischer Überlegungen – entschieden wurde.

Die Gesamtheit der Ansatz- und Bewertungsfragen steht – wie so häufig – auch nach IAS unter steuerlichem Vorbehalt. Zwar dürfen Regelungen zur steuerlichen Gewinnermittlung die Aufstellung eines Abschlusses nach IAS nicht beeinflussen (und insbesondere nicht zur Legung stiller Reserven führen), aber der Themenbereich Bilanzansatz und Bewertung ist regelmäßig unter dem Gesichtspunkt latenter Steuern zu betrachten, weshalb dem Gebiet tatsächlicher und latenter Steuern sowie der Umsetzung des weitreichenden Temporary-Konzeptes nach IAS ein eigener Artikel gewidmet ist.

Die einzelnen Fachartikel beschreiben jeweils neben Ansatz- und Bewertungsfragen auch Offenlegungsanforderungen in den Notes. Von zentraler analytischer Bedeutung für die Beurteilungsfähigkeit der Ertragskraft einer Bank wird darüber hinaus die in den Notes zu publizierende Segmentberichterstattung angesehen. Sie bildet das Bindeglied zwischen internem Rechnungswesen (Management Accounting) und externer Rechnungslegung (Financial Accounting) und kristallisiert sich als Anknüpfungspunkt für eine Harmonisierung beider Systeme heraus. In dem entsprechenden Beitrag werden zusätzlich zu den Anforderungen nach IAS und DRS Entwicklungs(fort)schritte der Segmentberichterstattung in der Praxis unter IAS (insbesondere im Großbankenbereich) beleuchtet und daraus Handlungsempfehlungen abgeleitet.

Derzeit stehen aktienbasierte Vergütungsprogramme nicht nur hinsichtlich der bisweilen vergüteten Beträge im Blickpunkt öffentlichen Interesses. Das IASB hat sich mit deren Bilanzierung eingehend auseinandergesetzt. Beigefügter Artikel untersucht den im Dezember des Jahres 2002 hierzu ergangenen Standardentwurf und seinen potentiellen Einfluss auf künftige Abschlüsse unter IAS.

Banken, die eigene Aktien emittiert haben, sind von der Regelung betroffen, Kennziffern zum Gewinn pro Aktie anzugeben. Die Bedeutung der zu veröffentlichenden Kennziffern wird durch die Pflicht unterstrichen, sie nach IAS auf der Seite der Gewinn- und Verlustrechnung zu platzieren. In dem entsprechenden Beitrag werden die konzeptionellen Unterschiede des Gewinns pro Aktie nach internationalen Regeln und nach den Vorstellungen der DVFA herausgestellt und für die Umsetzung praktische Berechnungsmöglichkeiten gezeigt.

Die Rechtsverpflichtung, unterjährige Zwischenabschlüsse zu erstellen, ergibt sich originär aus nationalen oder börsenspezifischen Regeln. Für die praktische Aufstellung halten die IAS einen eigenständigen Standard bereit, dessen inhaltliche Anforderungen in einem gesonderten Beitrag behandelt werden.

Nach Veröffentlichung eines Bankabschlusses auf der Grundlage der IAS beginnt die Arbeit der Analysten. Der letzte Artikel hält dem Bilanzierenden den Spiegel der Außensicht vor. Er erlaubt (auch) wegen der Hinzuziehung zahlreicher empirischer Beispiele einen tiefen Einblick in die Methodik, schonungslos Stärken und Schwächen eines Kreditinstituts allein aus dem gelieferten Zahlenwerk erkennen zu können – verschweigt aber auch nicht die Grenzen der Bilanzanalyse.

Im Fokus aller Beiträge liegt selbstverständlich die Umstellung einer Bankenrechnungslegung auf IAS. Zusätzlich war es den Verfassern möglich, angebrachte Quervergleiche zu den US-GAAP zu ziehen. Spätestens seit der gemeinsamen Erklärung des IASB und des amerikanischen Financial Accounting Standards Board (FASB) in Norwalk Ende des Jahres 2002 ist offensichtlich, dass eine Konvergenz beider international akzeptierter Rechnungslegungssysteme angestrebt wird. Bei Regelungslücken kann es sich mithin empfehlen, eher bestehende US-GAAP zu adaptieren als auf das deutsche Regelwerk zu rekurrieren. Entsprechende Verweise in den Artikeln werden dieser Überlegung gerecht.

Frau Claudia Splittgerber und Frau Karin Janssen gebührt der Dank, ohne das geringste Zögern die Idee von praxisorientierten Einzeldarstellungen einer Rechnungslegung für Banken nach IAS verlagsseitig unterstützt zu haben.

Frankfurt am Main, 11. März 2003

Edgar Löw

Inhaltsübersicht

Vorwort zur zweiten Auflage V
Vorwort zur ersten Auflage VII
Inhaltsverzeichnis XV
Abkürzungsverzeichnis XLI

Liesel Knorr

Internationale und nationale Rechnungslegung im Umbruch 1

Sven Hartung

Erstanwendung von IFRS 15

Edgar Löw

Bilanz, Gewinn- und Verlustrechnung sowie Notes 49

Stephan Schildbach

Eigenkapitalveränderungsrechnung 165

Edgar Löw

Kapitalflussrechnung 221

Silke Blaschke und Stephan Schildbach

Konzernrechnungslegung 307

Edgar Löw und Karsten Lorenz

Ansatz und Bewertung von Finanzinstrumenten 415

Patrick Kehm

Offenlegung von Finanzinstrumenten 605

Rainer Husmann

Immaterielle Vermögenswerte 659

Karsten Lorenz

Leasingverhältnisse 689

Joachim Kölschbach und Stefan Engeländer

Versicherungsgeschäfte 735

Rolf T. Müller

Pensionsverpflichtungen 759

Christof Hasenburg und Holger Seidler

Anteilsbasierte Vergütungen 789

Antje Walter

Tatsächliche und latente Ertragsteuern 841

Silke Alves

Zur Veräußerung gehaltene, langfristige Vermögenswerte und
aufgegebene Bereiche 877

Edgar Löw und Harald E. Roggenbuck

Segmentberichterstattung 899

Harald E. Roggenbuck

Gewinn pro Aktie 967

Harald E. Roggenbuck

Zwischenberichterstattung 1007

Britta Graf-Tiedtke

Bankbilanzanalyse 1037

Autorenverzeichnis 1125

Literaturverzeichnis 1143

Stichwortverzeichnis 1165

Inhaltsverzeichnis

Vorwort zur zweiten Auflage V

Vorwort zur ersten Auflage VII

Inhaltsübersicht XI

Abkürzungsverzeichnis XLI

Liesel Knorr

Internationale und nationale Rechnungslegung im Umbruch

1. Bestandsaufnahme 3
   1.1 IFRS: „stabile" Plattform 2005 3
   1.2 Europäische Vorgaben 6
   1.3 Rechnungslegung in Deutschland 8

2. Weitere Schritte auf dem Weg zur Konvergenz 9
   2.1 Internationale Schritte 9
   2.2 Europäische Schritte 10
   2.3 Nationale Schritte 11

3. Einheitliche Rechnungslegung in 2010? 12

Sven Hartung

Erstanwendung von IFRS

1. Einleitung 17

2. Zielsetzung 20

3. Anwendungsbereich 22
   3.1 Sachlicher Anwendungsbereich 22
   3.2 Zeitlicher Anwendungsbereich 24

4. Ansatz und Bewertung 26
   4.1 Grundsätzliche Regelungen 26
   4.2 Fakultative Befreiungen von der retrospektiven Anwendung
       (Exemptions) 28
       4.2.1 Unternehmenszusammenschlüsse 29
       4.2.2 Beizulegender Zeitwert oder Neubewertung als Ersatz für
             Anschaffungs- oder Herstellungskosten 31
       4.2.3 Leistungen an Arbeitnehmer 32
       4.2.4 Kumulierte Umrechnungsdifferenzen 34
       4.2.5 Zusammengesetzte Finanzinstrumente 34
       4.2.6 Vermögenswerte und Schulden von Tochterunternehmen,
             assoziierten Unternehmen und Joint Ventures 35
       4.2.7 Klassifizierung bereits zuvor bilanzierter Finanzinstrumente 36
       4.2.8 Anteilsbasierte Vergütungen 37
       4.2.9 Versicherungsverträge 37
   4.3 Verpflichtende Ausnahmen von der retrospektiven Anwendung
       (Exceptions) 38
       4.3.1 Ausbuchung finanzieller Vermögenswerte und finanzieller
             Schulden 38
       4.3.2 Bilanzierung von Sicherungsbeziehungen 39
       4.3.3 Schätzungen 40
       4.3.4 Zur Veräußerung bestimmte langlebige Vermögenswerte und
             aufgegebene Geschäftsbereiche 40

5. Darstellung und Angaben 41
   5.1 Vergleichsinformationen 41
       5.1.1 In Bezug auf IAS 32, IAS 39 und IFRS 4 41
       5.1.2 In Bezug auf Zeitreihen 44
   5.2 Überleitungserläuterungen 44
       5.2.1 Überleitungsrechnungen 44
       5.2.2 Kategorisierung von Finanzinstrumenten 45
       5.2.3 Beizulegender Zeitwert als Ersatz für Anschaffungs- oder
             Herstellungskosten 46
       5.2.4 Zwischenberichterstattung 46

6. Zeitpunkt des Inkrafttretens 47

Anlage 1: Übersicht über die Anwendungsmöglichkeiten/-pflichten der
          unterschiedlichen Versionen der IAS 32, IAS 39 im Rahmen der
          Veröffentlichung eines ersten IFRS-Abschlusses 48

Edgar Löw

Bilanz, Gewinn- und Verlustrechnung sowie Notes

1. Rechtsgrundlagen 51
2. Hintergrund und Ziele 55
3. Inhaltliche Änderungen des Bilanzierungswechsels 58
   3.1 Unterschiede in der Bilanz 58
       3.1.1 Grundkonzeption 58
       3.1.2 Aktiva 60
       3.1.3 Passiva 91
   3.2 Unterschiede in der Gewinn- und Verlustrechnung 101
       3.2.1 Grundkonzeption 101
       3.2.2 Unterschiede in einzelnen Erfolgspositionen 105
   3.3 Zusatzinformationen in den Notes 112
       3.3.1 Grundkonzeption 112
       3.3.2 Wesentliche Offenlegungspflichten aus branchenübergreifenden Standards 114
       3.3.3 Offenlegungspflichten aus IAS 30 117
4. ED 7 Financial Instruments: Disclosures 128
   4.1 Hintergrund und Ziele 128
   4.2 Überblick über die geplanten Regelungen 130
   4.3 Angaben zur Bilanz 132
   4.4 Angaben zur Gewinn- und Verlustrechnung 133
   4.5 Risikoberichterstattung 133
   4.6 Weitere Angabepflichten 136
   4.7 Würdigung 138

Anlagen		139
Anlage 1:	Wesentliche Erstanwendungseffekte	139
Anlage 2:	Synoptische Gegenüberstellung von ED 7 mit bestehenden Regelungen des IASB	140
Anlage 3:	Synoptische Gegenüberstellung von ED 7 mit den deutschen Anforderungen zur Risikoberichterstattung und Basel II	150
Anlage 4:	Bilanz der HVB Group zum 31.12.2003	162
Anlage 5:	Gewinn- und Verlustrechnung der HVB Group 2003	164

Stephan Schildbach

Eigenkapitalveränderungsrechnung

1. Funktionen und Standards von Eigenkapitalveränderungsrechnungen 167
   1.1 Funktionen der Eigenkapitalspiegel im Einzel- und Konzernabschluss 167
   1.2 Nationale und internationale Standards für Eigenkapitalspiegel 170
2. Bilanzierung des Eigenkapitals und der Eigenkapitalveränderungen 174
   2.1 Zeitpunktbezogene Bilanzierung von Eigenkapital 174
      2.1.1 Definition des Eigenkapitals und konsolidierten Eigenkapitals 174
         2.1.1.1 Abgrenzungskriterien für Eigen- und Fremdkapital 174
         2.1.1.2 Abgrenzungsprobleme bei hybriden
                 Finanzinstrumenten 176
         2.1.1.3 Abgrenzungsprobleme bei strukturierten
                 Finanzinstrumenten 179
         2.1.1.4 Abgrenzungsprobleme im Konzernabschluss 181
      2.1.2 Struktur des Eigenkapitals und konsolidierten Eigenkapitals 181
         2.1.2.1 Gezeichnetes Kapital 181
         2.1.2.2 Kapitalrücklage 185
         2.1.2.3 Gewinnrücklagen 186
         2.1.2.4 Ergebnisvortrag und Jahresergebnis bzw.
                 Bilanzergebnis 190
         2.1.2.5 Sonstiges Eigenkapital 192
   2.2 Zeitraumbezogene Bilanzierung von Eigenkapitalveränderungen 193
      2.2.1 Veränderungen im bilanziellen Eigenkapital von
            Einzelabschlüssen 193
         2.2.1.1 Erhöhung und Herabsetzung des gezeichneten Kapitals 193
         2.2.1.2 Bildung und Auflösung von Kapital- und Gewinnrücklagen 196
         2.2.1.3 Anpassungsergebnisse aus der Systemumstellung 198
         2.2.1.4 Ergebnisse aus der Berichtigung von Bilanzierungsfehlern 200
         2.2.1.5 Ergebnisse aus der Änderung von Bilanzierungsmethoden 201
         2.2.1.6 Bildung und Auflösung der Neubewertungsrücklage 202
         2.2.1.7 Bewertungsergebnisse aus Available for Sale Assets 203
         2.2.1.8 Bewertungsergebnisse aus Cash Flow Hedges 205
      2.2.2 Veränderungen im konsolidierten Eigenkapital von Konzernabschlüssen 206
         2.2.2.1 Konsolidierung des Eigenkapitals von Konzernunternehmen 206

        2.2.2.2 Konsolidierung konzerninterner Forderungen und
                  Schulden 208
        2.2.2.3 Differenzen aus der Währungsumrechnung 210

3. Muster und Praxis der Eigenkapitalveränderungsrechnung 212
   3.1 Schematische Darstellung einer Eigenkapitalveränderungsrechnung 212
   3.2 Beispiele für Eigenkapitalveränderungsrechnungen von Geschäfts-
       banken 215

Edgar Löw

Kapitalflussrechnung

1. Rechtsgrundlagen 223

2. Hintergrund und Ziele 228

3. Allgemeine Gestaltungsgrundsätze 233

4. Zahlungsmittelfonds 235

5. Direkte versus indirekte Darstellung von Zahlungsströmen 239
   5.1 Vorteilhaftigkeit der indirekten Darstellungsmethode 239
   5.2 Systemimmanente Korrektur des Jahresüberschusses um zahlungs-
       unwirksame Bestandteile 242
   5.3 Technisch bedingte Korrekturen bei Ausweis von Ein- oder Aus-
       zahlungen trotz Wahl der indirekten Methode 248

6. Darstellung der Kapitalflussrechnung 252
   6.1 Grundlagen 252
   6.2 Zahlungsströme aus operativer Geschäftstätigkeit 254
   6.3 Zahlungsströme aus der Investitionstätigkeit 259
   6.4 Zahlungsströme aus der Finanzierungstätigkeit 268
   6.5 Gesonderter Ausweis von Einzelpositionen 271
       6.5.1 Allgemeine Anforderungen 271
       6.5.2 Zinsen und Dividenden 272
       6.5.3 Ertragsteuern 273
       6.5.4 Außerordentliche Posten 274
   6.6 „Abstimmungsteil" der Kapitalflussrechnung 276

7. Verbale Zusatzerläuterungen in den Notes (im Anhang) 277
   7.1 Vorgeschriebene Angaben 277

7.2	Freiwillige Angaben	279

Anlagen		281
Anlage 1:	Gegenüberstellung wesentlicher Merkmale der Anforderungen an dieErstellung von Kapitalflussrechnungen nach SFAS 95 und IAS 7	281
Anlage 2:	Synopse zur Kapitalflussrechnung für Banken gemäß SFAS 95, IAS 7und DRS 2-10	283
Anlage 3:	Musterbeispiel IAS 7 (überarbeitet 1992)	291
Anlage 4:	Musterbeispiel SFAS 95	293
Anlage 5:	Anlage zu DRS 2-10	299
Anlage 6:	Kapitalflussrechnung der HypoVereinsbank 2003 nach IFRS	302
Anlage 7:	Kapitalflussrechnung der Deutschen Bank 2003 nach US-GAAP	304

Silke Blaschke und Stephan Schildbach

Konzernrechnungslegung

1. Rechtsgrundlagen der internationalen Konzernrechnungslegung 309
2. Konsolidierungskreis und Konsolidierungsmethoden 315
    2.1 Vollkonsolidierung bei Unternehmenszusammenschlüssen und Zweckgesellschaften 315
    2.2 Quotenkonsolidierung und Anwendung der Equity-Methode bei Gemeinschaftsunternehmen 322
    2.3 Equity-Methode bei assoziierten Unternehmen 326
3. Konsolidierung von Unternehmenszusammenschlüssen 331
    3.1 Kapitalkonsolidierung 331
        3.1.1 Konsolidierung zum Erwerbszeitpunkt 331
            3.1.1.1 Grundzüge der Erwerbsmethode 331
            3.1.1.2 Definition des Unternehmenszusammenschlusses 335
            3.1.1.3 Bestimmung des Erwerbers und Erwerbszeitpunkts 338
            3.1.1.4 Ermittlung der Anschaffungskosten der Beteiligung 340

            3.1.1.5 Aufteilung der Anschaffungskosten auf die Vermögenswerte und Verbindlichkeiten 341
                      3.1.1.5.1 Allokationskonzept 341
                      3.1.1.5.2 Bilanzierung finanzieller, immaterieller und sonstiger Vermögenswerte 347
                      3.1.1.5.3 Bilanzierung von Verbindlichkeiten, Rückstellungen und Eventualschulden 354
            3.1.1.6 Behandlung von aktiven und passiven Unterschiedsbeträgen aus der Kapitalkonsolidierung 357
                      3.1.1.6.1 Aktiver Unterschiedsbetrag (Goodwill) 357
                      3.1.1.6.2 Passiver Unterschiedsbetrag (negativer Goodwill) 358
            3.1.1.7 Berücksichtigung von Minderheitsanteilen 360
        3.1.2 Konsolidierung an folgenden Bilanzstichtagen 361
            3.1.2.1 Folgebewertung des aktiven Unterschiedsbetrags 361
                      3.1.2.1.1 Allokation des Goodwill auf die Cash-generating Units 361
                      3.1.2.1.2 Bewertung des Goodwill nach dem Impairment-only Approach 362
            3.1.2.2 Folgebewertung von Minderheitsanteilen 369
        3.1.3 Konsolidierung im Veräußerungszeitpunkt 371
            3.1.3.1 Entkonsolidierung der Mehrheitsanteile 371
            3.1.3.2 Entkonsolidierung der Minderheitsanteile 372
        3.1.4 Methodik der Konsolidierung in Sonderfällen 372
            3.1.4.1 Sukzessiver Unternehmenserwerb 372
            3.1.4.2 Inverser Unternehmenserwerb 378
    3.2 Konsolidierung konzerninterner Forderungen und Schulden 382
    3.3 Konsolidierung konzerninterner Erträge und Aufwendungen 384
    3.4 Konsolidierung konzerninterner Gewinne und Verluste 385

4. Konsolidierung von Zweckgesellschaften 385
    4.1 Begriffsbestimmung und Konsolidierungskriterien 385
    4.2 Konsolidierung von Investmentfonds 387
    4.3 Konsolidierung von Asset-Backed-Securities-Gesellschaften 396

5. Konsolidierung von Gemeinschaftsunternehmen 401

6. Bilanzierung von assoziierten Unternehmen 405

Edgar Löw und Karsten Lorenz
Ansatz und Bewertung von Finanzinstrumenten

1. Überblick über die Rechtsvorschriften 420
   1.1 Entstehungsgeschichte von IAS 39 420
   1.2 Endorsement von IAS 39 durch die EU 423
       1.2.1 Stand des Endorsement 423
       1.2.2 Konsequenzen des partiellen Endorsement für
             die Projekttätigkeit 426
   1.3 Aufbau des Standards 428

2. Anwendungsbereich und Definitionen 429
   2.1 Rechtsgrundlagen 429
   2.2 Anwendung von IAS 39 bei Kaufverträgen über nicht-finanzielle
       Vermögenswerte 434
   2.3 Anwendung von IAS 39 bei Kreditzusagen 435
       2.3.1 Überblick über die Regelungen 435
       2.3.2 Kreditzusagen im Anwendungsbereich des IAS 39 435
       2.3.3 Kreditzusagen außerhalb des Anwendungsbereichs von I-
             AS 39 437
       2.3.4 Kreditzusagen bei unterverzinslichen Krediten 438
   2.4 Anwendung von IAS 39 bei Finanzgarantien: Abgrenzung der
       Garantien von Derivaten 439
       2.4.1 Überblick über die Regelungen 439
       2.4.2 Bilanzielle Behandlung von Cash-Flow-Garantien 440
       2.4.3 Bilanzielle Behandlung von Fair-Value-Garantien 442

3. Regelungen zum Zugang von Finanzinstrumenten 443
   3.1 Überblick über die Regelungen 443
   3.2 Praktisches Beispiel 445

4. Regelungen zum Abgang von Finanzinstrumenten 447
   4.1 Bestimmung des Abgangszeitpunkts 447
   4.2 Der Continuing Involvement Approach 448
       4.2.1 Überblick über die Regelungen 448
       4.2.2 Erläuterungen zu den Regelungen 454
             4.2.2.1 Übertragung der wesentlichen Chancen und Risiken 454
             4.2.2.2 Übergang der Verfügungsmacht 455
             4.2.2.3 Continuing Involvement 455
   4.3 Praktische Anwendung der Regelungen 456
       4.3.1 Verkauf von Krediten oder Forderungen 456

	4.3.2	Wertpapierpensionsgeschäfte 461
		4.3.2.1 Bilanzierung echter Wertpapierpensionsgeschäfte 461
		4.3.2.2 Bilanzierung unechter Wertpapierpensionsgeschäfte 465
	4.3.3	Wertpapierleihegeschäfte 468

5. Zugangsbewertung von Finanzinstrumenten 470
   5.1 Überblick über die Regelungen 470
   5.2 Besonderheiten im Kreditgeschäft 471
   5.3 Besonderheiten im Wertpapiergeschäft 473
   5.4 Besonderheiten im Derivategeschäft 474

6. Kategorisierung von Finanzinstrumenten 475
   6.1 Überblick über die Kategorien 475
   6.2 Kredite und Forderungen (Loans and Receivables) 478
   6.3 Bis zur Endfälligkeit gehaltene Finanzinvestitionen
       (Held to Maturity Investments) 479
   6.4 Erfolgswirksam zum beizulegenden Zeitwert bewertete
       Finanzinstrumente (Fair Value through Profit or Loss) 484
   6.5 Zur Veräußerung verfügbare Finanzinstrumente (Available for Sale) 486
   6.6 Finanzielle Verbindlichkeiten 487
   6.7 Wechsel der Kategorie 489
   6.8 Besonderheiten im Kreditgeschäft 490
   6.9 Besonderheiten im Wertpapiergeschäft 492
   6.10 Besonderheiten im Beteiligungsgeschäft 493
        6.10.1 Darstellung der Regelungen 493
        6.10.2 Abgrenzung von Eigen- und Fremdkapital 494
        6.10.3 Einstufung von Unternehmen oder Unternehmenseinheiten
               als Venture-Capital-Organisation 495

7. Folgebewertung zu fortgeführten Anschaffungskosten 499
   7.1 Überblick über die Regelungen 499
   7.2 Anwendung der Effektivzinsmethode 501
       7.2.1 Ermittlung des Effektivzinses 501
       7.2.2 Bestimmung der Transaktionskosten 502
       7.2.3 Bestimmung der Entgelte 503
       7.2.4 Bestimmung des Amortisierungszeitraums 504
       7.2.5 Ermittlung der erwarteten Laufzeit 505
       7.2.6 Beispiel für die Anwendung der Effektivzinsmethode 506
   7.3 Besonderheiten im Kreditgeschäft: Behandlung von Zusage- und
       Bereitstellungsprovisionen 507
   7.4 Besonderheiten bei variabel verzinslichen Wertpapieren 509

8. Bewertung zum beizulegenden Zeitwert...510
   8.1 Überblick über die Regelungen 510
   8.2 Besonderheiten im Kreditgeschäft 512
   8.3 Besonderheiten im Wertpapiergeschäft..514
   8.4 Besonderheiten im Derivategeschäft..516

9. Fremdwährungsumrechnung von Finanzinstrumenten 520
   9.1 Überblick über die Regelungen 520
   9.2 Abgrenzung monetärer von nicht monetären Finanzinstrumenten.................523
   9.3 Praktisches Beispiel..525

10. Impairment von Finanzinstrumenten 526
   10.1 Wertberichtigungen bei zu fortgeführten Anschaffungskosten
       bewerteten Finanzinstrumenten..526
       10.1.1   Überblick über die Regelungen...526
       10.1.2   Indikatoren für eine Wertminderung..527
       10.1.3   Auslegung der Regelungen 528
               10.1.3.1 Untersuchung auf Wertminderungen................................528
               10.1.3.2 Behandlung des Eingangs unerwarteter Zahlungen...........533
   10.2 Vergleich der Wertberichtigungen nach Basel II und IAS 39 534
       10.2.1   Überblick über die Regelungen von Basel II...................................534
       10.2.2   Kriterien der Wertberichtigung nach Basel II 535
       10.2.3   Gemeinsamkeiten und Unterschiede 536
   10.3 Impairment bei Eigenkapitalinstrumenten (Available for Sale)....................539
       10.3.1   Überblick über die Regelungen...539
       10.3.2   Auslegung der Regelungen 540
               10.3.2.1 Das Kriterium „Dauerhafte Wertminderung"....................540
               10.3.2.2 Das Kriterium „Signifikante Wertminderung"..................541
   10.4 Impairment bei Fremdkapitalinstrumenten (Available for Sale)...................542
   10.5 Wertaufholungen bei Available-for-Sale-Instrumenten 542
   10.6 Bemessungsgrundlage für Impairments in Folgeperioden 543

11. Bilanzielle Behandlung von eingebetteten Derivaten 546
   11.1 Überblick über die Reglungen...546
   11.2 Bewertung und Ausweis von eingebetteten Derivaten..................................550
   11.3 Besonderheiten im Kreditgeschäft 551
   11.4 Besonderheiten im Wertpapiergeschäft...554

12. Micro Hedge Accounting..556
   12.1 Hedging versus Hedge Accounting 556
   12.2 Überblick über die Regelungen 558
   12.3 Grundvoraussetzungen für das Hedge Accounting 561
       12.3.1   Anforderungen an die Dokumentation 561
       12.3.2   Zulässige Grundgeschäfte 562

12.3.3	Zulässige Sicherungsinstrumente	563
12.3.4	Umfang der Absicherung	564
12.3.5	Effektivitätstest	567

12.4 Bilanzierung von Fair Value Hedges 570
    12.4.1 Überblick über die Regelungen 570
    12.4.2 Besonderheiten bei festen Verpflichtungen
           (Firm Commitments) 573
    12.4.3 Beispiel für die Anwendung eines Fair Value Hedge 574
           12.4.3.1 Darstellung des Sachverhalts 574
           12.4.3.2 Designation bei Erwerb 577
           12.4.3.3 Vorzeitige Dedesignation der Hedge-Beziehung 578
           12.4.3.4 Vorzeitiger Verkauf des Grundgeschäfts 579

12.5 Bilanzierung von Cash Flow Hedges 580
    12.5.1 Überblick über die Regelungen 580
    12.5.2 Besonderheiten bei erwarteten Transaktionen
           (Forecasted Transactions) 582
    12.5.3 Beispiel für die Anwendung eines Cash Flow Hedge 584

12.6 Hedge of a Net Investment in a Foreign Operation 586
12.7 Absicherung mit internen Geschäften 588
12.8 Erstanwendung der Vorschriften zum Hedge Accounting 589

13. Macro Hedge Accounting 590
13.1 Macro Fair Value Hedge 590
    13.1.1 Überblick über die Regelungen 590
    13.1.2 Identifikation des abzusichernden Portfolios 591
    13.1.3 Designation der Hedged Items in Laufzeitbänder 592
    13.1.4 Bestimmung des abzusichernden Betrags 593
    13.1.5 Designation von Sicherungsinstrumenten 594
    13.1.6 Prospektiver Effektivitätstest 594
    13.1.7 Ermittlung von Zu- und Abgängen 596
    13.1.8 Bewertung und retrospektiver Effektivitätstest 597
    13.1.9 Bilanzielle Abbildung der Sicherungsbeziehung 598
    13.1.10 Besonderheiten bei Available-for-Sale-Finanzinstrumenten 601
13.2 Macro Cash Flow Hedge 601
13.3 Überblick über mögliche Hedge-Strategien 603

Patrick Kehm

Offenlegung von Finanzinstrumenten

1. Einführung 607

2. Offenlegungsvorschriften für Finanzinstrumente nach IFRS 608

2.1 Zweck und Inhalt der Offenlegungsvorschriften 608
    2.1.1 Zweck der Offenlegungspflichten 608
    2.1.2 Definition von Finanzinstrumenten 609
    2.1.3 Berichtspflichtige Risiken 610
    2.1.4 Inhalt der Berichterstattung 612
    2.1.5 Form der Berichterstattung 612
2.2 Angaben zu Art und Umfang der Finanzinstrumente sowie den Bilanzierungsmethoden 613
    2.2.1 Art und Umfang der Finanzinstrumente 613
    2.2.2 Bilanzierungsmethoden 618
2.3 Angaben zu Fair Values von Finanzinstrumenten 619
2.4 Angaben zum Risikomanagement und Hedge Accounting 624
2.5 Angaben zu Zinsrisiken 626
    2.5.1 Grundsätzliche Anforderungen 626
    2.5.2 Angaben zu Fair-Value-Zinsrisiken 628
    2.5.3 Angaben zu Cash-Flow-Zinsrisiken 631
    2.5.4 Angaben zu Effektivzinsen 632
    2.5.5 Ergänzende Offenlegung zu Zinsrisiken 634
2.6 Angaben zu Kreditrisiken 635
    2.6.1 Angaben zum maximalen Ausfallrisiko 635
    2.6.2 Angaben zu Ausfallrisikokonzentrationen 637
2.7 Angaben zu sonstigen Risiken 639
2.8 Sonstige Angabepflichten 641
2.9 Exposure Draft „ED 7 Financial Instruments: Disclosures" 643
    2.9.1 Angaben zur Bedeutung von Finanzinstrumenten für die Vermögens-, Finanz- und Ertragslage 644
    2.9.2 Angaben zum Kapital 644
    2.9.3 Angaben zu Risiken aus Finanzinstrumenten 645

3. Offenlegungsvorschriften für Finanzinstrumente nach HGB und US-GAAP 650
    3.1 HGB 650
    3.2 US-GAAP 654

4. Vergleich der Offenlegungsvorschriften für Finanzinstrumente 656

5. Zusammenfassung 657

Rainer Husmann
Immaterielle Vermögenswerte

1. Einleitung 661

2. Begriffliche Abgrenzung der Intangible Assets 662

3. Ansatz von Intangible Assets nach IAS 38 664
   3.1 Grundsätzlich zu beachtende Ansatzkriterien für Intangible Assets 664
   3.2 Konkretisierung der Ansatzkriterien für selbsterstellte Intangible Assets 665
   3.3 Beispiel: Bilanzierung selbsterstellter Software 668
       3.3.1 Begriffliche Abgrenzungen 668
       3.3.2 Prozess der Software-Entwicklung und Zuordnung zu der aktivierungsrelevanten Phase 669
       3.3.3 Feststellung des Erreichens der Entwicklungsphase 670

4. Bewertung von Intangible Assets nach IAS 38 672
   4.1 Bewertung bei Ersterfassung 672
       4.1.1 Erwerb mittels separater Anschaffung 673
       4.1.2 Anschaffung im Rahmen eines Unternehmenserwerbes ... 674
       4.1.3 Herstellung eines Intangible Assets 675
       4.1.4 Öffentliche Zuschüsse zum Erwerb von Intangible Assets 678
       4.1.5 Erwerb von Intangible Assets durch Tausch 678
       4.1.6 Behandlung von Upgrades und Erweiterungen bei Software-Produkten 678
   4.2 Bewertung in den Folgeperioden 679
       4.2.1 Fortgeführte Anschaffungs- und Herstellungskosten 679
           4.2.1.1 Intangible Assets mit bestimmter Nutzungsdauer 680
               4.2.1.1.1 Ermittlung der Nutzungsdauer 680
               4.2.1.1.2 Bestimmung der Abschreibungsmethode 682
               4.2.1.1.3 Bestimmung des Restwertes 682
           4.2.1.2 Intangible Assets mit unbestimmter Nutzungsdauer 682
           4.2.1.3 Wertminderungstest – Impairment-Test 683
               4.2.1.3.1 Indikatoren für eine Wertminderung 683
               4.2.1.3.2 Vorgehensweise 684
               4.2.1.3.3 Wertaufholung in Folgeperioden 684
       4.2.2 Neubewertungsansatz 685

5. Ausweis von Intangible Assets 685

6. Ausblick 687

Karsten Lorenz
Leasingverhältnisse

1. Einleitung 691

2. Anwendungsbereich von IAS 17 693
   2.1 Ausnahmen vom Anwendungsbereich 693
   2.2 Beschränkung des Anwendungsbereichs bei bestimmten
       Leasingverhältnissen 694

3. Klassifizierung von Leasingverhältnissen nach IAS 17 695
   3.1 Überblick über die Kriterien zur Klassifizierung 695
   3.2 Die Bedeutung der Kriterien bei einer Umstellung von HGB- auf
       IFRS-Rechnungslegung 698
       3.2.1 Übertragung des Eigentums 698
       3.2.2 Prüfung einer vorteilhaften Kaufoption 698
       3.2.3 Laufzeittest 699
       3.2.4 Barwerttest 701
             3.2.4.1 Ökonomische Grundidee des Barwerttests 701
             3.2.4.2 Bestimmung der Mindestleasingzahlungen 701
             3.2.4.3 Bestimmung des Zinssatzes 703
             3.2.4.4 Bestimmung des beizulegenden Zeitwerts 703
             3.2.4.5 Vergleich des Barwerts der Mindestleasing-
                      zahlungen mit dem Zeitwert 704
       3.2.5 Spezialleasing 704
       3.2.6 Verlustübernahme bei Kündigung 705
       3.2.7 Gewinne und Verluste aus Restwertschwankungen 706
       3.2.8 Günstige Verlängerungsoption 707
       3.2.9 Besonderheiten beim Immobilien-Leasing 707
   3.3 Klassifizierung von erlasskonformen deutschen Leasingverträgen 709
       3.3.1 Vollamortisationsverträge für Mobilien 709
       3.3.2 Teilamortisationsverträge für Mobilien 710
       3.3.3 Vollamortisationsverträge für Immobilien 712
       3.3.4 Teilamortisationsverträge für Immobilien 712

4. Bilanzierung beim Leasingnehmer 713
   4.1 Abbildung von Finanzierungs-Leasingverhältnissen 713

4.2 Abbildung von Operating-Leasingverhältnissen 715

5. Bilanzierung beim Leasinggeber 716
   5.1 Abbildung von Finanzierungs-Leasingverhältnissen 716
       5.1.1 Regelungen für alle Leasingverhältnisse 716
       5.1.2 Besonderheiten bei Händler- oder
             Herstellerleasingverhältnissen 718
   5.2 Abbildung von Operating-Leasingverhältnissen 719

6. Praktisches Beispiel für die Bilanzierung von Leasingverhältnissen 720
   6.1 Sachverhalt 720
   6.2 Bilanzielle Behandlung des Mietvertrages nach
       handelsrechtlichen GoB 721
   6.3 Bilanzielle Behandlung des Mietvertrages nach IAS 17 722
       6.3.1 Übergang des rechtlichen Eigentums 722
       6.3.2 Vorteilhafte Kaufoption 722
       6.3.3 Laufzeit des Leasingverhältnisses 723
       6.3.4 Barwerttest 723
             6.3.4.1 Bestimmung der Mindestleasingzahlungen 723
             6.3.4.2 Bestimmung des Zinssatzes 723
             6.3.4.3 Bestimmung des beizulegenden Zeitwerts 724
             6.3.4.4 Vergleich von Barwert und Zeitwert 724
       6.3.5 Spezialleasing 724
       6.3.6 Verlustübernahme bei Kündigung 725
       6.3.7 Gewinne und Verluste aus Restwertschwankungen 725
       6.3.8 Günstige Verlängerungsoption 725
   6.4 Fallspezifische Klassifizierung der Leasingvereinbarung 725
   6.5 Bilanzielle Behandlung des Leasingvertrages 726

7. Sale-And-Leaseback-Transaktionen 729
   7.1 Sale-and-Leaseback-Transaktionen als Finanzierungsleasing 729
   7.2 Sale-and-Leaseback-Transaktionen als Operating-Leasing 729

8. Angabepflichten nach IAS 17 731
   8.1 Angabepflichten des Leasingnehmers 731
       8.1.1 Angaben bei Finanzierungs-Leasingverhältnissen 731
       8.1.2 Angaben bei Operating-Leasingverhältnissen 732
   8.2 Angabepflichten des Leasinggebers 733
       8.2.1 Angaben bei Finanzierungs-Leasingverhältnissen 733
       8.2.2 Angaben bei Operating-Leasingverhältnissen 733

9. Ausblick: Geplante Änderungen und weitergehende Überarbeitung
   von IAS 17 734

Joachim Kölschbach und Stefan Engeländer
Versicherungsgeschäfte

1. Einführung 737

2. Phase I: IFRS 4 738
   2.1 Anwendungsbereich 738
   2.2 Zerlegung von Versicherungsverträgen 743
       2.2.1 Entflechtung von Finanzkomponenten 743
       2.2.2 Separierung von eingebetteten Derivaten 744
   2.3 Beibehaltung der bisherigen Bilanzierungsmethoden 745
   2.4 Änderungen der Bilanzierungsmethoden 747
   2.5 Inkonsistente Bewertung von Kapitalanlagen und versicherungs-
       technischen Rückstellungen 749
   2.6 Erwerb von Versicherungsunternehmen und -beständen 750
   2.7 Sonderregeln für Verträge mit Überschussbeteiligung 751
   2.8 Anhangangaben 753
   2.9 Übergangsvorschriften 756

3. Ausblick auf Phase II des IASB Projektes 757

4. Schlussbemerkung 758

Rolf T. Müller
Pensionsverpflichtungen

1. Rechtsgrundlagen 761

2. Von IAS 19 erfasste Leistungsarten 761

3. Ursachen für höhere Pensionsrückstellungen nach IFRS als nach HGB 763
   3.1 Realistische Bewertungsparameter als Hauptursache 764
   3.2 Beispiele zur Abgrenzung von statischen und dynamischen Renten-
       zusagen 766
   3.3 Weitere Bewertungsparameter 767

4. Geglätteter Pensionsaufwand statt stichtagsbezogener Bilanzausweis 769

5. Bewertung 771
   5.1 Defined Contribution Plans 771
   5.2 Defined Benefit Plans 771

6. Pensionsrückstellung 774
   6.1 Ermittlung der Pensionsrückstellung... 774
   6.2 Pensionsaufwand.. 776
   6.3 Die Komponenten des Pensionsaufwands... 778

7. Besonderheiten 782
   7.1 Rückgedeckte Pensionszusagen 782
   7.2 Settlements (Abfindungen, Übertragungen) und Curtailments
       (Kürzungen) von Pensionsplänen... 782

8. Offenlegung... 783

9. Fallstudie 785

Christof Hasenburg und Holger Seidler
Anteilsbasierte Vergütungen

1. Überblick 791

2. Bilanzierung und Bewertung nach IFRS 2 793
   2.1 Begriffsbestimmung... 793
   2.2 Sachlicher Anwendungsbereich 794
   2.3 Zeitlicher Anwendungsbereich.. 794
   2.4 Aktienoptionen 796
       2.4.1 Grundlegende Gestaltung 796
       2.4.2 Ansatz.. 797
       2.4.3 Bewertung 798
               2.4.3.1 Erstmalige Aufwandserfassung 798
                       2.4.3.1.1 Ermittlung des beizulegenden Zeitwerts........... 798
                       2.4.3.1.2 Modifizierte
                                  Gewährungszeitpunktmethode........................ 799
                       2.4.3.1.3 Bewertungszeitpunkt 807
                       2.4.3.1.4 Zeitpunkt der Aufwandsverrechnung 807
               2.4.3.2 Folgeanpassungen des beizulegenden Zeitwertes............... 808
       2.4.4 Sonderfragen 808
               2.4.4.1 Änderungen der Aktienoptionsbedingungen 808
               2.4.4.2 Annullierung, Erfüllung, Rückkauf der Aktienoptio-
                       nen 811
               2.4.4.3 Bewertung mit dem inneren Wert.. 811

	2.5	Wertsteigerungsrechte	815
		2.5.1 Grundlegende Gestaltung	815
		2.5.2 Ansatz	815
		2.5.3 Bewertung	816
	2.6	Kombinationsmodelle	819
		2.6.1 Grundsätzliches	819
		2.6.2 Erfüllungswahlrecht bei den Begünstigten	819
		2.6.3 Erfüllungswahlrecht beim Unternehmen	823
	2.7	Anhangangaben	823
3.	Bisherige Bilanzierung anteilsbasierter Vergütungen durch IFRS-Anwender		826
	3.1	Regelungslücke	826
	3.2	Bisherige Anwendung der US-GAAP	827
		3.2.1 SFAS 123	827
		3.2.2 APB 25	829
		3.2.2.1 Aktienoptionen	829
		3.2.2.2 Wertsteigerungsrechte	830
		3.2.2.3 Kombinationsmodelle	831
		3.2.3 Anhangangaben	832
	3.3	Handelsbilanzrecht	832
		3.3.1 Aktienoptionen	832
		3.3.2 Wertsteigerungsrechte	834
		3.3.3 Kombinationsmodelle	834
		3.3.4 Anhangangaben	835
4.	Aus der Anwendung von IFRS 2 resultierender Anpassungsbedarf		835
	4.1	Aktienoptionen	835
		4.1.1 Frühere Bilanzierung nach SFAS 123	835
		4.1.2 Frühere Bilanzierung nach APB 25	836
		4.1.3 Frühere Bilanzierung nach Handelsrecht	837
	4.2	Wertsteigerungsrechte	837
		4.2.1 Frühere Bilanzierung nach APB 25	837
		4.2.2 Frühere Bilanzierung nach Handelsrecht	838
	4.3	Kombinationsmodelle	838
		4.3.1 Frühere Bilanzierung nach US-GAAP	838
		4.3.2 Frühere Bilanzierung nach Handelsrecht	838
5.	Ausblick		839

Antje Walter
Tatsächliche und latente Ertragsteuern

1. Rechtliche Grundlagen 843

2. Zielsetzung... 844

3. Anwendungsbereich... 846

4. Tatsächliche Steuern 847

5. Latente Steuern 848
   5.1 Abgrenzungskonzept... 848
   5.2 Gründe für die Bildung latenter Steuern... 849
       5.2.1 Temporäre Differenzen 850
             5.2.1.1 Abzugsfähige temporäre Differenzen 850
             5.2.1.2 Zu versteuernde temporäre Differenzen 852
             5.2.1.3 Beispiele 853
       5.2.2 Ungenutzte Verlustvorträge 854
       5.2.3 Ungenutzte Steuergutschriften 856
       5.2.4 Steuerwert 857
   5.3 Bewertung latenter Steuern 859
       5.3.1 Anzuwendender Steuersatz 859
       5.3.2 Abzinsung und Stichtagsprinzip... 862

6. Ansatz.. 863
   6.1 Ausnahmen bei tatsächlichen Steuern 863
   6.2 Ausnahme bei latenten Steuern 863
       6.2.1 Erfolgsneutrale Erfassung 863
       6.2.2 Unternehmensakquisition... 865
       6.2.3 Anteilsbasierte Vergütung 865

7. Ausweis 866
   7.1 Bilanz 866
   7.2 Gewinn- und Verlustrechnung 866

8. Anhangangaben 867
   8.1 Übersicht 867
   8.2 Überleitungsrechnung 869

9. Zwischenberichterstattung... 872

10. Rückstellung für allgemeine Steuerrisiken 873

11. Organisatorische Anforderungen 874

12. Ausblick 875

Silke Alves
Zur Veräußerung gehaltene, langfristige Vermögenswerte und aufgegebene Bereiche

1. Einleitung 879

2. Anwendungsbereich von IFRS 5 880
   2.1 Überblick 880
   2.2 Abgrenzung von kurzfristigen und langfristigen Vermögenswerten 880
   2.3 Abgrenzung unterschiedlicher Veräußerungs- und Abgangsvarianten 881
   2.4 Klassifizierung als zur Veräußerung gehalten 882
        2.4.1 Konkrete Veräußerungsabsicht 882
        2.4.2 Unmittelbare Verfügbarkeit 882
        2.4.3 Veräußerung innerhalb von 12 Monaten 882
        2.4.4 Zeitpunkt der Umklassifizierung 884

3. Erstmalige Anwendung von IFRS 5 884
   3.1 Überblick 884
   3.2 Vier Stufen der Wertermittlung 885
        3.2.1 Bewertung unmittelbar vor der Umklassifizierung (1. Stufe) 885
        3.2.2 Ermittlung des beizulegenden Zeitwerts (2. Stufe) 885
        3.2.3 Ermittlung der Veräußerungskosten (3. Stufe) 885
        3.2.4 Anwendung des Niederstwertprinzips (4. Stufe) 886
        3.2.5 Beispiel 887
   3.3 Ausweis und Anhangangaben 889

4. Anwendung von IFRS 5 in den Folgeperioden 890
   4.1 Keine planmäßigen Abschreibungen 890
   4.2 Wertänderungen einzelner langfristiger Vermögenswerte 890
   4.3 Wertänderungen von Veräußerungsgruppen 891
   4.4 Vorgehensweise bei Planänderungen 892

5. Aufgegebene Geschäftsbereiche 893
   5.1 Definition 893
   5.2 Ausweis und Anhangangaben 894
   5.3 Umklassifizierungen und Korrekturen 895

6. Besonderheiten bei zum Zwecke der Weiterveräußerung erworbenen Beteiligungen 896

7. Übergangsbestimmungen 897

Edgar Löw und Harald E. Roggenbuck
Segmentberichterstattung

1. Heutiger Stellenwert der Segmentberichterstattung 901

2. Rechtsgrundlagen 903

3. Hintergrund und Ziele 907

4. Gestaltungserfordernis in zwei Berichtsformaten 910
   4.1 Primäres Berichtsformat 910
   4.2 Sekundäres Berichtsformat 915

5. Allgemeingültige und bankspezifische Segmentpositionen 916
   5.1 Segmentpositionen nach IAS 14 916
   5.2 Segmentpositionen nach SFAS 131 918
   5.3 Segmentpositionen nach DRS 3 und DRS 3-10 919

6. Segmentberichterstattung in der Anwendungspraxis 922
   6.1 Segmentabgrenzung der einzelnen Banken im primären Berichtsformat 922
        6.1.1 Segmentabgrenzung der Deutschen Bank 922
        6.1.2 Segmentabgrenzung der Dresdner Bank 925
        6.1.3 Segmentabgrenzung der Commerzbank 928
        6.1.4 Segmentabgrenzung der HypoVereinsbank 931
        6.1.5 Fazit zur intertemporalen Vergleichbarkeit der Segmentabgrenzung einzelner Banken 934
   6.2 Segmentabgrenzungen im Bankenvergleich 935
   6.3 Offengelegte Segmentpositionen im Bankenvergleich 940

7. Praktische Probleme bei der Bereitstellung von Segmentdaten 944
   7.1 Stichtagsbezogene Segmentpositionen 944
        7.1.1 Segmentvermögen 944
        7.1.2 Risikopositionen 945
        7.1.3 Segmentverbindlichkeiten 946
        7.1.4 Allokiertes Kapital 948

7.2	Periodenbezogene Segmentpositionen		950
	7.2.1	Zinsüberschuss	950
	7.2.2	Risikovorsorge	951
	7.2.3	Provisionsüberschuss	953
	7.2.4	Handelsergebnis/Nettoertrag/-aufwand aus Finanzgeschäften	954
	7.2.5	Verwaltungsaufwand	954
	7.2.6	Ergebnis nach Risikovorsorge	956
7.3	Kennziffern auf Segmentebene		957
	7.3.1	Rentabilität des allokierten Kapitals	957
	7.3.2	Aufwand/Ertrag-Relation	957
7.4	Überleitung auf die externe Rechnungslegung		957

8. Zusammenfassung 958

Anlagen 961

Anlage 1: Offengelegte Positionen in den primären Segmentberichten ausgewählter Geschäftsberichte des Jahres 2000 961

Anlage 2: Segmentberichterstattung der Dresdner Bank 2003 964

Harald E. Roggenbuck
Gewinn pro Aktie

1. Rechtsgrundlagen und nationale Normen für Gewinn-pro-Aktie-Kennziffern 969
   1.1 Internationale Normen zur Angabe von Earnings per Share 970
   1.2 Die gemeinsame DVFA/SG-Empfehlung zur Ermittlung eines „Ergebnisses je Aktie" 971

2. Hintergrund und Ziele der Gewinn-pro-Aktie-Kennzahlen 972
   2.1 Hintergrund und Ziele der Gewinn-pro-Aktie-Kennzahlen nach internationalen Normen 972
   2.2 Hintergrund und Ziele des „Ergebnisses je Aktie" nach DVFA/SG 973

3. Anwendungsbereich nach IFRS, US-GAAP und DVFA/SG 975
   3.1 Anwendungsbereich für die Regelungen nach IFRS und US-GAAP 975
   3.2 Anwendungsbereich für die Empfehlung nach DVFA/SG 976

4. Spektrum der zu veröffentlichenden Kennziffern 977
   4.1 Nach IAS 33 anzugebende Kennziffern 977

4.2 Nach SFAS 128 anzugebende Kennziffern 979
4.3 Nach der DVFA-Empfehlung anzugebende Kennziffern 981

5. Ermittlung des „Fundamentalen Ergebnisses je Aktie" 982
   5.1 Adjustierung der Ergebnis-Komponente im „Fundamentalen Ergebnis je Aktie" 982
       5.1.1 Adjustierung der Ergebnis-Komponente im „Fundamentalen Ergebnis je Aktie" nach IFRS und US-GAAP 982
       5.1.2 Adjustierung der Ergebnis-Komponente im „Fundamentalen Ergebnis je Aktie" nach DVFA/Banken 985
   5.2 Adjustierung der „pro-Aktie"-Komponente im „Fundamentalen Ergebnis je Aktie" 989
       5.2.1 Adjustierung der „pro-Aktie"-Komponente im „Fundamentalen Ergebnis je Aktie" nach IFRS und US-GAAP 989
       5.2.2 Adjustierung der „pro-Aktie"-Komponente im „Fundamentalen Ergebnis je Aktie" nach DVFA/Banken 993

6. Ermittlung des „Verwässerten Ergebnisses je Aktie" 995
   6.1 Adjustierung der Ergebnis-Komponente im „Verwässerten Ergebnis je Aktie" 995
       6.1.1 Adjustierung der Ergebnis-Komponente im „Verwässerten Ergebnis je Aktie" nach IFRS und US-GAAP 995
       6.1.2 Adjustierung der Ergebnis-Komponente im „Verwässerten Ergebnis je Aktie" nach DVFA/Banken 996
   6.2 Adjustierung der „pro-Aktie"-Komponente im „Verwässerten Ergebnis je Aktie" 997
       6.2.1 Adjustierung der „pro-Aktie"-Komponente im „Verwässerten Ergebnis je Aktie" nach IFRS und US-GAAP 997
             6.2.1.1 Regelungen nach IFRS 997
             6.2.1.2 Regelungen nach US-GAAP 999
       6.2.2 Adjustierung der „pro-Aktie"-Komponente im „Verwässerten Ergebnis je Aktie" nach DVFA/Banken 1000

7. Vergleichende Wertung der Gewinn-pro-Aktie-Normen 1001

8. Berechnungsmuster 1003
   8.1 Berechnungsmuster für die gewichtete durchschnittliche Aktienzahl im „Fundamentalen Ergebnis je Aktie" 1003
   8.2 Berechnungsmuster für das „Fundamentale Ergebnis je Aktie" 1004
   8.3 Kalkulationsformel für den rechnerischen neuen Marktpreis bei Kapitalerhöhungen 1004
   8.4 Berechnungsformel für die Gesamtzahl der im „Verwässerten Ergebnis je Aktie" zu berücksichtigenden Aktien 1005

8.5 Darstellungsmuster für die Ableitung des „Verwässerten Ergebnis je Aktie" 1005

Harald E. Roggenbuck
Zwischenberichterstattung

1. Stellenwert und Rechtsgrundlagen 1009

2. Anwendungsadressaten 1012
   2.1 Anwendungsadressaten nach IFRS 1012
   2.2 Anwendungsadressaten nach US-GAAP 1014
   2.3 Anwendungsadressaten nach deutschem Recht 1014

3. Aussageziele 1015

4. Inhaltliche Anforderungen an die Zwischenberichterstattung 1016
   4.1 Berichtsperioden 1016
   4.2 Konformität der Bilanzierungs- und Bewertungsmethoden 1018
   4.3 Komponenten des Zwischenberichts 1019
      4.3.1 Bilanz 1019
      4.3.2 Gewinn- und Verlustrechnung 1021
      4.3.3 Kapitalflussrechnung 1023
      4.3.4 Eigenkapitalveränderungsrechnung 1025
      4.3.5 Notes 1027
      4.3.6 Angaben zum Geschäftsverlauf und zur voraussichtlichen Entwicklung des Geschäftsjahres 1032
   4.4 Berichtstiefe und Anwendung von Schätzverfahren 1033
   4.5 Vergleichzahlen 1034

5. Veröffentlichungsfristen 1036

6. Prüfungsanforderungen 1036

Britta Graf-Tiedtke
Bankbilanzanalyse

1. Bankbilanzanalyse - Definition und Formen 1039

2. Grundlagen zur praktischen Durchführung 1041
   2.1 Bilanzstruktur und GuV-Praxisschema nach IFRS 1041
   2.2 Die vier Schritte der Bankbilanzanalyse 1047

3. Kennzahlenanalyse und -auswertung 1049
   3.1 Strukturanalyse 1049
       3.1.1 Grundlage: Bilanz und GuV als Spiegelbild der
             Geschäftstätigkeit 1050
       3.1.2 Wirkung exogener Einflussfaktoren 1052
       3.1.3 Durchführung der Bilanz- und Ertragsstrukturanalyse 1055
       3.1.4 Eigenkapitalanalyse 1058
             3.1.4.1 Grundlagen: Eigenkapitalbegriffe nach KWG und
                     BIZ 1058
             3.1.4.2 Die neue internationale Eigenkapitalvereinbarung,
                     Basel II 1064
             3.1.4.3 Beurteilung der Eigenkapitalausstattung 1065
       3.1.5 Refinanzierungspolitik 1067
             3.1.5.1 Rechtliche Grundlagen: Grundsatz II und § 11
                     KWG 1070
             3.1.5.2 Refinanzierungsrisiken durch Fristentransformation 1071
             3.1.5.3 Berechnung und Beurteilung der Kennzahlen 1073
       3.1.6 Stille Reserven und Net Asset Value 1075
             3.1.6.1 Entwicklungstrends der letzten Jahre 1076
                     3.1.6.1.1 Entwicklungstrend bei
                                Beteiligungsbesitz 1076
                     3.1.6.1.2 Entwicklungstrend bei Immobilienbesitz 1078
                     3.1.6.1.3 Entwicklungstrend bei bankspezifischen
                                stillen Reserven (nach § 340f HGB) 1079
             3.1.6.2 Theoretischer Hintergrund – IAS 39 1079
             3.1.6.3 Berechnung und Auswertung des NAV 1083
                     3.1.6.3.1 Neubewertungsreserven aus Cash Flow
                                Hedges 1083
                     3.1.6.3.2 Unvollständige Berücksichtigung stiller
                                Reserven aus AfS-Beständen 1084
                     3.1.6.3.3 Auswertung des NAV 1084
       3.1.7 Analyse nicht bilanzwirksamer Geschäftsfelder 1085
             3.1.7.1 Ausgewählte Kennzahlen 1085
                     3.1.7.1.1 Vermögensverwaltung 1086
                     3.1.7.1.2 Online Brokerage 1087
             3.1.7.2 Beispiele zu Vermögensverwaltung und Online
                     Brokerage 1087
   3.2 Risikoanalyse 1091
       3.2.1 Risikoarten 1091
       3.2.2 Das traditionelle Kreditrisiko 1093
             3.2.2.1 Theoretische Grundlagen 1093
             3.2.2.2 Ausgewählte Kennzahlen mit Beispielen 1096
   3.3 Erfolgsanalyse 1099
       3.3.1 Produktivität 1101

3.3.2	Wirtschaftlichkeit		1108
3.3.3	Rentabilität		1111
	3.3.3.1	Beurteilung einzelner Bankgeschäfte	1111
	3.3.3.2	Die Gesamtbankrentabilität	1115

4. Grenzen der externen Bankbilanzanalyse 1124

Autorenverzeichnis 1125

Literaturverzeichnis 1143

Stichwortverzeichnis 1165

Abkürzungsverzeichnis

a.a.O.	am angegebenen Ort
Abb.	Abbildung
Abs.	Absatz
abzgl.	abzüglich
ADS	Adler, H./Düring, W./Schmalz, K., (Buch Autoren)
AfA	Absetzung für Abnutzung
AfS	Available for Sale
AG	Aktiengesellschaft (Die Aktiengesellschaft, Zeitschrift)
AICPA	American Institute of Certified Public Accountants
AktG	Aktiengesetz
Anm.	Anmerkung
AO	Abgabenordnung
APB	Accounting Principles Board
App.	Appendix
ARB	Accounting Research Bulletin
ARC	Accounting Regulatory Committee
Art.	Artikel
Aufl.	Auflage
AuM	Assets under Management
BB	Betriebs-Berater (Zeitschrift)
BC	Basis for Conclusions
BdB	Bundesverband Deutscher Banken
BetrAVG	Gesetz zur Verbesserung der betrieblichen Altersversorgung
BFA	Bankenfachausschuss
BFuP	Betriebswirtschaftliche Forschung und Praxis (Zeitschrift)
BGB	Bürgerliches Gesetzbuch
BGBl.	Bundesgesetzblatt
BilReG	Bilanzrechtsreformgesetz
BIZ	Bank für Internationalen Zahlungsausgleich
BMF	Bundesministerium der Finanzen
BMJ	Bundesministerium der Justiz
BNP	Banque Nationale de Paris
BörsG	Börsengesetz
BörsZulV	Börsenzulassungsverordnung
BP, bp	Basis Point
BS	Bilanzsumme
bspw.	beispielsweise
BStBl	Bundessteuerblatt
BT	Bankers Trust

BuW	Betrieb und Wirtschaft (Zeitschrift)
bzgl.	bezüglich
bzw.	beziehungsweise
ca.	circa
CESR	Committee of European Securities Regulators
CF	Cash Flow
d.h.	das heißt
d.J.	diesen Jahres
DAX	Deutscher Aktienindex
DB	Der Betrieb (Zeitschrift)
DBk	Die Bank (Zeitschrift)
DBO	Defined Benefit Obligation
DBP	Defined Benefit Plans
DBW	Die Betriebswirtschaft (Zeitschrift)
DCF	Discounted Cash Flow
DeckRV	Deckungsrückstellungen VO
DIG	Derivatives Implementation Group
DP	Discussion Paper
Dr.	Doktor
DRÄS	Deutscher Rechnungslegungs Änderungsstandard
DRS	Deutscher Rechnungslegungs Standard
DRSC	Deutsches Rechnungslegungs Standards Committee
DSOP	Draft Statement of Principles
DSR	Deutscher Standardisierungsrat
DStR	Deutsches Steuerrecht (Zeitschrift)
DVFA	Deutsche Vereinigung für Finanzanalyse und Anlageberatung
EBIT	Earnings before Interest and Tax
EBITDA	Earnings before Interest and Tax and Discontinued Aktivities
ED	Exposure Draft
ed.	Edition
EFRAG	European Financial Advisory Group
EG	Europäische Gemeinschaft
EITF	Emerging Issues Task Force
EpS	Earnings per Share
EStG	Einkommensteuergesetz
EStR	Einkommensteuerrecht
etc.	et cetera
EU	Europäische Union
EUR /□	Euro
EURIBOR	European Interbank Offered Rate
e.V.	eingetragener Verein

evtl.	eventuell
exkl.	exclusive
F	Framework
f.	folgende
FA	Finanzanlageergebnis
FAS	Financial Accounting Standard
FASB	Financial Accounting Standards Board
FAZ	Frankfurter Allgemeine Zeitung
FB	Finanz Betrieb (Zeitschrift)
FER	Fachempfehlungen zur Rechnungslegung
ff.	fortfolgende
FIN	FASB Interpretation
FLF	Finanzierung Leasing Factoring (Zeitschrift)
Fn.	Fußnote
FN-IDW	Fachnachrichten des Instituts der Wirtschaftsprüfer in Deutschland e.V.
FS	Festschrift
GA	Abschreibungen auf Geschäfts- oder Firmenwerte
GBP	Britische Pfund
GE	Gesamtertrag
gem.	gemäß
GewStG	Gewerbesteuergesetz
ggf.	gegebenenfalls
GmbH	Gesellschaft mit beschränkter Haftung
GmbHG	Gesetz betreffend die Gesellschaften mit beschränkter Haftung
GuV	Gewinn- und Verlustrechnung
HE	Handelsergebnis
HFA	Hauptfachausschuss
HfT	Held for Trading
HGB	Handelsgesetzbuch
HRE	Hypo Real Estate
Hrsg.	Herausgeber
hrsg.	Herausgegeben
HtM	Held-to-Maturity
HVB	HypoVereinsbank
i.A.	im Allgemeinen
i.d.R.	in der Regel
i.e.S.	im engeren Sinne
i.H.v.	in Höhe von

i.R.d.	im Rahmen der/des
i.S.d.	im Sinne der/des
i.S.e.	im Sinne eines/einer
i.S.v.	im Sinne von
i.V.m.	in Verbindung mit
i.w.S.	im weiteren Sinne
IAA	Internationale Aktuarvereinigung
IAS	International Accounting Standard
IASB	International Accounting Standards Board
IASC	International Accounting Standards Committee
IASCF	International Accounting Standards Committee Foundation
IDW	Institut der Wirtschaftsprüfer
IE	Illustrative Examles
IFRIC	International Financial Reporting Interpretations Committee
IFRS	International Financial Reporting Standard
IG	Guidance of Implementation
IN	Instruction
inkl.	inklusive
InvG	Investmentgesetz
IOSCO	International Organization of Securities Commissions
IPO	Initial Public Offering
IStR	Internationales Steuerrecht (Zeitschrift)
IT	Informationstechnologie
JbFSt	Jahrbuch der Fachanwälte für Steuerrecht
Jg.	Jahrgang
JWG	Joint Working Group of Standard Setters
k.A.	keine Angabe
KAGG	Gesetz über Kapitalanlagegesellschaften
Kap.	Kapitel
KapAEG	Kapitalaufnahmeerleichterungsgesetz
KfW	Kreditanstalt für Wiederaufbau
Kfz	Kraftfahrzeug
KGV	Kurs/Gewinn-Verhältnis
KonTraG	Gesetz zur Kontrolle und Transparenz im Unternehmensbereich
KoR	Kapitalmarktorientierte Rechnungslegung (Zeitschrift)
KPMG	Klynfeld Peat Marwick Goerdeler
KSt	Körperschaftsteuer
KStG	Körperschaftsteuergesetz
KWG	Kreditwesengesetz

L&R	Originated Loans and Receivables
lt.	laut
M&A	Mergers & Acquisitions
m.E.	meines Erachtens
max.	maximal
mind.	mindestens
Mio.	Million(en)
MR	Marktrisiken
Mrd.	Milliarde(n)
n.F.	neue Fassung
n.v.	nicht verfügbar
NAV	Net Asset Value
NEMAX	Neuer Markt Index
NIFs	Not Issuance Facilities
No.	Number
NPL	Non-Performing-Loan(s)
Nr.	Nummer
NYSE	New York Stock Exchange
o.a.	oben angeführt
o.g.	oben genannt
o.O.	ohne Ort
o.V.	ohne Verfasser
OCI	Other Comprehensive Income
OECD	Organisation for Economic Cooperation and Development
OTC	Over-the-Counter
ÖVFA	Österreichische Vereinigung für Finanzanalyse und Anlageberatung
p.	page
p.a.	per anno
PCAM	Private Clients and Asset Management
PER	Price Earnings Ratio
PH	Prüfungshinweis
Prof.	Professor
PÜ	Provisionsüberschuss
PUCM	Projected Unit Credit Method
PVDBO	Present Value Defined Benefit Obligation
PwC	PricewaterhouseCoopers

RAROC	Risk-Adjusted Return on Capital
rd.	rund
RechKredV	Verordnung über die Rechnungslegung der Kreditinstitute und Finanzdienstleistungsinstitute
RechVersV	VO über die Rechnungslegung von Versicherungsunternehmen
Resp.	Respektive
RIW	Recht der Internationalen Wirtschaft (Zeitschrift)
RLG	Rechnungslegungsgesetz
Rn.	Randnummer
ROA	Return on Assets
RoAuM	Return on Assets under Management
ROE	Return on Equity
RORAC	Return on Risk-Adjusted Capital
RORWA	Return on Risk Weighted Assets
RREEF	Real Estate Investment Managers
RS	Rechnungslegungsstandard
RUFs	Revolving Underwriting Facilities
RV	Risikovorsorge
RWA	gewichtete Risikoaktiva
Rz.	Randziffer
S&P	Standard & Poor's
S.	Seite(n)
SARs	Stock Appreciation Rights
SE	Sonstige betriebliche Erträge
SEC	Securities and Exchange Commission
SFAS	Statement of Financial Accounting Standard
SG	Schmalenbach-Gesellschaft
SIC	Standing Interpretations Committee
sog.	so genannte(r)
SPEs	Special Purpose Entities
SPVs	Special Purpose Vehicles
StuB	Steuern und Bilanzen (Zeitschrift)
StuW	Steuer und Wirtschaft (Zeitschrift)
SÜ	Saldo übrige Erträge/Aufwendungen
TEUR/T€	Tausend Euro
TransPuG	Transparenz- und Publizitätsgesetz
Tsd.	Tausend
Tz.	Textziffer

u.	und
u.ä.	und ähnliche(s)
u.a.	und andere
u.U.	unter Umständen
UBS	United Bank of Switzerland
USA	United States of America
USD	amerikanische Dollar
US-GAAP	United States-Generally Accepted Accounting Principles
v.	vom/von
VA	Verwaltungsaufwand
VAG	Gesetz über die Beaufsichtigung der Versicherungsunternehmen (Versicherungsaufsichtsgesetz)
VaR	Value-at-Risk
VC	Venture Capital
vgl.	vergleiche
VO	Verordnung
vs.	versus
VW	Versicherungswirtschaft (VW)
WHU	Wissenschaftliche Hochschule für Unternehmensführung
WM	Wertpapiermitteilung
WP	Wertpapiere
WPg	Die Wirtschaftsprüfung (Zeitschrift)
WpHG	Wertpapierhandelsgesetz
YEN	Japanische Yen
z.B.	zum Beispiel
z.T.	zum Teil
z.Z.	zur Zeit
zfbf	Schmalenbachs Zeitschrift für betriebswirtschaftliche Forschung
ZfCM	Zeitschrift für Controlling & Mamagement
ZfgK	Zeitschrift für das gesamte Kreditwesen
Ziff.	Ziffer
ZÜ	Zinsüberschuss
zzgl.	zuzüglich

Liesel Knorr

Internationale und nationale Rechnungslegung im Umbruch

1. Bestandsaufnahme 3
   1.1 IFRS: „stabile" Plattform 2005 3
   1.2 Europäische Vorgaben 6
   1.3 Rechnungslegung in Deutschland 8

2. Weitere Schritte auf dem Weg zur Konvergenz 9
   2.1 Internationale Schritte 9
   2.2 Europäische Schritte 10
   2.3 Nationale Schritte 11

3. Einheitliche Rechnungslegung in 2010? 12

1. Bestandsaufnahme

Mit dem 1. Januar 2005 beginnt ein neuer Abschnitt in der Rechnungslegung: in mehr als 90 Ländern werden International Financial Reporting Standards (IFRSs) angewandt.[1] Dabei variiert der Anwendungsbereich von der Pflicht für gelistete Unternehmen, ihre Konzernabschlüsse nach IFRS aufzustellen, bis hin zur Übernahme dieser Standards als nationale Regelung für alle Abschlüsse.[2] Wenn auch bei den kapitalmarktorientierten Unternehmen die Konvergenz der Finanzberichterstattung über alle Grenzen fortschreitet, wird in Deutschland die gemeinsame Basis für alle Unternehmen und die einheitliche Rechnungslegung von Unternehmen für Kapitalmarktberichterstattung, Ausschüttungsbemessung und Steuerbemessung aufgegeben.

1.1 IFRS: „stabile" Plattform 2005

Um den Anspruch als globaler Standardsetter zu untermauern und die weltweite Akzeptanz der Verlautbarungen weiterhin zu fördern, setzte sich die International Accounting Standards Committee Foundation (IASCF) bei ihrer Umstrukturierung folgende Ziele:[3]

- im Interesse der Öffentlichkeit einheitliche, qualitativ hochwertige, verständliche und durchsetzbare globale Rechnungslegungsstandards zu entwickeln, die zu einer qualitativ hochwertigen, transparenten und vergleichbaren Informationsdarstellung in den Jahresabschlüssen und anderen Finanzberichten führen, um die Kapitalmarktteilnehmer und andere Nutzer bei der wirtschaftlichen Entscheidungsfindung zu unterstützen;

- Förderung der Nutzung und strengen Anwendung dieser Standards;

- Herbeiführen der Konvergenz nationaler Rechnungslegungsstandards und der Verlautbarungen des IASB zur Erreichung qualitativ hochwertiger Lösungen.

---

[1] Vgl. http://www.iasb.org/about/faq.asp?

[2] Vgl. Zur geplanten Umsetzung der in der IFRS Verordnung eingeräumten Wahlrechte http://www.europa.eu.int/comm/internal_market/accounting/ias_de.htm#options.

[3] Vgl. BAETGE, J./THILE, S./PLOCK, M., Die Restrukturierung des International Accounting Standards Committee - Das IASC auf dem Weg zum globalen Standardsetter?, DB 2000, S. 1033-1038.

Der International Accounting Standards Board (IASB) als Fachorgan der IASCF nahm 2001 seine Facharbeit mit der Resolution auf, alle im Rahmen der früheren Satzungen verabschiedeten Standards und Interpretationen zu übernehmen.[4] Im Mai 2002 wurde ein umfangreiches Überarbeitungsprogramm („Improvements Project") mit dem Ziel gestartet, noch existierende Wahlrechte zu beseitigen und die allgemeine Qualität der Standards zu verbessern.[5] Mit der Veröffentlichung von 13 überarbeiteten Standards und der Streichung eines Standards wurde das Projekt im Dezember 2003 abgeschlossen. Beispiele für die vorgenommenen Änderungen sind die Abschaffung des Wahlrechts zur Anwendung der LIFO-Methode, die Abschaffung außerordentlicher Aufwendungen und Erträge, die Einführung der funktionalen Währung sowie die Neufassung der Kriterien für vorübergehende Beherrschung. Weiterhin wurden die beiden Standards zur Bilanzierung von Finanzinstrumenten IAS 32 und IAS 39 einer Überarbeitung unterzogen, die mit Verabschiedung und Veröffentlichung im Dezember 2003 und März 2004 zunächst ihren (vorläufigen) Abschluss fand.[6]

Die Entwicklung neuer Standards, die sich mit noch bislang in den IFRS ungeregelten Rechnungslegungsfragen befassen, brachte zunächst im Juni 2003 IFRS 1 Erstmalige Anwendung der International Financial Reporting Standards (First-time Adoption of International Financial Reporting Standards) hervor.[7] Die bisherige Umstellungsregelung in SIC-8 „Erstmalige Anwendung der IFRS als primäre Grundlage der Rechnungslegung" ließ eine Vielzahl von Interpretationsspielräumen zu und löste erheblichen praktischen Umstellungsaufwand aus. Mit IFRS 2 Share-based Payment (Februar 2004) wurde ein neues drängendes Thema aufgenommen und in diesem Fall auch die weltweite Führungsrolle übernommen.[8] IFRS 4 Versicherungsverträge (Insurance Contracts) (März 2004)[9] und IFRS 6 Exploration for and Evaluation of Mineral Resources (Dezember 2004) befassen sich mit branchenspezifischen Aktivitäten; in beiden Fällen konnte nur ein erster Schritt zur Vereinheitlichung der bisherigen Praktiken erfolgen, weitere grundlegende Arbeiten stehen noch an. Die Neufassung der Regelungen zu Unternehmenserwerben in IFRS 3 Unternehmenszusammenschlüsse (Business Combinations) (März 2004)[10] erfolgte in enger Zusammenarbeit mit dem Financial Accounting Standards Board (FASB) und zog eine gleichzeitige Überarbeitung von IAS 36 Wertminderung von Vermögenswerten (Impairment of Assets) und IAS 38 Immaterielle Vermögenswerte (Intangible Assets)[11] nach sich. IFRS 5 Zur Veräußerung gehaltene langfristige Vermögenswerte und aufgegebene Geschäftsbereiche (Non-current Assets Held for Sale and Discontinued

---

[4] Vgl. Preface to IFRS Tz. 5.
[5] Vgl. Presseerklärung des IASB vom 15.05.2002.
[6] Vgl. den Beitrag „Ansatz und Bewertung von Finanzinstrumenten".
[7] Vgl. den Beitrag „Erstanwendung von IFRS".
[8] Vgl. den Beitrag „Anteilsbasierte Vergütung".
[9] Vgl. den Beitrag „Versicherungsgeschäfte".
[10] Vgl. den Beitrag „Konzernrechnungslegung".
[11] Vgl. den Beitrag „Immaterielle Vermögenswerte".

Operations) (März 2004)[12] ist das Ergebnis der Konvergenzbemühungen zwischen IASB und FASB, das heißt die weitgehende Anpassung der bisherigen IFRS Regelungen an die in US GAAP.

Im Dezember 2004 hat der IASB eine Neufassung von IAS 19 Leistungen an Arbeitnehmer (Employee Benefits verabschiedet),[13] die das Wahlrecht aufnimmt, versicherungsmathematische Gewinne und Verluste sofort außerhalb der Gewinn- und Verlustrechnung zu erfassen. Bislang sieht IAS 19 entweder die Verteilung der versicherungsmathematischen Gewinne und Verluste über die Restlebensarbeitszeit oder die sofortige erfolgswirksame Vereinnahmung vor. Damit ist auch die Lösung des englischen FRS 17 nach IAS 19 zulässig.

IAS 39, Finanzinstrumente: Ansatz und Bewertung stößt weiterhin auf Anwendungs- und Akzeptanzprobleme, die mit vier vorgeschlagenen begrenzten Änderungen aufgefangen werden sollen. Auf Grund der Kritik von Regulatoren legte der IASB im April einen Vorschlag vor, die im Dezember 2003 eingeführte Option einzuengen, Finanzinstrumente nach dem erstmaligen Ansatz ergebniswirksam mit dem beizulegenden Wert zu bewerten.[14] Insbesondere Unternehmen haben sich für die Beibehaltung des Wahlrechts ausgesprochen, Regulatoren weiterhin gegen das Wahlrecht; eine Lösung ist noch nicht in Sicht. Kontroversen um die Abgrenzung der Anwendung von IAS 39 oder IFRS 4 auf Kreditversicherungen haben einen neuen Entwurf „Financial Guarantee Contracts and Credit Insurance" hervorgebracht,[15] die Kontroverse zur Überarbeitung des Textes zu Cash Flow Hedge Accounting of Forecast Intragroup Transactions den Entwurf einer Neufassung. Bereits im Dezember 2004 abgeschlossen wurde die begrenzte Einführung eines Wahlrechts zwischen der vollständigen retrospektiven und der prospektiven Anwendung auf bestimmte Transaktionen.

Das International Financial Reporting Interpretations Committee (IFRIC) sah sich zunächst in seinem Aktionsradius durch die zahlreichen Themen, die der IASB gleichzeitig bearbeitete, beschränkt. Wenn auch die Erwartung bestand und besteht, dass sich das Volumen der Verlautbarungen in Grenzen hält, verwunderte die geringe Anzahl der als regelungsbedürftig angesehenen Sachverhalte angesichts der zunehmenden Anwendung der IFRS. Bis zum Dezember 2004 wurden sechs Texte verabschiedet, die sich mit den Themen Changes in Existing Decommissioning, Restoration and Similar Liabilities, Members' Shares in Co-operative Entities and Similar Instruments, Emission Rights, Determining Whether an Arrangement Contains a Lease und Rights to Interests Arising

---

[12] Vgl. auch den Beitrag „Zur Veräußerung gehaltene, langfristige Vermögenswerte und aufgegebene Bereiche".

[13] Vgl. auch den Beitrag „Pensionsverpflichtungen (und sonstige Leistungen)".

[14] Vgl. LÖW, E., Partilles Endorsement von IAS 39: Fair-Value-Option, BB 2005, Heft 4, S. I. Siehe auch LÖW, E., Fair-Value-Option nicht einschränken, Börsen-Zeitung vom 14.07.2004, S. 5 und LÖW, E., Abläufe bei IAS-Beratung müssen verbessert werden, Börsen-Zeitung von 29.09.2004, S. 4.

[15] Vgl. auch den Beitrag „Ansatz und Bewertung von Finanzinstrumenten".

from Decomissioning, Restoration and Environmental Rehabilitation Funds, sowie der Überarbeitung von SIC-12 Consolidation - Special Purpose Entities befassen. Ab Januar 2005 anzuwenden sind nur IFRIC 1, IFRIC 2 und SIC-12 amended, die anderen folgen mit März 2005 (IFRIC 3) und Januar 2006 (IFRIC 4 und IFRIC 5).

Die Flut der Verlautbarungen kurz vor Beginn der Pflichtanwendung und die „Dauerbaustelle" Finanzinstrumente haben Ermüdungserscheinungen bei allen Betroffenen ausgelöst, die Aufbruchstimmung in Skepsis umschlagen lassen, ob der eingeschlagene Weg zum Ziel allseits akzeptierter Lösungen führt.

1.2 Europäische Vorgaben

Erwägungsgrund 5 der Modernisierungsrichtlinie[16] bekräftigt, dass als Grundgesetz der Rechnungslegung in der Europäischen Union weiterhin für alle Unternehmen die Bilanzrichtlinie[17], die Konzernabschlussrichtlinie[18], sowie die Richtlinien für Banken[19] und Versicherungen[20] gelten, um sicherzustellen, dass gleiche Wettbewerbsbedingungen herrschen. Mit der Neufassung der Richtlinien in der Modernisierungsrichtlinie wurden alle Unstimmigkeiten zwischen den Richtlinien und den IFRS zum Stand 1. Mai 2002 beseitigt. Eine weitere Anpassung an die Fortentwicklung der IFRS ist noch nicht vorgesehen.

Mit der Verordnung Nr. 1606/2002 des Europäischen Parlaments und des Rates vom 19. Juli 2002 betreffend die Anwendung internationaler Rechnungslegungsstandards[21] wurde der Grundstein für das neue Rahmenkonzept gelegt. Ohne Umweg über nationale Transformations-Gesetzgebung gelten die IFRS im Wege einer gemeinschaftsrechtlichen Verordnung unmittelbar für die Konzernabschlüsse kapitalmarktorientierter Unternehmen in den Mitgliedstaaten und überlagern durch diese Verpflichtung das überkommene Bilanzrecht. Allerdings richtet sich die Verpflichtung zur Konzernrechnungslegung nach wie vor nach den in nationales Recht transformierten

---

[16] Richtlinie 2003/51/EG des Europäischen Parlaments und des Rates vom 18. Juni 2003 zur Änderung der Richtlinien 78/660/EWG, 83/349/EWG, 86/635/EWG und 91/674/EWG über den Jahresabschluss und den konsolidierten Abschluss von Gesellschaften bestimmter Rechtsformen, von Banken und anderen Finanzinstituten sowie von Versicherungsunternehmen.

[17] Vgl. Vierte Richtlinie 78/660/EWG des Rates vom 25. Juli 1978 aufgrund von Artikel 54 Absatz 3 Buchstabe g) des Vertrages über den Jahresabschluss von Gesellschaften bestimmter Rechtsformen.

[18] Vgl. Siebte Richtlinie 83/349/EWG des Rates vom 13. Juni 1983 aufgrund von Artikel 54 Absatz 3 Buchstabe g) des Vertrages über den konsolidierten Abschluss.

[19] Richtlinie 86/635/EWG des Rates vom 8. Dezember 1986 über den Jahresabschluss und den konsolidierten Abschluss von Banken und anderen Finanzinstituten.

[20] Richtlinie 91/674/EWG des Rates vom 19. Dezember 1991 über den Jahresabschluss und den konsolidierten Abschluss von Versicherungsunternehmen.

[21] Amtsblatt Nr. L 243 vom 11/09/2002.

Vorschriften der Konzernabschlussrichtlinie, so dass den Voraussetzungen, Wahlrechten und Befreiungen weiterhin Bedeutung zukommt.[22]

Das formelle Anerkennungsverfahren der Konformität mit den EU-Bilanzrichtlinien und den politischen Zielen der EU haben zunächst die noch vom International Accounting Standards Committee verabschiedeten Standards und Interpretationen des Standing Interpretations Committee durchlaufen. Mit Ausnahme der Texte zu Finanzinstrumenten fand im September 2003 eine „Massentaufe" des vom IASC übernommenen Bestands an Standards statt.[23] Es folgten die Übernahme von IFRS 1[24] im April 2004, die Teilübernahme von IAS 39 im November 2004,[25] IFRS 3, 4 und 5, IAS 36 und IAS 38,[26] IAS 32 Finanzinstrumente: Angaben und Darstellung und IFRIC 1,[27] die im „Improvements Project" überarbeiteten Standards[28] im Dezember 2004 und schließlich IFRS 2 im Februar 2005.[29]

Die Teilübernahme von IAS 39 ist der vorläufige Schluss eines immer politischer werdenden Prozesses. Die europäische Kommission ist mit dieser Lösung einerseits auf Bedenken der Europäischen Zentralbank und einiger Aufsichtsämter bezüglich der Fair-Value-Option eingegangen; weiterhin stehe die Fair-Value-Option in Widerspruch zu Artikel 42a der 4. EU Richtlinie.[30] Zum anderen hat sie die Argumente europäischer Banken aufgenommen, die Abbildung von Sicherungsgeschäften entspräche nicht ihrem Risikomanagement, sei zu aufwendig und führe zu unvertretbarer Volatilität. Wenn auch betont wird, es seien nur einige wenige Bestimmungen des Standards herausgenommen, so ist die Wirkung eher als weit reichend einzustufen: eine Bewertungsoption wird als

---

[22] Siehe Kommentare zu bestimmten Artikeln der Verordnung (EG) Nr. 1606/2002 des Europäischen Parlaments und des Rates vom 19. Juli 2002 betreffend die Anwendung internationaler Rechnungslegungsstandards und zur Vierten Richtlinie 78/660/EWG des Rates vom 25. Juli 1978 sowie zur Siebenten Richtlinie 83/349/EWG des Rates vom 13. Juni 1983 über Rechnungslegung http://www.europa.eu.int/comm/internal_market/accounting/docs/IAS200311-comments/ias-200311-comments_de.pdf_de.pdf.

[23] Verordnung (EG) 1725/2003 der Kommission.

[24] Verordnung (EG) 707/2004 der Kommission: IFRS 1 Erstmalige Anwendung der International Financial Reporting Standards.

[25] Verordnung (EG) 2086/2004 der Kommission: Finanzinstrumente: Ansatz und Bewertung.

[26] Verordnung (EG) 2236/2004 der Kommission: IFRS 3 Unternehmenszusammenschlüsse, IFRS 4 Versicherungsverträge, IFRS 5 Zur Veräußerung gehaltene langfristige Vermögenswerte und aufgegebene Geschäftsbereiche, Überarbeitung von IAS 36 Wertminderung von Vermögenswerten und IAS 38 Immaterielle Vermögenswerte.

[27] Verordnung (EG) 2237/2004 der Kommission: IAS 32 Finanzinstrumente: Angaben und Darstellung und IFRIC 1 Änderungen bestehender Rückstellungen für Entsorgungs-, Wiederherstellungs- und ähnliche Verpflichtungen.

[28] Verordnung (EG) 2238/2004 der Kommission: IAS 1, 2, 8, 10, 16, 17, 21, 24, 27, 28, 31, 33 und 40.

[29] Verordnung (EG) 211/2005 der Kommission: IFRS 2 Anteilsbasierte Vergütung.

[30] Vgl. IAS 39 Financial Instruments: Recognition and Measurement - Frequently Asked Questions (FAQ) MEMO/04/265 vom 19. November 2004 http://europa.eu.int/rapid/pressReleaseAction.

nicht zulässig den Unternehmen versagt, die Bedingungen für die Anerkennung von Sicherungsgeschäften wesentlich gelockert. Ausdrücklich wird die Übernahme eines Teilstandards als Ausnahme und als vorläufige Lösung bezeichnet.

Der nächste Problemfall zeichnet sich ab: IFRIC 3 Emission Rights stößt auf heftigen Widerstand. Die ersten Diskussionen bei der European Financial Reporting Advisory Group im Rahmen des Übernahmeverfahrens signalisieren eine geringe Neigung, die Interpretation zur Annahme zu empfehlen, da es auf Grund der unterschiedlichen Bewertungsmaßstäbe für Aktiva und Passiva zu unsinnigen Ergebnisauswirkungen komme.[31]

1.3 Rechnungslegung in Deutschland

Mit dem Gesetz zur Einführung internationaler Rechnungslegungsstandards und zur Sicherung der Qualität der Abschlussprüfung (Bilanzrechtsreformgesetz - BilReG)[32] „wurde ein historischer Wandel im deutschen Bilanzrecht vollzogen"[33]. Es wurden im Wesentlichen europäische Vorgaben in nationales Recht transformiert bzw. eingebettet: die IFRS-Verordnung, die Schwellenwertrichtlinie, sowie die Pflichtbestandteile der Fair-Value-Richtlinie und der Modernisierungsrichtlinie. Die International Accounting Standards werden dauerhaft im nationalen Recht verankert, als Pflicht für kapitalmarktorientierte, Wahl für alle anderen Konzernabschlüsse. Mit einer weiteren Einschränkung der Befreiung zur Aufstellung von Teilkonzernabschlüssen bei Kapitalmarktorientierung wird der Kreis der Pflichtanwender der internationalen Rechnungslegung erweitert. Indirekt nehmen die internationalen Standards Einzug in die HGB-Welt, indem Tochterunternehmen auch bei konzernfremder Tätigkeit einzubeziehen und generell Kapitalflussrechnung und Eigenkapitalspiegel aufzustellen sind.[34] Erweiterte (Konzern-)Anhangangaben betreffen Honorarangaben bezüglich des Abschlussprüfers und Angaben zu Finanzinstrumenten. Die Erweiterung der (Konzern-)Lageberichterstattungspflichten hat zum Ziel, mehr entscheidungsrelevante Informationen zu liefern, Soll-Ist-Vergleiche zu ermöglichen.

Die Anpassung der Größenmerkmale für die Anwendung bestimmter Vorschriften in Einzel- und Konzernabschluss dient dem Ziel, dass Gesellschaften in den Pflichten der

---

[31] Vgl. Berichte zu den Januar und Februar 2005 Sitzungen der Technical Experts Group TEG auf www.efrag.org.

[32] BR-Drucks. 852/04.

[33] PFITZER, P./OSER, P./ORTH, C., Offene Fragen und Systemwidrigkeiten des Bilanzrechtsreformgesetzes, DB 2004, S. 2593.

[34] Vgl. WENDLANDT, K./KNORR, L., Das Bilanzrechtsreformgesetz - zeitliche Anwendung der wesentlichen bilanzrechtlichen Änderungen des HGB und Folgen für die IFRS-Anwender in Deutschland, KoR 2005, S. 53-57.

bisherigen Größenklassen verbleiben trotz wirtschaftlicher und monetärer Entwicklungen.

Unangetastet bleibt die Pflicht aller Unternehmen, für die Ausschüttungsbemessung und die steuerliche Gewinnermittlung einen traditionellen HGB-Abschluss zu erstellen. Die damit verbundene Kumulation von Rechnungslegungsaufwand sei wegen der divergierenden Zwecke bis zu einem gewissen Grade unvermeidlich.[35] Der zusätzliche Aufwand variiert von Überleitungsrechnungen für einige Posten bis zur parallelen Erfassung von Massengeschäftsvorfällen wie dem Handelsbestand bei Banken; hinzu kommt das Erfordernis unterschiedliche Ergebnisse zu erläutern.

2. Weitere Schritte auf dem Weg zur Konvergenz

Das Ziel globaler Rechnungslegung ist noch nicht erreicht, zahlreiche Hürden sind noch zu nehmen. Der IASB, die Europäische Kommission und der deutsche Gesetzgeber kündigen weitere Schritte an, die eine Mischung aus Eigeninitiative, Aufeinanderzugehen und Wettbewerb um die Gunst der Betroffenen darstellen.

2.1 Internationale Schritte

Im September 2002 haben sich IASB und FASB bei einer gemeinsamen Sitzung verpflichtet, alle Anstrengungen zu unternehmen, die bestehenden Regelungen so bald wie möglich kompatibel zu gestalten und über die Koordinierung ihrer zukünftigen Arbeitsprogramme auf Dauer sicherzustellen.[36] Neben relativ kleineren Anpassungen im Rahmen der Überarbeitung von Verlautbarungen wird die ernsthafte Verfolgung des Ziels bei den Themen anteilsbasierte Vergütung und Unternehmenszusammenschlüsse offensichtlich, wo weitgehend identische Regelungen verabschiedet wurden. In den nächsten Monaten werden mehr oder minder umfängliche Überarbeitungen bei latenten Steuern, Zuwendungen, Segmentberichterstattung und Rückstellungen folgen. Eine gemeinsame Arbeitsgruppe wurde für das Projekt Performance Reporting eingesetzt; die Pläne, die Rahmenkonzepte gemeinsam zu überarbeiten, treten in wenigen Wochen in die erste aktive Phase ein. Wird die Zusammenarbeit von IASB und FASB je nach Beobachter als feindliche Übernahme des einen durch den anderen gesehen, mag dabei auch eine Rolle spielen, dass immer weniger Personen am Entscheidungsprozess

---

[35] Vgl. Begründung des Kabinettsentwurfs zum BilReG, BT-Drucksache 15/3419 vom 24. Juni 2004.
[36] Vgl. The Norwalk Agreement", www.iasb.org.

beteiligt sind oder zu sein scheinen. Andere Standardsetter sind nur begrenzt in Einzelfällen in eine Kooperation eingebunden. Unmut über die fachlichen Entscheidungen des IASB wird laut gegeben in den Kommentaren zur Überarbeitung der Satzung, die bereits bei der Verabschiedung im Jahr 2000 für den Zeitpunkt fünf Jahre nach Inkrafttreten vorgesehen wurde.[37] Eine verstärkte Einbindung der Betroffenen über regionale Diskussionsrunden oder Feldversuche soll die Akzeptanz des Prozesses und der Entscheidungen erhöhen. Vorwürfe mangelnder Praktikabilität, hoher Detaillierung, von Themen nur begrenzter Relevanz und fortschreitender Hinwendung zur Fair-Value-Bewertung stellen die Hürden dar, die bis zum Ziel zu bewältigen sind.

Als weiteres Betätigungsfeld hat der IASB ein Projekt aufgenommen, für kleine und mittlere Unternehmen ohne Kapitalmarktorientierung Regelungen auszuarbeiten. Der zunächst sichtbare Drang, nur den Umfang der Angaben beschränken zu wollen, scheint der Erkenntnis gewichen zu sein, auch bei Ansatz und Bewertung die Anwendbarkeit der „großen Lösung" für kleine und mittlere Unternehmen in Frage zu stellen.[38]

2.2 Europäische Schritte

Die Europäische Kommission nimmt seit 1991 an den Sitzungen des IASC, seit 2001 dann des Standards Advisory Councils des IASB teil, entsendet auch Beobachter in das Interpretationsgremium. Weiterhin begleitet sie den Prozess der Übernahme in europäisches Recht von den ersten Diskussionen in der für die fachliche Beratung eingerichteten European Financial Reporting Advisory Group (EFRAG) über die Debatten im Regelungsausschuss für Rechnungslegung, in dem Vertreter der Mitgliedstaaten sitzen bis zu ihrem Indossierungsbeschluss. Wenn sie sich auch ausdrücklich nicht als Standardsetter versteht und in ihrer Strategie im Hinblick auf die internationale Harmonisierung von einer eigenständigen Fortentwicklung von Rechnungslegungsregelungen absehen will,[39] erlässt sie weiterhin neue Richtlinien und schlägt Änderungen der bestehenden vor.

Mit der Transparenzrichtlinie[40] werden der Zeitrahmen, wann Jahresberichterstattung und wann Zwischenberichterstattung zu erfolgen hat, und die Bestandteile der Berichter-

---

[37] Vgl. Review of the Constitution - Proposals for Change; Strengthening the IASB's Deliberative Processes, Identifying Issues for the IASC Foundation Constitution Review; Kommentare zu den drei Dokumenten auf www.iasb.org.

[38] Vgl. Preliminary Views on Accounting Standards for Small and Medium-sized Entities und Kommentare zu dem Diskussionspapier auf www.iasb.org.

[39] Mitteilung der Kommission: Harmonisierung auf dem Gebiet der Rechnungslegung: Eine neue Strategie im Hinblick auf internationale Harmonisierung COM 95 (508) DE; Mitteilung der Kommission an den Rat und das Europäische Parlament: Rechnungslegungsstrategie der EU: Künftiges Vorgehen KOM (2000) 359 DE.

[40] Richtlinie 2004/109/EG des Europäischen Parlaments und des Rates vom 15. Dezember 2004 zur Harmonisierung der Transparenzanforderungen in Bezug auf Informationen über Emittenten, deren

stattung festgelegt. Darüber hinaus werden Pflichten der laufenden Informationen über bedeutende Beteiligungen und der Emittenten von zum Handel an einem geregelten Markt zugelassenen Wertpapieren geregelt. Umzusetzen ist die Richtlinie bis zum 20. Januar 2007.

Ende Oktober 2004 wurden Vorschläge zur Änderung der Vierten und Siebten Gesellschaftlichen Richtlinie zu Einzel- und Konzernabschluss vorgestellt,[41] die neben der kollektiven Organverantwortlichkeit hinsichtlich Finanzberichterstattung und einer Corporate-Governance-Erklärung auch die Themen Offenlegung von Transaktionen mit nahe stehenden Personen und von nicht bilanzierten Geschäften vorsehen.[42] Auch nicht kapitalmarktorientierte Unternehmen sollen auf diesem Weg zu einer erhöhten Transparenz angehalten werden; die Abstimmung mit den bereits für gelistete Unternehmen übernommenen IFRS-Regelungen erscheint unvollkommen. Es ist vorgesehen, dass die Mitgliedstaaten eine Umsetzung der noch zu verabschiedenden Richtlinie bis zum 31. Dezember 2006 vornehmen.

Ende September 2004 wurden Vorschläge zur Änderung der Zweiten Gesellschaftlichen Richtlinie in Bezug auf die Gründung von Aktiengesellschaften und die Erhaltung und Änderung ihres Kapitals vorgelegt,[43] die noch nicht auf Änderungen der Ausschüttungsbemessung eingehen;[44] dies wird erst in einer weiteren Runde der Fortentwicklung der gesellschaftsrechtlichen Rahmenbedingungen erfolgen. Auch diese Vorschläge sollen die Mitgliedstaaten bis zum 31. Dezember 2006 umsetzen. Die Bindung der Ausschüttung an den Jahresabschluss wird zunehmend als Anachronismus angesehen, da das Konzernergebnis im Vordergrund des Bewusstseins der Investoren steht und erst in das Mutterunternehmen überführt werden muss.

2.3 Nationale Schritte

Bereits im Maßnahmenkatalog der Bundesregierung vom 25. Februar 2003 wird die Durchforstung und „Entrümpelung" des HGB durch Abschaffung zahlreicher nicht mehr zeitgemäßer Wahlrechte, die Einführung der Fair-Value-Bewertung für Finanzinstrumente im Konzernabschluss, die Prüfung weiterer Möglichkeiten zu Ansatz und

---

Wertpapiere zum Handel auf einem geregelten Markt zugelassen sind, und zur Änderung der Richtlinie 2001/34/EG Amtsblatt L 390/38 vom 31.12.2004.

[41] http://europa.eu.int/comm/internal_market/accounting/docs/board/prop-dir-de.pdf.

[42] Vgl. LANFERMANN,G., EU-Richtlinienvorschlag zur Änderung der Vierten und Siebten Gesellschaftlichen Richtlinie zu Einzel- und Konzernabschluss, BB-Special 6/2004, S. 2-5.

[43] http://europa.eu.int/comm/internal_market/company/docs/capital/2004-proposals_de.pdf.

[44] Vgl. MAUL, S./EGGENHOFER, E./LANFERMANN, G., Deregulierung der EU-Regelungen zur Kapitalaufbringung und -erhaltung, BB-Special 6/2004, S. 5-15.

Bewertung von Vermögensgegenständen und Rückstellungen angekündigt; dabei seien die Auswirkungen auf die steuerliche Gewinnermittlung wegen der Maßgeblichkeit der Handels- für die Steuerbilanz besonders zu berücksichtigen.[45] Das in der Begründung zum Bilanzrechtsreformgesetz bereits angekündigte Gesetzesvorhaben unter dem Arbeitstitel Bilanzrechtsmodernisierungsgesetz, das in der zweiten Jahreshälfte 2004 der Öffentlichkeit vorgestellt werden sollte, lässt auf sich warten; Vorschläge wurden zwischenzeitlich veröffentlicht.[46] Die Neigung, weiterhin nur die Vorschriften zum Konzernabschluss zu reformieren und um den Einzelabschluss wegen der Ausschüttungsbemessung und der steuerlichen Ergebnisermittlung einen Bogen zu machen, wird mit zunehmender Skepsis gegenüber der Entwicklung der IFRS vermehrt vorgetragen;[47] dem stehen aber ebenso vokal Befürworter gegenüber, IFRS für nicht kapitalmarktorientierte Unternehmen zuzulassen.[48] Über die Zukunft der steuerlichen Gewinnermittlung in Deutschland im Licht des europäischen Bilanzrechts wird nachgedacht.[49] Langfristig wird die Lösung der steuerlichen Gewinnermittlung vom Handelsrecht als Chance der Rückbesinnung auf deren Grundprinzipien gesehen. Auch hier ist ein konkreter Zeitplan noch nicht in Sicht. In Anbetracht der in 2006 nahenden Bundestagswahl sind drastische Vorschläge nicht zu erwarten.

3. Einheitliche Rechnungslegung in 2010?

Rechnungslegungsvorschriften werden häufig mit Verkehrsregeln verglichen. Das Fahren auf der rechten Straßenseite hat sich noch nicht überall durchgesetzt; es ist mehr eine Frage der Gewohnheit und der Infrastruktur als des Prinzips. Aus Dänemark wurde nun bei der Diskussion zur Rechnungslegung der kleinen und mittleren Unternehmen in Europa in Erinnerung gerufen, wie bei der Umstellung des Verkehrs in Schweden vor mehr als dreißig Jahren vorgegangen wurde. Um den Übergang so reibungslos wie möglich vorzunehmen, sei er in Etappen erfolgt: in den ersten sechs Monaten hätten lediglich die Lastwagen die neuen Regeln zu befolgen gehabt.

---

[45] Vgl. http://www.bmj.bund.de/ger/service/pressemitteilungen/10000668/inhalt.html.

[46] Vgl. BUSSE VON COLBE, W., Anpassung der Konzernrechnungslegungsvorschrift des HGB an internationale Entwicklungen, BB 2004, S. 2063-2070.

[47] Vgl. SCHULZE-OSTERLOH, J., HGB-Reform: Der Einzelabschluß nicht kapitalmarktorientierter Unternehmen unter dem Einfluß von IAS/IFRS, BB 2004, S. 2567-2570.

[48] Vgl. BÖCKING, H.-J./HEROLD, C./MÜSSIG, A., IFRS für nicht kapitalmkartorientierte Unternehmen - unter besonderer Berücksichtigung mittelständischer Belange, Der Konzern 2004, S. 664-672.

[49] Vgl. HERZIG, N./BÄR, M., Internationalisierung der Rechnungslegung und steuerliche Gewinnermittlung, WPg 2000, S. 104-119 und HERZIG, N./BÄR, M., Die Zukunft der steuerlichen Gewinnermittlung im Licht des europäischen Bilanzrechts, DB 2003, S. 1-8.

Wie lange wollen wir eine parallele Rechnungslegungskultur aufrechterhalten, fortführen? Sollen wir weiterhin an gemeinsamen Grundlagen für alle Unternehmen festhalten? Sollen wir weiterhin Ausschüttung und Steuerbemessung an Jahresabschlüsse knüpfen? Wagen wir uns an eine Radikalkur? Es ist zu hoffen, dass sich eine lebhafte Debatte entspinnt, die jenseits kurzfristiger politischer Interessen mittelfristige Lösungen hervorbringt!

Sven Hartung

Erstanwendung von IFRS

1. Einleitung 17
2. Zielsetzung 20
3. Anwendungsbereich 22
   3.1 Sachlicher Anwendungsbereich 22
   3.2 Zeitlicher Anwendungsbereich 24
4. Ansatz und Bewertung 26
   4.1 Grundsätzliche Regelungen 26
   4.2 Fakultative Befreiungen von der retrospektiven Anwendung
       (Exemptions) 28
       4.2.1 Unternehmenszusammenschlüsse 29
       4.2.2 Beizulegender Zeitwert oder Neubewertung als Ersatz für
             Anschaffungs- oder Herstellungskosten 31
       4.2.3 Leistungen an Arbeitnehmer 32
       4.2.4 Kumulierte Umrechnungsdifferenzen 34
       4.2.5 Zusammengesetzte Finanzinstrumente 34
       4.2.6 Vermögenswerte und Schulden von Tochterunternehmen,
             assoziierten Unternehmen und Joint Ventures 35
       4.2.7 Klassifizierung bereits zuvor bilanzierter Finanzinstrumente 36
       4.2.8 Anteilsbasierte Vergütungen 37
       4.2.9 Versicherungsverträge 37
   4.3 Verpflichtende Ausnahmen von der retrospektiven Anwendung
       (Exceptions) 38
       4.3.1 Ausbuchung finanzieller Vermögenswerte und finanzieller
             Schulden 38
       4.3.2 Bilanzierung von Sicherungsbeziehungen 39
       4.3.3 Schätzungen 40
       4.3.4 Zur Veräußerung bestimmte langlebige Vermögenswerte und
             aufgegebene Geschäftsbereiche 40

5. Darstellung und Angaben 41
   5.1 Vergleichsinformationen 41
       5.1.1 In Bezug auf IAS 32, IAS 39 und IFRS 4 41
       5.1.2 In Bezug auf Zeitreihen 44
   5.2 Überleitungserläuterungen 44
       5.2.1 Überleitungsrechnungen 44
       5.2.2 Kategorisierung von Finanzinstrumenten 45
       5.2.3 Beizulegender Zeitwert als Ersatz für Anschaffungs- oder
             Herstellungskosten 46
       5.2.4 Zwischenberichterstattung 46

6. Zeitpunkt des Inkrafttretens 47

Anlage 1: Übersicht über die Anwendungsmöglichkeiten/-pflichten der
          unterschiedlichen Versionen der IAS 32, IAS 39 im Rahmen der
          Veröffentlichung eines ersten IFRS-Abschlusses 48

1. Einleitung

Als in Deutschland Mitte der 90er Jahre die ersten DAX-Unternehmen ihren Jahresabschluss auf internationale Rechnungslegungsnormen umstellten, gab es für die erstmalige Anwendung der IFRS[1] noch keine Regelungen seitens des IASC.[2] In Folge des Fehlens einer Vorschrift für die Umstellung der Rechnungslegung auf die damals noch International Accounting Standards (IAS) genannten Regelungen oblag es den Unternehmen selbst, den Übergang von der deutschen auf die internationale Rechnungslegung so zu gestalten, wie sie es für richtig hielten. Damals setzten sich die folgenden zwei Methoden durch: Konvertierten einige Unternehmen in der Form, dass ihr letzter Konzernabschluss nach HGB zugleich die Eröffnungsbilanz nach IFRS darstellte (prospektive Anwendung der IFRS),[3] so wählten andere Unternehmen diejenige Variante, die auch heute noch grundsätzlich als Maßstab anzusehen ist; sie taten so, als hätten sie die IFRS schon immer angewandt (retrospektive Anwendung der IFRS).[4] Somit waren sämtliche früheren Geschäftsvorfälle entsprechend den IFRS abzubilden, woraus mitunter erhebliche Bilanzierungsanpassungen resultierten. In Folge dieser uneinheitlichen Vorgehensweise deutscher Unternehmen bei der Umstellung der Konzernrechnungslegung war realiter eine interinstitutionelle Vergleichbarkeit (wenn überhaupt) nur eingeschränkt gegeben. Lediglich für diejenigen Unternehmen, die der retrospektiven Anwendung der IFRS folgten, bestand zumindest eine interperiodische Vergleichbarkeit der offen gelegten Berichtsperioden.

Was die deutsche Kreditwirtschaft im speziellen anbetrifft, zeigte sich auch in rein zeitlicher Hinsicht ein heterogenes Bild. Die Großbanken (Deutsche Bank, Dresdner Bank, Commerzbank und HypoVereinsbank) haben bereits Mitte bis Ende der 90er Jahre auf IFRS konvertiert (bzw. inzwischen teilweise auf US-GAAP). Einige mittelgroße Banken (bspw. Trinkaus und Burkhardt, Aareal Bank, Postbank) folgten diesem Umstellungsprozess ein paar Jahre später. Andere Geschäftsbanken befinden sich derzeit mitten in der Umstellungsphase (bspw. Bankgesellschaft Berlin, IKB Deutsche Industriebank

---

[1] Der Terminus IFRS beinhaltet vorliegend zugleich die Begriffe IFRS und IAS (analog zu IAS 1.11).

[2] International Accounting Standards Committee, Vorgängerorganisation des heutigen IASB (International Accounting Standards Board).

[3] Stellvertretend sei hier insbesondere die chemische Industrie, namentlich Bayer und Schering, genannt, sowie vgl. LÖW, E., Erstmalige Anwendung der International Financial Reporting Standards (IFRS 1) - Erleichterungen nutzen, Ausnahmen annehmen, Accounting 01/2005, S. 6-9.

[4] Bei den Kreditinstituten hatte die Deutsche Bank eine Vorreiterposition inne; sie stellte als erste deutsche Universalbank ihren Abschluss im Jahre 1995 auf IFRS um.

u.a.). Die Landesbanken können von der Ausnahmeregelung der IFRS-Verordnung[5] Gebrauch machen (Umstellung spätestens in 2007)[6] und nicht-kapitalmarktorientierte Institute (vornehmlich Privatbanken) bleiben vorläufig von der Umstellung verschont. Ursächlich für dieses differierende Umstellungsverhalten seitens der Kreditinstitute war u.a. die Gesetzgebung. Erst mit Verabschiedung des KapAEG[7] wurden die Voraussetzungen für die Aufstellung/Veröffentlichung eines „befreienden Konzernabschlusses"[8] geschaffen. Die Erstellung von dualen oder parallelen IFRS-Konzernabschlüssen gehörte damit der Vergangenheit an.[9]

Um sich der nicht nur national um sich greifenden Variabilität der Erstanwendung entgegen zu stellen, erließ das SIC/IASC eine Interpretation (SIC-8[10]), die erstmals die Umstellung nationaler Rechnungslegungsgrundsätze auf diejenigen der IFRS regelte. Der zentrale Leitsatz dieser Vorschrift war der Grundsatz der retrospektiven Anwendung, d.h. die IFRS waren von den Unternehmen in ihrer erstmaligen Umstellung grundsätzlich so anzuwenden, als hätten die Unternehmen schon immer nach IFRS bilanziert.[11] Dieses Postulat prägt bis heute das Bild der Vorschriften für die Umstellung auf internationale Rechnungslegungsgrundsätze. Die alten Vorschriften sahen jedoch u.a. Regelungen vor, die eine retrospektive Anwendung von Standards gebot, ohne darauf zu achten, ob dies aus Sicht der Unternehmen wirtschaftlich vertretbar sei (Kosten-/Nutzen-Prinzip).[12] Auch führten die Altregelungen zu Situationen, in denen Unternehmen im Rahmen der Umstellung unterschiedliche Versionen von Standards zu befolgen hatte, sofern es im Zeitraum seiner Berichtsperioden zur Neuveröffentlichung von Standards kam, die ausschließlich prospektiv Anwendung finden durften. Abgrenzungsprobleme

---

[5] EU-Verordnung 1606/2002 vom 19. Juli 2002.

[6] Vgl. hierzu die Ausführungen im Beitrag „Internationale und nationale Rechnungslegung im Umbruch".

[7] Gesetz zur Verbesserung der Wettbewerbsfähigkeit deutscher Konzerne an Kapitalmärkten und zur Erleichterung der Aufnahme von Gesellschafterdarlehen, kurz: Kapitalaufnahmeerleichterungsgesetz, vom 20. April 1998.

[8] Gesetzlich kodifiziert in § 292a HGB.

[9] Vgl. stellvertretend LÖCKE, J. Erstmalige Aufstellung befreiender IFRS-Konzernabschlüsse nach Interpretation SIC-8, DB 1998, S. 1777-1780.

[10] SIC-8 - First-time Application of IASs as the Primary Basis of Accounting wurde im Juli 1998 vom Standing Interpretations Committee (SIC, heute IFRIC) des IASC (heute IASB) erlassen und trat zum 1. August 1998 in Kraft.

[11] Im Gegensatz zur rein prospektiven Anwendung der IFRS, die vor Einführung von SIC-8 noch möglich war. Dabei bleibt der Bilanzenzusammenhang durch Übernahme des auf Basis nationaler Vorschriften ermittelten Zahlenwerks als Vortrag für die IFRS-Eröffnungsbilanz gewahrt. Solange jedoch Geschäftsvorfälle, die auf nationalen Standards beruhen, noch bilanziert werden, ist eine interinstitutionelle Vergleichbarkeit nur eingeschränkt gewährleistet.

[12] Der Aufwand, der sich hinter diesen Vorschriften verbarg, wurde in der Literatur auch als „Ahnenforschung" (so z.B. KNORR, L./WENDLANDT, K, Standardentwurf zur erstmaligen Anwendung von International Financial Reporting Standards (IFRS), KoR 2002, S. 201-206, hier S. 202) bezeichnet, musste doch in getreuer Erfüllung der Vorschriften in die Historie des mitunter weit zurück reichenden Geschäftsabschlusses jeder einzelnen Transaktion gegeben werden.

zwischen SIC-8 und den jeweiligen Übergangsbestimmungen (transitional provisions[13]) der neuen Standards sowie Friktionen hinsichtlich der rückwirkenden Einbeziehung wertaufhellender Informationen bei der retrospektiven Standardanwendung rundeten den ersten Versuch des IASB, den Unternehmen einen Anwendungsleitfaden für die Umstellung zu liefern, ab.[14]

Aufgrund zahlreicher Einwände seitens der Anwender, insbesondere wegen unzureichender praktischer Anwendung des SIC-8 und der daraus resultierenden hohen Umstellungsaufwendungen für die Unternehmen, sah sich auch die EU genötigt, den Standardsetter zu einer Reform der Vorschriften für die Erstanwendung zu bewegen. Das IASB erarbeitete daraufhin einen eigenständigen (neuen) Standard, der zunächst in Form eines Standardentwurfs, ED 1 „First-time Application of International Financial Reporting Standards",[15] der Öffentlichkeit präsentiert wurde. Um ähnliche Akzeptanzprobleme seitens der Praxis wie gegenüber SIC-8 zu vermeiden, bedurften einige Bestandteile von ED 1 jedoch abermals einer Überarbeitung, so dass sich die geplante zeitlich verpflichtende Anwendung des neuen Standards insgesamt um ein Jahr verzögerte.[16]

Der dann veröffentlichte finale Standard, IFRS 1 - First-time Adoption of International Financial Reporting Standards - (im folgenden kurz „IFRS 1")[17], stellt letztlich einen Kompromiss zwischen inhaltlich Gefordertem (retrospektive Anwendung) und praktisch Machbarem[18] (prospektive Anwendung) dar. Im gleichen Spannungsfeld bewegt sich die Zielsetzung des Standards, die einerseits das umstellungspflichtige Unternehmen und andererseits den Informationsadressaten im Blick hat. Wodurch sowohl die parallele Verfolgung der Vergleichbarkeit der Abschlüsse eines Unternehmens im Zeitablauf (interperiodisch) als auch die Vergleichbarkeit konvertierender Unternehmen untereinander (interinstitutionell) nicht gerade erleichtert wird. Um dieser partiell divergierenden Zielsetzung gerecht zu werden, stellt sich IFRS 1 zunächst der Fragestellung, wer Erst-

---

[13] Die Übergangsbestimmungen der einzelnen Standards gelten i.d.R. nicht für IFRS-Erstanwender. Ausnahmen greifen bzgl. bestimmter Aspekte von IAS 39 („Ausbuchung finanzieller Vermögenswerte und Schulden" sowie „Bilanzierung von Sicherungsbeziehungen" gemäß IFRS 1.9 i.V.m.IFRS 1.27-30).

[14] Vgl. hierzu bspw. PELLENS, B./DETERT, K., IFRS 1 First-time Adoption of International Financial Reporting Standards, KoR 2003, S. 369-376, hier S. 369.

[15] Veröffentlicht vom IASB am 31. Juli 2002. Vgl. zum ED 1 bspw. ZEIMES, M., Zur erstmaligen Anwendung von International Financial Reporting Standards - Anmerkungen zum Standardentwurf ED 1 des IASB, WPg 2002, S. 1001-1009.

[16] Ursprünglich sollte ED 1 mit voraussichtlicher Wirkung ab dem 1. Januar 2003 in Kraft treten. Aufgrund zahlreicher notwendiger Änderungen der im ursprünglichen ED 1 enthaltenen Konzeptionen, verlängerte sich die Beratungszeit des IASB erheblich. Ein Vergleich von ED 1 mit IFRS 1 findet sich bspw. in HAYN, S./BÖSSER, J./PILHOFER, J., Erstmalige Anwendung von International Financial Reporting Standards (IFRS 1), BB 2003, S. 1607-1613.

[17] Veröffentlichung von IFRS 1 am 19. Juni 2003. Mit der anders gewählten Bezeichnung (Adoption statt Application) verbindet das IASB lediglich eine begriffliche Präzisierung.

[18] Rein praktisch gesehen ist auch die retrospektive Erstanwendung „machbar", sie bindet jedoch im Vergleich zur prospektiven Erstanwendung erheblich mehr Ressourcen und ist zugleich deutlich komplizierter.

anwender i.S.d. Standards ist und dementsprechend die Erleichterungsvorschriften, die über Befreiungen (exemptions) und über Ausnahmeregelungen (exceptions) vom Grundsatz der retrospektiven Anwendung im Standard implementiert wurden, nutzen darf/muss. Zur Beachtung der adäquaten Informationsversorgung der Adressaten hinsichtlich der Auswirkungen einer solchen Umstellung sind entsprechende Vergleichsinformationen, insbesondere aber Überleitungserläuterungen in dem zu publizieren den ersten IFRS-Abschluss zu geben.

Neben dem eigentlichen Standard veröffentlichte das IASB eine Anwenderleitlinie (Guidance on Implementing, kurz: IG) sowie eine Standardbegründung (Basis for Conclusions, kurz: BC). Diese zusätzlichen Informationsquellen stellen (explizit) keinen Bestandteil von IFRS 1 dar und sind damit auch nicht verpflichtend anzuwenden. Seitens der IG wird dennoch versucht, dem Bilanzierenden durch zahlreiche Beispiele, zum einen die Interaktion zwischen unterschiedlichen Standards aufzuzeigen, zum anderen das Verständnis hinsichtlich der Offenlegungsanforderungen und somit den Transport des wirtschaftlichen Gehalts zugunsten des Informationsadressaten, insbesondere auf die wesentlichen Effekte der Rechnungslegungsumstellung bezogen, zu gewährleisten. Daneben kommt der Wille des Standardsetters in den BC zum Ausdruck, indem versucht wird, dem Rechnungslegenden die Intention des Standards nahe zu bringen sowie die Historie bei der Entwicklung von IFRS 1 und damit auch die unterschiedlichen Sichtweisen der an diesem Prozess Beteiligten offen zu legen. Die im Zeitablauf erfolgte Verabschiedung neuer Standards[19], respektive die Änderung bestehender Standards[20], machten mittlerweile eine entsprechende Anpassung von IFRS 1 erforderlich, die in die nachfolgenden Erläuterungen mit aufgenommen wurde.

2. Zielsetzung

Der erste IFRS-Abschluss eines Unternehmens hat gemäß IFRS 1.1 insbesondere den Grundsätzen des „True and Fair View" und der „Fair Presentation" zu folgen, so dass

- für den Abschlussadressaten Transparenz und (interperiodische) Vergleichbarkeit der offengelegten Berichtszeiträume gegeben sind,
- der Erstabschluss somit als adäquate Grundlage für die zukünftige IFRS-Bilanzierung dient und

---

[19] IFRS 2-5, alle veröffentlicht im Jahr 2004.
[20] Amendments zu IAS 32 und IAS 39 zzgl. sonstiger Exposure Drafts hierzu (Fair-Value-Option, Portfolio Hedge Accounting, etc.), und das Improvements Project aus Dezember 2003, in dessen Rahmen 13 Standards neu gefasst wurden.

– dabei ein ausgewogenes Kosten-/Nutzen-Verhältnis Beachtung findet, d.h. die Kosten der Erstellung nicht den Nutzen der Abschlussadressaten übersteigen.

Das IASB folgt somit seinen im Framework aufgeführten Grundsätzen, insbesondere der Bereitstellung entscheidungsrelevanter Informationen für den Abschlussadressaten (decision usefulness) und der Verständlichkeit (understandability). Der Vergleichbarkeit (comparability) wird nur hinsichtlich der interperiodischen Komponente (eingeschränkt[21]) Beachtung geschenkt, die interinstitutionelle Komponente wird bewusst außer Acht gelassen. Letzteres zugleich in doppelter Hinsicht, indem hierunter sowohl Unternehmen, die ebenfalls ihren ersten IFRS-Abschluss veröffentlichen, als auch Unternehmen, die schon seit geraumer Zeit IFRS-Abschlüsse publizieren, subsumiert werden können.

Aus der im Standard fixierten o.g. Zielsetzung lassen sich vorliegend zwei Primär-Ziele extrahieren:

1. einerseits den Unternehmen den Übergang vom nationalen Bilanzrecht auf IFRS zu erleichtern,
2. andererseits zugleich den Bilanzleser dahingehend zu unterstützen, dass diesem durch IFRS 1 die Auswirkungen der neuen Rechnungslegung verständlich vermittelt werden.

Die sich daraus ergebenden Divergenzen sind offensichtlich. So führen Zugeständnisse an die umstellungspflichtigen Unternehmen zumeist zu einer Einschränkung der Vergleichbarkeit und zu einer mangelnden Transparenz der gewährten Informationen für den Adressaten (et vice versa). Dieser Zielkonflikt wird innerhalb der nachfolgenden Erläuterungen an unterschiedlichen Stellen aufgezeigt.

---

[21] Eine nur eingeschränkte Vergleichbarkeit der Berichtsperioden untereinander ist zumindest dann gegeben, wenn der Erstanwender vom Wahlrecht von IFRS 1.36A (Anwendung nationaler Vorschriften auf die Bilanzierung von Finanzinstrumenten) Gebrauch macht. Vgl. hierzu die Ausführungen unter Abschnitt 5.1.

3. Anwendungsbereich

3.1 Sachlicher Anwendungsbereich

IFRS 1 gilt gemäß IFRS 1.2 ausschließlich für sog. „Erstanwender", d.h. für Unternehmen, die

- ihren ersten IFRS-Abschluss (inkl. etwaiger Zwischenberichte, die sich auf den Zeitraum des ersten IFRS-Abschlusses beziehen) erstellen und veröffentlichen und respektive
- zum ersten Mal die IFRS i.S.d. Vorschriften anwenden.

Dazu ist es nach IFRS 1.3 erforderlich, dass die Unternehmen in diesem Rahmen eine ausdrückliche und uneingeschränkte Erklärung (im folgenden „Entsprechungserklärung") hinsichtlich der Befolgung der IFRS abgeben („explicit and unreserved statement (...) of compliance with IFRS").

Unter den Begriff des „Erstanwenders" i.S.d. Standards und damit unter den Anwendungsbereich von IFRS 1 fallen somit u.a. Unternehmen, die

- bereits IFRS-Abschlüsse veröffentlicht haben, in denen aber nur auf eine teilweise Übereinstimmung mit den Standards hingewiesen wurde (bspw. duale Abschlüsse) respektive in denen nur eine teilweise Übereinstimmung mit den Standards gegeben war,
- bereits IFRS-Abschlüsse erstellt haben, die bisher ausschließlich für den internen Gebrauch genutzt wurden und dementsprechend nicht veröffentlicht wurden respektive die ausschließlich für Konsolidierungszwecke benötigt wurden (IFRS-Abschlüsse von Tochterunternehmen/Reporting Packages),
- IFRS-Abschlüsse lediglich in Form der Überleitung (reconciliation) erstellt haben,
- vollwertige IFRS-Abschlüsse erstellt, aber bisher keine ausdrückliche und uneingeschränkte Entsprechungserklärung abgegeben haben, respektive entsprechende Vergleichsperioden nicht offen gelegt haben, und
- bisher keine IFRS-Abschlüsse erstellt und offen gelegt haben.[22]

---

[22] Vgl. hierzu ausführlicher KPMG (Hrsg.), IFRS aktuell, Stuttgart 2004, S. 3-4.

Nicht unter den Anwendungsbereich von IFRS 1 fallen gemäß IAS 1.4 u.a. Unternehmen, die

- zwar partiell gegen IFRS verstoßen haben, dessen Ursache jedoch in IAS 1.17-18 begründet ist, wonach zulässigerweise von einem oder mehreren Standards abgewichen wurde[23] und

- aufgrund der Nicht- oder Falschanwendung der IFRS in der Vergangenheit, trotz einer Entsprechungserklärung (s.o.), einen eingeschränkten Bestätigungsvermerk seitens des Abschlussprüfers erhalten, aber dennoch diesen Abschluss veröffentlicht haben.

Problematisch ist die Frage der Erstanwenderfähigkeit für solche Unternehmen, die zwar in der Vorperiode die IFRS vollumfänglich angewandt, aber die Entsprechungserklärung unterlassen haben. Diese Unternehmen werden in einer späteren Periode wieder zu einem Erstanwender i.S.v. IFRS 1; es kommt damit zu einer (erneuten) verpflichtenden Anwendung von IFRS 1.[24]

Unternehmen, die zuvor als Tochterunternehmen in einen Konzernabschluss nach IFRS integriert waren, später aber verkauft werden, und nun einen selbständigen IFRS-Abschluss zu erstellen haben, gelten als Erstanwender i.S.v. IFRS 1. Da diese Unternehmen bisher ausschließlich eine IFRS-Berichterstattung für Konsolidierungszwecke vorgenommen haben, werden sie i.d.R. nicht die Voraussetzungen von IAS 1 - Presentation of Financial Statements - erfüllt haben, also keinen vollständigen IFRS-Abschluss erstellt/veröffentlicht haben (unabhängig davon, ob das „ehemalige" Mutterunternehmen im letzten veröffentlichten Konzernabschluss IFRS-Erstanwender war). In Folge dessen werden diese Unternehmen ebenfalls zu Erstanwendern i.S.v. IFRS 1.

Für den Fall, dass Unternehmen die Standards bereits vollumfänglich anwenden und eine Entsprechungserklärung abgegeben haben, ergeben sich bei Änderungen von Bilanzierungs- und Bewertungsmethoden zusätzliche Abgrenzungsfragen. Das IASB verweist dazu auf die Anwendung von IAS 8.[25]

Kritisch zu hinterfragen ist, ob Unternehmen, die sich nur auf die seitens der EU übernommenen Standards in ihrem ersten IFRS-Abschluss beziehen, hiernach noch unter den Begriff der Erstanwender fallen können, wenden sie doch ggf. nicht alle vom IASB verabschiedeten Standards vollumfänglich an und verstoßen damit gegen die Forderung von

---

[23] IAS 1.17-22, die das bewusste Abweichen in der Anwendung von Standards, um eine falsche Darstellung zu vermeiden, beschreiben.

[24] ANDREJEWSKI, K./BÖCKEM, H., Einzelfragen zur Anwendung der Befreiungswahlrechte nach IFRS 1 (Erstmalige Anwendung der IFRS), KoR 2004, S. 332-340, hier S. 332.

[25] Vgl. hierzu im weiteren THEILE, C., Erstmalige Anwendung der IAS/IFRS, DB 2003, S. 1745-1752.

IAS 1.14.[26] Durch das Carve-Out-Modell[27] der EU, wodurch nur bestimmte Paragraphen von IAS 39 in EU-Recht transformiert werden, besteht z.Z. eine Regelungslücke hinsichtlich IFRS 1, da EU-Unternehmen nur die seitens der EU übernommenen IFRS („EU-IFRS") anwenden sollen. Würden diese Unternehmen dagegen die seitens des IASB verabschiedeten IFRS anwenden („IASB-IFRS"), so könnten sie ggf. gegen EU-Recht verstoßen. Gegenläufig hierzu sollten Unternehmen, die auf die seitens der EU übernommenen IFRS vollumfänglich rekurrieren, hierdurch nicht bestraft werden, da ihnen die Anwendung von IFRS 1 - mangels „Erstanwender"-Fähigkeit - ggf. untersagt werden könnte und somit die Erleichterungen im Rahmen der Erstumstellung nicht nutzbar wären.

Insofern kommt der Frage, ob umstellungspflichtige Unternehmen unter den Begriff des „Erstanwenders" fallen, eine zentrale Bedeutung zu, da Unternehmen im Fall einer Negativauslegung, für die erstmalige IFRS-Berichterstattung mit einem deutlich höheren Umstellungsaufwand rechnen müssten und da sie sich mit einem komparativen Nachteil anderen Unternehmen gegenüber konfrontiert sehen würden, denen die Erstanwenderfähigkeit zugesprochen wird.

3.2 Zeitlicher Anwendungsbereich

In zeitlicher Hinsicht werden durch den ersten IFRS-Konzernabschluss die folgenden Perioden angesprochen:

– die Berichtsperiode (reporting period) und

– die Vorjahres-Vergleichsperiode (transition period).

Die Offenlegung des ersten IFRS-Abschlusses umfasst somit drei Zeitpunkte, die für die erste IFRS-Berichterstattung von Bedeutung sind:

– den Übergangszeitpunkt t_0 (transition date),

– den (Jahres-)Stichtag der Vorjahres-Vergleichsperiode t_1 und

– den (Jahres-)Stichtag der Berichtsperiode t_2 (Berichtszeitpunkt).

Der Berichtszeitpunkt ist gemäß IFRS 1 der Zeitpunkt der IFRS-Erstanwendung, zu dem erstmals ein vollständiger IFRS-Abschluss veröffentlicht wird, der zugleich die uneingeschränkte Erklärung hinsichtlich der Befolgung der IFRS enthält. Der Übergangszeit-

---

[26] „Financial statements shall not be described as complying with IFRSs unless they comply with all the requirements of IFRSs."

[27] Auch als „Partial Endorsement" bezeichnet, welches vom ARC in seiner Sitzung vom 7. September 2004 als favorisierte Lösung im Zusammenhang mit der Übernahme der Vorschriften von IAS 39 angesehen wird und Ende 2004 der EU-Kommission als Empfehlung vorgelegt wurde. Vgl. hierzu u.a. FAZ vom 4. Oktober 2004 „Einigung in Europa über IAS 39".

punkt ist der Zeitpunkt, auf den die Eröffnungsbilanz der im IFRS-Abschluss dargestellten Vergleichsperiode rekurriert.

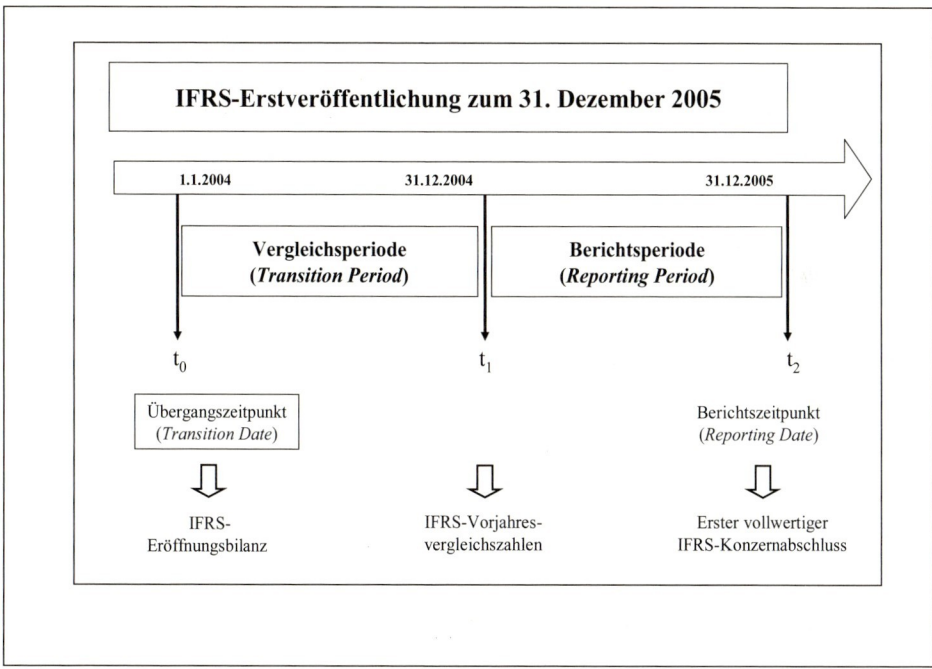

Abb. 1: Darstellung der betroffenen Perioden im Rahmen der Veröffentlichung eines ersten IFRS-Abschlusses am Beispiel eines Unternehmens mit kalenderjahrgleichem Wirtschaftsjahr, welches von einer vorzeitigen Anwendung von IFRS 1 absieht

In Folge dessen greift IFRS 1 nicht nur auf den Zeitpunkt der Erstellung der Eröffnungsbilanz t_0, sondern schließt bzgl. des zeitlichen Anwendungsbereichs zugleich die beiden darauf folgenden Perioden (Vergleichs- und Berichtsperiode) in seinen Regelungsgehalt mit ein.

4. Ansatz und Bewertung

4.1 Grundsätzliche Regelungen

Obwohl das Postulat der retrospektiven Anwendung aller Standards bei der erstmaligen Erstellung eines IFRS-Abschlusses nicht mehr vollumfänglich gilt,[28] greift dennoch die bereits in SIC-8 enthaltene Grundregel, dass IFRS-Erstanwender die für sie neuen Rechnungslegungsstandards so anzuwenden haben, als hätten sie diese schon immer angewendet. Im Unterschied zur alten Regelung rekurriert IFRS 1 jedoch auf diejenigen Standards, die zum jeweiligen Abschlussstichtag gelten, und nicht auf diejenigen, die zum Zeitpunkt des abzubildenden Geschäftsvorfalls gegolten haben (IFRS 1.7). Somit wird den Unternehmen die Erleichterung offeriert, nur eine Version des jeweiligen Standards auf die Transaktionen der Vergangenheit anzuwenden (IFRS 1.8).

Für die Umstellungen auf IFRS mit einem Berichtszeitpunkt zum 31. Dezember 2005 gilt daher, dass sämtliche Geschäftsvorfälle (auch mit einem Übergangszeitpunkt vor dem 1. Januar 2004[29]) nach den zum Berichtszeitpunkt (also zum 31. Dezember 2005) gültigen IFRS abzubilden sind.[30] Diese Anforderung birgt die Gefahr, dass sich Erstanwender - sofern die seitens des IASB angekündigte „Period of Calm"[31] nicht eingehalten wird - mit dem Problem der Rechtsunsicherheit hinsichtlich der drohenden Änderung des Standards und den sich daraus ergebenden Konsequenzen auseinander setzen müssen.[32]

Für die der Konversion auf IFRS zugrunde liegende Eröffnungsbilanz, die seitens des Erstanwenders gemäß IFRS 1.6 nicht offenlegungspflichtig ist, gelten - mit Ausnahme der in diesem Kapitel unter den Abschnitten 4.2 und 4.3 dargestellten Befreiungen

---

[28] Dieses greift bspw. nur eingeschränkt für IFRS 3 sowie IAS 32 und IAS 39.

[29] Somit werden Unternehmen, die einen im Vergleich zur gesetzlichen Verpflichtung vorzeitigeren IFRS-Abschluss erstellen wollen, mit dem (unlösbaren) Problem konfrontiert, Standards anwenden zu müssen, die nicht mal verabschiedet wurden. I.S.d. Gleichbehandlung der Unternehmen rekurriert das IASB jedoch auf den Zeitpunkt des In-Kraft-Tretens von IFRS 1 (vgl. Abschnitt 6), wodurch sich zwangsläufig der 31. Dezember 2005 als Zeitpunkt der anzuwendenden Versionen der Standards ergibt.

[30] Standards, die zum Berichtszeitpunkt bereits veröffentlicht, aber noch nicht verpflichtend anzuwenden sind, dürfen vorzeitig angewendet werden, sofern der jeweilige Standard eine frühere Anwendung erlaubt (IFRS 1.8).

[31] Vom IASB vorgesehener Zeitraum, für den keine Änderungen der Standards vorgenommen werden sollten und der ursprünglich ab Anfang des Jahres 2004 beginnen sollte. Mitunter auch als „Frozen Zone" bezeichnet.

[32] Realiter wurde der Anfang der o.g. Periode deutlich ins Jahr 2004 hinein verlagert. Verstärkend wirkt zudem der immer noch nicht abgeschlossene Endorsement-Prozess, so dass sich umstellende Unternehmen derzeit in einem partiell rechtslosen bzw. zumindest rechtsauslegungsbedürftigen Raum befinden.

(exemptions) und Ausnahmen (exceptions) - die Bestimmungen von IFRS 1.10. Danach müssen die jeweiligen Ansatz-, Bewertungs- und Ausweisvorschriften der IFRS für die Erstellung der IFRS-Eröffnungsbilanz Anwendung finden. Damit sind entsprechend den Ansatzvorschriften der IFRS bestimmte Vermögenswerte und Schulden aktivierungs-/passivierungspflichtig und andere Vermögenswerte und Schulden müssen entsprechend eliminiert werden. Durch Beachtung der IFRS-Ausweisvorschriften kann es zu Umgliederungen innerhalb der Bilanz kommen. Die IFRS-Bewertungsvorschriften können zu andersartigen Wertansätzen der abgebildeten Posten führen. Sämtliche Veränderungen sind gemäß IFRS 1.11 erfolgsneutral über die Gewinnrücklagen zu erfassen.

Abgesehen von den Befreiungen und Ausnahmen zur retrospektiven Erstanwendung hat der Bilanzierungspflichtige im Rahmen der Erstellung der IFRS-Eröffnungsbilanz grundsätzlich sämtliche Vermögenswerte und Schulden bis zu ihrer ursprünglichen/erstmaligen Erfassung zurückzuverfolgen. Auch nach alter Rechnungslegung nicht abbildungspflichtige Geschäftsvorfälle sind i.S.d. Vollständigkeit aufzunehmen, sofern die u.g. Erleichterungswahlrechte nicht greifen. Sind diese Geschäftsvorfälle gemäß der jeweiligen IFRS-Vorschriften zu bilanzieren, hat der Erstanwender die Vermögenswerte/Schulden in Ansatz zu bringen.

Die im ursprünglichen Standardentwurf ED 1[33] enthaltene generelle Ausnahmevorschrift, dass das Postulat der retrospektiven Anwendung im Fall unverhältnismäßig hoher Aufwendungen (hinsichtlich der Ermittlung von Zahlen) durchbrochen werden kann, wurde in der zuletzt veröffentlichten Version von IFRS 1 nicht mehr verfolgt. Damit muss der Erstanwender im Fall fehlender Erleichterungsvorschriften den jeweiligen Standard voll retrospektiv anwenden, es sei denn, der Geschäftsvorfall kann unter die strengen Restriktionen der „untergeordneten Bedeutung"[34] subsumiert und danach vereinfacht abgebildet werden.

---

[33] ED 1 „First-time Application of International Financial Reporting Standards", vgl. hierzu die Ausführungen in Abschnitt 1.
[34] Grundsatz der „Materiality", bspw. im Framework unter Paragraph 29-30. sowie in IAS 1.29-31 zu finden.

```
┌─────────────────────────────────────────────────────────────────┐
│          Grundsatz der retrospektiven Anwendung der IFRS        │
└─────────────────────────────────────────────────────────────────┘
                    │                           │
                    ▼                           ▼
┌──────────────────────────────┐  ┌──────────────────────────────┐
│ ■ Fakultative Befreiung      │  │ ■ Verpflichtende Ausnahmen   │
│   (exemptions)               │  │   (exceptions)               │
│ 1. Unternehmenszusammen-     │  │ 1. Ausbuchung finanzieller   │
│    schlüsse                  │  │    Vermögenswerte und        │
│ 2. Beizulegender Zeitwert    │  │    finanzieller Schulden     │
│    oder Neubewertung als     │  │ 2. Bilanzierung von          │
│    Ersatz für AK/HK          │  │    Sicherungsbeziehungen     │
│ 3. Leistungen an Arbeitnehmer│  │ 3. Schätzungen               │
│ 4. Kumulierte Umrechnungs-   │  │ 4. Zur Veräußerung bestimmte │
│    differenzen               │  │    langlebige Vermögenswerte │
│ 5. Zusammengesetzte Finanz-  │  │    und aufgegebene           │
│    instrumente               │  │    Geschäftsbereiche         │
│ 6. Vermögenswerte und        │  │                              │
│    Schulden von Tochter-     │  │                              │
│    unternehmen, assoziierten │  │                              │
│    Unternehmen und Joint     │  │                              │
│    Ventures                  │  │                              │
│ 7. Klassifizierung bereits   │  │                              │
│    zuvor klassifizierter     │  │                              │
│    Finanzinstrumente         │  │                              │
│ 8. Abteilsbasierte Vergütung │  │                              │
│ 9. Versicherungsverträge     │  │                              │
└──────────────────────────────┘  └──────────────────────────────┘
```

Abb. 2: Übersicht über die Befreiungen und Ausnahmen vom Grundsatz der retrospektiven Erstanwendung der IFRS

4.2 Fakultative Befreiungen von der retrospektiven Anwendung (Exemptions)

Die nachfolgend behandelten Befreiungsvorschriften (4.2.1.-4.2.9.) sind für die IFRS-Erstanwender jeweils einzeln nutzbar. Bei jeder einzelnen Befreiungsvorschrift ist es dem Bilanzierenden damit freigestellt, ob er diese auf die jeweiligen Sachverhalte anwendet.[35]

---

[35] Bzgl. der Frage, welchen Einfluss eine entsprechende unterschiedliche Nutzung der Wahlrechte von Anwendern auf die interinstitutionelle Vergleichbarkeit (auch im Zeitablauf) hat, wird auf die Ausführungen im Abschnitt 2 verwiesen.

4.2.1 Unternehmenszusammenschlüsse

Gemäß IFRS 1.15 i.V.m. den im Anhang B zu IFRS 1 dargestellten Erläuterungen - die einen integralen Bestandteil des Standards darstellen und damit dieselbe Wirkung entfalten wie die einzelnen Paragraphen von IFRS 1 - ist es Erstanwendern freigestellt, IFRS 3 - Business Combinations - auch prospektiv anzuwenden. Somit können sämtliche Unternehmenszusammenschlüsse,[36] die zeitlich vor dem Übergangszeitpunkt geschlossen wurden, ohne eine rückwirkende Anwendung von IFRS 3 bilanziert werden. Sollte jedoch ein Unternehmen zu einem bestimmten Zeitpunkt vor dem Übergangszeitpunkt IFRS 3 retrospektiv auf einen Unternehmenszusammenschluss anwenden, dann hat es zwingend auch alle zeitlich nachgelagerten Unternehmenszusammenschlüsse entsprechend IFRS 3 zu bilanzieren. Darüber hinaus sind die Bestimmungen von IAS 36 - Impairment of Assets - und von IAS 38 - Intangible Assets - (jeweils in ihrer neuesten Fassung) ab diesem Zeitpunkt verpflichtend anzuwenden. Unternehmensabschlüsse ab/nach dem Übergangszeitpunkt sind zwangsläufig gemäß den Vorschriften von IFRS 3 zu bilanzieren, unabhängig davon, dass IFRS 3.78 als Anwendungszeitpunkt den Zeitraum ab bzw. nach dem 31. März 2004 bestimmt.[37]

In diesem Rahmen ist es Erstanwendern zugleich freigestellt, IAS 21 - The Effects of Changes in Foreign Exchange Rates - vorzeitig auf Anpassungen von Fair Values bzw. des Goodwill, die aus Unternehmenszusammenschlüssen resultieren, anzuwenden.

Aufgrund der o.g. Vorteile kann umstellungspflichtigen Unternehmen i.A. empfohlen werden, vom Wahlrecht der prospektiven Anwendung Gebrauch zu machen. Andernfalls müßten sie sich u.a. mit der (nachträglichen) Informationsbeschaffung zur einwandfreien Anwendung von IFRS 3 auseinander setzen.[38]

Aus Sicht der Praxis sprechen darüber hinaus die folgenden Argumente für die Nutzung des prospektiven Anwendungswahlrechts:

– Die Konsolidierung der einzubeziehenden Unternehmung muss grundsätzlich nicht neu durchgeführt werden (es bleibt u.a. bei der ursprünglichen Entscheidung bzgl.

---

[36] Hierunter fasst IFRS 1 nicht nur Tochterunternehmen, sondern auch Joint Ventures und assoziierte Unternehmen (IFRS 1.B3).

[37] IFRS 1.B1 schreibt implizit die Anwendung von IFRS 3 auf Unternehmenszusammenschlüsse ab dem Übergangszeitpunkt vor. Zugleich ist der Zeitpunkt der verpflichtenden Anwendung dieses Standards in den Transitional Provisions auf den 31. März 2004 fixiert. Wie somit ein Unternehmen, welches Unternehmenszusammenschlüsse im Zwischenzeitraum (für Unternehmen mit kalenderjahrgleichem Wirtschaftsjahr entsprechend der Zeitraum 1. Januar bis 31. März 2004) getätigt hat, ist nicht geregelt. Durch eine (freiwillige) Anwendung von IFRS 3 ab Beginn des Kalenderjahres 2004 würde sich ein Unternehmen dieser Regelungslücke jedoch entziehen können.

[38] Vgl. hierzu den Beitrag „Konzernrechnungslegung".

der Anwendung der Purchase Method (Erwerbsmethode) oder der Pooling of Interest Method (Interessenzusammenführungsmethode)).[39]

- Diejenigen Vermögenswerte und Schulden, die auch nach IFRS anzusetzen sind, können beibehalten werden (nur diejenigen, die nicht den Ansatzvorschriften der IFRS genügen, sind zu eliminieren).

- Diejenigen Vermögenswerte und Schulden, die nach alter Rechnungslegung nicht aufgenommen wurden, müssen - sofern sie nach den IFRS-Vorschriften ansatzpflichtig sind - in die Bilanz aufgenommen werden (dies dürfte im wesentlichen auf Finance Leases[40] und selbst erstellte immaterielle Vermögenswerte[41] zutreffen).

- Können die im Rahmen der Kaufpreisallokation zugrunde gelegten Wertansätze als „Deemed Costs" übernommen werden,[42] kann auf eine Ermittlung von Zeitwerten verzichtet werden, d.h. die Bestimmung der daraus resultierenden Unterschiedsbeträge, respektive eine Veränderung des zuvor ermittelten Goodwills entfällt grundsätzlich. Lediglich bei den folgenden Ausnahmen ist diese Vorgehensweise unzulässig:
  - Wurden im Rahmen des Erwerbs immaterielle Vermögenswerte übernommen, die die Ansatzvoraussetzungen von IAS 38 erfüllen, und wurden diese zusammen mit dem Goodwill aktiviert, dann sind diese entsprechend zu separieren und einzeln gemäß IAS 38 zu bilanzieren bzw. wurden zuvor separate immaterielle Vermögenswerte ausgewiesen, die die Ansatzvorschriften von IAS 38 nicht erfüllen, dann sind diese zum Goodwill hinzuzurechnen.
  - Sind zuvor bedingte Kaufpreisbestandteile beim Unternehmenszusammenschluß berücksichtigt worden, deren Zahlung nun im nachhinein als unwahrscheinlich angesehen werden kann, dann ist der Goodwill entsprechend zu mindern bzw. wurden Zahlungen solcher - bisher unberücksichtigt gebliebener - bedingter Kaufpreisbestandteile im nach hinein wahrscheinlich, dann ist der Goodwill entsprechend zu erhöhen.
  - Analog zu den Neuregelungen von IFRS 3 wird der Goodwill nicht mehr amortisiert, sondern unterliegt einem Impairmenttest ab dem Übergangszeitpunkt (gemäß IAS 36).[43]

Grundsätzlich spiegeln sich sämtliche Veränderungen in den Gewinnrücklagen wider. Lediglich die seitens der jeweiligen IFRS-Vorschriften angesprochenen Posten, die über die sog. „Neubewertungsrücklage" zu verbuchen sind (im wesentlichen bei Available-

---

[39] Beinhaltete IAS 22 noch zwei Methoden (Erwerbs- und Interessenzusammenführungs-Methode), so lässt IFRS 3, der IAS 22 vollständig ersetzt hat, nur noch die Erwerbs-Methode als einzig zulässige Methode der Abbildung von Unternehmenszusammenschlüssen zu (IFRS 3.1).

[40] Vgl. hierzu den Beitrag „Leasingverhältnisse".

[41] Vgl. hierzu den Beitrag „Immateriellen Vermögenswerte".

[42] Vgl. hierzu den nachfolgenden Abschnitt 4.2.2.

[43] Vgl. hierzu den Beitrag „Ansatz und Bewertung von Finanzinstrumenten".

for-Sale-Finanzinstrumenten[44], Cash Flow Hedges[45], Fremdwährungstransaktionen sowie - bei Nutzung des Wahlrechts - Neubewertung des Sachanlagevermögens), können gleichrangig neben der Rücklage aus Erstanwendung oder aber auch den originären Rücklagen ausgewiesen werden.

Im Hinblick auf die Zusammensetzung des IFRS-Konsolidierungskreises gelten die Regelungen von IAS 27, IAS 28 und IAS 31. Aufgrund der Orientierung der IFRS am Risk and Reward- und am Control-Ansatz[46] ist der Konsolidierungskreis meistens größer (im Vergleich zu HGB), da zuvor geschaffene Off-Balance-Sheet-Gestaltungen i.d.R. nicht mehr außerhalb der Bilanz verbleiben.[47] Somit werden im Rahmen der Umstellung vorher nicht konsolidierte Gesellschaften einbezogen. Die einbeziehungspflichtigen Unternehmen müssen einen (Teilkonzern-)Abschluss auf Basis der IFRS erstellen, auf dessen Grundlage die (Erst-)Konsolidierung durchgeführt wird.

4.2.2 Beizulegender Zeitwert oder Neubewertung als Ersatz für Anschaffungs- oder Herstellungskosten

Im Bereich von immateriellen Vermögenswerten,[48] Sachanlagevermögen und bei als Finanzinvestitionen gehaltenen Immobilien[49] (im folgenden kurz als „Investment Properties" bezeichnet) gestattet IFRS 1.16-19, Erstanwendern diese Vermögenswerte in der Eröffnungsbilanz entweder mit dem beizulegenden Zeitwert (Fair Value) oder mit einem im Rahmen einer Neubewertung ermittelten Wert (sog. „Deemed Costs"[50])zu bewerten. Die Deemed Costs dienen dann als Wertansatz für die Erstbewertung und bilden den Ausgangspunkt für die Bewertung in den Folgeperioden. Voraussetzung für die Verwendung dieses Wertes ist, dass er dem Fremdvergleich[51] standgehalten hat (und somit weitgehend dem Fair Value entspricht) oder weitgehend den (fiktiven) fortge-

---

[44] Vgl. hierzu den Beitrag zu „Offenlegung von Finanzinstrumenten".

[45] Vgl. zum Hedge Accounting den Beitrag „Ansatz und Bewertung von Finanzinstrumenten" sowie die Abschnitte 3.1.2 und 4.6 im Beitrag „Bilanz, Gewinn- und Verlustrechnung sowie Notes".

[46] Vgl. hierzu den Beitrag „Konzernrechnungslegung".

[47] Hierunter fallen im wesentlichen Einzweckgesellschaften (sog. SPEs/SPVs), deren Abbildung im wesentlichen über SIC-12 - Special Purpose Entities geregelt wird; vgl. hierzu im weiteren den Beitrag „Konzernrechnungslegung".

[48] Sofern ein aktiver Markt für diese Posten besteht.

[49] Nur im Fall der Wahl der Anschaffungskosten-Methode für die Bewertung der als Finanzinvestitionen gehaltenen Immobilien (IAS 40), fallen diese Vermögenswerte unter diese Befreiungsvorschrift.

[50] Ein Wert der, im Rahmen der IFRS-Erstanwendung, als Ersatz für Anschaffungskosten/Herstellungskosten oder für fortgeführte Anschaffungs-/Herstellungskosten zu einem bestimmten Zeitpunkt verwendet wird (IFRS 1.A).

[51] At Arm's Length Principle.

führten und indexierten[52] Anschaffungs-/Herstellungskosten gemäß IFRS entspricht. Darüber hinaus können auch die im Rahmen eines einmaligen Ereignisses wie z.B. einer Privatisierung oder eines Börsengangs, ermittelten Fair Values als Deemed Costs für die Bewertung innerhalb der Eröffnungsbilanz dienen. Ab dem Zeitpunkt der neuen Wertermittlung sind diese Werte dann entsprechend der Regelungen der IFRS fortzuschreiben.

Macht ein Erstanwender von diesen Befreiungsvorschriften keinen Gebrauch, muss er die jeweils relevanten Standards (IAS 16, IAS 38 und IAS 40) retrospektiv auf die o.g. Vermögenswerte anwenden und dementsprechend den nach IFRS gültigen Wert der fortgeführten Anschaffungs-/Herstellungskosten ermitteln. Wenn die nach HGB verwendeten Nutzungsdauern und Abschreibungsmethoden auch nach IFRS „akzeptabel"[53] sind und keine rein steuerlichen Einflüsse (über die umgekehrte Maßgeblichkeit) auf den Wertansatz existieren[54], dann sollte bei einer Bank i.d.R. nichts dagegen sprechen, dass die entsprechenden HGB-Wertansätze auf diejenigen gemäß IFRS übertragen werden.[55]

Die dargelegten Erleichterungsregelungen von IFRS 1.16-19 führen dazu, dass Erstanwender sich nicht mit der Informationsbeschaffung von Daten der Vergangenheit (bei Erstzugang der jeweiligen Vermögenswerte) konfrontiert sehen, sofern die o.g. Voraussetzungen erfüllt sind. Als weiterer Vorteil dieser Regelung gilt, dass die genannten Erleichterungen jeweils einzeln auf die bezeichneten Vermögenswerte angewendet werden können; sie müssen folglich nicht gruppeneinheitlich verwendet werden.

4.2.3 Leistungen an Arbeitnehmer

IAS 19.92 verpflichtet Unternehmen, versicherungsmathematische Gewinne/Verluste aus (leistungsorientierten[56]) Versorgungszusagen, die sich in einem Korridor von weniger als 10% bewegen, erfolgsneutral zu erfassen. Erst wenn dieser Korridor überschritten wird, sind die Veränderungen erfolgswirksam über die Gewinn- und Verlustrechnung abzubilden. Diese Regelung gilt für jeden Versorgungsplan separat. Im Fall der retrospektiven Anwendung dieser Vorschrift ist das bilanzierende Unternehmen somit verpflichtet, sämtliche versicherungsmathematischen Gewinne/Verluste seit dem Datum des Wirksamwerdens der jeweiligen Versorgungspläne zu ermitteln und fortzuschreiben.

---

[52] IFRS 1.17b nennt hier explizit allgemeine oder spezifische Preisrisiken.

[53] Insbesondere dem Grundsatz der Wesentlichkeit sollte diesbezüglich aus Sicht der Praxis entsprechend Beachtung geschenkt werden.

[54] Sind diese jedoch gegeben (bspw. § 6b EStG-Rücklagenübertragungen auf die jeweiligen Vermögenswerte, Sondergebiets-AfA oder aber auch degressive Abschreibungen nach HGB, obwohl wirtschaftlich gesehen ein linearer Werteverzehr nachgewiesen werden kann), sind sie entsprechend zu eliminieren.

[55] Insbesondere abgeleitet aus den Ausführungen von IFRS 1.IG7. So auch LÜDENBACH, N./HOFFMANN, W.-D., Der Übergang von der Handels- zur IAS-Bilanz gemäß IFRS 1, DStR 2003, S. 1498-1505, hier S. 1502.

[56] Gemäß IAS 19.45 sog. „Defined Benefit Plans"; vgl. auch den Beitrag „Pensionsverpflichtungen".

Eine entsprechende Aufteilung in solche Beträge, die erfolgswirksam, und solche, die erfolgsneutral erfasst worden wären, ist dann vorzunehmen.

IFRS 1.20 bietet die Möglichkeit, die Korridor-Methode prospektiv anzuwenden und damit sämtliche im Übergangszeitpunkt ermittelten versicherungsmathematischen Gewinne/Verluste direkt über die Gewinnrücklagen (erfolgsneutral) zu erfassen. Das Wahlrecht ist auf alle Versorgungspläne einheitlich anzuwenden. Die prospektive Anwendung hat für die konvertierenden Unternehmen neben dem deutlich reduzierten Arbeitsaufwand insbesondere den (bilanzpolitischen) Vorteil, dass zukünftig anfallende Aufwendungen erst bei Überschreiten des 10%-Korridors zu erfassen sind.[57]

Wenn die zum vorherigen Stichtag getroffenen Annahmen (Diskontierungszins, Indexierung der Gehälter, Renten und Inflation sowie Mitarbeiterfluktuation etc.) immer noch zutreffen sind,[58] dann müssen sie der Bewertung der Verpflichtung grundsätzlich zugrunde gelegt werden. Da aber die Ermittlung der Pensionsrückstellungen nach den handelsrechtlichen Grundsätzen einer deutlich anderen Systematik unterliegt, die dementsprechend keine IFRS-Akzeptanz findet, liegen keine „Schätzungen" i.S.v. IFRS vor. HGB-Werte können daher nicht übernommen werden. Die unter dem Abschnitt 4.3.3. dargestellten Regelungen finden entsprechend Anwendung. Darüber hinaus sind „neue Informationen" (i.S.e. besserer Erkenntnis) nicht zu berücksichtigen, d.h. die „alten Fakten" müssen dementsprechend übernommen werden.

Als weitere Anwendungserleichterung ermöglicht IFRS 1 die Rück-/ Fortschreibung der seitens des Aktuars ermittelten Werte auf andere Berichtsperioden. Nur im Fall wesentlicher Veränderungen sind die Regelungen von IAS 19.57 für die Rück-/Fortschreibung der Bewertung zu beachten. In der Praxis ist die versicherungsmathematische Ermittlung der Pensionsverpflichtungen zumindest zum Übergangszeitpunkt und zum Berichtszeitpunkt üblich, wenngleich dies aus den angeführten Bestimmungen nicht zwingend abzuleiten ist.[59]

---

[57] Vgl. hierzu den Beitrag „Pensionsverpflichtungen".
[58] Und daher IAS 10 - Events After the Balance Sheet Date - nicht zur Anwendung kommt.
[59] Demnach hat der Erstanwender gemäß IFRS 1.IG21 bspw. die Möglichkeit, die zum Berichts- und Übergangszeitpunkt ermittelten Werte für die Pensionsverpflichtungen für die Vergleichsperiode zu linearisieren und die entsprechenden Aufwendungen aus der Zuführung zu den Pensionsrückstellungen gleichmäßig über die beiden Berichtsperioden zu verteilen. Sofern die 10%-Grenze aus dem Korridor-Ansatz nicht überschritten wird, erfolgt zudem keine erfolgswirksame Erfassung des Zuführungsbetrages.

4.2.4 Kumulierte Umrechnungsdifferenzen

IAS 21 - The Effects of Changes in Foreign Exchange Rates - verlangt grundsätzlich die erfolgsneutrale Abbildung von Differenzen aus der Währungsumrechnung von (ausländischen) Abschlüssen von Tochterunternehmen, Joint Ventures und assoziierten Unternehmen. Diese Differenzen müssen bis zur Veräußerung dieser Beteiligungen erfolgsneutral über das Eigenkapital (innerhalb eines gesonderten Postens der Gewinnrücklagen) verbucht werden. Bei Abgang der Beteiligung erfolgt eine erfolgswirksame Umbuchung der kumulierten Differenzen aus der Währungsumrechnung in die Gewinn- und Verlustrechnung.

IFRS 1.21-22 verschafft dem Erstanwender die Option, durch die prospektive Anwendung von IAS 21 die kumulierten Differenzen aus der Währungsumrechnung der Vergangenheit, die bisher im Eigenkapital erfasst wurden,[60] zu egalisieren und nur die zukünftig anfallenden Differenzen im Zeitablauf entsprechend erfolgsneutral zu berücksichtigen und diese erst bei Abgang der Beteiligung erfolgswirksam zu verbuchen.

4.2.5 Zusammengesetzte Finanzinstrumente

Gemäß IAS 32 - Financial Instruments: Disclosure and Presentation - sind sog. „zusammengesetzte Finanzinstrumente[61]" im Zeitpunkt ihres Zugangs in ihre Bestandteile (Fremd- und Eigenkapital) zu zerlegen. Sofern die Fremdkapitalkomponente zum Übergangszeitpunkt nicht mehr aussteht, impliziert die retrospektive Anwendung von IAS 32 die Aufteilung der (residualen) Eigenkapitalkomponente in zwei Bestandteile. Zum einen in den Teil, der über die Neubewertungsrücklage die kumulierten Zinseffekte der (vormaligen) Fremdkapitalkomponente im Eigenkapital abbildet und zum anderen in den Teil, der die originäre Eigenkapitalkomponente widerspiegelt.[62]

IFRS 1.23 erlaubt Erstanwendern auf die Trennung der Eigenkapitalkomponente und damit auf die komplexe Abbildung der zusammengesetzten Finanzinstrumente zu ver-

---

[60] Sofern nach HGB die Stichtagskursmethode angewandt wurde und dementsprechende Währungskursdifferenzen erfolgsneutral in Eigenkapital erfasst wurden. Vgl. hierzu stellvertretend IDW, Entwurf einer Stellungnahme HFA 1998, Zur Währungsumrechnung im Konzernabschluß, WPg 1998, S. 549-555, hier S. 550.

[61] Gemäß IAS 32.28-32 auch als „Compound Instruments" bezeichnet, im deutschen Sprachgebrauch finden sich ebenso die Begriffe „strukturierten Produkte" oder „hybride Produkte", wobei die inhaltlichen Abgrenzungen zwischen diesen unterschiedlichen Begriffen in der Praxis nicht eindeutig festgelegt ist.

[62] Aufgrund der Tatsache, dass aus der Fremdkapitalkomponente im Zeitablauf Zinsaufwendungen entstehen, die ergebniswirksam zu erfassen sind und sich nachfolgend als Minderung der angesammelten Neubewertungsrücklage im Eigenkapital widerspiegeln, sind gemäß IFRS - aufgrund der vorausgesetzten Inexistenz dieser (Fremdkapital-)Komponente im Erstanwendungszeitpunkt - entsprechende Korrekturen des Eigenkapitals vorzunehmen.

zichten. Steht die Fremdkapitalkomponente zum Übergangszeitpunkt jedoch noch aus, kann von dieser Vereinfachungsregelung kein Gebrauch gemacht werden.

4.2.6 Vermögenswerte und Schulden von Tochterunternehmen, assoziierten Unternehmen und Joint Ventures

Die Befreiungsvorschriften von IFRS 1.24-25 regeln die Umstellung auf IFRS im Konzern bei unterschiedlichen Erstanwendungszeitpunkten in Bezug auf den Einzelabschluss von Mutter- und Tochterunternehmen. Damit wird u.a. implizit vorausgesetzt, dass das Tochterunternehmen einen eigenständigen IFRS-Abschluss (inkl. Entsprechungserklärung; vgl. Abschnitt 3.1.) erstellt/veröffentlicht, mithin selbst das Prädikat „Erstanwender" erlangt.

Sofern ein (konsolidierungspflichtiges) Tochterunternehmen zeitlich erst nach dem Mutterunternehmen Erstanwender i.S.v. IFRS 1 wird (IFRS 1.24), dann muss das Tochterunternehmen in seinem Einzelabschluss seine Vermögenswerte und Schulden entweder

- zu den Buchwerten bewerten, die basierend auf dem Zeitpunkt des Übergangs des Mutterunternehmens auf IFRS in dem Konzernabschluss des Mutterunternehmens angesetzt worden wären, falls keine Konsolidierungsanpassungen und keine Anpassungen wegen der Auswirkungen des Unternehmenszusammenschlusses, in dessen Rahmen das Mutterunternehmen das Tochterunternehmen erwarb, vorgenommen worden wären (IFRS 1.24(a)) oder

- zu den Buchwerten bewerten, die aufgrund der weiteren Vorschriften dieses IFRS, basierend auf dem Zeitpunkt des Übergangs des Tochterunternehmens auf IFRS vorgeschrieben wären (IFRS 1.24(b)).

Wählt ein Unternehmen die Vorgehensweise gemäß IFRS 1.24(b), ergeben sich bspw. unterschiedliche Wertansätze im Fall einer differierenden Wahlrechtsausübung in Einzel- und Konzernabschluss nach IFRS. Analog zur handelsrechtlichen Rechnungslegung können mithin in Wahlrechte nach IFRS im Einzelabschluss des Tochterunternehmens im Vergleich zum Konzernabschluss unterschiedlich ausgeübt werden.

Liegt der umgekehrte Fall vor, wird also das (konsolidierungspflichtige) Tochterunternehmen zeitlich vor dem Mutterunternehmen Erstanwender i.S.v. IFRS 1 (IFRS 1.25), so sind die entsprechenden Buchwerte (nach Konsolidierung und entsprechenden Anpassungsbuchungen aus dem zurückliegenden Unternehmenszusammenschluss beider Gesellschaften) für den Konzernabschluss zu übernehmen. Dementsprechend ist eine differierende Bilanzierung mangels neuer Wahlrechtsausübung nicht gegeben. Der vom Tochterunternehmen gelieferte Einzelabschluss ist entsprechend (ohne Änderungen) in den Konzernabschluss zu übernehmen.

Mithin entfällt die retrospektive Anwendung der IFRS, da die bilanzierungspflichtigen Unternehmen (sowohl Mutter- als auch Tochterunternehmen) keine neue Bewertung der Vermögenswerte und Schulden vorzunehmen haben. Zugleich wird vermieden, dass durch die Übernahme der an das Mutterunternehmen gemeldeten Zahlen unterschiedliche Informationen über das Tochterunternehmen an den Kapitalmarkt gelangen.[63] Zu beachten ist, dass unter die vorstehenden Regelungen nicht nur die Einzelabschlüsse des Tochterunternehmens, sondern auch Teilkonzernabschlüsse fallen können. Entsprechende Bereinigungen im Teilkonzernabschluss lassen Konsolidierungsbuchungen auf Ebene des Konzernabschlusses folgen. Eine konzerneinheitliche Bilanzierung im Konzernabschluss wird somit sichergestellt.

Die o.g. Regelungen gelten analog für (konsolidierungspflichtige) Joint Ventures und assoziierte Unternehmen.

4.2.7 Klassifizierung bereits zuvor bilanzierter Finanzinstrumente

Gemäß den Bestimmungen von IAS 39 sind Finanzinstrumente bei Zugang grundsätzlich in eine der vier Kategorien von IAS 39.9 zu klassifizieren. Die Kategorien „Financial Assets or Financial Liabilities at Fair Value through Profit or Loss" sowie „Available for Sale" eröffnen dem Bilanzierenden beim Erst-Ansatz von Finanzinstrumenten einmalig die Option, Finanzinstrumente freiwillig diesen Kategorien zuzuordnen und sie damit der Fair-Value-Bewertung zugänglich zu machen. Unabhängig von der bei Zugang getroffenen Entscheidung hinsichtlich der Klassifizierung der Finanzinstrumente in eine der vorgenannten Kategorien können Erstanwender gemäß IFRS 1.25A über die Zuordnung der Finanzinstrumente zum Übergangszeitpunkt neu entscheiden.

Diese Vorschrift betrifft sowohl „originäre Erstanwender" als auch Unternehmen, die bereits in der Vergangenheit nach IFRS bilanziert haben, jedoch - aus welchem Grund auch immer - bisher nicht „Erstanwender" i.S.v. IFRS 1 waren.[64] Ihnen wird über die Redesignation ihrer Finanzinstrumente zu den vorgenannten Kategorien die Möglichkeit gegeben, Finanzinstrumente der Fair-Value-Bewertung zu unterziehen und damit u.a. wirtschaftliche Sicherungsbeziehungen abzubilden, ohne den strengen Kriterien des Hedge Accountings (IAS 39.71-102) zu unterliegen.[65]

---

[63] Sofern dieses selbst börsennotiert ist und eine entsprechende Berichterstattung zu veröffentlichen hat, oder aber für den Fall, dass das Tochterunternehmen, respektive der Teilkonzern, ein eigenständiges Berichtssegment im Rahmen der Segmentberichterstattung der Mutterunternehmung darstellt.

[64] Vgl. hierzu Abschnitt 3.1.

[65] Vgl. hierzu den Beitrag „Ansatz und Bewertung von Finanzinstrumenten".

4.2.8 Anteilsbasierte Vergütungen

IFRS 2 - Share-Based Payments - ist gemäß den Übergangsbestimmungen (IFRS 2.53-59) auf anteilsbasierte Vergütungen, die in Eigenkapitalinstrumenten erbracht werden,[66] die nach dem 7. November 2002 gewährt, aber bis zum 1. Januar 2005 noch nicht ausgeübt werden können, grundsätzlich prospektiv anzuwenden. Das Datum 7. November 2002 wurde gewählt, weil an diesem Tag der Exposure Draft zu IFRS 2 veröffentlicht wurde, der erstmals die Aufwandsverrechnung für anteilsbasierte Vergütungen im IFRS-Abschluss fordert.[67] IFRS 1.25B gewährt das Wahlrecht, entweder IFRS 2 auf sämtliche anteilsbasierten Vergütungen, die vor dem Übergangszeitpunkt gewährt wurden, retrospektiv anzuwenden oder alternativ eine prospektive Anwendung in den folgenden Fällen zu wählen:

- Eigenkapitalinstrumente, die bis zum 7. November 2002 gewährt wurden,
- Eigenkapitalinstrumente, die nach dem 7. November 2002 gewährt wurden, sofern die durch sie verbrieften Rechte zu dem späteren der beiden Zeitpunkte Übergangszeitpunkt oder 1. Januar 2005[68] ausgeübt werden können,
- Verbindlichkeiten, die aus anteilsbasierten Vergütungen erwachsen, die zu dem späteren der beiden Zeitpunkte Übergangszeitpunkt oder 1. Januar 2005 beglichen werden.

Sofern sich der Erstanwender für die (alternative)Ausübung der prospektiven Anwendung von IFRS 2 entscheidet (gültig nur für Zusagen nach dem 7. November 2002, aber noch keine Ausübung bis zum 1. Januar 2005), hat er die jeweiligen Fair Values der Eigenkapitalinstrumente zum Bewertungszeitpunkt (measurement date) offen zu legen. Das o.g. Wahlrecht zielt auf einzelne Eigenkapitalinstrumente. Die Vorschrift von IFRS 2[69] besagt, dass bei unterlassener vorzeitiger Anwendung für diese Instrumente zusätzliche Informationen zu veröffentlichen sind, die den Investor in die Lage versetzen, den Wesensgehalt der anteilsbasierten Vergütungen und dessen Implikationen zu verstehen.

4.2.9 Versicherungsverträge

Gemäß den Übergangsbestimmungen von IFRS 4 - Insurance Contracts - bezieht sich der Standard sowohl auf IFRS-Erstanwender als auch auf solche, die die IFRS mit Aus-

---

[66] Aktien, Aktienoptionen und andere Eigenkapitalinstrumente.
[67] Vgl. hierzu den Beitrag „Anteilsbasierte Vergütungen".
[68] Datum des In-Kraft-Tretens von IFRS 2.
[69] IFRS 1.25B und IFRS 2.56 i.V.m. IFRS 2.44-45.

nahme von IFRS 4 bereits zuvor angewendet haben, bei denen folglich IFRS 4 erstmalig zur Anwendung gelangt. Die Pflichtanwendung erfolgt ab dem 1. Januar 2005, wobei eine vorzeitige Anwendung erlaubt war. IFRS 1.25D gestattet dem Erstanwender die Anwendung der Übergangsbestimmungen von IFRS 4, so dass es zur Einschränkung der Änderung von Bilanzierungs- und Bewertungsmethoden im Hinblick auf die Abbildung von Versicherungsverträgen kommt. Zugleich erfolgt eine Dezimierung der zu tätigenden Anhangangaben.[70]

4.3 Verpflichtende Ausnahmen von der retrospektiven Anwendung (Exceptions)

IFRS 1 sieht neben den im vorherigen Abschnitt dargestellten fakultativen Befreiungen hinsichtlich bestimmter Anwendungsgebiete auch verpflichtende Abweichungen vom Grundsatz der retrospektiven Anwendung vor. Aufgrund der Möglichkeit, Bilanzpolitik im Rahmen der Erstanwendung in den aufgezeigten Themengebieten (4.3.1.-4.3.4.) zu betreiben, erfolgt hier ein Verbot der retrospektiven Anwendung, lediglich die prospektive Anwendung der jeweiligen Standards ist erlaubt.

4.3.1 Ausbuchung finanzieller Vermögenswerte und finanzieller Schulden

Die Bestimmungen von IAS 39 zum Abgang von finanziellen Vermögenswerten und Schulden sind grundsätzlich prospektiv auf Geschäftsvorfälle ab dem 1. Januar 2004 anzuwenden (IFRS 1.27). Dementsprechend sind solche nicht-derivativen finanziellen Vermögenswerte und Schulden, die durch eine Transaktion vor dem 1. Januar 1004 den Abgangsvorschriften gemäß nationaler Vorschriften unterlagen, nach IFRS nicht anzusetzen. Diese Aussage trifft die o.g. Finanzinstrumente solange, wie diese nicht durch ein/e spätere/s Transaktion/Ereignis den dann geltenden Zugangsbestimmungen von IAS 39 im Rahmen der vollständigen Anwendung der IFRS unterliegen.

Abweichend hiervon offeriert IFRS 1.27A die Möglichkeit der retrospektiven Anwendung der Ausbuchungsvorschriften ab einem seitens des Erstanwenders selbst festgesetzten Zeitpunkt. Voraussetzung hierfür ist, dass die Informationen zur Beurteilung des Vorliegens der Ausbuchungskriterien bereits zum Zeitpunkt des erstmaligen Ansatzes des Finanzinstrumentes vorlagen.

---

[70] IFRS 4.42-44; vgl. hierzu den Beitrag „Versicherungsgeschäfte".

4.3.2 Bilanzierung von Sicherungsbeziehungen

Grundsätzlich führen die Bestimmungen von IAS 39 zur Fair-Value-Bewertung sämtlicher derivativen Finanzinstrumente sowie dementsprechend zur Eliminierung der mit den Derivaten im Zusammenhang stehenden abgegrenzten Gewinne und Verluste, die nach nationalen Vorschriften in Ansatz gebracht wurden. In Folge dessen stellt sich im Rahmen der IFRS-Erstanwendung die Frage, welche Auswirkungen diese Änderungen auf das Eigenkapital und auf die zukünftige Volatilität aus Fair-Value-Änderungen in der Gewinn- und Verlustrechnung mit sich bringen. Zwangsläufig sind Sicherungsbeziehungen (Hedge Accounting) in diese Betrachtung einzubeziehen, da sie die einzige Möglichkeit darstellen, etwaige erfolgswirksame Schwankungen zu minimieren.

In diesem Zusammenhang untersagt IFRS 1.28-30 die retrospektive Designation von Hedge-Beziehungen. Dies ist sinnvoll, da Unternehmen bei Übergang zur Bilanzierung nach IAS 39 die (strengen) Anforderungen, die aus der Dokumentation der Hedge-Beziehungen bei Zugang sowie aus der Ermittlung deren Effektivität erwachsen, vor Umstellung der Rechnungslegung kaum vollständig implementiert haben werden. Darüber hinaus soll eine Ergebnissteuerung durch nachträgliche Neudesignation oder Entbindung von Sicherungsbeziehungen vermieden werden.

Damit wird für die Eröffnungsbilanz eine Designation solcher Sicherungsbeziehungen untersagt, sofern diese nicht die strengen Kriterien von IAS 39.71-102 erfüllen. Hierunter ist bspw. die Zuordnung von Nettopositionen unter die gehedgten Instrumente (Grundgeschäfte) zu subsumieren (d.h. keine wirtschaftlichen Bewertungseinheiten i.S.v. Nettopositionen). Auch die Zuordnung von Cash Instruments oder geschriebenen Optionen unter die Hedge-Instrumente (Sicherungsgeschäfte) ist unzulässig. Wird bspw. die Zuordnung von Nettopositionen vom IFRS-Erstanwender bereits im Abschluss nach nationalen Rechnungslegungsgrundsätzen bestimmt (Anwendung des Macro Hedge Accountings), so kann dieser einen Bestandteil dieser Nettoposition als Grundgeschäft deklarieren, vorausgesetzt die Zuordnung erfolgte bereits vor dem Datum der Erstumstellung.[71] Mithin können rückwirkende Änderungen in der Zuordnung von Sicherungsbeziehungen nicht vorgenommen werden, lediglich (prospektive) Anpassungen vor dem Übergangszeitpunkt sind erlaubt. D.h., dass der Erstanwender, der zum Übergangszeitpunkt 1. Januar 2004 auf IFRS umstellt, vor diesem Stichtag seine Sicherungsbeziehungen im Hinblick auf die zukünftige Bilanzierung (im Einklang mit dem Risikomanagement) anpassen muss.

---

[71] Vgl. hierzu die Abschnitte 12-13 im Beitrag „Ansatz und Bewertung von Finanzinstrumenten".

4.3.3 Schätzungen

Die für den nach nationalen Vorschriften aufgestellten Abschluss getroffenen Annahmen gelten grundsätzlich auch für die Erstellung des erstmaligen IFRS-Abschlusses (IFRS 1.31). Nur Anpassungen aufgrund abweichender Bilanzierungs- und Bewertungsmethoden zwischen beiden Rechnungslegungssystemen sind zulässig. Dementsprechend dürfen wertbegründende Tatsachen keinen Einfluss auf den IFRS-Abschluss besitzen. Lediglich wertaufhellende Tatsachen sind u.U. berücksichtigungsfähig, wobei für die IFRS-Eröffnungsbilanz der gleiche Wertaufhellungszeitraum wie für den letzten nach nationalen Vorschriften erstellten Abschluss gilt. Ausnahmen hiervon sind u.a.

– objektive Tatbestände, dass zuvor getroffenen Annahmen fehlerhaft waren oder

– neu zu treffende Annahmen, die zuvor bei der Erstellung des vorherigen Abschlusses nicht benötigt wurden und nun erstmals zu treffen sind,

Für beide Ausnahmen gilt die Maßgabe, dass sich der Bilanzierende immer in der gleichen Situation befindet wie zuvor. Somit ist IAS 10 - Events after the Balance Sheet Date - zu beachten.

IFRS 1.32 veranschaulicht diese Regelung anhand des folgenden Beispiels:

Ein Unternehmen mit kalenderjahrgleichem Wirtschaftsjahr und IFRS-Eröffnungsbilanz zum 1. Januar 2004 (= Übergangszeitpunkt) erhält Mitte des Jahres 2004 Informationen, die eine Korrektur der am 31. Dezember 2003 nach vorherigen Rechnungslegungsgrundsätzen vorgenommenen Schätzungen notwendig erscheinen lassen. Diese neuen Informationen darf das Unternehmen in seiner IFRS-Eröffnungsbilanz nicht berücksichtigen, es sei denn, dass die Schätzungen aufgrund differierender Bilanzierungs- und Bewertungsmethoden anzupassen sind oder dass objektive Hinweise bzgl. der Fehlerhaftigkeit der Schätzungen vorliegen und daher ebenfalls eine Korrektur zu veranlassen ist. Ansonsten sind diese „neuen" Informationen erst in der Folgeperiode, d.h. im Abschluss zum 31.12.04 berücksichtigungsfähig.

4.3.4 Zur Veräußerung bestimmte langlebige Vermögenswerte und aufgegebene Geschäftsbereiche

IFRS 5, Non-current Assets Held for Sale and Discontinued Operations, erfasst Aktiva, die in der Bilanz gesondert unter den kurzfristigen Vermögenswerten auszuweisen sind (IFRS 5.38).[72] Da diese Vermögenswerte der Unternehmung nicht mehr langfristig zu dienen bestimmt sind werden sie nicht mehr planmäßig abgeschrieben. Die Bewertung dieser Assets erfolgt gemäß IFRS 5.15 zum niedrigeren Wert aus beizulegendem Zeit-

---

[72] Vgl. dazu auch den Beitrag „Zur Veräußerung gehaltene, langfristige Vermögenswerte und aufgegebene Bereiche".

wert abzüglich Veräußerungskosten (fair value less costs to sell) und Buchwert (carrying amount). Mit diesen Vermögenswerten im Zusammenhang stehende Verbindlichkeiten sowie Aufwendungen und Erträge, die kumuliert über das Eigenkapital erfasst wurden, sind ebenfalls separat zu bilanzieren.

Im Unterschied zur allgemein üblichen retrospektiven Vorgehensweise von IFRS 1 verlangt der Standard gemäß IFRS 1.34A von Erstanwendern, deren Übergangszeitpunkt vor dem 1. Januar 2005 liegt, die Vorschriften von IFRS 5 prospektiv anzuwenden. Alternativ gestattet der Standard die Anforderungen von IFRS 5 rückwirkend, ab einem durch das Unternehmen zu wählenden Zeitpunkt, der vor dem 1. Januar 2005 liegen muss, zu erfüllen. Unternehmen, die nach dem 1. Januar 2005 umstellen, müssen IFRS 5 retrospektiv anwenden.

5. Darstellung und Angaben

5.1 Vergleichsinformationen

IFRS 1 schränkt die Darstellungs- und Angabeverpflichtungen der anderen Standards grundsätzlich nicht ein. Allerdings sind in Bezug auf die Vermittlung von Vergleichsinformationen sowie die zu tätigenden Erläuterungen der Überleitung von nationalen Standards auf IFRS gemäß den Vorschriften von IFRS 1.35-46 nachfolgend erörterte Besonderheiten (5.1.-5.2.) zu beachten.

Der erste IFRS-Abschluss hat gemäß IFRS 1.36 neben den Daten für den Berichtszeitraum des Weiteren (mindestens) die Vorjahres-Vergleichszahlen, die grundsätzlich auf denselben Rechnungslegungsregeln fußen, zu enthalten, um mit IAS 1, Presentation of Financial Statements, in Einklang zu stehen. Abweichend hierzu kann ein Bilanzierungspflichtiger die nachfolgenden Befreiungen im Rahmen seiner IFRS-Erstanwendung nutzen.

5.1.1 In Bezug auf IAS 32, IAS 39 und IFRS 4

IFRS 1.36A gewährt dem Erstanwender die Option, bezüglich IAS 32, IAS 39 und IFRS 4 für die Vorjahres-Vergleichszahlen auf die Regelungen der nationalen Vorschriften zurückzugreifen. Dies gilt nur für diejenigen Anwender, deren Erstveröffentlichung (und damit deren Berichtszeitpunkt)[73] vor dem 1. Januar 2006 liegt.[74]

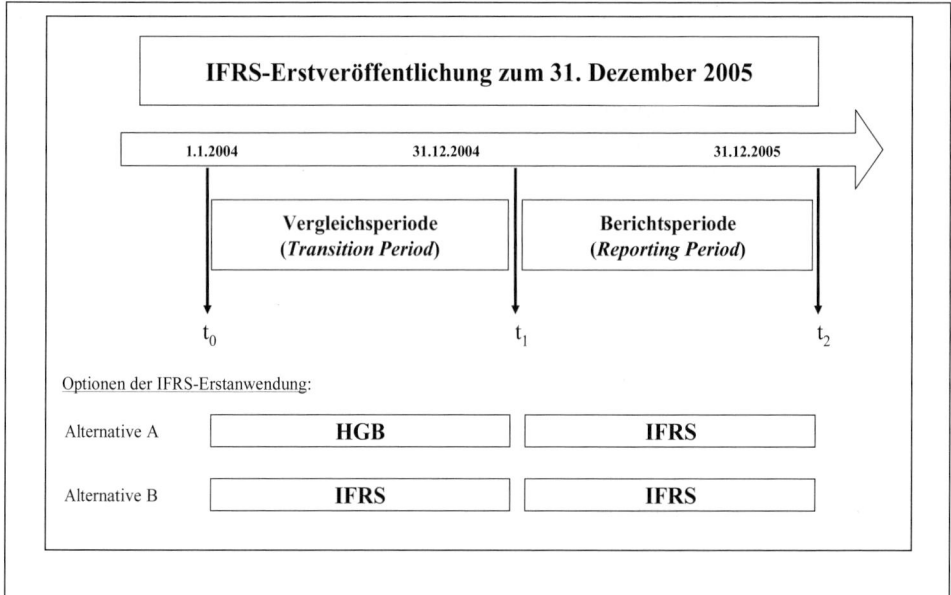

Abb. 3: Darstellung der Wahlrechte im Rahmen der Veröffentlichung eines ersten IFRS-Konzernabschlusses bzgl. der Vorjahres-Vergleichszahlen

---

[73] IFRS 1.36A sagt: "In it´s first IFRS financial statements, an entity that adopts IFRS before 1 January 2006 shall present at least one year of comparitive information, but this comparitive information need not comply with IAS 32, IAS 39 and FRS 4. ..." Damit stellt sich dem Anwender die Frage, was der Standardsetter unter "adopt" versteht: den Zeitpunkt der Transition, den des Berichtszeitpunkts, den der Veröffentlichung oder ggf. einen anderen Zeitpunkt? Laut Appendix A (defined terms) zu IFRS 1 wird die Bezeichnung "first-time adopter" mit „an entity that presents its first IFRS financial statements" gleichgesetzt. Aus dieser Definition jedoch nicht geschlossen werden, dass hier die Betonung auf „present" i.S.d. Veröffentlichungszeitpunktes liegt. Vielmehr kann die Absicht des IASB nur darin bestehen, dass „adopt" i.S.d. Berichtszeitpunkt zu interpretieren ist. Diese Ansicht wird gestützt durch die Definition von „first IFRS financial statements" (App. A): „The first annual financial statements in which an entity adopts ... (IFRSs), by an explizit and unreserved statement of compliance with IFRSs". Diese ausdrückliche und uneingeschränkte Übereinstimmungserklärung wird im ersten (vollwertigen) IFRS-Abschluss gegeben, so dass auch erst dann der Abschlussersteller ein „Adopter" i.S.d. IFRS 1 ist. Gleichzeitig ist der Abschluss (spätestens) auf den Stichtag (=Berichtszeitpunkt) per 31. Dezember 2005 (vgl. hierzu aber die folgende Fußnote) aufzustellen, so dass die Anforderungen, die an die Nutzung des o.g. Wahlrechts gestellt werden, auch tatsächlich gewahrt werden.

[74] Diese Aussage kann wohl. nur für Unternehmen mit kalenderjahrgleichem Wirtschaftsjahr gelten. Um Unternehmen mit vom Kalenderjahr abweichendem Stichtag nicht schlechter zu stellen als die vorgenannten Unternehmen, verschiebt sich der Zeitpunkt für diese Unternehmen entsprechend nach hinten. Dementsprechend hätte ein Unternehmen, welches bspw. den Stichtag 30. Juni besitzt, die Möglichkeit von dem o.g. Wahlrecht bis zur Abschlusserstellung 30. Juni 2006 Gebrauch zu machen.

Dieses Wahlrecht ist für die umstellungspflichtigen Unternehmen in technischer Hinsicht vorteilhaft, als den Unternehmen im Rahmen des Umstellungsprozesses für die Umsetzung von IAS 39 rein zeitlich gesehen ein Jahr zusätzlich zur Verfügung steht. Etwaige ungelöste fachliche Unklarheiten (nicht nur bedingt durch die hohe Komplexität der Materie, sondern ebenfalls aufgrund des unabgestimmten Zusammenspiels von Standardsetting und Endorsement sowie den umzusetzenden Änderungen der entsprechenden Paragraphen aus dem Amendments Project) können u.a. bereinigt werden. Andererseits wird hierdurch die (interperiodische) Vergleichbarkeit stark limitiert. Dieses wird durch die geforderte Erläuterung des sich um ein Jahr verschiebenden Umstellungseffektes hinsichtlich der Finanzinstrumente relativiert.[75]

Letztendlich enthält ein erster IFRS-Abschluss, bei dem hinsichtlich der Vorjahres-Vergleichszahlen von o.g. Wahlrecht (Anwendung nationaler Standards für Finanzinstrumente) Gebrauch gemacht wurde, zwei Eröffnungsbilanzen (inkl. entsprechender Übergangserläuterungen;):[76]

- zum Übergangszeitpunkt für alle Positionen, die Nicht-Finanzinstrumente betreffen,
- zum Stichtag der Vergleichsperiode/ersten Tag der Berichtsperiode für alle Positionen, die Finanzinstrumente betreffen.

Die durch IFRS 1.36A(c) zusätzlich geforderten Angabepflichten stellen grundsätzlich auf qualitative Erläuterungen des nach nationalen Vorschriften berichteten Zahlenwerks ab, so dass damit lediglich von einer unzureichenden „Heilung" der eingeschränkten Vergleichbarkeit auszugehen ist.

Im Rahmen der unterschiedlichen Anwendungsoptionen der einzelnen Versionen von IAS 32 und IAS 39 stellt sich nur die Frage der Anwendung nationaler Vorschriften für die Vorjahres-Vergleichszahlen im Vergleich zur Anwendung von IAS 32 und IAS 39. Alle anderen Handlungsalternativen - abgesehen von der freiwilligen vorzeitigen Berichterstattung gemäß IFRS (um den Adressaten vorzeitig mit den Änderungen durch die neue Rechnungslegung vertraut zu machen) - sind aus Sicht des Erstanwenders nicht sinnvoll. Die Antwort auf die o.g. Frage hängt auch von den wirtschaftlichen Begebenheiten in Bezug auf die Vorjahres-Vergleichszahlen ab. Damit kann die Frage nicht generell für alle Unternehmen gleichermaßen beantwortet werden.

---

[75] Vgl. hierzu insbesondere die Erläuterungen in den Basis of Conclusions unter IFRS 1.BC85-89A.

[76] Zugleich benötigt ein solcher Erstanwender auch zwei verschiedene Rücklagen für die Erstanwendungseffekte: zum einen eine für die Non-Financial Instruments-Effekte, zum anderen eine für die Effekte aus der Erstanwendung von IAS 32 und IAS 39. Vgl. Abschnitt 5.2.

5.1.2 In Bezug auf Zeitreihen

Manche Unternehmen führen Zeitreihenvergleiche hinsichtlich bestimmter Posten in ihrem Jahresabschluss auf. Innerhalb der Erstveröffentlichung sind die Informationen, die auf nationalen Vorschriften beruhen und nicht nach IFRS angepasst wurden, als nach nationalen Vorschriften gefertigte Informationen zu kennzeichnen. Darüber hinaus müssen qualitative Informationen veröffentlicht werden, welche wesentlichen inhaltlichen Änderungen sich ergeben würden, wenn diese Positionen entsprechend den IFRS-Bestimmungen angepast würden. Diese Informationen sind unabhängig davon zu geben, ob die Zeitreihenrechnungen aufgrund freiwilliger Disposition oder aufgrund nationaler rechtlicher Verpflichtungen offen gelegt werden.

5.2 Überleitungserläuterungen

Wie eingangs erwähnt, braucht der IFRS-Erstanwender qua IFRS-Vorschriften zwar keine Eröffnungsbilanz offen zu legen,[77] jedoch verlangt IFRS 1.38-43 eine Beschreibung der Umstellungseffekte auf die Vermögens-, Finanz- und Ertragslage.[78] Dazu sind Überleitungsrechnungen von nationalen Standards zu IFRS sowie zusätzliche Angaben zur Klassifizierung von Finanzinstrumenten, und zur etwaigen Nutzung des beizulegenden Zeitwerts als Ersatz für Anschaffungs- oder Herstellungskosten und - sofern anwendbar - die Zwischenberichterstattung geeignet.[79]

5.2.1 Überleitungsrechnungen

Überleitungsrechnungen sind gemäß IFRS 1.39-43 erforderlich für

- das Eigenkapital nach nationalen Vorschriften zu demjenigen nach IFRS zu den folgenden Zeitpunkten
  - zum Übergangszeitpunkt und
  - zum Stichtag der Vorjahres-Vergleichszahlen;

- die Gewinn- und Verlustrechnung nach nationalen Standards zu derjenigen nach IFRS für die Vergleichsperiode.

---

[77] Ggf. haben jedoch Ratingagenturen und andere Abschlussinteressenten jedoch möglicherweise ein Interesse an der Offenlegung dieser Informationen.

[78] IFRS 1.38 spricht hier vom Einfluss auf „... financial position, financial performance and cash flow".

[79] Anmerkung: Darüber hinaus ist jede Art von sonstiger Zusatzinformationen vorstellbar (und mitunter auch verpflichtend), um dem Investor die Transparenz und Verständlichkeit eines erstmaligen Übergangs auf die Rechnungslegung gemäß IFRS darzulegen.

Im Rahmen der Überleitung des Eigenkapitals von nationalen Vorschriften auf IFRS sind die wesentlichen Effekte zu erläutern, um den Grundsätzen der „Fair Presentation" und des „True and Fair View" Genüge zu tun. Dementsprechend - obwohl von IFRS 1 nicht ausdrücklich gefordert - erfolgt im Hinblick auf die für eine Unternehmung bedeutendsten Bilanzposten zwangsläufig auch eine Überleitung.

Zusätzlich zu den vorgenannten Erläuterungen bestehen die folgenden Angabeverpflichtungen:

- Anhangangaben nach IAS 36, Impairment of Assets, zum Übergangszeitpunkt, sofern die vorgenommene Ab-/Zuschreibungen von Vermögenswerten erfolgsneutral über die Rücklage aus Erstanwendung erfasst wurden.

- Sofern der Erstanwender nach nationalen Vorschriften eine Cash-Flow-Rechnung veröffentlicht hat, sind zumindest die wesentlichen Anpassungen erklärungspflichtig.

- Sollten Fehler aus dem nach nationalen Standards aufgestellten Abschluss ersichtlich werden, so sind deren Korrekturen im Rahmen der Erstellung der o.g. Überleitungsrechnung für das Eigenkapital sowie für das Ergebnis kenntlich zu machen, d.h. getrennt von den sonstigen Veränderungen aus dem Wechsel der Bilanzierungs- und Bewertungsmethoden. Die diesbezüglichen Angabeerfordernisse von IAS 8 greifen für die IFRS-Erstanwendung nicht.

5.2.2 Kategorisierung von Finanzinstrumenten

Bereits nach nationalen Vorschriften bilanzierte Finanzinstrumente können gemäß IFRS 1.43A im Rahmen der IFRS-Erstanwendung durch das Designationswahlrecht von IFRS 1.25A erneut den Kategorien „Financial Assets or Financial Liabilities[80] at Fair Value through Profit or Loss" und „Available for Sale" zugeordnet und damit der Fair-Value-Bewertung zugänglich gemacht werden. Dabei erfolgt die Kategorisierung der Finanzinstrumente grundsätzlich unabhängig von der nach nationalen Standards vorgenommenen Zuordnung.[81] Für die derart designierten Finanzinstrumente sind neben den Fair Values auch die jeweiligen Klassifizierungen und Buchwerte der Finanzinstrumente, wie sie im vorherigen Abschluss nach nationalen Vorschriften genutzt wurden, anzugeben.

---

[80] Durch die Verabschiedung des Partial Endorsement/Carve Out der EU-Kommission zum IAS 39 ist die im Standard weit gefasste Kategorie für Unternehmen, die dem EU-Recht unterliegen, nur noch aktivseitig anwendbar. Vgl. hierzu Abschnitt 3.

[81] Vgl. hierzu Abschnitt 4.2.7.

5.2.3 Beizulegender Zeitwert als Ersatz für Anschaffungs- oder Herstellungskosten

Sofern ein Erstanwender vom Wahlrecht der Fair-Value-Bewertung als Ersatz für Anschaffungs- oder Herstellungskosten in der IFRS-Eröffnungsbilanz Gebrauch macht,[82] dann sind gemäß IFRS 1.44 für jeden betroffenen Bilanzposten (separate line item) die kumulierten Fair Values sowie die kumulierten Buchwertanpassungen im Vergleich zur Bewertung nach nationalen Vorschriften offen zu legen.

5.2.4 Zwischenberichterstattung

Sofern ein Unternehmen in dem Zeitraum, der durch den ersten IFRS-Konzernabschluss abgedeckt wird, d.h. vom Übergangszeitpunkt bis zum Berichtszeitpunkt, eine Zwischenberichterstattung gemäß IAS 34 - Interim Financial Reporting - veröffentlicht, dann sind gemäß IFRS 1.45-46 neben den Vorschriften von IAS 34 die folgenden Publizitätsanforderungen zu beachten:

- Für eine Zwischenberichterstattung im Zeitraum vor der Erstveröffentlichung:
  - Eine Überleitungsrechnung für das Eigenkapital zum jeweiligen Stichtag der Zwischenberichtsperiode und
  - Eine Überleitungsrechnung des Ergebnisses der Gewinn- und Verlustrechnung für die entsprechende Zwischenberichtsperiode sowie für die Summe der bis dahin abgelaufenen Berichtsperioden[83] des Geschäftsjahres.

- Für eine Zwischenberichterstattung im Zeitraum der Erstveröffentlichung: Neben den zuvor aufgeführten Zusatzangaben sind die im Abschnitt 5.2.1 Überleitungsrechnungen aufgeführten Anforderungen hinsichtlich der Eigenkapital- und der Ergebnis-Veränderungsrechnung, ggf. ergänzt um eine Kapitalflussrechnung, zu beachten. Ein Verweis auf ein anderes veröffentlichtes Dokument, welches diese Informationen ebenfalls wiedergibt, ist zulässig.

Darüber hinaus sind, sofern solche Informationen nicht bereits im letzten nach nationalen Vorschriften aufgestellten Abschluss enthalten sein sollten, entsprechende Angaben zu den Transaktionen und Ereignissen der Periode im Rahmen der IFRS-Zwischenberichterstattung zu liefern, die wesentlich für das Verständnis der berichteten Periode sind. Sofern diese Informationen dort nicht gegeben werden, reicht wiederum ein entsprechender Verweis (s.o.) aus. Insgesamt lässt sich somit feststellen, dass eine erste Zwischenberichterstattung gemäß IFRS nicht „stand alone" dem Investor zu präsentieren ist, da dadurch das Verständnis des Übergangs von nationalen Standards auf IFRS nur

---

[82] „Use of fair value as deemed cost"; vgl. hierzu die Ausführungen unter Abschnitt 4.2.2.
[83] IFRS 1.45(a)(ii) spricht hier von "current" und „year-to-date".

unzureichend dargelegt würde. Mithin sind entsprechende Zusatzinformationen, insbesondere zur IFRS-Eröffnungsbilanz, essentiell. Darüber hinausgehende Informationen sind auch dann erforderlich, wenn ihr Unterlassen eine deutliche Einschränkung von Verständnis und Vergleichbarkeit des offengelegten Zahlenwerks bedeuten würde.[84]

6. Zeitpunkt des Inkrafttretens

Eine verpflichtende Anwendung von IFRS 1 ist gemäß IFRS 1.47 ab dem 1. Januar 2004 vorgeschrieben. Eine freiwillige vorzeitige Anwendung ist ausdrücklich gestattet. Macht ein Unternehmen von diesem Wahlrecht Gebrauch, ist dieses entsprechend im Jahresabschluss anzugeben.

---

[84] Vgl. hierzu auch IFRS 1.BC91 und IFRS 1.BC96. Der seitens des Committee of European Securities Regulators (CESR) im Oktober 2003 veröffentlichten Anforderung,84 bereits in den Zwischenabschlüssen unterjährig (für Stichtage nach dem 1. Januar 2005) nach den Vorschriften der IFRS zu bilanzieren und diese Informationen entsprechend zu veröffentlichen, kann nur eingeschränkt gefolgt werden. Denn für ein Unternehmen, welches ein kalenderjahrgleiches Wirtschaftsjahr besitzt und bisher noch nicht seinen Konzernabschluss auf IFRS umgestellt hat, würde dies im Regelfall bedeuten, dass der erste vollwertige Jahresabschluss gemäß IFRS zum 31. Dezember 2005 aufgestellt werden würde, die CESR-Anforderungen jedoch eine IFRS-Zwischenberichterstattung bereits zum 31. März 2005 verlangen würden. Damit würden die Investoren bereits ein dreiviertel Jahr vor der eigentlichen IFRS-Umstellung im Rahmen eines Zwischenberichtes über die Umstellung von der nationalen Rechnungslegung auf die IFRS informiert werden, was so wohl nicht gewollt sein dürfte. Ein Zwischenbericht ist eher nicht das geeignete Instrumentarium, um die mitunter erheblichen Unterschiede, die sich im Rahmen des Umstellungsprozesses von nationalen Rechnungslegungsgrundsätzen auf diejenigen nach IFRS ergeben, adäquat zu erläutern. Dem Informationsnutzen des Jahresabschlussadressaten würde nicht ausreichend Genüge getan werden.

Anlage 1: Übersicht über die Anwendungsmöglichkeiten/-pflichten der unterschiedlichen Versionen der IAS 32, IAS 39 im Rahmen der Veröffentlichung eines ersten IFRS-Abschlusses

Darstellung der Handlungsalternativen für eine IFRS-Erstveröffentlichung bzgl. IAS 32, 39

Annahme: Eine Zwischenberichterstattung gem. IFRS ab dem 31.12.04 ist nicht erforderlich, da entweder die EU-Transparenzrichtlinie (Zwischenberichterstattung ab 2006) analog zur derzeitigen Fassung (z.Z. noch Entwurf) in deutsches Recht transformiert wird oder aber die gesetzliche Verpflichtung der Veröffentlichung einer Zwischenberichterstattung erst ab 2006 greift.

Zu untersuchende Themengebiete bzgl. der Anwendungsoptionen	Alternative A			Alternative B			Alternative C		
I. Erstanwendung Gj. 05	EB 01.01.04	Gj. 04 31.12.04	Gj. 05 31.12.05	EB 01.01.04	Gj. 04 31.12.04	Gj. 05 31.12.05			
HGB auf IAS 32, 39-Sachverhalte	ja	ja	nein	nein	nein	nein			
IAS 32 (1998) und IAS 39 (2000)	nein	nein	nein	nein	nein	nein	inexistent		
IAS 32, 39 revised (2003)	nein	nein	ja	ja	ja	ja			
II. Erstanwendung Gj. 04	EB 01.01.03	Gj. 03 31.12.03	Gj. 04 31.12.04	EB 01.01.03	Gj. 03 31.12.03	Gj. 04 31.12.04	EB 01.01.03	Gj. 03 31.12.03	Gj. 04 31.12.04
HGB auf IAS 32, 39-Sachverhalte	ja	ja	nein	nein	nein	nein	nein	nein	nein
IAS 32 (1998) und IAS 39 (2000)	nein	nein	nein	ja	ja	ja	nein	nein	nein
IAS 32, 39 revised (2003)	nein	nein	ja	nein	nein	nein	ja	ja	ja
III. Freiwillige frühere Berichterstattung	EB 01.01.04	Gj. 04 31.12.04							
HGB auf IAS 32, 39-Sachverhalte	nein	nein		inexistent			inexistent		
IAS 32 (1998) und IAS 39 (2000)	ja	ja							
IAS 32, 39 revised (2003)	ja	ja							

Edgar Löw

Bilanz, Gewinn- und Verlustrechnung sowie Notes

1. Rechtsgrundlagen 51
2. Hintergrund und Ziele 55
3. Inhaltliche Änderungen des Bilanzierungswechsels 58
   3.1 Unterschiede in der Bilanz 58
      3.1.1 Grundkonzeption 58
      3.1.2 Aktiva 60
      3.1.3 Passiva 91
   3.2 Unterschiede in der Gewinn- und Verlustrechnung 101
      3.2.1 Grundkonzeption 101
      3.2.2 Unterschiede in einzelnen Erfolgspositionen 105
   3.3 Zusatzinformationen in den Notes 112
      3.3.1 Grundkonzeption 112
      3.3.2 Wesentliche Offenlegungspflichten aus branchenübergreifenden Standards 114
      3.3.3 Offenlegungspflichten aus IAS 30 117
4. ED 7 Financial Instruments: Disclosures 128
   4.1 Hintergrund und Ziele 128
   4.2 Überblick über die geplanten Regelungen 130
   4.3 Angaben zur Bilanz 132
   4.4 Angaben zur Gewinn- und Verlustrechnung 133
   4.5 Risikoberichterstattung 133
   4.6 Weitere Angabepflichten 136
   4.7 Würdigung 138

Anlagen 139

Anlage 1: Wesentliche Erstanwendungseffekte 139

Anlage 2: Synoptische Gegenüberstellung von ED 7 mit bestehenden
Regelungen des IASB 140

Anlage 3: Synoptische Gegenüberstellung von ED 7 mit den deutschen
Anforderungen zur Risikoberichterstattung und Basel II 150

Anlage 4: Bilanz der HVB Group zum 31.12.2003 162

Anlage 5: Gewinn- und Verlustrechnung der HVB Group 2003 164

1. Rechtsgrundlagen

Der Abschluss des Improvements Project des IASB im Dezember 2003 betraf 13 Standards, von welchen 12 zum Teil deutlich angepasst wurden und ein Standard ersatzlos gestrichen wurde. Für Banken brachte darüber hinaus das Amendments Project mit der Überarbeitung von beiden Standards zu Finanzinstrumenten, ebenfalls abgeschlossen im Dezember 2003, teilweise einschneidende Veränderungen. Zusätzlich wurden weitere Standards neu erlassen (IFRS 1 bis IFRS 5), die den Abschluss einer Bank stark tangieren werden. Praktisch alle diese Entwicklungen sind ab dem Geschäftsjahr 2005 zwingend anzuwenden, weshalb auf die älteren Fassungen oder Exposure Drafts nicht (mehr) einzugehen ist.

Der Jahresabschluss einer Bank besteht - ebenso wie der Jahresabschluss eines anderen Unternehmens - nach IAS 1.8 aus einer Bilanz, einer Gewinn- und Verlustrechnung, einer Kapitalflussrechnung,[1] einer Eigenkapitalveränderungsrechnung[2] sowie den Notes.

Neben diesen Pflichtbestandteilen eines Jahresabschlusses wird nach IAS 1.9 empfohlen, außerhalb des Abschlusses einen Bericht über die Unternehmenslage durch das Management zu veröffentlichen, der die wesentlichen Einflussfaktoren auf die Vermögens-, Finanz- und Ertragslage des Unternehmens erläutert. Dabei wird beispielhaft beschrieben, dass im Rahmen dieses Berichtes auf die Ertragskomponenten und die beeinflussenden Umfeldbedingungen ebenso eingegangen werden könnte wie auf die Finanzierungsquellen und auf Ressourcen, die sich gerade nicht in finanziellen Größen widerspiegeln. Bei Letzterem ist etwa an eine Berichterstattung über Aktionäre, Kunden, Mitarbeiter und Gesellschaft zu denken, wie sie beispielhaft von der Deutschen Bank erfolgt.[3] Insbesondere Kunden und Mitarbeiter bilden in Dienstleistungsunternehmen die bedeutendsten Erfolgsquellen, so dass zu erwarten ist, dass die Anforderungen durch Analysten und Ratingagenturen und die Presse an eine entsprechende Berichterstattung hierüber zunehmen wird.[4]

---

[1] Vgl. den Beitrag „Kapitalflussrechnung".

[2] Vgl. den Beitrag „Eigenkapitalveränderungsrechnung".

[3] Vgl. DEUTSCHE BANK, Geschäftsbericht 2001, S. 13-17 sowie erstmals im Geschäftsbericht 1998, S. 39-42. Zu dem Konzept vgl. LÖW, E./WEIDE, T., Das Management von Stakeholder Benefits als Werttreiber in Banken, in: WAGENHOFER, A./HREBICEK, G. (Hrsg.), Wertorientiertes Management - Konzepte und Umsetzungen zur Unternehmenswertsteigerung, Stuttgart 2000, S. 239-258.

[4] Vgl. FISCHER, T. M./WENZEL, J., Wertorientierte Berichterstattung (Value Reporting) in börsennotierten Unternehmen, Ergebnisse einer empirischer Studie, Handelshochschule, Leipzig (HHL), 1.1.2003.

Nach IAS 30.7 wird die Empfehlung hinzugefügt, dass den Abschlussadressaten darüber hinaus ein (gegenüber den reinen Abschlussinstrumenten) zuverlässigeres Bild einer Bank vermittelt würde, wenn das Management ergänzend in einer Erläuterung zum Abschluss auf das Risikomanagement und die Risikokontrolle eingänge.[5]

IAS 30 regelt die branchenspezifischen Besonderheiten der Rechnungslegung für Banken und ähnliche Finanzinstitute. Nach IAS 30.4 ist IAS 30 als Ergänzung zu anderen Standards anzuwenden. Bei Erstellung eines Konzernabschlusses einer Bank gilt IAS 30 für den Konzernabschluss (IAS 30.5). In IAS 30 werden Offenlegungs- und Angabepflichten geregelt. Sollten andere Standards Themen behandeln, die auch in IAS 30 angesprochen werden, fungiert IAS 30 insoweit als lex specialis. Regeln indes andere Standards bestimmte Themenbereiche, die von IAS 30 nicht erfasst werden, sind die anderen Standards zusätzlich zu IAS 30 zu erfüllen. Dabei ist bisweilen allerdings eine bankspezifische Interpretation geboten, etwa bei den Regelungen zur Erstellung einer Kapitalflussrechnung oder einer Segmentberichterstattung.

IAS 30 wurde 1990 vom Board genehmigt und 1994 an das seit 1991 bestehende Format, das für alle Standards einzuhalten ist, angepasst. Er ist seit den Geschäftsjahren anzuwenden, die am oder nach dem 1. Januar 1991 begonnen haben. Änderungen ergaben sich seitdem lediglich aufgrund des neuen Standards zu Ansatz und zur Bewertung von Financial Instruments (IAS 39) in zwei Textziffern.

Im Jahre 1999 wurde vom IASC die Überarbeitung von IAS 30 beschlossen. Hierzu wurde Anfang des Jahres 2000 ein Steering Committee gegründet. Von deutscher Seite waren in dem Gremium Wolfgang Kolb (vormals Dresdner Bank) sowie (über den Basler Ausschuss) Karl-Heinz Hillen (Deutschen Bundesbank) vertreten. Die Arbeiten sind mit der Veröffentlichung des Exposure Draft „Financial Instruments: Disclosures" (ED 7) zu einem vorläufigen Abschluss gekommen.[6] Der neue Standard soll für Geschäftsjahre, die am oder nach dem 1. Januar 2007 beginnen, branchenübergreifend gelten. Eine frühzeitige Anwendung des Standards wäre nach ED 7.49 zulässig und anzugeben. Als Folge soll IAS 30 vollständig gestrichen und IAS 32 bis auf die Regelungen zum Ausweis von Finanzinstrumenten gekürzt werden.

Der Anwendungsbereich des Standardentwurfs wird - soweit möglich - an den in IAS 32 und IAS 39 angepasst. Er bezieht sich entsprechend ED 7.3 auf sämtliche Unternehmen, einschließlich Banken und Versicherungen und prinzipiell alle bilanzierten sowie nicht bilanzierten Finanzinstrumente (zu Ausnahmen vgl. ED 7.3(a)-(e)).

---

[5] Zur Bilanzierung von Finanzinstrumenten und Risikocontrolling vgl. LÖW, E., Bilanzierung von Finanzinstrumenten und Risikocontrolling, in: WEIßENBERGER, B. E. (Hrsg.), IFRS und Controlling, ZfCM Sonderheft 2, 2004, S. 32-41.

[6] Vgl. hierzu LÖW, E./SCHILDBACH, S., Risikoberichterstattung nach IFRS geplant, Börsen-Zeitung vom 24.07.2004, S. 5 sowie ECKES, B./SITTMANN-HAURY, C., ED IFRS 7 „Financial Instruments: Disclosure" - Offenlegungsvorschriften für Finanzinstrumente und Auswirkungen aus der Ablösung von IAS 30 für Kreditinstitute", WPg 2004, S. 1195-1201 oder KUHN, S./SCHARPF, P., Finanzinstrumente: Neue (Teil-) Exposure Drafts zu IAS 39 und Vorstellung des Exposure Draft ED 7, KoR 2004, S. 381-389.

Die neu formulierten Zielsetzungen des Standardentwurfs stellen eine inhaltliche Verbindung zu den bestehenden Standards zu Finanzinstrumenten, IAS 32 und IAS 39, her. Sie bestimmen gleichzeitig die drei wesentlichen Abschnitte des zentralen Kapitels über die Angaben zu Finanzinstrumenten in ED 7.1-2:

- Bedeutung von Finanzinstrumenten für die finanzielle Lage und Leistungsfähigkeit eines Unternehmens,
- Wesen und Ausmaß der Risiken, welchen ein Unternehmen zum Berichtszeitpunkt ausgesetzt war,
- Kapitalmanagement des Unternehmens.

Im Standardentwurf findet sich der Einfluss der deutschen Vertreter erfreulicher Weise durchaus wieder. Er ist hinsichtlich der offen zu legenden Informationen zu den verschiedenen Risikoeinflussfaktoren deutlich geprägt von dem Deutschen Rechnungslegungs Standard zur Risikoberichterstattung, den Banken zu erfüllen haben, DRS 5-10, sowie von den Offenlegungspflichten von Basel II.[7]

Bis zum zwingenden Erstanwendungszeitpunkt des geplanten neuen Standards ab dem Jahr 2007 ist allerdings noch IAS 30 gültig. Die derzeitige Fassung von IAS 30 regelt im Wesentlichen folgende Aspekte:

- gesonderter Ausweis bestimmter Aufwands- und Ertragskomponenten in der Gewinn- und Verlustrechnung oder in den Notes,
- Angabe wesentlicher Aktiv- und Passivpositionen in der Bilanz oder in den Notes,
- Darstellung der Entwicklung der Risikovorsorge im Kreditgeschäft,
- die Möglichkeit der Bildung von Vorsorgereserven für allgemeine Risiken aus dem Bankgeschäft in offener Form,
- Markt- oder Zeitwertangaben von finanziellen Vermögenswerten,
- Strukturierung von Forderungen und Verbindlichkeiten nach Restlaufzeiten,
- Angabe von Konzentrationen im Bereich von Forderungen, Verbindlichkeiten sowie bei bilanzunwirksamen Positionen,
- Eventualverbindlichkeiten, einschließlich anderer außerbilanzieller Positionen,
- zur Sicherheit übertragene Vermögenswerte,
- Treuhandgeschäfte,
- Geschäftsvorfälle mit verbundenen und assoziierten Unternehmen gemäß IAS 24.

---

[7] Vgl. zu ED 7 Abschnitt 4 dieses Beitrages.

Ergänzend zu IAS 30 kommen für eine Bank insbesondere folgende Standards zur Anwendung:

- IAS 1: Darstellung des Abschlusses,
- IAS 7: Kapitalflussrechnungen,[8]
- IAS 12: Ertragsteuern,[9]
- IAS 14: Segmentberichterstattung,[10]
- IAS 17: Leasingverhältnisse,[11]
- IAS 19: Leistungen an Arbeitnehmer,[12]
- IAS 21: Auswirkungen von Änderungen der Wechselkurse,
- IAS 27: Konzern- und separate Einzelabschlüsse nach IFRS[13]
- IAS 32: Finanzinstrumente: Angaben und Darstellung,[14]
- IAS 39: Finanzinstrumente: Ansatz und Bewertung,[15]
- IAS 40: Als Finanzinvestition gehaltene Immobilien,[16]
- IFRS 3: Unternehmenszusammenschlüsse.

In Abhängigkeit von der Geschäftstätigkeit treten im Einzelfall weitere Standards in ihrer Bedeutung hervor, während andere Standards von geringerem Einfluss sein können.

Zusätzlich sind selbstverständlich alle weiteren Standards (z.B. zu Immateriellen Vermögenswerten,[17] zu dem Komplex zur Veräußerung gehaltene langfristige Vermögenswerte und aufgegebene Geschäftsbereiche,[18] zur Aktienbasierten Vergütung[19]

---

[8] Vgl. den Beitrag „Kapitalflussrechnung".
[9] Vgl. den Beitrag „Tatsächliche und latente Ertragsteuern".
[10] Vgl. den Beitrag „Segmentberichterstattung".
[11] Vgl. den Beitrag „Leasingverhältnisse".
[12] Vgl. den Beitrag „Pensionsverpflichtungen".
[13] Vgl. den Beitrag „Konzernrechnungslegung".
[14] Vgl. den Beitrag „Offenlegung von Finanzinstrumenten".
[15] Vgl. den Beitrag „Ansatz und Bewertung von Finanzinstrumenten".
[16] Vgl. hierzu WEBER, E./BAUMUNK, H. (Hrsg.), IFRS Immobilien, Praxiskommentar der wesentlichen immobilienrelevanten Internationalen Financial Reporting Standards, München 2005.
[17] Vgl. den Beitrag „Immaterielle Vermögenswerte".
[18] Vgl. den Beitrag „Zur Veräußerung gehaltene langfristige Vermögenswerte und aufgegebene Bereiche".
[19] Vgl. den Beitrag „Aktienbasierte Vergütung".

oder zu Gewinn pro Aktie[20]) im Bedarfsfall sowie alle einschlägigen Interpretationen (SIC's und IFRIC's) des International Financial Reporting Interpretations Committee (IFRIC, vormals Standing Interpretations Committee, SIC) anzuwenden.

2. Hintergrund und Ziele

Zielsetzung der Gesamtheit aller zum Jahresabschluss gehörenden Instrumente ist die Vermittlung von Informationen, die dem Anteilseigner eine fundierte Grundlage bieten sollen, um darauf basierend Entscheidungen über das finanzielle Engagement treffen zu können.[21] IAS 30 soll in diesem Zusammenhang nach IAS 30.6 gewährleisten, dass Jahresabschlussadressaten relevante, verlässliche und vergleichbare Informationen erhalten. Den Abschlussadressaten wird ein vorrangiges Interesse an der Liquidität und Solvenz einer Bank nach IAS 30.7 unterstellt. Eine Bank sei in besonderem Ausmaß Währungsschwankungen, Zinsänderungen, Marktpreisbewegungen und Kontrahentenausfällen ausgesetzt. Dabei kann es sich durchaus um Vorgänge handeln, aus welchen die Abbildung von Geschäftsvorfällen bilanzwirksam, aber - selbst nach IAS 39 - auch außerhalb der Bilanz vorzunehmen ist. Daher ist wünschbar, eine detaillierte Angabe zu diesen Bereichen vorzunehmen, unabhängig davon, ob sich die Risiken im Zahlenwerk des Abschlusses niederschlagen. Darüber hinaus soll dem Abschlussleser durch zusätzliche Angaben zum Risikomanagement und -controlling sowie in Bezug auf die interne Kompetenzregelung zur Risikosteuerung eine umfassendere Beurteilung der dem Bankgeschäft immanenten Risiken vermittelt werden.[22]

Gleichwohl sind die in IAS 30 normierten Regelungen nur sehr bedingt geeignet, gerade diese Informationsbedürfnisse zu befriedigen. Die Erfüllung des deutschen Standards zur Risikoberichterstattung von Kreditinstituten (DRS 5-10) hilft, Informationsdefizite zu reduzieren.[23]

Allgemein ist nach IAS 30.6 ein spezifisches Informationsbedürfnis der Jahresabschlussempfänger über die Geschäftstätigkeit einer Bank zu berücksichtigen, wobei die

---

[20] Vgl. den Beitrag „Gewinn pro Aktie".

[21] Vgl. auch FISCHER, T. M./KLÖPFER, E./STERZENBACH, S. Beurteilung der Rechnungslegung nach IAS, Ergebnis der Befragung deutscher Börsennotierter Unternehmen, WPg 2004, S. 694-708.

[22] Vgl. TIMMERMANN, M., Risikocontrolling, Risikomanagement und Risikoberichterstattung von Banken, in: LANGE, T. A./LÖW, E. (Hrsg.), Rechnungslegung, Steuerung und Aufsicht von Banken - Kapitalmarktorientierung und Internationalisierung, FS zum 60. Geburtstag von Jürgen Krumnow, Wiesbaden 2004, S. 377-404 sowie allgemein LÖW, E., Bilanzierung von Finanzinstrumenten und Risikocontrolling, a.a.O. (Fn. 5), S. 32-41.

[23] Vgl. LÖW, E./LORENZ, K., Risikoberichterstattung nach den Standards des DRSC und im internationalen Vergleich, KoR 2001, S. 211-222.

Zurverfügungstellung der Informationen insgesamt auf ein zumutbares Maß beschränkt bleiben (kann). Insofern ist davon auszugehen, dass eine Rechnungslegung im Rahmen der vorgegebenen IFRS den Informationsanforderungen der Adressaten genügt. Die IFRS bieten in ihrer Gesamtheit Regeln, die die Informationsbedürfnisse der Rechnungslegungsadressaten expressis verbis berücksichtigen. Daher dürften normalerweise Angaben, die über die von den Standards geforderten Ansatz-, Bewertungs- und Offenlegungsanforderungen hinausgehen, nicht erforderlich sein.

Gleichwohl sollte die Aufforderung, die geschäftstypischen Risiken über das Zahlenwerk hinausgehend verbal zu erläutern, auch nicht als leerer, formelhafter Appell missverstanden werden. Sowohl die Erwähnung zu Beginn des Standards als auch der Umfang der Postulate belegen die Gewichtigkeit, mit der zu entsprechender Transparenz aufgefordert wird.[24] Umso bedeutender ist dann allerdings die Anforderung nach einer (intertemporalen) Vergleichbarkeit zu werten. Wesentliche Abweichungen in der Bilanzierung oder in betraglicher Hinsicht sind zu erläutern.

Als besonders gewichtig wird in IAS 30.8 die Angabe von Bilanzierungs- und Bewertungsmethoden angesehen, verstärkend zur allgemeinen Anforderung von IAS 1.103. Dies gilt umso mehr als IAS 30.8 eine Vereinheitlichung von Bilanzierungs- und Bewertungsmethoden zweckmäßigerweise nicht vorschreibt. Zur Erfüllung der Anforderungen des allgemeinen Standards ist es deshalb auch erforderlich, dem Jahresabschlussleser die in der praktischen Bilanzierung teilweise unterschiedlichen Bilanzierungs- und Bewertungsmethoden verständlich zu erläutern. Aufgrund der besonderen Geschäftstätigkeit von Banken ergeben sich bisweilen Besonderheiten oder andere Gewichtungen. Bei der Interpretation der allgemeinen Vorschriften sind diese zu beachten, und im Zusammenhang mit der Angabe der Bilanzierungs- und Bewertungsmethoden ist hierauf vertiefend einzugehen, um eventuell bestehende Unterschiede zu verdeutlichen und dem Leser die Grundlagen der Abschlusserstellung verständlich zu machen.

Nach IAS 30.8 könnte es daher erforderlich sein, im Zusammenhang mit den Bilanzierungsgrundsätzen auf folgende Bereiche näher einzugehen:

– Ausweis der wesentlichen Ertragsarten,

– Bewertung von finanziellen Vermögenswerten,

– Unterscheidungsmerkmale, die bei Geschäftsvorfällen und ähnlichen Vereinbarungen zur Aktivierung bzw. Passivierung innerhalb der Bilanz oder nur zum Ausweis von Eventualforderungen führen,

– Grundlagen der Ermittlung von Verlusten im Kreditgeschäft und der Abschreibung uneinbringlicher Forderungen,

---

[24] Vgl. KRUMNOW, J./LÖW, E., IAS 30 - Angabepflichten im Jahresabschluss von Banken und ähnlichen Finanzinstituten (Disclosures in the Financial Statements of Banks and Similar Financial Institutions), in: BAETGE, J./DÖRNER, D. u.a. (Hrsg.), Rechnungslegung nach International Accounting Standards (IAS), 2. Aufl., Stuttgart 2002, Tz. 11.

– Grundlagen der Bildung von Vorsorgen für allgemeine Risiken im Bankgeschäft und deren bilanzieller Behandlung.

Auf diese Aspekte wird schwerpunktmäßig im Verlauf des Standards weiter Bezug genommen. Aus deren vertiefenden Beschreibung zeigt sich, dass im Regelfall nur verbale Erläuterungen die geforderte Verständlichkeit der Bilanzierungsgrundlagen gewährleisten. Für die Struktur von Angaben zu Finanzinstrumenten gibt ED 7.7-8 gewisse Leitlinien vor. Die Angaben sollen sich auf einem Aggregationsniveau bewegen, die den Abschlussadressaten mit ausreichenden Informationen für eine differenzierte Analyse der Finanzinstrumente versorgt und Vergleiche zu den relevanten Positionen in der Bilanz ermöglicht.

In der Praxis der Bankenabschlüsse nach IFRS findet sich zur Erfüllung der gegenwärtig verpflichtenden Anforderungen üblicherweise zu Beginn der finanziellen Berichterstattung ein gesonderter Textteil, in dem auf die Bilanzierungs- und Bewertungsmethoden ausführlich eingegangen wird.[25] Hierin werden die Grundlagen der Rechnungslegung umfassend dargestellt.

Zur Erfüllung der Anforderung von § 292a Abs. 2 Nr. 4c HGB, wonach „eine Erläuterung der vom deutschen Recht abweichenden Bilanzierungs- und Bewertungs- und Konsolidierungsmethoden" erforderlich ist, wird bisweilen eine Trennung der allgemeinen Darstellung der Bilanzierungs- und Bewertungsmethoden nach IFRS und der Überleitungserläuterung nach HGB in verschiedenen Textteilen vorgenommen. Teilweise wird der Text zur deutschen Rechtsverpflichtung auch im Anschluss an die nach DRS 5-10 vorzunehmende Risikoberichterstattung abgedruckt, um auf diese Weise eine deutliche Unterscheidung der internationalen und der nationalen Anforderungen optisch zum Ausdruck zu bringen. Unzulässig und dem expliziten Gesetzeswortlauf zuwider laufend wäre jedoch ein lapidarer Verweis auf die Veröffentlichung der Überleitungserläuterung im Handelsregister. Da die Überleitungserläuterung gerade dem deutschen Anleger die Unterschiede zwischen dem ihm (noch) unbekannten Abschluss nach IFRS und dem bekannten Abschluss nach HGB verdeutlichen soll, ist diese Rechtsverpflichtung eine der im Konzernabschluss zwingend zu erfüllenden Bedingungen zur Erreichung der Befreiungswirkung des internationalen Abschlusses für einen ansonsten derzeit noch aufzustellenden Abschluss nach HGB.

---

[25] Vgl. zur praktischen Bilanzierung von Banken unter IAS - noch vor IAS 39 - insbesondere die synoptische Gegenüberstellung von Bankenabschlüssen bei LÖW, E., Deutsche Bankabschlüsse nach International Accounting Standards, Stuttgart 2000.

3. Inhaltliche Änderungen des Bilanzierungswechsels

3.1 Unterschiede in der Bilanz

3.1.1 Grundkonzeption

Die IFRS betonen in ihrer Gesamtheit sehr stark die Erfolgsrechnung, deren Komponenten und deren Vergleichbarkeit. Dies kommt auch in dem Aufbau von IAS 30 zum Ausdruck, in dem die Vorschriften zur Gewinn- und Verlustrechnung vor den Regelungen zur Bilanz platziert sind. Gleichwohl waren die ersten praktischen Bankabschlüsse nach IFRS häufig noch von dem traditionellen Aufbau unter HGB geprägt. So stellten lediglich die Deutsche Bank, die Dresdner Bank, die Commerzbank sowie die BHF-Bank von Anbeginn ihrer Bilanzierung unter IFRS an die Erfolgsrechnung vor die Bilanz. Die übrigen Banken beließen es zunächst bei der herkömmlichen Reihenfolge.

Eine ausdrückliche Verpflichtung zur Erstellung einer Bilanz ist in IAS 30.18 formuliert. Danach sind die Aktiva und getrennt davon die Passiva nach Arten zusammenzufassen und nach ihrer relativen, abnehmenden Liquidität zu ordnen. Als Mindestangaben sind für die Bilanz oder die Notes nach IAS 30.19 folgende Angaben offen zu legen:

Aktiva

– Barreserve und Guthaben bei der Zentralnotenbank,

– Schatzwechsel und andere rediskontfähige Wechsel,

– Öffentliche und andere Wertpapiere,

– Forderungen und Kredite an Kreditinstitute,

– Andere Geldmarktgeschäfte,

– Forderungen an Kunden und

– Wertpapiere des Anlagevermögens.

Passiva

– Verbindlichkeiten gegenüber Kreditinstituten,

– Andere Verbindlichkeiten aus Geldmarktgeschäften,

– Verbindlichkeiten gegenüber anderen Kunden,

- Einlagenzertifikate (CD's),
- Eigene Akzepte und andere verbriefte Verbindlichkeiten und
- Andere aufgenommene Gelder.

Werden von einer Bank einige Positionen zu einer Gesamtposition zusammengefasst, hat eine Aufgliederung in den Notes zu erfolgen, damit die Mindestinformationen nicht verloren gehen.

Eine Saldierung von Positionen ist grundsätzlich nicht zulässig. Als verpflichtend einzuhaltende Ausnahme ist eine Saldierung nach IAS 32.42 jedoch vorzunehmen (zuvor nach IAS 30.25), wenn ein einklagbares Recht zur Aufrechnung der Beträge besteht und zusätzlich beabsichtigt wird, den Ausgleich auf Nettobasis herbeizuführen oder mit der Verwertung des betreffenden Vermögenswertes die dazugehörige Verpflichtung abzulösen.

Aus diesen Regelungen lässt sich zunächst die Schlussfolgerung ziehen, dass IAS 30 keine starre Gliederung vorgibt. Vielmehr werden nur Mindestanforderungen enumeriert, wobei der bilanzierenden Bank grundsätzlich die Wahl bleibt, ob ihnen in der Bilanz oder den Notes gefolgt wird. Da mithin keine Mindestgliederung - etwa wie nach der EU-Bankbilanzrichtlinie bzw. der RechKredV - vorgeschrieben ist, kann die Bilanz gegenüber der ausführlichen Gliederung nach den deutschen Formblättern auf wesentliche Positionen beschränkt und dadurch übersichtlich gestaltet werden. Andererseits verbleibt ein gewisser Spielraum, geschäftspolitisch bedeutsame Aktivitäten durch Aufnahme einer gesonderten Ausweisposition innerhalb der Bilanzgliederung in Übereinstimmung mit IAS 1.69 hervorzuheben. Zu denken wäre etwa an eine gesonderte Herausstellung von Forderungen aus dem Bauspargeschäft oder aus Hypothekendarlehen neben den (weiteren) Forderungen an Kunden bei entsprechender Aktivität.

ED 7 enthält, als branchenübergreifender Standard gedacht, überhaupt keine Gliederung für eine Bank mehr - auch nicht als Mindestausweisverpflichtung. Wünschbar wäre, wenn IAS 1 zumindest um eine Mustergliederung im Anhang des Standards erweitert würde. Die allgemeingültige Gliederung nach IAS 1 entspricht jedenfalls nicht den Brachenbedürfnissen.

Die einmal gewählte Gliederung ist aufgrund des Stetigkeitsgrundsatzes von IAS 1.27 beizubehalten, es sei denn, eine wesentliche Änderung der betrieblichen Tätigkeit verlangt die Durchbrechung dieses Grundsatzes zur Erreichung einer angemesseneren Darstellungsweise (oder die Änderung wird wegen eines neuen oder geänderten Standards bzw. einer Interpretationsvorschrift erzwungen).

In der Bilanzierungspraxis werden die von IFRS vorgesehenen Bilanzpositionen nicht in Reinkultur publiziert. Durchgesetzt hat sich vielmehr ein an die vorgegebenen Positionen angeglichenes Bilanzschema.

3.1.2 Aktiva

An den gekennzeichneten Positionen in der folgenden Abbildung ergeben sich deutliche Unterschiede zu einer Bilanzierung nach HGB.[26]

Unterschiede in der Bilanz (1)

Auswirkungen auf Aktiva
  Barreserve
→ Forderungen an Kreditinstitute
→ Forderungen an Kunden
→ Risikovorsorge
→ Handelsaktiva
→ Finanzanlagen
→ Immaterielle Vermögenswerte
→ Sachanlagen
→ Ertragsteueransprüche
  Sonstige Aktiva
  Summe der Aktiva

Basierend auf der EU-Bankbilanzrichtlinie gestattet das deutsche Handelsrecht Kreditinstituten, stille versteuerte Vorsorgereserven zu bilden (so genannte § 340f HGB-Reserven). In der Präambel der Bankbilanzrichtlinie wird diese Möglichkeit mit dem besonderen Risiko und der Vertrauensempfindlichkeit des Bankgeschäfts begründet. Im Einzelnen erlaubt § 340f HGB Banken, Forderungen und bestimmte Wertpapiere (der Liquiditätsreserve) um bis zu 4% ihres Gesamtbetrages unter zu bewerten, soweit dies nach vernünftiger kaufmännischer Beurteilung zur Sicherung gegen die besonderen

---

[26] Vgl. hierzu auch den Erfahrungsbericht von LÖW, E./TÖTTLER, C., Bankspezifische Aspekte der Umstellung auf IAS, in: AUER, K. V. (Hrsg.), Die Umstellung der Rechnungslegung auf IAS/US-GAAP, Wien 1998, S. 271-309. Siehe auch WEIßENBERGER, B. E./STAHL, A./VORSTIUS, S., Changing from German GAAP to IFRS or US-GAAP: A Survey of German Companies, Accounting in Europe, 1/2004, S. 169-189. Die Forderungsbewertung unterscheidet sich vom Grundsatz her kaum von den Regelungen nach HGB (Fortführung der Anschaffungskosten). Im Detail gibt es hingegen Unterschiede. Vgl. hierzu ausführlich den Beitrag „Ansatz und Bewertung von Finanzinstrumenten".

Risiken des Geschäftszweiges notwendig ist. Die Bildung und Auflösung stiller versteuerter Vorsorgereserven findet ihre Anwendung in der so genannten Überkreuzkompensation. Danach dürfen bestimmte Erfolgskomponenten miteinander verrechnet werden. Im Ergebnis kann also die Nettorisikovorsorge im Kreditgeschäft mit den Erfolgen aus Wertpapieren der Liquiditätsreserve saldiert werden.

Nach IAS 30.50 und IAS 30.52 ist die Möglichkeit der Bildung und Auflösung stiller Reserven ausdrücklich untersagt. Das Verbot ergibt sich im Übrigen auch aus der Gesamtkonzeption der IFRS, die jegliche Form stiller Reservebildung grundsätzlich ausschließen möchte, weil ansonsten eine verzerrte und kaum interpretierbare Information über die Ergebnis- und Eigenkapitalgröße des bilanzierenden Unternehmens geliefert würde.

Die Überkreuzkompensation ist nach den IFRS ebenfalls hinfällig. Dies führt dazu, dass im Konzernabschluss nach dem HGB bestehende stille Vorsorgereserven, die durch das Mutter- oder die Tochterunternehmen gebildet wurden, im Rahmen der Erstanwendung von IFRS aufzulösen sind. Die entsprechenden Vermögenspositionen, von welchen die § 340f HGB-Reserven abgesetzt wurden, also die Forderungen und/oder die Wertpapiere der Liquiditätsreserve, sind im Abschluss nach den IFRS entsprechend höher anzusetzen.[27]

Beim Übergang von HGB auf IFRS stellt sich die Frage, ob durch die Erstanwendung die bisherigen, nach HGB zulässigerweise gebildeten stillen Reserven erkennbar werden.[28] Der Einblick in die Auflösung stiller Reserven wird zumindest dadurch erschwert, dass die Forderungs- und Wertpapierpositionen bei einer Bilanzierung nach IFRS strukturell voneinander abweichen. Im Forderungsbereich können Umgruppierungen durch Leasingaktivitäten erforderlich werden. Bei den Wertpapieren kommt es zu Wertpapierkategorien nach IAS 39 mit Bewertungsfolgen, die weder mit den Kategorien nach HGB übereinstimmen noch zu gleichen Wertansätzen führen. Ausschlaggebend ist hierbei insbesondere der partiell erforderliche Wertansatz zu Fair Values. Wertunterschiede können mithin sowohl auf die Marktwertbilanzierung als auch auf die Bildung und Auflösung stiller Reserven in den Wertpapieren zurückgeführt werden. Die Effekte aus diesen Buchungen hängen vom Umfang der Geschäftsaktivitäten ab und sind von außen ohne zusätzliche Informationen nicht nachvollziehbar.

Die Risikovorsorge ist als Bestandsposition bei den nach IFRS bilanzierenden Banken auf der Aktivseite als eigenständige Position mit negativem Vorzeichen ausgewiesen. Sie findet sich üblicherweise unmittelbar im Anschluss an die Forderungen. In der Position sind damit die Wertberichtigungen für Bonitäts- und Länderrisiken sowie für latente Ausfallrisiken enthalten. Der Ausweis unmittelbar unter den Forderungen zeigt den engen Zusammenhang sehr deutlich.

---

[27] Vgl. BELLAVITE-HÖVERMANN, Y./PRAHL, R., Bankbilanzierung nach IAS, Stuttgart 1997, S. 28.
[28] Vgl. BELLAVITE-HÖVERMANN, Y./PRAHL, R., a.a.O. (Fn. 27), S. 28.

Unterschiede in der Bilanz (2)

Risikovorsorge

- Offener Ausweis der Risikovorsorge nach IAS 30.43 - üblicherweise auf der Aktivseite
  - dadurch Errechenbarkeit einer Kennziffer "Risikovorsorge in Prozent des Kreditvolumens"
    - hohe Quote kann bedeuten
      - hoher Stellenwert der Vorsorge oder
      - ungenügende Portfolioqualität
- Offenlegung der Entwicklung der Risikovorsorge in den Notes nach IAS 30.43
  - internationale Usance ist eine Aufschlüsselung nach
    - Bonitätsrisiken
    - Länderrisiken
    - Pauschalwertberichtigungen

Mit dem Ausweis der Risikovorsorge aus dem Kreditgeschäft beschäftigte sich in IAS 30 ein eigener Abschnitt (IAS 30.43-49), aus dem wegen des Amendments Project zu IAS 32 und IAS 39 mit Wirkung ab dem Geschäftsjahr 2005 zwei Absätze zur Ermittlung der Wertminderung, IAS 30.45 sowie IAS 30.48, gestrichen wurden. Diese Fragen sind inzwischen branchenübergreifend in IAS 39 geregelt.

IAS 30.45 stellte grundsätzlich klar, dass die laufende Geschäftstätigkeit einer Bank zwangläufig auch Verluste mit sich bringt. Aus diesem Grunde erforderliche Einzel- und Pauschalwertberichtigungen wurden als notwendig angesehen und waren erfolgswirksam zu berücksichtigen. Dabei waren Einzelwertberichtigungen von der entsprechenden Forderungskategorie, also etwa von den Forderungen an Unternehmen, an private und öffentliche Haushalte sowie Sonstige, abzusetzen. Pauschalwertberichtigungen waren nach IAS 30.45 ebenfalls unmittelbar von den jeweiligen Forderungskategorien abzusetzen.

Es handelte sich nach IAS 30.45 um notwendige Wertherabsetzungen, die mit der Geschäftstätigkeit unmittelbar verbunden waren. Hieran hatte sich zunächst auch durch die Regelungen zum Impairment nach IAS 39 nichts geändert. Unabhängig, ob die Bildung von Pauschalwertberichtigungen nach IAS 39 für zulässig erachtet wurde - hieran konnte nach dem Wortlaut von IAS 39 möglicherweise ein Zweifel bestehen (diese

Ansicht wurde in der Vorauflage hier jedoch ausdrücklich nicht vertreten) -, ging IAS 30 als lex specialis für eine Bank jedenfalls vor. Die Bildung von Pauschalwertberichtigungen war also auch unter den bisherigen Regelungen von IAS 39 i.V.m. IAS 30 verpflichtend.

Die Risikovorsorge im Kreditgeschäft ist mit der Änderung von IAS 39 durch das Amendments Project mit Wirkung für Geschäftsjahre ab 2005 völlig neu geregelt worden.[29] So stellt IAS 39.59 seitdem Richtlinien zur Verfügung, mit deren Hilfe festgestellt werden soll, welche Ereignisse intersubjektiv nachprüfbare Hinweise auf Wertminderungen (impairments) bei Equity Instruments liefern.

„Des Weiteren enthält IAS 39 zusätzliche Richtlinien, die dazu dienen, Impairments zu erfassen, die zwar einer Gruppe von Krediten und Forderungen (loans and receivables) sowie bis zur Endfälligkeit gehaltenen Finanzinvestitionen (held to maturity Investments) inhärent sind, jedoch nicht für einzelne finanzielle Vermögenswerte und Verbindlichkeiten in dieser Gruppe identifiziert werden können (IAS 39.AG87-89):

Ein finanzieller Vermögenswert, der individuell auf ein Impairment geprüft wird und für den ein Impairment durchgeführt werden soll, ist nicht in eine Gruppe finanzieller Vermögenswerte einzubeziehen, für die eine kollektive Impairment-Beurteilung vorzunehmen ist.

Ein finanzieller Vermögenswert, der individuell auf ein Impairment geprüft wird und für den kein Impairment durchgeführt werden soll, ist in eine Gruppe finanzieller Vermögenswerte einzubeziehen, für die eine kollektive Impairment-Beurteilung vorzunehmen ist. Der Eintritt eines Ereignisses oder einer Kombination von Ereignissen sollte keine Vorbedingung sein, einen finanziellen Vermögenswert in eine Gruppe von Vermögenswerten einzubeziehen, für die eine kollektive Impairment-Beurteilung vorzunehmen ist.

Bei der kollektiven Beurteilung eines Impairments hat ein Unternehmen die finanziellen Vermögenswerte nach ähnlichen Merkmalen für Kreditrisiken zu gruppieren, die eine Indikation für die Fähigkeit des Schuldners zur vertragskonformen Zahlung seiner Verbindlichkeiten sind.

Vertragliche Cash Flows und historische Verlusterfahrungen bilden eine Basis zur Schätzung erwarteter Cash Flows. Indes sind historische Verlustzahlen an relevante und intersubjektiv nachprüfbare Daten anzupassen, die die gegenwärtigen wirtschaftlichen Bedingungen widerspiegeln.

Die Methodologie der Impairment-Bewertung hat sicherzustellen, dass beim erstmaligen Ansatz eines finanziellen Vermögenswerts kein Impairment-Verlust bilanziert wird".[30]

---

[29] Vgl. den Beitrag „Ansatz und Bewertung von Finanzinstrumenten".
[30] LÖW, E./SCHILDBACH, S., Financial Instruments - Änderungen von IAS 39 aufgrund des Amendments Project des IASB, BB 2004, S. 875-882, hier S. 879-880.

Durch die Möglichkeit, den Bruttobestand der Forderungen ersehen oder errechnen zu können und den separaten Ausweis der Risikovorsorge kann eine Kennziffer „Risikovorsorge in Prozent des Kreditvolumens" berechnet werden.[31] Zur Interpretation dieser Kennziffer sind indes unreflektierte Gegenüberstellungen zu vermeiden. „Ein hoher Prozentsatz kann indizieren, dass der Risikovorsorge ein hoher Stellenwert beigemessen wird, ebenso gut aber auch auf eine ungenügende Qualität des Kreditportfolios hindeuten. Hier sind also Schlussfolgerungen ohne weitergehende Analysen unangebracht. Auf eine vorsichtige Behandlung auftretender Kreditrisiken weist eine hohe Zuführung zu Wertberichtigungen und Rückstellungen im Kreditgeschäft allerdings dann hin, wenn sie von vergleichsweise hohen Auflösungen begleitet wird".[32]

Insgesamt soll über die Regelungen erreicht werden, dass weder notwendige Wertberichtigungen unterlassen noch stille Reserven gelegt werden. „Für allgemeine Risiken des Bankgeschäfts ist die Bildung stiller Reserven nach IAS 30.52 nicht zulässig. Entsprechende Reserven dürfen nur in offener Form als Gewinnverwendung gebildet werden. IAS 30.50 lässt für allgemeine Risiken des Bankgeschäfts die Bildung offener Vorsorgereserven durch Dotierung eines gesonderten Bilanzpostens zu. Weder für die Gesamthöhe des Bilanzpostens noch für deren jährliche Zuführung definieren IAS 30.50-52 eine Höchstgrenze. Letztlich dürfte eine Restriktion in einer institutsindividuellen vernünftigen kaufmännischen Beurteilung liegen. Über die Kriterien der Bestimmung der allgemeinen Risikovorsorge im Bankgeschäft ist nach IAS 30.8(e) zu berichten.

Nach IAS 30.50 wird die Bildung und Auflösung der allgemeinen Vorsorgereserven nach abgeschlossener Ermittlung des Jahresüberschusses vorgenommen, d.h. die Vorsorgereserven gehören eindeutig zum Eigenkapital. Es ist also nicht erlaubt, die Bildung und Verwendung derartiger allgemeiner Vorsorgereserven innerhalb der GuV darzustellen.

IAS 30.51 hebt hervor, dass nationale Umstände oder Gesetzgebungen Banken dazu berechtigen oder verpflichten können, für allgemeine Risiken im Bankgeschäft vorzusorgen. Nach deutschem Recht besteht diese Möglichkeit durch § 340g HGB, der den offenen Ausweis eines Sonderpostens für allgemeine Bankrisiken gestattet. Eine gesetzliche Grundlage kann auch in bankaufsichtsrechtlichen Regelungen bestehen. Allerdings ist dies keine konstituierende Voraussetzung. Die nach IAS 30.50 gegebene Möglichkeit zur Bildung allgemeiner, offener Vorsorgereserven stellt IAS 30.51 zusätzlich zu der Risikovorsorge im Kreditgeschäft gemäß IAS 30.45 und zusätzlich zu den Vorsorgen für Eventualverbindlichkeiten gemäß IAS 37 zur Verfügung.

In IAS 30.52 wird erläutert, weshalb die Bildung in offener Form zu erfolgen habe. Dort heißt es, dass die GuV keine zuverlässigen Informationen über die Leistung einer Bank

---

[31] So schon KRUMNOW, J., IAS-Rechnungslegung für Banken, Die Bank 1996, S. 396-403, hier S. 400.
[32] KRUMNOW, J./LÖW, E., a.a.O. (Fn. 24), Tz. 84.

liefert, wenn das Nettoergebnis Auswirkungen von nicht ausgewiesenen Beträgen umfasst, die die allgemeinen Risiken des Bankgeschäfts betreffen. Entsprechendes gelte für die Bilanz, die keine zuverlässigen Informationen über die Finanzlage geben könne, wenn sie überbewertete Verbindlichkeiten, unterbewertete Forderungen oder nicht ausgewiesene Reserven enthalte.

In diesem Zusammenhang stellt sich die Frage nach dem Unterschied zwischen einer Dotierung eines separaten Postens „Allgemeine Risiken des Bankgeschäfts" und einer Zuweisung zum Posten „Gewinnrücklagen".

Die Möglichkeit, einen separaten Posten im Rahmen der Gewinnverwendung bilden zu können, erlangt unter anderem dann Bedeutung, wenn die Kompetenzen der Zuweisung zu einem Vorsorgeposten und zu den Gewinnrücklagen zwischen dem geschäftsleitenden Organ und den Anteilseignern unterschiedlich geregelt sind. So dürfen in Deutschland nach § 58 Abs. 2 AktG Vorstand und Aufsichtsrat bei Aktiengesellschaften maximal 50% des Jahresüberschusses in die Gewinnrücklagen einstellen, sofern sie - wie üblich - den Jahresabschluss feststellen. Darüber hinausgehende Rücklagenzuführungen liegen in der Kompetenz der Hauptversammlung.

Die Zuführung zu dem „Fonds für allgemeine Bankrisiken" nach § 340g HGB obliegt der Disposition der Geschäftsführung. Gleiches muss auch für die von IAS 30.50 ausdrücklich eröffnete Möglichkeit zur Bildung von Vorsorgereserven für allgemeine Bankrisiken gelten. Auch wenn die Dotierung eines separaten Postens für allgemeine Bankrisiken nach IFRS außerhalb der GuV erfolgt, ist sie so zu interpretieren, dass sie der Geschäftsleitung eine Möglichkeit gewährt, diesen Betrag vorab zurückzuhalten und die Hauptversammlung erst anschließend hinsichtlich des verbleibenden Restbetrages über dessen Ausschüttbarkeit entscheidet. Ansonsten hätte es der Regelung nach IFRS für die offene Bildung eines separaten Passivpostens („allgemeine Bankrisiken") nicht bedurft.

In rechtlicher Hinsicht wendet sich § 58 Abs. 2 AktG jedoch nicht an den Konzern-, sondern ausschließlich an den Einzelabschluss, der die Rechtsgrundlage für eine Ausschüttungsbemessung darstellt. Für den Konzernabschluss nach IFRS, den ein deutsches Unternehmen erstellt, hat die Unterscheidung zwischen einer Zuweisung zu einem separaten Passivposten und einer Einstellung in den undifferenzierten Gesamtposten der freien (Gewinn-)Rücklagen keinerlei materielle Konsequenzen. Letztlich haben auch die freien (Gewinn-)Rücklagen Vorsorgefunktion. Eine Zuordnung zu einem Passivposten („allgemeine Bankrisiken") könnte allerdings eine psychologische Wirkung entfalten, indem für Aktionäre - deutlicher als bei den freien (Gewinn-)Rücklagen - ein Potenzial sichtbar wird, das dem Management als Reservoir zur Deckung bestimmter Risiken im Bankgeschäft zur Verfügung stehen soll".[33]

Der Ausweis einer gesonderten Passivposition innerhalb des Eigenkapitals mag sich insbesondere bei solchen Banken anbieten, die eine öffentlich-rechtlich geprägte Eigen-

---

[33] KRUMNOW, J./LÖW, E., a.a.O. (Fn. 24), Tz. 90-95.

tümerstruktur aufweisen. Sie signalisiert ihnen gegenüber, dass es im Bankgeschäft ein spezifisches Bedürfnis nach zusätzlicher Vorsorge gibt, die - im Unterschied zum vorsichtsgeprägten HGB - allerdings nicht gewinnverkürzend verbucht werden darf. Indem IAS 30.50 die Option einer separaten Bilanzposition offen hält, ist erkennbar, dass der Standard dieses Bedürfnis dem Grunde nach akzeptiert. Aus der Gesamtkonzeption der internationalen Bilanzierung ist andererseits klar, dass eine aufwandswirksame Verbuchung nicht in der Systematik der Standards liegt. Durch den gesonderten Ausweis wird den Eigentümern verdeutlicht, dass insoweit - jedenfalls aus Sicht des Managements - kein frei disponierbarer Betrag existiert, schon gar nicht für potenzielle Ausschüttungen (auch wenn diese formal ohnehin aus dem Einzelabschluss abzuleiten sind).

Hinsichtlich des Ansatzes und der Bewertung von Wertpapieren hat IAS 39 gravierende Neuerungen gebracht. Der Ausweis von Einzelpositionen in der Bilanz wird von IAS 39 jedoch nicht angesprochen - auch nicht in seiner neuen Fassung. IAS 32 und ED 7 enthalten ebenfalls keine diesbezüglichen Aussagen. Hier gelten die bisherigen Regelungen fort. Dies bedeutet, dass es nach wie vor in der Bilanz bei einem Ausweis von Handelsaktiva (bzw. Handelspassiva) und Finanzanlagen bleiben kann.

Demgegenüber sieht IAS 39.9 zum Zwecke der Bewertung eine Kategorisierung von Financial Instruments auf der Aktivseite in vier und auf der Passivseite in zwei Hauptkategorien vor, von welchen jeweils eine Hauptkategorie in zwei Subkategorien untergliedert ist: Kredite und Forderungen, bis zur Endfälligkeit zu haltende finanzielle Vermögenswerte, finanzielle Vermögenswerte als erfolgswirksam zum beizulegenden Zeitwert mit einer gleichnamigen neuen Unterkategorie und der Unterkategorie der zu Handelszwecken gehaltenen Finanzinstrumente sowie zur Veräußerung verfügbare finanzielle Vermögenswerte (die auch in deutschen Abschlüssen häufig unter der englischen Originalbezeichnung als Available for Sale Financial Instruments geführt werden) als finanzielle Vermögenswerte der Aktivseite sowie in finanzielle Verbindlichkeiten als erfolgswirksam zum beizulegenden Zeitwert, mit den Unterkategorien der zu Handelszwecken gehaltenen finanziellen Schulden sowie der den gleichen Namen der Hauptkategorie tragenden Unterkategorie und in sonstige finanzielle Verbindlichkeiten als Residualkategorie der finanziellen Verbindlichkeiten der Passivseite.[34] Für die beiden neuen Subkategorien hat sich wegen ihrer späteren Hinzufügung zu den im Grundsatz bereits zuvor bestandenen Kategorien im Sprachgebrauch auch die Bezeichnung als fünfte oder dritte Kategorie oder - wegen ihrer Folgebewertung - die Bezeichnung als Fair-Value-Option durchgesetzt.

---

[34] Vgl. Abschnitt 6 im Beitrag „Ansatz und Bewertung von Finanzinstrumenten".

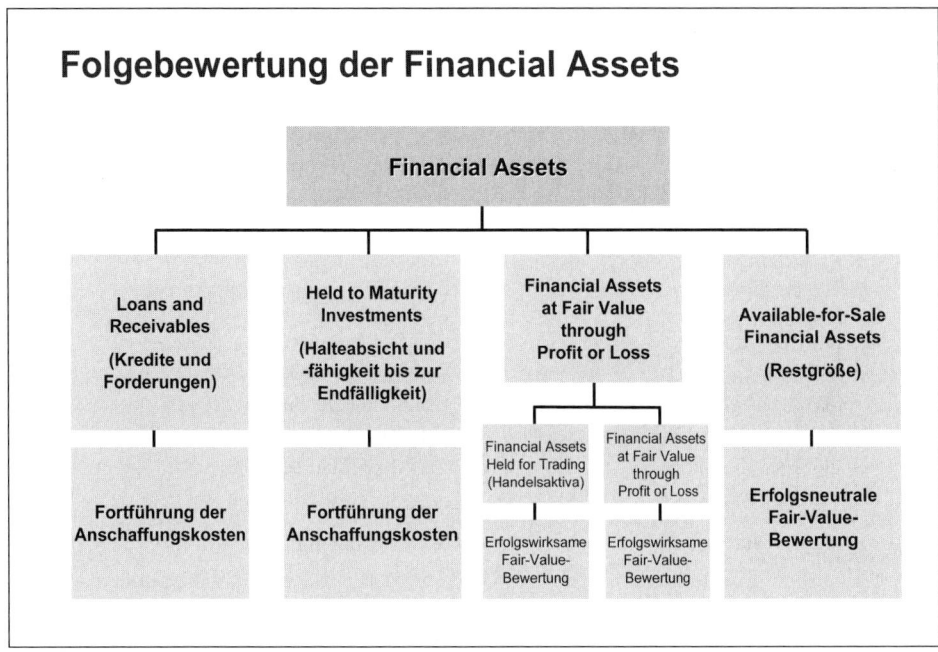

Zusätzlich gehen alle Derivate - also auch solche, die nicht unmittelbar im Rahmen von Handelsaktivitäten eingesetzt werden - zu Fair Values in die Bilanz ein. Eine der wesentlichen Zielsetzungen von IAS 39 war es schließlich, dass es einen außerbilanziellen Raum für Derivate nicht mehr geben solle. Alle Wertänderungen der Derivate durchlaufen - von der Ausnahme einer Absicherung durch so genannte Cash Flow Hedges abgesehen - die Gewinn- und Verlustrechnung.

Financial Instruments nach IAS

Umfang der Financial Instruments in einer Bankbilanz

Aktiva	Passiva
→ Barreserve	→ Verbindlichkeiten ggü. Kreditinstituten
→ Forderungen an Kunden	→ Verbindlichkeiten ggü. Kunden
→ Forderungen an Kreditinstitute	→ Verbriefte Verbindlichkeiten
Risikovorsorge	→ Handelspassiva
→ Handelsaktiva	→ Rückstellungen
→ Finanzanlagen	Ertragsteuerverpflichtungen
Immaterielle Vermögenswerte	→ Sonstige Passiva
Sachanlagen	→ Nachrangkapital
Ertragsteueransprüche	Eigenkapital
→ Sonstige Aktiva	
Summe der Aktiva	**Summe der Passiva**

Zusätzlich: Zuvor unter IAS nicht bilanzierte Derivate (außerhalb des Handels)

Bei den vom Unternehmen eingegangenen Krediten und Forderungen handelt es sich um finanzielle Vermögenswerte, die vom Unternehmen durch direkte Bereitstellung von Bargeld, Dienstleistungen (und Waren) geschaffen wurden. Bei Banken gehören in diese Kategorie demnach Forderungen an Kunden oder Kreditinstitute. Auf dem Sekundärmarkt erworbene Kredite und Forderungen fallen nach einer Regeländerung von IAS 39 inzwischen ebenfalls in diese Kategorie. Die Bestände dieser Kategorie sind sowohl bei der Erstbewertung als auch zu späteren Bewertungsstichtagen zu (fortgeführten) Anschaffungskosten zu bewerten, so dass sich zum Bewertungsansatz nach HGB konzeptionell lediglich im Detail gewisse Änderungen ergeben (so ist insbesondere eine Verteilung von Agien und Disagien nach der Effektivzinsmethode erforderlich).[35]

Als Zuordnungskriterium gibt der Standard vor, dass die entsprechenden Kredite und Forderungen nicht auf einem aktiven Markt gehandelt werden. Andernfalls kann diese Kategorie nicht gewählt werden. Diejenigen Kredite und Forderungen, für die ein aktiver Markt besteht, sind in die fünfte Kategorie oder die Kategorie der Available for Sale Financial Instruments einzuordnen.

---

[35] Zu den Änderungen bei Impairments vgl. die vorherigen Ausführungen im Zusammenhang mit der Ermittlung der Risikovorsorge sowie Abschnitt 10 im Beitrag „Ansatz und Bewertung von Finanzinstrumenten".

Bei der (Sub-)Kategorie der zu Handelszwecken gehaltenen finanziellen Vermögenswerte und finanziellen Schulden handelt es sich um Finanzinstrumente, die mit der Intention erworben bzw. eingegangen wurden, kurzfristig Gewinne zu generieren. Diese Absicht ist zum Zeitpunkt der Klassifizierung maßgeblich. In diese Kategorie fallen Aktien und festverzinsliche Wertpapiere, aber auch Derivate. Bei Derivaten handelt es sich grundsätzlich um zu Handelszwecken abgeschlossene bzw. gehaltene Finanzinstrumente mit Ausnahme derer, die als Sicherungsinstrumente im Rahmen des Hedge Accounting eingesetzt werden.[36] Aus der Aufspaltung von hybriden Instrumenten resultierende eingebettete Derivate werden ebenfalls als zu Handelszwecken gehalten eingestuft. Außer den Derivaten konnten nach früherer Standardfassung von IAS 39 lediglich Wertpapierleerverkäufe als zu Handelszwecken gehaltene finanzielle Schulden eingeordnet werden. „Diese Abgrenzung wurde auf finanzielle Verbindlichkeiten ausgeweitet, bei denen die Absicht besteht, sie nach der Begebung kurzfristig zurückzuerwerben (Tz. AG15c). Weiterhin sind finanzielle Verbindlichkeiten einzubeziehen, wenn sie Teil eines Portfolios von identifizierbaren Finanzinstrumenten sind, die zusammen gemanagt werden, und wenn Hinweise auf eine Folge von kurzfristigen Gewinnmitnahmen aus der jüngeren Vergangenheit vorliegen (Tz. AG15c)".[37]

Die Erstbewertung der Kategorie der zu Handelszwecken gehaltenen finanziellen Vermögenswerte und finanziellen Schulden erfolgt zu Anschaffungskosten, die zu diesem Zeitpunkt dem Fair Value der gegebenen oder erhaltenen Gegenleistung entsprechen. Die Folgebewertung der zu Handelszwecken gehaltenen Finanzinstrumente ist zum Fair Value vorzunehmen. Jegliche Gewinne oder Verluste aus der Bewertung sind in der Gewinn- und Verlustrechnung zu erfassen.

Auch schon nach HGB haben einzelne Banken das strenge Einzelbewertungsprinzip verlassen. Über die Zwischenschritte der Micro- und Macro-Bewertung wurde schließlich auf die Portfolio-Bewertung übergegangen. Die Handelsgeschäfte mit Wertpapieren, Finanzinstrumenten einschließlich Derivaten sowie Devisen und Edelmetallen konnten danach als so genannte Handelsbücher oder Portfolien strukturiert werden. Ein institutionalisiertes Risikomanagement und eine enge Limitierung führen hierbei zu einer unmittelbaren Adjustierung von Risikopositionen, so dass sich Marktrisiken im Sinne einer kompensatorischen Wertentwicklung nahezu völlig ausgleichen. Die Ergebnisse aus den Portfolien werden im Bereich der OTC-Zinsderivate dabei nach der Barwertmethode ermittelt. Maximal mit dem deutschen Recht vereinbar schien, die aus dieser Art der Bewertung hervorgehenden positiven Werte anteilig für eine Periode zu vereinnahmen. Negative Werte waren selbstverständlich in voller Höhe durch die Bildung von Rückstellungen zu berücksichtigen.

---

[36] Vgl. Abschnitte 12-13 im Beitrag „Ansatz und Bewertung von Finanzinstrumenten".
[37] LÖW, E./SCHILDBACH, S., Financial Instruments - Änderungen von IAS 39 aufgrund des Amendments Project des IASB, a.a.O. (Fn. 30), S. 876.

Demgegenüber gestattet die Bilanzierung nach IFRS eine betriebswirtschaftlich sinnvolle Abbildung der Handelsaktivitäten. IAS 39 hatte bei seiner Erstverabschiedung im Jahre 1998 insoweit nicht zu einer veränderten Rechtssituation geführt, da über IAS 25 das kurzfristig angelegte Engagement einer Bank auch zuvor schon zu Marktwerten zu erfassen war. Der Marktwertansatz des Handels ist insoweit unumstritten. In der Umstellung der Bilanzierung treten in der Regel keine gravierenden Probleme auf, da die externe Rechnungslegung unter IFRS lediglich das abbildet, was im internen Rechnungswesen ohnehin zur Steuerung benötigt wird.

Unterschiede in der Bilanz (3)

Handelsaktiva

■ Bilanzierung von
- Wertpapieren des Handelsbestandes (Schuldverschreibungen, Aktien) und
- positiven Marktwerten von derivativen Finanzinstrumenten

■ Positive Marktwerte von derivativen Finanzinstrumenten umfassen
- positive Bewertungsergebnisse aus zu Marktwerten bilanzierten Derivaten sowohl des Handels als auch außerhalb des Handels

■ Bewertung der Handelsaktivitäten komplett zu Marktwerten nach IAS 39 (alte und neue Fassung)

■ Gesonderter Ausweis der Handelsaktivitäten von den
- Finanzanlagen gemäß IAS 30.19 beziehungsweise
- Held to Maturity Investments und Available for Sale Financial Assets gemäß IAS 39.9

Der Ausweis der Handelsaktivitäten erfolgt auf der Aktivseite der Bilanz üblicherweise unter der Position Handelsaktiva. Auf der Passivseite findet sich der Handel unter der Position der Handelspassiva wieder. Durch die Zuordnung auch derjenigen Derivate zum Handelsbereich, die im Bankbuch eingesetzt werden - über die Regelungen von IAS 39 -, kann die Position jedoch auch Komponenten enthalten, die außerhalb des Handels einer Bank liegen. Es ist dem bilanzierenden Kreditinstitut freigestellt, eine getrennte Darstellung innerhalb der Bilanz in verschiedenen Bilanzpositionen oder eine Aufgliederung in den Notes vorzunehmen. Zu Analysezwecken ist es in jedem Fall erforderlich, die Bestandteile der Handelsaktiva und Handelspassiva genauer zu untersuchen.

Aus den Zuordnungsregeln von IAS 39 folgt weiterhin, dass es nicht verwunderlich ist, wenn zusätzlich solche Banken Handelsaktiva und -passiva zeigen, die aufsichtsrechtlich zum klassischen Handel nicht berechtigt sind. Setzen Nichthandelsinstitute Derivate zur Absicherung ihres Bankbuches ein, erfüllen aber nicht die formalen Voraussetzungen von IAS 39 zur Akzeptanz von so genanntem Hedge Accounting, sind die Derivate zwingend dem Handel zuzuordnen und die positiven und negativen Marktwerte in der Bilanz (in der Regel also unter Handelsaktiva und -passiva) auszuweisen.

Eine Einstufung in die Kategorie der bis zur Endfälligkeit zu haltenden finanziellen Vermögenswerte erfordert aus der Investition resultierende feste oder bestimmbare Zahlungen sowie eine feste Laufzeit. Aufgrund dieser Kriterien können bspw. Aktien mangels Fälligkeit nicht dieser Kategorie zugeordnet werden. Außerdem ist erforderlich, dass die Bank die zu Beginn und an späteren Stichtagen nachprüfbare Absicht sowie die Möglichkeit besitzt, die Papiere auch weiterhin bis zur Endfälligkeit durchzuhalten. Als bis zur Endfälligkeit zu haltende finanzielle Vermögenswerte werden bei der erstmaligen Bewertung zu Anschaffungskosten bewertet. Zu späteren Bewertungsstichtagen erfolgt die Bewertung zu fortgeführten Anschaffungskosten.

Ein Kreditinstitut darf keine finanziellen Vermögenswerte als bis zur Endfälligkeit zu halten einstufen, wenn es im laufenden oder während der vergangenen zwei Geschäftsjahre mehr als einen unwesentlichen Teil der in dieser Kategorie gehaltenen Investments verkauft, übertragen oder darauf eine Verkaufsoption ausgeübt hat. Dies würde als so genannter schädlicher Verkauf angesehen.

Der Standard enthält keine Aussage darüber, was er noch als unwesentlich ansieht. Da die Kategorie als Ausnahme eine Folgebewertung zu Anschaffungskosten gestattet, ist die Zuordnung und sind die Verkäufe restriktiv zu behandeln. Eine Orientierung der Unwesentlichkeit am Volumen der Kategorie dürfte schon deshalb ausgeschlossen sein, weil hierdurch die Größenordnung der als zulässig erachteten Veräußerungen durch möglichst umfangreiche Bestückung der Kategorie faktisch in das Belieben des Bilanzierenden gestellt würde.[38] Insofern dürfte eher die Wirkung auf die Gewinn- und Verlustrechnung in die Beurteilung kritisch mit einzubeziehen sein.

Im Falle eines schädlichen Verkaufs ist die gesamte Kategorie in die Kategorie der Available for Sale Financial Instruments umzugliedern. Daraus resultiert eine Änderung der Bewertung zu Anschaffungskosten in eine Bewertung zum Fair Value. Die zwangsweise Umwidmung ist erfolgswirksam vorzunehmen. Die Belegung der Kategorie der

---

[38] KRUMNOW, J./SPRIßLER, W. u.a. (Hrsg.), Rechnungslegung der Kreditinstitute, 2. Aufl., Stuttgart 2004, verweisen in diesem Zusammenhang auf BAILY, G. T./WILD, K., International Accounting Standards, A Guide to preparing Accounts, 2. Aufl., London 2000, S. 411 wonach bis zu 15% des Bestandes unschädlich veräußerbar seien und schließen daraus: „Soweit diese Grenze vom einzelnen Unternehmen auf 10% festgelegt wird, ist dies nach der hier vertretenen Ansicht in Anlehnung an IGC Q&A 83-1 absolut bedenkenfrei" (Tz. 80 zu IAS 39). Diese Auffassung ist deutlich abzulehnen; sie ist auch mit dem Querverweis auf die angegebene Q&A zur früheren Fassung des Standards sowie mit dem Sinn und Zweck der Kategorie nicht zu vereinbaren.

bis zur Endfälligkeit zu haltenden finanziellen Vermögenswerte ist erst nach zwei Jahren wieder zulässig. [39]

Aus diesen Gründen ist ihre Bestückung auch eher selten. Insofern sollte bei der Einführung von IFRS im Einzelfall grundsätzlich darüber entschieden werden, ob ihre Nutzung überhaupt möglich ist. Die meisten Banken haben daher von der Zuordnung von Investments zu dieser Kategorie auch abgesehen.

Sollte die Kategorie gleichwohl bestückt werden - dies mag im Rahmen der typischen Hypothekenbankgeschäfte im Einzelfall durchaus zweckmäßig sein - ist innerhalb der Bilanz ein separater Ausweis nicht erforderlich. Die Kategorie der bis zur Endfälligkeit zu haltenden finanziellen Vermögenswerte kann vielmehr mit der Kategorie der Available for Sale Financial Instruments sowie der fünften Kategorie zusammengefasst und als Finanzanlagen ausgewiesen werden.

Mit Abschluss des Amendments Project kam die (Sub-)Kategorie der finanziellen Vermögenswerte als erfolgswirksam zum beizulegenden Zeitwert als neue Kategorie von Financial Assets hinzu. Prinzipiell können alle Finanzinstrumente, die in den Anwendungsbereich von IAS 39 fallen, dieser Kategorie beim erstmaligen Ansatz zugeordnet werden. Hiervon ausgenommen sind Eigenkapitalinstrumente, für die keine notierten Marktpreise auf aktiven Märkten vorliegen und deren beizulegende Zeitwerte nicht zuverlässig ermittelt werden können. Der Vorteil dieser Kategorie liegt darin, jedes Finanzinstrument zum beizulegenden Zeitwert zu bewerten und Änderungen des Zeitwertes ergebniswirksam zu buchen - ohne den Restriktionen der anfänglichen Handelsabsicht zu unterliegen. Nach vermeintlicher Kritik, insbesondere aus Kreisen der Regulatoren,[40] stellte das IASB die Kategorie bezüglich ihrer Nutzung auf der Aktivseite mittels eines Exposure Draft kurz nach ihrer Einführung erneut zur Diskussion. Trotz eines eindeutigen Votums der eingereichten Stellungnahmen mit über 70% Zustimmung zur Beibehaltung der ursprünglichen Fassung, ist die weitere Existenz der Kategorie fraglich. Im Rahmen ihres Endorsement-Prozesses hat die Europäische Union ihre Nutzung für die Passivseite verboten, weil sie im Widerspruch zur Fair-Value-Richtlinie steht und die

---

[39] Vgl. Abschnitt 6.3 im Beitrag „Ansatz und Bewertung von Finanzinstrumenten".

[40] Hierbei könnte es sich um ein Missverständnis handeln, wenn auf die Veröffentlichung im Februar-Monatsbericht des Jahres 2004 der Europäischen Zentralbank Bezug genommen wird. Dort ging es lediglich um die Beurteilung eines Full-Fair-Value-Konzeptes, bei dem alle Finanzinstrumente zwangsweise zum beizulegenden Zeitwert zu bilanzieren sind und die Änderungen der Zeitwerte automatisch die Gewinn- und Verlustrechnung zu durchlaufen haben. Die fünfte Kategorie stellt indes ein Wahlrecht dar. Dem Vernehmen nach würde die Kategorie von Banken nicht zu einer Erhöhung der Volatilität in der Gewinn- und Verlustrechnung, sondern zu deren Minderung, ausgelöst durch die Derivatebilanzierungsregel (wie Handel zu bewerten) genutzt. Die Bedenken der EZB galten aber gerade der Gefahr einer Volatilitätserzeugung (bei einem Full-Fair-Value-Konzept).
Vgl. hierzu insbesondere LÖW, E., Fair-Value-Option nicht einschränken, Börsen-Zeitung vom 14.07.2004, S. 5 sowie LÖW, E., Partielles Endorsement von IAS 39: Fair-Value-Option, BB 2005, Heft. 4, S. 1. Siehe auch THIELE, K., Partielles Endorsement vom IAS 39: Europäischer Sonderweg bei der Bilanzierung von Finanzinstrumenten, DStR 2004, S. 2162-2168. Vgl. weitergehend auch LÖW, E., Abläufe bei IAS-Beratung müssen verbessert werden, Börsen-Zeitung vom 29.09.2004, S. 4.

Berücksichtigung der Veränderung des eigenen Bonitätsrisikos enthält. Der Exposure Draft geht auf diesen Aspekt jedoch nicht ein. Die weitere Entwicklung ist derzeit offen.

Unterschiede in der Bilanz (4)

Finanzanlagen

■ Bilanzierung von
- Anteilen an nicht konsolidierten verbundenen Unternehmen,
- Anteilen an assoziierten, nach der Equity-Methode bewerteten Unternehmen und
- Sonstigen Finanzanlagen (Wertpapiere des Anlagevermögens und Sonstiger Anteilsbesitz)

■ Gesonderter Bilanzausweis nach IAS 30.19 beziehungsweise Neukategorisierung nach IAS 39.9 in
- Held-to-Maturity Investments
- Available-for-Sale Financial Assets
- At Fair Value through Profit or Loss

Available for Sale Financial Instruments stellen nach der Konzeption von IAS 39 eine Restgröße der finanziellen Vermögenswerte dar, die keiner der zuvor genannten Kategorien zugeordnet werden können oder sollen.[41] Dennoch kommt ihr unter IAS 39 im Vergleich zu den übrigen Kategorien eine herausragende Bedeutung zu. Hierzu gehören neben allen Formen der nicht-festverzinslichen Wertpapiere auch die festverzinslichen Wertpapiere, die nicht in die Kategorie der Forderungen und Kredite oder der bis zur Endfälligkeit zu haltenden Wertpapiere eingestuft werden können oder sollen sowie die Anteile an nicht konsolidierten verbundenen Unternehmen. Dabei handelt es sich in der Regel um über 50% liegendem Anteilsbesitz, der indes aus Gründen der Wesentlichkeit nicht konsolidiert wird.

Die in die Kategorie der Available for Sale Financial Instruments eingestuften finanziellen Vermögenswerte sind bei Zugang zu Anschaffungskosten zu bewerten. Zu späteren Bewertungsstichtagen erfolgt eine Bewertung zum Fair Value. Für die Berücksichtigung der Fair-Value-Änderungen sieht IAS 39 nunmehr zwingend vor, die Fair-Value-Änderungen in einer gesonderten Position innerhalb des Eigenkapitals, der so genannten

---

[41] Vgl. Abschnitt 6.5 im Beitrag „Ansatz und Bewertung von Finanzinstrumenten".

Revaluation Reserve (Neubewertungsrücklage), zu verbuchen. Die Bewertungsergebnisse sind erst bei Verkauf und Ausbuchung des entsprechenden finanziellen Vermögenswertes über die Gewinn- und Verlustrechnung umzubuchen. Bonitätsbedingte Wertminderungen sind allerdings sofort erfolgswirksam zu berücksichtigen.

Auch wenn die bis zur Endfälligkeit zu haltenden finanziellen Vermögenswerte, die fünfte Kategorie und die Available for Sale Financial Instruments in der Bilanz in einer Gesamtkategorie der Finanzanlagen zusammengefasst ausgewiesen werden sollten, hat eine differenzierte Aufgliederung doch in den Notes zu erfolgen.

Neben den bis zur Endfälligkeit zu haltenden finanziellen Vermögenswerten, den Finanzinstrumenten, die der Subkategorie als erfolgswirksam zum beizulegenden Zeitwert zugeordnet wurden, und den Available for Sale Financial Instruments gehören zu den umfassend zu verstehenden Finanzanlagen natürlich auch noch die Anteile an at Equity bewerteten Unternehmen.

Bei den at Equity bewerteten Unternehmen handelt es sich um so genannte assoziierte Unternehmen. Diese wiederum sind nach IAS 28.2 Unternehmen, auf die der Anteilseigner maßgeblichen Einfluss ausüben kann und welche weder Tochterunternehmen noch Gemeinschaftsunternehmen des beteiligten Unternehmens darstellen Dabei wird maßgeblicher Einfluss als Möglichkeit verstanden, an den finanz- und geschäftspolitischen Entscheidungsprozessen des Beteiligungsunternehmens teilzuhaben, ohne diese Entscheidungsprozesse beherrschen zu können. Bei einer Beteiligungsquote ab 20% greift eine Assoziierungsvermutung, so dass ein maßgeblicher Einfluss unterstellt wird, wenn der Anteilseigner direkt oder indirekt über Tochterunternehmen 20% oder mehr der Stimmrechte des assoziierten Unternehmens hält. Die Assoziierungsvermutung ist nach IAS 28.6 widerlegbar, indem der Anteilseigner nachweist, dass kein maßgeblicher Einfluss ausgeübt werden kann. Die Neuerungen durch das im Dezember 2003 abgeschlossene Improvements Project haben insoweit keine Änderung gebracht.

Eine Besonderheit in diesem Zusammenhang, gerade für Bankkonzerne, stellt die Behandlung von Industrieminderheitsbeteiligungen im Konzernabschluss dar.[42] Die entsprechenden Anteile sind einer Bank häufig historisch „zugefallen". Die Anteilseignerstellung kam aufgrund einer speziellen Konstellation zustande, die nicht eine Einflussnahme auf die Geschäfts- und Finanzpolitik des jeweiligen Unternehmens zum Ziel hatte. Sie ist vielmehr Ausdruck einer sozio-ökonomisch geprägten Unternehmenspolitik in einem spezifischen gesellschaftlichen Umfeld und resultiert aus einer Umwandlung von einer Fremdkapitalgeber- in eine Anteilseignerstellung. „Die Industrieunternehmen genießen eine Autonomie, die mit einem maßgeblichen Einfluss nicht kompatibel ist".[43]

---

[42] Vgl. hierzu insbesondere BELLAVITE-HÖVERMANN, Y./PRAHL, R., a.a.O. (Fn. 27), S. 77.

[43] PRAHL, R./NAUMANN, T. K., Bankkonzernrechnungslegung nach neuem Recht: Grundsätzliche Konzepte, wichtige Vorschriften zum Übergang und andere ausgewählte Einzelfragen, WPg 1993, S. 235-246, hier S. 243.

Diese typisch deutsche Besonderheit der Industrieminderheitsbeteiligungen ist in anglo-amerikanisch geprägten Ländern unüblich, da es Banken in diesen Ländern vielfach nicht gestattet ist, eine über 5% hinausgehende Beteiligung an Industrieunternehmen einzugehen. Insofern gibt es aufgrund der in den meisten Staaten vorherrschenden Regulierung des Anteilsbesitzes von Banken im Nichtbankenbereich sowohl hinsichtlich der Höhe der Beteiligungen als auch hinsichtlich der Gewichtigkeit der betroffenen Unternehmen international keine mit den deutschen Gegebenheiten vergleichbaren Beteiligungen. Daher hat sich weder das seinerzeitige IASC noch das amerikanische Financial Accounting Standards Board (FASB) - das völlig inhaltsgleiche Regeln erlassen hat - mit dem entsprechenden Sachverhalt auseinandergesetzt. Die Lösungen der hieraus resultierenden Fragen bei der Konzernrechnungslegung lassen sich nicht isoliert aus dem Regelwerk der internationalen Bilanzierung herleiten.

In der Bilanzierungspraxis haben die deutschen Kreditinstitute bei Anwendung der Rechnungslegung nach IFRS die Vorgehensweise entsprechend der Interpretation des deutschen Rechts übernommen. In der Regel führte dies nicht zur Eingruppierung der Industrieminderheitsbeteiligungen zu den assoziierten Unternehmen.

Vor Implementierung von IAS 39 hatte diese Zuordnung der Industrieminderheitsbeteiligungen zur Folge, dass die Bilanzierung zu fortgeführten Anschaffungskosten statt nach der Equity-Methode erfolgte. Nachdem IAS 39 bei den Available for Sale Financial Instruments einen Wertansatz in der Bilanz zum Fair Value vorschreibt, scheint sich das Problem entschärft zu haben, führt doch auch die Anwendung der Equity-Bewertung zu einem Wertansatz, der dem Fair Value recht nahe kommen sollte. Hierbei ist indes zu bedenken, dass weiterhin Unterschiede in der Gewinn- und Verlustrechnung zu verzeichnen sind. So durchlaufen bei Anwendung der Equity-Methode die anteilig zugeordneten Gewinne und Verluste im Entstehungszeitpunkt die Gewinn- und Verlustrechnung, während die Fair-Value-Änderungen bei Available for Sale Financial Instruments in der Neubewertungsrücklage „geparkt" werden. Es handelt sich mithin noch immer um mehr als eine rein akademische Frage.

Die SEC hat demgegenüber zu Erkennen gegeben, dass sie einer eher formalistischen Betrachtungsweise zuneigt. Sollte eine Bank eine Notierung an der New York Stock Exchange für die nähere Zukunft nicht ausschließen, empfiehlt es sich zur Vermeidung eines Konfliktfalles mit der SEC, entsprechend stark formalistisch zu entscheiden und Beteiligungen - gleichgültig an welchen Unternehmen gehalten - mit einer Beteiligungsquote über 20% der Stimmrechte als assoziierte Unternehmen einzustufen und at Equity zu bewerten.

Dies entspricht im Übrigen auch der üblichen Vorgehensweise der deutschen Versicherungswirtschaft, auch wenn sich der Sachverhalt fundamental anders darstellt. Im Gegensatz zu Banken, die Industrieminderheitsbeteiligungen häufig unfreiwillig zur Sicherung ihrer Finanzmittel eingehen, begründen Versicherungen das Beteiligungsverhältnis in der Regel aktiv, um in bonitätsmäßig einwandfreien Unternehmen Mittel anzulegen.

Unterschiede in der Bilanz (5)

Immaterielle Vermögenswerte (1)

- Bilanzierung nach IAS 38.21, wenn
    - eine hinreichende Wahrscheinlichkeit besteht, dass dem Unternehmen der künftige wirtschaftliche Nutzen zufließen wird und
    - die Anschaffungs- oder Herstellungskosten zuverlässig bemessen werden können
- Erstbilanzierung zu Anschaffungs- oder Herstellungskosten (IAS 38.24)
- Folgebilanzierung zu Anschaffungs- oder Herstellungskosten abzüglich (planmäßiger und außerplanmäßiger) Abschreibungen (Benchmark-Methode; IAS 38.72, 74) oder zum Neubewertungsbetrag (alternativ zulässige Methode; IAS 38.72, 75), wobei Neubewertungen in hinreichend regelmäßigen Abständen vorzunehmen sind

---

Für das Immaterielle Anlagevermögen ist in IAS 38.21 eine Aktivierung vorgesehen, wenn es hinreichend wahrscheinlich ist, dass dem Unternehmen der künftige wirtschaftliche Nutzen aus dem betrachteten Vermögenswert zufließen wird und die Anschaffungs- oder Herstellungskosten des Vermögenswertes zuverlässig bemessen werden können.[44] Diese Regelung gilt unabhängig davon, ob ein immaterieller Vermögenswert extern erworben wurde oder selbst geschaffen wird. Die deutsche Regelung von § 248 Abs. 2 HGB, wonach immaterielle Vermögensgegenstände des Anlagevermögens nur dann zu aktivieren sind, wenn ein entgeltlicher Erwerb vorliegt, ist nach IFRS mithin obsolet.

Allerdings enthält IAS 38 zusätzliche Ansatzkriterien für selbst geschaffene immaterielle Vermögenswerte. Zur Beurteilung, ob ein selbst geschaffener immaterieller Vermögenswert anzusetzen ist, hat nach IAS 38.52 eine Unterteilung in eine Forschungs- und eine Entwicklungsphase zu erfolgen. Ein aus der Entwicklung entstehender immaterieller Vermögenswert ist zu aktivieren, wenn weitere, in IAS 38.57 enumerierte Kriterien erfüllt sind. Im Zweifel ist allerdings von Forschungsaktivitäten auszugehen, die nicht zu einer Aktivierung führen dürfen.

---

[44] Vgl. den Beitrag „Immaterielle Vermögenswerte".

In der Praxis ist nach diesen Vorschriften bisweilen eine Aktivierung selbsterstellter Software angebracht. So finden sich in Abschlüssen deutscher Banken unter IFRS durchaus merkbare Beträge immateriellen Anlagevermögens (abgesehen von Geschäftswerten), die wenigstens teilweise aus der Aktivierung selbsterstellter Software resultieren dürften.

Für die Folgebilanzierung unterscheidet der Standard zwei Alternativen, die Anschaffungskostenmethode und die Neubewertungsmethode (IAS 38.72). Die Anschaffungskostenmethode sieht vor, den Vermögenswert mit den Anschaffungs- oder Herstellungskosten abzüglich kumulierter Abschreibungen entsprechend IAS 38.74 zu bilanzieren. Demgegenüber werden bei der Neubewertungsmethode immaterielle Vermögenswerte mit dem so genannten Neubewertungsbetrag angesetzt, der dem beizulegenden Zeitwert zum Zeitpunkt der Neubewertung entspricht. Voraussetzung für die Zulässigkeit der Neubewertungsmethode ist nach IAS 38.75, dass der beizulegende Zeitwert auf Basis eines aktiven Marktes für die betreffende Kategorie von immateriellen Vermögenswerten ermittelt wird. Beide Methoden bestehen selbständig nebeneinander; die frühere Unterscheidung zwischen Benchmark- und Alternative-Treatment ist entfallen.

Unterschiede in der Bilanz (6)

Immaterielle Vermögenswerte (2)

■ Auswirkungen vor allem

- bei selbsterstellter Software (IAS 38.57)
- beim Goodwill (IAS 38.68(b) i.V.m. IFRS 3.51; konkrete Bilanzierung in IFRS 3 geregelt)

■ Ausweis als gesonderte Position nach IAS 1, nicht jedoch nach IAS 30.19

■ Offenlegung eines detaillierten Anlagespiegels nach IAS 38.118 beziehungsweise IFRS 3.74, 3.75

Bei Unternehmenserwerben sind IAS 27 und IFRS 3 anzuwenden, wobei in IAS 27 der Kreis der im Rahmen der Vollkonsolidierung in den Konzernabschluss einzubeziehenden Unternehmen festgelegt und in IFRS 3 die Abbildung von Unternehmenszusammenschlüssen behandelt wird. Eine für den Bankenbereich außerordentlich bedeutsame Regelung enthält die (verbindlich anzuwendende) Standardinterpretation SIC-12.[45]

Nach IAS 27.9 ist jedes Mutterunternehmen grundsätzlich verpflichtet, einen Konzernabschluss aufzustellen. Entsprechend des deutschen Rechtes enthält auch IAS 27.10 die Möglichkeit, von der Aufstellung eines (Teil-)Konzernabschlusses dann abzusehen, wenn das betreffende Unternehmen in einen übergeordneten Konzernabschluss einbezogen wird - über das deutsche Recht hinausgehend jedoch nur, sofern die Minderheitsaktionäre dem nicht widersprechen. In der Praxis wird diese Regelung allerdings üblicherweise entsprechend den Regelungen der §§ 291 und 292 HGB angewandt. Dies bedeutet, dass die grundsätzliche Aufstellungspflicht (für Teilkonzernabschlüsse) in der ersten Prüfungsstufe aus dem auf der 7. EU-Richtlinie basierenden HGB abgeleitet wird. Erst auf der nächsten Prüfungsstufe wird die Wahl von IFRS erwogen und über § 315a HGB als befreiend für einen Konzernabschluss nach HGB begründet. Insofern laufen die Aufstellungspflichten von IAS 27 im deutschen Rechtsraum praktisch ins Leere.

In der Praxis kommt jedoch auch die Konstellation vor, dass in einem Konzern die Muttergesellschaft nicht unter die EU-Verordnung fällt, indes eine Tochtergesellschaft - sei es, weil sie einen an der Börse notierten Free Float besitzt oder sei es, weil sie Fremdkapitaltitel emittiert hat, die an einer Börse notiert werden (in diesem Fall also gegebenenfalls ab dem Jahr 2007). Hier stellt sich die Frage, ob die Tochtergesellschaft, die nach dem HGB in den übergeordneten Konzernabschluss der Muttergesellschaft einbezogen wird und daher keinen eigenen Konzernabschluss erstellt, erstens künftig einen eigenen Teilkonzernabschluss nach IFRS zu erstellen hat oder zweitens für das Mutterunternehmen eine Pflicht zur Erstellung eines Konzernabschlusses auslöst. Dem Sinn und Zweck der EU-Verordnung entspricht es, entweder einen eigenen Teilkonzernabschluss nach IFRS zu erstellen oder tatsächlich eine Ausdehnung der Rechtsverpflichtung einer Bilanzierung nach IFRS für den Gesamtkonzernabschluss anzunehmen, da die EU den Investorenschutz eindeutig in den Vordergrund stellt und über die Rechnungslegung nach IFRS zu erfüllen sucht.

Die Verpflichtung zur Aufstellung eines Konzernabschlusses richtet sich danach, ob ein Mutter-Tochter-Verhältnis gegeben ist. Zu dessen Beurteilung wird nach IAS 27.9 und IAS 27.13 ausschließlich das Control-Konzept herangezogen. Dieses gilt im Wesentlichen (widerlegbar) als erfüllt, wenn ein Unternehmen über mehr als die Hälfte der Stimmrechte an einem anderen Unternehmen verfügen kann. Aus den Regelungen von IAS 27 war in der Praxis kaum ein Unterschied zum Konsolidierungskreis nach HGB zu ziehen. Dies änderte sich jedoch fundamental durch die Interpretation SIC-12.

SIC-12 konkretisiert das Kriterium der Beherrschung für die Festlegung der Konsolidierungspflicht von Zweckgesellschaften (special purpose entities / special purpose

---

[45] Vgl. Abschnitt 4 im Beitrag „Konzernrechnungslegung".

vehicles). Bei Zweckgesellschaften handelt es sich nach SIC-12.1 um Unternehmen, die gegründet werden, um ein genau definiertes Ziel zu erreichen. In der Bankenpraxis finden sich solche Zweckgesellschaften häufig im Leasinggeschäft, etwa bei Sale-and-Lease-Back-Konstruktionen oder zur Verbriefung von Finanzinstrumenten, z.B. in Form von Asset Backed Securities. Auch Spezialfonds (nach § 1 Abs. 2 KAGG) sind Zweckgesellschaften im Sinne der Interpretation. SIC-12 versucht, die Konsolidierungspflicht bei solchen Konstruktionen nicht an der rechtlichen Ausgestaltung, sondern an dem wirtschaftlichen Gehalt auszurichten.[46] Unter bestimmten, in SIC-12.9 und SIC-12.10 näher ausgeführten Bedingungen hat eine Einbeziehung solcher Konstruktionen in den Konsolidierungskreis zu erfolgen. Dies gilt im Übrigen unabhängig von der Rechtsform der Zweckgesellschaft und sogar losgelöst davon, ob Eigenkapital an der Special Purpose Entity gehalten wird. Durch SIC-12 kann es mithin zu einer deutlichen Ausweitung der konsolidierungspflichtigen Unternehmen kommen.

Über die Umsetzung der fakultativen Teile der Modernisierungsrichtlinie der EU in nationales Recht wird der deutsche Gesetzgeber vermutlich eine Ausdehnung des (deutschen) Konsolidierungskreises entsprechend der Abgrenzung von SIC-12 vornehmen. Hierdurch könnte sich für kleinere Banken oder Sparkassen die Situation ergeben, dass sie in die Konzernaufstellungspflicht nach deutschem Recht geraten, weil sie einen Spezialfonds halten. Über die Verpflichtung, einen Konzernabschluss nach deutschem Recht zu erstellen, ergibt sich möglicherweise eine (unangenehme) Folge für die betroffenen Banken, wenn sie Fremdkapitaltitel an einer europäischen Börse notiert haben (und sei die Emission auch noch so klein oder der Börsenplatz noch so unbedeutend). Über die Nutzung einer Börse unterliegen sie der Aufstellungspflicht eines Konzernabschlusses nach IFRS.

Da IFRS 3 die Einbeziehung eines Unternehmens in den Konzernabschluss grundsätzlich als Erwerbsvorgang betrachtet, ist die Konsolidierung nach der Erwerbsmethode vorzunehmen. Der Erwerber eines Unternehmens hat entsprechend IFRS 3.36 alle Vermögenswerte, Schulden und Eventualschulden anzusetzen, die die Ansatzkriterien von IFRS 3 erfüllen. Vermögenswerte, die keine immateriellen Vermögenswerte darstellen, sind gesondert vom Geschäfts- oder Firmenwert anzusetzen, wenn der Zufluss künftigen wirtschaftlichen Nutzens wahrscheinlich ist und der beizulegende Zeitwert (fair value) verlässlich bestimmt werden kann (IFRS 3.37(a)). Immaterielle Vermögenswerte sind gesondert vom Geschäfts- oder Firmenwert anzusetzen, wenn sie die Definitionskriterien eines immateriellen Vermögenswertes nach IAS 38 erfüllen, ihr beizulegender Zeitwert verlässlich bestimmt werden kann und die Wahrscheinlichkeit eines künftigen Nutzenzuflusses gegeben ist (IFRS 3.37, IFRS 3.45). Schulden sind anzusetzen, wenn der Nutzenabfluss wahrscheinlich ist und der beizulegende Zeitwert verlässlich bestimmt werden kann (IFRS 3.37(b)). Eventualschulden entsprechend

---

[46] Vgl. SIC-12.4 und SIC-12.8.

IAS 37 sind über IFRS 3.37(b) wiederum anzusetzen, wenn ihr beizulegender Zeitwert zuverlässig bestimmbar ist.

Bei der Erwerbsmethode werden die Anschaffungskosten für das erworbene Unternehmen dem Wert des übernommenen Reinvermögens gegenübergestellt, wobei sich die Bewertung des Reinvermögens nach den beizulegenden Zeitwerten aller identifizierbaren Vermögenswerte, Schulden und Eventualschulden zum Erwerbszeitpunkt richtet (IFRS 3.36). Dies gilt auch beim Vorliegen von Minderheiten. IFRS 3.36 sieht auch für diesen Fall vor, dass die kompletten Zeitwerte anzusetzen sind, so dass es zur vollständigen Aufdeckung der stillen Reserven in den Vermögenswerten kommt (und nicht nur zur Aufdeckung der stillen Reserven entsprechend des Beteiligungsverhältnisses).

Ein nach Aufdeckung stiller Reserven verbleibender Restbetrag ist nach IFRS 3.52 als Geschäftswert zu aktivieren (IFRS 3.51). Der Geschäftswert ist nach IFRS 3 nicht planmäßig über eine gedachte Nutzungsdauer abzuschreiben, sondern einer mindestens jährlichen Wertminderungsprüfung entsprechend IAS 36 zu unterziehen. Hierzu ist der Geschäftswert - vereinfachend dargestellt - auf Unternehmensbereiche (der Standard spricht präziser von Cash-generating Units und meint damit Ebenen, die unterhalb eines Unternehmensbereiches eigenständig Zahlungsmittel zu generieren in der Lage sind) aufzuteilen. Eine (außerplanmäßige) Abschreibung ist dann vorzunehmen, wenn der Buchwert des Geschäftswertes in einem Unternehmensbereich unter seinen tatsächlichen Wert fällt. Die Wertermittlung dieses Wertes wiederum soll unter Anwendung der Discounted-Cash-Flow-Methode erfolgen. Implizit vermischen sich durch diese Art der Vergleichswertermittlung also derivativ erworbener mit originär (in dem Unternehmensbereich) geschaffenem Geschäftswert. Solange die Summe aus derivativ erworbenem und originär geschaffenem Geschäftswert höher ist als der anteilig dem betreffenden Unternehmensbereich zugeordnete (erworbene) Geschäftswert, liegt kein Impairment-Fall vor.

Gegen dieses ausschließlich politisch motivierte Verfahren, das faktisch die umstrittenen Regelungen von SFAS 141 und SFAS 142 adaptiert, ließen sich mannigfaltige theoretische Einwände erheben. Die Bilanzierungsschwierigkeit der Geschäftswertbilanzierung resultiert daraus, dass die Bilanz auf einzelbewertbare Vermögenswerte zugeschnitten ist und der Geschäftswert als Saldogröße einer Gesamtbewertung das rechnerische Ergebnis einer Subtraktion und insofern eigentlich einen Fremdkörper darstellt. Da es indes weniger um eine systemkonforme Beantwortung eines tatsächlich schwierigen Bilanzierungsproblems handelt, hat die Kritik nicht dazu geführt, dass das IASB von der vorgesehenen Neuregelung Abstand nahm. Für die Praxis öffnet diese Art der Geschäftswertbilanzierung nahezu willkürliche Gestaltungsspielräume, die dem Außenstehenden nicht gefallen können. Eine intersubjektive Nachprüfbarkeit durch Externe ist jedenfalls kaum mehr möglich.

Das Sachanlagevermögen umfasst nach IAS 16.6 in der Bilanz Vermögensgegenstände materieller Art, die ein Unternehmen für Zwecke der Herstellung oder der Lieferung von Gütern und Dienstleistungen, zur Vermietung an Dritte oder für Verwaltungszwecke besitzt und die erwartungsgemäß länger als eine Periode genutzt werden. Eine Sachanlage ist gemäß IAS 16.7 als Vermögenswert anzusetzen, wenn es wahrscheinlich ist, dass ein mit ihm verbundener künftiger wirtschaftlicher Nutzen dem Unternehmen zufließen wird und wenn gleichzeitig seine Anschaffungs- oder Herstellungskosten verlässlich ermittelt werden können. Die Abgrenzung des Sachanlagevermögens unterscheidet sich damit nicht von den Regelungen nach HGB.

Die Erstbilanzierung erfolgt zu Anschaffungs- oder Herstellungskosten. Die Anschaffungskosten umfassen den Kaufpreis und alle direkt zurechenbaren Kosten, die anfallen, um den Vermögenswert in einen betriebsbereiten Zustand für seine vorgesehene Verwendung zu bringen (IAS 16.15). Verwaltungs- und andere Gemeinkosten zählen nur dann zu den Anschaffungskosten, wenn sie direkt dem Erwerb des Vermögenswertes oder seiner Versetzung in den betriebsbereiten Zustand zugerechnet werden können (IAS 16.16). Die Ermittlung der Herstellungskosten für selbsterstellte Vermögenswerte folgt denselben Grundsätzen wie beim Erwerb von Vermögenswerten.

Unterschiede in der Bilanz (7)

Sachanlagen (1)

- Erstbilanzierung zu Anschaffungs- oder Herstellungskosten nach IAS 16.15
- Folgebilanzierung zu Anschaffungskosten abzüglich (planmäßiger und außerplanmäßiger) Abschreibungen (IAS 16.30) oder zum Zeitwert (IAS 16.31)

Die Folgebewertung hat gemäß IAS 16.30 zu Anschaffungskosten abzüglich der kumulierten Abschreibungen zu erfolgen. Als ebenbürtiges Wahlrecht aufgrund von IAS 16.31 ist auch eine Neubewertung zum beizulegenden Zeitwert am Tage der Neubewertung abzüglich nachfolgender kumulierter planmäßiger Abschreibungen zulässig. Neubewertungen haben mit hinreichender Regelmäßigkeit zu erfolgen. Dadurch soll sichergestellt werden, dass der Buchwert nicht wesentlich von dem Wert abweicht, der sich bei einer Bewertung mit dem beizulegenden Zeitwert am Bilanzstichtag ergeben würde (IAS 16.31). Bei Grundstücken und Gebäuden sieht der Standard den beizulegenden Zeitwert im Regelfall im Marktwert, der üblicherweise über hauptamtliche Gutachter zu bestimmen wäre.

Wendet eine Bank zur Bilanzierung ihrer Gebäude die Methode der Anschaffungskostenfortführung an, so sind die Gebäude über die voraussichtliche Nutzungsdauer planmäßig abzuschreiben. Eine leistungsabhängige Abschreibung dürfte mit dem Prozess der Leistungserstellung einer Bank grundsätzlich nicht vereinbar sein. Da IAS 16.56 vorsieht, dass eine Übereinstimmung mit dem wirtschaftlichen Nutzungsverlauf des Gebäudes gegeben sein sollte, kommt eine degressive Abschreibung von Gebäuden ebenfalls wohl nur selten in Betracht. Die lineare Abschreibung dürfte dem Nutzungsverlauf am ehesten gerecht werden.

Außerplanmäßige Abschreibungen sind in Übereinstimmung mit IAS 36 vorzunehmen. Darin wird eine Wertminderung (ein Impairment-Fall) angenommen, wenn der Buchwert eines Vermögenswertes seinen erzielbaren Betrag überschreitet. Für Vermögenswerte, deren grundsätzliche Bilanzierung zu fortgeführten Anschaffungskosten erfolgt, ist der Betrag der Wertminderung über die Gewinn- und Verlustrechnung zu verrechnen. Dabei enthält IAS 36 zwei Methoden der Wertermittlung für den so genannten erzielbaren Betrag. Danach ist entsprechend IAS 36.6 der erzielbare Betrag der höhere Wert aus dem Nettoveräußerungspreis und dem Nutzungswert. Der Nettoveräußerungspreis wiederum ist der durch einen Verkauf des Vermögenswertes erzielbare Betrag. Hierzu ist von einer marktüblichen Transaktion auszugehen, die zwischen sachverständigen und vertragswilligen Vertragsparteien erfolgen würde. Der Nutzungswert ist demgegenüber der Barwert der geschätzten künftigen Cash Flow, die aus der fortgesetzten Nutzung eines Vermögenswertes und seinem Abgang aus der Bilanz am Ende seiner Nutzungsdauer erwartet werden. Hinweise zur Bestimmung des Cash Flows und zum anzusetzenden Diskontierungszinssatz sind in IAS 36.33-57 sowie in IAS 36.AG16-21 in umfangreichen Ausführungen enthalten. Die entsprechenden Vorgaben sollen sicherstellen, dass die Cash-Flow-Prognosen und die Anwendung eines Zinssatzes auf vernünftigen und vertretbaren Annahmen beruhen.

Sollte sich eine Bank zur Anwendung der Neubewertungsmethode entschließen, wäre dieses Verfahren gemäß IAS 16.36 für jeweils eine ganze Gruppe der Sachanlagen anzuwenden. Bezogen auf den üblichen Geschäftsverkehr im Bankwesen kämen als Gruppen bspw. in Betracht: unbebaute Grundstücke, Grundstücke und Gebäude, Kraftfahrzeuge, Betriebsausstattung sowie Geschäftsausstattung.

In der Bilanzierungspraxis ist die Bilanzierung zu fortgeführten Anschaffungskosten gängig. Dies mag damit zusammenhängen, dass bei einer Neubewertung zufällige Wertschwankungen auf den Grundstücksmärkten zu veränderten Wertausweisen in der Bilanz führen, die dem langfristigen Anlagecharakter vielleicht nicht gerecht würden. Möglicherweise sind es aber auch die mit dem Einholen eines Bewertungsgutachtens verbundenen relativ hohen Kosten, die im Bankenbereich die Neubewertung des Sachanlagevermögens in den vorliegenden Abschlüssen verhinderten.

Die entsprechenden Bilanzierungsregelungen gelten grundsätzlich auch für die Betriebs- und Geschäftsausstattung, die ein Teil des Sachanlagevermögens darstellt. Eine Aktivierungspflicht besteht aufgrund von IAS 16.8 mithin, wenn das Kreditinstitut über den betreffenden Vermögenswert bei wirtschaftlicher Betrachtungsweise verfügen kann und die Nutzungsdauer voraussichtlich über einem Jahr liegen wird, unter der Voraussetzung, dass ein zukünftiger Nutzen zufließen wird und die Anschaffungskosten- (oder Herstellungskosten) zuverlässig ermittelt werden können. Da Banken Sachanlagen normalerweise nicht selbst herstellen, ergibt sich aus diesen Regelungen üblicherweise kein praktisches Problem.

Unterschiede in der Bilanz (8)

Sachanlagen (2)

- Tendenziell höherer Wertansatz im Abschluss nach IFRS, weil steuerliche Bewertungswahlrechte den Ansatz nicht beeinflussen dürfen, zum Beispiel
    - Sonderabschreibungen nach dem Fördergebietsgesetz
    - Übertragungen nach § 6b EStG
- Enthalten im Abschluss nach IFRS keine Leasinggegenstände, wenn die Bank beim Finanzierungsleasing als Leasinggeber auftritt
    - statt der Leasingobjekte werden Forderungen in Höhe der Barwerte der vertraglich vereinbarten Zahlungen ausgewiesen (IAS 17.36)

Die auf den ersten Blick mit dem deutschen Recht nahezu identischen Regeln führen in der praktischen Bilanzierung dennoch zu Wertunterschieden. Zwar sieht IAS 16.62 neben der linearen Abschreibungsmethode auch die degressive Methode und die leistungsabhängige Abschreibung vor, aber die nach HGB früher gängige Praxis der Übernahme steuerlicher Abschreibungsbeträge ist - wie inzwischen auch im Konzernabschluss nach deutschem Recht - prinzipiell ausgeschlossen. Stimmen steuerliche Abschreibungssätze mit den Abschreibungen überein, die wirtschaftlich den Nutzungsverlauf zweckadäquat widerspiegeln, so liegt eine Identität der Abschreibungen (zufällig) faktisch vor - die im Abschluss nach IFRS gewählte Methode darf indes nicht mit steuerrechtlichen Erwägungen begründet werden.

Unzulässig sind in jedem Fall Sonderabschreibungen nach dem Fördergebietsgesetz oder Übertragungen von § 6b EStG-Reserven (entsprechend der inzwischen auch für den deutschen Konzernabschluss geltenden Regeln). Sie sind durch planmäßige Abschreibungen zu ersetzen. Auch wenn die Bilanzposition des Sachanlagevermögens in einer Bankbilanz selten ein Volumen von über 1% einnimmt, kann die Wertermittlung gerade im Bereich von Grundstücken und Gebäuden sehr zeitaufwendig sein, wenn regelmäßig steuerliche Begünstigungsregelungen beansprucht und die Bilanzierung auch im Konzernabschluss unter HGB entsprechend vorgenommen wurde. Dies gilt umso mehr für Konzerne mit zahlreichen Auslandstochtergesellschaften bei Inanspruchnahme ähnlicher Regelungen in den betreffenden Ländern.

In praktischer Hinsicht stellt sich zudem die Frage der Behandlung geringwertiger Wirtschaftsgüter. Aus der Konzeption der IFRS, die steuerliche Wertansätze unberücksichtigt lassen, ist eine Antwort hierauf selbstverständlich nicht zu gewinnen. In der Literatur wird zweckmäßigerweise die praxisnahe Ansicht vertreten, dass eine im deutschen Steuerrecht in § 6 Abs. 2 EStG eröffnete Sofortabschreibung aufgrund des Wesentlichkeitsprinzips analog in einem Abschluss nach IFRS angewandt werden kann.[47]

Zu weiteren Veränderungen im Sachanlagevermögen kann es ansonsten durch eine unterschiedliche Abgrenzung kommen, insbesondere wenn eine Bank umfangreiche Leasingaktivitäten betreibt. Die Behandlung von Leasinggeschäften ist in IAS 17 geregelt.[48] Dabei wird zwischen Finance Leases und Operating Leases unterschieden. Alle Leasingverträge nach deutschem Leasingverständnis und diesen ähnliche Vertragstypen sind hiernach im Konzernabschluss nach IFRS nach eingehender Würdigung aller relevanten Aspekte entweder als Finance Lease oder als Operating Lease zu klassifizieren. Die übliche Übernahme der Zuordnungsregeln nach den deutschen Leasingerlassen für den Konzernabschluss ist unzulässig. Während bei Finance Leases die Zurechnung des Leasinggegenstandes grundsätzlich zum Leasingnehmer erfolgt, wird der Leasinggegenstand bei Operating Leases weiter beim Leasinggeber ausgewiesen. Für die Zuordnung ist letztlich die Verteilung von Risiken und Chancen aus dem Leasingobjekt zwischen Leasinggeber und Leasingnehmer ausschlaggebend. Bei der Beurteilung, welche Auswirkungen der retrospektive Übergang auf die Bilanzierung von Leasingverhältnissen nach den IFRS hat, sind sämtliche Leasingverhältnisse in Betracht zu ziehen. Im Zusammenhang mit dem Übergang auf die Rechnungslegung nach IFRS ist hierbei erforderlich, sämtliche leasingähnliche Vertragsverhältnisse zu homogenen Gruppen zusammenzufassen und hinsichtlich ihrer Auswirkungen sowohl zum Erstanwendungszeitpunkt als auch in den Folgeperioden zu analysieren. Dies kann einen nicht zu unter-

---

[47] Vgl. BALLWIESER, W., IAS 16 Sachanlagen, in: BAETGE, J./DÖRNER, D. u.a. (Hrsg.), Rechnungslegung nach International Accounting Standards (IAS), 2. Aufl., Stuttgart 2002, Tz. 3.

[48] Vgl. den Beitrag „Leasingverhältnisse".

schätzenden Zeitaufwand für die Ermittlung der relevanten Daten bedeuten. Gegebenenfalls sind Anpassungen in den IT-Systemen unvermeidlich.

Investment Properties

Beispiele für Investment Properties

- Grundstücke, die langfristig zum Zwecke der Wertsteigerung gehalten werden
- Gebäude im Eigentum des Bilanzierenden und gleichzeitig Vermietung im Rahmen eines Operating-Leasingverhältnisses

Beispiele für Fälle, die keine Investment Properties sind

- Immobilien, die vom Eigentümer selbst genutzt werden (IAS 16 relevant)
- Immobilien, die ausschließlich zum Zwecke der Weiterveräußerung in naher Zukunft erworben wurden
- Immobilien, die für Dritte erstellt oder entwickelt wurden

Einen zusätzlichen Unterschied im Sachanlagevermögen hat IAS 40 für Immobilien gebracht, die nicht selbst genutzt werden (etwa als Verwaltungsgebäude oder Filiale). So ist zu prüfen, ob eine Einstufung als Investment Property notwendig ist. IAS 40 ist für den Ansatz und die Bewertung der Investment Properties sowie für die Angaben zu diesen Immobilien anzuwenden (die deutsche Übersetzung der als Finanzinvestition gehaltenen Immobilie hat sich im Sprachgebrauch (noch) nicht durchgesetzt). Nach IAS 40.2 behandelt der Standard Ansatz und Bewertung von Finanzinvestitionen in Immobilien in den Abschlüssen eines Leasinggebers bei Operating Leases. Werden Sachverhalte allerdings in dem spezifischen Leasingstandard IAS 17 geregelt, so gehen diese Vorgaben vor. IAS 40 enthält über die Ansatz- und Bewertungsfragen hinausgehend auch Offenlegungsanforderungen. Der Standard ist aber nicht auf Leasingverhältnisse begrenzt.

Als Investment Properties werden vielmehr nach IAS 40.5 ganz allgemein und übergreifend Immobilien verstanden, die vom Eigentümer (oder vom Leasingnehmer im Rahmen eines Finanzierungsleasingverhältnisses) zur Erzielung von Mieteinnahmen und/oder zum Zwecke der Wertsteigerung gehalten werden. Der Standard selbst enthält Beispiele für Immobilien, die als Finanzinvestition gehalten werden (IAS 40.8). Außerdem werden Fälle enumeriert, die nicht in den Anwendungsbereich von IAS 40 fallen, weil sie keine Investment Properties darstellen (IAS 40.9). Für Kreditinstitute sind dabei nur bestimmte Beispiele besonders relevant.

Im Ergebnis mag die Einordnung nach IAS 16 oder IAS 40 gleichgültig erscheinen. Aus der Entstehungsgeschichte von IAS 40 ist jedoch erkennbar, dass dem IASB für Investment Properties viel stärker an einer marktnahen Bewertung gelegen ist.[49] Der Entwurf dieses Standards hat diese Bewertung noch als einzig zulässiges Verfahren vorgesehen. Erst bei Erlass des endgültigen Standards wurde eine Wahlmöglichkeit eingeräumt.

So ist nach IAS 40.30 die Bilanzierung zum Fair Value oder zu fortgeführten Anschaffungskosten freigestellt. Unabhängig davon, ob - in der Terminologie des Standards - das Modell des beizulegenden Zeitwertes oder das Anschaffungskostenmodell angewendet wird, verlangt IAS 40.32 die Angabe des beizulegenden Zeitwertes. Kommt dieser nicht in der Bilanz zum Ansatz, ist er in den Notes offen zu legen.

Aufgrund von IAS 40.53 gilt eine widerlegbare Vermutung, dass ein Unternehmen in der Lage ist, den beizulegenden Zeitwert laufend zu bestimmen. Eher als Ausnahme wird es angesehen, dass eindeutige substanzielle Hinweise vorliegen könnten, die eine Ermittlung des Fair Values nicht möglich erscheinen lassen. Dies sei wohl nur dann der Fall, wenn vergleichbare Markttransaktionen selten und anderweitige Schätzungen für den beizulegenden Zeitwert - etwa basierend auf diskontierten Cash-Flow-Prognosen - nicht verfügbar sind. Die Erstellung eines Gutachtens wird zwar in IAS 40.32 empfohlen, ist jedoch nicht verpflichtend.

Wählt eine Bank die Bilanzierung auf Basis des Fair-Value-Modells, so sind im Sinne eines „ganz oder gar nicht"-Ansatzes alle Investment Properties zum Fair Value zu bewerten. Fair-Value-Änderungen sind nach IAS 40.35 erfolgswirksam über die Gewinn- und Verlustrechnung zu bewerten (bei Wahl der Neubewertungsmethode für die (übrigen) Sachanlagen wäre ein „Parken" in der Neubewertungsrücklage erforderlich). Die Bilanzierung zum Fair Value ist solange fortzusetzen, bis die betreffende Immobilie abgeht (oder selbst genutzt wird). Dies gilt auch dann, wenn vergleichbare Markttransaktionen seltener auftreten oder Marktpreise seltener verfügbar wären.

Sofern sich eine Bank für das Anschaffungskostenmodell entscheidet, hat es seine gesamten Immobilien, die als Finanzinvestition gehalten werden, entsprechend der Methode der Fortführung der Anschaffungskosten im Sinne von IAS 16 zu bewerten.

Werden langfristige Vermögenswerte zur Veräußerung gehalten oder gibt es eine Gruppe von Vermögenswerten, die zur Veräußerung anstehen und enthält diese Gruppe zumindestens einen langfristigen Vermögenswert, so sind die Regelungen von IFRS 5 einschlägig. Durch IFRS 5 wurde eine neue Klassifizierung von Vermögenswerten eingeführt,[50] die zur Veräußerung gehaltenen, langfristigen Vermögenswerte. Zielsetzung

---

[49] Für die Fortentwicklung ist geplant, Investment Properties als gesonderte Bilanzposition aufzunehmen.

[50] Vgl. den Beitrag „Zur Veräußerung gehaltene, langfristige Vermögenswerte und aufgegebene Bereiche" sowie KPMG (Hrsg.), International Financial Reporting Standards, 3. Aufl., Stuttgart 2004, S. 221-230

des Standards ist es nach IFRS 5.1, die Abschlussadressaten in die Lage zu versetzen, die mit einer Veräußerung zusammenhängenden wirtschaftlichen Auswirkungen angemessen einschätzen zu können. Der Standard ist zwar eher auf produzierende Unternehmen ausgerichtet, bei welchen der Abgang von Maschinen oder Maschinenparks die Existenz bestimmter Produkte oder Produktionslinien gefährden kann, mithin zu einem Verlust der Grundlagen eines Teils der gesamten Einkunftsquelle für die Aktionäre führen kann; er gilt aber branchenübergreifend, also auch für Banken. Von besonderer Bedeutung ist die Abgrenzung der langfristigen von den kurzfristigen Vermögenswerten. Kurzfristige Vermögenswerte werden von IAS 1.57 als Vermögenswerte angesehen, die innerhalb des normalen Verlaufs eines Geschäftszyklus eines Unternehmens oder innerhalb von 12 Monaten veräußert werden (oder deren Veräußerung innerhalb dieses Zeitraums zu erwarten ist). Im Umkehrschluss gelten diejenigen Vermögenswerte nicht als kurzfristig, deren Veräußerung nicht zu den typischen und üblichen Geschäftstätigkeiten eines Unternehmens gehört.

Der Standard bezieht sich nicht auf alle langfristigen Vermögenswerte, sondern schließt in IFRS 5.5 einige Vermögenswerte aus seinem Anwendungsbereich aus. Dabei handelt es sich um langfristige Vermögenswerte, die als Investitionen gehaltene Immobilien beinhalten, unter IAS 40 bilanziert werden und für die die Neubewertungsmethode gewählt wurde, sowie um Finanzinstrumente, für die IAS 39 anzuwenden ist, um aktive latente Steuern, die nach IAS 12 zu behandeln sind, um Vermögenswerte im Zusammenhang mit Leistungen an Arbeitnehmer, um vertragliche Rechte aus Versicherungen sowie um langfristige biologische Vermögenswerte, die nach IAS 41 zu bilanzieren sind.

Zur Wertermittlung enthält der Standard verschiedene, einzuhaltende Schritte: Zum Zeitpunkt unmittelbar vor der Umklassifizierung als zur Veräußerung gehaltener langfristiger Vermögenswert ist (letztmalig) noch eine Bewertung entsprechend der bisherigen einschlägigen Standards (also etwa entsprechend IAS 16) vorzunehmen. Anschließend ist der beizulegende Zeitwert des betreffenden Vermögenswertes zu ermitteln. Zusätzlich sind die (potenziellen, direkten) Veräußerungskosten zu bestimmen. Danach folgt eine Gegenüberstellung des ermittelten Fair Value (abzüglich Veräußerungskosten) mit dem (letzten ermittelten) Buchwert. Sollte der Buchwert höher sein, ist entsprechend IFRS 5.20 eine (außerplanmäßige) Abschreibung erforderlich. Diese Regelungen gelten auch für Gruppen von Vermögenswerten, die zur Veräußerung anstehen, wobei die Wertermittlung sich schon deshalb als schwierig erweisen könnte, weil es für die Abgangsgruppe (in ihrer Gesamtheit) häufig keine Marktwerte gibt.

Die zur Veräußerung gehaltenen, langfristigen Vermögenswerte (oder die entsprechenden Vermögenswerte einer Gruppe) sind separat von den anderen Vermögenswerten in der Bilanz auszuweisen (IFRS 5.38).

Ab Zuordnung von zur Veräußerung gehaltenen, langfristigen Vermögenswerten gelten für die Folgebilanzierung nicht mehr die bisherigen (Abschreibungs-)Regeln, sondern

---

und (ausführlicher) KPMG (Hrsg.), IFRS aktuell, Neuregelungen 2004, Stuttgart 2004, S. 169-205.

die Vorgaben von IFRS 5. Entsprechend IFRS 5.15 und IFRS 5.20 ist zum Stichtag der jeweilige beizulegende Zeitwert (abzüglich der Veräußerungskosten) zu ermitteln und auf diesen abzuschreiben, wenn er niedriger als der Buchwert ist. Bei höherem Fair Value erfolgt eine Zuschreibung nur, soweit hierdurch eine (außerplanmäßige) Abschreibung rückgängig gemacht wird, die unter IAS 36 (vor Umklassifizierung) bzw. unter IFRS 5 (nach Umklassifizierung) vorgenommen wurde. Die jeweiligen Wertänderungen sind als Aufwendungen oder Erträge über die Gewinn- und Verlustrechnung zu verbuchen.

Wird nicht nur ein Vermögenswert oder eine Gruppe von Vermögenswerten zur Veräußerung gehalten, sondern ist beabsichtigt, einen gesamten Geschäftsbereich zu veräußern, so gelten obige Vorschriften zur Bilanzierung für die dem Geschäftsbereich angehörenden Vermögenswerte. Zusätzlich enthält IFRS 5 speziell für aufzugebende Geschäftsbereiche gesonderte Ausweis- und Angabepflichten. Dies betrifft auch die Segmentberichterstattung nach IAS 14. So ist entsprechend IFRS 5.C3 für jedes anzugebende Segment das Segmentergebnis aus der laufenden Geschäftstätigkeit getrennt von dem sich auf aufgegebene Geschäftsbereiche beziehenden Segmentergebnis offen zu legen. Zusätzlich ist eine verkürzte Kapitalflussrechnung unter Angabe der Zahlungsströme aus operativer Geschäftstätigkeit, aus Investition und aus Finanzierung für die aufgegebenen Geschäftsbereiche zu veröffentlichen (IFRS 5.33(c)). Gerade mit Blick auf notwendige Umstrukturierungen im Bankensektor könnten sich aus diesen Regelungen einschneidende Angabepflichten ergeben.

Der übergreifende Standard geht natürlich nicht auf die Besonderheiten des Kreditgewerbes - zumal in Deutschland - ein. Aus der hinter dem Standard stehenden Regelungsabsicht wird daher auch nicht erkennbar, ob Rettungserwerbe im Immobilienbereich in den Anwendungsbereich des Standards fallen. Dies dürfte vom Einzelfall abhängen.

Einige der (zugefallenen) Immobilien sollen in naher Zukunft möglicherweise nicht veräußert werden. Entschließt sich eine Bank mithin, diese Immobilien längerfristig zu behalten, unterliegen sie - vorausgesetzt die Bank nutzt die betreffende Immobilie nicht selbst - den Bilanzierungsregeln von IAS 40 als Investment Property. Wendet die Bank darüber hinaus die Neubewertungsmethode an, ist die Immobilie hierdurch aus dem Anwendungsbereich von IFRS 5 gänzlich ausgeschlossen. Wird indes die Methode der fortgeführten Anschaffungskosten gewählt, so gelangen die Immobilien dann in die Bilanzierungsregeln von IFRS 5, wenn sie (später einmal) verkauft werden sollen.

Davon abzugrenzen sind die (häufiger auftretenden) Fälle, dass eine als Rettungserwerb erstandene Immobilie baldmöglichst veräußert werden soll. Da zur Anwendung von IFRS 5.2 das Kriterium der Langfristigkeit zu erfüllen ist, könnte prima facie hieraus geschlossen werden, dass IFRS 5 nicht einschlägig sei. Dagegen mag eingewendet werden, dass eine Veräußerung in solchen Fällen vielfach nicht innerhalb eines Jahres möglich ist, mithin das Kriterium der Langfristigkeit von mehr als 12 Monaten faktisch erfüllt wäre. Andererseits enthält IAS 1.57 als Abgrenzungsmerkmal nicht ausschließlich einen Zeitbezug. So bezieht IAS 1.57(a) gerade auch solche Vermögenswerte in die Begriffsdefinition der Kurzfristigkeit ein, bei welchen eine Veräußerung innerhalb eines normalen Geschäftsablaufs angestrebt wird. Insofern stellt sich die Frage, ob die Verwertung von Immobilien zur banktypischen Geschäftstätigkeit gehört. Da es im Zusammenhang mit einer Kreditvergabe durchaus üblich ist, den Kredit mit einer Immobilie zu besichern, und weiterhin die Lebenserfahrung dafür spricht, dass nicht alle Kredite planmäßig getilgt werden, fallen in gewisser Regelmäßigkeit - eigentlich ungewollt - einer Bank entsprechende Immobilien zu. Dabei entspricht es ferner Bankusancen, solche Immobilien möglichst zeitnah zu veräußern. Die Praxis zeigt allerdings, dass es häufig nicht gelingt, die Veräußerung innerhalb von 12 Monaten vorzunehmen. Dies gilt umso mehr, wenn sich ein zugefallenes Gebäude eventuell noch im Rohbau befindet und sich die Bank in Erwartung eines höheren künftigen Veräußerungspreises dazu entschließt, das Gebäude fertig zu stellen.

Die Abgrenzung von langfristigen und kurzfristigen Vermögenswerten mag in den angesprochenen Fällen bisweilen fließend verlaufen und ist ggf. im Einzelfall unter Berücksichtigung des Gesamtbildes zu treffen. Dabei wird auch zu berücksichtigen sein, inwieweit eine Bank aktiv nach einem Käufer sucht. Dies lässt sich in der Regel nachweisen.

Sollte die Zuordnung eines Rettungserwerbs zu den kurzfristigen Vermögenswerten geboten sein, hat sich die Bilanzierung dieses Vermögenswertes (dieser Immobilie) nach den Vorschriften von IAS 2, dem Standard zu Vorräten, zu richten. So zählen nach IAS 2.6 explizit Vermögenswerte zu dem Anwendungsbereich des Standards, die zum Verkauf innerhalb des gewöhnlichen Geschäftsbetriebes bereitgehalten werden. Zu bewerten sind diese Vermögenswerte nach IAS 2.10 zu Anschaffungskosten. Als Folgebewertung ist entsprechend IAS 2.9 vorgesehen, den niedrigeren Wert aus Anschaffungskosten und Nettoveräußerungswert anzusetzen. Der Nettoveräußerungswert ist der geschätzte Verkaufspreis im gewöhnlichen Geschäftsverkehr abzüglich geschätzter Fertigstellungs- und Verkaufskosten (IAS 2.6). Dabei ist die Abschreibung auf den Nettoveräußerungswert als Einzelwertberichtigung vorzunehmen. Bei einem Anstieg des Nettoveräußerungspreises entspricht der neue Buchwert dem niedrigeren Betrag aus Anschaffungskosten und revidiertem Nettoveräußerungswert (IAS 2.33). Es besteht mithin ein Wertaufholungsgebot.

Unterschiede in der Bilanz (9)

Ertragsteueransprüche

- Steueransprüche und Steuerschulden sind getrennt von anderen Vermögenswerten und Schulden in der Bilanz darzustellen (IAS 1.68)

- Latente Steueransprüche und latente Steuerschulden sind von tatsächlichen Steuererstattungsansprüchen und tatsächlichen Steuerschulden zu unterscheiden (IAS 1.68)

- Saldierungsmöglichkeit nur unter sehr restriktiven Voraussetzungen gegeben (IAS 12.71, 74)

- Umfangreiche Offenlegungspflichten (IAS 12.79-82)

Die Bilanzierung, Bewertung und Offenlegung von Ertragsteuern wird in einem eigenständigen Standard, IAS 12, auf knapp 70 Textseiten und in über 90 Textziffern umfassend behandelt.[51] Das Schwergewicht der Neuregelungen aus dem im Jahre 1996 überarbeiteten Standard liegt in den latenten Steuern.[52] IAS 12 ersetzt dabei in seiner jetzigen Fassung das ursprüngliche theoretische Timing-Konzept durch das weiterreichende Temporary-Konzept. Während die früheren Regelungen konzeptionell mit den auf den Europäischen Richtlinien basierenden HGB-Vorschriften materiell übereinstimmten, bringt die Neuregelung durch den erweiterten Ansatz gravierende Auswirkungen in einem Abschluss nach IFRS. Nunmehr sind nicht nur alle Ergebnisunterschiede anzusetzen, die sich in absehbarer Zeit quasi automatisch über die Gewinn- und Verlustrechnung ausgleichen, sondern darüber hinaus auch (zunächst) erfolgsneutrale Wertunterschiede zwischen der steuerlichen Gewinnermittlung und einem (Konzern-) Abschluss nach IFRS. In gängiger Sprachregelung werden diese Unterschiede quasi permanente Differenzen genannt, selbst wenn der Standard diesen Begriff nicht verwendet. Nach IAS 12 ist ein Unternehmen also verpflichtet, eine latente Steuerschuld und - von

---

[51] Vgl. den Beitrag „Tatsächliche und latente Ertragsteuern".

[52] Vgl. zum Ausweis von latenten Steuern den Abschnitt 7 im Beitrag „Tatsächliche und latente Ertragsteuern".

wenigen Ausnahmen abgesehen - einen latenten Steueranspruch für alle temporären Differenzen, einschließlich der quasi permanenten Unterschiede, anzusetzen.

Neben den Regelungen zu latenten Steuern enthält der Standard (selbstverständlich) auch Vorschriften zur Bilanzierung von tatsächlichen Steuerschulden und Steuererstattungsansprüchen. Nach IAS 12.12 sind die tatsächlichen Ertragsteuern für die laufende und frühere Perioden in dem Umfang, in dem sie noch nicht (voraus-)bezahlt sind, als Verbindlichkeit anzusetzen. Falls der auf die laufenden und früheren Perioden entfallende und bereits bezahlte Betrag den für diese Perioden geschuldeten Betrag übersteigt, sieht IAS 12.12 zweckmäßigerweise für den Unterschiedsbetrag eine Aktivierungspflicht vor. Der in der Erstattung tatsächlicher Ertragsteuern einer früheren Periode bestehende Vorteil eines steuerlichen Verlustrücktrages ist als Vermögenswert gemäß IAS 12.13 zu aktivieren. Darüber hinaus sieht IAS 12.34 vor, dass ein latenter Steueranspruch für den Vortrag noch nicht genutzter steuerlicher Verluste und noch nicht genutzter Steuergutschriften in dem Umfang zu bilanzieren ist, in dem es wahrscheinlich ist, dass zukünftiges zu versteuerndes Ergebnis zur Verfügung stehen wird, gegen das die noch nicht genutzten steuerlichen Verluste und noch nicht genutzten Steuergutschriften verwendet werden können.

Steueransprüche und Steuerschulden sind aufgrund von IAS 1.68(n) getrennt von anderen Vermögenswerten und Schulden in der Bilanz darzustellen. Latente Steueransprüche und latente Steuerverbindlichkeiten sind von tatsächlichen Ansprüchen und Schulden zu unterscheiden.

3.1.3 Passiva

Auch bei den Passivpositionen finden die vorgeschlagenen Mindestausweise nur in leicht modifizierter Form Anwendung. Für institutsindividuelle Lösungen verbleibt genügend Raum. Wünschenswert ist allerdings eine starke Annäherung der Gliederungen, um hierdurch die Vergleichbarkeit „auf den ersten Blick" zu erhöhen.

> **Unterschiede in der Bilanz (10)**
>
> **Auswirkungen auf Passiva**
>
>   Verbindlichkeiten gegenüber Kreditinstituten
>   Verbindlichkeiten gegenüber Kunden
>   Verbriefte Verbindlichkeiten
> → Handelspassiva
> → Rückstellungen
> → Ertragsteuerverpflichtungen
>   Sonstige Passiva
>   Nachrangkapital
>   Eigenkapital
>   → Anteile in Fremdbesitz
>   – Gezeichnetes Kapital
>   – Kapitalrücklage
>   → Gewinnrücklagen
>   – Konzerngewinn
>
> **Summe der Passiva**

Die Passivseite einer Bankbilanz wird - hinsichtlich der Höhe der Bilanzpositionen - dominiert von dem Einfluss des Standards zum Ansatz und zur Bewertung von Finanzinstrumenten, IAS 39, und von den Regelungen zur Bildung von Pensionsrückstellungen. Für die Financial Liabilities trifft IAS 39 die Unterscheidung in Verbindlichkeiten, die der Hauptkategorie der finanziellen Verbindlichkeiten als erfolgswirsam zum beizulegenden Zeitwert angehören, sowie der sonstigen finanziellen Verbindlichkeiten.

Unter der Position der finanziellen Verbindlichkeiten als erfolgswirksam zum beizulegenden Zeitwert verbergen sich - äquivalent zur Aktivseite - zwei Unterkategorien. Dabei handelt sich zum einen um Handelspassiva. Dort findet sich die Bilanzierung von Verpflichtungen aus Leerverkäufen und von negativen Marktwerten der derivativen Finanzinstrumente. Negative Marktwerte umfassen dabei die negativen Bewertungsergebnisse der zu Marktwerten bilanzierten Derivate - nicht nur des klassischen Handels. Vor Implementierung von IAS 39 erschöpfte sich die Zuordnung der relevanten Derivate auf diejenigen derivativen Finanzinstrumente, die auch tatsächlich in entsprechender Verantwortung des Handels lagen. Durch die Regelungen von IAS 39, die eine zwangsweise Zuordnung von (allen) Derivaten zum Handel vorsehen, es sei denn sie wären in einen rechnungslegungsmäßig abbildungsfähigen Sicherungszusammenhang gekleidet, kann analog zur Aktivseite die Passivposition nunmehr auch negative Marktwerte von Derivaten des Bankbuches enthalten.

> **Unterschiede in der Bilanz (11)**
>
> **Handelspassiva**
>
> ■ Bilanzierung von
> - Verpflichtungen aus Leerverkäufen und
> - negativen Marktwerten von derivativen Finanzinstrumenten
>
> ■ Negative Marktwerte von derivativen Finanzinstrumenten umfassen
> - negative Bewertungsergebnisse aus zu Marktwerten bilanzierten Derivaten
>
> ■ Bewertung der Handelsaktivitäten komplett zu Marktwerten nach IAS 39.43 und 39.47

Die zweite Unterkategorie trägt - wiederum entsprechend der Aktivseite - den gleichen Namen wie die Hauptkategorie. Auf der Passivseite wird diese Fair-Value-Option bisweilen auch dritte Kategorie genannt, da sie mit der Änderung von IAS 39 Ende 2003 neu zu den beiden zuvor bestehenden Kategorien hinzugefügt wurde.

Die Europäische Union gestattet die Nutzung der Fair-Value-Option auf der Passivseite nicht. Zum einen wird dies mit der Fair-Value-Richtlinie begründet, die dies nicht-erlaubt. Zum anderen stützt sich die EU auf vermeintliche Einwände der Regulatoren gegen eine Nutzung der Fair-Value-Option, die eine erhöhte Volatilität in der Gewinn- und Verlustrechnung befürchteten. Sofern sich dies auf einen im Februar-Monatsbericht des Jahres 2004 der EZB veröffentlichten Aufsatz bezieht, handelt es sich inhaltlich jedoch um ein Missverständnis. Die EZB sprach in diesem Artikel Bedenken gegen ein Full-Fair-Value-Konzept aus, das die Option aber gerade nicht darstellt. Zum dritten wird die Nutzung der Fair-Value-Option mit der Begründung abgelehnt, dass die Minderung der eigenen Kreditwürdigkeit zu einer Erhöhung des Gewinns führen würde, da der Fair Value der Verbindlichkeit sinkt. Formal ist dem Argument zwar zuzustimmen, jedoch basiert eine Verminderung der Kreditwürdigkeit, ausgedrückt etwa in einem schlechteren Rating, üblicherweise auf der Notwendigkeit einer Abwertung bilanzierter Aktiva (höhere Wertberichtigung von Krediten oder Abwertungsbedarf bei Wertpapieren), wodurch sich ceteris paribus der Effekt auszugleichen hätte, oder einer Minderung des nicht-bilanzierten Geschäftswertes, was sich normalerweise über entsprechende Presseberichterstattung von einem sachinteressierten Anleger ebenfalls leicht erkennen ließe. Die Vorteile der Nutzung der Fair-Value-Option liegen demgegenüber in der Chance, ökonomisch nicht gerechtfertigte Volatilitäten, ausgelöst durch die bestehende Bilanzierungsregel für Derivate, zu mindern. Banken streben jedenfalls nach eigener Aussage danach, gerade diese als Verzerrung empfundenen Schwankungen der Gewinn- und Verlustrechnung (weitestgehend) auszugleichen.[53]

Die Passivierung von Pensionsrückstellungen wird bisweilen als markantestes Beispiel dafür herangezogen, dass ein unter deutschen Regeln erstellter Abschluss trotz des dominierenden Vorsichtsprinzips gravierende stille Lasten enthalten kann.[54] So kam es in der Praxis der Umstellung der Rechnungslegung auf internationale Regeln - seien es nun IFRS oder US-GAAP - regelmäßig zu einem bemerkenswerten Nachholeffekt bei der Bildung der Pensionsrückstellungen. Überragende Beachtung fand etwa die Umstellung der Daimler Benz AG im Jahre 1993. Im Gegensatz zu einem Gewinn in Höhe von 615 Mio. DM war nach US-GAAP ein Verlust von 1.839 Mio. DM auszuweisen,[55] der vornehmlich mit der Bilanzierung der Pensionsrückstellungen begründet wurde. Bei Interpretation des Jahresüberschusses ist ergänzend zu berücksichtigen, dass auch das Konzerneigenkapital einen deutlichen Sprung erfahren hat. Es betrug nach US-GAAP 26,3 Mrd. DM im Vergleich zu 18,1 Mrd. DM nach HGB und war damit knapp 50% höher. Solche Eigenkapitalzuwächse sind im Bankenbereich bislang nicht üblich gewesen.

Im Zusammenhang mit der Passivierung von Pensionsrückstellungen darf nach den Erfahrungen der veröffentlichten Abschlüsse allerdings durchaus mit bemerkenswert höheren Beträgen gerechnet werden. Der Unterschied von häufig 20% bis 30% höheren Wertansätzen nach IFRS erklärt sich durch die deutsche Bilanzierungspraxis, die mangels konkreter Vorgaben des HGB in der Regel auf die einkommensteuerliche Regelung zurückgegriffen hat. Insofern schlägt sich in einem deutschen Abschluss das Teilwertverfahren von § 6a EStG nieder. Demgegenüber sieht IAS 19 davon abweichende Verfahren zur Bildung von Rückstellungen vor. So ist der dem steuerrechtlichen Teilwertverfahren in Deutschland zugrundegelegte Diskontierungssatz von 6% zu ersetzen durch den Kapitalmarktzins für langfristige Mittelanlagen auf dem Kapitalmarkt in Titeln erster Bonität (in der Regel Staatsanleihen). Eine Berücksichtigung von Versorgungsberechtigten erst ab dem Zeitpunkt, zu dem sie in der Mitte des Geschäftsjahres mindestens 30 Jahre alt werden, wie dies von § 6a EStG vorgesehen ist, entspricht nicht IAS 19. Außerdem werden bei der Bewertung der Pensionsverpflichtungen nach den IFRS künftig zu erwartende Gehaltssteigerungen und Pensionsanpassungen rechnerisch berücksichtigt. Da künftige Gehaltssteigerungen und Pensionsanpassungen sowie die

---

[53] Vgl. LÖW, E., Fair-Value-Option nicht einschränken, a.a.O. (Fn. 40), sowie LÖW, E., Abläufe bei IAS-Beratung müssen verbessert werden, a.a.O. (Fn. 40), und LÖW, E., Partielles Endorsement von IAS 39: Die Fair-Value-Option, a.a.O. (Fn. 40).
[54] Vgl. den Beitrag „Pensionsverpflichtungen".
[55] Vgl. DAIMLER BENZ, Geschäftsbericht 1993.

zugrundezulegenden Marktzinsen im Zeitablauf im Gegensatz zu § 6a EStG also nicht konstant bleiben, können die Pensionsrückstellungen im Zeitablauf durchaus stärker schwanken.

Unterschiede in der Bilanz (12)

Rückstellungen, hier: Pensionsrückstellungen nach IAS 19

IAS	HGB
■ Bewertung zum "Marktwert"	■ Bewertung zum "Teilwert"
– Diskontierung zum aktuellen Marktzins (Deutsche Bank 1997: 5 % bis 9 %)	– Bewertung orientiert sich faktisch an § 6a EStG
– prognostizierte Gehaltsentwicklung (Deutsche Bank 1997: 2,5 % bis 5 %)	– Barwert künftiger Pensionsleistungen
– Anpassung der laufenden Pensionszahlungen (Deutsche Bank 1997: 2 % bis 4 %)	– Diskontierungssatz von 6 %
– Deutsche Bank Wertansatz zum 31.12.1997: 6,6 Mrd. DM	– Deutsche Bank Wertansatz zum 31.12.1997: 4,7 Mrd. DM (letzter Parallelabschluss)

Die Regelungen nach IAS 19 unterscheiden bei Pensionsrückstellungen zwei Verfahren, leistungsorientierte Versorgungszusagen und betragsorientierte Versorgungspläne. Bei den leistungsorientierten Versorgungszusagen orientieren sich die späteren Versorgungsleistungen nach IAS 19.45 an den künftig gültigen Bezügen und der Zahl der Dienstjahre des Mitarbeiters. Für die Rechtsverpflichtung der Bank ist die Rückstellung dann derart zu bilden, dass sie sich periodisch über die verbleibenden Dienstjahre des Mitarbeiters aufbaut.

Bei den beitragsorientierten Versorgungsplänen besteht die Verpflichtung des Kreditinstituts lediglich in der Zahlung von vereinbarten Beträgen an einen separaten Fonds, der die Leistungen im Versorgungsfall erbringt. Als erstes größeres deutsches Kreditinstitut hatte die Deutsche Bank zum Jahresende 2002 angekündigt, dass sie den größten Teil ihrer Pensionsrückstellungen in eine Fonds-Struktur einbringen wird. Das Deckungsvermögen der Verpflichtungen ist dem Zugriff der Bank dabei entzogen. Auf diese Weise bereitet sich die Bank auf eine Weiterentwicklung zu einem streng beitragsbezogenen Pensionssystem vor.

Nach IAS 19 bestimmen sich die Versorgungsleistungen an den Arbeitnehmer nach den an den Fonds geleisteten Beiträgen und den hieraus durch das Fondsmanagement erwirtschafteten Ergebnissen. Der auf das Geschäftsjahr entfallende vereinbarte Betrag ist in der Gewinn- und Verlustrechnung als Aufwand zu erfassen.

Im ersten Abschluss nach IFRS der Deutschen Bank im Geschäftsjahr 1995 war ein Zuführungsbetrag zu den Pensionsrückstellungen im Vergleich zum HGB in Höhe von 2,1 Mrd. DM zu verzeichnen. Der Unterschied verflüchtigte sich auch in den Folgejahren nicht.

Unterschiede in der Bilanz (13)

Anteile in Fremdbesitz

■ Gesonderter Ausweis in der Bilanz nach IAS 1.68 gefordert

■ Eigene Position innerhalb des Eigenkapitals (IAS 1.68(o))

■ Auf konzernfremde Gesellschafter entfallende Ergebnisse sind in der GuV gesondert auszuweisen (IAS 1.82(a))

Fremdanteile am Eigenkapital und am Konzernjahresüberschuss sind jeweils gesondert auszuweisen. Der Ausweis innerhalb der Bilanz hat seit einer Änderung Ende 2003 nach IAS 27.33 im Eigenkapital, jedoch getrennt von dem Eigenkapital, das auf die Anteilseigner des Mutterunternehmens entfällt, zu erfolgen. Diese Änderung führt zu Auswirkungen auf den Umfang der Eigenkapitalveränderungsrechnung, da die Minderheitenanteile in der Darstellung der Entwicklung gesondert darzustellen sind.[56]

Nach IAS 27 sind auf Minderheitsaktionäre entfallende Verluste, die deren Anteil am Eigenkapital der betreffenden Gesellschaft übersteigen, direkt mit den Gewinnrücklagen zu verrechnen, es sei denn für den Minderheitsaktionär besteht eine bindende Verlustausgleichsverpflichtung, und dieser ist auch in der Lage, der Verpflichtung nachzukommen.

---

[56] Vgl. den Beitrag „Eigenkapitalveränderungsrechnung".

Die jetzige Stellung von Fremdanteilen gewichtet die betriebswirtschaftliche Betrachtung inzwischen höher, dass auch das Kapital der Minderheitenaktionäre zu Eigenkapitalkostensätzen zur Verfügung steht. Eine Nutzung zu Leverage-Effekten - wie bei klassischem Fremdkapital - ist mithin nicht möglich. Zuvor waren die Fremdanteile noch als Position sui generis aufgefasst worden, indem sie außerhalb des Eigenkapitals (und außerhalb des Fremdkapitals) gesondert auszuweisen waren. Die stärkere Betonung des Fremdkapitalcharakters war betriebswirtschaftlich ebenfalls zu rechtfertigen, als diesem Kapital aus Konzernsicht nur eine Finanzierungsfunktion zukommt, während sich die Haftungsfunktion auf das jeweilige Einzelunternehmen beschränkt. Bei einem Abschluss von Banken, der zuvor unter der Alt-Regelung nach IFRS erstellt wurde (also unter Ausschluss der Fremdanteile aus dem Eigenkapital), ist für Analysen darauf zu achten, dass entsprechende Kennziffern angepasst werden (mithin die Minderheitenanteile nach der Neuregelung dem Eigenkapital angehören).

Alle Effekte aus der Umstellung der Rechnungslegung münden letztlich in einer Veränderung der Gewinnrücklagen. Verantwortlich hierfür ist IFRS 1,[57] der als ein Kompromiss unterschiedlicher Erstanwendungsmöglichkeiten anzusehen ist. Als Mitte der 90er Jahre zahlreiche europäische Unternehmen mit einem Wechsel zur internationalen Bilanzierung auf die gestiegenen Transparenzanforderungen der Kapitalanleger reagierten, gab es noch keine explizite Regelung, wie diese Bilanzierungsänderung vorzunehmen sei. So vollzog die chemische Industrie den Wechsel, indem der letzte Konzernabschluss nach HGB gleichzeitig die Eröffnungsbilanz nach IFRS darstellte (prospektive Erstanwendung). Demgegenüber bilanzierte die Deutsche Bank so, als hätte sie die internationalen Regeln schon immer angewandt. Dies bedeutete, dass alle früheren Geschäftsvorfälle entsprechend der IFRS abzubilden waren und führte zu erheblichen Bilanzierungsanpassungen (retrospektive Erstanwendung). Blieben die Gewinnrücklagen bei den Unternehmen, die die prospektive Erstanwendung wählten, unverändert, erhöhte sich das Eigenkapital der Deutschen Bank durch den retrospektiven Bilanzierungswechsel auf einen Schlag um 4,6 Mrd. DM.

Dem internationalen Regelgeber ging es vornehmlich um eine Vergleichbarkeit aller nach IFRS erstellten Abschlüsse. Folgerichtig verlangte er mittels einer (zwingend anzuwendenden) Interpretation eine retrospektive Erstanwendung der Internationalen Bilanzierungsstandards. Dazu hat allerdings das erforderliche Datenmaterial vorhanden zu sein. Wurde vor zahlreichen Jahren ein Sachverhalt bspw. unter der Prämisse der Bilanzierung nach HGB datenmäßig gespeichert, ist dadurch nicht sichergestellt, dass die Detailtiefe des in den IT-Systemen vorhandenen Materials ausreicht, die Anforderungen an die Aufgliederung in den Anhangangaben (Notes) nach den Regeln des IASB ohne Weiteres zu erfüllen. An die Entscheidung der EU zugunsten der IFRS wurde daher die Bedingung geknüpft, Anwendungserleichterungen zu schaffen. Für die Formulierung

---

[57] Vgl. LÖW, E., Erleichterungen nutzen, Ausnahmen annehmen, Accounting 01/2005, S. 6-9 sowie ANDREJEWSKI, K. C./BÖCKEM, H., Einzelfragen zur Anwendung der Befreiungswahlrechte nach IFRS 1 (Erstmalige Anwendung der IFRS), KoR 2004, S. 332-340 und den Beitrag „Erstanwendung von IFRS".

eines entsprechenden Standards befand sich das IASB dadurch allerdings in einem Dilemma: Die theoretisch klarste Form der Erleichterung hätte darin bestanden, die Schlussbilanz nach nationalem Recht gleichzeitig als Eröffnungsbilanz nach IFRS zu gestatten. Nachdem wenige Jahre zuvor eine Interpretationsrichtlinie veröffentlicht wurde, die dies verhindern und das genaue Gegenteil erreichen wollte, konnte eine solch weitreichende Anwendungserleichterung gesichtswahrend nicht gestattet werden.

Am Ende der Überlegungen steht mit IFRS 1 ein Kompromiss. Von der grundsätzlich für richtig erachteten und theoretisch überzeugenden Konzeption einer retrospektiven Erstanwendung wollte sich das IASB nicht gänzlich lösen, allerdings Zugeständnisse auf solchen Gebieten gewähren, wo die größten Umstellungsschwierigkeiten liegen. Ein solcher Kompromiss lässt sich nicht aus einem eindeutigen Gesamtgebilde sauber ableiten und ist deshalb stets angreifbar. Solange einige Sachverhalte (noch) nach den bisherigen nationalen Bilanzierungsregeln in einem Abschluss nach IFRS angesetzt sind, kommt es zu einer Verzerrung des Gesamtbildes und zwangsläufig zu einer Einschränkung der Vergleichbarkeit. Dem steht eine pragmatische Lösung für die Umstellung der Rechnungslegung auf die internationalen Bilanzierungsvorgaben gegenüber."[58] Sie gewährt dem Praktiker die Chance, offerierte (festgelegte) Erleichterungswahlrechte weitestgehend nach seinem Ermessen zu nutzen.

Zu den Themengebieten, in welchen sich in der Vergangenheit gezeigt hat, dass sie erhebliche Schwierigkeiten bei einer retrospektiven Erstanwendung auslösen können, hat IFRS 1 Erleichterungsregeln geschaffen. Die Erleichterungen dürfen jeweils für sich in Anspruch genommen werden.

---

[58] Löw, E., Erleichterungen nutzen, Ausnahmen annehmen, a.a.O. (Fn. 57), S. 6.

Erleichterungen *(exemptions)*

Erleichterungswahlrechte *(exemptions)* von den Anforderungen in bestimmten IFRS

- Unternehmenszusammenschlüsse vor dem Übergangszeitpunkt
- Ansatz zum beizulegenden Zeitwert *(fair value)* oder
- Neubewertung *(deemed cost)*
- Ansatz von Vermögenswerten und Schulden aus einer früheren Neubewertung
- Leistungen an Arbeitnehmer
- Kumulierte Fremdwährungsdifferenzen
- Zusammengesetzte Finanzinstrumente
- Erstmalige Anwendung in einer Unternehmensgruppe
- Klassifizierung von bereits im Vorabschluss angesetzten Finanzinstrumenten
- Eigenkapitalbasierte Vergütungen
- Versicherungsverträge

Im Gegensatz zu den Erleichterungswahlrechten sind die Ausnahmeregelungen zwingend anzuwenden. Sie bewirken eine gewollte Durchbrechung des Grundsatzes der retrospektiven Erstanwendung.

> **Ausnahmen (*exceptions*)**
>
> **Schätzungen/Wertaufhellung**
>
> ■ Bei der Umstellung auf IFRS sollen bei Schätzungen die gleichen Annahmen getroffen werden wie bei der Aufstellung des Vorabschlusses, es sei denn, diese Annahmen/Schätzungen waren objektiv fehlerhaft („..those estimates were in error").
>
> ■ Das bedeutet, dass für bereits im Vorabschluss vorgenommene Schätzungen der Wertaufhellungszeitraum nicht bis zur Beendigung der Aufstellung des erstmaligen IFRS-Abschlusses läuft.
>
> ■ Neue Annahmen und Einschätzungen, die im vorherigen Abschluss nicht erforderlich waren, sind in Übereinstimmung mit IAS 10 vorzunehmen.
>
> ■ Bei Durchführung von Schätzungen für andere Vergleichsperioden sind die Kenntnisse zu diesen Zeitpunkten zu berücksichtigen.
>
> ■ Fehlerhafte Schätzungen („*objective evidence that those estimates were in error*") im vorherigen Abschluss sind bereits zum jeweiligen Stichtag anzupassen und im Anhang anzugeben.

Für Anhangangaben, die aus der Gesamtheit aller Standards resultieren, bestehen weder Erleichterungswahlrechte noch Ausnahmeregelungen. IFRS enthält darüber hinaus eine Reihe von Angabepflichten für den Anhang zum Erstanwendungszeitpunkt der Bilanzierung nach IFRS. Von besonderer Bedeutung ist dabei die Offenlegung von Überleitungsrechnungen, die dem Adressaten ausreichende Detailinformationen liefern, um die wesentlichen Abweichungen nachvollziehen und die Gründe für Unterschiede erkennen zu können.[59]

---

[59] Vgl. hierzu im Einzelnen den Beitrag „Erstbilanzierung nach IFRS".

3.2 Unterschiede in der Gewinn- und Verlustrechnung

3.2.1 Grundkonzeption

Auch für die Gewinn- und Verlustrechnung gibt IAS 30 kein starres Gliederungsschema vor. So ist es der bilanzierenden Bank grundsätzlich freigestellt, welche Positionen in die Gewinn- und Verlustrechnung aufgenommen werden. Der Vergleichbarkeit wäre es jedoch abträglich, wenn die Gliederungspositionen zu deutlich von einander abwichen. In IAS 30.9-17 wird allerdings der Ausweis von bestimmten Ertrags- und Aufwandskomponenten geregelt. Auf diese Weise soll ein Mindestmaß an Vergleichbarkeit sichergestellt werden. Gemäß IAS 1.27 gilt allerdings der Grundsatz der Ausweisstetigkeit.

Der Exposure Draft „Financial Instruments: Disclosures", der den bankspezifischen Standard, IAS 30, ersetzen und deutliche Änderungen an dem Standard zur Offenlegung von Finanzinstrumenten, IAS 32, vornehmen soll, enthält keinerlei Gliederungsvorschriften und fällt insoweit noch hinter IAS 30 zurück. Wünschenswert wäre, wenn bei Erlass des endgültigen Standards zumindest in einen Anhang zu IAS 1, dem branchenübergreifenden Standard, der sich mit Gliederungsfragen auseinander setzt, eine Mustergliederung für eine Bank aufgenommen würde.

In der Praxis hatten sich vor Inkrafttreten von IAS 39 - zumindest in Deutschland - weitgehend einheitliche Gliederungsformen herausgebildet. Nach Implementierung des Standards zu Ansatz und Bewertung von Finanzinstrumenten zeigen sich jedoch deutlichere Unterschiede, die sich in den kommenden Jahren möglicherweise wieder egalisieren werden.

Grundsätzliche Informationsverluste entstehen gleichwohl nicht. Entscheidet sich die bilanzierende Bank im Einzelfall gegen einen gesonderten Ausweis einer bestimmten Aufwands- oder Ertragsquelle in der Gewinn- und Verlustrechnung, so ist diese in den Notes entsprechend offen zu legen. Dies gilt auch für die Detaildichte, die die RechKredV in einem deutschen Abschluss im Rahmen der Gliederung der Gewinn- und Verlustrechnung vorsieht. Bei (zulässiger und üblicher) Wahl einer straffen Gliederung der Gewinn- und Verlustrechnung werden die weiteren Informationen in den Notes bereitgehalten.

Eine Beschränkung in der Gewinn- und Verlustrechnung auf die wesentlichen Positionen und eine Verlagerung der Detailinformationen in die Notes besitzt für den Bilanzierenden den Vorteil, innere Zusammenhänge besser verdeutlichen zu können. Der Abschlussleser ist allerdings mangels einheitlicher Gliederungen der Erfolgsrechnung gezwungen, für Institutsvergleiche jeweils sowohl die entsprechende Gewinn- und Verlustrechnung sowie die betreffenden Notes gemeinsam zu betrachten.

Aus IAS 30 geht ferner nicht hervor, ob die Gewinn- und Verlustrechnung in der international vorherrschenden Staffelform oder in der Kontoform vorzulegen ist. Auch IAS 1 enthält hierzu keine strikte Vorgabe, so dass von einem Wahlrecht auszugehen ist. Aus Gründen der Vergleichbarkeit mit publizierten Abschlüssen empfiehlt sich die Offenlegung nach der Staffelform. Der Einzug von Zwischensummen erleichtert das Erkennen von sachlogischen Zusammenhängen.

In IAS 30.9 ist die grundsätzliche Verpflichtung zur Erstellung einer Gewinn- und Verlustrechnung normiert. Außerdem regelt IAS 30.9, dass Erträge und Aufwendungen - ganz allgemein - nach Arten zu gruppieren und die Summe der Haupertrags- und -aufwandsarten gesondert auszuweisen sind. Insofern besteht die abstrakte Verpflichtung des Einzelausweises für bestimmte Erfolgskomponenten in der Gewinn- und Verlustrechnung.

IAS 30.11 unterstellt bei folgenden Ertragsarten, dass es sich bei einer Bank typischerweise um Haupertragsarten handelt:

- Zinserträge,

- Dienstleitungsentgelte,

- Provisionserträge,

- Handelsergebnis.

Der Unterschied zwischen den bezeichneten Dienstleistungsentgelten und den Provisionserträgen bleibt nach IAS 30 offen. Normalerweise werden beide Begriffe synonym verwendet.

Sollte eine der oben aufgeführten Positionen bei der bilanzierenden Bank tatsächlich eine Haupertragsart darstellen, so ergibt sich aus dem Zusammenspiel von IAS 30.11 mit IAS 30.9 eine Ausweispflicht in der Gewinn- und Verlustrechnung. Eine Verlagerung in die Notes wäre in diesem Fall ebenso unzulässig wie eine Saldierung mit den korrespondierenden Aufwendungen.

Demgegenüber kann auf einen separaten Ausweis in der Gewinn- und Verlustrechnung verzichtet werden, wenn für das bilanzierende Kreditinstitut die genannte Ertragsart nicht zu einer Haupertragsart gehört. Da auch für die Publizität in den Notes das Wesentlichkeitskriterium herangezogen werden kann, braucht die entsprechende Ertragsart auch nicht (künstlich) in den Notes aufgegliedert zu werden.

Im Vergleich zu den Haupertrags- und Aufwandsarten enthält IAS 30.10 für bestimmte Erfolgskomponenten explizit ein Wahlrecht zur Offenlegung in der Gewinn- und Verlustrechnung oder in den Notes. Bezogen auf die Ertragsarten handelt es sich um:

- Zinsen und ähnliche Erträge,

- Dividendenerträge,

- Provisionserträge,
- Gewinne abzüglich Verluste aus Wertpapieren des Handelsbestandes,
- Gewinne abzüglich Verluste aus Wertpapieren des Anlagevermögens,
- Gewinne abzüglich Verluste aus dem Devisenhandel,
- Sonstige betriebliche Erträge.

Es stellt sich unmittelbar die Frage, wie die Eröffnung des Wahlrechtes zur Offenlegung in der Gewinn- und Verlustrechnung oder in den Notes zu der Verpflichtung zum Ausweis von Hauptertragsarten ausschließlich in der Gewinn- und Verlustrechnung steht. Auf den ersten Blick scheint hier ein Widerspruch zu bestehen.

IAS 30.10 enthält lediglich eine Aufzählung der generell offen zu legenden Erfolgskomponenten. Daher ist diese Enumeration auch umfangreich ausgefallen. Sollte eine dieser Erfolgsbestandteile bei der betreffenden Bank tatsächlich eine Haupterfolgsquelle darstellen, so greift IAS 30.11 ergänzend ein, indem er klarstellt, dass in diesem Fall eine Pflicht zum Ausweis in der Gewinn- und Verlustrechnung gegeben ist, eine Verlagerung in die Notes wäre unzulässig.

Für die übrigen Erfolgskomponenten gilt dann das aufgeführte Wahlrecht, die Offenlegung in die Notes zu verlagern. So ist es bspw. möglich (und in der Praxis auch üblich), die Gewinne abzüglich der Verluste aus dem Devisenhandel und die Gewinne abzüglich der Verluste aus Wertpapieren der übergeordneten Position des Handelsergebnisses unterzuordnen und dementsprechend lediglich die zentrale (Haupt-)Erfolgsposition in der Gewinn- und Verlustrechnung zu zeigen.

Insofern beschränkt sich der Wahlrechtsausweis eher auf die Aufgliederung von zusammengefassten Positionen, wie Zinserträge (die auch die Dividendenerträge mit beinhalten) oder das Handelsergebnis.

Die gleiche Regelung gilt selbstverständlich auch für die Aufwendungen. IAS 30.12 nennt als Hauptaufwandsarten:

- Zinsaufwendungen,
- Provisionsaufwendungen,
- Verluste aus dem Kreditgeschäft,
- Erfolgsbelastungen aus der Verminderung des Wertansatzes von Investments,
- Allgemeine Verwaltungsaufwendungen.

Analog zu den Hauptertragsarten sind die Hauptaufwandsarten dann zwingend in der Gewinn- und Verlustrechnung zu zeigen, wenn sie bei dem bilanzierenden Kreditinstitut in der Geschäftstätigkeit eine wesentliche Belastung darstellen. Andernfalls ist keine

Ausweispflicht gegeben, weder in der Gewinn- und Verlustrechnung noch - wegen des Wesentlichkeitsprinzips - in den Notes.

Für die nachfolgenden Aufwendungen sieht IAS 30.10 ein (formales) Wahlrecht zum Ausweis in der Gewinn- und Verlustrechnung oder den Notes vor:

– Zinsen und ähnliche Aufwendungen,

– Provisionsaufwendungen,

– Verluste aus dem Kreditgeschäft,

– Allgemeine Verwaltungsaufwendungen,

– Sonstige betriebliche Aufwendungen.

Entsprechend der Regelung für die Erträge ist auch für diese Aufwendungen festzustellen, dass die Wahlmöglichkeit eher für die Aufgliederung der entsprechenden Aufwandskomponenten gegeben ist. Sollte eine dieser Aufwendungen nämlich unwesentlich sein, so liegt keine Verpflichtung zum gesonderten Ausweis vor, weder in der Gewinn- und Verlustrechnung mangels Hauptaufwandsart noch in den Notes mangels Wesentlichkeit.

Die Positionen der Gewinn- und Verlustrechnung sind brutto auszuweisen. Das allgemein postulierte Saldierungsverbot von IAS 30.14-16 wird für die Zinsaufwendungen und -erträge in IAS 30.16 nochmals gesondert hervorgehoben. Es wird für die Zinsen damit begründet, dass auf diese Weise die Zusammensetzung des Zinsüberschusses sowie die Gründe für dessen Veränderungen transparenter werden.

Demgegenüber sollten Erträge und Aufwendungen, die im Zusammenhang mit Sicherungsgeschäften stehen, ökonomisch gesehen nicht von den zugrundeliegenden Geschäften losgelöst werden. Folgerichtig gestatten IAS 30.13 und IAS 30.14 eine Gesamtbetrachtung der Sicherungsgeschäfte.

Außerdem sind aus dem Saldierungsverbot explizit ausgenommen die Gewinne und Verluste aus

– Wertpapieren des Handelsbestandes,

– Wertpapieren des Anlagevermögens,

– Devisenhandelsaktivitäten.

In der Praxis hat sich ein Gliederungsschema für die Gewinn- und Verlustrechnung bewährt, das leicht abweichende Positionsbezeichnungen gegenüber den Begriffen von IAS 30 enthält. Dies ist insofern zulässig, als IAS 30 nur den Ausweis als solchen, nicht jedoch die Bezeichnung explizit vorschreibt. Wenn eine abweichende Bezeichnung zu mehr Klarheit im Sinne einer Fair Presentation nach F.46 führt, kann nach dem Prinzip von Substance over Form ausnahmsweise eine entsprechend abweichende Bezeichnung gewählt werden.

> **Unterschiede in der Gewinn- und Verlustrechnung (1)**
>
> **Auswirkungen auf die Gewinn- und Verlustrechnung**
> Zinserträge
> Zinsaufwendungen
> Zinsüberschuss
> → Risikovorsorge im Kreditgeschäft
> Zinsüberschuss nach Risikovorsorge
> Provisionserträge
> Provisionsaufwendungen
> Provisionsüberschuss
> → Handelsergebnis
> Ergebnis aus Finanzanlagen
> Verwaltungsaufwand
> Saldo der Sonstigen Erträge/Aufwendungen aus der gewöhnlichen Geschäftstätigkeit
> → Ergebnis aus der gewöhnlichen Geschäftstätigkeit vor Steuern (JÜ vor Steuern)
> → Ertragsteuern auf das Ergebnis der gewöhnlichen Geschäftstätigkeit
> Ergebnis aus der gewöhnlichen Geschäftstätigkeit nach Steuern (i.d.R. Jahresüberschuss)

Ebenso wie in der Bilanz, kommt es auch in der Gewinn- und Verlustrechnung zu gesonderten, und insoweit IAS 30 ergänzenden, Ausweispflichten aus branchenübergreifenden Standards. Dazu gehört etwa die Offenlegung der Ertragsteuern auf das Ergebnis der gewöhnlichen Tätigkeit, das aus dem Ertragsteuerstandard IAS 12 stammt.

3.2.2 Unterschiede in einzelnen Erfolgspositionen

Nach IAS 30.10 gehören zu den Hauptaufwandsarten in der Terminologie des Standards auch Verluste aus dem Kreditgeschäft. Dabei wird die genaue Abgrenzung der Position offen gelassen. Statt von Verlusten im Kreditgeschäft wird üblicherweise von der Risikovorsorge im Kreditgeschäft gesprochen.

Nach IFRS beschränkt sich die Risikovorsorgeposition in der Gewinn- und Verlustrechnung auf das Kreditgeschäft. Die nach HGB mögliche Überkreuzkompensation der Aufwendungen und Erträge aus der Risikovorsorge im Kreditgeschäft mit Erfolgsbeiträgen aus Wertpapieren der Liquiditätsreserve ist nicht gestattet. Unzulässig ist außerdem die Verrechnung mit Erfolgsbeiträgen aus der stillen Bildung oder Auflösung von Vorsorgereserven für allgemeine Bankrisiken, wie sie § 340f HGB erlaubt.

„Die klare Trennung gestattet es, die „reine Risikovorsorge" des Kreditgeschäfts direkt an den Zinsüberschuss anzubinden und in der Saldoposition „Zinsüberschuss nach Risikovorsorge" den betriebswirtschaftlichen Zusammenhang deutlich werden zu lassen, dass im Zins auch eine Risikoprämie enthalten ist."[60]

Unterschiede in der Gewinn- und Verlustrechnung (2)

Risikovorsorge im Kreditgeschäft

- Gesonderter Ausweis in der GuV nach IAS 30.10
- Keine Überkreuzkompensation mehr zulässig (d.h. keine Saldierung von Erfolgskomponenten des Kreditgeschäftes mit Erfolgskomponenten der Wertpapiere der Liquiditätsreserve unter Einbeziehung der § 340f HGB-Reserven erlaubt)

Ausweis der reinen Risikovorsorge
im Kreditgeschäft

Da IAS 30 keine präzise Begriffsabgrenzung vornimmt - der Standard enthält keinen den weiteren Erläuterungen vorgelagerten Abschnitt mit Definitionen -, kann es in der Praxis zu leicht unterschiedlichen Abgrenzungen kommen. Eine Aufgliederung der Einzelkomponenten in eine Bildung von Wertberichtigungen (die sich aus Einzel- und Pauschalwertberichtigungen zusammensetzen) und in unmittelbare Abschreibungen (als Sofortabschreibungen) hat sich in der Gewinn- und Verlustrechnung tendenziell nicht durchgesetzt.

Die erfolgswirksamen Auflösungen von Wertberichtigungen sowie die Eingänge aus abgeschriebenen Forderungen und der Aufwand aus der Dotierung von Rückstellungen im Kreditgeschäft (im Wesentlichen Eventualverbindlichkeiten) bzw. der Erträge aus deren Auflösung fließen mithin bei zahlreichen Banken in die Position der Risikovorsorge im Kreditgeschäft. In diesen Fällen werden die Direktabschreibungen und die

---

[60] LÖW, E., Deutsche Bankabschlüsse nach International Accounting Standards, a.a.O. (Fn. 25), S. 15.

Eingänge aus abgeschriebenen Forderungen also nicht gesondert in der Gewinn- und Verlustrechnung deutlich. Eine Zuordnung der Eingänge auf abgeschriebene Forderungen würde bei diesem Vorgehen demnach die Nettozuführung zur Kreditrisikovorsorge reduzieren. Auch wenn der Wortlaut von IAS 30.10 scheinbar nur von Verlusten, streng genommen also nur von Aufwendungen, spricht, ist aus ökonomischen Gründen eine Einbeziehung der Auflösungen von Wertberichtigungen als auch der Erträge aus dem Eingang abgeschriebener Forderungen zweckmäßig. Eine Aufgliederung in den Notes zeigt die genaue Entwicklung.

Direktabschreibungen, die in diesem Sinne nicht gesondert in der Gewinn- und Verlustrechnung gezeigt werden, gehen in die Risikovorsorge buchungstechnisch als Zuführung zur Risikovorsorge und gleichzeitig als deren zweckbestimmte Verwendung ein.

Mangels konkreter Vorgaben durch IAS 30 scheint durchaus auch zulässig zu sein, die Eingänge aus abgeschriebenen Forderungen nicht der Kreditrisikovorsorge (mindernd) zuzuordnen, sondern eine Subsumtion unter die Sonstigen betrieblichen Erträge vorzunehmen. Eine Erläuterung der Vorgehensweise sowie der gesonderte Ausweis in den Notes sichert die notwendige Information, um Analysen vornehmen zu können.

Insbesondere nach der Regeländerung von IAS 39 stellt sich die Frage der Zinsvereinnahmung aus bereits abgeschriebenen Forderungen. Unter Einbeziehung von IAS 18 ist vorgesehen, dass Zinserträge mittels der Effektivzinsmethode über die Laufzeit zu verteilen sind. Sollte ein Kredit einschließlich seiner Zinsen wertberichtigt worden sein, fließen entgegen der ursprünglichen Prognose gleichwohl Zinsen, droht eine Doppelvereinnahmung. Diese könnte darin bestehen, die mittels der Effektivzinsmethode quasi abgezinsten, pro rata temporis aber wieder aufzuzinsenden Komponenten als Zinsergebnis zu vereinnahmen und gleichzeitig die (überraschend) eingegangenen, (doch) gezahlten Zinsen zu erfassen. Der Doppelausweis unter Zinsen lässt sich nur vermeiden, wenn die unvorhergesehenen Zinsen zur Korrektur der ursprünglichen Wertminderungen verbucht werden.

In der Praxis ergeben sich weitere Abgrenzungsfragen, die durch IAS 39 zu Finanzinstrumenten ausgelöst wurden. Ein wesentliches Ziel von IAS 39 ist es, alle Derivate (zu Fair Values) in die Bilanz zu nehmen. Wenn das bilanzierende Unternehmen keine Micro-Beziehung nachweisen kann, um auf diese Weise eine im Risikomanagement vorgenommene Sicherungsbeziehung auch bilanziell wirksam werden zu lassen oder lassen zu können, sieht IAS 39 vor, dass die Fair-Value-Änderungen von (freistehenden) Derivaten dem Handelsergebnis zuzuordnen sind. Dahinter steckt die Überlegung des IASB, dass Derivate, die nicht in Hedge-Beziehungen stehen, (wohl) zu Spekulationszwecken gehalten werden.

Unabhängig, ob diese Auffassung für die große Anzahl der (klassischen) Wertpapierderivate in betriebswirtschaftlicher Hinsicht gilt, trifft sie angesichts der Risikomanagementaktivitäten europäischer Banken in der weitaus überwiegenden Mehrheit der Fälle jedenfalls nicht für Kreditderivate zu. In der Geschäftstätigkeit der Banken werden Kreditderivate fast ausschließlich zu Absicherungszwecken genutzt.

Für das Zusammenspiel von Krediten und Kreditderivaten ergibt sich für das bilanzierende Kreditinstitut zunächst die Schwierigkeit, dass die Kredite zu fortgeführten Anschaffungskosten bilanziert werden, während die entsprechenden Kreditderivate zu Fair Values anzusetzen sind. Wertminderungen von Krediten werden mithin in der Risikovorsorge ausgewiesen, Werterhöhungen über die Anschaffungskosten hinaus bleiben unberücksichtigt. Kompensierende Wertentwicklungen von Kreditderivaten sind demgegenüber im Handelsergebnis zu zeigen. Diese Unplausibilität ist durch den Standard vorgezeichnet und lässt sich nicht vermeiden.

Kommt es jedoch zum Credit Event, erhält die Bank aus einem Kreditderivat eine Ausgleichszahlung, die den Kreditausfall ersetzt. Ökonomisch könnte der bloße Ausweis der zweckbestimmten Verwendung in der Risikovorsorge zu einer irreführenden Fehleinschätzung der betrachteten Bank führen, wenn die Zahlung aus dem Kreditderivat im Handelsergebnis gezeigt würde. Hier erscheint es zweckmäßig, eine Kompensation über die Risikovorsorgeposition herzustellen.

Es ist indes nicht auszuschließen, dass Kreditderivate auch zur Generierung von Zusatzerträgen spekulativ eingesetzt werden. Insofern ist eine Zuordnung aller Wertänderungen und Zahlungsströme aus einem Kreditderivat streng zum Handelsergebnis sicherlich ebenfalls zulässig.

Der fehlende Präzisionsgrad von Positionsabgrenzungen der Bilanz oder der Gewinn- und Verlustrechnung durch IAS 30 gestattet einer Bank die dem Handelsergebnis im Übrigen zuzuweisenden Komponenten weitestgehend individuell festzulegen. Insofern eröffnet IAS 30 den Kreditinstituten eine Möglichkeit, das Handelsergebnis um Refinanzierungsaufwendungen und laufende Erträge der im Handel gehaltenen Finanzinstrumente, also um Zinsen und Dividenden, zu erweitern. Nach deutschem Handelsrecht sind diese beiden Ergebniskomponenten zwingend im Zinsergebnis auszuweisen, obwohl betriebswirtschaftlich die Zuordnung zum Handelsergebnis zu einer erhöhten Aussagekraft des Handelsergebnisses führt. Eine entsprechende Zuordnung bewirkt selbstverständlich implizit einen Einfluss auf die Zinsmarge, die üblicherweise sinken wird.

Die zusätzliche Beeinflussung des Handelsergebnisses durch solche Derivate, die aufgrund von IAS 39 dem Handel zuzuordnen sind, obwohl sie nicht im Handelsbuch eingesetzt werden, mag ökonomisch auf den ersten Blick teilweise befremdlich erscheinen, ist aber nicht zu vermeiden. In der Gewinn- und Verlustrechnung ließe sich allenfalls mit einem Davon-Vermerk operieren, der unter IFRS ansonsten jedoch eher systemfremd wirkt und deshalb selten vorzufinden ist. Andernfalls hat eine Aufgliederung in den Notes zu erfolgen.

Unterschiede in der Gewinn- und Verlustrechnung (3)

Handelsergebnis
- Bewertung der Handelsaktivitäten zu Marktwerten (IAS 39.43, 46)
  - höhere Volatilität der Ergebnisse
  - reine Periodenverschiebung
- Handelsergebnisse nach IAS
  - ermöglicht auch laufende Zinsen, Dividenden, Provisionen und Refinanzierungsbestandteile zu erfassen
  - führt zu einem betriebswirtschaftlich aussagefähigeren Ergebnisausweis
  - bewirkt eine niedrigere Zinsmarge und eine niedrigere Provisionsquote
- Offenlegungspflichten nach IAS 32 (und partiell IAS 39)

Aus dem geänderten und ab dem Geschäftsjahr 2005 zwingend zu beachtenden branchenübergreifenden IAS 1 ergibt sich, dass der Ausweis einer das operative (gewöhnliche, übliche, typische) Geschäft kennzeichnenden Größe nicht (mehr) obligatorisch ist. Die frühere Fassung forderte noch als Pflichtpositionen Results of Operating Activities sowie Profit or Loss from Ordinary Activities. Dies gilt nun nicht mehr. Allerdings ist in IAS 1.83 vorgesehen, zusätzliche Positionen in die Gewinn- und Verlustrechnung aufzunehmen, wenn eine solche Position für das Verständnis des finanziellen Erfolges notwendig ist. Der Ausweis einer das banktypische Geschäft kennzeichnenden Größe dürfte zu empfehlen sein. Er ist jedenfalls nach ausdrücklicher Klarstellung von IAS 1.BC13 zulässig. Ein Nebeneinander beider Größen entspricht indes nicht notwendigerweise dem banktypischen Geschäft. Daher wäre es - wenn überhaupt - ausreichend, wenn nur eine einzige Position zum bankbetrieblichen Geschäft ausgewiesen würde.

Der Ausweis, der nach der Alt-Regelung verpflichtend war, hat sich in der Praxis tendenziell verändert. Zunächst haben sich die meisten Banken für einen Ausweis der Größe Betriebsergebnis auch in einem Konzernabschluss nach IFRS entschieden, da dieser Ausweis bei Analysten für die Beurteilung der Ertragskraft und Ertragslage zentrale Bedeutung hat.

Die Angabe des Betriebsergebnisses hatte sich für einen Bankabschluss nach HGB Anfang bis Mitte der 90er Jahre durchgesetzt, obwohl dies weder für den Einzelabschluss noch für den Konzernabschluss handelsrechtlich vorgeschrieben ist. Vielmehr wurde von der Kreditwirtschaft eine Definition entwickelt, die sich in der Praxis bewährt hat.[61] Zum Betriebsergebnis gehören als Komponenten nach HGB

- Zinsüberschuss,
- Provisionsüberschuss,
- Nettoergebnis aus Finanzgeschäften,
- Verwaltungsaufwand,
- Saldo der sonstigen betrieblichen Erträge und Aufwendungen,
- Risikovorsorge.

Im Vergleich zu dem freiwillig zu veröffentlichten Betriebsergebnis besteht seit der Novellierung der Bankenrechnungslegung im Jahr 1993 die Pflicht zur gesonderten Angabe des Ergebnisses der gewöhnlichen Geschäftstätigkeit - zumindest im Anhang. Das Ergebnis der gewöhnlichen Geschäftstätigkeit umfasst neben den Komponenten des Betriebsergebnisses zusätzlich[62]

- die Erträge aus Gewinngemeinschaften, Gewinnabführungs- oder Teilgewinnabführungsverträgen,
- die Erträge aus der Auflösung von Sonderposten mit Rücklageanteil sowie Einstellungen in Sonderposten mit Rücklageanteil,
- das Bewertungsergebnis zu Beteiligungen, Anteilen an verbundenen Unternehmen und wie Anlagevermögen behandelten Wertpapieren,
- die Aufwendungen aus Verlustübernahme.

Die nach HGB vorgenommenen Begriffsabgrenzungen lassen sich leicht auf die übliche Terminologie in Bankenabschlüssen nach IFRS übertragen. Im Wesentlichen unterscheidet sich das Ergebnis der gewöhnlichen Betriebstätigkeit mithin durch die Einbeziehung des Finanzanlageergebnisses.

Für Banken, die Erwerb und Veräußerung von Finanzanlagen als banktypische Geschäftstätigkeit betrachten, ist die Abgrenzung des Betriebsergebnisses zu eng. Inzwischen sind die Kreditinstitute vermehrt dazu übergegangen, das Ergebnis der

---

[61] Vgl. KRUMNOW, J., Das Betriebsergebnis der Banken - ein aussagefähiger Indikator?, ZfgK, 1993, S. 64-68; siehe auch BUNDESVERBAND DEUTSCHER BANKEN, Banken wollen ihre Zwischenergebnisse umfassender offen legen, Der Bankenverband informiert, Betriebswirtschaft und Zahlungsverkehr, Juli 1993, II/Nr. 13, Ziff. 1, S. 351.

[62] Vgl. KRUMNOW, J./SPRIßLER, W. u.a. (Hrsg.), a.a.O. (Fn. 38), Tz. 29-39 zu § 2 RechKredV.

gewöhnlichen Geschäftstätigkeit als eine Größe in der Gewinn- und Verlustrechnung auszuweisen, die die übliche Geschäftstätigkeit am besten kennzeichnet. Die Veräußerung von (vormaligen) Beteiligungen ist tatsächlich in den vergangenen Jahren in gewisser Regelmäßigkeit vorgenommen worden - und dies nicht etwa nur, weil eine geänderte Steuergesetzgebung in Deutschland unter bestimmten Voraussetzungen für Steuerfreiheit der Erträge gesorgt hat.

Bisweilen fanden sich in der Gewinn- und Verlustrechnung auch beide Zwischenzeilen, nämlich sowohl das Betriebsergebnis als auch das Ergebnis der gewöhnlichen Geschäftstätigkeit. Dies erlaubte es einer Bank, gegenüber der Öffentlichkeit die operativen Erfolge in Anlehnung an die in der abgelaufenen Periode verfolgte Geschäftsstrategie hervorzuheben - ohne die Notwendigkeit, die Struktur der Gewinn- und Verlustrechnung permanent anzupassen. Mit dem Sinngehalt des geänderten Standards IAS 1 dürfte dies nicht mehr vereinbar sein. Für Analysezwecke ist auf die Abgrenzung des üblichen Geschäfts gleichwohl zu achten.

Unterschiede in der Gewinn- und Verlustrechnung (4)

Ertragsteuern auf den Jahresüberschuss vor Steuern

Komponenten des Ertragsteueraufwandes

- **Latente Steuern**
  - tatsächlicher Steueraufwand, der im Konzern für das Geschäftsjahr nach steuerlichen Grundsätzen enstanden ist

- **Latenter Steueraufwand (-ertrag)**
  - dem Konzerngewinn soll nicht nur der Steueraufwand lt. Steuerbilanz zugerechnet werden, sondern der gesamte Steueraufwand, der sich gemäß der Konzernerfolgsermittlung ergibt, unabhängig davon, wann er in der Steuerbilanz wirksam wird

---

Nach IAS 12 ist der Steueraufwand so auszuweisen, als sei der Konzern Grundlage der Besteuerung. Unterschiede zu den tatsächlichen Steuern, die in der steuerlichen Gewinnermittlung auf Einzelabschlussebene ermittelt werden, stellen latenten Steueraufwand oder Steuerertrag dar. Die Position der Ertragsteuern umfasst beide Komponenten in einer gemeinsamen Position, die in der Gewinn- und Verlustrechnung gesondert offen zu legen ist.[63]

3.3 Zusatzinformationen in den Notes

3.3.1 Grundkonzeption

Neben Unterschieden in Bilanz und Gewinn- und Verlustrechnung ergeben sich bei einer Bilanzierung nach IFRS auch einschneidende Änderungen der Offenlegung in den Notes. Deren Informationsgehalt geht qualitativ und quantitativ weit über den handelsrechtlichen Anhang hinaus.[64]

Die nach IFRS gewährte Wahlmöglichkeit, bestimmte Publizitätspflichten durch Einzelpositionen in der Bilanz bzw. in der Gewinn- und Verlustrechnung oder alternativ in den Notes zu erfüllen, impliziert, dass der Angabeumfang der Notes nicht fest vorgegeben ist. Die Aufgabe der Notes besteht darin, das Zahlenwerk der übrigen Instrumente zu größerem Verständnis für den externen Adressaten zu führen.

Aufgrund der Interdependenz zwischen dem reinen Zahlenwerk und den Notes sind beide Bereiche regelmäßig zusammen zu betrachten, wenn der Jahresabschluss insgesamt, aber auch eine einzelne Position aus dem Zahlenwerk analysiert und gewürdigt werden soll. Ein unmittelbarer Bankenvergleich „auf einen Blick" könnte allerdings wegen der Wahlfreiheit der Darstellung in den klassischen Zahleninstrumenten oder in den Notes, die institutsspezifisch unterschiedlich ausgeübt werden kann, erschwert sein. In der Praxis sind die Gliederungen von Bilanz und Gewinn- und Verlustrechnung weitgehend übereinstimmend. Unterschiede im Detail sind als nicht so gravierend einzuschätzen, dass die grundsätzliche Vergleichbarkeit in Frage zu stellen wäre. Die IFRS eröffnen einer Bank mithin genügend Freiräume, um strategischen Besonderheiten flexibel Rechnung tragen zu können.

Insgesamt ergibt sich aber ein relativ einheitliches Bild von Auswirkungen auf die Notes, von welchen prinzipiell jede Bank, die ihre Rechnungslegung auf IFRS umstellt, betroffen wird. Einige dieser Anforderungen ergeben sich direkt aus IAS 30, andere Offenlegungspflichten resultieren aus anderen, im Bankenabschluss ergänzend anzuwendenden Standards.

---

[63] Vgl. auch Abschnitt 7.2 im Beitrag „Tatsächliche und latente Ertragsteuern".

[64] Vgl. dazu auch LÖW, E., Deutsche Bankabschlüsse nach International Accounting Standards, a.a.O. (Fn. 25), S. 15.

Unterschiede in den Notes

Auswirkungen auf die Notes

- Wesentliche zusätzliche Angaben in den Notes
    - Segmentberichterstattung
    - Entwicklung der Risikovorsorge und Aufgliederung des Vorsorgebestandes
    - Umfassende Darstellung der Ertragsteuern auf das Ergebnis der gewöhnlichen Geschäftstätigkeit sowie der Steuerforderungen und der Ertragsteuerverpflichtungen
    - Detailangaben zu Pensionsverpflichtungen
    - Anlagespiegel für Finanzanlagen, Sachanlagen und Immaterielle Vermögenswerte (einschließlich Goodwill)
    - Restlaufzeitengliederung für Aktiva und Passiva in Laufzeitbändern
    - Treuhandgeschäfte
    - Ausweis des Ergebnisses je Aktie und des Bereinigten Ergebnisses je Aktie auf der Seite der Gewinn- und Verlustrechnung

3.3.2 Wesentliche Offenlegungspflichten aus branchenübergreifenden Standards

Die wohl wichtigste Neuerung die eine Rechnungslegung nach IFRS für den Erläuterungsteil einer Bank gebracht hat, war die Offenlegungspflicht einer Segmentberichterstattung,[65] die inzwischen auch nach deutschem Recht obligatorisch geworden ist.

Die Anforderungen von IAS 14 zur Segmentberichterstattung gelten branchenübergreifend. Der Standard ist eindeutig auf Industrie- und Handelsunternehmen ausgerichtet und daher bankspezifisch zu interpretieren, da auch IAS 30 keine speziellen Regelungen zur Segmentberichterstattung von Kreditinstituten enthält.

Die Berichterstattung hat nach zwei verschiedenen Berichtsformaten zu erfolgen, wobei das so genannte primäre Berichtsformat höhere Offenlegungsanforderungen enthält als das sekundäre Berichtsformat. Nach IAS 14.13 wird unterstellt, dass sich der organisatorische Aufbau eines Unternehmens vornehmlich nach den wesentlichen Risikoquellen richtet. Daher sind die interne Organisationsstruktur und sein internes Rechnungs- und Berichtswesen zur Bestimmung der Segmente heranzuziehen. Durch die Segmentberichterstattung wird also das interne Reporting weitgehend nach außen gekehrt.

In der Bankenpraxis ist eine Hauptsegmentierung auf der Basis von Kunden oder Produkten (also nach Unternehmensbereichen oder Geschäftsfeldern) üblich, während das sekundäre Berichtsformat in einer regionalen Aufgliederung zu sehen ist.

Für das primäre Berichtsformat (in der Regel also für Unternehmensbereiche) sind folgende Angabepflichten formuliert: Segmenterlöse und Segmentergebnis (jeweils mit Überleitungspflicht auf die Gewinn- und Verlustrechnung), Segmentvermögen und Segmentverbindlichkeiten (jeweils mit Überleitungspflicht auf die Bilanzpositionen), Investitionen in Segmentvermögen, Segmentabschreibungen, Sonstige nicht zahlungswirksame Segmentaufwendungen sowie Ergebnisanteil und Beteiligungswert der nach der Equity-Methode einbezogenen Unternehmen.

Die Angabepflichten für das sekundäre Berichtsformat sind nach IAS 14 auf lediglich drei Positionen beschränkt, es besteht kein Überleitungserfordernis. Im Einzelnen handelt es sich um den Ausweis von Segmenterlösen, Segmentvermögen und Investitionen in Segmentvermögen.

Die entsprechenden Ausweisvorgaben durch IAS 14 geben die Chancen und Risiken eines diversifizierten Bankkonzerns nicht zweckadäquat wieder und sind daher nach dem

---

[65] Vgl. den Beitrag „Segmentberichterstattung". Siehe branchenübergreifend AUER, K. V., IAS 14 (Segment Reporting): Inhalte/Schnittstellen zum Controlling, in: WEIẞENBERGER, B. E. (Hrsg.), IFRS und Controlling, ZfCM Sonderheft 2, 2004, S. 4-11 sowie WEIẞENBERGER, B. E./WEBER, J. u.a., IAS/IFRS. Quo vadis Unternehmensrechnung? Konsequenzen für die Unternehmensrechnung in deutschen Unternehmen, WHU, Advanced Controlling, Band 31.

Regelungsziel von IAS 14 bankspezifisch zu interpretieren. Dabei kommt es in der Praxis zu unterschiedlichen Segmenten, die durch institutsspezifische Besonderheiten geprägt sind. Bei den einzelnen Offenlegungspositionen kann auf Interpretationen des deutschen Rechnungslegungsstandards für eine Segmentberichterstattung einer Bank (DRS 3-10), die mit IAS 14 kompatibel sind, zurückgegriffen werden. Dabei ist zu berücksichtigen, dass der deutsche Standard über die internationalen Angabepflichten deutlich hinausgeht und insofern Maßstäbe für eine Segmentberichterstattung einer Bank setzt. In der Offenlegungspraxis kommt es allerdings zu häufig zu strukturellen Veränderungen des Organisationsaufbaus mit einem entsprechenden Wechsel in der Segmentabgrenzung. Hier würde eine geringere Kreativität für den außenstehenden Bilanzleser sicherlich zu einem größeren Informationsnutzen im Zeitablauf führen.

Für das gesamte Anlagevermögen - also für Finanzanlagen, für Immaterielles Anlagevermögen sowie für Sachanlagen - ist nach IFRS ein detaillierter Anlagespiegel faktisch obligatorisch, auch wenn dem Begriff nach nicht explizit gefordert. Die entsprechenden Offenlegungspflichten lassen sich aber zweckmäßigerweise in dieser Darstellungsform erfüllen. Dabei handelt es sich insbesondere um Offenlegungspflichten zu den jeweiligen Bruttowerten und kumulierten Abschreibungen zu Beginn und am Ende des Geschäftsjahres sowie zur Entwicklung des Buchwertes vom Anfang bis zum Ende des Geschäftsjahres mit bestimmten Einzelangaben. Angaben über Käufe im Zusammenhang mit Unternehmenszusammenschlüssen werden wohl so selten erforderlich werden, als dafür eine Spalte in einer tabellarischen Gestaltung vorgesehen werden sollte (was natürlich im Einzelfall zu prüfen ist).

Dasselbe gilt für die Veröffentlichung von Wertänderungen, die sich aus Neubewertungen ergeben (ausgenommen Financial Instruments). Sie enthält - abgesehen von Finanzinstrumenten - nur dann Relevanz, wenn die entsprechende Bilanzierungsmethode gewählt wurde. Im Übrigen schreiben die IFRS keine bestimmte Darstellungsform vor und verlangen auch keinen Ausweis von Leerzeilen.

Eine Zusammenfassung der Angabepflichten im Sachanlagevermögen zu Grundstücken und Gebäuden mit anderem Sachanlagevermögen in einem Anlagespiegel des Sachanlagevermögens hat sich in der Praxis als übersichtlich und zweckmäßig erwiesen. Eine Verbindung mit dem Anlagespiegel von Immateriellen Vermögenswerten und mit dem Anlagespiegel der Finanzanlagen ist möglich, aber nicht zwingend. Üblicherweise werden drei getrennte Anlagespiegel veröffentlicht.

Folgende Angaben werden im Vergleich zum Anlagespiegel einer Bank nach HGB zusätzlich offen gelegt

- die Bruttobuchwerte am Ende des Geschäftsjahres (aufgrund der Angabe von Zugängen, Abgängen, Umbuchungen und Zuschreibungen des Geschäftsjahres sowie der kumulierten Abschreibungen ergibt sich allerdings auch nach dem HGB implizit der Restbuchwert zum Ende des Geschäftsjahres),
- die kumulierten Abschreibungen zu Beginn des Geschäftsjahres,
- der getrennte Ausweis von außerplanmäßigen Abschreibungen und
- Differenzen, die aus der Währungsumrechnung stammen.

Für den Bereich der Steuern enthält IAS 12 umfangreiche Offenlegungsanforderungen.[66] Neben den Ausweispflichten in der Bilanz und der Gewinn- und Verlustrechnung sind in den Notes weitere Angaben zu präsentieren. Dabei scheint die lapidare Pflicht zur Angabe der Hauptbestandteile des Steueraufwandes (Steuerertrages), die IAS 12.79 formuliert, auf den ersten Blick unproblematisch erfüllbar zu sein. Acht in IAS 12.80 enumerierte mögliche Bestandteile zeigen indes, dass der Komplexitätsgrad der Anforderung nicht zu unterschätzen ist.

In der Praxis können aber auch die übrigen Offenlegungspflichten die Notwendigkeit nach sich ziehen, IT-Verfahren zu implementieren, die zuvor nicht bestanden. Nach IAS 12.81 ist weiterhin anzugeben

- die Summe des Betrages tatsächlicher und latenter Steuern, resultierend aus Positionen, die direkt dem Eigenkapital belastet oder gutgeschrieben wurden,
- der Steueraufwand (oder -ertrag), der sich auf außerordentliche Positionen des abgelaufenen Geschäftsjahres bezieht (wobei ab dem Geschäftsjahr 2005 nach IFRS keine außerordentlichen Positionen mehr zugelassen sind),
- eine Erläuterung der Relation zwischen Steueraufwand (oder -ertrag) und dem Ergebnis des zugrundeliegenden Abschlusses nach IFRS, wobei zwei alternative Präsentationsformen zugelassen sind (in der Praxis ist dabei nahezu ausschließlich eine Überleitungsrechnung betraglicher Art vorzufinden),
- eine Erläuterung zu Steuersatzänderungen,
- der Betrag der abzugsfähigen temporären Differenzen, der noch nicht genutzten steuerlichen Verluste und der noch nicht genutzten Steuergutschriften, für die in der Bilanz kein latenter Steueranspruch angesetzt wurde,
- die Summe des Betrages temporärer Unterschiede im Zusammenhang mit Anteilen an Tochtergesellschaften, Zweigniederlassungen und assoziierten Unternehmen

---

66 Vgl. Abschnitt 8 im Beitrag „Tatsächliche und latente Ertragsteuern".

sowie Anteilen an Gemeinschaftsunternehmen, für die keine latenten Steuern in der Bilanz gebildet wurden,

- hinsichtlich jeder Art von temporären Unterschieden (und jeder Art noch nicht genutzter steuerlicher Verluste und noch nicht genutzter Steuergutschriften) der Betrag der in der Bilanz angesetzten latenten Steueransprüche und latenten Steuerschulden für das Berichtsjahr und das Vorjahr sowie der Betrag des latenten Steuerertrages oder Steueraufwandes, der in der Gewinn- und Verlustrechnung erfasst wurde (sofern diese Angabe nicht bereits aus den Änderungen der in der Bilanz angesetzten Beträge hervorgeht),

- bei aufgegebenen Geschäftsbereichen der Steueraufwand für den auf die Aufgabe entfallenden Gewinn oder Verlust und das Periodenergebnis (soweit es aus der gewöhnlichen Tätigkeit des aufgegebenen Geschäftsbereiches resultiert (mit Vorjahreszahlenangaben)),

- der Betrag der ertragsteuerlichen Konsequenzen von vorgeschlagenen Dividendenzahlungen, die nicht als Verbindlichkeit im Abschluss bilanziert wurden.

Im Einzelfall und unter bestimmten Umständen können aufgrund von IAS 12 weitere Offenlegungspflichten ausgelöst werden. Die Angaben in einem Konzernabschluss nach IFRS können so leicht mehrere Textseiten der Notes füllen.

Ähnlich umfangreich sind auch die Offenlegungsanforderungen in Verbindung mit Pensionsverpflichtungen. Der Standard ist ohnehin einer der umfangreichsten Rechnungslegungsstandards. Insgesamt finden sich in IAS 19 in zahlreichen Textziffern Angabepflichten. Die jeweiligen Angabepflichten unterscheiden sich je nach Art der Versorgungszusage und sind verstreut an verschiedenen Stellen von IAS 19 zu finden. Während die Informationsanforderungen zu Ertragsteuern und zu latenten Steuern häufig zusätzliche Herausforderungen an die IT-Landschaft stellt, liegen die erforderlichen Grundlagen zu den Angabepflichten nach IAS 19 in vielen Banken im Personalcontrolling vor. Bei einem weit verzweigten Konzern, insbesondere mit umfangreichen Auslandsaktivitäten ist gleichwohl empfehlenswert, im Rahmen einer Umstellung das Augenmerk nicht nur auf die Berechnung der Pensionsrückstellung zu richten, sondern frühzeitig die Verfügbarkeit der Daten zur Erfüllung der umfangreichen Offenlegungspflichten zu prüfen.

3.3.3 Offenlegungspflichten aus IAS 30

Abgesehen von branchenübergreifenden Offenlegungspflichten sind Banken selbstverständlich auch dazu verpflichtet, die branchenspezifischen Angabepflichten von IAS 30 zu erfüllen. Der Standard behandelt in nachfolgend aufgeführter Reihenfolge

- Erfolgsunsicherheiten und andere Verpflichtungen einschließlich anderer außerbilanzieller Positionen (IAS 30.26-29),
- Fälligkeiten von Vermögenswerten und Schulden (IAS 30.30-39),
- Konzentrationen von Vermögenswerten, Schulden und bilanzunwirksamen Positionen (IAS 30.40-42),
- Verluste aus dem Kreditgeschäft (IAS 30.43-49),
- Allgemeine Risiken der Tätigkeit einer Bank (IAS 30.50-52),
- Als Sicherheit übertragene Vermögenswerte (IAS 30.53-54),
- Treuhandgeschäfte (IAS 30.55),
- Geschäftsvorfälle mit nahe stehenden Unternehmen und Personen (IAS 30.56-58).

Die Aufzählung der Angaben in dem Standard entsprechen nicht unbedingt dem Schwerpunkt der Außenbetrachtung durch Analysten und sonstige Jahresabschlussleser oder der Bedeutung im Gesamtrahmen einer Abschlusserstellung. Von besonderer Relevanz sind etwa die Offenlegungsanforderungen in direktem Zusammenhang mit dem Kreditgeschäft.[67]

IAS 30.43-49 beschäftigt sich mit der Angabe von „Verlusten aus dem Kreditgeschäft". Der gleiche Begriff findet sich in IAS 30.10 als GuV-Posten. Die in IAS 30.43-49, insbesondere in IAS 30.43 angesprochenen Angabepflichten beschreiben jedoch inhaltlich nicht die GuV-Posten, sondern umfassen allgemeine Anforderungen an die Angaben über die Risikovorsorge im Kreditgeschäft. Die wesentlichen Angabepflichten zur Risikovorsorge im Kreditgeschäft einer Bank ergeben sich aus IAS 30.43. Danach hat eine Bank im Einzelnen anzugeben

- die Bilanzierungs- und Bewertungsmethoden, nach denen mit Risiken behaftete Kredite als solche identifiziert und abgeschrieben werden,
- die detaillierte Darstellung der Entwicklung der Risikovorsorge im Kreditgeschäft der Berichtsperiode: Separat auszuweisen ist hierbei
  - der Betrag, der während der Periode als Verlust aus dem Kreditgeschäft ausgewiesen wurde,
  - der Betrag, der während der Periode als Abschreibung aufwandswirksam verbucht wurde,
  - der Ertrag aus in früheren Perioden abgeschriebenen, aber in der Berichtsperiode wieder eingegangenen Forderungen,
- der Gesamtbetrag der Verluste aus dem Kreditgeschäft zum Bilanzstichtag,

---

[67] Vgl. zu den nachfolgenden Ausführungen insbesondere KRUMNOW, J./LÖW, E., a.a.O. (Fn. 24), Tz. 75-88.

- der Gesamtbetrag der Kredite, für die keine Zinszahlungen eingehen sowie die Grundlage der Ermittlung dieses Betrages.

Nach IAS 30.43(a) sind die Bilanzierungs- und Bewertungsmethoden anzugeben, auf deren Basis eine Risikovorsorge im Kreditgeschäft betrieben wird. Zweckmäßig ist es, die von der rechnungslegenden Bank berücksichtigten Risiken im Kreditgeschäft zu benennen und die einschlägigen Beurteilungskriterien anzugeben, also etwa, wenn Ratingsysteme zur Ermittlung von Länderrisiken eingesetzt werden und welche Einflussfaktoren gegebenenfalls das Rating beeinflussen. Die Risikovorsorge darf nicht erfolgsabhängig gebildet werden, sondern hat intersubjektiv nachprüfbaren Kriterien zu folgen. Dies macht es zwingend erforderlich, auf die Bilanzierung nach IFRS ausgerichtete Richtlinien zu formulieren.

IAS 30.43(b) legt rein formal zwei Angabepflichten fest. IAS 30.43(b) schreibt die detaillierte Darstellung der Entwicklung der Risikovorsorge im Kreditgeschäft und den Ausweis bestimmter Einzelangaben hierin vor. Dies bedeutet allerdings noch nicht, dass die Entwicklung der Risikovorsorge im Kreditgeschäft auf diese Weise abschließend dargestellt werden kann. Zu einer aussagefähigen Bestandsentwicklung vom Vorjahresbilanzstichtag bis zum Bilanzstichtag ist auch die in IAS 30.43(c) genannte Angabepflicht in eine zusammenfassende Darstellung mit einzubeziehen.

Eine Aufgliederung der Entwicklung der Risikovorsorge nach Bonitäts-, Länder- und latenten Risiken wird von IAS 30 nicht gefordert, entspricht allerdings internationalen Usancen und hat sich auch in den Konzernabschlüssen deutscher Banken unter IFRS durchgesetzt.

IAS 30.43(b) verlangt einen separaten Ausweis des als Verluste aus dem Kreditgeschäft berücksichtigten Betrages. Um eine Abgrenzung zu den im nachfolgenden Satz geforderten Abschreibungen zu erhalten, kann es sich bei der letzten Anforderung nur um einen Bruttoausweis der gemeinhin als Wertberichtigungen bezeichneten Aufwendungen handeln. Es geht mithin um die unsaldierte, nicht mit der Auflösung verrechnete Darstellung der Wertberichtigungen. Durch den hier separat geforderten Ausweis der Aufwendungen ist zwar nicht ausdrücklich gesagt, dass auch die Auflösung zur zweckbestimmten Verwendung gezeigt wird. Unter Einbeziehung der nachfolgend von IAS 30.43(b) geforderten Angabepflichten lässt sich die Auflösung zur zweckbestimmten Verwendung, die im betreffenden Jahr die Gewinn- und Verlustrechnung nicht mehr berührt, jedoch ermitteln. Damit könnte diese auch gesondert aufgeführt werden. Die entsprechende internationale Gepflogenheit findet sich üblicherweise auch in den Abschlüssen nach IFRS von deutschen Kreditinstituten.

IAS 30.43(b) fordert einen Ausweis des als Abschreibungen aufwandswirksam verbuchten Betrages. Im Unterschied zum letzten erwähnten, gesondert zu zeigenden Ausweis sollten hierunter die Sofortabschreibungen zu verstehen sein. Damit wäre der Betrag ersichtlich, für den keine Vorsorge getroffen wurde.

IAS 30.43(b) behandelt den Ertrag, der aus in früheren Perioden abgeschriebenen, aber im Geschäftsjahr wieder eingehenden Forderungen resultiert. Die Begriffsverwendung „Written Off" zeigt, dass hierunter der Teil der Forderungen zu fassen ist, der abgeschrieben ist. Die Eingänge aus abgeschriebenen Forderungen könnten in der Position der Gewinn- und Verlustrechnung der Risikovorsorge im Kreditgeschäft (mit-)erfasst, aber auch unter sonstigen betrieblichen Erträgen verbucht sein. Je nachdem, wie die Eingänge aus abgeschriebenen Forderungen verbucht werden, stellt sich die Entwicklung der Risikovorsorge im Kreditgeschäft unterschiedlich dar. Werden Eingänge aus abgeschriebenen Forderungen nicht in der Risikovorsorge aus dem Kreditgeschäft in der Gewinn- und Verlustrechnung einbezogen, so kann in nachfolgender Abbildung die entsprechende Zeile entfallen.

Risikovorsorge in Mio. €	Bonitätsrisiken	Länderrisiken (Pauschalwertberichtigung)	Latente Risiken	Insgesamt	Risikovorsorge im Kreditgeschäft - GuV -
Stand	31.12.02 31.12.01	31.12.02 31.12.01	31.12.02 31.12.01	31.12.02 31.12.01	31.12.02 31.12.01
Zugänge					
- zu Lasten GuV gebildete Vorsorgen					
Abgänge					
- zweckbestimmte Verwendung					
- zu Gunsten GuV aufgelöste Vorsorgen					
- Effekte aus Wechselkursveränderungen					
Insgesamt					
Anpassungen aus Erstkonsolidierungen					
Währungskursdifferenz					
Eingänge aus abgeschriebenen Forderungen					
in Mio. € Stand	31.12.03 31.12.02	31.12.03 31.12.02	31.12.03 31.12.02	31.12.03 31.12.02	

Abb. 1: Entwicklung der Risikovorsorge ohne Einbeziehung der Eingänge aus früheren Abschreibungen
Quelle: Krumnow, J./Löw, E., a.a.O. (Fn. 24), Tz. 81.

Ein Ausweis der zugunsten der Erfolgsrechnung aufgelösten Risikovorsorge - wie in obiger Abbildung dargestellt - ist zwar nicht explizit gefordert, international aber durchaus gängige Praxis.

Nach IAS 30.43(d) ist der Gesamtbetrag sowie die Ermittlungsgrundlage der Kredite, für die keine Zinszahlungen eingehen, zu veröffentlichen (vgl. auch IAS 30.48). International üblich ist es, Kredite zinslos zu stellen, wenn hierauf nach 90 Tagen keine Zinsen (mehr) eingehen. Auch die Regeln von Basel II stellen hierauf ab. Da IAS 30 keinen Zeitrahmen vorgibt, kann auf diese internationalen Usancen zurückgegriffen werden, worüber nach IAS 30.43(d) zu berichten wäre. Nach US-GAAP gibt es bspw. die Regelung von „90 Days past due". Andere Zeiträume sind mit der Vorschrift ebenfalls vereinbar.

IAS 30.44 behandelt die über die notwendige Risikovorsorge im Kreditgeschäft hinausgehende und üblicherweise als dispositiv genannte Risikovorsorge. Ihre Handhabung wird in IAS 30.46 näher erläutert. Die Risikovorsorge im Kreditgeschäft, nunmehr nach IAS 39.58-66 zu bilden, ist erfolgswirksam im Rahmen der Gewinn- und Verlustrechnung zu erfassen, die „dispositive" Vorsorge dagegen im Rahmen der Gewinnverwendung mit den Gewinnrücklagen zu verrechnen (IAS 30.44). Dies gilt auch für Minderungen der dispositiven Vorsorge.

Nachdem IAS 30.35 ganz allgemein den Aufwandscharakter der (notwendigen) Risikovorsorge im Kreditgeschäft betont, hebt IAS 30.47 hervor, dass es für die Jahresabschlussadressaten erforderlich ist, die Auswirkungen von Verlusten im Kreditgeschäft auf die Finanz- und Ertragslage der Rechnung legenden Bank zu erkennen, um die Effizienz des Ressourceneinsatzes beurteilen zu können. Deshalb habe die bilanzierende Bank den Gesamtbetrag der Risikovorsorge im Kreditgeschäft zum Bilanzstichtag sowie deren Entwicklung darzustellen. Die Entwicklung der Risikovorsorge einschließlich des Ertrages aus in früheren Perioden abgeschriebenen, aber in der Berichtsperiode wieder eingehenden Krediten, ist dabei gesondert zu zeigen.

Auf die bilanzielle Behandlung von Eventualverbindlichkeiten geht IAS 37 ein. Der Standard regelt im Einzelnen die Angabepflichten von Eventualverbindlichkeiten (IAS 37.84-92). Bezug nehmend auf diesen für alle Unternehmensformen und -branchen geltenden IAS 37 sind in IAS 30.26-29 für bestimmte Eventualpositionen gesonderte Angabeanforderungen für Banken normiert. Diese gelten zusätzlich zu den Publizitätspflichten nach IAS 37, wie IAS 30.27 ausdrücklich hervorhebt.

Von einer Bank sind gemäß IAS 30.26 folgende Eventualverbindlichkeiten einschließlich anderer außerbilanzieller Positionen auszuweisen:[68]

- Art und Höhe von Verpflichtungen, Kredite zu gewähren, die unwiderrufbar sind, weil sie nicht im Ermessen der Bank zurückgezogen werden können, ohne das Risiko bedeutsamer Vertragsstrafen bzw. Aufwendungen auf sich nehmen zu müssen,
- Art und Höhe von Eventualverbindlichkeiten und anderen Verpflichtungen, die aus bilanzunwirksamen Positionen entstehen, einschließlich derjenigen, die sich beziehen auf:
    - unmittelbare Kreditsubstitute einschließlich allgemeiner Kreditgarantien, Bankakzeptgarantien und Standby-Akkreditive, die als finanzielle Garantien für Kredite und Sicherheiten dienen,
    - bestimmte transaktionsbezogene Eventualpositionen einschließlich Vertragserfüllungsgarantien, Bietungsgarantien, Gewährleistungen und mit bestimmten Transaktionen zusammenhängende Standby-Akkreditive,

---

[68] Vgl. KRUMNOW, J./LÖW, E., a.a.O. (Fn. 24), Tz. 43.

- kurzfristige, selbstliquidierende, handelsbezogene Eventualverpflichtungen, die aus dem Güterverkehr entstehen, z.B. Dokumentenakkreditive, bei denen die zugrundeliegende Lieferung als Sicherheit verwendet wird,
- Pensionsgeschäfte, die nicht bilanziert werden (potenzielle Rücknahmeverpflichtungen aus unechten Pensionsgeschäften),
- Zins- und devisenbezogene Positionen, einschließlich Swaps, Optionen und Termingeschäfte,
- andere Verpflichtungen, wie Nifs (note issuance facilities) und Rufs (revolving underwriting facilities).

(1) Unwiderrufliche Kreditzusagen	
(2) Eventualverbindlichkeiten und andere Verpflichtungen aus bilanzunwirksamen Positionen	- unmittelbare Kreditsubstitute - Eventualpositionen aus banktypischen Verpflichtungszusagen - aus zugrunde liegenden Warengeschäften resultierende Eventualverbindlichkeiten (z.B. Dokumentenakkreditive) - Pensionsgeschäfte (soweit nicht bilanziert) - zins- und devisenkursbezogene Positionen - andere Verpflichtungen wie NIFs und RUFs

Abb. 2: Angabepflichten nach IAS 30.26
Quelle: KRUMNOW, J./LÖW, E., a.a.O. (Fn. 24), Tz. 43

Über die traditionell als Eventualverbindlichkeiten bezeichneten Gewährleistungsverträge, Bürgschaften und Ähnliches hinaus ist nach IAS 30.26 die Angabe bestimmter Daten zu derivativen Geschäften obligatorisch. Diese Pflichtangaben werden ergänzt durch die noch weiterreichenden Angabeanforderungen von IAS 32, der die Publizität von Finanzinstrumenten regelt.[69] Da IAS 32 zeitlich nach IAS 30 verabschiedet und in Kraft gesetzt wurde, fehlt in IAS 30 ein Querverweis auf IAS 32 - er wurde auch nicht im Zusammenhang mit den redaktionellen Anpassungen aufgrund von IAS 39 eingefügt. Aus IAS 32.4 ist allerdings zu entnehmen, dass IAS 32 die Angabepflichten nach IAS 30.26-29 nicht überlagern, sondern ergänzen soll.

---

[69] Vgl. den Beitrag „Offenlegung von Finanzinstrumenten".

Als Mindestangaben für finanzielle Vermögenswerte sind, wahlweise in der Bilanz oder in den Notes nach IAS 30.25 die Fair Values, aufgeteilt für jede der folgenden Kategorien aufzuführen

- Kredite und Forderungen,
- bis zur Endfälligkeit zu haltende Finanzinstrumente,
- finanzielle Vermögenswerte als erfolgswirksam zum beizulegenden Zeitwert (als Hauptkategorie),
- Available for Sale Financial Instruments.

Vom generellen Bilanzansatz zum Fair Value nimmt IAS 39 aus den vier Kategorien der Financial Assets lediglich die Kredite und Forderungen sowie die - in der Praxis kaum relevanten - Investments, für die eine Durchhalteabsicht besteht, aus. Für diese gilt weiterhin eine Bilanzierung zu fortgeführten Anschaffungskosten, so dass die Offenlegung deren Fair Values in den Notes obligatorisch wird.

Eine Bank hat ihre Vermögenswerte und Schulden nach Restlaufzeiten auszuweisen. Detailfragen zur Restlaufzeitengliederung sind in IAS 30.30-39 enthalten.[70]

IAS 30.30 enthält die Verpflichtung, Aktiva und Passiva nach Restlaufzeiten zu gliedern. Dabei wird unter Fristigkeit die Restlaufzeit bis zum vertraglichen Fälligkeitszeitpunkt auf Basis des Bilanzstichtages verstanden. Die Fristen sind in aussagefähige Fälligkeitsgruppen zusammenzufassen. Mögliche Gruppenbildungen ergeben sich aus IAS 30.33.

IAS 30.30 oder IAS 30.33 liefern keine genaueren Kriterien zur Fristigkeitskategorienbildung. Insofern kann die bilanzierende Bank entsprechend ihrer Geschäftsstruktur verfahren. Der Hinweis auf aussagefähige Fristenkategorien ist damit als Ober- und Untergrenze einer Fälligkeitsgruppierung zu verstehen. Eine Atomisierung von Kategorien soll ebenso vermieden werden wie eine Zusammenfassung mehrerer Fristen zu einer Gesamtgruppe, bei der wesentliche Einblicke in die Fristenstruktur verloren gehen.

Kongruenz bzw. die gesteuerte und kontrollierte Inkongruenz von Fristen und Verzinsungen von Aktiva und Passiva sind von grundlegender Bedeutung für die Führung einer Bank. Wenn IAS 30.31 es als „ungewöhnlich" bezeichnet, dass Banken eine vollständige Fristenkongruenz zwischen Aktiva und Passiva aufweisen, so ist dies zurückhaltend ausgedrückt. Immerhin besteht nach traditioneller Ansicht gerade eine Aufgabe für eine Bank darin, eine Fristentransformation durchzuführen. Eine vollständige Fristenkongruenz ist mithin nicht nur „ungewöhnlich", sondern widerspricht der Geschäftstätigkeit einer Bank. Gleichwohl kann natürlich eine völlige Inkongruenz unter ungünstigen Rahmenbedingungen zu Liquiditätsschwierigkeiten führen. IAS 30.31 drückt dies

---

[70] Vgl. hierzu ausführlich KRUMNOW, J./LÖW, E., a.a.O. (Fn. 24), Tz. 52-69.

etwas unspezifisch dahingehend aus, dass eine inkongruente Position das Gewinnpotenzial, aber auch das Verlustrisiko erhöhen könne.

In diesem Sinne schildert IAS 30.32, dass die Fristen von Aktiva und Passiva sowie die Fähigkeit, verzinsliche Passiva zu einem akzeptablen Aufwand zu ersetzen, wichtig sind für die Beurteilung

- der Liquidität und
- der Anfälligkeit gegenüber Zins- und Wechselkursänderungen.

Diese Argumentation gilt im Übrigen nicht nur hinsichtlich der einer Bank offenstehenden Möglichkeiten, verzinsliche Passiva zu beschaffen, sondern auch bezüglich der Fähigkeiten, unverzinsliche Einlagen zu attrahieren.

Die Begründung allerdings, wonach die Fristenstruktur von Aktiva und Passiva zur Einschätzung der Anfälligkeit der Bank gegenüber Zins- und Wechselkursänderungen bedeutsam sei, enthält gewisse Implikationen. Eine unmittelbare Verknüpfung zwischen einem Zinsänderungsrisiko und der Laufzeit besteht normalerweise nur, wenn eine Festzinsvereinbarung über die gesamte Laufzeit gegeben ist. Wird indes angenommen, dass Aktiva und Passiva - wie in angloamerikanischen Ländern durchaus üblich - vor ihrer Endfälligkeit mobilisiert werden, dann schlägt sich eine Preisänderung (Zins, Wechselkurs) unmittelbar im Wert der betrachteten Position nieder. Das gilt unabhängig von der Restlaufzeit, denn diese bestimmt lediglich die absolute Höhe, nicht aber das Faktum der Wertänderung als solches.

IAS 30.33 räumt ein, dass für die Bildung von Fristigkeitskategorien die individuelle Sichtweise der bilanzierenden Bank relevant ist, weil sich die Aktiva und Passiva ihrer Art nach und von Bank zu Bank unterscheiden. Folgerichtig gibt IAS 30.33 mögliche Kategorien von Fristigkeiten an, und zwar Restlaufzeiten

- bis zu einem Monat,
- von mehr als einem Monat bis zu drei Monaten,
- von mehr als drei Monaten bis zu einem Jahr,
- von mehr als einem Jahr bis zu fünf Jahren sowie
- von mehr als fünf Jahren.

Diese Gruppen sollten als Richtschnur aufgefasst werden. Ihr exemplarischer Charakter erlaubt Abweichungen. IAS 30.33 selbst nennt die in der Praxis häufige Zusammenfassung der Aktiva bzw. Passiva mit bis zu einem Jahr Restlaufzeit.

Bei Tilgungsdarlehen stellt sich die Frage der Eingruppierung. Bspw. ließe sich auf den Zeitpunkt der letzten Zahlung zurückgreifen. IAS 30.33 legt demgegenüber eine Zuordnung der einzelnen zu leistenden Teilbeträge zu der jeweiligen Fälligkeitsperiode fest. Damit zerfällt das rechtlich einheitliche Tilgungsdarlehen zum Zwecke der Fristengliederung in diejenigen Teile, in die wirtschaftlich gesehen die Zahlungsfälligkeiten gehören. Diese Regelung steht völlig im Einklang mit der Zielsetzung der Fristengliederung, nämlich der Gewährung eines Einblickes in die Liquiditätslage der Bank.

Um den Grad der Fristenkongruenz und damit die Abhängigkeit der Bank von sonstigen Liquiditätsquellen zu verdeutlichen, wird in IAS 30.34 explizit hervorgehoben, dass die von der Bank gewählten Fristenkategorien sowohl für die Aktiva als auch für die Passiva bindend sind. Es ist also unzulässig, für Aktiva und Passiva verschiedene Restlaufzeitgliederungen vorzunehmen.

IAS 30.35 beschäftigt sich mit Gliederungskriterien der Fristigkeiten von Aktiva und Passiva. Es werden keine Ermittlungs- oder Berechnungsmethoden der Restlaufzeiten angegeben, sondern lediglich verschiedene Alternativen dargestellt, nach welchen die Fristigkeiten ausgedrückt werden können. IAS 30.35 lässt eine Darstellung zu als

– Restlaufzeit ab Bilanzstichtag bis zum Rückzahlungszeitpunkt,

– Kombination mit der ursprünglichen Laufzeit bis zum Rückzahlungszeitpunkt oder

– Restlaufzeit bis zum nächsten Zinsänderungstermin.

Diese drei Kriterien sind abschließend, wobei die dritte Möglichkeit als bloße Ergänzung der beiden ersten Darstellungen erkennbar ist.

Nach IAS 30.40 hat eine Bank alle wesentlichen Konzentrationen von Aktiva, Passiva und bilanzunwirksamen Positionen nach geographischen Regionen, Kunden- oder Branchengruppen oder nach anderen Risikoschwerpunkten anzugeben. Zusätzlich ist die Höhe von erheblichen offenen Nettodevisenpositionen auszuweisen. Hierbei ist nicht geregelt, wann im Sinne des Standards eine wesentliche Konzentration vorliegt. Damit hat die bilanzierende Bank hierüber unter Zugrundelegung der Gesamtsituation und nach gewissenhafter Prüfung institutsindividuell zu entscheiden. IAS 30.41 begründet die Publizitätspflicht lediglich mit dem Hinweis, die Angabe wesentlicher Konzentrationen in der Verteilung der Aktiva und in den Ursprüngen der Passiva seien nützliche Informationen im Hinblick auf potenzielle Risiken bei der Realisierung der Aktiva und Passiva.

Die bilanzierende Bank hat nach IAS 30.53 den Gesamtbetrag der besicherten Passiva sowie die Art und die Höhe der als Sicherheit übertragenen Aktiva anzugeben. Nach IAS 30.53 reicht eine Aufgliederung der besicherten Verbindlichkeiten nicht aus. Vielmehr sind die Werte der entsprechenden Aktiva nach Verbindlichkeiten gegliedert auszuweisen. Die Vorschrift ist auf den Begriff Verbindlichkeiten beschränkt, so dass davon auszugehen ist, dass Eventualverbindlichkeiten nicht unter den Regelungsumfang fallen. Eine Aufgliederung nach Einzelbeträgen je nach Art der übertragenen Aktiva ist nicht erforderlich. Ebenso wenig unterscheidet IAS 30.53, ob die Übertragung für eigene oder fremde Passiva erfolgt.

IAS 30.54 begründet die Angabepflicht damit, dass Banken in einigen Ländern durch Gesetz oder nationale Usancen verpflichtet seien, Aktiva als Sicherheit für bestimmte

Einlagen oder sonstige Passiva zu bestellen und dass die betreffenden Beträge häufig eine beträchtliche Höhe aufweisen, deren Kenntnis für die Beurteilung der finanziellen Lage der Bank von wesentlicher Bedeutung sei. Die Hinterlegung von Sicherheiten ist in der Praxis obligatorisch bei Geschäften an Terminbörsen und standardisierten Wertpapierleihegeschäften. In verschiedenen Ländern ist es außerdem üblich, für die Teilnahme an Clearingsystemen oder Börseneinrichtungen Wertpapiere zu hinterlegen.

IAS 30.55 regelt die Bilanzierung von Treuhandgeschäften speziell für Banken. Die Depotverwahrung schließt IAS 30.55 ausdrücklich von der Treuhandaktivität aus. Da das Treuhandverhältnis oder die der treuhänderischen Tätigkeit vergleichbare Dienstleistung auf rechtlicher Grundlage beruht, gehören die betreffenden Vermögenswerte nicht der bilanzierenden Bank. Sie sind deshalb nach IAS 30.55 auch nicht in der Bankbilanz auszuweisen; d.h. Treuhandvermögen und Treuhandverbindlichkeiten dürfen nicht als (positive und negative) Vermögensbestandteile der bilanzierenden Bank ausgewiesen werden. Es besteht keine Optionsmöglichkeit zugunsten einer Bilanzierung.

IAS 30.56 enthält einen Querverweis auf IAS 24, der die Publizitätsanforderungen bei Geschäften mit nahe stehenden Unternehmen/Personen beinhaltet. Dabei ist der Begriff der nahe stehenden Unternehmen/Personen umfassender zu verstehen als der Begriff der verbundenen Unternehmen.

In einigen Ländern werden Geschäfte mit nahe stehenden Unternehmen/Personen nach nationalem Recht oder durch Aufsichtsbehörden nur in eingeschränktem Umfange erlaubt oder überhaupt nicht zugelassen, während solche Geschäfte in anderen Ländern uneingeschränkt möglich sind. IAS 30.56 betont die Bedeutung von IAS 24 gerade für Jahresabschlüsse von Banken in Ländern, in welchen entsprechende Geschäftsaktivitäten erlaubt sind.

IAS 30.57 erläutert, dass bestimmte Geschäfte zwischen nahe stehenden Unternehmen/Personen zu begünstigten Konditionen abgeschlossen werden können als mit Dritten. Beispielhaft wird hierzu erwähnt, dass dem nahe stehenden Unternehmen bzw. der nahe stehenden Person von der bilanzierenden Bank höhere Kreditbeträge oder niedrigere Zinsen gewährt werden könnten, als es sonst üblich wäre. Außerdem lassen sich Kredite oder Einlagen schneller und mit geringerer Formalität umschichten. Auch wenn Geschäfte mit nahe stehenden Unternehmen/Personen zum gewöhnlichen Geschäftsablauf gehören, verpflichtet IAS 30.57 Banken dazu, die Angaben gemäß IAS 24, weil der Abschlussleser hieran ein Interesse hat. Die Bezugnahme auf den gewöhnlichen Geschäftsablauf impliziert grundsätzlich auch dann eine Publizitätspflicht, wenn die Geschäfte zu Marktkonditionen abgeschlossen wurden. Einzelheiten regelt IAS 24.

IAS 30.58 enthält Angabeempfehlungen, welchen normalerweise zu folgen ist, um die Publizitätspflichten von IAS 24 zweckadäquat zu erfüllen. In diesem Sinne stellt IAS 30.58 klar, dass eine Bank, wenn sie Geschäftsbeziehungen zu nahe stehenden Unternehmen/Personen unterhält, die Geschäftsarten und -elemente bekannt gibt, und diese Geschäftsbeziehungen für ein Verständnis des Jahresabschlusses der Bank notwendig sind. Hierzu gehören - um IAS 24 gerecht zu werden - eine Erläuterung der Kreditpolitik der Rechnung legenden Bank gegenüber nahe stehenden Unternehmen/Personen und folgende Angaben:

- Kredite, Einlagen, Akzeptkredite und Schuldscheine (wobei gemäß IAS 30.58 die Gesamtbeträge, die zu Beginn und am Ende der Periode offen sind sowie Kredit-, Einlagen- oder andere Bewegungen und Rückzahlungen während der Periode angegeben werden können),

- wichtigste Hauptertragskomponenten, Zins- und Provisionsaufwendungen,

- unwiderrufliche Zusagen, Eventualverbindlichkeiten sowie Verpflichtungen aus bilanzunwirksamen Positionen.

IAS 30.50 lässt für allgemeine Risiken des Bankgeschäfts die Bildung offener Vorsorgereserven durch Dotierung eines gesonderten Bilanzpostens zu. Weder für die Gesamthöhe des Bilanzpostens noch für deren jährliche Zuführung definieren IAS 30.50-52 eine Höchstgrenze. Letztlich dürfte eine Restriktion in einer institutsindividuellen vernünftigen kaufmännischen Beurteilung liegen. Über die Kriterien der Bestimmung der allgemeinen Risikovorsorge im Bankgeschäft ist nach IAS 30.8(e) zu berichten.

Nach IAS 30.50 wird die Bildung und Auflösung der allgemeinen Vorsorgereserven nach abgeschlossener Ermittlung des Jahresüberschusses vorgenommen. Die Vorsorgereserven gehören eindeutig zum Eigenkapital. Es ist also nicht erlaubt, die Bildung und Verwendung derartiger allgemeiner Vorsorgereserven innerhalb der Gewinn- und Verlustrechnung darzustellen.

IAS 30.51 hebt hervor, dass nationale Umstände oder Gesetzgebungen Banken dazu berechtigen oder verpflichten können, für allgemeine Risiken im Bankgeschäft vorzusorgen. Nach deutschem Recht besteht diese Möglichkeit durch § 340g HGB, der den offenen Ausweis eines Sonderpostens für allgemeine Bankrisiken gestattet. Eine gesetzliche Grundlage kann auch in bankaufsichtsrechtlichen Regelungen bestehen. Allerdings ist dies keine konstituierende Voraussetzung. Die nach IAS 30.50 gegebene Möglichkeit zur Bildung allgemeiner, offener Vorsorgereserven stellt IAS 30.51 zusätzlich zu der Risikovorsorge im Kreditgeschäft gemäß IAS 39 und zusätzlich zu den Vorsorgen für Eventualverbindlichkeiten gemäß IAS 37.

Insgesamt zeigt die Erfahrung, dass die Notes in einem Konzernabschluss einer Bank nach IFRS deutlich umfangreicher ausfallen, als die Angaben, die üblicherweise in einem Konzernabschluss auf der Grundlage von HGB vermittelt werden.

4. ED 7 Financial Instruments: Disclosures

4.1 Hintergrund und Ziele

Neue Konzepte sowie Techniken des Risikomanagements haben das IASB dazu bewogen, die in IAS 30 und IAS 32 geregelten Angaben über Finanzinstrumente zu novellieren und systematisch in einem Standardentwurf ED 7 - Financial Instruments: Disclosures - zu bündeln. Als Folge dieser Bündelung soll IAS 30 vollständig gestrichen und IAS 32 bis auf die Regelungen zum Ausweis von Finanzinstrumenten gekürzt werden. ED 7 wird ergänzt um eine Guidance on Implementing. Der Entwurf wurde Mitte 2004 der Öffentlichkeit vorgestellt.[71]

Der vorherige Projektverlauf war durch verschiedene Entwicklungsstufen gekennzeichnet. Im Jahre 1999 setzte noch das frühere IASC die Überarbeitung von IAS 30 auf die Liste der zu verfolgenden Projekte und beauftragte mit dieser Arbeit ein Steering Committee im Jahre 2000. Die organisatorische Neuorientierung des IASC, die in der Etablierung eines neuen IASB mündete, führte zur Überprüfung der Notwendigkeit des Projektes. Im Jahr 2001 wurde das Projekt durch das IASB bestätigt und sich zu Eigen gemacht. Trotz einer Veränderung in der Namensgebung des Projektes blieb es doch bei den gleichen Projektmitgliedern - zumindest aus deutscher Sicht. Als deutsche Vertreter arbeiteten in dem Steering Committee Wolfgang Kolb, vormals Dresdner Bank, sowie als Vertreter des Baseler Ausschusses, mithin über die regulatorische Seite kommend, Karl-Heinz Hillen aus der Deutschen Bundesbank mit.

Im Rahmen der Projektarbeit wurden drei Ansätze bezüglich der Definition eines Anwendungsbereiches des neuen Standards identifiziert.

> (1) Ein reiner „Activity"-Ansatz: Dieser bezieht sich auf alle Unternehmen, die die Tätigkeit deposit taking, lending and securities activities betreiben.
>
> (2) Ein reiner „Entity"-Ansatz: Dieser begrenzt den Anwendungsbereich auf bestimmte, definierte Unternehmen (Arten von Unternehmen), entsprechend der Regelung von IAS 30.

---

[71] Vgl. hierzu LÖW, E./SCHILDBACH, S., Risikoberichterstattung nach IFRS geplant, a.a.O. (Fn. 6), ECKES, B./SITTMANN-HAURY, C., a.a.O. (Fn. 6), oder KUHN, S./SCHARPF, P., a.a.O. (Fn. 6), S. 381-389.

(3) Ein gemischter Ansatz: Hiernach wird der Anwendungsbereich unter Berücksichtigung von Entity- und Activity-bezogenen Kriterien definiert. Dazu können quantitative Tests gehören, um den Umfang der entsprechenden Geschäftsaktivitäten eines Unternehmens oder eines Unternehmensbereiches festzustellen. Dieser Ansatz wurde ursprünglich von dem eingesetzten Committee empfohlen.

Das IASB hat sich letztlich zu einem „Activity"-Ansatz entschlossen und damit den Anwendungsbereich des neuen Standards breit gehalten. Daraus resultiert, dass etwa auch die Tätigkeit einer Treasury-Abteilung in Unternehmen des Nicht-Bankensektors in den Anwendungsbereich des Standards fallen wird.

Im Verlauf des Projektes wurde darüber hinaus erörtert, ob durch den Standard die Bilanzgliederung sowie die Gliederung der Gewinn- und Verlustrechnung spezifiziert werden sollten. Dagegen richteten sich Bedenken. Bei Unternehmen, die nicht aus dem Bankensektor stammen und deren Tätigkeit sich überwiegend außerhalb der üblichen Bankaktivitäten bewegt, kann die Vorgabe einer Gliederung, basierend auf der typischen Geschäftstätigkeit einer Bank, zu Friktionen mit der allgemeinen Gliederungsstruktur des Unternehmens führen. Diesen Einwänden wurde gefolgt. Für den Bankenbereich ist dies allerdings ein eher unbefriedigendes Ergebnis. Wünschenswert wäre zumindest, dass in den branchenübergreifenden Standard, der Gliederungsaussagen trifft, nämlich IAS 1, ein Anhang mit einer beispielhaften Mustergliederung für eine Bilanz und eine Gewinn- und Verlustrechnung einer Bank aufgenommen wird.

Der Anwendungsbereich des Standardentwurfs wird - soweit möglich - an den in IAS 32 und IAS 39 angepasst. Er bezieht sich auf sämtliche Unternehmen und alle bilanzierten sowie nicht bilanzierten Finanzinstrumente (ED 7.3-6). Hinsichtlich der nicht bilanzierten Finanzinstrumente geht er über IAS 39 hinaus. Unwiderrufliche Kreditzusagen wären mithin vom Anwendungsbereich des Standardentwurfs über ED 7.4 erfasst, während sie nach IAS 39 nicht zu bilanzieren sind. Vom Anwendungsbereich ausgeschlossen werden Anteile an Tochterunternehmen (IAS 27), an Gemeinschaftsunternehmen (IAS 31) sowie an assoziierten Unternehmen (IAS 28), Vermögenswerte und Verbindlichkeiten aus Versorgungsplänen für Arbeitnehmer (IAS 18), Verträge über bedingte Gegenleistungen aus Unternehmenszusammenschlüssen (IFRS 3) und Versicherungsverträge (IFRS 4).

Die neu formulierten Zielsetzungen des Standardentwurfs stellen die Beziehung zu IAS 32 und IAS 39 her und bestimmen zugleich die drei wesentlichen Abschnitte des zentralen Kapitels über die Angaben zu Finanzinstrumenten (ED 7.1-2):

- Bedeutung von Finanzinstrumenten für die finanzielle Lage und Leistung eines Unternehmens,
- Wesen und Ausmaß der Risiken, denen ein Unternehmen zum Berichtszeitpunkt und während des Berichtszeitraums durch Finanzinstrumente ausgesetzt war,

– Kapitalmanagement des Unternehmens.

Der Standard ist hinsichtlich der offen zu legenden Informationen zu den verschiedenen Risikoeinflussfaktoren deutlich geprägt von dem Deutschen Rechnungslegungs Standard zur Risikoberichterstattung, den Banken zu erfüllen haben, DRS 5-10, sowie von den Offenlegungspflichten von Basel II.

Für die Struktur der Angaben zu Finanzinstrumenten gibt der Standardentwurf gewisse Leitlinien vor (ED 7.7-8). Sie soll sich auf einem Aggregationsniveau bewegen, die den Abschlussadressaten mit ausreichend Informationen für eine differenzierte Analyse der Finanzinstrumente des Unternehmens versorgt und Vergleiche zu den relevanten Positionen in der Bilanz ermöglicht. In jedem Fall sollen die Finanzinstrumente so klassifiziert werden, dass eine Unterscheidung möglich wird zwischen denen, die zum beizulegenden Zeitwert (fair value) und solche, die zu fortgeführten Anschaffungskosten (amortised cost) bewertet sind.

Der Standardentwurf soll alle Angabepflichten zu Finanzinstrumenten in einem einzigen Standard zusammenfassen.

4.2 Überblick über die geplanten Regelungen

Im Hinblick auf die Bedeutung von Finanzinstrumenten für die finanzielle Lage und Leistung eines Unternehmens fordert der Standardentwurf Mindestangaben zur Bilanz sowie Gewinn- und Verlustrechnung und sonstige Mindestangaben (ED 7.9). Die Regelungen des Standardentwurfs sind inhaltlich im Wesentlichen aus IAS 32 übernommen worden, wenn auch neu strukturiert und teilweise anders formuliert.

Die Mindestangaben zur Bilanz (ED 7.10-20) umfassen Informationen zur Klassifizierung und Reklassifizierung von finanziellen Vermögenswerten und Verbindlichkeiten, spezielle Daten zu solchen Finanzinstrumenten, die der Kategorie at Fair Value through Profit or Loss zuzurechnen sind, sowie Angaben zu Sicherheiten, Kreditausfällen, Vertragsbrüchen, Wertberichtigungen für Kreditverluste, strukturierten Produkten mit mehreren eingebetteten Derivaten und zur Ausbuchung von Finanzinstrumenten.

Zu den Mindestangaben für die Gewinn- und Verlustrechnung (ED 7.21-22) zählen insbesondere die Nettogewinne und Nettoverluste für vier Kategorien finanzieller Vermögenswerte (at fair value through profit or loss, available for sale, held to maturity sowie loans and receivables) und zwei Kategorien finanzieller Verbindlichkeiten (at amortised cost, at fair value through profit or loss). Für jede Kategorie finanzieller Vermögenswerte sind darüber hinaus Wertminderungen (impairments) offen zu legen. Daneben werden bestimmte Angaben zu Zinserträgen und -aufwendungen sowie Vergütungen für treuhänderische Tätigkeiten verlangt.

Sonstige Mindestangaben beziehen sich auf die angewandten Ansatz- und Bewertungsmethoden (ED 7.23-25) und die beizulegenden Zeitwerte der Finanzinstrumente (ED 7.26-31). Hinsichtlich der Ansatz- und Bewertungsmethoden sind unter anderem anzugeben die Designationskriterien für Finanzinstrumente der Kategorien at Fair Value through Profit or Loss und Available for Sale, die Entscheidungen zum Ansatz von Finanzinstrumenten am Handels- oder Erfüllungstag (trade date versus settlement date accounting), die angewandten Methoden zur Bestimmung und Berücksichtigung von Wertminderungen (impairments) sowie Informationen zu den bilanzierten Sicherungsbeziehungen (fair value hedges, cash flow hedges, hedges of net investments in foreign operations).

In Bezug auf die beizulegenden Zeitwerte der Finanzinstrumente sind grundsätzlich für jede Klasse finanzieller Vermögenswerte und Verbindlichkeiten Fair Values auf eine Art und Weise anzugeben, die einen Vergleich mit den korrespondierenden Buchwerten in der Bilanz erlaubt. Dabei sind für jede Klasse auch die Methoden und Prämissen anzugeben, die der Bestimmung ihrer Fair Values zugrundegelegt worden sind. Auf diese Angaben kann nur bei nicht notierten Eigenkapitalinstrumenten und damit verknüpften derivativen Finanzinstrumenten verzichtet werden, für die keine zuverlässige Bestimmung von Fair Values möglich ist. Ersatzweise sind dem Abschlussadressaten jedoch auch für solche Instrumente fundierte Informationen zur Verfügung zu stellen, die ihnen eine ungefähre Einschätzung der Marktwerte im Vergleich zu den bilanzierten Buchwerten gestatten.

Auch hinsichtlich des Wesens und Ausmaßes der Risiken, denen ein Unternehmen zum Berichtszeitpunkt und während des Berichtszeitraums durch Finanzinstrumente ausgesetzt war, werden vom Standardentwurf Mindestangaben gefordert (ED 7.32-33). Im Vergleich zu IAS 32 sind die Regelungen zu diesen Mindestangaben weitestgehend neu gefasst. Dabei wird zwischen qualitativen und quantitativen Angaben (ED 7.34-38) differenziert, die für jede Risikokategorie separiert erforderlich sind.

Mindestangaben sollen für das Kreditrisiko, das Liquiditätsrisiko und die Marktrisiken erfolgen (ED 7.39-45). Bei Marktrisiken sollen für jede relevante Subkategorie (Zinssatzrisiko, Wechselkursrisiko und andere Preisrisiken) Sensitivitätsanalysen durchgeführt und dargestellt werden. Verglichen mit IAS 32 sind die Regelungen zu den Mindestangaben der Risikoanalyse deutlich reduziert und wesentlich transparenter; praktische Anwendungsrichtlinien finden sich aber in der ausführlichen Guidance on Implementing. Zusätzlich wären für jede Klasse von Finanzinstrumenten Analysen offen zu legen, die überfällige (past due) oder wertgeminderte (impaired) finanzielle Vermögenswerte einschließlich der Sicherheiten beschreiben.

Schließlich sollen in die Notes zu Finanzinstrumenten auch qualitative und quantitative Angaben zu den Zielen, Methoden und Prozessen des Kapitalmanagements einfließen, die auf Informationen des Managements beruhen (ED 7.46-48).

4.3 Angaben zur Bilanz

Einige der Angabepflichten des Standardentwurfs beziehen sich auf die einzelnen Kategorien von Finanzinstrumenten. Dazu gehören generelle Informationen zur Kategorienbildung sowie zu Reklassifizierungen. Als Leitlinie sieht es der Standardentwurf in ED 7.7 an, dem Abschlussleser ausreichende Informationen zu liefern, die eine Überleitung zu den betreffenden Bilanzpositionen erlaubt.

Als Mindestangaben verlangt ED 7.10 die Offenlegung der Buchwerte für jede Kategorie von finanziellen Vermögenswerten und Verbindlichkeiten.

Hinzu kommt die Verpflichtung, gewisse Angaben zur (Veränderung der) eigenen Bonität zu liefern. Über ED 7.11 ist nämlich für Verbindlichkeiten als erfolgswirksam zum beizulegenden Zeitwert vorgesehen, Angaben zur Veränderung desjenigen Teils der Fair-Value-Änderung offen zu legen, der nicht auf einer zinsinduzierten Wertänderung beruht. Zusätzlich sind die Buchwerte der zum Fair Value bewerteten finanziellen Verbindlichkeiten, aber auch deren Rückzahlungsbeträge anzugeben (ED 7.11). Ferner sind aufgrund von ED 7.19 und ED 7.20 umfangreiche Angaben zu Zahlungsverzug und Vertragsbruch bei eigenen Verbindlichkeiten erforderlich. Falls bis zum Bilanzstichtag keine Beseitigung der Leistungsstörungen erfolgt ist, löst dies Berichtspflichten über die Nichteinhaltung der Vertragspflichten sowie über den betreffenden Betrag aus. Gestellte Sicherheiten für eigene Verpflichtungen sind zu benennen.

Bezogen auf Kreditrisiken ist über ED 7.15 und ED 7.16 vorgesehen, dass für erhaltene Kreditsicherheiten sowohl die Buchwerte als auch die Fair Values der Sicherheiten anzugeben sind.

Gerade für Banken ist von Bedeutung, dass die Risikovorsorge, bezogen auf jede Kategorie von Finanzinstrumenten (also nicht nur für das Kreditgeschäft) anzugeben sowie deren Entwicklung darzustellen ist. Die Offenlegungspflicht der betreffenden Zahlen wird ergänzt um eine Erläuterungspflicht. Damit entspricht die Anforderung von ED 7.17 dem Grundsatz nach der bisherigen Rechtsverpflichtung aus IAS 30.43.

Bei Übertragungen von finanziellen Vermögenswerten, die gleichwohl - aufgrund der Regelungen von IAS 39 - nicht oder nicht vollständig ausgebucht werden dürfen, sind die Vermögenswerte ihrer Art nach zu erläutern. Zusätzlich sind die Chancen und Risiken, die mit dem Besitz dieser Vermögenswerte zusammenhängen, zu beschreiben (ED 7.14).

4.4 Angaben zur Gewinn- und Verlustrechnung

Für jede Kategorie von finanziellen Vermögenswerten und finanziellen Verbindlichkeiten sind entsprechend ED 7.21-22 die Nettogewinne und Nettoverluste in den Notes auszuweisen. Außerdem soll die Zusammensetzung von Gewinnen und Verlusten differenziert dargestellt werden. Es ist insbesondere zu zeigen, ob bspw. Zinserträge in den Ergebniskomponenten enthalten sind (ED 7.21(b)). Werden von einer Bank dem Handelsergebnis zulässiger Weise etwa die dem Handel ökonomisch zuzuordnenden Zinsen, Dividenden und Refinanzierungsbestandteile buchhalterisch zugeordnet, sind diese Komponenten nach der entsprechenden Regelung gesondert anzugeben. Ansonsten dürfte die Ausweispflicht mit Blick auf die Notes eher von geringerer Bedeutung sein, da - zumindest nach den bisherigen Gliederungen der Gewinn- und Verlustrechnung im Bankenbereich - die Zinsen üblicherweise als gesonderte Positionen in der Gewinn- und Verlustrechnung gezeigt werden.

Außerdem sind nach ED 7.21(d) die Erträge und Aufwendungen aus Gebühren und Provisionen anzugeben. Hierzu gehören nach dem Standardentwurf auch Erträge und Aufwendungen aus Treuhandtätigkeit (die entgegen der europäischen Bankbilanzrichtlinie nach IFRS nicht als Vermögens- und Verbindlichkeitspositionen auszuweisen, sondern lediglich im Anhang anzugeben sind). Die entsprechende Angabepflicht korrespondiert mit IAS 30.55.

Für Banken von besonderer Bedeutung ist die Angabepflicht von Aufwendungen für Wertminderungen pro Kategorie von Finanzinstrumenten. Über IAS 39.AG93 tritt eine Angabepflicht über die vereinnahmten Zinserträge auf wertgeminderte Forderungen hinzu (ED 7.22).

Für Vermögenswerte der Kategorie Available for Sale ist der Betrag, der während einer Periode dem Eigenkapital zugeführt wurde und der Betrag, der umgegliedert wurde, jeweils separat zu zeigen. Daraus lässt sich ableiten, inwieweit Wertänderungen aus vergangenen Perioden das laufende Ergebnis beeinflusst haben.

4.5 Risikoberichterstattung

Nach ED 7.32 ist die Offenlegung von Informationen vorgesehen, die den Abschlusslesern eine Einschätzung von Art und Eigenschaften der Risiken von Finanzinstrumenten erlaubt. Dabei umfasst die Risikoberichterstattung eine verbale Beschreibung der Risiken und ihres Managements (in umfassendem Verständnis, mithin unter Einschluss des Risikocontrollings). Die allgemeinen Anforderungen werden konkretisiert durch qualitative und quantitative Angabepflichten. Zusätzlich sind Mindestangaben zum Marktpreisrisiko, zum Kreditrisiko und zum Liquiditätsrisiko zu liefern.

Die qualitativen Angaben sind darauf ausgerichtet, Risiken, welchen das Unternehmen ausgesetzt ist, darzustellen, Ziele und Strategie des Risikomanagements zu beschreiben sowie die eingesetzten Methoden und Prozesse zur Risikosteuerung zu erläutern. Die Gesamtheit dieser qualitativen Angaben soll mithin die Risikopolitik eines Unternehmens umfassend verdeutlichen (ED 7.IG7).

Zu den qualitativen Angabepflichten treten Vorgaben für quantitative Angaben (ED 7.34-45). Die Quantifizierungen sind dabei einerseits übergreifend über alle Risiken vorzunehmen, andererseits sind auch für jede Risikoart differenzierte Angaben auszuweisen. Alle Angaben sollen auf dem internen Managementinformationssystem basieren. Ähnlich wie bei der Segmentberichterstattung nach IAS 14 - vielleicht sogar noch prägnanter - kommt hier der Management Approach zum Ausdruck. Der Abschlussleser soll einen Eindruck der Risiken des Unternehmens in der Form erhalten, wie das Management das Unternehmen sieht und darauf basierend seine Entscheidungen trifft. Außerdem sind größere Veränderungen zwischen dem Abschlussstichtag und dem Jahresverlauf zu erläutern (ED 7.36).

Die Abbildung von Marktrisiken ist im Bankensektor sehr weit fortgeschritten. Üblich sind Analysen, die sich auf die Quantifizierung potenzieller Verluste, die bei Variation eines Marktparameters in einem gesamten Portfolio entstehen können, mit einbeziehen. Hierzu haben sich in der Praxis Value-at-Risk-Verfahren durchgesetzt. Sie werden eingesetzt, um daraus ein quantitatives Maß für Marktrisiken im Handelsbuch unter normalen Marktbedingungen abzuleiten. Die Notwendigkeit solcher Value-at-Risk-Verfahren ergibt sich daraus, dass sich die einzelnen Marktfaktoren in der Regel nicht unabhängig voneinander verhalten, sondern sich gegenseitig beeinflussen. Zusätzlich zur Sensitivität und Volatilität eines einzelnen Marktfaktors ist die Abhängigkeit der einzelnen Markteinflussgrößen untereinander im Rahmen einer Korrelationsanalyse zu untersuchen.

Demgegenüber sieht der Standardentwurf lediglich vor, Marktrisiken auf der Grundlage von Sensitivitätsanalysen darzustellen (ED 7.43, ED 7.44). Dabei sollen die Angaben den potenziellen Effekt aus der Veränderung von Risikoparametern, etwa Zinsen oder Fremdwährungskursen, auf das Ergebnis und das Eigenkapital verdeutlichen. Die Offenlegungspflichten sind in Abhängigkeit vom eingesetzten Risikomanagement zu liefern. Hierbei wären ggf. Sensitivitätsanalysen offen zu legen, die Abhängigkeiten zwischen den Risikoparametern berücksichtigen. Da Value-at-Risk-Verfahren über reine Sensitivitätsanalysen hinausgehen, dürfte es der intendierten Zielsetzung des Standardentwurfs entsprechen, Angaben auf Basis der eingesetzten Value-at-Risk-Modelle zu liefern. Von besonderer Bedeutung wäre dabei, dass die Berechnungsparameter, wie Haltedauer oder Konfidenzniveau, mit angegeben werden. Ansonsten wäre eine externe Beurteilung gefährdet. Wünschenswert wären Informationen aus Stresstests und Backtesting-Ergebnisse.

Die Beurteilung von Kreditrisiken ist über Basel II zu einem zentralen Thema im Bankensektor der letzten Jahre geworden. In quantitativer Hinsicht wurde hier deutliche

Fortschritte erzielt. Der Standardentwurf enthält keine eigene Definition von Kreditrisiken. Für das Management des Kreditrisikos ist in der Praxis zu unterscheiden, ob Marktpreise zur Verfügung stehen. Bei am Markt notierten Anleihen sind in der Regel jederzeit Kurse erhältlich, so dass sich das Kreditrisiko entsprechend der Verfahren zur Bestimmung des Marktrisikos ermitteln lässt. Den dort eingesetzten Mark-to-Market-Modellen stehen Default-Modelle gegenüber. Diese werden im traditionellen Kreditbereich von Banken eingesetzt, da für Kreditforderungen im Privatkunden- und Firmenkundengeschäft faktisch keine Marktpreise existieren. Sie sind ausfallorientiert aufgebaut, mit einer Fokussierung auf die Betrachtung von Kreditausfällen. Mangels Datenverfügbarkeit verbleibt für die überwiegende Anzahl der Kreditnehmer lediglich die Möglichkeit einer Kategorisierung in weitgehend homogene Risikoklassen, für die Ausfallraten ermittelt werden.

Der Standardentwurf gibt Mindestangabepflichten vor. Um eine Einschätzung des Kreditrisikos durch den Abschlussadressaten zu gestatten, ist - nach Kategorien von Finanzinstrumenten getrennt - das maximale Kreditausfallrisiko ohne Berücksichtigung von Sicherheiten anzugeben (ED 7.39). Zusätzliche Erläuterungspflichten sind hinsichtlich der Sicherheiten gegeben. Ferner ist die Angabe von Informationen über die Kreditqualität von finanziellen Vermögenswerten, die nicht wertgemindert sind und für die kein Zahlungsverzug besteht, obligatorisch. Für solche finanziellen Vermögenswerte, die zwar einen Zahlungsverzug aufweisen, die aber - bspw. wegen der Höhe der Sicherheiten - noch nicht als wertgemindert eingeschätzt werden, ist eine Analyse der Altersstruktur vorzulegen. Auch für die wertgeminderten Vermögenswerte ist eine Analyse zu erstellen und offen zu legen.

Mit Blick auf Sicherheiten bestehen in dem Standardentwurf ausführliche Angabepflichten, etwa zu in Anspruch genommenen Sicherheiten, wie Rettungserwerben. Bei den erhaltenen Vermögenswerten, etwa bei übernommenen Grundstücken und Gebäuden, ist nach ED 7.41 neben dem Fair Value auch anzugeben, inwieweit eine Verwertung angestrebt ist (sofern die Sicherheiten in Vermögenswerten bestehen, die leicht in Zahlungsmittel umgewandelt werden können). Durch die Gesamtangaben wird eine gewisse Aussage zur Kreditportfolioqualität möglich, indem erkennbar ist, inwieweit ein Unternehmen gezwungen ist, Kredite durch die Übernahme von Sicherheiten abzulösen und welchen Erfolg deren Verwertung bringt.

In der bankbetrieblichen Praxis werden Liquiditätsrisiken nur sehr selten als eigenständige Risikokategorie betrachtet und isoliert gesteuert. Üblicherweise drückt sich die Frage der Liquidierbarkeit von Vermögenswerten im Bereich der Marktrisiken als integraler Bestandteil der Marktpreise aus und wird bei Kreditrisiken zu einer Komponente der Bonität. Hinzu tritt die die Beurteilung der Möglichkeit des Unternehmens, liquide Mittel im Bedarfsfall jederzeit aufnehmen zu können - sei es durch das klassische Einlagengeschäft oder durch Mittelaufnahmen am Geld- oder Kapitalmarkt - unter Berücksichtigung der Konditionen.

Der Standardentwurf sieht eine eigene Berichterstattungspflicht einschließlich quantitativer Angaben zu Liquiditätsrisiken im Sinne von Restlaufzeitenangaben in ED 7.42 vor. Neben der Restlaufzeitengliederung der finanziellen Verpflichtungen ist eine (lapidare) Erläuterungspflicht über das Management von Liquiditätsrisiken vorgesehen. Eine Aufgliederung nach Restlaufzeiten in Laufzeitbänder entsprechend IAS 30.30 wird zwar nicht mehr verlangt, über ED 7.IG24 in etwas veränderter Weise aber vorgeschlagen. Im Zusammenhang mit der Aufgliederung ist auf die vertragliche Restlaufzeit abzustellen. Die Darstellung des frühesten der möglichen Zeitpunkte der (Rück-)Zahlung von Verbindlichkeiten stellt auf ein Worst-Case-Szenario ab. Erfahrungen über Bodensätze nicht abgerufener Einlagen (was etwa bei Spareinlagen üblich ist) sind hierbei also nicht zu berücksichtigen. Vielmehr sind entsprechende Informationen bei der Erläuterung des Liquiditätsrisikomanagements angebracht (ED.7IG29).

4.6 Weitere Angabepflichten

Zusätzliche Angabepflichten beziehen sich im Wesentlichen auf allgemeine Angaben zu den Bilanzierungs- und Bewertungsmethoden, zur Bilanzierung von Sicherungsgeschäften (im Rahmen des Hedge Accounting von IAS 39) sowie zu Fair-Value-Angaben. Schließlich sind Angaben zum Kapital zu veröffentlichen.

Bei den Bilanzierungs- und Bewertungsmethoden sieht der Standardentwurf vor allem vor, die Kriterien zur Zuordnung von Vermögenswerten in die Kategorien der finanziellen Vermögenswerte als erfolgswirksam zum beizulegenden Zeitwert und zu Available for Sale zu erläutern. Da IAS 39 ein Wahlrecht der Erfassung von Vermögenswerten zum Handels- oder zum Erfüllungstag enthält, ist ferner anzugeben, wie von dem Wahlrecht Gebrauch gemacht wurde. Bedeutsam ist die vorgesehene Angabe der Kriterien, wonach sich die Beurteilung einer Wertminderung richtet. Dabei dürfte ein schlichter Verweis auf bestehende interne Richtlinien den Regelungsgehalt des Standardentwurfs nicht treffen. Hinsichtlich der Wertminderung von Eigenkapitaltiteln, für die Marktpreise existieren, sollten die Kriterien für Dauerhaftigkeit und für Signifikanz quantitativ ausgewiesen werden.

Angaben zu Sicherungsbeziehungen entsprechend IAS 39 sind für jede zugelassene Art von buchhalterischer Absicherung, also für Fair Value Hedges, für Cash Flow Hedges und für Hedges in a Net Investment in a foreign Operation, zu liefern. Da der Portolio Hedge für Zinsrisiken unter die Systematik des Fair Value Hedge zu subsumieren ist, besteht durch die Enumeration von ED 7.24 letztlich kein angabefreier Raum. Die Sicherungsbeziehungen und die gesicherten Risiken sind zu beschreiben, die als Sicherungsinstrumente eingesetzten Finanzinstrumente sind mit ihrem Fair Value anzugeben. Unter der Sicherungsbeziehung gemäß Cash Flow Hedge ist die Absicherung zukünftiger Transaktionen erlaubt, die mit hoher Wahrscheinlichkeit eintreten werden. Nach dem Standardentwurf ist abzuschätzen, in welchen Perioden mit den erwarteten Zahlungsströmen zu rechnen ist. Die Technik des Cash Flow Hedge bedingt, dass Wertänderungen des Derivats zunächst in der Neubewertungsrücklage, als Komponente des Eigenkapitals, „geparkt" werden. Nach ED 7.25 ist jeweils der während einer Periode im Eigenkapital erfasste Betrag und der Betrag, der vom Eigenkapital in die Gewinn- und Verlustrechung überführt wurde, anzugeben.

Für jede Kategorie von finanziellen Vermögenswerten und finanziellen Verbindlichkeiten ist der Fair Value offen zu legen, um so einen Vergleich mit dem Buchwert vornehmen zu können. Diese Regelung gilt vereinfachungsbedingt nicht für kurzfristige Forderungen und Verbindlichkeiten, wenn der Buchwert in etwa dem Fair Value entspricht. Die Methoden und Annahmen, die zur Ermittlung der Zeitwerte herangezogen werden, sind ebenfalls anzugeben. Der Vergleich von Zeitwert und (sofern abweichend) Buchwert zeigt die Höhe der Reserven in den betreffenden Vermögenswerten.

Die Geschäftstätigkeit einer Bank weist im Vergleich zu anderen Unternehmen unter anderem die Besonderheit auf, dass sie durch die Einhaltung bestimmter, von der Bankenaufsicht vorgegebener Eigenkapitalkennziffern restringiert wird. Angaben über das Eigenkapital einer Bank sind daher für deren Abschlussadressaten von besonderer Bedeutung zur Einschätzung der (zukünftigen) Geschäftsentfaltungsmöglichkeiten. Der Standardentwurf enthält erstmals Angabepflichten, die sich auf das Eigenkapital eines Unternehmens beziehen. Dabei stehen qualitative Angaben zwar im Vordergrund, genügen aber nicht.

Die qualitativen Angaben zum Eigenkapital beziehen sich auf Ziele und Prozesse des Managements im Zusammenhang mit dem Eigenkapital eines Unternehmens. Dazu gehört eine Beschreibung der Art des Eigenkapitals. Kapitalanforderungen, die extern zu erfüllen sind, wie die Eigenkapitalrelationen aufgrund bankaufsichtsrechtlicher Vorschriften, sind quantitativ darzustellen und zusätzlich verbal zu erläutern (ED 7.47). Außerdem wäre über Verstöße gegen externe und interne Kapitalanforderungen (also selbst gesteckte Ziele) zu berichten und auf Konsequenzen hieraus einzugehen. Hier wird erneut betont, dass diese Angaben auf solchen Informationen zu beruhen haben, die dem Management für Steuerungszwecke zur Verfügung gestellt werden. Die bisher schon veröffentlichen Angaben im Bankenbereich zum regulatorischen Kapital decken die Informationspflichten hinsichtlich der qualitativen Merkmale weitestgehend ab. Mit Blick auf die quantitativen Offenlegungspflichten ist der tatsächlich angestrebte Darstellungsumfang zu hinterfragen. Im Sinne einer wohlverstandenen Kommunikationspolitik wird das Management ohnehin über die Erreichung selbst gesteckter Kapital- oder Renditeziele berichten oder die Gründe für ein Unterschreiten erläutern. Wie weit allerdings die Einhaltung bankaufsichtsrechtlicher Kapitalerfordernisse zu thematisieren ist, ist nach der Entwurfsfassung nicht abschließend geklärt. Falls sich die Offenlegung auf die Darlegung der Kennziffern zu jedem Bilanzstichtag beschränkt, wäre dagegen wohl kaum ein Einwand zu erheben. Dies ist bereits derzeit schon State of the Art.

4.7 Würdigung

Auch wenn die Anforderungen nach ED 7 starke Elemente der Offenlegungsanforderungen nach Basel II enthalten und zahlreiche Äquivalenzen zu dem deutschen Risikoberichterstattungsstandard für Banken, DRS 5-10, bestehen, kann nicht davon ausgegangen werden, dass aus dem Standardentwurf, keine - oder wenigstens keine brisanten - zusätzlichen Pflichten entstehen. Differenzen zu bestehenden Standards des IASB sowie Unterschiede zur deutschen Risikoberichterstattungspflichten und zu Basel II finden sich als synoptische Gegenüberstellungen im Anhang dieses Beitrages.

Anlagen

Anlage 1: Wesentliche Erstanwendungseffekte

Unterschiede in Bilanz, Gewinn- und Verlustrechnung sowie Erläuterungen (Notes)

Vergleich der Geschäftsberichte 1998 von HypoVereinsbank, Dresdner Bank, Commerzbank, HSBC Trinkhaus & Burkhardt, BHF Bank und DG Bank mit dem Geschäftsbericht 1995 der Deutschen Bank (in Mrd. DM)

Schwerpunkte der Rechnungslegung nach IAS	Konsequenzen für den Abschluss	Deutsche Bank	HypoVereins-bank	Dresdner Bank (separate Aufstellung)	Commerz-bank	BHF Bank	HSBC Trinkaus & Burkhardt (GB 1997)	DG Bank
"Stille" Reserven	Unzulässigkeit von § 340f HGB-Vorsorgereserven	+ 1,4	+ 0,9	+ 0,6	+ 0,3	+ 0,1	+ 43,4 Mio. DM	+ 1,0
Goodwill	Aktivierungspflicht des Goodwill, Abschreibung zu Lasten der GuV	+ 1,9	+ 0,7	+ 1,7	+ 0,6	n.a.		+ 0,4
Handelsergebnis	Mark-to-market-Ansatz	+ 0,6	+ 0,1	+ 0,4	+ 0,3	+ 1,0	+ 157,8 Mio. DM	n.a.

Schwerpunkte der Rechnungslegung nach IAS	Konsequenzen für den Abschluss	Deutsche Bank	HypoVereins-bank	Dresdner Bank (separate Aufstellung)	Commerz-bank	BHF Bank	HSBC Trinkaus & Burkhardt (GB 1997)	DG Bank
Wertpapiere	Anlagebestände zu Anschaffungskosten (Zuschreibungspflicht)	+ 0,3	n.a.	+ 0,4	n.a.	n.a.	+ 34,6 Mio. DM	- 1,0
Pensionsrück-stellungen	Marktzins, Gehaltsent-wicklung und Renten-anpassung	- 2,1	- 1,0	- 0,9	- 0,4	- 40 Mio. DM	- 33,7 Mio. DM	- 0,4
Leasing	Finanzierungsleasing zu Forderungen, Kor-rektur degressiver Abschreibungen	1,4	n.a.	n.a.	n.a.	n.a.	n.a.	n.a.

Schwerpunkte der Rechnungslegung nach IAS	Konsequenzen für den Abschluss	Deutsche Bank	HypoVereins-bank	Dresdner Bank (separate Aufstellung)	Commerz-bank	BHF Bank	HSBC Trinkaus & Burkhardt (GB 1997)	DG Bank
Steuern	Sonderabschreibungen und Sonderposten unzu-lässig, latente Steuern	+ 1,0 / - 0,1	+ 0,5 / + 0,6	+ 0,5 / - 0,3	+ 0,1 / n.a.	- 0,2	- 80,8 Mio. DM	- 0,3
Sonstige Anpassungen	Diverse	+ 0,2	- 0,1	- 0,2	+ 0,3	+ 0,2	n.a.	+ 0,8
Erstan-wendung	Saldo rückwirkender Anpassungen (Gewinnrücklagen)	+ 4,6	+ 1,7	+ 2,2	+ 1,2	+ 0,2	+ 0,1	+ 1,4

Anlage 2: Synoptische Gegenüberstellung von ED 7 mit bestehenden Regelungen des IASB

	ED 7	IAS 30	IAS 32 [72]	IAS 32 alt [73]	Anmerkungen
Anwender / Anwendung	**Unternehmen**, die **Finanzinstrumente** besitzen (ED 7.1 und 7.3-6).	**Banken und andere Finanzinstitute** (IAS 30.1).	**Unternehmen**, die **Finanzinstrumente** besitzen (IAS 32.4, Ausnahmen IAS 32.4 (a)-(f)).	**Unternehmen**, die **Finanzinstrumente** besitzen (IAS 32.1).	Anwendung: -IAS 30, und ED 7 von allen Unternehmen, die Finanzinstrumente besitzen. -IAS 30 von Banken und anderen Finanzinstituten.
Zielsetzung	**Offenlegung** von umfassenden **Informationen** über die **Risikobelastung** des **Unternehmens** und deren **Steuerung** (ED 7.1).	**Offenlegung** von umfassenden und vergleichbaren **Informationen** zur **finanziellen Situation und Leistung** der Bank (IAS 30.5-6).	Erleichterung der **Einschätzung** der aus dem Einsatz von Finanzinstrumenten **resultierenden Risken** (IAS 32.1-3).	**Verbesserung** der Information über Bedeutung von Finanzinstrumenten **für Vermögens-, Finanz- und Ertragslage und Cash Flows** des Unternehmens (IAS 32).	IAS 30 und 32 allgemeiner auf finanzielle Situation und Leistung des Berichterstatters bezogen als ED 7.

---

[72] Exposure Draft bzw. Ausgabe 2004.
[73] Überarbeitet 1998.

	ED 7	IAS 30	IAS 32	IAS 32 alt	Anmerkungen
Art und Platzierung der Informationen	**Qualitative**[74] und **quantitative**[75] **Darstellung** vorgeschrieben (ED 7.33). Platzierung der Darstellung als **Teil des Jahresabschlusses**[76]. Darstellungsumfang soll vom Ausmaß der verwendeten Finanzinstrumente und den übernommenen Risiken abhängen (ED 7.BC19(b)).	**Managementkommentar**, ohne Vorgaben zu dessen Platzierung (IAS 30.7).	**Beschreibender** Text **oder quantitative** Angaben[77] ohne Festlegung der Platzierung (i.A. Bilanz oder Anhang). Umfang und Detaillierungsgrad sollte zwischen einer zu detaillierten und einer zu groben Darstellung abwägen (IAS 32.53-54).	Keine Vorgaben zur Art der Angaben. Die **Platzierung** (Bilanz oder Anhang) ist für bilanzwirksame **Finanzinstrumente nicht vorgegeben**, bilanzunwirksame **Finanzinstrumenten** sind in **im Anhang** darzustellen (IAS 32.44). Detaillierungsgrad sollte zwischen einer zu detaillierten und einer zu groben Darstellung, anhand der relativen Bedeutung des Instruments, abwägen (IAS 32.45).	Veröffentlichungsumfang von ED 7 größer als bei IAS 32. ED 7 verlangt zusätzlich zu den quantitativen Angaben auch qualitative Informationen. ED 7 geht wesentlich über IAS 30 hinaus, der lediglich einen Managementkommentar, aber keine Abwägung bzgl. des Detaillierungsgrades verlangt.

---

[74] Je Risiko aus Finanzinstrumenten soll mindestens die Risikobelastung, deren Entstehung, die Risikomanagementziele, -methoden und -verfahren, die Risikomessmethoden und Veränderungen gegenüber dem vorherigen Berichtszeitraum veröffentlicht werden (ED 7.34).

[75] Je Risiko aus Finanzinstrumenten soll eine Zusammenfassung der quantitativen Risikoinformationen (Ausmaß des Risikobelastung zum Berichtszeitpunkt), die minimal offen zu legenden Informationen zu den einzelnen Risikokategorien, gemäß ED 7.39-45 und bisher nicht ersichtlichen Risikokonzentrationen veröffentlicht werden (ED 7.35).

[76] Entweder direkt oder als Teil der Zusatzinformationen.

[77] Basierend auf Buch- oder Nominalwerten der Finanzinstrumente.

	ED 7	IAS 30	IAS 32	IAS 32 alt	Anmerkungen
Beschreibung Risikomanagement	Veröffentlichung der **Risikomanagementziele, -methoden und -verfahren**, je Risikokategorie, inkl. der Darstellung des Aufbaus und der Organisation[78], des Geltungsbereichs und der Art der Risikoberichterstattung oder -berechnung, der Methoden zum Hedgen und Vermeiden von Risiken und der Überwachungsmechanismen (ED 7.34 und ED 7.IG7)	Verbale Erläuterung der **Risikohandhabung und Risikokontrolle** (IAS 30.7).	Beschreibung der **Zielsetzungen und Methoden** des **Risikomanagements** (IAS 32.56).	Beschreibung der **Zielsetzungen** des **Finanzrisikomanagements** (IAS 32.43A).	ED 7 verlangt eine Darstellung der organisatorischen Aspekte des Risikomanagements. Darüber hinaus verlangt ED 7 wie IAS 32 auch eine Darstellung der Risikomanagementzielsetzungen und wie IAS 30 eine Beschreibung der Risikohandhabung und Risikokontrolle.

---

[78] Inkl. der Darstellung von deren Unabhängigkeit und Verantwortung.

	ED 7	IAS 30	IAS 32	IAS 32 alt	Anmerkungen
Darstellung der einzelnen Risikokategorien	1. **Kreditrisiken**	1. **Adressausfallrisiken**	1. **Kreditrisiken**	1. **Ausfallrisiken**	ED 7 verlangt eine Risikokategorisierung ohne weitere Untergliederung der einzelnen Risikokategorien. IAS 30 und 32 verlangen keine explizite Darstellung der Risikokategorien operationale und weitere / andere Risiken. Die einzelnen Rechenwerke verwenden teilweise unterschiedliche Begrifflichkeiten, die jedoch im Kern sehr Ähnliches meinen.
	2. **Liquiditätsrisiken**	2. **Liquiditätsrisiken**	2. **Liquiditäts- bzw. Refinanzierungsrisiken**	2. **Liquiditäts- bzw. Refinanzierungsrisiken**	
	3. **Marktrisiken**	3. **Marktrisiken** untergliedert nach Zinsänderungs-, Währungs- und andere Marktpreisrisiken	3. **Marktrisiken** untergliedert nach Währungs-, Zins- und Preisrisiken	3. **Preisrisiken** untergliedert nach Kursänderungs-, Zinsänderungs- und Marktrisiken	
	4. **Operationale Risiken**	4. Nicht verlangt	4. Nicht verlangt	4. Nicht verlangt	
	5. **Weitere Risikofaktoren**	5. Nicht verlangt	5. Nicht verlangt	5. Nicht verlangt	

	ED 7	IAS 30	IAS 32	IAS 32 alt	Anmerkungen
Kredit- / Adressenausfallrisiken	Offenlegung des **maximalen Kreditrisikos**, ohne Sicherheiten und zusätzliche Kreditbesicherungen. Zusätzlich müssen, sofern praktikabel, folgende Angaben gemacht werden: 1. Fair Value aller Sicherheiten und zusätzlichen Kreditbesicherungen 2. Informationen zu allen überfälligen[79] oder nicht gedeckten[80] Finanzanlagen 3. Informationen zu allen Finanzanlagen, die als Sicherheit übernommen wurden, bzgl. Beschaffenheit, Fair Value und ggf. deren Entsorgungskosten[81]	Erläuterung der **Adressausfallrisiken** ohne Vorgabe der Offenlegungsbreite und -tiefe (IAS 30.7).	Darstellung der **Kreditrisiken**, dabei sind je Kategorie von **Finanzinstrumenten**[82] der **Betrag des maximalen Ausfallrisikos**[83] und alle wesentlichen **Ausfallrisikokonzentrationen**[84] anzugeben (IAS 32.76).	Darstellung der **Ausfallrisiken**[85], dabei sind je Klasse von erfassten und nicht erfassten finanziellen Vermögenswerten der **maximale Ausfall- betrag**[86] und erheblichen Ausfallrisikokonzentrationen anzugeben (IAS 32.66).	ED 7 und IAS 32 verlangen eine Darstellung des maximalen Kreditrisikos ohne Berücksichtigung von Sicherheiten und zusätzlichen Kreditbesicherungen. IAS 30 und 32 verlangen weniger detaillierte Angaben als ED 7.

[79] Vorgeschrieben ist eine Analyse der Altersstruktur aller überfälligen Finanzanlagen.

[80] Eine Untersuchung der Altersstruktur aller nicht gedeckten Finanzanlagen ist nicht vorgeschrieben, vielmehr sollen andere Faktoren (z.B. Eigenschaften des Vertragspartners, geographische Analyse der nicht gedeckten Finanzanlage) analysiert werden.

[81] Sofern das Anlagegut nicht verkauft oder genutzt werden kann (ED 7.39-41).

[82] Bilanzielle Aktiva und andere Kreditengagements.

[83] Der maximale Ausfallrisikobetrag ist ohne Berücksichtigung von evtl. vorhandenen Sicherheiten zu ermitteln und entspricht für bilanzielle aktive Finanzinstrumente i.A. dem auszuweisenden Buchwert (d.h. i.A. fortgeführte Anschaffungskosten oder Fair Value). Wenn das maximal Ausfallrisiko aufgrund besonderer Umstände wesentlich vom Buchwert abweicht, dann ist dieses zu erläutern. Wenn sich der Betrag des maximalen Ausfallsrisikos bereits aus anderen Angaben ergibt, dann sind keine weiteren Angaben notwendig.

[84] Kreditrisikokonzentrationen liegen vor, wenn eine Gruppe von Schuldnern gleiche Merkmale aufweist, die jeweils deren Fähigkeit ihren Zahlungsverpflichtungen nachzukommen beeinflussen.

[85] Als Ausfallrisiko wird die Gefahr bezeichnet, dass ein Vertragspartner bei einem Geschäft über ein Finanzinstrument seinen Verpflichtungen nicht nachkommen kann und dadurch bei anderen Partnern finanzielle Verluste verursacht (IAS 32.43(b)).

[86] Der maximale Ausfallbetrag ist ohne Berücksichtigung von evtl. vorhandenen Sicherheiten zu ermitteln und entspricht für bilanzielle aktive Finanzinstrumente i.A. dem auszuweisenden Buchwert (d.h. i.A. fortgeführte Anschaffungskosten oder Fair Value). Wenn das maximal Ausfallrisiko aufgrund besonderer Umstände wesentlich vom Buchwert abweicht, dann ist dieses zu erläutern. Wenn sich der maximale Ausfallsbetrag bereits aus anderen Angaben ergibt, dann sind keine weiteren Angaben notwendig (IAS 32.66-76).

	ED 7	IAS 30	IAS 32	IAS 32 alt	Anmerkungen
Liqui-ditäts-risiken	Analyse der bilanziellen Verbindlichkeiten hinsichtlich ihrer frühestens möglichen vertraglichen Fälligkeitsterminen. Die Handhabung der sich daraus ergebenden Liquiditätsrisiken ist zu beschreiben (ED 7.42).	Darstellung der Liquiditätsrisiken, inkl. einer Aufgliederung der Buchwerte aller Aktiva und Passiva gemäß ihrer vertraglichen Restlaufzeiten in fünf verschiedene Laufzeitbänder (IAS 30.7 und IAS 30.30-39). Keine Vorgaben der Offenlegungsbreite und -tiefe.	Darstellung der Liquiditäts- / Refinanzierungsrisiken[87] (IAS 32.52(c)).	Darstellung der Liquiditäts- / Refinanzierungsrisiken (IAS 32.43(c)).	ED 7 verlangt eine detaillierte Analyse der bilanziellen Verbindlichkeiten hinsichtlich deren frühestens möglichen vertraglichen Fälligkeitsterminen. IAS 30 verlangt im Gegensatz dazu eine Aufgliederung der Buchwerte aller Aktiva und Passiva gemäß ihrer vertraglichen Restlaufzeiten in fünf Laufzeitbändern. IAS 32 verlangt weniger detaillierte Angaben als ED 7.

---

[87] Liquiditäts- bzw. Refinanzierungsrisiken bestehen, wenn ein Unternehmen nicht in der Lage ist, die notwendigen Finanzmittel zu beschaffen, die zur Begleichung, der im Zusammenhang mit ihren Finanzinstrumenten bestehenden, Verpflichtungen notwendig sind. Die Höhe der Liquiditätsrisiken hängt von der Liquidierbarkeit der im Bestand befindlichen Finanzinstrumente ab.

	ED 7	IAS 30	IAS 32	IAS 32 alt	Anmerkungen
Markt-risiken	Die Durchführung einer **Sensitivitätsanalyse**, welche die **Auswirkungen von Änderungen** der wichtigsten **Risikofaktoren** auf die G&V und das Kapital[88] zeigt, ist für jede Art von **Marktrisiken**[89] vorgeschrieben. Die dabei verwendeten Methoden und Annahmen und ggf. die Veränderungen gegenüber dem Vorjahr sind zu erklären. (ED 7.43-44).	Erläuterung der **Zinsänderungs-, Währungs- und andere, Marktpreisrisiken** ohne Vorgabe der Offenlegungsbreite und -tiefe (IAS 30.7).	Darstellung der **Marktpreisrisiken**[90] untergliedert nach **Währungs-, Zins- und Preisrisiken**. Lediglich für Zinsrisiken[91] werden explizite Angaben zur Form der Darstellung gemacht, wobei darin nach **Fair-Value-**[92] und **Cash-Flow-Zinsrisiken**[93] unterschieden wird.	Darstellung der **Preisrisiken** untergliedert nach **Kursänderungs-, Zinsänderungs- und Marktrisiken**. Lediglich für Zinsänderungsrisiken[94] werden explizite Angaben zur Form der Darstellung gemacht, wobei darin nach **Preisrisiko**[95] und **Cash-Flow-Risiken**[96] unterschieden wird. Die Darstellung kann in	Lediglich ED 7 verlangt die Durchführung einer Sensitivitätsanalyse. IAS 30 und 32 verlangen eine andere Darstellung von Zinsänderungs- bzw. Marktpreisrisiken. Teilweise werden unterschiedliche Begrifflichkeiten verwendet, die jedoch im Kern sehr ähnlich sind.

[88] Für den Fall dass Fair-Value-Änderungen über die Kapitalposition realisiert werden.

[89] ED 7 Appendix A unterteilt Marktrisiken in Währungs-, Zinssatz- und andere Preisrisiken.

[90] Als Marktrisiko wird das Risiko bezeichnet, dass sich der Marktwert eines Finanzinstruments aufgrund von Marktparameter- und Marktpreisschwankungen ändert.

[91] Unter dem Zinsrisiko wird das Risiko verstanden, dass sich die künftige Ertragslage des Unternehmens aufgrund einer Veränderung des Zinsniveaus verändert (positiv oder negativ).

[92] Im Rahmen der Fair-Value-Zinsrisikodarstellung müssen die Buchwerte aller bilanzwirksamen Finanzinstrumente nach ihren Restlaufzeiten in sechs Laufzeitbänder aufgeteilt werden. Je Laufzeitband muss die Höhe des Festzinsüberhanges (aus aktiven und passiven Festzinsbeträgen) ermittelt werden, ggf. getrennt je Währung. Bei bilanzunwirksamen Finanzinstrumenten ist die Angabe des Nominalwertes und der Restlaufzeit erforderlich. Die Darstellung einer freiwilligen Sensitivitätsanalyse (Fair-Value-Änderung aufgrund der Änderung des Marktpreisniveaus) wird empfohlen.

[93] Im Rahmen der Cash-Flow-Zinsrisikodarstellung sollen Angaben zu den vertraglichen Zinsanpassungs- und Fälligkeitsterminen je Gruppe von bilanziellen Aktiva und Passiva offengelegt werden (IAS 32.74(c)).

[94] Unter Zinsänderungsrisiko wird das Risiko verstanden, dass sich der Wert des Finanzinstruments aufgrund von Schwankungen des Marktzinses ändert (IAS 32.42(a)(iii)) (positiv oder negativ).

[95] Im Rahmen der Preisrisikodarstellung sollen die Buchwerte aller bilanzwirksamen Finanzinstrumente gruppiert nach Instrumenten mit vertraglich festgelegter Fälligkeit oder Zinsanpassung nach ihren Restlaufzeiten in drei Laufzeitbänder aufgeteilt werden. Die Darstellung einer freiwilligen Sensitivitätsanalyse (gegenüber Zinssatzänderungen) wird empfohlen (IAS 32.64-65).

[96] Ein ähnliches Vorgehen ist für die Cash-Flow-Risikodarstellung möglich (Darstellung der Summe der Buchwerte von variabel verzinslichen finanziellen Vermögenswerten und Verpflichtungen, in Tabellenform nach Fristigkeiten angeordnet (IAS 32.64(c)).

	ED 7	IAS 30	IAS 32	IAS 32 alt	Anmerkungen
			Die Darstellung kann, in beschreibender, tabellarischer oder einer Mischung aus beiden Formen erfolgen (IAS 32.52(a) und IAS 32.67-75).	beschreibender, tabellarischer oder einer Mischung aus beiden Formen erfolgen (IAS 32.43(a) und IAS 32.56-65).	
Operationales Risiko	**Außerbilanzieller Ausweis** von **operationalen** Risiken (ED 7.BC40).	Kein expliziter Ausweis von operationalen Risiken verlangt.	Kein expliziter Ausweis von operationalen Risiken verlangt.	Kein expliziter Ausweis von operationalen Risiken verlangt.	Lediglich ED 7 verlangen einen Ausweis operationaler Risiken.
Andere Risiken	Zusätzliche Angaben[97] zu **weiteren Risikofaktoren** müssen **nur dann** gemacht werde, wenn die veröffentlichten Informationen, die **inhärenten Risiken nicht richtig darstellen** (ED 7.45).	Kein expliziter Ausweis von anderen Risiken verlangt.	Kein expliziter Ausweis von anderen Risiken verlangt.	Kein expliziter Ausweis von anderen Risiken verlangt.	Nach ED 7 ist eine Darstellung sonstiger Risiken geboten, wenn sie von wesentlicher Bedeutung für den Konzern sind bzw. inhärente Risiken sonst falsch dargestellt würden.

---

[97] Inkl. einer Beschreibung des Risikos und einer Darstellung der Auswirkungen von Änderungen in wichtigen Risikofaktoren auf die GuV und das Kapital (für den Fall dass Fair-Value-Änderungen über das Kapital realisiert werden).

	ED 7	IAS 30	IAS 32	IAS 32 alt	Anmerkungen
Angabe-pflichten zu Kapital-an-forde-rungen	Qualitative Beschreibung der Ziele, Taktiken und Prozesse des Kapitalmanagements. Offenlegung von internen und externe Kapitalanforderungen, untergliedert nach: - Beschreibung des Kapitals - Beschreibung und Umsetzung der Anforderungen - Zielerreichungsgrad - Quantitative Informationen zum Kapital - Veränderungen zum Vorjahr - Beurteilung der Einhaltung der Kapitalanforderungen - Ggf. Konsequenzen aus deren Nichteinhaltung.	Kein expliziter Ausweis von Kapitalanforderungen verlangt.	Kein expliziter Ausweis von Kapitalanforderungen verlangt[98].	Kein expliziter Ausweis von Kapitalanforderungen verlangt[99].	Lediglich ED 7 verlangt eine Offenlegung von internen und externen Kapitalanforderungen.

---

[98] IAS 32.11 und 32.15-16 behandeln lediglich die Klassifizierung von Finanzinstrumenten als Verbindlichkeiten oder als Eigenkapitalinstrumente.

[99] IAS 32.5 und 32.18-22 behandeln lediglich die Klassifizierung von Finanzinstrumenten als Verbindlichkeiten oder als Eigenkapitalinstrumente.

	ED 7	IAS 30	IAS 32	IAS 32 alt	Anmerkungen
Angabe-pflichten zu Fair Values	Für jede Gruppe von bilanziellen Aktiva und Passiva ist, sofern keine Ausnahmen vorliegen, deren **Fair Value**, anzugeben, so dass diese mit den in der Bilanz angesetzten Wert verglichen werden können. Methoden und Prämissen der Fair-Value-Bestimmung sind offen zu legen (ED 7.26 und 7.29-31).	Für jede Gruppen von bilanziellen Aktiva und Passiva soll deren **Fair-Value-Angaben** werden (IAS 30.24).	Für jede Gruppen von bilanziellen Aktiva und Passiva soll deren **Fair-Value-Angaben** werden (IAS 32.86-93, Ausnahmen in IAS 32.90 und IAS 32.92A).	Für jede Klasse von erfassten und nicht erfassten finanziellen Vermögenswerten und finanziellen Verbindlichkeiten sind Informationen über deren **beizulegenden Zeitwert anzugeben** (IAS 32.77-87).	IAS 30, IAS 32 (neu) und ED 7 verlangen de Veröffentlichung von Fair-Value-Informationen. IAS 32 alt verlangt Angaben zum ‚beizulegenden Wert', was dem Fair Value entspricht (bzw. eine reine Übersetzung des Fair-Value-Begriffes ins Deutsche ist).

Anlage 3: Synoptische Gegenüberstellung von ED 7 mit den deutschen Anforderungen zur Risikoberichterstattung und Basel II

	ED 7	DRS 5	DRS 5-10	Basel II	Anmerkungen
Anwender / Anwendung	**Unternehmen**, die **Finanzinstrumente** besitzen (ED 7.1 und 7.3-6).	**Unternehmen**, die einen **Konzernabschluss** erstellen (DRS 5.2).	**Kredit- und Finanzdienstleistungsinstitute** (DRS 5-10.3).	Alle **international tätigen Banken** auf konsolidierter Basis (Tz. 20-22 und 822).	Anwendung: - ED 7 von allen Unternehmen, die Finanzinstrumente besitzen, - DRS 5 von Unternehmen, die einen Konzernabschluss erstellen, - DRS 5-10 von Banken und anderen Finanzinstituten, - Basel II von alle international tätigen Banken.
Zielsetzung	**Offenlegung** von umfassenden **Informationen** über die **Risikobelastung** des **Unternehmens** und deren **Steuerung** (ED 7.1).	**Offenlegung** von entscheidungsrelevanten und verlässlichen **Informationen** über **Risiken der künftigen Konzernentwicklung** (DRS 5.1).	Wie DRS 5 (DRS 5-10.2).	**Schutz** der **Einleger** (Tz. 23), **Offenlegung** von Informationen zur **Einschätzung der Risikopolitik**, indem Verbindungen zwischen **Risikoträger** (Eigenkapital) und **Risikopotenzial** gezeigt werden (Tz. 809).	Zielsetzungen von ED 7 weitgehend identisch zu DRS 5 und 5-10, lediglich keine explizite ausschließliche Fokussierung von ED 7 auf die künftige Risikobelastung. Basel II ist noch stärker am Schutz der Einleger orientiert.

	ED 7	DRS 5	DRS 5-10	Basel II	Anmerkungen
Art und Platzierung der Informationen	Qualitative[100] und quantitative[101] Darstellung vorgeschrieben (ED 7.33). Platzierung der Darstellung als **Teil des Jahresabschlusses**[102]. Darstellungsumfang soll vom Ausmaß der verwendeten Finanzinstrumente und den übernommenen Risiken abhängen (ED 7.BC19(b)).	Quantitative **Angaben**[103] **vorgeschrieben**, sofern nach anerkannten und verlässlichen Methoden möglich, wirtschaftlich vertretbar und entscheidungsrelevant. Eine Platzierung der **geschlossenen Darstellung im Konzernlagebericht** (DRS 5.30) wird empfohlen. Umfang hängt von Gegebenheiten des Konzerns und Markt- und brachenbedingtem Umfeld ab (DRS 5.12).	Quantitative **Angaben** nach **intern** verwendeten und aufsichtsrechtlich anerkannten **Verfahren** für bestimmte Risiken vorgeschrieben (z.B. DRS 5-10.35). Eine Platzierung der **geschlossenen Darstellung im Konzernlagebericht** (DRS 5-10.12) wird empfohlen, wobei diese von der Prognoseberichterstattung[104] zu trennen ist. Ein Vergleich zu Vorjahreswerten ist herzustellen (DRS 5-10.13).	Quantitative und **qualitative Angaben** zur Risiko- und Eigenmittelstrategie. Die Bestimmung des Veröffentlichungsorts und der angemessenen Medien liegt im Ermessensspielraum der Geschäftsleitung (Tz. 814). Auf Grundlage des Wesentlichkeitsprinzips sollte die Relevanz der zu veröffentlichen Informationen beurteilt werden (Tz. 817).	ED 7 und Basel II verlangen zusätzlich zu den auch in DRS 5 und DRS 5-10 geforderten quantitativen Angaben auch qualitative Informationen.

---

[100] Je Risiko aus Finanzinstrumenten soll mindestens die Risikobelastung, deren Entstehung, die Risikomanagementziele, -methoden und -verfahren, die Risikomessmethoden und Veränderungen gegenüber dem vorherigen Berichtszeitraum veröffentlicht werden (ED 7.34).

[101] Je Risiko aus Finanzinstrumenten soll eine Zusammenfassung der quantitativen Risikoinformationen (Ausmaß des Risikobelastung zum Berichtszeitpunkt), die minimal offen zu legenden Informationen zu den einzelnen Risikokategorien, gemäß ED 7.39-45 und bisher nicht ersichtlichen Risikokonzentrationen veröffentlicht werden (ED 7.35).

[102] Entweder direkt oder als Teil der Zusatzinformationen.

[103] Die verwendeten Modelle und Annahmen sind zu erläutern (DRS 5.20).

[104] Je Risikoart zum jeweils adäquaten Prognosezeitraum (DRS 5-10.6 und (DRS 5-10.22)).

	ED 7	DRS 5	DRS 5-10	Basel II	Anmerkungen
Beschreibung Risikomanagement	Veröffentlichung der **Risikomanagementziele, -methoden und -verfahren**, je Risikokategorie, inkl. der Darstellung des Aufbaus und der Organisation[105], des Geltungsbereichs und der Art der Risikoberichterstattung oder -berechnung, der Methoden zum Hedgen und Vermeiden von Risiken und der Überwachungsmechanismen (ED 7.34 und ED 7.IG7).	Angemessene Beschreibung des Risikomanagements, inkl. **Strategie, Prozess** und **Organisation** (DRS 5.28-29).	**Darlegung** des **Risikomanagementsystems**[106], inkl. Erläuterung der **funktionalen**[107] und **organisatorischen**[108] **Aspekte** und ggf. der geplanten Änderungen (DRS 5-10.20).	**Veröffentlichung** von **Risikomanagementzielen** und **-strategien** (geordnet nach Risikoquellen). Im Einzelnen sind zu erläutern: 1. Strategien und Prozesse 2. Struktur und Organisation des Risikomanagements 3. Art und Umfang der Risikoberichte und / oder des Managementsystems 4. Absicherungsgrundzüge und / oder Minderung von Risiken (Tz. 824).	ED 7 verlangt wie DRS 5, 5-10 und Basel II eine Darstellung der organisatorischen Aspekte des Risikomanagements. Darüber hinaus verlangen ED 7 und Basel II auch eine Darstellung der Risikomanagementzielsetzungen und eine Beschreibung der Risikohandhabung und -kontrolle.

---

[105] Inkl. der Darstellung von deren Unabhängigkeit und Verantwortung.

[106] Dazu gehören Informationen über Entscheidungsprozesse, die Koordination sowie die Integration der Einzelrisiken und die Verantwortlichkeiten im Risikosteuerungssystem (DRS 5-10.17).

[107] Darzustellen sind die regelmäßig angewandten Systeme zur Identifikation von Risiken und deren Bewertung, die Verfahren zur Zuteilung von Risikobudgets bzw. -begrenzungen, das Überwachungs- und Berichtswesen sowie die Sicherung der Funktionsfähigkeit und Wirksamkeit von Steuerungs- und Überwachungssystemen. Es ist auf das Verfahren der Risikokapitalallokation einzugehen (DRS 5-10.18).

[108] Die Ausgestaltung der risikosteuernden und der risikoüberwachenden Organisationseinheiten im Konzern muss mindestens erläutert werden (DRS 5-10.19).

	ED 7	DRS 5	DRS 5-10	Basel II	Anmerkungen
Darstellung der einzelnen Risikokategorien	1. **Kreditrisiken**	Keine explizite Darstellung einzelner Risikokategorien verlangt.	1. **Adressausfallrisiken** untergliedert nach Kredit-, Kontrahenten-, Länder- und Anteilseignerrisiken	1. **Kreditrisiken**	ED 7 verlangt die gleiche Risikokategorisierung wie DRS 5-10, verlangt jedoch keine weitere Untergliederung der einzelnen Risikokategorien. Die einzelnen Rechenwerke verwenden teilweise unterschiedliche Begrifflichkeiten, die jedoch im Kern sehr Ähnliches meinen. Basel II verlangt keine Darstellung von Liquiditätsrisiken und von weiteren Risikofaktoren, alle anderen Risikokategorien müssen wie bei ED 7 dargelegt werden.
	2. **Liquiditätsrisiken**		2. **Liquiditätsrisiken** untergliedert nach Liquiditätsrisiken im engeren Sinne[109], Refinanzierungsrisiken und Marktliquiditätsrisiken	2. Keine explizite Darstellung von Liquiditätsrisiken	
	3. **Marktrisiken**		3. **Marktrisiken** untergliedert nach Zinsänderungs- und, Währungsrisiken, Risiken aus Aktien und sonstigen Eigenkapitalpositionen und Rohwaren- und sonstige Preisrisiken	3. **Marktrisiken**	
	4. **Operationale Risiken**		4. **Operationale Risiken**	4. **Operationale Risiken**	
	5. **Weitere Risikofaktoren**		5. **Weitere Risikofaktoren**	5. Keine explizite Darstellung weiterer Risikofaktoren	

---

[109] Das Risiko einer Zahlungsverpflichtung zum Zeitpunkt der Fälligkeit nicht nachkommen zu können.

	ED 7	DRS 5	DRS 5-10	Basel II	Anmerkungen
Kredit-/ Adressen-ausfall-risiken	Offenlegung des **maximalen Kreditrisikos**, ohne Sicherheiten und zusätzliche Kreditbesicherungen. Darüber hinaus müssen - sofern praktikabel - folgende Angaben gemacht werden: 1. Fair Value aller Sicherheiten und zusätzlichen Kreditbesicherungen 2. Informationen zu allen überfälligen[110] oder nicht gedeckten[111] Finanzanlagen 3. Informationen zu allen Finanzanlagen, die als Sicherheit übernommen wurden, bzgl. deren Beschaffenheit, Fair Value und ggf. deren Entsorgungskosten[112] (ED 7.39-41).	Keine explizite Darstellung von Kredit-/ Adressausfallrisiken verlangt.	Darstellung der **Adressausfallrisiken**[113], je Risikoklasse von bilanzwirksamen und bilanzunwirksamen Geschäften untergliedert in **Kredit-, Kontrahenten-, Länder-** und **Anteilseignerrisiko** (DRS 5-10.10). Im Einzelnen sollten folgende Angaben offen gelegt werden: 1. Ausfallwahrscheinlichkeiten 2. Erwartete Höhe der Risikoexponiertheit 3. Zukünftig zu erwartende Sicherheitserlöse 4. Beschreibung der verwendeten Verfahren zur Quantifizierung und Steuerung der Adressausfallrisiken und	Qualitative und quantitative Angaben zur **Kredit-**[114] **/ Adressausfallrisiko**. Im Wesentlichen sollten folgende Angaben zum Kreditvolumen offen gelegt werden: 1. Erläuterung des Kreditgeschäfts und der Kreditrisikoposition 2. Brutto Gesamt- und Durchschnittsbetrag 3. Geographische Verteilung 4. Aufteilung nach Branchen oder Kontrahenten 5. Restlaufzeitenaufgliederung 6. Aufgliederung der Not leidenden und im Verzug befindlichen Kredite[115] 7. Veränderung der Risikovorsorge für Not leidende Kredite. Darüber hinaus müssen zusätzlich weitere Angaben gemacht werden. (Tz. 825, Tabellen 4-8)	ED 7 verlangt eine Darstellung des maximalen Kreditrisikos ohne Berücksichtigung von Sicherheiten und zusätzlichen Kreditbesicherungen. DRS 5-10 geht bzgl. der Untergliederung der Adressausfallrisiken und der im Einzelnen verlangten Informationen über ED 7 hinaus. Basel II schreibt eine detailliertere und weitreichendere Offenlegung als ED 7 vor.

[110] Vorgeschrieben ist eine Analyse der Altersstruktur aller überfälligen Finanzanlagen.

[111] Eine Untersuchung der Altersstruktur aller nicht gedeckten Finanzanlagen ist nicht vorgeschrieben, vielmehr sollen andere Faktoren (z.B. Eigenschaften des Vertragspartners, geographische Analyse der nicht gedeckten Finanzanlage) analysiert werden.

[112] Sofern das Anlagegut nicht verkauft oder genutzt werden kann.

[113] Als Adressenausfallrisiko wird das Risiko eines Verlustes oder entgangenen Gewinns aufgrund des Ausfalls eines Geschäftspartners bezeichnet.

[114] Darüber hinaus enthält das Working Paper Nr. 55 wichtige Empfehlungen im Hinblick auf die die Kreditrisikodarstellung.

[115] Aufgegliedert geographisch und nach Gegenparteien (Kundengruppen, Branchen).

	ED 7	DRS 5	DRS 5-10	Basel II	Anmerkungen
			5. Beschreibung der Methoden zur Risikovorsorgebildung. Eine tabellarische Darstellung wird empfohlen (DRS 5-10.28-29).		

	ED 7	DRS 5	DRS 5-10	Basel II	Anmerkungen
Liquiditätsrisiken	**Analyse der bilanziellen Verbindlichkeiten** hinsichtlich ihrer **frühestens möglichen vertraglichen Fälligkeitsterminen**. Die **Handhabung** der sich daraus ergebenden **Liquiditätsrisiken** ist zu **beschreiben** (ED 7.42).	Keine explizite Darstellung von Liquiditätsrisiken verlangt.	Darstellung der **Liquiditätsrisiken** unterteilt nach Liquiditätsrisiko im engeren Sinne, Refinanzierungsrisiko und Marktliquiditätsrisiko. Je Risikoausprägungen sollen **quantitative Angaben** z.B. unter Verwendung von 1. Liquiditätsablaufbilanzen, 2. Cash-Flow-Prognosen oder 3. Liquiditätskennzahlen gemacht werden. Darüber hinaus ist auch auf die Auswirkungen unplanmäßiger Entwicklungen einzugehen (DRS 5-10.10 und DRS 5-10.31-32).	Keine explizite Darstellung von Liquiditätsrisiken verlangt[116].	

---

[116] Lediglich das Working Paper Nr. 60 empfiehlt eine Offenlegung von qualitativen und quantitativen Angaben zum Liquiditätsrisiko.

Bilanz, Gewinn- und Verlustrechnung sowie Notes 157

	ED 7	DRS 5	DRS 5-10	Basel II	Anmerkungen
Marktrisiken	Die Durchführung einer **Sensitivitätsanalyse**, welche die **Auswirkungen von Änderungen** der wichtigsten **Risikofaktoren** auf die GuV und das Kapital[117] zeigt, ist für jede Art von **Marktrisiken**[118] vorgeschrieben. Die dabei verwendeten Methoden und Annahmen und ggf. die Veränderungen gegenüber dem Vorjahr sind zu erklären. (ED 7.43-44).	Keine explizite Darstellung von Marktrisiken verlangt.	Darstellung der Marktrisiken[119] unterteilt nach **Zinsänderungs- und Währungsrisiken, Risiken aus Aktien und sonstigen Eigenkapitalpositionen** und **Rohwaren- und sonstige Preisrisiken (inkl.** der jeweils dazugehörigen **Optionsrisiken.** Die Quantifizierung der Marktrisiken soll nach internen verwendeten und aufsichtsrechtlich anerkannten Verfahren erfolgen (z.B. Value-at-Risk- oder Capital-at-Risk-Modelle oder ggf. Sensitivitätsanalyse) (DRS 5-10.10 und DRS 5-10.35-36).	Qualitative und quantitative Darstellung der **Marktrisiken,** untergliedert nach **Zinsänderungs-**[120], **Aktienpositions-, Währungs-,** und **Rohstoffpreisrisiken.** Im Wesentlichen müssen qualitative Angaben zu den Marktrisikosteuerungsmethoden und zum jeweiligen Anwendungsbereich des gewählten Ansatzes gemacht werden. Die quantitativen Angaben unterscheiden sich je nach gewähltem Ansatz[121] (Tz. 825, Tabellen 9-10).	Lediglich ED 7 verlangt die Durchführung einer Sensitivitätsanalyse, nach DRS 5-10 kann u.a. eine Sensitivitätsanalyse zur Quantifizierung von Marktpreisrisiken verwendet werden, sofern diese intern verwendet wird und aufsichtsrechtlich anerkannt ist. DRS 5-10 und Basel II verlangen eine weitergehende Unterteilung der Risikokategorie Marktpreisrisiken als ED 7 (inkl. Appendix A). Die Angabepflichten nach Basel II unterscheiden sich je nach dem gewählten Ansatz.

[117] Für den Fall dass Fair-Value-Änderungen über die Kapitalposition realisiert werden.
[118] ED 7 Appendix A unterteilt Marktrisiken in Währungs-, Zinssatz- und andere Preisrisiken.
[119] Potenzielle Verluste aufgrund von nachteiligen Veränderungen von Marktpreisen oder preisbeeinflussenden Parametern.
[120] Qualitative und quantitative Offenlegungsvorschriften zum Zinsänderungsrisiko im Anlagebuch: Allgemeine Angaben über Risiken, Häufigkeitsmessungen (inkl. Methodenerläuterung), Annahmenerläuterungen, Modellierung der Portfolien, Beschreibung der „Schock"-Zinsänderungsszenarien, deren Größenordnungen und des daraus resultierenden Marktwertrückgangs (Basel 2004 Tz. 825, Tabellen 13).
[121] Standardansatz: Aufsichtsrechtliche Kapitalanforderungen für: Zinsänderungs-, Aktienkurs-, Fremdwährungs-, Rohstoff-/Rohwarenpreisrisiken, aufsichtsrechtliche Kapitalunterlegung für spezifische Optionspositionen; IMA: aggregierter VaR für IMA-Portfolios, Angabe des höchsten, mittleren und niedrigsten VaR-Werts für die gesamte Berichtsperiode sowie das Periodenende, Vergleich der VaR-Schätzungen mit den tatsächlichen Wertänderungen und Analyse wesentlicher Abweichungen, die im Rahmen des Back-Testing festestellt wurden.

	ED 7	DRS 5	DRS 5-10	Basel II	Anmerkungen
Opera-tionales Risiko	**Außerbilanzieller Ausweis** von **operationalen** Risiken (ED 7.BC40).	Lediglich beispielhafte Darstellung von operationalen Risiken[122] (DRS 5.17).	Eine **quantitative Darstellung** von **operationalen Risiken** (Risiken in betrieblichen Systemen oder Prozessen, insbesondere in Form von **betrieblichen**[123] oder **rechtlichen Risiken**[124]) ist i.A. vorgeschrieben. Diese kann auf Szenariotechniken, Sensitivitätsanalysen oder andere Methoden unter der Einbeziehung von Worst-Case-Annahmen gestützt werden. Unter bestimmten Voraussetzungen können auch ausschließlich **qualitative Einschätzungen** veröffentlicht werden. Organisatorischen Vorkehrungen zur konzernweiten Risikoerfassung, -begrenzung, -handhabung und -überwachung sind anzugeben (DRS 5-10.38-40).	Qualitative und quantitative **Darstellung operationeller Risiken.** Im Wesentlichen sind folgende zusätzliche Angaben zu machen: 1. Angewandte Beurteilungsmethoden 2. Ggf. Beschreibung der AMA inkl. der Messmethoden oder den Grad und Umfang der unterschiedlich angewandten Methoden 3. Ggf. Beschreibung der Anwendung von Versicherungen (AMA-Ansatz) (Tz. 825, Tabelle 11). Beispiele operationeller Risiken zeigt Anhang 7.	Lediglich ED 7, DRS 5-10 und Basel II verlangen einen Ausweis operationaler Risiken. Die Offenlegungspflichten des DRS 5-10 und von Basel II gehen weit über ED 7 hinaus.

---

[122] Z.B. Personalrisiken und informationstechnische Risiken.

[123] V.a. in Form von organisatorische und funktionale Aspekte im Bereich Verwaltung, Personalwesen und der technischen Ausstattung.

[124] Z.B. in Form von konkrete Sachverhalte oder veränderte Rahmenbedingungen.

Bilanz, Gewinn- und Verlustrechnung sowie Notes 159

	ED 7	DRS 5	DRS 5-10	Basel II	Anmerkungen
Andere Risiken	Zusätzliche Angaben[125] zu **weiteren Risikofaktoren** müssen **nur dann** gemacht werde, wenn die veröffentlichten Informationen, die **inhärenten Risiken nicht richtig darstellen** (ED 7.45).	Lediglich beispielhafte Darstellung von anderen Risiken (DRS 5.17).	Eine **Darstellung sonstiger Risiken** ist **geboten**, wenn diese eine **wesentliche Bedeutung für den Konzern** haben. Die Maßnahmen zu deren Erfassung und Überwachung sind dann darzustellen (DRS 5-10.41-42).	Keine explizite Darstellung von anderen Risiken verlangt[126].	Nach DRS 5-10 und ED 7 ist eine Darstellung sonstiger Risiken geboten, wenn sie von wesentlicher Bedeutung für den Konzern sind bzw. inhärente Risiken sonst nicht richtig dargestellt würden.

---

[125] Inklusive einer Beschreibung des Risikos und einer Darstellung der Auswirkungen von Änderungen in wichtigen Risikofaktoren auf die GuV und das Kapital (für den Fall dass Fair-Value-Änderungen über das Kapital realisiert werden).

[126] Lediglich das Working Paper Nr. 60 empfiehlt eine Offenlegung von sonstigen Risiken unter Vollständigkeitsgesichtspunkten (qualitativen und wenn möglich auch quantitativ).

	ED 7	DRS 5	DRS 5-10	Basel II	Anmerkungen
Angabepflichten zu Kapitalanforderungen	Qualitative Beschreibung der Ziele, Taktiken und Prozesse des Kapitalmanagements. Offenlegung von internen und externe Kapitalanforderungen, untergliedert nach - Beschreibung des Kapitals - Beschreibung und Umsetzung der Anforderungen - Zielerreichungsgrad - Quantitative Informationen zum Kapital - Veränderungen zum Vorjahr - Beurteilung der Einhaltung der Kapitalanforderungen - Ggf. Konsequenzen deren Nichteinhaltung	Kein expliziter Ausweis von Kapitalforderungen verlangt.	Kein expliziter Ausweis von Kapitalforderungen verlangt, lediglich die zusammenfassende Darstellung der Risikolage soll das zur Risikoabdeckung vorhandene Eigenkapital darstellen (DRS 5-10.43).	Qualitative und quantitative Angaben zur Eigenkapitalstruktur und zur Angemessenheit der Eigenkapitalausstattung (Tz. 822, Tabellen 2-3).	Lediglich ED 7 verlangt eine Offenlegung von internen und externen Kapitalanforderungen. DRS 5-10 verlangt lediglich im Rahmen der zusammenfassenden Darstellung der Risikolage auch eine Offenlegung des zur Risikodeckung vorhandenen Eigenkapitals. Basel II verlangt Angaben zur Eigenkapitalstruktur und zur Angemessenheit der Eigenkapitalausstattung.

Bilanz, Gewinn- und Verlustrechnung sowie Notes

	ED 7	DRS 5	DRS 5-10	Basel II	Anmerkungen
Angabe-pflichten zu Fair Values	Für jede Gruppe von bilanziellen Aktiva und Passiva ist, sofern keine Ausnahmen vorliegen, deren **Fair Value**, anzugeben, so dass diese mit den in der Bilanz angesetzten Wert verglichen werden können. Methoden und Prämissen der Fair-Value-Bestimmung sind offen zu legen (ED 7.26 und 7.29-31).	Kein expliziter Ausweis von Fair-Value-Informationen verlangt.	Kein expliziter Ausweis von Fair-Value-Informationen verlangt.	Handelsbuchpositionen sind täglich zu Marktpreisen zu bewerten (Tz. 693-694).	ED 7 verlangt die Veröffentlichung von Fair-Value-Informationen. DRS 5 und DRS 5-10 verlangen keinen Ausweis von Fair-Value-Angaben. Basel II verlangt lediglich eine Bewertung der Handelsbuchpositionen zu Marktwerden.

Anlage 4: Bilanz der HVB Group zum 31.12.2003

AKTIVA

	Notes	2003 in Mio €	2002 in Mio €	Veränderungen in Mio €		Veränderungen in %	
Barreserve	43	5.708	5.259	+	449	+	8,5
Handelsaktiva	6, 44	80.462	85.252	-	4.790	-	5,6
Forderungen an Kreditinstitute	7, 45	52.842	57.552	-	4.710	-	8,2
Forderungen an Kunden	7, 46	283.525	314.854	-	31.329	-	10,0
Wertberichtigungen auf Forderungen	8, 47	-11.361	-12.206	+	845	+	6,9
Finanzanlagen	9, 49	53.000	65.807	-	12.807	-	19,5
Sachanlagen	10, 50	3.001	3.331	-	330	-	9,9
Immaterielle Vermögenswerte	12, 51	2.721	3.746	-	1.025	-	27,4
Sonstige Aktiva	52	9.557	12.220	-	2.663	-	21,8
Summe der Aktiva		**479.455**	**535,815**	-	**56.360**	-	**10,5**

PASSIVA

	Notes	2003 in Mio €	2002 in Mio €	Veränderungen in Mio €	Veränderungen in %
Verbindlichkeiten gegenüber Kreditinstituten	13, 56	112.964	136.419	- 23.455	- 17,2
Verbindlichkeiten gegenüber Kunden	13, 57	140.312	147.096	- 6.784	- 4,6
Verbriefte Verbindlichkeiten	13, 58	122.728	147.523	- 24.795	- 16,8
Handelspassiva	14, 59	55.233	51.479	+ 3.754	+ 7,3
Rückstellungen	15, 60	6.847	8.830	- 1.983	- 22,5
Sonstige Passiva	16,61	9.400	11.973	- 2.573	- 21,5
Nachrangkapital	62	19.183	20.564	- 1.381	- 6,7
Anteile in Fremdbesitz	63	2.476	678	+ 1.798	>+ 100,
Eigenkapital	64	10.312	11.253	- 914	- 8,4
Gezeichnetes Kapital		1 609	1 607	-	-
Kapitalrücklage		9.295	12.024	- 2.729	- 22,7
Gewinnrücklagen		-	-	-	-
Rücklagen aus Währungs- und sonstigen Veränderungen		-40	-	- 40	- 0
Bewertungsänderungen von Finanzinstrumenten		-552	-2.380	+ 1.828	+ 76,8
AfS-Rücklage		326	-1.531	+ 1.857	
Hedge-Rücklage		-878	-849	- 29	- 3,4
Konzerngewinn		-	-	-	
Summe der Passiva		**479.455**	**535,815**	**- 56.360**	**- 10,5**

Anlage 5: Gewinn- und Verlustrechnung der HVB Group 2003

Erträge/Aufwendungen

	Notes	2003	2002	Veränderungen	
		in Mio €	in Mio €	in Mio €	in %
Zinserträge	29	19.645	24.417	- 4.772	- 19,5
Zinsaufwendungen	29	13.764	18.481	- 4.717	- 25,52
Zinsüberschuss	29	5.881	5.936	- 55	- 0,9
Kreditrisikovorsorge	30	2.313	3.292	- 979	- 29,7
Zinsüberschuss nach Kreditrisikovorsorge		3.568	2.644	+ 924	+ 34,9
Provisionserträge		3.409	3.280	+ 129	+ 3,9
Provisionsaufwendungen		614	608	+ 6	+ 1,0
Provisionsüberschuss	31	2.795	2.672	+ 123	+ 4,6
Handelsergebnis	32	820	787	+ 33	+ 4,2
Verwaltungsaufwand	33	6.371	6.896	- 525	- 7,6
Saldo sonstige betriebliche Erträge/Aufwendungen	34	620	180	+ 440	>+100,0
Betriebsergebnis		**1 432**	**- 613**	**+ 2.045**	
Finanzanlageergebnis	37	-1.806	587	- 2.393	
Abschreibungen auf Geschäfts- oder Firmenwerte	38	1.134	395	+ 739	>+100,0
Zuführung zu Restrukturierunsrückstellungen		-	283	- 283	- 100,0
Saldo übrige Erträge/Aufwendungen	39	-638	- 149	- 489	>- 100,0
Ergebnis der gewöhnlichen Geschäftstätigkeit					
Ergebnis vor Steuern		**-2,146**	**- 853**	**- 1.293**	**>- 100,0**
Ertragsteuern	18,40	296	- 3	+ 299	
Jahresüberschuss/-fehlbetrag		**-2.442**	**-850**	**- 1.592**	**>-100,0**
Fremdanteile am Jahresüberschuss/-fehlbetrag		- 197	- 41	- 238	
Jahresüberschuss/-fehlbetrag ohne Fremdanteile		**-2.639**	**-809**	**- 1.830**	**>- 100,0**
Veränderung der Rücklagen		-2.639	-809	- 1.830	>- 100,0
Konzerngewinn		-	-	-	-

Stephan Schildbach

Eigenkapitalveränderungsrechnung

1. Funktionen und Standards von Eigenkapitalveränderungsrechnungen.................... 167
   1.1 Funktionen der Eigenkapitalspiegel im Einzel- und Konzernabschluss............ 167
   1.2 Nationale und internationale Standards für Eigenkapitalspiegel..................... 170
2. Bilanzierung des Eigenkapitals und der Eigenkapitalveränderungen 174
   2.1 Zeitpunktbezogene Bilanzierung von Eigenkapital 174
      2.1.1 Definition des Eigenkapitals und konsolidierten Eigenkapitals............... 174
         2.1.1.1 Abgrenzungskriterien für Eigen- und Fremdkapital................. 174
         2.1.1.2 Abgrenzungsprobleme bei hybriden Finanzinstrumenten 176
         2.1.1.3 Abgrenzungsprobleme bei strukturierten
                  Finanzinstrumenten 179
         2.1.1.4 Abgrenzungsprobleme im Konzernabschluss........................... 181
      2.1.2 Struktur des Eigenkapitals und konsolidierten Eigenkapitals 181
         2.1.2.1 Gezeichnetes Kapital... 181
         2.1.2.2 Kapitalrücklage 185
         2.1.2.3 Gewinnrücklagen... 186
         2.1.2.4 Ergebnisvortrag und Jahresergebnis bzw. Bilanzergebnis......... 190
         2.1.2.5 Sonstiges Eigenkapital.. 192
   2.2 Zeitraumbezogene Bilanzierung von Eigenkapitalveränderungen................... 193
      2.2.1 Veränderungen im bilanziellen Eigenkapital von
            Einzelabschlüssen 193
         2.2.1.1 Erhöhung und Herabsetzung des gezeichneten Kapitals 193
         2.2.1.2 Bildung und Auflösung von Kapital- und
                  Gewinnrücklagen... 196
         2.2.1.3 Anpassungsergebnisse aus der Systemumstellung 198
         2.2.1.4 Ergebnisse aus der Berichtigung von
                  Bilanzierungsfehlern.. 200
         2.2.1.5 Ergebnisse aus der Änderung von
                  Bilanzierungsmethoden 201
         2.2.1.6 Bildung und Auflösung der Neubewertungsrücklage................ 202
         2.2.1.7 Bewertungsergebnisse aus Available for Sale Assets................ 203
         2.2.1.8 Bewertungsergebnisse aus Cash Flow Hedges.......................... 205

      2.2.2 Veränderungen im konsolidierten Eigenkapital von
Konzernabschlüssen 206
            2.2.2.1 Konsolidierung des Eigenkapitals von
Konzernunternehmen 206
            2.2.2.2 Konsolidierung konzerninterner Forderungen und
Schulden 208
            2.2.2.3 Differenzen aus der Währungsumrechnung 210

3. Muster und Praxis der Eigenkapitalveränderungsrechnung 212
   3.1 Schematische Darstellung einer Eigenkapitalveränderungsrechnung 212
   3.2 Beispiele für Eigenkapitalveränderungsrechnungen von
Geschäftsbanken 215

1. Funktionen und Standards von Eigenkapitalveränderungsrechnungen

1.1 Funktionen der Eigenkapitalspiegel im Einzel- und Konzernabschluss

Informationen zur periodischen Entwicklung des bilanziellen Eigenkapitals in Einzel- und Konzernabschlüssen[1] kapitalmarktorientierter Kreditinstitute lassen sich den Abschlussadressaten aus zwei Gründen nur unzureichend über Bilanzen kommunizieren. Zum einen konzentrieren Bilanzen die Informationen über das Eigenkapital von Kreditinstituten oder Bankkonzernen auf bestimmte Zeitpunkte und ermöglichen daher schon instrumentell keine Darstellung der Eigenkapitalveränderungen für bestimmte Zeiträume. Auch die Gegenüberstellung von Bestandsgrößen aufeinander folgender Geschäftsjahre innerhalb der Eigenkapitalgliederung von Bilanzen ändert daran nur wenig. Aus solchen Vorjahresvergleichen können lediglich Differenzen zwischen Eigenkapitalpositionen als aggregierte Informationen abgeleitet werden, während die Abschlussadressaten auf den Kapitalmärkten zusätzlich an den einzelnen Ursachen dieser Differenzen, also an disaggregierten Informationen interessiert sind. Zum anderen reduzieren Bilanzen die Informationen über das Eigenkapital in Abhängigkeit vom Regelwerk der Rechnungslegung auf eine mehr oder weniger grobe Gliederung von Eigenkapitalpositionen und erlauben somit auch konzeptionell keine vollständigen und tiefgehenden Einblicke in die Eigenkapitalveränderungen bestimmter Perioden.

Als mögliche Lösung dieser Informationsdefizite scheinen erläuternde Angaben zur bilanziellen Eigenkapitalgliederung in den Notes auf den ersten Blick zu genügen. Doch bei näherer Betrachtung kann diese Lösung kaum befriedigen. Verbale Erläuterungen können zwar jene Defizite beseitigen, die aus der zeitlichen Konzentration und sach-

---

[1] Vgl. zur Bilanzierung des Eigenkapitals allgemein BAETGE, J./KIRSCH, H.-J./THIELE, S., Bilanzen, 7. Aufl., Düsseldorf 2003, S. 417-470; speziell zum Eigenkapital im Einzelabschluss vgl. HEYMANN, G., Eigenkapital, in: CASTAN, E./HEYMANN, G. u.a. (Hrsg.), Beck'sches Handbuch der Rechnungslegung, Band I, München 2004, B231; speziell zum Eigenkapital im Konzernabschluss vgl. BRUNS, H.-G., Eigenkapitalausweis, in: CASTAN, E./HEYMANN, G. u.a. (Hrsg.), Beck'sches Handbuch der Rechnungslegung, Band II, München 2004, C 450.

lichen Reduktion von Informationen resultieren, sie lassen aber zugleich neue Probleme dadurch entstehen, dass sie die Informationen nicht zweckadäquat, also an den Bedürfnissen der Kapitalmarktakteure orientiert, in einer sowohl transparenten wie auch kompakten Art und Weise verfügbar machen. Eine kapitalmarktfreundliche Informationspolitik muss darauf ausgerichtet sein, Informationen nicht nur umfassend, sondern auch unmittelbar an die Akteure zu bringen. Da Investoren, Analysten und Ratingagenturen erfahrungsgemäß kaum Zeit für eine ausgedehnte Exploration von Texten aufwenden können, sind Informationen über periodische Eigenkapitalveränderungen über ein alternatives, zeitschonendes Instrument anzubieten. Zu diesem Zweck wird das Konzept des Eigenkapitalspiegels herangezogen, das in Standards der nationalen und internationalen Rechnungslegung ausführlich geregelt und nach § 340i Abs. 1 i.V.m. § 297 Abs. 1 HGB für die Konzernabschlüsse sämtlicher Kreditinstitute vorgeschrieben ist.

Das Konzept des Eigenkapitalspiegels besteht darin, die Wertbestände spezifizierter Eigenkapitalpositionen (Gezeichnetes Kapital, Kapitalrücklage, Gewinnrücklagen, Neubewertungsrücklage, Umrechnungsrücklage) zum Anfang des Geschäftsjahres durch sukzessive Addition und Subtraktion wertbeeinflussender Faktoren auf die Wertbestände dieser Eigenkapitalpositionen zum Abschluss des Geschäftsjahres überzuleiten. Bei dieser Überleitung sollten die wertbeeinflussenden Faktoren möglichst nach übergeordneten Kriterien sortiert werden, damit die Veränderungen des Eigenkapitals kriterienspezifisch differenziert und quantifiziert werden können. Zur Auswahl dieser Kriterien genügt die einfache Überlegung, dass Veränderungen des Eigenkapitals prinzipiell auf Entscheidungen zurückgeführt werden können, die entweder durch das Gesellschaftsrecht (z.B. Kapitalerhöhungen oder Gewinnausschüttungen) oder die Rechnungslegung (Ansatz und Bewertung von Vermögenswerten und Verbindlichkeiten) verursacht sind. Entsprechend dieser Überlegung lassen sich kapitalinduzierte Eigenkapitalveränderungen ohne Einfluss auf das Periodenergebnis und bilanzinduzierte Eigenkapitalveränderungen mit oder ohne Einfluss auf das Periodenergebnis unterscheiden.

Eigenkapitalspiegel haben somit generell die Funktion, interessierte Kapitalmarktakteure über die verschiedenen Ursachen von Eigenkapitalveränderungen komplett und direkt zu informieren. Diese Informationen sind insbesondere für Adressaten von Einzel- und Konzernabschlüssen relevant, die nach IFRS oder US-GAAP aufgestellt werden. In diesen Regelwerken der Rechnungslegung werden bei einer Vielzahl geschäftlicher Transaktionen qualitativ und quantitativ bedeutsame Entscheidungen über den Ansatz und die Bewertung von Vermögenswerten und Verbindlichkeiten getroffen, die zwar das Eigenkapital verändern, aber nicht das Periodenergebnis beeinflussen. Ursache hierfür ist, dass die zu den Buchungen auf Aktiv- oder Fremdkapitalkonten korrespondierenden Buchungen nicht ertrags- oder aufwandswirksam in der Gewinn- und Verlustrechnung, sondern ergebnisneutral auf Rücklagenkonten im Eigenkapital erfolgen. Ohne Eigenkapitalspiegel könnten die Kapitalmarktakteure solche bilanzinduzierten Eigenkapitalveränderungen kaum mehr von den bilanzinduzierten Eigenkapitalveränderungen unterscheiden, die mit einer betragsgleichen Veränderung des Periodenergebnisses verbunden sind. Für Investoren ist zur Beurteilung der ökonomischen Effizienz ihres finanziellen Engagements die Analyse der Eigenkapitalveränderungsrechnung daher fast ebenso wichtig wie die der Gewinn- und Verlustrechnung.[2]

Spezielle Informationsfunktionen erfüllen Eigenkapitalspiegel als komplementäre Instrumente zu den Bilanzen in Einzel- und Konzernabschlüssen. Veränderungen des bilanziellen Eigenkapitals in den Einzelabschlüssen von Kreditinstituten können einerseits auf gesellschaftsrechtlichen Entscheidungen zur Erhöhung oder Herabsetzung des gezeichneten Kapitals, zur Bildung oder Auflösung von Kapital- und Gewinnrücklagen sowie zur teilweisen oder vollständigen Verwendung des Periodenergebnisses beruhen. Das konstitutive Merkmal dieser Eigenkapitalveränderungen ist, dass ihre Ursachen in den Beziehungen zwischen der Gesellschaft und ihren Gesellschaftern (owner movements in equity) gründen, die durch (positives) Gesetzesrecht oder (dispositives) Vertragsrecht geregelt sind. Von diesen Eigenkapitalveränderungen sind im Eigenkapitalspiegel des Einzelabschlusses andererseits jene zu unterscheiden, deren Ursachen in der Anwendung nationaler oder internationaler Bilanzierungsstandards auf geschäftliche Transaktionen bestehen. Sie führen zu Eigenkapitalveränderungen, die nicht auf Beziehungen zwischen der Gesellschaft und ihren Gesellschaftern zurückzuführen sind (non-owner movements in equity) und sich erfolgswirksam im Periodenergebnis oder erfolgsneutral in speziellen Passivpositionen innerhalb des Eigenkapitals niederschlagen. Mit der nach Ursachen differenzierenden Darstellung von Eigenkapitalveränderungen liefert der Eigenkapitalspiegel dem Adressaten des Einzelabschlusses wertvolle Informationen über die Entwicklung (Verbesserung bzw. Verschlechterung) der Kapitalhaftung und Risikovorsorge der Gesellschaft sowie die Gewinnbeteiligungs- und Geschäftsführungsrechte der Gesellschafter.

Während Gläubiger- und Gesellschafterrechte an das bilanzielle Eigenkapital im Einzelabschluss eines Kreditinstituts anknüpfen, verbinden sich mit dem konsolidierten Eigenkapital im Konzernabschluss einer Muttergesellschaft keine gesetzlichen oder vertraglichen Ansprüche der Fremdkapital- und Eigenkapitalgeber. Das Eigenkapital im Konzernabschluss ist prinzipiell auch nicht mit dem Eigenkapital im Einzelabschluss der Muttergesellschaft identisch. Zwar wird im Rahmen der Kapitalkonsolidierung das Eigenkapital von Tochtergesellschaften durch Verrechnung mit den korrespondierenden Beteiligungen der Muttergesellschaft eliminiert und ausschließlich das Eigenkapital der Muttergesellschaft in den Konzernabschluss integriert, doch folgen aus der Kapitalkonsolidierung und weiteren Konsolidierungsmaßnahmen (Konsolidierung konzerninterner Forderungen und Verbindlichkeiten, Aufwendungen und Erträge sowie interimistischer Gewinne und Verluste) einschließlich der Währungsumrechnung Differenzen, die im Konzernabschluss vorhandene Eigenkapitalpositionen der Muttergesellschaft beein-

---

[2] Vgl. KPMG (Hrsg.): International Financial Reporting Standards. Einführung in die Rechnungslegung nach den Grundsätzen des IASB, 3. Aufl., Stuttgart 2004, S. 137; BAETGE, J./KIRSCH, H.-J./THIELE, S., Konzernbilanzen, 7. Aufl., Düsseldorf 2004, S. 601.

flussen und zusätzliche Eigenkapitalpositionen verursachen. Es ist die Funktion von Konzerneigenkapitalspiegeln, die sich aus der Bilanzierung solcher Eigenkapitalpositionen ergebenden Veränderungen im konsolidierten Eigenkapital darzustellen.

1.2 Nationale und internationale Standards für Eigenkapitalspiegel

Sowohl nach IFRS wie auch nach US-GAAP sind Eigenkapitalspiegel seit geraumer Zeit separate Pflichtbestandteile von Abschlüssen. Es entspricht der kapitalmarktorientierten Attitüde der internationalen Rechnungslegung, Eigenkapitalspiegel gleichberechtigt mit den anderen Elementen des Abschlusses (Bilanz, Gewinn- und Verlustrechnung, Kapitalflussrechnung und Notes) als eigenständiges Instrument zu veröffentlichen. In ihren Regelwerken unterscheiden weder die IFRS noch die US-GAAP explizit zwischen Eigenkapitalspiegeln für Einzelabschlüsse (individual financial statements) und Konzernabschlüsse (consolidated financial statements). Ursache dieser fehlenden Abgrenzung ist, dass IFRS und US-GAAP gleichermaßen von rechtlich selbständigen Unternehmen wie auch von Unternehmenszusammenschlüssen als wirtschaftliche Einheiten (Konzerne) anzuwenden sind. Eine Differenzierung von Einzel- und Konzernabschlüssen dient somit ausschließlich der Abgrenzung von rechnungslegenden Einheiten.[3] Da auch nach IFRS bzw. US-GAAP das bilanzielle Eigenkapital vom konsolidierten Eigenkapital einer Muttergesellschaft zu unterscheiden ist, sind implizit Eigenkapitalspiegel in Einzelabschlüssen von Eigenkapitalspiegeln in Konzernabschlüssen zu differenzieren.

Mit der Überarbeitung von IAS 1, Presentation of Financial Statements, im Jahr 1997 ist die Aufstellung und Veröffentlichung einer Eigenkapitalveränderungsrechnung erstmals für Geschäftsjahre verbindlich, die am oder nach dem 01.07.1998 beginnen. Bei der Aufstellung des Eigenkapitalspiegels hat ein Unternehmen die Option, entweder sämtliche Veränderungen des Eigenkapitals darzustellen oder nur die Veränderungen des Eigenkapitals auszuweisen, die nicht aus Transaktionen zwischen der Gesellschaft und den Gesellschaftern (non-owner movements in equity) resultieren (IAS 1.8(c)). In IAS 1.96 wird präzisiert, dass ein Unternehmen in der Eigenkapitalveränderungsrechnung zumindest folgende Positionen anzugeben hat:

– Periodenergebnis;

– jeden Ertrags- und Aufwands-, Gewinn- oder Verlustposten, der für die betreffende Periode nach anderen Standards bzw. Interpretationen direkt im Eigenkapital erfasst wird, sowie die Summe dieser Posten;

– Gesamtertrag und -aufwand für die Periode (...), wobei die Beträge, die den Anteils-

---

[3] Vgl. PELLENS, B., Internationale Rechnungslegung, 5. Aufl., Stuttgart 2004, S. 121-124.

eignern des Mutterunternehmens bzw. den Minderheitsanteilen zuzurechnen sind, getrennt auszuweisen sind; und

– für jeden Eigenkapitalbestandteil die Auswirkungen der gemäß IAS 8 erfassten Änderungen der Bilanzierungs- und Bewertungsmethoden sowie Fehlerberichtigungen.

Zusätzlich hat ein Unternehmen entweder in der Eigenkapitalveränderungsrechnung oder in den Notes nach IAS 1.97 folgende Angaben zu machen:

– die Beträge der Transaktionen mit Anteilseignern, die in ihrer Eigenschaft als Anteilseigner handeln, wobei die Dividendenausschüttungen an die Anteilseigner gesondert auszuweisen sind;

– den Betrag der Gewinnrücklagen (...) zu Beginn der Periode und zum Bilanzstichtag sowie die Bewegungen während der Periode; und

– eine Überleitung der Buchwerte jeder Kategorie des gezeichneten Kapitals und sämtlicher Rücklagen[4] zu Beginn und am Ende der Periode, die jede Bewegung gesondert angibt.

Nach der ersten Präsentationsalternative werden sämtliche Eigenkapitalpositionen in Spalten sortiert und zeilenweise nach ergebniswirksamen und ergebnisneutralen Transaktionen differenziert vom Periodenanfangsbestand auf den Periodenendbestand übergeleitet. Auf diese Art und Weise werden dem Abschlussadressaten alle von IAS 1.96 geforderten Informationen ohne zusätzlichen Bedarf an verbalen Erläuterungen komplett und kompakt zur Verfügung gestellt. Bei der zweiten Präsentationsalternative werden die ergebniswirksamen und ergebnisneutralen Veränderungen des Eigenkapitals aus der Geschäftstätigkeit mit Dritten unter Berücksichtigung der Effekte von Änderungen der Ansatz- und Bewertungsmethoden sowie von Berichtigungen grundlegender Fehler in einer separaten Rechnung dargestellt und als Gesamterfolg für das Geschäftsjahr und das Vorjahr die Größe „Total Recognised Gains and Losses" ausgewiesen. Aus dem Gesellschaftsverhältnis resultierende Veränderungen des Eigenkapitals und die Rechnung zur Überleitung der Buchwerte des gezeichneten Kapitals und der Rücklagen erfolgt davon isoliert in den Notes. Für den Abschlussadressaten werden die Informationen dadurch zwar auch vollständig, aber nicht zusammenhängend bereitgestellt. Beide Präsentationsalternativen haben ihre Berechtigung (IAS 1.101), weil sie sich an adressatenspezifischen Informationswünschen orientieren; die erste richtet sich eher an professionelle Adressaten, die zweite eher an unerfahrene Anleger.

---

[4] Hierzu zählen neben der Kapitalrücklage und den Gewinnrücklagen die Neubewertungsrücklagen für Sachanlagen (IAS 16.77(f)) und immaterielle Vermögenswerte (IAS 38.124(b)), die Rücklagen für Available for Sale Financial Assets (IAS 32.94(h)(ii)) und Cash Flow Hedges (IAS 32.59) sowie die Währungsumrechnungsrücklage (IAS 21.52(b)).

Zur Begründung der Informationsfunktion einer Eigenkapitalveränderungsrechnung weist IAS 1.99 ausdrücklich darauf hin, dass es „für die Beurteilung der Veränderungen der Finanzlage eines Unternehmens zwischen zwei Bilanzstichtagen wichtig ist, sämtliche Gewinne und Verluste zu erfassen, ..., einschließlich jener, die direkt im Eigenkapital erfasst werden". Denn „mit Ausnahme von Änderungen, die sich aus Transaktionen mit Anteilseignern, die in ihrer Eigenschaft als Anteilseigner handeln (z.B. Kapitaleinzahlungen, Zurückerwerb der Eigenkapitalinstrumente und Dividenden des Unternehmens), sowie den unmittelbar damit zusammenhängenden Transaktionskosten ergeben, stellt die Gesamtveränderung des Eigenkapitals während der betreffenden Periode den Gesamtertrag bzw. -aufwand einschließlich Gewinne und Verluste, die während der betreffenden Periode durch die Aktivitäten des Unternehmens entstehen, dar" (IAS 1.98).

Im Gegensatz zu den IFRS war nach dem für die deutsche Rechnungslegung maßgeblichen HGB noch vor kurzem keine Eigenkapitalveränderungsrechnung aufzustellen und zu veröffentlichen. Mit Inkrafttreten des Transparenz- und Publizitätsgesetzes am 26.07.2002 schreibt indes § 297 Abs. 1 Satz 2 HGB vor, dass ein kapitalmarktorientiertes Mutterunternehmen, das einen organisierten Markt im Sinne des § 2 Abs. 5 WpHG durch eigene Wertpapiere oder Wertpapiere eines Tochterunternehmens (§ 2 Abs. 1 Satz1 WpHG) in Anspruch nimmt oder die Zulassung solcher Wertpapiere zum Handel an einem organisierten Markt beantragt hat, im Rahmen seines Konzernabschlusses neben Bilanz, Gewinn- und Verlustrechnung, Notes, Kapitalflussrechnung und Segmentberichterstattung auch einen Eigenkapitalspiegel aufstellen und veröffentlichen muss. Zur Interpretation des unbestimmten Rechtsbegriffs „Eigenkapitalspiegel" ist der Deutsche Rechnungslegungs Standard Nr. 7 (DRS 7) über das Konzerneigenkapital und Konzerngesamtergebnis heranzuziehen. DRS 7 ist bereits am 03.04.2001 durch den Deutschen Standardisierungsrat (DSR) verabschiedet und vom Bundesministerium der Justiz (BMJ) am 26.04.2001 bekannt gemacht worden.

Nach DRS 7.6 ist die Entwicklung des Konzerneigenkapitals vollständig in einem Konzerneigenkapitalspiegel auszuweisen. Es besteht somit für ein Unternehmen keine Option, Eigenkapitalveränderungen im Konzern teilweise in den Notes darzustellen. In DRS 7.7 werden die einzelnen Komponenten des Konzerneigenkapitals enumeriert, für die die periodischen Veränderungen auszuweisen sind:

- Gezeichnetes Kapital des Mutterunternehmens,
- nicht eingeforderte ausstehende Einlagen des Mutterunternehmens,
- Kapitalrücklage,
- erwirtschaftetes Konzerneigenkapital,
- eigene Anteile, die zur Einziehung bestimmt sind,
- kumuliertes übriges Konzernergebnis, bezogen auf die Gesellschafter des Mutterunternehmens,

- Eigenkapital des Mutterunternehmens in der Konzernbilanz,
- Eigene Anteile, die nicht zur Einziehung bestimmt sind,
- Eigenkapital des Mutterunternehmens,
- Eigenkapital der Minderheitsgesellschafter,

    davon: Minderheitenkapital,

    davon: kumuliertes übriges Konzernergebnis, bezogen auf Minderheitsgesellschafter,
- Konzerneigenkapital.

Aus dem gezeichneten Kapital, den nicht eingeforderten ausstehenden Einlagen, der Kapitalrücklage, dem erwirtschafteten Konzerneigenkapital, den zur Einziehung bestimmten eigenen Anteilen und dem kumulierten übrigen Eigenkapital der Gesellschafter des Mutterunternehmens resultiert das Eigenkapital des Mutterunternehmens gemäß Konzernbilanz. Nach Subtraktion der nicht zur Einziehung bestimmten eigenen Anteile vom Eigenkapital des Mutterunternehmens in der Konzernbilanz verbleibt als Differenz das Eigenkapital des Mutterunternehmens. Und nach Addition des Eigenkapitals der Minderheitsgesellschafter zum Eigenkapital des Mutterunternehmens ergibt sich als Summe das Konzerneigenkapital. Das erwirtschaftete Konzerneigenkapital ist laut DRS 7.5 der nicht auf Minderheitsgesellschafter entfallende Teil des Konzerneigenkapitals, der aus dem Konzernjahresüberschuss/-fehlbetrag des Geschäftsjahres bzw. früherer Geschäftsjahre gebildet worden ist. Es umfasst die Gewinnrücklagen, den Gewinn- oder Verlustvortrag sowie den Jahresüberschuss oder -fehlbetrag des Mutterunternehmens, die Jahresüberschüsse bzw. -fehlbeträge der Tochterunternehmen seit ihrer erstmaligen Konsolidierung und die kumulierten Beträge aus ergebniswirksamen Konsolidierungsmaßnahmen. Das kumulierte übrige Konzernergebnis setzt sich zusammen aus solchen Veränderungen des Konzerneigenkapitals im Geschäftsjahr und in früheren Geschäftsjahren, die aufgrund von Vorschriften des HGB bzw. anderer DRS nicht (ergebniswirksam) in der Gewinn- und Verlustrechnung, sondern (ergebnisunwirksam) im bilanziellen Eigenkapital erfasst werden („neutrale Transaktionen").

Zur Funktion eines Eigenkapitalspiegels im Konzernabschluss führt DRS 7.2 aus: „Angesichts der Komplexität der Konzerneigenkapitalstruktur ist zur Verbesserung des Informationswerts eine solche Darstellung (der Entwicklung des Konzerneigenkapitals; hinzugefügt durch den Verfasser) ... geboten. Dabei wird die Entwicklung des Eigenkapitals des Mutterunternehmens gesondert von der des Eigenkapitals der Minderheitsgesellschafter abgebildet. Unter Berücksichtigung der erfolgsneutralen Veränderungen des Konzerneigenkapitals wird der in der Konzern-Gewinn- und Verlustrechnung ermittelte Konzernjahresüberschuss/-fehlbetrag - ebenfalls gesondert für das Mutterunternehmen und die Minderheitsgesellschafter - auf ein Konzerngesamtergebnis übergeleitet. Dieses Konzerngesamtergebnis enthält alle Veränderungen des Konzerneigenkapitals, die nicht auf Ein- und Auszahlungen auf der Ebene der Gesellschafter beruhen."

2. Bilanzierung des Eigenkapitals und der Eigenkapitalveränderungen

2.1 Zeitpunktbezogene Bilanzierung von Eigenkapital

2.1.1 Definition des Eigenkapitals und konsolidierten Eigenkapitals

2.1.1.1 Abgrenzungskriterien für Eigen- und Fremdkapital

Die auf einen bestimmten Zeitpunkt (Stichtag) bezogene Bilanzierung des Eigenkapitals wird in keinem speziellen IFRS geregelt. IAS 1.68(p) sieht als branchenunabhängige Mindestanforderung für die bilanzielle Gliederung des Eigenkapitals eine Untergliederung in gezeichnetes Kapital (issued capital) und Rücklagen (reserves) vor. Bei Kreditinstituten kommt nach IAS 30.50 als branchenspezifische Eigenkapitalposition die Rücklage für allgemeine Bankrisiken (reserve for general banking risks) hinzu. Nach dem Rahmenkonzept (Framework) des International Accounting Standards Board (IASB) wird Eigenkapital als Residualgröße zwischen den Vermögenswerten und Verbindlichkeiten eines Unternehmens definiert (F.49(c)). Damit hängt der Wert des bilanziellen Eigenkapitals entscheidend von den Ansatz- und Bewertungsvorschriften für die Aktiva und übrigen Passiva ab (F.67). Trotz seines Status als Residualgröße ist das Eigenkapital in verschiedene Kategorien zu unterteilen. Dabei trägt das IASB der Tatsache Rechnung, dass Spezifika nationalen Handels- und Steuerrechts oder gesellschaftsrechtliche Statuten die Unterteilung der Eigenkapitalkategorien maßgeblich beeinflussen können (F.66). Das IASB nennt in F.65 exemplarisch Gesellschafterbeiträge (funds contributed by shareholders), Gewinnrücklagen vor oder nach Verwendung (retained earnings, reserves representing appropriations of retained earnings) oder Kapitalerhaltungsrücklagen (reserves representing capital maintenance adjustments). Eine an der Vorschrift für den Eigenkapitalspiegel orientierte Gliederung des bilanziellen Eigenkapitals eines Kreditinstituts nach den IFRS könnte etwa die folgende Struktur haben:[5]

---

[5] Vgl. KIRSCH, H., Besonderheiten des Eigenkapitalausweises und der Eigenkapitalveränderungsrechnung nach IAS, BuW 2002, S. 309-315, hier S. 310.

- Gezeichnetes Kapital (issued capital),
- Kapitalrücklage (capital paid-in in excess of par-value),
- Gewinnrücklagen (retained earnings),
- Rücklage für allgemeine Bankrisiken (reserve for general banking risks),
- Neubewertungsrücklage (revaluation surplus),
- sonstiges Eigenkapital (other income) und
- eigene Anteile (treasury shares).

Zur Abgrenzung von Eigenkapital (equity) und Fremdkapital (liabilities) rekurriert das IASB auf den ökonomischen Gehalt und nicht den juristischen Rahmen eines Sachverhalts (F.51). Mit dieser wirtschaftlichen Betrachtungsweise folgt er einem wesentlichen Grundsatz seines Rahmenkonzepts, nach dem Geschäftsvorfälle „gemäß ihrem tatsächlichen wirtschaftlichen Gehalt und nicht allein gemäß der rechtlichen Gestaltung bilanziert und dargestellt werden" (F.35). Fremdkapital wird definiert als gegenwärtige Schulden eines Unternehmens, die durch Ereignisse in der Vergangenheit verursacht worden sind und in der Zukunft den Verlust ökonomischer Ressourcen zur Folge haben werden (F.49(b)). Schulden resultieren vor allem aus vertraglichen oder gesetzlichen Verpflichtungen, sie können sich aber auch aus wirtschaftlichem Verhalten ohne rechtliche Verpflichtungen ergeben (F.60). Die Erfüllung von Schulden wird insbesondere durch Zahlung von Geld, Lieferung von Gütern oder Leistung von Diensten erfolgen, sie kann aber auch in der Substitution von Schulden durch anderes Fremdkapital oder die Transformation von Schulden in Eigenkapital bestehen (F.62).

Das zentrale Kriterium für eine Abgrenzung von Eigenkapital und Fremdkapital findet sich in IAS 32, Financial Instruments: Disclosure and Presentation. Dort werden finanzielle Schulden (financial liabilities) von Eigenkapitalinstrumenten (equity instruments) abgegrenzt. Finanzielle Schulden werden als vertragliche Verpflichtungen eines Unternehmens definiert, finanzielle Vermögenswerte (financial assets) an ein anderes Unternehmen abgeben oder mit einem anderen Unternehmen unter potenziell nachteiligen Bedingungen austauschen zu müssen. Zu den finanziellen Vermögenswerten eines Unternehmens zählen neben Kassenbeständen und Bankguthaben auch Ansprüche auf liquide und sonstige finanzielle Vermögenswerte eines anderen Unternehmens. Unter die sonstigen finanziellen Vermögenswerte fallen insbesondere Rechte eines Unternehmens, originäre oder derivative Finanzinstrumente mit einem anderen Unternehmen unter potenziell vorteilhaften Bedingungen austauschen zu können sowie aktivierte Eigenkapitalinstrumente eines anderen Unternehmens. Eigenkapitalinstrumente sind definiert als vertragliche Ansprüche eines Unternehmens am Residuum aus Vermögenswerten und Verbindlichkeiten eines anderen Unternehmens (IAS 32.11).

Unternehmen, die Finanzinstrumente emittieren, haben diese nach dem wirtschaftlichen Gehalt und nicht dem rechtlichen Rahmen als Eigenkapital oder Fremdkapital zu qualifizieren (IAS 32.15 und IAS 32.18). Die Qualifikation von Finanzinstrumenten als Eigen- oder Fremdkapital hängt davon ab, ob ein Unternehmen, das Finanzinstrumente ausgibt (Emittent), gegenüber einem Vertragspartner, der das Finanzinstrument annimmt (Investor), vertragliche Verpflichtungen auf Leistung liquider oder anderer finanzieller Vermögenswerte hat. Im diesem Fall liegt eine finanzielle Schuld, im anderen Fall ein Eigenkapitalinstrument vor (IAS 32.17). Im Regelfall ist die Klassifizierung von Finanzinstrumenten als Eigen- oder Fremdkapital vergleichsweise unproblematisch. So begründen die von vornherein vereinbarte Verpflichtung zur Rückzahlung des überlassenen Kapitals (Darlehenstilgung) oder die unbedingt vereinbarte Verpflichtung zur Vergütung der Kapitalüberlassung (Darlehenszinsen) den Fremdkapitalcharakter von Finanzinstrumenten.

Ein typisches Beispiel für den Eigenkapitalcharakter von Finanzinstrumenten sind Stammaktien, die ein Unternehmen grundsätzlich nicht verpflichten, finanzielle Vermögenswerte an die Aktionäre zu transferieren. Kapitalauszahlungen aufgrund späterer Kapitalherabsetzungsbeschlüsse oder Gewinnausschüttungen infolge späterer Dividenden- oder Liquidationsbeschlüsse ändern am Eigenkapitalcharakter von Stammaktien nichts, da ein Unternehmen keine vertragliche Verpflichtung zu solchen Leistungen hat (IAS 32.16 und IAS 32.17). Bei Vorzugsaktien wird die Qualifikation als Eigen- oder Fremdkapital ausdrücklich davon abhängig gemacht, ob ein Unternehmen eine Verpflichtung zur Kapitalrückzahlung bzw. ein Aktionär einen Anspruch auf Aktienrückkauf über einen festen oder noch festzulegenden Betrag und an einem bestimmten oder noch zu bestimmenden Datum haben. Ist dies der Fall, sind Vorzugsaktien Fremdkapital, ist dies nicht der Fall, sind sie Eigenkapital (IAS 32.18(a), IAS 32.AG25-26). Im Ergebnis führt das Kriterium zur Abgrenzung von Eigen- und Fremdkapital nach den IAS sowohl bei Stammaktien wie auch bei Vorzugsaktien zu einer nach dem HGB entsprechenden Abgrenzung.

Divergierende Abgrenzungen zwischen Eigen- und Fremdkapital nach IAS und HGB können sich indes bei Genussrechten, Einlagen stiller Gesellschafter, eigenkapitalersetzenden Gesellschafterdarlehen oder Gesellschafterdarlehen mit Rangrücktritt ergeben; problematisch ist auch die Qualifikation bestimmter Finanzinstrumente als Eigenoder Fremdkapital.

2.1.1.2 Abgrenzungsprobleme bei hybriden Finanzinstrumenten

Genussrechte sind schuldrechtliche Ansprüche, die ihrem Inhaber zwar Vermögensrechte (z.B. das Recht auf Gewinnbeteiligung), aber keine Verwaltungsrechte (z.B. das Recht auf Stimmbeteiligung) gewähren. Der Begriff des Genussrechts wird nicht gesetzlich definiert, aber im Gesetz (vgl. z.B. §§ 160 Abs. 1 Nr. 6 und 221 Abs. 3, 4 AktG) vorausgesetzt. Genussrechte können in Genussscheinen (Inhaber-, Order- oder Namenspapiere) verbrieft sein. Ihre wirtschaftliche Bedeutung nimmt aufgrund zahlreicher Möglichkeiten zur rechtlichen Ausgestaltung mehr und mehr zu. Primär dienen Genussrechte der Kapitalbeschaffung, sekundär aber auch der Abgeltung besonderer Leistungen wie z.B. der Hingabe von Lizenzen oder Patenten.

Ob Genussrechte als Eigen- oder Fremdkapital zu qualifizieren sind, hängt von der schuldrechtlichen Ausgestaltung des Einzelfalls ab. Als Qualifikationskriterien werden in der deutschen Rechnungslegung regelmäßig die Voraussetzungen in der Stellungnahme des HFA zur Bilanzierung von Genussrechten[6] herangezogen, die allerdings nicht unumstritten sind. Notwendige, wenn auch nicht hinreichende Bedingung für die Qualifikation eines Genussrechts als Eigenkapital ist, dass es zumindest auch der Kapitalbeschaffung dient; ein Genussrecht, das ausschließlich auf die Abgeltung bestimmter Leistungen zielt, ist stets als Fremdkapital zu qualifizieren[7]. Zu den hinreichenden Bedingungen zählt, dass das Kapital erstens nachhaltig und zweitens nachrangig überlassen wird. Die Kapitalüberlassung gilt als nachhaltig bei einer mindestens fünfjährigen Rückzahlungssperre;[8] an anderer Stelle wird die Kapitalüberlassung auf unbestimmte Zeit bei einer Kündigungsfrist von mindestens fünf Jahren[9] gefordert. Sie gilt als nachrangig, wenn nach der schuldrechtlichen Vereinbarung im Insolvenz- oder Liquidationsfall Rückzahlungsansprüche der Genussrechtsinhaber hinter die Ansprüche aller anderen Gläubiger zurücktreten. Drittens muss das überlassene Kapital in voller Höhe mit Verlusten verrechenbar sein; damit durch Ausschüttungen an die Genussrechtsinhaber die gesetzlichen Kapitalerhaltungsvorschriften für Kapitalgesellschaften nicht umgangen werden können, sind Verluste vor einer Verrechnung mit ausschüttungsgesperrtem Eigenkapital mit Genussrechtskapital zu verrechnen. Viertens dürfen Vergütungen auf ein Genussrecht erst ausgezahlt werden, wenn nicht ausschüttungsgesperrtes Eigenkapital verfügbar ist. Und fünftens muss die Genussrechtsvergütung erfolgsabhängig sein. Sind alle Qualifikationskriterien erfüllt, ist Genussrechtskapital als Eigenkapital auszuweisen. Da die schuldrechtliche Ausgestaltung von Genussrechten regelmäßig eine Pflicht des Emittenten bzw. ein Recht des Inhabers zur Kapitalrückzahlung an einem fixierten Termin vorsieht, sind Genussrechte aufgrund von IAS 32.18(b) hingegen grundsätzlich auch dann als Fremdkapital auszuweisen, wenn sie alle handelsrechtlichen Kriterien für Eigenkapital erfüllen; eine Ausnahme ist nur dann gegeben, wenn Genussrechte den Charakter von Vorzugsaktien haben.[10]

Wie bei Genussrechten kann auch bei Einlagen stiller Gesellschafter die Qualifikation als Eigen- oder Fremdkapital nach den IFRS anders entschieden werden als nach dem HGB. Stille Gesellschaften (§§ 230-236 HGB) bestehen nur im Innenverhältnis der Ge-

---

[6] Vgl. IDW, Stellungnahme HFA 1/1994, Behandlung von Genussrechten im Jahresabschluss von Kapitalgesellschaften, WPg 1994, S. 419-423.
[7] Vgl. HEYMANN, G., a.a.O. (Fn. 1), Rz. 19.
[8] Vgl. HEYMANN, G., a.a.O. (Fn. 1), Rz. 19.
[9] Vgl. BAETGE, J./KIRSCH, H.-J./THIELE, S., Bilanzen, a.a.O. (Fn. 1), S. 456-457.
[10] Vgl. HEYMANN, G., a.a.O. (Fn. 1), Rz. 19.

sellschaft, im Außenverhältnis treten sie nicht in Erscheinung. Stille Gesellschafter überlassen einem Unternehmen einen Vermögenswert. Dafür werden sie im Fall der typischen stillen Gesellschaft am Gewinn und gegebenenfalls auch Verlust beteiligt, im Fall der atypischen stillen Gesellschaft haben sie zusätzlich Anteil am Fortführungs- bzw. Zerschlagungsvermögen, also an den stillen Reserven des Unternehmens. Verlustanteile sind auf die Höhe der Einlage beschränkt, bereits ausgezahlte Gewinnanteile hat der stille Gesellschafter bei späteren Verlusten nicht zurückzuzahlen.

Um Einlagen stiller Gesellschafter nach dem HGB als Eigenkapital zu qualifizieren, sind wie bei den Genussrechten die einschlägigen Eigenkapitalkriterien kumulativ zu erfüllen: die Nachhaltigkeit der Kapitalüberlassung, die Nachrangigkeit der Kapitalrückzahlung, die Einhaltung der Kapitalerhaltungsvorschriften für das Grund- bzw. Stammkapital und die Erfolgsabhängigkeit der Vergütung.[11] Sind diese Kriterien erfüllt, werden Einlagen stiller Gesellschafter als Eigenkapital ausgewiesen. Nach den IFRS ist eine Qualifizierung als Eigenkapital nicht möglich, wenn die stille Gesellschaft auf bestimmte Zeit und ohne automatische Verlängerung bei Nicht-Kündigung gegründet worden ist. Ist die stille Gesellschaft hingegen auf unbestimmte Zeit oder auf bestimmte Zeit mit automatischer Verlängerung bei fristgemäßer Kündigung gegründet worden, wird die Einlage stiller Gesellschafter als Eigenkapital qualifiziert.[12]

Genussrechtskapital und Kapital aus stillen Beteiligungen sind ebenso wie patriarchische Darlehen oder High Yield Bonds typische Instrumente der Mezzanine-Finanzierung. Die Mezzanine-Finanzierung dient der Bereitstellung von nachrangig besichertem Kapital, das zwischen den voll haftenden Eigenmitteln und dinglich besicherten erstrangigen Darlehen steht. Zur Vergütung des daraus resultierenden höheren Risikos erhält der Geber von Mezzanine Capital häufig neben einer fixen Verzinsung auch eine variable Vergütung in Abhängigkeit des Erfolgs des Kapitalnehmers. Als hybrides Kapital wird das Mezzanine Capital nach IFRS grundsätzlich dem Fremdkapital und nicht dem Eigenkapital zugerechnet.

Darlehen, die Kapitalgesellschaften von ihren Gesellschaftern gewährt werden, sind wie Darlehen von fremden Dritten prinzipiell unter das Fremdkapital zu fassen. Droht einer Kapitalgesellschaft in einer wirtschaftlichen Krisensituation Zahlungsunfähigkeit oder Überschuldung, könnten sich Gesellschafter dazu veranlasst sehen, der Gesellschaft statt voll haftendem Eigenkapital ein Darlehen zu gewähren oder ein bereits gewährtes Darlehen stehen zu lassen, um im Insolvenzfall eine Rückgewähr ihrer Forderung zu erreichen. Indes sieht das Gesellschaftsrecht vor, dass ein Gesellschafter „den Anspruch auf Rückgewähr des Darlehens im Insolvenzverfahren über das Vermögen der Gesellschaft nur als nachrangiger Insolvenzgläubiger geltend machen" kann (§ 32a GmbHG; diese

---

[11] Vgl. BAETGE, J./KIRSCH, H.-J./THIELE, S., Bilanzen, a.a.O. (Fn. 1), S. 456-457.
[12] Vgl. HEYMANN, G., a.a.O. (Fn. 1), Rz. 19.

für GmbHs geltende Norm ist auf AGs übertragbar). Dadurch erlangt das vom Gesellschafter der Gesellschaft zur Verfügung gestellte Fremdkapital den Charakter eines eigenkapitalersetzenden Darlehens. Aus diesem Grund wird handelsrechtlich vereinzelt der Ausweis als Eigenkapital befürwortet. Nach wohl herrschender handelsrechtlicher Auffassung wird indes die Klassifizierung als Fremdkapital gefordert, da auch eigenkapitalersetzende Darlehen der Gesellschaft unter der Annahme der Unternehmensfortführung nicht dauerhaft zur Verfügung stehen; eine Krisensituation schließt die Prämisse des Going Concern nicht aus.[13] Ebenso wird nach den IFRS ein Ausweis eigenkapitalersetzender Darlehen als Eigenkapital abgelehnt, da aufgrund der unsicheren Bedingtheit des Rückgewähranspruchs des Gesellschafters gegenüber der Gesellschaft nur ein Ausweis als Fremdkapital möglich sei.[14] Mit diesen Argumenten werden auch Gesellschafterdarlehen mit Rangrücktritt als Fremdkapital und nicht Eigenkapital qualifiziert.

2.1.1.3 Abgrenzungsprobleme bei strukturierten Finanzinstrumenten

Während bei Genussrechten und stillen Beteiligungen zu entscheiden ist, ob sie dem Grunde nach als Eigenkapital oder Fremdkapital abzugrenzen sind, besteht bei strukturierten Finanzinstrumenten (compound instruments) das Abgrenzungsproblem darin, die in diesen Finanzinstrumenten enthaltenen Eigen- und Fremdkapitalanteile der Höhe nach zu separieren (IAS 32.28, IAS 32.AG30-31).[15] Als Beispiel für solch hybride Finanzinstrumente wird eine Wandelschuldverschreibung angeführt, die durch den Inhaber in Stammaktien des Emittenten transformiert werden kann (IAS 32.29, IAS 32.AG31). Aus der Perspektive des Emittenten besteht eine Wandelschuldverschreibung aus zwei Komponenten: Zum einen aus einer finanziellen Schuld, nämlich der vertraglichen Verpflichtung des Emittenten zum Transfer liquider oder sonstiger finanzieller Vermögenswerte an den Inhaber, und zum anderen aus einem Eigenkapitalinstrument, und zwar einer Kaufoption, die dem Inhaber für eine bestimmte Zeit das Recht auf Wandlung der Schuldverschreibung in Stammaktien des Emittenten garantiert. Zur Lösung des Abgrenzungsproblems ist zunächst der relativ leicht zu bestimmende Zeitwert der Fremdkapitalkomponente zu ermitteln und dieser sodann vom gesamten Wert des hybriden Finanzinstruments zu subtrahieren; als Differenz verbleibt der indirekt ermittelte Zeitwert der Eigenkapitalkomponente (IAS 32.32, IAS 32.AG24).[16]

Beispiel: Ein Unternehmen emittiert 2.000 Stück einer Wandelanleihe zu je € 1.000 (Emissionsvolumen: € 2 Mio.). Der Nominalzins beträgt 6% p.a. nachschüssig, die Lauf-

---

[13] Vgl. BAETGE, J./KIRSCH, H.-J./THIELE, S., Bilanzen, a.a.O. (Fn. 1), S. 451-452; HEYMANN, G., a.a.O. (Fn. 1), Rz. 27.
[14] Vgl. HEYMANN, G., a.a.O. (Fn. 1), Rz. 187.
[15] Vgl. auch Abschnitt 11 im Beitrag „Ansatz und Bewertung von Finanzinstrumenten".
[16] Die Zerlegung des hybriden Finanzinstruments nach Maßgabe der relativen Zeitwerte (Fair Values) seiner Eigenkapital- und Fremdkapitalkomponenten sieht IAS 32 nicht mehr als Lösungsalternative vor.

zeit 3 Jahre. Eine Wandlung der Anleihe in 250 Stammaktien je € 1.000 ist jederzeit möglich. Der im Emissionszeitpunkt vergleichbare Marktzins für Schuldverschreibungen beläuft sich auf 9% p.a.:

	Barwert des Kapitalbetrags durch Abzinsung über 3 Jahre mit 9% p.a.	€ 1.544.367
+	Barwert der nachschüssigen Zinszahlungen von € 120.000 (Abzinsung über 3 Jahre mit 9% p.a.)	€ 303.755
=	Wert der finanziellen Schuld (Fremdkapitalkomponente)	€ 1.848.122
	Gesamtwert des strukturierten Finanzinstruments	€ 2.000.000
-	Wert der finanziellen Schuld (Fremdkapitalkomponente)	€ 1.848.122
=	Wert der Eigenkapitalkomponente	€ 151.878

In diesem Beispiel bestimmt das Unternehmen (Emittent) einer in Stammaktien wandelbaren Anleihe zunächst den Barwert der finanziellen Schuld durch Diskontierung der künftig zu leistenden Zahlungen (Rückzahlung des Anleihebetrages und Zahlung der Zinsen) mit dem adäquaten Marktzinssatz, der für eine vergleichbare, aber nicht mit einer Eigenkapitalkomponente verbundenen finanziellen Schuld zu zahlen wäre. Danach resultiert aus der Subtraktion des Barwerts der finanziellen Schuld vom Gesamtwert des strukturierten Finanzinstruments der Wert der Eigenkapitalkomponente, die durch die Option auf Wandlung der Anleihe in Stammaktien repräsentiert wird (IAS 32.IE34).

Ein spezielles Problem zur Abgrenzung von Eigen- und Fremdkapital zeigt sich bei solchen Finanzinstrumenten, die selbst Verpflichtungen zum Austausch mit Finanzinstrumenten anderer Unternehmen begründen (IAS 32.11). Finanzinstrumente umfassen sowohl originäre Finanzinstrumente (z.B. Forderungen, Verbindlichkeiten, Eigenkapitaltitel) als auch derivative Finanzinstrumente (z.B. Optionen, Futures, Forwards, Swaps). Aus der Verpflichtung zum Austausch von Finanzinstrumenten kann per Saldo ein finanzieller Vermögenswert, eine finanzielle Schuld oder ein Eigenkapitalinstrument resultieren. Nur soweit sich aus dem Austausch von Finanzinstrumenten ein Eigenkapitalinstrument ergibt, kommt ein Ausweis als Eigenkapital in Frage. Ob ein Eigenkapitalinstrument oder eine finanzielle Schuld das Ergebnis des Austauschs von Finanzinstrumenten ist, hängt davon ab, ob dem Unternehmen aus dem Austausch der Finanzinstrumente ein finanzieller Nachteil entstehen kann (IAS 32.17 und IAS 32.19(a)). Ist ein finanzieller Nachteil möglich, sind Finanzinstrumente in jedem Fall als Fremdkapital zu qualifizieren. Nur wenn diese Möglichkeit ausgeschlossen werden kann, handelt es sich bei dem Finanzinstrument um Eigenkapital. „Beispiele für Eigenkapitalinstrumente sind u.a. nicht kündbare Stammaktien, einige Arten von Vorzugsaktien ... sowie Optionsscheine oder geschriebene Verkaufsoptionen" (IAS 32.AG13).

2.1.1.4 Abgrenzungsprobleme im Konzernabschluss

Für die Abgrenzung des konsolidierten Eigenkapitals im Konzernabschluss eines Mutterunternehmens gelten im Prinzip dieselben definitorischen Kriterien wie für das bilanzielle Eigenkapital im Einzelabschluss eines Mutterunternehmens. Indes können aus der Konsolidierung des Eigenkapitals aller in den Konzernabschluss zu integrierenden Unternehmen zusätzliche Passivpositionen resultieren, die als Eigenkapital, Fremdkapital oder konzernspezifische Passiva sui generis interpretiert werden könnten. Von herausragender Bedeutung sind Minderheitenanteile am Eigenkapital von Tochterunternehmen, die durch Kapitalkonsolidierung in den Konzernabschluss ihres Mutterunternehmens integriert werden. Da der Konzernabschluss auf der Fiktion basiert, dass alle konsolidierten Unternehmen nicht nur wirtschaftlich, sondern auch rechtlich eine Einheit bilden, bereitet die bilanzielle Interpretation von Minderheitenanteilen und folglich auch ihr passivischer Ausweis im Konzernabschluss Probleme.

Nach IAS 1.68(o) und IAS 27.33 sind die Minderheitenanteile im Konzernabschluss innerhalb des Eigenkapitals getrennt vom Eigenkapital, das auf Anteilseigner des Mutterunternehmens entfällt, anzusetzen.[17]

2.1.2 Struktur des Eigenkapitals und konsolidierten Eigenkapitals

2.1.2.1 Gezeichnetes Kapital

Unter dem Eigenkapital eines Kreditinstituts sind zumindest das gezeichnete Kapital und die Rücklagen auszuweisen (IAS 1.68(p)), im konsolidierten Eigenkapital entsprechend das gezeichnete Kapital und die Rücklagen, soweit sie den Anteilseignern des Mutterinstituts zuzuordnen sind, und die Minderheitsanteile (IAS 1.68(o)). Außerdem sollen entweder in der Bilanz oder in den Notes die verschiedenen Arten des gezeichneten Kapitals und der Rücklagen gesondert dargestellt werden (IAS 1.75(e)). Da die bilanzielle Struktur des Eigenkapitals und des Konzerneigenkapitals im Wesentlichen durch nationale Normen des Gesellschaftsrechts determiniert wird, beschränken sich die IFRS vernünftigerweise auf rudimentäre Gliederungsvorschriften. So kann etwa ein auf dem deutschen Kapitalmarkt engagiertes Kreditinstitut sein Eigenkapital im IFRS-Einzelabschluss bzw. das konsolidierte Eigenkapital im IFRS-Konzernabschluss sehr flexibel

---

[17] Nach IAS 1.66(l) und IAS 27.26 in den Fassungen vor dem Improvements Project waren die Minderheitenanteile noch getrennt vom Fremdkapital und Eigenkapital, das auf Anteilseigner des Mutterunternehmens entfällt, auszuweisen. Diese an der angelsächsischen Interessentheorie orientierte Bilanzierung verstand den Konzernabschluss lediglich als erweiterten Abschluss des Mutterunternehmens, in dem die Anteile der Mehrheitsgesellschafter (interests) ausgewiesen werden sollen. Vgl. BRUNS, H.-G., a.a.O. (Fn. 1), Rz. 77; KIRSCH, H, a.a.O. (Fn. 5), S. 309.

unter Berücksichtigung der gesellschaftsrechtlichen Normen des AktG und GmbHG sowie in Anlehnung an die Gliederungsvorschriften der RechKredV[18] und des HGB bilanzieren.

Das gezeichnete Kapital (issued capital) ist der Teil des Eigenkapitals, auf den „die Haftung der Gesellschafter für die Verbindlichkeiten der Kapitalgesellschaft gegenüber den Gläubigern beschränkt ist" (§ 272 Abs. 1 Satz 1 HGB). Die Legaldefinition für das gezeichnete Kapital ist missverständlich formuliert, weil bei einer Kapitalgesellschaft nicht die Gesellschafter, sondern nur die Gesellschaft mit ihrem Vermögen gegenüber den Gläubigern haftet. Gesellschafter haften mit ihrer Einlage, also dem Betrag der übernommenen Aktien (§ 23 Abs. 2 AktG) im Fall einer Aktiengesellschaft (AG) bzw. der übernommenen Stammeinlagen (§ 3 Abs. 1 GmbHG) im Fall einer Gesellschaft mit beschränkter Haftung (GmbH). Dies folgt unmittelbar aus § 152 Abs. 1 AktG und § 42 Abs. 1 GmbHG, wonach das gezeichnete Kapital bei AGs als Grundkapital und bei GmbHs als Stammkapital auszuweisen ist.[19]

Liegen dem Grundkapital verschiedene Aktiengattungen zugrunde, sind in der Bilanz die auf jede Aktiengattung entfallenden Beträge des Grundkapitals anzugeben (§ 152 Abs. 1 Satz 2 AktG). Die Zahl der Aktien jeder Aktiengattung ist entweder in der Bilanz oder im Anhang anzugeben (§ 160 Abs. 1 Nr. 3 AktG). Sofern beide Angaben an der gleichen Stelle im Jahresabschluss zu finden sein sollen, können sie auch zusammen im Anhang ausgewiesen werden. Aktiengattungen unterscheiden sich nach dem Umfang der Rechte in Stammaktien, Vorzugsaktien und Mehrstimmrechtsaktien sowie nach dem Ausmaß ihrer Übertragbarkeit in Inhaberaktien, Namensaktien und vinkulierte Namensaktien.[20] Vorratsaktien und Genussrechte sind grundsätzlich keine besonderen Aktiengattungen.[21] Im Gegensatz zum AktG finden sich im GmbHG keine Angabepflichten für das Stammkapital, obwohl auch hier verschiedene Gattungen von Geschäftsanteilen möglich sind. So können Geschäftsanteile mit besonderen Vermögens- und Verwaltungsrechten ausgestattet sein, z.B. einem Gewinnvorausrecht oder Mehrstimmrecht. In

---

[18] Nach § 25 Abs. 1 RechKredV haben Kreditinstitute unter dem gezeichneten Kapital „„...alle Beträge auszuweisen, die entsprechend der Rechtsform des Instituts als von den Gesellschaftern oder anderen Eigentümern gezeichnete Eigenkapitalbeträge gelten; auch Einlagen stiller Gesellschafter, Dotationskapital sowie Geschäftsguthaben sind in diesen Posten einzubeziehen..."; vgl. hierzu im Einzelnen KRUMNOW, J./ SPRIßLER, W. u.a. (Hrsg.), Rechnungslegung der Kreditinstitute, Stuttgart 2004, § 25 RechKredV, Tz. 5-8; SCHARPF, P., Bankbilanz, Düsseldorf 2002, S. 534-538.

[19] Der Betrag des gezeichneten Kapitals leitet sich aus dem Nennwert der Aktien bzw. dem rechnerischen Wert der Stammeinlagen ab. Bei einer AG lautet das Grundkapital auf einen Mindestnennbetrag von 50.000 € (§ 7 AktG), bei einer GmbH beträgt das Stammkapital mindestens 25.000 € (§ 5 Abs. 1 GmbHG). Der Anteil der Gesellschafter am Grund- bzw. Stammkapital bestimmt deren Vermögens- und Verwaltungsrechte gegenüber der Gesellschaft; das gezeichnete Kapital repräsentiert somit die Bezugsgröße für die Rechte der Gesellschafter.

[20] Vgl. BAETGE, J./KIRSCH, H.-J./THIELE, S., Bilanzen, a.a.O. (Fn. 1), S. 420.

[21] Vgl. HEYMANN, G., a.a.O. (Fn. 1), Rz. 47.

solchen Fällen sollten daher entsprechende Angaben zum Stammkapital in der Bilanz bzw. im Anhang erfolgen.

Auch nach den IFRS sind extensive Angaben zum gezeichneten Kapital normiert. IAS 1.76(a) schreibt vor, dass entweder in der Bilanz oder in den Notes für jede Klasse von Anteilen anzugeben sind

- die Anzahl der genehmigten Anteile;
- die Anzahl der ausgegebenen und voll eingezahlten Anteile und die Anzahl der ausgegebenen und nicht voll eingezahlten Anteile;
- der Nennwert der Anteile oder die Aussage, dass die Anteile keinen Nennwert haben;
- eine Überleitungsrechnung der Anzahl der im Umlauf befindlichen Anteile am Anfang und am Ende der Periode;
- die Rechte, Vorzugsrechte und Beschränkungen für die jeweilige Kategorie von Anteilen, einschließlich Beschränkungen bei der Ausschüttung von Dividenden und der Rückzahlung des Kapitals;
- Anteile an dem Unternehmen, die durch das Unternehmen selbst, seine Tochterunternehmen oder assoziierten Unternehmen gehalten werden; und
- Anteile, die für die Ausgabe auf Grund von Optionen und Verkaufsverträgen vorgehalten werden, unter der Angabe der Modalitäten und Beträge.

Außerdem ist nach IAS 1.76(b) „eine Beschreibung von Art und Zweck jeder Rücklage innerhalb des Eigenkapitals" erforderlich.

Gezeichnetes Kapital ist gemäß § 283 HGB stets mit dem Nennwert anzusetzen. Da sowohl bei AGs als auch bei GmbHs lediglich ein Viertel des gezeichneten Kapitals in bar eingezahlt werden muss (§ 36a Abs. 1 AktG, § 7 Abs. 2 GmbHG), kann eine Differenz zwischen dem gezeichneten und dem eingezahlten Kapital entstehen. Diese Differenz ist nach dem HGB als „Ausstehende Einlagen auf das gezeichnete Kapital" auszuweisen. Von diesen ausstehenden Einlagen kann seitens der Gesellschaft ein Teil eingefordert und ein Teil noch nicht eingefordert sein. Wirtschaftlich betrachtet stellen die ausstehenden Einlagen einen Korrekturposten zum gezeichneten Kapital dar; solange sie nicht eingefordert sind, geben sie lediglich das Haftungspotential der Gesellschaft wieder. Rechtlich gesehen sind die ausstehenden Einlagen Forderungen der Gesellschaft an die Gesellschafter; dies gilt für die eingeforderten und für die noch nicht eingeforderten ausstehenden Rücklagen. Wegen des dualen Charakters von ausstehenden Einlagen lässt das HGB zwei äquivalente Dokumentationsalternativen zu. Nach der Bruttomethode sind dem gezeichneten Kapital die ausstehenden Einlagen auf der Aktivseite vor dem Anlagevermögen gegenüberzustellen und die davon eingeforderten Einlagen zu vermerken. Nach der Nettomethode werden die noch nicht eingeforderten Einlagen vom gezeichneten Kapital offen abgesetzt und als Differenz das eingeforderte Kapital dargestellt; die eingeforderten, aber noch nicht eingezahlten ausstehenden Einlagen werden auf der Aktivseite im Umlaufvermögen ausgewiesen.

Da nach dem Rahmenkonzept des IASB auf der Aktivseite der Bilanz nur Positionen ausgewiesen werden dürfen, die als Vermögenswerte mit wirtschaftlichem Nutzen unmittelbar oder mittelbar zur Liquidität des Unternehmens beitragen,[22] sind im Gegensatz zum HGB nach den IFRS alle Eigenkapitalpositionen passivisch zu bilanzieren. Ausstehende Einlagen auf das gezeichnete Kapital sind somit auf der Passivseite einer IFRS-konformen Bilanz offen vom Eigenkapital abzusetzen.

Sowohl AGs als auch GmbHs dürfen unter bestimmten Bedingungen und im begrenzten Umfang (§ 71 AktG, § 33 GmbHG) eigene Anteile erwerben. Eigene Anteile sind unter den Wertpapieren zu aktivieren (§ 266 Abs. 2 HGB). Wie ausstehende Einlagen stellen auch eigene Anteile einen Korrekturposten zum gezeichneten Kapital dar, weil sie im Insolvenzfall nicht oder kaum liquidierbar sind. Um zu verhindern, dass ein dem Buchwert der eigenen Anteile entsprechender Betrag ausgeschüttet wird, ist betragsgleich eine Rücklage für eigene Anteile zu passivieren (§ 272 Abs. 4 HGB).

Nach dem Rahmenkonzept des IASB ist eine korrespondierende Bilanzierung von eigenen Anteilen und einer Rücklage für eigene Anteile unzulässig, da eigene Anteile die IFRS-Kriterien für einen Vermögenswert nicht erfüllen. Die IFRS-konforme Bilanzierung von eigenen Anteilen regeln IAS 32.33-34 und IAS 32.AG36.[23] Eigene Anteile sind Eigenkapitalinstrumente, die vom emittierenden Unternehmen selbst oder von seinen konsolidierten Tochterunternehmen erworben und gehalten werden und rechtlich für die Wiederausgabe oder den Wiederverkauf verfügbar sind, auch wenn das Unternehmen beabsichtigt, die Eigenkapitalinstrumente einzuziehen.[24] Da eigene Anteile keine finanziellen Vermögenswerte darstellen, sind sie wie ausstehende Einlagen offen vom Eigenkapital abzusetzen (IAS 32.33, IAS 32.AG36). Dies kann entweder durch Absetzung der Anschaffungskosten der eigenen Anteile vom Eigenkapital in einem Betrag (one-line adjustment), durch Absetzung des rechnerischen Nennwerts vom gezeichneten Kapital und Verrechnung des Differenzbetrags von Anschaffungskosten und rechnerischem Nennwert mit anderen Eigenkapitalposten (par-value method) oder durch proportionale Absetzung von allen Eigenkapitalposten erfolgen.[25] Sofern ein Kreditinstitut Transaktionen mit eigenen Anteilen tätigt, werden die Ergebnisse nicht ertrags- bzw.

---

[22] „An asset is a resource controlled by the enterprise as a result of past events and from which future economic benefits are expected to flow to the enterprise", F 49(a).

[23] SIC-16, Share Capital - Reacquired Own Equity Instruments (Treasury Shares), ist größtenteils durch die Regelungen in IAS 32.33-34 und IAS 32.AG36 ersetzt worden (IAS 32.IN1).

[24] Die Definition eigener Anteile in SIC-16.3 ist nicht in IAS 32 übernommen worden, behält gleichwohl ihre Gültigkeit.

[25] Die Methoden zur offenen Absetzung eigener Anteile vom Eigenkapital in SIC-16.10 sind nicht in IAS 32 übernommen worden, behalten gleichwohl ihre Gültigkeit.

aufwandswirksam in der GuV, sondern erfolgsneutral in der Eigenkapitalveränderungsrechnung erfasst (IAS 32.33). Der Betrag der eigenen Anteile ist in der Bilanz oder den Notes gesondert auszuweisen (IAS 32.34).

Im Konzernabschluss eines Kreditinstituts ist als gezeichnetes Kapital sein gezeichnetes Kapital aus dem Einzelabschluss auszuweisen. Ausstehende Einlagen auf das gezeichnete Kapital sowie eigene Anteile sind im Konzernabschluss ebenso wie im Einzelabschluss auszuweisen.[26]

2.1.2.2 Kapitalrücklage

Rücklagen werden traditionell in die Kapitalrücklage und Gewinnrücklagen unterschieden. Die Kapitalrücklage entsteht durch Einzahlungen der Gesellschafter über das gezeichnete Kapital hinaus (externe Unternehmensfinanzierung). Ursache der Einzahlungen sind insbesondere Emissionen von Eigen- und Fremdkapitaltiteln der Gesellschaft. Die Pflicht zum separaten Ausweis einer Kapitalrücklage im IFRS-Abschluss eines Kreditinstituts lässt sich aus IAS 1.75(e) und IAS 1.76(b) ableiten. Da die IFRS jedoch keine detaillierten Regeln zur Abgrenzung einer Kapitalrücklage enthalten, bietet sich eine Abgrenzung entsprechend § 272 Abs. 2 HGB an; im Einzelnen handelt es sich dabei um folgende Sachverhalte:[27]

– Agio bei der Ausgabe von Anteilen einschließlich Bezugsanteilen über den Nennbetrag bzw. rechnerischen Wert hinaus (§ 272 Abs. 2 Nr. 1 HGB). Hierzu zählen Aufgelder aus der Emission von Aktien bzw. Geschäftsanteilen bei Gründungen, Kapitalerhöhungen oder Verschmelzungen sowie bei mittelbarem Bezugsrecht der Aktien, bei Vorratsaktien und beim Umtausch von Wandelschuldverschreibungen in Aktien. Bei Sacheinlagen ergibt sich das Agio als Differenz des Zeitwertes des eingelegten Vermögenswertes und des Nennwerts der hierfür gewährten Anteile. Emissionskosten dürfen das Agio nicht mindern.

– Agio bei der Ausgabe von Schuldverschreibungen für Wandlungsrechte und Optionsrechte zum Erwerb von Anteilen (§ 272 Abs. 2 Nr. 2 HGB). Aufgelder können erstens auf einen über dem Rückzahlungsbetrag liegenden Emissionskurs einer Wandelschuldverschreibung oder Optionsanleihe zurückzuführen sein, sie können aber zweitens auch durch niedrigverzinsliche Schuldverschreibungen für Wandlungs- und Optionsrechte verursacht werden. Emissionskosten dürfen das Agio nicht mindern.

– Zuzahlungen, die Gesellschafter gegen Gewährung von Vorzügen für ihre Anteile leisten (§ 272 Abs. 2 Nr. 3 HGB). Zu diesen Vorzügen zählen besondere Rechte bei

---

[26] Vgl. BRUNS, H.-G., a.a.O. (Fn. 1), Rz. 9.
[27] Vgl. BAETGE, J./KIRSCH, H.-J./THIELE, S., Bilanzen, a.a.O. (Fn. 1), S. 436-439; HEYMANN, G., a.a.O. (Fn. 1), Rz. 83-98.

der Verteilung von Unternehmensgewinnen und Gesellschaftsvermögen, Mehrstimmrechte oder Rechte zur Verhinderung von Aktienpools.

- Andere Zuzahlungen, die Gesellschafter in das Eigenkapital der Gesellschaft leisten (§ 272 Abs. 2 Nr. 4 HGB). Hierzu zählen freiwillige Einzahlungen zur Stärkung der Eigenkapitalbasis des Unternehmens, aber auch Einzahlungen im Zusammenhang mit Kapitalherabsetzungen (§§ 229 Abs. 1, 231 Satz 1 und 3, 232, 237 Abs. 5 AktG) und eingeforderten Nachschüssen (§ 42 Abs. 2 Satz 3 GmbHG).

Über diese vom deutschen Gesellschaftsrecht bestimmten Sachverhalte hinaus sind unter der Kapitalrücklage auch folgende IFRS-spezifische Sachverhalte auszuweisen:

- Einzahlungen aufgrund der Emission von Finanzinstrumenten, die zwar prinzipiell als Fremdkapital zu charakterisieren sind, jedoch unter bestimmten Bedingungen ausnahmsweise als Eigenkapital klassifiziert werden (IAS 32.25[28]).

- Auszahlungen aufgrund der Emission bzw. des Rückkaufs von Finanzinstrumenten, die nach IAS 32 als Eigenkapital klassifiziert sind; die Auszahlungen müssen als Transaktionskosten der Emission bzw. des Rückkaufs direkt zurechenbar sein (IAS 32.35[29]).

Wie nach dem HGB ist auch nach den IFRS die Kapitalrücklage nicht nach den einzelnen Sachverhalten aufzugliedern, sondern kann in einem Betrag ausgewiesen werden. Nach den IFRS kann sie unter der Bezeichnung „Capital Paid-in in Excess of Par-value" firmieren.

Im Konzernabschluss eines Kreditinstituts ist als Kapitalrücklage seine Kapitalrücklage aus dem Einzelabschluss auszuweisen. Sie beinhaltet also nur die Aufgelder und Zuzahlungen, die durch Gesellschafter des Mutterunternehmens in das Eigenkapital geleistet werden.[30]

2.1.2.3 Gewinnrücklagen

Gewinnrücklagen bilden zusammen mit der Kapitalrücklage die offenen Rücklagen eines Unternehmens. Offene Rücklagen sind von den verdeckten Rücklagen zu unterscheiden, die durch eine Unterbewertung von Aktiva bzw. Überbewertung von Passiva entstehen (stille Reserven). Gewinnrücklagen werden grundsätzlich aus thesaurierten Jahresüberschüssen des Unternehmens gebildet (interne Unternehmensfinanzierung). Wie bei der Kapitalrücklage lässt sich die Pflicht zur gesonderten Darstellung von Ge-

---

[28] SIC-5, Classification of Financial Instruments - Contingent Settlement Provisions ist durch die Regelung in IAS 32.25 ersetzt worden (IAS 32.IN1).

[29] SIC-17, Equity - Costs of an Equity Transaction, ist durch die Regelung in IAS 32.35 ersetzt worden (IAS 32.IN1).

[30] Vgl. BRUNS, H.-G., a.a.O. (Fn. 1), Rz. 10.

winnrücklagen im IFRS-Abschluss eines Kreditinstituts aus IAS 1.75(e) und IAS 1.76(b) deduzieren. Da die IFRS jedoch auch zur Abgrenzung von Gewinnrücklagen keine detaillierten Regeln enthalten, bietet sich eine Abgrenzung entsprechend § 272 Abs. 3-4 HGB an; danach sind folgende Arten von Gewinnrücklagen zu unterscheiden:[31]

- Gesetzliche Rücklage (§ 272 Abs. 3 HGB): Zum Zweck der Kapitalhaftung und Risikovorsorge ist bei AGs aus den Gewinnen des Unternehmens eine Gewinnrücklage nach § 150 Abs. 1 AktG zu bilden; für GmbHs gibt es keine vergleichbare gesetzliche Vorschrift. Die Bildung und Auflösung der gesetzlichen Rücklage unterliegt einer strengen gesetzlichen Normierung.[32]

- Rücklage für eigene Anteile (§ 272 Abs. 4 HGB): Zum Zweck des Gläubiger- und Aktionärsschutzes haben AGs, die von ihren Aktionären eigene Anteile entgeltlich oder unentgeltlich zurück erworben haben, eine Rücklage für eigene Anteile in Höhe des Bilanzwerts dieser Anteile zu bilden.[33] Für GmbHs gilt diese Vorschrift analog. Da sich die eigenen Anteile und die Rücklage für eigene Anteile betragsgleich als korrespondierende Aktiv- und Passivpositionen neutralisieren, wird Ausschüttungen in Höhe dieses Betrags vorgebeugt (Ausschüttungssperre).[34]

---

[31] Vgl. BAETGE, J./KIRSCH, H.-J./THIELE, S., Bilanzen, a.a.O. (Fn. 1), S. 439-445; HEYMANN, G., a.a.O. (Fn. 1), Rz. 99-125.

[32] In die gesetzliche Rücklage sind so lange 5% des um einen eventuellen Verlustvortrag geminderten Jahresüberschusses einzustellen, bis die gesetzliche Rücklage und die Kapitalrücklage zusammen 10% des Grundkapitals erreichen (§ 150 Abs. 2 AktG); bei der Berechnung sind nur die Beträge der Kapitalrücklage zu berücksichtigen, die nach § 272 Abs. 2 Nr. 1-3 HGB gebildet wurden. Über diese obligatorische Dotierung der gesetzlichen Rücklage hinaus kann die Hauptversammlung im Rahmen ihrer Gewinnverwendungsbefugnis fakultativ weitere Beträge aus Jahresüberschüssen in die gesetzliche Rücklage einstellen (§ 58 Abs. 3 AktG). Bei für Konzerne typischen Gewinnabführungs- oder Beherrschungsverträgen bestimmt § 300 AktG die Bildung der gesetzlichen Rücklage. Im Sinne des Gläubigerschutzes unterliegt die Auflösung der gesetzlichen Rücklage rigiden Vorschriften, wobei zwei Fälle zu unterscheiden sind: Wenn die gesetzliche Gewinnrücklage und die Kapitalrücklage 10% des Grundkapitals nicht überschreiten (§ 150 Abs. 3 AktG), dann dürfen sie nur verwendet werden zum Ausgleich eines
- Jahresfehlbetrags, soweit dieser nicht durch einen Gewinnvortrag gedeckt und/oder durch andere Gewinnrücklagen ausgeglichen werden kann, und
- Verlustvortrags, soweit dieser nicht durch einen Jahresüberschuss gedeckt und/oder durch andere Gewinnrücklagen ausgeglichen werden kann.
Wenn die gesetzliche Gewinnrücklage und die Kapitalrücklage 10% des Grundkapitals überschreiten (§ 150 Abs. 4 AktG), dann dürfen sie nur verwendet werden zum/zur
- Ausgleich eines Jahresfehlbetrags, soweit dieser nicht durch einen Gewinnvortrag gedeckt ist, und
- Ausgleich eines Verlustvortrags, soweit dieser nicht durch einen Jahresüberschuss gedeckt ist, und
- Kapitalerhöhung aus Gesellschaftsmitteln nach §§ 207-220 HGB.
Sofern im zweiten Fall die gesetzliche Rücklage zum Ausgleich eines Jahresfehlbetrags verwendet wird, dürfen nicht gleichzeitig aus anderen Gewinnrücklagen Ausschüttungen an die Aktionäre erfolgen. Allerdings darf im zweiten Fall eine gesetzliche Rücklage auch dann zum Ausgleich eines Jahresfehlbetrags verwendet werden, wenn andere Gewinnrücklagen zur Verfügung stünden.

[33] Vgl. Abschnitt 2.1.2.1.

[34] Die Rücklage für eigene Anteile kann aus einem Jahresüberschuss, einem Gewinnvortrag, aus frei verfüg-

- Satzungsmäßige Rücklagen (§ 272 Abs. 3 HGB): In der Satzung einer AG bzw. dem Gesellschaftsvertrag einer GmbH kann vorgesehen sein, dass den Gewinnrücklagen aus dem Jahresüberschuss entweder obligatorisch oder fakultativ Beträge zugeführt werden (§ 58 Abs. 4 AktG, § 29 Abs. 1 GmbHG).[35]

- Andere Gewinnrücklagen (§ 272 Abs. 3 HGB): In den anderen Gewinnrücklagen sind alle aus dem Jahresüberschuss zugeführten Beträge enthalten, die weder gesetzliche noch satzungsmäßige Rücklagen und auch nicht Rücklagen für eigene Anteile sind. Bei AGs kann die Höhe des aus dem Jahresüberschuss in die anderen Gewinnrücklagen eingestellten Betrags davon abhängen, welches Gremium einer AG den Jahresabschluss feststellt.[36] Bei GmbHs entscheidet die Gesellschafterversammlung im Zusammenhang mit der Feststellung des Jahresabschlusses über die Höhe der Zuführung von Beträgen aus dem Jahresüberschuss in die anderen Gewinnrücklagen; die zugeführten Beträge stehen indes immer erst in der Bilanz des Folgejahres.[37]

---

baren Gewinnrücklagen oder einer Kapitalrücklage nach § 272 Abs. 2 Nr. 4 HGB dotiert werden. In welcher Reihenfolge diese Eigenkapitalposten zur Dotierung herangezogen werden sollen, lässt das HGB offen. Vorrangig sollten disponible Gewinnrücklagen und eine disponible Kapitalrücklage verwendet werden, um die Gewinnverwendungsbefugnis der Hauptversammlung nicht einzuschränken. Steht keiner dieser Eigenkapitalposten zur Disposition, ist die Rücklage für eigene Anteile gleichwohl zu bilden und ein Bilanzverlust auszuweisen. Die Rücklage für eigene Anteile ist nur dann aufzulösen, wenn die eigenen Anteile eingezogen, ausgegeben, veräußert oder niedriger bewertet werden. Werden eigene Anteile nur zwecks Einziehung erworben, dürfen sie nicht aktiviert werden, sondern sind passivisch im Eigenkapital durch offenen Abzug ihres Nennwerts bzw. rechnerischen Werts vom Grundkapital zu erfassen (§ 272 Abs. 1 Satz 4 HGB); eine Differenz zwischen den Anschaffungskosten und dem Nennwert bzw. rechnerischen Wert der eigenen Anteile ist mit den Gewinnrücklagen zu verrechnen. Eine Rücklage für eigene Anteile ist in diesem Fall nicht zu bilden.

[35] Soweit Satzung bzw. Gesellschaftsvertrag regeln, dass Gewinnrücklagen aus dem Jahresüberschuss verpflichtend gebildet werden müssen, sind sie als satzungsmäßige (statutarische) Rücklagen auszuweisen. Regeln Satzung bzw. Gesellschaftsvertrag hingegen, dass Gewinnrücklagen freiwillig gebildet werden dürfen, sind sie unter den anderen Gewinnrücklagen darzustellen. Wenn in einer Satzung vorgeschrieben wird, dass der gesetzlichen Rücklage über die in § 150 Abs. 2 AktG kodifizierte Grenze hinaus weitere Beträge zuzuführen sind, werden diese Beträge in die gesetzliche Rücklage eingestellt. Die Auflösung statutarischer Rücklagen folgt wie die Bildung den Regeln der Satzung bzw. des Gesellschaftsvertrags.

[36] Wenn Vorstand und Aufsichtsrat den Jahresabschluss feststellen (Regelfall), dürfen sie höchstens 50% des Jahresüberschusses nach Abzug einer Zuführung zur gesetzlichen Rücklage und eines Verlustvortrags in die anderen Gewinnrücklagen einstellen. Sie dürfen den anderen Rücklagen darüber hinaus auch höhere Beträge, gegebenenfalls den gesamten Gewinn zuführen, wenn dies eine entsprechende Satzungsbestimmung gestattet; Voraussetzung ist, dass die anderen Gewinnrücklagen vor der Zuführung nicht die Hälfte des Grundkapitals übersteigen bzw. nach der Zuführung nicht die Hälfte des Grundkapitals übersteigen würden (§ 58 Abs. 2 AktG). Wenn die Hauptversammlung den Jahresabschluss feststellt (Ausnahmefall), kann die Satzung bestimmen, dass aus dem Jahresüberschuss Beträge in die anderen Gewinnrücklagen einzustellen sind. In diesem Fall ist die Zuführung auf 50% des Jahresüberschusses nach Abzug einer Zuführung zur gesetzlichen Rücklage und eines Verlustvortrags beschränkt (§ 58 Abs. 1 AktG). In einem Gewinnverwendungsbeschluss kann die Hauptversammlung über die Zuführung weiterer Beträge in die Gewinnrücklagen beschließen (§ 58 Abs. 3 AktG).

[37] Schließlich dürfen der Vorstand und Aufsichtsrat einer AG und der Geschäftsführer einer GmbH mit Zustimmung der Gesellschafterversammlung auch die Eigenkapitalanteile von

Für allgemeine Risiken der Geschäftstätigkeit einer Bank einschließlich künftiger Verluste und anderer unvorhersehbarer Risiken haben Kreditinstitute die Möglichkeit, nach IAS 30.50 eine Rücklage zu bilden, die mit dem Sonderposten für allgemeine Bankrisiken nach § 340g HGB vergleichbar ist.[38]

Im Konzernabschluss sind unter den Gewinnrücklagen nur die gesetzlichen, satzungsmäßigen und anderen Gewinnrücklagen des Mutterunternehmens auszuweisen; die gesetzlichen, satzungsmäßigen und anderen Rücklagen von Tochterunternehmen sind vollständig in das konsolidierungspflichtige Kapital zu integrieren und daher nicht unter das Konzerneigenkapital zu subsumieren (§ 301 Abs. 1 HGB). Die anderen Gewinnrücklagen umfassen im Konzernabschluss außerdem solche Positionen des konsolidierten Eigenkapitals, die auf spezielle Konsolidierungstechniken zurückzuführen sind.[39] Bei den Rücklagen für eigene Anteile sind zu unterscheiden die von Mutter- und Tochterunternehmen für eigene Anteile des Mutterunternehmens gebildeten Rücklagen und die von Tochterunternehmen für eigene Anteile gebildeten Rücklagen. Da alle von Mutter- und Tochterunternehmen gehaltenen Anteile des Mutterunternehmens in den Konzernabschluss einbezogen werden müssen, sind (korrespondierend) nicht nur die beim Mutterunternehmen für eigene Anteile gebildete Rücklage, sondern auch die bei Tochterunternehmen gebildeten Rücklagen für von ihnen gehaltene Anteile des Mutterunternehmens in den Konzernabschluss einzubeziehen. Somit dürfen bei Tochterunternehmen gebildete Rücklagen für von ihnen gehaltene Anteile des Mutterunternehmens nicht in das konsolidierungspflichtige Kapital integriert werden (§ 301 Abs. 1 HGB), weil sonst die Neutralisation der aktivierten Anteile des Mutterunternehmens im Konzernabschluss nicht möglich ist. Im Konzernabschluss sind also die jeweils bei Mutter- und Tochterunternehmen aktivierten Anteile des Mutterunternehmens und die passivierten Rücklagen für eigene Anteile des Mutterunternehmens zusammengefasst auszuweisen. Nur die von Tochterunternehmen für eigene Anteile gebildeten Rücklagen und die korrespondierenden eigenen Anteile sind in die Kapitalkonsolidierung zu integrieren.

- Wertaufholungen bei Vermögensgegenständen des Anlage- und Umlaufvermögens, die nach früheren außerplanmäßigen bzw. steuerrechtlichen Abschreibungen notwendig wurden, und
- Passivposten, die bei der steuerrechtlichen Gewinnermittlung gebildet wurden und nicht im Sonderposten mit Rücklageanteil ausgewiesen werden dürfen

in die anderen Gewinnrücklagen einstellen.

[38] Vgl. hierzu im Detail Abschnitt 3.1.2 im Beitrag „Bilanz, Gewinn- und Verlustrechnung sowie Notes".
[39] Vgl. BRUNS, H.-G., a.a.O. (Fn. 1), Rz. 11-16.

2.1.2.4 Ergebnisvortrag und Jahresergebnis bzw. Bilanzergebnis

Nach deutschem Handelsrecht ist der Einzelabschluss die Basis der Ergebnisverwendung. Ergebnisverwendung findet bei der Auflösung der Kapitalrücklage, bei der Einstellung in bzw. Auflösung von Gewinnrücklagen und bei Ausschüttungen an Gesellschafter statt (§ 158 Abs. 1 AktG). Kapitalgesellschaften haben das Wahlrecht, die Bilanz ihres Einzelabschlusses ohne Berücksichtigung der Ergebnisverwendung oder mit Berücksichtigung der teilweisen bzw. vollständigen Ergebnisverwendung aufzustellen.[40]

---

[40] Somit stehen für den Ergebnisausweis in der Bilanz drei Alternativen zur Verfügung:
- Ausweis des Jahresergebnisses ohne Berücksichtigung der Ergebnisverwendung (§ 266 Abs. 3 HGB): Wird die Bilanz vor der teilweisen oder vollständigen Ergebnisverwendung aufgestellt, ist der Jahresüberschuss als positive Differenz von Erträgen und Aufwendungen bzw. der Jahresfehlbetrag als negative Differenz von Erträgen und Aufwendungen separat in der Bilanz auszuweisen, und zwar nach dem gezeichneten Kapital, der Kapitalrücklage, den Gewinnrücklagen und dem Gewinnvortrag bzw. Verlustvortrag (Ergebnisvortrag). Ein Gewinnvortrag resultiert aus Jahresüberschüssen früherer Geschäftsjahre, die noch nicht ausgeschüttet oder den Rücklagen zugeführt wurden. Umgekehrt ergeben sich Verlustvorträge aus Jahresfehlbeträgen früherer Geschäftsjahre, die noch nicht durch Gewinne oder aufgelöste Rücklagen ausgeglichen wurden.
- Ausweis des Jahresergebnisses mit Berücksichtigung der teilweisen Ergebnisverwendung (§ 268 Abs. 1 HGB): Wird die Bilanz nach der teilweisen Ergebnisverwendung aufgestellt, tritt an die Stelle des Ergebnisvortrags und des Jahresergebnisses das Bilanzergebnis (Bilanzgewinn bzw. Bilanzverlust). Ein Bilanzgewinn ist die positive Summe, ein Bilanzverlust die negative Summe aus dem Jahresergebnis (Jahresüberschuss/Jahresfehlbetrag), dem Ergebnisvortrag (Gewinnvortrag/Verlustvortrag), Auflösungen der Kapitalrücklage und den Einstellungen in Gewinnrücklagen bzw. Auflösungen von Gewinnrücklagen.
- Ausweis des Jahresergebnisses mit Berücksichtigung der vollständigen Ergebnisverwendung (§ 268 Abs. 1 HGB): Eine nach der vollständigen Ergebnisverwendung aufgestellte Bilanz weist kein Bilanzergebnis auf, weil weder ein Bilanzgewinn noch ein Bilanzverlust verbleibt. In diesem Fall stehen unter dem Eigenkapital nur noch das gezeichnete Kapital, die Kapitalrücklage und die Gewinnrücklagen. Ein Bilanzergebnis von Null kann z.B. eintreten, wenn ein Jahresüberschuss aufgrund gesetzlicher oder statutarischer Vorschriften vollständig den Gewinnrücklagen zugeführt werden muss, ein Jahresfehlbetrag durch Auflösung von Gewinnrücklagen ausgeglichen wird, oder ein Jahresüberschuss zum Teil in die Gewinnrücklagen eingestellt und der restliche Teil infolge eines schon vor der Bilanzaufstellung gefassten Beschlusses ausgeschüttet wird; der auszuschüttende Betrag wäre als Verbindlichkeit gegenüber den Gesellschaftern zu bilanzieren.

Die Aufstellung der Bilanz unter Berücksichtigung der teilweisen Ergebnisverwendung ist bei der AG der Regelfall, bei der GmbH ist sie dann möglich, wenn der Geschäftsführer laut Gesellschaftsvertrag zur teilweisen Verwendung des Jahresergebnisses etwa durch Vorabausschüttungen befugt ist. Die Aufstellung der Bilanz unter Berücksichtigung der vollständigen Ergebnisverwendung ist sowohl bei der AG wie auch der GmbH eher der Ausnahmefall. Der Fall einer vollständigen Verwendung des Jahresüberschusses durch teilweise Rücklagenzuführung und restliche Gewinnausschüttung mit Passivierung einer Verbindlichkeit gegenüber den Gesellschaftern ist bei der AG nicht möglich, da die Hauptversammlung einen Gewinnverwendungsbeschluss nach § 174 Abs. 1 AktG nur auf der Grundlage eines bereits festgestellten Jahreabschlusses fassen kann. Bei einer GmbH fordert § 42 Abs. 2 GmbHG nur, dass die Gesellschafter innerhalb einer bestimmten Frist nach Ablauf des Geschäftsjahrs den Jahresabschluss festzustellen und die Ergebnisverwendung zu beschließen haben. Eine Aufstellung der Bilanz ohne Berücksichtigung der Ergebnisverwendung ist bei der AG prinzipiell ausgeschlossen, da gemäß § 158 Abs. 1 AktG eine Ergebnisverwendungsrechnung vorgeschrieben ist. Für eine GmbH besteht keine vergleichbare Vorschrift, so dass bei ihr eine Aufstellung der Bilanz ohne Berücksichtigung der Ergebnisverwendung durchaus üblich ist.

Deutsche Kreditinstitute sind zur Aufstellung einer Gewinnverwendungsrechnung nach RechKredV Formblatt 2 und 3 für die GuV verpflichtet, in der das Jahresergebnis unter Berücksichtigung eines Ergebnisvortrags sowie der Veränderungen von Rücklagen und Genussrechtskapital zum Bilanzergebnis entwickelt wird.

Im Konzernabschluss werden Ergebnisvorträge des Mutterunternehmens generell im konsolidierten Eigenkapital erfasst. Bei den Ergebnisvorträgen von Tochterunternehmen ist zu unterscheiden, ob sie vor oder nach dem Erwerb entstanden sind: Vor dem Erwerb entstandene Ergebnisvorträge werden in die Kapitalkonsolidierung integriert, nach dem Erwerb entstandene Ergebnisvorträge werden im Konzernabschluss entweder als Gewinn-/Verlustvortrag oder in den Gewinnrücklagen bilanziert. In Bezug auf das Jahresergebnis ist wie beim Einzelabschluss des Mutterunternehmens auch beim Konzernabschluss zu differenzieren, ob der Ausweis ohne Berücksichtigung der Verwendung des Konzernjahresergebnisses oder mit Berücksichtigung der teilweisen bzw. vollständigen Ergebnisverwendung erfolgt (§§ 298 i.V.m. 268 Abs. 1 HGB). Ohne Berücksichtigung der Ergebnisverwendung wird im Konzerneigenkapital der Konzernjahresüberschuss bzw. Konzernjahresfehlbetrag aus der GuV passiviert. Bei Berücksichtigung der teilweisen Ergebnisverwendung tritt an die Stelle des Gewinn- bzw. Verlustvortrags und des Jahresüberschusses bzw. Jahresfehlbetrags im Konzern der Konzernbilanzgewinn bzw. Konzernbilanzverlust.[41] In der Konsolidierungspraxis deutscher Publikumskonzerne ist es durchaus üblich, als Konzernbilanzergebnis das Bilanzergebnis im Einzelabschluss des Mutterunternehmens auszuweisen.

Der Ausweis eines Ergebnisvortrags, Jahresergebnisses bzw. Bilanzergebnisses in Abhängigkeit von diversen Alternativen der Ergebnisverwendung im Einzel- und Konzernabschluss ist ein Spezifikum des deutschen Gesellschaftsrechts. In den IFRS gibt es keine Vorschriften über den Ausweis des Jahresergebnisses. Nur IAS 1.96 über die Eigenkapitalveränderungsrechnung liefert einen Hinweis, dass Jahresergebnisse letztlich kumuliert in einer Gewinnrücklage darzustellen sind. Weil in den IFRS eine explizite Vorschrift fehlt, scheint es zwar zulässig, die Gliederung des Eigenkapitals im IFRS-Einzelabschluss und im IFRS-Konzernabschluss an die jeweilige handelsrechtliche Eigenkapitalgliederung anzupassen. Jedoch würde ein solcher Ausweis - insbesondere im Konzernabschluss - nicht den internationalen Usancen der bilanziellen Eigenkapitalgliederung entsprechen und die Adressaten auf dem Kapitalmarkt eher verwirren als informieren. Insbesondere die Praxis des Ausweises identischer Bilanzergebnisse im Einzel- und Konzernabschluss eines Mutterunternehmens wird zu Recht kritisiert.[42] Aus diesen Gründen sollte das Konzernjahresergebnis internationalen Gepflogenheiten entsprechend in den Gewinnrücklagen ausgewiesen werden.

---

41 Vgl. BRUNS, H.-G., a.a.O. (Fn. 1), Rz. 17-18.
42 Vgl. BRUNS, H.-G., a.a.O. (Fn. 1), Rz. 55-57.

In einem IFRS-Abschluss werden die aus einer handelsrechtlichen Gewinnverwendungsrechnung verfügbaren Informationen im Eigenkapitalspiegel (oder alternativ in den Notes) bereitgestellt. Da nach IAS 1.97(c) Veränderungen bei den Rücklagen für jede Rücklagenart gesondert auszuweisen sind, wird über Einstellungen aus dem Jahresergebnis in die Gewinnrücklagen zwangsläufig informiert. Entsprechend wird nach IAS 1.97(b) über den Ergebnisvortrag berichtet, der systematisch mit dem Bilanzergebnis vergleichbar ist. Obwohl den Abschlussadressaten die aus einer handelsrechtlichen Gewinnverwendungsrechnung bereit gestellten Informationen auch über den Eigenkapitalspiegel (oder alternativ die Notes) eines IFRS-Abschlusses verfügbar gemacht werden können, haben nach den IFRS bilanzierende deutsche Banken bislang nicht auf die Veröffentlichung einer Gewinnverwendungsrechnung nach handelsrechtlichem Vorbild verzichtet.[43] Sofern im Eigenkapitalspiegel nicht wie nach IAS 1.96(a) gefordert das Jahresergebnis, sondern das Bilanzergebnis ausgewiesen wird, sollte in einer zusätzlichen Gewinnverwendungsrechnung die Entwicklung des Bilanzergebnisses dargestellt werden.

2.1.2.5 Sonstiges Eigenkapital

Kapitalgesellschaften, die deutschem Gesellschaftsrecht unterliegen und ihre Einzel- und Konzernabschlüsse nach den IFRS aufstellen, können innerhalb des bilanziellen und konsolidierten Eigenkapitals das Grundkapital bzw. Stammkapital als gezeichnetes Kapital (issued capital) sowie die Kapital- und Gewinnrücklagen unter den Rücklagen (reserves) i.S.v. IAS 1.68(p) ausweisen. Da in IAS 1.75(e) zur Untergliederung des Eigenkapitals (in Bilanz oder Notes) lediglich gefordert wird, dass „das gezeichnete Kapital und die Rücklagen in verschiedene Gruppen, wie beispielsweise eingezahltes Kapital, Agio und Rücklagen gegliedert (werden)", ist es Kapitalgesellschaften möglich, sich bei der Gliederung des Eigenkapitals in der Bilanz exakt an den Vorgaben zur Eigenkapitalgliederung im handelsrechtlichen Einzelabschluss (§ 266 Abs. 3 HGB) und Konzernabschluss (§ 298 Abs. 1 i.V.m. § 266 Abs. 3 HGB) zu orientieren. Nur der in Abhängigkeit von handelsrechtlichen Alternativen der Ergebnisverwendung gesonderte Ausweis von Ergebnisvorträgen und Jahresergebnissen bzw. Bilanzergebnissen sollte unterbleiben, stattdessen sollten die (akkumulierten) Jahresergebnisse direkt unter den Gewinnrücklagen ausgewiesen werden. Eine mit dem handelsrechtlichen Gliederungsschema übereinstimmende Eigenkapitalgliederung im Einzel- und Konzernabschluss nach IFRS ist möglich, weil in IAS 1.68 kein verbindliches Schema zur Struktur und Sequenz von Bilanzpositionen vorgegeben wird, sondern lediglich eine nicht abschließende Enumeration von gegebenenfalls mindestens in die Bilanz aufzunehmenden Posten. Diese Liste ist weder komplett noch detailliert, um Unternehmen bei der Anwendung von IFRS genügend Flexibilität für Erweiterungen und Vertiefungen der Bilanzgliederung unter Be-

---

[43] Vgl. COMMERZBANK, Geschäftsbericht 2003, S. 84; DRESDNER BANK, Geschäftsbericht 2003, S. 39; HYPOVEREINSBANK, Geschäftsbericht 2003, S. 45.

rücksichtigung nationaler Normen des Gesellschaftsrechts zu ermöglichen (IAS 1.69, IAS 1.74).

Die Notwendigkeit für eine im Vergleich zu IAS 1.68(p) extensivere oder intensivere Gliederung des Eigenkapitals kann sich indes nicht nur aus nationalen gesellschaftsrechtlichen Normen, sondern den IFRS selbst ergeben. In zahlreichen Standards des International Accounting Standards Board (IASB) und dazu veröffentlichten Interpretationen des Standing Interpretations Committee (SIC) werden Geschäftsvorfälle beschrieben, die sich nicht indirekt durch erfolgswirksame Buchungen auf Aufwands- und Ertragskonten über die GuV im Eigenkapital niederschlagen, sondern direkt durch erfolgsneutrale Buchungen auf Rücklagenkonten das Eigenkapital verändern. Aus solchen Geschäftsvorfällen resultierendes sonstiges Eigenkapital (other equity) sollte zur adäquaten Information der Adressaten von Einzel- und Konzernabschlüssen nach IFRS vom gezeichneten Kapital sowie von den Kapital- und Gewinnrücklagen isoliert ausgewiesen werden. Die IFRS sehen indes explizit nur bei der erfolgsneutralen Bewertung bestimmter Vermögenswerte zum Zeitwert eine eigenständige Eigenkapitalposition (Neubewertungsrücklage) vor. Sonstiges Eigenkapital kann im Übrigen aus Anpassungsergebnissen bei der Umstellung der nationalen Rechnungslegung auf die IFRS, bei der Berichtigung von Bilanzierungsfehlern oder der Änderung von Bilanzierungsmethoden, aus Bewertungsergebnissen bei zur Veräußerung verfügbaren finanziellen Vermögenswerten (available for sale financial assets) und bei Finanzinstrumenten zur Absicherung von Zahlungsströmen (cash flow hedges) sowie aus Umrechnungsdifferenzen bei wirtschaftlich selbständigen ausländischen Teileinheiten (foreign entities) entstehen.

2.2 Zeitraumbezogene Bilanzierung von Eigenkapitalveränderungen

2.2.1 Veränderungen im bilanziellen Eigenkapital von Einzelabschlüssen

2.2.1.1 Erhöhung und Herabsetzung des gezeichneten Kapitals

Gezeichnetes Kapital kann durch verschiedene, im deutschen Gesellschaftsrecht geregelte Maßnahmen der Kapitalerhöhung und Kapitalherabsetzung verändert werden. Kreditinstitute haben diese Veränderungen im Eigenkapitalspiegel nach IFRS entsprechend darzustellen. Bei AGs können Kapitalerhöhungen in vier, Kapitalherabsetzungen in drei gesetzlich normierten Kategorien auftreten. GmbHs stehen jeweils nur zwei Kategorien zur Verfügung. Als Kategorien der Kapitalerhöhung sind zu unterscheiden:

- Kapitalerhöhung gegen Einlagen (§§ 182-191 AktG, §§ 55-57b GmbH): Gegen Bar- oder Sacheinlagen erhöht sich der Nennwert des Grundkapitals (Stammkapitals) durch Ausgabe neuer Aktien (Geschäftsanteile).[44]

- Bedingtes Kapital (§§ 192-201 AktG): Die Möglichkeit zur bedingten Kapitalerhöhung steht grundsätzlich nur AGs, nicht aber GmbHs zur Verfügung. Bei einer bedingten Kapitalerhöhung erhöht sich der Nennwert des Grundkapitals nur insoweit, wie Inhaber von Wandelschuldverschreibungen von ihrem Recht auf Umtausch der Schuldverschreibung in Aktien (Wandelanleihe) bzw. von ihrem Recht auf Bezug von Aktien (Optionsanleihe) Gebrauch machen.[45]

- Genehmigtes Kapital (§§ 202-206 AktG): Wie Kapitalerhöhungen durch bedingtes Kapital sind auch Kapitalerhöhungen durch genehmigtes Kapital nur für AGs, nicht aber für GmbHs verfügbar. Beim genehmigten Kapital wird der Vorstand einer AG im Rahmen ihrer Satzung ermächtigt, das Grundkapital um einen bestimmten Nennbetrag durch Emission neuer Aktien gegen Bar- oder Sacheinlagen zu erhöhen.[46]

- Kapitalerhöhung aus Gesellschaftsmitteln (§§ 207-220 AktG, §§ 57c-57d GmbH): Im Gegensatz zur Kapitalerhöhung gegen Einlagen und zum bedingten sowie genehmigten Kapital wird das gezeichnete Kapital von AGs bzw. GmbHs bei Kapitalerhöhungen aus Gesellschaftsmitteln nicht durch externe Liquidität erhöht, sondern intern durch gleichzeitige Auflösung und Umwandlung frei verfügbarer Kapital- und Gewinnrücklagen.[47]

Als Kategorien der Kapitalherabsetzung sind zu unterscheiden:

---

[44] Kapitalerhöhungen gegen Einlagen setzen bei AGs einen Beschluss der Hauptversammlung mit Dreiviertelmehrheit des vertretenen Grundkapitals, bei GmbHs einen Beschluss der Gesellschafterversammlung mit Dreiviertelmehrheit der abgegebenen Stimmen voraus. Gesellschafts- und bilanzrechtlich wirksam werden Kapitalerhöhungen gegen Einlagen erst mit ihrer Eintragung in das Handelsregister. Bei Überpari-Emissionen wird der den Nennwert übersteigende Betrag (Agio) in die Kapitalrücklage eingestellt; Unter-pari-Emissionen sind zum Schutz der Gläubiger und Aktionäre verboten.

[45] Da die Zeitpunkte und die Nennwerte einer Kapitalerhöhung davon abhängen, wann und in welchem Umfang Inhaber von ihren Umtausch- bzw. Bezugsrechten Gebrauch machen, erhöht sich das Grundkapital erst nach Eintragung des Beschlusses zur bedingten Kapitalerhöhung durch die Hauptversammlung und nach Ausgabe der Aktien. Die Höhe des bedingten Kapitals darf die Hälfte des Grundkapitals nicht überschreiten.

[46] Dieses genehmigte Kapital darf wie das bedingte Kapital höchstens die Hälfte des Grundkapitals betragen. Mit Eintragung des genehmigten Kapitals in das Handelsregister ist die Kapitalerhöhung zu bilanzieren.

[47] Die aus der Erhöhung des gezeichneten Kapitals resultierenden neuen Aktien werden den Anteilseignern im Verhältnis ihrer bisherigen Anteile am Grund- bzw. Stammkapital zugeteilt, so dass sich ihre Vermögens- und Verwaltungsrechte nicht verändern. Bei AGs sind Kapitalerhöhungen aus Gesellschaftsmitteln nur insoweit möglich, als kein Bilanzverlust entsteht und die Kapitalrücklage sowie gesetzliche Rücklage einschließlich der Zuführungen 10% bzw. den statutarisch höheren Anteil des Grundkapitals übersteigen. Gesellschafts- und bilanzrechtlich wirksam werden Kapitalerhöhungen aus Gesellschaftsmitteln erst mit ihrer Eintragung in das Handelsregister.

- Ordentliche Kapitalherabsetzung (§§ 222-228 AktG, § 58 GmbHG): Durch die Herabsetzung des Nennwerts von Aktien einer AG bzw. von Geschäftsanteilen einer GmbH erfolgt im Regelfall eine ordentliche Kapitalherabsetzung. Grenzen der Herabsetzung des Nennwerts von Anteilen setzen das Mindestgrundkapital von € 50.000 bei AGs bzw. das Mindeststammkapital von € 25.000 bei GmbHs sowie der Mindestnennwert pro Aktie von € 1.[48]

- Vereinfachte Kapitalherabsetzung (§§ 229-236 AktG, § 58a-58f GmbHG): Zur Erleichterung der Kapitalherabsetzung in einem Sanierungsfall gibt es die vereinfachte Kapitalherabsetzung. In einem Sanierungsfall erfolgt die Kapitalherabsetzung zur Kompensation von Verlusten oder zur Dotierung in die Kapitalrücklage, aber nicht zur Kapitalrückzahlung an die Anteilseigner.[49]

- Kapitalherabsetzung durch Einziehung von Aktien (§§ 237-239 AktG): Bei der AG ist außerdem eine Kapitalherabsetzung durch Einziehung von Aktien möglich, während bei der GmbH die Einziehung von Geschäftsanteilen als autonomes Rechtsinstitut nicht an die Herabsetzung des Stammkapitals gebunden ist, aber damit verbunden werden kann.[50]

---

[48] Sofern dieser Mindestnennwert pro Aktie bei einer ordentlichen Kapitalherabsetzung durch Herabsetzung des Nennwerts von Aktien unterschritten würde, ist auch die Zusammenlegung von Aktien zulässig. Der Nennwert der Kapitalherabsetzung kann zur Auflösung von Verlustvorträgen, zur Einstellung in die Kapitalrücklage oder zur Kapitalrückzahlung an die Anteilseigner verwendet werden. Im Fall der Kapitalrückzahlung an Anteilseigner sind den Gläubigern Sicherheiten zu leisten. Mit der Eintragung des Beschlusses über die Kapitalherabsetzung in das Handelsregister ist in der Bilanz das herabgesetzte gezeichnete Kapital und in der GuV ein etwaiger Ertrag aus der Kapitalherabsetzung auszuweisen. Eine ordentliche Kapitalherabsetzung bedarf bei einer AG einer Dreiviertelmehrheit des vertretenen Grundkapitals und bei einer GmbH einer Dreiviertelmehrheit der in der Gesellschafterversammlung anwesenden Stimmen.

[49] Daher besteht eine erste Vereinfachung der Kapitalherabsetzung darin, dass Gläubigern keine Sicherheiten geleistet werden müssen und brauchen. Eine zweite Vereinfachung besteht darin, dass die Kapitalherabsetzung auch rückwirkend im Jahresabschluss des Vorjahres berücksichtigt werden kann, indem das gezeichnete Kapital sowie die Kapital- und Gewinnrücklagen so ausgewiesen werden, wie sie nach der Kapitalherabsetzung ausgewiesen würden. Auch die vereinfachte Kapitalherabsetzung kann durch Herabsetzung des Nennwerts von Aktien einer AG bzw. Geschäftsanteilen einer GmbH oder zusätzlich durch Zusammenlegung von Aktien erfolgen. Voraussetzung der vereinfachten Kapitalherabsetzung bei einer AG ist, dass zuvor der 10% des Grundkapitals überschreitende Teil von Kapitalrücklage und gesetzlicher Rücklage - bezogen auf das herabgesetzte Grundkapital - sowie die Gewinnrücklagen aufgelöst und ein etwaiger Gewinnvortrag verrechnet wurde. Nach Eintragung des Beschlusses über die Kapitalherabsetzung in das Handelsregister ist in der Bilanz das herabgesetzte gezeichnete Kapital und in der GuV ein etwaiger Ertrag aus der Kapitalherabsetzung auszuweisen.

[50] Mit der Einziehung von Aktien wird ein Teil der gesamten Vermögens- und Verwaltungsrechte beseitigt, jedoch ändern sich nicht die Anteile der Aktionäre an diesen Rechten in Relation zueinander. Im Übrigen gelten bei einer Kapitalherabsetzung durch Aktieneinziehung die Vorschriften zur ordentlichen Kapitalherabsetzung. Eine durch die Hauptversammlung beschlossene Kapitalherabsetzung durch Einziehung von Aktien ist mit ihrer Eintragung in das Handelsregister, oder bei Einziehung der Aktien nach der Handelsregistereintragung mit der Einziehung bilanz- und gesellschaftsrechtlich wirksam.

Veränderungen des Eigenkapitals durch Kapitalerhöhungen und Kapitalherabsetzungen sind von Kreditinstituten entweder in einem IFRS-Eigenkapitalspiegel auszuweisen oder in den Notes anzugeben (IAS 1.97(a)). Insbesondere bei kapitalmarktorientierten Kreditinstituten sollten Erhöhungen bzw. Herabsetzungen des gezeichneten Kapitals bereits aus dem Eigenkapitalspiegel hervorgehen; über die gesellschaftsrechtliche Kategorie einer Kapitalerhöhung bzw. Kapitalherabsetzung kann auch in den Notes berichtet werden.

2.2.1.2 Bildung und Auflösung von Kapital- und Gewinnrücklagen

Auch Veränderungen des Eigenkapitals durch Einstellungen in oder Auflösungen von Kapital- und Gewinnrücklagen sind von Kreditinstituten in einem IFRS-Eigenkapitalspiegel vollständig auszuweisen. Veränderungen bei den Rücklagen beeinflussen das Jahresergebnis in der GuV nicht, sie werden jedoch in der handelsrechtlichen GuV als Bestandteile der Ergebnisverwendungsrechnung nach dem Jahresergebnis zur Überleitung auf das Bilanzergebnis dargestellt (§ 275 Abs. 4 HGB i.V.m. § 158 Abs. 1 AktG).

Bei Einstellungen in die Kapitalrücklage fließen einem Unternehmen grundsätzlich liquide Mittel zu, nämlich Aufgelder (Agios) bei der Emission von Aktien (§ 272 Abs. 2 Nr. 1 HGB) und Obligationen (§ 272 Abs. 2 Nr. 2 HGB) oder Gelder aus Zuzahlungen für Anteilsvorzüge (§ 272 Abs. 2 Nr. 3 HGB) und anderen Zuzahlungen (§ 272 Abs. 2 Nr. 4 HGB). In diesen Fällen liegen Aktiv-Passiv-Mehrungen (Bilanzverlängerungen) vor, die die GuV nicht berühren.[51] Einstellungen in die Kapitalrücklage können auch bei der Emission von Schuldverschreibungen oder Anleihen erfolgen, die nach SIC-5.6 als Eigenkapital klassifiziert werden, weil es zum Zeitpunkt der Emission unwahrscheinlich ist, dass die Tilgung in Zahlungsmitteln oder anderen finanziellen Vermögenswerten erfolgt.[52] Auflösungen der Kapitalrücklage sind nur im engen Rahmen des § 150 Abs. 2-4 AktG zum Ausgleich von Jahresfehlbeträgen und Verlustvorträ-

---

[51] Einstellungen in die Kapitalrücklage können aber auch das Ziel von Herabsetzungen des gezeichneten Kapitals durch ordentliche Kapitalherabsetzung (§§ 222-228 AktG, § 58 GmbHG), vereinfachte Kapitalherabsetzung (§§ 229-236 AktG, § 58a-58f GmbHG) oder Kapitalherabsetzung durch Einziehung von Anteilen (§§ 237-239 AktG) sein. Da Einstellungen in die Kapitalrücklage aus Kapitalherabsetzungen (§ 229 Abs. 1, §§ 231, 232 und 237 Abs. 5 AktG) nicht im Katalog von § 272 Abs. 2 HGB enumeriert sind, wird vorgeschlagen, sie im Rahmen der Ergebnisverwendungsrechnung zu berücksichtigen, auch wenn in § 158 Abs. 1 AktG nur Auflösungen der Kapitalrücklage, aber nicht Einstellungen in die Kapitalrücklage zur Ergebnisverwendung zählen. In diesen Fällen wäre die GuV berührt.

[52] Schuldverschreibungen oder Anleihen können nach SIC-5, Klassifizierung von Finanzinstrumenten - Bedingte Erfüllungsvereinbarungen, unter der Bedingung emittiert werden, dass die Pflicht des Emittenten bzw. das Recht des Inhabers auf die Art der Erfüllung durch Hingabe finanzieller Vermögenswerte oder Ausgabe von Eigenkapitalinstrumenten vom Eintritt bzw. Nichteintritt ungewisser zukünftiger Ereignisse oder dem Ausgang ungewisser Umstände abhängt, die weder durch den Emittenten noch den Inhaber beeinflusst werden können; nur wenn zum Emissionszeitpunkt die Erfüllung in finanziellen Vermögenswerten sehr unwahrscheinlich ist, sind die Fremdkapitaltitel als Eigenkapital zu klassifizieren.

gen sowie zur Kapitalerhöhung aus Gesellschaftsmitteln möglich.[53] Unter der Kapitalrücklage sind auch direkt zurechenbare externe Kosten aus der Emission oder dem Erwerb eigener Eigenkapitalinstrumente ergebnisneutral zu berücksichtigen; zu diesen Transaktionskosten zählen z.B. Beratungshonorare, Registrierungsgebühren, Druckkosten und Stempelsteuern; nicht zurechenbare interne Kosten des Unternehmens sind ergebniswirksam zu verrechnen.[54]

Einstellungen in die Gewinnrücklagen erfolgen aus Jahresüberschüssen des laufenden Geschäftsjahres und früherer Geschäftsjahre (§ 272 Abs. 3 HGB) und sind daher über die Ergebnisverwendungsrechnung in der GuV vorzunehmen.[55] Auflösungen von Gewinnrücklagen erfolgen in Abhängigkeit von der Rücklagenart nach gesetzlichen oder statutarischen Vorschriften.[56] Rücklagen für allgemeine Bankrisiken (General Banking Risks) werden von Kreditinstituten nach IAS 30.50 ergebnisneutral durch Auflösung von Gewinnrücklagen eingebucht bzw. durch Einstellung in Gewinnrücklagen ausgebucht.

---

[53] Auflösungen der Kapitalrücklage zum Ausgleich von Jahresfehlbeträgen und Verlustvorträgen werden in der Ergebnisverwendungsrechnung in der GuV vollzogen, Auflösungen der Kapitalrücklage zur Kapitalerhöhung aus Gesellschaftsmitteln durch einen Passivtausch in der Bilanz.

[54] Bei Zurechnungsproblemen in Fällen strukturierter Produkte oder multipler Transaktionen fordert SIC-17, Eigenkapital - Kosten einer Eigenkapitaltransaktion, sachgerechte Zuordnungen.

[55] Bei einer gesetzlichen Rücklage haben Einstellungen nach § 150 Abs. 2 AktG aus Jahresüberschüssen zu erfolgen, bis sie zusammen mit der Kapitalrücklage 10% des Grundkapitals erreicht. Auch im Zusammenhang mit vereinfachten Kapitalherabsetzungen können Einstellungen in die gesetzliche Rücklage erfolgen (§ 231 Abs. 1 AktG). Einstellungen in statutarische Rücklagen und andere Gewinnrücklagen sind unter Beachtung von § 58 Abs. 1, 2 AktG zulässig. Eine Rücklage für eigene Anteile kann aus frei verfügbaren Gewinnrücklagen gebildet werden (§ 272 Abs. 4 Satz 3 HGB). Ihre Bildung ist wahlweise durch Passivtausch in der Bilanz oder über die Ergebnisverwendungsrechnung in der GuV durchzuführen.

[56] Für die Auflösung einer gesetzlichen Rücklage gelten die gleichen Vorschriften wie für die Auflösung einer Kapitalrücklage (§ 150 Abs. 2-4 AktG); sie ist zum Ausgleich von Jahresfehlbeträgen und Verlustvorträgen sowie zur Kapitalerhöhung aus Gesellschaftsmitteln möglich (vgl. Abschnitt 2.1.2.3). Wie bei Auflösungen einer Kapitalrücklage werden Auflösungen gesetzlicher Rücklagen zum Ausgleich von Jahresfehlbeträgen und Verlustvorträgen in der Ergebnisverwendungsrechnung der GuV vollzogen, Auflösungen gesetzlicher Rücklagen zur Kapitalerhöhung aus Gesellschaftsmitteln über einen Passivtausch in der Bilanz. Rücklagen für eigene Anteile sind nur bei Wiederausgabe, Veräußerung oder Einziehung (§ 272 Abs. 4 Satz 2 HGB) aufzulösen; ihre Auflösungen erfolgen grundsätzlich in der Ergebnisverwendungsrechnung der GuV. Statutarische Rücklagen sind je nach ihrer in der Satzung kodifizierten Zielsetzung aufzulösen. Meist ist die Umwandlung in gezeichnetes Kapital durch einen Passivtausch in der Bilanz das Ziel. Ist der Grund für die Zielsetzung entfallen, sind statutarische Rücklagen in andere Gewinnrücklagen umzubuchen, wenn sie unter Beachtung von § 58 Abs. 1, 2 AktG gebildet wurden; ist dies nicht der Fall, z.B. weil ihre Bildung nach § 58 Abs. 3 AktG erfolgte, ist eine direkte Umbuchung nur möglich, wenn sie zur Einstellung in andere Gewinnrücklagen nach § 58 Abs. 1, 2 AktG zulässig ist oder zur Einstellung in eine Rücklage für eigene Anteile verwendet werden soll (§ 272 Abs. 4 Satz 3 HGB). Ansonsten sind statutarische Rücklagen über die Ergebnisverwendungsrechnung der GuV aufzulösen. Andere Gewinnrücklagen sind auch über die Ergebnisverwendungsrechnung der GuV aufzulösen, nur ihre Auflösung zur Kapitalerhöhung aus Gesellschaftsmitteln erfolgt über einen Passivtausch in der Bilanz.

2.2.1.3 Anpassungsergebnisse aus der Systemumstellung

In der Periode, in der ein Unternehmen zum ersten Mal IFRS als primäre Grundlage der Rechnungslegung anwendet, ist nach IFRS 1[57] der Abschluss grundsätzlich so aufzustellen, als ob er schon immer nach den Standards und Interpretationen, die für die Periode der erstmaligen Anwendung von IFRS gelten, aufgestellt worden wäre[58] (IFRS 1.7[59]). Auch die nach IAS 1.36 in den Abschluss für diese Periode einzubeziehende Vorperiode ist in vollständiger Übereinstimmung mit den IFRS darzustellen.[60] Entschließt sich beispielsweise ein Kreditinstitut, dessen Geschäftsjahr mit dem Kalenderjahr übereinstimmt, erstmals für das Berichtsjahr 2005 (reporting period) seinen Konzernabschluss nach den IFRS zu veröffentlichen, hat es in den Abschluss zum 31.12.2005 (date of reporting) auch das Vorjahr als Umstellungsperiode (transition period) zu integrieren und eine IFRS-Eröffnungsbilanz zum 01.01.2004 (date of transition) aufzustellen. Ziel des Prinzips der retrospektiven Konversion einer nationalen Rechnungslegung auf IFRS ist die Vergleichbarkeit der Abschlüsse bisheriger und zukünftiger IFRS-Anwender. Das Prinzip fordert insbesondere den erstmaligen Ansatz und die erstmalige Bewertung sämtlicher Vermögenswerte und Verbindlichkeiten in vollständiger Übereinstimmung mit den gültigen IFRS (IFRS 1.10[61]). So sind alle bislang in einem HGB-Abschluss bilanzierten Vermögensgegenstände und Schulden, die die Aktivierungs- und Passivierungskriterien der IFRS nicht erfüllen, auszubuchen, und umgekehrt alle nach den IFRS zu bilanzierenden Aktiva und Passiva, die im HGB-Abschluss bisher nicht erfasst wurden, einzubuchen. Auf sämtliche in der IFRS-Eröffnungsbilanz angesetzten Posten sind schließlich die Bewertungsstandards der IFRS anzuwenden.

Aus diesen Ansatz- und Bewertungsmaßnahmen zur Konversion der Rechnungslegung von HGB auf IFRS resultieren Anpassungsergebnisse, die als kumulierter Effekt nicht ergebniswirksam in der Gewinn- und Verlustrechnung der Umstellungsperiode, sondern ergebnisneutral direkt im Eigenkapital der IFRS-Eröffnungsbilanz auszuweisen sind. Nach IFRS 1.11 ist jede Anpassung aus der Umstellung der nationalen Rechnungslegung auf die IFRS „direkt in den Gewinnrücklagen (oder, falls zutreffender in einer anderen Eigenkapitalkategorie) zu erfassen." Daraus folgt, dass der kumulierte Eigenkapitaleffekt

---

[57] Vgl. hierzu KPMG (Hrsg.), IFRS aktuell, Neuregelungen 2004, IFRS 1 bis 5, Improvements Project, Amendments IAS 32 und 39, Stuttgart 2004, S. 1-25; SIC-8, First-time Application of IASs as the Primary Basis of Accounting, der bislang die Erstanwendung von IAS geregelt hat, ist durch IFRS 1 ersetzt worden (IFRS 1.IN1).

[58] Vgl. ZEIMES, M., Zur erstmaligen Anwendung von International Financial Reporting Standards - Anmerkungen zum Standardentwurf ED 1 des IASB, WPg 2002, S. 1001-1009, hier S. 1003-1005.

[59] Vgl. hierzu die Ausnahmeregelungen in IFRS 1.26-34B.

[60] Vgl. hierzu Abschnitt 5.1. im Beitrag „Erstanwendung von IFRS"; siehe auch LÖW, E., Erstmalige Anwendung der International Financial Reporting Standards (IFRS 1) - Erleichterungen nutzen, Ausnahmen annehmen, Accounting 2005, S. 6-9, hier S. 6.

[61] Vgl. hierzu die Ausnahmeregelungen in IFRS 1.13-25D.

aus Anpassungsergebnissen der Ansatz- und Bewertungsmaßnahmen zum Umstellungszeitpunkt nicht in der Eigenkapitalveränderungsrechnung der Umstellungsperiode, sondern in einer speziellen Rechnung zur Überleitung des Eigenkapitals in der HGB-Schlussbilanz zum Eigenkapital in der IFRS-Eröffnungsbilanz ausgewiesen wird (IFRS 1.38-39). Im obigen Beispiel hätte das Kreditinstitut eine Überleitungsrechnung vom 31.12.2003 auf den 01.01.2004 aufzustellen. Eine solche Überleitungsrechnung haben etwa die Commerzbank oder die HypoVereinsbank in ihren Geschäftsberichten 1998 veröffentlicht.[62] Beide Kreditinstitute haben ihre Rechnungslegung 1998 von HGB auf IFRS umgestellt und zum 01.01.1997 eine IFRS-Eröffnungsbilanz aufgestellt, in der sie alle Anpassungsergebnisse aus der Konversion mit den zum 31.12.1996 akkumulierten Gewinnrücklagen verrechnet haben.

Bei Kreditinstituten resultieren Anpassungsergebnisse vor allem aus der Bewertung von finanziellen Vermögenswerten der Kategorien „at Fair Value through Profit or Loss", „Held for Trading" und „Available for Sale" zum beizulegenden Zeitwert (fair value) bzw. der Kategorien „Loans and Receivables" und „Held to Maturity" zu fortgeführten Anschaffungskosten (amortised cost) unter Verwendung der Effektivzinsmethode (IAS 39.46 im Vergleich zur Bewertung solcher Finanzinstrumente nach §§ 340e-f RechKredV i.V.m. § 253 Abs. 2 Satz 3 und Abs. 3 Satz 2 und 3 HGB[63]). Als Anpassungsergebnisse schlagen sich erfahrungsgemäß auch bei Kreditinstituten insbesondere die Aktivierung und Bewertung von Geschäfts- und Firmenwerten (IFRS 3 im Vergleich zur Bilanzierung von Geschäfts- und Firmenwerten nach § 340a RechKredV i.V.m. § 255 Abs. 4 HGB[64]) sowie die Passivierung und Bewertung von Pensionsrückstellungen (IAS 19 im Vergleich zur Bilanzierung von Pensionsrückstellungen nach § 340a RechKredV i.V.m. §§ 249 Abs. 1 Satz 1, 253 Abs. 1 Satz 2 HGB[65]) im kumulierten Eigenkapitaleffekt nieder; weitere Anpassungsergebnisse kommen aus der zusätzlichen Einstellung von aktiven oder passiven latenten Steuern (IAS 12 im Vergleich zu § 274 HGB) und der Auflösung von Sonderposten mit Rücklageanteil (§§ 247 Abs. 3, 273 HGB) sowie Wertberichtigungen aus steuerrechtlichen Abschreibungen (§§ 254, 279 Abs. 2 HGB).

Anpassungsergebnisse, die ausschließlich aus der Konversion einer nationalen Rechnungslegung auf die IFRS resultieren, sind singuläre Effekte und sollten unter dem Informationsaspekt en bloc im Anfangsbestand der Gewinnrücklagen erfasst werden; sie unterscheiden sich von den periodischen Bewertungsergebnissen gerade dadurch, dass sie in die einmalige Eigenkapitalüberleitungsrechnung zum Umstellungszeitpunkt flie-

---

[62] Vgl. COMMERZBANK, Geschäftsbericht 1998, S. 47; HYPOVEREINSBANK, Geschäftsbericht 1998, S. 13.
[63] Vgl. hierzu ausführlich Abschnitt 7.2 im Beitrag „Ansatz und Bewertung von Finanzinstrumenten" und Abschnitt 3.1.2 im Beitrag „Bilanz, Gewinn- und Verlustrechnung sowie Notes".
[64] Vgl. hierzu ausführlich die Abschnitte 3.1.1.6 und 3.1.2.2 im Beitrag „Konzernrechnungslegung".
[65] Vgl. hierzu ausführlich Abschnitt 3.1 im Beitrag „Pensionsverpflichtungen".

ßen, aber nicht in die Eigenkapitalveränderungsrechnungen nach dem Umstellungszeitpunkt.

2.2.1.4 Ergebnisse aus der Berichtigung von Bilanzierungsfehlern

Nach IAS 8.5 folgen Fehler bei der Aufstellung eines Abschlusses aus einer falschen Anwendung von Bilanzierungs- und Bewertungsmethoden, einer nicht zweckadäquaten Interpretation von Sachverhalten oder falschen Kalkulationen; sie können durch Versehen oder betrügerische Absichten verursacht sein. Zu unterscheiden sind Fehler, die in der laufenden Berichtsperiode (current period errors) und in früheren Perioden (prior period errors) entstanden sind. Sie müssen korrigiert werden, wenn sie wesentlich sind.[66] Die Wesentlichkeit aufgedeckter Fehler in Abschlüssen hängt von ihrer materiellen Auswirkung auf die Vermögens-, Finanz- oder Ertragslage eines Unternehmens und damit die Entscheidungen der Abschlussadressaten ab. Wesentliche Fehler in der laufenden Berichtsperiode, die in der Periode aufgedeckt werden, sind vor Veröffentlichung des Abschlusses dieser Periode zu korrigieren (IAS 8.41).

Wesentliche Fehler aus früheren Perioden, die in der Berichtsperiode aufgedeckt wurden, sind retrospektiv zu korrigieren. Dabei ist zu unterscheiden, ob ein Fehler in eine im Abschluss dargestellte Periode fällt (IAS 8.42(a)) oder in eine Periode vor der (ersten) Vergleichsperiode (IAS 8.42(b)). Im ersten Fall wird ein Fehler in der Periode berichtigt, in der er verursacht wurde; dadurch wird der Abschluss einschließlich der vergleichenden Informationen so dargestellt, als ob kein Fehler geschehen sei. Die Fehlerberichtigung kann zu einer Anpassung des Anfangsbestands der Gewinnrücklagen der Berichtsperiode führen. Im zweiten Fall ist ein Fehler durch Anpassung des Anfangsbestands der Gewinnrücklagen der (ersten) Vergleichsperiode zu berichtigen. Anpassungsergebnisse aus der ergebnisneutralen Korrektur wesentlicher Fehler sind in der Eigenkapitalveränderungsrechnung unter den Gewinnrücklagen auszuweisen.[67] Ist die retrospektive Fehlerkorrektur insoweit undurchführbar, als die Auswirkungen der periodenspezifischen Effekte eines Fehlers auf die Vergleichsinformationen für eine bzw. mehrere Vorperioden trotz aller Bemühungen nicht ermittelt werden können, ist unter anderem der Eröff-

---

[66] Vgl. KPMG (Hrsg.): International Financial Reporting Standards, a.a.O. (Fn. 2), S. 50.

[67] Im Vergleich zu IAS 8, Net Profit or Loss for the Period, Fundamental Errors and Changes in Accounting Policies (IAS 8 vor Änderung durch das Improvements Project) sind in IAS 8, Accounting Policies, Changes in Accounting Estimates and Errors (IAS 8 nach Änderung durch das Improvements Project) die Regelungen zur Berichtigung von Fehlern deutlich verschärft worden. Während es nach der alten Version des IAS 8 noch möglich war, Ergebnisse aus Fehlerkorrekturen entweder erfolgsneutral im Eigenkapital anzusetzen und die Vergleichsinformationen anzupassen (Benchmark-Methode) oder erfolgswirksam im Gewinn oder Verlust der Berichtsperiode zu erfassen und die Vergleichsinformationen so darzustellen, wie sie in den Abschlüssen der Vorperioden enthalten sind (alternativ zulässige Methode), ist es nach der neuen Version des IAS 8 grundsätzlich nur noch zulässig, die Ergebnisse aus berichtigten Fehlern früherer Perioden über die Eigenkapitalveränderungsrechnung und nicht mehr über die Gewinn- und Verlustrechnung zu ziehen.

nungsbilanzwert für das Eigenkapital der frühesten Periode zu ändern, für die eine rückwirkende Anpassung möglich ist (IAS 8.44). Kann die retrospektive Fehlerkorrektur nicht durchgeführt werden, weil die Ermittlung der kumulierten Auswirkungen eines Fehlers für sämtliche früheren Perioden nicht möglich ist, wäre eine prospektive Fehlerkorrektur vorzunehmen (IAS 8.45).

2.2.1.5 Ergebnisse aus der Änderung von Bilanzierungsmethoden

Auch Änderungen von Bilanzierungs- und Bewertungsmethoden können zur ergebnisneutralen Anpassung von Gewinnrücklagen führen, die in der Eigenkapitalveränderungsrechnung abzubilden sind. Grundsätzlich sollten Bilanzierungs- und Bewertungsmethoden wegen des Stetigkeitsprinzips (IAS 8.13) nach IAS 8.14(a) nur geändert werden, wenn ein Standard oder eine Interpretation dies verlangen, um Tendenzen in der Vermögens-, Finanz- und Ertragslage nicht zu verschleiern (IAS 8.15).[68] Änderungen von Bilanzierungs- und Bewertungsmethoden können indes genau dann angezeigt sein, wenn sie die intertemporale Vergleichbarkeit von Abschlüssen eines Unternehmens verbessern (IAS 8.14(b)).

Soweit Änderungen von Bilanzierungs- und Bewertungsmethoden auf der erstmaligen Anwendung eines Standards beruhen, sind sie nach den Übergangsvorschriften (Transition Provisions) dieses Standards durchzuführen (IAS 8.19(a)). Fehlen solche Übergangsvorschriften oder ändern sich die Bilanzierungs- und Bewertungsmethoden aus anderen Gründen, sind die Änderungen retrospektiv vorzunehmen (IAS 8.19(b)). Bei retrospektiven Änderungen von Bilanzierungs- und Bewertungsmethoden ist nach IAS 8.22 der „Eröffnungsbilanzwert eines jeden Bestandteils des Eigenkapitals für die früheste ausgewiesene Periode sowie die sonstigen vergleichenden Beträge für jede ausgewiesene Periode so anzupassen, als ob die neue Bilanzierungs- und Bewertungsmethode stets angewandt worden wäre".[69]

Ist die retrospektive Änderung von Bilanzierungs- und Bewertungsmethoden insoweit undurchführbar, als die Auswirkungen der periodenspezifischen Effekte einer Metho-

---

[68] Vgl. KPMG (Hrsg.): International Financial Reporting Standards, a.a.O. (Fn. 2), S. 50.

[69] Im Vergleich zu IAS 8, Net Profit or Loss for the Period, Fundamental Errors and Changes in Accounting Policies (IAS 8 vor Änderung durch das Improvements Project) sind in IAS 8, Accounting Policies, Changes in Accounting Estimates and Errors (IAS 8 nach Änderung durch das Improvements Project) die Regelungen zur Änderung von Bilanzierungs- und Bewertungsmethoden ebenfalls deutlich verschärft worden. Während es nach der alten Version des IAS 8 noch möglich war, Ergebnisse aus Änderungen von Bilanzierungs- und Bewertungsmethoden entweder erfolgsneutral im Eigenkapital anzusetzen und die Vergleichsinformationen anzupassen (Benchmark-Methode) oder erfolgswirksam im Gewinn oder Verlust der Berichtsperiode zu erfassen und die Vergleichsinformationen so darzustellen, wie sie in den Abschlüssen der Vorperioden enthalten sind (alternativ zulässige Methode), ist es nach der neuen Version des IAS 8 grundsätzlich nur noch zulässig, die Ergebnisse aus Änderungen von Bilanzierungs- und Bewertungsmethoden früherer Perioden über die Eigenkapitalveränderungsrechnung und nicht mehr über die Gewinn- und Verlustrechnung zu ziehen.

denänderung auf die Vergleichsinformationen für eine bzw. mehrere Vorperioden trotz aller Bemühungen nicht ermittelt werden können, ist unter anderem der Eröffnungsbilanzwert für das Eigenkapital der frühesten Periode zu ändern, für die eine rückwirkende Anpassung möglich ist (IAS 8.24). Kann die retrospektive Änderung von Bilanzierungs- und Bewertungsmethoden nicht durchgeführt werden, weil die Ermittlung der kumulierten Auswirkungen einer Methodenänderung für sämtliche früheren Perioden nicht möglich ist, wäre eine prospektive Änderung von Bilanzierungs- und Bewertungsmethoden vorzunehmen (IAS 8.25).

2.2.1.6 Bildung und Auflösung der Neubewertungsrücklage

Zur Folgebewertung von Vermögenswerten des Sachanlagevermögens[70] und bestimmter Vermögenswerte des immateriellen Vermögens[71] haben Unternehmen das Wahlrecht, Gruppen von Sachanlagen bzw. immateriellen Vermögenswerten entweder nach dem Anschaffungskostenmodell (cost model) mit den fortgeführten Anschaffungs- oder Herstellungskosten (IAS 16.30 und IAS 38.74) oder nach dem Neubewertungsmodell (revaluation model) mit den Neubewertungsbeträgen (IAS 16.31 und IAS 38.75) anzusetzen. Die fortgeführten Anschaffungs- oder Herstellungskosten ergeben sich aus den um kumulierte Abschreibungen und Wertminderungen reduzierten historischen Anschaffungs- oder Herstellungskosten eines Vermögenswerts. Der Neubewertungsbetrag gleicht zum Zeitpunkt der Neubewertung dem Fair Value eines Vermögenswerts und entspricht zu den folgenden Bewertungszeitpunkten dem Fair Value abzüglich kumulierter Abschreibungen und Wertminderungen.

Wird im Rahmen einer Neubewertung der Buchwert eines Vermögenswerts auf einen (höheren) Neubewertungsbetrag zugeschrieben, ist innerhalb des Eigenkapitals eine Neubewertungsrücklage zu bilden, in die der Zuschreibungsbetrag ergebnisneutral eingestellt wird (IAS 16.39 und IAS 38.85). Ist der auf einen (höheren) Neubewertungsbetrag zugeschriebene Buchwert des Vermögenswerts in der Folge wieder zu vermindern, wird die Neubewertungsrücklage ergebnisneutral aufgelöst, die Auflösung ist bis zu den fortgeführten Anschaffungs- oder Herstellungskosten möglich. Weitere Verminderungen des Neubewertungsbetrags sind ergebniswirksam als Wertminderungsaufwand anzusetzen (IAS 16.40 und IAS 38.86); da die Neubewertungsrücklage insoweit nicht negativ werden kann, sind die Wertansätze dieser neubewerteten Vermögenswerte separat zu dokumentieren. Eine spätere Wertaufholung ist analog durch einen ergebniswirksamen Zuschreibungsertrag zu berücksichtigen; diese Zuschreibung ist wiederum durch die fortgeführten Anschaffungs- oder Herstellungskosten beschränkt. Weitere Wertaufholungen führen erneut zur Bildung einer Neubewertungsrücklage.

---

[70] Vgl. hierzu KPMG (Hrsg.), IFRS aktuell, a.a.O. (Fn. 57), S. 232-243.
[71] Vgl. hierzu KPMG (Hrsg.), IFRS aktuell, a.a.O. (Fn. 57), S. 294-295.

Durch ergebnisneutrale Zuschreibungen erhöht sich das Abschreibungsvolumen der neu bewerteten Vermögenswerte nicht. Bei einer Nutzung der neu bewerteten Vermögenswerte wird die Neubewertungsrücklage ergebnisneutral aufgelöst; der Auflösungsbetrag resultiert aus der Differenz zwischen der Abschreibung auf den Neubewertungsbetrag im Zeitpunkt der Neubewertung und der Abschreibung auf die historischen Anschaffungs- oder Herstellungskosten (IAS 16.41 und IAS 38.87). Werden die neu bewerteten Vermögenswerte stillgelegt oder veräußert, ist eine verbliebene Neubewertungsrücklage ergebnisneutral in die Gewinnrücklagen umzubuchen.

Alle Zu- und Abgänge innerhalb der Neubewertungsrücklage werden in der Eigenkapitalveränderungsrechnung abgebildet. In welchem Ausmaß die Eigenkapitalveränderungsrechnung von Bewegungen innerhalb der Neubewertungsrücklage beeinflusst wird, hängt zum einen davon ab, wie viele Sachanlagen oder immaterielle Vermögenswerte neu bewertet werden und welchen Gruppen sie zugeordnet sind. Denn nach IAS 16.36 und IAS 38.72 hat die Entscheidung für eine Neubewertung bestimmter Vermögenswerte zur Folge, dass ganze Gruppen von Vermögenswerten, denen sie zugeordnet sind, neu bewertet werden müssen. Zum anderen ist von Bedeutung, in welchen zeitlichen Abständen Neubewertungen bei den einzelnen Kategorien von Vermögenswerten zu wiederholen sind, um zu verhindern, dass Buchwerte und Fair Values nicht wesentlich voneinander abweichen (IAS 16.34 und IAS 38.79). Bei immateriellen Vermögenswerten kommt hinzu, dass Voraussetzung für eine Anwendung der Neubewertungsmethode die Existenz aktiver Märkte ist (IAS 38.72, 75), auf denen homogene Produkte gehandelt, vertragswillige Käufer und Verkäufer gefunden und Preise der Öffentlichkeit verfügbar gemacht werden.

2.2.1.7 Bewertungsergebnisse aus Available for Sale Assets

In IAS 39.9 werden die vier Kategorien finanzieller Vermögenswerte definiert:[72]

- Erfolgswirksam zum beizulegenden Zeitwert bewertete finanzielle Vermögenswerte (financial assets at fair value through profit or loss),
- bis zur Endfälligkeit zu haltende Finanzinvestitionen (held to maturity investments),
- Kredite und Forderungen (loans and receivables) und
- zur Veräußerung verfügbare finanzielle Vermögenswerte (available for sale financial assets).

Unter die Kategorie der Available for Sale Financial Assets sind sämtliche finanziellen Vermögenswerte zu subsumieren sind, die als zur Veräußerung verfügbare finanzielle

---

[72] Vgl. hierzu auch Abschnitt 6 im Beitrag „Ansatz und Bewertung von Finanzinstrumenten".

Vermögenswerte designiert sind und sich nicht in eine der drei anderen Kategorien einordnen lassen.

Nach IAS 39.43 werden zur Veräußerung verfügbare finanzielle Vermögenswerte beim erstmaligen Ansatz mit ihrem beizulegenden Zeitwert (Fair Value) bilanziert. Der beizulegende Zeitwert entspricht im Zeitpunkt des erstmaligen Ansatzes den Anschaffungskosten einschließlich der Transaktionskosten. Zu den nachfolgenden Bewertungszeitpunkten erfolgt die Bilanzierung von Available for Sale Financial Assets ebenfalls zum beizulegenden Zeitwert (IAS 39.46). Gewinne oder Verluste aus der Bewertung zum Fair Value werden solange ergebnisneutral im Eigenkapital erfasst, bis der finanzielle Vermögenswert verkauft, eingezogen oder abgegangen ist und ergebniswirksam ausgebucht wird (IAS 39.55(b)). Eine etwaige auf den Bewertungsgewinn entfallende (latente) Steuerverbindlichkeit bzw. ein eventuell auf den Bewertungsverlust entfallende (latenter) Steuerforderung ist ebenfalls ergebnisneutral im Eigenkapital zu berücksichtigen (IAS 12.61). Sofern es sich bei finanziellen Vermögenswerten der Kategorie Available for Sale um Fremdwährungspositionen handelt, ist hinsichtlich der Behandlung von Umrechnungsdifferenzen zu unterscheiden, ob es sich um monetäre Positionen (z.B. Anleihe) oder nicht-monetäre Positionen (z.B. Aktien) handelt. Bei monetären Vermögenswerten der Kategorie Available for Sale werden Differenzen aus der Währungsumrechnung ergebniswirksam in der Gewinn- und Verlustrechnung erfasst, bei nicht-monetären Vermögenswerten der Kategorie Available for Sale hingegen werden Umrechnungsdifferenzen ergebnisneutral in der Eigenkapitalveränderungsrechnung berücksichtigt (IAS 39.AG 83).

Sofern Verluste aus der Bewertung von Available for Sale Financial Assets im Eigenkapital erfasst worden sind und objektive Hinweise auf eine Wertminderung (impairment) der Vermögenswerte schließen lassen, sind die kumulierten Verluste auch dann aus dem Eigenkapital zu eliminieren und im Periodenergebnis zu erfassen, wenn die Available for Sale Financial Assets nicht ausgebucht wurden (IAS 39.67).[73]

Im Fall von Wertsteigerungen nach ergebniswirksam erfassten Impairments ist zu unterscheiden, ob es sich bei den betroffenen Vermögenswerten um Eigenkapital- oder Fremdkapitalinstrumente handelt. Während bei Eigenkapitalinstrumenten (z.B. Aktien) der Kategorie Available for Sale aufwandswirksam erfasste Wertminderungen im Fall von nachfolgenden Wertsteigerungen nicht ertragswirksam rückgängig gemacht werden dürfen (IAS 39.69), müssen bei Fremdkapitalinstrumenten (z.B. Anleihe) der Kategorie Available for Sale aufwandswirksam erfasste Wertminderungen im Fall von nachfolgenden Wertsteigerungen ertragswirksam korrigiert werden (IAS 39.70). Somit erfolgt im ersten Fall die Wertaufholung über die Eigenkapitalveränderungsrechnung, im zweiten Fall über die Gewinn- und Verlustrechnung.

---

[73] Vgl. hierzu ausführlich Abschnitt 10.3 im Beitrag „Ansatz und Bewertung von Finanzinstrumenten".

2.2.1.8 Bewertungsergebnisse aus Cash Flow Hedges

Nach IAS 39.86 werden drei Kategorien von Sicherungsbeziehungen unterschieden:[74]

- Absicherung des beizulegenden Zeitwerts (fair value hedge)
- Absicherung des Zahlungsstroms (cash flow hedge)
- Absicherung einer Nettoinvestition in eine wirtschaftlich selbständige ausländische Teileinheit (hedge of a net investment in a foreign operation)

Cash Flow Hedges sind Sicherungsbeziehungen, die die Risiken von Schwankungen des Zahlungsstromes aus bilanzierten Vermögenswerten und Verbindlichkeiten oder erwarteten und mit hoher Wahrscheinlichkeit eintretenden künftigen Transaktionen absichern (IAS 39.86(b)). Sind die Dokumentations- und Effektivitätskriterien nach IAS 39.88 und IAS 39.AG105-113 erfüllt, ist der als wirksames Sicherungsgeschäft bestimmte Teil des Gewinns oder Verlusts aus einem Sicherungsinstrument mittels der Eigenkapitalveränderungsrechnung ergebnisneutral im Eigenkapital zu erfassen (IAS 39.95(a)). Die Auflösung dieser Position erfolgt, wenn die abgesicherte Verpflichtung oder die vorgesehene Transaktion das Periodenergebnis beeinflusst oder die Sicherungsbeziehung als nicht mehr effektiv betrachtet wird.

---

[74] Vgl. hierzu ausführlich Abschnitt 12.3.4.2 im Beitrag "Ansatz und Bewertung von Finanzinstrumenten".

> **Beispiel**
>
> Eine Bank sichert ihre für Januar 2005 erwarteten Provisionserlöse in Höhe von $ 180 Mio. durch Terminkauf zu $/€ 0,90 im September 2004 ab. Zum Bilanzstichtag am 31.12.2004 beträgt der Terminkurs $/€ 0,92, und der Wert des abgeschlossenen Termingeschäfts beläuft sich auf € 4,348 Mio. Zum 31.12.2004 bucht die Bank das Sicherungsgeschäft - ohne den Effekt latenter Steuern - wie folgt:
>
> Sonstige Aktiva   € 4,348 Mio.
>
>   an Eigenkapital   € 4,348 Mio.
>
> Falls im Januar 2005 die erwarteten in $ getätigten Provisionserlöse zum festgelegten Terminkurs verkauft werden, lauten die Buchungen:
>
> Eigenkapital   € 4,348 Mio.
>
>   an Sonstige Aktiva   € 4,348 Mio.
>
> Bank   € 200 Mio.
>
>   an Provisionserlöse   € 200 Mio.
>
> Der Effekt aus der im Verhältnis zum Bilanzstichtag günstigen Sicherung ist nunmehr in den Provisionserlösen enthalten. Sofern die Bank zum Terminkurs am Bilanzstichtag verkauft hätte, wäre der Provisionserlös mit € 195,652 Mio. zu erfassen gewesen. Die restlichen € 4,348 Mio. resultieren somit aus der für die Bank vorteilhaften Sicherung. In gleicher Höhe, in der diese Ertragsrealisierung stattfindet, erfolgt die ergebnisneutrale Ausbuchung des Zeitwerts des finanziellen Sicherungsgeschäfts.

2.2.2 Veränderungen im konsolidierten Eigenkapital von Konzernabschlüssen

2.2.2.1 Konsolidierung des Eigenkapitals von Konzernunternehmen

Im Regelwerk der IFRS wird keine Trennung zwischen Standards für Einzel- und Konzernabschlüsse vorgenommen. So unterscheidet IAS 1.96-101 auch nicht explizit zwischen dem Eigenkapitalspiegel im Einzelabschluss und dem Konzerneigenkapitalspiegel im konsolidierten Abschluss eines Mutterunternehmens. Die bei der Aufstellung eines Konzernabschlusses relevanten Vorschriften finden sich in verschiedenen Standards. Von zentraler Bedeutung sind jedoch IFRS 3 für Unternehmenszusammenschlüsse (business combinations) und IAS 27 für Konzern- und separate Einzelabschlüsse (consolidated and separate financial statements), in denen die bei der Aufstellung eines Konzernabschlusses anzuwendenden Konsolidierungstechniken geregelt sind. Zu diesen

Techniken zählen die Konsolidierung des Eigenkapitals bei der erstmaligen Integration von Konzernunternehmen und die fortlaufende Konsolidierung konzerninterner Forderungen und Verbindlichkeiten, Aufwendungen und Erträge sowie Gewinne und Verluste; bei Konzernen mit ausländischen Unternehmen (foreign entities) ist zusätzlich die Währungsumrechnung zu berücksichtigen. Die Konsolidierungstechniken verändern das Konzerneigenkapital und schlagen sich somit auch im Eigenkapitalspiegel eines konsolidierten Abschlusses nieder. Ob aus der Anwendung der Konsolidierungstechniken weitere Eigenkapitalpositionen in die Konzernbilanz und damit auch in den Konzerneigenkapitalspiegel einzufügen sind, bleibt zu untersuchen.[75]

IFRS 3 regelt die Kapitalkonsolidierung beim Unternehmenserwerb nach der Erwerbsmethode (purchase method) gemäß IFRS 3.16-65.[76] Beim Unternehmenserwerb erfolgt die Kapitalkonsolidierung ausschließlich durch vollständige Neubewertung der Vermögenswerte und Verbindlichkeiten des erworbenen Tochterunternehmens (IFRS 3.36 und IFRS 3.40).[77] Bei Anwendung dieser Methode ist der Beteiligungsbuchwert des Mutterunternehmens mit dem vollständig neubewerteten Eigenkapital des Tochterunternehmens zu verrechnen. Folglich werden die stillen Reserven in den Vermögenswerten und Verbindlichkeiten also nicht nur in Höhe der Kapitalquote des Mutterunternehmens aufgelöst, sondern auch in Höhe der Kapitalquote der Minderheitsgesellschafter. Allerdings darf der auf die Minderheitsgesellschafter entfallende Anteil am Geschäfts- oder Firmenwert nicht aufgedeckt werden.

Aus Kapitalkonsolidierungen resultierende Differenzen zwischen den Beteiligungsbuchwerten und den Buchwerten des neubewerteten Eigenkapitals sind als Geschäfts-

---

[75] Vgl. BRUNS, H.-G., a.a.O. (Fn. 1), Rz. 3. Die Methode der Interessenzusammenführung (Uniting of Interests) nach IAS 22.13-16, Business Combinations, ist mit dem Ersatz von IAS 22 durch IFRS 3, Business Combinations, abgeschafft worden.

[76] Vgl. auch hierzu ausführlich Abschnitt 3.1 im Beitrag „Konzernrechnungslegung".

[77] Nach IAS 22 erfolgte die Kapitalkonsolidierung wahlweise entweder nach der bevorzugten Methode (benchmark treatment) durch beteiligungsproportionale Neubewertung (IAS 22.32) oder nach der alternativ zulässigen Methode (allowed alternative treatment) durch vollständige Neubewertung (IAS 22.34) der Vermögenswerte und Verbindlichkeiten des erworbenen Tochterunternehmens. Mit dem Ersatz von IAS 2 durch IFRS 3 ist die Methode der beteiligungsproportionalen Neubewertung abgeschafft worden. Bei dieser Methode wird der Beteiligungsbuchwert des Mutterunternehmens mit dem kapitalanteilig neubewerteten Eigenkapital des Tochterunternehmens verrechnet. Zur anteiligen Neubewertung des Eigenkapitals werden die Vermögenswerte und Verbindlichkeiten des Tochterunternehmens zu ihren mit der Kapitalquote des Mutterunternehmens gewichteten Fair Values und zu den mit der Kapitalquote von Minderheitsgesellschaftern gewichteten Buchwerten angesetzt. Zur Kapitalkonsolidierung bei Unternehmenserwerb vgl. ORDELHEIDE, D., Kapitalkonsolidierung nach der Erwerbsmethode, in: CASTAN, E./HEYMANN, G. u.a. (Hrsg.), Beck'sches Handbuch der Rechnungslegung, Band II, München 2004, C401-403; zur Kapitalkonsolidierung bei Interessenzusammenführung vgl. PFAFF, D., Kapitalkonsolidierung nach der Interessenzusammenführungsmethode, in: CASTAN, E./HEYMANN, G. u.a. (Hrsg.), Beck'sches Handbuch der Rechnungslegung, Band II, München 2004, C410; zur Konzernrechnungslegung von Banken vgl. VOSS, B. W., Konzernrechnungslegung der Kreditinstitute, in: CASTAN, E./HEYMANN, G. u.a. (Hrsg.), Beck'sches Handbuch der Rechnungslegung, Band III, München 2004, C 810.

oder Firmenwert (goodwill) zu aktivieren (IFRS 3.51) oder als negativer Unterschiedsbetrag sofort und vollständig ergebniswirksam aufzulösen (IFRS 3.56). Der Geschäfts- oder Firmenwert darf nicht planmäßig abgeschrieben werden (IFRS 3.55), sondern ist durch Anwendung regelmäßiger Impairment-Tests zu bewerten (IFRS 3.54). In einem konsolidierten Eigenkapitalspiegel schlagen sich Auflösungen von Konsolidierungsdifferenzen damit ausnahmslos als Veränderungen des periodischen Konzernergebnisses nieder.[78]

2.2.2.2 Konsolidierung konzerninterner Forderungen und Schulden

Geschäfte zwischen Konzernunternehmen, bei denen der Leistungsaustausch zum Abschlussstichtag noch nicht abgeschlossen ist, führen in den Einzelabschlüssen der Unternehmen zu Forderungen und Verbindlichkeiten gegenüber verbundenen Unternehmen. Wenn sich in der Summenbilanz des Konzerns diese debitorischen und kreditorischen Salden betragsgleich gegenüberstehen, können mit einer Konsolidierungsbuchung sämtliche konzerninternen Forderungen und Verbindlichkeiten aus dem Konzernabschluss eliminiert werden (IAS 27.24). In Bankkonzernen hat die Schuldenkonsolidierung aufgrund der branchentypischen Geschäfte eine spezifische Bedeutung; zu den konsolidierungspflichtigen Geschäften zählen insbesondere

– das konzerninterne Interbankengeschäft,

– das Refinanzierungsgeschäft für eine Konzernmutter und

– das Refinanzierungsgeschäft für externalisierte Funktionen.

Soweit sich bei einzelnen konzerninternen Geschäften Forderungen und Verbindlichkeiten am Abschlussstichtag nicht gleichwertig gegenüberstehen, resultieren aus der Schuldenkonsolidierung Differenzen. Sie können auf asymmetrische Ansatz- und Bewertungsentscheidungen bei Gläubigern und Schuldnern, abweichende Stichtage von Einzel- und Konzernabschluss oder divergierende Buchungstermine zurückzuführen sein.[79] Asymmetrische Ansatz- und Bewertungsentscheidungen können beispielsweise vorliegen, wenn einer Garantierückstellung keine analoge Forderung gegenübersteht, eine Darlehensforderung mit einem niedrigeren Wert als dem Rückzahlungsbetrag der korrespondierenden Darlehensverbindlichkeit angesetzt wird, eine Leistungsforderung durch eine Einzel- oder Pauschalwertberichtigung mit einem niedrigeren Wert als dem

---

[78] Durch die Abschaffung der Methode der Interessenzusammenführung (uniting of interests) nach IAS 22.13-16, Business Combinations, sind Konsolidierungsdifferenzen aus der Verrechnung des Beteiligungsbuchwerts im Abschluss eines Mutterunternehmens mit dem Buchwert des gezeichneten Kapitals im Abschluss eines Tochterunternehmens künftig ausgeschlossen. Diese Differenzen sind bisher ergebnisneutral dem Konzerneigenkapital hinzugerechnet bzw. vom Konzerneigenkapital abgezogen worden (IAS 22.79).

[79] Vgl. MAAS, R., Schuldenkonsolidierung, in: CASTAN, E./HEYMANN, G. u.a. (Hrsg.), Beck'sches Handbuch der Rechnungslegung, Band II, München 2004, C 420.

Erfüllungsbetrag der korrespondierenden Leistungsverbindlichkeit bilanziert wird oder eine Fremdwährungsforderung zum Devisengeldkurs und die korrespondierende Fremdwährungsverbindlichkeit zum Devisenbriefkurs bewertet wird.

Wenn der Einzelabschlussstichtag eines Tochterunternehmens vom Konzernabschlussstichtag des Mutterunternehmens abweicht (IAS 27.26), werden bei gewöhnlichem Geschäftsverlauf zwischen dem früheren (späteren) Einzelabschlussstichtag und dem späteren (früheren) Konzernabschlussstichtag Schuldverhältnisse begründet bzw. beendet; dadurch kann es zum asymmetrischen Ausweis korrespondierender Forderungen und Verbindlichkeiten kommen. Auch zeitliche Buchungsunterschiede durch abweichende Wertstellungstermine im Zahlungsverkehr oder Falschbuchungen in der Praxis termingebundener Abschlusserstellung führen regelmäßig zum asymmetrischen Ausweis korrespondierender Forderungen und Verbindlichkeiten.

IAS 27.24 gibt keine Hinweise, wie mit Differenzen aus der Schuldenkonsolidierung zu verfahren ist. Ist eine Konsolidierungsdifferenz auf Ansatz- und Bewertungsunterschiede zurückzuführen, liegt es nahe, sie internationalen Bilanzierungsusancen folgend durch Korrektur des Konzerneigenkapitals zu eliminieren. Da die Differenz über mehr als eine Periode bestehen kann, ist nur eine erstmalige Korrektur des Eigenkapitals in der Periode ihrer Entstehung ergebniswirksam. Eine wiederholte Korrektur des Eigenkapitals um diese Differenz in Folgeperioden wäre ergebnisneutral, weil sie bereits das Konzernergebnis einer Vorperiode verändert hat. Somit ist stets nur die Veränderung einer kumulierten Konsolidierungsdifferenz gegenüber der Vorperiode ergebniswirksam: Erhöht sich eine (aktive) passive Konsolidierungsdifferenz aus der Vorperiode, so verringert (erhöht) sich das Konzernergebnis. Zur ergebnisneutralen Berichtigung einer Konsolidierungsdifferenz zum Ende der Vorperiode ist ein Korrekturposten zum Konzerneigenkapital zu bilanzieren; dieser hat im Fall einer passiven Differenz den Charakter von Eigenkapital, im Fall einer aktiven Differenz den Charakter einer Wertberichtigung zum Eigenkapital. Innerhalb eines Konzerneigenkapitalspiegels kann sich die Eliminierung von Differenzen aus der Schuldenkonsolidierung folglich sowohl ergebniswirksam als Veränderung des Konzernergebnisses wie auch ergebnisneutral als Veränderung des Eigenkapitals durch Korrekturposten auswirken.

Sind Differenzen aus der Schuldenkonsolidierung das Ergebnis divergierender Buchungstermine oder abweichender Bilanzstichtage (IAS 27.26), sind im Konzernabschluss entsprechend ergebniswirksame bzw. ergebnisneutrale Korrekturbuchungen vorzunehmen. Die Korrekturbuchungen heben Buchungsunterschiede aufgrund zeitlicher Differenzen auf.

2.2.2.3 Differenzen aus der Währungsumrechnung

Differenzen aus der Währungsumrechnung[80] treten als Bestandteil des Eigenkapitals nur in Konzernabschlüssen mit wirtschaftlich selbständigen ausländischen Tochterunternehmen auf. Wirtschaftlich selbständige ausländische Tochterunternehmen zeichnen sich dadurch aus, dass die Währung des Sitzlandes des Tochterunternehmens die funktionale Währung darstellt. Diese ausländischen Unternehmen sind in ihrer Geschäftstätigkeit weitgehend autonom, es bestehen relativ wenig geschäftliche Beziehungen zu anderen Unternehmen des Konzerns, die Absatz- und Beschaffungspreise werden durch den lokalen Markt bestimmt und die Finanzierung sowie Erwirtschaftung des Cash Flow erfolgt in Landeswährung (IAS 21.11). Die Vermögenswerte und Verbindlichkeiten der wirtschaftlich selbständigen ausländischen Tochterunternehmen sind mit dem jeweiligen Stichtagskurs, die Aufwendungen und Erträge mit den Wechselkursen am Tag der Geschäftsvorfälle bzw. zur Vereinfachung mit Durchschnittskursen umzurechnen. Bei der Integration ausländischer Tochterunternehmen in den Konzernabschluss können folgende Umrechnungsdifferenzen auftreten:

– Differenzen aus der Umrechnung des Jahresergebnisses in der GuV zu Durchschnittskursen und in der Bilanz zu Stichtagskursen,

– Differenzen aus der Umrechnung des historischen Eigenkapitals und des während der Zugehörigkeit zum Konzern erwirtschafteten Bilanzgewinns zu den jeweiligen Stichtagskursen.

Sämtliche Umrechnungsdifferenzen sind ergebnisneutral im Eigenkapital zu erfassen.

Beispiel:[81]

Das Mutterunternehmen erwirbt ein US-Unternehmen zum 31.12.01 (Kurs: $ 1 = € 1). Der Durchschnittskurs in 02 beträgt $/€ 0,85, der Stichtagskurs zum 31.12.01 $/€ 0,9.

Bilanz zum 31.12.01 in Mio. $			
Handelsaktiva	120	Eigenkapital	130
Kreditforderungen	100	Fremdkapital	140
Geschäftswert	50		
Bilanzsumme	270	Bilanzsumme	270

---

80 Vgl. hierzu KPMG (Hrsg.), IFRS aktuell, a.a.O. (Fn. 57), S. 249-256.
81 In Anlehnung an KIRSCH, H., a.a.O. (Fn. 5), S. 314.

Am 31.12.02 sieht die Bilanz des US-Tochterunternehmens wie folgt aus:

Bilanz zum 31.12.02 in Mio. $

Handelsaktiva	100	Eigenkapital (historisch)	130
Kreditforderungen	150	Bilanzgewinn	15
Geschäftswert	40	Fremdkapital	145
Bilanzsumme	290	Bilanzsumme	290

Die in € umgerechnete Bilanz hat dann folgendes Aussehen:

Bilanz zum 31.12.02 in Mio. €

Handelsaktiva	111,11	Eigenkapital (historisch)	130,00
Kreditforderungen	166,67	Bilanzgewinn	17,65
Geschäftswert	44,44	Umrechnungsdifferenz	13,46
		Fremdkapital	161,11
Bilanzsumme	322,22	Bilanzsumme	322,22

Umrechnungsdifferenzen werden zu jedem Bilanzstichtag neu ermittelt und sind solange Bestandteil des Eigenkapitals, wie das wirtschaftlich selbständige ausländische Tochterunternehmen im Konzern verbleibt. Beim Verkauf des Tochterunternehmens ist die Umrechnungsdifferenz ergebnisneutral auszubuchen und durch den tatsächlichen Veräußerungsgewinn oder -verlust zu ersetzen. Falls in obigem Beispiel das Tochterunternehmen am 01.01.03 zu € 161,11 Mio. (Wert des in € zum Stichtagskurs umgerechneten Eigenkapitals am 31.12.02) verkauft würde, gingen aus Sicht des Konzerns das Vermögen in Höhe von € 322,22 Mio. und das Fremdkapital in Höhe von € 161,11 Mio. ab. Bei Verkauf des Tochterunternehmens liegt weiterhin eine ergebniswirksame Umschichtung vor, da nunmehr die Umrechnungsdifferenz realisiert ist. Daher lauten die bei der Entkonsolidierung durchzuführenden Buchungen (in Mio. €) aus Sicht des Konzerns:

Bank	161,11	an	Handelsaktiva	111,11
Fremdkapital	161,11		Kreditforderungen	166,67
			Geschäftswert	44,44
Umrechnungsdifferenz	13,46	an	Veräußerungsgewinn	13,46

3. Muster und Praxis der Eigenkapitalveränderungsrechnung

3.1 Schematische Darstellung einer Eigenkapitalveränderungsrechnung

Aus der Analyse möglicher Veränderungen des bilanziellen und konsolidierten Eigenkapitals resultiert folgende IFRS-konforme Struktur der Eigenkapitalveränderungsrechnung.[82] Die Darstellung berücksichtigt nicht die verschiedenen Möglichkeiten zur Bilanzierung eigener Anteile. Bei eigenen Anteilen sind zwei Ausweisalternativen zu unterscheiden. Zum einen können die Anschaffungskosten der eigenen Anteile als isolierter Posten innerhalb des Eigenkapitals ausgewiesen werden, so dass sich eine separate Entwicklungsrechnung ergibt. Zum anderen können die Anschaffungskosten für eigene Anteile auch in den entsprechenden Komponenten des mit den Anteilen zurück erworbenen Eigenkapitals zerlegt werden; in diesem Fall sind die folgenden Entwicklungsrechnungen für die untergeordneten Positionen des Eigenkapitals um die Veränderungen des Eigenkapitals, das auf die eigenen Anteile entfällt, zu ergänzen.

A. Entwicklung des gezeichneten Kapitals

    Anfangsbestand des gezeichneten Kapitals

+   Erhöhung des gezeichneten Kapitals aus Einlagen, bedingtem Kapital, genehmigtem Kapital oder Gesellschaftsmitteln

−   Verringerung des gezeichneten Kapitals aus ordentlicher oder vereinfachter Kapitalherabsetzung bzw. Einziehung von Aktien

+   Umgliederung aus den Rücklagen in das gezeichnete Kapital

−   Umgliederung aus dem gezeichneten Kapital in die Rücklagen

=   Endbestand des gezeichneten Kapitals

---

[82] Vgl. KIRSCH, H., a.a.O. (Fn. 5), S. 315; BAETGE, J./KIRSCH, H.-J./THIELE, S., Konzernbilanzen, a.a.O. (Fn. 2), S. 604.

B. Entwicklung der Kapitalrücklage

    Anfangsbestand der Kapitalrücklage
+   Erhöhung der Kapitalrücklage aus Kapitalerhöhung
−   Verringerung der Kapitalrücklage aus Kapitalrückzahlung
+   Umgliederung aus dem gezeichneten Kapital in die Kapitalrücklage
−   Umgliederung aus der Kapitalrücklage in das gezeichnete Kapital
−   Kosten der Eigenkapitalbeschaffung
+   Steuereffekt aus den Kosten der Eigenkapitalbeschaffung
=   Endbestand der Kapitalrücklage

C. Entwicklung der Gewinnrücklagen

    Anfangsbestand der Gewinnrücklagen
+/−   Anpassungsergebnisse aus dem Übergang auf IFRS nach IFRS 1
+/−   Anpassungsergebnisse aus der Änderung der Bilanzierungs- und Bewertungsmethoden nach IAS 8
+/−   Anpassungsergebnisse aus der Berichtigung grundlegender Fehler nach IAS 8
+/−   Periodengewinn/Periodenverlust
−   Dividendenausschüttung
+   Umbuchung der Neubewertungsrücklage bei Verkauf eines Vermögenswerts
+   Umgliederung aus dem gezeichneten Kapital in die Gewinnrücklage
+   Umgliederung aus der Kapitalrücklage in die Gewinnrücklage
−   Umgliederung aus den Gewinnrücklagen in das gezeichnete Kapital
=   Endbestand der Gewinnrücklagen

D. Entwicklung der Neubewertungsrücklage

    Anfangsbestand der Neubewertungsrücklage
+   Erhöhung der Neubewertungsrücklage auf Grund von Neubewertungen
−   Verringerung der Neubewertungsrücklage auf Grund von Neubewertungen
−   Umbuchung der Neubewertungsrücklage bei Verkauf eines Vermögenswerts
=   Endbestand der Neubewertungsrücklage

E. Entwicklung der Bewertungsergebnisse für Available for Sale Financial Assets

	Anfangsbestand der Bewertungsergebnisse für Available for Sale Financial Assets
+/-	Veränderung der Bewertungsergebnisse für Available for Sale Financial Assets in der Berichtsperiode
-/+	Steuereffekt aus der Veränderung der Bewertungsergebnisse für Available for Sale Financial Assets in der Berichtsperiode
-/+	Realisierung der Bewertungsergebnisse für Available for Sale Financial Assets in der Berichtsperiode (reclassification)
+/-	Steuereffekt aus der Realisierung der Bewertungsergebnisse für Available for Sale Financial Assets in der Berichtsperiode (reclassification)
=	Endbestand der der Bewertungsergebnisse für Available for Sale Financial Assets

F. Entwicklung der Bewertungsergebnisse für Cash Flow Hedges

	Anfangsbestand der Bewertungsergebnisse für Cash Flow Hedges
+/-	Veränderung der Bewertungsergebnisse für Cash Flow Hedges in der Berichtsperiode
-/+	Steuereffekt aus der Veränderung der Bewertungsergebnisse für Cash Flow Hedges in der Berichtsperiode
-/+	Realisierung der Bewertungsergebnisse für Cash Flow Hedges in der Berichtsperiode (reclassification)
+/-	Steuereffekt aus der Realisierung der Bewertungsergebnisse für Cash Flow Hedges in der Berichtsperiode (reclassification)
=	Endbestand der Bewertungsergebnisse für Cash Flow Hedges

G. Entwicklung der Währungsumrechnungsrücklage

	Anfangsbestand der Währungsumrechnungsrücklage
+/-	Veränderung der Währungsumrechnungsrücklage für am Ende der Periode konsolidierte Konzerngesellschaften in der Berichtsperiode
-/+	Realisierung der Währungsumrechnungsrücklage in der Berichtsperiode (reclassification)
=	Endbestand der Währungsumrechnungsrücklage

3.2 Beispiele für Eigenkapitalveränderungsrechnungen von Geschäftsbanken

Entwicklung des Eigenkapitals der Commerzbank vom 01.01.2003 bis 31.12.2003[83]

Mio €	Gezeich-netes Kapital	Kapital-rück-lage	Gewinn-rück-lagen	Neube-wertungs-rücklage	Bewertungs-ergebnis aus Cash Flow Hedges	Rücklage aus der Währungs-umrech-nung	Konzern-gewinn	Gesamt
Eigenkapital zum 1.1.2003	1 378	6 131	3 268	-769	-1 248	-6	54	8 808
Kapitalerhöhung	139	603						742
Ausgabe von Belegschaftsaktien	6	8						14
Entnahme aus der Kapitalrücklage		-2 320						-2 320
Dividendenzahlung							-54	-54
Netto-Veränderungen der Neubewertungsrücklage				2 009				2 009
Netto-Veränderungen aus Cash Flow Hedges					12			12
Veränderung eigener Aktien	22	53						75
Veränderungen im Konsolidierungskreis und Sonstige Veränderungen			18			-213		-195
Eigenkapital zum 31.12.2003	1 545	4 475	3 286	1 240	-1 236	-219	0	9 091

---

[83] Vgl. COMMERZBANK, Geschäftsbericht 2003, S. 9.

Entwicklung des Eigenkapitals der Dresdner Bank vom 01.01.2003 bis 31.12.2003[84]

Mio €	Gezeichnetes Kapital	Kapital-rücklagen	Gewinn-rücklagen	Bestand eigener Aktien	Rücklage für Währungs-umrechnung	Kumulierter Bewer-tungseffekt	Bilanzgewinn der Dresdner Bank AG	Eigenkapital des Dresd-ner- Bank-Konzerns
Bestand zum 1. Januar 2003	1 503	7 382	4 872		-548	-1 233	0	11 976
Wertänderungen aus der Währungsumrechnung					6			6
Bewertungsänderungen aus Available-for-Sale-Finanzinstrumenten						1 644		1 644
Bewertungsänderungen aus Cashflow-Hedges						-48		-48
Sonstige Kapitalveränderungen			-73					-73
Jahresfehlbetrag							-1 989	-1 989
Entnahme aus den Gewinnrücklagen			-1 989				1 989	
Bestand zum 31. Dezember 2003	1 503	7 382	2 810	-	-542	363	0	11 516

---

[84] Vgl. DRESDNER BANK, Geschäftsbericht 2003, S. 41.

Eigenkapitalveränderungsrechnung 217

Entwicklung des Eigenkapitals der HypoVereinsbank vom 01.01.2003 bis 31.12.2003[85]

in Mio €	Gezeichnetes Kapital	Kapitalrücklage	Gewinnrücklagen	Rücklagen aus Währungs- und sonstigen Veränderungen	Bewertungsänderungen von Finanzinstrumenten Afs-Rücklage	Bewertungsänderungen von Finanzinstrumenten Hedge-Rücklage	Konzerngewinn	Eigenkapital
Bestand zum 1.1.2003								
HVB Group alt	1 609	13 112	2 882	-	-1 319	-2 054	-	14 230
Abspaltung der Hypo Real Estate Group		-1 088	-2 882		-212	1 205		-2 977
Bestand zum 1.1.2003								
HVB Group neu	1 609	12 024	-	-	-1 531	-849	-	11 253
Erfolgsneutrale Bewertungsänderungen von Finanzinstrumenten					239	-237		2
Erfolgswirksame Bewertungsänderungen von Finanzinstrumenten					1 624	163		1 787
Jahresüberschuss/-fehlbetrag ohne Fremdanteile			-2 639					-2 639
Bestandsveränderung und Ergebnis eigener Eigenkapitalinstrumente		31						31
Veränderungen im Konsolidierungskreis		-121		145	-6	45		63
Veränderungen aus Währungseinfluss und sonstige Veränderungen				-185				-185
Bestand zum 31.12.2003	1 609	9 295	-	-40	326	-878	-	10 312

[85] Vgl. HYPOVEREINSBANK, Geschäftsbericht 2003, S. 48.

Entwicklung des Eigenkapitals der UBS vom 01.01.2003 bis 31.12.2003[86]

Mio CHF

Für das Geschäftsjahr endend am	31.12.03	31.12.02	31.12.01
Ausgegebenes und einbezahltes Aktienkapital			
Stand am Anfang des Geschäftsjahres	1 005	3 589	4 444
Kapitalerhöhung	2	6	12
Kapitalrückzahlung durch Nennwertreduktion[1]		(2 509)	(683)
Vernichtung eigener Aktien der zweiten Handelslinie (Programm 2000)			(184)
Vernichtung eigener Aktien der zweiten Handelslinie (Programm 2001)		(81)	
Vernichtung eigener Aktien der zweiten Handelslinie (Programm 2002)	(61)		
Stand am Ende des Geschäftsjahres	**946**	**1 005**	**3 589**
Kapitalreserven			
Stand am Anfang des Geschäftsjahres	12 638	14 408	20 885
Agio aus Ausgabe von Aktien und Ausübung von Optionsrechten	92	157	80
Erfolg aus Veräusserung eigener Aktien und Derivaten auf eigenen Aktien	(324)	282	(239)
Erfüllung von Lieferverpflichtungen für eigene Aktien			(2 502)
Vernichtung eigener Aktien der zweiten Handelslinie (Programm 2000)			(3 816)
Vernichtung eigener Aktien der zweiten Handelslinie (Programm 2001)		(2 209)	
Vernichtung eigener Aktien der zweiten Handelslinie (Programm 2002)	(5 468)		
Stand am Ende des Geschäftsjahres	**6 938**	**12 638**	**14 408**
Netto nicht in der Erfolgsrechnung berücksichtigte			
Gewinne/(Verluste), nach Steuern			
Umrechnungsdifferenzen			
Stand am Anfang des Geschäftsjahres	(849)	(769)	(687)
Veränderungen während des Geschäftsjahres[2]	(795)	(80)	(82)
Subtotal - Stand am Ende des Geschäftsjahres	**(1 644)**	**(849)**	**(769)**
Netto nicht realisierte Gewinne/(Verluste) auf zur Veräusserung verfügbaren Finanzanlagen, nach Steuern			
Stand am Anfang des Geschäftsjahres	946	1 035	0
Änderungen in den Rechnungslegungsgrundsätzen			1 577[3]
Netto nicht realisierte Gewinne/(Verluste) auf zur Veräußerung verfügbaren Finanzanlagen	(108)	(144)	(139)

[86] Vgl. UBS, Geschäftsbericht 2003, S. 92-93.

Eigenkapitalveränderungsrechnung

In die Erfolgsrechnung transferierte Wertminderungen	285	635	47
In die Erfolgsrechnung transferierte Gewinne	(340)	(600)	(461)
In die Erfolgsrechnung transferierte Verluste	22	20	11
Subtotal - Stand am Ende des Geschäftsjahres	**805**	**946**	**1 035**
Fair-Value-Änderung von als Cashflow-Absicherung bezeichneten Derivaten, nach Steuern			
Stand am Anfang des Geschäftsjahres	**(256)**	(459)	0
Änderungen in den Rechnungslegungsgrundsätzen			(380)[3]
Netto nicht realisierte Gewinne/(Verluste) aus Derivaten zur Cashflow-Absicherung	116	(11)	(316)
In die Erfolgsrechnung transferierte Netto(Gewinne)/-Verluste	**(4)**	214	237
Subtotal - Stand am Ende des Geschäftsjahres	**(144)**	**(256)**	**(459)**
Stand am Ende des Geschäftsjahres	**(983)**	**(159)**	**(193)**
Gewinnreserven			
Stand am Anfang des Geschäftsjahres	32 638	29 103	24 191
Änderungen in den Rechnungslegungsgrundsätzen[1]			(61)[3]
Stand am Anfang des Geschäftsjahres (angepasst)	32 638	29 103	24 130
Konzernergebnis für das Geschäftsjahr	**6 385**	3 535	4 973
Dividendenausschüttung[2, 3]	**(2 298)**		
Stand am Ende des Geschäftsjahres	**36 725**	**32 638**	**29 103**
Eigene Aktien (zu Anschaffungskosten)			
Stand am Anfang des Geschäftsjahres	**(7 131)**	(3 377)	(4 000)
Erwerb	**(8 424)**	(8 313)	(13 506)
Veräusserungen	**1 846**	2 269	10 129
Vernichtung eigener Aktien der zweiten Handelslinie (Programm 2000)			4 000
Vernichtung eigener Aktien der zweiten Handelslinie (Programm 2001)		2 290	
Vernichtung eigener Aktien der zweiten Handelslinie (Programm 2002)			
Stand am Ende des Geschäftsjahres	**(8 180)**	**(7 131)**	**(3 377)**
Total Eigenkapital	**35 446**	**38 991**	**43 530**

[1] Am 16. Juli 2001 nahm UBS anstelle einer Dividendenzahlung eine Nennwertrückzahlung an die Aktionäre von 1.60 CHF pro Aktie vor, was den Nennwert von 10.00 CHF auf 8.40 CHF reduzierte. Gleichzeitig führte UBS einen Aktiensplit im Verhältnis 3 zu 1 durch, womit der neue Nennwert pro Aktie 2.80 CHF betrug. Am 10. Juli 2002 nahm UBS eine Nennwertrückzahlung an die Aktionäre von 2.00 CHF pro Aktie vor, wodurch den Nennwert von 2.80 CHF auf 0.80 CHF pro Aktie herabgesetzt wurde. Am 23. April 2003 wurde eine Dividende von 2.00 CHF pro Aktie ausgeschüttet. Im Jahr 2003 wurde keine Nennwertrückzahlung an die Aktionäre durchgeführt.
[2] Beinhaltet die folgenden Gewinne und Verluste auf Absicherungsgeschäften aus der Finanzierung der Nettoinvestitionen in ausländische Gesellschaften: 93 Mio. CHF Nettogewinn im Jahr 2003, 849 Mio. CHF Nettogewinn im Jahr 2002 und 43 Mio. CHF Nettoverlust im Jahr 2001.
[3] Änderungen in den Anfangsbeständen widerspiegeln die Umsetzung von IAS 39 (siehe Anmerkung 1 im Anhang zur Konzernrechnungslegung: Zusammenfassung der wichtigsten Rechnungslegungsgrundsätze).

Edgar Löw

Kapitalflussrechnung

1. Rechtsgrundlagen 223
2. Hintergrund und Ziele 228
3. Allgemeine Gestaltungsgrundsätze 233
4. Zahlungsmittelfonds 235
5. Direkte versus indirekte Darstellung von Zahlungsströmen 239
   5.1 Vorteilhaftigkeit der indirekten Darstellungsmethode 239
   5.2 Systemimmanente Korrektur des Jahresüberschusses um
       zahlungsunwirksame Bestandteile 242
   5.3 Technisch bedingte Korrekturen bei Ausweis von Ein- oder
       Auszahlungen trotz Wahl der indirekten Methode 248
6. Darstellung der Kapitalflussrechnung 252
   6.1 Grundlagen 252
   6.2 Zahlungsströme aus operativer Geschäftstätigkeit 254
   6.3 Zahlungsströme aus der Investitionstätigkeit 259
   6.4 Zahlungsströme aus der Finanzierungstätigkeit 268
   6.5 Gesonderter Ausweis von Einzelpositionen 271
       6.5.1 Allgemeine Anforderungen 271
       6.5.2 Zinsen und Dividenden 272
       6.5.3 Ertragsteuern 273
       6.5.4 Außerordentliche Posten 274
   6.6 „Abstimmungsteil" der Kapitalflussrechnung 276
7. Verbale Zusatzerläuterungen in den Notes (im Anhang) 277
   7.1 Vorgeschriebene Angaben 277
   7.2 Freiwillige Angaben 279

Anlagen… 281

Anlage 1: Gegenüberstellung wesentlicher Merkmale der Anforderungen an
 die Erstellung von Kapitalflussrechnungen nach SFAS 95 und IAS 7 281

Anlage 2: Synopse zur Kapitalflussrechnung für Banken gemäß SFAS 95,
 IAS 7 und DRS 2-10 283

Anlage 3: Musterbeispiel IAS 7 (überarbeitet 1992) 291

Anlage 4: Musterbeispiel SFAS 95 293

Anlage 5: Anlage zu DRS 2-10 299

Anlage 6: Kapitalflussrechnung der HypoVereinsbank 2003 nach IFRS 302

Anlage 7: Kapitalflussrechnung der Deutschen Bank 2003 nach US-GAAP 304

1. Rechtsgrundlagen

Zu einem Abschluss nach IFRS gehört neben den Instrumenten Bilanz, Gewinn- und Verlustrechnung, Eigenkapitalveränderungsrechnung und Notes als weiterer Bestandteil zwingend auch eine Kapitalflussrechnung nach IAS 7. Dies gilt auch für Banken. IAS 7 wurde im Jahr 1992 überarbeitet; er ersetzte den zuvor geltenden Standard aus dem Jahr 1977 und ist einer der ältesten, noch bestehenden Standards. IAS 7 gilt bereits für Abschlüsse, deren Berichtsperioden am oder nach dem 1. Januar 1994 beginnen.

Bei seiner Überarbeitung wurde IAS 7 der Entwicklung der anglo-amerikanischen Rechnungslegungspraxis angepasst. „Er stimmt nunmehr weitgehend mit SFAS 95 überein"[1] und wurde als bislang einziger Standard von der International Organization of Securities Commissions (IOSCO) als supranationaler Einrichtung staatlicher Börsenaufsichtsbehörden anerkannt. Auch die amerikanische Wertpapieraufsichtsbehörde Securities and Exchange Commission (SEC) hat akzeptiert, dass eine Kapitalflussrechnung nach IAS 7 als mit einer nach SFAS 95 erstellten Kapitalflussrechnung gleichwertig anzusehen ist.

IAS 7 ist ein Standard, der eindeutig nicht auf Banken ausgerichtet ist. Für eine Bank gibt IAS 7 insofern keine Gesamtdarstellung zum Aufbau einer Kapitalflussrechnung aus einem Guss. Es besteht lediglich im Anhang des Standards das Muster zur Kapitalflussrechnung einer Bank nach der so genannten direkten Methode. Nach dem gegenwärtigen Rechtsverständnis der IFRS zählen die Anhänge eines Standards jedoch nicht zum Pflichtanwendungsbereich, sondern sollen ausschließlich erläuternden Charakter besitzen und dem Anwender eine Hilfestellung bieten.[2] Die exemplarisch abgedruckte Kapitalflussrechnung bedeutet also weder eine verbindliche Zuordnung zu den drei Cash-Flow-Bereichen noch eine zwingend einzuhaltende Mindestgliederung. Sie bietet nur eine mögliche Ausgestaltung an, wenn eine Bank hinsichtlich der Zuordnung des gesonderten Ausweises in den einzelnen Cash-Flow-Bereichen die Schwerpunkte ihrer Geschäftstätigkeit entsprechend betrachtet.

Auch nach amerikanischem Recht zählt die Kapitalflussrechnung zu den Pflichtbestandteilen eines Abschlusses. So fordert die SEC zum Schutz des öffentlichen Interesses und

---

[1] PFUHL, J.M., Konzernkapitalflussrechnung, Stuttgart 1994, S. 32.
[2] Dies ergibt sich im Übrigen auch aus dem Text vor dem numerischen Beispiel in IAS 7, denn dort heißt es, dass der Anhang nur zur Illustration dient und nicht Teil des Standards selbst ist. Das Anliegen des Anhangs wird darin gesehen, die Anwendung des Standards (beispielhaft) zu zeigen, um damit eine Hilfe zur praktischen Aufstellung zu leisten.

der Anleger von Unternehmen, die an einer Börse im amtlichen Handel gelistet werden wollen, unter anderem ein konsolidiertes „statement of changes in financial position" der letzten drei Geschäftsjahre.³ Für Banken gibt es insoweit keine Ausnahme. Inhalt und Gestaltung des Statements wurden im Jahr 1987 vom Financial Accounting Standards Board (FASB) festgelegt. Für Banken enthält das Statement SFAS 95 selbst keine gesonderten Regeln. Im Anhang von SFAS 95 finden sich bestimmte Anmerkungen in Appendix B, Tz. 58-65 sowie ein Beispiel für die Erstellung einer Kapitalflussrechnung einer Bank nach der direkten Methode in Appendix C, Example 3.⁴

Rechtsgrundlagen der Kapitalflussrechnung

Nationale Regelungen

- Neue Rechtslage zunächst für börsennotierte Konzernmütter
    - Erweiterung des Konzernanhangs um eine Kapitalflussrechnung nach § 297 Abs. 1 HGB durch das KonTraG
    - Verpflichtende Anwendung für Geschäftsjahre seit 1999
    - Ausdehnung auf Unternehmen, die einen Börsengang beantragt haben und Ausweis als eigenständiges Instrument für Geschäftsjahre seit 2003
    - Ausdehnung der verpflichtenden Anwendung auf alle Konzernabschlüsse ab 2005
- Konkretisierung der Anforderung durch das Deutsche Rechnungslegungs Standards Committee (DRSC)
    - Arbeitskreis Kapitalflussrechnung
    - Arbeitskreis Banken

Von der (Un-)Verbindlichkeit der Beispiele unterscheiden sich SFAS 95 und IAS 7 nicht. Die Anhänge beider Standards können insofern lediglich eine gewisse Hilfestellung in der Zuordnung zu den Cash-Flow-Bereichen geben. Dabei sind indes gewisse Unterschiede festzustellen. So nimmt die operative Geschäftstätigkeit einer Bank nach dem Beispiel von IAS 7 einen sehr breiten Raum ein, während die operative Geschäftstätigkeit nach dem Beispiel von SFAS 95 eher eng abgegrenzt wird.

---

[3] Vgl. SEC, Reg S-X Rule 3-02.
[4] Vgl. auch Appendix B von SFAS 102, Amendments to Appendix C of Statement 95.

In Deutschland besteht seit 1998 nach § 297 Abs. 1 HGB für börsennotierte Mutterunternehmen ebenfalls die Pflicht, eine Kapitalflussrechnung zu erstellen. Diese gilt auch für Kreditinstitute gemäß § 297 Abs. 1 Satz 2 HGB i.V.m. § 340i HGB. Im Jahre 2002 wurde mit Wirkung ab dem Geschäftsjahr 2003 die Verpflichtung auch auf Unternehmen ausgedehnt, die eine Zulassung von Wertpapieren ihres Unternehmens oder ihrer Tochterunternehmen an einem organisierten Markt beantragt haben. Zusätzlich wurde die Kapitalflussrechnung aufgewertet, indem sie seit dem Geschäftsjahr 2003 als eigenständiger Konzernabschlussteil offen zu legen ist. Durch die Heraustrennung aus dem Anhang hat sich materiell indes keine Änderung ergeben. Für Geschäftsjahre ab 2005 erfolgt eine Ausdehnung der verpflichtenden Anwendung auf alle Konzernabschlüsse. Der Deutsche Standardisierungsrat (DSR) hat den unbestimmten Rechtsbegriff des HGB durch Deutsche Rechnungslegungsstandards (DRS) konkretisiert. Neben dem branchenübergreifenden allgemeinen Standard DRS 2 ist von Banken der ergänzende brachenspezifische Standard DRS 2-10 anzuwenden.

Aufgrund der Bekanntmachung dieser Standards durch das Bundesministerium der Justiz (BMJ) im Jahr 2000 gilt für die Erstellung einer Kapitalflussrechnung nach diesen Standards die Vermutung der Erfüllung der Grundsätze ordnungsmäßiger Buchführung. Gleichzeitig können Kreditinstitute sicher sein, dass sie bei Anwendung der deutschen Standards auch die Anforderungen nach IAS 7 erfüllen.

Zuvor bestand nach deutschem Recht keine Verpflichtung zur Erstellung einer Kapitalflussrechnung, obwohl dies prima facie nach dem Wortlaut der §§ 264 Abs. 2 und 297 Abs. 2 HGB als Zielvorschriften zur Erstellung des Jahres- und Konzernabschlusses einer Kapitalgesellschaft hätte vermutet werden können. Danach ist nämlich im Einzelabschluss wie auch im Konzernabschluss ein den tatsächlichen Verhältnissen entsprechendes Bild nicht nur der Vermögens- und Ertragslage, sondern auch der Finanzlage zu vermitteln. In Deutschland wurden deshalb Kapitalflussrechnungen lediglich freiwillig erstellt - in durchaus unterschiedlichen Formen. Zur Erstellung einer (freiwilligen) Kapitalflussrechnung wurde vom Institut der Wirtschaftsprüfer in Deutschland e.V. (IDW) im Jahre 1978 eine Empfehlung in Form einer Stellungnahme veröffentlicht[5]. Diese Stellungnahme wurde im Jahre 1995 durch eine gemeinsam vom Hauptfachausschuss (HFA) des IDW und vom Arbeitskreis Finanzierungsrechnung der Schmalenbach-Gesellschaft (SG) verfasste Stellungnahme ersetzt, die auf der internationalen Entwicklung basierte.[6] Die Stellungnahmen gingen inhaltlich letztlich in den allgemeinen DRS 2 ein.

---

[5] Vgl. IDW, Stellungnahme HFA 1/1978, Die Kapitalflussrechnung als Ergänzung des Jahresabschlusses, WPg 1978, S. 207.

[6] Vgl. IDW, Stellungnahme HFA 1/1995, Die Kapitalflussrechnung als Ergänzung des Jahres- und Konzernabschlusses, WPg 1995, S. 210-213.

> **Nationaler Standard zur Kapitalflussrechnung für Banken**
>
> **Bankspezifische Ergänzung des allgemeinen Standards durch DRS 2-10**
>
> ■ Anwendungsbereich für
>
> - Kreditinstitute, die nach § 297 Abs. 1 HGB zur Erstellung einer Kapitalflussrechnung verpflichtet sind
> - Kreditinstitute, die eine Kapitalflussrechnung freiwillig erstellen (Empfehlung)
> - Keine Anwendungspflicht für Kreditinstitute mit befreiendem Konzernabschluss nach § 292a HGB

Die traditionellen Mittelherkunfts-/Mittelverwendungsrechnungen, die sowohl in den Geschäftsberichten deutscher Banken unter HGB wie auch nach den Fachempfehlungen zur Rechnungslegung (FER Nr. 6) in der Schweiz üblich waren, werden dauerhaft keinen Bestand mehr haben. Bei ihnen handelt es sich um eine Bewegungsrechnung, die häufig mit „Veränderungen in der Konzernbilanz"[7] oder „Bewegungsbilanz"[8] bezeichnet wurden. Dabei wird die Differenz der einzelnen Bilanzpositionen des Vorjahres zum Berichtsjahr gebildet. Der Ausweis erfolgte in Deutschland freiwillig.

Die Schweizer Banken veröffentlichten noch Mitte der 90er Jahre eine so genannte „Mittelflussrechnung".[9] Hierbei werden Mittelherkunft und Mittelverwendung einander gegenübergestellt ausgewiesen, gegliedert in den Mittelfluss aus operativem Ergebnis (Innenfinanzierung), Eigenkapitaltransaktionen, Vorgängen im Anlagevermögen und Bankgeschäft. Die Veröffentlichung ist nach schweizerischem Obligationenrecht ebenfalls nicht verpflichtend. Die Offenlegung stützt sich auf die FER der gleichnamigen schweizerischen Fachkommission, deren Rechtsträgerin die von der schweizerischen

---

[7] Vgl. COMMERZBANK, Geschäftsbericht 1995, S. 13.
[8] Vgl. DRESDNER BANK, Geschäftsbericht 1996, S. 51.
[9] Vgl. SCHWEIZERISCHER BANKVEREIN, Geschäftsbericht 1995, S. 100, SCHWEIZERISCHE KREDITANSTALT, Geschäftsbericht 1995, S. 67 sowie SCHWEIZERISCHE BANKGESELLSCHAFT, Geschäftsbericht 1995, S. 51/52.

Treuhandkammer gegründete „Stiftung für Empfehlungen zur Rechnungslegung" ist. Die Fachempfehlung FER Nr. 6, die sich mit der Mittelflussrechnung befasst, stammt vom Mai 1992 und gilt branchenübergreifend, also auch für Banken.

In Österreich gibt es ab dem Geschäftsjahr 2005 eine Verpflichtung, im Rahmen des Konzernabschlusses eine Konzernkapitalflussrechnung zu erstellen.[10]

Arten von Kapitalflussrechnungen

Kapitalflussrechnungen im weiteren Sinne
(präzise: Finanzierungsrechnungen)

Rechnungsart:	Bewegungs- bzw. Veränderungsbilanzen, Mittelflussrechnungen	Cash Flow-Rechnungen	Kapitalflussrechnungen im engeren Sinn	
			direkte Methode	indirekte Methode
Anknüpfung an:	Bilanz	Gewinn- und Verlustrechnung	eigenständige (interne) Datenerhebung notwendig	Bilanz und Gewinn- und Verlustrechnung (partiell Anlagespiegel)
Beispiel:	FER Nr. 6 (Schweiz) auch traditionelle Mittelherkunft-/ Mittelverwendungsrechnung deutscher Banken	Ergebnis nach DVFA bei Banken[1)]	IAS 7, SFAS No. 95; Stellungnahme HFA 1/1995	

[1)] Vgl. dazu Busse von Colbe, W./Becker, H./Berndt, H./Geiger, K.M./Haase, H./Schellmoser, F./Schmitt, G./Seeberg, T./Wysocki, K. v. - Ergebnis nach DVFA/SG; 3. Auflage, Stuttgart 2000, insbes. Seite 91-103.

---

[10] Die Regelung, die in § 250 Absatz 1 des österreichischen HGB über das Rechnungslegungsänderungsgesetz 2004 normiert wurde, gilt gemäß § 43 BWG auch für Banken.
Bis einschließlich Geschäftsjahr 2004 existierte lediglich eine Empfehlung zur Erstellung einer Kapitalflussrechnung. Es handelt sich dabei um eine von der Österreichischen Vereinigung für Finanzanalyse und Anlageberatung (ÖVFA) veröffentlichte Empfehlung, die sich an die internationalen Usancen sehr eng anlehnt. Vgl. ÖSTERREICHISCHE VEREINIGUNG FÜR FINANZANALYSE UND ANLAGEBERATUNG, ÖVFA-Ergebnis- und Cash Flow-Formeln für den Einzel- und Konzernabschluss nach RLG, Schriftenreihe Nr. 3, Wien 1993, S. 21. Siehe auch die Stellungnahme der Kammer der Wirtschaftstreuhänder zur Erstellung einer Kapitalflussrechnung (KFS/BW 2) aus dem Jahr 1997, die sich an IAS 7 deutlich orientiert, aber in einigen Details (wie der Fondsdefinition oder der Zuordnung von Zinszahlungen) Unterschiede aufweist.
Für den Einzelabschluss besteht ebenso wenig wie in Deutschland die Verpflichtung, eine Kapitalflussrechnung zu erstellen.

2. Hintergrund und Ziele

Bei der Kapitalflussrechnung handelt es sich um ein Rechnungslegungsinstrument, in welchem Veränderungen liquider Mittel für einen Zeitabschnitt dargestellt werden. Nach IAS 7 liegt die Zielsetzung einer Kapitalflussrechnung darin, den Abschlussadressaten eine Grundlage zu vermitteln, die ihnen eine Beurteilung der Fähigkeit des Unternehmens erlaubt, Zahlungsmittel und Zahlungsmitteläquivalente zu erwirtschaften. DRS 2.1 ergänzt dies um die Aufgabe, eine Indikatorfunktion wahrzunehmen über die Fähigkeit, künftig Ausschüttungen an die Anteilseigner leisten zu können.

Hintergrund und Ziele der Kapitalflussrechnung (1)

Allgemeiner Sinn und Zweck

- Ergänzung der Bilanz und Gewinn- und Verlustrechnung um ein Rechnungslegungsinstrument, das
    - sich nicht an Vermögensbeständen oder Aufwendungen und Erträgen orientiert, sondern
    - an Aus- und Einzahlungen ausgerichtet ist
- Zusätzlicher Informationsgewinn insbesondere im Hinblick auf die Frage, ob ein Unternehmen
    - Einzahlungsüberschüsse erzielt aus
        - operativer Geschäftätigkeit,
        - (Des-)Investitionen oder durch
        - Finanzierungstätigkeit

Betriebswirtschaftlich auf ein Kreditinstitut übertragen, würde dies bedeuten, dass Informationen aus der Treasury zu veröffentlichen wären. Da die Offenlegung von Daten zu diskontierten Zahlungsströmen, die in der Zukunft zu erwarten sind, weder von dem internationalen noch von den nationalen Standards zur Kapitalflussrechnung verlangt werden,[11] ist die Aussagefähigkeit einer Kapitalflussrechnung für Banken eher eingeschränkt.

Die Kapitalflussrechnung nach IAS 7 und DRS 2-10 beschränkt sich vielmehr auf retrospektive Größen des abgelaufenen Geschäftsjahres. Dabei wird vernachlässigt, dass sich die Liquiditätslage eines Kreditinstituts in besonderem Maße von ungenutzten Kreditfazilitäten bestimmt, die es selbst in Anspruch nehmen kann, aber auch von solchen, die es seinen Kunden eingeräumt hat. Außerdem kommt die zeitliche Struktur - in diesem Sinne die Fälligkeit von Zahlungsforderungen und Zahlungsverpflichtungen - in einer Kapitalflussrechnung nur unzureichend zum Ausdruck. Hier hilft ein ergänzender Blick in die Notes eines Abschlusses nach IFRS. Dort sind die in der Bilanz nach Restlaufzeiten gegliederten Forderungs- und Verbindlichkeitspositionen vertieft nach Restlaufzeitenbändern aufzuschlüsseln.

Aus der beschränkten Aussagefähigkeit resultiert, dass die Kapitalflussrechnung keine Liquiditäts- bzw. Finanzplanung ersetzen kann.

Insgesamt ergibt sich, dass die Rechnungsziele unscharf formuliert sind. Sie werden selten näher begründet. Branchenspezifische Zwecke, insbesondere für Banken, werden in den internationalen Standards ebenso wenig herausgestellt wie in dem allgemeinen DRS 2. Gleichwohl lassen sich die vagen und teilweise wiederholenden Aufgabenumschreibungen auf übergeordnete Rechnungsziele zurückführen. Die sich dann ergebenden originären Ziele einer Kapitalflussrechnung sind erstens die Darstellung der bilanziellen (nicht der tatsächlichen) Liquiditätslage als statisch-aktuelle Komponente sowie zweitens die Darstellung der Einflussfaktoren auf die Liquiditätsentwicklung als dynamisch-historische Komponente.

Neben der konzeptionell bedingten Vernachlässigung von noch nicht rechtlich fälligen Auszahlungsverpflichtungen und Einzahlungsrechten kommt für Banken hinzu, dass sie zur Abwicklung des Zahlungsverkehrs ihrer Kunden einen bestimmten Zahlungsmittelbestand als Bodensatz vorzuhalten haben, dessen Höhe nicht allein von der Bedeutung des Zahlungsverkehrs im Vergleich zu den sonstigen Geschäftsaktivitäten der Bank abhängt, sondern maßgeblich von den Zahlungsgewohnheiten der Kunden. Die Interpretation der absoluten Höhe eines bestimmten Zahlungsmittelbestandes ist mithin schwierig. Zur Erzielung einer angemessenen Eigenkapitalrentabilität wird auch eine Bank nur einen möglichst geringen Zahlungsmittelbestand vorhalten.

---

[11] Zu Fair-Value-Angaben nach IAS 32 vgl. Abschnitte 2.1-2.3 im Beitrag „Offenlegung von Finanzinstrumenten" sowie zu ED 7 LÖW, E./SCHILDBACH, S., Risikoberichterstattung nach IFRS geplant, Börsen-Zeitung vom 24.07.2004, S. 5 sowie ECKES, B./SITTMANN-HAURY, C., ED IFRS 7 "Financial Instruments: Disclosure" - Offenlegungsvorschriften für Finanzinstrumente und Auswirkungen aus der Ablösung von IAS 30 für Kreditinstitute, WPg 2004, S. 1195-1201, hier S. 1196. Zu den zukünftig geplanten Anforderungen siehe auch Abschnitt 4 im Beitrag „Bilanz, Gewinn- und Verlustrechnung sowie Notes" und Abschnitt 2.9 im Beitrag „Offenlegung von Finanzinstrumenten".

> **Hintergrund und Ziele der Kapitalflussrechnung (2)**
>
> **Originärer Sinn und Zweck**
>
> ■ Darstellung
>
> – der bilanziellen (nicht tatsächlichen) Liquiditätslage (statisch-aktuelle Komponente) sowie
>
> – der Einflussfaktoren auf die Liquiditätsentwicklung (dynamisch-historische Komponente)

Eine Betrachtung des Liquiditätsbestandes per se ist demzufolge bei einer Bank von nur geringem Informationsnutzen. Je nach gewählter Abgrenzung ist der Liquiditätsbestand überdies bereits aus den betreffenden Bilanzpositionen ablesbar. Nach DRS 2-10.9 und DRS 2-10.11 handelt es sich bei dem Liquiditätsbestand einer Bank bspw. um den Kassenbestand, Guthaben bei Zentralnotenbanken, Schuldtitel öffentlicher Stellen und Wechsel, die zur Refinanzierung bei Zentralnotenbanken zugelassen sind. Um den ersten Zweck einer Kapitalflussrechnung - die Darstellung der Liquiditätslage im Sinne einer Stichtagsgröße Liquiditätsbestand - zu erfüllen, bedarf es grundsätzlich keiner Kapitalflussrechnung bei einer Bank.

Insofern verbleibt eine eher bescheidene Aufgabe, die die Kapitalflussrechnung eines Kreditinstituts zu erfüllen vermag. Als vordringlich zu erfüllender Zweck einer Kapitalflussrechnung ist damit die Wiedergabe der Entwicklung des Liquiditätsbestandes einer Periode in Form einer Stromgrößenbetrachtung anzusehen. Der Zielerreichungsgrad ist abhängig von der Gliederungstiefe. Dieser Überblick wird durch eine strukturierte Darstellung der Quellen der Mittelherkunft und der Mittelverwendung erleichtert. Es soll gezeigt werden, wohin Geld abgeflossen (= ausgezahlt) und woher Geld zugeflossen (= eingezahlt) ist. Sowohl der nationale als auch die internationalen Standards sehen hierzu eine Zuordnung von Zahlungsströmen zu den drei Bereichen der operativen (laufenden) Geschäftstätigkeit, der Investitionstätigkeit sowie der Finanzierungstätigkeit vor.

Aufgrund der doch sehr beschränkten Aussagefähigkeit haben sich die Banken bei ihren Stellungnahmen zu dem Entwurf, der dem amerikanischen Standard SFAS 95 vorausging, kritisch geäußert: „We are disappointed by the FASB's continued failure to acknowledge that a statement of cash flows for banks is meaningless"[12].

---

[12] CHASE MANHATTEN CORPORATION, zitiert nach SCHUM, R., Die besonderen Aspekte der Mittelflussrech-

Das FASB folgte den vorgebrachten Einwänden nicht, da es die Unterschiede zwischen der Geschäftstätigkeit einer Bank und der eines anderen Unternehmens nicht rechtfertigen würden, Banken von der Verpflichtung zur Erstellung einer Kapitalflussrechnung freizustellen. Auch wenn „Geld" als das „Hauptprodukt" einer Bank anzusehen sei, könne eine Bank doch genauso wie eine Nichtbank nur „überleben", wenn sie durch ihre Geschäftstätigkeit Zahlungsflüsse generiere. Laut SFAS 95.60 seien letztlich Informationen über die Bruttohöhe der Aktiva und Passiva sowie deren Veränderungen nicht unwichtig. Worin indes der Informationswert der Kapitalflussrechnung einer Bank tatsächlich bestehen soll, wird vom FASB im Ergebnis offen gelassen.

Aus den Primärzwecken der Darstellung der Liquiditätslage und deren Entwicklung lassen sich Sekundärziele (also derivative Zwecke) ableiten, die einen stärker operationalisierbaren Charakter aufweisen. Dazu gehört erstens die Informationsvermittlung über die Fähigkeit eines Unternehmens, Zahlungsüberschüsse erwirtschaften, Verbindlichkeiten tilgen (mithin kreditwürdig zu bleiben) sowie Dividenden zahlen zu können. Außerdem sollen zweitens Unterschiede zwischen dem auf Ertrags- und Aufwandsgrößen beruhenden Jahresüberschuss (Jahresfehlbetrag) und den dazu gehörenden Zahlungsströmen gezeigt werden. Schließlich geht es drittens darum, die Auswirkungen zahlungswirksamer Investitions- und Finanzierungsvorgänge auf die Liquiditätslage zu erkennen.

Aufgrund der Geldnähe aller Bankprodukte zeigt sich auch hier wiederum, dass es zur Beurteilung dieser derivativen Zwecke bei einer Bank keiner traditionellen Kapitalflussrechnung bedürfte. In Reminiszenz an die Anforderungen aus SFAS 95 und IAS 7, wonach auch Banken eine Kapitalflussrechnung zu veröffentlichen haben, hat sich der deutsche Standardsetter immerhin bemüßigt gesehen, die gesetzliche Anforderung von § 297 Abs. 1 HGB wenigstens durch die Vorgabe eines bankspezifischen Standards (DRS 2-10) an die Besonderheiten der Branche anzupassen. DRS 2-10 ist mit den internationalen Anforderungen voll kompatibel und kann deshalb uneingeschränkt zur Interpretation dieser Standards herangezogen werden.

Sowohl bei Kapitalflussrechnungen nach SFAS 95 und IAS 7 wie auch nach DRS 2 (einschließlich den branchenspezifischen Ergänzungen durch DRS 2-10) handelt es sich um Rechnungen mit einem so genannten ausgelagertem Zahlungsmittelfonds, der den Liquiditätsbestand eines Unternehmens repräsentiert. Ausgehend von dem Liquiditätsbestand zu Beginn einer Periode lässt sich eine originäre Finanzflussrechnung als eine Ursachenrechnung (Primärveränderungsrechnung) und ein erweiterter Finanzmittelnachweis als Liquiditätsnachweis (Sekundärveränderungsrechnung) unterscheiden.

nung im Bankbetrieb, Bern u.a. 1995, S. 51, sowie weitere dort genannte Quellen.

Hintergrund und Ziele der Kapitalflussrechnung (3)

Derivative Zwecke

■ Informationsvermittlung über
  – die Fähigkeit
    • Zahlungsüberschüsse zu erwirtschaften
    • Verbindlichkeiten zu tilgen (und kreditwürdig zu bleiben)
    • Dividenden zu zahlen
  – Unterschiede zwischen Jahresüberschuss (-fehlbetrag) und dazugehörigen Zahlungsvorgängen
  – Auswirkungen zahlungswirksamer Investitions- und Finanzierungsvorgänge auf die Finanzlage

Die Primärveränderungsrechnung stellt - vereinfacht skizziert - die Hauptmerkmale der Veränderungen des Zahlungsmittelfonds in einer Untergliederung nach laufender Tätigkeit (operativer Cash Flow), nach Investitionsvorgängen (Cash Flow aus Investitionstätigkeit) sowie nach Finanzierungsvorgängen (Cash Flow aus Finanzierungstätigkeit) dar. Um letztlich auf den Liquiditätsstatus am Ende einer Periode als Residualgröße zu gelangen, ist es erforderlich, auch solche Veränderungen rechnerisch zu berücksichtigen, die nicht unbedingt aus Ein- und Auszahlungen resultieren. Es handelt sich dabei um Veränderungen in Bestand und Zusammensetzung der Finanzmittel, die in einer Sekundärveränderungsrechnung erfasst werden.

Grundaufbau der Kapitalflussrechnung

I. Ausgangsgröße

> Liquiditätsstatus zu Beginn der Periode

II. Originäre Finanzflussrechnung als Ursachenrechnung (Primärveränderungsrechnung)

> Einzahlungen und Auszahlungen untergliedert nach
> (1) Laufender Tätigkeit
> (2) Investitionsvorgängen
> (3) Finanzierungsvorgängen

III. Erweiterte Finanzmittelnachweis/Liquiditätsnachweis (Sekundärveränderungsrechnung)

> Veränderungen in
> - Bestand und
> - Zusammensetzung der Finanzmittel
> (Fondsdipositionen)

IV. Residualgrößendarstellung

> Liquiditätsstatus am Ende der Periode

3. Allgemeine Gestaltungsgrundsätze

Die Kapitalflussrechnung stellt neben der Bilanz und der Gewinn- und Verlustrechnung (sowie der Eigenkapitalveränderungsrechnung und den Notes) ein weiteres Instrument des Jahresabschlusses dar. Dementsprechend sind auch an die Erstellung einer Kapitalflussrechnung jene allgemeinen Gestaltungsgrundsätze zu richten, die prinzipiell auch für die übrigen Jahresabschlussinstrumente gelten.[13]

---

[13] Vgl. zu den folgenden Ausführungen insbesondere WYSOCKI, K. VON, IAS 7 Kapitalflussrechnungen (Cash Flow Statements), in: BAETGE, J./DÖRNER, D. u.a. (Hrsg.), Rechnungslegung nach International Accounting Standards (IAS), 2. Aufl., Stuttgart 2002, Tz. 10 sowie MANSCH, H./WYSOCKI, K. VON (Hrsg.), Finanzierungsrechnung im Konzern: Empfehlungen des Arbeitskreises „Finanzierungsrechnung" der Schmalenbach-Gesellschaft/Deutsche Gesellschaft für Betriebswirtschaft e.V., zfbf Sonderheft Nr. 37,

- Grundsatz der Nachprüfbarkeit: Die Kapitalflussrechnung hat nach dem Grundsatz der Nachprüfbarkeit aus den im Rechnungswesen erfassten Daten (erforderlichenfalls unter Hinzuziehung weiterer Informationen) ableitbar zu sein. Die Daten sowie deren Herleitung sind so zu dokumentieren, dass ein sachverständiger Dritter die Verfahrensschritte bei der Aufstellung der Kapitalflussrechnung nachvollziehen kann. Dabei dürfte es nach hier vertretener Auffassung nicht erforderlich sein, eine aufwendige IT-Lösung zu implementieren, wenn die Nachprüfbarkeit auf andere Art und Weise sichergestellt ist (etwa in Form eines Excel-Sheets) - auch wenn eine vollautomatisierte Lösung aus Gründen der Datensicherheit selbstverständlich zu präferieren ist.

- Grundsatz der Wesentlichkeit: Der regelmäßig geltende Grundsatz der Wesentlichkeit besagt für die Kapitalflussrechnung, dass auf den Ausweis von einzelnen Zahlungsvorgängen im Interesse der Klarheit und Wirtschaftlichkeit der Rechnungslegung dann verzichtet werden kann, wenn diese Vorgänge für die Informationsvermittlung von untergeordneter Bedeutung sind. Hierbei sollte jedoch von expliziten Ausweisvorschriften eines Standards - etwa IAS 7 oder DRS 2-10 - nicht abgewichen werden. Dies wäre auch insofern unzweckmäßig, als das Vermeiden eines gesonderten Ausweises zwingend eine entsprechende Berichts- und Erläuterungspflicht dieser Vorgänge auslösen würde. Die daraus resultierende besondere Aufmerksamkeit würde gerade dem Zweck, einen gesonderten Ausweis aus Gründen der geringen Bedeutung zu vermeiden, entgegenlaufen.

- Grundsatz der Stetigkeit: Zur Gewährleistung einer zeitlichen Vergleichbarkeit von Kapitalflussrechnungen eines Unternehmens (einer Bank) sowie der durch sie abgebildeten Zahlungsströme sollte sowohl die Gliederung als auch die Abgrenzung des Zahlungsmittelfonds im Zeitablauf beibehalten werden. Wird von einer Bank zur Interpretation von IAS 7 zweckmäßiger Weise auf DRS 2-10 rekurriert, so dürfte insoweit eine Stetigkeit der Abgrenzung der Liquidität sichergestellt sein, da diese von DRS 2-10.9 und DRS 2-10.11 fest vorgegeben ist. Die Einhaltung von DRS 2-10 sorgt darüber hinaus dafür, dass auch die Zuordnung der Zahlungsströme zu den drei Geschäftstätigkeiten (operative Geschäftstätigkeit, Investition und Finanzierung) weitestgehend vereinheitlicht ist. Auf diese Art und Weise ist nicht nur eine zeitliche Vergleichbarkeit, sondern auch eine Vergleichbarkeit der Kapitalflussrechnungen der Banken untereinander möglich. Zusätzlich sorgt die Angabe der Vorjahreszahlen für eine unmittelbare Vergleichbarkeit mit dem vorherigen Jahresabschluss. Während es bei der Segmentberichterstattung häufig zu strukturellen Verschiebungen und in der Folge zu starken Beeinträchtigungen in der Vergleichbarkeit kommt, weisen die

---

Düsseldorf/Frankfurt a.M. 1996, S. 117-118. Siehe grundlegend auch GEBHARDT, G., Kapitalflussrechnungen, in: CASTAN, E./HEYMANN, G. u.a. (Hrsg.), Beck'sches Handbuch der Rechnungslegung, Band III, München 2004, Ergänzungslieferung 15, C 620 sowie GEBHARDT, G., Empfehlungen zur Gestaltung informativer Kapitalflußrechnung nach internationalen Grundsätzen, BB 1999, S. 1314-1321.

Kapitalflussrechnungen der deutschen Banken unter IFRS begrüßenswerter Weise ein sehr hohes Maß an Vergleichbarkeit auf.

– Grundsatz der Bruttodarstellung: Aus der Aufgabe der Kapitalflussrechnung, Ein- und Auszahlungen einer Periode auszuweisen, um so sämtliche Zahlungsvorgänge zu zeigen, resultiert ein prinzipielles Bedürfnis nach einer Bruttodarstellung. Dieses wird - systemimmanent - allerdings bei Anwendung der indirekten Methode partiell durchbrochen. Ansonsten ist eine Bruttodarstellung lediglich im Rahmen der expliziten Zulässigkeitsvoraussetzungen der jeweiligen Standards (insbesondere von IAS 7) erlaubt. IAS 7.22-24 spricht in diesem Zusammenhang von Positionen mit großen Beträgen sowie kurzer Laufzeit und begründet dies mit Praktikabilitätserwägungen.

4. Zahlungsmittelfonds

Vom Grundverständnis her lässt sich die Kapitalflussrechnung als eine Stromgrößenrechnung mit der Gewinn- und Verlustrechnung vergleichen. Entsprechend der Gewinn- und Verlustrechnung als ein Unterkonto des Eigenkapitalkontos, kann die Kapitalflussrechnung als ein Unterkonto des Kontos „Zahlungsmittel" verstanden werden. Ebenso wie die Entwicklung des Eigenkapitals zunächst einmal davon abhängt, was als Eigenkapital gilt, ist für die Kapitalflussrechnung zu überlegen, was die Liquidität einer Bank am zweckmäßigsten beschreibt. Daraus ergibt sich, dass die erste Aufmerksamkeit der Definition und Abgrenzung des Zahlungsmittelkontos zu widmen ist, das häufig auch Zahlungsmittelfonds oder Liquiditätsfonds genannt wird.

IAS 7.7 fordert eine enge Abgrenzung des Zahlungsmittelfonds, in den nur Zahlungsmittel und Zahlungsmitteläquivalente einzubeziehen sind. Unter Zahlungsmitteln versteht der Standard „normally" Geld und Sichtguthaben, unter Zahlungsmitteläquivalenten kurzfristige liquide Anlagen, die jederzeit in bestimmte Zahlungsmittelbeträge umgewandelt werden können und nur unwesentlichen Wertschwankungen unterliegen. Über IAS 7.7 wird dies präzisiert, indem Zahlungsmitteläquivalente vorrangig dazu dienen sollen, kurzfristigen Zahlungsverpflichtungen nachkommen zu können. Da die Abgrenzung im Einzelfall schwierig sein dürfte, enthält der Standard eine zeitliche Komponente. Wertpapiere mit einer Restlaufzeit von nicht mehr als drei Monaten können in den Zahlungsmittelfonds einbezogen werden. Demgegenüber gehören Anteile an anderen Unternehmen (z.B. Aktien) grundsätzlich nicht zu den Zahlungsmitteläquivalenten.

Bei einer Bank gehören zu den Zahlungsmitteln zweifellos der Kassenbestand sowie Guthaben bei Zentralnotenbanken. Schuldtitel öffentlicher Stellen und Wechsel sind in diesem Sinne als Zahlungsmitteläquivalente anzusehen. Dem schließt sich DRS 2-10.9 an und definiert als Zahlungsmittel eines Kreditinstituts den Kassenbestand und Guthaben bei der Zentralnotenbank. „Auf eine Einbeziehung der Sichteinlagen sollte bei Kreditinstituten verzichtet werden, da diese primär nicht dazu dienen, kurzfristigen Zahlungsverpflichtungen nachzukommen. Außerdem stellen gerade sie die Basis der laufenden Geschäftstätigkeit dar und werden z.B. genutzt, um im Geldhandel Arbitragegewinne zu erzielen" (DRS 2-10.10).

In entsprechend enger Abgrenzung definiert DRS 2-10.11 für Kreditinstitute Zahlungsmitteläquivalente als Schuldtitel öffentlicher Stellen und Papiere, die zur Refinanzierung bei Zentralnotenbanken zugelassen sind.

Zahlungsmittelfonds

Abgrenzung des Zahlungsmittelfonds

■ „Als Zahlungsmittel haben Kreditinstitute den Kassenbestand und Guthaben bei der Zentralnotenbank zu erfassen."
(DRS 2-10.9)

■ „Als Zahlungsmitteläquivalente gelten bei Kreditinstituten Schuldtitel öffentlicher Stellen und Papiere, die zur Refinanzierung bei Zentralnotenbanken zugelassen sind."
(DRS 2-10.11)

Bei Kreditinstituten könnte sich die Frage stellen, ob kurzfristige Wertpapiere, insbesondere solche der im deutschen Handelsrecht vorgesehenen Liquiditätsreserve, in die Kategorie der Zahlungsmitteläquivalente einbezogen werden sollten. Unabhängig von einer Zuordnung der Wertpapiere der Liquiditätsreserve in einem Abschluss nach IFRS zum Handelsbereich oder Finanzanlagevermögen (mit weiteren Untergliederungen nach IAS 39) ist von einer Einbeziehung von Wertpapieren der Liquiditätsreserve in den Zahlungsmittelfonds wegen der durch sie ausgelösten Kursschwankungen im Zahlungsmittelfonds abzuraten.[14] In diesem Sinne spricht für eine restriktive Abgrenzung des

---

[14] Vgl. BELLAVITE-HÖVERMANN, Y./LÖW, E., Kapitalflussrechnungen von Banken, in: WYSOCKI, K. VON

Zahlungsmittelfonds, dass die Veränderungen im Wert des Zahlungsmittelbestandes zwischen zwei Perioden möglichst nur auf Aus- und Einzahlungen beruhen sollten. Andere Faktoren, die zu einer Wertänderung des Zahlungsmittelbestandes führen, sind möglichst auszuschließen. Hieraus begründet sich die ablehnende Haltung gegen eine Abgrenzung im Sinne des Umlaufvermögens bei Nichtbanken. Folgerichtig wird von DRS 2-10.12 auch eine Einbeziehung von Wertpapieren des Handelsbestandes abgelehnt, da sie bei einem Kreditinstitut Teil des operativen Geschäftes sind.

Für eine entsprechend restriktive Abgrenzung des Zahlungsmittelfonds ohne Einbeziehung von Wertpapieren spricht, dass die Wertpapiere bei Banken ganz allgemein entweder der operativen oder der investiven Geschäftstätigkeit angehören. Diese Differenzierung sollte im Rahmen der Gliederung der Kapitalflussrechnung als Quelle der Mittelherkunft (bei Verkäufen) oder Mittelverwendung (bei Käufen) auch gezeigt werden, damit die Geschäftsaktivität als solche in der Kapitalflussrechnung erkennbar bleibt.[15]

Die enge Abgrenzung gewährleistet insofern auch, dass der Zahlungsmittelbestand so wenig wie möglich von Änderungen, die nicht aus Zahlungsflüssen stammen, berührt wird, faktisch nämlich nur durch Wechselkursänderungen von Fremdwährungen. Das Ausmaß dieser Wertänderungen am Zahlungsmittelfonds ist für den Außenstehenden sichtbar, indem er in einer gesonderten Zeile in der Kapitalflussrechnung auszuweisen ist. IAS 7.28 stellt hierzu klar, dass die Auswirkungen von Wechselkursänderungen auf Zahlungsmittel und Zahlungsmitteläquivalente, die in Fremdwährung gehalten werden, in der Kapitalflussrechnung erfasst werden, um den Bestand an Zahlungsmitteln und Zahlungsmitteläquivalenten zu Beginn und am Ende der Periode abzustimmen. Der Unterschiedsbetrag ist getrennt von den Zahlungsströmen aus operativer Geschäftstätigkeit, Investitionstätigkeit und Finanzierungstätigkeit auszuweisen.

„Bei der Erfassung von Zahlungsströmen in Fremdwährungen sind die Bestimmungen nach § 340h HGB zu beachten" (DRS 2-10.16). Hinsichtlich der Erstellung einer Kapitalflussrechnung nach IFRS gilt entsprechend IAS 21, der die generellen Auswirkungen von Änderungen der Wechselkurse als gesonderter Standard regelt.[16]

(Hrsg.), Kapitalflussrechnung, Stuttgart 1998, S. 99-158, hier S. 115.

[15] Bei US-amerikanischen Banken ist es ebenfalls nicht üblich, kurzfristig fällige Wertpapiere den Zahlungsmitteln zuzuordnen. Dort umfasst der entsprechende Zahlungsmittelfonds in der Regel neben originären Zahlungsmitteln in Form des Kassenbestandes noch Sichtguthaben bei Banken. Vgl. bspw. CITIGROUP, Geschäftsbericht 2003, S. 106 („Cash equivalents are defined as those amounts included in cash and due from banks") oder J.P. MORGAN CHASE & CO., Geschäftsbericht 2003, S. 87 („Cash and cash equivalents are defined as those amounts included in cash and due from banks").

[16] Vgl. hierzu LÖW, E./LORENZ, K., Bilanzielle Behandlung von Fremdwährungsgeschäften nach deutschem Recht und nach den Vorschriften des IASB, KoR 2002, S. 234-243, hier S. 236 und LÖW, E./LORENZ, K., Währungsumrechnung nach E-DRS 18 und nach den Regelungen des IASB, BB 2002, S. 2543-2547, hier S. 2545 sowie LORENZ, K., DRS 14 zur Währungsumrechnung: Darstellung und Vergleichbarkeit mit den IASB-Regelungen, KoR 2004, S. 437-442.

In technischer Hinsicht ist schließlich noch zu beachten, dass sich die Wertänderung des Zahlungsmittelfonds nicht nur durch Ein- oder Auszahlungen sowie durch eine Änderung der Bewertungsparameter ergeben kann, sondern auch durch eine Änderung der Fondszusammensetzung, indem bspw. durch einen zahlungswirksamen Kauf oder Verkauf eines Unternehmens gleichzeitig dessen Zahlungsmittel zu- oder abgehen. Eine ausführliche Betrachtung dieser Auswirkungen auf den Zahlungsmittelfonds erfolgt im Rahmen der Behandlung der Zahlungsströme aus Investitionstätigkeit.

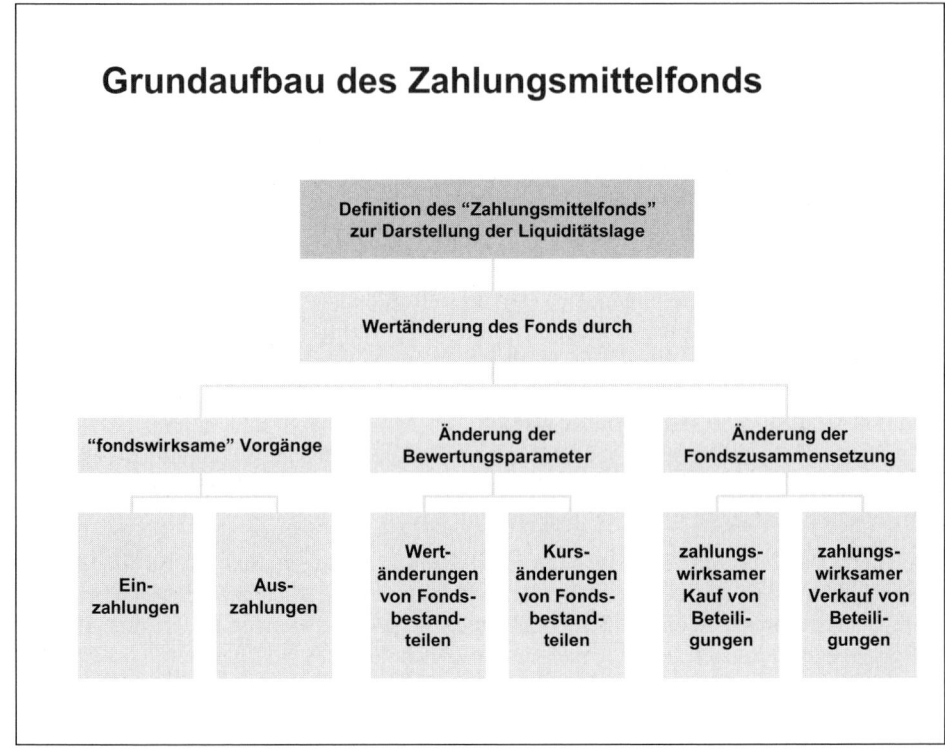

5. Direkte versus indirekte Darstellung von Zahlungsströmen

5.1 Vorteilhaftigkeit der indirekten Darstellungsmethode

Für den Ausweis einer Kapitalflussrechnung lassen sich grundsätzlich zwei Methoden unterscheiden: die direkte und die indirekte Darstellungsmethode. Sowohl IAS 7 als auch die Regelungen des branchenübergreifenden nationalen DRS 2 enthalten für die Darstellung der Zahlungsströme aus operativer Geschäftstätigkeit ein Wahlrecht zur Anwendung einer der beiden Methoden. „Bei der Aufstellung der Kapitalflussrechnung sind zwei Schritte zu unterscheiden, die Ermittlung und die Darstellung der Zahlungen. Die im ersten Schritt durchzuführende Ermittlung kann originär oder derivativ vorgenommen werden. Bei der originären Ermittlung werden alle Geschäftsvorfälle, die zu Veränderungen des Finanzmittelfonds führen, einzelnen Zahlungsströmen zugeordnet. Bei der derivativen Ermittlung geht man von den Zahlenwerten des Rechnungswesens aus. ... In einem zweiten Schritt kann die Darstellung des Cash Flow direkt oder indirekt erfolgen. Für die Ermittlung und Darstellung des Cash Flow aus laufender Geschäftstätigkeit wird keine Vorgehensweise bevorzugt; in der Regel wird dieser Cash Flow derivativ ermittelt und indirekt dargestellt" (DRS 2.12). Im Gegensatz dazu empfiehlt IAS 7 zwar die direkte Darstellungsmethode für die operative Geschäftstätigkeit, lässt aber auch eine indirekte Darstellung zu.

Die direkte Darstellungsform bedeutet insofern eine Bruttodarstellung der Zahlungsströme; mithin wird jede Einzahlung und jede Auszahlung gesondert ausgewiesen. Entsprechend der Ziele einer Kapitalflussrechnung wäre eigentlich die direkte Darstellungsform zu wählen. Für die praktische Erstellung der Kapitalflussrechnung stellt sich indes als Nachteil dar, dass die Buchführungssysteme in aller Regel eine Trennung der Zahlungsströme (also der Einzahlungen und Auszahlungen) von den Erträgen und Aufwendungen nicht vorsehen. Insofern wäre die Darstellung nach der direkten Methode bei Kreditinstituten gleichbedeutend mit einer originären Ermittlung, was die Implementierung einer konzernweiten Nebenbuchführung bedeuten würde. Ähnliche Schwierigkeiten sind auch bei der Aufstellung einer Kapitalflussrechnung in der Industrie feststellbar.[17] Daher hat IAS 7 für die Darstellung der Zahlungsströme der laufenden Geschäftstätigkeit die indirekte Methode erlaubt - ohne dies mit zusätzlichen Offenlegungspflichten zu verknüpfen. In den Bereichen der Investitionstätigkeit und der Finanzierungstätigkeit ist demgegenüber die Darstellung nach der direkten Methode

---

[17] Vgl. WYSOCKI, K. VON, a.a.O. (Fn. 13), Tz. 72.

vorgeschrieben. Dies erklärt sich daraus, dass dort die erforderlichen Informationen leichter zu generieren sind.

Direkte versus indirekte Darstellung der Zahlungsströme (1)

- Über die Bilanz und Gewinn- und Verlustrechnung hinausgehende Informationen liefert nur der Rekurs auf unmittelbare Zahlungsströme (direkte Methode)

- Die direkte Methode wird für die Darstellung der Zahlungsströme aus operativer Geschäftätigkeit empfohlen (IAS 7.19); die indirekte Methode ist gleichrangig zulässig (IAS 7.18, 20)

- Für die Darstellung der Zahlungsströme aus Investitions- und Finanzierungstätigkeit ist die direkte Methode zwingend

---

Für die Kapitalflussrechnung einer Bank kommt hinzu, dass die direkte Methode aufgrund der Zahlungsabwicklungsfunktion des Bankensektors in einer Volkswirtschaft zu einer völligen Überzeichnung der Zahlungsströme führen würde. Die Abwicklung des Zahlungsverkehrs für Kunden löst bei einer Bank mithin nicht eine Steigerung der eigenen Liquidität aus, was die direkte Methode indes suggerieren würde. Während bei Industrie- und Handelsunternehmen Liquiditätsflüsse ein Reflex des Produktionsprozesses sind, Zahlungsmittelabflüsse und -zuflüsse mithin aus Faktoreinkäufen und Produktverkäufen stammen, für die ein Bruttoausweis durchaus zweckadäquat sein dürfte, gilt dies für Banken nur in eingeschränktem Umfang. Die Aufblähung der Zahlungsströme in der operativen Geschäftätigkeit bei Bruttodarstellung aller Ein- und Auszahlungen spricht gegen deren Anwendung durch Banken. Hinsichtlich der volkswirtschaftlichen Zahlungsabwicklungsfunktion sind Banken durch ihre Kunden eher fremdbestimmt und nicht originärer Auslöser oder Empfänger der Zahlungsströme. Die Intention der Kapitalflussrechnung zielt demgegenüber auf die eigenen Aktivitäten ab, Mittelzuflüsse dauerhaft zu generieren.

Direkte versus indirekte Darstellung der Zahlungsströme (2)

■ Die Wahl der indirekten Darstellungsmethode ist für eine Bank vorteilhaft, da
 – empirische Untersuchungen zeigen, dass auch Finanzanalysten der indirekten Methode besonderen Informationswert beimessen
 – die Jahresabschlussadressaten die Rechnung nachvollziehen können
 – in der Praxis der Veröffentlichung internationaler Banken die indirekte Methode der Regelfall ist und damit eine bessere Vergleichbarkeit gegeben ist
 – bei Banken durch die Zahlungsverkehrsabwicklungsfunktion die direkte Methode einen verzerrten Einblick vermittelt
 – geringere Anforderungen an die Datenerfassung gestellt werden, ohne negative Einflüsse auf eine Fair Presentation auszulösen

Nach IAS 7.22 ist es auch bei Anwendung der direkten Methode gestattet, Nettoveränderungen zu zeigen, wenn große Beträge mit hoher Umschlaghäufigkeit bewegt werden und die Restlaufzeit bei Vertragsbeginn kurz ist (bzw. nach SFAS 95.13 nicht mehr als drei Monate beträgt). IAS 7.24 gestattet ausschließlich Banken einen Nettoausweis für Zahlungsflüsse aus der Annahme und Rückzahlung von Geldeinlagen mit festgelegtem Fälligkeitstermin, aus Einlagen von und bei anderen Banken sowie aus Darlehens- und Kreditvergaben und zugehörigen Rückzahlungen.[18] Würden diese Möglichkeiten bei Wahl der direkten Darstellungsform berücksichtigt, wäre damit ein großer Anteil des operativen Geschäftes einer Bank abgedeckt. Der unmittelbare Ausweis von Ein- und Auszahlungen der operativen Geschäftstätigkeit wäre insofern erheblich eingeschränkt, so dass die direkte Methode praktisch obsolet wäre.

---

[18] SFAS 95 enthält demgegenüber keine speziellen Aussagen über einen Nettoausweis bei Banken, sondern erlaubt unter obigen Voraussetzungen nicht nur Banken, sondern auch Nichtbanken einen Nettoausweis. Insofern wird keine Notwendigkeit gesehen, Banken weitere spezielle Regelungen einzuräumen (vgl. SFAS 95.65).

Zudem zeigen empirische Untersuchungen, dass auch Finanzanalysten der indirekten Methode besonderen Informationswert beimessen.[19] Dies gilt wohl auch deshalb, weil sie dadurch die Rechnung besser nachvollziehen können.

Andererseits ist einzugestehen, dass der Nachteil der indirekten Darstellungsmethode darin zu sehen ist, dass einzelne Zahlungsarten nicht oder nur schwer erkannt werden können, weil durch die Rückrechnungen Saldierungen zwischen Erfolgsgrößen und Bestandsänderungen erfolgen.

5.2 Systemimmanente Korrektur des Jahresüberschusses um zahlungsunwirksame Bestandteile

Bei der Darstellung des Cash Flow aus operativer Geschäftstätigkeit ist technisch zu beachten, dass die Ausgangsgröße „(Konzern-)Jahresüberschuss" üblicherweise zunächst um zahlungsunwirksame Vorgänge bereinigt wird. Bei den zahlungsunwirksamen Vorgängen, die im Jahresüberschuss enthalten sind, handelt es sich insbesondere um Abschreibungen, Zuschreibungen, Wertberichtigungen, latente Steuern und Veränderungen von Rückstellungen. Außerdem gehören hierzu Fair-Value-Änderungen, die sich zeitgleich in der Bilanz und der Gewinn- und Verlustrechnung niederschlagen, obwohl die dahinter stehenden Bilanzpositionen noch nicht zu einem Vermögensabgang geführt haben (also etwa die Fair-Value-Bewertung von Handelsaktivitäten).

Während bei Abschreibungen eine Zahlungsunwirksamkeit tatsächlich gegeben ist, wird diese bei Rückstellungen implizit unterstellt, indem der Jahresüberschuss nicht (getrennt) um die Bildung und Auflösung von Rückstellungen, sondern nur um die Rückstellungsveränderungen bereinigt wird. Diese Implikation trifft zwar für eine Rückstellungsbildung zu; sie ist jedoch nicht zwingend bei einer Rückstellungsauflösung. Auch wenn IAS 7 hierauf nicht ausdrücklich eingeht, sollte - unter Beachtung des Wesentlichkeitsprinzips - der Jahresüberschuss nicht um auszahlungswirksame Rückstellungsauflösungen bereinigt werden, wenn es sich um größere Beträge handelt.

Da die Einbeziehung von Rückstellungsveränderungen zum Ziel hat, die entsprechenden zahlungsunwirksamen Aufwendungen (und ggf. Erträge) zu bereinigen, ist im Fall von Unternehmensübernahmen zu bedenken, dass bei der Übernahme der Rückstellungen des erworbenen Unternehmens (der Tochtergesellschaft) Rückstellungen hinzutreten, die nicht die Gewinn- und Verlustrechnung des übernehmenden Unternehmens (der Muttergesellschaft) durchlaufen haben. Bei den Pensionsrückstellungen kann es sich hierbei um durchaus gravierende Beträge handeln. In solchen Fällen ist eine Bereinigung selbstverständlich nicht vorzunehmen.

---

[19] Vgl. BELLAVITE-HÖVERMANN, Y./LÖW, E., a.a.O. (Fn. 14), S. 111.

Durch IAS 39 wurde die Bewertung von Finanzinstrumenten grundlegend neu geregelt und in der Überarbeitung von IAS 39 durch das Amendments Project, das im Dezember 2003 (vorläufig) abgeschlossen wurde, nochmals verändert. Hierzu sind auf der Aktivseite vier Hauptkategorien und auf der Passivseite zwei Hauptkategorien von Finanzinstrumenten zu bilden, die teilweise unterschiedliche Folgebewertungen auslösen und in der Kapitalflussrechnung technisch entsprechend unterschiedlich zu berücksichtigen sind.[20]

Die Bewertung von Handelsaktivitäten erfolgt umfassend zu Fair Values. Fair-Value-Änderungen durchlaufen zwingend die Gewinn- und Verlustrechnung. Dabei werden nicht nur Schuldverschreibungen und Aktien des Handelsbestandes zu Fair Values bilanziert, gegebenenfalls auch über die Anschaffungskosten hinaus. Aus der Fair-Value-Bewertung des Handels resultiert darüber hinaus eine umfassende Berücksichtigung von positiven und negativen Wertänderungen von Derivaten, also von positiven und negativen Bewertungsergebnissen aus zu Marktwerten bilanzierten Derivaten - nicht nur des Handels. Den nach IAS 39 aktivierten Gewinnen und passivierten (drohenden) Verlusten aus Handelsaktivitäten entsprechen keine Zahlungsflüsse. Gleichwohl sind sie im Jahresüberschuss enthalten. Für die Kapitalflussrechnung ist eine Bereinigung um diese zahlungsunwirksamen Teile prinzipiell erforderlich, sofern eine Trennung von realisierten und unrealisierten Komponenten mit vertretbarem Aufwand möglich ist. Angesichts der schnellen Umschichtung von Handelspositionen dürfte der Fehler einer Nichtbereinigung die Informationsfunktion der Kapitalflussrechnung jedoch tendenziell nicht gravierend beeinträchtigen. Gegebenenfalls ist allerdings eine Bereinigung vorzunehmen.

Die Bewertung der so genannten Held-to-Maturity-Position zu fortgeführten Anschaffungskosten, die in der Praxis der meisten Banken ohnehin kaum oder nicht bestückt wird, weil eine entsprechende Zuordnung mit starken Restriktionen verbunden ist, führt für die Kapitalflussrechnung prinzipiell zu keinen Besonderheiten. Sollten erfolgswirksam verrechnete Wertminderungen vorliegen, wären diese mangels Zahlungsstromcharakter zu bereinigen.

Das Gleiche gilt für Kredite und Forderungen, die auch nach IAS 39 zu fortgeführten Anschaffungskosten zu bewerten sind. Falls Wertberichtigungen vorgenommen werden, so sind diese für die Kapitalflussrechnung zu bereinigen.

Entsprechend wäre zu verfahren, wenn sich Verbindlichkeiten außerhalb des Handels, die ebenfalls zu fortgeführten Anschaffungskosten zu bewerten sind, im Wert erhöht hätten. Wegen des fehlenden Zahlungsstroms wäre eine erfolgswirksame Werterhöhung zu eliminieren.

---

[20] Vgl. speziell zu diesen Kategorien Abschnitt 6 im Beitrag „Ansatz und Bewertung von Finanzinstrumenten".

Eine Besonderheit stellt die Position der so genannten Available for Sale Financial Assets dar. Nach IAS 39 ist diese Position in der Bilanz - von geringfügigen Ausnahmen abgesehen - zwingend zum Fair Value anzusetzen. Die Fair-Value-Änderungen sind erfolgsneutral mit einer Position des Eigenkapitals zu verrechnen (Available-for-Sale-Rücklage oder Neubewertungsrücklage). Bis zur Veräußerung, Abtretung oder Schließung einer Position werden die Wertänderungen mithin im Eigenkapital geparkt und durchlaufen erst beim Vermögensabgang die Gewinn- und Verlustrechnung. Eine Ausnahme bilden primär bonitätsbedingte Wertminderungen, die unmittelbar über die Gewinn- und Verlustrechnung zu verrechnen sind.

Durch die geänderte Fassung von IAS 39 aus dem Dezember 2003 kam eine weitere Kategorie zu den ursprünglich bestehenden vier Kategorien hinzu, die deshalb häufig auch als fünfte Kategorie bezeichnet wird. Es handelt sich um die neue Subkategorie von finanziellen Vermögenswerten, die zum beizulegenden Zeitwert bilanziert werden. Ihre Bilanzierungsfolgen entsprechen exakt den Auswirkungen beim Handel. Für die Erstellung der Kapitalflussrechnung ergeben sich mithin keine weiteren Besonderheiten.

Zur Erstellung der Kapitalflussrechnung besteht für Bereinigungen des Jahresüberschusses so lange kein Raum, wie sich die Wertänderungen ausschließlich in der Bilanz und ohne Berührung der Gewinn- und Verlustrechnung abspielen. Zumindest insoweit werfen die Available for Sale Financial Assets keine Probleme auf.

Durch die Korrektur des Jahresüberschusses um alle diese zahlungsunwirksamen Bestandteile wird die Gewinn- und Verlustrechnung auf die Zahlungsmittelebene gebracht und damit grundsätzlich unterstellt, dass die verbliebenen Erträge und Aufwendungen nach vorgenommener Bereinigung zahlungswirksam sind. Verbleibende Unschärfen werden dabei in Kauf genommen. So erfolgt etwa keine Bereinigung um aktivierte oder passivierte Zinsen oder Provisionen, obwohl tatsächlich nicht notwendigerweise in der gleichen Periode Zahlungen fließen.

Kapitalflussrechnung

> **Arithmetische Zusammenhänge bei der indirekten Methode und Interpretation der Aussagen (1)**
>
> **Korrektur um zahlungsunwirksame Jahresüberschussbestandteile**
>
> (1) Ausgangsgröße: Jahresüberschuss
>
> Jahresüberschuss = Erträge ./. Aufwendungen
> Jahresüberschuss = zahlungswirksame Erträge
>   + zahlungsunwirksame Erträge
>   ./. zahlungswirksame Aufwendungen
>   ./. zahlungsunwirksame Aufwendungen
>
> (2) Nach Bereinigung um zahlungsunwirksame Bestandteile befindet sich der Jahresüberschuss auf der Zahlungsmittelebene
>
> Jahresüberschuss bereinigt = Jahresüberschuss
>   ./. zahlungsunwirksame Erträge
>   + zahlungsunwirksame Aufwendungen
> Jahresüberschuss bereinigt = zahlungswirksame Erträge
>   ./. zahlungswirksame Aufwendungen

Die so gewonnenen Zahlungsströme umfassen ausschließlich solche Zahlungsströme, die auch die Gewinn- und Verlustrechnung durchlaufen haben, mithin die erfolgswirksamen Zahlungsströme. Zur vollständigen Berücksichtigung haben indes noch die erfolgsneutralen Zahlungsströme hinzuzutreten, die sich nur in der Veränderung von Bilanzpositionen niederschlagen, nicht jedoch die Gewinn- und Verlustrechnung durchlaufen haben.

Bei Aufstellung der Kapitalflussrechnung ist hierbei allerdings darauf zu achten, dass die Veränderung einer Bilanzposition ebenfalls mehrere Komponenten umfassen kann. Sollte die Veränderung der Bilanzposition Wertpapiere des Handelsbestandes bspw. ausschließlich auf einer durch eine Abschreibung berücksichtigte Wertminderung zurückzuführen sein (also ein Impairment-Fall vorliegen), so spiegelt die Veränderung der Bilanzposition gerade nicht die erfolgswirksamen Zahlungsströme wider. Im vorliegenden Beispielsfall handelt es sich nämlich überhaupt nicht um einen Zahlungsstrom, weder um einen erfolgsneutralen noch um einen erfolgswirksamen. Es ist also darauf zu achten, dass vor Berücksichtigung der Veränderung einer Bilanzposition eine Bereinigung vorgenommen wird, um die erfolgswirksamen Bewertungsänderungen ohne Zahlungsstromcharakter zu neutralisieren.

Arithmetische Zusammenhänge bei der indirekten Methode und Interpretation der Aussagen (2)

Erfassung der nicht im Jahresüberschuss enthaltenen Zahlungsströme

(1) Ausgangsgröße: Jahresüberschuss bereinigt

Jahresüberschuss bereinigt	=	zahlungswirksame Erträge
		./. zahlungswirksame Aufwendungen
Jahresüberschuss bereinigt	=	erfolgswirksame Einzahlungen
		./. erfolgswirksame Auszahlungen

denn:
zahlungswirksame Erträge	=	erfolgswirksame Einzahlungen
zahlungswirksame Aufwendungen	=	erfolgswirksame Auszahlungen

(2) Die erfolgsneutralen Einzahlungen und erfolgsneutralen Auszahlungen ergeben sich nicht aus der Ableitung von Größen der Gewinn- und Verlustrechnung, sondern aus Veränderungen von Bilanzpositionen, die zusätzlich zu berücksichtigen sind.
Die erfolgswirksamen, aber zahlungsunwirksamen Veränderungen (z.B. Abschreibungen) wurden bereits unter (I) eliminiert und dürfen nicht doppelt erfasst werden.

Veränderung der Bilanzposition	=	erfolgsneutrale Einzahlungen
		./. erfolgsneutrale Auszahlungen

(3) Bei Wahl der indirekten Methode werden die „Veränderungen der Bilanzpositionen" auch tatsächlich unter entsprechender Bezeichnung dargestellt.

Bei Wahl der indirekten Methode ist allerdings zuzugestehen, dass bestimmte Informationen verschüttet werden. So arbeitet die indirekte Methode systemimmanent mit einer Fiktion. Die um zahlungsunwirksame Erträge und Aufwendungen bereinigte Veränderung einer Bilanzposition wird gleichgesetzt mit Zahlungsmittelzuflüssen bzw. -abflüssen, ohne dass dadurch die tatsächlichen Veränderungen des Zahlungsmittelbestandes einer Periode gezeigt würden. Die tatsächlichen Geschäftsvorfälle, die Zahlungsströme auslösen, sind bei indirekter Darstellung nicht mehr erkennbar.

Arithmetische Zusammenhänge bei der indirekten Methode und Interpretation der Aussagen (3)

Ausweis der Liquiditätsveränderung in der operativen Geschäftstätigkeit bei Anwendung der indirekten Methode

- ■ Veränderung der Bilanzposition:
  - Wertpapiere des Handelsbestandes t_0 100
  - Wertpapiere des Handelsbestandes t_1 110
    - → Veränderung   **+ 10**
- ■ Mögliche tatsächliche Geschäftsfälle der Periode:
  - Kauf von Wertpapieren zu   510
  - Verkauf von Wertpapieren zu   500
- ■ Ausweis in der Kapitalflussrechnung bei der indirekten Methode:
  - Veränderung des Vermögens aus operativer Geschäftstätigkeit
    - • Wertpapiere des Handelsbestandes   ./. 10
      (= Auszahlung für den Kauf)
- ■ Ausweis in der Kapitalflussrechnung bei der direkten Methode:
  - Auszahlung für den Kauf von Wertpapieren   ./. 510
  - Einzahlung aus dem Verkauf von Wertpapieren   + 500

Die Interpretation einer Kapitalflussrechnung bei Darstellung der Zahlungsströme nach der indirekten Methode bereitet bisweilen Schwierigkeiten. Dies liegt an der verklausulierten Wiedergabe der Geschäftstätigkeit. So wird der Teil der Kapitalflussrechnung, der die operative Geschäftstätigkeit zeigt, positionsübergreifend üblicherweise eingeleitet mit der Beschreibung „Veränderungen des Vermögens und der Verbindlichkeiten aus operativer Geschäftstätigkeit", um danach die einzelnen Bilanzpositionen aufzugreifen, die für die Veränderung der Zahlungsmittel verantwortlich waren. Im Gegensatz zur eigentlichen Bilanzposition erscheinen die Veränderungen in der Kapitalflussrechnung quasi „vorzeichenverkehrt". Ein Zuwachs einer Bilanzposition drückt sich in der Kapitalflussrechnung als Zahlungsmittelabgang, mithin mit negativem Vorzeichen aus. Dies mag auf den ersten Blick etwas gewöhnungsbedürftig sein, liegt aber in der Logik der Zahlungsstromabbildung.

In der Praxis der Veröffentlichung einer Kapitalflussrechnung eines Kreditinstituts ist die Wahl der indirekten Darstellung für die laufende Geschäftstätigkeit gleichwohl die Regel. Dies gilt im Übrigen auch für die amerikanischen Kreditinstitute. Die Vorteile der indirekten Methode überwiegen deren Nachteile bei einer Bank. Nur mit dieser Methode erfüllt eine Kapitalflussrechnung auch bei Banken den Schwerpunkt ihrer Zielsetzung - die Darstellung der Liquiditätsentwicklung - in akzeptabler Weise, indem sie zeigt, in welchen Bereichen Zahlungsmittel erwirtschaftet und wofür Zahlungsmittel verwendet wurden.

Arithmetische Zusammenhänge bei der indirekten Methode und Interpretation der Aussagen (4)

Wiedergabe der Geschäftstätigkeit in der Kapitalflussrechnung bei indirekter Darstellungsmethode

■ Formulierung in der Kapitalflussrechnung (bspw.):
- „Veränderungen des Vermögens und der Verbindlichkeiten aus operativer Geschäftstätigkeit
  z.B. Wertpapiere des Handbestandes ./. 10 Mrd. Euro"

■ Interpretation
- Der Kauf von „Wertpapieren des Handelsbestandes" zeigt sich in der Kapitalflussrechnung als Abgang von Zahlungsmitteln (= Minusbetrag)
- Nicht die (Bilanz-) Position „Wertpapiere des Handelsbestandes" hat sich um 10 Mrd. Euro verringert, sondern – im Gegenteil – für die Erhöhung der (Bilanz-) Position „Wertpapiere des Handelsbestandes" wurden 10 Mrd. Euro ausgegeben (= ausgezahlt)

5.3 Technisch bedingte Korrekturen bei Ausweis von Ein- oder Auszahlungen trotz Wahl der indirekten Methode

Nach Bereinigung des Jahresüberschusses um zahlungsunwirksame Bestandteile sind aus rein technischen Gründen noch diejenigen Erträge und Aufwendungen zu bereinigen, für die eine Einzelangabe als Ein- oder Auszahlung erfolgt. Diese Art der Bereinigung dient ausschließlich der Vermeidung einer Doppelberücksichtigung und ist stets erforderlich, wenn Zahlungsströme (Ein- und Auszahlungen) in der Kapitalflussrechnung separat aufzugliedern und die korrespondierenden Erträge und Aufwendungen bereits im Jahresüberschuss enthalten sind.

Die Verpflichtung eines gesonderten Ausweises von Ein- und Auszahlungen besteht sowohl nach IAS 7 als auch nach SFAS 95 als auch nach DRS 2 für Zahlungsströme der Investitionstätigkeit sowie für die Darstellung des Cash Flow aus Finanzierungstätigkeit. Darüber hinaus ist eine Offenlegung der Ein- und Auszahlungen für bestimmte Positionen innerhalb der operativen Geschäftstätigkeit obligatorisch, etwa für Zinsen, Ertragsteuerzahlungen oder außerordentliche Zahlungsströme.

Wenn also bspw. erhaltene Zinsen als Zinseinzahlungen ausgewiesen werden sollen, ist bei der indirekten Methode zu bedenken, dass diese erhaltenen Zinsen in der Gewinn- und Verlustrechnung des abgelaufenen Jahres als Zinserträge bereits vorhanden sind. Sie wurden (bislang) nicht bereinigt, weil ihnen ein Zinszahlungsstrom zugrunde liegt, sie also zahlungsmittelwirksam sind. Insofern sind sie implizit im Jahresüberschuss enthalten. Sollen sie zusätzlich in einer gesonderten Zeile innerhalb der Gliederung der Kapitalflussrechnung explizit offen gelegt werden, droht eine doppelte Berücksichtigung. Zur Vermeidung einer Doppelberücksichtigung - nämlich ein Mal im Jahresüberschuss, der zuvor nur um zahlungsunwirksame Komponenten bereinigt wurde, und ein zweites Mal durch gesonderten Ausweis als separaten Gliederungsposten - ist mithin eine weitere Bereinigung vorzunehmen. Sie stellt eine rein technische Korrektur dar und stellt sicher, dass die Kapitalflussrechnung rechnerisch aufgeht.

Technische Korrekturen zum separaten Ausweis von Einzahlungen und Auszahlungen
Beispiel: Zinseinzahlungen und Zinsauszahlungen

- Sachverhalt: Eine Bank habe Provisionsaufwendungen von 100 € gehabt und Provisionserträge von 200 € erzielt. Außerdem seien ihr Zinsen von 300 € zugeflossen. Der Zinsaufwand habe 100 € betragen. Im Jahresüberschuss seien zusätzlich Abschreibungen von 50 € bei den Sachanlagen vorgenommen worden. Der Jahresüberschuss betrage 700 €.
- 1. Schritt: Bereinigung um zahlungsunwirksame Jahresüberschussbestandteile:
  Ausgangsgröße: Jahresüberschuss   700 €
                          + Bereinigung um Abschreibungen   50 €
                          = Jahresüberschuss bereinigt (Zahlungsstromebene) 750 €
- 2. Schritt: Korrektur des Jahresüberschusses zum Einzelausweis von Zinszahlungen
  Ausgangsgröße: In Schritt 1 bereinigter Jahresüberschuss   750 €
                          ./. Zinsertrag   300 €
                          + Zinsaufwand   100 €
                          = Jahresüberschuss nach (technischen) Korrekturen 550 €
- **Separater Ausweis der Zinszahlungen in der Gliederung der Kapitalflussrechnung**
  - Erhaltene Zinsen   + 300 €
  - Gezahlte Zinsen   ./. 100 €

In der Praxis der Darstellung der Kapitalflussrechnung werden die Bereinigungen des 1. Schrittes und des 2. Schrittes bisweilen in einer Summe ausgewiesen, obwohl es sich um zwei fundamental unterschiedliche Korrekturen handelt.

Die erste Bereinigung ist inhaltlich begründet. Sie ergibt sich daraus, dass in der Ausgangsgröße der Kapitalflussrechnung - bei der indirekten Methode in der Regel der Jahresüberschuss - in den zugrunde liegenden Erträgen und Aufwendungen sowohl zahlungswirksame als auch zahlungsunwirksame Bestandteile vorhanden sind. Die zahlungsunwirksamen Bestandteile sind zu eliminieren, damit die solchermaßen bereinigte Ausgangsgröße auf eine Zahlungsmittelebene gebracht wird. Demgegenüber nimmt die zweite Art von Bereinigung lediglich eine technisch erforderliche Korrektur vor, wenn an anderer Stelle innerhalb der Kapitalflussrechnung ein gesonderter Ausweis dieser Position vorgenommen wird.

Im Unterschied zu den Zinsen ist eine Bereinigung des Jahresüberschusses um bspw. Provisionen so lange nicht erforderlich, wie kein Einzelausweis als Einzahlungen oder Auszahlungen erfolgt. Sollte sich die rechnungslegende Bank allerdings aus geschäftspolitischen Gründen entschließen, die Zahlungsströme, die durch provisionsträchtiges Geschäft ausgelöst wurden, ebenfalls gesondert auszuweisen, ist der Jahresüberschuss genauso zu bereinigen, wie dies bei den Zinsen notwendig wurde. Ansonsten käme es zu einem Doppelausweis - wiederum implizit innerhalb des Jahresüberschusses (als Provisionsertrag und als Provisionsaufwand) sowie explizit in der Gliederung der Kapitalflussrechnung (als Provisionseinzahlung und als Provisionsauszahlung).

Technische Korrekturen zum separaten Ausweis von Einzahlungen und Auszahlungen

Varianten des Ausweises von Bereinigungen und (technischen) Korrekturen in der Kapitalflussrechnung

- 1. Zusammengefasste Darstellung
  - Jahresüberschuss 700 €
  - ./. Bereinigung um zahlungsunwirksame Bestandteile sowie (technische) Korrekturen zum Zwecke des gesonderten Ausweises von Ein- und Auszahlungen 150 €
  - = Zwischensumme 550 €

- 2. Differenzierte Darstellung:
  - Jahresüberschuss 700 €
  - + Bereinigung um zahlungsunwirksame Bestandteile 50 €
  - ./. Korrektur zum Einzelausweis von Zinseinzahlungen (./. 300 €) und Zinsauszahlungen (+100 €) 200 €
  - = Zwischensumme 550 €

Ein Ausweis aller Korrekturen in einer Summe vermeidet Interpretationsmissverständnisse. Durch einen einzigen Korrekturposten wäre klargestellt, dass es sich um der indirekten Methode systemimmanente Korrekturen handelt, die vornehmlich rechentechnisch bedingt sind. Allerdings könnte die Korrekturposition eine außergewöhnliche Größenordnung annehmen, die wiederum Rückfragen auslösen würde.

Sowohl IAS 7 als auch SFAS 95 als auch DRS 2 verlangen selbst bei Anwendung der indirekten Darstellungsmethode einen gesonderten Ausweis von Zahlungsströmen für die Investitions- und für die Finanzierungstätigkeit.

Für die Darstellung der Einzahlungen aus Veräußerungen von Vermögensgegenständen, z.B. von Sachanlagen, ist bei der praktischen Aufstellung der Kapitalflussrechnung zu bedenken, dass sich bei Veräußerungsvorgängen einerseits ein Ertrag ergibt, andererseits aber auch ein Aufwand aus dem Buchwertabgang des Vermögensgegenstandes zu verzeichnen ist. Beides ist aus dem Jahresüberschuss zu eliminieren, wenn die Einzahlungen innerhalb der Gliederung der Kapitalflussrechnung als separate Position offen gelegt werden. Diese Eliminierung folgt dem gleichen Grundgedanken der Bereinigung, die oben unter dem 2. Schritt gezeigt wurde; sie vermeidet eine doppelte Berücksichtigung, nämlich implizit im Jahresüberschuss sowie explizit in einer gesonderten Zeile der Kapitalflussrechnung.

Korrekturen bei indirekter Darstellungsmethode

Zwei Korrekturschritte

- Indirekte Ableitung der Zahlungszuflüsse aus laufender Geschäftstätigkeit aus der Gewinn- und Verlustrechnung durch

    - Korrektur des Jahresüberschusses um zahlungsunwirksame Bestandteile (insbesondere Bereinigung um Abschreibungen, Wertberichtigungen, latente Steuern und Rückstellungsveränderungen) sowie

    - Korrektur der zahlungswirksamen Erträge aus der Veräußerung von Vermögensgegenständen (insbesondere Bereinigung um Veräußerungsgewinne/Veräußerungsverluste, weil die Einzahlungen gesondert ausgewiesen werden)

Der Saldo aus Ertrag und Aufwand ergibt den Veräußerungsgewinn. Kapitalflussrechnungen nach der indirekten Methode weisen deshalb häufig die Position „Gewinn aus der Veräußerung von (z.B.) Sachanlagen" als Korrekturposition aus. Dabei steht für den Saldo Gewinn (Verlust) die entsprechende Einzahlung, die wiederum in einer anderen Zeile der Kapitalflussrechnung erscheint (im Beispiel unter dem Cash Flow aus Investitionstätigkeit als Position „Einzahlungen aus der Veräußerung von Sachanlagen"). Die Korrektur ergibt sich mithin aus rechentechnischen Gründen.

Demgegenüber wird der Erwerb von Vermögen bilanziell erfolgsneutral verbucht, so dass der Jahresüberschuss unberührt bleibt. Demzufolge sind bei Erwerbsvorgängen für die praktische Aufstellung der Kapitalflussrechnung keine Korrekturen des Jahresüberschusses notwendig.

Nach den im 1. Schritt sowie im 2. Schritt vorgenommenen Korrekturen wird in der Praxis üblicherweise eine Zwischensumme gezogen. Die Zwischensumme ist nicht obligatorisch. Sie trennt jedoch deutlich erkennbar die bloße Bereinigung von dem unmittelbar anschließenden Bereich, in dem Zahlungsmittelveränderungen aus operativer Geschäftätigkeit aufgegliedert werden, die aus nicht bereits im Jahresüberschuss enthaltenen Zahlungsflüssen resultieren oder - wie bspw. bei Zinsen - gesondert gezeigt werden.

Wurden alle oben beschriebenen Bereinigungen vorgenommen und ggf. eine Zwischensumme gebildet, sind ergänzend noch diejenigen Zahlungsvorgänge zu erfassen, die die Gewinn- und Verlustrechnung nicht tangiert haben. Es handelt sich hierbei um Zahlungsströme aus erfolgsneutralen Veränderungen der der operativen Geschäftätigkeit zugeordneten Aktiva und Passiva. In der Praxis wird dieser Teil in der Regel eingeleitet mit der Bezeichnung „Veränderung des Vermögens und der Verbindlichkeiten aus operativer Geschäftätigkeit nach Korrektur um zahlungsunwirksame Bestandteile".

6. Darstellung der Kapitalflussrechnung

6.1 Grundlagen

Kennzeichen der Kapitalflussrechnung mit ausgegliedertem Zahlungsmittelfonds ist, dass ein festgelegter Zahlungsmittelfonds vom Beginn einer Periode bis zum Ende einer Periode fortzuentwickeln ist. Die Zahlungsmittel verändern sich primär durch Einzahlungen und Auszahlungen, die nach Art der Herkunft oder Verwendung aufgegliedert zu zeigen sind. Zusätzlich sind weitere Veränderungen des Fonds zu erfassen und auszuweisen.

Kapitalflussrechnung

Grundaufbau der Kapitalflussrechnung

Zahlungsmittelbestand/-fonds zu Beginn der Periode (statisch-aktuelle Liquiditätslage)

- Veränderung des Fonds primär durch Zahlungsvorgänge (Einzahlungen/Auszahlungen)
- Externe Dokumentation dieser Fondsveränderungen durch Gliederung der Zahlungsvorgänge nach Art der Herkunft/Verwendung in
  - operative Geschäftigkeit (operating activities)
  - Investitionstätigkeit (investing activities)
  - Finanzierungstätigkeit (financing acitivities)
  und weitere Untergliederungen der Zahlungsströme innerhalb dieser drei Bereiche
  (dynamisch-historische Primärveränderungsrechnung)

- Weitere Veränderungen des Fonds durch
  - Änderung der Bewertungsparameter und
  - Änderung der Fondszusammensetzung
- Erfassung dieser Fondsveränderungen durch summarische Ergänzung der Primärursachenrechnung und Erläuterung im Anhang
  (dynamisch-historische Sekundärveränderungsrechnung)

Zahlungsmittelbestand/-fonds zum Ende der Periode (statisch-aktuelle Liquiditätslage)

Aus dieser Anforderung ergeben sich verschiedenartige Problembereiche. Nach einer Entscheidung, ob die Zahlungsströme grundsätzlich direkt ausgewiesen oder durch Ableitung aus Größen der Gewinn- und Verlustrechnung generiert werden sollen, geht es insbesondere um Gliederungsfragen. Die Einflussfaktoren auf die Veränderung der Liquidität sind extern zu dokumentieren. Dabei ist von dem bilanzierenden Kreditinstitut darüber zu befinden, wie die Gliederung ausfallen soll und inwieweit einzelne Gliederungspositionen brutto oder netto (im Sinne von Einzahlungsüberschüssen) offen gelegt werden sollen. Es ist also zu überlegen, wie detailliert die Veränderungen des Zahlungsmittelfonds sowie dessen zahlungsmittelunwirksame Änderungen (die den absoluten Wert des Zahlungsmittelbestandes nicht berühren, nur dessen Zusammensetzung) externen Adressaten gezeigt werden, mithin welche Positionen im Einzelnen auszuweisen sind.

Sowohl IAS 7 als auch SFAS 95 sowie der allgemein gültige DRS 2 treffen hierzu relativ vage Aussagen. DRS 2-10 enthält einige Zuordnungsregeln, aber ebenfalls relativ geringe explizite Ausweisvorschriften. Abgesehen von dem Pflichtausweis bestimmter Positionen verbleibt durchaus Raum für institutsindividuelle Lösungen. Eine Bank kann also durchaus innerhalb eines vorgegebenen Rahmens entscheiden, welche Positionen für eine Offenlegung in der Kapitalflussrechnung als wesentlich - im Sinne der geschäftspolitischen Ausrichtung - gelten. Deshalb finden sich in der internationalen Praxis von Unternehmen und Banken hinsichtlich der Gliederungstiefe keine völlig einheitlichen Darstellungen.

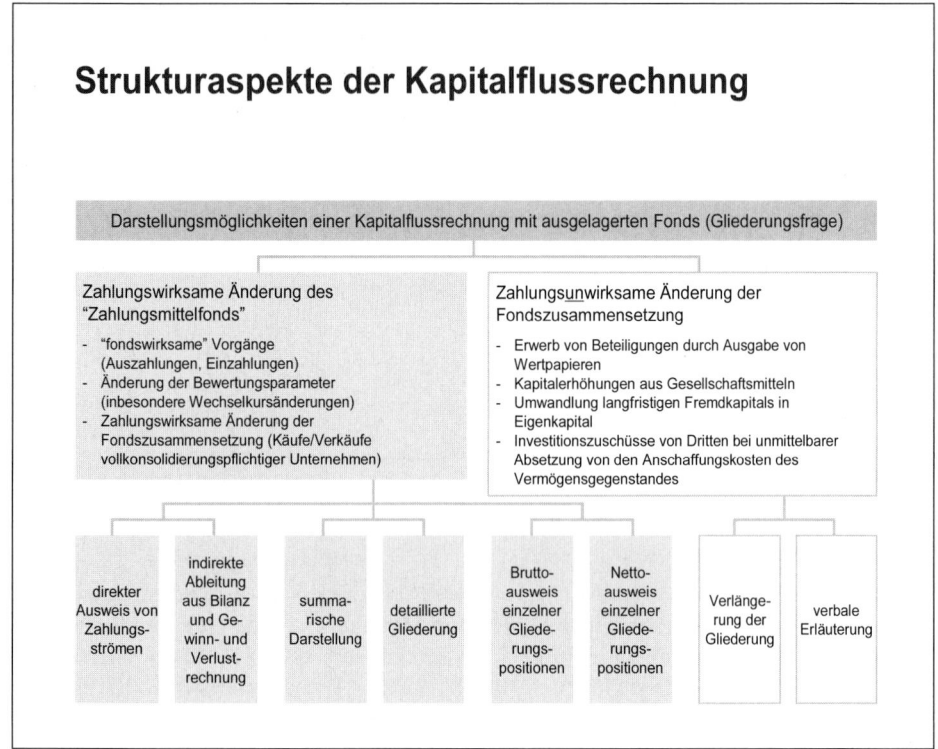

6.2 Zahlungsströme aus operativer Geschäftstätigkeit

Ziel der Kapitalflussrechnung ist nicht nur eine bloße Darstellung der Veränderungen des Finanzmittelfonds in der abgelaufenen Periode. Es geht vielmehr darum, die Quellen, aus welchen der Finanzmittelfonds „gespeist" worden ist, zu zeigen. Dabei ergibt sich aus IAS 7.10 eine Dreiteilung der Tätigkeitsbereiche in operative (laufende) Geschäftstätigkeit, Investitionstätigkeit und Finanzierungstätigkeit.

Nach IAS 7.6 gelten als operative Geschäftstätigkeiten die wesentlichen erlöswirksamen Tätigkeiten eines Unternehmens. Nach IAS 7.13 gibt der Zahlungsstrom aus laufender

Geschäftstätigkeit entscheidende Hinweise darauf, inwieweit ein Unternehmen ausreichend Mittelzuflüsse erwirtschaften konnte, um Verbindlichkeiten zu begleichen, die operative Geschäftstätigkeit aufrecht zu erhalten, Dividenden zu zahlen und Erweiterungsinvestitionen durchführen zu können, ohne auf sonstige Finanzierungsquellen angewiesen zu sein.

Der Cash Flow aus operativer Geschäftstätigkeit leitet sich nach IAS 14 von den wichtigsten Aktivitäten zur Erzielung von Einkünften ab. Damit legt IAS 7 den Schwerpunkt der operativen Geschäftstätigkeit auf das originäre Geschäft eines Unternehmens, das Kerngeschäft. Diejenige Geschäftstätigkeit, durch die sich ein Unternehmen auszeichnet, mit der sich das Unternehmen selbst in Verbindung bringt, ist seine übliche, regelmäßige Tätigkeit. Das Ergebnis, das das Unternehmen aus seiner gewöhnlichen Geschäftstätigkeit erzielt, wird allgemein als Ergebnis aus dem operativen Geschäft bezeichnet.

IAS 7.14 zählt einige Zahlungsströme für die operative Geschäftstätigkeit von Nichtbanken auf. In IAS 7.15 heißt es wörtlich: Veränderungen des Zahlungsmittelbestandes „by financial institutions are usually classified as operating activities since they relate to the main revenue-producing activity of that enterprise". Insofern geht es um die Darstellung der Innenfinanzierung.[21] IAS 7.14 stellt mithin klar, dass Mittelzuflüsse aus der operativen Geschäftstätigkeit vornehmlich aus der umsatzbezogenen Tätigkeit stammen, die bei einer Bank nach IAS 7 als weit gefasst angesehen wird. Es geht mithin um die Darstellung der Innenfinanzierung, die in erster Linie aus der umsatzbezogenen Unternehmenstätigkeit stammt.

Banken haben keine Umsatzerlöse im klassischen Sinn. § 34 Abs. 2 RechKredV enthält eine Definition von Komponenten eines Gesamtbetrages, der zusammengenommen als Äquivalent der industriellen Umsatzerlöse anzusehen ist.[22] Die Komponenten dieses Gesamtbetrages stellen dar: Zinserträge, Laufende Erträge aus Aktien und anderen nicht festverzinslichen Wertpapieren, Beteiligungen, Anteilen an verbundenen Unternehmen, Provisionserträge, Nettoertrag aus Finanzgeschäften sowie Sonstige betriebliche Erträge. Werden hierzu die entsprechenden Aufwandsgrößen hinzugefügt - einschließlich der Risikovorsorge und der Verwaltungsaufwendungen -, so ergibt sich als Saldo das Betriebsergebnis. Insofern bildet das Betriebsergebnis innerhalb der Gewinn- und Verlustrechnung die banktypische Geschäftstätigkeit zweckadäquat ab. Diese Definition des Betriebsergebnisses lässt nicht nur die aus dem Jahresüberschuss abgeleiteten zahlungswirksamen Aufwendungen und Erträge, sondern auch die aus den Veränderungen der Bilanzpositionen resultierenden Zahlungsströme in die operative Geschäftstätigkeit einfließen.

---

[21] Vgl. WYSOCKI, K. VON, a.a.O. (Fn. 13), Tz. 49.
[22] Vgl. hierzu auch Abschnitt 3.2.2 im Beitrag „Bilanz, Gewinn- und Verlustrechnung sowie Notes".

Übertragen auf eine Kapitalflussrechnung lässt sich daraus ableiten, dass der Zahlungsfluss aus der laufenden Tätigkeit in Analogie zu diesen Erkenntnissen abgegrenzt werden sollte.[23] Folgerichtig formuliert DRS 2-10.17, dass die Abgrenzung des Zahlungsflusses aus der laufenden Geschäftstätigkeit der Zusammensetzung des Betriebsergebnisses folgt.

DRS 2-10 zur Zuordnung zur operativen Geschäftstätigkeit

Cash Flow aus operativer Geschäftstätigkeit

- „Kreditinstitute definieren den Cash Flow aus laufender Geschäftstätigkeit entsprechend der operativen Geschäftstätigkeit; die Abgrenzung folgt der Zusammensetzung des Betriebsergebnisses." (DRS 2-10.17)

- „Erhaltene und gezahlte Zinsen sowie erhaltene Dividenden sind bei Kreditinstituten dem Cash Flow aus laufender Geschäftstätigkeit zuzuordnen." (DRS 2-10.29)

Während DRS 2-10.29 hinsichtlich der Zuordnung der Zinsen eine klare Vorgabe zugunsten der operativen Geschäftstätigkeit trifft, enthält IAS 7 hierzu ein Wahlrecht. Alternativ zu einer Zuordnung zur laufenden Geschäftstätigkeit wäre eine Subsumtion unter die Finanzierungstätigkeit denkbar. Entsprechend dieser Zuordnungsmöglichkeit wären dann also Zahlungsströme aus der Fremdkapitalaufnahme und für deren Rückzahlung - wie üblicherweise bei Nichtbanken so gehandhabt - der Finanzierungstätigkeit zuzuordnen. Dies resultierte daraus, dass die Zahlungsströme aus der Kreditvergabe und -tilgung als Investitionstätigkeit angesehen würden. In dieser Weise abgeleitet erschiene die operative Geschäftstätigkeit eng begrenzt. Hiermit korrespondiert die beispielhaft abgedruckte Kapitalflussrechnung (nach der direkten Methode) in Example 3 von SFAS 95 - ohne allerdings theoretische Überlegungen hinsichtlich der Zuordnung voranzustellen. Mit ihrem Wechsel von IFRS auf US-GAAP hat die Deutsche Bank gleichzeitig die Struktur ihrer Kapitalflussrechnung entsprechend verändert. Die von amerikanischen Banken publizierten Kapitalflussrechnungen weisen allerdings ein eher willkürliches Spektrum von Zuordnungen auf die Cash-Flow-Bereiche auf.

---

[23] So schon BELLAVITE-HÖVERMANN, Y./LÖW, E., a.a.O. (Fn. 14), S. 120-121.

Im Gegensatz zu SFAS 95 ist die von IAS 7.15 beschriebene breite Zuordnung zur operativen Geschäftstätigkeit - die sich im übrigen auch im Musterbeispiel des Anhangs von IAS 7 für eine Bank wieder findet - sachlogisch begründbar und folgt einer nachvollziehbaren Grundüberlegung. Insofern ist der Zahlungsstrom aus laufender Geschäftstätigkeit bei Kreditinstituten auch weiter gefasst als bei Unternehmen anderer Branchen. Dementsprechend werden die Bereiche der Investition und der Finanzierungstätigkeit eingeschränkt und eng abgegrenzt. Begrüßenswerter Weise schließt sich DRS 2-10 diesen Überlegungen an.

„Da sich die Definition des Cash Flows aus laufender Geschäftstätigkeit am Betriebsergebnis orientiert, fließen die aus dem Jahresüberschuss abgeleiteten zahlungswirksamen Aufwendungen und Erträge sowie ggf. die Zahlungsströme, die auf Veränderungen der Bilanzpositionen durch operative Geschäftstätigkeit zurückgehen, in den Cash Flow aus laufender Geschäftstätigkeit ein (z.B. Risikovorsorge)" (DRS 2-10.19). Dies entspricht im übrigen auch den ersten Kapitalflussrechnungen deutscher Banken im Jahr 1995, nämlich der Deutschen Bank unter IFRS sowie der HypoVereinsbank unter HGB.

In Bezug auf die Offenlegung einzelner Positionen bei der Veränderung des Vermögens und der Verbindlichkeiten aus operativer Geschäftstätigkeit bestehen nach IAS 7 nahezu keine festen Vorgaben. Die beispielhafte Aufzählung von Aktivitäten im Bereich der operativen Geschäftstätigkeit von IAS 7.14 schreibt zwar die Zuordnung zur operativen Geschäftstätigkeit vor, so gut wie nicht jedoch den Ausweis bestimmter Einzelpositionen.[24] Dies gilt auch für das im Anhang von IAS 7 vorgestellte Muster einer Kapitalflussrechnung für Banken, das insoweit lediglich die breite Zuordnung zur operativen Geschäftstätigkeit verdeutlicht.

Eine konkrete Zuordnungsvorschrift enthält allerdings IAS 7.15. Danach gehören Zahlungsflüsse aus Käufen oder Verkäufen von Wertpapieren des Handelsbestandes in den Cash Flow aus operativer Geschäftstätigkeit.

IAS 7 wurde im Zuge der Veröffentlichung von IAS 39 nicht angepasst. Bereits vor IAS 39 bestand für so genannte Short Term Investments nach IAS 25 die Verpflichtung einer Mark-to-Market-Bilanzierung, was sich im Handelsbereich in einer Aktivierung von dem Handel angehörenden festverzinslichen und nicht-festverzinslichen Wertpapieren, aber auch der zugehörigen positiven wie negativen Marktwerte der eingesetzten Derivate niedergeschlagen hat. Durch IAS 39 ist insoweit keine Änderung eingetreten.

Für die Interpretation von IAS 7.15 stellt sich mithin die Frage der Handhabung von positiven und negativen Marktwerten der Derivate. Die Marktwertänderungen durchlaufen periodengleich die Gewinn- und Verlustrechnung. Im Zusammenhang mit technisch durchzuführenden Bereinigungen bei Wahl der indirekten Darstellungsmethode wurde die Auffassung vertreten, eine Bereinigung sei dann erforderlich, wenn

---

[24] Vgl. hierzu die gesonderten Ausführungen in Abschnitt 6.5.

eine Trennung von realisierten und unrealisierten Komponenten mit vertretbarem Aufwand möglich ist. Die schnelle Umschichtung von Handelspositionen spricht allerdings dafür, dass eine Nichtbereinigung kaum zu einer gravierenden Informationsbeeinträchtigung führen dürfte. Dies gilt indes nicht für die neu eingeführte Unterkategorie der finanziellen Vermögenswerte, die zum beizulegenden Zeitwert bewertet werden.

Daraus ergibt sich die Forderung nach einer konsequenten Behandlung in der Kapitalflussrechnung. Sind die erforderlichen Informationen mit angemessenem Aufwand verfügbar, hat eine Bereinigung des Jahresüberschusses zu erfolgen. Daraus ergibt sich zwingend, dass die Wertveränderungen der korrespondierenden Bilanzpositionen als solche ebenfalls nicht als Einzelpositionen in der Kapitalflussrechnung noch im Zusammenhang mit den entsprechenden physischen Wertpapieren in einer Gesamtposition ausgewiesen werden dürfen. Der resultierende Zahlungsstrom ist in diesem Fall erst dann in die Kapitalflussrechnung aufzunehmen, wenn die Gewinne durch Veräußerung, Abtretung oder Schließung der Position tatsächlich realisiert sind.

Ist eine Trennung der Handelsaktivitäten in realisierte und unrealisierte Komponenten indes nicht mit vertretbarem Aufwand möglich, so ist für die Kapitalflussrechnung zu unterstellen, dass die gesamten Handelsaktivitäten zu dem Zeitpunkt zu Zahlungsmittelzuflüssen oder -abflüssen geführt haben, zu welchen die Fair-Value-Änderungen die Gewinn- und Verlustrechnung durchlaufen haben. In diesem Fall ist eine Ausweistrennung von Zahlungsströmen der Handelsaktivitäten in die Komponenten Wertpapiere und Derivate obsolet. Die Zahlungsströme lassen sich zusammengefasst in einer Gesamtposition für die Handelsaktivitäten - jedoch in Bruttodarstellung getrennt für Ein- und Auszahlungen - offen legen.

Verbriefte Verbindlichkeiten sind nach IAS 7.17 grundsätzlich der Finanzierungstätigkeit zuzuordnen. Allerdings ist eine differenzierte Zuordnung von unverbrieften Verbindlichkeiten unter operative Geschäftstätigkeit und von verbrieften Verbindlichkeiten unter Finanzierungstätigkeit für eine Bank unzweckmäßig. Deshalb sollte hier von der Generalklausel des IAS 7.11 Gebrauch gemacht und dem Ausweis im Rahmen der operativen Geschäftstätigkeit als einer Abbildung, die dem Geschäftsgebaren einer Bank besser entspricht, der Vorzug gegeben werden. Allerdings sollte aus Gründen der Klarheit ein Einzelausweis erfolgen. DRS 2-10.21 hat sich ebenfalls für eine Zuordnung zur operativen Tätigkeit entschlossen, da dies der bankspezifischen Tätigkeit am ehesten gerecht werde.

Zum gesonderten Ausweis bestimmter Positionen in der operativen Geschäftstätigkeit, mithin zur konkreten Aufgliederung, enthält der Standard nur wenige verpflichtende Aussagen. Aus IAS 7.20 geht hervor, dass bei Wahl der indirekten Methode die Veränderungen der der operativen Geschäftstätigkeit zugeordneten Bestände, Forderungen und Verbindlichkeiten festzuhalten sind. Dies bedeutet lediglich, dass sie zu erfassen sind - aus technischen Gründen eine Selbstverständlichkeit: Eine bloße Bereinigung des Jahresüberschusses um zahlungsunwirksame Bestandteile reicht nicht aus. Der Detaillierungsgrad dieser Erfassung wird nicht weiter thematisiert, geschweige denn eine Aussage zum gesonderten Ausweis getroffen.

In Verbindung mit dem für die Berichterstattung des Cash Flow aus Investitions- und Finanzierungstätigkeit geltenden IAS 7.21 ist klar, dass es auf die „wesentlichen" Positionen ankommt. Dies erlaubt es jedem rechnungslegenden Unternehmen nach IAS 7 aufgrund seiner individuellen Sichtweise zu entscheiden, welche Positionen einzeln aufgeführt werden sollen. Insbesondere hinsichtlich der Offenlegung einzelner Positionen bei Veränderungen des Vermögens und der Verbindlichkeiten aus operativer Geschäftstätigkeit bestehen also keine verbindlichen Vorgaben durch IAS 7.

Nach DRS 2-10.20 haben Kreditinstitute allerdings bestimmte Bilanzpositionen in die Ermittlung der zahlungswirksamen Veränderungen des Vermögens und der Verbindlichkeiten aus laufender Geschäftstätigkeit einzubeziehen. Im Einzelnen handelt es sich dabei um Forderungen (getrennt nach Kreditinstituten und Kunden), Wertpapiere (soweit nicht Finanzanlagen), andere Aktiva aus laufender Geschäftstätigkeit, Verbindlichkeiten (getrennt nach Kreditinstituten und Kunden), verbriefte Verbindlichkeiten (soweit sie nicht sonstiges Kapital darstellen) und andere Passiva aus laufender Geschäftstätigkeit.[25]

Für bestimmte, aus dem Jahresüberschuss ableitbare Positionen ist indes nach IAS 7 ein separater Ausweis konkret vorgeschrieben. Außerdem bestimmt IAS 7 für den Regelfall eine Zuordnungsentscheidung für den Cash Flow aus operativer Geschäftstätigkeit. Die entsprechenden Einzelausweispflichten werden etwas später gesondert behandelt.

6.3 Zahlungsströme aus der Investitionstätigkeit

Wie auch beim Cash Flow aus operativer Geschäftstätigkeit ist bei den Zahlungsströmen aus Investitionstätigkeit zu unterscheiden zwischen Zuordnungsfragen (also der Abgrenzung) und Ausweisfragen (mithin der Gliederung).

Nach IAS 7.16 ist die gesonderte Angabe von Zahlungsströmen aus der Investitionstätigkeit von besonderer Bedeutung, da die Cash Flows das Ausmaß angeben, in dem Aufwendungen für Ressourcen getätigt wurden, die künftige Erträge und Zahlungsflüsse erwirtschaften sollen. Zur Verdeutlichung werden in IAS 7.16 im Anschluss einige Beispiele für Zahlungsströme aus der Investitionstätigkeit aufgeführt. Diese zeigen an, dass der Cash Flow aus Investitionstätigkeit Zahlungsströme zur Erschließung neuer Ressourcen aufnehmen soll. Insofern geht es also um Informationen über den Mitteleinsatz für zukünftige Einzahlungsüberschüsse.

---

[25] Vgl. zu den Bilanzpositionen Abschnitt 3.2 im Beitrag „Bilanz, Gewinn- und Verlustrechnung sowie Notes".

Die Zuordnung zum Cash Flow aus Investitionstätigkeit wird insbesondere beeinflusst durch die (enge oder weite) Entscheidung, die für den Cash Flow aus operativer Geschäftstätigkeit getroffen wurde. Unter IAS 7 besteht hier weitgehende Entscheidungsfreiheit, so dass es sich letztlich um eine subjektive Zuordnungsentscheidung der bilanzierenden Bank handelt.

Für Kreditinstitute ergibt sich die Zuordnung von Zahlungsströmen zur Investitionstätigkeit mithin als logische Folge der zuvor getroffenen Entscheidung einer Abgrenzung der operativen Geschäftstätigkeit. Bei einer breiten Definition der operativen Geschäftstätigkeit stellen sich die entsprechenden Zahlungsströme als Summe der Einzahlungen und Auszahlungen im Bereich strategischer Investitionen (Desinvestitionen) dar. Folgerichtig gehören nach DRS 2-10.22 zum Cash Flow aus Investitionstätigkeit Ein- und Auszahlungen aus der Veräußerung bzw. dem Erwerb von Anlagevermögen, vor allem Finanzanlagen und Sachanlagen.

DRS 2-10 zur Zuordnung zur Investitionstätigkeit

Cash Flow aus Investitionstätigkeit

■ „Zum Cash Flow aus der Investitionstätigkeit gehören bei Kreditinstituten Ein- und Auszahlungen aus Veräußerungen beziehungsweise Erwerb von Anlagevermögen, vor allem

– Finanzanlagen und

– Sachanlagen."

(DRS 2-10.22)

Die Verpflichtung, Ein- und Auszahlungen brutto darzustellen, bedeutet noch keine Gliederungsvorschrift, konkretisiert mithin nicht die einzeln auszuweisenden Positionen (mit Ausnahme der unten behandelten Pflicht zum gesonderten Ausweis von Zahlungsströmen aus Käufen und Verkäufen von Unternehmen und deren Zuordnung zur Investitionstätigkeit). Grundsätzlich besteht hier für das rechnungslegende Kreditinstitut ein Ermessensspielraum. So schreibt IAS 7.21 lediglich vor, „wesentliche" Zahlungsflüsse (brutto) offen zu legen. Praktisch ergeben sich daraus institutsspezifische Unterschiede.

Daher besteht in der Praxis eine institutsindividuell unterschiedliche Handhabung; dies gilt besonders für Banken, die eine Kapitalflussrechnung nach SFAS 95 vorlegen.

Aufgrund von Vorgaben durch IAS 38 dürfte sich künftig in zahlreichen Abschlüssen von Kreditinstituten nach IFRS auch aktivierte Software als immaterieller Vermögenswert finden. Je nach Akquisitionsverhalten enthalten die Abschlüsse auch aktivierte Geschäftswerte. In diesen Fällen wird es auch in der Kapitalflussrechnung zu weiteren Positionen im Ausweis kommen, nämlich Einzahlungen und Auszahlungen im Bereich der immateriellen Vermögenswerte. Sollten die entsprechenden Beträge indes vernachlässigbar gering sein, werden sie unter der Auffanggröße der Mittelveränderungen aus sonstiger Investitionstätigkeit miterfasst. Außerdem fallen nach DRS 2-10.24 unter die Mittelveränderungen aus sonstiger Investitionstätigkeit bspw. Auszahlungen für aktivierte Aufwendungen für die Ingangsetzung und Erweiterung des Geschäftsbetriebs - Aktivierungsmöglichkeiten, die indes in einem Abschluss nach IFRS nicht gegeben sind, sich mithin in einer nach IFRS erstellten Bilanz nicht finden und daher für die Kapitalflussrechnung nach IAS 7 keine Bedeutung besitzen.

In praktischer Hinsicht ist von Bedeutung, dass sowohl IAS 7 als auch der branchenübergreifende DRS 2 für die Darstellung der Investitionstätigkeit den getrennten Ausweis von Einzahlungen und Auszahlungen verlangen. Es besteht jedoch keine Verpflichtung, die Vorgänge konzernweit mittels einer gesonderten Nebenbuchführung zu erheben. Eine Ableitung aus dem Rechnungswesen ist ebenfalls zulässig. Für die Erstellung einer Kapitalflussrechnung eines Kreditinstituts können daraus gravierende Arbeitserleichterungen resultieren, insbesondere wenn die materielle Bedeutung der zugrunde liegenden Bilanzpositionen in die Überlegung mit einbezogen wird.

So umfasst das Sachanlagevermögen in einem Abschluss eines Kreditinstituts regelmäßig kaum mehr als 1% der Bilanzsumme. Das Finanzanlagevermögen, dessen Bedeutung für die Aktiva sehr gewichtig ist, wird - sofern deutsche Börsenusancen unterstellt werden - innerhalb von zwei Börsentagen zu bezahlen sein. Bei beiden Positionen dürfte es daher kaum fehlerhaft ins Gewicht fallen, wenn zur Darstellung der Auszahlungen vereinfachungsbedingt auf die Zugänge des ohnehin aufzustellenden Anlagespiegels rekurriert wird.[26]

Auf die Einzahlungen ist diese Überlegung übertragbar. Dabei ist jedoch zu berücksichtigen, dass nicht nur die Abgänge der vormaligen Vermögenswerte zu erfassen sind. Mit

---

[26] So bereits BELLAVITE-HÖVERMANN, Y./LÖW, E., a.a.O. (Fn. 14), S. 128. Für die Industrie deutlich zurückhaltender WYSOCKI, K. VON, a.a.O. (Fn. 13), Tz. 42: „Es wird ausdrücklich darauf hingewiesen, dass die Auszahlungen im Investitionsbereich nicht identisch sein müssen mit den im Anlagenspiegel unter „Zugänge" enthaltenen Beträgen. Eine Überleitung von den Veränderungen der einzelnen Bilanzposten zu den Zahlungsvorgängen im Investitionsbereich ist aber stets dadurch möglich, dass von den Gesamtzunahmen laut Bilanzen die auszahlungsunwirksamen (fondsunwirksamen) oder von den Gesamtabnahmen der betreffenden Bilanzposten die einzahlungsunwirksamen (fondsunwirksamen) Vorgänge in Abzug gebracht werden und eine Bereinigung hinsichtlich derjenigen Vorgänge vorgenommen wird, die bereits im Teilbereich der laufenden Geschäftstätigkeit erfasst worden oder Bestandteile des Finanzmittelfonds sind."

dem Buchwertabgang ist zugleich ein Abgang der entsprechenden Abschreibungen oder Zuschreibungen verbunden. In diesem Sinne zahlungswirksam sind schließlich auch die entsprechenden Veräußerungsgewinne. Dies ergibt sich bereits aus der für die indirekte Darstellung der Zahlungsströme entwickelten Überlegung, dass die Veränderung einer Bilanzposition lediglich die erfolgsneutralen Einzahlungen und erfolgsneutralen Auszahlungen umfasst und daher um die erfolgswirksamen Ein- und Auszahlungen zu ergänzen ist. Netto zeigt sich dies in der Gewinn- und Verlustrechnung aber als Veräußerungsgewinn (-verlust) der zugrunde liegenden Position.

Arithmetische Zusammenhänge bei der indirekten Methode und Interpretation der Aussagen (5)

Korrekturen, wenn Einzahlungen und Auszahlungen auszuweisen sind

(1) Wenn keine „Veränderungen von Bilanzpositionen" gezeigt werden dürfen, sondern Einzahlungen und Auszahlungen (insbesondere Cash Flow aus Investition und Cash Flow aus Finanzierung), sind die Veränderungen von Bilanzpositionen in anderer Form zu zeigen.

(2) Ausgangsgröße:

Veränderung einer Bilanzposition	=	erfolgsneutrale Einzahlungen ./. erfolgsneutrale Auszahlungen
Veränderung einer Bilanzposition	=	(alle) Einzahlungen ./. (alle) Auszahlungen ./. erfolgswirksame Einzahlungen + erfolgswirksame Auszahlungen
Veränderung einer Bilanzposition	=	Einzahlungen ./. Auszahlungen ./. Veräußerungsgewinne

(3) Wenn nur Einzahlungen und Auszahlungen gezeigt werden, ist der Jahresüberschuss, in welchem die erfolgswirksamen Einzahlungen und Auszahlungen enthalten sind, um diese Komponenten (oder verkürzt: um Veräußerungsgewinne/-verluste) zu korrigieren, damit eine Doppelerfassung vermieden wird.

Die entsprechend erforderliche Korrektur des Jahresüberschusses um die Veräußerungsgewinne (-verluste) dient ausschließlich der Vermeidung einer zweifachen Berücksichtigung (implizit in der verbliebenen, um zahlungsunwirksame Teile bereinigten Jahresüberschussgröße und nochmals explizit in Form von Einzahlungen). Sie hat rein rechentechnische Gründe und ist nur bei Anwendung der indirekten Methode erforderlich.

Arithmetische Zusammenhänge bei der indirekten Methode und Interpretation der Aussagen (6)

Praktikabilitätsprobleme der Ableitung von Zahlungsströmen aus der Veränderung einer Bilanzposition

(1) In der Veränderung einer Bilanzposition sind Einzahlungen und Auszahlungen kumuliert vorhanden, eine Differenzierung ist nicht darstellbar.

(2) Ein Einzelausweis von Einzahlungen und Auszahlungen kann beim Anlagevermögen aus dem Anlagespiegel abgeleitet werden, denn

    Einzahlungen = Abgänge (zu historischen Anschaffungskosten/Herstellungskosten)
                               ./. Abgänge der zugehörigen Abschreibungen
                               + Abgänge der zugehörigen Zuschreibungen
                               + Veräußerungsgewinne
    Auszahlungen = Zugänge (zu Anschaffungskosten/Herstellungskosten)

(3) Bei einem Einzelausweis solcher Einzahlungen und Auszahlungen, die den Jahresüberschuss beeinflusst haben (z.B. Zinsen), wird häufig vereinfacht auf die Erträge und Aufwendungen rekurriert, ohne diese um zahlungsunwirksame Bestandteile zu bereinigen.

Die Ein- und Auszahlungen lassen sich indes nicht aus der Veränderung von Bilanzpositionen ableiten. Hierzu ist vereinfachungsbedingt auf den Anlagespiegel zurückzugreifen. Auf diese Weise lassen sich die Auszahlungen und Einzahlungen aus dem Bereich der Finanzierungstätigkeit in einem vereinfachten Verfahren approximativ relativ leicht ermitteln.

Die Auszahlungen lassen sich unmittelbar aus dem Anlagespiegel ablesen, indem auf die Zugänge (zu Anschaffungskosten) rekurriert wird.

Arithmetische Zusammenhänge bei der indirekten Methode und Interpretation der Aussagen (7)

Berechnung für und Ausweis in der Kapitalflussrechnung
Beispiel 1: Auszahlung

- Entwicklung in der Bilanz:

Buchwert Wertpapiere des Anlagevermögens t_{-2}	100
Abschreibungen	20
Buchwert Wertpapiere des Anlagevermögens t_{-1}	80
Abschreibungen	20
Buchwert Wertpapiere des Anlagevermögens t_0	60
Abschreibungen	20
Kauf Wertpapiere des Anlagevermögens zu	**50**
Buchwert Wertpapiere des Anlagevermögens t_1	90

- Ausweis im Anlagespiegel:

Stand Anschaffungs-/Herstellungskosten (Wertpapiere des Anlagevermögens) t_0	100
Zugänge	50
Stand Anschaffungs-/Herstellungskosten (Wertpapiere des Anlagevermögens) t_1	150
Stand Abschreibungen (Wertpapiere des Anlagevermögens) t_0	40
laufende Abschreibungen	20
Stand Abschreibungen (Wertpapiere des Anlagevermögens) t_1	60

- Berechnung für die Kapitalflussrechnung:

= Zugänge (gemäß Anlagespiegel) = 50
➔ *Ausweis als Auszahlung für den Erwerb von Wertpapieren des Anlagevermögens*   -50

Einzahlungen ergeben sich durch die Gleichung Abgänge (zu historischen Anschaffungs-/Herstellungskosten) abzüglich Abgänge der entsprechenden Abschreibungen zuzüglich Abgänge eventuell vorgenommener Zuschreibungen zuzüglich Veräußerungsgewinne. Auch diese Größen sind dem Anlagespiegel unmittelbar entnehmbar.

Arithmetische Zusammenhänge bei der indirekten Methode und Interpretation der Aussagen (8)

Berechnung für und Ausweis in der Kapitalflussrechnung
Beispiel 2: Einzahlung

- Entwicklung in der Bilanz:

Buchwert Wertpapiere des Anlagevermögens t_{-2}	100
Abschreibungen	20
Buchwert Wertpapiere des Anlagevermögens t_{-1}	80
Abschreibungen	20
Buchwert Wertpapiere des Anlagevermögens t_0	60
Verkauf Wertpapiere des Anlagevermögens zu	**70**
Buchwert Wertpapiere des Anlagevermögens t_1	

- Ausweis im Anlagespiegel:

Stand Anschaffungs-/Herstellungskosten (Wertpapiere des Anlagevermögens) t_0	100
Abgänge	100
Stand Anschaffungs-/Herstellungskosten (Wertpapiere des Anlagevermögens) t_1	0
Stand Abschreibungen (Wertpapiere des Anlagevermögens) t_0	40
Abgänge Abschreibungen (kumuliert)	40
Stand Abschreibungen (Wertpapiere des Anlagevermögens) t_1	

- Berechnung für die Kapitalflussrechnung:

= Abgänge ./. Abgänge von Abschreibungen + Veräußerungsgewinne = 100 ./. 40 + 10 = 70
→ *Ausweis als Einzahlung aus der Veräußerung von Wertpapieren des Anlagevermögens*   **70**

Die beiden getrennt gezeigten Varianten von Auszahlungen und Einzahlungen kommen in der Praxis selbstverständlich innerhalb der gleichen Periode vor. Indem nach IFRS ein differenzierter und kein kumulierter Anlagespiegel - wie etwa nach § 34 Abs. 3 RechKredV zugelassen - aufzustellen ist, ergeben sich insoweit ebenfalls keine Erstellungsschwierigkeiten.

Arithmetische Zusammenhänge bei der indirekten Methode und Interpretation der Aussagen (9)

Berechnung für und Ausweis in der Kapitalflussrechnung
Beispiel 3: Auszahlung und Einzahlung in einer Periode

- Entwicklung in der Bilanz:

Buchwert Wertpapiere des Anlagevermögens t_{-2}	100
Abschreibungen	20
Buchwert Wertpapiere des Anlagevermögens t_{-1}	80
Abschreibungen	20
Buchwert Wertpapiere des Anlagevermögens t_0	60
Kauf Wertpapiere des Anlagevermögens zu	*50*
Verkauf Wertpapiere des Anlagevermögens zu	*70*
Abschreibungen	10
Buchwert Wertpapiere des Anlagevermögens t_1	30

- Ausweis im Anlagespiegel:

Stand Anschaffungs-/Herstellungskosten (Wertpapiere des Anlagevermögens) t_0	100
Zugänge	50
Abgänge	100
Stand Anschaffungs-/Herstellungskosten (Wertpapiere des Anlagevermögens) t_1	50
Stand Abschreibungen (Wertpapiere des Anlagevermögens) t_0	40
laufende Abschreibungen	10
Abgänge Abschreibungen	40
Stand Abschreibungen (Wertpapiere des Anlagevermögens) t_1	10

- Berechnung für die Kapitalflussrechnung:

= (1) Zugänge = 50 ➔ *Auszahlung*   **-50**
= (1) Abgänge ./. Abgänge von Abschreibungen + Veräußerungsgewinne = 100 ./. 40 + 10 =70 ➔ *Einzahlung*   **70**

Schließlich sind unter die Kategorie der Investitionstätigkeit noch Zahlungsströme aus Veränderungen des Beteiligungsportfolios zu subsumieren, nämlich Einzahlungen aus dem Verkauf oder Auszahlungen für den Erwerb von konsolidierten Unternehmen und sonstigen Geschäftseinheiten. In der Veröffentlichungspraxis werden diese Zahlungsströme bisweilen auch netto ausgewiesen als Effekte aus Veränderungen des Konsolidierungskreises. Sollte es sich um verhältnismäßig geringe Zahlungsbewegungen handeln, ist gegen den Nettoausweis nichts einzuwenden. Dies gilt umso mehr als nach IAS 7.41 ohnehin u.a. die Kauf- und Verkaufpreise (in den Notes) offen zu legen sind.

Grundsätzlich gehen Auszahlungen für den Erwerb von Unternehmen und Einzahlungen für die Veräußerung von Unternehmen nach IAS 7.39 jeweils mit dem Kaufpreis abzüglich der erworbenen oder abgegebenen Zahlungsmittel und Zahlungsmitteläquivalente ein und sind daher im Regelfall aus der Kapitalflussrechnung ersichtlich. Dies erklärt sich aus dem besonderen Einfluss solcher Vorgänge auf den Zahlungsmittelbestand eines Konzerns.

Die oben beschriebene Erleichterung ist demnach nicht anwendbar bei Zahlungsströmen, die aus Käufen oder Verkäufen von Unternehmen resultieren. Sie sind vielmehr konzernweit gesondert zu ermitteln. Aufgrund des besonderen strategischen Einflusses auf die Geschäftsaktivität eines Kreditinstituts dürften diese Angaben aber ohnehin vorliegen.

In diesem Zusammenhang stellt sich der Kauf oder Verkauf eines zu konsolidierenden Unternehmens für die Kapitalflussrechnung noch in anderer Weise als Besonderheit dar. So dürfen bei Erwerb oder Veräußerung in der Kapitalflussrechnung nur die tatsächlichen Zahlungsströme gezeigt werden. Insofern ist bei der Ermittlung der Zahlungsströme zu beachten, dass mit Erwerb (Veräußerung) gleichzeitig auch der Zahlungsmittelfonds des entsprechenden (Tochter-)Unternehmens zugeht (abgeht), so dass insoweit Anpassungen vorzunehmen sind.

Wenn Unternehmen gekauft werden, verlassen Zahlungsmittel den Konzern. Gleichzeitig erhält der Konzern durch den Kauf des Unternehmens dessen Zahlungsmittel. Bei Veräußerungen verhält es sich natürlich genau umgekehrt.

Bei Änderungen des Konsolidierungskreises durch Käufe/Verkäufe (oder wenn Unternehmen aus anderen Gründen erstmals oder nicht mehr vollkonsolidiert werden) sind wegen der Vergleichbarkeit der Zahlungsmittel des Konzerns zwischen zwei Perioden weitere Informationen notwendig. Falls Unternehmen erstmals (letztmals) in den Konzernabschluss als vollkonsolidierte Unternehmen einbezogen werden, dürfen in der Kapitalflussrechnung nur die tatsächlichen Zahlungsmittel gezeigt werden.

Der zahlungsmittelwirksame Betrag stellt sich als Kaufpreis (Verkaufspreis) abzüglich der mit dem Unternehmen (Unternehmensanteil) erworbenen (verkauften) Barmittel dar und ist als Mittelabfluss (Mittelzufluss) im Bereich der investiven Geschäftstätigkeit gesondert auszuweisen.

Der Zeitpunkt der Erfassung der zahlungsmittelwirksamen Beträge bemisst sich nach dem Erstkonsolidierungszeitpunkt in der Bilanz und ist mit diesem zu vereinheitlichen. Es ist also erforderlich, eine Synchronität mit den Aufwendungen und Erträgen der Gewinn- und Verlustrechnung sicherzustellen. Da Aufwendungen und Erträge sowie Veränderungen von Buchwerten der Vermögensgegenstände und Schulden der vollkonsolidierten Tochterunternehmen vom Tag der Erstkonsolidierung an als „konzerneigne" behandelt werden, sind die Veränderungen des Zahlungsmittelbestandes ab diesem Zeitpunkt unter den entsprechenden Gliederungspositionen der Kapitalflussrechnung auszuweisen. Wenn auf das entsprechende Datum bei der Berücksichtigung von Veränderungen des Konsolidierungskreises für die Kapitalflussrechnung zurückgegriffen wird, ist der Gleichlauf gewährleistet.

Bei größeren unterjährigen Akquisitionen ist zudem zu beachten, dass die Veränderungen von Bilanzpositionen durch die hinzuerworbenen (abgegangenen) Vermögensgegenstände stark beeinflusst worden sein können. In diesem Fall ist es unzweckmäßig, auf die Jahresveränderung einer Bilanzposition zu rekurrieren. Statt dessen sollte die Veränderung einer Bilanzposition bis zum Erwerbszeitpunkt (Veräußerungszeitpunkt) sowie (getrennt davon) die Veränderung der durch den Erwerb sprungartig gestiegenen (gefallenen) Position betrachtet werden. Durch Addition der Einzelveränderungen ergibt sich die approximativ korrekte Veränderung des aus der Position resultierenden Zahlungsstromes.

Bei Unternehmen, die nicht vollkonsolidiert, sondern nach der Equity-Methode in einen Konzernabschluss einbezogen werden, stellt sich die Frage, wie Änderungen des Beteiligungsbuchwertes aufgrund der Aktivierung anteiliger Gewinne und der Absetzung der auf die Beteiligung entfallenden Gewinnausschüttungen vom Beteiligungsbuchwert zu behandeln sind. Dem Grundgedanken der Kapitalflussrechnung entspricht eine Korrektur des Jahresüberschusses um (noch) nicht zugeflossene aktivierte Gewinne. Alternativ wird toleriert, von einer solchen Bereinigung abzusehen.

Der Grund liegt in der Fiktion, „dass die anteiligen Jahresergebnisse dem Konzern als Cash Flow zugeflossen sind, dieser die Mittel jedoch umgehend der jeweiligen Unternehmung wieder zur Verfügung gestellt, d.h. reinvestiert hat".[27] Diese Sichtweise sei insbesondere damit zu rechtfertigen, dass der Konzern einen „maßgeblichen" Einfluss auf die Geschäfts- und Finanzpolitik des assoziierten Unternehmens ausübe und damit faktisch den Zeitpunkt der Ausschüttung bestimmen könne. In diesem Sinne kann davon ausgegangen werden, dass die Entscheidung hinsichtlich einer Bereinigung des Jahresüberschusses im Ermessen der rechnungslegenden Bank liegt.

6.4 Zahlungsströme aus der Finanzierungstätigkeit

Ebenso wie bei der Begründung des Ausweises von Zahlungsströmen aus der Investitionstätigkeit beschränkt sich IAS 7 auch beim Ausweis von Zahlungsströmen aus der Finanzierungstätigkeit lediglich auf eine kurze Anmerkung. Nach IAS 7.17 ist die gesonderte Angabe der Cash Flows aus der Finanzierungstätigkeit von Bedeutung, da sie nützlich ist für die Abschätzung zukünftiger Ansprüche der Kapitalgeber gegenüber dem Unternehmen. Zur Erläuterung dieser Aussage werden anschließend bestimmte Beispiele enumeriert. Im industriellen Bereich finden sich im Rahmen der Darstellung der Finanzierungstätigkeit Zahlungsströme aus Außenfinanzierungstätigkeiten. Diese stellen sich in den Formen der Aufnahme von Eigenkapital und Fremdkapital dar.

Für Kreditinstitute hat die Emission von verbrieften Verbindlichkeiten, mehr aber noch das Eingehen von Verpflichtungen gegenüber Kunden und gegenüber anderen Kreditinstituten im Vergleich zu Industrieunternehmen eine andere Bedeutung. Bei Kreditinstituten stellt sich die Aufnahme von Fremdkapital eher als typische Geschäftätigkeit dar. Daraus erklärt sich die oben beschriebene Zuordnung der entsprechenden Zahlungsströme zur operativen Geschäftätigkeit. Eine unterschiedliche Zuordnung von

---

[27] Vgl. BIEG, H./REGNERY, P., Bemerkungen zur Grundkonzeption einer aussagefähigen Konzern-Kapitalflussrechnung, BB 1993, S. 1-19, hier S. 16.

Zahlungsströmen aus unverbrieften und verbrieften Verbindlichkeiten wäre für eine Bank im Übrigen auch nicht angemessen.

Wird in der Kapitalflussrechnung nach IAS 7 der breiten Zuordnung von Zahlungsströmen zur operativen Geschäftstätigkeit gefolgt, liegt der Schwerpunkt der Zuordnung zur Finanzierungstätigkeit in der Abbildung der Beziehungen zu den Eigenkapitalgebern.

Dem entspricht auch die Zuordnungsentscheidung, die DRS 2-10 vornimmt. So ergibt sich für den Cash Flow aus der Finanzierungstätigkeit eine enge Abgrenzung.

DRS 2-10 zur Zuordnung zur Finanzierungstätigkeit

Cash Flow aus Finanzierungstätigkeit

- „Zum Cash Flow aus der Finanzierungstätigkeit gehören bei Kreditinstituten Zahlungsströme aus Transaktionen mit Eigenkapitalgebern und anderen Gesellschaftern konsolidierter Tochterunternehmen sowie aus sonstigem Kapital."
(DRS 2-10, Tz. 25)

- „Gezahlte Dividenden sind der Finanzierungstätigkeit zuzuordnen und gesondert anzugeben."
(DRS 2-10, Tz. 26)

Unter den Cash Flow aus Finanzierungstätigkeit lassen sich als wesentliche Komponenten Dividendenzahlungen sowie Einzahlungen aus der Emission von Aktien subsumieren. Zu den Auszahlungen gehören darüber hinaus gegebenenfalls Kapitalrückzahlungen und sämtliche weiteren Ausschüttungen. In den Einzahlungen aus Kapitalerhöhungen werden die zahlungswirksamen Erhöhungen des gezeichneten Kapitals und der Kapitalrücklage ausgewiesen.

IAS 7 enthält auch für den Einzelausweis kaum spezifische Anforderungen. Nach IAS 7.21 besteht lediglich die Pflicht, wesentliche Positionen einzeln zu zeigen. Insofern verbleibt dem rechnungslegenden Kreditinstitut ein gewisser Ermessensspielraum für eine Untergliederung der Finanzierungstätigkeit.

Als Mindestangaben unter der Finanzierungstätigkeit verlangt der bankspezifische DRS 2-10.27 den Ausweis von Einzahlungen aus Eigenkapitalzuführungen, Auszahlungen an Unternehmenseigner und Minderheitsgesellschafter, Dividendenzahlungen, sonstige Auszahlungen sowie als Saldogröße Mittelveränderungen aus sonstigem Kapital.

DRS 2-10 über Mindestangaben zur Finanzierungstätigkeit

Abgabepflichten (DRS 2-10, Tz. 27)

- Einzahlungen aus Eigenkapitalzuführungen
- Auszahlungen an Unternehmenseigner und Minderheitsgesellschafter
- Dividendenzahlungen
- Sonstige Auszahlungen
- Mittelveränderungen aus sonstigem Kapital (Saldo)

Bei dem sonstigen Kapital handelt es sich nach der Definition von DRS 2-10.8 um bankaufsichtsrechtliches Ergänzungskapital, darunter Nachrangkapital wie nachrangige Verbindlichkeiten, Genussrechte sowie bankaufsichtsrechtliches Kernkapital, etwa Vermögenseinlagen stiller Gesellschafter.

Für die gezahlten Dividenden, die nach IAS 7.34 wahlweise auch der laufenden Geschäftstätigkeit zugeordnet werden dürfen, präzisiert DRS 2-10.26 einen Pflichtausweis unter der Finanzierungstätigkeit bei einem Kreditinstitut.

6.5 Gesonderter Ausweis von Einzelpositionen

6.5.1 Allgemeine Anforderungen

So, wie die Gewinn- und Verlustrechnung ein Unterkonto des Eigenkapitalkontos ist, so lässt sich die Kapitalflussrechnung als ein Unterkonto des Kontos Zahlungsmittel verstehen. Ebenso, wie sich die Gliederung der Gewinn- und Verlustrechnung statt in einer Kontoform in einer Staffelform darstellen lässt, ist es üblich - und von IAS 7 auch vorgeschrieben - die Änderungen des Kontos Zahlungsmittel in einer Staffelform auszuweisen.

Die Gewinn- und Verlustrechnung verdeutlicht in ihrer Gliederung, durch welche Geschäfte sich das Eigenkapital während einer Periode verändert hat. Die von den Geschäften ausgelösten Aufwands- und Ertragspositionen werden offen gelegt. IAS 30 enthält für Kreditinstitute entsprechende Anforderungen an den Einzelausweis.

In der Kapitalflussrechnung werden Zahlungsmittel aufgeschlüsselt und die dahinter stehenden Geschäfte in Zahlungsströmen abgebildet. Umso erstaunlicher ist es, dass es sowohl in IAS 7 als auch in SFAS 95 nur rudimentäre Verpflichtungen zum gesonderten Ausweis von Einzelpositionen gibt.

Gesonderter Ausweis von Einzelpositionen

Gliederungstiefe innerhalb der Geschäftstätigkeiten

- Detailaufgliederung innerhalb der Geschäftstätigkeiten grundsätzlich frei wählbar

- Gesonderter Ausweis gefordert für
    - gezahlte und (gesondert davon) erhaltene Zinsen (IAS 7.31)
    - erhaltene Dividenden (bei Banken nach IAS 7.33 üblicherweise im Cash Flow aus operativer Geschäftstätigkeit)
    - gezahlte Dividenden (nach IAS 7.34 wahlweise im Cash Flow aus operativer Geschäftstätigkeit oder aus Finanzierungstätigkeit)
    - Ertragsteuerzahlungen (nach IAS 7.35 im Cash Flow aus operativer Geschäftstätigkeit)
    - außerordentliche Ein- und (getrennt davon) Auszahlungen (IAS 7.29)

6.5.2 Zinsen und Dividenden

Cash Flows aus erhaltenen und gezahlten Zinsen und Dividenden sind entsprechend IAS 7.31 gesondert anzugeben. In IAS 7.33 findet sich ein seltener Hinweis an die Adresse von Kreditinstituten. Dort heißt es, dass gezahlte Zinsen sowie erhaltene Zinsen und Dividenden bei einer Finanzinstitution im Normalfall als Cash Flows aus der betrieblichen Tätigkeit klassifiziert werden. Dementsprechend legt DRS 2-10.29 für Kreditinstitute verbindlich fest, dass erhaltene und gezahlte Zinsen sowie erhaltene Dividenden dem Cash Flow aus laufender Geschäftstätigkeit zuzuordnen sind.

Für die gezahlten Dividenden enthält IAS 7.34 ein Wahlrecht. Diese können dem Finanzierungsbereich zugeordnet werden, da es sich um Finanzierungsaufwendungen handelt. Hierdurch kommt die Verbindung zur Außenfinanzierung besonders deutlich zum Ausdruck, da es sich um Kosten erhaltener finanzieller Ressourcen handelt. Alternativ ist nach IAS 7.34 aber auch möglich, gezahlte Dividenden als Bestandteil der Cash Flows aus der betrieblichen Tätigkeit zu klassifizieren, damit die Fähigkeit eines Unternehmens, Dividenden aus laufenden Cash Flows zu zahlen, leichter beurteilt werden kann. Die Alternative lässt DRS 2-10.26 für Kreditinstitute nicht zu. Danach sind gezahlte Dividenden der Finanzierungstätigkeit zuzuordnen und dort gesondert anzugeben. Insofern finden sich in der Finanzierungstätigkeit die kompletten finanziellen Beziehungen eines Kreditinstituts zu seinen Eigenkapitalgebern, soweit hieraus Zahlungsströme resultieren.

Angesichts der Aussagefähigkeit einer Kapitalflussrechnung für ein Kreditinstitut sowie der entsprechenden Größenordnungen ist es für die praktische Aufstellung einer Kapitalflussrechnung einer Bank nicht erforderlich, die als Forderungen aktivierten bzw. als Verbindlichkeiten passivierten Zinsen, die im Folgejahr gezahlt werden, entsprechend der tatsächlichen Zahlungen zu erfassen und auszuweisen. Es handelt sich grundsätzlich um eine reine Periodenverschiebung. Unterstellt, die Zinserträge und Zinsaufwendungen einer Bank seien von Jahr zu Jahr identisch, hätte eine Bereinigung lediglich Auswirkungen auf die erste und letzte Kapitalflussrechnung. In allen dazwischen liegenden Periodenabschlüssen käme es zu keinem Unterschied im Vergleich zur präzisen Abgrenzung der Zahlungsströme. Dies erklärt sich aus dem revolvierenden Charakter der Abgrenzungsposten.

Würden also die ökonomisch dem Dezember zugehörigen Zinsen erst im Januar beglichen, würde eine präzise Abgrenzung eine Verschiebung des Zahlungsstromausweises in den Januar bewirken. Am Jahresende würden die entsprechenden Zinserträge und -aufwendungen des Dezembers wieder aus dem Jahresüberschuss eliminiert und in das Folgejahr übertragen. Die Gesamthöhe der auszuweisenden Zinszahlungen deckt sich mithin ab dem zweiten Jahr der Erstellung einer Kapitalflussrechnung mit den entsprechenden Zinserträgen und Zinsaufwendungen - periodisch konstante Erträge und Aufwendungen unterstellt.

Hinzu kommt, dass es sich bei den potentiell abzugrenzenden Beträgen um solche von untergeordneter Bedeutung handelt. So umfassen die Beträge normalerweise nicht mehr als 5% der Einzelposition Zinsen. Im Verhältnis zum gesamten Cash Flow aus operativer Geschäftstätigkeit liegt die Bedeutung üblicherweise bei höchstens 2,5-3%. Insofern ist es durchaus auch bei steigenden Zinserträgen und -aufwendungen vertretbar, die in der Gewinn- und Verlustrechnung ausgewiesenen Aufwendungen und Erträge ohne weitere Adjustierungen in die Kapitalflussrechnung zu übernehmen.[28] Die Zinseinzahlungen und Zinsauszahlungen würden in diesem Sinne approximiert durch die entsprechenden Ertrags- und Aufwandsgrößen der Gewinn- und Verlustrechnung.

Selbstverständlich bleibt es einer Bank auch unbenommen, die theoretisch zu präferierende Bereinigung vorzunehmen.

6.5.3 Ertragsteuern

IAS 7.35 verlangt die gesonderte Angabe von Cash Flows aus Ertragsteuern im Bereich der operativen Geschäftstätigkeit. Von der Zuordnung zur laufenden Geschäftstätigkeit kann nur abgewichen werden, wenn die Ertragsteuerzahlungen direkt bestimmten Investitions- oder Finanzierungsaktivitäten zugeordnet werden können. „Während Investitions- oder Finanzierungstätigkeiten in der Regel der entsprechende Steueraufwand zugeordnet werden kann, ist die Bestimmung der damit verbundenen steuerbezogenen Cash Flows häufig nicht durchführbar oder wirtschaftlich nicht vertretbar und die Cash Flows erfolgen unter Umständen in einer anderen Periode als die Cash Flows des zugrunde liegenden Geschäftsvorfalles. Aus diesem Grund werden gezahlte Steuern im Regelfall als Cash Flows aus der betrieblichen Tätigkeit klassifiziert" (IAS 7.36).

In der Praxis ist die Erfassung der tatsächlichen Zahlungsströme im Bereich der Ertragsteuern bei Konzernunternehmen mit zahlreichen Gesellschaften, die der Besteuerung unterliegen, sehr aufwendig. Hier kann üblicherweise keine direkte Zuordnung von Steuern zu einer entsprechenden Transaktion vorgenommen werden. Aus Vereinfachungsgründen sollte deshalb eine Ermittlung durch Bereinigung des Konzernsteueraufwandes um latente Steuern und Ertragsteuerrückstellungen zulässig sein.

Bei Wahl der indirekten Darstellungsmethode ist zu berücksichtigen, dass der Steueraufwand (ggf. auch der Steuerertrag) durch die Gewinn- und Verlustrechnung gegangen ist. Der im Jahresüberschuss enthaltene Steueraufwand (-ertrag) ist um die gesondert ausgewiesenen Ertragsteuern zu bereinigen, um eine Doppelberücksichtigung zu vermeiden.

Unabhängig davon wird der Jahresüberschuss generell um zahlungsunwirksame Aufwendungen und Erträge bereinigt, etwa um Abschreibungen oder Zuschreibungen. In

---

[28] Vgl. BELLAVITE-HÖVERMANN, Y./LÖW, E., a.a.O. (Fn. 14), S. 124.

diesen Bereinigungsschritt fällt auch die Korrektur um latente Steuern sowie die Veränderung der Steuererstattungsansprüche und der Steuerrückstellungen. Aufwendungen für latente Steuern sind mithin dem Jahresüberschuss hinzuzurechnen, weil sie das Periodenergebnis gemindert haben, ohne zahlungswirksam zu sein. Dementsprechend sind Erträge, etwa aus der Zuführung zur aktiven Steuerabgrenzung, wegen ihrer Zahlungsunwirksamkeit vom Jahresüberschuss zu subtrahieren.

Sonstige Steuern gehören grundsätzlich nicht der operativen Geschäftstätigkeit an. Da sie sich aber noch weniger den Cash-Flow-Bereichen der Investition oder Finanzierung zuordnen lassen, wird der Jahresüberschuss nicht um diese Position korrigiert und ein Einzelausweis in einer gesonderten Zeile der Kapitalflussrechnung vorgenommen. IAS 7 toleriert diese Ungenauigkeit der Abgrenzung.

6.5.4 Außerordentliche Posten

Nach IAS 7.29 sind die Cash Flows aus außerordentlichen Posten als Zahlungsströme aus laufenden Tätigkeiten, aus Investitionstätigkeiten oder aus Finanzierungstätigkeiten zu klassifizieren und gesondert anzugeben. Gelingt die differenzierte Zuordnung zu den entsprechenden Cash-Flow-Bereichen nicht, sollte der Vorgang unter der operativen Geschäftstätigkeit ausgewiesen werden. Die gesonderte Ausweispflicht der außerordentlichen Zahlungen begründet sich gemäß IAS 7.30 daraus, dass die Adressaten die Art dieser Zahlungsflüsse und die Auswirkungen auf gegenwärtige und künftige Cash Flows des Unternehmens durch den gesonderten Ausweis einschätzen können.

Es empfiehlt sich für die Kapitalflussrechnung die Definition von außerordentlichen Posten zu übernehmen, die für einen Ausweis von außerordentlichen Aufwendungen und außerordentlichen Erträgen in der Gewinn- und Verlustrechnung gewählt wurde. Die bis zum Jahre 2005 noch gültige Fassung von IAS 8 enthält Definitionen zu außerordentlichen Posten. Nach IAS 8.6 sind außerordentliche Posten Erträge und Aufwendungen, die aus Ereignissen oder Geschäftsvorfällen entstehen, welche sich klar von der gewöhnlichen Tätigkeit des Unternehmens unterscheiden und von denen nicht anzunehmen ist, dass sie häufig oder regelmäßig wiederkehren. Klarstellend weist IAS 8.13 darauf hin, dass diese Unterscheidung von der Art des Ereignisses oder Geschäftsvorfalls im Hinblick auf die gewöhnlich von Unternehmen betriebenen Geschäfte und weniger durch die Häufigkeit, mit der solche Ereignisse erwartet werden oder auftreten, abhängt. Als Beispiele für Ereignisse oder Geschäftsvorfälle, die von den meisten Unternehmen als außerordentlich ausgewiesen werden können, werden in IAS 8.14 Enteignungen von Vermögenswerten oder Erdbeben und andere Naturkatastrophen genannt. Aus der Beschreibung des Postens und den aufgeführten Beispielen ist erkennbar, dass ein Abschluss nach IFRS nur in äußerst seltenen Fällen außerordentliche Posten in der Gewinn- und Verlustrechnung enthalten wird. Entsprechend selten wird es dann aber auch in der Kapitalflussrechnung zu einem solchen Ausweis kommen. Mit der Neufassung von IAS 1 und IAS 8, zwingend anzuwenden für Geschäftsjahre ab 2005, entfällt künftig ein außerordentliches Ergebnis. In einer Kapitalflussrechnung nach IAS 7 besteht dann für den Ausweis außerordentlicher Zahlungen ebenfalls kein Raum mehr.

Demgegenüber fasst das deutsche Handelsrecht den Begriff der Außerordentlichkeit nicht ganz so eng. Würden insofern bestimmte Restrukturierungsaufwendungen von einem Kreditinstitut im Rahmen seiner Gewinn- und Verlustrechnung als außerordentliche Aufwendungen ausgewiesen, so wären die daraus resultierenden Auszahlungen in der Kapitalflussrechnung ebenfalls als außerordentlich zu bezeichnen. Sie würden die Kapitalflussrechnung in der Periode durchlaufen, in der die tatsächliche Zahlung geleistet wird. Dies kann ein vom Aufwandsausweis in der Gewinn- und Verlustrechnung abweichendes Geschäftsjahr sein.

Wurden bspw. für die Schließung von Zweigstellen zu Lasten außerordentlicher Aufwendungen Sozialplanrückstellungen gebildet, während die Auszahlung von Abfindungen an ausscheidende Mitarbeiter in einer anderen Periode erfolgt, so stellt sich dies in der Gewinn- und Verlustrechnung sowie in der Bilanz zunächst als außerordentlicher Aufwand und Erhöhung der Rückstellungen dar. In einer späteren Periode ist der Vorgang als Minderung von Zahlungsmitteln und Minderung der Rückstellungsposition erfolgsneutral abgebildet.

Für die Kapitalflussrechnung ergibt sich daraus, dass die Bildung der Rückstellung als zahlungsunwirksamer Vorgang durch Bereinigung des Jahresüberschusses berücksichtigt wird. In der gleichen Periode kann mangels Zahlungswirksamkeit selbstverständlich kein Ausweis von außerordentlichen Zahlungen erfolgen.

In einer späteren Periode wird dann die Abfindung geleistet (ausgezahlt) und die zugrunde liegende Rückstellung verwendet/aufgelöst. Erst in diesem Moment wird der außerordentliche Aufwand zahlungswirksam und ist - bei Wesentlichkeit - in der Kapitalflussrechnung entsprechend auszuweisen.

Dabei sind zwei Arbeitsschritte auseinander zu halten. Erstens wird bei der Bereinigung des Jahresüberschusses um zahlungsunwirksame Bestandteile im Rahmen der Rückstellungsveränderungen diese Rückstellungsverwendung/-auflösung nicht mitbereinigt, weil in diesem Fall nur die Gesamtveränderung der Position ohne den zahlungswirksamen Anteil zu bereinigen ist, ohne dass unmittelbar auf die Veränderung der Rückstellungen zurückgegriffen werden kann. Zweitens ist die Abfindungsleistung als außerordentliche Auszahlung in der Kapitalflussrechnung auszuweisen. Eine Bereinigung des Jahresüberschusses zur Vermeidung eines Doppelausweises erübrigt sich, da die Auszahlung nicht in der gleichen Periode die Gewinn- und Verlustrechnung durchlaufen hat und der Jahresüberschuss demzufolge keine zu korrigierenden Aufwendungen oder Erträge enthält (die Aufwandsbuchung lag in einer vorausgegangenen Periode und wurde dort bereits als zahlungswirksam korrigiert).

Würde nicht wie oben beschrieben verfahren, so würde im Zahlungszeitpunkt, etwa der Abfindungsleistung, wenn Aufwandsverrechnung und Auszahlung in verschiedene Perioden fallen, der entsprechende außerordentliche Sachverhalt in der Kapitalflussrechnung überhaupt nicht ausgewiesen.

6.6 „Abstimmungsteil" der Kapitalflussrechnung

Die Entwicklung des Zahlungsmittelbestandes vom Beginn bis zum Ende einer Periode wird durch Addition des Cash Flow aus operativer Geschäftstätigkeit, aus Investitionstätigkeit und aus Finanzierungstätigkeit vorbereitet.

Um die Veränderung des Zahlungsmittelbestandes vollständig wiederzugeben, sind Effekte aus Wechselkursänderungen zu berücksichtigen und nach IAS 7.28 gesondert auszuweisen. Wegen der Notwendigkeit, eine Beziehung zwischen dem Zahlungsmittelfonds zu Beginn und am Ende einer Periode herzustellen, sollte die gesonderte Offenlegung zweckmäßigerweise unmittelbar im „Abstimmungsteil" der Kapitalflussrechnung und nicht etwa in dem verbalen Erläuterungsteil erfolgen.

Hinsichtlich der Erstellung einer Konzernkapitalflussrechnung lassen sich verschiedene Möglichkeiten der Ableitung unterscheiden. In der Bankenpraxis völlig vernachlässigbar ist eine unternehmensübergreifende einheitliche Konzernbuchführung. Diese wäre angesichts der Aussagefähigkeit der Kapitalflussrechnung für eine Bank völlig unangemessen.

Alternativ besteht eine Möglichkeit darin, zunächst Einzelkapitalflussrechnungen auf der Ebene der rechtlichen Einheit aufzustellen. Die sich daraus ergebenden Einzelkapitalflussrechnungen wären anschließend - im Falle von Tochtergesellschaften, die in ausländischer Währung operieren, nach Umrechnung der betreffenden Kapitalflussrechnung in die Berichtswährung - um konzerninterne Zahlungsvorgänge zu bereinigen, mithin zu konsolidieren. Auch diese Vorgehensweise ist in der Praxis eher selten anzutreffen.

Die letzte Möglichkeit der Entwicklung einer Konzernkapitalflussrechnung besteht in einer Ableitung aus der vorhandenen Konzern-Gewinn- und Verlustrechnung und der dazugehörigen Konzernbilanz. Hierbei handelt es sich um die am weitesten verbreitete Verfahrensweise, weil sie in praktischer Hinsicht am einfachsten umzusetzen ist.

Wird die Konzernkapitalflussrechnung aus dem Konzernrechnungswesen abgeleitet, mithin auf konsolidierte Daten zurückgegriffen, so sind im Abstimmungsteil der Kapitalflussrechnung lediglich wechselkursbedingte Änderungen des seit der Vorperiode gehaltenen Zahlungsmittelbestandes zu erfassen. Diese resultieren daraus, dass ein in Währung gehaltener Kassenbestand aufgrund einer Abwertung (Aufwertung) der lokalen Währung nunmehr in Konzernwährung gerechnet weniger (oder mehr) wert ist. Diesen Änderungen des Zahlungsmittelfonds liegen keine Ein- oder Auszahlungen zugrunde.

IAS 7.28 enthält für die Ermittlung und Darstellung der wechselkursbedingten Wertänderungen des Zahlungsmittelfonds lediglich den allgemeinen Hinweis, dass die Änderung des Zahlungsmittelbestandes entsprechend zu korrigieren sei um in fremden Währungen gehaltene Bestandsveränderungen. Die Auswirkung von Wechselkursänderungen auf in Fremdwährung gehaltene Zahlungsmittelbestände ist bei der Überleitung des Zahlungsmittelbestandes zu Beginn der Periode auf den Zahlungsmittelbestand am Ende der Periode getrennt von den Zahlungsströmen aus operativer Geschäftstätigkeit, Investition und Finanzierung zu zeigen. Die entsprechende Position wird in der Praxis zweckmäßigerweise als „Effekte aus Wechselkursänderungen" bezeichnet und üblicherweise vor der Position „Zahlungsmittelbestand zum Ende der Periode" ausgewiesen.

7. Verbale Zusatzerläuterungen in den Notes (im Anhang)

7.1 Vorgeschriebene Angaben

Nach IAS 7 werden einige Angaben zur Kapitalflussrechnung gefordert, die im Wesentlichen das Zahlenwerk erläutern oder ergänzen. Dabei geht es vornehmlich um Zusatzangaben zum Zahlungsmittelfonds, um den gesonderten Ausweis bestimmter Zahlungen innerhalb des relevanten Teilbereichs der Kapitalflussrechnung, um Angaben zu wesentlichen, nicht zahlungswirksamen Investitions- und Finanzierungsvorgängen und um die Vermittlung von Informationen über den Erwerb und den Verkauf von Unternehmen und sonstigen Geschäftseinheiten. Darüber hinaus werden einige zusätzliche Offenlegungen auf freiwilliger Basis empfohlen.

Aufgrund der Bedeutung des Zahlungsmittelfonds und seiner Abgrenzung ist nach IAS 7.46 vorgeschrieben, die Bestandteile des Fonds anzugeben. Besondere Bedeutung erlangt diese Verpflichtung, wenn der Zahlungsmittelfonds nicht mit bestimmten Bilanzpositionen übereinstimmt und dadurch nicht aus der Bilanz ersichtlich ist, also bspw. Wertpapiere des Handelsbestandes umfassen sollte. Für solche Fälle ist eine Überleitungsrechnung der Komponenten des Zahlungsmittelfonds auf die entsprechenden Bilanzpositionen vorgeschrieben. Dies bedeutet, dass jede Bilanzposition, die Zahlungsmittel und Zahlungsmitteläquivalente enthält, aufzugliedern ist in Teile, die in den Zahlungsmittelfonds einbezogen sind, und in Teile, die in den einzelnen Cash-Flow-Bereichen erfasst werden.

Sollte ein Kreditinstitut die Abgrenzung des Zahlungsmittelfonds entsprechend DRS 2-10 vornehmen, so genügt ein Hinweis, dass der Fonds die nach IFRS bilanziell ausgewiesene Barreserve umfasst. Falls die Abgrenzung des Zahlungsmittelfonds in einer Periode geändert wird, ist auf die Auswirkung dieser Änderung nach IAS 7.47 in Verbindung mit IAS 8 einzugehen.

Sollten im Zahlungsmittelfonds Bestände enthalten sein, über die das Kreditinstitut nicht oder nur beschränkt verfügen kann, so ist nach IAS 7.48 darüber zu berichten, weil der Einblick in die Liquiditätslage insoweit eingeschränkt ist. Eine Beeinträchtigung der Verfügbarkeit ist etwa gegeben, wenn Zahlungsmittel nicht länderübergreifend transferiert werden dürfen. „Eine Beschränkung der Konvertierbarkeit der im internationalen Konzern benutzten Währungen kann darin bestehen, dass die Verwendbarkeit einzelner Währungen auf regionale (nationale) Bereiche begrenzt ist. Die betreffenden Währungen können deshalb nicht oder nur beschränkt in die Zahlungsdispositionen des Gesamtkonzerns einbezogen werden. Eine weitere Folge kann sein, dass die betreffenden Währungen (offiziell) nur zu unrealistischen Kursen in andere Währungen, vor allem in die Berichtswährung des Konzerns, umgetauscht werden können. Es geht schließlich um jene Fälle, in denen Bestände von an sich voll konvertierbaren Währungen durch administrative Maßnahmen der nationalen Regierungen mehr oder weniger strengen Verwendungsbeschränken unterworfen sind".[29] Das Halten einer Mindestreserve bei einer Zentralnotenbank gehört jedoch nicht zu den Angabepflichten, da die grundsätzliche Verfügbarkeit nicht eingeschränkt ist.

Obwohl in der Bankbilanzierungspraxis selten anzutreffen, ist es jedoch prinzipiell unter bestimmten Voraussetzungen möglich, eine Quotenkonsolidierung vorzunehmen. Dies gilt sowohl für einen Abschluss nach § 310 HGB, grundsätzlich aber auch für eine Bilanzierung unter IAS 31, wobei geringfügige Auffassungsunterschiede zwischen einem Gemeinschaftsunternehmen nach HGB und den „gemeinsam kontrollierten Unternehmen" („jointly controlled entities") nach IFRS bestehen könnten. Werden Unternehmen quotal konsolidiert, resultieren Verfügungsbeschränkungen daraus, dass über einbezogene Zahlungsmittel nur in Verbindung mit anderen Unternehmen (den weiteren Partnern an dem quotal berücksichtigten Unternehmen) verfügt werden kann. Hierüber wäre gegebenenfalls ebenfalls zu berichten.[30]

Die in der Kapitalflussrechnung auszuweisenden zahlungsmittelwirksamen Veränderungen im Bereich der Investition oder der Finanzierung indizieren nur einen Teil der insgesamt vorgenommenen Investitions- oder Finanzierungsmaßnahmen. Zur Vermittlung eines umfassenden Bildes ist es erforderlich, zusätzlich noch die zahlungsmittelunwirksamen Geschäftsvorfälle der Investition oder der Finanzierung zu kennen. IAS 7.43 verlangt deshalb ergänzend eine Angabe der wesentlichen zahlungsunwirksamen Investitions- und Finanzierungsvorgänge. IAS 7.44 nennt hierzu u.a. beispielhaft den Erwerb eines Unternehmens gegen Ausgabe von Anteilen oder die Umwandlung von Verbindlichkeiten in Eigenkapital.

---

[29] WYSOCKI, K. VON, a.a.O. (Fn. 13), Tz. 127.
[30] Vgl. WYSOCKI, K. VON, a.a.O. (Fn. 13), Tz. 127.

Liegt ein Erwerb oder eine Veräußerung von Unternehmen vor, so zeigt sich dies in der Kapitalflussrechnung als Kaufpreis abzüglich der erworbenen oder abgegebenen Finanzmittel. Der Ausweis erfolgt als Cash Flow aus der Investitionstätigkeit. Zusätzlich sind nach IAS 7.40 in den Notes folgende Angaben offen zu legen: gesamter Kauf- oder Verkaufspreis, Begleichung des Kauf- oder Verkaufspreises durch Zahlungsmittel bzw. Zahlungsmitteläquivalente, Betrag der Zahlungsmittel oder Zahlungsmitteläquivalente, die mit dem Erwerb übernommen oder im Zusammenhang mit dem Verkauf abgegeben worden sind sowie Beträge der nach Hauptgruppen gegliederten Vermögenswerte und Verbindlichkeiten mit Ausnahme der Zahlungsmittel und der Zahlungsmitteläquivalente, die übernommen oder abgegeben worden sind.

Über IAS 7 hinausgehend enthält der branchenübergreifende DRS 2 als weitere Mindestangabepflichten den Ausweis der Einzahlungen aus Eigenkapitalzuführungen von Minderheitsgesellschaftern, die Angabe von Auszahlungen an Minderheiten sowie die Aufgliederung von Zahlungsvorgängen im Investitionsbereich nach Investitionen und Desinvestitionen im Bereich des immateriellen Anlagevermögens, des Sachanlagevermögens sowie des Finanzanlagevermögens. Die entsprechenden Maßnahmen im Investitionsbereich dürften bei Kreditinstituten in der Regel entweder von untergeordneter Bedeutung sein (immaterielles Anlagevermögen, Sachanlagevermögen) oder aus entsprechenden Aufgliederungen an anderer Stelle in den Notes ohnehin erkennbar sein (Finanzanlagevermögen), so dass diese Offenlegungsanforderung üblicherweise bei Kreditinstituten keine zusätzlichen Veröffentlichungspflichten auslösen wird.

7.2 Freiwillige Angaben

Über die Pflichtangaben hinausgehend werden von IAS 7 einige zusätzliche Angaben auf freiwilliger Basis empfohlen.

Dazu gehört nach IAS 7.50(a) die Angabe der nicht ausgenutzten Kreditlinien, die für die künftige Geschäftstätigkeit und zur Kapitalbeschaffung eingesetzt werden können - unter Angabe aller Beschränkungen der Verwendung dieser Kreditlinien.

In den Abschlüssen deutscher Kreditinstitute finden sich kaum quotal konsolidierte Gemeinschaftsunternehmen. Sollte dies ausnahmsweise gleichwohl gegeben sein, so sollte nach IAS 7.50(b) der Gesamtbetrag der Mittelzuflüsse oder Mittelabflüsse angegeben werden, die sich auf quotal konsolidierte Gemeinschaftsunternehmen beziehen. Die Angabeempfehlung erklärt sich daraus, dass bei quotaler Einbeziehung eines Unternehmens in die Kapitalflussrechnung nur ein Teil der Zahlungsströme des Gemeinschaftsunternehmens in die Kapitalflussrechnung eingeht, andererseits selbst über diesen Teil in der Regel nur im gemeinschaftlichen Zusammenwirken aller Eigner des Gemeinschaftsunternehmens verfügt werden kann.

Nach IAS 7.50(c) soll die Summe des Betrages der Cash Flows angegeben werden, die Erweiterungen der betrieblichen Kapazität betreffen, im Unterschied zu den Cash Flows, die zur Erhaltung der Kapazität erforderlich sind. Diese Angabeempfehlung zielt eindeutig auf produzierende Industrieunternehmen ab. Sie wird von Kreditinstituten eher selten angewendet werden.

Entsprechend der Bedeutung der Segmentberichterstattung für Externe zur Beurteilung der Leistungsfähigkeit eines diversifizierten Konzerns empfiehlt IAS 7.50(d) ergänzend zu den Pflichtangaben einer Segmentberichterstattung eine Aufgliederung der Zahlungsflüsse aus laufender Geschäftstätigkeit, aus Investitionstätigkeit und aus Finanzierungstätigkeit nach Unternehmensbereichen und nach Regionen. Angesichts der generell eingeschränkten Aussagefähigkeit einer Kapitalflussrechnung eines Kreditinstituts stellt sich die Frage, inwieweit die Angabe der entsprechenden Informationen lohnenswert ist. Dies gilt umso mehr als die segmentierten Erfolgsgrößen, die nach dem bankspezifischen DRS 3-10 ohnehin auszuweisen sind, einen ausreichenden Einblick in die Leistungsfähigkeit eines Kreditinstituts zu gewähren vermögen.

Anlagen

Anlage 1: Gegenüberstellung wesentlicher Merkmale der Anforderungen an die Erstellung von Kapitalflussrechnungen nach SFAS 95 und IAS 7

Grundlage	SFAS 95	IAS 7
Erlassende Organisation:	FASB	IASC
Jahr des Erlasses:	1987	1992
Bezeichnung:	Statement of Cash Flows	Cash Flow Statements
Verpflichtungsgrad:	Pflichtbestandteil des Jahresabschlusses	Pflichtbestandteil des Jahresabschlusses
Fondsabgrenzung:	eng: Cash and Cash Equivalents (SFAS 95.7-10)	eng: Cash and Cash Equivalents (IAS 7.7)
Bereiche:	Cash Flow from Operating Activities (SFAS 95.21-24) Cash Flow from Investing Activities (SFAS 95.15-17) Cash Flow from Financing Activities (SFAS 95.18-20)	Cash Flow from Operating Activities (IAS 7.13-15) Cash Flow from Investing Activities (IAS 7.16) Cash Flow from Financing Activities (IAS 7.17)
Ermittlung des Cash Flow aus operativer Geschäftstätigkeit:	direkte Methode empfohlen, indirekte Methode erlaubt (SFAS 95.27-28)	direkte Methode empfohlen, indirekte Methode erlaubt (IAS 7.18-20)
Ausweis von Zinsen und Dividenden:	gesonderter Ausweis: - gezahlte Zinsen - erhaltene Zinsen - erhaltene Dividenden im Cash Flow aus operativer Geschäftstätigkeit (SFAS 95.22-23) - gezahlte Dividenden im Cash Flow aus Finanzierungstätigkeit (SFAS 95.20)	gesonderter Ausweis: (IAS 7.31) - gezahlte Zinsen - erhaltene Zinsen - erhaltene Dividenden im Cash Flow aus operativer Geschäftstätigkeit (IAS 7.33) - gezahlte Dividenden wahlweise im Cash Flow aus Finanzierungstätigkeit oder im Cash Flow aus operativer Geschäftstätigkeit (IAS 7.34)

Grundlage	SFAS 95	IAS 7
Ausweis zahlungsunwirksamer Vorgänge:	gesonderter Ausweis von dauerhaft zahlungsunwirksamen Investitions- und Finanzierungstätigkeiten, (z.B. Kapitalerhöhung) (SFAS 95.32)	gesonderter Ausweis von dauerhaft zahlungsunwirksamen Investitions- und Finanzierungstätigkeiten, (z.B. Kapitalerhöhung) (IAS 7.43)
eigenständige bankspezifische Regelungen:	keine Vorschriften, rudimentäre Erläuterung für Banken im Anhang (Appendix B)	keine Vorschriften, vereinzelte Aussagen
eigenständige bankspezifische Zuordnungsvorschriften:	unverbindliches Musterbeispiel einer Zuordnung nach der direkten Methode im Anhang (Appendix C, Example 3), tendenziell geringe Zuordnung zur operativen Geschäftstätigkeit	unverbindliches Musterbeispiel einer Zuordnung nach der direkten Methode im Anhang (Appendix 2), tendenziell breite Zuordnung zur operativen Geschäftstätigkeit

Anlage 2: Synopse zur Kapitalflussrechnung für Banken gemäß SFAS 95, IAS 7 und DRS 2-10

	SFAS 95 Appendix C, Example 3 - direkte Methode	IAS 7 Appendix 2 - direkte Methode	DRS 2-10	Anmerkungen
	Cash Flow aus operativer Geschäftstätigkeit	Cash Flow aus operativer Geschäftstätigkeit	Cash Flow aus operativer Geschäftstätigkeit	
1	-/-	-/-	Periodenergebnis (einschließlich Ergebnisanteilen von Minderheitsgesellschaftern vor außerordentlichen Posten)	übliche Ausgangsgröße bei Anwendung der indirekten Darstellungsmethode zum Ausweis der operativen Geschäftstätigkeit
2	-/-	-/-	Im Periodenergebnis enthaltene zahlungsunwirksame Posten und Überleitung auf den Cash Flow aus operativer Geschäftstätigkeit - Abschreibungen, Wertberichtigungen und Zuschreibungen auf Ford., Sach- und Finanzanlagen - Zu-/Abnahme der Rückstellungen - Andere zahlungsunwirksame Aufwendungen/ Erträge - Gewinn/Verlust aus der Veräußerung von Finanz- und Sachanlagen - Sonstige	erforderliche Korrekturen bei Anwendung der indirekten Methode gemäß IAS 7.20 durch die Anpassungen wird der Jahresüberschuss auf die Zahlungsmittelebene gebracht außerdem werden Doppelberücksichtigungen - implizit im Jahresüberschuss und explizit in einer gesonderten Zeile der Gliederung - vermieden

	SFAS 95 Appendix C, Example 3 - direkte Methode	IAS 7 Appendix 2 - direkte Methode	DRS 2-10	Anmerkungen
	Cash Flow aus operativer Geschäftstätigkeit	Cash Flow aus operativer Geschäftstätigkeit	Cash Flow aus operativer Geschäftstätigkeit	
			Anpassungen	
3	Zinseinnahmen	Zins-/Provisionseinnahmen	Erhaltene Zinsen und Dividenden	erhaltene Zinsen und Dividenden sind nach IAS 7.31 gesondert auszuweisen, von Banken gemäß IAS 7.33 üblicherweise und gemäß DRS 2-10.29 zwingend in der operativen Geschäftstätigkeit
4	Gebühren-/Provisionseinnahmen	vgl. Zeile 3	vgl. Zeile 3	nach IAS 7.14 (b) gewöhnlich der operativen Geschäftstätigkeit zuzuordnen
5	Einnahmen aus dem Leasinggeschäft	-/-	enthalten in Zeile 3	bei Banken im Zinsergebnis erfasst
6	gezahlte Zinsen	gezahlte Zinsen	gezahlte Zinsen	nach IAS 7.31 als Einzelposition auszuweisen, gemäß IAS 7.33 üblicherweise und nach DRS 2-10.29 zwingend in der operativen Geschäftstätigkeit
7	Zahlungen an Lieferanten/Mitarbeiter	Zahlungen an Mitarbeiter/Lieferanten	-/-	bei direkter Methode Einzelausweis nur erforderlich, wenn von wesentlicher Bedeutung
8	Ertragsteuerzahlungen	Ertragsteuerzahlungen	Ertragsteuerzahlungen	nach IAS 7.35 Einzelausweis in der operativen Geschäftstätigkeit vorgesehen, sofern Zuordnung zur Investitions- oder Finanzierungstätigkeit unmöglich

	SFAS 95 Appendix C, Example 3 - direkte Methode	IAS 7 Appendix 2 - direkte Methode	DRS 2-10	Anmerkungen
	Cash Flow aus operativer Geschäftstätigkeit	Cash Flow aus operativer Geschäftstätigkeit	Cash Flow aus operativer Geschäftstätigkeit	
9	-/-	Eingänge auf abgeschriebene Forderungen	-/-	bei direkter Methode Einzelausweis nur erforderlich, wenn von wesentlicher Bedeutung
10	vgl. investiver CF, Zeile 24/finanzbezogener CF, Zeile 37	Zu-/Abnahme kurzfristiger Mittel	Veränderung der (kurzfristigen) Forderungen	nach IAS 7.15 üblicherweise Teil der operativen Geschäftstätigkeit
11	vgl. investiver CF, Zeile 26	Zu-/Abnahme der Ausleihungen an Kunden	Veränderung der (langfristigen) Forderungen	nach DRS 2-10 keine explizite Unterscheidung zwischen kurz- und langfristigen Forderungen, sondern nach dem Empfänger, also an Kreditinstitute und an Kunden
12	vgl. investiver CF, Zeilen 21 und 22	Zu-/Abnahme anderer kurzfristiger, börsennotierter WP	Wertpapiere (soweit nicht Finanzanlagen)	nach IAS 7.15 gehören WP des Handelsbestandes zur operativen Geschäftstätigkeit
13	vgl. investiver CF, Zeile 23	Nettoanstieg der Kreditkartenanforderungen	-/-	Einzelausweis nur bei wesentlicher Bedeutung
14	-/-	Einlagen, die aus aufsichtsrechtlichen Gründen oder zur Geldmengensteuerung gehalten werden	-/-	Einzelausweis nur erforderlich, wenn von wesentlicher Bedeutung
15	-/-	-/-	andere Aktiva aus operativer Geschäftstätigkeit	im Musterbeispiel von IAS 7 für Banken sind keine zusammengefassten Positionen „Sonstige" enthalten

	SFAS 95 Appendix C, Example 3 - direkte Methode	IAS 7 Appendix 2 - direkte Methode	DRS 2-10	Anmerkungen
	Cash Flow aus operativer Geschäftstätigkeit	**Cash Flow aus operativer Geschäftstätigkeit**	**Cash Flow aus operativer Geschäftstätigkeit**	
16	vgl. finanz bezogener CF, Zeile 35	Zu-/Abnahme der Kundeneinlagen	Veränderung der Verbindlichkeiten	nach der Anlage von DRS 2-10 Vorschlag zur weiteren Untergliederung in solche gegenüber Kreditinstituten und gegenüber Kunden
17	vgl. finanz-bezogener CF, Zeilen 38 und 39	Zu-/Abnahme begebener börsengängiger Schuldverschreibungen	Veränderung der verbrieften Verbindlichkeiten	nach IAS 7.17(c) normalerweise der Finanzierungstätigkeit zuzuordnen, für Banken eigenständige Interpretation notwendig; nach DRS 2-10.21 wird die Zuordnung zur operativen Geschäftstätigkeit der bankspezifischen Tätigkeit am ehesten gerecht
18	-/-	-/-	andere Passiva aus operativer Geschäftstätigkeit	im Musterbeispiel von IAS 7 für Banken sind keine zusammengefassten Positionen „Sonstige" enthalten
19	-/-	-/-	außerordentliche Einzahlungen	nach IAS 7.29 gesondert auszuweisen
20	-/-	-/-	außerordentliche Auszahlungen	nach IAS 7.29 gesondert auszuweisen

	SFAS 95 Appendix C, Example 3 - direkte Methode	IAS 7 Appendix 2 - direkte Methode	DRS 2-10	Anmerkungen
	Cash Flow aus Investitionstätigkeit	Cash Flow aus Investitionstätigkeit	Cash Flow aus Investitionstätigkeit	Starke Abhängigkeit von der Zuordnung zum operativen Bereich
21	Einnahmen aus Verkäufen von Handels- und Investitions-Wertpapieren	Einzahlungen durch Veräußerung von WP (nicht Handel); vgl. operativer CF, Zeile 12	Einzahlungen aus Abgängen von Finanzanlagevermögen	Einzelausweis nach IAS 7.21 nur erforderlich, wenn von wesentlicher Bedeutung; DRS 2-10.23 sieht einen gesonderten Ausweis zwingend vor
22	Käufe von Handels- und Investitions-Wertpapieren	Kauf von WP (nicht Handel); vgl. operativer CF, Zeile 12	Auszahlungen für Investitionen in das Finanzanlagevermögen	Einzelausweis nach IAS 7.21 nur erforderlich, wenn von wesentlicher Bedeutung; DRS 2-10.23 sieht einen gesonderten Ausweis zwingend vor
23	Nettoanstieg der Kreditkartenforderungen	vgl. operativer CF, Zeile 13	-/-	
24	Nettorückgang der Kundenforderungen mit Fälligkeiten von 3 Monaten und weniger	vgl. operativer CF, Zeile 10	vgl. operativer CF, Zeile 10/11	
25	Kapital aus längerfristigen Anleihen	vgl. finanzbezogener CF, Zeile 45	vgl. operativer CF, Zeile 16	
26	Längerfristige Darlehen an Kunden	vgl. operativer CF, Zeile 11	vgl. operativer CF, Zeile 10/11	
27	Kauf von Gegenständen für das Leasinggeschäft	-/-	-/-	
28	Kapitalzahlungen aus Leasinggeschäften	-/-	-/-	
29	Investitionsauszahlungen	vgl. Zeile 22 sowie Zeile 32	vgl. Zeile 22 sowie Zeile 32	

	SFAS 95 Appendix C, Example 3 - direkte Methode	IAS 7 Appendix 2 - direkte Methode	DRS 2-10	Anmerkungen
	Cash Flow aus Investitionstätigkeit	Cash Flow aus Investitionstätigkeit	Cash Flow aus Investitionstätigkeit	Starke Abhängigkeit von der Zuordnung zum operativen Bereich
30	-/-	Veräußerung von Tochterunternehmen	enthalten in Zeile 21	Zuordnung zur Investitionstätigkeit gemäß IAS 7.16; Einzelausweis gemäß IAS 7.21 nur erforderlich, wenn von wesentlicher Bedeutung; Bruttodarstellung nach IAS 7.21 in Verbindung mit IAS 7.24 notwendig; Zuordnung zur Investitionstätigkeit nach DRS 2-10.22 zwingend
31	Einnahmen durch die Veräußerung von Sachanlagegegenständen	-/-	Einzahlungen aus Abgängen des Sachanlagevermögens	
32	-/-	Kauf von Sachanlagegegenständen	Auszahlungen für Investitionen in das Sachanlagevermögen	
33	vgl. operativer CF, Zeile 3	erhaltene Zinsen (vgl. aber auch operativer CF, Zeile 3)	vgl. operativer CF, Zeile 3	erhaltene Zinsen und Dividenden sind nach IAS 7.31 gesondert auszuweisen, von Banken gemäß IAS 7.33 üblicherweise gemäß DRS 2-10. 29 in der operativen Geschäftstätigkeit
34	-/-	erhaltene Dividenden	vgl. operativer CF, Zeile 3	
35	-/-	-/-	Einzahlungen aus dem Verkauf von und (getrennt) Auszahlungen aus dem Erwerb von konsolidierten Unternehmen und sonst. Geschäftseinheiten	Einzelausweis und Zuordnung zur Investitionstätigkeit gemäß IAS 7.39; Ausweistrennung nach DRS 2-10.23 vorgesehen
36	-/-	-/-	Mittelveränderungen aus sonstiger Investitionstätigkeit (Saldo)	im Beispiel von IAS 7 für Banken sind keine zusammengefassten Positionen „Sonstige" enthalten

	SFAS 95 Appendix C, Example 3 - direkte Methode	IAS 7 Appendix 2 - direkte Methode	DRS 2-10	Anmerkungen
	Cash Flow aus Finanzierungs-tätigkeit	**Cash Flow aus Finanzierungs-tätigkeit**	**Cash Flow aus Finanzierungs-tätigkeit**	**Starke Abhängigkeit von der Zuordnung zum operativen Bereich**
37	Nettoanstieg täglich fälliger Einlagen auf Spar-Giro-Konten und auf Sparkonten	vgl. operativer CF, Zeile 16	vgl. operativer CF, Zeile 16	
38	Einnahmen aus dem Verkauf verbriefter Verbindlichkeiten	vgl. operativer CF, Zeile 17	vgl. operativer CF, Zeile 17	
39	Zahlungen für fällige verbriefte Verbindlichkeiten	vgl. operativer CF, Zeile 17	vgl. operativer CF, Zeile 17	
40	Nettoanstieg gekaufter öffent-licher Anleihen	-/-	-/-	
41	Nettoanstieg der 90-Tage-Auslei-hungen	-/-	-/-	
42	Einnahmen aus der Ausgabe von projektbezogenen Verbindlichkeiten	-/-	-/-	
43	Kapitalzahlungen für projekt-bezogene Verbindlichkeiten	-/-	-/-	
44	Einnahmen aus der Ausgabe von 6-Monats-Schuldscheinen	-/-	-/-	
45	Einnahmen aus der Ausgabe von langfristigen Verbindlichkeiten	Emission von Anleihen	vgl. operativer CF, Zeile 16	

	SFAS 95 Appendix C, Example 3 - direkte Methode	IAS 7 Appendix 2 - direkte Methode	DRS 2-10	Anmerkungen
	Cash Flow aus Finanzierungstätigkeit	**Cash Flow aus Finanzierungstätigkeit**	**Cash Flow aus Finanzierungstätigkeit**	**Starke Abhängigkeit von der Zuordnung zum operativen Bereich**
46	Rückzahlungen von langfristigen Verbindlichkeiten	Rückzahlungen langfristiger Ausleihungen	vgl. operativer CF, Zeile 16	
47	Einnahmen aus der Ausgabe von Aktien	Einzahlungen aus der Ausgabe von Aktien	Einzahlungen aus Eigenkapitalzuführungen (bspw. Kapitalerhöhung, Verkauf eigener Anteile)	nach IAS 7.17(a) der Finanzierungstätigkeit zuzuordnen; die Vorschrift ist rechtsformunabhängig auszulegen, so dass sämtliche Erhöhungen des gezeichneten Kapitals eingeschlossen sind
48	Zahlungen für den Erwerb eigener Aktien	-/-	Auszahlungen an Unternehmenseigner und Minderheitsgesellschafter; ansonsten vgl. Zeile 47	
49	gezahlte Darlehen	gezahlte Dividenden	Dividendenzahlungen	Dividendenzahlungen dürfen gemäß IAS 7.34 wahlweise der Finanzierungstätigkeit zugeordnet werden; nach DRS 2-10.26 ist die Zuordnung zur Finanzierungstätigkeit zwingend
50	-/-	Nettoabnahme anderer Ausleihungen	Mittelveränderungen aus sonstigem Kapital (Saldo)	im Beispiel von IAS 7 für Banken sind keine zusammengefassten Positionen „Sonstige" enthalten

Anlage 3: Musterbeispiel IAS 7 (überarbeitet 1992)

Cash Flow Statement for a Financial Institution

The appendix is illustrative only and does not form part of the standards. The purpose of the appendix is to illustrate the application of the standards to assist in clarifying their meaning.

1. The example shows only current period amounts. Comparative amounts for the preceding period are required to be presented in accordance with IAS 1, Presentation of Financial Statements.

2. The example is presented using the direct method.

		19-2
Cash flows from operating activities		
Interest and commission receipts	28,447	
Interest payments	(23,463)	
Recoveries on loans previously written off	237	
Cash payments to employees and suppliers	(997)	
Operating profit before changes in operating assets	4,224	
(Increase) decrease in operating assets:		
Short-term funds	(650)	
Deposits held for regulatory or monetary control purposes	234	
Funds advanced to customers	(288)	
Net increase in credit card receivables	(360)	
Other short-term negotiable securities	(120)	
Increase (decrease) in operating liabilities:		
Deposits from customers	600	
Negotiable certificates of deposit	(200)	
Net cash from operating activities before income tax	3,440	
Income taxes paid	(100)	
Net cash from operating activities		3,340
Cash flows from investing activities		
Disposal of subsidiary Y	50	
Dividends received	200	
Interest received	300	
Proceeds from sales of non-dealing securities	1,200	
Purchase of non-dealing securities	(600)	
Purchase of property, plant and equipment	(500)	
Net cash from investing activities		650

Cash flows from financing activities

Issue of loan capital	1,000	
Issue of preference shares by subsidiary undertaking	800	
Repayment of long-term borrowings	(200)	
Net decrease in other borrowings	(1,000)	
Dividends paid	(400)	
Net cash from financing activities		200
Effects of exchange rate changes on cash and cash equivalents		600
Net increase in cash and cash equivalents		4,790
Cash and cash equivalents at beginning of period		4,050
Cash and cash equivalents at end of period		8,840

Anlage 4: Musterbeispiel SFAS 95

Example 3

147. Presented below is a statement of cash flows for Financial Institution, Inc., a U.S. corporation that provides a broad range of financial services. This statement of cash flows illustrates the direct method of presenting cash flows from operating activities, as encouraged in paragraph 27 of this Statement.

FINANCIAL INSTITUTION, INC.
STATEMENT OF CASH FLOWS
FOR THE YEAR ENDED DECEMBER 31, 19X1
Increase (Decrease) in Cash and Cash Equivalents

Cash flows from operating activities:		
Interest received	$ 5,350	
Fees and commissions received	1,320	
Financing revenue received under leases	60	
Interest paid	(3,925)	
Cash paid to suppliers and employees	(795)	
Income taxes paid	(471)	
Net cash provided by operating activities		$ 1,539
Cash flows from investing activities:		
Proceeds from sales of trading and investment securities	22,700	
Purchase of trading and investment securities	(25,000)	
Net increase in credit card receivables	(1,300)	
Net decrease in customer loans with maturities of 3 months or less	2,250	
Principal collected on longer term loans	26,550	
Longer term loans made to customers	(36,300)	
Purchase of assets to be leased	(1,500)	
Principal payments received under leases	107	
Capital expenditures	(450)	
Proceeds from sale of property, plant, and equipment	260	
Net cash used in investing activities		(12,683)

Cash flows from financing activities:
Net increase in demand deposits, NOW accounts,
and savings accounts 3,000
Proceeds from sales of certificates of deposit 63,000
Payments for maturing certificates of deposit .... (61,000)
Net increase in federal funds purchased 4,500
Net increase in 90-day borrowings 50
Proceeds from issuance of nonrecourse debt 600
Principal payment on nonrecourse debt .... (20)
Proceeds from issuance of 6-month note 100
Proceeds from issuance of long-term debt 1,000
Repayment of long-term debt .... (200)
Proceeds from issuance of common stock 350
Payments to acquire treasury stock .... (175)
Dividends paid .... (240)

Net cash provided by financing activities 10,965

Net increase in cash and cash equivalents .... (179)

Cash and cash equivalents at beginning of year 6,700

Cash and cash equivalents at end of year .... $ 6,521

Reconciliation of net income to net cash provided by operating activities:

Net income		$ 1,056
Adjustments to reconcile net income to net cash provided by operating activities:		
Depreciation	$ 100	
Provision for probable credit losses	300	
Provision for deferred taxes	58	
Gain on sale of trading and investment securities	(100)	
Gain on sale of equipment	(50)	
Increase in taxes payable	175	
Increase in interest receivable	(150)	
Increase in interest payable	75	
Decrease in fees and commissions receivable	20	
Increase in accrued expenses	55	
Total adjustments		483
Net cash provided by operating activities		$ 1,539

Supplemental schedule of noncash investing and financing activities:

Conversion of long-term debt to common stock $ 500

Disclosure of accounting policy:

For purposes of reporting cash flows, cash and cash equivalents include cash on hand, amounts due from banks, and federal funds sold. Generally, federal funds are purchased and sold for one-day periods.

148. Summarized below is financial information for the current year for Financial Institution, Inc., which provides the basis for the statement of cash flows presented in paragraph 147:

FINANCIAL INSTITUTION, INC.
STATEMENT OF FINANCIAL POSITION

	1/1/X1	12/31/X1	Change
Assets:			
Cash and due from banks	$ 4,400	$ 3,121	$ (1,279)
Federal funds sold	2,300	3,400	1,100
Total cash and cash equivalents	6,700	6,521	(179)
Investment and trading securities	9,000	11,400	2,400
Credit card receivables	8,500	9,800	1,300
Loans	28,000	32,250	7,250
Allowance for credit losses	(800)	(850)	(50)
Interest receivable	600	750	150
Fees and commissions receivable	60	40	(20)
Investment in direct financing lease	--	421	421
Investment in leveraged lease	--	392	392
Property, plant, and equipment, net	525	665	140
Total assets	$ 52,585	$ 64,389	$ 11,804
Liabilities:			
Deposits	$ 38,000	$ 43,000	$ 5,000
Federal funds purchased	7,500	12,000	4,500
Short-term borrowings	1,200	1,350	150
Interest payable	350	425	75
Accrued expenses	275	330	55
Taxes payable	75	250	175
Dividends payable	0	80	80
Long-term debt	2,000	2,300	300
Deferred taxes	--	58	58
Total liabilities	49,400	59,793	10,393
Stockholders' equity:			
Common stock	1,250	2,100	850
Treasury stock	0	(175)	(175)
Retained earnings	1.935	2,671	736
Total stockholders' equity	3,185	4,596	1,411
Total liabilities and stockholder`s equity	$ 52,585	$ 64,389	$ 11,804

FINANCIAL INSTITUTION, INC.
STATEMENT OF INCOME
FOR THE YEAR ENDED DECEMBER 31, 19X1

Revenues:		
Interest income	$ 5,500	
Fees and commissions	1,300	
Gain on sale of investment securities	100	
Lease income	60	
Gain on sale of equipment	50	
Total revenues		$ 7,010
Expenses:		
Interest expense	4,000	
Provision for probable credit losses	300	
Operating expenses	850	
Depreciation	100	
Total expenses		5,250
Income before income taxes		1,760
Provision for income taxes		704
Net income		$ 1,056

149. The following transactions were entered into by Financial Institution, Inc., during 19X1 and are reflected in the above financial statements:

a. Financial Institution sold trading and investment securities with a book value of $22,600 for $22,700 and purchased $25,000 in new trading and investment securities.

b. Financial Institution had a net decrease in short-term loans receivable (those) with original maturities of 3 months or less of $2,250. Financial Institution made longer term loans of $36,300 and collected $26,550 on those loans. Financial Institution wrote off $250 of loans as uncollectible.

c. Financial Institution purchased property for $500 to be leased under a direct financing lease. The first annual rental payment of $131 was collected. The portion of the rental payment representing interest income totaled $52.

d. Financial Institution purchased equipment for $1,000 to be leased under a leveraged lease. The cost of the leased asset was financed by an equity investment of $400 and a long-term nonrecourse bank loan of $600. The first annual rental payment of $90, of which $28 representes principal, was collected and the first annual loan installment of $ 74, of which $20 represented principal, was paid. Pretax income of $8 was recorded.

e. Financial Institution purchased new property, plant, and equipment for $450 and sold property, plant, and equipment with a book value of $210 for $260.

f. Customer deposits with Financial Institution consisted of the following:

	1/1/X1	12/31/X1	Increase
Demand deposits	$ 8,000	$ 8,600	$ 600
NOW accounts and savings accounts	15,200	17,600	2,400
Certificates of deposit	14,800	16,800	2,000
Total deposits	$ 38,000	$ 43,000	$ 5,000

Sales of certificates of deposit during the year totaled $63,000; certificates of deposit with principal amounts totaling $61,000 matured. For presentation in the statement of cash flows, Financial Institution chose to report gross cash receipts and payments for both certificates of deposit with maturities of three months or less and those with maturities of more than three months.

g. Short-term borrowing activity for Financial Institution consisted of repayment of a $200 90-day note and issuance of a 90-day note for $250 and a 6-month note for $100.

h. Financial Institution repaid $200 of long-term debt and issued 5-year notes for $600 and 10-year notes for $400.

i. Financial Institution issued $850 of common stock, $500 of which was issued upon conversion of long-term debt and $350 of which was issued for cash.

j. Financial Institution asquired $ 175 of treasury stock.

k. Financial Institution declared dividends of $320. The fourth quarter dividend of $80 was payable the following January.

l. Financial Institution's provision for income taxes included a deferred provision of $58.

m. In accordance with paragraph 7, footnote 1, of this Statement, interest paid includes amounts credited directly to demand deposit, NOW, and savings accounts.

Anlage 5: Anlage zu DRS 2-10

Für die Kapitalflussrechnung von Kreditinstituten gilt bei Anwendung der indirekten Methode die nachfolgende Mindestgliederung. Sie ermöglicht zusätzliche Angaben, die sich durch die spezifische Geschäftstätigkeit eines Kreditinstituts anbieten können.

Tabelle 3: Gliederungsschema

1.			Periodenergebnis (einschließlich Ergebnisanteilen von Minderheitsgesellschaftern) vor außerordentlichen Posten
			Im Periodenergebnis enthaltene zahlungsunwirksame Posten und Überleitung auf den Cash Flow aus laufender Geschäftstätigkeit
	2.	+/-	Abschreibungen, Wertberichtigungen und Zuschreibungen auf Forderungen, Sach- und Finanzanlagen
	3.	+/-	Zunahme/Abnahme der Rückstellungen
	4.	+/-	Andere zahlungsunwirksame Aufwendungen/Erträge
	5.	-/+	Gewinn/Verlust aus der Veräußerung von Finanz- und Sachanlagen
	6.	-/+	Sonstige Anpassungen (Saldo)
	7.	=	Zwischensumme
			Veränderung des Vermögens und der Verbindlichkeiten aus laufender Geschäftstätigkeit

Tabelle 3: (Fortsetzung)

	8.		Forderungen
	8a.	+/-	- an Kreditinstitute
	8b.	+/-	- an Kunden
	9.	+/-	Wertpapiere (soweit nicht Finanzanlagen)
	10.	+/-	Andere Aktiva aus laufender Geschäftstätigkeit
	11.		Verbindlichkeiten
	11a.	+/-	- gegenüber Kreditinstituten
	11b.	+/-	- gegenüber Kunden
	12.	+/-	Verbriefte Verbindlichkeiten
	13.	+/-	Andere Passiva aus laufender Geschäftstätigkeit
	14.	+	Erhaltene Zinsen und Dividenden
	15.	-	Gezahlte Zinsen
	16.	+	Außerordentliche Einzahlungen
	17.	-	Außerordentliche Auszahlungen
	18.	+/-	Ertragsteuerzahlungen
19.		=	Cash Flow aus der laufenden Geschäftstätigkeit
	20.		Einzahlungen aus Abgängen des
	20a.	+	- Finanzanlagevermögens
	20b.	+	- Sachanlagevermögens
	21.		Auszahlungen für Investitionen in das
	21a.	-	- Finanzanlagevermögen

Tabelle 3: (Fortsetzung)

	21b.	−	− Sachanlagevermögen
	22.	+	Einzahlungen aus dem Verkauf von konsolidierten Unternehmen und sonstigen Geschäftseinheiten
	23.	−	Auszahlungen aus dem Erwerb von konsolidierten Unternehmen und sonstigen Geschäftseinheiten
	24.	+/−	Mittelveränderungen aus sonstiger Investitionstätigkeit (Saldo)
25.		=	Cash Flow aus der Investitionstätigkeit
	26.	+	Einzahlungen aus Eigenkapitalzuführungen (Kapitalerhöhungen, Verkauf eigener Anteile, etc.)
	27.		Auszahlungen an Unternehmenseigner und Minderheitsgesellschafter
	27a.	−	− Dividendenzahlungen
	27b.	−	− sonstige Auszahlungen
	28.	+/−	Mittelveränderungen aus sonstigem Kapital (Saldo)
	29.	=	Cash Flow aus der Finanzierungstätigkeit
	30.		Zahlungswirksame Veränderungen des Finanzmittelfonds (Summe aus 19, 25, 29)
	31.	+/−	Wechselkurs-, konsolidierungskreis- und bewertungsbedingte Änderungen des Finanzmittelfonds
32.		+	Finanzmittelfonds am Anfang der Periode
33.		=	Finanzmittelfonds am Ende der Periode

Anlage 6: Kapitalflussrechnung der HypoVereinsbank 2003 nach IFRS

Kapitalflussrechnung

	2.003 in Mio. €	2.002 in Mio. €
Jahresüberschuss	**-2.442**	**-858**
Abschreibungen, Wertberichtigungen und Zuschreibungen auf Forderungen und Zuführungen zu Rückstellungen im Kreditgeschält	2.440	3.898
Abschreibungen abzüglich Zuschreibungen auf Anlagevermögen	3.852	1.799
Veränderung anderer zahlungsunwirksamer Posten	-185	-7.358
Gewinne aus der Veräußerung von Anlagevermögen	-504	-1.704
Sonstige Anpassungen (i. W. gezahlte Ertragsteuern, erhaltene Zinsen abzüglich gezahlte Zinsen und erhaltene Dividenden)	-4.489	-6.885
Zwischensumme	**-1.328**	**-11.108**
Veränderung von Vermögenswerten und Verbindlichkeiten der operativen Geschäftstätigkeit nach Korrektur um zahlungsunwirksame Vorgänge		
Zugänge Vermögenswerte/Abgänge Verbindlichkeiten (-)		
Abgänge Vermögenswerte/Zugänge Verbindlichkeiten (+)		
Handelsaktiva	8.253	5.012
Forderungen an Kreditinstitute	3.755	14.240
Forderungen an Kunden	24.506	16.095
Andere Aktiva aus operativer Geschäftstätigkeit	-776	808
Verbindlichkeiten gegenüber Kreditinstituten	-20.932	11.786
Verbindlichkeiten gegenüber Kunden	-3.212	-14.027
Verbriefte Verbindlichkeiten	-24.527	-39.618
Andere Passiva aus operativer Geschäftstätigkeit	325	9.756
Gezahlte Ertragsteuern	-254	-503
Erhaltene Zinsen	17.834	34.663
Gezahlte Zinsen	-13.466	-29.348
Erhaltene Dividenden	188	305
Cash Flow aus operativer Geschäftstätigkeit	**-9.634**	**-1.939**

Kapitalflussrechnung der HypoVereinsbank 2003 nach IFRS (Fortsetzung)

Einzahlungen aus der Veräußerung von Finanzanlagen	17.732	17.542
Einzahlungen aus der Veräußerung von Sachanlagen	54	325
Auszahlungen für den Erwerb von Finanzanlagen	-7.589	-11.089
Auszahlungen für den Erwerb von Sachanlagen	-665	-913
Effekte aus der Veränderung des Konsolidierungskreises	-508	1.023
Cash Flow aus Investitionstätigkeit	**9.024**	**6.888**
Einzahlungen aus Kapitalerhöhungen	-2.729	—
Dividendenzahlungen	-	-457
Mittelveränderungen aus Nachrangkapital	-726	-990
Mittelveränderungen aus sonstiger Finanzierungstätigkeit	4.601	-6.061
Cash Flow aus Finanzierungstätigkeit	**1.146**	**-7.508**
Zahlungsmittelbestand zum Ende der Vorperiode HBV Group alt	5.373	8.036
Zahlungsmittelbestand zum Ende der Vorperiode Hypo Real Estate Group	114	-
Zahlungsmittelbestand zum Ende der Vorperiode HBV Group neu	5.259	-
+/- Cash Flow aus operativer Geschäftstätigkeit	-9.634	-1.939
+/- Cash Flow aus Investitionstätigkeit	9.024	6.888
+/- Cash Flow aus Finanzierungstätigkeit	1.146	-7.508
+/- Effekte aus Wechselkursänderungen	-87	-104
Zahlungsmittelbestand zum Ende der Periode	**5.708**	**5.373**

Anlage 7: Kapitalflussrechnung der Deutschen Bank 2003 nach US-GAAP

Kapitalflussrechnung Konzern Deutsche Bank

in Mio. €	2.003	2.002	2.001
Jahresüberschuss	**1.365**	**397**	**167**
Überleitung auf den Cash Flow aus operativer Geschäftstätigkeit			
Risikovorsorge im Kreditgeschäft	1.113	2.091	1.024
Restrukturierungsaufwand	-29	583	294
Gewinne aus dem Verkauf von Wertpapieren „Available-for-sale", sonstigen Finanzanlagen, Krediten und sonstige Ergebniskomponenten	-201	-4.928	-2.806
Latente Steuern, netto	269	2.480	-159
Abschreibungen, Wertberichtigungen und Zuschreibungen	3.072	2.845	4.886
Kumulierter Effekt aus Änderungen der Bilanzierungsmethoden nach Steuern	-151	-37	207
Anteilige Gewinne (-)/Verluste aus at equity bewerteten Unternehmen	-42	753	278
Nettoveränderung			
Handelsaktiva	-37.624	-4.071	-1.263
Sonstige Aktiva	-7.452	8.627	-9.670
Handelspassiva	22.719	11.412	-3.022
Sonstige Passiva	8.095	-20.639	-4.559
Sonstige, per saldo	47	-296	1.412
Netto-Cash Flow aus operativer Geschäftstätigkeit	**-8.819**	**-783**	**-13.211**
Nettoveränderung			
Verzinsliche Einlagen bei Kreditinstituten	11.305	7.800	9.232
Forderungen aus übertragenen Zentralbankeinlagen und aus Wertpapierpensionsgeschäften (Reverse Repos)	5.378	-14.004	-47.959
Forderungen aus Wertpapierleihen	-35.226	2.749	33.138
Forderungen aus dem Kreditgeschäft	12.789	9.634	5.802
Erlöse aus			
Verkauf von Wertpapieren „Available-for-sale"	13.620	25.835	41.128
Endfälligkeit von Wertpapieren „Available-for-sale"	7.511	7.731	2.746
Verkauf von sonstigen Finanzanlagen	2.068	5.089	7.096
Verkauf von Krediten	16.703	9.508	16.185
Verkauf von Sachanlagen	2.628	717	1.015
Erwerb von			
Wertpapieren „Available-for-sale"	-19.942	-22.464	-34.289
Sonstigen Finanzanlagen	-2.141	-4.474	-7.976
Krediten	-9.030	-2.364	-8.903
Sachanlagen	-991	-1.696	-3.689
Netto-Cash Flow aus Unternehmensakquisitionen und -verkäufen	2.469	-1.110	924
Sonstige, per saldo	327	687	958
Netto-Cash Flow aus Investitionstätigkeit	**7.468**	**23.638**	**15.408**

Nettoveränderung Einlagen	-21.423	-41.278	22.548
Verbindlichkeiten aus Wertpapierleihen und Verbindlichkeiten aus übertragenen Zentralbankeinlagen und aus Wertpapierpensionsgeschäften (Repose)	17.751	7.603	-16.096
Sonstige kurzfristige Geldaufnahme	-4.303	274	-15.151
Emission langfristiger Verbindlichkeiten und hybrider Kapitalinstrumente (Trust Preferred Securities)	43.191	40.245	32.958
Rückzahlung/Rücklauf langfristiger Verbindlichkeiten und hybrider Kapitalinstrumente (Trust Preferred Securities)	-32.366	-27.201	-22.884
Ausgabe von Stammaktien	-	73	320
Kauf Eigener Aktien	-25.464	-30.755	-37.032
Verkauf Eigener Aktien	23.389	28.665	36.024
Dividendenzahlung	-756	-800	-801
Sonstige, per saldo	-37	-455	-522
Netto-Cash Flow aus Finanzierungstätigkeit	**-18**	**-23.629**	**-636**
Nettoeffekt aus Wechselkursänderungen der Barreserve	-974	-635	325
Nettoveränderung Barreserve	**-2.343**	-1.409	1.886
Anfangsbestand Barreserve	**8.979**	10.388	8.502
Endbestand Barreserve	**6.636**	8.979	10.388
Gezahlte Zinsen	**22.612**	31.349	48.099
Gezahlte Ertragsteuern, netto	**911**	408	1.251
Nicht liquiditätswirksame Vorgänge:			
Reklassifizierung von Wertpapieren „Available-for-sale" in Handelsaktiva	-	-	22.101
Reklassifizierung von Handelsaktiva in Wertpapiere „Available-for-sale"	-	-	14.938

Silke Blaschke und Stephan Schildbach

Konzernrechnungslegung

1. Rechtsgrundlagen der internationalen Konzernrechnungslegung 309
2. Konsolidierungskreis und Konsolidierungsmethoden 315
   2.1 Vollkonsolidierung bei Unternehmenszusammenschlüssen und
       Zweckgesellschaften 315
   2.2 Quotenkonsolidierung und Anwendung der Equity-Methode bei
       Gemeinschaftsunternehmen 322
   2.3 Equity-Methode bei assoziierten Unternehmen 326
3. Konsolidierung von Unternehmenszusammenschlüssen 331
   3.1 Kapitalkonsolidierung 331
       3.1.1 Konsolidierung zum Erwerbszeitpunkt 331
             3.1.1.1 Grundzüge der Erwerbsmethode 331
             3.1.1.2 Definition des Unternehmenszusammenschlusses 335
             3.1.1.3 Bestimmung des Erwerbers und Erwerbszeitpunkts 338
             3.1.1.4 Ermittlung der Anschaffungskosten der Beteiligung 340
             3.1.1.5 Aufteilung der Anschaffungskosten auf die
                     Vermögenswerte und Verbindlichkeiten 341
                     3.1.1.5.1 Allokationskonzept 341
                     3.1.1.5.2 Bilanzierung finanzieller, immaterieller und
                               sonstiger Vermögenswerte 347
                     3.1.1.5.3 Bilanzierung von Verbindlichkeiten,
                               Rückstellungen und Eventualschulden 354
             3.1.1.6 Behandlung von aktiven und passiven
                     Unterschiedsbeträgen aus der Kapitalkonsolidierung 357
                     3.1.1.6.1 Aktiver Unterschiedsbetrag (Goodwill) 357
                     3.1.1.6.2 Passiver Unterschiedsbetrag
                               (negativer Goodwill) 358
             3.1.1.7 Berücksichtigung von Minderheitsanteilen 360

   3.1.2 Konsolidierung an folgenden Bilanzstichtagen............................361
     3.1.2.1 Folgebewertung des aktiven Unterschiedsbetrags.....................361
       3.1.2.1.1 Allokation des Goodwill auf die
           Cash-generating Units 361
       3.1.2.1.2 Bewertung des Goodwill nach dem
           Impairment-only Approach..362
     3.1.2.2 Folgebewertung von Minderheitsanteilen.................................369
   3.1.3 Konsolidierung im Veräußerungszeitpunkt..371
     3.1.3.1 Entkonsolidierung der Mehrheitsanteile....................................371
     3.1.3.2 Entkonsolidierung der Minderheitsanteile.................................372
   3.1.4 Methodik der Konsolidierung in Sonderfällen......................................372
     3.1.4.1 Sukzessiver Unternehmenserwerb...372
     3.1.4.2 Inverser Unternehmenserwerb...378
 3.2 Konsolidierung konzerninterner Forderungen und Schulden.............................382
 3.3 Konsolidierung konzerninterner Erträge und Aufwendungen...........................384
 3.4 Konsolidierung konzerninterner Gewinne und Verluste....................................385

4. Konsolidierung von Zweckgesellschaften 385
 4.1 Begriffsbestimmung und Konsolidierungskriterien 385
 4.2 Konsolidierung von Investmentfonds 387
 4.3 Konsolidierung von Asset-Backed-Securities-Gesellschaften 396

5. Konsolidierung von Gemeinschaftsunternehmen 401

6. Bilanzierung von assoziierten Unternehmen 405

1. Rechtsgrundlagen der internationalen Konzernrechnungslegung

Konsolidierungspflichtige und kapitalmarktorientierte Unternehmen haben ihre Konzernabschlüsse für Geschäftsjahre ab dem 1. Januar 2005 erstmals verpflichtend nach IFRS aufzustellen; für bestimmte Unternehmen gilt eine Übergangsfrist bis zum 1. Januar 2007. Diese Verpflichtung ergibt sich aus der so genannten IFRS-Verordnung[1] der EU und ist durch das Bilanzrechtsreformgesetz im deutschen HGB berücksichtigt worden. Sind die beiden Voraussetzungen für eine Konzernrechnungslegungspflicht nach IFRS-Konsolidierungspflicht und Kapitalmarktorientierung - erfüllt, dürfen Unternehmen bestimmter Rechtsformen ihren Konzernabschluss nicht mehr nach den Vorschriften des HGB aufstellen (§ 315a Abs. 1 HGB[2]). Für Kreditinstitute und Finanzdienstleistungsinstitute gelten entsprechende Bestimmungen (§ 340i Abs. 2 Sätze 3-5 i.V.m. § 315a Abs. 1 HGB[3]), ebenso für Versicherungsunternehmen und Pensionsfonds (§ 341j Abs. 1 Satz 4 i.V.m. § 315a Abs. 1 HGB[4]).

---

[1] Artikel 4 der Verordnung (EG) Nr. 1606/2002 des Europäischen Parlaments und des Rates vom 19. Juli 2002, Amtsblatt der Europäischen Gemeinschaften L 243/1 vom 11.9.2002; Artikel 9 der Verordnung gewährt den Unternehmen einen Aufschub bis zum 1. Januar 2007, deren Schuldtitel zum Handel in einem geregelten Markt eines Mitgliedstaats der Europäischen Union zugelassen sind oder Unternehmen, deren Wertpapiere zum öffentlichen Handel in einem Staat außerhalb der Europäischen Union zugelassen sind und die aus diesem Grund ihre Konzernabschlüsse nach anderen international anerkannten Standards, insbesondere US-GAAP, aufstellen.

[2] § 315a Abs. 1 HGB schließt für Unternehmen bestimmter Rechtsformen die Anwendung der Konzernrechnungslegungsvorschriften in §§ 294-314 HGB mit Ausnahme der § 294 Abs. 3, § 298 Abs. 1 i.V.m. §§ 244-245, § 313 Abs. 2-4, § 314 Abs. 1 Nr. 4, 6, 8 und 9 HGB aus. Die §§ 290-293 HGB bleiben hingegen anwendbar. Durch den grundsätzlichen Ausschluss von § 298 Abs. 1 HGB werden auch die auf den handelsrechtlichen Konzernabschluss anwendbaren Rechnungslegungsvorschriften für den Einzelabschluss von Unternehmen bestimmter Rechtsformen (§§ 244-247 Abs. 1 und 2, §§ 248-253, 255, 256, 265, 266, 268-272, 274, 275, 277-279 Abs. 1, § 280 Abs. 1, §§ 282 und 283 HGB) von der Anwendung ausgeschlossen.

[3] § 340i Abs. 2 Sätze 3, 5 HGB schließt i.V.m. § 315a Abs. 1 HGB für Kredit- und Finanzdienstleistungsinstitute die Anwendung der Konzernrechnungslegungsvorschriften in §§ 293-314, § 340i Abs. 2 Sätze 1-2 und 340j HGB aus. Die §§ 290-292 HGB bleiben hingegen anwendbar. Durch den Ausschluss von § 340i Abs. 2 Satz 1 HGB werden auch die auf den handelsrechtlichen Konzernabschluss anwendbaren Rechnungslegungsvorschriften für den Einzelabschluss von Kredit- und Finanzdienstleistungsinstituten (§§ 340a-g HGB und §§ 1-40 RechKredV) von der Anwendung ausgeschlossen.

[4] § 341j Abs. 1 Satz 4 HGB schließt i.V.m. § 315a Abs. 1 HGB für Versicherungsunternehmen und Pensionsfonds die Anwendung der Konzernrechnungslegungsvorschriften in §§ 293-314, § 341j Abs. 1 Sätze 1-3 und Abs. 2, § 341i Abs. 3 Satz 2 HGB aus. Die §§ 290-292 HGB bleiben hingegen anwendbar. Durch den Ausschluss von § 341j Abs. 1 Satz 1 HGB werden auch die auf den handelsrechtlichen Kon-

Die Prüfung der Konzernrechnungslegungspflicht nach IFRS erfolgt in zwei Schritten. Im ersten Schritt ist zu prüfen, ob ein Unternehmen überhaupt konsolidierungspflichtig ist. Dabei ist fraglich, nach welchen Vorschriften die Konsolidierungspflicht zu bestimmen ist. In Artikel 4 der IFRS-Verordnung wird lediglich geregelt, dass kapitalmarktorientierte Unternehmen ihre „konsolidierten Abschlüsse" nach den IFRS aufzustellen haben. Offen bleibt zunächst, ob die Konsolidierungspflicht nach den IFRS selbst oder nach den nationalen Rechnungslegungsvorschriften bestimmt wird.

Die European Financial Reporting Advisory Group (EFRAG) hat als Beratungsgremium der EU festgestellt, dass sich die Bestimmung der Konsolidierungspflicht nach den aus der europäischen Konzernbilanzrichtlinie[5] in nationales Recht umgesetzten Rechnungslegungsvorschriften richtet.[6] Durch das Bilanzrechtsreformgesetz ist diese Interpretation in § 315a Abs. 1 Satz 1 HGB bestätigt worden.[7] Somit ist die Konsolidierungspflicht nach §§ 290-293 HGB zu bestimmen; die Regelungen in IAS 27.12 und SIC-12.8 zur Feststellung der Konsolidierungspflicht sind nicht heranzuziehen.

Für Kreditinstitute verweist § 340i Abs. 1 Satz 1 HGB zwar einerseits auf die Vorschriften zur Konzernabschlusspflicht (§ 290 HGB) und zur Befreiung von der Konzernabschlusspflicht (§§ 291-293 HGB) für Kapitalgesellschaften und bestimmte Personenhandelsgesellschaften.[8] Andererseits verschärft § 340i Abs. 1 Satz 1 HGB die Konzernabschlusspflicht nach § 290 HGB für Kreditinstitute dadurch, dass sie unabhängig von der Rechtsform und unabhängig von der Größe eines Kreditinstituts gilt. Somit werden ab 2005 nicht nur kapitalmarktorientierte Kreditinstitute in der Rechtsform einer AG, KGaA oder GmbH zur Aufstellung eines Konzernabschlusses nach IFRS verpflichtet, sondern auch kapitalmarktorientierte Kreditinstitute in der Rechtsform einer GbR, OHG

---

zernabschluss anwendbaren Rechnungslegungsvorschriften für den Einzelabschluss von Versicherungsunternehmen und Pensionsfonds (§§ 341a-h HGB und §§ 1-65 RechVersV) von der Anwendung ausgeschlossen.

[5] Richtlinie 83/349/EWG des Rates vom 13. Juni 1983, Amtsblatt der Europäischen Gemeinschaften L 193 vom 18.7.1983, zuletzt geändert durch Richtlinie 2003/51/EG, Amtsblatt der Europäischen Gemeinschaften L 178 vom 17.7.2003.

[6] Vgl. EUROPEAN FINANCIAL REPORTING ADVISORY GROUP, Draft Paper zum "Meeting of the Contact Committee IAS Regulation and Modernisation of The Accounting Directives (DRAFT) Questions and Answers: "… As the IAS Regulation only applies to consolidated accounts, it only takes effect where such consolidated accounts are otherwise required. The determination of whether or not a company is required to prepare consolidated accounts will continue to be made by reference to national law transposed from the 7th Council Directive.", www.efrag.org.

[7] Vgl. zur bisherigen und künftigen Angleichung der nationalen Konzernrechnungslegung an die internationalen Rechnungslegungsstandards BUSSE VON COLBE, W., Anpassung der Konzernrechnungslegungsvorschriften des HGB an internationale Entwicklungen, BB 2004, S. 2063-2070.

[8] Vgl. zur handelsrechtlichen Konzernrechnungslegung im Allgemeinen BAETGE, J./KIRSCH, H.-J./THIELE, S., Konzernbilanzen, 7. Aufl., Düsseldorf 2004 und für Kreditinstitute im Besonderen KRUMNOW, J./ SPRIßLER, W. u.a. (Hrsg.), Rechnungslegung der Kreditinstitute, 2. Aufl., Stuttgart 2004, §§ 340i, j HGB; VOSS, B. W., Konzernrechnungslegung der Kreditinstitute, in: CASTAN, E./HEYMANN, G. u.a. (Hrsg.), Beck'sches Handbuch der Rechnungslegung, Band III, München 2004, Ergänzungslieferung 10, C 810; WERTHMÖLLER, T., Konsolidierte Rechnungslegung deutscher Banken, Düsseldorf 1984; PRAHL, R./NAUMANN, T., Bankkonzernrechnungslegung nach neuem Recht, WPg 1993, S. 235-246.

oder KG. Zudem sind - Kapitalmarktorientierung vorausgesetzt - neben großen Geschäftsbanken auch kleine Privatbankiers zur Aufstellung eines IFRS-Konzernabschlusses verpflichtet. Eine größenabhängige Befreiung von der Konzernabschlusspflicht nach § 293 HGB ist bei Kreditinstituten nicht möglich.

Nach § 290 Abs. 1 HGB ist ein Kreditinstitut konsolidierungspflichtig, wenn es als Mutterunternehmen andere Unternehmen (Tochterunternehmen) einheitlich leitet und i.S.v. § 271 HGB an diesen Unternehmen beteiligt ist.[9] Notwendige Bedingung für eine einheitliche Leitung ist, dass das Mutterunternehmen an den Tochterunternehmen beteiligt ist. Eine Beteiligung i.S.v. § 271 Abs. 1 Satz 1 HGB liegt vor, wenn die Anteile dazu bestimmt sind, dem Geschäftsbetrieb des Mutterunternehmens durch Herstellung einer dauernden Verbindung zum Tochterunternehmen zu dienen. Nach § 271 Abs. 1 Satz 3 HGB ist im Zweifel bereits dann eine Beteiligung gegeben, wenn dem Mutterunternehmen mehr als 20% der Anteile an dem Tochterunternehmen gehören. Hinreichende Bedingung für eine einheitliche Leitung ist, dass sie tatsächlich ausgeübt wird, nicht nur rechtlich ausgeübt werden kann. Ein typisches Merkmal für eine einheitliche Leitung ist die Unterordnung partikularer Interessen der Tochterunternehmen unter das Konzerninteresse des Mutterunternehmens. Da in Bankkonzernen mit einheitlicher Leitung der Tochterunternehmen durch das Mutterunternehmen nach herrschender Auffassung eine Interessenkollision letztlich nur in der Konzernspitze ausgeschlossen werden kann, ist innerhalb eines mehrstufigen Bankkonzerns eine unterhalb der Konzernspitze etablierte einheitliche Leitung nicht denkbar. Aus diesem Grund wird in mehrstufigen Bankkonzernen eine Konzernabschlusspflicht nur für das Mutterunternehmen an der Konzernspitze als vernünftig erachtet.[10]

Sofern es sich bei dem Tochterunternehmen eines Kreditinstituts nicht selbst um ein Kreditinstitut handelt, kann eine einheitliche Leitung dieses Unternehmens durch das Kreditinstitut zwar nicht ausgeschlossen werden. Gleichwohl ist davon auszugehen, dass unter der einheitlichen Leitung eines Kreditinstituts üblicherweise Tochterunternehmen stehen, die entweder selbst Bankgeschäfte i.S.v. § 1 Abs. 1 Satz 2 KWG tätigen oder banknahe Tätigkeiten i.S.v. § 1 Abs. 3 Satz 1 KWG bzw. bankbezogene Hilfstätigkeiten i.S.v. § 1 Abs. 3c KWG ausüben. Ist im umgekehrten Fall ein Kreditinstitut Tochterunternehmen eines Mutterunternehmens, das nicht selbst Kreditinstitut ist, könnte die Möglichkeit einer einheitlichen Leitung aufgrund regulatorischer Bestimmungen des Kreditwesengesetzes in Frage gestellt werden. So ist es der Bundesanstalt für Finanzdienstleistungsaufsicht (BaFin) nach § 2b Abs. 2 KWG möglich, dem Inhaber einer bedeutenden Beteiligung an einem Kreditinstitut die Ausübung der Stimmrechte zu untersagen und die Verfügung über die Anteile nur unter bestimmten Bedingungen zu

---

[9] Vgl. zum Kriterium der einheitlichen Leitung BAETGE, J./KIRSCH, H.-J./THIELE, S., a.a.O. (Fn. 8), S. 92-96; KRUMNOW, J./SPRIßLER, W. u.a. (Hrsg.), a.a.O. (Fn. 8), §§ 340i, j HGB, Tz. 12-16; VOSS, B. W., a.a.O. (Fn. 8), C 810, Tz. 24-29.

[10] Vgl. KRUMNOW, J./SPRIßLER, W. u.a. (Hrsg.), a.a.O. (Fn. 8), §§ 340i, j, HGB, Tz. 14; VOSS, B. W., a.a.O. (Fn. 8), C 810, Tz. 26.

gestatten. § 36 Abs. 1 und Abs. 1a KWG ermöglicht es der BaFin zudem, unter bestimmten Voraussetzungen die Abberufung der Geschäftsleiter von Kreditinstituten und die Übertragung von Befugnissen auf Sonderbeauftragte zu verlangen. Trotz dieser aufsichtsrechtlichen Regelungen wird die Möglichkeit einer einheitlichen Leitung nicht ohne weiteres zu negieren sein.

Neben dem Konsolidierungskriterium der einheitlichen Leitung sieht § 290 Abs. 2 HGB den beherrschenden Einfluss (Kontrolle) als weiteres Konsolidierungskriterium vor.[11] Danach ist ein Kreditinstitut konsolidierungspflichtig, wenn ihm als Mutterunternehmen bei einem anderen Unternehmen (Tochterunternehmen)

- „die Mehrheit der Stimmrechte der Gesellschafter zusteht,

- das Recht zusteht, die Mehrheit der Mitglieder des Verwaltungs-, Leitungs- oder Aufsichtsorgans zu bestellen oder abzuberufen, und es gleichzeitig Gesellschafter ist oder

- das Recht zusteht, einen beherrschenden Einfluss auf Grund eines mit diesem Unternehmen geschlossenen Beherrschungsvertrags oder auf Grund einer Satzungsbestimmung dieses Unternehmens auszuüben."

In § 290 Abs. 3 HGB werden die Rechte des Mutterunternehmens konkretisiert. Das Kriterium des beherrschenden Einflusses verschärft die Konsolidierungspflicht gegenüber dem Kriterium der einheitlichen Leitung insofern, als es auf die rechtliche Möglichkeit und nicht die tatsächliche Ausübung der Kontrolle des Tochterunternehmens durch das Mutterunternehmen ankommt. Obwohl beide Konsolidierungskriterien im Hinblick auf die Bestimmung der Konsolidierungspflicht gleichrangig sind, dürfte in Bankkonzernen das Kriterium des beherrschenden Einflusses gegenüber dem Kriterium der einheitlichen Leitung entsprechend internationaler Bilanzierungsusancen dominieren.

Sofern ein Kreditinstitut Tochterunternehmen nach § 290 Abs. 1 HGB leitet oder nach § 290 Abs. 2 HGB beherrscht, bleibt noch zu prüfen, ob es den Befreiungstatbestand in § 291 HGB erfüllt. Nach § 340i Abs. 1 i.V.m. § 291 HGB ist ein Kreditinstitut als Mutterunternehmen eines Teilkonzerns von der Aufstellung eines Konzernabschlusses befreit, wenn es selbst Tochterunternehmen eines Mutterunternehmens in einem Mitgliedstaat der Europäischen Union oder eines anderen Vertragsstaates im Abkommen über den Europäischen Wirtschaftsraum ist und dieses Mutterunternehmen einen Konzernabschluss aufstellt, in den der Teilkonzern des Kreditinstituts integriert ist. Da dieser Konzernabschluss nur unter den sehr restriktiven und kumulativ zu erfüllenden Voraussetzungen von § 291 HGB befreiende Wirkung haben kann, wird ein Kreditinstitut vermutlich schon unter internen Aspekten (z.B. Beteiligungscontrolling) einen (Teil-)Konzernabschluss aufstellen und auf eine mögliche Befreiung verzichten.

---

[11] Vgl. zum Kriterium des beherrschenden Einflusses BAETGE, J./KIRSCH, H.-J./THIELE, S., a.a.O. (Fn. 8), S. 97-99; KRUMNOW, J./SPRIßLER, W. u.a. (Hrsg.), a.a.O. (Fn. 8), §§ 340i, j HGB, Tz. 17-22; VOSS, B. W., a.a.O. (Fn. 8), C 810, Tz. 20-23.

Hat die Prüfung der Konzernrechnungslegungspflicht nach IFRS im ersten Schritt ergeben, dass eine Konsolidierungspflicht nach § 290 Abs. 1 HGB oder § 290 Abs. 2 HGB besteht, ist im zweiten Schritt die Kapitalmarktorientierung zu prüfen. Nach Artikel 4 der IFRS-Verordnung gelten Mutterunternehmen dann als kapitalmarktorientiert, wenn ihre Wertpapiere in einem beliebigen Mitgliedstaat der Europäischen Union zum Handel in einem geregelten Markt zugelassen sind. Die Kapitalmarktorientierung richtet sich im Detail nach den Regelungen in der europäischen Wertpapierdienstleistungsrichtlinie[12], insbesondere den Definitionen für die Begriffe „Geregelter Markt" (Artikel 4 Nr. 14) und „Finanzinstrumente" (Artikel 4 Nr. 17 i.V.m. Anhang 1, Abschnitt C).

Sofern im zweiten Schritt zur Prüfung der Konzernrechnungslegungspflicht nach IFRS die Kapitalmarktorientierung eines gemäß § 290 Abs. 1 HGB bzw. § 290 Abs. 2 HGB konsolidierungspflichtigen Kreditinstituts festgestellt worden ist, fällt dieses Kreditinstitut in den Anwendungsbereich von § 315a Abs. 1 HGB. Es ist folglich zur Aufstellung eines IFRS-Konzernabschlusses verpflichtet.

§ 315a Abs. 2 HGB dehnt i.V.m. § 340i Abs. 1 HGB die Pflicht zur Aufstellung eines IFRS-Konzernabschlusses zusätzlich auf solche Kreditinstitute aus, für die bis zum jeweiligen Bilanzstichtag die Zulassung eines Wertpapiers i.S.d. § 2 Abs. 1 WpHG zum Handel an einem organisierten Markt i.S.d. § 2 Abs. 5 WpHG beantragt worden ist.

Nicht konsolidierungspflichtigen und kapitalmarktorientierten Kreditinstituten ist es nach § 315a Abs. 3 HGB i.V.m. § 340i Abs. 1 HGB zudem unbenommen, freiwillig einen IFRS-Konzernabschluss aufzustellen. Mit dieser Regelung hat der deutsche Gesetzgeber das entsprechende Mitgliedstaatenwahlrecht in Artikel 5 Nr. b der IFRS-Verordnung wie zu erwarten im Sinne einer fakultativen, nicht einer obligatorischen Lösung in Anspruch genommen. Allerdings knüpft der Gesetzgeber die freiwillige Aufstellung eines IFRS-Konzernabschlusses an die Bedingung, dass sämtliche Standards des International Accounting Standards Board (IASB) und alle Interpretationen des International Financial Reporting Standards Committee (IFRIC) zu befolgen sind.

Die EU hat inzwischen durch das Komitologieverfahren[13] sämtliche vom IASB verabschiedeten Standards und alle vom IFRIC verabschiedeten Interpretationen in das europäische Recht[14] übernommen.[15] Im Hinblick auf die Konzernrechnungslegung von Kre-

---

[12] Richtlinie 2004/39/EG des Europäischen Parlaments und des Rates vom 21. April 2004, Amtsblatt der Europäischen Gemeinschaften L 145/1 vom 30.4.2004. Mit dieser Richtlinie wird u.a. die Richtlinie 93/22/EWG, Amtsblatt der Europäischen Gemeinschaften L 141 vom 11.6.1993 aufgehoben, auf die Artikel 4 der IFRS-Verordnung noch Bezug nimmt.

[13] Vgl. hierzu BUCHHEIM, R./GRÖNER, S./KÜHNE, M., Übernahme von IAS/IFRS in Europa: Ablauf und Wirkung des Komitologieverfahrens auf die Rechnungslegung, BB 2004, S. 1783-1788, hier S. 1783-1785.

[14] Vgl. Verordnung (EG) Nr. 1725/2003 der Kommission vom 29.9.2003 betreffend die Übernahme bestimmter internationaler Rechnungslegungsstandards in Übereinstimmung mit der Verordnung (EG) Nr. 1606/2002 des Europäischen Parlaments und Rates, Amtsblatt der Europäischen Gemeinschaften L 261/1 vom 13.10.2003; Verordnung (EG) Nr. 2086/2004 der Kommission vom 19.11.2004 zur Änderung der

ditinstituten nach IFRS sind insbesondere folgende Standards und Interpretationen relevant:

- IFRS 3 - Unternehmenszusammenschlüsse,
- IAS 27 - Konzern- und separate Einzelabschlüsse nach IFRS,
- IAS 28 - Anteile an assoziierten Unternehmen,
- IAS 31 - Anteile an Gemeinschaftsunternehmen,
- IAS 36 - Wertminderung von Vermögenswerten,
- IAS 38 - Immaterielle Vermögenswerte,
- SIC-12 - Konsolidierung - Zweckgesellschaften.

Verordnung (EG) Nr. 1725/2003 betreffend die Übernahme bestimmter internationaler Rechnungslegungsstandards in Übereinstimmung mit der Verordnung (EG) Nr. 1606/2002 des Europäischen Parlaments und Rates und im Hinblick auf die Einführung von IAS 39; Verordnung (EG) Nr. 2236/2004 der Kommission vom 29.12.2004 zur Änderung der Verordnung (EG) Nr. 1725/2003 betreffend die Übernahme bestimmter internationaler Rechnungslegungsstandards in Übereinstimmung mit der Verordnung (EG) Nr. 1606/2002 des Europäischen Parlaments und Rates betreffend „International Financial Reporting Standards" (IFRS) Nr. 1, 3 bis 5, „International Accounting Standards" (IAS) Nr. 1, 10, 12, 14, 16 bis 19, 22, 27, 28, 31 bis 41 und die Interpretationen des „Standards Interpretation Committee" (SIC) Nr. 9, 22, 28, und 32, Amtsblatt der Europäischen Gemeinschaften L 392/1 vom 31.12.2004; Verordnung (EG) Nr. 2237/2004 der Kommission vom 29.12.2004 zur Änderung der Verordnung (EG) Nr. 1725/2003 betreffend die Übernahme bestimmter internationaler Rechnungslegungsstandards in Übereinstimmung mit der Verordnung (EG) Nr. 1606/2002 des Europäischen Parlaments und Rates im Hinblick auf IAS 32 und IFRIC 1; Amtsblatt der Europäischen Gemeinschaften L 393/1 vom 31.12.2004; Verordnung (EG) Nr. 2238/2004 der Kommission vom 29.12.2004 zur Änderung der Verordnung (EG) Nr. 1725/2003 betreffend die Übernahme bestimmter internationaler Rechnungslegungsstandards in Übereinstimmung mit der Verordnung (EG) Nr. 1606/2002 des Europäischen Parlaments und Rates betreffend IFRS 1, und IAS Nrn. 1-10, 12-17, 19-24, 27-38, 40-41, und SIC-Nrn. 1-7, 11-14, 18-27 und 30-33, Amtsblatt der Europäischen Gemeinschaften L 394/1 vom 31.12.2004.

15 Die Übernahme von IAS 39 in europäisches Recht ist mit Ausnahme bestimmter Regelungen zur Fair-Value-Option und zum Hedge Accounting erfolgt; vgl. hierzu ausführlich die Abschnitte 12 und 13 im Beitrag zu „Ansatz und Bewertung von Finanzinstrumenten".

2. Konsolidierungskreis und Konsolidierungsmethoden

2.1 Vollkonsolidierung bei Unternehmenszusammenschlüssen und Zweckgesellschaften

Werden sowohl die Pflicht zur Aufstellung eines konsolidierten Abschlusses als auch die Kapitalmarktorientierung erfüllt, sind nach den internationalen Rechnungslegungsvorschriften die Regelungen gemäß IAS 27 zur Konsolidierung von Tochterunternehmen zu beachten. Wesentlich ist dabei das Vorliegen eines Mutter-Tochter-Verhältnisses. Dieses wird nach IAS 27.4 aufgrund bestehender Beherrschungsmöglichkeiten (control) definiert. Dies bedeutet, dass ein Unternehmen ein oder mehrere Unternehmen beherrscht oder beherrschen kann. Das Mutterunternehmen (parent) hat dann für sich und solche Tochterunternehmen (subsidiary) grundsätzlich einen Konzernabschluss nach IAS 27.9 aufzustellen. Der Konzerntatbestand umfasst somit ein Mutterunternehmen und mindestens ein Tochterunternehmen. Mutter- und Tochterunternehmen gelten als Konzernunternehmen im engeren Sinne (IAS 27.4).[16]

In den Konzernabschluss sind sämtliche inländischen und ausländischen Tochterunternehmen einzubeziehen (IAS 27.12). Die Möglichkeiten, auf einen Einbezug eines Tochterunternehmens zu verzichten, sind deutlich eingeschränkt worden. Mit Inkrafttreten von IFRS 5, Zur Veräußerung gehaltene langfristige Vermögenswerte und aufgegebene Geschäftsbereiche, wurde die Ausnahmeregelung von IAS 27.16 aus dem Dezember 2003 bereits wieder aufgehoben, bei nur vorübergehender Kontrolle wegen einer beabsichtigten Weiterveräußerung innerhalb von 12 Monaten auf eine Konsolidierung zu verzichten.[17] Wird ein Tochterunternehmen ausschließlich zum Zwecke der Weiterveräußerung in naher Zukunft erworben, ist es nun nach IFRS 5 zu behandeln und mit dem niedrigeren Wert, der sich aus dem Buchwert und dem beizulegenden Zeitwert abzüglich der Veräußerungskosten ergibt, zu bilanzieren (IFRS 5.15).

Auch die Tatsache, dass es sich bei dem Tochterunternehmen um eine Venture-Capital-Organisation, einen Investmentfonds, einen Unit Trust[18] oder ein ähnliches Unter-

---

16 Vgl. zur Konzernabschlusspflicht und zum Konsolidierungskreis nach IFRS im Allgemeinen und für Kreditinstitute im Besonderen BAETGE, J./KIRSCH, H.-J./THIELE, S., a.a.O. (Fn. 8), S. 103-105, 122-124, 141-145; KRUMNOW, J./SPRIßLER, W. u.a. (Hrsg.), a.a.O. (Fn. 8), §§ 340i, j, HGB, Tz. 217-225; VOSS, B. W., a.a.O. (Fn. 8) C 810, Tz. 139.

17 Diese im Rahmen des Improvements Project aufgenommene Regelung hatte zwischenzeitlich eine vergleichbare Regelung - IAS 27.16 (Dezember 2003) - im bisherigen Standard ersetzt (IAS 27.13(a) überarbeitet 2000).

18 Unit Trust ist eine Form von Investmentfonds, die speziell in Großbritannien Bedeutung besitzt und in

nehmen handelt, führt nicht zu einem Ausschluss aus dem Vollkonsolidierungskreis (IAS 27.19).

Bei abweichender Geschäftstätigkeit eines Tochterunternehmens ist es explizit ausgeschlossen, auf eine Integration in den Konsolidierungskreis zu verzichten (IAS 27.20). In einem solchen Fall ist durch zusätzliche Angaben die Bedeutung der abweichenden Geschäftstätigkeit zu erläutern. Die Erläuterung kann im Rahmen der Segmentberichterstattung erfolgen.[19] Handelsrechtlich bestand bei abweichender Geschäftstätigkeit gemäß § 295 HGB bislang ein Einbeziehungsverbot, das jedoch äußerst restriktiv angewandt wurde. Durch das Bilanzrechtsreformgesetz wurde § 295 HGB aufgehoben und somit eine Annäherung an IAS 27 vollzogen.

Bei erheblichen langfristigen Beschränkungen des Kapitaltransfers vom Tochterunternehmen auf das Mutterunternehmen war bisher von einer Konsolidierung abzusehen.[20] Der überarbeitete IAS 27[21] enthält eine vergleichbare Regelung jedoch nicht mehr, so dass ein Einbeziehungsverzicht wegen unverhältnismäßig hoher Kosten oder großer Verzögerungen des Kapitaltransfers in IAS 27 nicht explizit geregelt wird. Durch das Rahmenkonzept dürften jedoch die genannten Beschränkungen (constraints) nicht kategorisch ausgeschlossen sein. In IAS 27.BC15 wird zwar ausgeführt, dass solche Beschränkungen nicht die Beherrschung des Tochterunternehmens ausschließen. Dennoch sollte bei bestehenden Beschränkungen geprüft werden, ob und inwieweit eine Beherrschungsmöglichkeit überhaupt vorliegt.

Zur Definition eines Mutter-Tochter-Verhältnisses wird nach IAS 27.13 ausschließlich das Beherrschungskonzept herangezogen. Beherrschung (control) ist die Möglichkeit, die Finanz- und Geschäftspolitik eines Unternehmens zu bestimmen, um aus dessen Tätigkeiten Nutzen zu ziehen (IAS 27.4). Ein Beherrschungsverhältnis wird widerlegbar vermutet, wenn einem Mutterunternehmen unmittelbar oder mittelbar mehr als die Hälfte der Stimmrechte des Tochterunternehmens zustehen. Die Vermutung eines Beherrschungsverhältnisses gilt als widerlegt, wenn eindeutig feststeht, dass eine tatsächliche Beherrschung trotz Stimmrechtsmehrheit nicht möglich ist (IAS 27.13). Zur Bestimmung eines beherrschenden Einflusses sind auch Optionsrechte, die in Eigenkapital- oder Fremdkapitalinstrumenten des Tochterunternehmens verbrieft sind, wie Anteile am Tochterunternehmen zu berücksichtigen, soweit diese zu potenziellen Stimmrechten (potential voting rights) führen können (IAS 27.14-15).

Deutschland nicht existiert. Vgl. hierzu BRINKHAUS, J./SCHERER, L. M. (Hrsg.), Gesetz über Kapitalanlagegesellschaften, Auslandsinvestment-Gesetz, Kommentar, München 2003, § 1 AusInvestmentG, Tz. 36.

19 Vgl. hierzu auch den Beitrag „Segmentberichterstattung".
20 Vgl. IAS 27.13(b) (2000).
21 Vgl. zu den Änderungen von IAS 27 durch das Improvements Project ausführlich KPMG (Hrsg.), IFRS aktuell, Stuttgart 2004, S. 261-268; KPMG (Hrsg.), International Financial Reporting Standards, Eine Einführung in die Rechnungslegung nach den Grundsätzen des IASB, 3. Aufl., Stuttgart 2004, S. 241-266.

Ein Beherrschungsverhältnis ist auch dann gegeben, wenn das Mutterunternehmen die Hälfte oder weniger als die Hälfte der Stimmrechte eines anderen Unternehmens besitzt und durch das Mutterunternehmen entweder

- die Möglichkeit hat, aufgrund einer vertraglichen Vereinbarung mit anderen Anteilseignern mehr als die Hälfte der Stimmrechte auszuüben (IAS 27.13(a)) oder

- die Möglichkeit hat, einen beherrschenden Einfluss aufgrund eines mit diesem Unternehmen geschlossenen Beherrschungsvertrags oder aufgrund einer Satzungsbestimmung dieses Unternehmens auszuüben (IAS 27.13(b)) oder

- die Möglichkeit hat, die Mehrheit der Mitglieder des Geschäftsführungs- und/oder Aufsichtsgremiums oder ähnlicher Organe zu bestellen oder abzuberufen (IAS 27.13(c)) oder

- die Möglichkeit hat, die Mehrheit der Stimmen bei Versammlungen des Geschäftsführungs- und/oder Aufsichtsgremiums und ähnlicher Organe zu beeinflussen (IAS 27.13(d)).

Damit soll verhindert werden, dass sich das Mutterunternehmen einer Konsolidierungspflicht aufgrund sachverhaltsgestaltender Maßnahmen entziehen kann.

Bei der Ermittlung der Stimmrechtsverhältnisse werden dem Mutterunternehmen die von anderen Tochterunternehmen gehaltenen Stimmrechte zugerechnet.

Ein Mutterunternehmen ist ausnahmsweise nur dann nicht verpflichtet, einen Konzernabschluss aufzustellen, wenn die folgenden Voraussetzungen zur Befreiung von der Aufstellung eines Konzernabschlusses kumulativ erfüllt sind:

- Das Unternehmen befindet sich als Tochterunternehmen vollständig im Besitz eines übergeordneten Mutterunternehmens oder, sollte es nur teilweise im Besitz eines übergeordneten Mutterunternehmens sein, die Eigentümer des Minderheitenanteils sind über die Nichtaufstellung informiert und haben dieser zugestimmt (IAS 27.10(a)),

- die Eigenkapital- oder Fremdkapitalinstrumente des Mutterunternehmens werden nicht auf einem öffentlichen Markt (inländische oder ausländische Börse, Freiverkehr im Sinne von Over-the-Counter-Märkten) gehandelt (IAS 27.10(b)),

- das Mutterunternehmen hat seine Einzelabschlüsse nicht zwecks Emission von Finanzinstrumenten bei einer Börsenaufsichtsbehörde oder einer anderen Regulierungsbehörde eingereicht oder dies beabsichtigt (IAS 27.10(c)),

- das Mutterunternehmen ist seinerseits Tochterunternehmen eines übergeordneten (höchsten oder mittleren) Mutterunternehmens, das einen mit den IFRS konformen Konzernabschluss veröffentlicht (IAS 27.10(d)).

In diesen Fällen ist in den Einzelabschlüssen der Mutterunternehmen darauf hinzuweisen, weshalb kein konsolidierter Abschluss angefertigt wurde.[22] Die Angaben haben die folgenden Aspekte zu beinhalten (IAS 27.41):

- Hinweis, dass es sich um einen Einzelabschluss handelt und die Befreiung von der Aufstellungspflicht genutzt wurde. Es ist der Name und das Land bzw. der Firmensitz des Unternehmens anzugeben, das seinen Konzernabschluss in Übereinstimmung mit den IFRS vorlegt. Ferner sind Informationen bereit zu stellen, wo dieser Konzernabschluss erhältlich ist.

- Auflistung der signifikanten Investitionen in Tochterunternehmen, Gemeinschaftsunternehmen und assoziierte Unternehmen. Ferner sind Angaben der Namen und Länder zur Verfügung zu stellen.

- Beschreibung der angewandten Bilanzierungsmethoden für die zuvor genannten Investitionen.

Darüber hinausgehende Befreiungsvorschriften finden sich in den IFRS nicht. Dies bedeutet, dass keine vergleichbaren größenabhängigen Befreiungsregeln existieren, wie sie in §§ 291-293 HGB kodifiziert sind. Für Kreditinstitute ergeben sich in diesem Punkt keine Änderungen, da durch § 340i Abs. 1 Satz 1 HGB die Aufstellung eines Konzernabschlusses unabhängig von der Größe des Kreditinstituts vorzunehmen ist.

Konstitutive Merkmale der Vollkonsolidierung sind, dass sämtliche Vermögenswerte und Verbindlichkeiten sowie sämtliche Aufwendungen und Erträge von Tochterunternehmen vollständig in die Bilanz sowie in die Gewinn- und Verlustrechnung des Konzerns integriert werden (IAS 27.22). Zu diesem Zweck erfolgt eine Kapitalkonsolidierung nach IFRS 3.[23] Minderheitenanteile (minority interests) sind innerhalb des Konzerneigenkapitals separat auszuweisen. Den Minderheitenanteilen zuzurechnende Ergebnisse sind in der Konzern-GuV ebenfalls separat zu zeigen (IAS 27.33 i.V.m. IAS 1.68(o)).[24]

Die Umgruppierung der Minderheitenanteile wird auf die Definition des Eigenkapitals im Rahmenkonzept zurückgeführt (IAS 27.BC23-27). Danach sind Minderheitenanteile keine Verbindlichkeit des Konzerns, sondern dem Eigenkapital zuzuordnen. Sie repräsentieren einen Residualanspruch auf den nach Abzug der Verbindlichkeiten verbleibenden Restbetrag der Vermögenswerte. Die Umgruppierung der Minderheitenanteile hat praktische Bedeutung für die Erstellung des Eigenkapitalspiegels.[25] Dieser ist um die Minderheitenanteile zu erweitern. Darüber hinaus nimmt die Umgruppierung Einfluss auf die Berechnung der Eigenkapitalquoten (F.49(c)).

---

[22] Vgl. IAS 27.37-39 sowie IAS 27.40-42.
[23] Vgl. Abschnitt 3.
[24] Bislang waren Minderheitenanteile in der Konzernbilanz als eigenständige Position, getrennt vom Fremd- und Eigenkapital, das auf die Anteile des Mutterunternehmens entfiel, auszuweisen (IAS 27.26-27 (2000)).
[25] Vgl. hierzu den Beitrag „Eigenkapitalveränderungsrechnung".

Vermögenswerte und Verbindlichkeiten, Aufwendungen und Erträge sowie Gewinne und Verluste aus konzerninternen Transaktionen sind vollständig zu konsolidieren[26] (IAS 27.24).

Für Venture-Capital-Organisationen, Investmentfonds oder ähnliche Einheiten werden in der Praxis bei Anteilsbesitz über 50% regelmäßig die Regelungen zur Vollkonsolidierung des Unternehmens, in das investiert wurde, zum Tragen kommen. Ein Wahlrecht zur Bilanzierung der Unternehmensanteile zum Fair Value ist in IAS 27 nicht aufgenommen worden (im Unterschied zu IAS 28.1 sowie IAS 31.1). Eine Bewertung der Unternehmensanteile zum Fair Value wurde insbesondere in den Kommentaren der Private-Equity-Industrie zum Exposure Draft zu IAS 27 gefordert (IAS 27.BC17). Das IASB lehnte dies unter Verweis auf die Beherrschung dieser Unternehmen durch die Venture-Capital-Organisationen, Investmentfonds oder ähnlichen Einheiten ab (IAS 27.BC18).

Bei der Aufstellung des Konzernabschlusses sind die Bilanzierungs- und Bewertungsmethoden auf ähnliche Geschäftsvorfälle unter vergleichbaren Umständen einheitlich anzuwenden (IAS 27.28). Eine Ausnahme von diesem Grundsatz war bislang gegeben, wenn die einheitliche Anwendung der Bilanzierungs- und Bewertungsmethoden nicht praktikabel war.[27] IAS 27 lässt eine solche Abweichung in der überarbeiteten Fassung nicht mehr zu. Die konzernweite Einheitlichkeit der Bilanzierungs- und Bewertungsmethoden ist durch Konzernhandbücher oder -richtlinien zu gewährleisten. Sollte ein einbezogener Abschluss nicht nach konzerneinheitlichen Bilanzierungs- und Bewertungsmethoden erstellt worden sein, sind entsprechende Anpassungen bei der Aufstellung des Konzernabschlusses vorzunehmen (IAS 27.29).

Werden die Voraussetzungen eines Tochterunternehmens nicht mehr erfüllt, ist ab diesem Zeitpunkt eine Einbeziehung in den Konzernabschluss nicht mehr gestattet (IAS 27.31). Stellt das Unternehmen in diesen Fällen dann weder ein assoziiertes Unternehmen (IAS 28) noch ein Gemeinschaftsunternehmen (IAS 31) dar, sind die Unternehmensanteile gemäß IAS 39 zu bilanzieren (IAS 27.31-32).

Im Falle der Entkonsolidierung ergibt sich das Entkonsolidierungsergebnis aus der Veräußerung eines Tochterunternehmens als Unterschiedsbetrag zwischen dem Veräußerungserlös und dem Buchwert einschließlich der nach IAS 21 erfolgsneutral im Eigenkapital erfassten Währungsdifferenzen.[28]

---

[26] Vgl. zu den Konsolidierungsmethoden nach IFRS im Allgemeinen und für Kreditinstitute im Besonderen BAETGE, J./KIRSCH, H.-J./THIELE, S., a.a.O. (Fn. 8), S. 267-274, 298, 341-342, 367; KPMG (Hrsg.), International Financial Reporting Standards, a.a.O. (Fn. 21), S. 248-256, 265; KRUMNOW, J./SPRIßLER, W. u.a. (Hrsg.), a.a.O. (Fn. 8), §§ 340i, j HGB, Tz. 226-231; VOSS, B. W., a.a.O. (Fn. 8), C 810, Tz. 139.
[27] Vgl. IAS 27.21-22 (2000).
[28] Vgl. IAS 27.30.

Für den Einzelabschluss eines Mutterunternehmens nach IFRS gilt, dass Anteile an Tochterunternehmen, Gemeinschaftsunternehmen oder assoziierten Unternehmen, die durch Vollkonsolidierung, Quotenkonsolidierung oder die Equity-Methode in den Konzernabschluss integriert werden, sofern sie nicht in den Anwendungsbereich von IFRS 5 fallen, mit den Anschaffungskosten oder nach IAS 39 mit dem beizulegenden Zeitwert zu bilanzieren sind.[29] In entsprechender Weise sind im Einzelabschluss des Mutterunternehmens auch die Anteile an Tochterunternehmen, Gemeinschaftsunternehmen oder assoziierten Unternehmen, die im Konzernabschluss nach IAS 39 bilanziert werden (d.h. die nicht konsolidierten bzw. die nicht nach der Equity-Methode bewerteten Unternehmen), zu behandeln.[30]

Die Regelung, eine Aufstellung und Beschreibung der wesentlichen Tochterunternehmen einschließlich der Beteiligungsquoten zu veröffentlichen, wurde in den überarbeiteten Standard IAS 27 nicht übernommen. Eine entsprechende Veröffentlichung der Aufstellung erscheint gleichwohl nach IFRS sinnvoll, da sie dem Jahresabschlussadressaten nützliche Informationen über die Investitionen des Unternehmens gibt. Darüber hinaus wird nach § 313 Abs. 2 HGB eine solche Offenlegung ohnehin verlangt.[31]

IAS 27.40 erfordert für den Konzernabschluss folgende Angaben:

- Art der Beziehung zwischen dem Mutterunternehmen und einem Tochterunternehmen, wenn dem Mutterunternehmen direkt oder indirekt nicht mehr als die Hälfte der Stimmrechte zuzurechnen sind;
- Gründe für die fehlende Beherrschung eines Unternehmens, bei dem dem Mutterunternehmen direkt oder indirekt mehr als die Hälfte der effektiven und potenziellen Stimmrechte zuzurechnen sind;
- Angabe des Datums des Abschlussstichtages bei abweichendem Abschlussstichtag eines Tochterunternehmens und die Gründe für die Verwendung des abweichenden Stichtages;
- Art und Umfang von erheblichen Beschränkungen der Fähigkeit zum Mitteltransfer vom der Tochterunternehmen an das Mutterunternehmen.

Ebenso kommt es im Anhang des Einzelabschlusses eines Mutterunternehmens zu einer Ausweitung der Angabepflichten gemäß IAS 27.41. Zum einen haben Mutterunternehmen, die die Befreiung von der Aufstellung eines Konzernabschlusses in Anspruch nehmen, den Grund der Befreiung, den Namen und den Sitz (Ort) des Mutterunternehmens, das den befeienden Konzernabschluss erstellt, anzugeben.[32] Zum anderen sind darüber hinaus folgende Angaben erforderlich:[33]

---

[29] Vgl. IAS 27.37-39.
[30] Vgl. IAS 27.39.
[31] Vgl. § 313 Abs. 2 Nr. 1 Satz 2 HGB ist durch das Bilanzrechtsreformgesetz dahingehend geändert worden.
[32] Vgl. IAS 27.41.
[33] Vgl. IAS 27.41 und IAS 27.42.

- Anzeige des Faktums, dass es sich um einen Einzelabschluss (separate financial statement) handelt.
- Angabe bei Unternehmen, die die Befreiung von der Aufstellungspflicht für einen Konzernabschluss in Anspruch nehmen, der Informationen zum Mutterunternehmen, in dessen IFRS-Konzernabschluss sie einbezogen werden und bei anderen Unternehmen die Bekanntgabe der Gründe für die Nichtaufstellung, sofern diese nicht gesetzlich vorgeschrieben ist;
- Aufstellung der wesentlichen Tochterunternehmen, Gemeinschaftsunternehmen und assoziierten Unternehmen unter Angabe des Namens, Sitzlandes, der Beteiligungsquote und, soweit abweichend, der Stimmrechtsquote;
- Darstellung der Bilanzierungsmethoden für die Tochterunternehmen, Gemeinschaftsunternehmen und assoziierten Unternehmen.

Änderungen zu IAS 27

- Klarstellung der Aufstellungspflicht bei Venture-Capital-Organisationen, Investmentfonds, Unit Trusts oder ähnlichen Unternehmen
- Änderung der Kriterien für die Befreiung von der Aufstellungspflicht
- Konkretisierung/Einschränkung der Einbeziehungsverbote
- Einarbeitung von SIC-33, Potential Voting Rights
- Pflicht zur Anwendung von einheitlichen Bilanzierungs- und Bewertungsmethoden und damit Wegfall der Ausnahmeregel
- Ausweis der Minderheitsanteile im Eigenkapital
- Ausweitung der Anhangangaben im Konzern- und Einzelabschluss

---

IAS 27 ist in seiner überarbeiteten Version erstmals für Geschäftsjahre anzuwenden, die am oder nach dem 1. Januar 2005 beginnen; eine (freiwillige) frühere Anwendung wird empfohlen und wäre ggf. anzugeben. Für IAS 27 gelten keine speziellen Übergangsvorschriften. Der Standard ist daher in Übereinstimmung mit IFRS 1 retrospektiv anzuwenden.[34]

---

[34] Vgl. IAS 27.43.

Der Konsolidierungskreis nach IFRS umfasst nicht nur die Vollkonsolidierungspflicht von Tochterunternehmen nach IAS 27. Nachfolgende Übersicht verdeutlicht die möglichen Beziehungen, die neben einem Mutter-Tochter-Verhältnis bestehen können. Diese werden in den sich anschließenden Abschnitten näher behandelt.

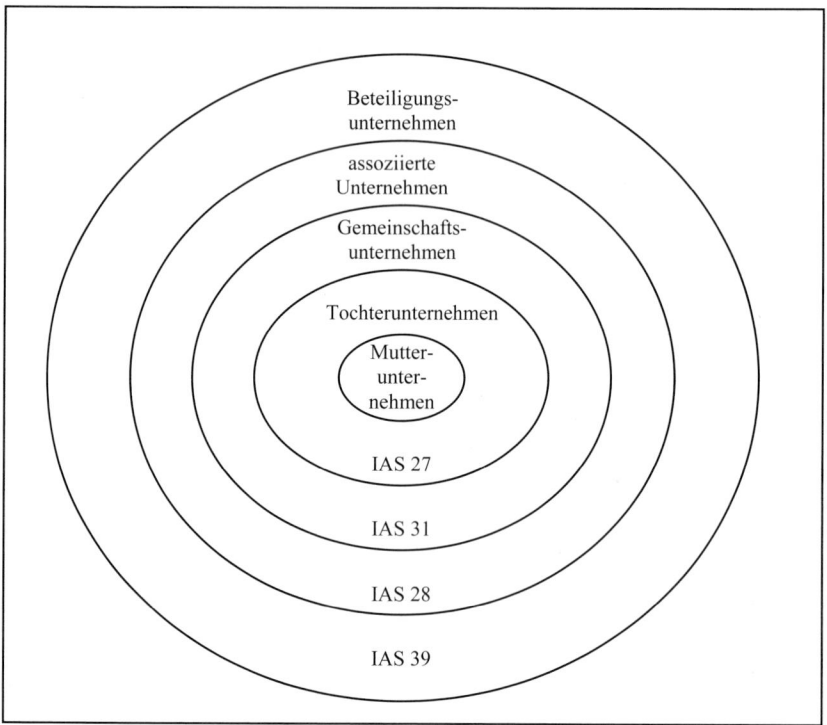

Abb. 1: Aufbau des Konsolidierungskreises nach IFRS

2.2 Quotenkonsolidierung und Anwendung der Equity-Methode bei Gemeinschaftsunternehmen

IAS 31, Interests in Joint Ventures, regelt die Rechnungslegung über Anteile an Gemeinschaftsunternehmen. Ziel der im Rahmen des Improvements Project erfolgten Überarbeitung des Standards war, bestehende Wahlrechte zu eliminieren sowie Redundanzen und Unklarheiten zu beseitigen. Bei der Überarbeitung von IAS 31[35] erfolgte eine Abstim-

---

[35] Vgl. zu den Änderungen von IAS 31 durch das Improvements Project ausführlich KPMG (Hrsg.), IFRS

mung mit den in IAS 27, Consolidated and Separate Financial Statements, und IAS 28, Investment in Associates vorgenommenen Änderungen. Zugleich strebte das IASB auch eine Annäherung an die Regelungen der US-GAAP an. Eine weitergehende Überarbeitung von IAS 31 war nicht beabsichtigt. Der IAS 31 konkretisierende SIC-13, Jointly Controlled Entities - Non-Monetary Contributions by Venturers, wurde nur geringfügig an die in IAS 28 vorgenommenen Änderungen angepasst. Eine Integration dieser Interpretation in den Standard ist nicht erfolgt. Die Änderungen betreffen den Anwendungsbereich und die Ausnahmen von der Anwendung der Quotenkonsolidierung oder der Equity-Methode.

Gemeinschaftlich kontrollierte Unternehmen können nach IAS 31 in verschiedenen Strukturen auftreten (IAS 31.7). Wesentlich ist, dass Gemeinschaftsunternehmen von zwei oder mehreren Partnerunternehmen (venturers) gemeinschaftlich kontrolliert werden (joint control).[36]

Der Standard unterscheidet die folgenden Formen (IAS 31.7):

- gemeinschaftlich geführte Tätigkeiten (jointly controlled operations),
- gemeinschaftlich geführte Vermögenswerte (jointly controlled assets) und
- gemeinschaftlich geführte Unternehmen (jointly controlled entities).

Im Folgenden sind lediglich die gemeinschaftlich geführten Unternehmen (IAS 31.24-29) von Bedeutung. Gemeinschaftlich geführte Tätigkeiten (IAS 31.13-17) und gemeinschaftlich geführte Vermögenswerte (IAS 31.18-23) scheiden aus der Betrachtung aus.

Änderungen zu IAS 31

- Einschränkung des Anwendungsbereichs für Anteile bei Venture-Capital-Organisationen, Investmentfonds, Unit Trusts und ähnlichen Unternehmen

- Keine Anwendung auf Anteile, die bei Venture-Capital-Organisationen u.ä. als „Fair Value through Profit or Loss" oder als "Held for Trading" klassifiziert und nach IAS 39 bilanziert werden

- Erfassung der Wertänderungen zwingend in der GuV

- Konkretisierung/Einschränkung der Verbote zur Quotenkonsolidierung bzw. Equity-Bewertung

- Einschränkung der Wahlrechte für die Bilanzierung von Beteiligungen im Einzelabschluss

---

aktuell, a.a.O. (Fn. 21), S. 278-281; KPMG (Hrsg.), International Financial Reporting Standards, a.a.O. (Fn. 21), S. 262-264.

[36] Vgl. IAS 31.3 sowie IAS 31.8.

Für die bilanzielle Klassifizierung als Gemeinschaftsunternehmen kommt es auf den wirtschaftlichen Gehalt und nicht auf die rechtliche Gestaltung der vertraglichen Vereinbarung zwischen den Partnerunternehmen an (IAS 31.9-12).

Ein Gemeinschaftsunternehmen ist insbesondere dadurch gekennzeichnet, dass die beteiligten Partnerunternehmen jeweils über ihren Anteil an den Vermögenswerten und Verbindlichkeiten sowie am wirtschaftlichen Erfolg des Gemeinschaftsunternehmens verfügen können. Daher sind die Vermögenswerte und Verbindlichkeiten sowie Aufwendungen und Erträge des Gemeinschaftsunternehmens von den Partnerunternehmen nach IAS 31.30-37 entsprechend ihres Kapitalanteils in deren Konzernabschlüsse einzubeziehen (Quotenkonsolidierung[37]). Damit wird das Auftreten von Minderheitenanteilen ausgeschlossen. Vermögenswerte und Verbindlichkeiten, Aufwendungen und Erträge sowie Gewinne und Verluste aus Transaktionen zwischen einem Gemeinschaftsunternehmen und einem Partnerunternehmen sind kapitalanteilig zu konsolidieren (IAS 31.48-49). Alternativ zur Quotenkonsolidierung können die Kapitalanteile der Partnerunternehmen an den Gemeinschaftsunternehmen gemäß IAS 31.38-41 auch nach der Equity-Methode[38] in deren Konzernabschlüsse übernommen werden.

In Analogie zur Vollkonsolidierung eines Tochterunternehmens im Konzernabschluss eines Mutterunternehmens ist ein Partnerunternehmen dann nicht zur Anwendung der Quotenkonsolidierung bzw. Equity-Methode verpflichtet, wenn

- es sich als Tochterunternehmen vollständig im Besitz eines übergeordneten Mutterunternehmens befindet oder, sollte es nur teilweise im Besitz eines übergeordneten Mutterunternehmens sein, die Eigentümer des Minderheitenanteils über die Nichtanwendung der Quotenkonsolidierung bzw. Equity-Methode informiert worden sind und dieser zugestimmt haben (IAS 31.2(c)(i)),

- seine Eigenkapital- oder Fremdkapitalinstrumente nicht auf einem öffentlichen Markt (inländische oder ausländische Börse, Freiverkehr im Sinne von Over-the-Counter-Märkten) gehandelt werden (IAS 31.2(c)(ii)),

- es seine Einzelabschlüsse nicht zwecks Emission von Finanzinstrumenten bei einer Börsenaufsichtsbehörde oder einer anderen Regulierungsbehörde eingereicht hat oder dies beabsichtigt (IAS 31.2(c)(iii)),

- es seinerseits Tochterunternehmen eines übergeordneten (höchsten oder mittleren) Mutterunternehmens ist, das einen mit den IFRS konformen Konzernabschluss veröffentlicht (IAS 31.2(c)(iv)).

Diese Voraussetzungen zur Befreiung von der Anwendung der Quotenkonsolidierung bzw. der Equity-Methode sind wiederum kumulativ zu erfüllen.

---

[37] Vgl. zur Quotenkonsolidierung nach IFRS im Allgemeinen und für Kreditinstitute im Besonderen BAETGE, J./KIRSCH, H.-J./THIELE, S., a.a.O. (Fn. 8), S. 369-395; KPMG (Hrsg.), International Financial Reporting Standards, a.a.O. (Fn. 21), S. 262-264; KRUMNOW, J./SPRIßLER, W. u.a. (Hrsg.), a.a.O. (Fn. 8), §§ 340i, j, HGB, Tz. 230; VOSS, B. W., a.a.O. (Fn. 8), C 810, Tz. 141.

[38] Siehe hierzu auch Abschnitt 2.3.

Liegen die Befreiungsvoraussetzungen nicht vor, sind grundsätzlich alle inländischen und ausländischen Gemeinschaftsunternehmen durch Anwendung der Quotenkonsolidierung bzw. Equity-Methode in den Konzernabschluss eines Partnerunternehmens einzubeziehen (IAS 31.30 bzw. IAS 31.38).[39]

Die Quotenkonsolidierung ist nur dann nicht anzuwenden, wenn das Unternehmen in der Absicht erworben wurde, es innerhalb der nächsten 12 Monate nach Erwerb wieder zu veräußern. Mit Inkrafttreten von IFRS 5 wurde die Ausnahmeregelung in IAS 31.43, bei nur vorübergehender gemeinschaftlicher Kontrolle auf eine Anwendung der Quotenkonsolidierung oder der Equity-Methode zu verzichten, für Unternehmen, deren Geschäftsjahr am oder nach dem 1. Januar 2005 beginnen, wieder aufgehoben. Anteile, die mit Weiterveräußerungsabsicht gehalten werden, sind nicht quotal zu konsolidieren oder at Equity zu bewerten. Vielmehr ist eine Bilanzierung nach IFRS 5 vorzunehmen. Die Klassifizierung „als zur Veräußerung gehalten" erfolgt dann, wenn sowohl die konkrete Veräußerungsabsicht, die unmittelbare Verfügbarkeit als auch eine Veräußerung innerhalb von 12 Monaten vorliegen.[40]

Beteiligungen an Gemeinschaftsunternehmen, die von Venture-Capital-Organisationen gehalten werden, fallen nicht mehr in den Anwendungsbereich von IAS 31, wenn sie entweder in die Kategorie „Held for Trading" oder in die neue Kategorie „Financial Asset or Financial Liability at Fair Value through Profit or Loss" nach IAS 39.9 eingestuft werden (Wahlrecht). Gleiches gilt für Beteiligungen von (offenen) Investmentfonds oder ähnlichen Einheiten sowie von Versicherungsverträgen, sofern diese in Verbindung mit einem Investment (investment linked) stehen (IAS 31.1). Der bisherige Standard hatte die Möglichkeit einer Fair-Value-Bewertung nicht vorgesehen. Die Änderungen im Anwendungsbereich können beispielsweise Venture-Capital-Organisationen und Private-Equity-Gesellschaften von Banken betreffen, sofern ihre Investitionen grundsätzlich unter IAS 31 fallen.[41]

In der Praxis ist daher zu überprüfen, inwieweit Unternehmensbeteiligungen, die bislang nach der Quotenkonsolidierung oder der Equity-Methode bilanziert wurden, künftig zum Fair Value bewertet werden sollen. Für eine solche Vorgehensweise könnten eine Angleichung an das Beteiligungscontrolling und Vereinfachungsaspekte sprechen. Die bei Einstufung entweder als „Held for Trading" oder als „Financial Asset or Financial Liability at Fair Value through Profit or Loss" auftretenden möglichen GuV-Volatilitäten sind dabei jedoch zu beachten. Sie sind gegenüber den Volatilitäten, die eine Quoten-

---

[39] Im Rahmen des Improvements Project ist die bisherige Ausnahme, bei erheblichen langfristigen Beschränkungen des Kapitaltransfers vom Gemeinschaftsunternehmen an das Partnerunternehmen von einer Konsolidierung abzusehen (IAS 31.36 (2000)), gestrichen worden.

[40] Vgl. IFRS 5.7-8 sowie hierzu auch die Ausführungen in Abschnitt 2.4 im Beitrag „Zur Veräußerung gehaltene, langfristige Vermögenswerte und aufgegebene Bereiche".

[41] Vgl. hierzu die Ausführungen in Abschnitt 6.10.3 im Beitrag „Ansatz und Bewertung von Finanzinstrumenten".

konsolidierung oder die Equity-Methode mit sich bringen, abzuwägen. Die vorgeschlagene Veränderung führt tendenziell zu einer Ausweitung der Fair-Value-Bewertung.

Die Angaben nach IAS 31 umfassen zum einen Informationen zu Eventualschulden, die aus der Haftung für Verpflichtungen von Gemeinschaftsunternehmen oder anderen Partnerunternehmen entstehen können (IAS 31.54). Zum anderen sind Informationen zu Kapitalverpflichtungen in Bezug auf die Anteile an Gemeinschaftsunternehmen anzugeben (IAS 31.55). Ferner ist eine Auflistung und Beschreibung wesentlicher Gemeinschaftsunternehmen einschließlich der Anteilsquoten offen zu legen (IAS 31.56) und zusätzlich darüber zu berichten, welche Methode bei der Bilanzierung des Gemeinschaftsunternehmens angewendet wurde (IAS 31.57).

IAS 31 ist in seiner überarbeiteten Version erstmals für Geschäftsjahre anzuwenden, die am oder nach dem 1. Januar 2005 beginnen; eine (freiwillige) frühere Anwendung wird empfohlen und wäre ggf. anzugeben. Für IAS 31 gelten keine speziellen Übergangsvorschriften. Der Standard ist daher in Übereinstimmung mit IFRS 1 retrospektiv anzuwenden.[42]

2.3 Equity-Methode bei assoziierten Unternehmen

IAS 28, Investment in Associates, regelt die Bilanzierung von Anteilen an assoziierten Unternehmen. Ziel der Überarbeitung des Standards war es auch hier, bestehende Wahlrechte zu eliminieren, Redundanzen und Unklarheiten zu beseitigen sowie eine Annäherung an die Regelungen der US-GAAP zu erreichen. Eine grundlegende Überarbeitung von IAS 28[43] war nicht beabsichtigt.

Im Rahmen des Improvements Project wurden drei Interpretationen in IAS 28 integriert. Es handelt sich dabei um SIC-3, Elimination of unrealised Profits and Losses on Transactions with Associates, SIC-20, Equity Accounting Method - Recognition of Losses, sowie SIC-33, Consolidation and Equity Method - Potential Voting Rights and Allocation of Ownership Interests.

Übt ein Unternehmen (beteiligtes Unternehmen) auf ein anderes Unternehmen (Beteiligungsunternehmen) einen maßgeblichen Einfluss aus, und ist dieses Beteiligungsunternehmen weder ein Tochterunternehmen (subsidiary) noch ein Gemeinschaftsunternehmen (joint venture), wird dieses Unternehmen als assoziiertes Unternehmen (associate) bezeichnet. Die bilanzielle Berücksichtigung erfolgt nach IAS 28 im Konzernabschluss des Investors.

---

[42] Vgl. IAS 31.58.
[43] Vgl. zu den Änderungen von IAS 28 durch das Improvements Project ausführlich KPMG (Hrsg.), IFRS aktuell, a.a.O. (Fn. 21), S. 269-277; KPMG (Hrsg.), International Financial Reporting Standards, a.a.O. (Fn. 21), S. 256-262.

Unter dem Begriff des maßgeblichen Einflusses (significant influence) wird nach IAS 28.2 die Möglichkeit des beteiligten Unternehmens verstanden, an den finanz- und geschäftspolitischen Entscheidungsprozessen des Beteiligungsunternehmens mitzuwirken, ohne es als Mutterunternehmen alleine bzw. als Partnerunternehmen gemeinsam mit einem anderen Unternehmen kontrollieren zu können. Kontrolle hingegen ist die Möglichkeit, die Finanz- und Geschäftspolitik eines Unternehmens zu bestimmen, um aus dessen Tätigkeit Nutzen zu ziehen (IAS 28.2). Anhand der beiden Definitionen wird der qualitative Unterschied deutlich.

Maßgeblicher Einfluss wird widerlegbar vermutet, wenn das beteiligte Unternehmen unmittelbar oder mittelbar mindestens 20% der Stimmrechte an dem Beteiligungsunternehmen hält. Im Gegensatz dazu, wird bei einer Beteiligung unter 20% widerlegbar angenommen, dass kein maßgeblicher Einfluss vorliegt. Liegen weniger als 20% der Stimmrechte vor, muss das Unternehmen nachweisen können, dass ein maßgeblicher Einfluss auch tatsächlich besteht (IAS 28.6).

Ist wenigstens eines der nachfolgenden Kriterien erfüllt, kann regelmäßig auf das Bestehen eines maßgeblichen Einflusses geschlossen werden (IAS 28.7):

– Zugehörigkeit zu einem Leitungs-/Aufsichtsorgan des assoziierten Unternehmens;

– Beteiligung an den Entscheidungsprozessen des assoziierten Unternehmens;

– wesentliche Geschäftsbeziehungen mit dem assoziierten Unternehmen;

– Austausch von Führungskräften mit dem assoziierten Unternehmen;

– Bereitstellung von bedeutenden technischen Informationen.

Halten andere Anteilseigner eine Mehrheitsbeteiligung an dem Unternehmen, schließt dies einen möglichen maßgeblichen Einfluss eines weiteren Anteilseigners nicht kategorisch aus (IAS 28.6). Zur Bestimmung eines maßgeblichen Einflusses sind auch Optionsrechte, die in Eigenkapital- oder Fremdkapitalinstrumenten des assoziierten Unternehmens verbrieft sind, wie Anteile am assoziierten Unternehmen zu berücksichtigen, soweit diese zu potenziellen Stimmrechten (potential voting rights) führen können (IAS 28.8-9). Potenzielle Stimmrechte sind Stimmrechte, die erst zu einem künftigen Datum oder bei Eintritt eines künftigen Ereignisses ausgeübt oder umgewandelt werden können.

Potenzielle Stimmrechte werden als Indikator für das Vorliegen eines maßgeblichen Einflusses angesehen.[44] Sie werden allerdings ausschließlich zur Berechnung herangezogen, ob überhaupt ein maßgeblicher Einfluss, mithin ein assoziiertes Unternehmen gegeben ist. Die Anteile am Periodenergebnis und an der Eigenkapitalveränderung des Anteilseigners am assoziierten Unternehmen werden jedoch auf Basis der vorhandenen Eigen-

---

[44] Vgl. IAS 28.8-9.

tumsverhältnisse bestimmt. Die mögliche Ausübung oder Umwandlung wird nicht berücksichtigt (IAS 28.12).

Änderungen zu IAS 28

- Einschränkung des Anwendungsbereichs für Anteile bei Venture-Capital-Organisationen, Investmentfonds, Unit Trusts und ähnlichen Unternehmen
- Keine Anwendung auf Anteile, die bei Venture-Capital-Gesellschaften u.ä. als „Fair Value through Profit or Loss" oder als „Held for Trading" klassifiziert und nach IAS 39 bilanziert werden
- Erfassung der Wertänderungen zwingend in der GuV
- Konkretisierung/Einschränkung der Verbote zur Equity-Bewertung

---

Die Anteile am assoziierten Unternehmen werden im Rahmen der Equity-Methode[45] zu Beginn mit den Anschaffungskosten angesetzt. In den Folgeperioden verändert sich der Buchwert der Anteile durch das Periodenergebnis des assoziierten Unternehmens.[46]

In Analogie zur Vollkonsolidierung eines Tochterunternehmens im Konzernabschluss eines Mutterunternehmens bzw. zur Quotenkonsolidierung eines Gemeinschaftsunternehmens im Konzernabschluss eines Partnerunternehmens ist ein an einem assoziierten Unternehmen beteiligtes Unternehmen nicht zur Anwendung der Equity-Methode verpflichtet, wenn folgende Voraussetzungen kumulativ zutreffen (vgl. IAS 28.13(c)):

- der Investor ist ein Tochterunternehmen, das sich vollständig im Besitz eines übergeordneten Mutterunternehmens befindet, bzw. der Investor ist ein Tochterunternehmen, das sich nicht vollständig im Besitz eines übergeordneten Mutterunternehmens befindet, und die anderen Eigentümer wurden über die Nichtanwendung informiert und haben dem nicht widersprochen (IAS 28.13(c)(i)),

- die Eigen- oder Fremdkapitalinstrumente des Investors werden nicht an einem öffentlichen Markt (inländische oder ausländische Börse, Freiverkehr im Sinne von Over-the-Counter-Märkten) gehandelt (IAS 28.13(c)(ii)),

---

[45] Vgl. zur Equity-Methode nach IFRS im Allgemeinen und für Kreditinstitute im Besonderen BAETGE, J./KIRSCH, H.-J./THIELE, S., a.a.O. (Fn. 8), S. 397-434; KPMG (Hrsg.), International Financial Reporting Standards, a.a.O. (Fn. 21), S. 256-264; KRUMNOW, J./SPRIßLER, W. u.a. (Hrsg.), a.a.O. (Fn. 8), §§ 340i, j HGB, Tz. 231; VOSS, B. W., a.a.O. (Fn. 8), C 810, Tz. 141.

[46] Vgl. zur bilanziellen Vorgehensweise Abschnitt 6.

- der Investor hat seine Einzelabschlüsse nicht zwecks Emission von Finanzinstrumenten bei einer Börsenaufsichtsbehörde oder einer anderen Regulierungsbehörde eingereicht bzw. dies nicht beabsichtigt (IAS 28.13(c)(iii)) und

- die oberste oder irgendeine zwischengeschaltete Muttergesellschaft des Investors veröffentlicht einen für das Publikum zugänglichen, mit den IFRS konformen Konzernabschluss (IAS 28.13(c)(iv)).

Liegen die Befreiungsvoraussetzungen nicht vor, sind grundsätzlich alle assoziierten Unternehmen im In- und Ausland durch Anwendung der Equity-Methode in den Konzernabschluss eines Mutterunternehmens einzubeziehen (IAS 28.11).

Im Rahmen des Improvements Project ist die Ausnahme, bei erheblichen langfristigen Beschränkungen des Kapitaltransfers vom assoziierten Unternehmen an das beteiligte Unternehmen von einer entsprechenden Bewertung der Beteiligung abzusehen, gestrichen worden (IAS 28.BC15).[47]

Für Beteiligungen, die gemäß IFRS 5 als „Held for Sale" klassifiziert sind, kommt die Equity-Methode nicht zur Anwendung. Dies bedeutet, dass Beteiligungen am assoziierten Unternehmen entsprechend der Vorschriften von IFRS 5 zu bilanzieren sind.[48] Erfüllt ein zuvor als „Held for Sale" klassifiziertes assoziiertes Unternehmen nicht mehr die dazu notwendigen Kriterien, ist es nach der Equity-Methode zu bilanzieren. Dabei ist der Zeitpunkt zu wählen, ab dem die Beteiligung als „zur Veräußerung gehalten" eingeordnet wurde. Die vorherigen Jahresabschlüsse sind entsprechend zu ändern (IAS 28.15).

IAS 28.1 regelt ferner, dass Beteiligungen an assoziierten Unternehmen, die von Venture-Capital-Organisationen gehalten werden, nicht (mehr) in den Anwendungsbereich von IAS 28 fallen, sofern sie nach IAS 39.9 in die Kategorien „Financial Asset or Financial Liability at Fair Value through Profit or Loss" oder in „Held for Trading" eingestuft werden (Wahlrecht). Gleiches gilt für Beteiligungen an (offenen) Investmentfonds oder ähnlichen Einheiten sowie von Versicherungsverträgen, sofern diese in Verbindung mit einem Investment (investment linked) stehen (IAS 28.1 sowie IAS 28.BC4-9).

Werden solche Beteiligungen nach den Regelungen von IAS 39 bilanziert, erfüllen sie nicht immer die Voraussetzungen für eine Klassifizierung in die Kategorie „Held for Trading". Bei Venture-Capital-Organisationen ist es durchaus üblich, Beteiligungen über einen Zeitraum von drei bis fünf Jahren zu halten. Nach IAS 39 wäre für solche Fälle eine Einordnung in die Kategorie „Available for Sale" vorzunehmen. Damit werden jedoch Fair-Value-Änderungen nicht erfolgswirksam berücksichtigt, wodurch eine unterschiedliche Ergebniswirkung im Vergleich zur Anwendung der Equity-Methode erzielt würde. Daher sind diese Unternehmensgruppen aus dem Anwendungsbereich von

---

[47] Dies wurde in der alten Fassung in IAS 28.11(b) (2000) geregelt.
[48] Vgl. IAS 28.13(a) i.V.m. IAS 28.14. Vgl. hierzu auch Abschnitt 2.4 im Beitrag „Zur Veräußerung gehaltene, langfristige Vermögenswerte und aufgegebene Bereiche".

IAS 28 ausgenommen, wenn sie durch Designation der Kategorie „at Fair Value through Profit or Loss" zugeordnet werden oder tatsächlich die Kriterien zur Klassifizierung als „Held for Trading" nach IAS 39 erfüllen.[49]

In der Praxis ist zu prüfen, inwieweit Unternehmen at Equity bilanziert oder zum Fair Value bewertet werden sollten. Für eine Fair-Value-Bewertung könnten eine Angleichung an das Beteiligungscontrolling und Vereinfachungsaspekte sprechen. Die bei Einstufung entweder als „Held for Trading" oder als „Financial Asset or Financial Liability at Fair Value through Profit or Loss" auftretenden möglichen GuV-Volatilitäten sind gegen die GuV-Volatilitäten, die durch die Equity-Methode ausgelöst werden, abzuwägen.

Verliert das beteiligte Unternehmen den maßgeblichen Einfluss über ein assoziiertes Unternehmen, ist ab diesem Zeitpunkt die Anwendung der Equity-Methode einzustellen. Der Buchwert der Beteiligung zum Zeitpunkt des Verlusts des maßgeblichen Einflusses entspricht den Anschaffungskosten für die erstmalige Bewertung des finanziellen Vermögenswerts und nach den Regelungen von IAS 39.[50]

Auch wenn nach dem neuen Standard eine Aufstellung und Beschreibung der wesentlichen assoziierten Unternehmen einschließlich der Anteilsquoten nicht mehr erforderlich ist,[51] erscheinen entsprechende Angaben hierzu sinnvoll. Dies würde zum einen der Vorgehensweise bei Angaben zu wesentlichen Beteiligungen an Gemeinschaftsunternehmen entsprechen und wird zum anderen gemäß § 313 Abs. 2 Nr. 2 HGB gefordert.

IAS 28 ist in seiner überarbeiteten Version erstmals für Geschäftsjahre anzuwenden, die am oder nach dem 1. Januar 2005 beginnen; eine (freiwillige) frühere Anwendung wird empfohlen und wäre ggf. anzugeben. Für IAS 28 gelten keine speziellen Übergangsvorschriften. Der Standard ist daher in Übereinstimmung mit IFRS 1 retrospektiv anzuwenden.[52]

---

[49] Vgl. IAS 28.BC9 sowie die Ausführungen in Abschnitt 6.10.3 im Beitrag „Ansatz und Bewertung von Finanzinstrumenten".
[50] Vgl. IAS 28.18-19.
[51] Dies wurde noch gemäß IAS 28.27(a) (2000) verlangt.
[52] Vgl. IAS 28.41.

3. Konsolidierung von Unternehmenszusammenschlüssen

3.1 Kapitalkonsolidierung

3.1.1 Konsolidierung zum Erwerbszeitpunkt

3.1.1.1 Grundzüge der Erwerbsmethode

Am 31. März 2004 hat das IASB den Standard IFRS 3, Unternehmenszusammenschlüsse[53], veröffentlicht, der den gleichnamigen IAS 22 ersetzt. Im Rahmen der Überarbeitung der Regelungen zu Unternehmenszusammenschlüssen wurden auch die Vorschriften von IAS 36, Impairment of Assets, und IAS 38, Intangible Assets, in wichtigen Teilen modifiziert und erweitert. Darüber hinaus hat die Verabschiedung von IFRS 3 zu Folgeänderungen weiterer Standards und Interpretationen geführt.[54] Es handelt sich hierbei zum einen um das Ansatzverbot für latente Steueransprüche des Erwerbers im Rah-

---

[53] Vgl. zur Kapitalkonsolidierung nach der Erwerbsmethode BAETGE, J./KIRSCH, H.-J./THIELE, S., a.a.O. (Fn. 8), S. 267-274; KPMG (Hrsg.), IFRS aktuell, a.a.O. (Fn. 21), S. 61-130; KPMG (Hrsg.), International Financial Reporting Standards, a.a.O. (Fn. 21), S. 248-255; BRÜCKS, M./WIEDERHOLD, P., IFRS 3 Business Combinations - Darstellung der neuen Regelungen des IASB und Vergleich mit SFAS 141 und SFAS 142, KoR 2004, S. 177-185, hier S. 178-184; HACHMEISTER, D./KUNATH, O., Die Bilanzierung des Geschäfts- oder Firmenwerts im Übergang auf IFRS 3, KoR 2005, S. 62-75, hier S. 63-74; HOMMEL, M./BENKEL, M./WICH, S., IFRS 3 Business Combinations: neue Unwägbarkeiten im Jahresabschluss, BB 2004, S. 1267-1273, hier S. 1268-1272; KÜTING, K./WIRTH, J., Bilanzierung von Unternehmenszusammenschlüssen nach IFRS 3, KoR 2004, S. 167-177, hier S. 168-176; ORDELHEIDE, D., Kapitalkonsolidierung nach der Erwerbsmethode, Anwendungsbereich und Erstkonsolidierung, in: CASTAN, E./HEYMANN, G. u.a. (Hrsg.), Beck'sches Handbuch der Rechnungslegung, Band II, München 2004, Ergänzungslieferung 1, C 401; ORDELHEIDE, D., Folgekonsolidierung nach der Erwerbsmethode, in: CASTAN, E./HEYMANN, G. u.a. (Hrsg.), Beck'sches Handbuch der Rechnungslegung, Band II, München 2004, Ergänzungslieferung 1, C 402; ORDELHEIDE, D., Endkonsolidierung nach der Erwerbsmethode, in: CASTAN, E./HEYMANN, G. u.a. (Hrsg.), Beck'sches Handbuch der Rechnungslegung, Band II, München 2004, Ergänzungslieferung 1, C 403; PELLENS, B., Internationale Rechnungslegung, 5. Aufl., Stuttgart 2004, S. 628-681; WATRIN, C./STROHM, C./STRUFFERT, R., Aktuelle Entwicklungen der Bilanzierung von Unternehmenszusammenschlüssen nach IFRS, WPg 2004, S. 1450-1461, hier S. 1451-1460; zur Interpretation konzerninterner Umstrukturierungen vgl. auch IDW, Stellungnahme ERS HFA 2 n.F./2004, Einzelfragen zur Anwendung von IFRS, WPg 2004, S. 1333-1347, hier S. 1338-1340.

[54] Vgl. IFRS 3.C.

men eines Unternehmenszusammenschlusses,[55] zum anderen betrifft es die geänderte Definition der gemeinschaftlichen Führung (joint control).[56]

Wie in IAS 27, IAS 28 und IAS 31 wurden auch in IFRS 3 konkretisierende Interpretationen eingegliedert.[57] Durch IFRS 3 werden bislang vorhandene Wahlrechte eliminiert. In einer zweiten, noch nicht abgeschlossenen Projektphase werden Fragestellungen behandelt, die in IFRS 3 momentan ausgeklammert werden.

Mit der Verabschiedung von IFRS 3 erfolgt eine Annäherung an bereits bestehende US-GAAP-Vorschriften. Das FASB novellierte bereits im Jahre 2001 durch SFAS 141, Business Combinations, sowie SFAS 142, Goodwill and Other Intangible Assets, die Bilanzierung von Unternehmenszusammenschlüssen und führte damit einschneidende Veränderungen ein, die das IASB in seinen Reformbestrebungen aufgegriffen hat. Eine wesentliche Änderung betrifft die Abschaffung der Methode zur Interessenzusammenführung (pooling of interests method).[58]

Die Abkehr hiervon wird auf internationaler Ebene damit begründet, dass eine höhere Vergleichbarkeit von Abschlüssen erzielt werden kann und Gestaltungsspielräume eingeschränkt werden.[59] Durch die Verabschiedung von IFRS 3 ergibt sich, dass für Unternehmenszusammenschlüsse zukünftig ausschließlich die Erwerbsmethode (purchase method) zur Anwendung kommt.[60] Dadurch erhöht das IASB die Konvergenz mit den Regelungen in Nordamerika und Australien.[61]

---

[55] Vgl. IFRS 3.65; IAS 12.67.

[56] Vgl. IAS 31.3.

[57] Es handelt sich um die Interpretationen SIC-9, Business Combinations - Classification either as Aquisitions or Uniting of Interests, SIC-22, Business Combinations - Subsequent Adjustments of Fair Values and Goodwill Initially Reported und SIC-28, Business Combinations - "Date of Exchange" and Fair Value of Equity Instruments.

[58] Im Zuge der Interessenzusammenführungsmethode wird im Vergleich zur Erwerbsmethode ein Unternehmenszusammenschluss nicht wie der Erwerb eines Unternehmens durch ein anderes Unternehmen, sondern wie eine Fortführung der beteiligten Unternehmen bilanziert. In den Abschlüssen der beteiligten Unternehmen werden die enthaltenen Buchwerte daher addiert, ohne dass es zur Aufdeckung stiller Reserven kommt (IAS 22.78).

[59] Das IASB gibt in IFRS 3.BC47-49 an, dass Unternehmenszusammenschlüsse auch dann bestehen können, bei denen kein Erwerber bestimmt werden kann. In diesem Fall sei die Interessenzusammenführungsmethode für die Abbildung nicht geeignet, weil durch die Buchwertfortführung der Zeitwert des getauschten Reinvermögens unberücksichtigt bleibt. Es wird daher im Rahmen der Phase II untersucht, unter welchen Voraussetzungen für Unternehmenszusammenschlüsse, bei denen kein Erwerber bestimmt werden kann (true mergers), ein so genanntes Fresh Start Accounting eingeführt werden soll. Unter dieser Bilanzierungsform sollen die in allen beteiligten Unternehmen enthaltenen Vermögenswerte und Schulden mit ihren beizulegenden Zeitwerten bewertet werden; vgl. auch IFRS 3.BC42.

[60] Vgl. für die Regelungen der US-GAAP in SFAS 141.13 sowie für die Regelungen der IFRS in IFRS 3.14.

[61] Vgl. IFRS 3.14-16; IFRS 3.IN2-IN5.

Wesentliche Änderungen durch IFRS 3

- Ausschließliche Anwendung der Erwerbsmethode (Abschaffung Interessenszusammenführungsmethode)
- Klarstellung der Vorgehensweise bei Reverse Acqusitions und Step Acquisitions
- Verpflichtende Anwendung der vollständigen Neubewertungsmethode
- Konkretisierung der Ansatzkriterien für immaterielle Vermögenswerte (Ziel ist ein gesonderter Ausweis des Geschäfts- und Firmenwerts)
- Passivierungspflicht für bestimmte Eventualschulden
- Einschränkung der erfolgsneutralen Bildung von Restrukturierungsrückstellungen
- Erfolgswirksame Berücksichtigung eines passiven Unterschiedsbetrages
- Einführung des Impairment-only Approach für Geschäfts- und Firmenwerte und immaterielle Vermögenswerte mit unbestimmbarer Nutzungsdauer
- Nachträgliche Änderung der Anschaffungskosten oder der beizulegenden Zeitwerte nur innerhalb von 12 Monaten nach Erwerb
- Erweiterte Anhangangaben

Bei der Bilanzierung von Unternehmenszusammenschlüssen nach der Erwerbsmethode werden die Anschaffungskosten für das erworbene Unternehmen dem Wert des übernommenen Reinvermögens im Erwerbszeitpunkt gegenübergestellt. Das Reinvermögen ergibt sich als Residualgröße aller zum Fair Value bewerteten identifizierbaren Vermögenswerte abzüglich aller identifizierbaren Verbindlichkeiten und Eventualschulden. IFRS 3 gibt in diesem Zusammenhang Ansatz- und Bewertungsvorschriften vor, die der Erwerber in Bezug auf Vermögenswerte, Verbindlichkeiten und Eventualschulden zu befolgen hat.[62]

---

[62] Vgl. IFRS 3.37(a)-(b).

> **Anwendung der Erwerbsmethode umfasst folgende Schritte**
> - Identifikation des Erwerbes
> - Ermittlung der Anschaffungskosten des Unternehmenszusammenschlusses
> - Allokation der Anschaffungskosten des Unternehmenszusammenschlusses auf die erworbenen Vermögenswerte sowie übernommenen Verbindlichkeiten und Eventualschulden zum Erwerbszeitpunkt

Sämtliche erworbenen Vermögenswerte und Verbindlichkeiten sind mit ihren beizulegenden Zeitwerten anzusetzen. Dies geschieht unabhängig von deren bisheriger Bilanzierung im Abschluss.

Langfristige Vermögenswerte (non-current assets) oder Veräußerungsgruppen (disposal groups), die zur Veräußerung gehalten werden (held for sale) sind nicht zum Fair Value anzusetzen, sondern gemäß IFRS 5 mit dem beizulegenden Zeitwert abzüglich der voraussichtlichen Veräußerungskosten (fair value less cost to sell) zu behandeln.[63]

Ein entstehender Unterschiedsbetrag ist in einem ersten Schritt dahingehend zu überprüfen, ob dieser auf stille Reserven bzw. stille Lasten zurückgeführt werden kann. Bei der Auflösung der stillen Reserven und Lasten besteht keine Anschaffungskostenrestriktion.

Die Differenz zwischen den Anschaffungskosten des Unternehmenserwerbs und dem Reinvermögen kann entweder in einem aktiven oder einem passiven Unterschiedsbetrag resultieren.[64] IFRS 3 benennt den aktiven Unterschiedsbetrag nach wie vor als Geschäfts- oder Firmenwert. Im Gegensatz dazu wird ein passiver Unterschiedsbetrag als Überschuss des Anteils des Erwerbers an dem beizulegenden Nettozeitwert der identifizierbaren Vermögenswerte, Verbindlichkeiten und Eventualschulden des erworbenen Unternehmens über die Anschaffungskosten bezeichnet (excess of the acquirer's interest in the net fair value of acquiree's identifiable assets, liabilities and contingent liabilities over cost).[65]

---

[63] Vgl. IFRS 3.36.
[64] Vgl. IFRS 3.51 sowie IFRS 3.56.
[65] Vgl. IFRS 3.56.

> **Bilanzierungsform Erwerbsmethode**
> - Analyse des Unternehmenszusammenschlusses aus Sicht des Erwerbers
> - Erwerb des Nettovermögens
> - Ansatz der erworbenen Vermögenswerte sowie übernommenen Verbindlichkeiten und Eventualschulden, einschließlich der durch das erworbene Unternehmen nicht angesetzten Posten
> - Bewertung der Vermögenswerte und Verbindlichkeiten des erwerbenden Unternehmens wird nicht durch Unternehmenszusammenschluss beeinflusst

3.1.1.2 Definition des Unternehmenszusammenschlusses

Der Anwendungsbereich von IFRS 3 umfasst alle Arten von Unternehmenszusammenschlüssen (business combinations).[66] Ein Unternehmenszusammenschluss ist die Zusammenführung von autonomen Einheiten (entities) oder Unternehmen (businesses) zu einer Berichtseinheit.[67] Diese Begrifflichkeit ersetzt die der „wirtschaftlichen Einheit" aus IAS 22. Damit wird eine Übereinstimmung mit dem Rahmenkonzept erzielt.[68]

Die Definition[69] von IFRS 3 ist weiter gefasst als die Regelung des entsprechenden amerikanischen Rechnungslegungsstandards SFAS 141.[70] Der gewählte Anwendungsbereich von IFRS 3 ermöglicht, dass sämtliche Transaktionen erfasst werden können, bei denen selbständige Einheiten oder Unternehmen zu einer Berichtseinheit zusammengeführt werden. Darunter fallen auch Unternehmenszusammenschlüsse, bei denen keines der beteiligten Unternehmen eine Beherrschung erlangt.[71]

---

[66] Vgl. IFRS 3.2.
[67] Vgl. IFRS 3.4 sowie IFRS 3.BC10.
[68] Vgl. IFRS 3.BC9 sowie F.8.
[69] Vgl. zur Definition des Begriffs Unternehmenszusammenschluss BAETGE, J./KIRSCH, H.-J./THIELE, S., a.a.O. (Fn. 8), S. 267-268; KPMG (Hrsg.), IFRS aktuell, a.a.O. (Fn. 21), S. 61-130; KPMG (Hrsg.), International Financial Reporting Standards, a.a.O. (Fn. 21), S. 248; BRÜCKS, M./WIEDERHOLD, P., a.a.O. (Fn. 53), S. 178; HACHMEISTER, D./KUNATH, O., a.a.O. (Fn. 53), S. 63; HOMMEL, M./BENKEL, M./WICH, S., a.a.O. (Fn. 53), S. 1268; KÜTING, K./WIRTH, J., a.a.O. (Fn. 53), S. 167-168; PELLENS, B., a.a.O. (Fn. 53), S. 622-624; WATRIN, C./STROHM, C./STRUFFERT, R., a.a.O. (Fn. 53), S. 1451-1453.
[70] SFAS 141.14 verwendet den Begriff der Anschaffung und nicht wie in IFRS 3 den Begriff des Zusammenbringens.
[71] Vgl. IFRS 3.BC6-9.

Ein Unternehmen (business) i.S.v. IFRS 3 stellt eine einheitliche Gruppe von Aktivitäten und Vermögenswerten dar. Diese dient dem Zweck, Erträge für Investoren, Kostenreduzierungen oder anderen wirtschaftlichen Nutzen für Versicherungsnehmer oder Teilhaber zu generieren. Ein Unternehmen besteht in der Regel aus Investitionen (inputs), Prozessen, die diesen Investitionen zugeordnet sind, und daraus resultierenden Leistungen, die dazu verwendet werden, Erträge zu generieren. Das Vorliegen eines Unternehmens wird vermutet, wenn die erworbenen Aktivitäten und Vermögenswerte einen Geschäfts- oder Firmenwert beinhalten.[72]

Die Definition eines Unternehmens nach IFRS 3 unterscheidet sich in den nachfolgend aufgeführten Punkten von der Definition des US-amerikanischen EITF 98-3:[73]

- Es muss sich bei einem Unternehmen nicht um ein rechtlich selbständiges Unternehmen handeln. Für eine Qualifizierung als Unternehmenszusammenschluss reicht der Erwerb bspw. eines Teilbetriebs aus;
- IFRS 3 geht nicht davon aus, dass eine übertragene Gruppe von Aktivitäten und Vermögenswerten, die sich noch in der Anlaufphase befindet und die eigentliche Geschäftstätigkeit noch nicht aufgenommen hat, kein Unternehmen darstellen kann;
- IFRS 3 enthält die Vermutung, dass eine übertragene Gruppe von Aktivitäten und Vermögenswerten, die einen Geschäfts- oder Firmenwert enthält, ein Unternehmen darstellt;
- die Definition von IFRS 3 kann auch auf eine einheitliche Gruppe von Aktivitäten und Vermögenswerten von Unternehmen auf Gegenseitigkeit (mutual entities) Anwendung finden.

Nach den Regelungen von IFRS 3 führen fast alle Unternehmenszusammenschlüsse dazu, dass ein Unternehmen als Erwerber eine Beherrschung über ein oder mehrere Unternehmen erlangt. Wenn eine Gruppe von Vermögenswerten oder das Reinvermögen erworben wird und diese Gruppe oder das erworbene Reinvermögen die Definition des Begriffs Unternehmen nicht erfüllen, sind die Anschaffungskosten auf die einzelnen identifizierbaren Vermögenswerte und Verbindlichkeiten nach Maßgabe des Verhältnisses der beizulegenden Zeitwerte zu verteilen.[74]

Aus den Vorschriften zum Anwendungsbereich geht in IFRS 3.3 hervor, dass einige Formen von Unternehmenszusammenschlüssen von der Anwendung ausgenommen sind.[75]

---

[72] Vgl. IFRS 3.A.
[73] Vgl. IFRS 3.BC12-15 sowie EITF 98-3, Determining Whether a Nonmonetary Transaciton Involves Receipt of Productive Assets or of a Business.
[74] Vgl. IFRS 3.4.
[75] Vgl. IFRS 3.3. Diese Ausnahmen sind Inhalt der Phase II zum Projekt zu Unternehmenszusammenschlüsse des IASB. Die Behandlung von Beteiligungen an Gemeinschaftsunternehmen richtet sich nach IAS 31, vgl. hierzu IFRS 3.3(a), IFRS 3.9.

> **Ausnahmen vom Anwendungsbereich**
> - Unternehmenszusammenschlüsse, aus denen ein Gemeinschaftsunternehmen entsteht
> - Unternehmenszusammenschlüsse, an denen Unternehmen unter gemeinsamer Beherrschung beteiligt sind (konzerninterne Umstrukturierungen)
> - Unternehmenszusammenschlüsse von Unternehmen auf Gegenseitigkeit
> - Unternehmen, die lediglich durch Vertrag für Berichtszwecke zusammengefasst werden, ohne dass Anteile erlangt werden

Konzerninterne Umstrukturierungen (business combinations involving entities or businesses under common control) werden in IFRS 3.10-13 näher erläutert. Es handelt sich dabei um einen Unternehmenszusammenschluss, bei dem sich die Beherrschungsstrukturen vor und nach dem Unternehmenszusammenschluss nicht verändert haben. Dies bedeutet, dass die beteiligten Einheiten weiterhin durch dieselbe(n) Partei(en) beherrscht werden, wobei die Beherrschung nicht vorübergehender Natur ist. Es ist in diesem Zusammenhang nicht relevant, ob die am Unternehmenszusammenschluss beteiligten Einheiten in denselben Konzernabschluss einbezogen werden. Ferner spielen weder die Höhe des Minderheitenanteils vor und nach dem Unternehmenszusammenschluss noch, ob ein Tochterunternehmen nach IAS 27 nicht in den Konzernabschluss einbezogen wurde, eine Rolle.[76]

Im Entwurf einer Neufassung der IDW Stellungnahme zur Rechnungslegung: „Einzelfragen zur Anwendung von IFRS" (IDW ERS HFA 2 n.F.) wird der Aspekt konzerninterner Umstrukturierungen explizit behandelt, da die IFRS hierzu bislang keine Regelungen zur Verfügung stellen.[77] Der Ansatz einzelner Unternehmen im Teilkonzernabschluss eines übernehmenden Tochterunternehmens, ist bei vorliegenden konzerninternen Umstrukturierungen wie Transaktionen mit Dritten zu behandeln. Damit wäre eine analoge Vorgehensweise zum Erwerb nach IFRS 3 zugrunde gelegt. Darüber hinaus wird über IAS 8.12 eine Lösung nach den Grundsätzen des US-amerikanischen EITF 90-5 für zulässig erachtet. Danach wird der Teilkonzernabschluss als Ausschnitt aus dem Konzernabschluss des übergeordneten Mutterunternehmens angesehen und eine Fortführung der Konzernbuchwerte vorgenommen.

---

[76] Vgl. IFRS 3.10-13.
[77] Vgl. IDW ERS HFA 2 n.F., a.a.O. (Fn. 53), hier S. 1338-1340.

3.1.1.3 Bestimmung des Erwerbers und Erwerbszeitpunkts

Der Bestimmung des Erwerbers[78] kommt eine zentrale Bedeutung im Rahmen der Unternehmenszusammenschlüsse zu. Als Erwerber wird das Unternehmen bezeichnet, das die Beherrschung über ein anderes Unternehmen erlangt.[79] Zur Ermittlung des Erwerbers werden in IFRS 3.20 verschiedene Kriterien aufgezählt, die nicht als abschließend aufgefasst werden dürfen.

Indikatoren zur Identifikation des Erwerbers

- Unternehmensgröße
    - Wesentlicher Unterschied in den beizulegenden Zeitwerten
    - Erwerber ist vermutlich Unternehmen mit größerem Fair Value
- Share Deal
    - Tausch von Stammaktien mit Stimmrecht gegen Barmittel oder andere Vermögenswerte
    - Erwerber ist vermutlich Unternehmen, das Barmittel oder Vermögenswerte ausgibt
- Management
    - Management eines Unternehmens kann Zusammensetzung des Managements des zusammengeschlossenen Unternehmens bestimmen
    - Erwerber ist vermutlich dominierendes Unternehmen

Bei der Bilanzierung nach der Erwerbsmethode werden die Vermögenswerte und Verbindlichkeiten des erworbenen Unternehmens neu bewertet. Die Bilanzpositionen des Erwerbers werden dagegen mit den bisherigen Buchwerten fortgeführt.

Als Erwerbszeitpunkt (acquisition date) legt IFRS 3.25 denjenigen Zeitpunkt fest, zu dem der Erwerber die Beherrschung über das erworbene Unternehmen erlangt. Hiervon

---

[78] Vgl. zur Bestimmung des Erwerbers BAETGE, J./KIRSCH, H.-J./THIELE, S., a.a.O. (Fn. 8), S. 267-268; KPMG (Hrsg.), IFRS aktuell, a.a.O. (Fn. 21), S. 69; KPMG (Hrsg.), International Financial Reporting Standards, a.a.O. (Fn. 21), S. 249; BRÜCKS, M./WIEDERHOLD, P., a.a.O. (Fn. 53), S. 178; HACHMEISTER, D./KUNATH, O., a.a.O. (Fn. 53), S. 62; HOMMEL, M./BENKEL, M./WICH, S., a.a.O. (Fn. 53), S. 1268; KÜTING, K./WIRTH, J., a.a.O. (Fn. 53), S. 167-168; PELLENS, B., a.a.O. (Fn. 53), S. 649-652; WATRIN, C./STROHM, C./STRUFFERT, R., a.a.O. (Fn. 53), S. 1453.

[79] Vgl. IFRS 3.17-19. Der Begriff der Beherrschung in IFRS 3 wurde nicht verändert. Vgl. hierzu auch IAS 27.12.

zu unterscheiden ist der Tauschzeitpunkt (date of exchange).[80] Erfolgt ein Unternehmenszusammenschluss durch eine Transaktion, fallen beide Zeitpunkte zusammen. Dies bedeutet, dass der Erwerb und die Beherrschung in einem Vorgang vollzogen werden.[81] Umfasst ein Unternehmenszusammenschluss dagegen mehrere Tauschtransaktionen, wird als Tauschzeitpunkt der Zeitpunkt verstanden, zu dem jede einzelne Finanzinvestition im Abschluss des Erwerbers angesetzt wird. Wesentlich ist dabei die wirtschaftliche Betrachtung und nicht die rechtliche Abwicklung der Transaktion (IFRS 3.39).

Im Falle eines sukzessiven Anteilserwerbs (step acquisition) werden Tochterunternehmen nicht zu einem einzigen Zeitpunkt erworben. Somit fallen Tausch- und Erwerbszeitpunkt auseinander. Die Anteilsquote am künftigen Tochterunternehmen wird in einzelnen Transaktionen erhöht, bis die Beherrschung erlangt wird. Die Anschaffungskosten ergeben sich dann als Summe der Anschaffungskosten der einzelnen Transaktionen.[82]

Tauschzeitpunkt vs. Erwerbszeitpunkt

- Tauschzeitpunkt entspricht dem Zeitpunkt der einzelnen Transaktion (bspw. sukzessiver Anteilerwerb)
- Erwerbszeitpunkt entspricht dem Zeitpunkt, zu dem die Beherrschung über das erworbene Unternehmen erlangt wird

---

Als Vertragsabschlusszeitpunkt wird jener Zeitpunkt bezeichnet, zu dem Einigung über die wesentlichen Vertragsbestandteile des Unternehmenszusammenschlusses erzielt wird. Bei börsennotierten Unternehmen wird zu diesem Zeitpunkt die Einigung öffentlich bekannt gegeben.[83]

Erfolgt der Unternehmenserwerb durch die Ausgabe von Eigenkapitalinstrumenten, sieht IFRS 3.27 vor, dass bei der Ermittlung der Anschaffungskosten auf den Tauschzeitpunkt abgestellt wird.[84] In der Regel entspricht allerdings der Tauschzeitpunkt dem Erwerbszeitpunkt.[85]

---

[80] Vgl. IFRS 3.A.
[81] Vgl. IFRS 3.25. Eine grundlegende Änderung hat sich in diesem Bereich im Vergleich zu IAS 22 und SIC-28 nicht ergeben (IAS 22.21-25).
[82] Vgl. IFRS 3.25 sowie IFRS 3.58.
[83] Vgl. IFRS 3A.
[84] Vgl. IFRS 3.27.
[85] Im Rahmen der Phase II wird sich das IASB auch mit dem Vertragsabschlussmodell (agreement date model) auseinandersetzen. Hier wird bei der Ermittlung der Anschaffungskosten auf den Vertragsabschlusszeitpunkt abgestellt. Nach IFRS 3 ist der Vertragsabschlusszeitpunkt (agreement date) lediglich für die Erstanwendungsvorschriften relevant.

3.1.1.4 Ermittlung der Anschaffungskosten der Beteiligung

Die Anschaffungskosten ergeben sich aus der Summe der zum Tauschzeitpunkt ermittelten beizulegenden Zeitwerte der für den Erwerb hingegebenen Vermögenswerte, der übernommenen Verbindlichkeiten und der vom Erwerber als Gegenleistung für den Erwerb der Beherrschung ausgegebenen Barmittel oder Eigenkapitalinstrumente. Hinzu kommen alle dem Unternehmenszusammenschluss direkt zurechenbaren Kosten, wie bspw. Honorare für Wirtschaftsprüfer, Rechtsanwälte, Wertgutachter und sonstige Berater.[86]

Zur Ermittlung der Anschaffungskosten[87] ist im Tauschzeitpunkt der Marktwert der börsennotierten Eigenkapitalinstrumente relevant, die als Gegenleistung für den Erwerb eines Unternehmens ausgegeben wurden. Werden diese Eigenkapitalinstrumente nur in geringem Umfang gehandelt und kann nachweisbar der Marktwert den Wert der Eigenkapitalinstrumente nicht verlässlich abbilden, ist gemäß IFRS 3.27 auf die Bewertungsmodelle von IAS 39 zurückzugreifen.[88]

Die Bestimmung der Anschaffungskosten im Rahmen eines Unternehmenszusammenschlusses unterliegt in einigen Fällen Unsicherheiten. Wird die endgültige Höhe des Kaufpreises vertraglich von künftigen Ereignissen - wie bspw. der Erzielung bestimmter Gewinne durch die erworbene Einheit - abhängig gemacht, sind die Erwartungen der zukünftigen Entwicklung - sofern diese verlässlich zu schätzen ist - bei der Bestimmung der Anschaffungskosten zu berücksichtigen. Eine Anpassung der Anschaffungskosten ist gemäß IFRS 3.32-35 durchzuführen, sobald die Einschätzungen über die erwarteten Ereignisse ändern bzw. Entwicklungen nicht oder anders eingetreten sind. Die notwendigen Anpassungen sind in der Weise vorzunehmen, als wären die Anschaffungskosten von Beginn an richtig geschätzt worden. Dabei sind die Vorjahresvergleichszahlen entsprechend zu korrigieren. Dies bedeutet, dass die Korrektur der Anschaffungskosten auf Grund von künftigen Ereignissen (contingent consideration) auch nach Abschluss der erstmaligen Erfassung des Unternehmenszusammenschlusses und unabhängig vom Vorliegen der Voraussetzungen einer Fehlerkorrektur nach IAS 8 vorzunehmen sind.[89] Insofern besteht ein Gegensatz zur Anpassung der Anschaffungskosten oder der beizulegen-

---

[86] Vgl. IFRS 3.24 sowie IFRS 3.29.

[87] Vgl. zur Bestimmung der Anschaffungskosten BAETGE, J./KIRSCH, H.-J./THIELE, S., a.a.O. (Fn. 8), S. 268; KPMG (Hrsg.), IFRS aktuell, a.a.O. (Fn. 21), S. 70; KPMG (Hrsg.), International Financial Reporting Standards, a.a.O. (Fn. 21), S. 249; BRÜCKS, M./WIEDERHOLD, P., a.a.O. (Fn. 53), S. 178; HACHMEISTER, D./KUNATH, O., a.a.O. (Fn. 53), S. 62; HOMMEL, M./BENKEL, M./WICH, S., a.a.O. (Fn. 53), S. 1268; KÜTING, K./WIRTH, J., a.a.O. (Fn. 53), S. 169-170; PELLENS, B., a.a.O. (Fn. 53), S. 652-654; WATRIN, C./STROHM, C./STRUFFERT, R., a.a.O. (Fn. 53), S. 1453.

[88] Diese Bestimmung wurde aus SIC-28 übernommen. IFRS 3.BC69 erläutert in diesem Zusammenhang, dass bezüglich der Formulierung, in welchen Fällen der Markt- oder Börsenpreis kein verlässlicher Indikator für die Bewertung ist, eine Änderung gegenüber der Formulierung in SIC-28.6 für erforderlich gehalten wurde.

[89] Vgl. IFRS 3.63 i.V.m. IFRS 3.33-34, IAS 8.41-48.

den Zeitwerte von Vermögenswerten, Verbindlichkeiten und Eventualschulden auf Grund eines vorläufigen Ansatzes (initial accounting determined provisionally).

Eine Anpassung der Anschaffungskosten ist nach IFRS 3.35 unter bestimmten Voraussetzungen nicht vorzunehmen. Ein solcher Fall liegt vor, wenn sich der Erwerber vertraglich dazu verpflichtet hat, nachträgliche Zahlungen zu leisten, sofern sich der Wert, der als Gegenleistung für den Erwerb entrichtet wurde, vermindert. Die nachträglichen Zahlungen dienen dazu, die vereinbarte Leistung zu erbringen.[90]

Beispiel für nachträgliche Zahlungen

- Erwerber garantiert einen bestimmten Börsenkurs für die als Gegenleistung zur Erlangung der Beherrschung des erworbenen Unternehmens ausgegebenen Eigenkapital- oder Schuldinstrumente

- Bei gesunkenem Börsenkurs ist somit eine nachträgliche Zahlung in Geld zu leisten

---

Bestand die ursprüngliche Gegenleistung in der Ausgabe von Eigenkapitalinstrumenten, ist eine entsprechende Anpassungsbuchung vom Eigenkapital an Verbindlichkeiten vorzunehmen. Bei Schuldinstrumenten ist hingegen keine Buchung erforderlich, da in diesem Fall sowohl auf der Aktivseite als auch auf der Passivseite des Schuldkontos Buchungen vorgenommen würden. Durch die nachträgliche Zahlung wird weder eine Verminderung des Nominalwertes des Schuldinstruments noch eine Erhöhung des Disagios erzielt.[91] Daher wird die Zahlung unter Anwendung der Effektivzinssatzmethode über die Laufzeit der Verbindlichkeit verteilt.

Die Anschaffungskosten für den Unternehmenserwerb selbst unterliegen in den beiden Fällen keiner Veränderung.

3.1.1.5 Aufteilung der Anschaffungskosten auf die Vermögenswerte und Verbindlichkeiten

3.1.1.5.1 Allokationskonzept

Mit der Veröffentlichung von IFRS 3 nimmt die Unterscheidung zwischen dem Geschäfts- oder Firmenwert sowie Vermögenswerten und Verbindlichkeiten an Bedeutung zu. Die Vorschriften in IFRS 3 und IAS 38 weichen jedoch vom Rahmenkonzept hinsichtlich des Ansatzes von Vermögenswerten und Verbindlichkeiten im Rahmen von

---

[90] Diese Regelung war bisher in IAS 22.70 ebenfalls aufzufinden.
[91] Vgl. IFRS 3.35.

Unternehmenszusammenschlüssen ab.[92] Zielsetzung ist es, dass sämtliche Vermögenswerte und Verbindlichkeiten, die durch den Erwerber bei der Kalkulation des Kaufpreises einbezogen werden könnten, auch bei der Bilanzierung des Unternehmenszusammenschlusses berücksichtigt werden.[93] Damit soll sichergestellt werden, dass möglichst viele Vermögenswerte und Verbindlichkeiten identifiziert werden.[94] Lediglich die Restmenge stellt den Geschäfts- oder Firmenwert dar, der als Vermögenswert mit unbestimmter Nutzungsdauer angesetzt wird.[95] Wesentliche Unterschiede ergeben sich im Ansatz der Eventualschulden.[96] Die anzusetzenden Positionen lassen sich wie folgt unterscheiden.

Anzusetzende Vermögenswerte und Verbindlichkeiten im Rahmen von Unternehmenszusammenschlüssen
- Vermögenswerte (außer immaterielle Vermögenswerte)
- Immaterielle Vermögenswerte
- Verbindlichkeiten (außer Eventualschulden)
- Eventualschulden

Im Rahmen der Erstkonsolidierung des erworbenen Unternehmens sind nach IFRS 3.36 die identifizierbaren Vermögenswerte, Verbindlichkeiten und Eventualschulden mit ihren Fair Values im Erwerbszeitpunkt zu erfassen. Die Bestimmung der Fair Values für die einzelnen Vermögenswerte und Verbindlichkeiten wird im Detail in IFRS 3. Appendix B dargestellt. Dabei wird explizit erklärt, dass zur Schätzung des beizulegenden Zeitwerts für sämtliche Positionen das Barwertverfahren (present value techniques) angewandt werden kann.[97]

Für Vermögenswerte oder Gruppen von Vermögenswerten, die nach IFRS 5 zu bilanzieren sind, ist die Bewertung nicht zum reinen Fair Value vorzunehmen. In diesen Fäl-

---

[92] Vgl. IFRS 3.37.
[93] Vgl. IFRS 3.BC111 und IAS 38.BC82.
[94] Vgl. zum Allokationskonzept BAETGE, J./KIRSCH, H.-J./THIELE, S., a.a.O. (Fn. 8), S. 269-270; KPMG (Hrsg.), IFRS aktuell, a.a.O. (Fn. 21), S. 73-101; KPMG (Hrsg.), International Financial Reporting Standards, a.a.O. (Fn. 21), S. 251-252; BRÜCKS, M./WIEDERHOLD, P., a.a.O. (Fn. 53), S. 178-181; HACHMEISTER, D./KUNATH, O., a.a.O. (Fn. 53), S. 64-66; HOMMEL, M./BENKEL, M./WICH, S., a.a.O. (Fn. 53), S. 1268-1271; KÜTING, K./WIRTH, J., a.a.O. (Fn. 53), S. 170-174; PELLENS, B., a.a.O. (Fn. 53), S. 654-657; WATRIN, C./STROHM, C./STRUFFERT, R., a.a.O. (Fn. 53), S. 1454-1459.
[95] Vgl. IFRS 3.51 und IAS 38.BC23.
[96] Vgl. hierzu Abschnitt 3.1.1.5.3.
[97] Vgl. IFRS 3.B16-17.

len sind zusätzlich die Verkaufskosten zu berücksichtigen und vom beizulegenden Zeitwert abzuziehen.[98]

Erwirbt der Erwerber nicht alle Anteile eines Unternehmens, bleiben Minderheitsgesellschafter weiterhin beteiligt. Es ist daher zu klären, ob die beizulegenden Zeitwerte der Vermögenswerte und Verbindlichkeiten zu 100% angesetzt werden sollen, um dadurch eine vollständige Neubewertung zu erreichen. Eine weitere Möglichkeit wäre die Durchführung einer beteiligungsproportionalen Neubewertung. Damit verbunden wäre lediglich die Neubewertung des Anteils des Erwerbers an den Vermögenswerten und Verbindlichkeiten. Nach IAS 22 bestand ein Wahlrecht zwischen beteiligungsproportionaler Neubewertung und vollständiger Neubewertung.[99]

IFRS 3 hebt diese Option auf und sieht die vollständige Neubewertung als allein zulässige Bewertungsmethode vor.[100] Dies bedeutet, dass unabhängig von den Anschaffungskosten des erworbenen Unternehmens sämtliche stillen Reserven und Lasten aufzudecken sind. Hierzu zählen auch die stillen Reserven und Lasten, die den Anteilen der Minderheitsgesellschafter zuzurechnen sind.[101] Die auf die Anteile der Minderheitsgesellschafter entfallenden stillen Reserven und Lasten im Geschäfts- oder Firmenwert hingegen dürfen nicht aufgedeckt werden.[102]

Die Neubewertungsmethode bedeutet, dass die identifizierten Vermögenswerte und Verbindlichkeiten des erworbenen Tochterunternehmens mit den gesamten Fair Values zu erfassen sind. Dies gilt unabhängig von der Beteiligungsquote des Mutterunternehmens. Der auf die Minderheiten entfallende Anteil wird somit als proportionaler Betrag der beizulegenden Zeitwerte am Nettovermögen erfasst.

Demgegenüber verlangt die nicht mehr zulässige Buchwertmethode die Neubewertung der Vermögenswerte und Verbindlichkeiten des Tochterunternehmens entsprechend dem Anteil des Mutterunternehmens am Tochterunternehmen. Damit erfolgt eine Aufdeckung der stillen Reserven und Lasten, die proportional zur Anteilsquote ist. Der Minderheitenanteil wird hingegen mit dem Buchwert übernommen. Die Unterschiede hinsichtlich der Auflösung der stillen Reserven und den Auswirkungen auf den Minderheitenanteil wird anhand eines Beispiels erläutert.

---

[98] Vgl. IFRS 3.36.
[99] Vgl. IAS 22.32 sowie IAS 22.34.
[100] Vgl. IFRS 3.36; IFRS 3.40 sowie zur Begründung IFRS 3.BC121-124.
[101] Vgl. IFRS 3.40.
[102] In Phase II des Unternehmenszusammenschluss-Projekts ist geplant diese Vorschrift erneut zu erörtern. Es ist seitens des IASB geplant, dass ein erworbener Geschäfts- oder Firmenwert in Zukunft vollständig, d.h. einschließlich der Anteile von Minderheitsgesellschaftern aufzudecken ist. Vgl. Business Combinations (Phase II) Application of the Purchase Method, http://www.iasb.org. Diese Methode entspricht nicht den derzeit geltenden Regelungen von US-GAAP (vgl. SFAS 141.43).

Beispiel 1: Neubewertungs- und Buchwertmethode

Ein Kreditinstitut erwirbt eine 70%ige Beteiligung an einem Unternehmen zu einem Kaufpreis von € 800 Tsd. Das erworbene Unternehmen weist stille Reserven in Höhe von € 200 Tsd. in Grundstücken auf.

31.12.20X1 Tsd. €	Kreditinstitut A		Kreditinstitut B		Summenbilanz	
Anlagevermögen	1.000		600		1.600	
Beteiligung	800		-		800	
Umlaufvermögen	2.500		400		2.900	
Eigenkapital		2.300		700		3.000
Fremdkapital		2.000		300		2.300
Summe	4.300	4.300	1.000	1.000	5.300	5.300

Im Rahmen der Neubewertungsmethode werden die stillen Reserven in voller Höhe aufgelöst (a) und das anteilige Eigenkapital anhand des neubewerteten Eigenkapitals ermittelt. Dieses ergibt sich aus 0,7 x (700 + 200) = 630 (b).

Der Goodwill wird anschließend als Differenz zwischen Kaufpreis und anteiligem Eigenkapital bestimmt und beträgt 170 (800 - 630) (b).

Der Anteil der Minderheiten ergibt sich als proportionaler Betrag am beizulegenden Zeitwert des Nettovermögens in Höhe von 270 (0,3 x 900) (c).

	Neubewertungsmethode					
31.12.20X1 Tsd. €	Summenbilanz		Neubewertung	Konsolidierung	Konzernbilanz	
Anlagevermögen	1.600		**200** (a)		1.800	
Beteiligung	800			800 (b)	-	
Umlaufvermögen	2.900				2.900	
Goodwill				170 (b)	170	
Eigenkapital		3.000	**200** (a)	630 (b) 270 (c)		2.300
Minderheiten				270 (c)		270
Fremdkapital		2.300				2.300
Summe	5.300	5.300			4.870	4.870

Im Rahmen der Buchwertmethode ergibt sich das anteilige Eigenkapital in Höhe von 490 (0,7 x 700) (a). Es entsteht ein positiver Unterschiedsbetrag als Differenz zwischen Kaufpreis und anteiligem Eigenkapital von 310 (800 - 490) (a). Die stillen Reserven werden gemäß dem Anteil des Mutterunternehmens am Tochterunternehmen aufgelöst. Es ergibt sich ein Betrag von 140 (0,7 x 200) (b).

Der Goodwill bestimmt sich in der Folge als Differenz zwischen dem positiven Unterschiedsbetrag und den anteiligen stillen Reserven und wird in Höhe von 170 eingebucht (b). Der Anteil der Minderheiten ergibt sich als proportionaler Betrag Buchwert des Eigenkapitals von Kreditinstitut B (0,3 x 700 = 210) (c).

31.12.20X1 Tsd. €	Buchwertmethode					
	Summenbilanz		Konsolidierung		Konzernbilanz	
Anlagevermögen	1.600		140 (b)		1.740	
Beteiligung JV	800			800 (a)	-	
Umlaufvermögen	2.900				2.900	
Unterschiedsbetrag			310 (a)	310 (b)		
Goodwill			170 (b)		170	
Eigenkapital		3.000	490 (a) 210 (c)			2.300
Minderheiten				210 (c)		210
Fremdkapital		2.300				2.300
Summe	5.300	5.300			4.810	4.810

Es wird deutlich, dass der Unterschied in der Höhe des Minderheitenanteils auf die Art der Auflösung der stillen Reserven zurückzuführen ist.

Bei einem Unternehmenserwerb kann eine Vielzahl von Unsicherheiten auftreten, die beim erstmaligen Ansatz noch nicht endgültig geklärt werden können (IFRS 3.33 sowie IFRS 3.61). Es kann sich dabei zum einen um die Anschaffungskosten des Erwerbers,[103] zum anderen um den Ansatz und die Bewertung der übernommenen Vermögenswerte, Verbindlichkeiten und Eventualschulden handeln.[104] Dabei ist im Rahmen des Unternehmenszusammenschlusses zwischen der erstmaligen Erfassung und den Anpassungen nach Abschluss der erstmaligen Erfassung zu differenzieren.[105]

---

[103] Vgl. hierzu Abschnitt 3.1.1.4.
[104] Hiervon abzugrenzen sind bedingte Kaufpreisanteile.
[105] Vgl. IFRS 3.61-64.

Erstmalige Erfassung des Unternehmenszusammenschlusses und mögliche Anpassungen der Anschaffungskosten

- Ansatz der Vermögenswerte, Verbindlichkeiten und Eventualschulden bei bestehenden Unsicherheiten auf Basis vorläufiger Informationen
- Verkürzung der Anpassungsperiode auf 12 Monate
- Beschränkung der Anpassungen auf Bewertung der Vermögenswerte, Verbindlichkeiten und Eventualschulden
- Anpassungen der Vergleichzahlen der Vorperiode
- Abschluss des Unternehmenszusammenschlusses nach 12 Monaten erfolgt; weitere Anpassungen bzw. Korrekturen nur möglich, wenn
  - zusätzliche Informationen eine Fehlerkorrektur nach IAS 8 auslösen
  - Anpassungen der Anschaffungskosten aufgrund bedingter Kaufpreisanteile resultieren
  - Änderungen aufgrund latenter Steueransprüche (IAS 12.67) notwendig sind

Zusätzliche Informationen, die innerhalb von zwölf Monaten nach dem Erwerbszeitpunkt bekannt werden, führen zu Anpassungen der Anschaffungskosten bzw. der Bewertung der angesetzten Vermögenswerte, Verbindlichkeiten und Eventualverpflichtungen. Hiermit verbunden sind Korrekturen der bislang angenommenen Werte und des Geschäfts- oder Firmenwerts oder des passiven Unterschiedsbetrags. Die vorzunehmenden Anpassungen sind retrospektiv vorzunehmen. Dies bedeutet, dass der Unternehmenszusammenschluss so abzubilden ist, als seien die korrigierten Werte bereits im Erwerbszeitpunkt so ermittelt worden. Darüber hinaus sind die Vergleichszahlen der Vorperiode anzupassen.[106]

Die durch IFRS 3 vorgenommenen Regeländerungen werden damit gerechtfertigt, dass die bestehenden Verhältnisse im Erwerbszeitpunkt abgebildet werden sollen. Dem würde eine nachträgliche Anpassung widersprechen. Bestehende Unsicherheiten im Erwerbszeitpunkt werden durch Anpassungen der Wertansätze innerhalb von zwölf Monaten

---

[106] Vgl. IFRS 3.62. IFRS 3 stellt im Abschnitt zu den erläuternden Beispielen auch solche zur Verfügung, die sich mit der Anpassung der bei der Erstkonsolidierung ermittelten Wertansätze auseinandersetzen.

aufgefangen.[107] Generell wird durch IFRS 3 der Unternehmenszusammenschluss nach zwölf Monaten für abgeschlossen angesehen. Anpassungen über diese zwölf Monate nach dem Erwerbszeitpunkt hinaus sind nur unter bestimmten Umständen möglich. Korrekturen der Anschaffungskosten und der Bewertung sind nur in Bezug auf zusätzliche Informationen, die eine Fehlerkorrektur nach IAS 8 bewirken[108] sowie hinsichtlich einer Anpassung der Anschaffungskosten aufgrund bedingter Kaufpreisanteile[109] zulässig.

Darüber hinaus sind auch Änderungen, die aufgrund von latenten Steueransprüchen entstehen, zu berücksichtigen.[110] Eine zeitlich unbegrenzte Erfassung erfolgt für latente Steueransprüche des erworbenen Unternehmens, die im Erwerbszeitpunkt die Voraussetzungen für das Vorliegen eines identifizierbaren Vermögenswertes nicht erfüllt haben. Dies bedingt jedoch, dass sie diese Voraussetzungen zu einem späteren Zeitpunkt erfüllen werden. Die Anpassung ist so vorzunehmen, dass zum einen der latente Steueranspruch erfolgswirksam erfasst und zum anderen der Geschäfts- oder Firmenwert erfolgswirksam reduziert wird.[111] Der Ausweis eines passiven Unterschiedsbetrages darf jedoch dadurch nicht entstehen bzw. darf nicht erhöht werden.[112]

3.1.1.5.2 Bilanzierung finanzieller, immaterieller und sonstiger Vermögenswerte

Vermögenswerte sind im Rahmen des Unternehmenszusammenschlusses gesondert vom Geschäfts- oder Firmenwert anzusetzen. Voraussetzung hierfür ist, dass sie im Erwerbszeitpunkt die Ansatzkriterien für Vermögenswerte erfüllen. Dies bedeutet, dass der Zufluss eines künftigen wirtschaftlichen Nutzens wahrscheinlich ist und der Fair Value verlässlich bestimmt werden kann.[113]

Im Rahmen eines Unternehmenszusammenschlusses erworbene immaterielle Vermögenswerte sind hingegen nur dann gesondert vom Geschäfts- oder Firmenwert anzusetzen, wenn diese bestimmte Kriterien erfüllen.[114]

---

[107] Vgl. IFRS 3.BC161-163.

[108] Vgl. IAS 8.5; IAS 8.41 sowie IFRS 3.63-64.

[109] Vgl. IFRS 3.35.

[110] Vgl. IFRS 3.65.

[111] In IAS 12.67 (2000) war vorgesehen, dass eine Aktivierung von latenten Steueransprüchen, die auf Ebene des Erwerbers durch den Unternehmenszusammenschluss entstehen, ebenfalls im Geschäfts- oder Firmenwert zu berücksichtigen ist. Durch die Änderungen anderer Standards durch die Einführung von IFRS 3 wurde diese Bestimmung geändert. Nach IAS 12.67 sind nun die Änderungen, die sich für latente Steueransprüche des Mutterunternehmens ergeben, nicht im Geschäfts- oder Firmenwert zu berücksichtigen (vgl. Anmerkungen in IFRS 3.C).

[112] Vgl. IFRS 3.65, IFRS 3.C4 und IAS 12.68. Zu latenten Steuern vgl. auch den Beitrag „Tatsächlich und latente Ertragsteuern".

[113] Vgl. IFRS 3.37(a). Die genannten Ansatzkriterien stimmen mit F.49(a) sowie mit den Bestimmungen der anderen Standards - wie bspw. IAS 16.7 - überein.

[114] Vgl. IFRS 3.37, IFRS 3.45 und IAS 38.33-34.

Ansatzvoraussetzungen von immateriellen Vermögenswerten
- Erfüllung der Definitionskriterien eines immateriellen Vermögenswertes nach IAS 38
- Verlässliche Bestimmbarkeit der beizulegenden Zeitwerte
- Wahrscheinlichkeit eines künftigen Nutzenzuflusses ist gegeben

Der Ansatz ist nicht davon abhängig, dass der immaterielle Vermögenswert schon im Abschluss des erworbenen Unternehmens angesetzt wurde.[115] Zielsetzung ist es, möglichst viele der erworbenen immateriellen Vermögenswerte zum Ansatz zu bringen.

Definitionskriterien für immaterielle Vermögenswerte
- Identifizierbarkeit (identifiability)
- Verfügungsmacht über den Vermögenswert (control)
- Das Vorhandensein eines künftigen wirtschaftlichen Nutzens (future economic benefit)

Ein immaterieller Vermögenswert gilt dann als identifizierbar, wenn dieser separierbar ist.[116] Dies bedeutet, dass das Unternehmen diesen allein oder gemeinsam mit anderen Vermögenswerten verkaufen, vermieten oder in anderer Weise übertragen kann. Identifizierbarkeit ist auch dann gegeben, wenn der immaterielle Vermögenswert durch einen vertraglichen oder sonstigen gesetzlichen Anspruch gesichert ist.[117]

Die Verfügungsmacht über einen Vermögenswert liegt vor, wenn sich das Unternehmen den künftigen wirtschaftlichen Nutzen aus dem Vermögenswert zu Eigen machen und gleichzeitig einen Dritten vom Zugriff auf diesen Nutzen ausschließen kann. Diese Verfügungsmacht beruht entweder auf einem Anspruch, der juristisch durchsetzbar ist, oder der Fähigkeit des Unternehmens, den künftigen Nutzen auf andere Weise in Anspruch zu

---

[115] Vgl. IAS 38.34.

[116] Der separate Ansatz der erworbenen immateriellen Vermögenswerte vom Geschäfts- oder Firmenwert gilt auch für aktive Forschungs- und Entwicklungsprojekte. Außerhalb eines Unternehmenserwerbs sind hingegen Aufwendungen für Eigenforschung keinesfalls und Aufwendungen für Eigenentwicklung nur unter bestimmten Voraussetzungen aktivierbar (IAS 38.8 sowie IAS 39.51-53).

[117] Vgl. IFRS 3.46, IAS 38.10, IAS 38.12 und IAS 38.BC6-8. Durch IFRS 3 und die Überarbeitung von IAS 38 ist eine Erweiterung um das Vorliegen eines vertraglichen oder sonstigen gesetzlichen Anspruchs als zusätzliche Voraussetzung für den Nachweis der Identifizierbarkeit entstanden (IFRS 3.BC88-93 und IAS 38.BC9-10).

nehmen.[118] Die Existenz eines juristisch durchsetzbaren Anspruchs ähnelt inhaltlich der Forderung nach vertraglichen oder sonstigen gesetzlichen Ansprüchen im Rahmen der Identifizierbarkeit. Daher ist davon auszugehen, dass bei Erfüllung des Definitionskriteriums der Identifizierbarkeit in Bezug auf vertragliche oder sonstige gesetzliche Ansprüche auch das Kriterium der Verfügungsmacht erfüllt sein dürfte.

Für immaterielle Vermögenswerte, die im Rahmen eines Unternehmenszusammenschlusses erworben wurden, wird das Ansatzkriterium der Wahrscheinlichkeit eines erwarteten künftigen Nutzenzuflusses,[119] generell als erfüllt angesehen.[120] Es wird davon ausgegangen, dass die Wahrscheinlichkeit eines künftigen Nutzenzuflusses bereits in der Annahme enthalten ist, dass dem Vermögenswert ein positiver Zeitwert beizulegen ist.[121]

IFRS 3 beinhaltet erläuternde Beispiele, die in einer beispielhaften Auflistung fünf Kategorien von immateriellen Vermögenswerten unterscheiden. Diese sind gesondert vom Geschäfts- oder Firmenwert anzusetzen. Diese können die Definition immaterieller Vermögenswerte im Rahmen eines Unternehmenszusammenschlusses erfüllen.[122]

---

[118] Vgl. IAS 38.13.
[119] Vgl. IAS 38.21(a).
[120] Vgl. IAS 38.33 i.V.m. IAS 38.21(a).
[121] Vgl. IAS 38.33-34 und IAS 38.25. Die aus diesem Verzicht resultierende Abweichung der Bestimmungen von IFRS 3 und IAS 38 von den Bestimmungen des Rahmenkonzepts und anderer IFRS soll durch zukünftige Projekte des IASB behoben werden; vgl. hierzu IAS 38.BC18.
[122] Vgl. IFRS 3.IE.A1-E5 sowie IFRS 3.IE1-4. In den erläuternden Beispielen zu IFRS 3 werden zum Teil auch Beispiele zum Ansatz von Kundenbeziehungen dargestellt, die aus der korrespondierenden US-GAAP-Bestimmung EITF 02-17 entnommen sind.

> **Kategorien von immateriellen Vermögenswerten**
>
> - Kundenbezogene immaterielle Vermögenswerte, z.B. Kundenlisten, Auftragsbestände sowie vertraglich gesicherte und nicht vertraglich gesicherte Kundenbeziehungen
>
> - Marketingbezogene immaterielle Vermögenswert, z.B. Markenrechte, Rechte an einem Handelsnamen, Internetdomain-Namen, Drucktitel
>
> - Technologiebezogene immaterielle Vermögenswerte, z.B. Patente, Software, nicht patentierte Technologien, Datenbanken, Betriebsgeheimnisse
>
> - Auf vertraglichen Beziehungen beruhende immaterielle Vermögenswerte, z.B. Lizenzrechte, Nutzungsrechte, Mietverträge, Betriebs- und Senderechte
>
> - Kunstbezogene immaterielle Vermögenswerte, z.B. Theater-stücke, Opern- und Ballettwerke, literarische und musikalische Werke, Bilder und Filme

In Bezug auf das Vorhandensein eines künftigen wirtschaftlichen Nutzens wird in IAS 38 eine Konkretisierung vorgenommen.

> **Künftiger wirtschaftlicher Nutzen (IAS 38.17)**
>
> - Künftiger wirtschaftlicher Nutzen aus immateriellen Vermögenswerten umfasst
>   - Erlöse aus dem Verkauf von Produkten
>   - Erbringung von Dienstleistungen
>   - Kosteneinsparungen oder andere Vorteile
> - Ergibt sich aus der Verwendung des immateriellen Vermögenswerts

Für nicht vertraglich gesicherte Kundenbeziehungen wird in IAS 38.16 bestimmt, dass das Kriterium der Verfügungsmacht in der Regel dann nicht erfüllt ist, wenn kein Rechtsanspruch auf die weitere Aufrechterhaltung der Kundenbeziehung besteht und auch sonstige Möglichkeiten, über die Kundenbeziehung zu verfügen, fehlen. Damit würde durch die fehlende Beherrschung über den künftigen wirtschaftlichen Nutzen ein

Kriterium für das Vorliegen eines immateriellen Vermögenswerts unerfüllt bleiben. Werden jedoch gleichartige oder ähnliche Kundenbeziehungen außerhalb von Unternehmenszusammenschlüssen gehandelt, dienen solche Transaktionen dem Nachweis dafür zu erbringen, dass auch diese Kundenbeziehungen getrennt vom Unternehmen verkauft werden können. Damit wird dem Kriterium der Separierbarkeit Genüge geleistet.[123]

Werden die beschriebenen Definitionskriterien von einem immateriellen Vermögenswert erfüllt, ist dieser im Rahmen eines Unternehmenszusammenschlusses gesondert vom Geschäfts- oder Firmenwert anzusetzen. Voraussetzung dafür ist, dass der beizulegende Zeitwert verlässlich ermittelt werden kann.[124] Der beizulegende Zeitwert immaterieller Vermögenswerte kann normalerweise mit ausreichender Verlässlichkeit bestimmt werden. Damit kann der Ansatz außerhalb des Geschäfts- oder Firmenwerts gerechtfertigt werden. Es ist auch möglich, dass sich im Rahmen der Schätzung des Fair Value eine Reihe von Werten mit verschiedenen Wahrscheinlichkeiten ergeben. Dies führt nicht dazu, dass der beizulegende Zeitwert nicht verlässlich ermittelt werden kann. Die Unsicherheit geht vielmehr in die Bewertung des Fair Value ein. Darüber hinaus ist festgelegt, dass bei endlicher Nutzungsdauer eines immateriellen Vermögenswerts nach IFRS 3 die widerlegbare Vermutung vorliegt, dass der Fair Value verlässlich bestimmt werden kann.[125]

Nach den Regelungen von IFRS 3 ist die verlässliche Bestimmung des beizulegenden Zeitwerts immaterieller Vermögenswerte, die im Rahmen eines Unternehmenszusammenschlusses erworben wurden, nicht möglich, wenn diese Vermögenswerte:[126]

– aus gesetzlichen oder sonstigen vertraglichen Ansprüchen resultieren und

– entweder nicht separierbar sind oder

– separierbar sind, aber keine Markttransaktionen für solche oder ähnliche Vermögenswerte existieren und die Schätzung des beizulegenden Zeitwerts von nicht bestimmbaren Variablen abhängt.

---

[123] Vgl. IAS 38.16.
[124] Vgl. IFRS 3.45 und IAS 38.34.
[125] Vgl. IAS 38.35.
[126] Vgl. IAS 38.38. Das IASB hatte ursprünglich in ED 3 die Auffassung vertreten, der beizulegende Zeitwert identifizierbarer immaterieller Vermögenswerte sei stets verlässlich bestimmbar. Sowohl aus ihrer gesetzlichen als auch aus der vertraglichen Basis als auch aus dem Nachweis, wie eine Übertragung erfolgen könne (Separierbarkeit), sei ein Rückschluss auf separate Cash Flows möglich, aus denen der beizulegende Zeitwert ermittelt werden könne. Nach Kritik an dieser Auffassung durch die Kommentierung von ED 3 räumt das IASB nun ein, dass Fälle denkbar sind, in denen der Wert eines immateriellen Vermögenswertes nicht verlässlich bestimmt werden kann. Aus den dargestellten Bestimmungen ergibt sich aber, dass das IASB weiterhin der Auffassung ist, dass der beizulegende Zeitwert immaterieller Vermögenswerte im Regelfall verlässlich bestimmt werden kann.

Es ist unter bestimmten Voraussetzungen jedoch möglich, dass immaterielle Vermögenswerte nicht einzeln, sondern nur gemeinsam mit anderen Vermögenswerten übertragen werden dürfen (IFRS 3.36).[127] Aufgrund dessen sieht IFRS 3 vor, die Gruppe von Vermögenswerten als einen einzelnen Vermögenswert separat vom Geschäfts- oder Firmenwert anzusetzen, sofern die einzelnen beizulegenden Zeitwerte nicht ermittelt werden können.[128]

Dies gilt auch im Fall von Schutzmarken. Sind diese bspw. nicht unabhängig von den damit verbundenen Firmennamen oder technischem Know-how zu bewerten, ist eine Zusammenfassung zu einem einzelnen Vermögenswert möglich. Dies gilt auch dann, wenn die individuellen beizulegenden Zeitwerte der einzelnen Vermögenswerte verlässlich ermittelt werden können und ähnliche Nutzungsdauern vorliegen.[129]

Erwirbt ein Kreditinstitut bspw. Anteile an einer Investmentgesellschaft, ist der Firmenname oft untrennbar mit dem Unternehmen und den Dienstleistungen verbunden. Die Investmentsparten von Großbanken können hierfür beispielhaft herangezogen werden.

Firmennamen

- Dresdner Bank - Dresdner *Kleinwort Wasserstein*
- Credit Suisse - Credit Suisse *First Boston*

Im Rahmen eines Unternehmenszusammenschlusses erworbene immaterielle Vermögenswerte sind erstmalig zum beizulegenden Zeitwert anzusetzen. Der beizulegende Zeitwert soll grundsätzlich anhand von notierten Marktpreisen in einem aktiven Markt[130] bestimmt werden. Für die Fälle, in denen kein aktiver Markt vorliegt, lässt sich der beizulegende Zeitwert aus dem Preis, der zwischen unabhängigen Geschäftspartnern bezahlt worden wäre, ermitteln. Dabei werden Erfahrungen aus aktuellen Transaktionen ebenfalls berücksichtigt. Für die Bewertung können auch verschiedene Methoden zur Anwendung kommen. Genannt werden unter anderem die Nutzung von Multiplikatoren, die sich auf aktuelle Markttransaktionen beziehen, oder die Discounted-Cash-Flow-Methode.[131]

---

[127] In diesem Zusammenhang werden Verlagsrechte einer Zeitschrift angeführt, die nicht getrennt von der dazugehörigen Abonnenten-Datenbank veräußert werden können oder auch das Warenzeichen eines Mineralwassers, das sich auf eine bestimmte Mineralwasserquelle bezieht und daher nur gemeinsam mit dieser verkauft werden kann.

[128] Vgl. IAS 38.36.

[129] Vgl. IAS 38.37.

[130] Vgl. IAS 38.8.

[131] Vgl. IFRS 3.B16(g) und IAS 38.39-41. Die bisherigen Regelungen und Vorgehensweise haben sich durch IFRS 3 und IAS 38 in diesem Bereich nicht verändert. Allerdings waren immaterielle Vermögenswerte, deren Bewertung nicht durch einen aktiven Markt gestützt war, nach IAS 22 nur insoweit anzusetzen, als

Für die Folgebewertung immaterieller Vermögenswerte sieht IAS 38 weiterhin ein grundsätzliches Wahlrecht zwischen planmäßiger Abschreibung und Neubewertung vor.[132] Trotz dieser grundsätzlichen Übereinstimmung mit den bisherigen Bestimmungen enthält IAS 38 im Hinblick auf die Folgebewertung immaterieller Vermögenswerte wesentliche Änderungen. Dies betrifft insbesondere die Unterscheidung zwischen endlicher und unbestimmter Nutzungsdauer[133] sowie des Restwerts.[134]

In IAS 38 werden zur Bestimmung der Nutzungsdauer einzelner immaterieller Vermögenswerte erläuternde Beispiele zur Verfügung gestellt.[135] Weist die Nutzung immaterieller Vermögenswerte eine Begrenzung durch Rechte auf, wird die Nutzungsdauer nicht nur auf Basis der Vertragsdauer festgelegt. Gemäß IAS 38 kann die Nutzungsdauer bei entsprechender Nutzungsabsicht auch verkürzt werden. Eine Verlängerung ist ebenfalls denkbar, sofern eine Folgenutzung ohne wesentliche Kosten rechtlich möglich ist.[136]

Bestimmung der Nutzungsdauer nach IAS 38 (2004)

- Prüfung, ob endliche oder unbestimmte Nutzungsdauer vorliegt

- Unbestimmte Nutzungsdauer führt zu jährlichen Wertminderungstests und regelmäßiger Überprüfung der Annahmen zur Nutzungsdauer

- Änderungen der Nutzungsdauer von unbestimmt auf endlich und damit verbundene Auswirkungen sind gemäß IAS 8 zu berücksichtigen

---

Auch die Ermittlung des Restwerts ist modifiziert worden. Durch die Überarbeitung von IAS 38 ist nun eine jährliche Überprüfung des Restwerts vorzunehmen. Etwaige Anpassungen haben so zu erfolgen, dass der Restwert nach Abzug von Veräußerungskosten dem Wert entspricht, der nach den aktuellen Verkaufspreisen vergleichbarer Vermögenswerte am Ende ihrer Nutzung erzielbar ist.[137]

---

hierdurch kein passiver Unterschiedsbetrag entstand oder erhöht wurde (IAS 22.40). IFRS 3 enthält diese Beschränkung nicht mehr.

[132] Vgl. IAS 38.72-87.

[133] Vgl. IAS 38.88, IAS 38.94, IAS 38.107-110. Die bisherige in IAS 38 (1998) widerlegbare Vermutung, dass die Nutzungsdauer immaterieller Vermögenswerte auf maximal zwanzig Jahre beschränkt ist, entfällt (IAS 38.BC63).

[134] Vgl. IAS 38.100-103.

[135] Vgl. IAS 38.IE1-9.

[136] Vgl. IAS 38.88 und IAS 38.94.

[137] Vgl. IAS 38.100-103. Die hier vorgenommene Anpassung von IAS 38 deckt sich mit der Änderung von

> **Restwert immaterieller Vermögenswerte mit endlicher Nutzungsdauer**
>
> - Restwert ist mit Null anzusetzen, wenn
>   - Verpflichtung seitens einer dritten Partei besteht, den Vermögenswert am Ende der Nutzungsdauer zu erwerben, oder
>   - aktiver Markt für den Vermögenswert besteht, der Restwert ermittelt werden kann und ein aktiver Markt bis zum Ende der Nutzungsdauer besteht
> - Überprüfung des Restwerts am Ende eines Geschäftsjahres
> - Änderung des Restwerts stellt Änderung einer Schätzung nach IAS 8 dar

3.1.1.5.3 Bilanzierung von Verbindlichkeiten, Rückstellungen und Eventualschulden

Der Ansatz von Verbindlichkeiten ist im Rahmen eines Unternehmenszusammenschlusses vorzunehmen, wenn die folgenden beiden Kriterien erfüllt sind:[138]

- der Abfluss eines künftigen wirtschaftlichen Nutzens zur Erfüllung der Verpflichtung ist wahrscheinlich und
- der beizulegende Zeitwert ist verlässlich bestimmbar.

Die Voraussetzungen für den Ansatz der Verbindlichkeiten entsprechen denen im Rahmenkonzept der IFRS sowie denen anderer relevanter Standards.[139] Der Begriff Schulden selbst umfasst nach IFRS sowohl Verbindlichkeiten als auch Rückstellungen.[140]

Im Rahmen eines Unternehmenszusammenschlusses erworbene Verbindlichkeiten sind im Erwerbszeitpunkt mit dem beizulegenden Zeitwert anzusetzen.[141] Die Folgebewertung erfolgt nach den allgemeinen Regelungen der IFRS.

IFRS 3 nimmt jedoch hinsichtlich der Restrukturierungsrückstellungen Änderungen vor.[142] Restrukturierungsrückstellungen werden im Zusammenhang mit der Einstellung

---

IAS 16 im Rahmen des Improvements Project; vgl. auch IAS 16.51 sowie IAS 16.54.
[138] Vgl. IFRS 3.37(b).
[139] Vgl. F.49(b) und IAS 37.10.
[140] Vgl. F.64.
[141] Vgl. IFRS 3.B16-17.
[142] Bislang wurde es für den Ansatz von Restrukturierungsrückstellungen als ausreichend angesehen, wenn das erwerbende Unternehmen im Erwerbszeitpunkt die Restrukturierungsabsicht hatte und ein konkreter

oder Einschränkung der bisherigen Tätigkeit eines Unternehmens gebildet. IFRS 3.41 sieht den Ansatz von Restrukturierungsrückstellungen im Rahmen von Unternehmenszusammenschlüssen nur dann als zulässig an, wenn die Restrukturierungsverpflichtung bereits auf Ebene des erworbenen Unternehmens zum Erwerbszeitpunkt besteht. Zukünftige Aufwendungen oder Verluste aus Restrukturierungen, die sich aus dem Unternehmenserwerb ergeben, dürfen nicht in einer Rückstellung berücksichtigt werden. Dies gilt auch für einen bereits im Erwerbszeitpunkt bestehenden Restrukturierungsplan des erworbenen Unternehmens. Ist dessen Umsetzung an die Bedingung des späteren Unternehmenszusammenschlusses geknüpft, ist ein Ansatz als Schuld oder Eventualschuld des erworbenen Unternehmens nicht möglich.[143] Damit wird verdeutlicht, dass der Ansatz von Restrukturierungsrückstellungen nur dann erfolgen darf, wenn es sich um Verpflichtungen des erworbenen Unternehmens handelt.[144] Zwar berücksichtigt der vom Erwerber bezahlte Preis auch erwartete künftige Verluste und andere nicht vermeidbare Ausgaben in Bezug auf den künftigen Geschäftsbetrieb. Es handelt sich dabei aber nach Auffassung des IASB nicht um Verbindlichkeiten oder Eventualschulden des erworbenen Unternehmens.[145]

Die Bilanzierung von Eventualschulden wird grundsätzlich in IAS 37 geregelt. IAS 37.10 unterscheidet drei Kategorien von Eventualschulden.

Eventualschulden nach IAS 37

- Mögliche Verpflichtung, die aus vergangenen Ereignissen resultiert und deren Existenz durch das Eintreten oder Nichteintreten eines oder mehrerer unsicherer Ereignisse erst noch bestätigt wird, die nicht vollständig unter der Kontrolle des Unternehmens stehen

- Gegenwärtige Verpflichtung, bei der ein Abfluss von Ressourcen nicht wahrscheinlich ist

- Gegenwärtige Verpflichtung, deren Höhe nicht ausreichend zuverlässig geschätzt werden kann

---

Plan innerhalb von drei Monaten nach dem Erwerbszeitpunkt aufgestellt wurde. Nach IAS 22.31 war eine Verpflichtung des erworbenen Unternehmens zum Erwerbszeitpunkt nicht erforderlich. Aufgrund dessen bestand zwischen IAS 22 und den Regelungen von IAS 37 ein Widerspruch hinsichtlich der Ansatzkriterien. IAS 37 verlangt für die Bildung einer Rückstellung mindestens das Bestehen einer faktischen Verpflichtung (constructive obligation).

[143] Vgl. IFRS 3.43.
[144] Vgl. IFRS 3.BC108-110.
[145] Vgl. IFRS 3.BC107.

Eine Passivierung von Eventualschulden ist für die dargestellten Formen nach den Regelungen von IAS 37 nicht zulässig.[146] Im Gegensatz dazu sieht IFRS 3 jedoch vor, dass bestimmte Eventualschulden im Zeitpunkt des Erwerbs zu passivieren sind. Voraussetzung ist die verlässliche Bestimmbarkeit der Fair Values.[147] Im Rahmen eines Unternehmenszusammenschlusses sind trotz des Ansatzverbots nach IAS 37, die beiden ersten Kategorien anzusetzen, sofern die Anforderungen an die Bestimmung des beizulegenden Zeitwerts erfüllt sind. Gegenwärtige Verpflichtungen, deren Höhe nicht ausreichend zuverlässig geschätzt werden können, dürfen demnach auch nach IFRS 3 nicht passiviert werden.

IFRS 3.50 bestimmt im Zusammenhang mit dem Ansatz von Eventualschulden im Rahmen von Unternehmenszusammenschlüssen, dass diese aus dem Anwendungsbereich von IAS 37 herausgenommen werden. Allerdings sind die dort festgelegten Angabepflichten hinsichtlich der einzelnen Rückstellungsklassen gemäß IAS 37.84-85 in den Anhangangaben weiterhin zu befolgen.

Werden die Eventualschulden im Rahmen eines Unternehmenszusammenschlusses erstmalig angesetzt, erfolgt dies zu dem Betrag, den ein Dritter für die Übernahme der Eventualverpflichtung ansetzen würde. Somit berücksichtigt die Schätzung des Betrags sämtliche Erwartungen hinsichtlich möglicher zukünftiger Cash Flows.[148] In den Folgeperioden sind die passivierten Eventualschulden dann mit dem jeweils höheren Wert anzusetzen, der sich nach IAS 37 und dem erstmalig angesetzten Betrag abzüglich etwaiger nach IAS 18 erfasster kumulativen Abschreibungen ergeben würde.[149]

Aus den Regelungen zum Ansatz von Eventualschulden nach IFRS 3 ergeben sich Inkonsistenzen im Hinblick auf die Regelungen des Rahmenkonzepts (F.49) sowie IAS 37.10 und IAS 37.14. Sie werden damit gerechtfertigt, dass sich der Fair Value einer Eventualschuld aus den Markterwartungen hinsichtlich des Mittelabflusses zum Ausgleich der Schuld ableiten lässt. Der Erwerber wird diesen Wert im Kaufpreis berücksichtigen.[150] Ziel ist, dass durch IFRS 3 und den damit verbundenen Ansatz von Eventualschulden eine möglichst zutreffende erstmalige Bewertung des Geschäfts- oder Firmenwerts ermöglicht werden soll. Abweichungen zu bestehenden allgemeinen Ansatzvorschriften werden dabei im Kauf genommen. Darüber hinaus wird der Ansatz von Eventualschulden aufgrund der Regelungen zur Behandlung eines passiven Unterschiedsbetrages für notwendig erachtet. Berücksichtigt der Erwerber im Kaufpreis Eventualschulden, ohne dass diese bei der Kaufpreiszuordnung einbezogen werden, kann da-

---

[146] Vgl. IAS 37.27.

[147] Vgl. IFRS 3.37(c) und IFRS 3.47-50.

[148] Vgl. IFRS 3.B16(l).

[149] Vgl. IFRS 3.48 i.V.m. IFRS 3.36. Zur Begründung vgl. auch IFRS 3.BC114-117.

[150] Vgl. IFRS 3.BC111. Darüber hinaus stellt das IASB das Kriterium eines wahrscheinlichen Nutzenabflusses des Rahmenskonzepts in Frage, weil nach seiner Ansicht die Wahrscheinlichkeit in der Bewertung berücksichtigt werden muss. Eine endgültige Entscheidung hinsichtlich des Kriteriums eines wahrscheinlichen Nutzenabflusses wurde auf ein späteres Projekt zu den Konzepten der IFRS verschoben; vgl. IFRS 3.BC112.

durch ein passiver Unterschiedsbetrag entstehen, der nach IFRS 3 sofort erfolgswirksam in der Gewinn- und Verlustrechnung zu erfassen ist.[151]

Im Gegensatz zu Eventualschulden sind Eventualforderungen nach IFRS 3 bei der Bilanzierung eines Unternehmenszusammenschlusses nicht zu berücksichtigen. Nach IAS 37.10 handelt es sich bei Eventualforderungen um mögliche Vermögenswerte, die aus Ereignissen der Vergangenheit resultieren und deren Bestand vom Eintritt oder Nichteintritt ungewisser zukünftiger Ereignisse abhängig ist. Somit wird in IFRS 3 das allgemeine Ansatzverbot in IAS 37.31 aufrechterhalten. In Phase II des Projekts zur Bilanzierung von Unternehmenszusammenschlüssen ist geplant, über den Ansatz von Eventualforderungen neu zu entscheiden.[152]

3.1.1.6 Behandlung von aktiven und passiven Unterschiedsbeträgen aus der Kapitalkonsolidierung

3.1.1.6.1 Aktiver Unterschiedsbetrag (Goodwill)

In IFRS 3.52 wird der Geschäfts- oder Firmenwert als künftiger wirtschaftlicher Nutzen definiert. Es setzt sich aus Vermögenswerten zusammen, die nicht individuell identifiziert und separat angesetzt werden konnten. Die Ermittlung des Geschäfts- oder Firmenwerts bei Erwerb ist von entscheidender Bedeutung[153]. Im Vergleich zu den Vorschriften in IAS 22 ist nach IFRS 3 eine planmäßige Abschreibung ausgeschlossen. Vielmehr ist der Geschäfts- oder Firmenwert einer jährlichen Wertminderungsüberprüfung i.S.v. IAS 36 zu unterziehen. Daher sind nach IFRS 3 möglichst viele Vermögenswerte zu identifizieren und separat anzusetzen. Die Abschaffung der planmäßigen Abschreibung orientiert sich am amerikanischen Rechnungslegungsstandard SFAS 141.

Soweit die Anschaffungskosten für einen Unternehmenszusammenschluss die Summe der auf den Anteil des Erwerbers entfallenden neu bewerteten Vermögenswerte abzüglich Verbindlichkeiten und Eventualschulden übersteigen, ist der Differenzbetrag als Geschäfts- oder Firmenwert zu aktivieren.[154] Der Höhe nach werden die identifizierten

---

[151] Vgl. IFRS 3.BC117.

[152] Vgl. IFRS 3.BC117.

[153] Vgl. zum Geschäfts- oder Firmenwert BAETGE, J./KIRSCH, H.-J./THIELE, S., a.a.O. (Fn. 8), S. 269-270; KPMG (Hrsg.), IFRS aktuell, a.a.O. (Fn. 21), S. 100; KPMG (Hrsg.), International Financial Reporting Standards, a.a.O. (Fn. 21), S. 252; BRÜCKS, M./WIEDERHOLD, P., a.a.O. (Fn. 53), S. 180-181; HACHMEISTER, D./KUNATH, O., a.a.O. (Fn. 53), S. 64-66; HOMMEL, M./BENKEL, M./WICH, S., a.a.O. (Fn. 53), S. 1268-1271; KÜTING, K./WIRTH, J., a.a.O. (Fn. 53), S. 174-176; PELLENS, B., a.a.O. (Fn. 53), S. 657-661; WATRIN, C./STROHM, C./STRUFFERT, R., a.a.O. (Fn. 53), S. 1456-1459; vgl. zum Objektivierungsproblem bei der Goodwillbilanzierung HOMMEL, M., Neue Goodwillbilanzierung - das FASB auf dem Weg zur entobjektivierten Bilanz?, BB 2001, S. 1943-1949, hier S. 1946-1948 und WÜSTEMANN, J., Geschäftswertbilanzierung nach dem Exposure Draft des IASB - Entobjektivierung auf den Spuren des FASB?, BB 2003, S. 247-253, hier S. 247-252.

[154] Vgl. IFRS 3.51.

Vermögenswerte und Verbindlichkeiten im Rahmen der Kaufpreisallokation nicht mit ihren bisherigen Buchwerten, sondern ihren beizulegenden Zeitwerten berücksichtigt. Zur Herleitung dieses Bewertungsmaßstabs führt IFRS 3 damit die bereits in IAS 22 existenten Bestimmungen, in denen der beizulegende Zeitwert in Abhängigkeit von den jeweiligen Bilanzpositionen konkretisiert wird, weitestgehend unverändert fort.[155]

Die Höhe des Geschäfts- oder Firmenswerts wird durch verschiedene Aspekte beeinflusst.

Beeinflussung der Höhe des Geschäfts- oder Firmenwerts

- Gemäß IFRS 3.45 i.V.m. IAS 38.42 sind erworbene Forschungs- und Entwicklungskosten anzusetzen

- Unzulässigkeit des Ansatzes einer Restrukturierungsrückstellung allein auf Grund des vorgenommenen Unternehmenszusammenschlusses

- Gemäß IFRS 3.37(c) i.V.m. IFRS 3.47 besteht eine Passivierungspflicht für bestimmte Eventualschulden

- Ansatz langfristiger Vermögenswerte oder Veräußerungsgruppen (*disposal groups*), die zur Veräußerung gehalten werden, erfolgt gemäß IFRS 3.36 i.V.m. IFRS 5 mit dem beizulegenden Zeitwert abzüglich Veräußerungskosten; darunter fallen auch Tochterunternehmen, die mit der Absicht der Weiterveräußerung erworben werden und die Voraussetzungen einer zur Veräußerung gehaltenen Veräußerungsgruppe (*disposal group*) erfüllen

---

3.1.1.6.2 Passiver Unterschiedsbetrag (negativer Goodwill)

IFRS 3.56 definiert einen passiven Unterschiedsbetrag als Überschuss des Anteils des Erwerbers am Nettobetrag des Fair Value der identifizierten Vermögenswerte, Verbindlichkeiten und Eventualschulden des erworbenen Unternehmens über die Anschaffungskosten. Seine Entstehung kann gemäß IFRS 3.57 auf verschiedene Gründe zurückgeführt werden.

Die Bilanzierung eines passiven Unterschiedsbetrags hat sich mit Inkrafttreten von IFRS 3 verändert.[156] Während der Unterschiedsbetrag nach IAS 22.59 in den Folgeperi-

---

[155] Vgl. IFRS 3.B16.
[156] Vgl. zum passiven Unterschiedsbetrag BAETGE, J./KIRSCH, H.-J./THIELE, S., a.a.O. (Fn. 8), S. 270; KPMG (Hrsg.), IFRS aktuell, a.a.O. (Fn. 21), S. 101; KPMG (Hrsg.), International Financial Reporting Standards,

oden erfolgswirksam aufzulösen war, ist er nach IFRS 3.56 sofort und vollständig erfolgswirksam aufzulösen. Darüber hinaus wird durch IFRS 3 die Einschränkung hinsichtlich des Ansatzes von immateriellen Vermögenswerten ohne aktiven Markt aufgehoben. Folglich können im Vergleich zu IAS 22.40 nun solche immateriellen Vermögenswerte auch dann angesetzt werden, wenn dadurch ein passiver Unterschiedsbetrag entsteht.

Entstehung eines passiven Unterschiedsbetrags

- Fehler bei der Bestimmung der beizulegenden Zeitwerte der identifizierbaren Vermögenswerte, Verbindlichkeiten und Eventualschulden oder der Kosten des Unternehmenszusammenschlusses

- Eine Vorschrift in einem Rechnungslegungsstandard, die identifizierbaren Nettovermögenswerte zu einem Wert anzusetzen, der nicht dem beizulegenden Zeitwert entspricht, aber im Rahmen der Aufteilung des Kaufpreises des Unternehmenszusammenschlusses so behandelt wurde, bspw. undiskontierte latente Steueransprüche

- Ein günstiger Kaufpreis (*bargain purchase*), der durch Verhandlungsgeschick des Erwerbers erzielt wird

---

Resultiert aus der Erstkonsolidierung ein passiver Unterschiedsbetrag, ist ein so genanntes Reassessment durchzuführen. IFRS 3.56(a) sieht in diesem Zusammenhang vor, dass die Neubewertung der übernommenen Vermögenswerte und Verbindlichkeiten einschließlich der angesetzten Eventualschulden sowie die Ermittlung der Anschaffungskosten einer nochmaligen kritischen Überprüfung zu unterziehen sind. Nach IFRS 3 wird keine Differenzierung nach Entstehungsursachen des nach Wiedereinschätzung verbleibenden passiven Unterschiedsbetrags mehr durchgeführt.[157]

Das IASB begründet dies damit, dass ein passiver Unterschiedsbetrag i.d.R. auf Bewertungsfehlern beruht, die bei der Ermittlung der Kosten des Unternehmenszusammenschlusses oder der beizulegenden Zeitwerte der identifizierbaren Vermögenswerte, Verbindlichkeiten und Eventualschulden entstehen. Nur in wenigen Ausnahmen würde nach

---

a.a.O. (Fn. 21), S. 252; BRÜCKS, M./WIEDERHOLD, P., a.a.O. (Fn. 53), S. 181; HACHMEISTER, D./KUNATH, O., a.a.O. (Fn. 53), S. 62-63; HOMMEL, M./BENKEL, M./WICH, S., a.a.O. (Fn. 53), S. 1268-1271; KÜTING, K./WIRTH, J., a.a.O. (Fn. 53), S. 176-177; PELLENS, B., a.a.O. (Fn. 53), S. 657-661; WATRIN, C./STROHM, C./STRUFFERT, R., a.a.O. (Fn. 53), S. 1459.

[157] Vgl. IAS 22.59-60.

einem Reassessment ein passiver Unterschiedsbetrag bestehen bleiben.[158] In solchen Ausnahmefällen ist der passive Unterscheidbetrag sofort und vollständig als Ertrag zu erfassen, da ihm kein Verbindlichkeitscharakter zukommen kann. Ein Bilanzausweis ist somit nicht möglich.[159] Der sofortigen erfolgswirksamen Verrechnung liegt somit die Annahme zugrunde, es handele sich bei dem Unternehmenszusammenschluss um einen Lucky Buy. Der Standard vernachlässigt andere Gründe für einen passiven Unterschiedsbetrag.

Weitaus häufiger als ein Lucky Buy ist in der Praxis anzutreffen, dass negative Ertragsaussichten der unmittelbaren Zukunft kaufpreismindernd berücksichtigt werden. Diesem Sachverhalt wäre eine Auflösung in denjenigen Jahren angemessen, in denen die antizipierten Verluste tatsächlich eintreten. Indem der Standard die sofortige erfolgswirksame Vereinnahmung ausnahmslos verlangt, werden solche Sachverhalte negiert.

3.1.1.7 Berücksichtigung von Minderheitsanteilen

Ein Mutter-Tochter-Verhältnis setzt keine 100%ige Beteiligung voraus. Bei einer Anteilsquote unter 100% sind demnach Minderheiten an dem Tochterunternehmen beteiligt. Gemäß IAS 27.33 werden Minderheitengesellschafter als Eigenkapitalgeber betrachtet und daher innerhalb des Eigenkapitals in einer gesonderten Unterposition ausgewiesen.

IFRS 3.40 schreibt die Ermittlung des Minderheitenanteils am Eigenkapital vor. Der zuzuordnende Eigenkapitalanteil wird als proportionaler Anteil der Minderheiten am beizulegenden Zeitwert des erworbenen Nettovermögens bestimmt. Dabei ist zu beachten, dass bei der Auflösung der stillen Reserven und stillen Lasten keine Anschaffungskostenrestriktion vorliegt. Die identifizierten Vermögenswerte, Verbindlichkeiten und Eventualschulden werden zu den jeweiligen beizulegenden Zeitwerten zum Erwerbszeitpunkt angesetzt. In den Folgeperioden ist der Minderheitenanteil um Eigenkapitalveränderungen beim Tochterunternehmen als auch um Konsolidierungseffekte fortzuschreiben.[160]

Berücksichtigung der Minderheitenanteile

- Ausweis in gesondertem Posten des Eigenkapitals
- Ergibt sich als proportionaler Anteil der Minderheiten am beizulegenden Zeitwert des erworbenen Nettovermögens

---

[158] Vgl. IFRS 3.BC147.
[159] Vgl. IFRS 3.56(b).
[160] Vgl. IFRS 3.40 sowie IFRS 3.B16-B17 sowie IAS 27.33-36.

3.1.2 Konsolidierung an folgenden Bilanzstichtagen

3.1.2.1 Folgebewertung des aktiven Unterschiedsbetrags

3.1.2.1.1 Allokation des Goodwill auf die Cash-generating Units

Durch das Verbot planmäßiger Abschreibungen des Geschäfts- oder Firmenwerts werden verschärfte Anforderungen an die Prüfung seiner Werthaltigkeit gestellt. Für den Impairmenttest ist der Geschäfts- oder Firmenwert daher im Erwerbszeitpunkt auf zahlungsmittelgenerierende Einheiten (Cash-generating Units[161], CGUs) des Bankkonzerns aufzuteilen.[162]

Der Geschäfts- oder Firmenwert eines Kreditinstituts resultiert aus Synergieeffekten seiner Vermögenswerte. Da es nicht möglich ist, dem Geschäfts- oder Firmenwert Zahlungsströme unabhängig von den Zahlungsströmen anderer Vermögenswerte zuzuordnen (IAS 36.81), kann der Impairmenttest nur im Zusammenhang mit anderen Vermögenswerten durchgeführt werden. Voraussetzung für die Durchführung des Impairmenttests ist somit, dass der Geschäfts- oder Firmenwert eines Kreditinstituts schon bei der Konsolidierung im Erwerbszeitpunkt den vom Unternehmenszusammenschluss profitierenden CGUs zugeordnet wird (IAS 36.80). Die Allokation des Geschäfts- oder Firmenwerts auf die CGUs erfolgt unabhängig davon, ob den CGUs zusätzlich Vermögenswerte oder Verbindlichkeiten des erworbenen Tochterunternehmens zuzuordnen sind. Sie ist spätestens bis zum Ende des ersten nach dem Erwerbszeitpunkt beginnenden Berichtsjahrs abzuschließen (IAS 36.84).

Eine CGU ist als die kleinstmögliche Gruppe von Vermögenswerten innerhalb eines Kreditinstituts definiert, die Einzahlungen weitgehend unabhängig von den Einzahlungen anderer Vermögenswerte im Kreditinstitut generiert (IAS 36.67-69). Zur Durchführung des Impairmenttests wird die Bestimmung von CGUs, denen Geschäfts- oder Firmenwerte zugeordnet werden können, am internen Berichtssystem des Bankkonzerns orientiert (IAS 36.82). Bei der Allokation des Geschäfts- oder Firmenwerts auf bestimmte CGUs ist darauf zu achten, dass diese Einheiten auf der niedrigstmöglichen Ebene im Kreditinstitut angesiedelt sind, für die das Management eine interne Finanzberichterstattung durchführt.

---

[161] Vgl. zu Cash-generating Units BAETGE, J./KIRSCH, H.-J./THIELE, S., a.a.O. (Fn. 8), S. 270; KPMG (Hrsg.), IFRS aktuell, a.a.O. (Fn. 21), S. 103-106; KPMG (Hrsg.), International Financial Reporting Standards, a.a.O. (Fn. 21), S. 252; BRÜCKS, M./WIEDERHOLD, P., a.a.O. (Fn. 53), S. 180-181; HACHMEISTER, D./KUNATH, O., a.a.O. (Fn. 53), S. 67-71; HOMMEL, M./BENKEL, M./WICH, S., a.a.O. (Fn. 53), S. 1268-1271; KÜTING, K./WIRTH, J., a.a.O. (Fn. 53), S. 176-177; PELLENS, B., a.a.O. (Fn. 53), S. 657-661; WATRIN, C./STROHM, C./STRUFFERT, R., a.a.O. (Fn. 53), S. 1459.

[162] Vgl. IAS 36.80.

Eine solche CGU darf jedoch höchstens so groß sein wie ein primäres oder sekundäres Segment des Kreditinstituts nach IAS 14.26-30.[163]

Ändert sich die Berichtsstruktur oder die Zusammensetzung einer CGU, der ein Geschäfts- oder Firmenwert zugeordnet ist, ist der Geschäfts- oder Firmenwert ebenfalls umzuverteilen. Der dem restrukturierten Teilbereich zuzuordnende Geschäfts- oder Firmenwert der CGU ist auf der Basis des Verhältnisses des erzielbaren Betrags des restrukturierten Teils der CGU zum erzielbaren Betrag der verbleibenden CGU zu berechnen (IAS 36.87).

Beispiel 2: Restrukturierung einer CGU

Ein Kreditinstitut verteilt die CGU A auf die CGUs B, C und D. Der Geschäfts- oder Firmenwert, der A zugeordnet war, ist auf die CGUs B, C und D zu verteilen. Als Verteilungsmaßstab dienen die relativen beizulegenden Zeitwerte der Geschäftsbereiche von A vor ihrer Integration in die anderen CGUs.

3.1.2.1.2 Bewertung des Goodwill nach dem Impairment-only Approach

Nach IFRS 3.54 ist ein Geschäfts- oder Firmenwert im Vergleich zu IAS 22.44 nicht mehr planmäßig über seine Nutzungsdauer, sondern ausschließlich auf der Grundlage eines Impairmenttests gemäß IAS 36 abzuschreiben (impairment-only approach[164]).

Mit der Abschaffung planmäßiger Abschreibungen auf den Geschäfts- oder Firmenwert und der Einführung periodischer Prüfungen der Werthaltigkeit eines Geschäfts- oder Firmenwerts ist das IASB der Bilanzierungskonzeption des FASB in SFAS 142 gefolgt. Im Gegensatz zu SFAS 142 kommt nach IFRS 3 jedoch eine einstufige Werthaltigkeitsprüfung und kein komplexer zweistufiger Impairmenttest zur Anwendung.

Die ökonomischen Konsequenzen des Paradigmenwechsels bei der Bewertung eines Geschäfts- oder Firmenwerts liegen auf der Hand. Infolge des Impairment-only Approach können Kreditinstitute bei guten wirtschaftlichen Aussichten tendenziell höhere Periodenergebnisse ausweisen, weil planmäßige Abschreibungen entfallen und Wertminderungen nach IAS 36 weniger wahrscheinlich sind. Bei wirtschaftlich schlechteren Aussichten jedoch werden sie tendenziell niedrigere Periodenergebnisse ausweisen, da im Vergleich zu planmäßigen Abschreibungen höhere Impairments auf Geschäfts- oder Firmenwerte nach IAS 36 wahrscheinlicher werden. Intertemporal sind bedingt durch den Paradigmenwechsel eigentlich volatilere Periodenergebnisse zu erwarten. Indes ist zu berücksichtigen, dass es in Folge der Anwendung von IFRS 3 zu einer extensiveren

---

[163] Vgl. IAS 36.80.

[164] Vgl. zum Impairment-only Approach BAETGE, J./KIRSCH, H.-J./THIELE, S., a.a.O. (Fn. 8), S. 270; KPMG (Hrsg.), IFRS aktuell, a.a.O. (Fn. 21), S. 103-106; KPMG (Hrsg.), International Financial Reporting Standards, a.a.O. (Fn. 21), S. 252; BRÜCKS, M./WIEDERHOLD, P., a.a.O. (Fn. 53), S. 180-181; HACHMEISTER, D./KUNATH, O., a.a.O. (Fn. 53), S. 67-71; HOMMEL, M./BENKEL, M./WICH, S., a.a.O. (Fn. 53), S. 1268-1271; KÜTING, K./WIRTH, J., a.a.O. (Fn. 53), S. 176-177; PELLENS, B., a.a.O. (Fn. 53), S. 657-661; WATRIN, C./STROHM, C./STRUFFERT, R., a.a.O. (Fn. 53), S. 1459.

Bilanzierung identifizierbarer immaterielle Vermögenswerte mit vergleichsweise hohem Bedarf an planmäßigen Abschreibungen kommen kann.

Der aus einem Unternehmenszusammenschluss resultierende Geschäfts- oder Firmenwert ist während des Geschäftsjahrs mindestens einem Impairment-Test zu unterwerfen. Die jährliche Werthaltigkeitsprüfung muss nicht zum Abschlussstichtag, sondern kann auch zu einem anderen Zeitpunkt im Geschäftsjahr durchgeführt werden. Allerdings ist ein einmal gewählter Zeitpunkt innerhalb des Geschäftsjahres beizubehalten. Für Geschäfts- oder Firmenwerte unterschiedlicher CGU können grundsätzlich auch zu verschiedenen Zeitpunkten Impairment-Tests vorgenommen werden. Geschäfts- oder Firmenwerte, die in der laufenden Berichtsperiode erworben wurden, sind jedoch ausnahmsweise zusammen mit der CGU, der sie zugeordnet worden sind, vor dem Ende der Berichtsperiode einem Impairment-Test zu unterziehen (IAS 36.96). Der Impairment-Test des Geschäfts- oder Firmenwerts ist integraler Bestandteil des Impairment-Tests der CGU, dem er zugeordnet wurde.[165]

Neben der unbedingten jährlichen Werthaltigkeitsprüfung haben Kreditinstitute dann einen unterjährigen Impairment-Test durchzuführen, wenn bestimmte Ereignisse (triggering events) eintreten, die eine Minderung der Werthaltigkeit des Geschäfts- oder Firmenwerts indizieren. In IAS 36.12 werden sieben Indikatoren aus unternehmensexternen und -internen Informationsquellen enumeriert, die Aufzählung hat exemplarischen Charakter und kann um weitere Wertminderungsindikatoren ergänzt werden (IAS 36.13).

Bei der Durchführung eines Impairment-Tests ist ein hierarchisches Prinzip zu beachten. Zum einen bestehen die CGU eines Kreditinstituts, denen Geschäfts- oder Firmenwerte zugeordnet sind, aus verschiedenen Vermögenswerten. Zum anderen können sich die CGU eines Kreditinstituts ihrerseits zu einer Gruppe von CGU zusammensetzen, der ein Geschäfts- oder Firmenwert zugeordnet ist. Liegt ein intersubjektiv nachprüfbarer Hinweis für eine Wertminderung bei einem Vermögenswert einer CGU mit zugeordnetem Geschäfts- oder Firmenwert vor, ist zunächst für diesen Vermögenswert ein Impairment-Test und eventuell eine Wertminderungsabschreibung durchzuführen und anschließend ein Impairment-Test für die betreffende CGU vorzunehmen. Analog ist bei einem objektivierbaren Indiz für die Wertminderung einer CGU in einer Gruppe von CGU, der ein Geschäfts- oder Firmenwert zugeordnet ist, zunächst diese CGU auf ein Impairment zu testen und danach die Gruppe von CGU mit zugeordnetem Geschäfts- oder Firmenwert auf ihre Werthaltigkeit zu prüfen.[166]

Beim Impairment-Test nach IFRS 3 i.V.m. IAS 36 wird der Buchwert der CGU, der ein Geschäfts- oder Firmenwert zugeordnet wurde, mit ihrem erzielbaren Betrag (recoverable amount) verglichen. Der erzielbare Betrag entspricht gemäß IAS 36.18 entweder dem beizulegendem Zeitwert abzüglich Veräußerungskosten (fair value less cost to sell)

---

[165] Vgl. IAS 36.10(b) und IAS 36.90.
[166] Vgl. IAS 36.97-98.

oder dem Nutzungswert (value in use); entscheidend ist der höhere beider Werte. Die dichotome Bestimmung des erzielbaren Betrags folgt der Prämisse, dass über einen Vermögenswert entweder durch Veräußerung oder durch fortgesetzte Nutzung disponiert werden kann. Ist der Buchwert der CGU größer als der erzielbare Betrag, muss in Höhe der Differenz ein aufwandswirksamer Impairment erfasst werden (IAS 36.90).

Der Buchwert einer CGU setzt sich aus den Buchwerten der Vermögenswerte zusammen, die zur Generierung der Cash Flows dieser CGU beitragen. Neben den direkt zurechenbaren Vermögenswerten sind dem Buchwert der CGU auch gemeinschaftlich genutzte Vermögenswerte (corporate assets) von Einheiten, die selbst keine Cash Flows generieren, zuzuordnen (z.B. Researchabteilungen, Personalverwaltung, internes und externes Rechnungswesen). Bei der Zuordnung sind geeignete Verteilungsschlüssel stetig anzuwenden.[167] Verbindlichkeiten sind bei der Bestimmung des Buchwerts einer CGU grundsätzlich nicht zu erfassen.

Der beizulegende Zeitwert abzüglich Veräußerungskosten ist definiert als der Betrag, der durch Veräußerung eines Vermögenswertes oder einer CGU in einer marktkonformen Transaktion zwischen sachverständigen und vertragswilligen Parteien erzielt werden kann. Veräußerungskosten sind nur zu berücksichtigen, soweit sie der Transaktion direkt zurechenbar sind (IAS 36.6 und IAS 36.28). Zur Bestimmung des beizulegenden Zeitwerts abzüglich Veräußerungskosten kann auf einen bereits abgeschlossenen Vertrag oder ein bindendes Angebot zwischen autonomen Marktteilnehmern (IAS 36.25) zurückgegriffen werden.

Ersatzweise kann der beizulegende Zeitwert auch unter Zuhilfenahme eines aktiven Marktes bestimmt werden.[168] Der Begriff „aktiver Markt" wird nach IAS 36 und IAS 38 einheitlich definiert. Nach dieser Definition setzt ein aktiver Markt den permanenten Handel homogener Güter zu öffentlich verfügbaren Preisen voraus (IAS 36.6). Der beizulegende Zeitwert richtet sich nach dem Angebotspreis am Bewertungsstichtag. Sollte dieser nicht verfügbar sein, ist auf Preise aus vergangenen und vergleichbaren Transaktionen abzustellen (IAS 36.26). Fehlt ein aktiver Markt, ist der beizulegende Zeitwert abzüglich Veräußerungskosten durch Simulation einer entsprechenden Transaktion zwischen unabhängigen Marktteilnehmern zu schätzen (IAS 36.27).

Kann als erzielbarer Betrag kein beizulegender Zeitwert abzüglich Veräußerungskosten ermittelt werden, ist der Nutzungswert zu ermitteln (IAS 36.20). Der Nutzungswert einer CGU wiederum ist nach IAS 36.6 definiert als Barwert der aus einer CGU generierbaren Cash Flows. Bei der Ermittlung des Nutzungswerts ist Folgendes zu berücksichtigen:

- geschätzte Cash Flows aus der CGU eines Kreditinstituts;
- erwartete wertmäßige und zeitliche Veränderungen dieser Cash Flows;
- Zinseffekt aus der Abzinsung der Cash Flows mit einem risikolosen Marktzinssatz;

---

[167] Vgl. IAS 36.102.
[168] Vgl. IAS 36.26.

- Risiken aus der Unsicherheit der künftigen Cash Flows;
- andere Faktoren, z.B. Illiquidität, die übrige Marktteilnehmer bei der Bestimmung der künftigen Cash Flows berücksichtigen würden (IAS 36.30).

Durch die Anwendung des Nutzungswerts werden betriebsindividuelle immaterielle Ressourcen, Synergien und Perspektiven und das Know-how im Bankkonzern berücksichtigt. Nicht zu berücksichtigen sind indes Cash Flows aus der Finanzierungstätigkeit und aus Besteuerungstatbeständen (IAS 36.50). Unberücksichtigt bleiben zudem Cash Flows im Zusammenhang mit künftigen Restrukturierungen der CGU, für die das Kreditinstitut noch keine Verpflichtungen eingegangen ist. Für die Schätzungen der künftigen Cash Flows einer CGU ist deren Zustand am Bewertungsstichtag maßgebend (IAS 36.44-45).

Die Prognosen der künftigen Cash Flows erfolgen nach IFRS 3 bzw. nach IAS 36 im Rahmen einer Detailplanungs- und Restplanungsperiode. Sie müssen auf der bestmöglichen Einschätzung des Managements sowie auf rationalen und objektivierbaren Annahmen beruhen.[169] Vergangene tatsächliche Cash Flows sollten als Basis für die Prognose künftiger Cash Flows verwendet werden (IAS 36.34), sie sind jedoch durch Tests an aktuelle Marktinformationen anzupassen (IAS 36.33(a)).

Im Rahmen der Detailplanungsperiode ist nach IAS 36.33(b) auf die aktuellen, internen Finanzpläne der betreffenden Berichtseinheit abzustellen. Der Planungshorizont sollte 5 Jahre grundsätzlich nicht überschreiten, um eine Gefährdung der Planung durch zu optimistische Schätzungen zu vermeiden. Nur ausnahmsweise sind bei verlässlichen und nachprüfbaren Planungen über einen Zeitraum von 5 Jahren hinaus auch größere Planungshorizonte zulässig (IAS 36.35). Da bei Kreditinstituten operative Planungen kaum Zeiträume von mehr als 1 bis 2 Jahren umfassen und strategische Planungen selten einen 5-Jahres-Zeitraum überschreiten, sind die längeren Planungshorizonte in IAS 36 für den Bankenbereich jedoch untypisch.

Im Zuge der Detailplanung werden die zukünftigen Cash Flows aus der nachhaltigen Nutzung (continious use) der CGU geschätzt. Die Schätzungen der zukünftigen Cash Flows der CGU müssen auf Marktpreisen beruhen (IAS 36.70). Zu berücksichtigen sind auch Cash Flows aus einer eventuellen Verwertung der CGU am Ende ihrer Nutzungsdauer (IAS 36.39). In der sich anschließenden Restplanungsperiode sind die potentiellen Cash Flows nach IAS 36.33(c) zu extrapolieren. Es ist zu beachten, dass die zugrunde gelegte Wachstumsrate in der Restplanungsperiode konstant oder degressiv verlaufen muss und die langfristige Wachstumsrate des Produkts, der Branche oder des Landes nicht überschreiten darf.

Diskontierungszinssätze sollen die gegenwärtigen Markteinschätzungen hinsichtlich des Zeitwerts des Geldes sowie die dem Vermögenswert zuzuordnenden Risiken berücksich-

---

[169] Vgl. IAS 36.33(a).

tigen.[170] Maßstab für die Einschätzungen des Marktes ist ein Cash Flow, den Kapitalgeber für eine in Bezug auf Betrag, Zeitpunkt und Risikoprofil identische Investition erwarten würden (IAS 36.56). Können Diskontierungszinssätze nicht direkt aus Markttransaktionen abgeleitet werden, sind sie mittels einer zweckadäquaten Schätzung zu bestimmen.[171] Als Diskontierungszinssätze sind nach IAS 36 Vor-Steuer-Zinssätze anzuwenden; sie können durch Anpassung der Nach-Steuer-Zinssätze ermittelt werden. Nach IAS 36.A2 sind zwei Verfahren zur Festlegung eines Diskontierungszinssätze zu unterscheiden.

Beim traditionellen Ansatz (traditional approach) werden nach IAS 36.A4-6 die zu erwartenden Cash Flows mit einem Zinssatz diskontiert, der alle mit den Cash Flows verbundenen Unsicherheiten ausschließlich im Diskontierungszinssatz erfasst. Weil die erwarteten Cash Flows genau der wahrscheinlichsten Ausprägung der zukünftig erwarteten Zahlungsströme entsprechen, ist der risikolose Zinssatz um einen Risikozuschlag für die Unsicherheit der Cash Flows zu erhöhen. Der Risikozuschlag gleicht der Prämie, die andere Marktteilnehmer für die Übernahme solcher Unsicherheit beanspruchen würden. Er ist periodisch zu aktualisieren.

Dagegen wird beim Ansatz erwarteter Cash Flows (expected cash flow approach) nach IAS 36.A7-14 der erwartete Cash Flow mit einem risikoneutralen Zinssatz diskontiert, weil an die Stelle der wahrscheinlichsten Ausprägung der zukünftig erwarteten Zahlungsströme die potentiellen Zahlungsstromausprägungen gewichtet mit ihren jeweiligen Eintrittswahrscheinlichkeiten treten. Somit werden Erwartungswerte periodischer Cash Flows diskontiert, die die Unsicherheit der Cash Flows bereits berücksichtigen.

Zur Vermeidung der Doppelerfassung von Risiken sind unabhängig von dem gewählten Ansatz Risiken bei der Ermittlung des Diskontierungszinssatzes insoweit nicht mehr zu berücksichtigen, als diese Risiken bereits in den geschätzten Cash Flows enthalten sind. Bei der Schätzung eines Diskontierungssatzes kann ein Kreditinstitut die folgenden Zinssätze in Betracht ziehen (IAS 36.A17):

– Gewichtete durchschnittliche Kapitalkosten (weighted average cost of capital, WACC) auf der Basis des Capital Asset Pricing Models (CAPM);

– Grenzfremdkapitalzinssatz des Unternehmens;

– andere Marktzinssätze.

Da der Zinssatz zum einen die Risiken reflektieren muss, die mit den geschätzten Cash Flows der CGU im Zusammenhang stehen, und zum anderen nicht solche Risiken integrieren darf, die keinen Einfluss auf die geschätzten Cash Flows der CGU haben, ist er unter Berücksichtigung von Länderrisiken, Währungsrisiken und sonstigen Preisrisiken an die besonderen Verhältnisse der CGU anzupassen (IAS 36.A18).

---

[170] Vgl. IAS 36.55 und IAS 36.A20.
[171] Vgl. IAS 36.57 und IAS 36.A3.

Zudem darf der Diskontierungszinssatz nicht von der Kapitalstruktur des betreffenden Kreditinstituts und der Finanzierung der jeweiligen CGU abhängig gemacht werden, weil die erwarteten zukünftigen Cash Flows einer CGU von der Art der Finanzierung des Erwerbs derselben unabhängig sind (IAS 36.A19).

Aus Praktikabilitätserwägungen kann zur Bestimmung des erzielbaren Betrags auf die gleichzeitige Ermittlung von Nutzungswert und beizulegendem Zeitwert abzüglich Veräußerungskosten zum einen dann verzichtet werden, wenn bereits nach der Ermittlung eines der beiden Werte dieser den Buchwert der CGU übersteigt; die Ermittlung des jeweils anderen Wertes ist in diesem Fall nicht erforderlich (IAS 36.19). Zum anderen ist die Ermittlung eines Nutzungswerts dann nicht notwendig, wenn es keinen Grund zu der Annahme gibt, dass der Nutzungswert den beizulegenden Zeitwert abzüglich Veräußerungskosten wesentlich übersteigt (IAS 36.21).

Im Rahmen der Berechnung des Nutzungswerts ist schließlich zu beachten, dass künftige Auszahlungen, die bereits als Verbindlichkeiten passiviert sind, bzw. künftige Einzahlungen die schon als Vermögenswerte aktiviert sind nicht doppelt erfasst werden. Zur Vermeidung von Doppelerfassungen ist daher eine Abstimmung zwischen der Ermittlung des Gesamtbuchwerts der CGU und den Cash Flows vorzunehmen.[172]

Ist der erzielbare Betrag größer als der Buchwert einer CGU einschließlich Geschäfts- oder Firmenwert, so ist auch der Geschäfts- oder Firmenwert der CGU werthaltig und der Impairment-Test ist beendet. Ist umgekehrt der Buchwert der CGU einschließlich Geschäfts- oder Firmenwert größer als der erzielbare Betrag, stellt der resultierende Differenzbetrag den Wertminderungsbedarf dar (IAS 36.90). Dieser Impairment ist auf die Vermögenswerte der CGU zu verteilen und grundsätzlich erfolgswirksam zu erfassen. Eine Ausnahme besteht bei neubewerteten Vermögenswerten; die auf sie verteilte Wertminderung wird bis zur Höhe einer bestehenden Neubewertungsrücklage erfolgsneutral erfasst.[173]

In einem ersten Schritt ist der Wertminderungsbedarf vom Geschäfts- oder Firmenwert abzusetzen, der verbleibende Wertminderungsbedarf ist anteilig im Verhältnis der Buchwerte auf die Vermögenswerte der CGU zu verteilen (IAS 36.104). Bei dieser Verteilung ist zu beachten, dass die Untergrenze für Buchwerte der Vermögenswerte, also der höchste Wert aus dem beizulegenden Zeitwert abzüglich Veräußerungskosten, Nutzungswert und Null nicht unterschritten werden darf. Deshalb ist der anteilige Wertminderungsbedarf, der auf Grund der Wertuntergrenzen den Vermögenswerten nicht zugerechnet werden darf, im Verhältnis ihrer Buchwertanteile am Gesamtbuchwert der CGU bei den übrigen Vermögenswerten der CGU zu erfassen (IAS 36.105). Sollte wegen der Wertuntergrenzen nicht die gesamte Wertminderung erfasst werden können, ist das

---

[172] Vgl. BEYHS, O., Impairment of Assets nach International Accounting Standards, Frankfurt am Main 2002, S. 154.

[173] Vgl. IAS 36.104 i.V.m. IAS 36.60.

verbleibende Impairment auf eine eventuell zu passivierende Verbindlichkeit zu analysieren.[174]

An jedem auf ein Impairment folgenden Berichtszeitpunkt ist zu prüfen, ob die Gründe für die Wertminderung entfallen sind (IAS 36.110). Zu diesem Zweck sind die Indikatoren für eine Wertaufholung zu berücksichtigen (IAS 36.111).

Ist der neu berechnete erzielbare Betrag der CGU größer als ihr Buchwert, so erfolgt in Höhe des Differenzbetrages eine Zuschreibung, sofern diese nicht auf eine Wertminderung eines Geschäfts- oder Firmenwerts entfällt. Entscheidend ist, dass sich bei der Berechnung des erzielbaren Betrags die zugrunde liegenden Schätzungen der Cash Flows geändert haben müssen; Zuschreibungen dürfen nicht allein aus dem Zeitfaktor des Abzinsungseffekts resultieren (IAS 36.114).

Sind die Gründe für eine Wertminderung entfallen, ist eine proportionale Wertaufholung der Buchwerte aller materiellen und immateriellen Vermögenswerte mit Ausnahme des Geschäfts- oder Firmenwerts höchstens bis zu den fortgeführten Anschaffungs- und Herstellungskosten vorzunehmen. Ist der erzielbare Betrag niedriger als die fortgeführten Anschaffungs- und Herstellungskosten, stellt er die Obergrenze der Zuschreibung dar. Soweit eine Wertaufholung wegen der Obergrenze nicht bei einen Vermögenswert erfasst werden kann, ist sie proportional auf andere Vermögenswerte der CGU zu verteilen (IAS 36.122-123). Für den Geschäfts- oder Firmenwert gilt gemäß IAS 36.124 anders als nach IAS 22[175] ein Zuschreibungsverbot, um die Aktivierung eines originären Geschäfts- oder Firmenwerts zu verhindern.[176]

Zur Entschärfung des Impairment-only Approach bietet IAS 36.99 Erleichterungen an. So kann auf eine detaillierte Berechnung des erzielbaren Betrags einer CGU, der ein Geschäfts- oder Firmenwert zugeordnet wird, verzichtet werden, wenn die folgenden Kriterien kumulativ erfüllt sind:

- Die Vermögenswerte und Verbindlichkeiten einer CGU sind gegenüber dem letzten Impairment-Test im Wesentlichen unverändert geblieben;

- Bei dem letzten Impairment-Test ist der erzielbare Betrag der CGU deutlich größer als der Buchwert gewesen;[177]

- Aufgrund der seit dem letzten Impairment-Test eingetretenen Ereignisse ist es eher unwahrscheinlich, dass ein neu berechneter erzielbarer Betrag der CGU niedriger wäre als der Buchwert.

---

[174] Vgl. IAS 36.104 i.V.m. IAS 36.60.

[175] Vgl. IAS 22 ließ die Erhöhung des Geschäfts- oder Firmenwerts zu, wenn die frühere Abwertung auf einem spezifischen außergewöhnlichen externen Ereignis beruhte und weitere externe Ereignisse eingetreten sind, die den Effekt des ursprünglichen Ereignisses umkehren. IAS 36 (1998) nannte als Beispiel hierfür neue Gesetze, die die Tätigkeit des Unternehmens beeinträchtigen.

[176] Vgl. IAS 36.BC189.

[177] Vgl. IAS 36.BC176-177.

Sind sämtliche Kriterien erfüllt, ist ein erneuter Impairment-Test nicht erforderlich.

3.1.2.2 Folgebewertung von Minderheitsanteilen

Anders als nach IAS 22.32 sind gemäß IFRS 3.40 auch die auf die Minderheitenanteile entfallenden stillen Reserven und Lasten in den Vermögenswerten und Verbindlichkeiten aufzulösen.[178] Folglich werden die Minderheitsanteile auf der Basis des neu bewerteten Eigenkapitals des erworbenen Unternehmens berechnet. Die vollständige Auflösung der stillen Reserven und Lasten unabhängig von der Beteiligungsquote gilt grundsätzlich für sämtliche Vermögenswerte und Verbindlichkeiten, nicht jedoch für den auf die Minderheitsanteile entfallenden Geschäfts- oder Firmenwert. Im Konzernabschluss eines Kreditinstituts wird deshalb nur der diesem Kreditinstitut zuzurechnende Teil des Geschäfts- oder Firmenwerts ausgewiesen.

Allerdings ist zur Ermittlung des erzielbaren Betrages nach IAS 36.91 eine Hochrechnung des Geschäfts- oder Firmenwerts um den auf die Minderheitsanteile entfallenden Betrag vorzunehmen, weil ohne diese Hochrechnung zwei nicht miteinander vergleichbare Größen gegenübergestellt würden.

Beispiel 3: Berücksichtigung von Minderheitsanteilen

Kreditinstitut X (X) erwirbt am 1. Januar 20X3 80% der Anteile an Unternehmen Y (Y) für € 1.600 Tsd. Die identifizierbaren Nettovermögenswerte von Y haben einen beizulegenden Zeitwert in Höhe von € 1.500 Tsd. Y hat keine Eventualschulden.

X bucht in seinem Konzernabschluss die folgenden Werte:

– Geschäfts- oder Firmenwert in Höhe von € 400 Tsd., als Differenz zwischen dem Kaufpreis in Höhe von € 1.600 Tsd. und 80% der identifizierbaren Nettovermögenswerte in Höhe von € 1.200 Tsd. (= 0,8 * € 1.500 Tsd.);

– Die identifizierbaren Nettovermögenswerte von Y in Höhe von € 1.500 Tsd.;

– Minderheitsanteile in Höhe von € 300 Tsd., die die 20% Beteiligung an den identifizierten Nettovermögenswerten von Y darstellen (= 0,2 * € 1.500 Tsd.).

Die Vermögenswerte von Y stellen die kleinstmögliche Gruppe von Vermögenswerten innerhalb des Bankkonzerns dar, die Einzahlungen aus der fortlaufenden Nutzung generieren, wobei die generierten Einzahlungen weitestgehend unabhängig von den Einzahlungen anderer Vermögenswerte im Bankkonzern sind. Daher ist Y eine CGU. Da diese CGU einen Geschäfts- oder Firmenwert als Teil der Buchwerte beinhaltet, muss sie mindestens jährlich einer Wertminderungsüberprüfung unterzogen werden (IAS 36.90).

---

[178] IAS 22.32 schrieb als Benchmark Treatment vor, dass bei einem Beteiligungserwerb von weniger als 100% der Anteile die Aufdeckung der stillen Reserven und Lasten auf den beteiligungsproportionalen Anteil begrenzt ist. Der Ausgleichsposten für Minderheitenanteile wurde auf Basis der Buchwerte der Vermögenswerte und Schulden vor dem Erwerb ermittelt.

Am Ende des Jahres 20X3 stellt X fest, dass der erzielbare Betrag der CGU Y € 1.000 Tsd. beträgt. X verwendet die lineare Abschreibungsmethode über eine Nutzungsdauer von 10 Jahren für die identifizierbaren Vermögenswerte von Y und erwartet keine Restwerte.

Ein Teil des erzielbaren Betrags von Y in Höhe von € 1.000 Tsd. ist dem nicht angesetzten Teil des Geschäfts- oder Firmenwerts der 20% Minderheitsanteile zuzurechnen. Daher ist der Gesamtbuchwert der CGU Y um den Teil des Geschäfts- oder Firmenwerts zu korrigieren, der auf die Minderheiten entfällt und daher bisher nicht angesetzt wurde. Erst danach werden der Gesamtbuchwert und der erzielbare Betrag der CGU Y miteinander verglichen.

Berechnung der Wertminderung für Y am Ende des Jahres 20X3:

Ende des Jahres 20X3	Geschäfts- oder Firmenwert Tsd. €	Identifizierbare Nettovermögenswerte Tsd. €	Summe Tsd. €
Anschaffungskosten	400	1.500	1.900
Kumulierte Abschreibungen	-	-150	-150
Buchwert	400	1.350	1.750
Unberücksichtigte Minderheitsanteile	100*	-	100
Angepasster Buchwert	500	1.350	1.850
Erzielbarer Betrag			1.000
Wertminderung			850

*Der Geschäfts- oder Firmenwert, der X Anteil von 80% an Y entspricht, betrug am Erwerbszeitpunkt € 400. Daher ergibt der rechnerisch den 20% Minderheiten zuzuordnende Geschäfts- oder Firmenwert € 100.

Nach IAS 36.104 ist die Wertminderung zuerst vom Geschäfts- oder Firmenwert abzusetzen, bis dieser Null ist. Damit sind € 500 Tsd. der Wertminderung von insgesamt € 850 Tsd. dem Geschäfts- oder Firmenwert zuzuordnen. Da der Geschäfts- oder Firmenwert nur in Höhe der 80% von X angesetzt wurde, verbucht X auch nur 80% der Wertminderung, d.h. € 400 Tsd. Die verbleibende Wertminderung von € 350 Tsd. ist auf die Buchwerte der identifizierbaren Vermögenswerte von Y zu verteilen. Zuordnung der Wertminderung für Y am Ende des Jahres 20X3:

Ende des Jahres 20X3	Geschäfts- oder Firmenwert Tsd. €	Identifizierbare Nettovermögenswerte Tsd. €	Summe Tsd. €
Anschaffungskosten	400	1.500	1.900
Kumulierte Abschreibungen	-	-150	-150
Buchwert	400	1.350	1.750
Wertminderung	-400	-350	-750
Buchwert nach Wertminderung	0	1.000	1.000

3.1.3 Konsolidierung im Veräußerungszeitpunkt

3.1.3.1 Entkonsolidierung der Mehrheitsanteile

Die Entkonsolidierung von Anteilen an Tochterunternehmen wird in IAS 27 nicht im Einzelnen geregelt und ist daher aus den allgemeinen Konsolidierungsgrundsätzen abzuleiten. IAS 27.30 regelt im Zusammenhang mit dem Ausscheiden eines Tochterunternehmens aus dem Konsolidierungskreis, dass ein positiver (negativer) Unterschiedsbetrag zwischen dem Erlös aus der Veräußerung des Tochterunternehmens und seinem Buchwert als Gewinn (Verlust) aus dem Abgang eines Tochterunternehmens in der Konzern-GuV auszuweisen ist.

Der Buchwert des Tochterunternehmens entspricht seinem anteiligen neubewerteten Eigenkapital im Zeitpunkt der Veräußerung. Etwaige Differenzen aus der Währungsumrechnung, die nach IAS 21 zwischenzeitlich erfolgsneutral zum Konzerneigenkapital addiert bzw. vom Konzerneigenkapital subtrahiert wurden, sind bei der Ermittlung des Veräußerungserlöses ergebniswirksam zu berücksichtigen. Außerdem ist bei der Ermittlung des Veräußerungserlöses ggf. ein anteiliges und noch nicht ausgeschüttetes Periodenergebnis anzusetzen.

Scheidet ein Kreditinstitut oder ein Teil eines Kreditinstituts aus dem Konsolidierungskreis aus, sind die Vermögenswerte und Verbindlichkeiten des Instituts oder des Institutsteils zu entkonsolidieren. Ist das Institut oder der Institutsteil in eine CGU integriert, der ein Geschäfts- oder Firmenwert zugeordnet wurde, geht auch ein Teil dieses der CGU zugewiesenen Geschäfts- oder Firmenwerts ab.[179]

Zur Ermittlung des anteilig abgehenden Geschäfts- oder Firmenwerts der CGU wird zunächst der Verkaufspreis des abgehenden Instituts(-teils) dividiert durch die Summe aus dem erzielbaren Betrag der verbleibenden CGU und dem Verkaufspreis des abgehenden Instituts(-teils); der resultierende Quotient wird danach mit dem Restbuchwert des Geschäfts- oder Firmenwerts der CGU vor Abgang des Instituts(-teils) multipliziert (IAS 36.86(b)).

Beispiel 4: Teilabgang einer CGU

Ein Kreditinstitut verkauft den Bereich Immobilienfinanzierung für € 200 Mio. Der Bereich ist Teil einer größeren CGU mit einem zugeordneten Geschäfts- oder Firmenwert. Die CGU wiederum ist auf der untersten Ebene angesiedelt, der ein Geschäfts- oder Firmenwert zugeordnet werden kann. Der nach dem Verkauf des Bereichs Immobilienfinanzierung für die verbleibende CGU erzielbare Betrag beläuft sich auf € 600 Mio. Der Restbuchwert des Geschäfts- oder Firmenwerts vor Abgang des Bereichs Immobilienfinanzierung beträgt € 160 Mio.

---

[179] Vgl. IAS 36.86.

Der auf den Bereich Immobilienfinanzierung entfallende anteilig abgehende Geschäfts- oder Firmenwert der CGU berechnet sich wie folgt:

$$\frac{\text{€ 200 Mio.}}{\text{(€ 600 Mio. + € 200 Mio.)}} \times \text{€ 160 Mio.} = \text{€ 40 Mio.}$$

Daraus folgt, dass 25% des der CGU zugeordneten Geschäfts- oder Firmenwerts in den Buchwert des abgehenden Bereichs Immobilienfinanzierung einzubeziehen sind.

3.1.3.2 Entkonsolidierung der Minderheitsanteile

Die Minderheitsanteile am Eigenkapital des Tochterunternehmens werden ggf. unter Berücksichtigung eines anteiligen und noch nicht ausgeschütteten Periodenergebnisses ausgebucht.

3.1.4 Methodik der Konsolidierung in Sonderfällen

3.1.4.1 Sukzessiver Unternehmenserwerb

Werden die Anteile an einem Unternehmen schrittweise (sukzessive) erworben,[180] hat dies eine andere Konsolidierungsmethodik zur Folge als bei dem Erwerb von Unternehmensanteilen in einem Schritt (en bloc). Während Unternehmenserwerbe en bloc ähnlich wie die Anschaffung einzelner Vermögenswerten bilanziert werden, sind bei der Bilanzierung sukzessiver Unternehmenserwerbe neben der schrittweisen Anschaffung von Anteilen auch die Neubewertung von Vermögenswerten und Verbindlichkeiten zwischen den Anschaffungsschritten zu berücksichtigen.[181] Die Berechnung des Unterschiedsbetrages aus der Kapitalkonsolidierung nach dem jeweiligen Anteilserwerb orientiert sich an der Erwerbsmethode, die Bewertung der bei den jeweiligen Anteilserwerben anzusetzenden Vermögenswerte und Verbindlichkeiten folgt hingegen der Neubewertungsmethode (IFRS 3.58-59).[182]

---

[180] Vgl. zum sukzessiven Unternehmenserwerb BAETGE, J./KIRSCH, H.-J./THIELE, S., a.a.O. (Fn. 8), S. 267; KPMG (Hrsg.), IFRS aktuell, a.a.O. (Fn. 21), S. 94-99; KPMG (Hrsg.), International Financial Reporting Standards, a.a.O. (Fn. 21), S. 248-249; BRÜCKS, M./WIEDERHOLD, P., a.a.O. (Fn. 53), S. 177-178; HACHMEISTER, D./KUNATH, O., a.a.O. (Fn. 53), S. 62-63; HOMMEL, M./BENKEL, M./WICH, S., a.a.O. (Fn. 53), S. 1267; KÜTING, K./WIRTH, J., a.a.O. (Fn. 53), S. 167-168; PELLENS, B., a.a.O. (Fn. 53), S. 661-664; WATRIN, C./STROHM, C./STRUFFERT, R., a.a.O. (Fn. 53), S. 1450-1452.

[181] Die Konsolidierungsmethodik für den sukzessiven Anteilserwerb könnte in Phase II des Projektes zur Bilanzierung von Unternehmenszusammenschlüssen möglicherweise erneut auf den Prüfstand gestellt werden (IFRS 3.BC157).

[182] Ähnliche Regelungen waren bisher in IAS 22.36 enthalten.

Im Vergleich zu IAS 22 wird in IFRS 3 die vollständige, also von der Beteiligungsquote unabhängige Neubewertung der Vermögenswerte, Verbindlichkeiten und Eventualschulden mit ihrem beizulegenden Zeitwert im Zeitpunkt jedes Anteilserwerbs verbindlich vorgeschrieben.[183] Folgerichtig sind auch die stillen Reserven und Lasten in den Vermögenswerten und Verbindlichkeiten aufzulösen, die zwischen den einzelnen Anteilserwerben entstanden sind.

Zur Illustration der Konsolidierungsmethodik beim sukzessiven Unternehmenserwerb soll ein aus IFRS 3 entlehntes Beispiel dargestellt werden.

Beispiel 5: Sukzessiver Unternehmenserwerb

Kreditinstitut A (A) erwirbt zum 01.01.20X1 20% der Anteile von Unternehmen B (B) für € 3.500 Tsd. in bar. B ist eine reine Dienstleistungsgesellschaft. A hat keinen maßgeblichen Einfluss. Der beizulegende Zeitwert der identifizierbaren Vermögenswerte von B beträgt per 01.01.20X1 € 10.000 Tsd., ihr Buchwert beträgt € 8.000 Tsd. B hat zu diesem Zeitpunkt weder Verbindlichkeiten noch Eventualschulden. Die Buchwerte und die beizulegenden Zeitwerte von B stellen sich zum 01.01.20X1 wie folgt dar:

	Buchwerte 01.01.20X1 Tsd. €	Zeitwerte 01.01.20X1 Tsd. €
Aktiva		
Liquide Mittel und Forderungen	2.000	2.000
Grundstück	6.000	8.000
	8.000	10.000
Passiva		
Kapital A (1.000 Anteile)	5.000	
Rücklagen	3.000	
	8.000	

Während des Geschäftsjahres 20X1 erwirtschaftete B einen Gewinn von € 6.000 Tsd. Es gab keine Ausschüttungen. Der beizulegende Zeitwert des Grundstücks stieg zum 31.12.20X1 um € 3.000 Tsd. auf € 11.000 Tsd. Der Buchwert des Grundstücks im Einzelabschluss von B bleibt mit € 6.000 Tsd. unverändert. Die Buchwerte und die beizulegenden Zeitwerte von B stellen sich zum 31.12.20X1 wie folgt dar:

---

[183] Vgl. IFRS 3.59 und IAS 22.37.

	Buchwerte 31.12.200X1 Tsd. €	Zeitwerte 31.12.20X1 Tsd. €
Aktiva		
Liquide Mittel und Forderungen	8.000	8.000
Grundstück	6.000	11.000
	14.000	19.000
Passiva		
Kapital A (1.000 Anteile)	5.000	
Rücklagen	9.000	
	14.000	

Am 01.01.20X2 erwirbt A weitere 60% der Anteile an B für € 22.000 Tsd. in bar und erlangt dadurch die Beherrschung über B. Der Anteil an B wurde nach IAS 39 mit dem beizulegenden Zeitwert bilanziert. Wertschwankungen wurden in der Gewinn- und Verlustrechnung erfasst. Der Börsenkurs der Anteile an B beträgt zum 31.12.20X1 € 30 Tsd. pro Anteil.

Während des Geschäftsjahres 20X1 betrug das Kapital von A € 30.000 Tsd. Neben seinem Anteil an B verfügt A nur über Barvermögen.

Die am 1. Januar 20X1 erworbenen Anteile an B im Ausmaß von 20% werden bei A zunächst mit ihren Anschaffungskosten in Höhe von € 3.500 Tsd. erfasst. Per 31.12.20X1 beträgt der Börsenkurs dieser Anteile € 30 pro Anteil. Aus diesem Grund erhöht sich ihr Wertansatz im Abschluss von A per 31.12.20X1 auf € 6.000 Tsd. (i.S.d. IAS 39). Die Differenz von € 2.500 Tsd. ist im Geschäftsjahr 20X1 ergebniswirksam gebucht worden. Die Bilanz von A stellt sich zum 31.12.20X1 wie folgt dar:

	31.12.20X1 Tsd. €
Aktiva	
Liquide Mittel	26.500
Anteil an B	6.000
	32.500
Passiva	
Kapital A	30.000
Rücklagen	2.500
	32.500

Bei Unternehmenszusammenschlüssen, die in mehreren Schritten erfolgen, ergeben sich die Anschaffungskosten aus der Summe der Anschaffungskosten der einzelnen Erwerbsvorgänge (IFRS 3.25). Somit setzen sich die Anschaffungskosten im vorliegenden Sachverhalt wie folgt zusammen:

	Tsd. €
Anschaffungskosten	
20% der Anteile an B per 01.01.20X1	3.500
60% der Anteile an B per 01.01.20X2	22.000

Es bleibt unberücksichtigt, dass der Wert der ursprünglichen 20% der Anteile an B zum 31.12.20X1 gestiegen ist. Nach IFRS 3 (2004) ist jeder Erwerbsvorgang gesondert zu betrachten werden, um den daraus resultierenden Geschäfts- oder Firmenwert zu ermitteln. Hierfür sind die Anschaffungskosten und die beizulegenden Zeitwerte des erworbenen Reinvermögens im jeweiligen Zeitpunkt heranzuziehen (IFRS 3.58).

Die Geschäfts- oder Firmenwerte aus den beiden Erwerbsvorgängen sind wie folgt zu ermitteln:

	Tsd. €
Geschäfts- oder Firmenwert	
20% der Anteile an B zu Anschaffungskosten von € 3.500 Tsd. Anschaffungskosten € 3.500 Tsd. (beizulegender Zeitwert € 10.000 Tsd. * 20%)	1.500
60% der Anteile an B zu Anschaffungskosten von € 22.000 Tsd. Anschaffungskosten € 22.000 Tsd. (beizulegender Zeitwert € 19.000 Tsd. * 60%)	10.600

Die Konsolidierungsbuchungen lauten wie folgt:

	Tsd. €	Tsd. €
Aufwertung des Vermögens beim Unternehmenszusammenschluss		
Grundstück	5.000	
Neubewertungsrücklage		5.000

Nach IFRS 3 sind stille Reserven im erworbenen Unternehmen vollständig aufzudecken (IFRS 3.36 und IFRS 3.40). Dementsprechend ist das Grundstück mit dem beizulegenden Wert im Zeitpunkt der Erlangung der Beherrschung an B in Höhe von € 11.000 Tsd. aufzuwerten.

	Tsd. €	Tsd. €
Erstkonsolidierung 20% Anteil		
Kapital (20% von 5.000)	1.000	
Neubewertungsrücklage (20% von 2.000)	400	
Rücklagen (20% von 3.000)	600	
Geschäfts- oder Firmenwert	1.500	
Anteil an B		3.500

€ 400 Tsd. der Neubewertungsrücklage müssen storniert werden. Das Grundstück ist im Zeitpunkt des Erwerbs des 20% Anteils mit seinem beizulegenden Zeitwert zu bewerten (IFRS 3.58). Im Ausmaß der am 1. Januar 20X1 im Grundstück enthaltenen stillen Reserven findet daher keine Neubewertung statt.

	Tsd. €	Tsd. €
Erstkonsolidierung 60% Anteil		
Kapital (60% von 5.000)	3.000	
Neubewertungsrücklage (60% von 5.000)	3.000	
Rücklagen (20% von 3.000)	5.400	
Geschäfts- oder Firmenwert	10.600	
Anteil an B		22.000

Wie bei der Erstkonsolidierung des 20%-Anteils müssen hier € 3.000 Tsd. der Neubewertungsrücklage storniert werden. Im Ausmaß der am 1. Januar 20X2 im Grundstück enthaltenen stillen Reserven findet daher keine Neubewertung statt.

	Tsd. €	Tsd. €
Anpassungsbuchung		
Rücklagen	2.500	
Anteile an B		2.500

Die ursprünglichen 20% an B sind für Zwecke der Konsolidierung wieder zu Anschaffungskosten zu bewerten.

	Tsd. €	Tsd. €
Minderheitsanteil		
Kapital (20% von 5.000)	1.000	
Neubewertungsrücklage (20% von 5.000)	1.000	
Rücklagen (20% von 9.000)	1.800	
Minderheitsanteil		3.800

Nach IFRS 3 sind Schwankungen der beizulegenden Zeitwerte der Vermögenswerte, Verbindlichkeiten und Eventualschulden zwischen den Zeitpunkten der einzelnen Anteilserwerbe wie eine Neubewertung zu erfassen (IFRS 3.59). Im Beispiel ist der Wert des in B enthaltenen Grundstücks zwischen dem 01.01.20X1 und dem 01.01.20X2 um € 3.000 Tsd. gestiegen. A nimmt an dieser Wertsteigerung im Ausmaß seines Anteils an B während des Geschäftsjahres 20X1 in Höhe von 20% teil. Im Konzernabschluss von A wird daher eine Neubewertungsrücklage in Höhe von € 600 Tsd. ausgewiesen.

Die Kapitalkonsolidierung im Konzernabschluss von A nach dem Unternehmenszusammenschluss stellt sich wie folgt dar:

Aktiva	A Tsd. €	B Tsd. €	Summe Tsd. €	Konsolidierung Tsd. €	Konzern Tsd. €
Liquide Mittel und Forderungen	4.500	8.000	12.500		12.500
Anteil an B	28.000	0	28.000	-2.500	
				-3.500	
				-22.000	
				-28.000	
Grundstück		6.000	6.000	5.000	11.000
Geschäfts- oder Firmenwert				1.500	
				10.600	
				12.100	12.100
	32.500	14.000	46.500	-10.900	35.600

Passiva	A Tsd. €	B Tsd. €	Summe Tsd. €	Konsolidierung Tsd. €	Konzern Tsd. €
Kapital A	30.000	5.000	35.000	-1.000	
				-3.000	
				-1.000	
				-5.000	30.000
Neubewertungsrücklage				5.000	
				-400	
				-3.000	
				-1.000	
				600	600
Rücklagen	2.500	9.000	11.500	-2.500	
				-600	
				-5.400	
				-1.800	
				-10.300	1.200
Minderheitsanteil				3.800	3.800
	32.500	14.000	46.500	-25.600	35.600

3.1.4.2 Inverser Unternehmenserwerb

Bei einem umgekehrten (inversen) Unternehmenserwerb[184] (IFRS 3.21) unterscheiden sich im Hinblick auf die Bestimmung des Erwerbers die wirtschaftlichen Verhältnisse von der rechtlichen Gestaltung des Unternehmenszusammenschlusses.

Wenn bspw. ein Kreditinstitut A (A) die Anteile eines anderen Kreditinstituts B (B) erwirbt und für den Erwerb der Anteile von B die Anteilseigner von A so viele Anteile an Kreditinstitut B ausgibt, dass die Anteilseigner von B das Kreditinstitut A beherrschen, ist trotz der rechtlichen Gestaltung bei wirtschaftlicher Betrachtung nicht A, sondern B der Erwerber. Dementsprechend ist nach IFRS 3 wie bereits nach IAS 22 bei solchen Unternehmenszusammenschlüssen nicht A sondern B als Erwerber zu qualifizieren (IFRS 3.21 und IAS 22.12). Folglich sind bei inversen Unternehmenserwerben die stillen Reserven und Lasten in den Vermögenswerten und Verbindlichkeiten von A aufzudecken worden, die Vermögenswerte und Verbindlichkeiten sind von B hingegen mit ihren bisherigen Buchwerten fortzuführen. IFRS 3 stellt zudem klar, dass bei Unternehmenszusammenschlüssen, die durch den Austausch von Eigenkapitalinstrumenten zustande kommen, die Bestimmung der beherrschenden und beherrschten Unternehmen nach Würdigung sämtlicher Umstände des Einzelfalles zu erfolgen hat.

In IFRS 3 Appendix B1 sind Richtlinien zur bilanziellen Abbildung von umgekehrten Unternehmenserwerben enthalten. Zudem findet sich in den erläuternden Beispielen folgendes Beispiel zur Abbildung eines umgekehrten Unternehmenserwerbs.

Beispiel 6: Inverser Unternehmenserwerb

Kreditinstitut A (A) erwirbt 60% der Anteile von Kreditinstitut B (B). Der Erwerb erfolgt durch die Ausgabe von 400 Stück Anteilen an A an die Anteilseigner von B.

Zum Zeitpunkt des Erwerbs haben die Anteile von A einen beizulegenden Zeitwert von € 40 Tsd., jene von B einen beizulegenden Zeitwert von € 100 Tsd.

Die langfristigen Vermögenswerte von A enthalten stille Reserven von € 200 Tsd. Andere Abweichungen zwischen beizulegenden Zeitwerten und Buchwerten bestehen nicht. Die Abschlüsse von A und B stellen sich vor dem Erwerb wie folgt dar:

---

[184] Vgl. zum inversen Unternehmenserwerb BAETGE, J./KIRSCH, H.-J./THIELE, S., a.a.O. (Fn. 8), S. 267; KPMG (Hrsg.), IFRS aktuell, a.a.O. (Fn. 21), S. 94-99; KPMG (Hrsg.), International Financial Reporting Standards, a.a.O. (Fn. 21), S. 248-249; BRÜCKS, M./WIEDERHOLD, P., a.a.O. (Fn. 53), S. 177-178; HACHMEISTER, D./KUNATH, O., a.a.O. (Fn. 53), S. 62-63; HOMMEL, M./BENKEL, M./WICH, S., a.a.O. (Fn. 53), S. 1267; KÜTING, K./WIRTH, J., a.a.O. (Fn. 53), S. 167-168; PELLENS, B., a.a.O. (Fn. 53), S. 661-664; WATRIN, C./STROHM, C./STRUFFERT, R., a.a.O. (Fn. 53), S. 1450-1452.

Konzernrechnungslegung

	A Tsd. €	B Tsd. €
Aktiva		
Kurzfristige Vermögenswerte	1.000	1.500
Langfristige Vermögenswerte	2.000	2.500
	3.000	4.000
Passiva		
Kurzfristige Schulden	300	600
Langfristige Schulden	1.500	800
	1.800	1.400
Kapital A (100 Anteile)	100	0
Kapital B (100 Anteile)	0	100
Rücklagen	1.100	2.500
	1.200	2.600
	3.000	4.000

Bei der Abbildung des dargestellten Unternehmenserwerbs ist zweckmäßigerweise in folgenden fünf Einzelschritten vorzugehen:

– Bestimmung des Erwerbers (Schritt 1)

Rechtlich betrachtet hat laut Sachverhalt A 60% an B erworben. Bei der Ermittlung des Erwerbers ist der Umstand zu berücksichtigen, dass die Anteilseigner von B durch die Ausgabe von 400 A-Anteilen die Beherrschung über A erlangen. Für Zwecke des Konzernabschlusses ist somit B Erwerber. B ist das Mutterunternehmen, A das Tochterunternehmen (IFRS 3.21 und IFRS 3.B1-B3). Während die Vermögenswerte, Verbindlichkeiten und Eventualschulden von A mit ihren beizulegenden Zeitwerten anzusetzen sind, werden die Vermögenswerte und Verbindlichkeiten von B mit ihren bisherigen Buchwerten fortgeführt (IFRS 3.B7(a)).

– Ermittlung der Anschaffungskosten (Schritt 2)

Da B als Erwerber zu qualifizieren ist, sind die Anschaffungskosten von B für den Erwerb von A zu ermitteln. Bei der Ermittlung dieser Anschaffungskosten ist zu fingieren, dass der Erwerb gegen Ausgabe von B-Anteilen an die A-Anteilseigner erfolgt. Auf Basis dieser Fiktion ist die Menge von B-Anteilen zu errechnen, die an die Anteilseigner von A ausgegeben werden müssten, um sie am Konzern im gleichen Ausmaß zu beteiligen wie durch den tatsächlichen (umgekehrten) Erwerbsvorgang (IFRS 3.B5). Hierbei ist nur der Anteil der Mehrheitsgesellschafter zu betrachten, Minderheitsanteile bleiben außer Acht. Gegenstand des fiktiven Erwerbsvorgangs sind nur die Mehrheitsanteile, die Minderheitsanteile bleiben bei den B-Altanteilseignern.

Im vorliegenden Fall ist B durch den tatsächlichen Erwerbsvorgang und die Ausgabe von 400 Anteilen mit 80% an A beteiligt. Den Anteilseignern von A verbleiben somit 20% der Anteile. Im vorliegenden Fall beträgt der Mehrheitsanteil an B 60 Anteile bzw. 60% (jene 60 Anteile, die an A übertragen werden). Um die Anteilseigner von A durch den fiktiven Erwerbsvorgang an diesen 60 Anteilen im Ausmaß von 80 zu 20 zu beteiligen, müsste B 15 zusätzliche Anteile ausgeben. Der Gesamtanteil würde dann insgesamt 75 Anteile umfassen, B hielte daran 80%, die Anteilseigner von A hielten 20%.

Nach der Feststellung der Menge der fiktiv auszugebenden Anteile muss zur Bestimmung der Anschaffungskosten des Erwerbsvorgangs noch der Wert dieser Anteile ermittelt werden. Der beizulegende Zeitwert ist soweit möglich anhand des Marktwertes der Anteile von B im Tauschzeitpunkt, ersatzweise anhand des beizulegenden Zeitwertes der von A ausgegebenen Anteile zu ermitteln (IFRS 3.B5-6). Im vorliegenden Beispiel beträgt der beizulegende Zeitwert der Anteile an B im Tauschzeitpunkt € 100 Tsd. je Anteil. Die Anschaffungskosten für den umgekehrten Unternehmenserwerb betragen somit € 1.500 Tsd.

– Ermittlung des Unterschiedsbetrages (Schritt 3)

Der Unterschiedsbetrag bei einem umgekehrten Unternehmenserwerb ist grundsätzlich nach den allgemeinen Regeln der Erwerbsmethode zu ermitteln. Die Ermittlung des Unterschiedsbetrages hat aber unter der Annahme zu erfolgen, dass der fiktive Erwerber (B) 100% am erworbenen Unternehmen (A) erwirbt.

	Tsd. €
Reinvermögen von A	1.200
Anpassungen an die beizulegenden Zeitwerte des Reinvermögens im Erwerbszeitpunkt	200
Beizulegender Zeitwert des Reinvermögens	1.400
Anschaffungskosten	1.500
Geschäfts- oder Firmenwert	100

– Ermittlung der Minderheitsanteile (Schritt 4)

Der Konzernabschluss nach dem umgekehrten Unternehmenserwerb ist unter dem Namen des rechtlichen Mutterunternehmens (A) aufzustellen (IFRS 3.B7). Trotzdem sind in diesem Konzernabschluss die Minderheitsanteile des rechtlichen Tochterunternehmens (B) darzustellen. Dies deshalb, weil die Minderheitseigentümer an B lediglich an Reinvermögen und Erfolg von B, nicht aber an Reinvermögen und Erfolg des Konzerns beteiligt sind. Demgegenüber haben die Minderheitseigentümer von A Anteil an Reinvermögen und Erfolg des Gesamtkonzerns (A ist ja gesellschaftsrechtlich das Mutterunternehmen) und bleiben aus diesem Grund bei der Ermittlung der Minderheitsanteile unberücksichtigt (IFRS 3.B10).

Da die Minderheitsanteile an B bestehen und B für Zwecke der Rechnungslegung als erwerbendes Unternehmen zu betrachten ist, kommt es hinsichtlich des Anteils der Minderheiten am Vermögen von B zu keiner Aufdeckung von stillen Reserven (IFRS 3.B11).

Im vorliegenden Beispiel stellt sich die Ermittlung der Minderheitsanteile wie folgt dar:

	Tsd. €
Reinvermögen von B	2.600
Minderheitsanteil in %	40%
Minderheitsanteil	1.040

– Kapitalkonsolidierung (Schritt 5)

Die Kapitalkonsolidierung des Konzernabschlusses nach dem umgekehrten Unternehmenserwerb stellt sich wie folgt dar:

	A Tsd. €	B Tsd. €	Summe Tsd. €	Konsolidierung Tsd. €	Konzern Tsd. €
Aktiva					
Kurzfristige Vermögenswerte	1.000	1.500	2.500	0	2.500
Geschäfts- oder Firmenwert	0	0	0	100	100
Langfristige Vermögenswerte	2.000	2.500	4.500	200	4.700
	3.000	4.000	7.000	300	7.300
Passiva					
Kurzfristige Schulden	300	600	900	0	900
Langfristige Schulden	1.500	800	2.300	0	2.300
	1.800	1.400	3.200	0	3.200
Kapital A	100	100	200	1.360	1.560
Rücklagen	1.100	2.500	3.600	-2.100	1.500
Minderheitsanteil	0	0	0	1.040	1.040
	1.200	2.600	3.800	300	4.100
	3.000	4.000	7.000	300	7.300

Die Konsolidierungsbuchungen lauten wie folgt:

	Tsd. €	Tsd. €
Kapitalkonsolidierung		
Rücklage A (Tochterunternehmen)	1.100	
Kapital A (Tochterunternehmen)	100	
Anpassung beizulegender Werte langfristiger Vermögenswerte	200	
Geschäfts- oder Firmenwert	100	
Anschaffungskosten		1.500
Minderheitsanteil		
Kapital B (40%)	40	
Rücklage B (40%)	1.000	
Minderheitsanteil		1.040

3.2 Konsolidierung konzerninterner Forderungen und Schulden

Konzerninterne Geschäfte zwischen Unternehmen eines Bankkonzerns, führen in den Einzelabschlüssen der Unternehmen dann zu Forderungen und Verbindlichkeiten gegenüber verbundenen Unternehmen, wenn der Leistungsaustausch zum Abschlussstichtag noch nicht beendet ist. Zu den konzerninternen Geschäften gehören nicht nur solche, die sich in Aktiv- und Passivpositionen niederschlagen, sondern auch nicht bilanzierte Eventualforderungen (IAS 37.10 und IAS 37.31) und Eventualschulden (IAS 37.10 und IAS 37.27). Stehen sich in der Summenbilanz des Bankkonzerns debitorische und kreditorische Salden aus konzerninternen Geschäften betragsgleich gegenüber, sind sie entsprechend der Einheitstheorie (IAS 27.4) mit einer Konsolidierungsbuchung aus dem Konzernabschluss eines Kreditinstituts zu eliminieren (IAS 27.24). In Bankkonzernen hat die Schuldenkonsolidierung aufgrund der branchentypischen Geschäfte eine hervorgehobene Bedeutung; zu den konsolidierungspflichtigen Geschäften zählen vor allem

- das konzerninterne Interbankengeschäft,
- das Refinanzierungsgeschäft für eine Konzernmutter und
- das Refinanzierungsgeschäft für externalisierte Funktionen.

Aus der Schuldenkonsolidierung[185] resultieren Differenzen, soweit sich bei einzelnen konzerninternen Geschäften Forderungen und Verbindlichkeiten am Abschlussstichtag nicht gleichwertig gegenüberstehen. Ursachen solcher Differenzen können in asymmetrischen Ansatz- und Bewertungsentscheidungen bei Gläubigern und Schuldnern, abweichenden Stichtagen von Einzel- und Konzernabschluss oder divergierenden Buchungsterminen bestehen.[186] Asymmetrische Ansatz- und Bewertungsentscheidungen können beispielsweise vorliegen, wenn einer Garantierückstellung keine analoge Forderung gegenübersteht, eine Darlehensforderung mit einem niedrigeren Wert als dem Rückzahlungsbetrag der korrespondierenden Darlehensverbindlichkeit angesetzt wird, eine Leistungsforderung durch eine Einzel- oder Pauschalwertberichtigung mit einem niedrigeren Wert als dem Erfüllungsbetrag der korrespondierenden Leistungsverbindlichkeit bilanziert wird oder eine Fremdwährungsforderung zum Devisengeldkurs und die korrespondierende Fremdwährungsverbindlichkeit zum Devisenbriefkurs bewertet wird.

Weicht der Einzelabschlussstichtag eines Tochterunternehmens vom Konzernabschlussstichtag des Mutterunternehmens ab (IAS 27.26), werden bei gewöhnlichem Geschäfts-

---

[185] Vgl. zur Schuldenkonsolidierung nach IFRS im Allgemeinen und für Kreditinstitute im Besonderen BAETGE, J./KIRSCH, H.-J./THIELE, S., a.a.O. (Fn. 8), S. 298; KPMG (Hrsg.), International Financial Reporting Standards, a.a.O. (Fn. 21), S. 265; KRUMNOW, J./SPRIßLER, W. u.a. (Hrsg.), a.a.O. (Fn. 8), §§ 340i, j HGB, Tz. 229; PELLENS, B., a.a.O. (Fn. 53), S. 675-678; VOSS, B. W., a.a.O. (Fn. 8), C 810, Tz. 108-112, 141.

[186] Vgl. ausführlich zur Schuldenkonsolidierung bei Kreditinstituten MAAS, R., Schuldenkonsolidierung, in: CASTAN, E./HEYMANN, G. u.a. (Hrsg.), Beck'sches Handbuch der Rechnungslegung, Band II, München 2004, C 420.

verlauf zwischen dem früheren (späteren) Einzelabschlussstichtag und dem späteren (früheren) Konzernabschlussstichtag Vertragsverhältnisse begründet bzw. beendet; dies kann zum asymmetrischen Ausweis korrespondierender Forderungen und Verbindlichkeiten führen. Auch zeitliche Buchungsunterschiede durch abweichende Wertstellungstermine im Zahlungsverkehr oder Falschbuchungen in der Praxis termingebundener Abschlusserstellung führen regelmäßig zum asymmetrischen Ausweis korrespondierender Forderungen und Verbindlichkeiten.

Wie mit Differenzen aus der Konsolidierung konzerninterner Forderungen und Verbindlichkeiten zu verfahren ist, lässt IAS 27.24 offen. Sofern Konsolidierungsdifferenzen aus divergierenden Buchungsterminen oder abweichenden Bilanzstichtagen (IAS 27.26) resultieren, sind im Konzernabschluss entsprechend ergebniswirksame bzw. ergebnisneutrale Korrekturbuchungen vorzunehmen. Die Korrekturbuchungen heben Buchungsunterschiede aufgrund zeitlicher Differenzen auf.

Konsolidierungsdifferenzen, die auf Ansatz- und Bewertungsunterschiede zurückzuführen sind, werden entsprechend internationaler Bilanzierungsusancen über das Konzerneigenkapital eliminiert. Da die Differenzen über mehr als eine Periode bestehen können, ist nur eine erstmalige Korrektur des Eigenkapitals in der Periode ihrer Entstehung ergebniswirksam. Eine wiederholte Korrektur des Eigenkapitals um diese Differenz in Folgeperioden wäre ergebnisneutral, weil sie bereits das Konzernergebnis einer Vorperiode verändert hat. Somit ist stets nur die Veränderung einer kumulierten Konsolidierungsdifferenz gegenüber der Vorperiode ergebniswirksam: Erhöht sich eine (aktive) passive Konsolidierungsdifferenz aus der Vorperiode, so verringert (erhöht) sich das Konzernergebnis. Zur ergebnisneutralen Berichtigung einer Konsolidierungsdifferenz zum Ende der Vorperiode ist ein Korrekturposten zum Konzerneigenkapital zu bilanzieren; dieser hat im Fall einer passiven Differenz den Charakter von Eigenkapital, im Fall einer aktiven Differenz den Charakter einer Wertkorrektur zum Eigenkapital.[187]

Das Ausmaß der Konsolidierung konzerninterner Forderungen und Verbindlichkeiten „wird bei den einzelnen Bankkonzernen in erster Linie von der Art und der Intensität des konzerninternen Leistungsaustauschs bestimmt. Letzteres hängt wiederum von dem strukturellen Aufbau des Bankkonzerns und dem Grad der geschäftspolitischen Selbständigkeit der einzelnen Konzernglieder im In- und Ausland ab"[188]. Durch die Notwendigkeit einer Eliminierung konzerninterner Aktiv- und Passivsalden wird Kreditinstituten insbesondere die Möglichkeit genommen, „die konsolidierte Bilanzsumme durch konzerninterne Kreditgewährungen beliebig in die Höhe zu treiben"[189].

---

[187] Zur Auswirkung der Eliminierung von Konsolidierungsdifferenzen auf den Konzerneigenkapitalspiegel vgl. Abschnitt 2.2.2.2. im Beitrag „Eigenkapitalveränderungsrechnung".

[188] WERTHMÖLLER, T., a.a.O. (Fn. 8), S. 140. Vgl. hierzu auch PRAHL, R./NAUMANN, T., a.a.O. (Fn. 8), hier S. 243.

[189] KRUMNOW, J./SPRIßLER, W. u.a. (Hrsg.), a.a.O. (Fn. 8), § 340i, j HGB, Tz. 144.

3.3 Konsolidierung konzerninterner Erträge und Aufwendungen

Forderungen und Verbindlichkeiten aus konzerninternen Geschäften führen regelmäßig zu korrespondierenden Erträgen und Aufwendungen. Aufgrund der hervorgehobenen Bedeutung der Schuldenkonsolidierung für Bankkonzerne ergibt sich eine entsprechende Bedeutung für die konzerninterne Ertrags- und Aufwandskonsolidierung. Nach der Einheitstheorie (IAS 27.4) sind mit einer Konsolidierungsbuchung auch sämtliche Erträge und Aufwendungen aus dem Konzernabschluss eines Kreditinstituts zu eliminieren (IAS 27.24).

In Bankkonzernen bezieht sich die Ertrags- und Aufwandskonsolidierung[190] vor allem auf konzerninterne Zinserträge/-aufwendungen, Provisionserträge/-aufwendungen, aber auch Steuer- und Kostenverrechnungen.[191]

Die Konsolidierung konzerninterner Erträge und Aufwendungen ist grundsätzlich erfolgsneutral. Bei den Zinserträgen und Zinsaufwendungen handelt es sich im Wesentlichen um solche aus dem bilanzwirksamen Bankgeschäft, die in den Gewinn- und Verlustrechnungen der Einzelabschlüsse der Konzernunternehmen brutto ausgewiesen sind. Da hinsichtlich der Zinserträge und Zinsaufwendungen des außerbilanziellen Bankgeschäfts, vor allem also bei Zins- und Währungsswaps der Nettoausweis befürwortet wird,[192] um eine Aufblähung der Konzern-GuV zu vermeiden, wären bei entsprechender Bilanzierung diese Zinserträge und Zinsaufwendungen nicht in die Ertrags- und Aufwandskonsolidierung einzubeziehen.

Erfolgswirksam wird die Konsolidierung konzerninterner Erträge und Aufwendungen jedoch insbesondere in folgenden Fällen:

- Erträge aus Beteiligungen an Konzernunternehmen;

- Aufwendungen aus Abschreibungen und Erträge aus Zuschreibungen auf Beteiligungen an Konzernunternehmen;

- Aufwendungen aus Abschreibungen und Erträge aus Zuschreibungen auf Forderungen gegenüber Konzernunternehmen.

---

[190] Vgl. zur Ertrags- und Aufwandskonsolidierung nach IFRS im Allgemeinen und für Kreditinstitute im Besonderen BAETGE, J./KIRSCH, H.-J./THIELE, S., a.a.O. (Fn. 8), S. 298; KPMG (Hrsg.), International Financial Reporting Standards, a.a.O. (Fn. 21), S. 265; KRUMNOW, J./SPRIßLER, W. u.a. (Hrsg.), a.a.O. (Fn. 8), §§ 340i, j HGB, Tz. 229; PELLENS, B., a.a.O. (Fn. 53), S. 678-679; VOSS, B. W., a.a.O. (Fn. 8), C 810, Tz. 117-121, 141.

[191] Vgl. KRUMNOW, J./SPRIßLER, W. u.a. (Hrsg.), a.a.O. (Fn. 8), § 340i, j HGB, Tz. 157; VOSS, B. W., a.a.O. (Fn. 8), C 810, Tz. 117.

[192] Vgl. BUNDESVERBAND DEUTSCHER BANKEN, Kommission für Bilanzierungsfragen, 1988, S. 160.

3.4 Konsolidierung konzerninterner Gewinne und Verluste

Nach der Einheitstheorie (IAS 27.4) sind neben konzerninternen Forderungen und Verbindlichkeiten sowie Erträgen und Aufwendungen auch Zwischengewinne und Zwischenverluste durch eine Konsolidierungsbuchung zu eliminieren. Solche Zwischengewinne und Zwischenverluste schlagen sich in Vermögenswerten nieder, die aus konzerninternen Lieferungs- und Leistungsbeziehungen resultieren.

Für Bankkonzerne wird die Konsolidierung konzerninterner Gewinne und Verluste[193] im Vergleich zu Industrie- oder Handelsunternehmen als nicht so bedeutend eingeschätzt.[194] Zwischengewinne und Zwischenverluste dürften insbesondere aus der konzerninternen Veräußerung von Wertpapieren, Beteiligungen, Forderungen und Immobilien resultieren und sich in den betreffenden Bilanzpositionen niederschlagen. Kreditinstitutsspezifische Handelsbestände jedoch sind nicht in die Konsolidierung von Zwischengewinnen und Zwischenverlusten im Bankkonzernabschluss einzubeziehen, da diese Bestände grundsätzlich aus marktkonformen Handelsaktivitäten stammen.

4. Konsolidierung von Zweckgesellschaften

4.1 Begriffsbestimmung und Konsolidierungskriterien

Special Purpose Entities (SPE) sind Zweckgesellschaften, die für eine exakt definierte Funktion bzw. Aktivität gegründet werden. Der Begriff Zweckgesellschaft ist insoweit zu eng gefasst, als nicht nur für Kapital- oder Personengesellschaften, sondern auch für nichtrechtsfähige Einheiten - wie z.B. Sondervermögen i.S.d. Investmentgesetzes - präzise Aufgaben und Tätigkeiten definiert werden können.

Mit der Interpretationsnorm SIC-12 des Standing Interpretations Committee wurde eine Richtlinie zur Auslegung von IAS 27 für solche Fälle geschaffen, bei denen ein Investor

---

[193] Vgl. zur Zwischenergebniseliminierung nach IFRS im Allgemeinen und für Kreditinstitute im Besonderen BAETGE, J./KIRSCH, H.-J./THIELE, S., a.a.O. (Fn. 8), S. 298; KLEIN, K.-G., Zwischenergebniseliminierung, in: CASTAN, E./HEYMANN, G. u.a. (Hrsg.), Beck'sches Handbuch der Rechnungslegung, Band II, München 2004, Ergänzungslieferung 14, C 430; KPMG (Hrsg.), International Financial Reporting Standards, a.a.O. (Fn. 21), S. 265; KRUMNOW, J./SPRIßLER, W. u.a. (Hrsg.), a.a.O. (Fn. 8), §§ 340i, j HGB, Tz. 229; PELLENS, B., a.a.O. (Fn. 53), S. 680-681; VOSS, B. W., a.a.O. (Fn. 8), C 810, Tz. 113, 141.

[194] Vgl. KRUMNOW, J./SPRIßLER, W. u.a. (Hrsg.), a.a.O. (Fn. 8), § 340i, j HGB, Tz. 152; VOSS, B. W., a.a.O. (Fn. 8), C 810, Tz. 116; WERTHMÖLLER, T., a.a.O. (Fn. 8), S. 155.

nur die Hälfte, weniger als die Hälfte oder unter Umständen überhaupt keine Stimmrechte an einer als SPE definierten Einheit hält. Eine SPE ist nach SIC-12 dann im Konzernabschluss des Investors zu konsolidieren, wenn bei wirtschaftlicher Betrachtungsweise der Investor einen beherrschenden Einfluss (Kontrolle) auf die SPE ausübt.[195] SIC-12 definiert als Entscheidungshilfe beispielhaft vier Indikatoren, die jeweils einzeln für ein Beherrschungsverhältnis sprechen können:

Wirtschaftliche Kontrolle kann gegeben sein, wenn

- bei wirtschaftlicher Betrachtung die Geschäftstätigkeit der SPE zu Gunsten des Unternehmens entsprechend seiner besonderen Geschäftsbedürfnisse bzw. auf seine Veranlassung hin geführt wird, sodass das Unternehmen Nutzen aus der Geschäftstätigkeit des SPE ziehen kann (SIC-12.10(a)), oder

- bei wirtschaftlicher Betrachtung das Unternehmen über die Entscheidungsmacht verfügt, die Mehrheit des Nutzens aus der Geschäftstätigkeit der SPE zu ziehen oder durch die Einrichtung eines „Autopilot" diese Entscheidungsmacht delegiert (SIC-12.10(b)), oder

- bei wirtschaftlicher Betrachtung das Unternehmen das Recht hat, die Mehrheit des Nutzens aus der Geschäftstätigkeit der SPE zu ziehen und sich deshalb Risiken aussetzt, die mit der Geschäftstätigkeit des SPE verbunden sind (SIC-12.10(c)), oder

- bei wirtschaftlicher Betrachtung das Unternehmen die Mehrheit der mit der SPE verbundenen Residual- oder Eigentumsrisiken behält, um Nutzen aus der Geschäftstätigkeit der SPE zu ziehen (SIC-12.10(d)).

Als Interpretationsnorm zu IAS 27 löst sich SIC-12 zwar nicht vom Kontroll-Konzept des IAS 27, im Gegensatz zu IAS 27 definiert sie Kontrolle jedoch nicht über den „Voting Rights Approach", sondern über den „Risk and Reward Approach".

Zur Entscheidung, ob wirtschaftliche Kontrolle vorliegt, ist jedes Kontroll-Kriterium von SIC-12 für sich genommen, wie auch die Gesamtheit aller Kriterien entscheidend. Die Aufzählung der Kontroll-Kriterien von SIC-12 ist beispielhaft und soll typische Situationen, in denen wirtschaftliche Kontrolle vorliegen kann, aufzeigen. Eine kumulative Erfüllung der Kontroll-Kriterien von SIC-12 ist nicht erforderlich. Da sich die Kriterien auch nicht in eine hierarchische Rangfolge bringen lassen, kann es bei der Sachverhaltsanalyse zu widerstreitenden Ergebnissen kommen (Erfüllung der Konsolidierungskriterien durch mehrere Parteien, d.h. Konflikte zwischen den Interessen mehrerer Parteien).

---

[195] Vgl. zur Konsolidierung von Special Purpose Entities nach IRFS und US-GAAP allgemein SCHRUFF, W./ROTHENBURGER, M., Zur Konsolidierung von Special Purpose Entities im Konzernabschluss nach US-GAAP, IAS und HGB, WPg 2002, S. 755-765; MELCHER, W./PENTER, V., Konsolidierung von Objektgesellschaften und ähnlichen Strukturen nach US-GAAP, DB 2003, S. 513-518; PELLENS, B./SELLHORN, T./STRECKENBACH, J., Neue Abgrenzungskriterien für den Konsolidierungskreis - Zur Bilanzierung von Zweckgesellschaften nach FIN 46, KoR 2003, S. 191-194; BRAKENSIEK, S./KÜTING, K., Special Purpose Entities in der US-amerikanischen Rechnungslegung - Können Bilanzierungsregeln Fälle wie die Enron-Insolvenz verhindern?, StuB 2002, S. 209-215.

Auch kann es sein, dass eine Konsolidierung aufgrund anderer Indikatoren notwendig ist. Insofern ist regelmäßig auch eine Beurteilung der wirtschaftlichen Gesamtumstände erforderlich.

4.2 Konsolidierung von Investmentfonds

Investmentfonds sind eine empirisch bedeutende Ausprägung von Special Purpose Entities. Die Einbeziehung von Investmentfonds wie Tochterunternehmen durch Vollkonsolidierung in den Konzernabschluss eines Investors nach IAS 27 ist auf der Grundlage des Beherrschungs-Konzepts zu entscheiden.[196] Nach IAS 27 ist unter dem Begriff Beherrschung die Möglichkeit zu verstehen, die Finanz- und Geschäftspolitik eines anderen Unternehmens zu bestimmen, um aus der Tätigkeit Nutzen zu ziehen. Auf die tatsächliche Ausübung der Kontrolle kommt es dabei nicht an. Die analoge Übertragung des Beherrschungs-Konzepts vom Mutter-Tochter-Verhältnis auf ein Investor-Fonds-Verhältnis hängt davon ab, ob die das Beherrschungs-Konzept konkretisierenden Kontroll-Kriterien (Indikatoren) überhaupt auf Investmentfonds anwendbar sind.

Investmentfonds sind Sondervermögen i.S.v. § 30 InvG. Auch wenn in dieser Vorschrift keine Legaldefinition des Begriffs Sondervermögen kodifiziert ist, lassen sich doch gewisse Rückschlüsse aus dem allgemeinen zivilrechtlichen Verständnis des Begriffs Sondervermögen ziehen. Danach handelt es sich bei einem Sondervermögen um ein aus dem Gesamtvermögen eines Rechtssubjekts ausgegliederten Vermögensteil, der einem bestimmten Zweck dienen soll und deshalb einer vom übrigen Vermögen des Rechtssubjekts unterschiedlichen rechtlichen Behandlung unterworfen ist. Bei aller Verschiedenheit der empirischen Ausprägungen von Sondervermögen besteht ihr konstitutives Merkmal darin, dass sie keine eigene Rechtspersönlichkeit besitzen. Hierin liegt der wesentliche Unterschied zu Tochterunternehmen, die in Abhängigkeit von der Gesellschaftsform über eine mehr oder weniger begrenzte Rechtssubjektivität verfügen. Dieser Unterschied hat auch unmittelbare Konsequenzen für die Qualität von Anteilen eines Investors an einem Fonds im Vergleich zu den Anteilen eines Mutterunternehmens an einem Tochterunternehmen. Anders als Anteile an einer rechtsfähigen Aktiengesellschaft oder Gesellschaft mit beschränkter Haftung verbinden sich mit Anteilen an einem Sondervermögen i.S.v. § 30 InvG keine Stimmrechte. Stimmrechte sind indes die maßgeblichen Anknüpfungspunkte für die Kontroll-Kriterien in IAS 27.

Nach dem primären Kontroll-Kriterium wird Beherrschung widerlegbar vermutet, wenn ein Mutterunternehmen direkt oder indirekt die Mehrheit der Stimmrechte an einem

---

[196] Vgl. zur Konsolidierung von Investmentfonds nach internationalen Rechnungslegungsstandards insbesondere WEBER, C./BÖTTCHER, B./GRIESEMANN, G., Spezialfonds und ihre Behandlung nach deutscher und internationaler Rechnungslegung, WPg 2002, S. 905-918; PÄSLER, R. H./ROCKEL, S., IFRS kommt - der Spezialfonds bleibt, ZfgK 2004, S. 884-886.

Tochterunternehmen hält. Da an Investmentfonds keine Stimmrechte geknüpft sind, ist das Beherrschungskonzept von IAS 27.13 insoweit nicht auf Sondervermögen anwendbar. Investmentfonds wären somit nach IAS 27 eigentlich nicht in den Konzernabschluss des Investors einzubeziehen.

Auch bei den sekundären Kontroll-Kriterien wird z.T. auf den Voting-Rights Approach rekurriert. Soweit ein Mutterunternehmen direkt oder indirekt nicht über mehr als 50% der Stimmrechte verfügt, ist Kontrolle des Weiteren möglich, wenn das Mutterunternehmen die Möglichkeit hat, über mehr als die Hälfte der Stimmrechte durch eine mit anderen Anteilseignern getroffene Vereinbarung zu verfügen (IAS 27.13(a)) oder die Mehrheit der Stimmen bei Sitzungen des Geschäftsführungs- und/oder Aufsichtsorgans zu bestimmen (IAS 27.13(d)). In diesen Fällen ist das Beherrschungskonzept von IAS 27.13 ebenfalls nicht auf Sondervermögen anwendbar. Folglich lässt sich auch insoweit zunächst keine Konsolidierungspflicht für Investmentfonds im Konzernabschluss des Investors feststellen.

Sofern Beherrschung über die Möglichkeiten gegeben ist, die Finanz- und Geschäftspolitik eines Unternehmens durch einen Beherrschungsvertrag oder eine Satzungsvorschrift zu bestimmen (IAS 27.13(b)) oder die Mehrheit der Mitglieder des Geschäftsführungs- und/oder Aufsichtsorgans zu ernennen oder abzusetzen (IAS 27.13(c)), liegen ebenfalls sekundäre Kontroll-Kriterien vor, die zwar auf ein Mutter-Tochter-Verhältnis, nicht aber auf ein Investor-Fonds-Verhältnis anwendbar sind. Im Gegensatz zu dem Rechtsverhältnis zwischen einem Mutterunternehmen und einem Tochterunternehmen liegt dem Investor-Fonds-Verhältnis aufgrund der fehlenden Rechtssubjektivität des Sondervermögens kein Rechtsverhältnis zugrunde. Vielmehr wird das Investor-Fonds-Verhältnis durch die investmentrechtliche Dreiecksbeziehung zwischen Investor, Kapitalanlagegesellschaft und Depotbank bestimmt.

Zunächst bleibt somit festzuhalten, dass sich eine Pflicht zur Konsolidierung von Investmentfonds im Konzernabschluss eines Investors nicht unmittelbar über die Kontroll-Kriterien im Beherrschungskonzept von IAS 27 ableiten lässt, da sie als Sondervermögen i.S.d. § 30 InvG keine rechtsfähigen Subjekte sind und für Sondervermögen keine Anteile mit Stimmrechten ausgegeben werden.

Von einer wirtschaftlichen Kontrolle wird u.a. ausgegangen, wenn die Auflegung des Investmentfonds auf Veranlassung des Investors erfolgt und dieses der Unterstützung der Geschäftserfordernisse des Investors dient (SIC-12.10(a)). Im Falle der Ein-Anleger-Spezialfonds wird die Erfüllung dieses Kriteriums regelmäßig angenommen werden können, wohingegen bei öffentlich vertriebenen Fonds (Publikumsfonds) die Auflegung nicht auf Veranlassung eines Investors erfolgt, sondern vielen Investoren Nutzen bringen soll und von der Kapitalanlagegesellschaft initiiert wird. Eine Konsolidierungspflicht für Investoren nach diesem Kriterium scheidet daher aus.

Hätte ein Investor auf die Gestaltung der Allgemeinen und Besonderen Vertragsbedingungen sowie darüber hinausgehender Anlagerichtlinien Einflussnahmemöglichkeiten, läge ein Indiz für Kontrolle i.S.v. SIC-12.10(b) vor. Vor dem Hintergrund, dass die Allgemeinen und Besonderen Vertragsbedingungen sowie die Konzeption der Investmentfonds fest vorgegeben sind, scheidet das Vorliegen dieses Kontrollkriteriums und damit auch die Konsolidierungsfolge aber zweifelsfrei aus.

Es kommt demnach für die Beantwortung der Frage, ob ein Investmentfonds nach SIC-12 zu konsolidieren ist, auf die Verteilung der Chancen und Risiken zwischen den Investoren an (risk and reward approach).

Der Investor hat Investmentfonds vom Grundsatz her dann zu konsolidieren, wenn dieser mehr als 50% der ausgegebenen Anteilscheine eines Investmentfonds hält. Fällt der Investor ohne eigenes Zutun aufgrund von Anteilscheinkäufen anderer unter die 50%-Grenze so ist auch dann eine Entkonsolidierung der Investmentfonds vorzunehmen.

Es stellt sich die Frage, ob auch in der Situation, in der ein Investor durch Anteilscheinrückgaben anderer ohne eigenes Zutun plötzlich mehr als 50% der Anteilscheine hält und damit die Mehrheit der Chancen und Risiken aus einem Investmentfonds trägt, die Pflicht zur Vollkonsolidierung ausgelöst wird.

Gegen die Konsolidierungspflicht mag auf der einen Seite eingewendet werden, dass der Mehrheitsinvestor ohne eigenes Zutun in die Situation gekommen ist, mehr als 50% der Chancen und Risiken an dem Fonds erlangt zu haben. Seine Passivität könnte als Argument vorgebracht werden, dass er den Publikumsfonds nicht i.S.v. IAS 27 beherrscht und folglich den Investmentfonds auch nicht zu konsolidieren hat. Auf der anderen Seite rekurriert SIC-12 als maßgebliche Regelung zur Konsolidierung von Investmentfonds ausschließlich auf den Risk and Reward Approach, also die Zurechnung von mehr als 50% der Chancen und Risiken. Wie der Investor die Mehrheitsbeteiligung erlangt hat, ist nicht relevant.

Der Investor hätte somit im Falle des Haltens von mehr als 50% der ausgegebenen Anteile eines Investmentfonds die Pflicht zur Vollkonsolidierung des Investments zu beachten (SIC-12.10(c) und (d)).

Investmentfonds sind folglich bei Erfüllung eines oder mehrerer der Kriterien in SIC-12.10 als Special Purpose Entities konsolidierungspflichtig. Ziel der Konsolidierung ist es, dass die Vermögenswerte und Verbindlichkeiten sowie Erträge und Aufwendungen des Investmentfonds vollständig in die Konzernbilanz des Investors integriert werden.[197] Im Ergebnis sind die Vermögenswerte und Verbindlichkeiten des Investmentfonds in der Konzernbilanz so anzusetzen und zu bewerten, als wären sie vom Investor direkt bilanziert worden.

Umstritten ist, ob die Integration eines Investmentfonds in den Konzerabschluss des Investors durch eine Kapitalkonsolidierung nach IAS 27.22 i.V.m. IFRS 3.14 oder durch eine Schuldenkonsolidierung nach IAS 27.24 erfolgt. Hintergrund ist, dass Investment-

---

[197] Zur illustrativen Darstellung des IFRS-Abschlusses eines Investmentfonds vgl. KPMG (Hrsg.), IFRS Illustrative Financial Statements for Investment Funds, London 2004.

fondsanteile aus der Perspektive des Emittenten nach IAS 32.18(b) Fremdkapitalinstrumente und aus der Perspektive des Investors nach IAS 39.AG27 Eigenkapitalinstrumente sind. Sofern Investmentfondsanteile als Eigenkapitalinstrumente qualifiziert werden, ist eine Kapitalkonsolidierung durchzuführen, sofern sie als Fremdkapitalinstrumente qualifiziert werden, ist eine Schuldenkonsolidierung vorzunehmen.

Die unterschiedlichen Sichtweisen zur Qualifizierung von Investmentfondsanteilen als Fremdkapital- oder Eigenkapitalinstrumente haben auch Konsequenzen für den Ausweis von Minderheitsanteilen. Werden Investmentfondsanteile als Eigenkapitalinstrumente betrachtet und folglich die Anteile des beherrschenden Investors durch Kapitalkonsolidierung eliminiert, sind die Minderheitsanteile innerhalb des Eigenkapitals auszuweisen. Werden Investmentfondsanteile hingegen als Fremdkapitalinstrumente betrachtet und folglich die Anteile des beherrschenden Investors durch Schuldenkonsolidierung eliminiert, sind die Minderheitsanteile wie die Anteile des beherrschenden Investors innerhalb des Fremdkapitals auszuweisen.

Beispiel 7: Kapitalkonsolidierung eines Investmentfonds (Perspektive 1)

Investmentfondsanteile werden als Eigenkapitalinstrumente betrachtet (Investorenperspektive). Folglich ist eine Kapitalkonsolidierung durchzuführen. Zu diesem Zweck sind die Investmentfondsanteile in der IFRS-Bilanz des Investors mit dem auf den Investor entfallenden Fondskapital in der IFRS-Bilanz des Investmentfonds zu verrechnen (IAS 27.22 i.V.m. IFRS 3.14). Dies setzt voraus, dass das Fondskapital als Eigenkapital qualifiziert wird. Da jedoch nach IAS 32.18(b) das Fondskapital als Fremdkapital zu qualifizieren ist, steht die Kapitalkonsolidierung im Widerspruch zu IAS 32.18(b).

Ein Investor beteiligt sich zu 90% an einem Wertpapierspezialfonds, der in börsennotierte Aktien und Renten investiert. Den Minderheitenanteil in Höhe von 10% hält ein weiterer Anleger. Zum Zeitpunkt der Erstkonsolidierung (t_0) stellen sich die IFRS-Bilanzen des Investors und des Investmentfonds wie folgt dar:

Investor				Fonds			
Fondsanteil	90	EK	500	Aktien	50	Fondskapital	100
Sonst. Aktiva	910	FK	500	Renten	50		
	1.000		1.000		100		100

Die Bilanzierung des Fondsanteils des Investors fällt nach IAS 39.2(a) nicht in den Anwendungsbereich von IAS 39, sondern in den Anwendungsbereich von IAS 27. Seine Bewertung erfolgt nach IAS 27.37 entweder zu Anschaffungskosten (at cost) oder zum beizulegenden Zeitwert (fair value) gemäß IAS 39.43. In t_0 entsprechen sich die Anschaffungskosten und der beizulegende Zeitwert. Bei der Bestimmung der Anschaffungskosten sind die beizulegenden Zeitwerte (fair values) der für den Erwerb der Investmentfondsanteile hingegebenen Vermögenswerte zu berücksichtigen. Da die zum Erwerb der Investmentfondsanteile hingegebenen Vermögenswerte grundsätzlich aus

Geld bestehen, entsprechen die Anschaffungskosten der Investmentfondsanteile dem Betrag der entrichteten liquiden Mittel, im Beispiel 90% von 100, also 90.

Die Wertpapiere des Investmentfonds (Aktien und Renten) werden als finanzielle Vermögenswerte der Kategorie „Available for Sale" kategorisiert (IAS 39.9) und in t_0 zum beizulegenden Zeitwert (fair value) in Höhe ihrer Anschaffungskosten von jeweils 50 angesetzt (IAS 39.43).

Der Wert des Fondskapitals ergibt sich aus den Mittelzuflüssen in Höhe von insgesamt 100.

Im Rahmen der Erstkonsolidierung ist der Investmentfondsanteil in der IFRS-Bilanz des Investors mit dem auf den Investor entfallenden Fondskapital in der IFRS-Bilanz des Investmentfonds zu verrechnen. Das auf den anderen Anleger entfallende Fondskapital ist als Minderheitenanteil in der IFRS-Konzernbilanz des den Investmentfonds beherrschenden Investors auszuweisen.

Konsolidierungsbuchung bei der Kapitalkonsolidierung:

Fondskapital	100		
		Fondsanteil	90
		Minderheit	10

Summen- und Konzernbilanz bei der Kapitalkonsolidierung:

Summenbilanz				Konzernbilanz			
Fondsanteil	90	EK	500	Aktien	50	EK	500
Aktien	50	FK	500	Renten	50	Minderheit	10
Renten	50	Fondskapital	100	Sonst. Aktiva	910	FK	500
Sonst. Aktiva	910						
	1.100		1.100		1.010		1.010

Der Minderheitenanteil ist in der Konzernbilanz des Investors - gesondert von dessen Anteil - innerhalb des Eigenkapitals auszuweisen (IAS 27.33).

Um den Widerspruch aufzulösen, dass einerseits nach IAS 32.18(b) das Fondskapital als Fremdkapital zu qualifizieren ist, andererseits zur Durchführung der Kapitalkonsolidierung die Investmentfondsanteile nur mit einem als Eigenkapital qualifizierten Fondskapital verrechnet werden können, ist für den Zweck der Kapitalkonsolidierung das Fondskapital nicht als Fremdkapital, sondern als Eigenkapital zu interpretieren. Diese Interpretation entspricht der wirtschaftlichen Betrachtungsweise, die das Fondskapital als Residualgröße aus der Differenz der Vermögenswerte abzüglich der Verbindlichkeiten des Fonds versteht.

Zum Zeitpunkt der ersten Folgekonsolidierung (t_1) sind die Fair Values der Aktien und Renten jeweils um 10 gestiegen. Die Fair-Value-Änderungen werden gemäß IAS 39.55(b) erfolgsneutral in der Available-for-Sale-Rücklage erfasst. Unter der Annahme, dass der Fondsanteil entsprechend der Option in IAS 27.37(a) zu Anschaffungskosten bewertet wird, beträgt sein Wert unverändert 90. Zum Zeitpunkt der ersten Folgekonsolidierung (t_1) stellen sich die IFRS-Bilanzen des Investors und des Investmentfonds ceteris paribus wie folgt dar:

Investor				Fonds			
Fondsanteil	90	EK	500	Aktien	60	Fondskapital	100
Sonst. Aktiva	910	FK	500	Renten	60	AfS-Rücklage	20
	1.000		1.000		120		120

Im Rahmen der Folgekonsolidierung werden unter Anwendung der Methode der vollständigen Neubewertung nach IFRS 3.36 die Fair Values der Vermögenswerte des Investmentfonds zu 100% angesetzt, mit anderen Worten, die stillen Reserven (unrealisierte Gewinne) in den Vermögenswerten des Investmentfonds werden nicht nur in Höhe des Anteils des Investors, sondern unter Berücksichtigung des Minderheitsanteils in voller Höhe aufgelöst und ausgewiesen.

Konsolidierungsbuchung bei der Folgekonsolidierung:

Fondskapital	100		
AfS-Rücklage	2		
		Fondsanteil	90
		Minderheit	12

Summen- und Konzernbilanz bei der Folgekonsolidierung:

Summenbilanz					Konzernbilanz			
Fondsanteil	90	EK	500		Aktien	60	EK	500
Aktien	60	AfS-Rückl.	20		Renten	60	AfS-Rückl.	18
Renten	60	Fondskapital	100		Sonst. Aktiva	910	Minderheit	12
Sonst. Aktiva	910	FK	500				FK	500
	1.120		1.120			1.030		1.030

Da der beherrschende Investor zu 90% an der Wertsteigerung der Aktien und Renten in Höhe von insgesamt 20 partizipiert, ist die in der Summenbilanz ausgewiesene Available-for-Sale-Rücklage in Höhe von 20 um den 10%igen Minderheitenanteil des anderen Anlegers, also in Höhe von zu 2 verringern. Folglich beträgt die Available-for-Sale-Rücklage in der Konzernbilanz 18. Der Minderheitsanteil in der Konzernbilanz erhöht sich gleichzeitig von 10 um 2 auf 12.

Beispiel 8: Kapitalkonsolidierung eines Investmentfonds (Perspektive 2)

Investmentfondsanteile werden als Fremdkapitalinstrumente betrachtet (Emittentenperspektive). Folglich wäre eine Schuldenkonsolidierung durchzuführen. Zu diesem Zweck ist das auf den Investor entfallende und als Fremdkapital zu qualifizierende Fondskapital in der IFRS-Bilanz des Investmentfonds mit dem Investmentfondsanteil in der IFRS-Bilanz des Investors zu verrechnen (IAS 27.24). Dies setzt voraus, dass der Investmentfondsanteil als Fremdkapitalinstrument qualifiziert und somit als Forderung ausgewiesen wird. Da jedoch nach IAS 39.AG27 der Investmentfondsanteil als Eigenkapitalkapitalinstrument zu qualifizieren ist, steht die Schuldenkonsolidierung im Widerspruch zu IAS 39.AG27.

Ein Investor beteiligt sich zu 90% an einem Wertpapierspezialfonds, der in börsennotierte Aktien und Renten investiert. Den Minderheitenanteil in Höhe von 10% hält ein weiterer Anleger. Zum Zeitpunkt der Erstkonsolidierung (t_0) stellen sich die IFRS-Bilanzen des Investors und des Investmentfonds wie folgt dar:

Investor					Fonds			
Forderung	90	EK	500		Aktien	50	Fondskapital	100
Sonst. Aktiva	910	FK	500		Renten	50		
	1.000		1.000			100		100

Der Fondsanteil des Investors fällt als Forderung gegenüber dem Investmentfonds in den Anwendungsbereich von IAS 39. Forderungen werden grundsätzlich der Kategorie „Loans and Receivables" zugeordnet, es sei denn, es handelt sich um Forderungen, die auf einem aktiven Markt notiert sind und aus diesem Grund der Kategorie Available for Sale zuzuordnen sind (IAS 39.9). Nun sind Investmentfondsanteile Finanzinstrumente, die auf einem aktiven Markt notiert sind. Daher ist die Forderung als „Available for Sale" zu kategorisieren und bei der Zugangsbewertung zum Fair Value zu bewerteten (IAS 39.43). Im Zeitpunkt der Zugangsbewertung (t_0) entspricht der Fair Value der Forderung ihren Anschaffungskosten in Höhe von 90.

Die Wertpapiere des Investmentfonds (Aktien und Renten) werden als finanzielle Vermögenswerte der Kategorie Available for Sale kategorisiert (IAS 39.9) und in t_0 zum beizulegenden Zeitwert (fair value) in Höhe ihrer Anschaffungskosten von jeweils 50 angesetzt (IAS 39.43).

Der Wert des Fondskapitals ergibt sich aus den Mittelzuflüssen in Höhe von insgesamt 100.

Der auf den Investor entfallende Anteil am Fondskapital beträgt 90. Da bei einer Schuldenkonsolidierung die miteinander zu verrechnenden finanziellen Vermögenswerte (Forderung) und finanziellen Verbindlichkeiten (Fondskapital) betragsgleich sein müssen, ist im Zeitpunkt (t_0) wie folgt zu buchen.

Konsolidierungsbuchung bei der Schuldenkonsolidierung:

Finanzielle Verbindlichkeit aus 90
der Begebung von Investmentfondsanteilen (Fondskapital)

                    Finanzieller Vermögenswert aus 90
                    dem Besitz von Investmentfondsan-
                    teilen (Forderung)

Summen- und Konzernbilanz bei der Schuldenkonsolidierung:

Summenbilanz				Konzernbilanz			
Forderung	90	EK	500	Aktien	50	EK	500
Aktien	50	FK	500	Renten	50	Fondskapital	10
Renten	50	Fondskapital	100	Sonst. Aktiva	910	FK	500
Sonst. Aktiva	910						
	1.100		1.100		1.010		1.010

Die im Rahmen der Schuldenkonsolidierung aufgestellte Konzernbilanz unterscheidet sich grundsätzlich nicht von der Konzernbilanz im Rahmen der Erstkonsolidierung. Im Gegensatz zur Erstkonsolidierung wird das auf den anderen Anleger entfallende Fondskapital nicht als Minderheitsanteil in einem gesonderten Posten innerhalb des Eigenkapitals, sondern als verbleibendes Fondskapital (Fremdkapital) ausgewiesen.

Zum Zeitpunkt der folgenden Schuldenkonsolidierung (t_1) sind die Fair Values der Aktien und Renten jeweils um 10 gestiegen. Aufgrund der Qualifizierung des gesamten Fondskapitals als Fremdkapital werden die Fair-Value-Änderungen in Höhe von insgesamt 20 nicht gemäß IAS 39.55(b) in einer Available-for-Sale-Rücklage erfasst, sondern dem ursprünglichen Fondskapital in Höhe von 100 hinzugerechnet.

Der Wert des als Forderung der Kategorie „Available-for-Sale" auszuweisenden Fondsanteils beträgt nunmehr 108 (= 90% des neubewerteten Fondskapitals in Höhe von 120). Um im Rahmen der Schuldenkonsolidierung diesen als Forderung auszuweisenden Fondsanteil mit dem als Fremdkapital auszuweisenden Fondskapital verrechnen zu können, ist das Fondskapital nicht zu fortgeführten Anschaffungskosten unter Anwendung der Effektivzinsmethode, sondern zum Fair Value zu bewerten; der Fair Value beträgt ebenfalls 108. Zum Zeitpunkt der folgenden Schuldenkonsolidierung (t_1) stellen sich die IFRS-Bilanzen des Investors und des Investmentfonds ceteris paribus wie folgt dar:

Investor				Fonds			
Forderung	108	EK	500	Aktien	60	Fondskapital	120
Sonst. Aktiva	910	AfS-Rückl.	18	Renten	60		
		FK	500				
	1.018		1.018		120		120

Im Rahmen der folgenden Schuldenkonsolidierung wird die Forderung aus der IFRS-Bilanz des Investors in Höhe von 108 gegen das auf den Investor entfallende Fondskapital in der IFRS-Bilanz des Investmentfonds in Höhe von ebenfalls 108 verrechnet.

Konsolidierungsbuchung bei der folgenden Schuldenkonsolidierung:

Finanzielle Verbindlichkeit aus der Begebung von Investmentfondsanteilen (Fondskapital)	108		
		Finanzieller Vermögenswert aus dem Besitz von Investmentfondsanteilen (Forderung)	108

Summen- und Konzernbilanz bei der folgenden Schuldenkonsolidierung:

Summenbilanz					Konzernbilanz			
Forderung	108	EK	500	Aktien	60	EK	500
Aktien	60	FK	500	Renten	60	Fondskapital	12
Renten	60	Fondskapital	120	Sonst. Aktiva	910	FK	500
Sonst. Aktiva	910	AfS-Rückl.	18			AfS-Rückl.	18
	1.138		1.138		1.030		1.030

Auch die im Rahmen der folgenden Schuldenkonsolidierung aufgestellte Konzernbilanz unterscheidet sich grundsätzlich nicht von der Konzernbilanz im Rahmen der Folgekonsolidierung. Im Gegensatz zur Folgekonsolidierung wird das auf den anderen Anleger entfallende Fondskapital wiederum nicht als Minderheitsanteil in einem gesonderten Posten innerhalb des Eigenkapitals, sondern als verbleibendes Fondskapital (Fremdkapital) ausgewiesen.

4.3 Konsolidierung von Asset-Backed-Securities-Gesellschaften

Neben Investmentfonds sind Gesellschaften, die zur Emission von Asset Backed Securities (ABS) gegründet werden, als Special Purpose Entities zu verstehen. ABS-Gesellschaften werden ausschließlich zu dem Zweck gegründet, illiquide Vermögenswerte in liquide Wertpapiere zu transformieren. Bei den illiquiden Vermögenswerten handelt es sich zumeist um Forderungen. Kreditinstitute beziehen die unterschiedlichsten Arten von Forderungen in ABS-Transaktionen ein, sie umfassen u.a. Forderungen aus Hypothekarkrediten, Konsumentenkrediten, Kreditkarten, Leasingobjekten und schuldtitelunterlegte Obligationen (collateralized debt obligations).[198]

Zur Durchführung von ABS-Transaktionen gründen so genannte Originatoren (Forderungsverkäufer) entweder direkt oder über einen Dritten Zweckgesellschaften (Forderungskäufer), auf die sie Forderungsportfolios übertragen. Die Zweckgesellschaften refinanzieren den Forderungskauf durch die Emission von Wertpapieren am Kapitalmarkt, deren Werthaltigkeit sich ausschließlich aus den zu erwartenden Cash Flows der Forderungen ergibt (Asset Backed Securities). Die Bewirtschaftung des Forderungsportfolios

---

[198] Vgl. zur Bedeutung von Asset Backed Securities allgemein BUND, S., Asset Securitisation - Anwendbarkeit und Einsatzmöglichkeiten in deutschen Universalkreditinstituten, in: STEIN, J. H. VON (Hrsg.): Schriftenreihe der Stiftung für Kreditwirtschaft an der Universität Hohenheim (Bd. 8), Frankfurt am Main 2000; LANGNER, S., Asset Backed Securities, zfbf 2002, S. 656-673; LITTEN, R./CHRISTEA, S., Asset Backed Securities in Zeiten von Basel II - Die geplante Eigenkapitalunterlegung nach den Basler ABS-Arbeitspapieren, WM 2003, S. 213-221.

wird von einem Servicer übernommen, der die Zahlungen aus den Forderungen an einen Trustee leitet, der das Forderungsportfolio treuhänderisch verwaltet und die Zahlungen an die Investoren der Asset Backed Securities weiterleitet.[199]

Durch die Verbriefung illiquider Forderungen in liquide Wertpapiere wollen die Originatoren neben einer günstigen Refinanzierung auch eine bilanzielle und regulatorische Entlastung[200] erreichen. Eine bilanzielle Entlastung im handelsrechtlichen Einzel- und Konzernabschluss kann von einem Originator nur dann erreicht werden, wenn das rechtliche und wirtschaftliche Eigentum an den Forderungen an die Zweckgesellschaft zur Durchführung der ABS-Transaktion übergeht und die Zweckgesellschaft vom Originator nicht zu konsolidieren ist;[201] dabei ist zu berücksichtigen, dass ABS-Gesellschaften im Gegensatz zu Investmentfonds rechtsfähige Unternehmen sind, die bei einheitlicher Leitung oder beherrschendem Einfluss durch Originatoren nach § 290 Abs. 1 bzw. § 290 Abs. 2 HGB zu konsolidieren sind.

Nach IFRS hängt die bilanzielle Entlastung von Forderungen durch deren Veräußerung und Verbriefung im Rahmen einer ABS-Transaktion zum einen von den Regelungen zur Ausbuchung finanzieller Vermögenswerte nach IAS 39.15-38[202] und zum anderen von den Regelungen zur Einbeziehung von Zweckgesellschaften nach SIC-12 i.V.m. IAS 27.

Nach IAS 39.15 sind bei Konzernabschlüssen die Ausbuchungsregelungen auf Konzernebene anzuwenden; dies bedeutet, dass vor der Anwendung der Ausbuchungsregelungen ein konsolidierungspflichtiges Unternehmen zunächst sämtliche Tochterunternehmen und Zweckgesellschaften in seinen Konzernabschluss einzubeziehen hat. ABS-Gesellschaften können prinzipiell als SPE i.S.v. SIC-12 zu qualifizieren sein.[203] SIC-12.1 definiert eine SPE als eine wirtschaftliche Einheit, deren Gründung einem eng abgegrenzten Zweck dient. SPE zeichnen sich dadurch aus, dass nach ihrer Gründung entweder nur wenige oder überhaupt keine geschäftspolitisch relevanten Entscheidungen getroffen werden, so dass die Entscheidungsspielräume für Geschäftsführungen von SPE sehr begrenzt bzw. durch Gesellschaftsvertrag oder Satzung beschränkt sind (Auto-

---

[199] Vgl. hierzu auch das Informationsangebot der Kreditanstalt für Wiederaufbau unter www.kfw.de und der True Sale International unter www.true-sale-international.de.

[200] Vgl. hierzu DREYER, G./SCHMID, H./KRONAT, O., Bilanzbefreiende Wirkung von Asset-Backed-Securities Transaktionen - Kritische Anmerkungen zur IDW Stellungnahme IDW RS HFA 8, BB 2003, S. 91-97.

[201] Vgl. zur handelsrechtlichen Bilanzierung von ABS-Transaktionen IDW, Stellungnahme RS HFA 8/2002, Zweifelsfragen der Bilanzierung von asset backed securities-Gestaltungen oder ähnlichen securitisation-Transaktionen, WPg 1151-1157.

[202] Vgl. zur Ausbuchung finanzieller Vermögenswerte ausführlich Abschnitt 4 im Beitrag „Ansatz und Bewertung von Finanzinstrumenten".

[203] Vgl. zur Konsolidierung von ABS-Gesellschaften nach nationalen Bilanzierungsvorschriften und internationalen Rechnungslegungsstandards insbesondere FINDEISEN, K.-D., Asset-Backed Securities im Vergleich zwischen US-GAAP und HGB, DB 1998, S. 481-488.

pilot[204]). An der Qualifizierung von ABS-Gesellschaften ändert sich auch dann nichts, wenn die Geschäftsführungen etwa bei notleidend gewordenen Krediten Verhandlungen über Forderungsverzichte bzw. -stundungen führen oder Strategien zum Hedging von Zins- oder Währungsrisiken fahren. Bei erweiterten Handlungsspielräumen für die Geschäftsführungen sind gegebenenfalls neben den Konsolidierungskriterien von SIC-12 auch die von IAS 27 zu berücksichtigen.[205] Ein Konsolidierungsrisiko kann sich allein schon daraus ergeben, dass die Geschäftsführungen von den Originatoren bestimmt werden. Dieses Risiko besteht auch dann, wenn der Originator ohne Zustimmung der refinanzierenden Parteien selbst berechtigt wäre, bei notleidenden Kredite Sanierungsverhandlungen zu führen.

Welche Partei eine ABS-Gesellschaft zu konsolidieren hat, hängt wiederum davon ab, ob ein oder mehrere der Kriterien in SIC-12.10 erfüllt sind. Ist die ABS-Gesellschaft überwiegend auf die geschäftlichen Belange einer Partei ausgerichtet oder werden die Geschäfte der ABS-Gesellschaft überwiegend im Interesse einer Partei ausgeführt (SIC-12.10(a)), spricht vieles dafür, dass diese Partei über die SPE die wirtschaftliche Verfügungsmacht ausübt. Übt eine Partei die Entscheidungsmacht über eine ABS-Gesellschaft entweder direkt oder durch Initialisierung eines „Autopiloten" aus (SIC-12.10(b)), liegt auch ein starker Hinweis auf die wirtschaftliche Kontrolle einer ABS-Gesellschaft vor. Kann eine Partei durch ein vertraglich gesichertes Recht über die Mehrheit der Chancen und Risiken aus der ABS-Gesellschaft verfügen (SIC-12.10(c)) oder ist ihr bei wirtschaftlicher Betrachtungsweise die Mehrheit der mit der ABS-Gesellschaft verbundenen Chancen und Risiken zuzurechnen, (SIC-12.10(d)), liegt ebenfalls die Vermutung nahe, dass diese Partei eine ABS-Gesellschaft beherrscht.

Die Gewichtung der Indikatoren in SIC-12.10 ist zwar nicht geregelt. Es ist jedoch davon auszugehen, dass die Indikatoren, die den Aspekt der Chancen und Risiken hervorheben, gegenüber den beiden anderen Indikatoren von größerer Bedeutung sind. Gleichwohl kann in den Fällen, in denen eine Partei nicht deutlich die Mehrheit der Chancen und Risiken besitzt, jedoch die Kriterien „Geschäftsinteresse" und „Entscheidungsmacht" erfüllt, zur Konsolidierung der ABS-Gesellschaft verpflichtet sein.

SIC-12 liefert keine Anhaltspunkte, wie die Begriffe „Chancen" und „Risiken" zu interpretieren sind. Nach der vorherrschenden Auslegung handelt es sich um „eigentümertypische" Chancen und Risiken,[206] die sich in positiven oder negativen Abweichungen von erwarteten Zahlungsströmen ausdrücken. Diese Abweichungen begünstigen bzw. belasten die typischen Eigenkapitalgeber. Sofern eine ABS-Gesellschaft nur in geringem Umfang mit Eigenkapital ausgestattet ist, sind die Eigenkapitalgeberchancen und -risiken jedoch nicht von entscheidender Bedeutung. In diesem Fall bleibt festzustellen, welche andere Partei die Mehrheit der Chancen und Risiken aus der ABS-Gesellschaft auf sich vereinigt.

---

[204] Vgl. auch IDW ERS HFA 2 n.F., a.a.O. (Fn. 53), S. 1341.
[205] Vgl. auch IDW ERS HFA 2 n.F., a.a.O. (Fn. 53), S. 1341.
[206] Vgl. auch IDW ERS HFA 2 n.F., a.a.O. (Fn. 53), S. 1342.

Im Rahmen einer sorgfältigen Einzelfallanalyse sind dabei insbesondere folgende Chancen und Risiken zu berücksichtigen, die den Forderungen inhärent sind oder sich aus dem Geschäftsbetrieb ergeben:

- Bonitätsrisiko der Forderungen (Ausfallrisiko und Risiko der Spätzahlung);
- Zinsänderungsrisiko der Forderungen;
- Risiko frühzeitiger Zahlungen bei Forderungen, die den Schuldnern frühzeitige Rückzahlungen erlauben (Wiederanlagerisiko);
- Fremdwährungsrisiken (falls die Refinanzierung in einer anderen Währung als den angekauften Forderungen erfolgt);
- Risiken aus Änderungen der Refinanzierungszinsen, wenn die SPE das angekaufte Forderungsportfolio nicht laufzeitkongruent refinanziert;
- Risiken, dass sich keine Anschlussrefinanzierung findet, wenn die SPE nicht über die gesamte Laufzeit der gekauften Forderungen eine feste Refinanzierungszusage hat.

Bei ABS-Transaktionen richtet sich die Beurteilung der Chancen und Risiken nach dem gesamten Forderungsbestand. Bei einem variablen Kaufpreisabschlag von x% ist deshalb nicht etwa nur auf die an die ABS-Gesellschaft verkauften ersten 100% - x% der Einzahlungen aus den Forderungen abzustellen, sondern auf die gesamten Zahlungseingänge. Sofern Einzahlungen aus den Forderungen aufgrund eines variablen Kaufpreisabschlags beim Originator verbleiben, sind sie somit Teil der Chancen und Risiken aus der ABS-Gesellschaft.

Ausgangspunkt der Gewichtung von Chancen und Risiken sind die Tilgungs- und Zinszahlungen aus den Forderungen. Dabei ist für verschiedene, mit Wahrscheinlichkeiten gewichtete Umweltzustände zu untersuchen, welche an der ABS-Gesellschaft beteiligte Partei (Originator oder refinanzierende Parteien) in welcher Höhe an den eingehenden Cash Flows beteiligt sind. Die Partei, auf die die Mehrheit der Variabilität dieser Zahlungseingänge entfällt, würde zumindest insoweit die wirtschaftliche Kontrolle über die ABS-Gesellschaft ausüben und wäre damit konsolidierungspflichtig.

Neben den Chancen und Risiken, die mit den Cash Flows aus den Forderungen verbunden sind, müssen auch Chancen und Risiken aus der Refinanzierung der ABS-Gesellschaft daraufhin analysiert werden, wer die typischerweise auf den Eigenkapitalgeber entfallenden Chancen und Risiken trägt. Refinanziert sich die SPE z.B. durch variabel verzinsliche Asset Backed Securities bei fester Verzinsung der erworbenen Forderungen, ist das Risiko eines „mismatch" zwischen den Zinszahlungsströmen aus den gekauften Forderungen und der Refinanzierung typischerweise vom Eigenkapitalgeber zu tragen.

Vereinbaren Originator und ABS-Gesellschaft z.B. so genannte yield-Abschläge, durch die der Originator die tatsächlichen Zinsaufwendungen der SPE trägt, übernimmt der Originator ein typisches Eigenkapitalgeberrisiko. Typische Risiken und Chancen eines

Eigentümers hat der Originator bspw. auch dann, wenn er bei verspäteten Zahlungseingängen aus den Forderungen zur Erstattung zusätzlicher Zinsaufwendungen verpflichtet ist oder bei verfrühten Zahlungseingängen zur Teilhabe an entfallenen Zinsaufwendungen berechtigt ist. Sind dem Originator entsprechende Chancen und Risiken auf der Refinanzierungsseite nicht zuzurechnen, bleibt festzustellen, welche der refinanzierenden Parteien aus den daraus resultierenden Vor- oder Nachteilen der ABS-Gesellschaft begünstigt bzw. belastet wird.

Soweit die Chancen und Risiken aus einer ABS-Gesellschaft dem Originator zuzurechnen sind, ist es für die Beurteilung der Konsolidierung nach SIC-12 irrelevant, ob er die Chancen und Risiken an eine dritte Partei weitergeleitet hat. Hat der Originator bspw. mit der ABS-Gesellschaft einen Zinsswap vereinbart, so ist ihm das Zinsänderungsrisiko der SPE unabhängig davon zuzurechnen, ob er den Swap durch ein Gegengeschäft kompensiert hat. Erwirbt er etwa eine First Loss Tranche, so sind ihm die daraus resultierenden Chancen und Risiken auch dann zuzurechnen, wenn er das Ausfallrisiko bei einem Dritten versichert.

Um die gesamten Risiken und Chancen aus einer ABS-Gesellschaft feststellen zu können, ist die Wahrscheinlichkeitsverteilung der variablen Cash Flows zu bestimmen, in dem verschiedene mit Eintrittswahrscheinlichkeiten gewichtete Szenarien entwickelt werden. Im Ergebnis ist derjenigen Partei die Mehrheit der Chancen und Risiken zuzurechnen, die mit einer Wahrscheinlichkeit von mehr als 50% Abweichungen von erwarteten Zahlungsströmen trägt; diese Partei hat die ABS-Gesellschaft zu konsolidieren.

Eine ABS-Gesellschaft ist nicht zu konsolidieren, wenn mehrere Originatoren ihre Portfolien an die ABS-Gesellschaft veräußern und dadurch keiner der Originatoren die Mehrheit der Chancen und Risiken der SPE erlangt. Dies setzt indes voraus, dass die Portfolien nicht voneinander getrennt und damit unabhängig von der ABS-Gesellschaft als einheitlicher SPE in Silos refinanziert werden. Eine Refinanzierung der Portfolien in Silos würde dazu führen, dass die Chancen und Risiken aus jedem einzelnen Portfolio den Originatoren und refinanzierenden Parteien individuell zugeordnet werden könnten. Um eine derartige Zuordnung auszuschließen, ist die Refinanzierung der SPE aus sämtlichen Portfolien gleichrangig zu bedienen. Zur ausreichenden Mischung der Chancen und Risiken können die variablen Kaufpreisabschläge der einzelnen Portfolien in eine Ausfallreserve für alle Portfolien integriert werden. Was als ausreichende Diversifizierung von Chancen und Risiken zu gelten hat, ist mangels konkreter Vorgaben in SIC-12 durch sorgfältige Würdigung der Umstände jedes Einzelfalls zu entscheiden.

Liegen die Chancen und Risiken aus einer ABS-Gesellschaft nicht mehrheitlich bei einem Originator, besteht die Möglichkeit, dass die Mehrheit der Chancen und Risiken einer der refinanzierenden Parteien zuzurechnen ist. Nur wenn die Refinanzierung von einer möglichst großen Zahl unterschiedlicher Parteien getragen wird, kann auch insofern von einer ausreichenden Mischung von Chancen und Risiken ausgegangen werden.

Die Zuordnung der Mehrheit von Chancen und Risiken aus einer ABS-Gesellschaft ist zu jedem Bilanzstichtag erneut auf Änderungen der vertraglichen Beziehungen zwischen den involvierten Parteien zu prüfen. Sind im Zeitablauf keine Änderungen der ursprünglich Verteilung von Chancen und Risiken eintreten, kann grundsätzlich davon ausgegangen werden, dass die Beurteilung der Konsolidierungspflicht zu keinem anderen Ergebnis führt. Führt in einem ersten Schritt die Prüfung der Konsolidierungspflicht zu dem Ergebnis, dass eine ABS-Gesellschaft nicht als SPE in den Konzernabschluss eines Originators einzubeziehen ist (IAS 39.15), ist in den nachfolgenden Schritten entsprechend dem Prüfschema gemäß IAS 39.AG36 festzustellen, ob die Forderungen abgehen und auszubuchen sind.

Forderungen, die im Zusammenhang mit einer ABS-Transaktion veräußert und verbrieft werden sollen, sind dann auszubuchen, wenn ein Originator mit einer konzernexternen Partei

- eine Vereinbarung zur Übertragung der Forderungsrechte (IAS 39.18(a)) oder ein Pass-through Arrangement[207] (IAS 39.18(b)) vereinbart hat und

- nicht nahezu alle Chancen und Risiken (substantially all risks and rewards) zurück behalten worden sind (IAS 39.20(c)).[208]

5. Konsolidierung von Gemeinschaftsunternehmen

Wie nach den handelsrechtlichen Vorschriften besteht nach IAS 31.30 das Wahlrecht, ein Gemeinschaftsunternehmen mittels der Quotenkonsolidierung oder der Equity-Methode in den Konzernabschluss einzubeziehen. Die Vorgehensweise nach beiden Regelwerken ist nahezu identisch. Im Gegensatz zum Handelsrecht genügt es jedoch nach IAS 31.2, dass eine Möglichkeit zur gemeinschaftlichen Führung besteht.

---

[207] Ein Pass-through Arrangement setzt nach IAS 39.19 drei Bedingungen voraus: (1) Originator und SPE sind nur verpflichtet, tatsächlich eingehende Zahlungen weiterzuleiten. Vorauszahlungen sind zulässig, müssen aber kurzfristig sein und verzinst werden. Die refinanzierenden Parteien sind zur Rückzahlung verpflichtet, wenn letztlich doch keine entsprechenden Zahlungen aus den Forderungen eingehen; (2) Originator und SPE dürfen nicht mehr über das rechtliche Eigentum an den Forderungen verfügen, sie dürfen sie folglich mit Ausnahme der refinanzierenden Parteien weder verkaufen noch verpfänden; (3) Originator und SPE sind verpflichtet, die aus den Forderungen eingehenden Zahlungen ohne wesentliche Verzögerung (without material delay) an die refinanzierenden Parteien weiterzuleiten. Zwischen Zahlungseingang und Weiterleitung dürfen die Mittel nur in Zahlungsmittel oder Zahlungsmitteläquivalente investiert werden. Die Investitionszinsen stehen den refinanzierenden Parteien zu.

[208] Vgl. zur Ausbuchung finanzieller Vermögenswerte ausführlich Abschnitt 4 im Beitrag „Ansatz und Bewertung von Finanzinstrumenten".

Im Vergleich zur Vollkonsolidierung ist die Quotenkonsolidierung eine in der Praxis äußerst selten anzutreffende Konsolidierungsmethode.[209] Diese Feststellung gilt bereits allgemein für Unternehmen mit eigener Rechtspersönlichkeit, insbesondere aber für nicht-rechtsfähige Sondervermögen i.S.d. Investmentgesetzes.

Die Konsolidierungsmaßnahmen, die im Rahmen der Quotenkonsolidierung vorzunehmen sind, lehnen sich an die der Vollkonsolidierung an (IAS 31.33). Daher werden nur die Anteile an einem Gemeinschaftsunternehmen einbezogen, die vom Partnerunternehmen auch tatsächlich kontrolliert werden. Die Vermögens- und Verbindlichkeiten des Gemeinschaftsunternehmens werden anteilig in die Konzernbilanz und die entsprechenden Anteile an den Aufwendungen und Erträgen des Gemeinschaftsunternehmens in die Konzern-GuV des Partnerunternehmens einbezogen.

Die Ermittlung der Anteilsquote wird in IAS 31 nicht explizit geregelt. In den meisten Fällen wird die Konsolidierung nach dem Kapitalanteil vorgenommen, der sich aus den direkt oder indirekt zurechenbaren Anteilen am gezeichneten Kapital ergibt.

In der Konzernbilanz bzw. in der Konzern-GuV sind nach IAS 31.34 zwei Berichtsformate zulässig. Bei dem ersten Format werden die Teilbeträge der einzelnen Posten unter den entsprechenden Posten der Konzernbilanz bzw. der Konzern-GuV ausgewiesen. Da bei diesem Format die Vermögenswerte, Verbindlichkeiten, Erträge und Aufwendungen des Gemeinschaftsunternehmens nicht mehr gesondert hervorgehen, sind Anhangangaben notwendig (IAS 31.56).

Beim zweiten Format wird die Gliederung der Konzernbilanz und Konzern-GuV erweitert. Die Teilbeträge aus der Quotenkonsolidierung von Gemeinschaftsunternehmen werden als Unterposten unter den jeweiligen Hauptposten separat im Konzernschluss ausgewiesen (IAS 31.34). Damit wird zwar einerseits die Identifikation der Posten erleichtert, die den quotal konsolidierten Gemeinschaftsunternehmen zuzurechnen sind. Andererseits jedoch wird die Darstellung der Vermögens-, Finanz- und Ertragslage des Konzerns weniger transparent.

Bei der Quotenkonsolidierung werden Geschäftsvorfälle zwischen einem Gemeinschaftsunternehmen und einem Partnerunternehmen entsprechend den Konsolidierungstechniken bei der Vollkonsolidierung quotal eliminiert (IAS 31.48-49). Forderungen und Verbindlichkeiten, Erträge und Aufwendungen sowie Gewinne und Verluste aus Geschäften zwischen Gemeinschaftsunternehmen und Partnerunternehmen werden folglich kapitalanteilig konsolidiert.

Das Partnerunternehmen hat darüber hinaus gemäß IAS 31.57 die Methode offen zu legen, die es zur Bilanzierung seiner Anteile an gemeinschaftlich geführten Unternehmen im Einzelabschluss anwendet.

IAS 31.36 regelt die Beendigung der Quotenkonsolidierung. Zur Entkonsolidierung kommt es dann, wenn eine gemeinschaftliche Führung des Gemeinschaftsunternehmens

---

[209] Nach den US-amerikanischen Regelungen ist die Form der Quotenkonsolidierung nahezu unbekannt.

durch ein Partnerunternehmen nicht mehr vorliegt. Zu prüfen ist jedoch, ob durch die geänderten Verhältnisse ein maßgeblicher Einfluss bestehen bleibt und somit eine Integration des betreffenden Unternehmens nach der Equity-Methode (IAS 28) zu erfolgen hat oder ein beherrschender Einfluss entsteht und daher eine Vollkonsolidierung (IAS 27) erforderlich

Die Technik der Quotenkonsolidierung wird anhand des nachfolgenden Beispiels verdeutlicht.[210]

Beispiel 9: Anwendung der Quotenkonsolidierung

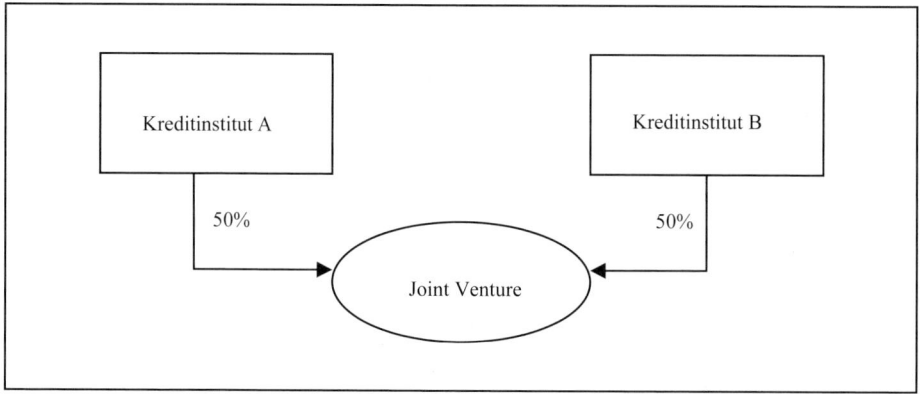

Abb. 2: Anteilsstruktur am Joint Venture

Kreditinstitut A erwirbt eine Beteiligung in Höhe von 50% an einem Joint-Venture-Unternehmen gemeinsam mit Kreditinstitut B. Der Kaufpreis, den Kreditinstitut A für das Gemeinschaftsunternehmen zu zahlen hat, beträgt € 1.000 Tsd.

In einem ersten Schritt wird die Summenbilanz von Kreditinstitut A und dem Joint-Venture-Unternehmen erstellt. Dabei gehen die Vermögenswerte und Verbindlichkeiten des Gemeinschaftsunternehmens quotal - gemäß der Beteiligungsquote von 50% - in die Summenbilanz ein.

---

[210] Zur Anwendung der Equity-Methode vgl. die Ausführungen in Abschnitt 6 dieses Beitrags.

31.12.20X1 Tsd. €	Kreditinstitut A		Joint Venture		Summenbilanz	
Anlagevermögen	2.800		900 0,5*900 = **450**		3.250	
Beteiligung JV	1.000				1.000	
Umlaufvermögen	700		600 0,5*600 = **300**		1.000	
Eigenkapital		3.000		1.100 0,5*1.100 = **550**		3.550
Fremdkapital		1.500		400 0,5*400 = **200**		1.700
Summe	4.500	4.500	750	750	5.250	5.250

Tab. 1: Erstellung der Summenbilanz

In einem zweiten Schritt erfolgt die Konsolidierung nach dem Kapitalanteil. Dabei sind etwaige bestehende stille Reserven und stille Lasten zu berücksichtigen und quotal aufzudecken. Es sei im Beispiel angenommen, dass beim Joint Venture stille Reserven auf Grundstücke und Gebäude in Höhe von € 200 Tsd. sowie stille Lasten bei den Rückstellungen von € 100 Tsd. bestehen. Es ergibt sich mithin ein Goodwill in Höhe von 400 (c) Einheiten. Er errechnet sich als Differenz zwischen den Anschaffungskosten von 1.000 (c) und dem Kapitalanteil von 600 (c) [550+(0,5*200) (a) - (0,5*100) (b)]. Die Konsolidierungsschritte werden in der folgenden Tabelle verdeutlicht.

31.12.20X1 Tsd. €	Summenbilanz		Neubewertung		Konsolidierung		Konzernbilanz	
Anlagevermögen	3.250		**100 (a)**				3.350	
Beteiligung JV	1.000					1.000 (c)	-	
Umlaufvermögen	1.000						1.000	
Goodwill					400 (c)		400	
Eigenkapital		3.550	50 (b)	100 (a)	600 (c)			3.000
Fremdkapital		1.700		**50 (b)**				1.750
Summe	5.250	5.250					4.750	4.750

Tab. 2: Quotenkonsolidierung

6. Bilanzierung von assoziierten Unternehmen

Auch bei der Bilanzierung von assoziierten Unternehmen nach der Equity-Methode ist es im Unterschied zu den handelsrechtlichen Regelungen nach IAS 28.2 ausreichend, dass die Möglichkeit des maßgeblichen Einflusses besteht.[211] Die erstmalige Anwendung der Equity-Methode findet zu dem Zeitpunkt statt, zu dem das Unternehmen erstmals als assoziiertes Unternehmen zu qualifizieren ist (IAS 28.23). Zur Anwendung der Equity-Methode ist der letzte verfügbare Abschluss des assoziierten Unternehmens heranzuziehen. Dieser ist gewöhnlich zum selben Stichtag aufgestellt wie der Abschluss des Anteilseigners. Andernfalls hat das assoziierte Unternehmen, sofern durchführbar, einen Zwischenabschluss zu erstellen.[212] Bei differierenden Abschlussstichtagen, darf der Zeitraum nicht mehr als 3 Monate betragen. Auch wenn dieser Zeitraum nicht überschritten wird, sind wesentliche Transaktionen, die vor oder nach der Erstellung des Abschlusses des Investors getätigt werden, zu berücksichtigen. Mit der Einführung einer zeitlichen Restriktion zur Befreiung von der Aufstellung eines Zwischenabschlusses wird künftig der bilanzpolitische Spielraum bei der Integration eines assoziierten Unternehmens in den Konzernabschluss eingeschränkt. Die Länge der Berichtsperioden und die Abweichung in den Stichtagen sollen von Periode zu Periode unverändert bleiben. Anpassungen haben dann für bedeutende Ereignisse und Geschäftsvorfälle zu erfolgen (IAS 28.25).

Abweichender Abschlussstichtag des assoziierten Unternehmens

- Maximal zulässige Abweichung des Abschlussstichtages beträgt 3 Monate
- Abschlüsse aus dem Vorjahr sind nicht zulässig
- Einheitliche Bilanzierungs- und Bewertungsmethoden zwingend erforderlich
- Kein Verzicht auf Anpassung aufgrund hoher Kosten

Soweit der Zeitraum zwischen den Abschlüssen des Mutterunternehmens und des assoziierten Unternehmens künftig mehr als drei Monate beträgt, kann die Aufstellung eines

---

[211] Hingegen liegt eine deutliche Annäherung an die US-GAAP vor. Ein wesentlicher Unterschied besteht noch in der Berechnung der Bemessungsgrenze von 20%. Im Gegensatz zu IAS 28.11 sehen die US-GAAP das Hinzurechnen von potenziellen Stimmrechten nicht vor.

[212] Vgl. IAS 28.24-25, IAS 28.BC16, IAS 1.11.

Zwischenabschlusses auch nicht mehr mit dem Hinweis auf unverhältnismäßig hohe Kosten abgewendet werden (IAS 28.24-25; IAS 1.11). Der Standard lässt offen, wie nachträgliche Korrekturen vorzunehmen sein sollen, die sich ergeben, wenn der Abschluss des assoziierten Unternehmens später aufgestellt wird als der Abschluss des Investors.

Darüber hinaus wird eine konzerneinheitliche Bilanzierung und Bewertung für ähnliche Geschäftsvorfälle und Ereignisse unter vergleichbaren Umständen nach IAS 28.26 verlangt. Es sind damit notwendige Anpassungen der dem Abschluss des assoziierten Unternehmens zugrunde liegenden Ansatz- und Bewertungsvorschriften vorzunehmen (IAS 28.26). Die Vereinheitlichung der Bilanzierungs- und Bewertungsvorschriften wird jedoch nicht immer ohne weiteres möglich sein, da kein beherrschender Einfluss auf das assoziierte Unternehmen ausgeübt werden kann. Sind die Abschlüsse assoziierter Unternehmen nicht nach den geforderten konzerneinheitlichen Regelungen erstellt worden, haben Anpassungen im Rahmen der Konzernabschlusserstellung zu erfolgen (IAS 27.27).

Anteile an assoziierten Unternehmen, die nach der Equity-Methode bilanziert werden, sind als langfristige Vermögenswerte zu qualifizieren (IAS 28.38). Im Erwerbszeitpunkt wird die Beteiligung mit den Anschaffungskosten bewertet (IAS 28.11). Dies wird nachfolgend an einem Beispiel verdeutlicht.

Beispiel 10: Anwendung der Equity-Methode

Eine Universalbank erwirbt eine Beteiligung an einer Kapitalanlagegesellschaft in Höhe von 30% für einen Kaupreis von € 2.000 Tsd. Das bilanzielle Eigenkapital der Kapitalanlagegesellschaft beträgt € 3.250 Tsd. Darüber hinaus bestehen stille Reserven in Höhe von € 250 Tsd. in Gebäuden, deren Restnutzungsdauer sich auf 5 Jahre beläuft. Es wird angenommen, dass ein maßgeblicher Einfluss gemäß IAS 28.6-7 durch die Universalbank besteht und ausgeübt wird.

Da die Beteiligung im Erwerbszeitpunkt mit den Anschaffungskosten bewertet wird, ergibt sich folgender Buchungssatz:

Beteiligung an assoziiertem Unternehmen	2.000	
Bank		2.000

Die Bilanzierung des assoziierten Unternehmens wird zum 31.12.20X1 vorgenommen. Der Equity-Ansatz zum Stichtag 31.12.20X1 entspricht der Höhe der Anschaffungskosten von € 2.000 Tsd. In einer Nebenrechnung lässt sich neben dem Unterschiedsbetrag auch der Goodwill ermitteln:

Anschaffungskosten der Beteiligung	2.000
- Anteiliges bilanzielles Eigenkapital bei Erwerb (0,3 x 3.250)	975
Unterschiedsbetrag	**1.025**
davon: stille Reserven (0,3 x 250)	75
davon: Goodwill	950

Am folgenden Stichtag beträgt das Periodenergebnis der Kapitalanlagegesellschaft € 120 Tsd. Hiervon werden im Folgejahr 20% ausgeschüttet. Eine Wertminderung des Goodwill ist nicht vorzunehmen, da keine Gründe dafür vorliegen.

Die Folgebewertung des assoziierten Unternehmens zum 31.12.20X2 ergibt somit:

	Equity-Ansatz zum 31.12.20X1	2.000
+	Anteiliger Jahresüberschuss (0,3 x 120)	36
-	Abschreibung der stillen Reserven (0,3 x 250)/ 5	15
	Equity-Ansatz zum 31.12.202	**2.021**

Die in 20X3 erwartete Ausschüttung in Höhe von € 14,4 Tsd. (120 x 0,3 x 0,4) wird im Folgejahr ergebnisneutral mit dem Beteiligungsbuchwert bei der Universalbank verrechnet.

Bank	14,4	
	Beteiligung an assoziiertem Unternehmen	14,4

Aus IAS 28.11 lässt sich nachfolgendes Schemata zur Berechnung des Equity-Werts ableiten, das am Beispiel von einer „Beteiligung" an einem Investmentfonds gezeigt werden kann.

```
      Anschaffungskosten bzw. Beteiligungsbuchwert am Geschäftsjahresanfang
   +  Mittelzuflüsse aus Anteilscheinausgaben des Geschäftsjahres
   -  Mittelabflüsse aus Anteilscheinrücknahmen des Geschäftsjahres
   ±  anteiliger Jahresüberschuss / -fehlbetrag (laut IFRS-GuV des Geschäftsjahres)
   -  anteilige Ausschüttungen / Ertragsauskehrungen bei Anteilscheinrückgaben
   ±  anteilige Veränderung der Neubewertungsrücklage
   ±  anteilige Währungskursgewinne / Währungskursverluste
   =  Beteiligungsbuchwert am Geschäftsjahresende
```

Abb. 3: Berechnung des Equity-Werts

In IAS 28.23 wird die Behandlung eines entstehenden Unterschiedbetrags geregelt, der zwischen den Anschaffungskosten und dem Anteil des Anteilseigners an den beizulegenden Zeitwerten des identifizierbaren Reinvermögens entsteht. Es wird in diesem Zusammenhang explizit auf IFRS 3 verwiesen. Dies bedeutet, dass ein Geschäfts- oder Firmenwert im Beteiligungsbuchwert enthalten ist und nicht planmäßig abgeschrieben wird. Die Werthaltigkeit wird durch den Wertminderungstest für den Beteiligungsbuchwert überprüft. Hier liegt ein wesentlicher Unterschied zur handelsrechtlichen Behandlung des Geschäfts- oder Firmenwerts. Nach § 309 HGB ist ein auszuweisender Geschäfts- oder Firmenwert ab dem folgenden Geschäftsjahr zu mindestens einem Viertel zu tilgen. Darüber hinaus kann dieser auch planmäßig abgeschrieben oder auch offen mit den Rücklagen verrechnet werden.[213]

Besteht ein passiver Unterschiedsbetrag, wird dieser nicht im Beteiligungsbuchwert ausgewiesen, sondern ergebniswirksam in der Periode des Anteilserwerbs erfasst.

In den Folgejahren wird der Wertansatz der Beteiligung um anteilige Gewinne oder Verluste erhöht bzw. vermindert. Dividenden werden abgesetzt (IAS 28.11). Darüber hinaus können Wertanpassungen der Beteiligungsquote des Anteilseigners erforderlich werden, die auf erfolgsneutralen Eigenkapitalveränderungen beruhen (z.B. Neubewertung von Sachanlagen).

Nach IAS 28.23 sind planmäßige Abschreibungen und Wertminderungen auf abnutzbare Vermögenswerte des assoziierten Unternehmens auf Basis ihrer beizulegenden Zeitwerte in den Folgejahren gegen das übernommene anteilige Periodenergebnis zu verrechnen. Dies gilt auch für die Wertminderungen auf einen etwaigen Geschäfts- oder Firmenwert.

---

[213] DRS 8 interpretiert hingegen § 309 HGB entsprechend IAS 28.

Das Ergebnis aus assoziierten Unternehmen ist gemäß IAS 28.38 als gesonderter Posten in der Gewinn- und Verlustrechnung auszuweisen.

Die Nettoinvestition selbst ergibt sich aus dem Buchwert der Anteile und langfristigen Forderungen sowie ähnlichen Rechten, die Bestandteil der Nettoinvestition sind. Entspricht oder übersteigt der Verlustanteil den Buchwert der Nettoinvestition, ist eine Reduzierung bis auf Null vorzunehmen. Posten, deren Begleichung weder geplant noch in näherer Zukunft absehbar ist, wird als Bestandteil der Investition in das assoziierte Unternehmen angesehen. Den Beteiligungsbuchwert übersteigende Verluste sind bei anderen Bestandteilen der Nettoinvestition in der Reihenfolge der Liquidierbarkeit in der Insolvenz zu berücksichtigen (IAS 28.29).

Eine darüber hinausgehende Erfassung der Verluste in Form einer Rückstellungsbildung ist nur unter bestimmten Voraussetzungen notwendig. Ist der Anteilseigner entsprechende Verpflichtungen eingegangen, für die er bürgt oder haftet, unabhängig davon, ob er Finanzmittel geleistet hat, sind diese nach den Regelungen von IAS 37 zu bilden (IAS 28.30). Kommt es in den Folgeperioden zu weiteren anteiligen Verlusten und sind die Anteile eines assoziierten Unternehmens bereits mit Null ausgewiesen, ist eine Fortschreibung der weiteren Verluste notwendig. Wieder erwirtschaftete Gewinne können erst dann im Equity-Ansatz berücksichtigt werden, wenn sie die fortgeschriebenen Verluste übersteigen (IAS 28.30).

Ein Bedarf an außerplanmäßige Abschreibungen kann in den Folgeperioden entstehen. Es ist daher zu prüfen, ob ein zusätzlicher Wertminderungsbedarf für den Buchwert der Beteiligung vorzunehmen ist (IAS 28.31). Bestehen objektive Hinweise auf eine Wertminderung, ist dieser gemäß IAS 39 zu berücksichtigen. Darüber hinaus sind auch für die Posten, die nicht Bestandteil der Nettoinvestition sind, IAS 39 anzuwenden (IAS 28.32). Liegen objektive Anhaltspunkte auf Wertminderungen vor, verlangt IAS 28.33 dass zur Bestimmung der Wertminderung ein Impairment-Test nach den Vorschriften von IAS 36 durchzuführen ist. Um den gegenwärtige Nutzungswert zu schätzen, können zwei Verfahren angewandt werden, die jeweils zum gleichen Ergebnis führen sollten. Die Ermittlung erfolgt nach IAS 28.33 entweder

- als anteiliger Barwert der prognostizierten, zukünftigen Zahlungsströme, die von assoziierten Unternehmen als Ganzes erzeugt werden, oder
- als Barwert der prognostizierten, zukünftigen Dividendenzahlungen und der erzielbaren Veräußerungsgewinne (gains) der Beteiligung.

Ein Wertminderungsaufwand der Investition ist nach IAS 28.33 i.V.m. IAS 36.104 zunächst einem Geschäfts- oder Firmenwert zuzuordnen.

Der erzielbare Betrag einer Investition ist für jedes assoziierte Unternehmen gesondert zu bestimmen, es sei denn ein assoziiertes Unternehmen erzeugt keine Mittelzuflüsse aus der fortgesetzten Nutzung, die größtenteils unabhängig von denen anderer Vermögenswerte des berichtenden Unternehmens sind (IAS 28.34).

Beispiel 11: Überprüfung des Vorliegens eines maßgeblichen Einflusses I

Ein Kreditinstitut A ist an einem Spezialfonds mit 40% beteiligt. Die verbleibenden Anteile werden von fünf weiteren Investoren gehalten, deren Anteile zwischen 5% und 25% liegen. Das Fondsmanagement wird durch eine separate Management-Gesellschaft vorgenommen. Diese wird von allen Investoren zu gleichen Teilen gegründet. Die Gründer bilden innerhalb der Management Gesellschaft ein Management Komitee. Die Vertreter haben Stimmrechte im Verhältnis zum jeweiligen Anteil am Fonds. Das Management Komitee wird alle wesentlichen Investment und Asset-Management-Entscheidungen fällen. Die Entscheidungen sind auf der Basis einer qualifizierter Mehrheiten zu treffen.

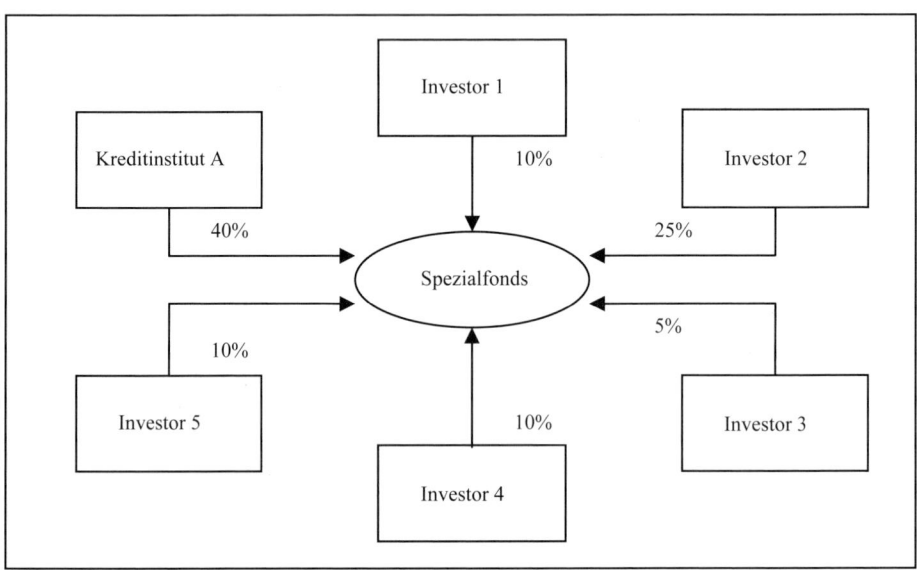

Abb. 4: Anteilsstruktur am Spezialfonds

Eine Equity-Bewertung wäre dann von Kreditinstitut A durchzuführen, wenn der Investor weder einen beherrschenden Einfluss noch zusammen mit einem oder mehreren Partnern eine gemeinschaftliche Kontrolle auf den Spezialfonds ausüben würde, sondern lediglich einen maßgeblichen Einfluss. IAS 28.6 geht von der widerlegbaren Vermutung eines maßgeblichen Einflusses aus, soweit dem Investor unmittelbar oder mittelbar mindestens 20% der Stimmrechte zuzurechnen sind.

Mit dem Spezialfonds sind jedoch keine Stimmrechte verbunden, so dass zur Feststellung eines maßgeblichen Einflusses nicht allein auf die Anteilsquote rekurriert werden kann. Vielmehr sind andere intersubjektiv nachprüfbare Sachverhalte oder Tatbestände heranzuziehen. Da die in IAS 28.7 typisierten Kriterien zur Feststellung eines maßgeblichen Einflusses nicht ohne weiteres auf das Investor-Fonds-Verhältnis anwendbar sind, wären der Feststellung andere plausible Indizien zugrunde zu legen. So könnte der Investor unmittelbar oder mittelbar Einfluss auf die Investmentstrategie nehmen, indem er entweder

- an wesentlichen Entscheidungsprozessen, z.B. über Beraterverträge, teilnimmt,
- über einen Anlageausschuss die strategische Asset Allocation des Fonds mitbestimmt oder
- über den Zeitpunkt und den Betrag der Ausschüttung aus dem Fonds mitentscheidet.

Aufgrund der Beteiligung des Kreditinstituts A an der Management Gesellschaft mit einem Sechstel und durch die Einflussnahme auf wesentliche Entscheidungen als Vertreter im Management Komitee mit 40% ist ein Einfluss auf die Investmentstrategie gegeben, die einen maßgeblichen Einfluss begründen kann. Damit würde IAS 28 zur Anwendung kommen.

Beispiel 12: Überprüfung des Vorliegens eines maßgeblichen Einflusses II

Ein weiteres Beispiel für eine etwaige Equity-Bewertung wird anhand von Investmentfonds gegeben. Die Anwendung der Equity-Methode wäre ebenfalls dann durchzuführen, wenn der Investor weder einen beherrschenden Einfluss noch zusammen mit einem oder mehreren Partnern eine gemeinschaftliche Kontrolle auf den Investmentfonds ausüben würde, sondern lediglich einen maßgeblichen Einfluss.

IAS 28.6 geht von der widerlegbaren Vermutung eines maßgeblichen Einflusses aus, soweit dem Investor unmittelbar oder mittelbar mindestens 20% der Stimmrechte zuzurechnen sind. Da Investmentfonds jedoch keine Stimmrechte enthalten und die Kapitalanlagegesellschaft in ihren Entscheidungen zur Asset Allocation und zum Portfoliomanagement grundsätzlich unabhängig ist, kann zur Feststellung eines maßgeblichen Einflusses des Investors auf einen Investmentfonds nicht allein auf die Anteilsquote rekurriert werden. Vielmehr sind andere intersubjektiv nachprüfbare Sachverhalte oder Tatbestände heranzuziehen. Da die in IAS 28.7 typisierten Kriterien zur Feststellung eines maßgeblichen Einflusses nicht ohne weiteres auf das Investor-Fonds-Verhältnis anwendbar sind, wären der Feststellung andere plausible Indizien zugrunde zu legen. So könnte der Investor unmittelbar oder mittelbar Einfluss auf die Investmentstrategie der Kapitalanlagegesellschaft nehmen, indem er entweder

- an wesentlichen Entscheidungsprozessen, z.B. über Beraterverträge, teilnimmt,
- über einen Anlageausschuss die strategische Asset Allocation des Investmentfonds mitbestimmt oder
- über den Zeitpunkt und den Betrag der Ausschüttung aus dem Investmentfonds mitentscheidet.

Aufgrund des Wesensmerkmals eines Investmentfonds, einen Index nachzubilden, ergibt sich anders als bei aktiv gemanagten Fonds kein Raum für Dritte, an Entscheidungsprozessen u.a. im Zusammenhang mit Asset Allocation Fragestellungen teilzunehmen.

Zudem enthalten die Vertragsbedingungen eines Investmentfonds genaue Regelungen zu Ausschüttungen bzw. Thesaurierungen. Eine Einflussnahme eines Investors hierauf ist daher ausgeschlossen.

Insgesamt ergibt sich daher, dass Investoren keinen maßgeblichen Einfluss auf den Investmentfonds ausüben können.

Die Ausweis- und Angabevorschriften werden in IAS 28.37-40 geregelt. Damit wird gewährleistet, dass ein unabhängiger Dritter nicht nur Informationen über vollkonsolidierte Tochterunternehmen erhält, sondern auch über den Kreis der assoziierten Unternehmen.

In diesem Zusammenhang ist zu prüfen, beim Anteilseigner eine Vermerkpflicht für Eventualschulden bei bestehenden Haftungs- oder Zahlungsverpflichtungen nach IAS 37 entstanden ist (IAS 28.40).

- Der beizulegende Wert (fair value) für Anteile an assoziierten Unternehmen, für die ein Marktwert existiert;
- Für alle assoziierten Unternehmen, aggregierte finanzielle Informationen inklusive der Werte für Vermögenswerte und Verbindlichkeiten, Umsätze und Gewinn bzw. Verlust;
- Argumente für die Aussage, dass ein maßgeblicher Einfluss vorliegt, obwohl der Anteilseigner einen Anteil von weniger als 20% der Stimmrechte hält;
- Argumente für die Aussage, dass kein maßgeblicher Einfluss vorliegt, obwohl der Anteilseigner einen Anteil von mehr als 20% der Stimmrechte hält;
- Datum und Gründe für einen abweichenden Abschlussstichtag;
- Art und Ausmaß wesentlicher Einengungen in der Fähigkeit, Zahlungsmittel an den Anteilseigner zu transferieren;
- Angabe der nicht erfassten Verlustanteils des assoziierten Unternehmens, für die Periode sowie kumulativ betrachtet;
- In Verbindung mit IAS 28.13 Angabe des Grundes vom Ausschluss der Equity-Methode;
- Zusammenfassung der finanziellen Informationen der assoziierten Unternehmen einzeln oder in Gruppen, die nicht nach der Equity-Methode bewertet werden, inklusive der Werte für Vermögenswerte und Verbindlichkeiten, Umsätze und Gewinn bzw. Verlust.

Darüber hinaus ist bei Beteiligungen, die nach der Equity-Methode bilanziert wurden, der Anteil des Anteilseigners am Ergebnis des assoziierten Unternehmens, der Buchwert des Anteils am assoziierten Unternehmens sowie der Anteil des Anteilseigners an aufgegebenen Geschäftsbereichen des assoziierten Unternehmens anzugeben.[214] Ebenfalls muss gemäß IAS 1 eine Angabe beim assoziierten Unternehmen hinsichtlich des Anteils an direkten Eigenkapitalveränderungen beim assoziierten Unternehmen erfolgen.[215]

In Übereinstimmung mit IAS 37 soll der Anteilseigner sowohl den Anteil an den Eventualschulden und Kapitalverpflichtungen eines assoziierten Unternehmens, für den er haftet, darstellen,[216] als auch solche Eventualschulden angeben, die entstehen, weil der Anteilseigner einzeln für alle Verbindlichkeiten des assoziierten Unternehmens haftet.[217]

Die Beendigung der Equity-Konsolidierung ist gegeben, wenn der maßgebliche Einfluss nicht mehr vorliegt (IAS 28.18). Dies kann bspw. durch den Verkauf von Anteilen ausgelöst werden. Die dann noch verbleibenden Aneile sind gemäß IAS 39 zu bilanzieren (IAS 28.19). Darüber hinaus kann durch zusätzlichen Anteilserwerb IAS 31 oder IAS 27 zur Anwendung gelangen.

---

[214] Vgl. IAS 28.38.
[215] Vgl. IAS 28.39.
[216] Vgl. IAS 28.40(a).
[217] Vgl. IAS 28.40(b).

Edgar Löw und Karsten Lorenz

Ansatz und Bewertung von Finanzinstrumenten

1. Überblick über die Rechtsvorschriften 420
   1.1 Entstehungsgeschichte von IAS 39 420
   1.2 Endorsement von IAS 39 durch die EU 423
       1.2.1 Stand des Endorsement 423
       1.2.2 Konsequenzen des partiellen Endorsement für die
             Projekttätigkeit 426
   1.3 Aufbau des Standards 428

2. Anwendungsbereich und Definitionen 429
   2.1 Rechtsgrundlagen 429
   2.2 Anwendung von IAS 39 bei Kaufverträgen über nicht-finanzielle
       Vermögenswerte 434
   2.3 Anwendung von IAS 39 bei Kreditzusagen 435
       2.3.1 Überblick über die Regelungen 435
       2.3.2 Kreditzusagen im Anwendungsbereich des IAS 39 435
       2.3.3 Kreditzusagen außerhalb des Anwendungsbereichs von
             IAS 39 437
       2.3.4 Kreditzusagen bei unterverzinslichen Krediten 438
   2.4 Anwendung von IAS 39 bei Finanzgarantien: Abgrenzung der
       Garantien von Derivaten 439
       2.4.1 Überblick über die Regelungen 439
       2.4.2 Bilanzielle Behandlung von Cash-Flow-Garantien 440
       2.4.3 Bilanzielle Behandlung von Fair-Value-Garantien 442

3. Regelungen zum Zugang von Finanzinstrumenten 443
   3.1 Überblick über die Regelungen 443
   3.2 Praktisches Beispiel 445

4. Regelungen zum Abgang von Finanzinstrumenten 447
   4.1 Bestimmung des Abgangszeitpunkts 447

4.2 Der Continuing Involvement Approach 448
    4.2.1 Überblick über die Regelungen 448
    4.2.2 Erläuterungen zu den Regelungen 454
        4.2.2.1 Übertragung der wesentlichen Chancen und Risiken 454
        4.2.2.2 Übergang der Verfügungsmacht 455
        4.2.2.3 Continuing Involvement 455
4.3 Praktische Anwendung der Regelungen 456
    4.3.1 Verkauf von Krediten oder Forderungen 456
    4.3.2 Wertpapierpensionsgeschäfte 461
        4.3.2.1 Bilanzierung echter Wertpapierpensionsgeschäfte 461
        4.3.2.2 Bilanzierung unechter Wertpapierpensionsgeschäfte 465
    4.3.3 Wertpapierleihegeschäfte 468

5. Zugangsbewertung von Finanzinstrumenten 470
    5.1 Überblick über die Regelungen 470
    5.2 Besonderheiten im Kreditgeschäft 471
    5.3 Besonderheiten im Wertpapiergeschäft 473
    5.4 Besonderheiten im Derivategeschäft 474

6. Kategorisierung von Finanzinstrumenten 475
    6.1 Überblick über die Kategorien 475
    6.2 Kredite und Forderungen (Loans and Receivables) 478
    6.3 Bis zur Endfälligkeit gehaltene Finanzinvestitionen
        (Held to Maturity Investments) 479
    6.4 Erfolgswirksam zum beizulegenden Zeitwert bewertete
        Finanzinstrumente (Fair Value through Profit or Loss) 484
    6.5 Zur Veräußerung verfügbare Finanzinstrumente (Available for Sale) ... 486
    6.6 Finanzielle Verbindlichkeiten 487
    6.7 Wechsel der Kategorie 489
    6.8 Besonderheiten im Kreditgeschäft 490
    6.9 Besonderheiten im Wertpapiergeschäft 492
    6.10 Besonderheiten im Beteiligungsgeschäft 493
        6.10.1 Darstellung der Regelungen 493
        6.10.2 Abgrenzung von Eigen- und Fremdkapital 494
        6.10.3 Einstufung von Unternehmen oder Unternehmenseinheiten
            als Venture-Capital-Organisation 495

7. Folgebewertung zu fortgeführten Anschaffungskosten 499
    7.1 Überblick über die Regelungen 499
    7.2 Anwendung der Effektivzinsmethode 501
        7.2.1 Ermittlung des Effektivzinses 501
        7.2.2 Bestimmung der Transaktionskosten 502
        7.2.3 Bestimmung der Entgelte 503

        7.2.4   Bestimmung des Amortisierungszeitraums 504
        7.2.5   Ermittlung der erwarteten Laufzeit 505
        7.2.6   Beispiel für die Anwendung der Effektivzinsmethode 506
  7.3   Besonderheiten im Kreditgeschäft: Behandlung von Zusage- und
        Bereitstellungsprovisionen 507
  7.4   Besonderheiten bei variabel verzinslichen Wertpapieren 509

8. Bewertung zum beizulegenden Zeitwert 510
  8.1   Überblick über die Regelungen 510
  8.2   Besonderheiten im Kreditgeschäft 512
  8.3   Besonderheiten im Wertpapiergeschäft 514
  8.4   Besonderheiten im Derivategeschäft 516

9. Fremdwährungsumrechnung von Finanzinstrumenten 520
  9.1   Überblick über die Regelungen 520
  9.2   Abgrenzung monetärer von nicht-monetären Finanzinstrumenten ... 523
  9.3   Praktisches Beispiel 525

10. Impairment von Finanzinstrumenten 526
  10.1 Wertberichtigungen bei zu fortgeführten Anschaffungskosten
        bewerteten Finanzinstrumenten 526
        10.1.1   Überblick über die Regelungen 526
        10.1.2   Indikatoren für eine Wertminderung 527
        10.1.3   Auslegung der Regelungen 528
                 10.1.3.1 Untersuchung auf Wertminderungen 528
                 10.1.3.2 Behandlung des Eingangs unerwarteter Zahlungen 533
  10.2 Vergleich der Wertberichtigungen nach Basel II und IAS 39 534
        10.2.1   Überblick über die Regelungen von Basel II 534
        10.2.2   Kriterien der Wertberichtigung nach Basel II 535
        10.2.3   Gemeinsamkeiten und Unterschiede 536
  10.3 Impairment bei Eigenkapitalinstrumenten (Available for Sale) 539
        10.3.1   Überblick über die Regelungen 539
        10.3.2   Auslegung der Regelungen 540
                 10.3.2.1 Das Kriterium „Dauerhafte Wertminderung" 540
                 10.3.2.2 Das Kriterium „Signifikante Wertminderung" ... 541
  10.4 Impairment bei Fremdkapitalinstrumenten (Available for Sale) 542
  10.5 Wertaufholungen bei Available-for-Sale-Instrumenten 542
  10.6 Bemessungsgrundlage für Impairments in Folgeperioden 543

11. Bilanzielle Behandlung von eingebetteten Derivaten 546
    11.1 Überblick über die Reglungen 546
    11.2 Bewertung und Ausweis von eingebetteten Derivaten 550
    11.3 Besonderheiten im Kreditgeschäft 551
    11.4 Besonderheiten im Wertpapiergeschäft 554

12. Micro Hedge Accounting 556
    12.1 Hedging versus Hedge Accounting 556
    12.2 Überblick über die Regelungen 558
    12.3 Grundvoraussetzungen für das Hedge Accounting 561
         12.3.1 Anforderungen an die Dokumentation 561
         12.3.2 Zulässige Grundgeschäfte 562
         12.3.3 Zulässige Sicherungsinstrumente 563
         12.3.4 Umfang der Absicherung 564
         12.3.5 Effektivitätstest 567
    12.4 Bilanzierung von Fair Value Hedges 570
         12.4.1 Überblick über die Regelungen 570
         12.4.2 Besonderheiten bei festen Verpflichtungen
                (Firm Commitments) 573
         12.4.3 Beispiel für die Anwendung eines Fair Value Hedge 574
                12.4.3.1 Darstellung des Sachverhalts 574
                12.4.3.2 Designation bei Erwerb 577
                12.4.3.3 Vorzeitige Dedesignation der Hedge-Beziehung 578
                12.4.3.4 Vorzeitiger Verkauf des Grundgeschäfts 579
    12.5 Bilanzierung von Cash Flow Hedges 580
         12.5.1 Überblick über die Regelungen 580
         12.5.2 Besonderheiten bei erwarteten Transaktionen
                (Forecasted Transactions) 582
         12.5.3 Beispiel für die Anwendung eines Cash Flow Hedge 584
    12.6 Hedge of a Net Investment in a Foreign Operation 586
    12.7 Absicherung mit internen Geschäften 588
    12.8 Erstanwendung der Vorschriften zum Hedge Accounting 589

13. Macro Hedge Accounting 590
    13.1 Macro Fair Value Hedge 590
         13.1.1 Überblick über die Regelungen 590
         13.1.2 Identifikation des abzusichernden Portfolios 591
         13.1.3 Designation der Hedged Items in Laufzeitbänder 592
         13.1.4 Bestimmung des abzusichernden Betrags 593

13.1.5 Designation von Sicherungsinstrumenten 594
13.1.6 Prospektiver Effektivitätstest 594
13.1.7 Ermittlung von Zu- und Abgängen 596
13.1.8 Bewertung und retrospektiver Effektivitätstest 597
13.1.9 Bilanzielle Abbildung der Sicherungsbeziehung 598
13.1.10 Besonderheiten bei Available-for-Sale-Finanzinstrumenten............ 601
13.2 Macro Cash Flow Hedge 601
13.3 Überblick über mögliche Hedge-Strategien 603

1. Überblick über die Rechtsvorschriften

1.1 Entstehungsgeschichte von IAS 39

Mit IAS 39 liegt erstmals in der Geschichte des IASC ein Standard vor, in dem die Bilanzierung und Bewertung aller Finanzinstrumente umfassend geregelt wird. Drei Vorgängerentwürfe, E 40 „Financial Instruments" aus dem Jahr 1991, E 48 „Financial Instruments" aus dem Jahr 1994 und E 62 „Financial Instruments: Recognition und Measurement" aus dem Jahr 1998 sowie ein umfangreiches Diskussionspapier DP „Acounting for Financial Assets and Financial Liabilities" aus dem Jahr 1997 waren erforderlich, um den gegenwärtigen Standard IAS 39 „Finanzinstrumente: Ansatz und Bewertung" im seinerzeitigen Board des IASC im Dezember 1998 zu verabschieden und im Januar 1999 der Öffentlichkeit vorzustellen.

Dabei zeigte sich bei den Exposure Drafts E 40 und E 48, die Lösungen für Ansatz, Bewertung, Offenlegung und Abgrenzung von Eigenkapital- und Fremdkapitalinstrumenten anstrebten, dass sich stark widerstreitende Interessen zur Bilanzierung herausbildeten, die vorerst nicht kompromissfähig waren. Sowohl E 40 als auch E 48 scheiterten an der erforderlichen Dreiviertelmehrheit im Board. Insofern sollte ein Weg eingeschlagen werden, der durch den amerikanischen Standard Setter, den Financial Accounting Standards Board (FASB), vorgezeichnet war. Es erfolgte eine Abtrennung der scheinbar unproblematischeren Regelungen zur Offenlegung. Tatsächlich gelang es, im Jahr 1995 den Standard IAS 32 „Finanzinstrumente: Angaben und Darstellung" zu verabschieden, dessen Anwendung für Geschäftsjahre seit dem Jahr 1996 vorgeschrieben ist.

Gleichzeitig wurde weiter an einer Lösung der Ansatz- und Bewertungsfragen gearbeitet. Erstes Ergebnis dieser Bemühungen war die Veröffentlichung des Discussion Paper (DP) „Accounting for Financial Assets and Financial Liabilities", dessen Grundgedanken Pate bei dem Vorschlag zu einem künftigen und endgültigen Bilanzierungsstandard zu Financial Instruments gestanden haben. Das Discussion Paper fußt auf der Idee einer umfassenden Fair-Value-Bilanzierung.[1]

---

[1] Vgl. zum Full-Fair-Value-Ansatz WIEDMANN, H., Fair Value in der internationalen Rechnungslegung, in: LANFERMANN, J. (Hrsg.), Internationale Wirtschaftsprüfung, FS für Hans Havermann, Düsseldorf 1995, S. 779-811; KRUMNOW, J., Viele Gremien für den Fair Value - Differenz zu Anschaffungskosten - Definition des Eigenkapitals in der Segmentberichterstattung oft fraglich, Börsen-Zeitung vom

Der Vorschlag eines kompletten, fundamentalen Paradigmenwechsel in der Bilanzierung fand aber im Jahre 1997 keine Zustimmung.

Andererseits sah sich das IASC unter politischem Druck, eine Vereinbarung mit der IOSCO, bis zum Jahre 1999 einen vollständigen Katalog von Standards erarbeitet zu haben, zeitgerecht zu erfüllen, um in den Genuss einer Anerkennungsempfehlung für Cross-Boarder-Listings zu kommen. Dazu gehörte unzweifelhaft die Vorlage eines Standards, der Fragen zu Ansatz und zur Bewertung von Financial Instruments regelt. Daher wurde nach der Herauslösung der Fragen zur Offenlegung von Financial Instruments durch IAS 32 ein zweites Mal nach einer Kompromisslösung gesucht. Überlegungen, aus Vereinfachungsgründen die US-amerikanischen Regelungen direkt als IFRS zu übernehmen, wurden letztlich zwar verworfen. Im Jahre 1998 wurde mit E 62 jedoch ein Exposure Draft veröffentlicht, der den amerikanischen Regelungen bereits ähnelte. Eine noch weitere Annäherung an diese Vorschriften erfolgte dann in den abschließenden Beratungen des Board im Dezember 1998 in Frankfurt am Main. Die zwischen dem Exposure Draft und dem endgültigen Standard vorgenommenen über 50 Änderungen - zum Teil durchaus gravierend - hätten es nach dem Selbstverständnis des IASC eigentlich geboten, die neuen Überlegungen zunächst wieder in Entwurfsform zu veröffentlichen. Aufgrund der erhofften Anerkennung der IFRS für den internationalen Kapitalmarkt wurden entsprechende Bedenken indes zurückgestellt und dem neuen Standard IAS 39 von Beginn an nur ein Interimsdasein zugestanden.

Auf diese Weise wurde sowohl der Anforderung entsprochen, das Projekt zur Entwicklung eines Core Set of Standards abzuschließen, als auch offen zu bleiben für weitere Überlegungen. Endgültige Lösungen sollten auf der Grundlage eines Diskussionspapiers der im Jahre 1997 gegründeten, so genannten Joint Working Group of Standard Setter erarbeitet werden.[2] Darüber hinaus zeigten erste Reaktionen der Praxis, dass die Implementierung auf bislang nicht gekannte Schwierigkeiten stoßen würde. Insofern wurden Implementierungshilfen seitens eines eigens hierzu gegründeten Implementation Guidance Committee (IGC) entwickelt.

Im Juni 2002 veröffentlichte das IASB im Zuge des so genannte Amendments Project einen rund 340-seitigen Exposure Draft mit Änderungen von IAS 39 und IAS 32.[3] Eini-

---

07.07.2001; HOMMEL, M./HERMANN, O., Hedge Accounting und Full Fair Value Approach in der internationalen Rechnungslegung, DB 2003, S. 2501-1506; HEYD, R., Fair Value Bewertung von Financial Instruments, in: KNOBLOCH, A. P./KRATZ, N. (Hrsg.), Neuere Finanzprodukte, FS für Wolfgang Eisele, München 2003, S. 337-368; GEBHARDT, G./REICHARDT, R./WITTENBRINK, C., Accounting for Financial Instruments in the Banking Industry, Center for Financial Studies, Working Paper Series No. 95, Frankfurt am Main 2002; GEBHARDT, G./REICHARDT, R./WITTENBRINK, C., Financial Instruments - Fair Value Accounting for (not against) the Banking Industry, Center for Financial Studies, Working Paper Series No. 21/2003, Frankfurt am Main 2003.

[2] Vgl. zur Arbeit der JWG BREKER, N./GEBHARDT, G./PAPE, J., Das Fair Value-Projekt für Finanzinstrumente - Stand der Erörterungen der Joint Working Group of Standard Setters im Juli 2000 -, WPg 2000, S. 729-744.

[3] Vgl. zu dem Exposure Draft KROPP, M./KLOTZBACH, D., Der Exposure Draft zur Änderung des IAS 39

ge dieser Änderungen zielten auf eine Verbesserung der Konvergenz mit den Regelungen zu Finanzinstrumenten unter US-GAAP. Andere Änderungen bezogen sich auf praktische Probleme bei der Anwendung des Standards. Dies ist durchaus als ein Indiz dafür zu sehen, unter welchem Druck die erste Version von IAS 39 verabschiedet wurde.

Der überarbeitete IAS 39 wurde am 17.12.2003 in neuer, geänderter Fassung veröffentlicht und ist in seiner aktuellen Fassung (einschließlich der im März 2004 herausgegebenen Änderungen) für Geschäftsjahre verpflichtend anzuwenden, die am oder nach dem 01.01.2005 beginnen. Eine vorzeitige Anwendung von IAS 39 ist erlaubt, wenn die Bank auch IAS 32 vorzeitig anwendet und die vorzeitige Anwendung angibt.[4]

Die massive Kritik aus dem Bankenbereich veranlasste das IASB, die als unzureichend empfundenen Reglungen zum Hedge Accounting zu ergänzen. Der Exposure Draft „Fair Value Hedge Accounting for a Portfolio Hedge of Interest Rate Risk" wurde im August 2003 veröffentlicht. Mit den im März 2004 verabschiedeten Neuregelungen räumt das IASB nunmehr die Möglichkeit ein, Hedge Accounting auch auf einer Macro-Ebene vorzunehmen.

Neben den in jüngster Vergangenheit vorgenommenen Änderungen sind auch in nächster Zeit noch Überarbeitungen des Standards zu erwarten. Diese dürften insbesondere die Nutzung der Fair-Value-Option und die Behandlung der Finanzgarantien betreffen; zu beiden Themen liegen derzeit Exposure Drafts vor, die Änderungen vorsehen.[5] Die Frage des Umfangs einer Nutzung der Fair-Value-Option für Finanzinstrumente befindet sich darüber hinaus derzeit in einem Abstimmungsprozess mit Gremien der EU und Aufsichtsbehörden.

Daneben wurde ein Gremium ins Leben gerufen, das sich (erneut) um die Weiterentwicklung der Bilanzierung von Finanzinstrumenten bemühen soll. Ihm gehören 17 reguläre Mitglieder an, davon fünf Industrievertreter, acht Bankenvertreter, ein Hochschullehrer sowie drei Wirtschaftsprüfer. Das Gremium wird seine Arbeit in absehbarer Zeit aufnehmen.[6]

„Financial Instruments", WPg 2002, S. 1010-1031.

[4] Vgl. IAS 39.103.

[5] Vgl. zu den Finanzgarantien den Exposure Draft „Financial Guarantee Contracts and Credit Insurance"; zur Fair-Value-Option Abschnitt 1.2, zu den Finanzgarantien vgl. Abschnitt 2.4.

[6] Deutsche Mitglieder dieses Gremiums sind Elisabeth Schmalfuß (Siemens AG), Günther Gebhardt (Johann Wolfgang Goethe-Universität) sowie als Beobachter der EFRAG Thomas K. Naumann.

1.2 Endorsement von IAS 39 durch die EU

1.2.1 Stand des Endorsement

Durch die im Jahr 2002 erlassene EU-Verordnung zur Anwendung internationaler Rechnungslegungsvorschriften sind die Konzernabschlüsse von Unternehmen, deren Wertpapiere in einem Mitgliedstaat der EU zum Handel in einem geregelten Markt zugelassen sind, für Geschäftsjahre beginnend nach dem 1.1.2005 (für bestimmte Unternehmen ab 1.1.2007)[7] nach den Regelungen der International Financial Reporting Standards (IFRS) zu erstellen.[8] Die verpflichtende Anwendung der IFRS wurde durch die EU mit einem so genannten Endorsement Mechanism verknüpft. Dieser setzt voraus, dass die verbindlich anzuwendenden Standards durch die EU anerkannt werden, um einer privatrechtlichen Organisation wie dem IASB keine Gesetzgebungskompetenz innerhalb der EU zu übertragen.[9]

Die Kommission hat im Rahmen des Endorsement Prozesses inzwischen 40 Standards und Interpretationen adaptiert.[10] Eine Besonderheit ergibt sich für IAS 39: Die EU-Kommission hat am 19.11.2004 eine Verordnung beschlossen, mit der IAS 39 unter Ausklammerung bestimmter Vorschriften über die Anwendung der uneingeschränkten Fair-Value-Option und die Bilanzierung von Sicherungsgeschäften übernommen wird.

Der Verordnungsentwurf wurde sowohl von einer qualifizierten Mehrheit der Mitgliedstaaten im Regelungsausschuss für Rechnungslegung (ARC) am 01.10.2004 als auch vom Europäischen Parlament unterstützt. Die Kommission hat außerdem eine politische Erklärung abgegeben, wonach sie davon ausgeht, dass das IASB die nötigen Änderungen an der derzeitigen uneingeschränkten Fair-Value-Option bis Dezember 2004 und die Änderungen an den Hedge-Accounting-Vorschriften bis September 2005

---

[7] Vgl. hierzu den Beitrag „Internationale und nationale Rechnungslegung im Umbruch" in diesem Sammelband.

[8] Verordnung (EG) Nr. 1606/2002 v. 19.07.2002 betreffend die Anwendung internationaler Rechnungslegungsstandards, ABlEG Nr. 243 v. 11.09.2002.

[9] Vgl. dazu BÖCKING, H.-J., Internationalisierung der Rechnungslegung und ihre Auswirkungen auf die Grundprinzipien des deutschen Rechts, Der Konzern 2004, S. 177-184; BUCHHEIM, R./GRÖNER, S./ KÜHNE, M., Übernahme von IAS/IFRS in Europa: Ablauf und Wirkung des Komitologieverfahrens auf die Rechnungslegung, BB 2004, S. 1783-1788 und GÖTHEL, S. R., Europäisches Bilanzrecht im Umbruch, DB, 2001, S. 2057 - 2061.

[10] Folgenden Standards und Interpretationen wurden von der EU-Kommission übernommen (Stand Ende Februar 2005): IAS 1, 2, 7, 8, 10, 11, 12, 14, 15, 16, 17, 18, 19, 20, 21, 22, 23, 24, 26, 27, 28, 29, 30, 31, 31, 32, 33, 34, 35, 36, 37, 38, 39, 40 und 41; IFRS 1, 2, 3, 4 und 5; SIC-1, 2, 3, 6, 7, 8, 9, 10, 11, 12, 13, 14, 15, 18, 19, 20, 21, 22, 24, 25, 27, 28, 29, 30, 31, 32 und 33 und IFRIC 1.

vornehmen wird. Mit Ausnahme der ausgeklammerten Vorschriften ist IAS 39 seit dem 01.01.2005 für alle börsennotierten Unternehmen in der EU anzuwenden.

Vor allem die Kritik durch die Europäische Zentralbank (EZB) veranlasste das IASB bereits wenige Monate nach Veröffentlichung des überarbeiteten Standards im April 2004, die Möglichkeit zur Nutzung der Fair-Value-Option im Rahmen eines Exposure Draft erheblich einzuschränken. Gegen eine umfassende Designationsmöglichkeit und Fair-Value-Bewertung von Finanzinstrumenten wurde seitens der EZB insbesondere die Gefahr von zusätzlichen GuV-Volatilitäten angeführt.[11] Die EZB veranschaulichte anhand verschiedener Szenarien, dass eine erweiterte Anwendung der Zeitwertbilanzierung zu einer prozyklischen Kreditvergabe und damit zu einer Beeinträchtigung der Fähigkeit von Banken, ungünstigen Konjunkturentwicklungen entgegenzuwirken, führen könne.[12]

Entsprechend des vom IASB veröffentlichten Exposure Drafts zur Fair-Value-Option können nur noch folgende Finanzinstrumente in die Fair-Value-Kategorie designiert werden:

- Finanzinstrumente mit einem oder mehreren eingebetteten Derivaten, unabhängig davon, ob es sich um trennungspflichtige oder nicht-trennungspflichtige Derivate handelt,

- finanzielle Verbindlichkeiten, deren Cash Flows vertraglich an die Performance spezifizierter und zum Fair Value bewerteter finanzieller Vermögenswerte gekoppelt sind,

- finanzielle Vermögenswerte und Verbindlichkeiten, bei denen das Risiko von Fair-Value-Änderungen im Wesentlichen ausgeglichen wird durch das Risiko von Fair-Value-Änderungen anderer finanzieller Vermögenswerte und Verbindlichkeiten,

- finanzielle Vermögenswerte, die nicht die Definition von Loans and Receivables erfüllen,

- sämtliche Finanzinstrumente, für die IAS 39 oder andere IFRS die Designation zum Fair Value gestatten oder vorschreiben.

Außerdem können nach dem Exposure Draft nur noch Finanzinstrumente in die Kategorie designiert werden, deren Fair Value „verifiable", das heißt intersubjektiv nachprüfbar, ermittelbar ist. Ein Fair Value gilt nur dann als „verifiable", wenn die Bandbreite plausibler Fair-Value-Schätzungen niedrig ist.[13] Trotz eines eindeutigen Votums der eingereichten Stellungnahmen mit über 70% Zustimmung zur Beibehaltung der ursprünglichen Fassung, ist die weitere Existenz der Kategorie derzeit fraglich.

---

[11] Vgl. Europäische Zentralbank, Monatsbericht Februar 2004, S. 77-91.

[12] Vgl. hierzu BARCKOW, A., ED Fair Value Option - Der Entwurf des IASB zur Einschränkung der Fair-Value-Option in IAS 39 (überarbeitet 2003), WPg 2004, S. 793-798.

[13] Vgl. zum Exposure Draft auch ZÜLCH, H./WILLMS, J., Fair-Value-Option, StuB 2004, S. 466.

Im Rahmen des Endorsement von IAS 39 durch die EU wurde die Anwendbarkeit der Fair-Value-Option nochmals deutlich eingeschränkt; dieses Mal jedoch auf der Passivseite: Die Option kann demnach nur noch für finanzielle Vermögenswerte genutzt werden; finanzielle Verbindlichkeiten dürfen dagegen nicht mehr in die Kategorie zum Fair Value durch die Gewinn- und Verlustrechnung designiert werden.

Sollte die Kritik der EZB tatsächlich den Exposure Drafts wesentlich (mit) ausgelöst haben, handelt es sich aber wohl um ein Missverständnis:[14] Die Untersuchung der EZB richtet sich auf eine zwangsweise, vollumfängliche Bilanzierung aller Finanzinstrumente zum Fair Value unter sofortiger Verrechnung aller Wertänderungen in der Gewinn- und Verlustrechnung. Dies könnte zu - aus Bankenaufsicht unerwünschten - starken Volatilitäten der Gewinn- und Verlustrechnung führen. Genau das Gegenteil ist jedoch mit der Option beabsichtigt.

Unabhängig davon, inwieweit den Argumenten der EZB zuzustimmen ist, bedeutet die eingeräumte Fair-Value-Kategorie erstens lediglich ein Wahlrecht und umfasst zweitens nicht zwingend alle Finanzinstrumente. Über die Zuordnung kann vielmehr bei jedem Erwerb eines Finanzinstruments neu entschieden werden. Zusätzliche Schwankungen in der Gewinn- und Verlustrechnung sind nicht zu erwarten. Stattdessen mindert die Option ökonomisch nicht gerechtfertigte Volatilitäten. Verbleibende Schwankungen der Gewinn- und Verlustrechnung sollten in erklärbarem Ausmaß verbleiben und durch entsprechende Kommunikation vermittelbar sein.

Bedenken der Regulatoren wird Rechnung getragen, indem erstens der Zugang zu dieser Kategorie nur zum Erwerbszeitpunkt gestattet ist und zweitens eine Umwidmung in den Folgeperioden in eine andere Bewertungskategorie durch den Standard ausgeschlossen wurde. Darüber hinaus könnte zusätzlich in das Regelwerk aufgenommen werden, dass die Zuordnung in Übereinstimmung mit dem praktizierten Risikomanagement der Bank zu stehen hat; dies ließe sich anhand entsprechender Dokumentationen nachprüfen.

Das IASB hat zwischenzeitlich mit einem neuen Vorschlag „Amendments to IAS 39: The Fair Value Option - Preliminary First Draft of a Possible New Approach" auf die Kritik an der Einschränkung der Fair-Value-Option reagiert. In Round-Table-Gesprächen sollen nun die Bilanzierenden und die Aufseher Gelegenheit haben, ihre Vorstellungen über die künftige Ausgestaltung einer solchen Option einzubringen. Die weitere Entwicklung ist derzeit offen.

---

14 Vgl. LÖW, E., Fair-Value-Option nicht einschränken, Börsen-Zeitung vom 14.07.2004; LÖW, E., Abläufe bei IAS-Beratung müssen verbessert werden, Börsen-Zeitung vom 29.09.2004 sowie LÖW, E., Partielles Endorsement von IAS 39: Die Fair-Value-Option, BB 2005, Heft 4, S. I.

1.2.2 Konsequenzen des partiellen Endorsement für die Projekttätigkeit

Als Folge des partiellen Endorsement sind die mit Einführung der Fair-Value-Option verbundenen Erleichterungen im Hinblick auf die Abbildung von ökonomisch sinnvollen Sicherungszusammenhängen sowie die Bilanzierung strukturierter Produkte für Finanzinstrumente der Passivseite nicht mehr gegeben.[15] Eine synchrone Verrechnung von Wertänderungen der in Sicherungsbeziehungen stehenden Derivate mit Grundgeschäften der Passivseite ist nunmehr nur noch auf Basis der Einhaltung der restriktiven Hedge-Accounting-Regelungen möglich.[16] Darüber hinaus ist eine aufwändige Untersuchung sämtlicher strukturierter Instrumente der Passivseite erforderlich, um trennungspflichtige eingebettete Derivate zu identifizieren, ihre gesonderte Bewertung sicherzustellen und gegebenenfalls die Einbeziehung in ein IAS 39 konformes Hedge Accounting zu überprüfen.

Die zwischenzeitlich durch den Exposure Draft und im Rahmen des Endorsement Prozesses durch die EU vorgenommenen Einschränkungen der Designationsmöglichkeit erscheinen wenig hilfreich, da die Nutzung der Option regelmäßig keine zusätzlichen Volatilitäten erzeugen dürfte, sondern - ähnlich wie beim Hedge Accounting - aus Sicht der Bilanzierenden umgekehrt gerade zur Verringerung der GuV-Volatilitäten eingesetzt werden soll.

Bei der Betrachtung der Konsequenzen des partiellen Endorsement für die praktische Umsetzung ist zwischen Erstanwendern und solchen Unternehmen zu differenzieren, die bereits nach IFRS bilanzieren. Für laufende Umstellungsprojekte kann das Verbot der Nutzung der Fair-Value-Option für die Passivseite bedeuten, dass bereits erarbeitete fachliche Vorgaben sowie darauf basierende IT-Konzeptionen und erfolgte systemseitige Umsetzungen sehr kurzfristig und somit zum Teil mit erheblichem Aufwand zu überprüfen und anzupassen sind. Die Kategorisierung von Finanzinstrumenten ist grundlegend für die Bewertung und hat damit einen entscheidenden Einfluss auf Eigenkapital- sowie GuV-Volatilitäten. Hedge-Accounting-Strategien, die neben dem Einsatz des Fair-Value- bzw. Cash-Flow-Hedge-Modell auch die uneingeschränkte Nutzung der Fair-Value-Option vorsehen, sind zu überprüfen, ggf. in Teilbereichen anzupassen oder insgesamt im Hinblick auf den Einsatz der möglichen Hedge-Modelle bzw. die eingeschränkte Nutzung der Fair-Value-Option erneut zu entwickeln.

---

[15] Anders verhält es sich mit den im Rahmen des Endorsement beschlossenen Regelungen zum Macro Hedge Accounting von Zinsrisiken (vgl. hierzu auch Abschnitt 13). Die Möglichkeit, Core Deposits in die Grundgesamtheit der abzusichernden Grundgeschäfte einzubeziehen, stellt eine deutliche Erleichterung dar und begünstigt die Integration von Hedge Accounting nach IFRS in die bei europäischen Banken im Treasury vorherrschenden Steuerungskonzepte. Gleiches gilt für die beschlossenen Erleichterungen im Bereich des Effektivitätstests. Vgl. auch LÖW, E., Abläufe bei IAS-Beratung müssen verbessert werden, a.a.O. (Fn. 14); KÜTING, K./RANKER, D., Tendenzen zur Auslegung der endorsed IFRS als sekundäres Gemeinschaftsrecht, BB 2004, S. 2510-2515.

[16] Vgl. LÖW, E., Partielles Endorsement von IAS 39: Die Fair-Value-Option, a.a.O. (Fn. 14), S. I.

Banken, die bereits nach IFRS bilanzieren, hatten vor Einführung der Fair-Value-Option im Dezember 2003 in IAS 39 ihre Hedge-Strategie ohne die mit der Nutzung dieser Option verbundenen Erleichterungen zu entwickeln und umzusetzen sowie ihre Kategorisierung vorzunehmen. Aufgrund der anhaltenden Diskussionen über die finale Ausgestaltung dieser Option haben diese Banken überwiegend Zurückhaltung hinsichtlich der Nutzung im Geschäftsjahr 2004 geübt und werden ebenfalls für das laufende Geschäftsjahr 2005 abwarten, bis die Regelungen feststehen.

Ähnlich ist die Situation für Banken einzuschätzen, die derzeit nach US-GAAP bilanzieren. Die Regelungen, die im Rahmen des partiellen Endorsement von IAS 39 nicht übernommen wurden, betreffen Themenkomplexe, für die derzeit noch Regelungsdifferenzen zwischen IFRS und US-GAAP bestehen. Unter der Voraussetzung, dass eine Minimierung der Überleitungsdifferenzen von US-GAAP nach IFRS für Unternehmen angestrebt wird, die bis auf Weiteres aufgrund Ihrer Börsennotierung in USA verpflichtet sind, einen US-GAAP-konformen Konzernabschluss zu erstellen, hat das partielle Endorsement keine negativen Konsequenzen hinsichtlich einer Überarbeitung der Konzernbilanzierungsrichtlinien und etwaiger Anpassungen im Hinblick auf die systemseitige Abbildung.

Die EU hat mit den im Rahmen des Endorsement übernommenen Regelungen des IAS 39 einerseits die Nutzung der Fair-Value-Option und damit die vom IASB im Dezember 2003 verabschiedeten Regelungen eingeschränkt, andererseits gehen die Regelungen zur Behandlung von Core Deposits beim Macro Hedge Accounting für Zinsrisiken über den vom IASB gesetzten Regelungsbereich hinaus.

Trotz des partiellen Endorsement kann ein Mitgliedstaat empfehlen oder vorschreiben, IAS 39 vollständig anzuwenden.[17] Dies ist jedoch nur in dem Maße zulässig, als es in Übereinstimmung mit dem Gemeinschaftsrecht erfolgt. Hinsichtlich der vom Endorsement ausgenommenen Regelungen gilt dies nur für die Vorschriften zum Macro Hedge Accounting, da hierzu keine Restriktionen durch eine EU-Richtlinie bestehen. Folglich besteht bei Anwendung der in IAS 39 kodifizierten Regelungen zum Macro Hedge Accounting kein Auseinanderfallen hinsichtlich des Erfordernisses einer vollständigen Anwendung von IAS 39 sowie der Bilanzierung gemäß „übernommener" IFRS. Dieser

---

[17] Vgl. Explanatory Memoradum Of The Commission Services On The Proposal For A Regulation adopting IAS 39, 24. September 2004, abrufbar unter http://www.europa.eu.int/.
Vgl. zum Endorsement-Prozess und zur Frage des Enforcement SCHEFFLER, E., Der europäische Enforcement-Prozess - Europäischer Einfluss auf die Fortentwicklung der International Financial Reporting Standards, in: LANGE, T. A./LÖW, E. (Hrsg.), Rechnungslegung, Steuerung und Aufsicht von Banken, FS für Jürgen Krumnow, Wiesbaden 2004, S. 55-72; SPRIßLER, W., Durch Endorsement und Enforcement auf Augenhöhe mit der SEC?, in: LANGE, T. A./LÖW, E. (Hrsg.), Rechnungslegung, Steuerung und Aufsicht von Banken, FS für Jürgen Krumnow, Wiesbaden 2004, S. 91-120 und WIEDMANN, H., Die Rolle eines privaten Standard Setters im Endorsement- und Enforcement-Prozess, in: LANGE, T. A./LÖW, E. (Hrsg.), Rechnungslegung, Steuerung und Aufsicht von Banken, FS für Jürgen Krumnow, Wiesbaden 2004, S. 73-90.

Einklang ist bei der Anwendung der vorgeschlagenen Vorschriften zur Fair-Value-Option derzeit nicht zu erreichen.

1.3 Aufbau des Standards

Die Komplexität des Standards lässt sich schon an seinem Umfang und Aufbau ablesen: Anders als die meisten anderen Regelungen des IASB besteht IAS 39 in seiner jetzigen Fassung nicht nur aus dem Standard selbst und einer (umfangreichen) Anwendungsrichtlinie (Application Guidance) im Anhang, die integraler Bestandteil des Standards ist und die vorgeschalteten Regeln erläutern soll. IAS 39 enthält zusätzlich eine fast 200 Seiten umfassende Implementierungsrichtlinie, in die wesentliche Teile der Interpretationen des Implementation Guidance Committee (IGC) aufgenommen wurden. Zur Verdeutlichung der Standardregeln dient ferner ein instruktiver Katalog von Beispielen (Illustrative Examples). Diese Beispiele sind jedoch ebenso wenig integraler Bestandteil des neuen Standards wie die Basis for Conclusions. Gleichwohl kommt diesen Erläuterungen eine wichtige Funktion zu, da bei einer Bilanzierung entsprechend den dort enthaltenen Regelungen die Konformität mit IAS 39 gesichert ist; umgekehrt wäre eine von den Erläuterungen abweichende Vorgehensweise argumentativ zu rechtfertigen.

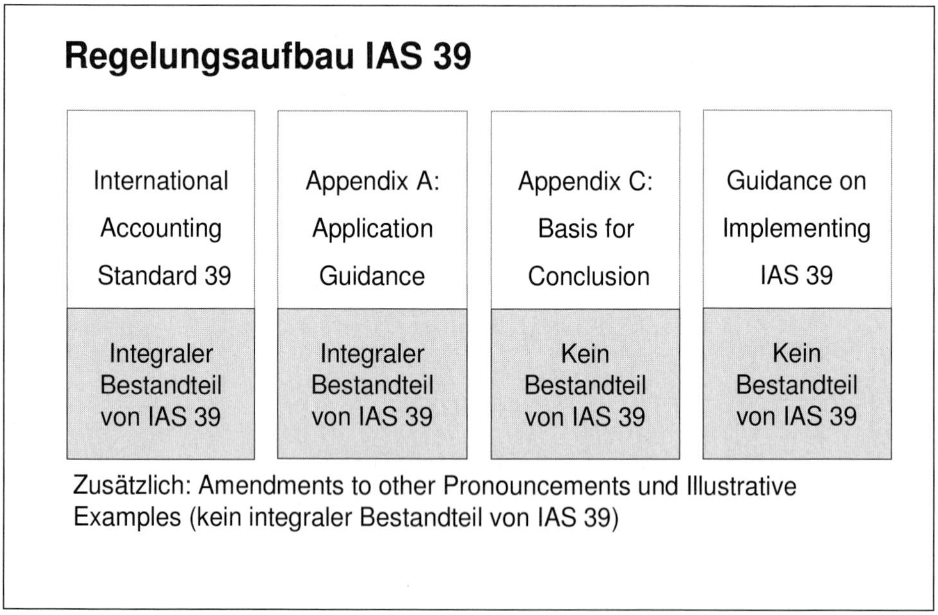

Regelungsaufbau IAS 39

International Accounting Standard 39	Appendix A: Application Guidance	Appendix C: Basis for Conclusion	Guidance on Implementing IAS 39
Integraler Bestandteil von IAS 39	Integraler Bestandteil von IAS 39	Kein Bestandteil von IAS 39	Kein Bestandteil von IAS 39

Zusätzlich: Amendments to other Pronouncements und Illustrative Examples (kein integraler Bestandteil von IAS 39)

Abb. 1: Aufbau von IAS 39

Der Aufbau der Implementierungsrichtlinie wurde im Zuge des Amendments Projects gegenüber den bisherigen sog. Batches verändert: Während sich die bisherigen Interpretationen an den Textziffern des Standards orientierten, entschied sich das IASB bei der Überarbeitung für einen themenbezogenen Aufbau der Implementierungsrichtlinie.

2. Anwendungsbereich und Definitionen

2.1 Rechtsgrundlagen

Zielsetzung von IAS 39 ist es, Grundsätze für den Ansatz und die Bewertung von finanziellen Vermögenswerten, finanziellen Verbindlichkeiten und einigen Verträgen bezüglich des Kaufs oder Verkaufs nicht-finanzieller Posten aufzustellen. Die Regelungen zur Offenlegung von Finanzinstrumenten sind in IAS 32 „Finanzinstrumente: Angaben und Darstellung" enthalten.[18]

Anders als noch im Vorgängerstandard finden sich die grundlegenden Definitionen zu Finanzinstrumenten, finanziellen Vermögenswerten, finanziellen Verbindlichkeiten und Eigenkapitalinstrumenten nicht mehr in IAS 39; der Standard verweist diesbezüglich auf die Definitionen in IAS 32, die mit der dort angegebenen Bedeutung auch für IAS 39 gelten. Aus dieser Änderung resultieren jedoch keine Auswirkungen auf Art und Umfang der genannten Posten.

Ein Finanzinstrument wird als Vertrag definiert, der gleichzeitig bei einem Unternehmen zu einem finanziellen Vermögenswert und bei dem anderen zu einer finanziellen Schuld oder einem Eigenkapitalinstrument führt. Nach dem Verständnis des Standards umfassen Finanzinstrumente daher nicht nur die klassischen bilanziellen Finanzinstrumente, wie den Kassenbestand, Forderungen, Verbindlichkeiten oder Wertpapiere, sondern auch die aus originären Finanzinstrumenten abgeleiteten Derivate.

Finanzielle Vermögenswerte umfassen flüssige Mittel, Eigenkapitalinstrumente anderer Unternehmen sowie vertragliche Rechte, flüssige Mittel oder andere finanzielle Vermögenswerte von einem anderen Unternehmen zu erhalten oder unter potenziell vorteilhaften Bedingungen auszutauschen. Darüber hinaus ergeben sich auch aus Verträgen finanzielle Vermögenswerte, die in eigenen Eigenkapitalinstrumenten des Unternehmens erfüllt werden können, sofern es sich um nicht-derivative Finanzinstrumente handelt, die eine vertragliche Verpflichtung beinhalten oder beinhalten können, eine variable Anzahl

---

[18] Vgl. IAS 39.1.

von Eigenkapitalinstrumenten des Unternehmens zu erhalten. Ebenfalls als finanzielle Vermögenswerte sind derivative Finanzinstrumente einzustufen, die auf andere Weise als durch den Austausch eines festen Betrags an flüssigen Mitteln oder anderen finanziellen Vermögenswerten gegen eine feste Anzahl von Eigenkapitalinstrumenten des Unternehmens erfüllt werden oder erfüllt werden können.[19]

Finanzielle Verbindlichkeiten umfassen eine vertragliche Verpflichtung, flüssige Mittel oder einen anderen finanziellen Vermögenswert an ein anderes Unternehmen abzugeben oder zu potenziell nachteiligen Bedingungen auszutauschen. Darüber hinaus ergeben sich finanzielle Verbindlichkeiten aus Verträgen, die in eigenen Eigenkapitalinstrumenten des Unternehmens erfüllt werden oder erfüllt werden können.

Eigenkapitalinstrumente sind Verträge, die einen Residualanspruch an den Vermögenswerten eines Unternehmens nach Abzug aller dazugehörigen Schulden begründen.[20]

Ein Derivat ist ein Finanzinstrument oder ein anderer Vertrag, der in den Anwendungsbereich von IAS 39 fällt und alle der drei folgenden Merkmale aufweist:

– Der Wert ändert sich infolge der Änderung eines bestimmten Zinssatzes, Preises eines Finanzinstruments, Rohstoffpreises, Wechselkurses, Preis- oder Zinsindexes, Bonitätsratings oder Kreditindexes oder einer ähnlichen Variablen (Basiswert),

– es erfordert keine Anschaffungsauszahlung oder eine, die im Vergleich zu anderen Vertragsformen, von denen zu erwarten ist, dass sie in ähnlicher Weise auf Änderungen der Marktbedingungen reagieren, geringer ist und

– sie werden in der Zukunft glattgestellt.[21]

Verträge über Derivate, die mehrere Komponenten enthalten, sind als ein Derivat anzusehen und nicht in die einzelnen Bestandteile aufzuteilen. So ist z.B. ein Zinscollar nicht in einen Zinscap und einen Zinsfloor aufzuteilen und gesondert zu bilanzieren.

Der Begriff des Basiswerts (erstes Merkmal) rekurriert nicht auf ein originäres Finanzinstrument in der Bilanz, sondern auf eine Variable, die den Wert des Instruments verändert. Eine Option, die zum jeweiligen Fair Value des Basiswerts ausgeübt werden kann, hat immer einen Wert von Null. Da sich der Wert dieser Option nicht in Abhängigkeit vom Basiswert ändert, erfüllt sie nicht die Definition eines Derivats.[22]

Bei der Prüfung des zweiten Merkmals, der Anschaffungsauszahlung, ist auf das Verhältnis zum alternativen Kauf des originären Finanzinstruments abzustellen. Der für eine Aktienoption gezahlte Kaufpreis ist folglich in Relation zu dem Kaufpreis der ent-

---

[19] Vgl. IAS 32.11.
[20] Vgl. IAS 32.11. Zur Abgrenzung von Eigen- und Fremdkapital vgl. vertiefend Abschnitt 2.1.1 im Beitrag „Eigenkapitalveränderungsrechnung".
[21] Vgl. IAS 39.9.
[22] Vgl. dazu auch die umfangreiche Darstellung von Derivaten mit jeweiligen Basiswerten in IAS 39.IG.B.2.

sprechenden Aktie zu sehen. Ein für eine Option geleistetes Upfront Payment führt grundsätzlich nicht dazu, dass der Kaufpreis der Option nicht mehr als gering im Vergleich zum Kaufpreis des Basiswerts anzusehen ist. Eine Ausnahme kann sich ergeben, wenn der Ausübungspreis einer Call Option sehr niedrig ist und zugleich nahe an dem Kaufpreis des Underlyings liegt, wenn die Option also tief im Geld ist. Wenn der Kaufpreis für diese Option nahe an dem Kaufpreis für das Underlying liegt, sollte das Geschäft als Kauf des Underlying eingestuft werden.[23]

Das dritte Merkmal der Glattstellung zu einem späteren Zeitpunkt ist auch dann erfüllt, wenn eine Option nicht ausgeübt werden wird. Das Erlöschen mit Endfälligkeit stellt insoweit eine mögliche Art der Erfüllung zu einem späteren Zeitpunkt dar.

Praktische Abgrenzungsprobleme im Bezug auf die Einstufung als Derivat ergeben sich bei so genannten Regular-Way-Verträgen, bei denen Finanzinstrumente innerhalb einer bestimmten Frist vom Verkäufer auf den Käufer übergeben werden. Die Frage, ob ein marktüblicher Kauf oder Verkauf vorliegt, entscheidet darüber, ob das Geschäft zwischen Handels- und Erfüllungstag[24] als Derivat anzusehen ist. Soll ein Wertpapier gemäß Vertrag innerhalb von zwei Tagen übertragen werden (wie es etwa die deutschen Börsenusancen vorsehen), liegt kein Derivat vor, da diese Frist als marktüblich angesehen werden kann. Wird dagegen eine Übertragung des Wertpapiers in sechs Monaten vereinbart, ist das Geschäft mit Vertragsabschluss als Derivat einzustufen.[25] Verzögert sich die Übertragung eines Wertpapiers, für das eine marktübliche Übertragung vereinbart war, aufgrund von Faktoren, die nicht durch die Vertragsparteien beeinflussbar sind, führt dieser Umstand nicht zu einer Einstufung des Geschäfts als Derivat.[26]

IAS 39 ist - von wenigen, genau enumerierten Sachverhalten abgesehen - auf alle Finanzinstrumente anzuwenden, die die weite Definition des Standards erfüllen. Vom Anwendungsbereich sind folgende Sachverhalte ausgenommen, da sie in den überwiegenden Fällen in anderen Standards behandelt werden:[27]

– Anteile an Tochterunternehmen, assoziierten Unternehmen und Gemeinschaftsunternehmen,[28]

– Rechte und Verpflichtungen aus Leasingverhältnissen,[29]

---

[23] Vgl. IAS 39.IG.B.9.
[24] Vgl. zur Bilanzierung zum Handels- oder Erfüllungstag Abschnitt 3.
[25] Vgl. IAS 39.38 und IAS 39.AG53-56.
[26] Vgl. hierzu auch Abschnitt 3.1.
[27] Vgl. zu Einzelheiten IAS 39.2.
[28] Die Regelungen zu Tochterunternehmen finden sich in IAS 27, die Vorschriften zu assoziierten Unternehmen in IAS 28 und zu Joint Ventures in IAS 31. Vgl. dazu den Beitrag „Konzernrechnungslegung".
[29] Vgl. IAS 17. Forderungen aus Leasingverhältnissen, die vom Leasinggeber angesetzt wurden, unterliegen jedoch den Regelungen des IAS 39 zur Ausbuchung (vgl. Abschnitt 4.2) und Wertminderung (vgl. Abschnitt 10.1). Auch die Ausbuchung von Verbindlichkeiten des Leasingnehmers und die Behandlung

− Rechte und Verpflichtungen eines Arbeitgebers aus Altersversorgungsprogrammen,[30]

− Rechte und Verpflichtungen aus Versicherungsverträgen soweit es sich nicht um hierin eingebettete Derivate handelt,[31]

− vom Unternehmen emittierte Eigenkapitalinstrumente,[32]

− Finanzgarantien (einschließlich Akkreditive und andere Kreditausfallverträge), die eine bestimmte Zahlung vorsehen, um den Gläubiger für einen auftretenden Verlust zu entschädigen, weil ein bestimmter Schuldner seinen Zahlungsverpflichtungen gemäß den ursprünglichen oder geänderten Bedingungen eines Schuldinstruments nicht nachkommt,[33]

− Verträge mit bedingter Gegenleistung im Rahmen eines Unternehmenszusammenschlusses,[34]

− Verträge, die eine Zahlung bei Eintritt bestimmter klimatischer, geologischer oder sonstiger physikalischer Ereignisse vorsehen (z.B. so genannte „Wetterderivate"; in diese Verträge eingebettete Derivate sind hingegen nach den Regelungen von IAS 39 zu behandeln) und

− Kreditzusagen, die nicht durch einen Ausgleich in bar oder anderen Finanzinstrumenten erfüllt werden können.[35]

Verträge über den Kauf oder Verkauf von nicht-finanziellen Posten fallen in den Anwendungsbereich von IAS 39, wenn eine der Parteien das Recht auf Erfüllung in bar oder durch andere Finanzinstrumente hat.[36] In diesen Fällen liegt nach IAS 39 ein Derivat vor, das erfolgswirksam zum Fair Value zu bewerten ist.

Eine Besonderheit ergibt sich im Hinblick auf die Anwendung von IAS 39 bei Venture-Capital-Unternehmen und ähnlichen Gesellschaften: Sofern die Beteiligungen dieser Gesellschaften unter den Anwendungsbereich von IAS 28 oder IAS 31 fallen, können sie

---

von in Leasingverträge eingebetteten Derivaten fallen unter den Anwendungsbereich von IAS 39. Da Leasingverträge die Definition von Finanzinstrumenten erfüllen, gelten für diese Verträge die Offenlegungsvorschriften des IAS 32; vgl. dazu den Beitrag „Offenlegung von Finanzinstrumenten". Zur Behandlung von Leasinggeschäften vgl. den Beitrag „Leasingverhältnisse".

[30] Vgl. IAS 19 „Leistungen an Arbeitnehmer"; vgl. dazu den Beitrag „Pensionsverpflichtungen".

[31] Vgl. hierzu auch IFRS 4 sowie den Beitrag „Versicherungsgeschäfte".

[32] Diese fallen unter den Regelungebereich des IAS 32. Die Vorschriften von IAS 39 sind auf diese Instrumente einschlägig, sofern nicht IAS 27, IAS 28 oder IAS 31 anzuwenden ist.

[33] IAS 39.3. In der Version aus Dezember 2003, die im Zusammenhang mit der Veröffentlichung von IFRS 4 am 31.03.2004 geändert wurde, war eine entsprechende Regelung noch in Tz. 2(f) zu finden. Vgl. hierzu auch Abschnitt 2.4.

[34] Vgl. IFRS 3.

[35] Vgl. zu Kreditzusagen vertiefend Abschnitt 2.3.

[36] Vgl. hierzu Abschnitt 2.2.

anstelle einer Bilanzierung mittels Equity-Methode erfolgswirksam zum Fair Value bewertet werden. Bei entsprechender Ausübung des Wahlrechts können somit auch Beteiligungen an assoziierten Unternehmen oder Joint Ventures nach IAS 39 zu bilanzieren sein.[37]

Trotz der genannten Ausnahmen im Hinblick auf den Anwendungsbereich von IAS 39 verbleibt dem Standard im Bankenbereich eine zentrale Bedeutung: Kein anderer Standard des IASB greift so massiv in das Geschäft von Unternehmen ein, wie das für IAS 39 im Bankenbereich gilt: Weit über 90% einer Bankbilanz sind Finanzinstrumente im Sinne von IAS 39 und daher von den Regelungen dieses Standards erfasst.

Die nachfolgende Abbildung verdeutlicht, dass fast alle Bilanzposten einer Bankbilanz von den Regelungen des Standards betroffen sind:[38]

Financial Instruments nach IAS

Umfang der Financial Instruments in einer Bankbilanz

Aktiva	Passiva
→ Barreserve	→ Verbindlichkeiten ggü. Kreditinstituten
→ Forderungen an Kunden	→ Verbindlichkeiten ggü. Kunden
→ Forderungen an Kreditinstitute	→ Verbriefte Verbindlichkeiten
→ Risikovorsorge	→ Handelspassiva
→ Handelsaktiva	→ Rückstellungen
→ Finanzanlagen	Ertragsteuerverpflichtungen
Immaterielle Vermögenswerte	→ Sonstige Passiva
Sachanlagen	→ Nachrangkapital
Ertragsteueransprüche	Eigenkapital
→ Sonstige Aktiva	
Summe der Aktiva	**Summe der Passiva**

Abb. 2: Bedeutung von IAS 39 für die Bankbilanz

---

[37] Vgl. IAS 28.1 und IAS 31.1. Zu den Besonderheiten im Beteiligungsgeschäft vgl. auch Abschnitt 6.10. Zum Anwendungsbereich von IAS 31 bzw. IAS 28 vgl. auch die Abschnitte 2.2 bzw. 2.3 im Beitrag „Konzernrechnungslegung".

[38] Die mit Pfeil markierten Posten fallen vollständig oder teilweise unter den Regelungsbereich von IAS 39. Zu beachten ist, dass neben IAS 39 weitere Standards (z.B. IAS 32 und IAS 30 im Bezug auf die Notes) für die markierten Posten einschlägig sein können.

2.2 Anwendung von IAS 39 bei Kaufverträgen über nicht-finanzielle Vermögenswerte

Ob Verträge über den Kauf oder Verkauf von nicht-finanziellen Posten unter den Anwendungsbereich von IAS 39 fallen, richtet sich vorrangig danach, ob diese Verträge zum Zwecke des Empfangs oder der Lieferung von nicht-finanziellen Posten „gemäß dem erwarteten Einkaufs-, Verkaufs- oder Nutzungsbedarf des Unternehmens abgeschlossen wurden und in diesem Sinne weiter behalten werden"[39]. Der Standard konkretisiert weiter, welche Fälle unter den Anwendungsbereich von IAS 39 fallen, weil der Vertrag durch Ausgleich in bar oder anderen Finanzinstrumenten oder den Tausch von Finanzinstrumenten abgewickelt werden kann. IAS 39 ist auf Verträge über Nicht-Finanzinstrumente anzuwenden, wenn

- die Vertragsbedingungen den Ausgleich in bar oder einem anderen Finanzinstrument oder den Tausch von Finanzinstrumenten gestatten,

- das Unternehmen ähnliche Verträge üblicherweise durch Ausgleich in bar oder einem anderen Finanzinstrument oder den Tausch von Finanzinstrumenten erfüllt,

- das Unternehmen bei ähnlichen Verträgen den Vertragsgegenstand für gewöhnlich annimmt und ihn kurz nach Anlieferung wieder veräußert, um Gewinne aus Preisschwankungen oder Händlermargen zu erzielen und

- der finanzielle Posten, der Gegenstand des Vertrags ist, jederzeit in Zahlungsmittel umgewandelt werden kann.[40]

In diesen Fällen liegt nach IAS 39 ein Derivat vor, das erfolgswirksam zum Fair Value zu bewerten ist. Auch eine geschriebene Optionen auf den Kauf oder Verkauf eines nicht-finanziellen Postens, der durch Ausgleich in bar oder anderen Finanzinstrumenten bzw. den Tausch von Finanzinstrumenten erfüllt werden kann, fällt in den Anwendungsbereich des Standards (IAS 39.7).

Die dargestellten Merkmale gehen über die im bisherigen IAS 39 enthaltenen Regelungen hinaus und können zu einer Erweiterung des Anwendungsbereichs von IAS 39 in Bezug auf nicht-finanzielle Vermögenswerte führen. Insbesondere das dritte Kriterium kann bei Industrie- oder Handelsunternehmen Abgrenzungsschwierigkeiten verursachen, da viele Einkaufsgeschäfte die Annahme des Vertragsgegenstands und seine (kurzfristige) Weiterveräußerung mit der Absicht der Erzielung einer Händlermarge vorsehen dürften.[41]

---

[39] IAS 39.5.
[40] Vgl. IAS 39.6(a)-(d).
[41] Vgl. für den Exposure Draft PAPE, J./BOGAJEWSKAJA, J./BORCHMANN, T., Der Standardentwurf des IASB zur Änderung von IAS 32 und IAS 39 - Darstellung und kritische Würdigung, KoR 2002, S. 219-234, hier S. 230.

Ansatz und Bewertung von Finanzinstrumenten 435

2.3 Anwendung von IAS 39 bei Kreditzusagen

2.3.1 Überblick über die Regelungen

Unwiderrufliche Kreditzusagen sind feste Zusagen (firm commitment) eines Kreditinstituts an einen Kreditnehmer zur Gewährung eines Krediets unter vorher (vertraglich) fixierten Bedingungen.[42] Mit dieser Ausgestaltung erfüllen Kreditzusagen die Definition von Derivaten nach IAS 39. Um eine Bilanzierung von unwiderruflichen Kreditzusagen als Derivat zu vermeiden, wurde die Regular-Way-Regelung im Kreditbereich in der Vergangenheit weit ausgelegt. Das IASB hat sich mit der im Dezember 2003 überarbeiteten Fassung des Standards dazu entschlossen, unwiderrufliche Kreditzusagen grundsätzlich aus dem Anwendungsbereich des IAS 39 herauszunehmen; sie sind nach den Vorschriften des IAS 37 zu behandeln.[43] Von dieser Regelung existieren jedoch wiederum Ausnahmen, so dass drei Arten von unwiderruflichen Kreditzusagen zu unterscheiden sind:

- Kreditzusagen im Anwendungsbereich des IAS 39,[44]
- Kreditzusagen außerhalb des Anwendungsbereichs des IAS 39,[45]
- Kreditzusagen bei unterverzinslichen Krediten.[46]

2.3.2 Kreditzusagen im Anwendungsbereich des IAS 39

Der Standard nennt die folgenden drei Fälle, in denen Kreditzusagen unter die Regelungen des IAS 39 fallen und der Kategorie Financial Assets or Financial Liabilities at Fair Value through Profit or Loss zugeordnet werden:

(a) Kreditzusagen, die bei Erstansatz als Financial Liabilities at Fair Value through Profit or Loss designiert werden,[47]

(b) Kreditzusagen, die durch Ausgleich in liquiden Mitteln oder durch ein anderes Finanzinstrument abgelöst werden können,[48]

---

[42] Vgl. IAS 39.9 und IAS 39.BC15.
[43] Vgl. IAS 39.2(h).
[44] Vgl. IAS 39.4.
[45] Vgl. IAS 39.2(h).
[46] Vgl. IAS 39.2(h).
[47] Vgl. IAS 39.4; vgl. IAS 39.BC17.

(c) Kreditzusagen innerhalb einer bestimmten Gruppe, bei denen die Bank in der Vergangenheit üblicherweise die aus den Kreditzusagen resultierenden Forderungen kurz nach Auszahlung verkauft hat.[49]

Während in Fall (a) aus Sicht des Kreditinstituts ein Wahlrecht zur Bilanzierung und Bewertung der Kreditzusage als Derivat besteht, ist in den anderen beiden Fällen die Behandlung als Derivat verpflichtend.[50] Für eine freiwillige Designation von Kreditzusagen in die Kategorie Financial Liabilities at Fair Value through Profit or Loss könnte der damit verbundene Verzicht auf die umfangreichen Anforderungen des Hedge Accounting hinsichtlich Dokumentation und Nachweis der Effektivität sprechen, falls die Kreditzusage mittels eines Derivats abgesichert wurde.

Wenn das Kreditinstitut - wie im Fall (b) - das Recht besitzt, Kreditzusagen durch einen Ausgleich in liquiden Mitteln oder durch ein anderes Finanzinstrument abzulösen, ohne den Kredit auszahlen zu müssen, spricht der derivative Charakter dieses Geschäftes für dessen Subsumtion unter den Anwendungsbereich von IAS 39.[51]

Die gleiche Vermutung gilt, wenn die Bank in der Vergangenheit üblicherweise Kredite im Zusammenhang mit unwiderruflichen Kreditzusagen kurzfristig nach Auszahlung der Kredite verkauft hat (Fall (c)).[52] Bei regelmäßigem Verkauf von Krediten nach Auszahlung besteht in der Praxis die Schwierigkeit, diese unwiderruflichen Kreditzusagen vorab zu identifizieren und sie von anderen Kreditzusagen zu separieren. In der praktischen Umsetzung stellt sich die Frage, innerhalb welcher Zeitspanne nach Herausgabe Kredite veräußert werden können, ohne dass die Kreditzusagen in den Anwendungsbereich von IAS 39 fallen. Hier erscheint eine analoge Anwendung von IAS 39.AG14 zweckmäßig: Kreditzusagen sind nach dieser Regelung nur dann erfolgswirksam zum Fair Value zu bewerten, wenn die Kreditverhältnisse mit kurzfristiger Gewinnerzielungsabsicht eingegangen werden.

---

[48] Vgl. IAS 39.2(h); vgl. IAS 39.BC18.
[49] Vgl. IAS 39.4; vgl. IAS 39.BC18 und IAS 39.BC19.
[50] Im derzeit vorliegenden Exposure Draft zur Einschränkung der Fair-Value-Option ist nicht vorgesehen, die Nutzung der Option für unwiderrufliche Kreditzusagen zu begrenzen.
[51] Vgl. IAS 39.BC18.
[52] Vgl. IAS 39.4.

2.3.3 Kreditzusagen außerhalb des Anwendungsbereichs von IAS 39

Ein Kreditinstitut hat auf alle Kreditzusagen, die nicht in den Anwendungsbereich von IAS 39 fallen, die Vorschriften von IAS 37 zu Rückstellungen und Eventualschulden anzuwenden.[53] Damit wird ein Großteil der von den Kreditinstituten gewährten Kreditzusagen nicht in den Anwendungsbereich von IAS 39 fallen.[54] Dies hat zur Folge, dass keine erfolgswirksame Berücksichtigung von Fair-Value-Änderungen (z.B. aufgrund von Änderungen des Marktzinsniveaus oder der Bonität des Kreditnehmers) erfolgt.

Diese Vorgehensweise erscheint sachgerecht, da unwiderrufliche Kreditzusagen üblicherweise wirtschaftlich nicht dazu dienen, kurzfristige Gewinne durch Zins- oder Bonitätsänderungen zu erzielen, sondern dem Kreditnehmer eine flexible Kreditvergabe zu ermöglichen; zudem wird auch der ausgezahlte Kredit nach IAS 39 üblicherweise zu fortgeführten Anschaffungskosten bewertet.

Eine Rückstellung oder Eventualschuld kann sich für ein Kreditinstitut aus einer Kreditzusage unter Anderem dadurch ergeben, dass ein Zinsverlust entsteht: Bei Zusage refinanziert sich das Kreditinstitut in der Regel fristenkongruent, um das Zinsänderungsrisiko auszuschließen. Den noch nicht in Anspruch genommenen Teil der Kreditzusage kann das Kreditinstitut nur kurzfristig am Geldmarkt anlegen, da der Kreditnehmer jederzeit das Recht auf Inanspruchnahme der zugesagten Kreditsumme hat. Der Zinsverlust wird bestimmt durch den Unterschied zwischen dem langfristigen Refinanzierungszinssatz des Kreditinstituts und dem (niedrigeren) kurzfristigen Geldmarktzinssatz. Das Kreditinstitut erhält als Ausgleich für diesen Zinsverlust von dem Kreditnehmer regelmäßig Ausgleichszahlungen, die nur für die Dauer der Nichtinanspruchnahme berechnet werden. Bei deutschen Kreditinstituten wird die Ausgleichszahlung in der Regel vierteljährlich nachträglich als fester Prozentsatz auf den während der drei Monate nicht in Anspruch genommenen Kreditteil, d.h. die offene Kreditzusage, berechnet. Dieser Prozentsatz ist zumeist standardisiert und wird nicht an die einzelnen Kreditnehmer angepasst.

Ein weiterer Grund für die Bildung einer Rückstellung oder Eventualschuld könnte in einem gestiegenen Adressenausfallrisiko des Kreditnehmers während des Zusagezeitraums bestehen: Das Kreditinstitut hat bei Konditionen, die mit Kreditzusage fixiert werden, keine Möglichkeit einer nachträglichen Änderung, so dass die Vertragsbedingungen nicht an die verschlechterte Bonität des Kreditnehmers angepasst werden können. Dieses Risiko wird von Kreditinstituten durch ein jederzeitiges Sonderkündigungsrecht bei Verschlechterung der Bonität des Kreditnehmers neutralisiert.

---

53 Vgl. IAS 39.2(h).
54 Vgl. IAS 39.BC15.

Sofern Ausgleichszahlungen für Zinsverluste oder Sonderkündigungsrechte vereinbart wurden, kann auf eine Passivierung einer Rückstellung oder Eventualschuld verzichtet werden.

2.3.4 Kreditzusagen bei unterverzinslichen Krediten

Kreditzusagen bei unterverzinslichen Krediten sind zwar grundsätzlich aus dem Anwendungsbereich von IAS 39 ausgenommen; gleichwohl wird deren Ansatz und Bewertung in IAS 39 geregelt.[55] Kreditzusagen bei unterverzinslichen Krediten werden im Zugangszeitpunkt zum Fair Value bewertet. Die Folgebewertung erfolgt zum höheren der Werte

– nach IAS 37, Provisions, Contingent Liabilities and Contingent Assets, oder

– dem Betrag im Zugangszeitpunkt, abzüglich der angemessenen, kumulierten Amortisation, die in Übereinstimmung mit IAS 18, Revenue, vorgenommen wurde.[56]

Durch die Vorschrift wird erreicht, dass die sich aus den unterverzinslichen Kreditzusagen ergebenen Verpflichtungen in Höhe des Zinsverlustes in der Bilanz berücksichtigt werden. Der Fair Value einer unwiderruflichen Kreditzusage wird determiniert durch die Zinsdifferenz zwischen dem vereinbarten (nicht-marktüblichen) Darlehenszinssatz und dem marktüblichen Darlehenszinssatz, bezogen auf den erwarteten Verlauf der offenen Kreditzusage.

Bei der praktischen Umsetzung dieser Anforderungen im Rahmen eines Umstellungsprojekts sind zwei Fragen zu klären: Die erste Frage betrifft die Definition der Unterverzinslichkeit von Krediten und der damit zusammenhängenden Kreditzusagen. Hier kann auf die Anforderungen von IAS 39.AG65 zurückgegriffen werden. Nach dieser Vorschrift ist ein Kredit unterverzinslich, wenn dessen Zinssatz unter dem marktüblichen Zinssatz für einen Kredit mit ähnlichen Konditionen (Währung, Laufzeit, Nominalzinssatz und anderen Vertragsbedingungen) und ähnlicher Bonitätseinschätzung des Kreditnehmers liegt.[57] Bei der Beurteilung der Marktüblichkeit ist auf den relevanten Markt der Geschäftsbankaktivität zu rekurrieren. So liegen die Zinssätze im Fördergeschäft öffentlich-rechtlicher Kreditinstitute regelmäßig unter dem Niveau sonstiger Kreditvergaben, ohne dass sogleich zwingend von einer Unterverzinslichkeit auszugehen ist.

---

55 Vgl. IAS 39.2(h).
56 Vgl. IAS 39.2(h).
57 Vgl. IAS 39.AG65 sowie zur Frage einer effektiven oder nur nominellen Unterverzinslichkeit auch Abschnitt 5.2.

Die zweite Frage resultiert aus der Notwendigkeit der Schätzung des erwarteten Verlaufs der offenen Kreditzusage: Zur Schätzung des Verlaufs sollte das Kreditinstitut auf Erfahrungswerte von vergleichbaren Krediten zurückgreifen; die Umsetzung dieser Anforderungen sollte mit Hilfe von statistischen Verfahren erfolgen.

2.4 Anwendung von IAS 39 bei Finanzgarantien: Abgrenzung der Garantien von Derivaten

2.4.1 Überblick über die Regelungen

IAS 39.3 regelt den Anwendungsbereich im Hinblick auf Finanzgarantien: Der Standard findet Anwendung auf Finanzgarantien, sofern diese eine Zahlung für den Fall vorsehen, dass es zu einer Änderung eines bestimmten Zinssatzes, Preises eines Finanzinstruments, Rohstoffpreises, Bonitätsratings, Wechselkurses, Kurs- oder Zinsindexes oder anderer Variablen kommt. Eine Finanzgarantie, die Zahlungen für den Fall vorsieht, dass das Bonitätsrating eines Schuldners unter ein bestimmtes Niveau sinkt, fällt gleichsam in den Anwendungsbereich von IAS 39.[58]

IAS 39 differenziert demnach zwischen Finanzgarantien, die eine Zahlung für den Fall vorsehen, dass ein anderer Schuldner seinen Zahlungsverpflichtungen gegenüber dem Sicherungsnehmer nicht nachkommt und bei diesem dadurch tatsächlich ein Verlust entstanden ist (sog. Cash-Flow-Garantien), und Finanzgarantien, die Zahlungen in Abhängigkeit von Basisvariablen vorsehen (sog. Fair-Value-Garantien).

Während Cash-Flow-Garantien derzeit vom Anwendungsbereich des IAS 39 ausgeschlossen werden, gehören Fair-Value-Garantien in den Anwendungsbereich des Standards.

Es ist aus heutiger Sicht offen, ob Finanzgarantien künftig nur in IAS 39 geregelt sein werden oder unter bestimmten Voraussetzungen auch unter den Anwendungsbereich von IFRS 4 fallen.

---

[58] Vgl. IAS 39.3.

2.4.2 Bilanzielle Behandlung von Cash-Flow-Garantien

Die Regelungen zum Anwendungsbereich von Finanzgarantien stehen in engem Zusammenhang mit den neuen Vorschriften von IFRS 4 zu Versicherungsverträgen[59]: Gemäß IAS 39.3 i.V.m. IFRS 4.B18(g) sind Cash-Flow-Garantien als Versicherungsverträge gemäß IFRS 4 einzustufen. Sie werden daher (zunächst) aus dem Anwendungsbereich von IAS 39 ausgeschlossen. Die geplanten Änderungen zu IAS 39 und IFRS 4 sehen jedoch vor, dass künftig sämtliche Finanzgarantien nach IAS 39 zu behandeln sind.[60] Der erstmalige Ansatz von Finanzgarantien erfolgt zum Fair Value, die Folgebewertung zum höheren Wert von fortgeschriebenen Anschaffungskosten und dem als Rückstellung nach IAS 37 erforderlichen Betrag.[61]

Aus diesem Exposure Draft folgt, dass entsprechend den Regelungen von IAS 39 künftig alle Cash-Flow-Garantien bei Zugang zum Fair Value zu passivieren sind, auch wenn ihre Ausfallwahrscheinlichkeit, d.h. die Wahrscheinlichkeit des Eintritts eines Zahlungsfalles, auf kleiner als 50% geschätzt wird. Dies bedeutet nicht nur im Vergleich zu IAS 39 alt (vor Amendments Project) i.V.m. IAS 37, sondern auch gegenüber den HGB-Regelungen eine Neuerung. Nach diesen Vorschriften erfolgte eine Passivierung von Finanzgarantien nur dann, wenn die Wahrscheinlichkeit der Inanspruchnahme über eine bestimmte Wahrscheinlichkeitsschwelle (IAS 37: 50%; HGB ca. 30-40%) hinausging.

Der Fair Value beim Erstansatz ist regelmäßig gleich dem Transaktionspreis.[62] Dabei sind die vom Garantienehmer über die Laufzeit zu zahlenden - als Barwert berechneten - Prämienzahlungen als Transaktionspreis zu verstehen; sie werden als Forderung aktiviert. Gleichzeitig ist ein Betrag in gleicher Höhe als Finanzgarantie zu passivieren. Sofern die Garantieprämie marktgerecht bepreist wurde, entspricht die Prämienzahlung dem Barwert der künftigen erwarteten Auszahlungen des Garantiegebers (unter Berücksichtigung eines Gewinnaufschlags). Eine saldierte Darstellung der Forderung in Höhe des Barwerts der Prämienzahlungen und Garantieverpflichtung dürfte nicht zulässig sein.

Für Zwecke der Folgebewertung der Garantien sind ihre Anschaffungskosten gemäß IAS 18 fortzuschreiben, es sei denn, nach IAS 37 wäre eine Rückstellung für die Verbindlichkeit aus der Garantie zu bilden. Eine Fair-Value-Bewertung der Garantie erfolgt also grundsätzlich nur im Zugangszeitpunkt, die fortgeschriebenen Anschaffungskosten werden in späteren Zeitpunkten mit der bestmöglichen Schätzung ver-

---

[59] Vgl. IFRS 4.4(d). Vgl. auch den Beitrag „Versicherungsgeschäfte".

[60] Vgl. Exposure Draft „Financial Guarantee Contracts and Credit Insurance" July 2004, Tz. 4 und Tz. 9. Vgl. auch ECKES, B./SITTMANN-HAURY, C./WEIGEL, W., Neue Versionen von IAS 32 und IAS 39 (I): Ausweis und Bewertung von Finanzinstrumenten, Die Bank 2004, S. 118-121, hier S. 119.

[61] Vgl. Exposure Draft „Financial Guarantee Contracts and Credit Insurance" July 2004, Tz. 47(c). Vgl. zu dem ED auch KUHN, S./SCHARPF, P., Finanzinstrumente: Neue (Teil-)Exposure Drafts zu IAS 39 und Vorstellung des Exposure Draft ED 7, KoR 2004, S. 381-389, hier S. 383-384.

[62] Vgl. IAS 39.AG64.

glichen.⁶³ Sind die Kriterien von IAS 37 für die Bildung einer Rückstellung erfüllt, ist der höhere der beiden Werte im Rahmen der Folgebewertung anzusetzen. In diesem Zusammenhang kann es durchaus sachgerecht sein, den durch die Fair-Value-Berechnung ermittelten Wert auch im Rahmen der Folgebewertung zunächst als bestmöglichen Schätzwert anzusehen.

Rechnet die Bank während der Laufzeit jedoch mit einem höheren Ausfall als zum Zeitpunkt des Vertragsabschlusses (z.B. bei massiver Bonitätsverschlechterung des Garantienehmers), ist die Verbindlichkeit mit dem Wert anzusetzen, der nun die bestmögliche Schätzung darstellt. Der Differenzbetrag ist dem Schuldposten aus der Finanzgarantie aufwandswirksam zuzuschreiben.

Bonitätsverschlechterungen des Garantienehmers können Auswirkungen auf die Bewertung der Prämienforderungen auf der Aktivseite haben. Diese sind als Forderung ein Finanzinstrument der Kategorie Loans and Receivables⁶⁴, ihre Bewertung fällt insofern unter den Anwendungsbereich von IAS 39. Die Bonitätsverschlechterung kann ein Impairment-Trigger nach IAS 39 darstellen, löst jedoch nicht automatisch eine aufwandswirksam zu berücksichtigende Wertminderung aus. Vielmehr ist zu prüfen, ob objektive, substanzielle Hinweise darauf vorliegen, dass eine Wertminderung der Prämienforderung eingetreten ist.⁶⁵ Ist dies der Fall, erfolgt neben der Zuschreibung der Verbindlichkeit noch die Abschreibung der Prämienforderung (obgleich beide Sachverhalte grundsätzlich unabhängig voneinander zu betrachten sind). Allerdings sind auch Transaktionen denkbar, in denen die Zahlung der Garantieprämie durch einen Dritten übernommen wird. In diesen Fällen erfolgt keine Wertberichtigung der Forderung in Folge der Bonitätsverschlechterung des Garantienehmers.

Da die Prämienforderung als Bestandteil der Kategorie Loans and Receivables zu fortgeführten Anschaffungskosten zu bewerten ist, bemisst sich der Abschreibungsbetrag nach der Differenz zwischen dem Buchwert des Vermögenswerts vor Impairment und dem Barwert der noch zu erwartenden zukünftigen, zum ursprünglichen Effektivzinssatz zu diskontierenden Zahlungsströme.⁶⁶

---

63 Vgl. IAS 37.36-50.
64 Vgl. zur Kategorisierung von Finanzinstrumenten Abschnitt 6.
65 Vgl. IAS 39.58. Zum Impairment von Finanzinstrumenten vgl. Abschnitt 10.
66 Vgl. hierzu IAS 39.63.

2.4.3 Bilanzielle Behandlung von Fair-Value-Garantien

Finanzgarantien, die Zahlungen in Abhängigkeit von Basisvariablen vorsehen, ohne dass tatsächlich ein Verlust entstanden ist, sind ausschließlich nach den Regelungen von IAS 39.3 zu behandeln. Darüber hinaus fallen gemäß IFRS 4.4(d) auch Finanzgarantien in den Anwendungsbereich von IAS 39, die im Falle einer Inanspruchnahme des Sicherungsgebers den Sicherungsnehmer zur Lieferung des notleidenden Vermögenswerts an den Sicherungsgeber verpflichten. Fair-Value-Garantien sind als derivative Finanzinstrumente in die Kategorie Held for Trading einzustufen und zum Fair Value zu bewerten; Wertänderungen sind in der jeweiligen Periode erfolgswirksam in der Gewinn- und Verlustrechnung zu berücksichtigen.

Im Zusammenhang mit der Frage des Anwendungsbereichs bei Finanzgarantien ist in der Praxis zu beachten, dass nicht nur eingeständige derivative Instrumente, wie (entsprechend ausgestaltete) Credit Default Swaps nach IAS 39 zu behandeln sind, sondern auch Instrumente die als (komplexe) strukturierte Produkte nur Komponenten enthalten, die nach den dargestellten Regelungen als Fair-Value-Garantie zu gelten haben. Zu diesen strukturierten Produkten gehören insbesondere Credit Linked Notes bzw. Credit-Linked-Schuldscheine.[67] Diese (festverzinslichen) Wertpapiere stellen eine Kombination aus einer Anleihe und einem Credit Default Swap dar. Die vom Sicherungsnehmer emittierte Schuldverschreibung wird bei Fälligkeit nur dann zum Nennbetrag getilgt, wenn ein vorher spezifiziertes Kreditereignis bei einem Referenzaktivum nicht eintritt. Bei Eintritt des Kreditereignisses wird die Credit Linked Note bzw. der Credit-Linked-Schuldschein abzüglich eines Ausgleichsbetrages, z.B. in Höhe des Nominalbetrages oder in Höhe der Differenz zwischen Nominal- und Restwert des Referenzaktivums, zurückgezahlt. Je nach Struktur ist eine Andienung des ausgefallenen Vermögenswerts an den Sicherungsgeber vorgesehen.

Die Änderungen des Fair Value bei getrennt zu bilanzierenden Derivaten sind im Rahmen der Folgebewertung des Assets zum jeweiligen Bilanzstichtag erfolgswirksam zu erfassen. Die Folgebewertung des Basisvertrags erfolgt je nach Kategorisierung der Schuldverschreibung zu fortgeführten Anschaffungskosten (in den Kategorien Held to Maturity und Loans and Receivables) oder zum Fair Value (bei Available-for-Sale- oder Held-for-Trading-Finanzinstrumenten).[68]

---

[67] Vgl. zur Frage der Trennungspflicht des eingebetteten Derivats Abschnitt 11.4.
[68] Vgl. zu den Kategorien Abschnitt 6.

3. Regelungen zum Zugang von Finanzinstrumenten

3.1 Überblick über die Regelungen

Finanzinstrumente sind ab dem Zeitpunkt zu bilanzieren, zu dem die Bank „Vertragspartei der Regelungen des Finanzinstruments" (IAS 39.14) wird. Dieser Zeitpunkt wird als Handelstag bzw. Trade Date bezeichnet.[69] Die Bank ist Vertragspartei, wenn sie eine Verpflichtung zum Kauf oder Verkauf von Finanzinstrumenten eingegangen ist, also sobald ein Kaufvertrag abgeschlossen und damit die Bedingungen der Abwicklung festgelegt worden sind bzw. sobald eine finanzielle Verpflichtung fest eingegangen wird.

Alternativ ist es möglich, finanzielle Vermögenswerte, die im Rahmen von marktüblichen (sog. Regular-Way-)Käufen und Verkäufen erworben werden, erst ab dem Zeitpunkt der Erfüllung des Verpflichtungsgeschäfts anzusetzen, also auf die effektive Lieferung des finanziellen Vermögenswerts abzustellen.[70] Dieser Zeitpunkt wird als Erfüllungstag bzw. Settlement Date bezeichnet.[71]

Als Regular-Way-Käufe und -Verkäufe gelten Transaktionen, bei denen zwischen Handels- und Erfüllungstag eine marktübliche Spanne an Abwicklungstagen liegt. Bei der Beurteilung ist auf die Usancen des jeweiligen Marktes, an dem die konkrete Transaktion abgeschlossen wird, abzustellen. Regular-Way-Transaktionen liegen regelmäßig bei Erwerb und Veräußerung von Wertpapieren an etablierten Wertpapierbörsen vor (Kassageschäfte). Solche Transaktionen bleiben allerdings nicht auf etablierte Wertpapierbörsen oder organisierte OTC-Märkte beschränkt.[72]

Das Wahlrecht bezüglich Trade Date bzw. Settlement Date Accounting ist stetig für alle Käufe und auch Verkäufe von finanziellen Vermögenswerten anzuwenden, die innerhalb derselben Bewertungskategorie erfasst werden.[73] Hierbei gelten die beiden Unterkategorien der Kategorie at Fair Value through Profit or Loss (Held for Trading und designated at Fair Value through Profit or Loss) als eigenständige Bewertungskategorien.[74] Der Abschluss von Derivaten gilt nicht als Regular-Way-Transaktion.[75] Es ist

---

[69] Vgl. IAS 39.14.
[70] Vgl. IAS 39.38 sowie IAS 39.AG53-AG56.
[71] Vgl. für nicht-finanzielle Vermögenswerte auch Abschnitt 2.2.
[72] Vgl. IAS 39.IG.B.28.
[73] Vgl. zu den Bewertungskategorien von IAS 39 Abschnitt 6.
[74] Vgl. IAS 39.AG53.
[75] Vgl. IAS 39.AG54.

also zulässig (und gängige Praxis), für die in die Kategorie Trading eingestuften Handelsgeschäfte einer Bank das Trade Date Accounting vorzunehmen und für Wertpapiere der Kategorie Available for Sale Settlement Date Accounting zu wählen.

Besonderheiten ergeben sich im Hinblick auf die Ausübung des Wahlrechts bei der Berücksichtigung von Wertänderungen der erworbenen finanziellen Vermögenswerte zwischen dem Handels- und Erfüllungstag, sofern ein Bilanzstichtag innerhalb dieser Spanne liegt. Zwischen Handels- und Erfüllungstag erfolgt eine bilanzunwirksame Erfassung als Schwebe- bzw. Memorandumposten. Diese außerbilanziellen Konten werden zum Erfüllungstag ausgebucht.

Fair-Value-Änderungen von finanziellen Vermögenswerten, die als Held for Trading oder designated at Fair Value through Profit or Loss (beide at Fair Value through Profit or Loss) kategorisiert sind, werden zu Bilanzstichtagen zwischen Handels- und Erfüllungstag erfolgswirksam vereinnahmt. Fair-Value-Änderungen von finanziellen Vermögenswerten, die als Loans and Receivables oder Held to Maturity kategorisiert sind, werden - mit Ausnahme von Impairments - nicht berücksichtigt. Fair-Value-Änderungen der Bewertungskategorie Available for Sale werden erfolgsneutral in der Neubewertungsrücklage des Eigenkapitals verbucht (IAS 39.AG56).

Analog werden Fair-Value-Änderungen nur bis zum Trade Date des Abganges des Vermögenswertes erfasst.[76] Zinsen werden grundsätzlich erst ab dem Zeitpunkt der Erfüllung des Verpflichtungsgeschäfts aus dem Kauf abgegrenzt (IAS 39.AG55).

Basierend auf den dargestellten Regelungen besteht ein Wahlrecht in der Anwendung von Trade Date oder Settlement Date Accounting für jene finanziellen Vermögenswerte, die im Rahmen einer Regular-Way-Transaktion erworben oder veräußert werden. Die Ausübung des Wahlrechts hat jedoch keinen Einfluss auf die Gewinn- und Verlustrechnung und auf das Eigenkapital der Bank; diese sind bei der der Bilanzierung zum Erfüllungstag und der Bilanzierung zum Handelstag identisch. Es ergeben sich ausschließlich temporäre Unterschiede auf die Bilanz der Bank, die auch nur dann sichtbar werden, wenn zwischen Handels- und Erfüllungstag ein Bilanzstichtag liegt.[77]

In der Praxis werden IT-Systeme im Handelsbereich häufig auf Basis des Trade Date Accounting eingesetzt, während im Finanzanlagevermögen vielfach Systeme im Einsatz sind, die auf dem Settlement Date Accounting basieren. Sollen Derivate, die in einem Trade-Date-Accounting-System abgebildet werden, im Rahmen des Hedge Accounting mit Underlyings zusammengeführt werden, die nach dem Settlement Date Accounting abgebildet werden, kann allein die Nutzung unterschiedlicher Systeme zu Ineffektivitäten führen. Hier kann eine Ausübung des Wahlrechts in Richtung Trade Date Accounting auch für das Finanzanlagevermögen zweckmäßig sein, um die Effektivität der Hedge-Beziehung zu gewährleisten. Der Wechsel von Trade Date zu Settlement Date

---

[76] Vgl. IAS 39.IG.D.2.2.
[77] Vgl. hierzu auch die Beispiele auf den folgenden Seiten.

Accounting oder umgekehrt ist ein gemäß IAS 8 „Bilanzierungs- und Bewertungsmethoden, Änderungen von Schätzungen und Fehler" zu berücksichtigender Tatbestand.

3.2 Praktisches Beispiel

Die Unterschiede zwischen einer Bilanzierung zum Handels- und Erfüllungstag sollen nachfolgend an einem Beispiel verdeutlicht werden:[78] Die Bank kauft am 29.12.20X1 (= Tag des Vertragsabschlusses) ein Wertpapier zu € 1.000. Am 31.12.20X1 (Bilanzstichtag) beträgt der Fair Value € 1.002, am 04.01.20X2 (= Erfüllungstag) € 1.003. Die Übertragung des Wertpapiers im Zeitraum zwischen 29.12.20X1 und 04.01.20X2 kann als marktüblich angesehen werden. Die Bilanzierung des Wertpapiers bei Ansatz zum Handelstag ergibt sich aus folgender Tabelle:

	Bilanzierung zum Handelstag		
	Held to Maturity Investments/Loans and Receivables	Finanzinstrumente Available for Sale	Finanzinstrumente at Fair Value through Profit or Loss
29.12.20X1			
Financial Asset	€ 1.000	€ 1.000	€ 1.000
Financial Liability	€ 1.000	€ 1.000	€ 1.000
31.12. 20X1			
Financial Asset	€ 1.000	€ 1.002	€ 1.002
Financial Liability	€ 1.000	€ 1.000	€ 1.000
AfS-Rücklage	—	€ 2	—
GuV (kumuliert)	—	—	€ 2
04.01.20X2			
Financial Asset	€ 1.000	€ 1.003	€ 1.003
Financial Liability	—	—	—
AfS-Rücklage	—	€ 3	—
GuV (kumuliert)	—	—	€ 3

Abb. 3: Bilanzierung bei Ansatz des Wertpapiers zum Handelstag

---

[78] Vgl. hierzu auch IAS 39.IG.D.2.1-D2.2.

Die nachfolgende Abbildung zeigt die bilanziellen Auswirkungen einer Anwendung des Settlement Date Accounting:

	Bilanzierung zum Erfüllungstag		
	Held to Maturity Investments/Loans and Receivables	Finanzinstrumente Available for Sale	Finanzinstrumente at Fair Value through Profit or Loss
29.12.20X1			
Financial Asset	—	—	—
Financial Liability	—	—	—
31.12.20X1			
Financial Asset	—	€ 2	€ 2
Financial Liability	—	—	—
AfS-Rücklage	—	€ 2	—
GuV (kumuliert)	—	—	€ 2
04.01.20X2			
Forderung	—	—	—
Financial Asset	€ 1.000	€ 1.003	€ 1.003
Financial Liability	—	—	—
AfS-Rücklage	—	€ 3	—
GuV (kumuliert)	—	—	€ 3

Abb. 4: Bilanzierung bei Ansatz des Wertpapiers zum Erfüllungstag

Alternativ zu der dargestellten Verbuchung der Wertänderung zwischen Trade Date und Settlement Date zum Abschlussstichtag im Posten Forderung ist auch eine Verbuchung im Posten Wertpapiere denkbar.

Im Unterschied zur Bilanzierung zum Erfüllungstag wird das Wertpapier bei Trade Date Accounting beim Erwerber bereits zum Tag des Vertragsabschlusses eingebucht. Deutlich wird, dass die Ausübung des Wahlrechts keine Auswirkungen auf GuV oder das Eigenkapital hat: Die Auswirkungen auf die Neubewertungsrücklage (bei AfS-Papieren) bzw. auf die GuV (bei Finanzinstrumenten der Kategorie at Fair Value through Profit or

Loss) sind trotz der Bilanzierung des Wertpapiers zum Erfüllungstag bereits zum Abschlussstichtag beim Erwerber zu berücksichtigen.

Im Rahmen von Umstellungsprojekten ist sicherzustellen, dass die Bewertung der zum Zeitwert bilanzierten Finanzinstrumente schon ab dem Trade Date erfolgen kann. Dies gilt insbesondere für finanzielle Vermögenswerte, die in die Kategorien Available for Sale oder at Fair Value through Profit or Loss eingeordnet werden.

Die im Wertpapier- und Derivategeschäft bedeutsame Unterscheidung zwischen einer Bilanzierung zum Verpflichtungs- oder Erfüllungszeitpunkt hat für das Kreditgeschäft keine Relevanz: Zwar setzt die Abgrenzung zwischen Trade Date und Settlement Date nicht notwendigerweise das Vorhandensein eines organisierten Marktes voraus.[79] Die herrschenden Konventionen auf diesem Markt müssen jedoch festgelegt und damit standardisierte Vorschriften zu einer Abgrenzung zwischen dem Verpflichtungs- und dem Erfüllungsdatum vorsehen. Die sehr individualisierten Kreditverträge erlauben keine Abgrenzung zwischen dem Trade Date und dem Settlement Date, so dass es an einer Standarisierung in Form von Marktkonventionen fehlt. Wie nach deutschem Recht werden Kreditverhältnisse in der Praxis auch nach IAS 39 erst mit der Auszahlung als Forderung eingebucht.[80]

4. Regelungen zum Abgang von Finanzinstrumenten

4.1 Bestimmung des Abgangszeitpunkts

Aus den dargestellten Vorschriften zum Zugangszeitpunkt und der vorgeschriebenen Berücksichtigung von Wertänderungen des Finanzinstruments beim Käufer ab dem Handelstag resultiert eine Ausbuchung von finanziellen Vermögenswerten zum Handelstag (Trade Date Accounting).[81] Eine Ausnahme besteht nur unter Ausübung des Wahlrechts für Settlement Date Accounting bei Regular-Way-Käufen und -Verkäufen. Finanzielle Verpflichtungen sind auszubuchen, wenn sie getilgt werden oder anderweitig

---

[79] Vgl. IAS 39.IG.B.28.
[80] Für die Zeit zwischen der Kreditzusage und der Auszahlung des Kredits scheidet auch die Einstufung des Geschäfts als Derivat aus, wenn eine „marktübliche" Abwicklung vereinbart wurde.
[81] Vgl. auch IAS 39.AG36.

auslaufen oder erlassen werden.[82] Aus der Ausbuchung von Verbindlichkeiten mit Tilgung resultiert ein Settlement Date Accounting.

Im Rahmen des Abgangs ergeben sich - neben den temporären Verschiebungen in der Bilanz - Einflüsse auf die Gewinn- und Verlustrechnung und auf das Eigenkapital. Während bei Anwendung von Trade Date Accounting der Abgangserfolg immer am Trade Date realisiert wird, ist bei Ausübung des Wahlrechts in Richtung Settlement Date Accounting zu differenzieren: Bei Finanzinstrumenten, die zu fortgeführten Anschaffungskosten bewertet werden und bei finanziellen Vermögenswerten, die als Available for Sale kategorisiert wurden, kommt es erst am Settlement Date zur Erfolgsrealisierung in der GuV. Bei Finanzinstrumenten, die GuV-wirksam zum Fair Value bewertet werden, wird der Abgangserfolg hingegen stets bereits am Trade Date realisiert.

4.2 Der Continuing Involvement Approach

4.2.1 Überblick über die Regelungen

Der Abgangszeitpunkt von finanziellen Vermögenswerten und Verbindlichkeiten lässt sich regelmäßig anhand der den Transaktionen zugrunde liegenden vertraglichen Vereinbarungen feststellen. Praktische Schwierigkeiten bei der Prüfung des Abgangs von finanziellen Vermögenswerten ergeben sich regelmäßig dann, wenn der Bilanzierende trotz (formal) erfolgter Übertragung noch über Rechte an den finanziellen Vermögenswerten verfügt oder weiter Verpflichtungen im Zusammenhang mit diesen Vermögenswerten übernimmt. Im Bankenbereich ist dies typischerweise beim Transfer von finanziellen Vermögenswerten und Verbindlichkeiten gegeben, die im Rahmen von Verbriefungen oder Factoring-Geschäften übertragen werden. Auch die im Rahmen der True Sale Initiative geplanten Transaktionen sind im Hinblick auf die Ausbuchungsregelungen zu untersuchen.

IAS 39 alt (vor Amendments Project) kannte unterschiedliche Ausbuchungskonzepte, die letztlich nebeneinander standen ohne dem Bilanzierenden Hinweise auf eine Rangordnung zu geben (component approach, risk and reward approach, control approach). Die Anwendung der verschiedenen Konzepte führte immer dann zu Schwierigkeiten, wenn sie zu unterschiedlichen Ergebnissen im Hinblick auf die Ausbuchung führten. Dies konnte etwa der Fall sein, wenn die Verfügungsmacht über den finanziellen Vermögenswert beim Bilanzierenden verloren ging, er jedoch weiterhin über die Chancen und Risiken verfügt.

---

[82] Vgl. IAS 39.39.

Der im Rahmen des Amendments Project überarbeitete IAS 39 enthält umfangreiche Vorschriften, die für die Beurteilung, ob und in welcher Höhe eine Ausbuchung vorzunehmen ist, en detail zu prüfen sind.[83]

Die neuen Regelungen sind grundsätzlich prospektiv anzuwenden. Hatte ein Unternehmen also finanzielle Vermögenswerte nach den Vorschriften des alten Standards infolge einer vor dem 01.01.2004 eingetretenen Transaktion ausgebucht und wären diese Vermögenswerte nach den Regelungen des überarbeiteten Standards nicht auszubuchen, ist eine erneute Erfassung dieser Vermögenswerte nicht zulässig, d.h. die Ausbuchung ist beizubehalten.[84]

Als Ausnahme von diesem Grundsatz kann ein Unternehmen die geänderten Ausbuchungsregelungen aber auch freiwillig retrospektiv ab einem vom Unternehmen zu bestimmenden Zeitpunkt anwenden, vorausgesetzt, die dazu erforderlichen Informationen über die infolge von Transaktionen der Vergangenheit ausgebuchten finanziellen Vermögenswerte (bzw. finanzielle Verbindlichkeiten) waren zum Zeitpunkt der erstmaligen Bilanzierung dieser Transaktionen verfügbar.[85]

Bevor die Frage der Ausbuchung von Finanzinstrumenten untersucht wird, sind aber zunächst alle Tochterunternehmen gemäß IAS 27 und SIC-12 „Konsolidierung - Zweckgesellschaften" in den Konzernabschluss einzubeziehen. Die Übertragung von finanziellen Vermögenswerten der Konzernmutter an eine zu konsolidierende Special Purpose Entity führt dazu, dass die Regelungen zur Ausbuchung von finanziellen Vermögenswerten für den Konzernabschluss keine Relevanz entfalten.[86]

---

[83] Vgl. hierzu KROPP, M./KLOTZBACH, D., Der Exposure Draft zur Änderung des IAS 39 „Financial Instruments", a.a.O. (Fn. 3), S. 1010-1031.
[84] Vgl. IAS 39.106.
[85] Vgl. IAS 39.107.
[86] Vgl. IAS 39.15; siehe zur Frage der Einbeziehung von Zweckgesellschaften in den Konsolidierungsbereich ausführlich Abschnitt 4 im Beitrag „Konzernrechnungslegung".

Die folgende Abbildung gibt einen Überblick über die Kriterien von SIC-12:

Derecognition

Konsolidierung von Special Purpose Entities nach SIC-12

■ Hinsichtlich einer möglichen Pflicht zur Konsolidierung einer Special Purpose Entity (SPE) ist SIC-12.9-10 zu beachten

■ Eine Konsolidierung ist nach der anzustellenden Risiko-Chancen-Betrachtung dann erforderlich, wenn

- bei wirtschaftlicher Betrachtungsweise die SPE zu Gunsten des Unternehmens geführt wird, sodass das Unternehmen Nutzen aus der SPE zieht (SIC-12.10(a)),
- bei wirtschaftlicher Betrachtung das Unternehmen über die Entscheidungsmacht, den mehrheitlichen Nutzen aus der SPE zu ziehen, verfügt, oder diese Entscheidungsmacht durch einen „Autopiloten" delegiert hat (SIC-12.10(b)),
- die Mehrheit der Residual- oder Eigentumsrechte beim Verkäufer der Forderungen verbleiben (SIC-12.10(c)) oder
- das gesamte Ausfallrisiko an den übertragenen Vermögenswerten vom Verkäufer zu tragen ist (SIC-12.10(d))

Abb. 5: Kriterien für eine Konsolidierung nach SIC-12

Liegt als Ergebnis der Prüfung von SIC-12 eine Übertragung der finanziellen Vermögenswerte an konzernfremde Dritte vor, kommen die oben erwähnten Konzepte zur Anwendung; zusätzlich beinhaltet der überarbeitete IAS 39 mit dem Continuing Involvement Approach noch ein weiteres Ausbuchungskonzept:

– Component Approach - Vollständige oder teilweise Ausbuchung eines finanziellen Vermögenswertes,

– Risk and Reward Approach - Ausbuchung, wenn die wesentlichen Chancen und Risiken übertragen werden,

– Control Approach - Ausbuchung, wenn die Verfügungsmacht über einen finanziellen Vermögenswert verloren geht,

– Continuing Involvement Approach - Keine Ausbuchung in Höhe des fortbestehenden Engagements.

Um eine praktikablere Untersuchung von Transaktionen zu ermöglichen, wurde vom IASB ein siebenstufiges Prüfverfahren entwickelt, das die genannten Ausbuchungskonzepte integriert und anhand dessen die Frage der Ausbuchung von finanziellen Vermögenswerten zu beantworten ist; dieses Verfahren ist nachfolgend dargestellt.[87]

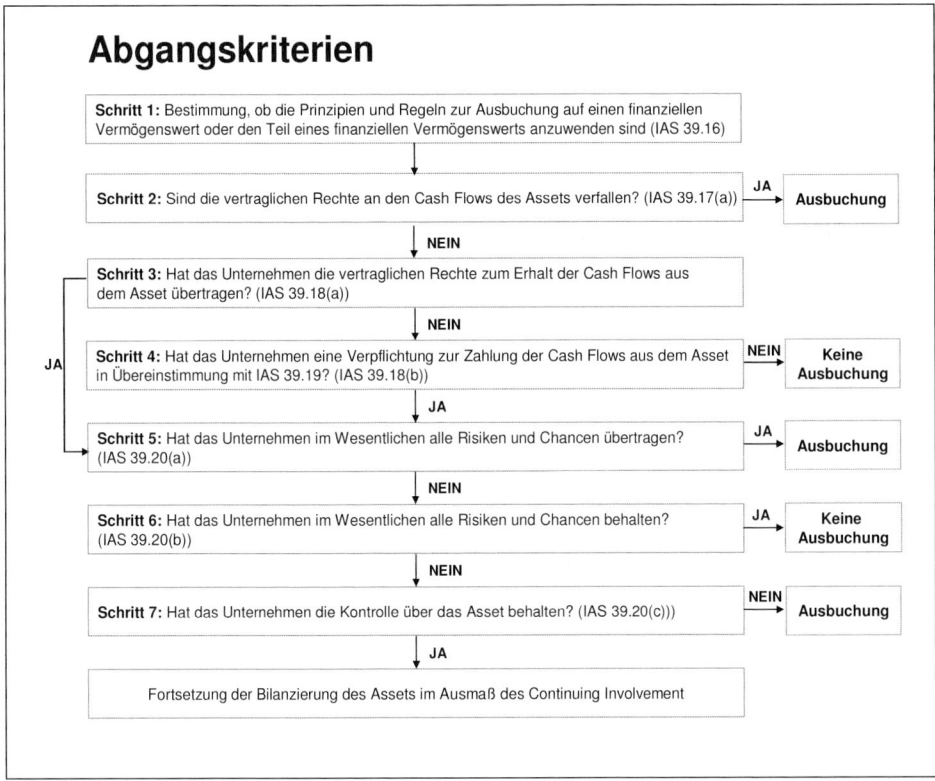

Abb. 6: Abgangskriterien nach IAS 39

Die sieben Schritte des Prüfschemas werden im Folgenden detailliert erläutert; anschließend wird der Continuing Involvement Approach an einem Beispiel verdeutlicht.

(1) In einem ersten Schritt ist zu prüfen, ob die nachfolgend darzustellenden Vorschriften zur Ausbuchung auf einen Teil des finanziellen Vermögenswerts (oder den Teil einer ähnlichen Gruppe von finanziellen Vermögenswerten) oder auf einen finanziellen Vermögenswert (oder eine Gruppe ähnlicher finanzieller Vermögenswerte)

---

[87] Vgl. IAS 39.AG36.

in seiner Gesamtheit anzuwenden sind. Dazu muss in Bezug auf den Teil eines finanziellen Vermögenswerts eine der drei folgenden Voraussetzungen erfüllt sein:[88]

- Der Teil umfasst spezifisch zu identifizierende Cash Flows aus einem Vermögenswert; Beispiel: Ein Unternehmen trifft eine Vereinbarung, nach der es den Zahlungsstrom aus einem vom Mantel getrennten Zinskupon einer Anleihe erhält.
- Der Teil besteht aus einem exakt abgrenzbaren Anteil an den Cash Flows eines Vermögenswerts; Beispiel: Ein Unternehmen trifft eine Vereinbarung, bei der der Partner 90% aller Cash Flows aus einer Anleihe erhält.
- Der Teil besteht aus einem exakt abgrenzbaren Anteil an einem spezifisch zu identifizierenden Cash Flow eines Vermögenswerts; Beispiel: Ein Unternehmen trifft eine Vereinbarung, bei der ein Partner 90% des Cash Flow aus einem vom Mantel getrennten Zinskupon einer Anleihe erhält.

In allen anderen Fällen sind die Schritte 2-7 auf den finanziellen Vermögenswert in seiner Gesamtheit anzuwenden.

(2) Im zweiten Schritt ist zu untersuchen, ob die vertraglichen Rechte auf Cash Flows aus dem finanziellen Vermögenswert ausgelaufen oder verfallen sind. Sind die Rechte ausgelaufen, ist eine Ausbuchung vorzunehmen.

(3) In einem dritten Schritt wird geprüft, ob die vertraglichen Cash Flows aus dem finanziellen Vermögenswert übertragen wurden. Ist dies der Fall, ist mit Schritt (5) weiter zu verfahren, andernfalls - bei Verbleib der vertraglichen Rechte beim Bilanzierenden - ist Schritt (4) des Prüfverfahrens anzuwenden.

(4) Wurden die Rechte an den vertraglichen Cash Flows behalten, ist in einem vierten Schritt zu untersuchen, ob eine vertragliche Verpflichtung zur Zahlung der Cash Flows an einen oder mehrere Empfänger vereinbart wurde (sog. Pass-through-Arrangements). Ist dies zu bejahen, hat das Unternehmen die Transaktion nur dann als eine Übertragung zu behandeln, wenn alle drei nachfolgenden Bedingungen erfüllt sind:

- Das Unternehmen ist nicht verpflichtet, den eventuellen Empfängern Zahlungen zu leisten, sofern es nicht entsprechende Beträge von dem ursprünglichen Vermögenswert vereinnahmt. Von dem Unternehmen geleistete kurzfristige Vorauszahlungen, die das Recht auf volle Rückerstattung des geliehenen Betrags zuzüglich der aufgelaufenen Zinsen zum Marktzinssatz beinhalten, verletzen diese Bedingung nicht.

---

[88] Vgl. IAS 39.16.

- Gemäß den Bedingungen des Übertragungsvertrags ist es dem Unternehmen untersagt, den ursprünglichen Vermögenswert zu verkaufen oder zu verpfänden, es sei denn als Sicherheit gegenüber den eventuellen Empfängern, um die Verpflichtung, ihnen die Cash Flows zu zahlen zu erfüllen.
- Das Unternehmen ist verpflichtet, alle Cash Flows, die es für die eventuellen Empfänger einnimmt, ohne wesentliche Verzögerung weiterzuleiten. Ein Unternehmen ist außerdem nicht befugt, solche Cash Flows innerhalb der kurzen Erfüllungsperiode vom Inkassotag bis zum geforderten Überweisungstermin zu reinvestieren, außer in Zahlungsmittel oder Zahlungsmitteläquivalente, wobei die Zinsen aus solchen Finanzinvestitionen an die eventuellen Empfänger weiterzuleiten sind.[89]

(5) Hat das Unternehmen entweder die vertraglichen Cash Flows aus dem finanziellen Vermögenswert übertragen (Schritt (4)) oder eine vertragliche Verpflichtung zur Zahlung der Cash Flows an einen oder mehrere Empfänger (Schritt (5)), wurde der finanzielle Vermögenswert übertragen.[90] In diesem Fall hat das Unternehmen das Ausmaß festzustellen, in dem es die mit dem Eigentum des finanziellen Vermögenswerts verbundenen Chancen und Risiken zurückbehält. Der Vermögenswert ist auszubuchen und jegliche bei dieser Übertragung entstandenen oder behaltenen Rechte und Verpflichtungen sind gesondert als Vermögenswerte oder Verbindlichkeiten anzusetzen, wenn im Wesentlichen die Chancen und Risiken transferiert wurden.[91]

(6) Der finanzielle Vermögenswert ist weiterhin zu bilanzieren, wenn das Unternehmen im Wesentlichen die Chancen und Risiken behalten hat.[92]

(7) Wurden die Chancen und Risiken im Wesentlichen weder übertragen noch behalten, ist zu prüfen, ob das Unternehmen die Verfügungsmacht (Kontrolle) über den finanziellen Vermögenswert behalten hat.

- Hat das Unternehmen die Verfügungsmacht nicht behalten, ist der finanzielle Vermögenswert auszubuchen und die bei dieser Übertragung entstandenen oder behaltenen Rechte und Verpflichtungen sind gesondert als Vermögenswerte oder Verbindlichkeiten anzusetzen.
- Hat das Unternehmen dagegen die Verfügungsmacht behalten, ist der finanzielle Vermögenswert im Umfang seines anhaltenden Engagements weiter zu bilanzieren.[93]

---

[89] Vgl. zu Schritt (4) IAS 39.19.
[90] Vgl. IAS 39.18.
[91] Vgl. IAS 39.20(a).
[92] Vgl. IAS 39.20(b).
[93] Vgl. zu Schritt (7) IAS 39.20(c).

4.2.2 Erläuterungen zu den Regelungen

4.2.2.1 Übertragung der wesentlichen Chancen und Risiken

Weder der Standard noch die umfangreiche Application Guidance konkretisieren, was unter dem Kriterium im Wesentlichen alle Chancen und Risiken zu verstehen ist. Die Analyse der Transaktion im Hinblick auf dieses Kriterium sollte alle mit dem Vermögenswert verbundenen Chancen und Risiken nach Eintrittswahrscheinlichkeiten gewichtet berücksichtigen. Sofern die den Barwert der Cash Flows beeinflussenden Komponenten substanziell beim Unternehmen verbleiben, hat das Unternehmen weiterhin im Wesentlichen alle Chancen und Risiken.

Überträgt eine Bank kurzfristige Forderungen in Höhe von € 100.000 und übernimmt eine Garantie über € 10.000, sind die Risiken im Wesentlichen bei der Bank verblieben, wenn die erwarteten Kreditausfälle € 5.000 betragen. Die Forderungen sind weiter durch die Bank zu bilanzieren.

Eine Übertragung von Chancen und Risiken ist nicht gegeben, wenn ein Verkauf mit einem Rückkauf gekoppelt wurde, der zu einem festgelegten Rückkaufpreis oder dem Verkaufspreis zuzüglich einer Verzinsung erfolgt. Gleiches gilt, wenn der Verkauf mit einem Total Return Swap einhergeht, mit dem das Marktrisiko auf das Unternehmen zurück übertragen wird.

Übernimmt das Unternehmen beim Verkauf von kurzfristigen Forderungen eine Garantie auf Entschädigung für wahrscheinlich eintretende Kreditausfälle, liegt keine Übertragung von Chancen und Risiken vor.

Eine Übertragung der wesentlichen Chancen und Risiken wird angenommen, wenn der Verkauf eines finanziellen Vermögenswerts kombiniert wird mit einer Option, diesen Vermögenswert zu einem späteren Zeitpunkt zum Fair Value zurückzukaufen oder mit einer Option, die so weit aus dem Geld ist, dass eine Ausübung unwahrscheinlich ist und nicht damit zu rechnen ist, dass die Option vor Fälligkeit im Geld sein wird.[94]

Ein so genannter „Wash Sale", der Verkauf und sofortige Rückkauf eines finanziellen Vermögenswerts, führt zur Ausbuchung, wenn im Zeitpunkt des Verkaufs keine Vereinbarung besteht, den finanziellen Vermögenswert zurück zu erwerben und der Rückkauf zum Fair Value erfolgt. Eine Ausbuchung ist nicht zulässig, wenn mit der Vereinbarung über den Verkauf zugleich eine Rückübertragung zu einem festen Preis oder einem Verkaufspreis zuzüglich einer Verzinsung vereinbart wird.[95]

---

[94] Vgl. IAS 39.AG39.
[95] Vgl. IAS 39.AG51(e).

4.2.2.2 Übergang der Verfügungsmacht

Das Merkmal der Verfügungsmacht ist immer dann zu prüfen, wenn kein eindeutiges Risiko-Chancen-Profil besteht. Wurden von einer Bank langfristige Hypothekendarlehen verkauft und die Ausfallrisiken behalten, jedoch die Zinsrisiken und die Risiken aus einer vorzeitigen Rückzahlung der Darlehen mit an den Empfänger übertragen, könnte eine eindeutige Zuordnung der Risiken aufgrund der Verteilung der Risiken scheitern. In diesen Fällen ist der Übergang der Verfügungsmacht zu prüfen.

Die Verfügungsmacht geht in derartigen Fällen über, wenn die übertragenen finanziellen Vermögenswerte auch aus Sicht des Empfängers übertragbar sind. Dies ist üblicherweise gegeben, wenn der Empfänger der Darlehen die Möglichkeit hat, diese auf einem Markt weiterzuveräußern. Vertragliche Restriktionen, die den Verkauf der übertragenen finanziellen Vermögenswerte beschränken sollen, stehen einer Übertragung der Verfügungsmacht insoweit nicht zwingend entgegen. Existiert dagegen kein derartiger Markt, verbleibt die Verfügungsmacht bei der Bank. Die Verfügungsmacht verbleibt auch dann bei der Bank, wenn sie eine Option besitzt, die den Empfänger davon abhält, die übertragenen finanziellen Vermögenswerte weiter zu veräußern. Dies ist der Fall, wenn der Wert der Verkaufsoption hoch ist und kein Dritter einen ähnlichen Preis für die übertragenen finanziellen Vermögenswerte zahlen würde.

Die Übertragung eines finanziellen Vermögenswertes unter Vereinbarung einer bedingungslosen Rückkaufoption ist daraufhin zu prüfen, ob die wesentlichen Chancen und Risiken auf den Empfänger übergegangen sind. Sind die wesentlichen Chancen und Risiken weder behalten noch übertragen worden, ist eine Ausbuchung nur in Höhe des Betrags vorzunehmen, der nicht unter dem Vorbehalt der Rückkaufoption steht. Werden Kredite mit einem Buchwert von € 100.000 übertragen (Kaufpreis € 100.000) und können davon maximal Kredite in Höhe von € 10.000 zurück erworben werden, sind Kredite in Höhe von € 90.000 auszubuchen.[96]

4.2.2.3 Continuing Involvement

Hat die Bank die Verfügungsmacht über den finanziellen Vermögenswert behalten und Teile der Chancen und Risiken übertragen, ist der Vermögenswert in dem Umfang seines anhaltenden Engagements weiter zu erfassen.

Das Continuing Involvement kann bspw. in einer Kaufoption in Bezug auf den transferierten Vermögenswert bestehen.[97] Dann entspricht das fortbestehende Engagement dem Betrag, zu dem der übertragene Vermögenswert zurück erworben werden könnte. Im

---

[96] Vgl. IAS 39.AG51(l).

[97] Vgl. zu möglichen Formen des Continuing Involvement LÖW, E./SCHILDBACH, S., Financial Instruments - Änderungen von IAS 39 aufgrund des Amendments Project des IASB, BB 2004, S. 875-882, hier S. 878-879. Vgl. auch ECKES, B./SITTMANN-HAURY, C./WEIGEL, W., Neue Versionen von IAS 32 und IAS 39 (I), a.a.O. (Fn. 60), S. 121, die wesentliche Einflüsse aus den Vorschriften des Continuing Involvement auf Verbriefungstransaktionen erwarten.

Fall einer geschriebenen Put Option auf einen zum Fair Value bewerteten Vermögenswert ist das Continuing Involvement jedoch begrenzt auf den niedrigeren Betrag aus dem Vergleich von Fair Value des transferierten Vermögenswerts und Ausübungspreis der Option.[98]

Bei dem fortbestehenden Engagement kann es sich um eine barregulierte Option auf den transferierten Vermögenswert handeln. In diesem Fall würde das Continuing Involvement auf die gleiche Art und Weise bewertet wie bei einer Non-Cash-Settled-Option.[99]

Es ist denkbar, dass das fortbestehende Engagement in Form einer Garantie auf den transferierten Vermögenswert erfolgt. In diesem Fall entspricht das Continuing Involvement dem niedrigeren Betrag aus dem Vergleich von Wertansatz des Vermögenswerts und Wertansatz der Garantie; der Wertansatz der Garantie entspricht dem maximalen Betrag aus der möglichen Inanspruchnahme.[100]

Transferiert eine Bank Kredite in Höhe von € 100.000 an einen Empfänger und gibt eine Garantie für den Kreditausfall in Höhe von € 2.000, richtet sich die Ausbuchung nach dem erwarteten Ausfall (expected loss). Beträgt die Ausfallerwartung € 5.000, ist im nächsten Schritt zu untersuchen, ob die Verfügungsmacht übergegangen ist, da die Chancen und Risiken weder im Wesentlichen behalten noch übertragen wurden. Wurde vereinbart, dass die Kredite nicht übertragen werden können oder besteht kein Markt für derartige Kredite, verbleibt die Verfügungsmacht bei der Bank; die Kredite sind somit in Höhe des Continuing Involvement weiter bei der Bank zu bilanzieren. Da der maximale Ausfall aufgrund der Garantie € 2.000 beträgt, sind Kredite in Höhe von € 98.000 auszubuchen; die restlichen € 2.000 spiegeln den Umfang des anhaltenden Engagements der Bank wider.

4.3 Praktische Anwendung der Regelungen

4.3.1 Verkauf von Krediten oder Forderungen

Die sieben Prüfschritte für die Anwendung des Continuing-Involvement-Ansatzes werden nachfolgend exemplarisch für die Untersuchung des Abgangs beim Verkauf eines Kreditportfolios dargestellt.

---

[98] Vgl. IAS 39.30(b).
[99] Vgl. IAS 39.30(c).
[100] Vgl. IAS 39.30(a).

Folgender Sachverhalt liegt dem Beispiel zugrunde: Eine Bank besitzt ein Kreditportfolio mit einem Kupon- und Effektivzinssatz von 10% und einem Kapitalbetrag und fortgeführten Anschaffungskosten in Höhe von € 10.000. Die Kredite des Portfolios sind vorzeitig rückzahlbar. Die Bank schließt eine Transaktion ab, mit der ein Empfänger des Kreditportfolios gegen eine Zahlung von € 9.115 ein Recht auf Tilgungsbeträge in Höhe von € 9.000 zuzüglich eines Zinssatzes von 9,5% auf diese Beträge erwirbt. Die Bank behält die Rechte an € 1.000 der Tilgungsbeträge zuzüglich eines Zinssatzes von 10% auf diesen Betrag und zuzüglich einer Überschussspanne (asset marge) von 0,5% auf den verbleibenden Kapitalbetrag in Höhe von € 9.000.

Forderungsverkauf

Praktisches Beispiel

- Verkauf eines Forderungsportfolios zum Nominalwert von € 10.000
- Zinssatz (nominal und effektiv): 10 %
- Verkäufer behält bis €1.000 die Forderungseingänge sowie
    - Anteilige Zinsen (10% auf € 1.000) = € 100
    - Marge 0,5% auf € 9.000 = € 45
- Kaufpreis € 9.115
- Zahlungseingänge auf die Forderungen werden im Verhältnis 1:9 aufgeteilt
- Ausfälle werden bis zur Höhe der Zinsen auf die €1.000 ersetzt
- Fair Value der Forderungen: € 10.100
- Geschätzter Fair Value der Marge: € 40

Abb. 7: Beispiel: Sachverhaltsbeschreibung Continuing Involvement

Die Zahlungseingänge aus vorzeitigen Rückzahlungen werden zwischen der Bank und dem Empfänger im Verhältnis von 1:9 aufgeteilt; alle Ausfälle werden jedoch vom Anteil der Bank in Höhe von € 1.000 abgezogen, bis dieser Anteil erschöpft ist.

Der Zeitwert der Kredite zum Zeitpunkt der Transaktion beträgt € 10.100 und der geschätzte Zeitwert der Überschussspanne (Asset Marge) von 0,5% beträgt € 40.[101]

---

[101] Vgl. zu dem Beispiel IAS 39.AG52.

Annahmegemäß ist der Empfänger keine Konzerngesellschaft der Bank oder eine durch die Bank zu konsolidierende Special Purpose Entity, sondern ein unabhängiger Dritter.

Die Würdigung des Sachverhalts anhand der sieben Schritte des Prüfschemas führt zu folgendem Ergebnis:

(1) Die Ausbuchungsregeln sind nicht auf das gesamte Kreditportfolio, sondern nur auf Teile des übertragenen Portfolios anzuwenden.

(2) Die vertraglichen Rechte an den Cash Flows aus den Krediten sind nicht erloschen oder verfallen.

(3) Es erfolgt keine Übertragung der Rechte an den Cash Flows auf den Empfänger.

(4) Es besteht eine Verpflichtung seitens der Bank zur Weiterleitung der Cash Flows an den Empfänger.

(5) Die Chancen und Risiken aus dem Kreditportfolio werden nicht im Wesentlichen auf den Empfänger übertragen, da aus Sicht der Bank Risiken aus den zurückbehaltenen nachrangigen Anteilen resultieren.

(6) Die Chancen und Risiken werden nicht vollständig behalten, da die Bank die Risiken einer vorzeitigen Rückzahlung der übertragenen Kredite nicht mehr trägt.

(7) Die Verfügungsmacht wird nicht übertragen, da der Empfänger die Forderungen nicht weiter veräußern kann.

Die Kredite sind somit im Umfang des anhaltenden Engagements der Bank weiter zu bilanzieren.

Bei der Anwendung des Continuing-Involvement-Ansatzes beurteilt die Bank die Transaktion wie folgt: Kredite in Höhe von € 1.000 werden zurückbehalten; der zurückbehaltene Anteil ist darüber hinaus zu verwenden, um eine Bonitätsverbesserung für Kreditausfälle innerhalb des übertragenen Portfolios zu gewähren.

Die Vorgehensweise zur Ermittlung der Höhe des anhaltenden Engagements der Bank ist der folgenden Übersicht zu entnehmen:

Ermittlung des Continuing Involvement

	Fair Value	%	Anteiliger BW
Übertragener Anteil	9.090	90 %	9.000
Zurückbehaltener Anteil	1.010	10 %	1.000
	10.100		10.000

Erhaltene Gegenleistung/Kaufpreis	9.115	
abzgl. FV übertragener Anteil ./.	9.090	(Gewinn aus Abgang: 90)
	25	(Prämie für Subordination des eigenen Zinsanspruchs)
zzgl. Marge als Gegenleistung für Kreditverbesserung +	40	
Continuing Involvement	65	

Abb. 8: Ermittlung der Höhe des Continuing Involvement

In einem ersten Schritt wird der Fair Value des gesamten Kreditportfolios geschätzt; dieser beträgt im Beispiel € 10.100. Die Bank berechnet, dass € 9.090 des erhaltenen Entgelts in Höhe von € 9.115 der Gegenleistung für einen Anteil von 90% entsprechen.

Der Rest des erhaltenen Kaufpreises (€ 25) entspricht der Gegenleistung, die die Bank für die Nachordnung ihres zurückbehaltenen Anteils erhalten hat, um dem Empfänger eine Bonitätsverbesserung für Kreditausfälle zu gewähren. Die Überschussspanne von 0,5% stellt ebenfalls eine für die Bonitätsverbesserung erhaltene Gegenleistung dar. Dementsprechend beträgt die für die Bonitätsverbesserung erhaltene Gegenleistung insgesamt € 65.

Unter der Annahme, dass zum Zeitpunkt der Übertragung keine gesonderten beizulegenden Zeitwerte für den übertragenen Anteil von 10% und den zurückbehaltenen Anteil von 90% verfügbar sind, teilt das Unternehmen den Buchwert des Vermögenswertes entsprechend der 90% bzw. 10% auf die Anteile auf.[102] Zur Berechnung des Gewinns aus dem Verkauf des 90%igen Anteils an den Cash Flows zieht die Bank den zugewiesenen Buchwert des übertragenen Anteils von der erhaltenen Gegenleistung ab. Daraus ergibt sich ein Wert von € 90 (€ 9.090 - € 9.000). Der Buchwert des vom Unternehmen zurückbehaltenen Anteils beträgt € 1.000.

Außerdem erfasst die Bank das anhaltende Engagement, das durch Nachordnung seines zurückbehaltenen Anteils für Kreditverluste entsteht. Folglich setzt sie einen Vermögenswert in Höhe von € 1.000 (den Höchstbetrag an Cash Flows, den die Bank auf Grund der Nachordnung nicht erhalten würde) und eine zugehörige Verbindlichkeit in Höhe von € 1.065 an (den Höchstbetrag an Cash Flows, den die Bank auf Grund der Nachordnung nicht erhalten würde, d. h. € 1.000 zuzüglich des beizulegenden Zeitwerts der Nachordnung in Höhe von € 65). Unter Einbeziehung aller vorstehenden Informationen wird die Transaktion dann wie folgt gebucht:

Verbuchung der Transaktion

	Soll	Haben	
Forderungen	-	9.000	
Verbleibender Forderungsanteil	1.000	-	Continuing Involvement
Asset Marge	40	-	Continuing Involvement
Abgangsgewinn	-	90	
Assoziierte Verbindlichkeit	-	1.065	Continuing Involvement
Kasse	9.115	-	
Summe	10.155	10.155	

Abb. 9: Auswirkungen des Continuing Involvement

---

[102] Vgl. IAS 39.28.

Nach Abschluss der Transaktion beträgt der Buchwert der Forderungen somit € 2.040. Diese setzen sich zusammen aus € 1.000 für den zurückbehaltenen Anteil des Portfolios (die ursprünglich aktivierten Forderungen in Höhe von € 10.000 werden um den übertragenen Anteil in Höhe von € 9.000 reduziert) und insgesamt € 1.040 für das anhaltende Engagement. Über die bereits aktivierten Forderungen in Höhe von € 1.000 hinaus kommt es also zu einer bilanziellen (Neu-)Erfassung der Nachrangigkeit des zurückbehaltenen Anteils, die sich in der Aktivierung eines zusätzlichen Vermögenswerts widerspiegelt; dabei ist auch die Überschussspanne zu berücksichtigen.

In den Folgeperioden erfasst die Bank zeitproportional die für die Bonitätsverbesserung erhaltene Gegenleistung von € 65, grenzt die Zinsen auf den erfassten Vermögenswert unter Anwendung der Effektivzinsmethode ab und erfasst etwaige Kreditwertminderungen auf die angesetzten Vermögenswerte.

Fällt im Jahr nach der Transaktion ein Wertminderungsaufwand für die zugrunde liegenden Kredite in Höhe von € 300 an, schreibt die Bank den Vermögenswert um € 600 ab (€ 300 für ihren zurückbehaltenen Anteil und € 300 für das zusätzliche anhaltende Engagement, das durch Nachordnung des zurückbehaltenen Anteils für Kreditverluste entsteht) und verringert die erfasste Verbindlichkeit um € 300. Netto wird das Periodenergebnis also mit einer Kreditwertminderung von € 300 belastet.

4.3.2 Wertpapierpensionsgeschäfte

4.3.2.1 Bilanzierung echter Wertpapierpensionsgeschäfte

Für die bilanzielle Behandlung von Wertpapierpensions- und Wertpapierleihegeschäften sind die Regelungen zur Ausbuchung von finanziellen Vermögenswerten anzuwenden. Dabei ist - analog zu den Vorschriften des Handelsgesetzbuchs - zwischen echten und unechten Wertpapierpensionsgeschäften zu differenzieren: Bei echten Wertpapierpensionsgeschäften verpflichtet sich der Pensionsnehmer, das Pensionsgut zu einem bereits vereinbarten oder vom Pensionsgeber noch zu bestimmenden Zeitpunkt zurück zu übertragen. Bei unechten Wertpapierpensionsgeschäften ist der Pensionsnehmer berechtigt, aber nicht verpflichtet, die Vermögenswerte zu einem im Voraus bestimmten oder noch von ihm zu bestimmenden Zeitpunkt zurück zu übertragen.[103]

Die Würdigung anhand des Prüfschemata führt bei *echten* Wertpapierpensionsgeschäften zu folgenden Ergebnissen:[104]

---

[103] Vgl. hierzu auch § 340b Abs. 2 und 3 HGB.
[104] Vgl. zu den sieben Schritten des Prüfschemata die Darstellung auf S. 451 sowie die Erläuterungen in Abschnitt 4.2.1.

(1) Beurteilung, ob die Ausbuchungsregeln auf die Wertpapiere (Pensionsgut) in ihrer Gesamtheit oder nur auf einen Teil der Wertpapiere anzuwenden sind: Es ist nur der Abgang der Hauptschuld zu prüfen, da die Cash Flows aus den Nebenrechten (Zinscoupon) weiterhin dem Pensionsgeber bzw. dem Verkäufer zustehen.

(2) Prüfung, ob die Rechte an den vertraglichen Cash Flows erlöscht oder ausgelaufen sind: Da die Rechte an den Zins- und Dividendenzahlungen aus den verpensionierten Wertpapieren erst erlöschen, wenn diese Wertpapiere veräußert oder getilgt werden, greift dieses Kriterium hier nicht; es kommt daher nicht zu einem Abgang.

(3) Prüfung, ob der Pensionsgeber die Rechte an den Cash Flows aus dem Wertpapier übertragen hat: Es werden annahmegemäß keine Rechte an Cash Flows aus dem Wertpapier übertragen. Daher kann es nach diesem Kriterium nicht zu einem Abgang kommen.

(4) Prüfung, ob sich der Pensionsgeber verpflichtet hat, Cash Flows aus den verpensionierten Wertpapieren an den Pensionsnehmer weiterzuleiten: Es bestehen keine derartigen Verpflichtungen; aus diesem Kriterium resultiert kein Abgang der Wertpapiere.

(5) Prüfung, ob der Pensionsgeber die Chancen und Risiken aus den verpensionierten Wertpapieren im Wesentlichen übertragen hat: Diese Frage ist bei echten Pensionsgeschäften zu verneinen, da aufgrund der unbedingten Rückerwerbsverpflichtung Kurs- bzw. Fair-Value-Schwankungen weiterhin dem Pensionsgeber zuzurechnen sind. Verkaufs- und Rückkaufsgeschäfte, bei denen der Rückkaufspreis fixiert ist bzw. dem Verkaufspreis zuzüglich einer kreditüblichen Verzinsung entspricht, führen nicht zu einer Übertragung der Chancen und Risiken.[105]

Da die Chancen und Risiken nicht im Wesentlichen übertragen wurden, verbleiben die verpensionierten Wertpapiere weiter beim Pensionsgeber. Der Pensionsgeber weist als Gegenposten zum erhaltenen Kaufpreis eine Verbindlichkeit aus der Rückerwerbsverpflichtung aus. Die Anschaffungskosten dieser Verbindlichkeit bemessen sich nach dem Geldbetrag, den der Pensionsgeber vom Pensionsnehmer erhält.[106] Der Ausweis dieser Verbindlichkeit erfolgt kontrahentenabhängig als Verbindlichkeit gegenüber Kreditinstituten oder Kunden.

Der Pensionsnehmer aktiviert die in Pension genommen Wertpapiere nicht, sondern setzt stattdessen eine Forderung in Höhe der Rückübertragungsverpflichtung an. Damit entspricht das echte Pensionsgeschäft einer besicherten Kreditgewährung. Unterschiede zum HGB betreffen nur die Art der Vereinnahmung der Zinsen, die nach IAS 39 i.V.m. IAS 18 entsprechend der Effektivzinsmethode abzugrenzen sind.

---

[105] Vgl. IAS 39.AG40.
[106] Vgl. IAS 39.43.

Die Bewertung und der Ausweis der verpensionierten Wertpapiere richten sich nach deren Kategorisierung. Die Wertpapiere verbleiben dabei unverändert in demselben Posten der Bilanz; auch die Erträge werden weiter in derselben GuV-Posten verbucht.

Im Rahmen der Folgebewertung ist die Verbindlichkeit bei unterstellter Kategorisierung als Sonstige Verbindlichkeit zu fortgeführten Anschaffungskosten unter Zuhilfenahme der Effektivzinsmethode zu bewerten.[107] Die Repo-Rate als Entgelt für die Geldaufnahme ist separat periodengerecht (tagesgenau) abzugrenzen und als Zinsaufwand zu erfassen.

Nebenrechte aus dem Pensionsgut (Zinszahlungen) stehen dem Pensionsgeber bzw. Verkäufer zu, d.h. sie werden während der Laufzeit des Pensionsgeschäfts vom Pensionsnehmer an den Pensionsgeber gesondert weitergeleitet und sind beim Pensionsgeber als Zinserträge oder Dividendenerträge zu vereinnahmen.

Die bilanzielle Bewertung und der Bilanzausweis beim Pensionsnehmer erfolgt in Analogie zum Vorgehen beim Pensionsgeber: Der Pensionsnehmer bilanziert eine Forderung gegenüber dem Pensionsgeber. Die Erstbewertung dieser Forderung erfolgt zu dem an den Pensionsgeber ausgereichten Betrag. Die Folgebewertung erfolgt bei Kategorisierung als Loans and Receivables zu fortgeführten Anschaffungskosten. Entspricht der Rücknahmebetrag nach der Vertragsausgestaltung dem ursprünglich an den Pensionsgeber ausgezahlten Betrag, ist die Repo-Rate als Entgelt für die Geldaufnahme periodengerecht (tagesgenau) und separat abzugrenzen und als Zinsertrag zu erfassen. Im Hinblick auf die Nebenrechte verfährt der Pensionsnehmer analog zum Pensionsgeber. Der Ausweis der Forderung erfolgt kontrahentenspezifisch als Forderung gegenüber Kreditinstituten oder als Forderung gegenüber Kunden.

> **Beispiel 1: Bilanzierung von echten Wertpapierpensionsgeschäften**
>
> Eine Bank A (Pensionsgeber) gibt zum 30.11.01 100 Aktien der C-AG in Pension und erhält 1.000 GE von B (Pensionsnehmer) als Gegenwert (vereinbarter Kaufpreis); es sei unterstellt, dass der Buchwert der Aktien im Übertragungszeitpunkt dem Marktwert entspricht. Zum 31.12.01 ist der Wert der Aktien auf 950 GE gefallen. Die Rückübertragung erfolgt am 31.01.02 zu einem Betrag von 1.010 GE. Aus Vereinfachungsgründen wird eine Verteilung der Zinskomponente von 5 GE pro Monat unterstellt.

Die Verbuchung zum 30.11.01 beim Pensionsgeber und beim Pensionsnehmer ist der nachfolgenden Abbildung zu entnehmen:

---

[107] Vgl. IAS 39.47.

Echtes Wertpapierpensionsgeschäft

Buchung am 30.11.01 (Zeitpunkt der Übertragung)

Pensionsgeber 30.11.01			
Aktien AfS	1.000	Verbindlichkeit	1.000
Kasse	1.000		

Per Kasse 1.000 GE an Verbindlichkeiten 1.000 GE

Pensionsnehmer 30.11.01		
Forderung	1.000	
Kasse	- 1.000	

Per Forderung 1.000 GE an Kasse 1.000 GE

Abb. 10: Buchungen bei echten Pensionsgeschäften zum Zeitpunkt der Übertragung

Die Aktien sind beim Pensionsgeber als Available for Sale kategorisiert. Die Forderung des Pensionsnehmers ist in die Kategorie Loans and Receivables oder Trading einzustufen. Der Pensionsgeber passiviert die erhaltene Barsicherheit als Rückgabeverpflichtung und verteilt den Unterschiedsbetrag zwischen Hingabe- und Rückgabebetrag nach der Effektivzinsmethode. Zum Abschlussstichtag sind folgende Buchungen vorzunehmen:

Echtes Wertpapierpensionsgeschäft

Buchung am 31.12.01 (Abschlussstichtag)

Pensionsgeber 31.12.01			
Aktien AfS	950	Verbindlichkeit	1.005
Kasse	1.000	NBR	-50

Pensionsnehmer 31.12.01		
Forderung	1.005	

GuV 31.12.01		
Zinsaufwand	5	

GuV 31.12.01		
		Zinsertrag 5

Per NBR 50 GE an Aktien AfS 50 GE
Per Zinsaufwand 5 GE an Verbindlichkeiten 5 GE

Per Forderung 5 GE an Zinsertrag 5 GE

Abb. 11: Buchungen bei echten Pensionsgeschäften am Abschlussstichtag

Ansatz und Bewertung von Finanzinstrumenten 465

Die Verbuchung der Wertminderung der Aktien in Höhe von 50 GE erfolgt über die Neubewertungsrücklage (NBR) im Eigenkapital.

Zum 31.1.02 erfolg die Rückübertragung der Wertpapiere und die Rückzahlung in Höhe von 1.010 GE. Die Buchungen sind der folgenden Abbildung zu entnehmen:

Echtes Wertpapierpensionsgeschäft

Buchung am 31.01.02 (Rückübertragung)

Pensionsgeber 31.01.02		Pensionsnehmer 31.01.02	
Aktien AfS 950	NBR −50	Kasse 1.010	
Kasse −10		Forderung −1.010	

GuV 31.01.02		GuV 31.01.02	
Zinsaufwand 5			Zinsertrag 5

Per Zinsaufwand 5 GE an Verbindlichk. 5 GE   Per Forderung 5 GE an Zinsertrag 5 GE
Per Verbindlichk. 1.010 GE an Kasse 1.010 GE   Per Kasse 1.010 GE an Forderung 1.010 GE

Abb. 12: Buchungen bei echten Pensionsgeschäften zum Zeitpunkt der Rückübertragung

4.3.2.2 Bilanzierung unechter Wertpapierpensionsgeschäfte

Bei unechten Pensionsgeschäften ist der Pensionsnehmer berechtigt, aber nicht verpflichtet, die in Pension gegebenen Vermögenswerte zu einem im Voraus bzw. noch von ihm festzulegenden Zeitpunkt zurück zu übertragen. Der Pensionsnehmer entscheidet also über die Rückübertragung; er verfügt über eine Verkaufsoption. Der Pensionsgeber ist Stillhalter dieser Verkaufsoption.

Die bilanzielle Behandlung von unechten Pensionsgeschäften ist abhängig von der Art der übertragenen Wertpapiere, nämlich davon, ob diese marktgängig sind. Werden marktgängige Wertpapiere übertragen, verliert der Pensionsgeber die Verfügungsmacht über die übertragenen Wertpapiere, da der Pensionsnehmer über die Rückgabe der Wertpapiere bestimmen kann.[108] Die verpensionierten Wertpapiere sind beim Pensionsgeber

---

[108] Vgl. IAS 39.AG51(h) und (i).

auszubuchen und eine Stillhalteverpflichtung aus der Verkaufsoption des Pensionsnehmers zu passivieren; die Stillhalterverpflichtung ist als Derivat erfolgswirksam zum Fair Value zu bewerten. Die Folgebewertung der Wertpapiere wird nach IAS 39 in Abhängigkeit von ihrer Kategorisierung durchgeführt.

Bei der Übertragung von nicht-marktgängigen Wertpapieren ist, obwohl der Pensionsnehmer über die Rückgabe der Wertpapiere bestimmen kann, nicht von einem Verlust der Verfügungsmacht beim Pensionsgeber auszugehen, da der Pensionsnehmer die Wertpapiere faktisch nur an den Pensionsgeber zurückgeben kann. Das Rückübertragungsrecht des Pensionsnehmers ist als unbedingte Put Option zu beurteilen. Die verpensionierten Wertpapiere sind weiter in Höhe des Continuing Involvement beim Pensionsgeber zu bilanzieren.

Eine Besonderheit ergibt sich, wenn die Put Option weit aus dem Geld ist und deshalb mit hoher Wahrscheinlichkeit nicht ausgeübt wird: In diesem Fall sind die Chancen und Risiken im Wesentlichen auf den Pensionsnehmer übergegangen; die Wertpapiere sind beim Pensionsgeber auszubuchen. Umgekehrt wird bei Optionen, die weit im Geld sind, keine Ausbuchung erfolgen, da der Pensionsnehmer mit hoher Wahrscheinlichkeit ausübt und somit die Chancen und Risiken im Wesentlichen beim Pensionsgeber verbleiben. Sollten Pensionsnehmer und Pensionsgeber über die Marktgängigkeit der übertragenen Wertpapiere unterschiedlicher Auffassung sein, kann es im Einzelfall zu einer Bilanzierung bei beiden Vertragsparteien kommen.

Beispiel 2: Unechtes Pensionsgeschäft

Ein Pensionsgeber gibt zum 30.11.01 100 Aktien der C-AG in Pension und erhält 1.000 GE als Gegenwert von dem Pensionsnehmer (vereinbarter Kaufpreis); es sei unterstellt, dass der Buchwert der Aktien im Übertragungszeitpunkt dem Marktwert entspricht. Zum 31.12.01 ist der Wert der Aktien auf 950 GE gefallen. Die Rückübertragung erfolgt am 31.01.02 zu einem Betrag von 1.010 GE. Die Marktgängigkeit der Wertpapiere wird angenommen, d.h. die Aktien gehen beim Pensionsgeber ab, beim Pensionsnehmer zu. Die Aktien sind beim Pensionsgeber vor der Übertragung dem AfS-Bestand zugeordnet.

Ansatz und Bewertung von Finanzinstrumenten

Unechtes Pensionsgeschäft

Buchung 30.11.01 (Zeitpunkt der Übertragung)

Pensionsgeber 30.11.01				Pensionsnehmer 30.11.01		
Aktien AfS	0	Handelspassiva	0	Aktien AfS	1.000	
Kasse	1.000			Kasse	0	
				Handelsaktiva	0	

Per Kasse 1.000 GE an Aktien AfS 1.000 GE   Per Aktien AfS 1.000 GE an Kasse 1.000 GE

Abb. 13: Buchungen bei unechten Pensionsgeschäften zum Zeitpunkt der Übertragung

Beim Pensionsnehmer werden die Aktien nach Übertragung als Available for Sale eingestuft. Darüber hinaus hat der Pensionsgeber eine Stillhalterverpflichtung (verkaufte Put Option) zu passivieren und der Pensionsnehmer entsprechend eine gekaufte Put Option zu aktivieren. Zur Vereinfachung wird unterstellt, der Marktwert des Put bzw. der Stillhalterverpflichtung zum 31.12.01 betrage jeweils 60 GE. Bei Geschäftsabschluss wird von einem Wert von 10 GE ausgegangen.

Unechtes Pensionsgeschäft

Buchung 31.12.01 (Abschlussstichtag)

Pensionsgeber 31.12.01				Pensionsnehmer 31.12.01			
Aktien AfS	0	Handelspassiva	60	Aktien AfS	950	NBR	-50
Kasse	1.000			Handelsaktiva	60		

GuV 31.12.01			GuV 31.12.01	
			Handelsergebnis	60
Handelsergebnis	60			

Per Handelsergeb. 60 GE an Handelspassiva 60 GE   Per Handelsaktiva 60 GE an Handelsergeb. 60 GE

Per NBR 50 GE an Aktien AfS 50 GE

Abb. 14: Buchungen bei unechten Pensionsgeschäften am Abschlussstichtag

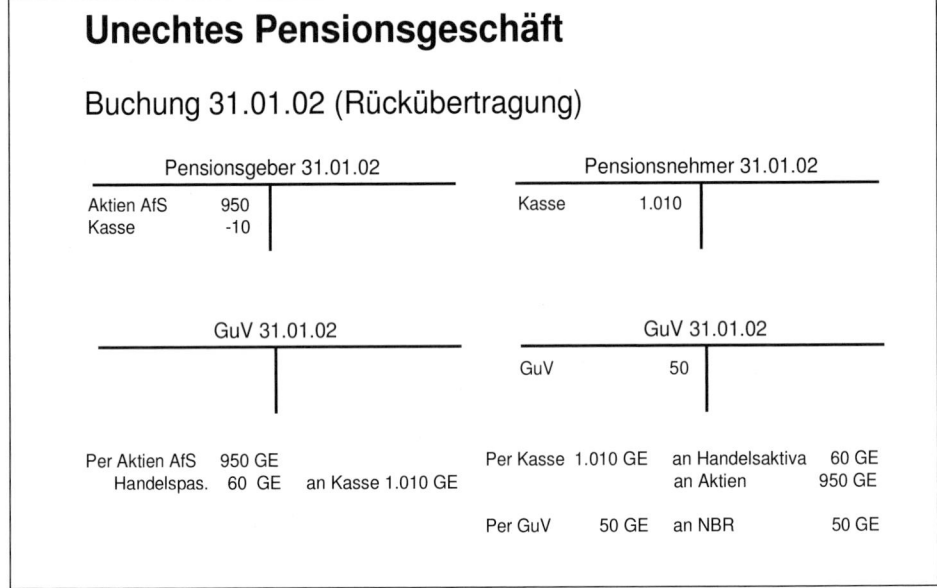

Abb. 15: Buchungen bei unechten Pensionsgeschäften zum Zeitpunkt der Rückübertragung

4.3.3 Wertpapierleihegeschäfte

Bei Wertpapierleihegeschäften überlässt der Verleiher (Darlehensgeber) dem Entleiher (Darlehensnehmer) festverzinsliche Wertpapiere oder Aktien. Der Entleiher verpflichtet sich, die Wertpapiere nach Ablauf der Leifrist zurück zu übereignen. Im Unterschied zum Pensionsnehmer im unechten Wertpapierpensionsgeschäft, der über ein Rückgaberecht verfügt, ist der Entleiher also zur Rückgabe verpflichtet. Wertpapierleihegeschäfte weisen trotz unterschiedlicher Rechtskonstruktionen starke Ähnlichkeiten zum echten Wertpapierpensionsgeschäft auf.[109]

Das Prüfschema führt bei Wertpapierleihegeschäften zu folgendem Ergebnis:

(1) Prüfung, ob der Abgang des gesamten Wertpapiers oder nur eines Teils des Wertpapiers erfolgt ist: Mit Ausnahme der Nebenrechte aus den Wertpapieren (Zinsen, Dividenden) gehen alle Rechte auf den Entleiher über. Daher bezieht sich die Prüfung nur auf die Frage des Abgangs der Hauptrechte aus dem Wertpapier.

---

[109] Vgl. KRUMNOW, J./SPRIßLER, W. u.a. (Hrsg.), Rechnungslegung der Kreditinstitute, Kommentar zum deutschen Bilanzrecht unter Berücksichtigung von IAS/IFRS, 2. Aufl., Stuttgart 2004, § 340b HGB, Tz. 65-71.

(2) Prüfung, ob die Rechte an den vertraglich vereinbarten Zahlungen (cash flows) aus dem Wertpapier ausgelaufen sind: Da der Entleiher die Rechte an den vertraglichen Cash Flows aus den verliehenen Wertpapieren behält, findet kein bilanzieller Abgang der Wertpapiere statt.

(3) Prüfung, ob der Verleiher die Rechte an den Cash Flows aus dem Wertpapier übertragen hat bzw. sich verpflichtet hat, diese an den Entleiher weiterzuleiten: Die Zins- und Tilgungszahlungen des Emittenten des verliehenen Wertpapiers werden nicht vom Verleiher an den Entleiher übertragen; dieses Kriterium ist somit nicht erfüllt.

(4) Prüfung, ob der Verleiher die Chancen und Risiken aus den verliehenen Wertpapieren im Wesentlichen übertragen hat: Die Chancen und Risiken sind nicht im Wesentlichen übertragen worden, da aufgrund der unbedingten Rücknahmeverpflichtung Kurs- bzw. Fair-Value-Schwankungen dem Verleiher zuzurechnen sind. Zudem trägt er weiter die Risiken aus den Nebenrechten.

Der Abgang der verliehenen Wertpapiere scheidet daher aus; die Prüfung des Umfangs eines Continuing Involvement entfällt. Insofern unterscheidet sich die bilanzielle Behandlung von Wertpapierleihegeschäften nach IAS 39 maßgeblich von der Behandlung nach HGB. Der Verleiher aktiviert nach IAS 39 weiterhin die Wertpapiere; der Ansatz eines Derivats aus dem Rückübertragungsanspruch kann unterbleiben, da die Fair-Value-Schwankungen der Wertpapiere andernfalls doppelt erfasst würden.[110] Da es zu keinem Abgang der Wertpapiere kommt, bleiben die Wertpapiere unverändert in demselben Bilanzposten; auch die Verbuchung von Aufwendungen und Erträgen erfolgt in demselben GuV-Posten. Nebenrechte aus den verliehenen Wertpapieren (Zinsen, Dividenden) stehen dem Verleiher zu. Sie werden in der GuV erfasst wie bei nicht verliehenen Wertpapieren; zudem wird eine Forderung an den Entleiher in Höhe des Zahlungsanspruches aktiviert. Die Forderung aus dem Entgelt für die Wertpapierleihe wird separat und tagesgenau abgegrenzt und kontrahentenspezifisch als Forderung an Kunden bzw. Kreditinstitute ausgewiesen. Das Entgelt für die Überlassung der Wertpapiere wird beim Verleiher als Provisionsertrag erfasst.

Der Entleiher aktiviert die entliehenen Wertpapiere nicht. Dementsprechend unterbleibt auch die Bewertung der entliehenen Wertpapiere. Eine Ausnahme ergibt sich bei Weiterveräußerung der entliehenen Wertpapiere (short sales): Hier wird der erhaltene Verkaufserlös aktiviert und betragsgleich die Rückübertragungsverpflichtung an den Verleiher als Handelspassivum angesetzt. Die Buchung des Entgelts und der erhaltenen Zahlungen aus den Nebenrechten an den Wertpapieren erfolgt in Analogie zur Bilanzierung beim Verleiher.

---

[110] Vgl. IAS 39.AG49. Vgl. auch KRUMNOW, J./SPRIßLER, W. u.a. (Hrsg.), a.a.O. (Fn. 109), § 340b HGB, Tz. 94-97.

5. Zugangsbewertung von Finanzinstrumenten

5.1 Überblick über die Regelungen

Finanzinstrumente sind beim erstmaligen Ansatz zum beizulegenden Zeitwert zu bilanzieren. Bei Finanzinstrumenten, die nicht der Kategorie Financial Asset at Fair Value through Profit or Loss zugeordnet werden,[111] sind im Rahmen der Ermittlung des Fair Value auch die dem Erwerb des finanziellen Vermögenswerts oder der Emission der finanziellen Verbindlichkeit direkt zurechenbaren Transaktionskosten zu berücksichtigen.[112]

Bei Finanzinstrumenten der Kategorie Financial Asset at Fair Value through Profit or Loss bleiben die Transaktionskosten aus Praktikabilitätsgründen unberücksichtigt, da andernfalls im Zeitpunkt der ersten Folgebewertung eine erfolgswirksame Abschreibung in Höhe der Transaktionskosten auf den beizulegenden Zeitwert vorzunehmen wäre. Sämtliche Transaktionskosten bei diesen Finanzinstrumenten werden direkt aufwandswirksam verbucht, d.h. bei Vorliegen eines „all-in"-Preises wird dieser in einen „reinen" Kaufpreis und eine Transaktionskostenkomponente zerlegt.

Bei Finanzinstrumenten der Kategorie Available for Sale sind die Transaktionskosten zum Zeitpunkt der ersten Folgebewertung in die Neubewertungsrücklage zu verbuchen. Die weitere Behandlung der Transaktionskosten richtet sich danach, ob aus dem Finanzinstrument fixe oder bestimmbare Zahlungen resultieren und das Instrument eine begrenzte Laufzeit hat. Ist dies der Fall, erfolgt eine Amortisierung der Transaktionskosten mittels Effektivzinsmethode über die Laufzeit des Finanzinstruments; andernfalls werden die Transaktionskosten entweder mit Abgang oder Impairment des Instruments erfolgswirksam verbucht.[113]

Eine konzernweit einheitliche Behandlung der Transaktionskosten erscheint sachgerecht. Auch interne Transaktionskosten, die dem Erwerb des Finanzinstruments direkt zurechenbar sind, sollen in die Bewertung des Finanzinstruments einbezogen werden. Dabei ist zwischen jenen internen Kosten zu differenzieren, die für den Abschluss der Transaktion anfallen (z.B. Kommissionen, Boni und andere Zahlungen an die Arbeitnehmer) und „semi-variablen" internen Kosten (z.B. Marketingkosten, Kosten für Research, Gehälter für die wegen einer Ausweitung des entsprechenden Geschäfts zusätzlich eingestellten Mitarbeiter, Kosten für die Prüfung der Eignung von Produkten als

---

[111] Vgl. zu den verschiedenen Kategorien von IAS 39 Abschnitt 6.
[112] Vgl. IAS 39.43.
[113] Vgl. IAS 39.IG.E.1.1.

Alternative zum eingeführten Produkt). Die erstgenannten internen Kosten sind bei der Zugangsbewertung zu berücksichtigen, die „semi-variablen" Kosten hingegen nicht.

Die bei späterer Veräußerung des Finanzinstruments voraussichtlich anfallenden Transaktionskosten dürfen bei der Ermittlung des Fair Value im Zugangszeitpunkt nicht berücksichtigt werden.[114]

Die Abgrenzung von Transaktionskosten mittels Effektivzinsmethode bei allen Finanzinstrumenten außerhalb der Kategorie at Fair Value through Profit or Loss erscheint ökonomisch wenig überzeugend, da Transaktionskosten üblicherweise der Zeitbezug fehlt. Sie sind auch kein Bestandteil des Fair Value, da sie bei Verkauf nicht erzielt werden können; im Falle eines Impairments werden die Transaktionskosten üblicherweise erfolgswirksam verbucht. Die Transaktionskosten enthaltenden Fair Values werden darüber hinaus nicht in die Aktiv-/Passivsteuerung einbezogen. Schließlich verursachen die Transaktionskosten beim Hedge-Accounting-Ineffektivitäten.

Die Regelungen zur Abgrenzung von Transaktionskosten lassen das Bemühen des IASB erkennen, eine missbräuchliche Nutzung von Transaktionskosten als Zinskorrektiv bzw. Mittel zur Steuerung des Zinsergebnisses zu verhindern. Durch eine breite Aktivierung von nicht-zinsbezogenen Transaktionskosten würde indes ein solcher Effekt umgekehrt und ließe sich im Sinne eines Earnings Management einsetzen. Daher erscheint eine sehr enge Abgrenzung der im Rahmen der Effektivzinsmethode zu berücksichtigenden Transaktionskosten sachgerecht.

5.2 Besonderheiten im Kreditgeschäft

Im Kreditgeschäft können sich bei der Ermittlung des Fair Value im Rahmen der Zugangsbewertung bei bestimmten Geschäften Besonderheiten ergeben: Als Beispiel nennt der Standard die Berechnung des Fair Value eines unterverzinslichen Darlehens auf Basis einer Diskontierung der zukünftigen Cash Flows. So kann die Bank - etwa unter Aspekten des Cross-Selling in Erwartung von Provisionserträgen oder bei Erreichen einer bestimmten Höhe der geleisteten Einlage durch den Kunden - einen unterverzinslichen Kredit herausreichen. Weitere praktische Anwendungsfälle, die im Hinblick auf die erstmalige Bewertung des Krediteszu untersuchen sind, ergeben sich auch bei Bausparkassen, wenn dem Sparer nach der Ansparphase ein zinsgünstiges Darlehen gewährt wird.

Ob ein Kredit als unterverzinslich anzusehen ist, richtet sich nach den vertraglichen und sonstigen Bedingungen der Kreditvergabe; dabei sind auch branchenbezogene Besonderheiten sowie der relevante Markt, auf dem der Kredit begeben wird, zu beachten. Im Hinblick auf die Frage eines von den Anschaffungskosten

---

[114] Vgl. IAS 39.IG.E.1.1.

abweichenden Fair Values im Zugangszeitpunkt kann zwischen effektiv und nur nominell unterverzinslichen Krediten unterschieden werden.

Bei effektiver Unterverzinslichkeit des Kredits erfolgt keine direkte Kompensation durch andere Geschäfte bei Betrachtung des jeweils relevanten Marktes.

Bei nur nomineller Unterverzinslichkeit existiert dagegen eine direkte Kompensation durch andere Geschäfte, wie dies etwa bei Bausparverträgen in einer wirtschaftlichen Sichtweise gegeben ist: Die Unterverzinslichkeit des herausgegebenen Darlehens wird durch die (gegenüber dem Marktzins) geringere Verzinsung der Einlage während der Ansparphase kompensiert. Bei einer derartigen Zuordnung und entsprechend ausreichendem Neugeschäft wird die Unterverzinslichkeit auf der Aktivseite nachweislich durch die Unterverzinslichkeit auf der Passivseite ausgeglichen, d.h. in einer ökonomischen Sichtweise entsteht bei diesen unterverzinslichen Krediten über die Gesamtlaufzeit des Geschäfts kein Zinsverlust für die Bank. Insoweit entspräche der Transaktionspreis dem Fair Value. Eine erfolgswirksame Berücksichtigung der Unterverzinslichkeit auf der Aktiv- und Passivseite der Bilanz und der GuV hätte nur eine Verkürzung der Bilanz und eine Verlängerung der GuV ohne einen Einfluss auf das Zinsergebnis zur Folge.

Erhält die Bank als Kompensation für die Unterverzinsung eine Upfront-Zahlung, so hat die Erstbewertung zum Fair Value, ohne Berücksichtigung der Gebühr, zu erfolgen. Die erfolgswirksame Amortisation des Unterschiedsbetrags aus Anschaffungskosten und Fair Value wird mit Hilfe der Effektivzinsmethode vorgenommen.[115] Diese Vorgehensweise bei der Erstbewertung betrifft alle Finanzinstrumente unabhängig davon, ob sie im Rahmen der Folgebewertung zum Fair Value oder zu fortgeführten Anschaffungskosten bewertet werden.

Zusätzlich ist bei der Beurteilung der Marktüblichkeit der für die Geschäftsaktivitäten relevante Markt in die Betrachtung einzubeziehen. So haben öffentlich-rechtliche Kreditinstitute bisweilen einen vorgegebenen Förderauftrag zu erfüllen. Die Zinssätze für entsprechende Kredite liegen regelmäßig unter dem Zinsniveau sonstiger Kreditvergaben. Bezogen auf den spezifischen Markt dieser Geschäftsaktivitäten ist bei derartigen Kreditvergaben daher nicht zwingend von einer Unterverzinslichkeit auszugehen.

Diese wäre indes bei Herausreichung eines Förderkredites unter dem allgemeinen Zinsniveau der üblichen Förderkreditvergaben gegeben.

Generell ergibt sich bei der Bilanzierung unterverzinslicher Forderungen und Verbindlichkeiten die Frage, ab wann eine Unterverzinslichkeit genau gegeben ist. Hier bieten sich neben dem Zugriff auf interne Pricing Tools der Banken externe Quellen als

---

[115] Vgl. IAS 39.AG65.

Vergleichsmaßstab an (z.B. Auswertungen der Deutschen Bundesbank). Der zinsinduzierte Fair Value von Krediten kann durch die Konstanz aller in die Bewertung einfließenden Parameter (erwarteter Verlust, Eigenkapital- und Betriebskosten) mit Ausnahme der verwendeten Diskontierungskurve ermittelt werden. Im Ergebnis entspricht der Differenzbetrag zwischen dem Nominalwert des Kredits und seinem Fair Value bei Vergabe damit zumindest dem diskontierten Betrag der Unterverzinslichkeit. Generell sollte ein Schwellenwert definiert werden, ab dem eine Unterverzinslichkeit anzunehmen ist. Die Ermittlung des Fair Value von unterverzinslichen Finanzinstrumenten richtet sich im Zugangszeitpunkt nach den erwarteten künftigen Cash Flows.[116] Wurde jedoch kein Rückzahlungszeitpunkt vereinbart und der Zeitpunkt wird durch den Kreditgeber bestimmt, kann auf eine Abzinsung verzichtet werden.

Im Rahmen der Folgebewertung zu fortgeführten Anschaffungskosten wird eine bei der Erstbewertung als Aufwand oder Verminderung des Ertrags erfasste Differenz zwischen dem ermittelten Fair Value und den Anschaffungskosten mit Hilfe der Effektivzinsmethode als Ertrag amortisiert. Auf diese Weise wird die Differenz aus der Erstbewertung wie ein Disagio über die erwartete Laufzeit zugeschrieben.

5.3 Besonderheiten im Wertpapiergeschäft

Auch bei der Zugangsbewertung von Wertpapieren sind alle direkt zurechenbaren Transaktions- und Emissionskosten zu berücksichtigen. Dieser Definition liegt implizit ein entscheidungsorientierter Kostenbegriff zugrunde. Sie umfasst alle Kosten, die nur angefallen sind, weil das Wertpapier gekauft oder emittiert wurde bzw. die nicht angefallen wären, wäre kein Wertpapier gekauft oder emittiert worden. Transaktions- und Emissionskosten im Sinne dieser Definition sind bspw.:

- Makler- und Händlerprovisionen,
- Gebühren platzierender Banken,
- Börsengebühren,
- Steuern im Zusammenhang mit einer Emission,
- Kosten für Comfort Letter,
- an Aufsichtsbehörden zu entrichtende Gebühren,
- Prospektkosten sowie
- Rechts- und Beratungskosten.

---

[116] Vgl. ECKES, B./SITTMANN-HAURY, C./WEIGEL, W., Neue Versionen von IAS 32 und IAS 39 (II): Kategorisierung und Bewertung von Finanzinstrumenten, Die Bank 2004, S. 176-180, hier S. 177.

Im Zeitpunkt der Emission von Wertpapieren werden die Transaktions- und Emissionskosten vom Fair Value abgezogen.[117] Nur in dem (Ausnahme-)Fall, dass Emissionen in die Kategorie Fair Value through profit or loss eingestuft werden, sind die Transaktionskosten sofort erfolgswirksam zu vereinnahmen.[118]

5.4 Besonderheiten im Derivategeschäft

Derivate sind in die Subkategorie Trading einzustufen. Die mit dem Abschluss von Derivaten verbundenen Transaktionskosten bleiben deshalb bei der Zugangsbewertung unberücksichtigt. Auch die bei Verkauf, Auflösung, Glattstellung oder Ausübung des Derivats anfallenden Transaktionskosten sind nicht in die Ermittlung des Fair Value von Derivaten einzubeziehen.

Da die Konditionen von Derivaten den zum Abschlusszeitpunkt geltenden Zukunftserwartungen des betroffenen Underlying folgen (es liegt eine symmetrische Risikoverteilung vor), wird bei Erwerb der Derivate häufig keine Zahlung erfolgen; der Wert des Derivats im Zugangszeitpunkt ist dann Null. Das Derivat wird in einem Nebenbuch erfasst.

Sofern von den Markterwartungen und allgemeinen Marktkonditionen abweichende Konditionen für ein Derivat vereinbart werden, wird die sich wirtschaftlich schlechter stellende Seite einen Ausgleich verlangen. Dies kann der Fall sein, indem ein Upfront Payment vereinbart wird. Ein solches Upfront Payment ist im Anschaffungszeitpunkt Bestandteil der Fair-Value-Bewertung des Derivats. Optionsprämien stellen die Anschaffungskosten (mithin den Fair Value) von Optionen oder Swaptions im Anschaffungszeitpunkt dar. Bei börsengehandelten Futures ist eine Sicherheitsleistung (Initial Margin) zu entrichten, die als Forderung (bzw. Verbindlichkeit) gegen den Vertragspartner erfasst wird. Variation Margins als tägliche Ausgleichszahlungen stellen den Fair Value des Futures dar.

Die Bewertung von Derivaten erfolgt überwiegend auf Basis von Bewertungsmodellen. Bei Plain Vanilla Zinsswaps wird z.B. die Discounted-Cash-Flow-Methode verwendet.[119] Bei strukturierten Swaps bzw. bei optionalen derivativen Finanzinstrumenten werden die marktüblichen Optionspreismodelle verwendet. Swaps sind mit der am Bewertungsstichtag gültigen Swapkurve zu diskontieren.

---

[117] Vgl. IAS 39.IG.E.1.1.
[118] Vgl. IAS 39.43.
[119] Vgl. hierzu auch das Beispiel in Abschnitt 8.4.

6. Kategorisierung von Finanzinstrumenten

6.1 Überblick über die Kategorien

Alle finanziellen Vermögenswerte sind beim erstmaligen Ansatz (zum Zugangszeitpunkt) in eine der vier folgenden Kategorien einzustufen:[120]

- Kredite und Forderungen (loans and receivables),
- Bis zur Endfälligkeit gehaltene Finanzinvestitionen (held to maturity investments),
- Erfolgswirksam zum beizulegenden Zeitwert zu bewertende finanzielle Vermögenswerte (financial assets at fair value through profit or loss) oder
- Zur Veräußerung verfügbare finanzielle Vermögenswerte (available for sale financial assets).

Finanzielle Verbindlichkeiten sind nach IAS 39.9 in zwei Kategorien einzuteilen:[121]

- Erfolgswirksam zum beizulegenden Zeitwert zu bewertende finanzielle Verbindlichkeiten (financial liabilities at fair value through profit or loss);
- Sonstige Verbindlichkeiten (other liabilities).

Die folgende Abbildung zeigt die Kategorien von IAS 39 im Überblick:

---

[120] Vgl. IAS 39.9.
[121] Zur Kategorisierung von finanziellen Verbindlichkeiten vgl. Abschnitt 6.6.

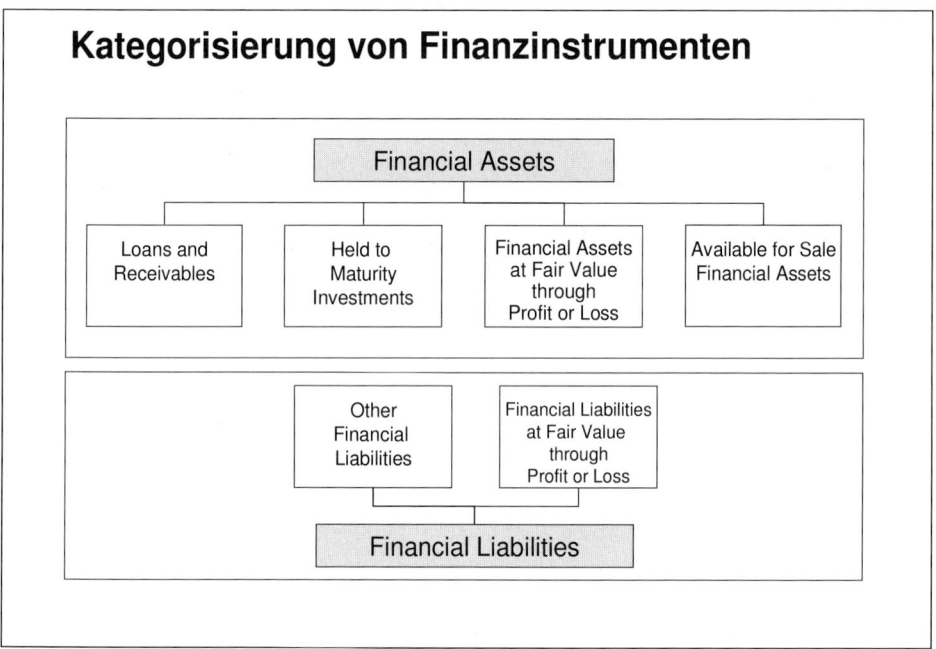

Abb. 16: Kategorisierung von Finanzinstrumenten

Die Kategorisierung erfolgt nach der wirtschaftlichen Verwendung bzw. Zweckbestimmung des Finanzinstruments und kann für jedes Finanzinstrument einzeln vorgenommen werden; eine einheitliche Kategorisierung gleichartiger Finanzinstrumente ist mithin nicht erforderlich.[122]

Aus der Kategorisierung der Finanzinstrumente resultieren weitreichende Implikationen für ihre Folgebewertung, insbesondere auch für die Art und den Zeitpunkt der erfolgswirksamen Verbuchung von Zeitwertänderungen. Die Bewertung der Finanzinstrumente der Kategorien Kredite und Forderungen und bis zur Endfälligkeit gehaltene Finanzinvestitionen erfolgt zu fortgeführten Anschaffungskosten unter Anwendung der Effektivzinsmethode.

Wie der folgenden Übersicht zu entnehmen ist, werden finanzielle Vermögenswerte der Kategorien Financial Assets at Fair Value through Profit or Loss und Available for Sale dagegen zum beizulegenden Zeitwert bewertet.[123]

---

[122] Vgl. SCHRUFF, W., IAS 39: Bilanzierungsprobleme in der Praxis, in: GERKE, W./SIEGERT, T. (Hrsg.), Aktuelle Herausforderungen des Finanzmanagements, Dokumentation des 57. Deutschen Betriebswirtschafter-Tags 2003, Stuttgart 2004, S. 91-112, hier S. 97.

[123] Vgl. für die Bewertung zum beizulegenden Zeitwert Abschnitt 8.

Die beiden Kategorien unterscheiden sich nur in der Verbuchung der Wertänderungen: Während die Wertänderungen der Finanzinstrumente der erstgenannten Kategorie erfolgswirksam zu verbuchen sind, werden Wertschwankungen der Kategorie Available for Sale (zunächst) erfolgsneutral im Eingenkapital verbucht.

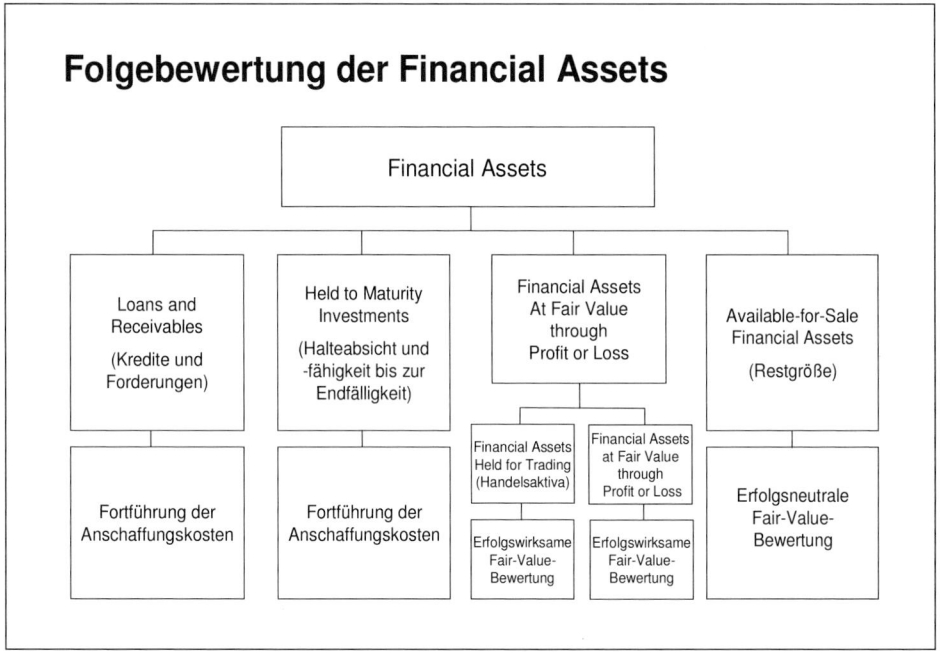

Abb. 17: Folgebewertung von finanziellen Vermögenswerten

Vor dem Hintergrund der skizzierten Entstehungsgeschichte[124] des Standards ist zu verstehen, dass dem IASB prinzipiell eine Full-Fair-Value-Bilanzierung vorschwebte - und auch heute wohl noch vorschwebt. Insofern sind aus Sicht des IASB alle Folgebewertungen, die hiervon abweichend eine Fortführung der Anschaffungskosten vorsehen, als ein Zugeständnis zu werten. Allerdings wurde dieses Zugeständnis an Bedingungen geknüpft, die den Missbrauch durch den Bilanzierenden verhindern sollen.

Nach Auffassung des IASB ist für finanzielle Vermögenswerte grundsätzlich die Fair-Value-Bewertung der Bewertung zu fortgeführten Anschaffungskosten vorzuziehen.[125] Eine Kategorisierung als Kredite und Forderungen oder bis zur Endfälligkeit gehaltene

---

[124] Vgl. zur Entstehungsgeschichte von IAS 39 Abschnitt 1.1.
[125] Vgl. IAS 39.AG20.

Finanzinvestitionen kann deshalb nur dann erfolgen, wenn die nachfolgend en detail erläuterten Kriterien erfüllt sind.

6.2 Kredite und Forderungen (Loans and Receivables)

Kredite und Forderungen sind nicht-derivative finanzielle Vermögenswerte mit festen oder bestimmbaren Zahlungen, die *nicht* in einem *aktiven Markt* notiert sind, es sei denn, sie sind den Kategorien Held for Trading oder Available for Sale zuzuordnen.[126]

Die Kategorie umfasst üblicherweise die aus der Kreditvergabe und der Lieferung oder Leistung resultierenden Kredite und Forderungen, wie z.B. kurzfristige oder langfristige Forderungen, nicht in einem aktiven Markt notierte Schuldinstrumente sowie herausgereichte, syndizierte oder erworbene Kredite.[127]

Sowohl die Banken als auch die Industrie haben sich bei der Konzeption des Standards massiv dafür eingesetzt, dass diese Kategorie zu fortgeführten Anschaffungskosten bewertet wird. In den Begründungen hieß es regelmäßig, dass die entsprechenden Forderungen üblicherweise zu 100% getilgt würden. Bonitätsbedingte Abwertungsnotwendigkeiten würden berücksichtigt, Marktwertschwankungen wegen Zinsänderungen spielten aber keine Rolle. Diese Argumentation hat das IASB dazu bewogen, für diese Geschäftsaktivitäten auf eine Fair-Value-Bilanzierung zu verzichten - aber eben nur für diese Art der Geschäfte.[128]

Die (voraussichtliche) Haltedauer der Kredite und Forderungen entscheidet nicht über ihre Kategorisierung; nur wenn Handelsabsicht besteht, sind die Kredite und Forderungen in die Kategorie Financial Assets at Fair Value through Profit or Loss einzustufen. Kredite und Forderungen, für die der Inhaber aus Gründen, die nicht auf eine Verschlechterung des Kreditportfolios zurückzuführen sind, nicht mehr den wesentlichen Teil seines ursprüngliches Investments zurückerhält, sind als Available for Sale zu klassifizieren. Zu denken ist hierbei an Kredite mit variabler Rückzahlung in Abhängigkeit bestimmter Indexentwicklungen.[129] Erworbene Anteile an Investmentfonds, deren Vermögenswerte keine Kredite oder Forderungen darstellen, sind nicht als Loans and Receivables zu kategorisieren.

Als „in einem aktiven Markt notiert" gelten alle Vermögenswerte, deren Kurswerte regelmäßig von den Börsen, Händlern, Maklern, Ratingagenturen, Industrieverbänden, Aufsichtsbehörden usw. beschafft werden können sowie aktuelle und regelmäßig getä-

---

[126] Vgl. IAS 39.9 und IAS 39.AG26.

[127] Vgl. zur Kategorisierung im Kreditgeschäft Abschnitt 6.8; zu den Besonderheiten im Wertpapiergeschäft vgl. Abschnitt 6.9.

[128] Vgl. SCHRUFF, W., a.a.O. (Fn. 122), S. 91-112.

[129] Vgl. LÖW, E./SCHILDBACH, S., a.a.O. (Fn. 97), S. 876.

tigte Transaktionen zu üblichen Marktkonditionen (on an arm´s length basis) abbilden.[130] Diese Definition stellt nicht allein auf eine Börsennotierung ab, sondern schließt auch den Handel auf OTC-Märkten ein, sofern die dort gehandelten Preise etwa über Reuters oder Bloomberg verbreitet werden.[131]

Finanzielle Vermögenswerte, die nicht der Definition von Krediten und Forderungen entsprechen, können als bis zur Endfälligkeit gehaltene Finanzinvestitionen nur dann eingestuft werden, wenn sie die nachfolgend dargestellten Voraussetzungen erfüllen. Eine Designation als zur Veräußerung verfügbare finanzielle Vermögenswerte oder in die Kategorie der erfolgswirksam zum beizulegenden Zeitwert zu bewertenden finanziellen Vermögenswerte ist hingegen stets möglich.[132]

6.3 Bis zur Endfälligkeit gehaltene Finanzinvestitionen (Held to Maturity Investments)

Bis zur Endfälligkeit gehaltene Finanzinvestitionen sind nicht-derivative finanzielle Vermögenswerte mit festen oder bestimmbaren Zahlungen (darunter auch variabel verzinsliche Wertpapiere)[133] sowie einer festen Laufzeit, bei denen das Unternehmen die feste *Absicht* und *Fähigkeit* hat, sie bis zur Fälligkeit zu halten.[134] Die ex ante von dem Bilanzierenden ausgesprochene Behauptung, Halteabsicht und Haltefähigkeit zu besitzen, ist in späteren Perioden erneut zu überprüfen, um eine missbräuchliche Zuordnung zu dieser Kategorie zu verhindern.[135]

Vermögenswerte, die bei Zugang als at Fair Value through Profit or Loss oder Available for Sale designiert worden sind, dürfen nicht als bis zur Endfälligkeit gehaltene Finanzinvestitionen eingestuft werden. Eigenkapitalinstrumente haben regelmäßig eine unbegrenzte Laufzeit. Aus diesem Grund erfüllen sie die Bedingung einer festen Laufzeit, die bei Held to Maturity Investments a priori gegeben sein muss, zumeist nicht.[136] Vertraglich vereinbarte Kündigungsrechte des Emittenten (z.B. Clean-up-Call-Optio-

---

[130] Vgl. IAS 39.AG71.

[131] Die Formulierung des Standards scheint dafür zu sprechen, dass ein Handel auf einem aktiven Markt bereits bei Erwerb des Schuldtitels vom Schuldner vorliegen muss. Es würde jedoch der Intention des Standards zuwiderlaufen, Schuldtitel nur deswegen als Kredite und Forderungen zu klassifizieren, weil im Zugangszeitpunkt eine Börsenzulassung noch aussteht.

[132] Vgl. zur Kategorie erfolgswirksam zum beizulegenden Zeitwert zu bewertender finanzieller Vermögenswert aber die in Abschnitt 1.2 dargestellten Einschränkungen.

[133] Vgl. IAS 39.AG17.

[134] Vgl. IAS 39.9.

[135] Vgl. SCHRUFF, W., a.a.O. (Fn. 122), S. 91-112.

[136] Vgl. zu den Besonderheiten bei der Kategorisierung im Beteiligungsgeschäft Abschnitt 6.10.

nen), wirken bei Ausübung lediglich als Verkürzung der Laufzeit der bis zur Endfälligkeit gehaltenen Finanzinvestitionen.[137]

Die Absicht und die Fähigkeit, finanzielle Vermögenswerte bis zur Fälligkeit zu halten, lassen sich wie folgt konkretisieren:

	IAS 39.AG16	IAS 39.AG23
	Halteabsicht besteht nicht, wenn	**Haltefähigkeit** besteht nicht, wenn
Kriterien	die Bank beabsichtigt, das Finanzinstrument nur für einen unbestimmten Zeitraum zu halten;	die Bank nicht über die erforderlichen Ressourcen verfügt, das Finanzinstrument bis zur Fälligkeit zu halten;
	die Bank jederzeit bereit ist, das Finanzinstrument als Reaktion auf Änderungen der Marktzinsen oder des Marktrisikos, des Liquiditätsbedarfs, Änderungen der Verfügbarkeit und Verzinsung alternativer Finanzinvestitionen, Änderungen der Finanzierungsquellen und Finanzierungsbedingungen oder des Währungsrisikos zu veräußern;	gesetzliche oder anderweitige Beschränkungen vorliegen, die möglicherweise der Absicht, ein Finanzinstrument bis zur Endfälligkeit zu halten, entgegenstehen. Eine Kaufoption des Emittenten bedeutet nicht zwangsläufig, dass die Absicht eines Unternehmens, einen finanziellen Vermögenswert bis zur Endfälligkeit zu halten, zunichte gemacht wird.[138]
	der Emittent das Recht hat, das Finanzinstrument zu einem Betrag zu begleichen, der wesentlich unter den fortgeführten Anschaffungskosten liegt.	

Abb. 18: Halteabsicht und -fähigkeit bei Held to Maturity Investments

Wenn Vermögenswerte aus der Kategorie Held to Maturity von einer Konzerngesellschaft in signifikanter Höhe aus wirtschaftlichen oder Liquiditätsgründen verkauft, in andere Kategorien transferiert oder veräußert worden sind und dieser Verkauf/Transfer nicht unter die dargestellten Ausnahmen fällt, sind sämtliche Vermögenswerte aus der Kategorie Held to Maturity konzernweit auszubuchen und der Kategorie Available for Sale zuzuordnen; die bei der Bewertung zum Fair Value auftretenden Bewertungsunterschiede sind erfolgsneutral in der Neubewertungsrücklage zu verbuchen.

---

[137] Vgl. IAS 39.AG18.
[138] Vgl. IAS 39.AG18.

Bei der Prüfung der Frage, ob signifikante Abgänge zu verzeichnen sind, ist ein Zweijahreszeitraum zugrunde zu legen. Sollten signifikante Abgänge festzustellen sein, wird die komplette Kategorie uneingeschränkt für einen Zweijahreszeitraum geschlossen.

IAS 39 enthält keine Aussage darüber, wie der Abgang in signifikanter Höhe zu konkretisieren ist. Da die Kategorie als Ausnahme einer Folgebewertung zu Anschaffungskosten gestattet, ist die Zuordnung und sind Verkäufe restriktiv zu behandeln.[139] Die Festlegung der signifikanten Höhe im Verhältnis zum gesamten Volumen dieser Kategorie dürfte der Regelungsabsicht zuwider laufen, da hierdurch die Größenordnung der als zulässig erachteten Veräußerungen durch umfangreiche Zuordnung von Finanzinstrumenten durch den Bilanzierenden beeinflussbar würde.[140]

---

[139] Vgl. SCHRUFF, W., a.a.O. (Fn. 122), S. 91-112.
[140] Die bei KRUMNOW, J./SPRIßLER, W. u.a. vertretene volumensabhängige Beurteilung der zulässigen Veräußerungen ist daher unzutreffend (vgl. KRUMNOW, J./SPRIßLER, W. u.a. (Hrsg.), a.a.O. (Fn. 110), IAS 39.80). Vgl. hierzu auch Abschnitt 3.1.2 im Beitrag „Bilanz, Gewinn- und Verlustrechnung sowie Notes".

Abgänge, die nicht zur Anwendung der sog. Tainting Rules führen, sind in der folgenden Übersicht dargestellt:

Zulässige Veräußerungen nach IAS 39.9	Zulässige Veräußerungen nach IAS 39.AG22
Verkäufe, die so nahe am Endfälligkeits- oder Ausübungstag liegen (z.B. weniger als drei Monate vor Ablauf), dass Veränderungen des Marktzinses keine wesentlichen Auswirkungen auf den Fair Value des finanziellen Vermögenswertes haben.	Sachverhalte, die zu einem Verkauf eines Held to Maturity Investments führen können, ohne dass die Intention des Unternehmens, dieses bis zur Endfälligkeit halten zu wollen, in Frage gestellt wird: • Wesentliche Bonitätsverschlechterung des Emittenten,[141]
Verkäufe, die erfolgten, nachdem das Unternehmen bereits im Wesentlichen (z.B. mehr als 90%) den gesamten ursprünglichen Kapitalbetrag des finanziellen Vermögenswertes durch planmäßige Zahlungen oder vorzeitige Tilgungen eingezogen hat.	• Änderungen des Steuerrechts, wodurch die Steuerbefreiung von Zinsen auf die Finanzinstrumente abgeschafft oder wesentlich reduziert wird, • Wiederherstellung der Zinsrisikoposition oder Kreditrisikopolitik, die sich durch Unternehmenszusammenschlüsse signifikant geändert hat,
Verkäufe, die einem isolierten Sachverhalt zuzurechnen sind, der außerhalb des Einflussbereichs des Unternehmens liegt, in seinem Wesen einmalig ist und von dem Unternehmen nicht entsprechend vorhergesehen werden konnte.	• Änderungen der gesetzlichen oder aufsichtsrechtlichen Bestimmungen, die dazu führen, dass bestimmte Finanzinstrumente nicht mehr oder nur noch bis zu einem Höchstbetrag gehalten werden dürfen. • Wesentliche Erhöhungen der aufsichtsrechtlichen Eigenkapitalanforderungen.

Abb. 19: Unschädliche Veräußerung von Held to Maturity Investments

---

[141] Ein Zeichen für eine wesentliche Bonitätsverschlechterung des Emittenten kann ein Downgrade (im Vergleich zum Rating bei der erstmaligen Erfassung) einer externen Ratingagentur sein. Bei Anwendung interner Kreditratings sind auch Downgrades ein Nachweis für Bonitätsverschlechterungen, vorausgesetzt, die Methode, mit das Unternehmen die internen Ratings vergibt und ändert, führt zu einem konsistenten, verlässlichen und objektiven Maßstab für die Bonität des Emittenten, vgl. IAS 39.AG22(a).

An jedem Bilanzstichtag ist für jedes Finanzinstrument zu prüfen, ob weiterhin die Durchhaltefähigkeit und die Durchhalteabsicht gegeben sind. Falls dies nicht der Fall ist, hat eine Umwidmung in die Haltekategorie zur Veräußerung verfügbare finanzielle Vermögenswerte zu erfolgen.[142] Eine nachträgliche Designation in die Kategorie at Fair Value through Profit or Loss scheidet aus.

Die Einstufung von Finanzinstrumenten in die Kategorie der Held to Maturity Investments kann im Zuge eines Unternehmenserwerbs aufgrund veränderter Halteabsicht überdacht und - ohne die dargestellten Restriktionen auszulösen - revidiert werden: Übernimmt die Bank Y im Rahmen eines Unternehmenserwerbs unter unabhängigen Dritten eine Bank X mit umfangreichem Portfolio an Held to Maturity Investments, kann die Bank Y eine unschädliche Umklassifizierung der Held to Maturity Investments der Bank X in die Kategorie Available for Sale vornehmen. Hintergrund für die Umgruppierung könnte z.B. sein, dass die neue (gesamte) Zins- und Kreditrisikoposition der fusionierten Bank für einen Verkauf langfristiger Schuldinstrumente spricht. Zu beachten ist indes, dass die Finanzinstrumente der Kategorie der Held to Maturity Investments der erwerbenden Bank Y weiterhin in der Kategorie zu verbleiben haben und ein signifikanter Verkauf dieser Wertpapiere schädlich wäre.[143]

Die Klassifizierung von Finanzinvestitionen in die Kategorie der bis zur Endfälligkeit zu haltenden finanziellen Vermögenswerte findet insbesondere aufgrund der restriktiven Kriterien der Halteabsicht und Haltefähigkeit bis zur Fälligkeit und der damit verbundenen Sanktionsmechanismen in der Praxis nur selten Anwendung. Viele Kreditinstitute verzichten vollständig auf eine Nutzung dieser Kategorie.[144]

Finanzinstrumente mit festen oder bestimmbaren Zahlungen können stattdessen in die Kategorie Available for Sale eingestuft werden. Insofern sollte im Rahmen von Umstellungsprojekten grundsätzlich darüber entschieden werden, ob die Nutzung dieser Kategorie sinnvoll ist.

Sollte die Kategorie gleichwohl bestückt werden - dies mag im Rahmen der typischen Hypothekenbankgeschäfte im Einzelfall zweckmäßig sein - ist innerhalb der Bilanz ein separater Ausweis nicht erforderlich. Die Kategorie der bis zur Endfälligkeit zu haltenden finanziellen Vermögenswerte kann vielmehr mit den Finanzinstrumenten der Kategorie Available for Sale sowie der Kategorie der finanziellen Vermögenswerte at Fair Value through Profit or Loss zusammengefasst und als Finanzanlagen ausgewiesen werden; eine differenzierte Aufgliederung hat in den Notes zu erfolgen.

---

[142] Vgl. IAS 39.51 und IAS 39.AG25.
[143] Vgl. zu den Besonderheiten bei der Kategorisierung im Wertpapiergeschäft Abschnitt 6.9.
[144] Vgl. hierzu auch die Ausführungen von KEMMER, M./NAUMANN, T. K., IAS 39: Warum ist die Anwendung für deutsche Banken so schwierig? (I), ZfgK 2003, S. 18-23, hier S. 20-21.

6.4 Erfolgswirksam zum beizulegenden Zeitwert bewertete Finanzinstrumente (Fair Value through Profit or Loss)

Die Kategorie Financial Assets und Financial Liabilities at Fair Value through Profit or Loss wird in zwei Subkategorien aufgeteilt. In der ersten Untergruppe finden sich die als Held for Trading klassifizierten finanziellen Vermögenswerte. In die zweite Subkategorie, die zum Teil auch als „5. Kategorie" bezeichnet wird, können finanzielle Vermögenswerte at Fair Value through Profit or Loss designiert werden.

In die Subkategorie Held for Trading sind Finanzinstrumente einzuordnen, die zu Handelszwecken gehalten werden.[145] Dies ist der Fall, wenn das Finanzinstrument:

- hauptsächlich mit der Absicht erworben oder eingegangen wurde, das Finanzinstrument kurzfristig zu verkaufen oder zurückzukaufen;
- Teil eines Portfolios eindeutig identifizierter und gemeinsam gemanagter Finanzinstrumente ist, für das in der jüngeren Vergangenheit Hinweise auf kurzfristige Gewinnmitnahmen bestehen; oder
- ein Derivat ist (mit Ausnahme von Derivaten, die als Sicherheitsinstrument designiert wurden und als solche effektiv sind).

In der Kategorie Trading auszuweisende derivative Finanzinstrumente schließen auch eingebettete Derivate ein, die getrennt zu bilanzieren und kein Bestandteil eines anerkannten Hedges sind.

Nach dem derzeitigen Stand des Endorsement durch die EU[146] können finanzielle Vermögenswerte beim erstmaligen Ansatz als erfolgswirksam zum beizulegenden Zeitwert zu bewertender finanzieller Vermögenswert designiert werden. Eine Ausnahme gilt für Anlagen in Eigenkapitalinstrumenten, für die kein auf einem aktiven Markt notierter Marktpreis existiert und deren beizulegender Zeitwert nicht verlässlich bestimmt werden kann.

Die Designationsmöglichkeit erleichtert in der Praxis den Umgang mit strukturierten Produkten, insbesondere strukturierten Emissionen, da die aufwändige Untersuchung von Finanzinstrumenten auf eingebettete Derivate und die Prüfung ihrer Trennungspflicht entfallen kann, wenn die strukturierten Produkte in ihrer Gesamtheit erfolgswirksam zum Fair Value bewertet werden.[147]

---

[145] Vgl. zum Folgenden IAS 39.9.

[146] Vgl. zum Stand des Endorsement von IAS/IFRS durch die EU Abschnitt 1.2.1. Zu beachten ist ferner, dass der Exposure Draft „The Fair Value Option" weitergehende Einschränkungen der Nutzung dieser Subkategorie vorsieht.

[147] Vgl. hierzu auch Abschnitt 11.

Erleichterungen bringt die Subkategorie ferner für die Abbildung von Sicherungszusammenhängen.[148] Bei Nutzung des Designationswahlrechts und Einstufung eines wirtschaftlich abgesicherten Grundgeschäfts in die Subkategorie at Fair Value through Profit or Loss unterliegt das Grundgeschäft der gleichen Bewertungskonzeption wie das zur Sicherung eingesetzte Derivat; Wertänderungen von Grundgeschäft und Derivat gleichen sich weitgehend aus. Die umfangreichen Dokumentations- und Effektivitätsanforderungen des Hedge Accounting brauchen nicht erfüllt zu werden.

Die Nutzung dieser (Sub-)Kategorie ermöglicht es somit, eine ökonomisch nicht gerechtfertigte Volatilität des Jahresüberschusses bzw. des Eigenkapitals in bestimmten Fällen zu vermeiden. Allerdings können Veränderungen des Bonitätsspreads im gesicherten Grundgeschäft möglicherweise erhebliche Fair-Value-Schwankungen induzieren, die bei einer Anwendung des Hedge Accounting vermieden werden können. Außerdem ist zu beachten, dass der Fair Value einer Forderung aus dem Kreditgeschäft auch von der Bewertung der Kreditsicherheiten abhängt.[149]

Investiert eine Bank in einen Investmentfonds, der von einer dritten, unabhängigen Partei verwaltet wird und der nicht von der Bank beherrscht wird, richtet sich die Kategorisierung der Anteile an dem Fonds nicht danach, ob die zugrunde liegenden finanziellen Vermögenswerte im Fonds aktiv gehandelt werden. Entscheidend für die Kategorisierung der Anteile an dem Fonds ist vielmehr die Beantwortung der Frage, ob die Bank die Anteile aktiv handelt. In diesem Fall wären die Anteile als Held for Trading einzustufen; andernfalls sind die Anteile als Available for Sale zu klassifizieren.

Anders stellt sich die Situation dar, wenn die Investmentpolitik des Fonds faktisch[150] durch die Bank bestimmt wird, wie dies bei Spezialfonds der Fall sein kann. Als Folge kurzfristiger Gewinnerzielungsabsicht sind die finanziellen Vermögenswerte bei Konsolidierung des Fonds als Held For Trading einzustufen. Finanzielle Verbindlichkeiten, die der Finanzierung dieser Handelsaktivitäten im Fonds dienen, sind nicht als Handelspassiva einzustufen.

---

[148] Vgl. zum Hedge Accounting Abschnitt 12.

[149] Vgl. LÖW, E./SCHILDBACH, S., a.a.O. (Fn. 97), S. 877.

[150] Investmentrechtlich entscheidet nicht die Bank, sondern die Kapitalanlagegesellschaft über den Kauf und Verkauf von Vermögenswerten des Investmentfonds - dies gilt sowohl für Publikumsfonds wie auch für Spezialfonds und ergibt sich aus der Definition des Fondsvermögens als Treuhandvermögen (§ 31 InvG). Die Bank kann als Anleger aber über Vertragsbedingungen, Anlageausschüsse, Side Letters etc. beherrschenden Einfluss auf die Investmentpolitik nehmen. Zur Konsolidierung von Spezialfonds vgl. Abschnitt 4 im Beitrag „Konzernrechnungslegung".

Die verschiedenen Komponenten der Kategorie at Fair Value through Profit or Loss lassen sich wie folgt zusammengefasst darstellen:

	Kategorisierung durch Art des Geschäftes	**Kategorisierung aufgrund Intention beim Geschäftsabschluss**	**Kategorisierung durch Designation**
Anwendungsbereich	Derivative Finanzinstrumente (Ausnahme: Bestandteile eines anerkannten Hedge); Derivative Bestandteile von hybriden Finanzinstrumenten; Hybride Instrumente, deren Bestandteile weder bei Erwerb noch an den folgenden Abschlussstichtagen getrennt bewertet werden können.	Instrumente zur Erzielung von Gewinnen aus kurzfristigen Marktwertschwankungen oder aus Änderungen der Händlermargen (entscheidend ist die Absicht und nicht die tatsächliche Realisierung).	Kategorisierungsmöglichkeit für alle Finanzinstrumente unabhängig von der strategischen Ausrichtung. Es kommt nicht auf eine kurzfristige Veräußerungsabsicht an.[151]
Umwidmungen	Umwidmungen in diese Kategorie hinein oder aus dieser Kategorie hinaus sind nicht zulässig.[152]		

Abb. 20: Überblick über die Kategorie at Fair Value through Profit or Loss

6.5 Zur Veräußerung verfügbare Finanzinstrumente (Available for Sale)

Unter die Kategorie zur Veräußerung verfügbare finanzielle Vermögenswerte (available for sale financial assets) sind alle nicht-derivativen finanziellen Vermögenswerte zu subsumieren, die vom Bilanzierenden in diese Kategorie designiert wurden oder die in diese

---

[151] Vgl. hierzu die in Abschnitt 1.2 aufgeführten Einschränkungen.
[152] Vgl. IAS 39.50.

Residual-Kategorie einzuordnen sind, weil sie nicht als Loans and Receivables, Held to Maturity Investments bzw. Financial Assets at Fair Value through Profit or Loss eingestuft werden können.[153]

Die Kategorie kann somit als „Restposten" für jene finanziellen Vermögenswerte angesehen werden, die in keine der anderen Kategorien klassifiziert werden können oder sollen. Dabei ist die Bedeutung, die diese Kategorie in der Praxis hat, nicht zu unterschätzen: Aufgrund des fehlenden Endfälligkeitstermins werden hier grundsätzlich sämtliche Eigenkapitalinstrumente ausgewiesen, sofern sie in den Anwendungsbereich von IAS 39 fallen und nicht der Kategorie at Fair Value through Profit or Loss zugeordnet sind.

Vorteilhaft aus Sicht des Bilanzierenden könnte sich der Umstand auswirken, dass die Fair-Value-Änderungen bis zur Ausbuchung des finanziellen Vermögenswerts erfolgsneutral im Eigenkapital verbucht werden.[154] Anders als bei einer Designation in die Kategorie at Fair Value through Profit or Loss verbleibt der Bank die Möglichkeit, über den Zeitpunkt einer Realisierung der im Eigenkapital verbuchten Wertänderungen durch den Verkauf des Finanzinstruments eigenständig zu entscheiden.

6.6 Finanzielle Verbindlichkeiten

Neben den dargestellten vier Hauptkategorien von finanziellen Vermögenswerten kennt IAS 39 zwei Hauptkategorien für finanzielle Verbindlichkeiten. Finanzielle Verbindlichkeiten werden grundsätzlich in die Kategorie Andere Verbindlichkeiten (other liabilities) eingestuft und zu fortgeführten Anschaffungskosten bilanziert. IAS 39 sieht ferner vor, Verbindlichkeiten beim erstmaligen Ansatz als at Fair Value through Profit or Loss designieren zu können.[155]

Analog zu den finanziellen Vermögenswerten differenziert IAS 39 auch bei finanziellen Verbindlichkeiten der Kategorie at Fair Value through Profit or Loss zwischen Finanzinstrumenten der Subkategorie Held for Trading und jenen Verbindlichkeiten, die beim erstmaligen Ansatz als at Fair Value through Profit or Loss designiert werden. Verbindlichkeiten, die zu Handelszwecken eingegangen werden, sind alle derivativen Finanzinstrumenten mit negativen Marktwerten sowie die Lieferverpflichtungen aus Wertpapierleerverkäufen.

Anders als nach den Vorschriften des HGB sind bei einem Rückkauf von emittierten Wertpapieren die entsprechenden passivischen Wertpapierbestände der Kategorien

---

[153] Vgl. IAS 39.9.

[154] Bereits vor Wegfall des Wahlrechts im alten IAS 39 wurde in der Praxis fast ausnahmslos die erfolgsneutrale Verbuchung von Wertänderungen gewählt, vgl. SCHRUFF, W., a.a.O. (Fn. 122), S. 96.

[155] Vgl. auch hierzu die durch das EU-Endorsement vorgenommenen Einschränkungen, die in Abschnitt 1.2 dargestellt werden.

Financial Liabilities Held for Trading bzw. Other Liabilities um den Buchwert der zurückgekauften Wertpapiere zu kürzen. Die Bilanzkürzung hat auch dann zu erfolgen, wenn die Bank ein Market Maker für dieses Instrument ist oder beabsichtigt, die zurückgekauften eigenen Emissionen in Kürze wieder auf dem Markt zu platzieren.[156] Im Fall einer darauf folgenden Veräußerung dieser Wertpapiere sind sie als Neuemission zu behandeln. Die beim Rückkauf der Emissionen gegebenenfalls entstehenden Gewinne oder Verluste sind in Höhe der Differenz zwischen dem Buchwert und dem Rückkaufkurs der Wertpapiere erfolgswirksam in der Gewinn- und Verlustrechnung zu erfassen.[157]

Die Definition von Financial Liabilities at Fair Value through Profit or Loss erfüllen auch Finanzinstrumente, die Bestandteil eines Portfolios eindeutig identifizierbarer und gemeinsam gemanagter Finanzinstrumente sind, für das in der jüngeren Vergangenheit Hinweise auf kurzfristige Gewinnmitnahmen bestehen.[158] Diese Regelung hat in der Praxis insbesondere beim Rückkauf eigener Emissionen Bedeutung: Selbst wenn im Emissionszeitpunkt seitens des Emittenten nicht beabsichtigt war, die Gesamtemission oder einen Teil der Emission zurückzukaufen, ist bei einem späterem Rückkauf zu überprüfen, ob der Emittent durch einen kurzfristigen An- und Verkauf eigener Wertpapiere Gewinne am Kapitalmarkt erzielt hat. In diesem Fall sind die davon betroffenen Emissionen als passivische Handelsbestände anzusehen.[159]

Wird ein Teil der zurückgekauften eigenen Emissionen mit Gewinn veräußert und besteht seitens des Emittenten Gewinnerzielungsabsicht, ist die gesamte Emission nachträglich in die Kategorie Held for Trading umzuwidmen. Dies kann selbst dann gelten, wenn der Emittent zum Zeitpunkt des Rückkaufs keine kurzfristige Wiederverkaufsabsicht hatte. Ist ein kurzfristiger Wiederverkauf der zurück erworbenen Wertpapiere bspw. zum Zwecke der Kurspflege beabsichtigt, sind finanzielle Verbindlichkeiten als Held for Trading zu kategorisieren. Der Begriff „Kurspflege" wird als Intervention in Form von Käufen (Verkäufen) am Kapitalmarkt verstanden, um größere Kursschwankungen bestimmter Wertpapiere zu verhindern.

Die folgende Abbildung zeigt auf, unter welchen Voraussetzungen finanzielle Verbindlichkeiten in die Kategorie Financial Liabilities at Fair Value through Profit or Loss einzustufen sind:

---

[156] Vgl. IAS 39.AG58.
[157] Vgl. IAS 39.42.
[158] Vgl. IAS 39.9.
[159] Vgl. IAS 39.AG15(d).

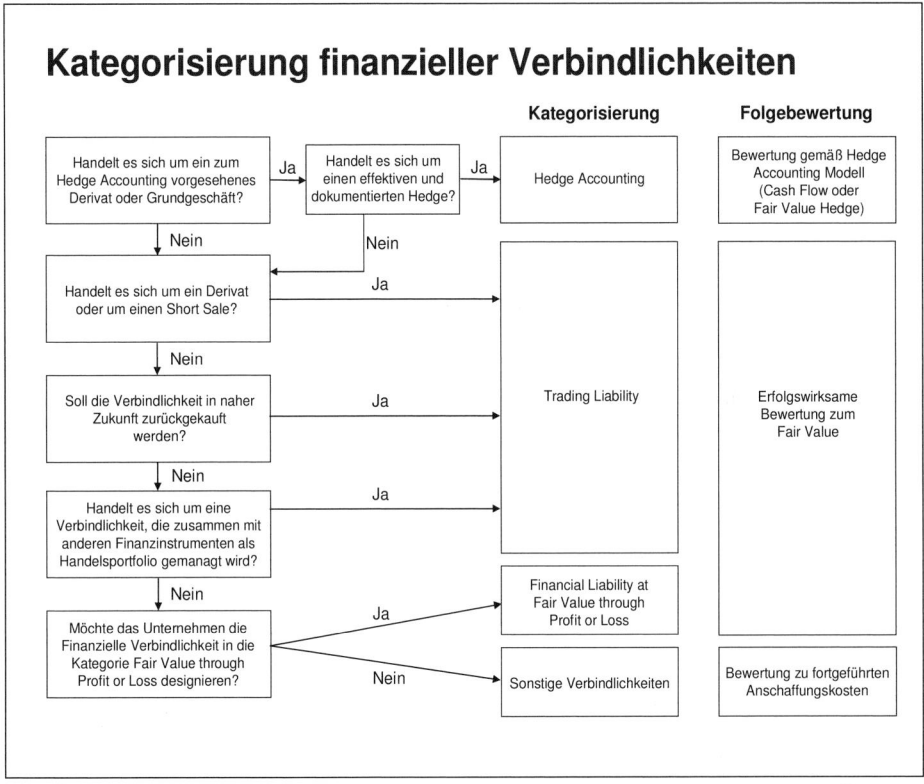

Abb. 21: Kategorisierung und Folgewertung von finanziellen Verbindlichkeiten[160]

Finanzielle Verbindlichkeiten, die aus der Refinanzierung von Handelsaktivitäten entstehen, sind dieser Kategorie dagegen nicht zuzuordnen.

6.7 Wechsel der Kategorie

Eine Umklassifizierung von finanziellen Vermögenswerten in eine der anderen Kategorien von IAS 39 ist nur eingeschränkt möglich: Unternehmen dürfen Finanzinstrumente, mithin finanzielle Vermögenswerte *und* Verbindlichkeiten, nicht in die oder aus der Kategorie erfolgswirksam zum beizulegenden Zeitwert zu bewertende Finanzinstrumente umklassifizieren, solange diese gehalten werden oder begeben sind.[161] Dadurch

---

[160] Vgl. hierzu die in Abschnitt 1.2 aufgeführten Einschränkungen aus dem EU-Endorsement.
[161] Vgl. IAS 39.50.

soll einer gezielten Ergebnissteuerung durch bilanzpolitische Maßnahmen entgegen gewirkt werden. Dies ist auch im Zusammenhang mit den Vorschriften zum Hedge Accounting zu beachten. Es ist zwar mittels Designation eines Finanzinstruments in die Kategorie Financial Assets and Financial Liabilities at Fair Value through Profit or Loss möglich, das Grundgeschäft nach derselben Bewertungsmethode wie das Sicherungsderivat zu bilanzieren (ohne die restriktiven Dokumentations- und Effektivitätskriterien). Entscheidet das Unternehmen jedoch erst nach Kauf eines Finanzinstrumentes, sich gegen das Zinsrisiko durch einen Payer Swap zu sichern, ist eine nachträgliche Umwidmung aus der Kategorie Loans and Receivables in die Kategorie Financial Assets and Financial Liabilities at Fair Value through Profit or Loss nicht möglich. Auch wenn ein Sicherungsderivat bereits vor Ablauf des Grundgeschäftes geschlossen wird, ist das Grundgeschäft weiterhin zum Fair Value zu bewerten.[162]

Bei einer Umwidmung von Finanzinstrumenten aus der Kategorie zur Veräußerung verfügbare finanzielle Vermögenswerte in die Kategorie der bis zur Endfälligkeit zu haltenden Finanzinvestitionen sind die im Eigenkapital erfassten kumulierten Gewinne und Verluste über die Restlaufzeit analog zur Amortisierung von Agien oder Disagien (unter Anwendung der Effektivzinsmethode) zu amortisieren.[163] Bereits (wegen Impairment) ergebniswirksam erfasste Wertminderungen werden nicht rückgängig gemacht.

Eine Umklassifizierung von Loans and Receivables in die Kategorie Available for Sale ist zwingend, sofern für diese Kredite ein aktiver Markt entstanden ist.

Neben den beschriebenen vom Bilanzierenden gewählten Umklassifizierungen existieren erzwungene Umwidmungen in die Kategorie Available for Sale, die aus den Sanktionsregelungen für Held to Maturity Investments resultieren.[164]

Im Rahmen eines Unternehmenserwerbs zugegangene Finanzinstrumente sollten unabhängig von ihrer vorherigen Kategorisierung beim Veräußerer im Zugangszeitpunkt beim Erwerber - entsprechend ihrer dortigen wirtschaftlichen Verwendung bzw. Zweckbestimmung - neu kategorisiert werden können.

6.8 Besonderheiten im Kreditgeschäft

Das Kreditgeschäft in Deutschland dient traditionell der langfristigen Unternehmensfinanzierung; regelmäßig werden Kreditverträge mit langen Laufzeiten und festen Zinsvereinbarungen angeschlossen. Abgesehen vom Retail-Banking sind die Kreditverträge geprägt von stark individualisierten Vereinbarungen mit dem Kreditnehmer, wodurch eine Bestimmung von Marktpreisen stark erschwert wird. Daneben sind Übertragungen

---

[162] Vgl. LÖW, E./SCHILDBACH, S., a.a.O. (Fn. 97), S. 877.
[163] Vgl. IAS 39.54(a).
[164] Vgl. hierzu Abschnitt 6.3.

wegen des fehlenden organisierten Marktes bislang nur eingeschränkt möglich. Neuere Entwicklungen, wie die großvolumigen Verkäufe von Portfolien im Hypothekenbankenbereich, aber auch die so genannte True Sale Initiative, lassen jedoch die Entstehung eines größeren Sekundärmarktes auch für Kredite erwarten. Die Möglichkeit zur Nutzung der Kategorie Loans and Receivables für finanzielle Vermögenswerte könnte durch die Ausweitung dieses Marktes zukünftig eingeschränkt werden.

Kreditforderungen können regelmäßig in die Kategorie Loans and Receivables eingestuft werden; eine freiwillige Designation in die Kategorien Available for Sale oder Financial Assets at Fair Value through Profit or Loss ist ebenfalls möglich.[165] Entscheidendes Merkmal für die Einstufung in die Kategorie Loans and Receivables ist das Kriterium des aktiven Marktes. Es beinhaltet zwei Komponenten: Zum einen ist ein Markt erforderlich, auf dem Markttransaktionen auf Arm´s-length-Basis stattfinden. Darüber hinaus ist eine gewisse Mindestaktivität erforderlich. In IAS 39.AG71 wird implizit eine Definition für das Vorliegen eines aktiven Marktes gegeben: Danach besteht für ein Finanzinstrument ein aktiver Markt, wenn notierte Preise leicht und regelmäßig verfügbar sind sowie tatsächliche und regelmäßige Markttransaktionen diese Preise widerspiegeln.

Die Anforderungen werden innerhalb des Standards nicht weiter konkretisiert. Aussagen über die notwendige Marktbreite und die Marktaktivität werden nicht getroffen; der Nachweis eines Mindestumsatzes wird nicht verlangt. Es ist jedoch in diesem Zusammenhang zweifelhaft, ob ein veröffentlichter Kurs, der bereits einige Tage alt ist und dem Umsätze zugrunde liegen, die sich deutlich unterhalb der Umsätze eines durchschnittlichen Handelstages bewegen, noch die Kriterien eines aktiven Marktes erfüllt. Dies bedeutet, dass eine regelmäßige Kursfestsetzung als grundsätzliche Voraussetzung anzusehen sein dürfte.

Bei den am Sekundärmarkt gehandelten Kreditforderungen, für die regelmäßige Kurse ermittelt werden, zu denen Umsätze effektiv vorgenommen werden, kann ausnahmsweise schon jetzt von einem aktiven Markt im Kreditgeschäft ausgegangen werden. Die Kategorisierung erfolgt in Available for Sale, sofern keine Handelsabsicht besteht.

Bei Schuldscheindarlehen handelt es sich in der Mehrzahl der Fälle um Kreditverhältnisse, die eine Bewertung zu fortgeführten Anschaffungskosten bedingen. Für Schuldscheindarlehen kann in der Regel nicht von einem aktiven Markt ausgegangen werden. Zinsstruktur und Credit Spread werden üblicherweise nur auf Anfrage durch die Banken ermittelt und sind für Dritte in der Regel nicht einsehbar. Die Bank stellt lediglich ein Kursangebot zur Verfügung, damit ist jedoch kein Geschäftsabschluss verbunden. Welche anderen Schuldinstrumente in die Loans and Receivables eingestuft werden können, ist jeweils im Einzelfall zu untersuchen: So können Namensschuldverschreibungen tendenziell eher in diese Kategorie eingestuft werden; bei Inhaberschuldverschreibungen ist dies zunächst offen.

---

[165] Zur Beschränkung der Nutzung der Kategorie Financial Assets at Fair Value through Profit or Loss für Kredite und Forderungen durch den Exposure Draft des IASB vgl. Abschnitt 1.2.

6.9 Besonderheiten im Wertpapiergeschäft

Aktivische Wertpapiere können je nach ihrer Zweckbestimmung und wirtschaftlicher Verwendung in eine der vier Kategorien eingeordnet werden. Sofern die entsprechenden Kriterien erfüllt sind, kommen für die Einstufung der Wertpapiere alle vier Hauptkategorien in Betracht. In Abhängigkeit von der Kategorisierung erfolgt dann ihre Folgebewertung.

Sofern die Wertpapiere nicht dem Handelsgeschäft zuzuordnen sind oder als Held to Maturity Investments eingestuft werden, richtet sich ihre Kategorisierung zuvorderst nach dem Vorhandensein eines aktiven Marktes.[166]

Die Abgrenzung eines aktiven Marktes kann in der praktischen Anwendung Schwierigkeiten bereiten. Als ein Beispiel für einen Wertpapiermarkt, der nicht zwingend als „aktiver Markt" einzustufen sein wird, ist der amtliche Handel an der Bourse de Luxembourg zu nennen, da das tägliche Handelsvolumen im Vergleich zu anderen europäischen Börsen dort gering ist. Um die Gefahr von „Pseudonotierungen" zu vermeiden, sind sowohl für marktenge als auch für marktbreite Werte Grenzen zu formulieren. Möglich wäre bspw. die Festlegung eines prozentualen Mindestumsatzes, der innerhalb eines abgegrenzten Zeitraumes in Abhängigkeit vom Streubesitz zu erzielen ist.

Ist nach dieser Interpretation ein aktiver Markt nicht gegeben, sind Bewertungsmodelle anzuwenden. Die Wahl eines Modells liegt im Verantwortungsbereich des Bilanzierenden. Es ist in den Notes darzulegen, welche Bewertungsmodelle zur Fair-Value-Ermittlung herangezogen werden.

Bei den im Bankenbereich verbreiteten strukturierten Emissionen bietet sich die Möglichkeit, Wertpapiere in die Kategorie Financial Assets und Financial Liabilities at Fair Value through Profit or Loss einzustufen und auf diese Weise die aufwändige Untersuchung auf eingebettete Derivate und Prüfung ihrer Trennungspflicht zu umgehen. Nach dem oben dargestellten eingeschränkten Endorsement von IAS 39 durch EU kann die Fair-Value-Option jedoch nur noch für finanzielle Vermögenswerte genutzt werden; finanzielle Verbindlichkeiten dürfen dagegen nicht mehr in diese Kategorie designiert werden. Dies bedeutet für die strukturierten passivischen Wertpapiere, dass eine aufwändige Prüfung auf trennungspflichtige eingebettete Derivate zu erfolgen hat.[167]

---

[166] Vgl. zur Frage der Nutzung der Kategorie Held to Maturity Investments auch Abschnitt 6.3.
[167] Vgl. zur Fair-Value-Option Abschnitt 1.2.

6.10 Besonderheiten im Beteiligungsgeschäft

6.10.1 Darstellung der Regelungen

IAS 39 kommt für Beteiligungen an Unternehmen ohne maßgeblichen oder beherrschenden Einfluss zur Anwendung. Üblicherweise befinden sich damit nur Beteiligungen mit einem Anteil von unter 20% der Stimmrechte im Anwendungsbereich von IAS 39; die anderen Beteiligungen sind nach IAS 27, IAS 28 oder IAS 31 zu bilanzieren.[168]

Die Klassifizierung der Beteiligungen, die in den Anwendungsbereich von IAS 39 fallen, erfolgt entweder in die Kategorie Trading, sofern kurzfristige Gewinnerzielungsabsicht besteht, oder in die Kategorien Available for Sale bzw. per Designation in at Fair Value through Profit or Loss.

Für eine Designation in die Kategorie at Fair Value through Profit or Loss und die damit verbundene erfolgswirksame Fair-Value-Bewertung der Beteiligungen sprechen der Wegfall der Prüfung auf Trennungspflicht von eingebetteten Derivaten (vertragliche Sonderrechte) und der Durchführung eines Impairment-Tests.[169] Die dabei möglicherweise entstehenden GuV-Volatilitäten sind als Nachteil zu nennen und bei Umstellungsprojekten im Vorfeld anhand von Szenariorechnungen zu beziffern; eine nachträgliche Umwidmung der Beteiligungen scheidet aus.

---

[168] Vgl. zur Anwendung der Equity-Methode IAS 28.11-12.; zur Frage der Einstufung von Investoren als Venture-Capital-Organisation vgl. Abschnitt 6.10.3; zur Konsolidierung von Gemeinschaftsunternehmen vgl. IAS 31.30 und IAS 31.38. Vgl. hierzu auch grundlegend Abschnitt 5 im Beitrag „Konzernrechnungslegung".
Von der Anwendung der at-Equity-Methode ist nach IAS 28.13(a) auch dann abzusehen, wenn die Anteile an einem assoziierten Unternehmen erworben wurden und die Absicht besteht, diese Anteile innerhalb der nächsten zwölf Monate nach Erwerb wieder zu veräußern. Das Management hat dazu aktiv einen Käufer zu suchen. Erfolgt kein Verkauf innerhalb von zwölf Monaten, ist die Equity-Methode rückwirkend ab dem Erwerbszeitpunkt anzuwenden und der Konzernabschluss entsprechend zu ändern. Nur wenn innerhalb von zwölf Monaten bereits ein Käufer gefunden wurde und der Verkauf kurz nach dem Abschlussstichtag erfolgen wird, kann von einer Änderung des Konzernabschlusses abgesehen werden. Diese Anteile sind gemäß IFRS 5 „Non-current Assets Held for Sale and Discontinued Operations" als Held for Sale zu klassifizieren und zum Fair Value abzüglich der bei Veräußerung anfallenden Transaktionskosten zu bewerten. Vgl hierzu den Beitrag „Zur Veräußerung gehaltene, langfristige Vermögenswerte und aufgegebene Bereiche".

[169] Für die Beteiligungen ergeben sich nach derzeitiger Rechtslage keine Auswirkungen aus den in Abschnitt 1.2 genannten Einschränkungen der Nutzung dieser Kategorie.

6.10.2 Abgrenzung von Eigen- und Fremdkapital

Nicht jede nach deutschem Recht als Beteiligung bilanzierte Investition, die unter den Anwendungsbereich von IAS 39 fällt, kann auch nach IFRS als Beteiligung eingestuft werden; dies betrifft insbesondere solche Finanzinstrumente, die hybride Instrumente sind. Als Beispiele für Finanzinstrumente, die diesbezüglich zu prüfen sind, sind Genussrechte, Mezzanine-Beteiligungen und andere Arten von Nachrangdarlehen sowie (typische und atypische) stille Beteiligungen zu nennen.[170]

Die zentralen Kriterien für eine Abgrenzung von finanziellen Schulden und Eigenkapitalinstrumenten findet sich in IAS 32. Eine analoge Anwendung der dort aus Emittentensicht beschriebenen Abgrenzungskriterien auf die Investorensicht erscheint sachgerecht. Finanzielle Schulden werden gemäß IAS 32 als vertragliche Verpflichtungen eines Unternehmens definiert, finanzielle Vermögenswerte an ein anderes Unternehmen abgeben oder mit einem anderen Unternehmen unter potenziell nachteiligen Bedingungen austauschen zu müssen. Eigenkapitalinstrumente sind definiert als vertragliche Ansprüche eines Unternehmens am Residuum aus Vermögenswerten und Verbindlichkeiten eines anderen Unternehmens.[171]

Investments sind nach dem wirtschaftlichen Gehalt und nicht dem rechtlichen Rahmen als Eigenkapital oder Fremdkapital zu qualifizieren.[172] Die Qualifikation von Beteiligungen als Eigen- oder Fremdkapital hängt vor allem davon ab, ob vertragliche Verpflichtungen auf Leistung liquider oder anderer finanzieller Vermögenswerte bestehen.[173] Beteiligungen, die einen Residualanspruch am Nettovermögen des Beteiligungsunternehmens begründen und keine vertragliche Verpflichtungen auf Leistung liquider oder anderer finanzieller Vermögenswerte enthalten, sind als Eigenkapitalinstrumente einzustufen. Enthalten die Beteiligungen dagegen eine Rückzahlungsverpflichtung zu einem späteren Zeitpunkt, sind sie als Fremdkapitalinstrument zu qualifizieren. Aus Sicht des Investors ist für die Einstufung als Eigen- oder Fremdkapital zudem zu untersuchen, ob er über Stimmrechte verfügt; ist dies nicht der Fall, liegt tendenziell eher Fremdkapital vor.

Hat eine bislang nach deutschem Recht als Beteiligung eingestufte Investition wirtschaftlich eher Fremd- als Eigenkapitalcharakter, kommt es im Rahmen der Umstellung auf IFRS zu einer Umklassifizierung in Fremdkapital. Dies hat zur Folge, dass neben der Kategorisierung als Available for Sale oder at Fair Value through Profit or Loss auch eine Klassifizierung als Loans and Receivables in Betracht kommt.

---

[170] Vgl. zur ausführlichen Würdigung der Einstufung von hybriden Instrumenten nach HGB und IAS Abschnitt 2.1.1 im Beitrag „Eigenkapitalveränderungsrechnung".
[171] Vgl. IAS 32.5.
[172] Vgl. IAS 32.18-19.
[173] Vgl. IAS 32.20-21.

Finanzinstrumente im Beteiligungsgeschäft können mit (umfangreichen) Sonderrechten ausgestattet sein, wie dies etwa im Venture-Capital-Bereich üblich ist. Als typische Beispiele für vertragliche Sonderrechte sind Wandlungsrechte (z.B. in eine Direktbeteiligung bei negativer wirtschaftlicher Entwicklung), Equity-Kicker, Mitverkaufs- und Vorkaufsrechte sowie gegenseitige Kauf- und Verkaufsoptionen zu nennen. Hier ist in Abhängigkeit von der Einstufung des Basisvertrags als Eigen- oder Fremdkapital zu prüfen, ob eingebettete Derivate vorliegen und eine Trennungspflicht besteht.[174] Anstelle einer Identifizierung aller trennungspflichtigen eingebetteten Derivate und deren Bewertung zum Fair Value ist eine freiwillige Designation der Beteiligungen in die Kategorie at Fair Value through Profit or Loss zu erwägen.

6.10.3 Einstufung von Unternehmen oder Unternehmenseinheiten als Venture-Capital-Organisation

Beteiligungen an assoziierten Unternehmen sind gemäß IAS 28 nach der Equity-Methode zu bilanzieren; Gemeinschaftsunternehmen (joint ventures) werden nach IAS 31 wahlweise quotal oder nach der Equity-Methode konsolidiert; sie fallen somit grundsätzlich nicht in den Anwendungsbereich von IAS 39.[175]

Beide Standards nennen aber einen Ausnahmefall. Beteiligungen von Venture-Capital-Organisationen, bei denen die Venture-Capital-Gesellschaft direkt oder indirekt zwischen 20% und 50% Stimmrechtsanteile hat, so dass sie wesentlichen Einfluss oder eine gemeinschaftliche Führung ausübt, werden von der Anwendung des IAS 28 und IAS 31 ausgenommen, sofern die entsprechenden Investments nach IAS 39 zum Fair Value bewertet und die Veränderungen des Fair Value in der GuV erfasst werden.[176]

Die Einstufung der Beteiligungen mit wesentlichem Einfluss oder einer gemeinschaftlichen Führung in die Kategorie Financial Assets at Fair Value through Profit or Loss kann in der Praxis vorteilhaft sein, weil - bei gleichzeitiger Einstufung der Investments mit Stimmrechtsanteilen unter 20% - alle Investments einheitlich bilanziert und bewertet werden. Damit resultieren aus Änderungen im Beteiligungsverhältnis (z.B. Stimmrechtsänderungen) keine Änderungen für die bilanzielle Abbildung des Investments. Darüber hinaus ist keine aufwändige Prüfung auf eingebette trennungspflichtige Derivate vorzunehmen; eine jährliche Untersuchung auf Impairment kann entfallen.

---

[174] Vgl. zur Behandlung von eingebetteten Derivaten auch Abschnitt 11.
[175] Vgl. zum Anwendungsbereich Abschnitt 2 sowie IAS 28.BC8. Siehe auch Abschnitte 2.2 und 2.3 im Beitrag „Konzernrechnungslegung".
[176] Vgl. IAS 28.1 und IAS 31.1. Tochtergesellschaft dürfen dagegen nicht aus dem Konzernabschluss ausgeschlossen werden, nur weil der Investor eine Venture Capital Organisation ist, vgl. IAS 27.16 und IAS 27.BC16-22.

Die Nutzung der Kategorie Financial Assets at Fair Value through Profit or Loss bedingt zunächst die Einstufung als Venture-Capital-Organisation. Die Standards enthalten jedoch keine Definition dieses Begriffs. In diesen Fällen hat das Management den Begriff gemäß IAS 8.10 auszulegen.[177] Dabei hat sich das Management - in absteigender Reihenfolge - auf folgende Quellen zu beziehen:

- die Anforderungen und Anwendungsleitlinien in Standards und Interpretationen, die ähnliche und verwandte Fragen behandeln,

- die Definitionen sowie die Ansatz- und Bewertungskriterien für Vermögenswerte, Schulden, Erträge und Aufwendungen, die im Framework dargelegt sind.

Außerdem kann das Management auf andere Standardsetter und anerkannte Branchenpraktiken ausweichen. Vorliegend ist es zweckmäßig, bei der Frage der Definition einer Venture-Capital-Gesellschaft auf die US-GAAP zu rekurrieren.[178]

Eine Definition von Venture-Capital-Organisationen findet sich in einer Verlautbarung des AICPA. Anhand folgender Kriterien des AICPA lassen sich Unternehmen oder Unternehmenseinheiten als Venture-Capital-Organisationen charakterisieren:[179]

- Venture-Capital-Organisationen spielen vielfach gegenüber den Beteiligungsnehmern eine aktivere Rolle.

- Venture-Capital-Organisationen stellen zusätzlich zur Bereitstellung von Mitteln, ob in Form von Darlehen oder Eigenkapital, häufig auch technische oder administrative Hilfe, soweit benötigt und gewollt, zur Verfügung (hands-on). Es handelt sich hierbei um die Kernaktivitäten einer Venture-Capital-Organisation.

- Das Portfolio von Venture-Capital-Organisationen ist möglicherweise aufgrund der Natur der Beteiligungen illiquide, da die Anteile nicht öffentlich gehandelt werden.

- Oftmals werden Gewinne erst nach einer relativ langen Beteiligungsdauer realisiert.

- Die Natur der Beteiligungen erfordert Bewertungsmethoden, die deutlich von Bewertungsmethoden üblicher Beteiligungen abweichen.[180]

---

[177] Zur Auslegung und zum Umgang mit Regelungslücken vgl. RUHNKE, K./NERLICH, C., Behandlung von Regelungslücken innerhalb der IFRS, DB 2004, S. 389-395; SCHÖN, W., Kompetenzen der Gerichte zur Auslegung von IAS/IFRS, BB 2004, S. 763-768 und SCHULZE-OSTERLOH, J., Internationalisierung der Rechnungslegung und ihre Auswirkungen auf die Grundprinzipien des deutschen Rechts, Der Konzern 2004, S. 173-176.

[178] Ein weiterer Grund für die Zulässigkeit der Berücksichtigung von US-GAAP Vorschriften ergibt sich aus dem Convergence Project von IASB und FASB (Financial Accounting Standards Board). Dieses Projekt hat als Ziel die Reduzierung von Abweichungen zwischen den IFRS und den US-GAAP. "In September 2002, the Board agreed to add a short-term convergence project to its active agenda. The objective of the project is to reduce differences between IFRSs and US GAAP. The project is a joint project with the FASB." (Quelle: http://www.iasc.org.uk). Vgl. dazu auch BÖTTCHER, A./BURKHARDT, K., Entwicklungsperspektiven einer weltweit einheitlichen Rechnungslegung, Die Bank 2003, S. 840-843.

[179] Vgl. AICPA, Audit and Accounting Guide Audit of Investment Companies, Appendix A.

Neben den Kriterien des AICPA sind weitere konkretisierende Kriterien für eine Einstufung des Investors als Venture-Capital-Organisation zu prüfen:

(1) Die primären Aktivitäten des Unternehmens (d.h. der Investors) betreffen Investitionen, die dazu dienen, laufende Einkünfte oder Kapitalwertsteigerungen oder beides zu erzielen. Hinweise hierfür sind bspw.:

- dass der vom Investor nach außen dargestellte Geschäftszweck dem einer Venture-Capital-Organisation entspricht (dieses ergibt sich aus dem branchenüblichen Geschäft bzw. aus den Tätigkeiten),
- der Investor hält mehrere Investments (oder hat einen Investmentplan, um mehrere Investments zu erwerben),
- der Investor führt keine anderen Tätigkeiten aus als Investments zu tätigen und hat keine anderen signifikanten Vermögenswerte oder Schulden als die aus seinen Investment Aktivitäten, und
- der Investor hat eine Exit-Strategie für jedes einzelne seiner Investments.

Signifikante andere Tätigkeiten bzw. Vermögenswerte und Schulden, die nicht aus Investment Tätigkeiten entstammen, dürften vorliegen, wenn diese mehr als 10% der Erträge bzw. der Bilanzsumme ausmachen.

(2) Der Investor ist entweder eine eigenständige rechtliche Einheit oder, wenn der Investor Teil eines Unternehmens ist, dann sind die Investitionsaktivitäten des Investors klar und objektiv von den anderen Aktivitäten des Unternehmens unterscheidbar. Die rechtliche Struktur eines Unternehmens oder einer Gruppe von Unternehmen sollte nicht bestimmen, ob ein Unternehmen (oder ein eindeutiger und objektiv abgrenzbarer Teil eines Unternehmens), dessen primäre Aktivitäten das Investieren in eigenständige Unternehmen ist, den Definitionen einer Venture-Capital-Organisation entspricht.

Für die Beurteilung darüber, ob die Investmenttätigkeiten des Investors sich von anderen Aktivitäten eindeutig und objektiv abgrenzen lassen, sollten folgende organisatorischen und finanziellen Faktoren beachtet werden, die jedoch nicht abschließend für die Beurteilung sind:

- Es handelt sich nicht um Investmentaktivitäten, die in Ergänzung zu anderen Tätigkeiten ausgeführt werden, sondern um die Ausführung von Investmenttätigkeiten, die zu einem signifikanten Grad eigenständig ausgeführt werden oder von anderen Tätigkeiten separierbar sind.

---

[180] Welche Methoden als übliche Bewertungsmethoden anzusehen sind, lässt sich anhand der Vorgaben des IDW S1 konkretisieren: Als übliche Methoden werden dort das Ertragswertverfahren bzw. die DCF-Methode genannt. Eine deutliche Abweichung ergibt sich dagegen immer dann, wenn Bewertungsmethoden verwandt werden, die nicht den nach IDW S1 zulässigen Methoden entsprechen. Hierzu zählen i.d.R. Zerschlagungswerte oder steuerliche Wertansätze wie Einheitswerte.

- Es besteht ein separat arbeitendes und identifizierbares Management, welches für die Investmentaktivitäten verantwortlich ist.

- Es besteht für die Investmentaktivitäten ein eigenständiges Controlling und Reportingsystem, einschließlich eines eigenständigen Reportings an die Geschäftsführung/den Vorstand und/oder an den Aufsichtsrat.

- Die Investmentaktivitäten können als Geschäftssegment identifiziert werden (Wesentlichkeitsgesichtspunkte könnten jedoch dazu führen, dass kein separater Ausweis in der Segmentberichterstattung erfolgt).

(3) Die Investments haben eigenständige Unternehmen zu sein. Dies ist in folgenden alternativen Fällen *nicht* gegeben:

- Der Investor erhält Vorteile (oder er hat die Möglichkeit, Vorteile zu erhalten), die für Nichtinvestoren unzugänglich sind. Beziehungen oder Aktivitäten, die diese Bedingung verletzen, sind z.B. (a) der Erwerb, der Austausch oder die Nutzung von Prozessen oder Arbeitsabläufen, immateriellen Vermögenswerten oder Technologien des investierten Unternehmens durch den Investor, (b) signifikante Käufe oder Verkäufe von Vermögenswerten zwischen dem Unternehmen und dem Investor oder (c) andere Transaktionen, die unter Bedingungen stattfinden, die anderen Unternehmen, die nicht Investor sind, unzugänglich sind.

- Der Investor stellt den Investments signifikante Verwaltungs- und Unterstützungsleistungen zur Verfügung.

- Die Investments stellen Finanzgarantien oder Sicherheiten für Kreditengagements des Investors zur Verfügung.

- Die Entlohnung des Managements oder der Mitarbeiter der Investments ist vom finanziellen Erfolg des Investors abhängig.

- Der Investor bestimmt die Verflechtung der Tätigkeitsbereiche der Investments oder den Aufbau von Geschäftsbeziehungen zwischen den Investments.

Erfolgt nach Prüfung der dargestellten Kriterien eine Einstufung als Venture-Capital-Organisation, so können die hier betrachteten Beteilungen an assoziierten Unternehmen nach IAS 39 in die Kategorie Financial Assets at Fair Value through Profit or Loss bzw. Trading eingestuft und erfolgswirksam zum Fair Value bewertet werden.

7. Folgebewertung zu fortgeführten Anschaffungskosten

7.1 Überblick über die Regelungen

Die Bewertung der Finanzinstrumente der Kategorien Kredite und Forderungen und bis zur Endfälligkeit gehaltene Finanzinvestitionen erfolgt zu fortgeführten Anschaffungskosten unter Anwendung der Effektivzinsmethode. Finanzielle Vermögenswerte der Kategorien Financial Assets at Fair Value through Profit or Loss und Available for Sale werden dagegen zum beizulegenden Zeitwert bewertet.[181]

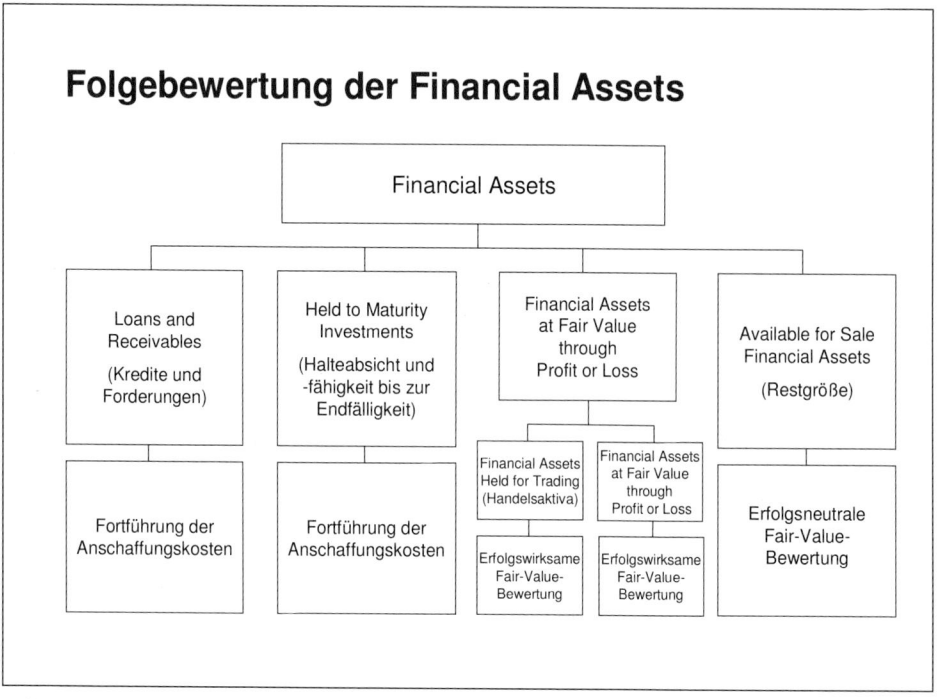

Abb. 22: Folgebewertung von finanziellen Vermögenswerten

---

[181] Vgl. für die Bewertung zum beizulegenden Zeitwert Abschnitt 8.

Die beiden Fair-Value-Kategorien unterscheiden sich nur in der Verbuchung der Wertänderungen: Während Wertänderungen der Finanzinstrumente der Kategorie Financial Assets at Fair Value through Profit or Loss erfolgswirksam zu verbuchen sind, werden Wertschwankungen der Kategorie Available for Sale (zunächst) erfolgsneutral im Eingenkapital verbucht; erst bei Abgang oder Impairment erfolgt eine erfolgswirksame Verbuchung.

Für die Mehrheit der finanziellen Vermögenswerte ist die Fair-Value-Bewertung der Bewertung zu fortgeführten Anschaffungskosten vorzuziehen.[182] Eine Kategorisierung als Kredite und Forderungen oder bis zur Endfälligkeit gehaltene Finanzinvestitionen kann jedoch immer dann erfolgen, wenn die dagestellten Kriterien erfüllt sind.

Als fortgeführte Anschaffungskosten eines finanziellen Vermögenswertes oder eine finanziellen Verbindlichkeit wird der Betrag bezeichnet, mit dem ein finanzieller Vermögenswert oder eine finanzielle Verbindlichkeit bei der erstmaligen Erfassung bewertet wird, abzüglich Tilgungen zuzüglich oder abzüglich der kumulierten Amortisierung mittels Effektivzinsmethode, einer etwaigen Differenz zwischen dem ursprünglichen Betrag und dem bei Endfälligkeit rückzahlbaren Betrag sowie abzüglich etwaiger außerplanmäßiger Abschreibungen für Wertminderungen oder Uneinbringlichkeit.[183]

	Fair Value gemäß Erstbewertung[184]
abzgl.	Geleistete Tilgungen
abzgl./ zzgl.	kumulierte Amortisierung einer etwaigen Differenz zwischen dem ursprünglichen Betrag und dem bei Endfälligkeit rückzahlbaren Betrag mittels der Effektivzinsmethode.
abzgl.	ggf. vorgenommene außerplanmäßige Abschreibung
= Fortgeführte Anschaffungskosten	

Abb. 23: Ermittlung der fortgeführten Anschaffungskosten

---

[182] Vgl. IAS 39.AG20.
[183] Vgl. IAS 39.9.
[184] Vgl. IAS 39.43.

7.2 Anwendung der Effektivzinsmethode

7.2.1 Ermittlung des Effektivzinses

Bei der Effektivzinsmethode wird die Amortisierung unter Verwendung des effektiven Zinssatzes eines finanziellen Vermögenswertes oder einer finanziellen Schuld berechnet. Als effektiver Zinssatz gilt der Kalkulationszinssatz, mit dem der erwartete künftige Zahlungsmittelfluss über die geschätzte Laufzeit auf den gegenwärtigen Buchwert des finanziellen Vermögenswertes oder der finanziellen Schuld abgezinst wird. In diese Berechnung fließen alle unter den Vertragspartnern gezahlten oder erhaltenen Gebühren und sonstigen Entgelte mit ein.[185] Der effektive Zinssatz wird gelegentlich auch als nivellierte Rendite zum Fälligkeits- bzw. zum nächsten Zinsanpassungstermin bezeichnet. Er ist die interne Rendite des finanziellen Vermögenswertes oder der finanziellen Schuld für den besagten Zeitraum.[186]

Der Effektivzinssatz r ist so zu bestimmen, dass die folgende Gleichung gilt:[187]

$$AK = \sum_{i=1}^{n} \frac{CF_i}{(1+r)^{T_i}}.$$

AK steht für die Anschaffungskosten unter Berücksichtigung von Transaktionskosten und Entgelten, CF_i für die geschätzten Cash Flows zum Zeitpunkt T_i und T_i für die Anzahl der Jahre vom Stichtag bis zum Zahlungszeitpunkt.

Bei variabel verzinslichen Finanzinstrumenten oder bei Zinsbindungsende reflektiert eine Anpassung der Zins-Cash-Flows die Veränderung des Marktzinsniveaus. Diese Veränderung des Nominalzinssatzes und der Zins-Cash-Flows verändern den Effektivzinssatz.[188]

Bei veränderten Erwartungen über die künftigen Cash Flows, wie bei Änderungen der Tilgungsstruktur, z.B. durch Sondertilgungen oder Tilgungsstreckungen ist dagegen der Buchwert des Finanzinstruments anzupassen, nicht jedoch der originäre Effektivzinssatz. Die Veränderung des Buchwerts ist erfolgswirksam zu erfassen.[189]

---

[185] Die Saldierung von gezahlten oder erhaltenen Gebühren und sonstigen Entgelten auf Einzelgeschäfts-Ebene kann als zulässig betrachtet werden (IAS 1.32-35).
[186] Vgl. IAS 39.9 und IAS 18.31.
[187] Vgl. hierzu auch das Beispiel zur Effektivzinsmethode in Abschnitt 7.2.6.
[188] Vgl. IAS 39.AG7.
[189] Vgl. IAS 39.AG8.

7.2.2 Bestimmung der Transaktionskosten

In die Ermittlung des Effektivzinssatzes fließen mit dem Erwerb des finanziellen Vermögenswertes angefallene Transaktionskosten ein. Transaktionskosten sind zusätzliche[190], direkt dem Erwerb oder der Veräußerung eines finanziellen Vermögenswertes oder einer finanziellen Schuld zurechenbare interne und externe Kosten.[191] Zu den Transaktionskosten gehören unter Anderem an Vermittler[192], Berater, Makler und Händler gezahlte Gebühren und Provisionen, an Aufsichtsbehörden und Wertpapierbörsen zu entrichtende Abgaben und auf die Transaktion entfallende Steuern und Gebühren[193]. Unter Transaktionskosten fallen jedoch weder Agio oder Disagio für Schuldinstrumente, Finanzierungskosten oder die Zuteilung interner Verwaltungs- oder Haltekosten.[194]

Bei den Transaktionskosten ergibt sich in der Praxis regelmäßig das Problem der direkten Zurechenbarkeit. Eine präzisere Abgrenzung der Transaktionskosten wird nicht gegeben. In Fällen, in denen Vorschriften fehlen, die auf einen Geschäftsvorfall zutreffen, kann das Management gemäß IAS 8.12 i.V.m. IAS 8.10 auf Regelungen anderer Standardsetter ausweichen. Da die Behandlung von Transaktionskosten unter IAS 18 weitgehend den Vorschriften von SFAS 91 entspricht, wird es als sachgerecht angesehen, die Vorschriften dieses Standards zu berücksichtigen.[195]

Gemäß SFAS 91 gehören zu den Transaktionskosten direkt zurechenbare externe Mehrkosten und weitere dem Kredit direkt zurechenbare Mehrkosten. Die weiteren, direkt zurechenbaren Kosten beziehen sich auf die Lohn- und Lohnzusatzkosten sowie andere interne Kosten, die durch die Bearbeitung des einzelnen Kredits verursacht wurden.[196] Kosten wie Ausgaben für Werbung und die damit verbundenen Lohn- und Lohnzusatzkosten sind dagegen als Aufwand in der Periode des Entstehens zu verbuchen und nicht mittels der Effektivzinsmethode über die Laufzeit des Kredits zu verteilen.[197]

---

[190] Zusätzliche Kosten sind Kosten, die nicht angefallen wären, wenn der Kredit nicht gewährt worden wäre (IAS 39.9).

[191] Vgl. IAS 39.9.

[192] In diesem Zusammenhang zählen auch die mit dem eigenen Angestellten verbundenen Kosten in deren Funktion als Kreditvermittler, z.B. bei Syndizierungen, zu den Transaktionskosten.

[193] Das IASB avisierte in seiner Sitzung im Juli 2003, dass künftig noch eine weitergehende Definition der Transaktionskosten erfolgen soll (vgl. IASB Update July 2003).

[194] Vgl. IAS 39.AG13.

[195] Für die Berücksichtigung von US-GAAP könnte auch das Convergence-Project zwischen dem IASB und dem FASB (Financial Accounting Standards Board) sprechen. Dieses Projekt hat als Ziel die Reduzierung von Abweichungen zwischen den IFRS und den US-GAAP: „In September 2002, the Board agreed to add a short-term convergence project to its active agenda. The objective of the project is to reduce differences between IFRSs and US GAAP. The project is a joint project with the FASB." (Quelle: www.iasc.org.uk).

[196] Vgl. SFAS 91.6.

[197] Vgl. SFAS 91.7.

Die dargestellten Regelungen zur Abgrenzung von Transaktionskosten lassen das Bemühen des IASB erkennen, eine missbräuchliche Nutzung von Transaktionskosten als Zinskorrektiv bzw. Mittel zur Steuerung des Zinsergebnisses zu verhindern. Durch eine breite Aktivierung von nicht-zinsbezogenen Transaktionskosten würde indes ein solcher Effekt umgekehrt und ließe sich im Sinne eines Earnings Management einsetzen. Eine sehr enge Abgrenzung der im Rahmen der Effektivzinsmethode zu berücksichtigenden Transaktionskosten erscheint daher sachgerecht.[198]

7.2.3 Bestimmung der Entgelte

In die Ermittlung des Effektivzinssatzes fließen ebenfalls bestimmte, mit dem Erwerb des finanziellen Vermögenswertes erhaltene, Entgelte mit ein. Im Gegensatz zu Transaktionskosten stellen Entgelte einen Ertrag im Zusammenhang mit dem Erwerb eines finanziellen Vermögenswertes dar. In Abhängigkeit von der Beurteilung der Entgelte erfolgt eine sofortige erfolgswirksame Vereinnahmung oder eine Verteilung im Rahmen der Effektivzinsmethode über die geschätzte Laufzeit des Darlehens.

Die Entgelte für Finanzdienstleistungen sind in Abhängigkeit von ihrem wirtschaftlichen Gehalt zu beurteilen. Beispiele für Entgelte werden im Anhang zu IAS 18 genannt.[199] Im Hinblick auf die bilanzielle Behandlung wird zwischen drei Arten von Entgelten unterschieden:

- Entgelte, die Bestandteil der Effektivverzinsung des Finanzinstruments sind,
- Entgelte, die über den Zeitraum der Leistungserbringung hinweg verdient werden,
- Entgelte, die mit dem Ausführen einer bestimmten Tätigkeit verdient werden.

Auf diese drei Entgeltarten wird im Folgenden ausführlicher eingegangen.

Entgelte, die Bestandteil der Effektivverzinsung des Finanzinstruments sind, werden grundsätzlich als Korrektur der Effektivverzinsung behandelt; wird das Finanzinstrument erfolgswirksam zum Fair Value bewertet, werden die Entgelte dagegen - analog zu den Transaktionskosten - zum Zeitpunkt des erstmaligen Ansatzes als Ertrag erfasst.

Zu diesen Entgelten zählen zu Beginn des Schuldverhältnisses anfallende Entgelte, die dem Unternehmen für die Begebung oder den Erwerb eines Finanzinstruments gezahlt werden.[200] Bei solchen Entgelten kann es sich um die Erstattung von Bearbeitungsgebühren handeln, wie bspw. für Kreditwürdigkeits- bzw. Bonitätsprüfungen, Bewertung und Aufnahme von Garantien, dingliche und andere Sicherheiten, Vertrags-

---

[198] Vgl. hierzu auch Abschnitt 5.1.
[199] Vgl. Appendix zu IAS 18.14.
[200] Vgl. hierzu auch Abschnitt 7.2.5 zu Zusage- und Bereitstellungsprovisionen.

anbahnungskosten, Vorbereitung und Bearbeitung der Dokumente und Vertragsabschlusskosten. Diese Entgelte dienen der Anbahnung einer Geschäftsbeziehung über das sich ergebende Finanzinstrument. Sie werden somit gemeinsam mit den direkt zurechenbaren Kosten abgegrenzt und als Korrektur der Effektivverzinsung erfasst.[201]

Entgelte für kreditbegleitende Bearbeitungs- und Abwicklungsleistungen sind zum Zeitpunkt der Leistungserbringung als Ertrag zu vereinnahmen. Ist die Inanspruchnahme des Kredites durch den Kreditnehmer unwahrscheinlich, werden die Bereitstellungs- oder Zusageentgelte zeitproportional über den Bereitstellungszeitraum erfolgswirksam erfasst.[202]

Zu den Entgelten, die nach Abschluss von bestimmten Tätigkeiten vereinnahmt werden, gehören Provisionen für Aktienzuteilungen an einen Kunden, die zum Zeitpunkt der Zuteilung zu erfassen sind oder das Vermittlungsentgelt für die Anbahnung eines Kreditgeschäftes zwischen einem Gläubiger und einem Investor, das zum Zeitpunkt des Abschlusses des zugrunde liegenden Kreditvertrages zu erfassen ist.[203]

Konsortialgebühren, die eine Bank für die Platzierung des Konsortiums erhält, ohne dass sie Teil des Konsortiums wird oder zu den gleichen Konditionen wie die übrigen Konsorten, sind direkt bei Platzierung des Konsortialkredits als Provision im Sinne einer Vergütung für die Finanzdienstleistung des Konsortialführers zu vereinnahmen.[204]

7.2.4 Bestimmung des Amortisierungszeitraums

Bei Anwendung der Effektivzinsmethode sind Gebühren, Entgelte, Transaktionskosten und sonstige Unterschiedsbeträge (Agien oder Disagien) normalerweise über die geschätzte erwartete Laufzeit des Finanzinstruments zu amortisieren. Eine kürzere Laufzeit ist zu wählen, wenn sich die Gebühren, Entgelte, Transaktionskosten und sonstigen Unterschiedsbeträge auf eine kürzere Laufzeit beziehen.[205]

Als Beispiel für eine Amortisation über eine kürzere Laufzeit nennt IAS 39 Unterschiedsbeträge (z.B. Disagien) bei variabel verzinslichen Finanzinstrumenten. Bei variabel verzinslichen Finanzinstrumenten ist danach zu unterscheiden, ob das Disagio aus dem Zinsunterschied seit der letzten Zinsfixierung oder aus einem Bonitätsabschlag resultiert. Im Falle eines Zinsunterschieds seit der letzten Zinsfixierung hat die Amortisierung der Unterschiedsbeträge über den Zeitraum bis zu nächsten Zinsfixierung zu erfolgen, da zu dem Zeitpunkt der Nominalzinssatz den Marktverhältnissen angepasst

---

[201] Vgl. IAS 18A14(a)(i).
[202] Vgl. IAS 18A14(b)(ii).
[203] Vgl. IAS 18A14(c)(i) und (ii).
[204] Vgl. IAS 18.A14(c).
[205] Vgl. IAS 39.AG6.

wird. Bei Bonitätsabschlägen erfolgt keine Angleichung an die Marktverhältnisse zum nächsten Zinsfixierungstermin, so dass die Amortisierung bis zum erwarteten Ende der Laufzeit zu erfolgen hat.

In der Praxis resultiert daraus das Problem einer Abgrenzung zwischen zins- und bonitätsbedingten Unterschiedsbeträgen und der entsprechenden Zuordnung zu den beiden Amortisationszeiträumen.[206] Die Auflösung der zinsinduzierten Agien/Disagien bis zum nächsten Kuponfixing und Auflösung der bonitätsinduzierten Agien/Disagien und Transaktionskosten über die erwartete Restlaufzeit erfordert eine Ermittlung dieser Anteile bei Zugang der finanziellen Verbindlichkeit bzw. des finanziellen Vermögenswertes.

Bei Umstellungsprojekten ist für die betroffenen Transaktionen zu untersuchen, welchen Charakter die Unterschiedsbeträge haben. Bei sehr geringen Agien oder Disagien je Transaktion erscheint es tendenziell wahrscheinlicher, dass die Unterschiedsbeträge überwiegend zinsinduziert sind. Sind die Agien/Disagien auf die Bonität der Emittenten zurückzuführen, so werden üblicherweise betragsmäßig größere Unterschiedsbeträge vereinbart. Eine Prüfung auf Einzelgeschäfts-Ebene ist gleichwohl zwingend.

Ein ähnliches Problem ergibt sich, falls sich Gebühren, Entgelte, Transaktionskosten oder sonstige Unterschiedsbeträge (Agien oder Disagien) auf unterschiedliche Amortisationszeiträume beziehen. Bei einem Kredit mit 10 Jahren Laufzeit und 5 Jahren Zinsbindungsfrist ist ein Disagio über die ersten 5 Jahre und eine Kreditbearbeitungsgebühr über die gesamte Laufzeit zu amortisieren. In diesem Fall sind zwei Effektivzinssätze zu ermitteln, um eine periodengerechte Verteilung vorzunehmen.

7.2.5 Ermittlung der erwarteten Laufzeit

Gebühren, Entgelte, Transaktionskosten sowie Agien und Disagien sind über die geschätzte erwartete Laufzeit des Kredites zu amortisieren.[207] Diese Anforderung verursacht in der praktischen Umsetzung regelmäßig Schwierigkeiten, da eine Schätzung der Abweichungen der Cash Flows von den vertraglich vereinbarten Zahlungen zwar im Rahmen der Liquiditätssteuerung auf einer Macro- bzw. Gesamtbank-Ebene erfolgt, die Beurteilung auf Micro- bzw. Einzeldarlehens-Ebene dagegen (bislang) häufig nicht vorgenommen wird.

Bei der Schätzung auf Macro-Ebene dürften sich die auftretenden Abweichungen wegen des Gesetzes der großen Zahl verringern, da sich Schätzfehler kompensieren, so dass die Beurteilung auf Gesamtbank-Ebene als ausreichend angesehen werden kann. Auf Einzelkredit-Ebene ist dies aber nicht zwingend. Eine praktische Schwierigkeit bei der Durchführung von Schätzungen auf Micro-Ebene resultiert aus der Berücksichtigung

---

[206] Vgl. IAS 39.AG6.
[207] Vgl. IAS 39.AG6.

von Einflussfaktoren, die auf Macro-Ebene in die Schätzungen der außerplanmäßigen Tilgungen einfließen, wie bspw. die langfristige Zinsentwicklung, die Industrieproduktion oder Saisoneffekte. Das Verhalten auf Mikro-Ebene lässt sich nur bedingt auf Basis von allgemeinen gesamtvolkswirtschaftlichen Annahmen abschätzen. Dies liegt daran, dass auf Einzeldarlehens-Ebene jeder Kreditnehmer individuell entscheidet (z.B. entsprechend der Entwicklung von Gehaltszahlungen) und keine Kompensation aufgrund der großen Anzahl erfolgt.

7.2.6 Beispiel für die Anwendung der Effektivzinsmethode

Eine Bank bewilligt am 01.01.20X1 einer Gesellschaft einen Kredit in Höhe von € 50 Mio. Der Kredit wird zu 98% des Nominalbetrags ausgezahlt, direkt zurechenbare Transaktionskosten seien nicht angefallen. Fälligkeit des Kredits ist der 31.12.20X5. Der Nominalzinssatz beträgt 10%. Die Bank klassifiziert den Kredit als Loans and Receivables und hat daher zum 31.12.20X1 die fortgeführten Anschaffungskosten sowie den Zinsertrag zu ermitteln.

Ermittlung des Effektivzinssatzes:

$$49.000.000 = \frac{5.000.000}{(1+i)} + \frac{5.000.000}{(1+i)^2} + \frac{5.000.000}{(1+i)^3} + \frac{5.000.000}{(1+i)^4} + \frac{55.000.000}{(1+i)^5}$$

i = 10,53482%

Der Effektivzinssatz beträgt somit 10,53482%. Das Disagio hat als Unterschiedsbetrag zwischen Anschaffungswert und Rückzahlungsbetrag Zinscharakter. Dieser Differenzbetrag ist als zusätzlicher Zinsertrag periodengerecht erfolgswirksam über die Laufzeit des Kredits zu verteilen.[208]

---

[208] Vgl. IAS 39.AG6.

Datum	Fortgeführte AK	Nominalzins	Amortisation	Zinsertrag (10,53482%)
01.01.20X1	49.000.000	-	-	-
31.12.20X1	49.162.063	5.000.000	162.063	5.162.063
31.12.20X2	49.341.199	5.000.000	179.136	5.179.136
31.12.20X3	49.539.207	5.000.000	198.008	5.198.008
31.12.20X4	49.758.075	5.000.000	218.868	5.218.868
31.12.20X5	50.000.000	5.000.000	241.925	5.241.925
Summe		25.000.000	1.000.000	26.000.000

Folgende Buchungen sind zum 01.01.20X1 bzw. zum 31.12.20X1 vorzunehmen:

Buchung zum 01.01.20X1:			
Loans and Receivables	49.000.000	an Kasse	49.000.000

Buchung zum 31.12.20X1:			
Loans and Receivables	162.063		
Kasse	5.000.000	an Zinsertrag	5.162.063

7.3 Besonderheiten im Kreditgeschäft: Behandlung von Zusage- und Bereitstellungsprovisionen

Die der Bank gezahlten Zusage- und Bereitstellungsentgelte für die Begründung einer Fremdkapitalvergabe oder Übernahme einer bestehenden Schuld sind im Hinblick auf ihre Berücksichtigung bei der Ermittlung der Effektivzinsmethode genauer zu untersuchen.

Ist es wahrscheinlich, dass ein Kreditnehmer in das zugrunde liegende Kreditverhältnis eintreten wird, so werden die Zusage- und Bereitstellungsprovisionen bei der Bank als Vergütung im Rahmen der dauerhaften Geschäftsbeziehung zusammen mit den transaktionsbezogenen direkten Kosten abgegrenzt und über den Zeitraum der Kreditgewährung als Korrektur der Effektivverzinsung erfasst. Hat der Kreditnehmer am Ende des Zusagezeitraums die bereitgestellten Mittel nicht in Anspruch genommen, so werden die Zusage- und Bereitstellungsentgelte am Ende des Zusagezeitraums als Ertrag erfasst.[209]

Nicht alle von deutschen Instituten vereinbarten Zusage- und Bereitstellungsprovisionen fallen unter die im Anhang zu IAS 18 genannten Fälle; die von den Banken berechneten Entgelte können in Einzelfällen in einer wirtschaftlichen Sichtweise von den im Anhang zu IAS 18 genannten Provisionen abweichen.[210] Zu prüfen ist, ob die von einer Bank berechneten Bereitstellungsprovisionen ausschließlich der Kompensation von Kosten während des Zusagezeitraums dienen.[211] Zu diesen Kosten zählen vor allem Zinskosten aus der Fristentransformation bis zur Inanspruchnahme des Darlehens. Sie beziehen sich damit nicht auf die Gesamtlaufzeit des Kredits. Obgleich die Bank sich bereits ab einer erfolgten Zusage für die gesamte Kreditlaufzeit fristenkongruent refinanziert, kann sie dem Kunden die Finanzierungszinsen erst ab dem Zeitpunkt des tatsächlichen Abrufs in Rechnung stellen. Dadurch ergibt sich die Situation, dass der Bank Zinsaufwand für die langfristige Refinanzierung entsteht und die nicht abgerufenen Gelder nur im kurzfristigen Bereich angelegt werden können. Den hieraus resultierenden Refinanzierungsverlusten werden die Bereitstellungsprovisionen - als eine Art „Kompensationszahlung"- gegenübergestellt.

IAS 18 enthält diesbezüglich jedoch keine weitergehenden Konkretisierungen. In Fällen, in denen Vorschriften fehlen, die auf einen Geschäftsvorfall zutreffen, kann das Management gemäß IAS 8.12 i.V.m. IAS 8.10 auf Regelungen anderer Standardsetter ausweichen. Da die Behandlung von Bereitstellungsprovisionen unter IAS 18 weitgehend den Vorschriften von SFAS 91 entspricht, wird es als sachgerecht angesehen, die Vorschriften dieses Standards zu berücksichtigen.[212]

Gebühren (commitment fees) werden in SFAS 91 als Entgelte für die Zusage, einen Kredit zu gewähren oder die Verpflichtung eines Dritten unter bestimmten Bedingungen zu erfüllen, bezeichnet.[213] Der Standard geht grundsätzlich davon aus, dass Commitment Fees, die erhalten wurden für die Zusage, ein Darlehen zu gewähren oder zu erwerben, über die Laufzeit des Darlehens zu verteilen sind.[214] Insoweit stimmen die Vorschriften nach IFRS und US-GAAP überein.

---

[209] Vgl. IAS 18.A14(a)(ii).

[210] Vgl. IAS 18.A14 und F.35.

[211] Der Zusagezeitraum ist der Zeitraum zwischen Zusage und Inanspruchnahme durch den Kreditnehmer.

[212] Für die Berücksichtigung von US-GAAP könnte auch das Convergence-Project zwischen dem IASB und dem FASB (Financial Accounting Standards Board) sprechen. Dieses Projekt hat als Ziel die Reduzierung von Abweichungen zwischen den IFRS und den US-GAAP: „In September 2002, the Board agreed to add a short-term convergence project to its active agenda. The objective of the project is to reduce differences between IFRSs and US GAAP. The project is a joint project with the FASB." (Quelle: www.iasc.org.uk).

[213] Vgl. SFAS 91.80.

[214] Vgl. SFAS 91.8.

In SFAS 91 werden jedoch zwei Ausnahmetatbestände von dieser Pflicht zur Verteilung als Korrektiv zur Nominalverzinsung genannt.[215] Der hier relevante Ausnahmetatbestand bezieht sich auf Commitment Fees, deren Betrag rückwirkend ermittelt wird.[216] Die Berechnung erfolgt dabei in Form eines Prozentsatzes, der sich auf die verfügbare (zugesagte), aber nicht ausgenutzte (in Anspruch genommene), Kreditlinie in der Vorperiode bezieht.[217] Diese Ausprägung der Commitment Fee entspricht in einer wirtschaftlichen Sichtweise den zum Teil von deutschen Instituten berechneten Zusage- oder Bereitstellungsprovisionen.

Neben der vorgenannten Berechnungsweise ist eine weitere Bedingung für den Ausnahmetatbestand, dass die Höhe des Zinssatzes für die Commitment Fee nicht zu einem marktunüblichen Zinssatz für das Darlehen führt.[218] Auf diese Weise soll die Subvention eines marktunüblichen - weil zu niedrigen - Zinssatzes für das Darlehen durch eine entsprechend höhere Commitment Fee ausgeschlossen werden. In einem solchen Fall hätte die Commitment Fee nur den Charakter eines Upfront Payment zur Regulierung des Darlehenszinssatzes und wäre daher zwingend mittels der Effektivzinsmethode über die Kreditlaufzeit zu verteilen.

Bei Festzins-Krediten und einer Zinsfixierung bereits mit Zusage (und nicht erst bei Auszahlung) könnte die Bereitstellungsprovision als eine Optionsprämie und die unwiderrufliche Kreditzusage als eingebettetes Derivat angesehen werden. Gegen eine Trennungspflicht spricht indes schon die Gleichartigkeit des zugrunde liegenden (Zinsänderungs-)Risikos. Die Bereitstellungsprovision ist daher als Bestandteil der Effektivverzinsung wie oben dargestellt zu verteilen.

7.4 Besonderheiten bei variabel verzinslichen Wertpapieren

Der Kauf oder die Emission eines variabel verzinslichen Wertpapiers ungleich Par kann unterschiedliche Auswirkungen auf die Effektivzinsmethode haben.

Im Falle einer Marktzinsänderung gegenüber der letzten Zinsfixierung des Wertpapiers besteht ein zinsbedingter Unterschiedsbetrag, der durch Amortisierung über den Zeitraum bis zu nächsten Zinsfixierung zu verteilen ist, da zu diesem Zeitpunkt der Nominalzinssatz den Marktverhältnissen angepasst wird.

Berücksichtigt der Zu- oder Abschlag dagegen die (veränderte) Bonität des Emittenten, ist er effektiv über die Restlaufzeit des Floaters zu amortisieren.

---

[215] Vgl. SFAS 91.8.
[216] Vgl. SFAS 91.50.
[217] Vgl. SFAS 91.8.
[218] Vgl. SFAS 91.8.

8. Bewertung zum beizulegenden Zeitwert

8.1 Überblick über die Regelungen

Finanzielle Vermögenswerte werden grundsätzlich zum Fair Value ohne Abzug von Transaktionskosten bilanziert, es sei denn, es handelt sich um:[219]

- Kredite und Forderungen (loans and receivables): Bewertung zu fortgeführten Anschaffungskosten unter Verwendung der Effektivzinsmethode;
- Bis zur Endfälligkeit gehaltene Finanzinvestitionen (held to maturity investments): Bewertung zu fortgeführten Anschaffungskosten unter Verwendung der Effektivzinsmethode;
- Eigenkapitalinstrumente, die nicht auf einem aktiven Markt gehandelt werden und deren Fair Value nicht zuverlässig ermittelt werden kann sowie derivative Vermögenswerte, die mit einem nicht-notierten Eigenkapitalinstrument verbunden sind und nur durch die Lieferung eines solchen beglichen werden können: Bewertung zu Anschaffungskosten.

Finanzielle Verbindlichkeiten werden grundsätzlich zu fortgeführten Anschaffungskosten unter Anwendung der Effektivzinsmethode bewertet, es sei denn, es handelt sich um:

- finanzielle Verbindlichkeiten der Kategorie at Fair Value through Profit or Loss: Bewertung zum Fair Value (derivative Verbindlichkeiten, die mit einem nicht-notierten Eigenkapitalinstrument verbunden sind und nur durch die Lieferung eines solchen beglichen werden können, sind jedoch zu Anschaffungskosten zu bilanzieren);
- finanzielle Verbindlichkeiten, die bei einer Übertragung eines finanziellen Vermögenswertes entstehen, der nicht die Kriterien eines Abgangs erfüllt bzw. nach dem Continuing-Involvement-Ansatz bilanziert wird.[220]

Der Fair Value ist definiert als der Betrag, zu dem zwischen sachverständigen, vertragswilligen und voneinander unabhängigen Geschäftspartnern ein Vermögenswert

---

[219] Vgl. IAS 39.46. Zusätzlich ist für jede Klasse von finanziellen Vermögenswerten und Verbindlichkeiten der Fair Value im Anhang anzugeben, so dass ein Vergleich mit dem entsprechenden Bilanzansatz möglich ist (IAS 32.86). Ausgenommen hiervon sind nicht notierte Eigenkapitalinstrumente sowie Derivate, die mit einem nicht notierten Eigenkapitalinstrument verbunden sind, die gemäß IAS 39 zu Anschaffungskosten bewertet werden, weil deren Fair Value nicht zuverlässig ermittelbar ist (IAS 32.90).

[220] Zum Continuing-Involvement-Ansatz, vgl. Abschnitt 4.2.

getauscht oder ein Schuld beglichen wird.[221] Dieser Definition liegt die Prämisse der Unternehmensfortführung zu Grunde, der zufolge weder eine Absicht noch eine Notwendigkeit zur Liquidation, zur wesentlichen Einschränkung des Geschäftsbetriebes oder zum Eingehen von Geschäften zu ungünstigen Bedingungen besteht.[222]

Für die Ermittlung des Fair Value gibt der Standard eine Rangfolge, die nachfolgend dargestellt wird.[223]

(1) Aktiver Markt - Notierter Kurs

Das Vorhandensein öffentlich notierter Marktpreise auf einem aktiven Markt ist der bestmögliche objektive Hinweis für den Fair Value. Wenn Marktpreise vorhanden sind, werden sie für die Bewertung des finanziellen Vermögenswertes oder der finanziellen Verbindlichkeit verwendet.

Ein Finanzinstrument gilt als an einem aktiven Markt notiert, wenn notierte Preise an einer Börse, von einem Händler, Broker, einer Branchengruppe, einem Preisberechnungs-Service oder einer Aufsichtsbehörde leicht und regelmäßig erhältlich sind und diese Preise aktuelle und regelmäßig auftretende Markttransaktionen wie unter unabhängigen Dritten darstellen.

Die Zielsetzung der Bestimmung des Fair Value für ein Finanzinstrument, das an einem aktiven Markt gehandelt wird, ist es, zu dem Preis zu gelangen, zu dem am Bilanzstichtag eine Transaktion mit diesem Instrument an dem vorteilhaftesten aktiven Markt, zu dem das Unternehmen unmittelbaren Zugang hat, erfolgen würde. Die Bank hat diesen Preis jedoch anzupassen, um Unterschiede des Ausfallrisikos der Gegenpartei zwischen den an diesem Markt gehandelten Instrumenten und dem bewerteten Instrument zu berücksichtigen.

Für Vermögenswerte, die die Bank hält, sowie für Verbindlichkeiten, die von der Bank begeben werden, entspricht der sachgerechte notierte Marktpreis üblicherweise dem vom Käufer gebotenen Geldkurs. Für Vermögenswerte, deren Erwerb beabsichtigt ist, oder für Verbindlichkeiten, die weiter gehalten werden, ist der aktuelle Briefkurs sachgerecht. Ist weder der aktuelle Geld- noch Briefkurs verfügbar, kann die Bank den beizulegenden Zeitwert aus den bei den jüngsten Transaktionen erzielten Kursen ableiten, allerdings nur unter der Voraussetzung, dass sich die wirtschaftlichen Rahmendaten seit dem Transaktionszeitpunkt nicht wesentlich verändert haben.

---

[221] Vgl. IAS 32.5 und IAS 39.9.
[222] Vgl. IAS 39.AG69.
[223] Vgl. zum folgenden Abschnitt IAS 39.AG69-AG82 sowie LÖW, E./SCHILDBACH, S., a.a.O. (Fn. 97), S. 879 und LÜDENBACH, N., Geplante Neuerungen bei Bilanzierung und Ausweis von Finanzinstrumenten nach IAS 32 und IAS 39, BB 2002, S. 2113-2119, hier S. 2116-2117. Zur Fair-Value-Bilanzierung vgl. auch ACKERMANN, U., Marktwertbilanzierung von Finanzinstrumenten nach US-GAAP/IAS, Frankfurt am Main 2001.

(2) Kein aktiver Markt - Bewertungsverfahren

Wird das Finanzinstrument nicht an einem aktiven Markt gehandelt, sind geeignete Bewertungsverfahren zu etablieren, um den Fair Value zu ermitteln. Angemessene Bewertungsverfahren sind z.B. der Vergleich mit dem Fair Value eines Finanzinstruments mit fast identischen Charakteristika, die Discounted-Cash-Flow-Methode und Optionspreismodelle.[224]

Die Bewertungsverfahren habe alle Parameter zu berücksichtigen, die ein Marktteilnehmer bei der Preisbildung berücksichtigen würde. Beispielhaft werden der Zeitwert des Geldes, das Bonitätsrisiko, Wechselkurse und Rohstoffpreise genannt.[225]

(3) Kein aktiver Markt - Eigenkapitalinstrumente

Der Fair Value von Eigenkapitalinstrumenten, die nicht auf einem aktiven Markt gehandelt werden sowie von Derivaten, die mit einem nicht-notierten Eigenkapitalinstrument verbunden sind und nur durch die Lieferung eines solchen beglichen werden können, ist zuverlässig ermittelbar, wenn die Bandbreite der vernünftigen Fair-Value-Schätzungen für dieses Instrument unerheblich ist oder die Eintrittswahrscheinlichkeiten der verschiedenen Schätzungen innerhalb dieser Bandbreite vernünftig bestimmt und für die Bewertung verwendet werden können.[226] Ist eine zuverlässige Ermittlung nicht möglich, erfolgt die Bewertung zu Anschaffungskosten.[227]

8.2 Besonderheiten im Kreditgeschäft

Obgleich Kredite zumeist in die Kategorie Loans and Receivables eingestuft werden dürften, können Fair Values für Kredite zu bestimmen sein. Die Notwendigkeit einer Fair-Value-Ermittlung ergibt sich für bilanzielle Zwecke immer dann, wenn Kredite in die Kategorien eingestuft werden, die eine entsprechende Bewertung vorsehen. Darüber hinaus resultiert aus den Anforderungen des IAS 32.86, dass für jede Klasse von finanziellen Vermögenswerten und finanziellen Verbindlichkeiten der Fair Value anzugeben ist.

In der Praxis kamen Modelle zur Fair-Value-Bewertung von Krediten bislang regelmäßig nur zu Steuerungszwecken zur Anwendung. Es bleibt daher zu prüfen, ob die für diese Zwecke ermittelten Fair Values als IFRS-konform gelten können.

---

[224] Vgl. IAS 39.AG74.
[225] Vgl. IAS 39.AG76 und IAS 39.AG82.
[226] Vgl. IAS 39.AG80.
[227] Vgl. IAS 39.AG81.

Da für Kredite zumeist kein aktiver Markt existiert (Stufe 1), liegen keine öffentlichen Marktpreise vor.[228] Der Fair Value ist daher mittels geeigneter Bewertungsverfahren zu bestimmen (Stufe 2). Als angemessene Bewertungsverfahren für die Bewertung von Krediten kann die Discounted-Cash-Flow-Methode verwendet werden.

Für die Berechnung des Fair Value nach der DCF-Methode gibt es zwei Ansätze:

- Cash Flow Adjustment Approach: Es erfolgt eine risikolose Abzinsung der risikoadjustierten Cash Flows oder
- Discount Rate Adjustment Approach: Es erfolgt eine risikoadjustierte Abzinsung der risikolosen Cash Flows.[229]

Welcher der beiden Ansätze bei einer Umstellung auf IFRS zur Anwendung kommen soll, richtet sich vor allem nach der Datenlage in der Bank sowie nach der jeweiligen internen Risikosteuerung und dem Kredit-Pricing.

Bei Wahl des ersten Ansatzes, der risikolosen Abzinsung der risikoadjustierten Cash Flows, werden die geschätzten Cash Flows um den erwarteten Verlust, die Eigen- und Fremdkapitalrisikoprämie sowie die Betriebskosten bereinigt und mit einer Benchmark-Kurve diskontiert.

Bei der Fair-Value-Ermittlung ist auf die erwarteten Cash Flows abzustellen, es sind also die Risiken einer vorzeitigen Rückzahlung zu berücksichtigen. Vorzeitige Rückzahlungen werden auf Basis historischer Erfahrungswerte abgeschätzt.[230]

Das Ausfallrisiko ist ein Faktor der Preisbildung von Krediten.[231] Es stellt das Verlustrisiko infolge der Zahlungsunfähigkeit einer Gegenpartei bzw. der Wertminderung von Kreditsicherheiten dar. Der erwartete Verlust (EL) für eine Periode ergibt sich aus der bedingten Ausfallwahrscheinlichkeit für diese Periode (PD), der für diese Periode gültigen Ausfallquote nach Berücksichtigung aller Sicherheiten (LGD) und dem in dieser Periode anzusetzenden risikobehafteten Betrag (EAD) gemäß der Formel EL = PD x LGD x EAD.[232]

Der erwartete Verlust reflektiert die im Durchschnitt über eine gewisse Zeit antizipierten Kosten für Kreditausfälle. Gedeckt wird der erwartete Verlust durch die Risikokosten, die analog dem Versicherungsprinzip als Risikoprämie von dem auf der Benchmark-Kurve ermittelten Barwert des Krediges abgezogen werden. Ist die Bonität des Kreditnehmers gut oder sind werthaltige Sicherheiten vorhanden, profitiert der Kunde von

---

[228] Das Vorliegen eines aktiven Marktes führte dazu, dass eine Kategorisierung der Kredite als Loans and Receivables ausscheidet, vgl. Abschnitt 6.2.

[229] Vgl. BÖCKING, H.J./SITTMANN-HAURY, C., Forderungsbewertung - Anschaffungskosten versus Fair Value, BB 2003, S. 195-200, hier S. 198.

[230] Vgl. IAS 39.AG82(g).

[231] Vgl. IAS 39.AG82(b).

[232] Vgl. hierzu ausführlich Abschnitt 10.2.

niedrigeren Risikokosten. Ist das Rating des Kreditnehmers weniger gut und ist keine Deckung vorhanden, werden dem Kunden entsprechend höhere Risikokosten in Rechnung gestellt.

Bei der Fair-Value-Ermittlung eines Kredites ist zusätzlich die Eigenkapitalrisikoprämie zu berücksichtigen. Diese ergibt sich aus der Ungewissheit über die Höhe der effektiven Verluste, die vom Eigenkapital der Bank aufzufangen sind. Die Kosten für diese Mittel entsprechen dem Barwert der über den Benchmark-Zins hinausgehenden erwarteten Rendite, die der Eigenkapitalgeber auf das zur Verfügung gestellte Kapital verlangt. In der Renditeerwartung ist das Ausfallrisiko des Kreditportfolios bereits berücksichtigt.

Die Fremdkapitalrisikoprämie soll als preisbildender Faktor das Liquiditäts- bzw. Refinanzierungsrisiko des Kreditgebers abdecken. Grundsätzlich wird die Fremdkapitalrisikoprämie als erwarteter Renditeaufschlag oder -abschlag, den die Bank auf den Benchmark-Zinssatz zahlen muss, dargestellt. Dem liegt die Überlegung zugrunde, dass sich die Höhe dieses Refinanzierungsaufschlags vor allem aus der Qualität der Aktivseite eines Kreditgebers (und damit maßgeblich aus der Güte des Kreditportfolios) sowie der Eigenkapitalausstattung der Bank ergibt.

Betriebskosten sind die beim Kreditprozess anfallenden Personal- und Infrastrukturkosten und umfassen alle Kosten von der Bonitätsprüfung über die Kreditbearbeitung bis hin zur Bereitstellung von Finanzierungslösungen.

Die Benchmark-Kurve lässt sich aus den Renditen von festverzinslichen Staatsanleihen ableiten.[233] Dabei ist darauf zu achten, dass nur Anleihen mit sehr guter Bonität (AAA) verwendet werden sollten. Alternativ kann auch auf Swapraten oder - etwa in Ländern mit signifikantem Ausfallrisiko für Staatsanleihen - Zinssätze von Unternehmensanleihen mit sehr guter Bonität zurückgegriffen werden.

8.3 Besonderheiten im Wertpapiergeschäft

Bei der Ermittlung des Fair Value von verzinslichen Wertpapieren, die in die Kategorie Available for Sale eingestuft wurden, sind die fortgeführten Anschaffungskosten und der Effektivzins in einer Nebenrechnung zu ermitteln und vorzuhalten, um den korrekten Ausweis des Zinsergebnisses zu gewährleisten. Bei der Ermittlung des Fair Value des Wertpapiers ist neben der Änderung des Marktzinssatzes auch eine mögliche Veränderung der Bonität des Emittenten zu berücksichtigen.

Die Bestimmung des Fair Value bei festverzinslichen Wertpapieren und die Verbuchung der Zinserträge wird nachfolgend anhand eines Beispiels dargestellt.

---

[233] Vgl. BÖCKING, H.J./SITTMANN-HAURY, C., a.a.O. (Fn. 229), S. 199.

Eine Bank erwirbt am 01.01.2004 ein festverzinsliches Wertpapier für € 50 Mio. Das Wertpapier wird zu 98% des Nominalbetrags ausgezahlt, Fälligkeit ist der 31.12.2008. Der Nominalzinssatz des Wertpapiers beträgt 10%. Die Bank klassifiziert das Wertpapier als Available for Sale. Am 31.12.2004 beträgt der Marktzinssatz für ein Wertpapier mit derselben Bonität des Emittenten 11%. Das Wertpapier wird nicht in das Hedge Accounting einbezogen. Zum 01.01.2004 wird das Wertpapier wie folgt eingebucht:

Buchung zum 01.01.2004:				
Wertpapier AfS	49.000.000	an	Kasse	49.000.000

Weiterhin wird der Effektivzinssatz ermittelt:

$$49.000.000 = \frac{5.000.000}{(1+i)} + \frac{5.000.000}{(1+i)^2} + \frac{5.000.000}{(1+i)^3} + \frac{5.000.000}{(1+i)^4} + \frac{55.000.000}{(1+i)^5}$$

i = 10,53482%

Der Effektivzinssatz beträgt 10,53482%. Das Disagio hat als Unterschiedsbetrag zwischen Anschaffungswert und Rückzahlungsbetrag Zinscharakter. Dieser Differenzbetrag ist als zusätzlicher Zinsertrag periodengerecht erfolgswirksam über die Laufzeit des Wertpapiers zu verteilen.[234] Die folgende Tabelle zeigt die Entwicklung der fortgeführten Anschaffungskosten:

Datum	Fortgeführte AK	Nominalzins	Amortisation	Zinsertrag (10,53482%)
01.01.2004	49.000.000	-	-	-
31.12.2004	49.162.063	5.000.000	162.063	5.162.063
31.12.2005	49.341.199	5.000.000	179.136	5.179.136
31.12.2006	49.539.207	5.000.000	198.008	5.198.008
31.12.2007	49.758.075	5.000.000	218.868	5.218.868
31.12.2008	50.000.000	5.000.000	241.925	5.241.925
Summe		25.000.000	1.000.000	26.000.000

---

[234] Vgl. IAS 39.AG6.

Da das Wertpapier als Available for Sale eingestuft wurde, ist zum 31.12.2004 zunächst der Fair Value des Wertpapiers zu bestimmen:

$$FV(31.12.2004) = \frac{5.000.000}{(1+11\%)^1} + \frac{5.000.000}{(1+11\%)^2} + \frac{5.000.000}{(1+11\%)^3} + \frac{55.000.000}{(1+11\%)^4} = 48.448.777$$

Im zweiten Schritt ist die Differenz zwischen dem aktuellen Fair Value und den fortgeführten Anschaffungskosten zum 31.12.2004 zu ermitteln:

$$\Delta FV\,(31.12.2004) = FV(31.12.2004) - AC(31.12.2004) = -713.286$$

Der Fair Value des Wertpapiers ist gegenüber den fortgeführten Anschaffungskosten gesunken, weil ein Wertpapier mit gleicher Bonität am Markt zum 31.12.2004 in diesem Zeitpunkt 11% Zinsen einbrächte, während das im Bestand befindliche Papier nur einen Effektivzinssatz von rund 10,53% hat. Die Änderung des Fair Value lässt den zu Beginn des Geschäfts ermittelten Effektivzinssatz unberührt; die Wertänderung zwischen Buchwert und Fair Value wird erfolgsneutral in der Neubewertungsrücklage verbucht.

Die nachfolgende Übersicht zeigt die Verbuchung der Wertänderung des Wertpapiers.

Buchungen zum 31.12.2004:			
Wertpapier AfS	162.063		
Kasse	5.000.000	an Zinsertrag	5.162.063
Neubewertungsrücklage	713.286	an Wertpapier AfS	713.286

8.4 Besonderheiten im Derivategeschäft

Derivative Finanzinstrumente sind nach IAS 39 grundsätzlich erfolgswirksam zum Fair Value zu bewerten.[235] Im Rahmen von Umstellungsprojekten ist zu prüfen, inwieweit die systemtechnischen Voraussetzungen für die Ermittlung von Fair Values gegeben

---

[235] Die einzige Ausnahme ergibt sich im Rahmen des Cash Flow Hedge; vgl. Abschnitt 12.

sind. Zu untersuchen ist auch, ob bereits für interne Steuerungszwecke marktübliche Bewertungsmodelle eingesetzt werden und somit als IFRS-konform gelten können.

Prämien, die für Optionen oder Swaptions im Anschaffungszeitpunkt gezahlt werden, stellen die Anschaffungskosten bzw. den Fair Value der Option oder der Swaption im Anschaffungszeitpunkt dar. Sie sind deshalb nicht über die Laufzeit zu verteilen, sondern in voller Höhe als positiver bzw. negativer Marktwert in der Bilanz zu erfassen. Bei Verfall (Fälligkeit) wird der noch bestehende Buchwert der Option erfolgswirksam ausgebucht.

Derivate mit swapähnlichen Strukturen, bei denen laufende Zahlungen ausgetauscht werden, sind in vielen Instituten ein zentrales Instrument der Bankbuchsteuerung.[236] Der Fair Value dieser Derivate bemisst sich üblicherweise durch Ermittlung der Barwerte der Zahlungen mittels der Discounted-Cash-Flow-Methode.

Bei Zinsswaps ergeben sich spezifische Anforderungen im Hinblick auf die bilanzielle Abbildung der Derivate im Rechnungswesen. Die Bewertung eines Plain Vanilla Zinsswaps wird deshalb nachfolgend am Beispiel 3 dargestellt.

Beispiel 3: Bewertung eines Plain Vanilla Zinsswap

Eine Bank schließt zum 01.01.2003 einen Zinsswap mit einem Notional von € 100.000.000 und einer Laufzeit von vier Jahren ab. Die Swapvereinbarung sieht fixe Zinszahlungen durch die Bank in Höhe von 6% vor; die Bank erhält dafür den 6-Monats-EURIBOR. Die Laufzeit des Swap beträgt fünf Jahre und das Settlement in Höhe der Netto Cash Flows erfolgt halbjährlich. Zum Zeitpunkt des Abschlusses des Swap hat dieser einen Wert von Null. Am 30.06.2003 ist der Zinssatz für die Periode bis zum 31.12.2003 auf 6,7% gestiegen, die Cash Flows der variablen Seite des Swap ändern sich entsprechend. Um den Fair Value des Swap zum 30.06.2003 zu ermitteln, kommt die Discounted-Cash-Flow-Methode zur Anwendung. Die Ermittlung des Barwerts der fixen Zahlungen des Swap zum 30.06.2003 basiert auf den verbleibenden neun Zinsterminen (31.12.2003 bis 31.12.2007). Die Cash Flows betragen € 3.000.000 alle sechs Monate (basierend auf dem Zinssatz von 6% jährlich). Die Diskontrate wird aus der Zerozinskurve abgeleitet, die üblicherweise auf Geldmarktnotierungen, Geldmarktfutures und Swaprates basiert; im Beispiel soll der Zinssatz (6,7%) für alle Laufzeiten gelten.

---

[236] Vgl. zur Absicherung von Grundgeschäften mittels Derivaten Abschnitte 12 und 13.

Die folgende Abbildung zeigt die Cash Flows und den Barwert der Cash Flows aus Sicht der Bank zum 30.06.2003 für die fixe Seite des Swap:

Erfüllungstag	Cash Flows	Barwert der Cash Flows
31.12.2003	-3.000.000	-2.902.758
30.06.2004	-3.000.000	-2.808.667
31.12.2004	-3.000.000	-2.717.627
30.06.2005	-3.000.000	-2.629.537
31.12.2005	-3.000.000	-2.544.303
30.06.2006	-3.000.000	-2.461.832
31.12.2006	-3.000.000	-2.382.034
30.06.2007	-3.000.000	-2.304.822
31.12.2007	-103.000.000	-76.567.223
Barwert Cash Flows		-97.318.803

Abb. 24: Ermittlung des Barwerts der zu leistenden Zinszahlungen

Die zugrunde liegende Zinskurve ist die gleiche wie für die Diskontierung der fixen Zahlungen. Zum Repricing Date wird der Barwert der Zahlungen aus der variablen Seite bei Par liegen, sofern (wie hier unterstellt) keine Änderungen des Credit Spreads in den Zins eingehen. Wird die Bewertung zwischen den Zinsterminen durchgeführt, weicht der Wert der variablen Seite des Swap regelmäßig von Par ab, weil es zwischen den Zinsterminen zu kurzfristigen Zinsschwankungen kommt.

Zur Ermittlung des Fair Value des Swap wird der Wert der fixen Seite des Swap in Höhe von € 97.318.803 mit Wert der variablen Seite von 1.000.000 saldiert. Aufgrund des Zinsanstiegs auf 6,7% steigt der Wert des Swap. Der Swap hat nun einen Fair Value in Höhe von € 2.681.197.

Cash Flows	Barwert der Cash Flows
Zu empfangene Cash Flows (variable Zinszahlungen)	100.000.000
Zu zahlende Cash Flows (fixe Zinszahlungen)	-97.318.803
Net (fair value)	2.681.197

Abb.25: Ermittlung des Fair Value des Swap

Der Ansatz von Derivaten in der Bilanz erfolgt zum Dirty Present Value (zukünftige diskontierte Cash Flow inklusive der Zinsabgrenzung). Die Fair-Value-Änderung des Swap ist erfolgswirksam zu erfassen. Sie enthält bei Plain Vanilla Zinsswaps zwei Komponenten: Die Veränderung des Clean Present Value und die abgegrenzte Zinskomponente. Da IAS 39 jedoch nur den Ansatz und die Bewertung von Finanzinstrumenten regelt, stellt sich die Frage, wie die die beiden Komponenten der Fair-Value-Änderung des Derivats in der GuV zu erfassen sind. Zusätzlich können Upfront Payments, die - analog zu Agien und Disagien bei originären zinstragenden Finanzinstrumenten - ein Zinskorrektiv darstellen, einen Bestandteil der Swapvereinbarung bilden.

IAS 30.10 schreibt für Abschlüsse von Banken vor, dass Zinsen und ähnliche Erträge in einem separaten Posten in der GuV auszuweisen sind. Obgleich die genaue Zusammensetzung des Postens durch den Standard nicht geregelt wird, sind in diesem Posten alle Erträge mit Zinscharakter (z.B. aus der Auflösung von Disagien oder Gebühren mit Zinscharakter) zu erfassen. Darüber hinaus sind die Hauptertragsarten einer Bank (z.B. Zins- und Handelsergebnis) separat offen zu legen.[237] Es erscheint daher zweckmäßig, bei Swaps zwischen den Auswirkungen auf das Zinsergebnis und die im Handelsergebnis zu erfassenden Fair-Value-Änderungen zu unterscheiden. Im Handelsergebnis werden demzufolge die Wertänderungen des Derivats aufgrund der sich verändernden Marktparameter verbucht. Zinszahlungen, Zinsabgrenzungen und Amortisierungen von Upfront Payments sind dagegen - entsprechend ihrem wirtschaftlichen Charakter - im Zinsergebnis auszuweisen. Die Fair-Value-Komponente entspricht dabei der Änderung des Clean Present Value abzüglich der Amortisierung des Upfront Payment. Der auf die Zinsabgrenzung entfallende Teil des Clean Present Value wird in das Zinsergebnis gebucht; das Upfront Payment wird unter Anwendung der Effektivzinsmethode verteilt.

Beispiel 4: Vorgehensweise

Eine Bank schließt zum 01.01.2003 einen Payer Swap mit Nominalvolumen € 100 Mio. und einer Laufzeit von vier Jahren ab. Sie erhält ein Up-front Payment von € 0,90 Mio. Bei der ersten Folgebewertung am 31.12.2003 beträgt der (Clean) Fair Value des Swap € 0,83 Mio. Am Trade Date wird der Swap in der Buchhaltung mit seinem negativen Marktwert in Höhe von € 0,90 Mio. erfasst; die anschließende Zahlung des Upfront Payment durch den Vertragspartner am Effective Day wird verbucht. Zum 31.12.2004 beträgt der negative Marktwert des Swap noch € 0,83 Mio.

---

[237] Vgl. IAS 30.11.

Die Fair-Value-Änderung ist aufzuteilen in die Amortisation des Upfront Payment und die Fair-Value-Änderung aufgrund der Änderung der Marktparameter. Die Amortisation des Upfront Payment wird wie folgt verbucht:

Buchung zum 31.12.2004:			
Handelspassiva	€ 0,21 Mio.	an Zinsertrag	€ 0,21 Mio.

Darüber hinaus ist die Verbuchung der Fair-Value-Änderung des Derivats vorzunehmen. Die in das Handelsergebnis zu verbuchende Fair-Value-Änderung ergibt sich als Differenz aus der gesamten Fair-Value-Änderung in Höhe von € 0,07 Mio. und dem Betrag aus der Amortisation des Upfront Payment (€ 0,21 Mio.).

Buchung zum 31.12.2004:			
Handelsergebnis	€ 0,14 Mio.	an Handelspassiva	€ 0,14 Mio.

Die Verbuchung des Handelsergebnisses hat auch dann zu erfolgen, wenn das Settlement des Swap (effektive date) noch nicht stattgefunden hat. Dies ist der Fall, wenn zwischen Trade Date und Settlement Date ein Bilanzstichtag liegt. Eine Amortisation des Upfront Payment findet in diesem Fall jedoch nicht statt.

9. Fremdwährungsumrechnung von Finanzinstrumenten

9.1 Überblick über die Regelungen

Die Umrechnung von Geschäftsvorfällen in Fremdwährungen und Abschlüssen ausländischer Geschäftsbetriebe ist in IAS 21 „Auswirkungen von Änderungen der Wechselkurse" geregelt. Der Standard behandelt damit auch die Umrechnung von finanziellen Vermögenswerten und finanziellen Verbindlichkeiten in fremder Währung.

Sämtliche in Fremdwährung abgeschlossenen oder abzuwickelnden Geschäfte bzw. Transaktionen wie z.B. der Kauf oder Verkauf von auf Fremdwährung lautenden Vermögenswerten oder die Vergabe bzw. die Aufnahme von Fremdwährungskrediten sind im Rahmen der Zugangsbewertung mit dem zum Zeitpunkt des Geschäftsabschlusses gültigen Kassakurs (historischer Kurs) in die funktionale Währung umzurechnen.[238] Dazu ist zunächst die funktionale Währung des jeweiligen Geschäftsbetriebs zu bestimmen. IAS 21 enthält umfangreiche Vorschriften, die dem Bilanzierenden bei der Identifizierung der funktionalen Währung helfen sollen.[239]

Die Fremdwährungsumrechnung von Finanzinstrumenten wird erforderlich, wenn das Konzernmutterunternehmen oder ein anderes Unternehmen des Konzerns mit der gleichen funktionalen Währung wie die Mutter einen Geschäftsvorfall in fremder Währung abschließt. Bei unterschiedlichen funktionalen Währungen von Mutter- und Tochterunternehmen kommen dagegen die - hier nicht weiter behandelten - Vorschriften zur Umrechnung ausländischer Geschäftsbetriebe zur Anwendung.[240]

IAS 21 unterscheidet im Hinblick auf die Art der Umrechnung zum Bilanzstichtag zwischen monetären und nicht-monetären Posten. Monetäre Posten sind die „im Besitz befindlichen Währungseinheiten sowie Vermögenswerte und Schulden, für die das Unternehmen eine feste oder bestimmbare Anzahl von Währungseinheiten erhält oder bezahlen muss"[241]. Sie sind gemäß IAS 21.23 unter Verwendung des Stichtagskurses umzurechnen; dies hat unabhängig davon zu erfolgen, ob das Finanzinstrument (erfolgswirksam) zum Fair Value oder zu fortgeführten Anschaffungskosten bewertet wird.

Bei nicht-monetären Posten in Fremdwährung richtet sich die Art der Umrechnung nach ihrer aus der Kategorisierung resultierenden Folgebewertung: Nicht-monetäre Finanzinstrumente, die zu historischen Anschaffungs- oder Herstellungskosten in einer Fremdwährung bewertet werden, sind mit dem Kurs am Tag des Geschäftsvorfalls umzurechnen (historischer Kurs). Nicht-monetäre Posten, die zum beizulegenden Zeitwert in einer Fremdwährung bewertet wurden, sind mit dem Kurs umrechnen, der am Tag der Ermittlung des Wertes gültig war.

Für die Art der Erfassung der Umrechnungsdifferenzen ist zwischen Finanzinstrumenten der Kategorien Financial Assets at Fair Value through Profit or Loss und Available for Sale zu differenzieren: Während Umrechnungsdifferenzen der erstgenannten Kategorie erfolgswirksam verbucht werden, sind die Differenzen von Finanzinstrumenten der Kategorie Available for Sale erfolgsneutral zu erfassen.[242]

---

[238] Vgl. IAS 21.21.

[239] Vgl. IAS 21.9-14.

[240] Vgl zu diesen Regelungen LÖW, E./LORENZ, K., Bilanzielle Behandlung von Fremdwährungsgeschäften nach deutschem Recht und nach den Vorschriften des IASB, KoR 2002, S. 234-243. Vgl. auch LORENZ, K., DRS 14 zur Währungsumrechnung: Darstellung und Vergleichbarkeit mit den IASB-Regelungen, KoR 2004, S. 437-441.

[241] IAS 21.8.

[242] Vgl. LÖW, E./LORENZ, K., Bilanzielle Behandlung von Fremdwährungsgeschäften nach deutschem Recht und nach den Vorschriften des IASB, a.a.O. (Fn. 240), S. 234-243.

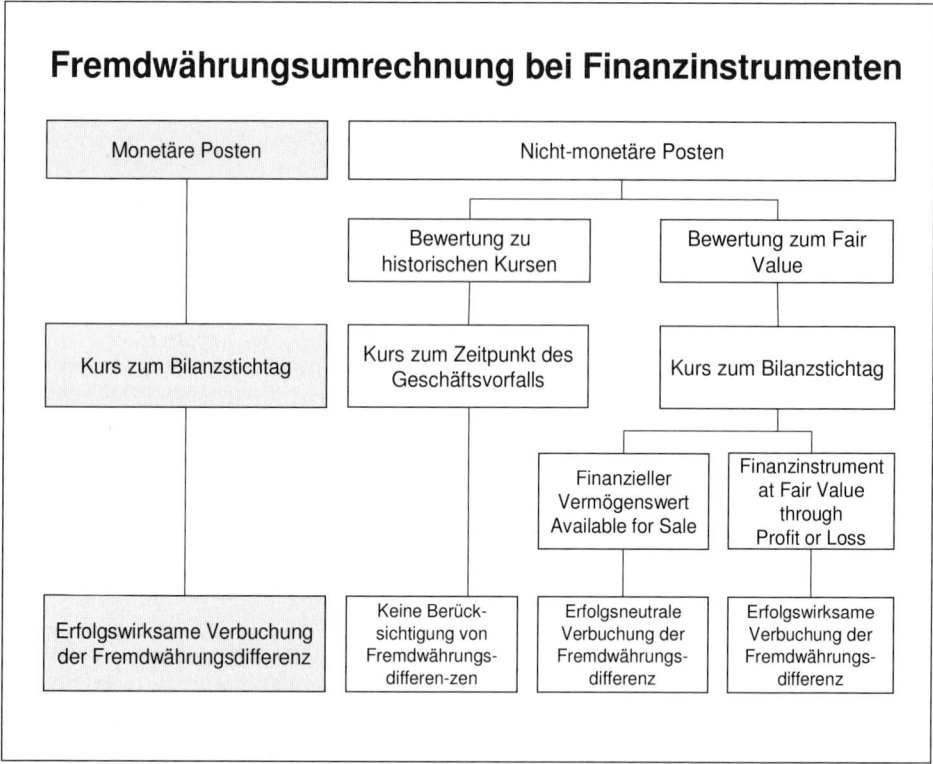

Abb. 26: Umrechnung von Fremdwährungsgeschäften nach IAS 21

Bei der Umrechnung von Erträgen und Aufwendungen wird der Wechselkurs am Tag des Geschäftsvorfalls verwendet. Alternativ zulässig und in der Praxis üblich ist auch die Verwendung eines Durchschnittskurses, wie z.B. eines Monatskurses; dies ist indes bei stark schwankenden Durchschnittskursen nicht sachgerecht.[243] Im Rahmen von Umstellungsprojekten werden daher üblicherweise Grenzen definiert, innerhalb derer eine Kursschwankung toleriert werden kann.

---

[243] Vgl. IAS 21.39-40.

9.2 Abgrenzung monetärer von nicht-monetären Finanzinstrumenten

Für die Einstufung in monetäre bzw. nicht-monetäre Posten ist in der Praxis eine Beurteilung auf Konten- bzw. Einzelgeschäftsvorfalls-Ebene notwendig: Rückstellungen können monetär sein (z.B. Steuerrückstellungen), werden häufig jedoch auch nicht-monetären Charakter haben (Prozesskosten). Im Posten Eigenkapital hat der Bilanzgewinn monetären Charakter; das gezeichnete Kapital ist dagegen nicht-monetär.

Da eine Reihe von Bilanzposten sowohl monetäre als auch nicht-monetäre Posten enthalten, kann diese Unterscheidung sehr aufwändig sein. Im Bankenbereich können bei der Einstufung der Geschäftsvorfälle zudem Schwierigkeiten auftreten, weil dem Bilanzierenden nicht immer bekannt ist, ob die Erfüllung durch den Vertragspartner in Geld oder anderen Vermögenswerten erfolgen wird: Erfolgt die Gegenleistung nicht in Geld, sondern bspw. in Aktien, liegt kein monetärer Posten vor.

Es stellt sich zudem die grundsätzliche Frage, ob die Unterscheidung in monetäre und nicht-monetäre Posten als sachgerecht anzusehen ist, wie an einem Beispiel verdeutlicht werden kann: Aktien verbriefen keinen Anspruch auf einen bestimmten oder bestimmbaren Geldbetrag und stellen somit keine monetäre Posten dar; dies gilt unabhängig davon, dass sie eventuell kurzfristig veräußert werden sollen. Dagegen sind bspw. Industrieobligationen mit dreißigjähriger Laufzeit, die über die gesamte Laufzeit gehalten werden, monetäre Posten im Sinne von IAS 21. Wenn bei beiden Posten zum Abschlussstichtag ein Ertrag aus Währungsumrechnung entstanden ist, erfolgt die Realisierung des Ertrages nur bei der Obligation. Eine ergebniswirksame Erfassung des Ertrages bei der Aktie unterbleibt dagegen.

Da der Einstufung als monetäres oder nicht-monetäres Finanzinstrument zentrale Bedeutung für die Umrechnung zukommt, nennt der Standard Beispiele für beide Merkmale.[244]

Die folgende Tabelle gibt eine Übersicht über die im Bankenbereich relevanten monetären und nicht-monetären Posten:

---

[244] Vgl. IAS 21.16.

Bilanzposten	Monetär	Nicht-Monetär
Barreserve	X	
Forderungen	X	
Verzinsliche Wertpapiere	X	
Sonstige Vermögenswerte (z.B. Disagien)	X	
Aktivische und passivische latente Steuern	X	
Derivative Finanzinstrumente	X	
Sonstige Vermögenswerte (z.B. Mietvorauszahlungen)		X
Anteile an assoziierten Unternehmen		X
Aktien und andere nicht-verzinsliche Wertpapiere		X
Immaterielle Vermögenswerte		X
Sachanlagen		X
Goodwill		X
Pensionsauszahlungen		X
Verbindlichkeiten	X	
Sonstige Verbindlichkeiten (Agien)	X	
Rückstellungen	X	(X)
Eigenkapital der Bank	(X)	X

Abb. 27: Monetäre und nicht-monetäre Bilanzposten

Bei der Umrechnung von Erträgen und Aufwendungen wird der Wechselkurs am Tag des Geschäftsvorfalls verwendet. Alternativ zulässig und in der Praxis üblich ist auch die Verwendung eines Durchschnittskurses, wie z.B. eines Monatskurses; dies ist indes bei stark schwankenden Durchschnittskursen nicht sachgerecht.[245] Im Rahmen von Umstellungsprojekten werden daher üblicherweise Grenzen definiert, innerhalb derer eine Kursschwankung toleriert werden kann.

---

[245] Vgl. IAS 21.39-40.

Auch bei Teilabgängen oder -zugängen von Wertpapieren in fremder Währung kommen in der Praxis regelmäßig Durchschnittskurse zur Anwendung - entsprechend den genannten Restriktionen. Die Anwendung einer gewählten Methode zur Ermittlung von Durchschnittskursen ist ex ante zu dokumentieren und hat konsistent zu erfolgen.

9.3 Praktisches Beispiel

Eine Bank, die als funktionale Währung den Euro bestimmt hat, kauft zum 31.12.2003 einen börsennotierten $-Bond zum Wert von $1.000. Der Bond hat eine Restlaufzeit von fünf Jahren; sein Nominalwert sei $ 1.250. Der fixe, jährlich ausgezahlte Zinssatz beträgt 4,7%; der Effektivzinssatz ist 10%. Die fixen Zinsen sind somit $ 59 pro Jahr ($ 1.250 x 4,7%).

Der Wechselkurs $/€ zum 31.12.2003 beträgt $ 1 = € 1,50.[246] Die Bank stuft den Bond als Available for Sale ein; die Anschaffungskosten des Bond betragen € 1.500.

Buchung zum 31.12.2003:			
Bond	€ 1.500	an Kasse	€ 1.500

Am 31.12.2004 ist der Kurs des US-Dollars gestiegen, der Wechselkurs liegt bei $ 1 = € 2. Der Fair Value des Bond ist nun $ 1.060, sein neuer Buchwert beträgt somit € 2.120 ($ 1.060 x 2,00). Die fortgeführten Anschaffungskosten zum 31.12.2004 betragen $ 1.041 bzw. € 2.082. Der Differenzbetrag zwischen dem Fair Value des Bond in Höhe von € 2.120 und den fortgeführten Anschaffungskosten (€ 2.082) wird erfolgsneutral im Eigenkapital verbucht € 38 ($ 19). Aus der Wechselkursänderung resultiert eine weitere Erhöhung des Fair Value des Bond um € 2.082- € 1.500 = € 582. Insgesamt erhöht sich der Fair Value des Bond zum Abschlussstichtag also um € 620.

Die am 31.12.2004 erhaltene Zinszahlung (Kassenbestand) in Höhe von $ 59 wird mit dem Kurs am Abschlussstichtag umgerechnet; sie beträgt € 118. Die Zinsforderung wird gegen Zinsertrag zum durchschnittlichen Wechselkurs eingebucht und mit Eingang der Zahlung am 31.12.2004 zum dann gültigen Kurs umgerechnet.

Für die Ermittlung der Zinserträge wird hier vereinfachend ein durchschnittlicher Wechselkurs für das gesamte Geschäftsjahr von $ 1 = € 1,75 zugrunde gelegt. Die zu verbuchenden effektiven Zinserträge betragen € 175 ($ 100) und umfassen die Verteilung des

---

[246] Vgl. zu diesem Beispiel KPMG, Insights into IFRS, A practical Guide to International Financial Reporting Standards, London 2004, S. 221-222.

Disagios mittels der Effektivzinsmethode in Höhe von € 71,75 ($ 41) sowie den Kupon in Höhe von € 103,25 ($ 59).

Der Fremdwährungsgewinn aus dem Bond ermittelt sich aus der Differenz zwischen den fortgeführten Anschaffungskosten und dem Zugangswert sowie der Auflösung des Disagios (€ 2.082 - € 1.500 - € 72). Er beträgt somit € 510. Ein zusätzlicher Währungsgewinn in Höhe von rund € 15 ergibt sich aus der Umrechnung der Zinsforderung (€ 59 x (2,00 - 1,75)).

Buchungen zum 31.12.2004:			
Bond	€ 620	an Zinsertrag	€ 175
Kasse	€ 118	an Fremdwährungsergebnis	€ 525
		an Neubewertungsrücklage	€ 38

10. Impairment von Finanzinstrumenten

10.1 Wertberichtigungen bei zu fortgeführten Anschaffungskosten bewerteten Finanzinstrumenten

10.1.1 Überblick über die Regelungen

Die Zugangsbewertung von Finanzinstrumenten erfolgt zum Fair Value (IAS 39.42). Finanzielle Vermögenswerte aus Kreditverhältnissen können dabei entweder der Kategorie Loans and Receivables zugeordnet oder at Fair Value through Profit or Loss designiert werden.[247]

Für die Frage eines Impairments sind Kreditverhältnisse zu analysieren, die der Kategorie Loans and Receivables zugeordnet werden und deren Folgebewertung somit zu fortgeführten Anschaffungskosten vorgenommen wird. Darüber hinaus sind hier auch die finanziellen Vermögenswerte der Kategorie Held to Maturity zu untersuchen.

---

[247] Vgl. hierzu die in Abschnitt 1.2.1 genannten Einschränkungen.

Zum jeweiligen Bilanzstichtag ist zu überprüfen, inwieweit objektive Hinweise auf eine Wertminderung vorliegen, die bilanziell zu berücksichtigen ist.[248]

Die Vorschriften zur Berechnung und Behandlung der Wertminderung sind in IAS 39.63 und IAS 39.AG84 geregelt. Die Höhe des Verlustes berechnet sich aus der Differenz zwischen dem Buchwert des Vermögenswertes und dem Barwert der erwarteten künftigen Cash Flows, diskontiert mit dem originären Effektivzinssatz des Finanzinstruments (erzielbarer Betrag). Der Wertunterschied zur Berechnung nach der Effektivzinsmethode ist bei sehr kurzen Laufzeiten marginal. Cash Flows in Bezug auf kurzfristige Forderungen werden daher aus Vereinfachungsgründen im Allgemeinen nicht diskontiert.[249]

Der Buchwert des Vermögenswertes ist durch Direktabschreibung oder Wertberichtigung erfolgswirksam auf den erzielbaren Betrag zu reduzieren.

10.1.2 Indikatoren für eine Wertminderung

Gemäß IAS 39.59 ist ein finanzieller Vermögenswert bzw. eine Gruppe finanzieller Vermögenswerte dann wertgemindert, wenn ein objektiver Hinweis auf eine dauerhafte Wertminderung vorliegt, der auf einem vergangenen Ereignis nach dem erstmaligen Ansatz beruht und dieses Ereignis auf die erwarteten künftigen Zahlungsströme Einfluss haben wird.[250] Als Beispiele werden einzelne Loss Events aufgeführt:

– Erhebliche finanzielle Schwierigkeiten des Emittenten oder Schuldners (IAS 39.59(a));

– Vertragsbruch (IAS 39.59(b));

– Zugeständnisse an den Kreditnehmer aufgrund wirtschaftlicher oder rechtlicher Gründe, die im Zusammenhang mit dessen finanziellen Schwierigkeiten stehen (IAS 39.59(c));

– Insolvenz oder Sanierungsnotwendigkeit des Kreditnehmers ist wahrscheinlich (IAS 39.59(d));

– Verschwinden des aktiven Marktes für das Financial Asset aufgrund von finanziellen Schwierigkeiten (IAS 39.59(e));

– beobachtbare Daten zeigen, dass eine messbare Minderung der erwarteten künftigen Zahlungsströme einer Gruppe von finanziellen Vermögenswerten seit erstmaligem Ansatz eingetreten ist, obwohl die Minderung nicht einem einzelnen finanziellen Vermögenswert der Gruppe zugerechnet werden kann (IAS 39.59(f)).

---

[248] Vgl. IAS 39.58.
[249] Vgl. IAS 39.AG84.
[250] Vgl. IAS 39.BC109.

Eine Rating-Veränderung stellt - isoliert betrachtet - noch kein Trigger-Event dar. Eine Verschlechterung des Ratings ist jedoch ursächlich begründet. Die Verschlechterung könnte mithin unter Einbezug weiterer Informationen den Hinweis geben, dass eine Wertminderung vorliegt.[251]

Einer Portfoliobetrachtung systemimmanent ist, dass eine Zuordnung von Impairments auf ein Einzelengagement nicht durchgeführt werden kann. In solchen Fällen bietet die Rating-Veränderung die bestmögliche Approximation an ein nicht einzeln identifizierbares Trigger-Event.

Zu klären bleibt, ab wann von einer Rating-Verschlechterung gesprochen werden kann. Hierzu sind Masterskalen auszuwerten. Die genutzten Risikoklassifizierungsverfahren werden auf eine Masterskala kalibriert, jährlich angepasst und weiterentwickelt. Die Einteilung der Bonitätsklassen liefert einen Vergleich zu externen Ratings.

Erwartete Verluste aus einem künftigen Ereignis - d.h. nach dem Bilanzstichtag - dürfen hingegen nicht berücksichtigt werden.[252] Somit basiert das Verfahren zur Bestimmung der Wertberichtigungshöhe auf einem Incurred Loss Model.[253]

10.1.3 Auslegung der Regelungen

10.1.3.1 Untersuchung auf Wertminderungen

Gemäß IAS 39.64 ist in einem ersten Schritt zu prüfen, ob objektive Hinweise für eine Wertminderung eines finanziellen Vermögenswertes vorliegen. Für bedeutende (significant) Vermögenswerte ist diese Analyse in einer Einzelfallbetrachtung vorzunehmen. Für nicht bedeutende Vermögenswerte kann die Untersuchung individuell oder auf Portfolio-Ebene durchgeführt werden (Wahlrecht) (IAS 39.64). Es gelten die soeben dargestellten Trigger-Merkmale.

Eine Definition des Begriffs „significant" findet sich in IAS 39 nicht. Eine Interpretation könnte sich über die Homogenität anbieten. Eine potenzielle Abgrenzung läge dann etwa in der Unterscheidung zwischen Retail und Non-Retail.

---

[251] Vgl. IAS 39.60.
[252] Vgl. IAS 39.BC110.
[253] Vgl. IAS 39.59.

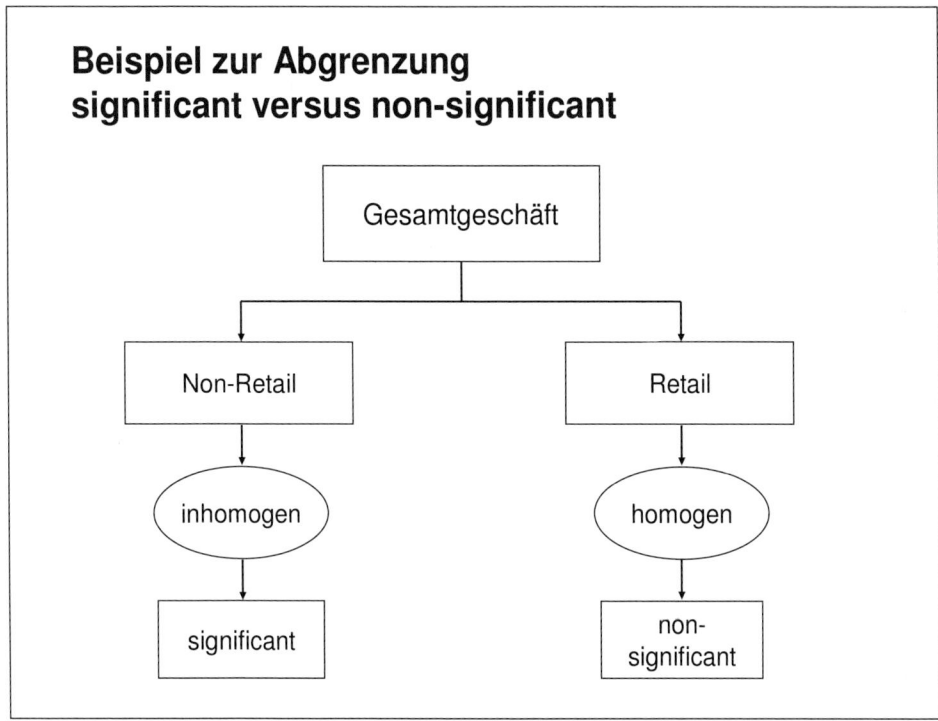

Abb. 28: Mögliche Abgrenzung signifikanter finanzieller Vermögenswerte

In diesem Zusammenhang ist statistisch zu analysieren, wie hoch die Inhomogentität innerhalb eines Portfolios ist, um die Retail-Grenze zu überschreiten. Basel II sieht diese Grenze bei € 1 Mio.

Werden in der Einzelfallbetrachtung Hinweise auf eine Wertminderung identifiziert, ist die Bewertung der Wertminderung individuell durchzuführen (IAS 39.64). Diese Art der Wertberichtigung wird üblicherweise Einzelwertberichtigung genannt. Bei Umstellungsprojekten ist jedoch zu beachten, dass sich durch die Methodik der Diskontierung im Vergleich zum HGB abweichende Werte ergeben können.

Bestehen keine Hinweise auf eine Wertminderung für individuell untersuchte Kredite - unabhängig davon, ob es sich um bedeutende oder nicht bedeutende Vermögenswerte handelt -, so sind diese in Gruppen mit gleichen Kreditrisikomerkmalen zusammenzufassen (homogene Portfolien) und die Ermittlung der Wertminderung ist auf Portfolio-Ebene durchzuführen.[254]

---

[254] Vgl. IAS 39.64.

Hinsichtlich der vorzunehmenden Risikovorsorge auf Portfolio-Ebene sind zwei Arten zu unterscheiden. Es handelt sich zum einen um jene Kredite, für die kein Hinweis auf ein Impairment auf Einzel-Ebene besteht. Die Einbeziehung dieser Teilgruppe in die Portfoliobewertung soll die inhärenten Kreditausfallrisiken abdecken. Diese Vorgehensweise entspricht damit den üblichen Pauschalwertberichtigungen. Zum anderen handelt es sich um Kredite, die in der Einzelfallbetrachtung als nicht signifikant angesehen werden (etwa im Retailgeschäft) und von Beginn an kollektiv bewertet werden. Diese können als pauschalierte Einzelwertberichtigungen bezeichnet werden.[255]

In die Portfoliobetrachtung werden alle finanziellen Vermögenswerte einbezogen und nach Kreditrisikomerkmalen zusammengefasst, die ein Indikator dafür sind, inwieweit der Schuldner seinen Rückzahlungsverpflichtungen nachkommen kann.[256] Dabei sollen die Art des Vermögenswertes, die Branche, die geografischen Merkmale, die Art der Sicherheiten, das vergangene Zahlungsverhalten und andere relevante Kriterien berücksichtigt werden.[257] In IAS 39.BC122 wird erläutert, dass die Gruppenbildung auch nach geschätzten Ausfallwahrscheinlichkeiten oder Kreditrisikostufen vorgenommen werden kann.

Wird auf Einzelbetrachtungs-Ebene bei einem signifikanten Kredit (bspw. im Bereich Corporates) ein Impairment-Trigger erkannt, der jedoch in der Folge keinen Wertberichtigungsbedarf auslöst, ist dieser Kredit dennoch einem homogenen Portfolio zuzuführen, um eine kollektive Wertberichtigung durchzuführen. Die nach IAS 39 theoretisch richtige Lösung stellt die Bildung eines gesonderten homogenen Portfolios dar. Dieses Portfolio wird sich jedoch in der Praxis nicht mehr von jenem homogenen (Corporate-)Portfolio unterscheiden lassen, welches gebildet wurde, um die nicht-signifikanten Kredite von Beginn an der kollektiven Betrachtung zu unterziehen.

Sind beide Portfolien nicht unterscheidbar, wäre eine Anpassung der Ausfallwahrscheinlichkeiten (PD) vorzunehmen. Bei großer Grundgesamtheit besteht diese Problematik jedoch nicht, da die Ausfallwahrscheinlichkeit durch die neu hinzugenommenen signifikanten Kredite im Durchschnitt sinken wird.

Gemäß den Standardanforderungen sind pauschale Wertberichtigungen auf individuell signifikante Kredite, die nicht impaired sind, nur dann möglich, wenn eine homogene Portfolio-Bildung vorgenommen werden kann. Eine Bildung nach Rating-Klassen wird durch IAS 39 nicht explizit genannt. Aufgrund dessen könnte zweckmäßigerweise ein Rückgriff auf die Vorschriften nach Basel II erfolgen.

Bei der Wahl der Ausfallwahrscheinlichkeit sollte die Art des Produktes mit in die Betrachtung einfließen. Eine Unterscheidung zwischen Corporates und Massengeschäft wird in der Praxis bereits zum Teil umgesetzt. Die Anwendung einer 1-Jahres-PD kann

---

[255] Vgl. IAS 39.64.
[256] Vgl. IAS 39.AG85.
[257] Vgl. IAS 39.AG87.

im Retail-Bereich zur Anwendung kommen, für Corporates mag bspw. eine 4-Monats-PD sinnvoll sein.

Die Ermittlung der Pauschalwertberichtigungshöhe ist so zu wählen, dass auch jenes Risiko abgedeckt wird, das bereits begründet, aber noch nicht erkannt wurde. Die Berechnung erfolgt auf Basis der Erfahrungen aus der Vergangenheit.

Zum Zugangszeitpunkt der Kreditforderung dürfen keine Wertberichtigungen erfolgen. Im Rahmen der Portfoliobetrachtung wird sichergestellt, dass ein neu aufgenommener Kredit bei Zugang nicht wertberichtigt wird, indem eine Anpassung der Effektivverzinsung vorzunehmen ist. Im Rahmen der stichtagsbezogenen Impairment-Betrachtung, ist ein durchschnittlich gewichteter Zinssatz zu ermitteln. Dadurch entsteht zu jedem Stichtag ein Effektivzinssatz, der aufgrund der Gewichtung die jeweiligen Zu- und Abgänge und somit die Portfolio-Änderungen berücksichtigt. Damit wird eine sachgerechte Ermittlung der Wertberichtigungen gewährleistet.

In IAS 39.AG88 wird explizit darauf hingewiesen, dass die Portfoliobetrachtung lediglich als Zwischenstufe zu verstehen ist. Sobald Informationen dahingehend bestehen, dass bestimmte Wertverluste einzelnen finanziellen Vermögenswerten zugeordnet werden können, so sind diese aus der Portfoliobetrachtung herauszunehmen und einer Einzelbetrachtung zu unterziehen.[258]

Retail-Kredite werden üblicherweise keiner individuellen Betrachtung unterzogen. Würden von 1.000 Retail-Krediten bereits 100 mit mehr als 90 Tagen überfällig sein, wäre nach dem Standardwortlaut für diese 100 Kredite streng genommen eine Einzelbetrachtung vorzunehmen. Aufgrund des Massengeschäfts ist dies nicht praktikabel. Daher wird - unter der Voraussetzung, dass für diese Teilmenge ein homogenes Portfolio gebildet werden kann - eine pauschalierte Einzelwertberichtigung durchgeführt. Die verbleibenden 900 Kredite, die keinen Impairment-Trigger aufweisen, werden im Rahmen der ursprünglichen Portfoliobetrachtung wertberichtigt.

Im Rahmen des Back-Testing der eingesetzten Verfahren soll sichergestellt werden, dass weder stille Reserven gebildet noch zu niedrige Wertminderungen angestrebt werden. Das Back-Testing selbst ist bei Banken sowohl durch die MaK und als auch durch Basel II vorgeschrieben.

Die nachfolgende Abbildung fasst den Prüfmechanismus zu Wertminderungen bei den zu fortgeführten Anschaffungskosten bilanzierten finanziellen Vermögenswerten zusammen:

---

[258] Vgl. IAS 39.AG88 i.V.m. IAS 39.BC121 sowie IAS 39.IG.E.4.7.

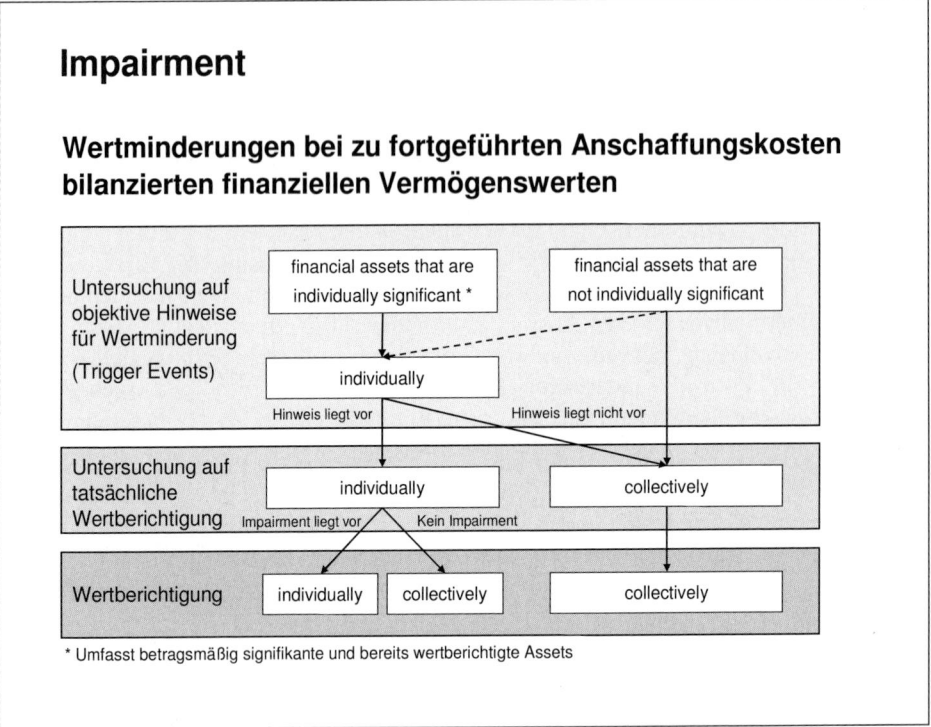

Abb. 29: Impairment bei zu fortgeführten Anschaffungskosten bilanzierten finanziellen Vermögenswerten

Gemäß IAS 39.AG89 sind die künftigen Cash Flows einer Gruppe von finanziellen Vermögenswerten, die der Portfoliobewertung unterliegen, auf Basis der historischen Ausfallrate für Vermögenswerte mit ähnlichen Kreditrisikomerkmalen zu prognostizieren. Sind im Unternehmen solche historischen Daten nicht vorhanden, sind Erfahrungen auf Basis von Unternehmensvergleichen (peer group) für entsprechende Vermögenswerte zu nutzen.

Die historischen Ausfallraten sind um aktuelle Entwicklungen zu korrigieren, die so in der Vergangenheit nicht vorzufinden waren. Die Vorgehensweise und die dem Verfahren zugrunde liegenden Annahmen sind regelmäßig zu überprüfen, um die Differenz zwischen Ausfallschätzungen und tatsächlichen Ausfällen zu reduzieren (IAS 39.AG89).

Die Anwendung von statistischen Methoden ist zulässig. Das verwendete Modell für die Portfoliobewertung soll den Zeitwert des Geldes, alle Zahlungsströme über die Restlaufzeit des Vermögenswertes sowie das Alter der Kredite innerhalb des Portfolios berücksichtigen. Bei der Entwicklung des Modells ist ferner zu beachten, dass eine Wertminderung bei erstmaligem Ansatz des finanziellen Vermögenswertes nicht entsteht.[259]

Die Übertragung der handelsrechtlich ermittelten Wertberichtigungen in einen IFRS-Abschluss ist nicht möglich. Von einer Übereinstimmung der Pauschalwertberichtigungen nach HGB mit den kollektiven Wertberichtigungen gemäß IAS 39 kann nicht ausgegangen werden. Die Konzeption nach IAS 39 weicht materiell von den bisher üblicherweise angewendeten Verfahren nach HGB ab. Der umgekehrte Fall, dass das Verfahren von IAS 39 nach HGB angewandt wird, ist indes zulässig.

10.1.3.2 Behandlung des Eingangs unerwarteter Zahlungen

Wurde eine Wertberichtigung vorgenommen, ist gemäß IAS 39.AG93 der spätere Zinsertrag auf Basis jenes Zinssatzes zu ermitteln, der zur Bestimmung der Wertminderung genutzt wurde; dies erfolgt über den ursprünglichen Effektivzinssatz. Zinserträge werden nach IAS 18 gemäß der Effektivzinsmethode realisiert. Dies bedeutet auch, dass Zinsen auszuweisen sind, obgleich diese aufgrund der Wertberichtigungen nicht eingehen. Es werden damit nicht mehr die vertraglich vereinbarten künftigen Zinserträge, sondern die Fortschreibung des Barwerts zum nächsten Abschlussstichtag erfasst bzw. abgegrenzt (unwinding). Daraus folgt, dass ein buchhalterischer Verzicht auf eine Vereinnahmung von Zinserträgen nicht gestattet ist.

Die Erfassung der Barwertänderung erfolgt als Zinsertrag in der Gewinn- und Verlustrechnung. Die damit verbundene bilanzielle Gegenbuchung kann entweder als Reduktion der Risikovorsorge oder als Zuschreibung der Forderung (als Bestandteil der Zinsforderung) vorgenommen werden. Dadurch wird der Ausweis eines Doppelertrags vermieden. Es ist über die Wahl der Methode und die materiellen Auswirkungen im Anhang zu berichten.

Werden nach durchgeführter Wertberichtigung bei einem Kredit in der Folge unerwartete Zahlungen realisiert, sind diese in einem ersten Schritt zu erfassen, indem eine Verminderung der Forderung gebucht wird. Darüber hinaus führt dies zu einer erfolgswirksamen Reduktion des erforderlichen Risikovorsorgebestands. Die Berücksichtigung des Unwinding - das sich als Barwertunterschied des zu jedem Stichtag diskontierten erwarteten Zahlungsbetrags ergibt - kann entweder als Reduktion des Risikovorsorgebestands oder als Erhöhung der Forderung erfasst werden.

---

[259] Vgl. IAS 39.AG92.

10.2 Vergleich der Wertberichtigungen nach Basel II und IAS 39

10.2.1 Überblick über die Regelungen von Basel II

Basel II hat im Juni 2004 neue Eigenkapitalregelungen fixiert, die künftig von international tätigen Banken zur Ermittlung der aufsichtsrechtlichen Mindestkapitalunterlegung anzuwenden sind. Hinsichtlich der Mindestkapitalanforderungen ist insbesondere die Berechnung des Kreditrisikos wesentlich. Zur Ermittlung der Kreditrisiken kann entweder ein risikodifferenzierter Standardansatz auf Basis von externen Ratings zur Anwendung kommen. Alternativ werden Ansätze auf internen Rating-Einstufungen (IRB-Basisansatz und fortgeschrittener IRB-Ansatz) vorgegeben.

Nach Basel II ist der Kreditausfall eines spezifischen Schuldners als Zahlungsunfähigkeit oder Zahlungsverzug definiert (Tz. 452). Dies bedeutet:

- Der Kreditnehmer kann mit hoher Wahrscheinlichkeit seinen Kreditverpflichtungen nicht in vollem Umfang nachkommen, ohne dass die Bank Maßnahmen einleitet, wie bspw. die Inanspruchnahme von Sicherheiten und/oder
- der Kreditnehmer ist mit mehr als 90 Tagen im Zahlungsverzug.

Die drohende Zahlungsunfähigkeit des Kreditnehmers wird - ähnlich der beispielhaften Aufzählung zu Loss Events gemäß IAS 39 - durch verschiedene Indikatoren spezifiziert (Tz. 453):

- Verzicht der Bank auf laufende Belastung von Zinsen;
- Wertberichtigungen oder Abschreibung der Forderung aufgrund einer deutlichen Verschlechterung der Kreditqualität;
- Bank verkauft Kreditverpflichtungen mit einem bedeutenden, bonitätsbedingten wirtschaftlichen Verlust;
- Zugeständnisse an den Kreditnehmer im Rahmen der Restrukturierung;
- Insolvenzantrag oder vergleichbare Maßnahme durch die Bank;
- Insolvenzantrag des Schuldners oder vergleichbare Maßnahme, so dass Zahlungen gegenüber der Bank eingestellt wurden oder nur verzögert erfolgen.

Ansatz und Bewertung von Finanzinstrumenten 535

10.2.2 Kriterien der Wertberichtigung nach Basel II

Basel II basiert auf einem Expected Loss Model. Die Anforderungen von Basel II unterscheiden zwischen Wertberichtigungen (WB) und erwarteten Verlusten (EL). Der Gesamtbetrag der anrechenbaren Wertberichtigungen ist mit dem Gesamtbetrag der erwarteten Verluste zu vergleichen. Die Differenz beider Größen kann auf das regulatorische Kapital angerechnet werden (WB > EL) oder ist von diesem abzuziehen (WB < EL) (Tz. 43, 374).

Wertberichtigungen sind nach Basel II die von Kreditinstituten gebildeten Einzelwertberichtigungen, Teilwertabschreibungen sowie portfoliospezifischen Wertberichtigungen (Wertberichtigungen für Länderrisiken oder Pauschalwertberichtigungen). Ferner können Wertberichtigungen Nachlässe auf ausgefallene Forderungen enthalten (Tz. 380).

Der erwartete Verlust (EL) ergibt sich als Produkt aus der geschätzten einjährigen Ausfallwahrscheinlichkeit für Schuldner, die einer internen Risikoklasse zugeordnet sind (probability of default; PD) und der Verlustquote pro Einheit des Kredits im Fall des Ausfalls eines Kreditnehmers (LGD). Um den Gesamtbetrag der erwarteten Verluste zu bestimmen, sind die einzelnen Beträge der Forderungen zu summieren (Tz. 375-376). Der erwartete Verlust bezieht sich auf Ereignisse, die vor dem Bilanzstichtag eingetreten sind und entspricht an dieser Stelle dem Incurred Loss Model von IAS 39.

Expected Loss	=	Probability of Default	*	Exposure at Default	*	Loss Given Dafault
EL	=	PD	*	EAD	*	LGD

Um einen Abzug vom regulatorischen Eigenkapital zu vermeiden, ist somit die Gesamtheit der erwarteten Verluste durch Wertberichtigungen zu decken. An dieser Stelle wird offensichtlich, dass eine Abstimmung mit den bilanziellen Regelungen nach IAS 39 zweckmäßig ist.

Bei der Berechnung des Kreditrisikos beziehen sich sowohl der Standardansatz als auch der IRB-Ansatz auf das Bankbuch. Dies bedeutet, neben finanziellen Vermögenswerten, die zu fortgeführten Anschaffungskosten bewertet werden, können auch solche der Kategorie Available for Sale enthalten sein. Dadurch ist die zu untersuchende Grundgesamtheit der Forderungen weiter gefasst als nach IAS 39.

Die Nutzung des Standardansatzes von Basel II für Zwecke von IAS 39 erscheint nicht möglich, da die einzelnen Parameter zur Berechnung des Expected Loss regulatorisch festgelegt sind, aber nicht notwendigerweise den realitätsgerechten Wertberichtigungserfordernissen entsprechen. Die Übertragbarkeit des IRB-Foundation-Ansatzes ist nur in Teilen möglich, da lediglich die Ausfallwahrscheinlichkeit (PD) auf internen Berechnungen basiert.

Der dritte Ansatz - der IRB Advanced Approach - kann hingegen für eine mögliche Konvergenz zu IAS 39 genutzt werden. Es werden in diesem Fall sämtliche Parameter, d.h. PD, EAD sowie LGD, intern geschätzt; bei Retail-Portfolien wird dies ohnehin gefordert.

Die nachfolgende Abbildung stellt den Zusammenhang dar:

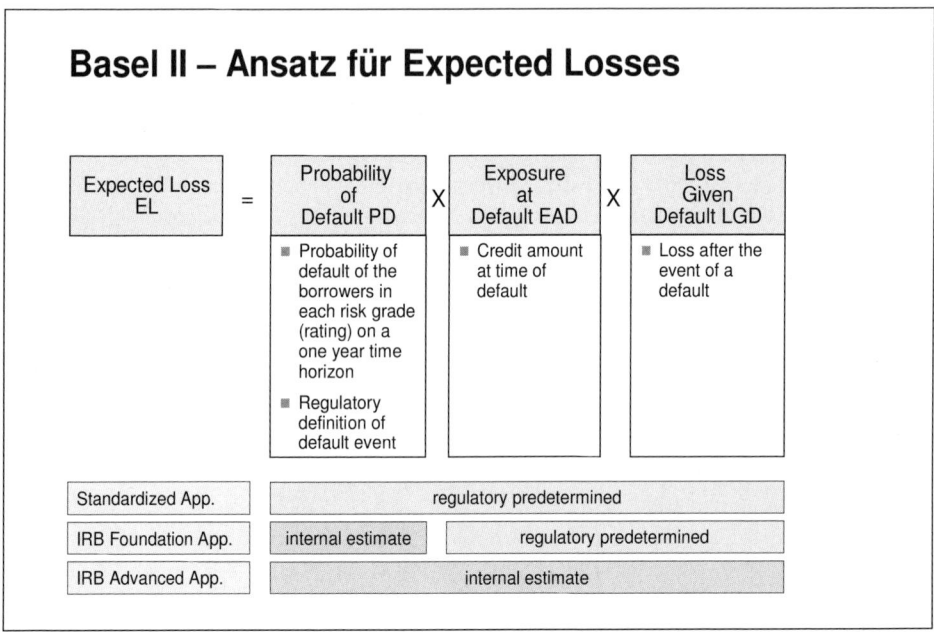

Abb. 30: Basel II Ansatz zur Ermittlung des Expected Loss

10.2.3 Gemeinsamkeiten und Unterschiede

Falls die nach Basel II geforderten Systeme auch für die Anforderungen nach IAS 39 nutzbar gemacht werden sollen, ist die vorhandene Schnittmenge in den Regelwerken zu ermitteln. Es lassen sich in einem ersten Schritt die nachfolgend aufgeführten Unterschiede zwischen den beiden Modellansätzen identifizieren:

Basel II	IAS 39
− Wertbestimmungen sind modellorientiert	− Wertbestimmungen sind marktorientiert
− Konservative Schätzungen	− Mittelwertbetrachtung
− Zielsetzung der Regulatoren ist die Stabilität des Bankensektors	− Zielsetzung des Standardsetters ist die Berichterstattung hinsichtlich der Wertentwicklung der Berichtsperiode zum Berichtszeitpunkt; Adressaten sind die Eigenkapitalgeber
− Betrachtung über die gesamte Laufzeit des Portfolios	− Betrachtung des Portfolios zum Stichtag; künftige Verluste werden nicht mit einbezogen
− Kreditrisikomessung zur Bestimmung künftiger Risiken	− Nutzung von historischen Erfahrungswerten, die um ökonomische Gegebenheiten im Zeitpunkt der Berichterstattung angepasst werden
− Keine explizite Angabe, welche Methode Anwendung findet	− Nutzung der Discounted-Cash-Flow-Methode
− Keine Barwertbetrachtung der Sicherheiten	− Barwertbetrachtung der Sicherheiten
− Alternative Ansätze zur Berücksichtigung des Kreditrisikos; Auswirkungen sind abhängig von der Wahl des Ansatzes	− Fokussierung auf aktuelle Finanzlage, Cash Flows sowie Entwicklung der Finanzlage

Abb. 31: Vergleich Basel II und IAS 39

Basel II stellt einen Modellansatz dar, der das Kreditportfolio über die gesamte Laufzeit hinweg betrachtet und zukünftige Verluste mit einbezieht. Damit hat Basel II zum Ziel, Unexpected Future Losses sowie Un-Provisioned Expected Losses mit Eigenkapital zu decken. IAS 39 hingegen stellt auf den Bilanzstichtag ab und berücksichtigt modelltheoretisch keine künftigen Verluste.

Gemäß IAS 39.AG92 darf bei erstmaligem Ansatz des Vermögenswertes keine Wertminderung entstehen. Basel II trifft eine solche Unterscheidung nicht. Dadurch werden die im Geschäftsjahr neu vergebenen Kredite in die Berechnung des erwarteten Verlustes (EL) mit einbezogen. Im Geschäftsjahr vergebene Kredite können aber auch einen Incurred Loss beinhalten. In diesem Fall sind sie nach IAS 39 zu berücksichtigen. Eine

Unterscheidung auf Einzelbetrachtungs-Ebene könnte bisweilen schwierig sein, auf Portfolio-Ebene ist sie praktisch nicht durchführbar.

Mit Hilfe der folgenden Abbildung können die Unterschiede in Bezug auf die Verlustberücksichtigung zwischen Expected Loss und Incurred Loss zusammengefasst dargestellt werden:

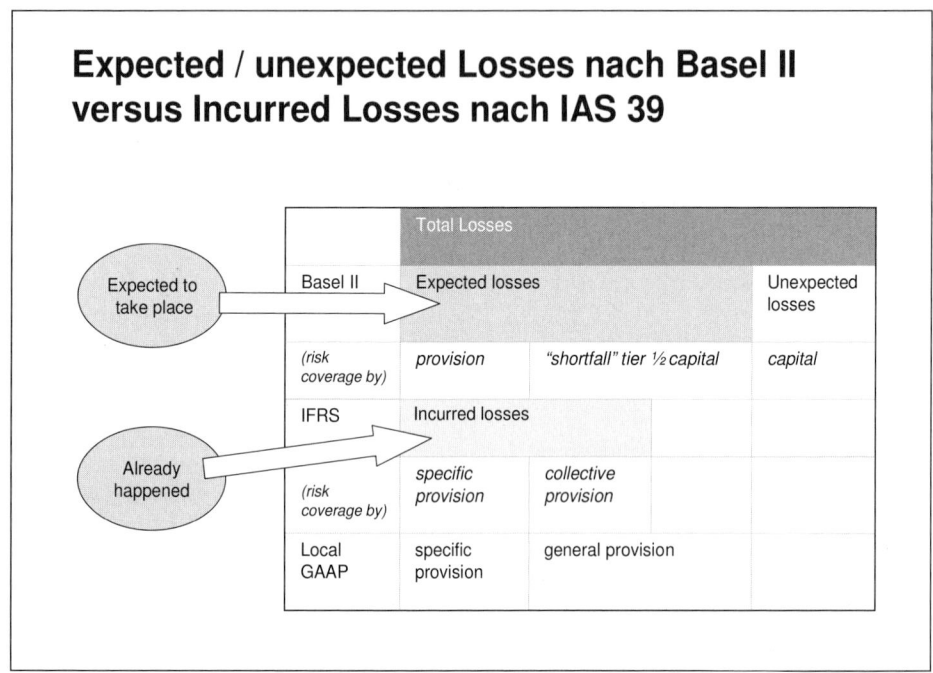

Abb. 32: Verlustberücksichtigung nach Basel II und IAS 39

Die in Basel II definierten Loss Events (Tz. 452-453) greifen im Vergleich zu den in IAS 39 aufgezählten Trigger Events (IAS 39.59, IAS 39.61) später. Dies bedeutet, dass die Indikatoren nach Basel II eine Teilmenge von IAS 39 darstellen und somit ein Loss Event nach Basel II immer auch ein Trigger Event nach IAS 39 ist.

Im Bereich der nach IAS 39 geforderten homogenen Portfolien im Rahmen der kollektiven Wertberichtigung sollte in beiden Systemen die gleiche Portfolio-Struktur gewählt werden, um eine Überleitung zu ermöglichen. Basel II führt hierzu Minimum-Anforderungen an, die gemäß IAS 39 weiter differenziert werden können. Auf diese Weise wird die Abstimmung und Übertragbarkeit der Basel II Parameter gewährleistet.

Erfolgt eine Anerkennung des internen Rating nach Basel II, sollte dies auch für IAS 39 zur Anwendung kommen können. Dies bedeutet auch, dass Verbands- bzw. Verbund-

Ratings, die gemäß Basel II auf individuelle Gegebenheiten angepasst werden, auch für die Zwecke von IAS 39 genutzt werden können.

Ein wesentlicher Unterschied ergibt sich zwischen Basel II und IAS 39 in Bezug auf den Parameter „Exposure at Default (EAD)". Im Unterschied zu IAS 39 werden nach Basel II bspw. auch gewährte Kreditlinien berücksichtigt, wodurch ein höherer Wert angesetzt wird. IAS 39 geht hingegen von einer Stichtagsbetrachtung aus. Dies bedeutet, dass gewährte Kreditlinien nur dann einbezogen werden, wenn diese auch tatsächlich ausgenutzt werden. Aufgrund dessen ist für Zwecke von IAS 39 der überschießende Effekt nach Basel II herauszurechnen. Allerdings besteht nach IAS 37 eine Angabepflicht als Eventualverbindlichkeit.

Der Expected Loss könnte als günstigste Approximation für das Incurred-Loss-Model Verwendung finden. Die Übertragung der Basel II Parameter ist auf die kollektive Betrachtung eher möglich.

10.3 Impairment bei Eigenkapitalinstrumenten (Available for Sale)

10.3.1 Überblick über die Regelungen

Gewinne und Verluste aus Finanzinstrumenten der Kategorie Available for Sale sind grundsätzlich solange erfolgsneutral im Eigenkapital zu erfassen, bis der finanzielle Vermögenswert ausgebucht wird.[260] Eine Ausnahme von dieser Regelung ergibt sich bei einem Impairment:[261] Verluste, die aus der Bewertung zum beizulegenden Zeitwert erfolgsneutral in der Neubewertungsrücklage erfasst wurden, sind bei Vorliegen eines objektiven Hinweises auf eine bestehende Wertminderung erfolgswirksam zu berücksichtigen.

Der aus dem Eigenkapital in die Gewinn- und Verlustrechnung zu übertragende Verlust ergibt sich aus der Differenz von Anschaffungskosten (bei Available-for-Sale-Papieren, die keine Eigenkapitalinstrumente darstellen abzüglich etwaiger Tilgungen und Amortisationsbeträge) bzw. Buchwert und dem aktuellen beizulegenden Zeitwert (abzüglich etwaiger Wertminderungen, die bereits erfolgswirksam in der Gewinn- und Verlustrechnung erfasst wurden).[262]

---

[260] Vgl. IAS 39.55(b).
[261] Vgl. hierzu IAS 39.67-69.
[262] Vgl. IAS 39.68.

Darüber hinaus ist für Eigenkapitalinstrumente der Kategorie Available for Sale in vorgeschrieben, dass Wertaufholungen erfolgsneutral vorzunehmen sind.[263]

Für Available-for-Sale-Papiere ist zwischen einer dauerhaften und einer signifikanten Wertminderung zu unterscheiden: „A significant or prolonged decline in the fair value of an investment in an equity instrument below its cost is also objective evidence of impairment."[264]

Im Gegensatz zu SFAS 115 sind die beiden Impairment-Kriterien durch „oder" verknüpft. Ein Impairment liegt nach IAS 39 mithin bereits vor, wenn nur eines der beiden Kriterien erfüllt ist. Bei der Interpretation gehen die US-amerikanischen Regelungen momentan von einer 6-Monatsfrist und einer 20%-Grenze im Sinne einer „und"-Verknüpfung aus. Zwischen IFRS und US-GAAP besteht also insoweit ein materieller Unterschied. Beide Größen sollen künftig möglicherweise flexibler gestaltet werden, so dass Änderungen zu erwarten sind.

IAS 39 gibt nicht explizit an, unter welchen Bedingungen der beizulegende Zeitwert eines Finanzinstruments über einen längeren Zeitraum oder erheblich unter den Anschaffungskosten liegt. Damit ergibt sich aus dem Wortlaut des Standards ein geringfügiger Spielraum hinsichtlich der Kriterien der Dauerhaftigkeit und der Wesentlichkeit einer Wertminderung.

10.3.2 Auslegung der Regelungen

10.3.2.1 Das Kriterium „Dauerhafte Wertminderung"

Eine dauerhafte Wertminderung dürfte vorliegen, wenn der Kurs von Eigenkapitalinstrumenten, die auf einem aktiven Markt notiert sind, für mehr als neun Monate permanent unterhalb der Anschaffungskosten liegt. Die 9-Monatsfrist ist allerdings nicht als starre Grenze zu verstehen, sondern stellt eine Negativabgrenzung dar, da es nach internationaler Auffassung für die Bank als extrem schwer belegbar angesehen wird, eine Wertminderung über einen solchen Zeitraum nicht als dauerhaft zu interpretieren.

Die Prüfung der dauerhaften Wertminderung sei an dem folgenden Beispiel 5 verdeutlicht:

---

[263] Vgl. IAS 39.69. Vgl. auch ECKES, B./SITTMANN-HAURY, C./WEIGEL, W., Neue Versionen von IAS 32 und IAS 39 (II), a.a.O. (Fn. 116), S. 178.

[264] IAS 39.61.

Beispiel 5: Fortlaufende Wertminderung über einen Zeitraum von 9 Monaten		
Kurs $_{01.01.20X1}$	Anschaffungskosten	100
Kurs $_{31.03.20X1}$	Fair Value	97
Stichtag $_{31.12.20X1}$	Fair Value	85

Liegt der Kurs in Beispiel 5 ab dem 31.03.20X1 immer unter den Anschaffungskosten, wird davon ausgegangen, dass die Wertminderung als dauerhaft zu qualifizieren ist. Grundsätzlich ist für die Ermittlung der Höhe des Impairment der Stichtagskurs als relevante Maßgröße anzusehen. Im obigen Beispiel ist daher auf 85 abgeschrieben.

Sollte der Kurs innerhalb der neun Monate zu einem Zeitpunkt wieder oberhalb der Anschaffungskosten notiert sein, so beginnt eine neue 9-Monatsfrist zur Impairment-Prüfung. Auch wenn lediglich eine 1%ige Wertminderung über den Zeitraum von neun Monaten identifiziert werden kann, handelt es sich um einen Impairment-Fall, der erfolgswirksam über die Gewinn- und Verlustrechnung zu berücksichtigen ist. Die genannte 9-Monatsfrist ist retrograd vom jeweiligen Abschlussstichtag (Quartals-, Halbjahres- oder Jahresabschluss) anzuwenden.

Soll in der Praxis eine abweichende, längere Zeitdauer festgelegt werden, ist das Gesamtbild der bisherigen Anlagestrategie in die Beurteilung einzubeziehen. Ein Verzicht auf eine Abwertung aus Gründen der Marginalität (etwa erst bei Überschreiten von 3%) ist nicht gestattet. Die Wahl eines Zeitraums von 6 Monaten ist dagegen - in Anlehnung an US-GAAP - zulässig.

10.3.2.2 Das Kriterium „Signifikante Wertminderung"

Eine signifikante Wertminderung wird ab 20% Wertminderung gegenüber den historischen Anschaffungskosten angenommen, unabhängig davon, wie die Wertentwicklung in einem bestimmten Zeitraum vor oder nach dem Stichtag ausfällt. Das Eigenkapitalinstrument ist somit im Wert über die Gewinn- und Verlustrechnung zu mindern.

Beispiel 6: Wertminderung 25%		
Kurs$_{31.03.20X1}$	Anschaffungskosten	100
Kurs$_{30.11.20X1}$	Fair Value	100
Stichtag$_{31.12.20X1}$	Fair Value	75

In Beispiel 6 liegt folglich ein Impairment vor, da der Kurs am Abschlussstichtag signifikant unter die Anschaffungskosten gefallen ist. Soll in Ausnahmefällen von der 20%-Grenze abgewichen werden, ist die übliche Geschäftstätigkeit der Bank zu beurteilen.

10.4 Impairment bei Fremdkapitalinstrumenten (Available for Sale)

Wenn der beizulegende Zeitwert eines Schuldinstruments, das in die Kategorie Available for Sale eingestuft wurde, dauerhaft oder signifikant wertgemindert ist, liegt ein Impairment vor. Im Rahmen der regelmäßig durchzuführenden Impairment-Tests festgestellte dauerhafte oder signifikante Wertminderungen sind erfolgswirksam in der GuV zu berücksichtigen.

Der aus dem Eigenkapital in die Gewinn- und Verlustrechnung zu übertragende Verlust ergibt sich aus der Differenz von Anschaffungskosten abzüglich etwaiger Tilgungen und Amortisationsbeträge bzw. Buchwert und dem aktuellen beizulegenden Zeitwert (abzüglich etwaiger Wertminderungen, die bereits erfolgswirksam in der Gewinn- und Verlustrechnung erfasst wurden).[265]

10.5 Wertaufholungen bei Available-for-Sale-Instrumenten

Wertaufholungen von Available-for-Sale-Papieren in Folgeperioden sind nicht generell ausgeschlossen, im Einzelfall aber nachzuweisen.

Bei Wertaufholungen ist nach Eigen- und Fremdkapitalinstrumenten zu differenzieren. Ergebniswirksam erfasste Wertberichtigungen für Eigenkapitalinstrumente, die als Available for Sale eingestuft wurden, dürfen nicht erfolgswirksam rückgängig gemacht werden. Die Wertaufholung erfolgt vollständig erfolgsneutral über die Neubewertungsrücklage im Eigenkapital.

---

[265] Vgl. IAS 39.68.

Für Fremdkapitalinstrumente der Kategorie Available for Sale ist vorgeschrieben, dass Wertaufholungen erfolgswirksam vorzunehmen sind:[266] Wenn der beizulegende Wert des Schuldinstruments in einer nachfolgenden Berichtsperiode ansteigt und sich der Anstieg objektiv auf ein Ereignis zurückführen lässt, das nach der ergebniswirksamen Verbuchung der Wertminderung auftritt, ist die Wertberichtigung rückgängig zu machen und der Betrag der Wertaufholung erfolgswirksam zu erfassen; die darüber hinaus gehenden Wertsteigerungen sind dann erfolgsneutral in der Neubewertungsrücklage zu erfassen.

Als werterhellend können Sachverhalte nur berücksichtigt werden, wenn es sich um Ereignisse handelt, die vor dem Bilanzstichtag eingetreten sind, jedoch erst nach dem Bilanzstichtag bekannt werden. Hierzu ist der Kurs am Abschlussstichtag heranzuziehen.

Beispiel 7:	Umsätze, die im Dezember 20X1 getätigt wurden, werden erst im Januar 20X2 bekannt gegeben.	
Stichtag$_{31.12.20X1}$	Fair Value	80
Kurs$_{31.01.20X2}$	Fair Value	100

Der Stichtagskurs von 80 wurde unter der Voraussetzung festgesetzt, dass Umsätze noch nicht bekannt waren. Somit ist der Fair Value in Höhe von 100 als eigentlicher Stichtagskurs zu übernehmen, da es sich um werterhellende und nicht um wertbegründende Ereignisse handelt.

10.6 Bemessungsgrundlage für Impairments in Folgeperioden

In den Folgeperioden stellt sich die Frage, welcher Vergleichsmaßstab nach in Vorperioden durchgeführtem Impairment für die Impairment-Tests in späteren Berichtsperioden maßgeblich ist. Für die Feststellung signifikanter Wertminderungen sollte dazu nicht der jeweilige aktuelle Buchwert (d.h. nach erfolgtem Impairment) als Maßstab verwendet werden. Es erscheint vielmehr sachgerecht, signifikante Wertminderungen in Folgeperioden anhand des Vergleichs zwischen ursprünglichen Anschaffungskosten und Fair Value zu beurteilen.

---

[266] Vgl. IAS 39.70.

Das folgende Beispiel 8 zeigt auf, wie eine signifikante Wertminderung bei bereits wertgeminderten Finanzinstrumenten zu berücksichtigen ist:

Beispiel 8: Kriterium der Signifikanz

Ein Unternehmen interpretiert das Kriterium der Signifikanz in Relation zu den ursprünglichen Anschaffungskosten. Wenn eine erste Wertminderung am Stichtag von 20% vorliegt, ist diese unabhängig davon, wie die Wertentwicklung in einem bestimmten Zeitraum vor oder nach dem Stichtag ausfällt zu berücksichtigen. Das Finanzinstrument ist im Wert über die Gewinn- und Verlustrechnung zu mindern. Wird am folgenden Stichtag eine weitere Minderung um 10% festgestellt, ist ebenfalls ein Impairment vorzunehmen. Bezugspunkt stellen die ursprünglichen Anschaffungskosten dar.

$AK_{01.01.20X1}$ = 100

$STK_{31.12.20X1}$ = 70

Die Wertminderung beträgt 30% und ist somit signifikant. Es ist ein Impairment durchzuführen.

$STK_{31.12.20X2}$ = 60

Die weitere Wertminderung in Höhe von 10 ist erfolgswirksam zu berücksichtigen.

> **Beispiel 9: Kriterium der Dauerhaftigkeit**
>
> Ein Unternehmen nimmt eine dauerhafte Wertminderung wird an, wenn der Kurs von Eigenkapitalinstrumenten, die auf einem aktiven Markt notiert sind, für mehr als neun Monate permanent unterhalb der Anschaffungskosten liegt. Ist am folgenden Stichtag eine weitere Wertminderung gegeben, ist auch diese erfolgswirksam zu berücksichtigen. Abgestellt wird auch in diesem Fall auf die ursprünglichen Anschaffungskosten sowie auf die gesamte Haltedauer des Equity Instruments.
>
> $AK_{01.01.20X1}$ = 100
>
> $STK_{31.12.20X1}$ = 95
>
> Die Wertminderung um 5 Einheiten besteht seit dem 01.04.20X1 permanent. Die bedeutet, der Kurs liegt seit 9 Monaten unterhalb der ursprünglichen Anschaffungskosten. Die Wertminderung ist dauerhaft. Ein Impairment in Höhe von 5 wird erfolgswirksam durchgeführt.
>
> $STK_{31.12.20X2}$ = 90
>
> Die weitere Wertminderung um 5 Einheiten besteht seit dem 01.11.20X1 permanent. Damit liegt der Kurs seit 2 Monaten unterhalb der ursprünglichen Anschaffungskosten nach Impairment. Dennoch ist die Wertminderung in Höhe von 5 erfolgswirksam zu berücksichtigen, da die gesamte Haltedauer des Instruments herangezogen wird und somit eine dauerhafte Wertminderung im Vergleich zu den ursprünglichen Anschaffungskosten vorliegt.

Es ist darauf hinzuweisen, dass die dargestellte Behandlung von Wertminderungen in Folgeperioden derzeit international zur Diskussion gestellt wird; Hintergrund ist u.a., dass ein entsprechendes Vorgehen von US-GAAP abweicht. Eine endgültige Entscheidung steht noch aus.

Die Anwendung einer gewichteten Durchschnittsmethode ist beim Abgang von Equity Instruments erlaubt und als übliches Verfahren anzuwenden. Ungewöhnlich und daher zu begründen wäre die Wahl der FIFO-Methode. Eine andere Abgangsunterstellung (etwa LIFO) ist nicht zulässig. Die Anwendung einer gewählten Methode hat konsistent zu erfolgen und ist ex ante zu dokumentieren.

Eine Einzelidentifikation wird nur dann zugelassen, wenn neben der ex ante Dokumentation der Nachweis erbracht werden kann, dass die einzelnen Wertpapiere auch tatsächlich nachgehalten werden können.

Generell ist ein Impairment-Test zu jedem Quartals- bzw. Halbjahresabschluss vorzunehmen. Die dadurch erzielten Zwischenergebnisse haben gemäß IAS 34 jedoch keine

Auswirkungen auf den Stichtag. Die unterjährig erfolgten Buchungen lösen zum Jahresende keine zwingende Buchungswirkung aus.

Beispiel 10: Unterjährige Wertminderungen

$Kurs_{01.01.20X1}$ Anschaffungskosten   100

$Kurs_{31.03.20X1}$ Fair Value   75

$Kurs_{31.12.20X1}$ Fair Value   100

Falls per 31.03.20X1 ein erfolgswirksamer Impairment Loss vorlag, kann zum Jahresende die Werterhöhung erfolgsneutral in das Eigenkapital eingestellt werden (IAS 39.69).

---

11. Bilanzielle Behandlung von eingebetteten Derivaten

11.1 Überblick über die Reglungen

Embedded Derivatives sind in einen Basisvertrag eingebettete derivative Finanzinstrumente, die nicht separat von diesem handelbar, sondern dessen integraler Bestandteil sind. Charakteristisch für diese zusammengesetzten, strukturierten Instrumente ist, dass ein Teil der Zahlungsströme ähnlichen Schwankungen wie ein eigenständiges derivatives Instrument ausgesetzt ist. Dabei ist es auch möglich, dass ein zusammengesetztes Instrument mehr als ein eingebettetes Derivat enthält.

Strukturierte Produkte bestehen häufig aus einem zinstragenden Kassa-Instrument mit einem oder mehreren derivativen Finanzinstrumenten (z.B. Swap, Forward, Future, Option, Cap, Floor, Swaption), die zu einer rechtlichen und wirtschaftlichen Einheit verbunden werden.[267] Derivate, die nur an ein Finanzinstrument angehängt werden, aber vertraglich separat handelbar sind, gelten nicht als eingebettetes Derivat, sondern stellen ein eigenständiges Finanzinstrument dar.

---

[267] Vgl. auch die Darstellung strukturierter Produkte bei SCHARPF, P./LUTZ, G., Risikomanagement, Bilanzierung und Aufsicht von Finanzderivaten, 2. Aufl., Stuttgart 2000, S. 653-691.

Typische hybride Instrumente sind bspw. Wandelanleihen, Schuldverschreibungen mit variablem Rückzahlungsanspruch bei Endfälligkeit, Anleihen mit Rückzahlungsrecht in Aktien und Anleihen mit Zinsbegrenzungsvereinbarungen sowie Kreditverträge mit Kündigungsrecht nach § 489 BGB. Derivate können jedoch auch in bilanzunwirksame Kontrakte wie in Leasingverträgen oder normalen Verkaufs- und Kaufverpflichtungen eingebettet sein.

IAS 39 enthält Kriterien, bei deren kumulativer Erfüllung das eingebettete derivative Finanzinstrument und der Basisvertrag voneinander zu trennen, separat zu bilanzieren und zu bewerten sind. Das eingebettete Derivat ist nur dann vom Basisvertrag zu trennen, wenn die drei folgenden Bedingungen kumulativ erfüllt sind:

- die wirtschaftlichen Merkmale und Risiken des eingebetteten derivativen Finanzinstruments sind nicht eng mit den wirtschaftlichen Merkmalen und Risiken des Basisvertrages verbunden,
- ein eigenständiges Instrument mit den gleichen Bedingungen wie das eingebettete Derivat erfüllt die Definition eines derivativen Finanzinstruments und
- das gesamte strukturierte Instrument wird nicht mit dem Fair Value bewertet, dessen Änderungen sich im Periodenergebnis niederschlagen.

Ist ein eingebettetes Derivat getrennt vom Basisvertrag zu bilanzieren, so gelten für dieses Derivat die Vorschriften von IAS 39. Der Basisvertrag ist ebenfalls nach den Regelungen dieses Standards zu bilanzieren, sofern es sich um ein Finanzinstrument handelt; andernfalls richtet sich die Bilanzierung nach dem Standard, der für den entsprechenden Vermögenswert oder die Verbindlichkeit zur Anwendung kommt.

Im Rahmen eines Umstellungsprojektes sind zur Identifizierung der vorhandenen Embedded Derivatives nicht nur die Bestände an Finanzinstrumenten, sondern auch weitere Kontrakte der Bank zu untersuchen. Wurden eingebettete Derivate identifiziert, ist in einem zweiten Schritt zu prüfen, ob diese von ihren Basisverträgen zu trennen und getrennt nach den Bewertungsvorschriften von IAS 39 zu bilanzieren sind. Da die Verträge häufig individualisiert sind, kann es erforderlich sein, eine große Anzahl von Verträgen einzeln zu überprüfen.[268]

Eine separate Bilanzierung von eingebetteten Derivaten darf nur erfolgen, wenn die soeben dargestellten Voraussetzungen erfüllt sind; es besteht somit kein Wahlrecht zu einer separaten Bilanzierung für die nicht trennungspflichtigen Derivate. Die drei Kriterien für eine Trennung von eingebetteten Derivaten werden im Folgenden erläutert.

Das erstgenannte Kriterium erfordert eine Untersuchung der wirtschaftlichen Merkmale und Risiken des eingebetteten Derivats und des Basisvertrags. Welche wirtschaftlichen

---

[268] Vgl. zum Folgenden ausführlich KPMG, Bilanzierung strukturierter Produkte, 2004. Zu den Unterschieden zwischen HGB und IAS vgl. BERTSCH, A., Bilanzierung strukturierter Produkte, KoR 2003, S. 550-563.

Merkmale und Risiken mit bestimmten Derivaten verbunden sind, kann einer Aufstellung in der Guidance on Implementing entnommen werden.[269] Eine enge Verbindung zwischen Basisvertrag und Derivat besteht grundsätzlich nicht, wenn der zinstragende Basisvertrag ein eingebettetes Derivat enthält, das einem anderen als dem Zinsrisiko unterliegt.

Praktische Schwierigkeiten resultieren regelmäßig aus der Frage, ob die wirtschaftlichen Merkmale und Risiken von Basisvertrag und Derivat als eng verbunden angesehen werden können. IAS 39 führt in der Application Guidance exemplarisch umfangreiche strukturierte Produkte auf, bei denen eine enge Verbindung vorliegt bzw. nicht gegeben ist.[270]

Bei Basisverträgen, deren zugrunde liegendes Risiko ein Zinssatz oder ein Zinsindex ist, gelten die wirtschaftlichen Merkmale und Risiken als nicht eng mit dem Kassa-Instrument verbunden, wenn die Verpflichtung aus dem zusammengesetzten Finanzinstrument so erfüllt werden kann, dass der Inhaber seine bilanzierte Finanzinvestition nicht mehr im Wesentlichen vollständig wiedererlangen würde; der wesentliche Teil dürfte bei mindestens 90% liegen.

Gleiches gilt für den Fall, dass durch das eingebettete Derivat die anfängliche Rendite des Inhabers aus dem Basisvertrag mindestens verdoppelt wird und zu einer Rendite führen, die mindestens doppelt so hoch wäre wie die Marktrendite für einen Vertrag mit den gleichen Bedingungen wie der Basisvertrag.

Das zweite Kriterium für eine Trennung von eingebetteten Derivaten rekurriert auf die Derivate-Definition von IAS 39. Sofern die Nebenabrede als Derivat einzustufen ist und eine Pflicht zur getrennten Bilanzierung besteht, ist es nach den Vorschriften von IAS 39 zu bilanzieren. Ein Derivat ist gemäß IAS 39.9 ein Finanzinstrument oder ein anderer Vertrag, der in den Anwendungsbereich von IAS 39 fällt und die drei nachstehenden Merkmale kumulativ erfüllt (IAS 39.9):

— sein Wert verändert sich infolge der Änderung eines bestimmten Zinssatzes, Preises eines Finanzinstruments, Rohstoffpreises, Wechselkurses, Preis- oder Zinsindexes, Bonitätsratings oder Kreditindexes oder einer ähnlichen Variablen (auch „Basis" genannt);

— es erfordert keine Anschaffungsauszahlung oder eine, die im Vergleich zu anderen Vertragsformen, von denen zu erwarten ist, dass sie in ähnlicher Weise auf Änderungen der Marktbedingungen reagieren, geringer ist; und

— es wird zu einem späteren Zeitpunkt beglichen.

Zu prüfen bleibt bei Vorliegen eines Derivats noch, ob es separat handelbar ist: Ein im Rahmen einer Kreditvergabe von einer Bank mit dem Kreditnehmer abgeschlossener

---

[269] Vgl. IAS 39.IG.B.2.
[270] Vgl. IAS 39.AG30-33.

Zinsswap, der selbständig veräußerbar ist, gilt nicht als in den Kreditvertrag eingebettetes Derivat.

Nach dem dritten Kriterium kann eine Untersuchung der Trennungspflicht unterbleiben, wenn das gesamte strukturierte Instrument zum Fair Value bewertet wird und die Wertänderungen erfolgswirksam erfasst werden. Dies betrifft nur diejenigen Finanzinstrumente, die in die Kategorie Fair Value through Profit or Loss eingestuft wurden.

Im Rahmen von Umstellungsprojekten stellt sich die Frage, ob und in welchem Umfang Finanzinstrumente in diese Kategorie designiert werden sollen. Als Vorteil einer solchen Designation ist der Verzicht auf eine aufwändige Untersuchung der strukturierten Produkte zu nennen. Dagegen sprechen aber mögliche Volatilitäten aus der Wertschwankung des Grundgeschäfts, die zusätzlich erfolgswirksam zu berücksichtigen sind. Darüber hinaus besteht für passivische Wertpapiere aus heutiger Sicht ein Designationsverbot, so dass derzeit nur für Wertpapiere der Aktivseite eine Designation zu erwägen ist.[271]

Finanzinstrumente der Kategorie Available for Sale sind weiter auf die Existenz von eingebetteten Derivaten zu untersuchen, da ihre Bewertung zwar zum beizulegenden Zeitwert erfolgt, die Wertänderungen jedoch erfolgsneutral verbucht werden.

Besondere Regelungen bestehen für Fremdwährungsderivate, die in einen Basisvertrag eingebettet sind, bei dem es sich nicht um ein Finanzinstrument handelt. Eine Trennung kann unterbleiben, sofern das eingebettete Derivat keine Hebelwirkung aufweist, keine Option beinhaltet und Zahlungen in einer der folgenden Währungen vorsieht:[272]

– der funktionalen Währung einer am Vertrag substanziell beteiligten Partei,[273]
– der im internationalen Handel üblichen Währung,[274] oder
– einer Währung, die üblicherweise in Verträgen über den Kauf oder Verkauf nicht-finanzieller Posten in einem Wirtschaftsumfeld, in dem die Transaktion statt findet, verwendet wird.

Die letztgenannte Regelung betrifft insbesondere den Handel mit Hyperinflationsländern oder anderen Ländern bei Verwendung einer dort gängigen Parallelwährung. Sie kann aber auch z.B. bei einem in US-Dollar fakturierten Geschäft zwischen einem französischen Flugzeugteileherstellerund einem deutschen Vertragspartner zur Anwendung kommen, wenn die Kaufverträge über Flugzeugteile üblicherweise in $ abgeschlossen werden. Eine Trennung des Fremdwährungsderivats aus dem Kaufvertrag ist dann nicht erforderlich.

---

[271] Vgl. zum Stand des Endorsement und der Einschränkung der Fair-Value-Option Abschnitt 1.2.
[272] Vgl. IAS 39.AG33(d). Vgl. auch LÖW, E./SCHILDBACH, S., a.a.O. (Fn. 97), S. 880.
[273] Zur Bestimmung der funktionalen Währung bei Finanzinstrumenten vgl. Abschnitt 9.
[274] Als Beispiel nennt IAS 39.AG33(d)(ii) den US-Dollar bei Rohölgeschäften.

11.2 Bewertung und Ausweis von eingebetteten Derivaten

Führt die Prüfung der drei Kriterien zu dem Ergebnis, dass von einer Zerlegung des strukturierten Produkts abzusehen ist, erfolgt eine einheitliche Bilanzierung des gesamten Instruments. Das strukturierte Produkt wird entsprechend der Regeln bilanziert, die für das Instrument relevant sind. Die einzelnen, derivativen Bestandteile des Investments sind gleichwohl bei einer gegebenenfalls erforderlichen Ermittlung des Fair Value zu berücksichtigen.

Sofern die Voraussetzungen zur getrennten Bilanzierung von Embedded Derivative und Basisvertrag kumulativ erfüllt sind und es sich bei dem Basisvertrag um ein Finanzinstrument handelt, wird dieser nach den Regelungen von IAS 39 bewertet. Die Bewertung erfolgt also in Abhängigkeit der Zuordnung zu einer vier der Kategorien. Ist der Basisvertrag kein Finanzinstrument, erfolgt die Bewertung entsprechend der Regeln, die für das Instrument relevant sind. Das abgetrennte Derivat gilt als „freies" Derivat, das somit der Kategorie der zu Handelszwecken gehaltenen Finanzinstrumente zugeordnet und erfolgswirksam zum Fair Value bewertet wird.

IAS 39.AG28 stellt bezüglich der Bewertung klar, dass zunächst der Fair Value des eingebetteten Derivats zu ermitteln ist. Der Buchwert des Basisvertrags ergibt sich dann als Differenz der Anschaffungskosten des hybriden Finanzinstruments und dem Fair Value des eingebetteten Derivats.

Wenn das trennungspflichtige eingebettete Derivat weder bei Zugang noch an den folgenden Stichtagen gesondert bewertet werden kann, so ist das gesamte zusammengesetzte Instrument wie ein zu Handelszwecken gehaltenes Finanzinstrument zu behandeln, d.h. erfolgswirksam zum Fair Value zu bewerten.[275] Aus dieser Vorschrift wird deutlich, dass mit den Regeln zur Bilanzierung von Embedded Derivatives vermieden werden soll, über Konstruktionen mit hybriden Instrumenten eine erfolgswirksame Bewertung von Derivaten zum Fair Value zu umgehen. Im Zusammenhang mit dieser Regelung stellt sich allerdings auch die Frage, wie eine Fair-Value-Bewertung des gesamten zusammengesetzten Instruments erfolgen soll, wenn bereits das eingebettete Derivat nicht mit dem Fair Value bewertet werden kann.[276]

Sind in einem Basisvertrag mehrere eingebettete Derivate enthalten, ist zu prüfen, ob für jede einzelne Komponente eine gesonderte Untersuchung auf Trennungspflicht vorzunehmen ist. Gemäß IAS 39.AG29 sind diese so genannten multiplen eingebetteten Derivate gesondert zu bilanzieren, wenn die eingebetteten Derivate unterschiedlichen Risiken unterliegen, jederzeit getrennt werden können und voneinander unabhängig sind.

---

[275] Vgl. IAS 39.12.
[276] Vgl dazu die Ausführungen zur Fair-Value-Bewertung in Abschnitt 8.1.

Diese Unabhängigkeit ist aber nur dann gegeben, wenn keine wertmäßigen Interdependenzen zwischen den einzelnen trennungspflichtigen eingebetteten Derivaten bestehen. Regelmäßig werden zwischen den eingebetteten Derivaten Interdependenzen zu beobachten sein. Dies kann am Beispiel einer kündbaren Wandelanleihe veranschaulicht werden: Die in eine kündbare Wandelanleihe eingebetteten beiden Derivate sind nicht separat in ein Kündigungsrecht und eine Aktienoption zu zerlegen, da die beiden Komponenten nicht unabhängig voneinander bewertet werden können. Für die Frage der Ausübung und Bewertung des Kündigungsrechtes ist sowohl die Entwicklung des Zinsniveaus als auch des Aktienkurses maßgeblich. Eine isolierte Trennung und Bewertung der Aktienoptionskomponente erscheint wirtschaftlich nicht sachgerecht.

IAS 39 regelt nicht, ob eingebettete trennungspflichtige Derivate getrennt vom Basisvertrag in der Bilanz auszuweisen sind.[277] Auch IAS 32 enthält keine Vorschriften zum Ausweis der trennungspflichtigen eingebetteten Derivate, legt aber den getrennten Ausweis von Finanzinstrumenten, die zu Anschaffungskosten und zum Fair Value bilanziert werden, nahe.[278]

Der getrennte Ausweis von trennungspflichtigen eingebetteten Derivaten als Handelsaktiva bzw. Handelspassiva entspricht der deutschen Bankbilanzierungspraxis. Der Ausweis des Basisvertrags richtet sich nach den Regelungen des jeweils relevanten Standards.

11.3 Besonderheiten im Kreditgeschäft

Zur Untersuchung der Trennungspflicht von eingebetteten Derivaten im Kreditgeschäft sind die vertraglichen Nebenabreden in Kreditverträgen zu untersuchen. Bei der Identifizierung der vertraglichen Nebenabreden im Kreditbereich ergibt sich bei Umstellungsprojekten regelmäßig das Problem, dass nicht alle Vereinbarungen EDV-technisch hinterlegt sind. Die Untersuchung der vertraglichen Nebenabreden in Kreditverträgen kann hohen Aufwand verursachen, wenn das Kreditinstitut umfangreiche Nebenabreden vereinbart hat.

Im Folgenden werden exemplarisch einige typische vertragliche Nebenabreden dargestellt, die regelmäßig in Kreditverträgen deutscher Kreditinstitute enthalten sind. Dabei wird die Prämisse zugrunde gelegt, dass der Kredit als Basisvertrag der Kategorie

---

[277] Vgl. IAS 39.11.
[278] Vgl. IAS 32.55. Vgl hierzu auch DOMBEK, M., Die Bilanzierung von strukturierten Produkten nach deutschem Recht und nach den Vorschriften des IASB, WPg 2002, S. 1065-1074, hier S. 1068; BRÜGGEMANN, B./LÜHN, M./SIEGEL, M., Bilanzierung hybrider Finanzinstrumente nach HGB, IFRS und US-GAAP im Vergleich, KoR 2004, S. 340-352.

Loans and Receivables zugeordnet und zu fortgeführten Anschaffungskosten bewertet wurde.[279]

Beispiel: Kündigungsrecht gemäß § 489 BGB

Das Kündigungsrecht gemäß § 489 BGB ist ein jederzeitiges gesetzliches Kündigungsrecht des Kreditnehmers, ein Darlehen mit über zehnjähriger Zinsbindung nach Ablauf von zehn Jahren vor dem Ende der regulären Laufzeit vorzeitig zurückzuführen. Da der Wert des Kündigungsrechts im Zeitverlauf und mit sinkenden Marktzinsen steigt, das Kündigungsrecht keine anfängliche Nettoinvestition erfordert und es zu einem späteren Zeitpunkt ausgeübt werden kann, liegt ein Derivat vor. Der Kreditvertrag wird zu fortgeführten Anschaffungskosten bewertet. Diese beiden Kriterien für eine Trennungspflicht sind somit erfüllt.

Das BGB-Kündigungsrecht ist eng mit dem Basisvertrag verbunden, da sowohl der Basisvertrag als auch das Kündigungsrecht vorwiegend einem Zinsrisiko unterliegen. Voraussetzung dafür ist, dass der Ausübungskurs zu keinen wesentlichen Gewinnen oder Verlusten führt. Da die Rückzahlung zum Nenn- bzw. Buchwert erfolgt ist diese Voraussetzung erfüllt. Eine Trennungspflicht besteht somit nicht.

Beispiel: Option auf Verlängerung der Kreditlaufzeit

Der Kreditnehmer hat aufgrund dieser Option das Recht, eine Verlängerung der vereinbarten Kreditlaufzeit durchzusetzen. Dabei sind diverse Varianten dieses Rechts möglich. Im Folgenden sei unterstellt, mit Verlängerung der Laufzeit erfolge eine Anpassung an die dann geltenden Marktzinsen (Variante (a)) bzw. eine Anpassung des Marktzinses unterbleibe (Variante (b)).

Da der Wert der Option sich infolge einer Änderung der Zinssatzes verändert, die Option keine anfängliche Nettoinvestition erfordert und sie zu einem späteren Zeitpunkt (Änderung des Marktwertes) beglichen wird, liegt ein Derivat im Sinne von IAS 39 vor. Der Kreditvertrag wird annahmegemäß zu fortgeführten Anschaffungskosten bewertet. Diese beiden Kriterien für eine Trennungspflicht sind somit erfüllt.

Bei der Prüfung des dritten Kriteriums ist nach den beiden oben genannten Varianten zu unterscheiden: Bei Variante (a) erfolgt die Anpassung an den herrschenden Marktzins so dass von einer Trennung abzusehen ist.[280] Variante (b) sieht keine Anpassung vor; die Option ist daher trennungspflichtig und wird erfolgswirksam zum Fair Value bewertet.

Die Abtrennung und erfolgswirksame Bilanzierung der Option zum Fair Value kann in einer dem Substance-over-Form-Gedanken[281] folgenden wirtschaftlichen Sichtweise nicht überzeugen: Schließt der Kreditnehmer anstelle des soeben in Variante (b) behan-

---

[279] Vgl. hierzu IAS 39.11 und Abschnitt 6.8.
[280] Vgl. IAS 39.AG30(c).
[281] Vgl. F.35, wonach Transaktionen „are accounted for and presented in accordance with their substance and economic reality and not merely their legal form".

delten Vertrags einen - ihn wirtschaftlich gleichstellenden - Kreditvertrag mit vorzeitiger Kündigungsmöglichkeit, hat keine Abtrennung des eingebetteten Derivats zu erfolgen. Dies sei an einem Beispiel verdeutlicht: Der in Variante (b) behandelte Vertrag habe eine fünfjährige Laufzeit und eine Option auf Verlängerung um drei Jahre. Ein Kreditvertrag mit sonst gleichen Vertragsbedingungen habe eine achtjährige Laufzeit mit einem vertraglich eingeräumten Kündigungsrecht nach fünf Jahren. Die beiden wirtschaftlich identischen Verträge sind im Hinblick auf die Trennung der eingebetteten Derivate unterschiedlich zu behandeln; nur im Fall des Kündigungsrechts kann eine Trennung unterbleiben.

Beispiel: Equity-Kicker

Im Rahmen von Kreditverträgen vereinbarte Equity-Kicker sehen für den Kreditgeber zusätzlich zu den Zinsen und Tilgungen eine Option auf Anteile am Stammkapital des Kreditnehmers zu einem im Voraus fest vereinbarten Kurs vor.

Der Wert der Option verändert sich mit der Veränderung des Unternehmenswerts des Kreditnehmers, die Option erfordert keine oder nur eine geringfügige Anfangsinvestition wird zu einem späteren Zeitpunkt durch Ausübung beglichen. Der Equity-Kicker ist daher ein Derivat. Der Kreditvertrag wird annahmegemäß zu fortgeführten Anschaffungskosten bewertet. Diese beiden Kriterien für eine Trennungspflicht sind erfüllt.

Das in ein Schuldinstrument eingebettete Recht zur Umwandlung in ein Eigenkapitalinstrument wird gemäß Application Guidance als nicht eng mit dem originären Schuldinstrument verbunden eingestuft.[282]

Da alle drei Kriterien für eine Trennung erfüllt sind, ist der Equity-Kicker als Held for Trading einzustufen und getrennt erfolgswirksam zum Fair Value zu bewerten. Die Bewertung eines Equity-Kicker kann in der Praxis Schwierigkeiten bereiten, wenn der Kreditnehmer nicht börsennotiert ist und somit der Wert des Equity-Kicker ohne Durchführung einer Unternehmensbewertung nicht ermittelbar ist.

In Abhängigkeit von den vorhandenen Informationen über das Unternehmen kann auch eine Bewertung des gesamten Finanzinstruments zum Fair Value schwierig sein, die für den Fall vorgesehen ist, dass der Fair Value des eingebetteten Derivats nicht ermittelt werden kann.[283] In seltenen Ausnahmefällen ist daher ausnahmsweise eine Bewertung des gesamten Finanzinstruments zu Anschaffungskosten in Betracht zu ziehen; in diesen Fällen sind die Vorschriften zum Impairment zu beachten.[284]

---

[282] Vgl. IAS 39.AG30(f).
[283] Vgl. zur Bewertung bei fehlendem Marktpreis auch Abschnitt 8.1.
[284] Vgl. IAS 39.IG.C.11.

11.4 Besonderheiten im Wertpapiergeschäft

Ein wichtiger Anwendungsfall von eingebetteten Derivaten sind die strukturierten Wertpapiere, bei denen regelmäßig eine als Basisvertrag zu bezeichnende Anleihe mit einem oder mehreren eingebetteten Derivaten verbunden werden.

Eine aufwändige Untersuchung der Trennungspflicht von eingebetteten Derivaten kann auch im Wertpapierbereich unterbleiben, wenn das gesamte strukturierte Produkt in die Kategorie Fair Value through Profit or Loss designiert wird.[285]

Im Folgenden werden exemplarisch einige im Bankenbereich verbreitete strukturierte Wertpapiere untersucht.[286] Dabei wird die Prämisse zugrunde gelegt, dass die zugrunde liegende Anleihe als Basisvertrag nicht erfolgswirksam zum Fair Value bewertet wird; üblicherweise dürfte die Klassifizierung der Anleihen Available for Sale erfolgen.

Beispiel: Anleihen mit Zinsbegrenzungsvereinbarungen

Anleihen mit Zinsbegrenzungsvereinbarungen bestehen aus einer variabel verzinslichen Anleihe, bei der der Zinskupon nach oben (Cap), nach unten (Floor) oder in beide Richtungen (Collar) auf eine bestimmte Höhe begrenzt wird.

Caps, Floors und Collars sind Derivate, deren Wert sich aufgrund der Veränderung des Zinssatzes ändert. Eine erfolgswirksame Bilanzierung des strukturierten Produkts zum Fair Value erfolgt annahmegemäß nicht, so dass die zugrunde liegenden Risiken zu analysieren sind. Sowohl die Anleihe als Basisvertrag als auch der Cap, Floor oder Collar reagieren im Wert vorwiegend auf das Zinsrisiko; die wirtschaftlichen Merkmale von Basisvertrag und Derivat sind somit eng verbunden; es besteht keine Trennungspflicht.

Eine Trennungspflicht besteht nur ausnahmsweise, wenn zum Zeitpunkt der Emission der Anleihe der Cap gleich oder kleiner als der aktuelle Marktzins ist, der Floor gleich oder größer als der aktuelle Marktzins ist oder der Cap bzw. Floor im Verhältnis zum Basiswert eine Hebelwirkung aufweisen.[287]

Beispiel: Reverse Floater

Reverse Floater sind Anleihen, deren Zinskupon zwei Komponenten hat: Ein fester Zinssatz abzüglich eines variablen Referenzzinssatzes oder abzüglich des Vielfachen eines variablen Referenzzinssatzes (Variante (a)). Der variable Zinssatz kann zusätzlich mit einem Cap und einem Floor ausgestattet sein (Variante (b)).

---

[285] Vgl. hierzu die Ausführungen in Abschnitt 11.1.
[286] Vgl. zum Folgenden ausführlich KPMG, Bilanzierung strukturierter Produkte, a.a.O. (Fn. 268).
[287] Vgl. IAS 39.AG33(b).

Das strukturierte Produkt besteht bei Variante (a) aus einer Anleihe und einem Receiver Swap. Da kein Cap vereinbart wurde, ist es möglich, dass der Investor nicht den wesentlichen Teil seines anfänglichen Kapitals zurückerhält. Da kein Floor enthalten ist, kann sich die anfängliche Rendite der Anleihe verdoppeln; es besteht je nach Ausgestaltung die Möglichkeit, dass die Rendite mehr als doppelt so hoch wird, wie bei einem Basisinstrument mit gleicher Laufzeit und Bonität des Emittenten. Das eingebettete Derivat ist deshalb vom Basisvertrag zu trennen und separat zu bilanzieren.[288]

Bei Variante (b) wird der variable Zinssatz durch den Cap nach oben begrenzt; der Floor sichert den Coupon bei 0,00% nach unten ab.

Der Investor erhält - anders als in Variante (a) - aufgrund des Cap den wesentlichen Teil seines anfänglich investierten Kapitals zurück. Der Floor bewirkt, dass die anfängliche Rendite im Vergleich zu einem Basisinstrument mit gleicher Laufzeit und Bonität des Emittenten nicht verdoppelt werden kann. Die eingebetteten Derivate (Cap, Floor, Receiver Swap) sind daher nicht trennungspflichtig.

Beispiel: Credit Linked Notes

Credit Linked Notes sind Anleihen, deren Verzinsung und/oder Rückzahlung zum Nennbetrag bei Fälligkeit nur erfolgt, wenn ein vertraglich definiertes Kreditereignis im Hinblick auf ein Referenzportfolio nicht eintritt.

Das eingebettete Derivat ist also ein Credit Default Swap oder eine Credit Spread Option. Durch den Erwerb der Credit Linked Notes übernimmt der Sicherungsgeber neben dem Kontrahentenrisiko (Ausfall des Emittenten des Schuldscheins) auch die Kreditrisiken des zugrunde liegenden Referenzportfolios (durch den Credit Default Swap), ohne sich direkt im Besitz der Referenzaktiva zu befinden. Das Derivat unterliegt einem Kreditrisiko, der Basisvertrag einem Zinsrisiko, so dass eine zerlegte Bilanzierung der beiden Komponenten zu erfolgen hat.[289]

Beispiel: Indexzertifikate mit begrenzter Laufzeit

Indexzertifikate sind Partizipationsscheine, die an einen Aktienindex, wie z.B. den Deutschen Aktienindex (DAX), gekoppelt sind. Der Investor erhält gegen Auszahlung eines bestimmten Geldbetrages vom Emittenten das Recht, an der Wertentwicklung eines Aktienindex zu partizipieren. Bei Indexzertifikaten mit begrenzter Laufzeit erhält der Investor nach Ablauf den investierten Geldbetrag zuzüglich bzw. abzüglich der Wertentwicklung des Index vom Emittenten zurück. Eine separate Verzinsung des investierten Kapitals erfolgt nicht.

Indexzertifikate mit fester Laufzeit können als eingebettete Derivate einen Asset Swap, eine Total Return Swap und eine Call-Option enthalten. Das eingebettete Derivat unter-

---

[288] Vgl. IAS 39.AG33(a).
[289] Vgl. IAS 39.AG30(h).

liegt dem Risiko des jeweiligen Indexes, z.B. einem Aktienkursrisiko, während der Basisvertrag einem Zinsrisiko unterliegt. Die wirtschaftlichen Merkmale und Risiken des eingebetteten derivativen Finanzinstruments sind daher nicht eng mit den wirtschaftlichen Merkmalen und Risiken des Basisvertrages verbunden; das Derivat ist abzutrennen und gesondert zu bilanzieren.

Beispiel: Dual-Currency-Anleihe

Dual-Currency-Anleihen sind Anleihen, deren Nennwert auf Euro lautet und deren Zinszahlungen in einer Fremdwährung erfolgen. Der Basisvertrag ist eine Anleihe, das eingebettete Derivat ein Währungsswap.

Das strukturierte Produkt ist nicht aufzuspalten und gesondert zu bilanzieren, da die Anleihe nach IAS 21 als monetärer Posten einzustufen ist und die Fremdwährungsgewinne oder -verluste erfolgswirksam zu erfassen sind.[290]

12. Micro Hedge Accounting

12.1 Hedging versus Hedge Accounting

Die kompensatorische Abbildung gegenläufiger Wertentwicklungen von risikobehafteten Grundgeschäften und Sicherungsgeschäften in der Buchführung wird als Hedge Accounting bezeichnet. Hedge Accounting ist von dem wirtschaftlichen Konzept einer Absicherung im Rahmen der Risikosteuerung zu unterscheiden. Die Absicherung einer offenen Position durch Aufbau einer gegenläufigen Sicherungsposition im wirtschaftlichen Sinne wird Hedging genannt. Hedging erfordert ein System zur Risikoidentifikation und Risikomessung. Die Steuerung - also die Erhöhung oder Absicherung von offenen Positionen - erfolgt im Rahmen des Risikomanagements durch geeignete Risikomanagementinstrumente (z.B. Zinsderivate).[291]

Im Vordergrund der folgenden Ausführungen steht die bilanzielle Abbildung des Hedging zur Absicherung von Marktrisiken mit Derivaten. Marktpreisrisiken resultieren

---

[290] Vgl. IAS 39.AG33(c). Zur Einstufung als monetärer Posten vgl. auch Abschnitt 9.

[291] Vgl. LÖW, E., Bilanzierung von Finanzinstrumenten und Risikocontrolling, ZfCM Sonderheft 2, 2004, S. 32-41 und TIMMERMANN, M., Risikocontrolling, Risikomanagement und Risikoberichterstattung von Banken, in: LANGE, T. A./LÖW, E., (Hrsg.), Rechnungslegung, Steuerung und Aufsicht von Banken, Kapitalmarktorientierung und Internationalisierung, FS zum 60. Geburtstag von Jürgen Krumnow, Wiesbaden 2004, S. 377-404.

aus der Veränderung von Marktparametern wie Zinsstrukturkurven, der Volatilität von Zinsen, Aktien- und Wechselkursen, die den Wert der den Derivaten zugrunde liegenden Basisinstrumente (Underlying) betreffen und somit auch maßgeblich den Marktwert derivativer Finanzinstrumente beeinflussen. Des Weiteren können als Sonderform des Marktpreisrisikos auch Spreadrisiken bei der Kombination von Derivate- und Kassainstrumenten auftreten. Sie bezeichnen die Gefahr, dass sich marktspezifische Zinssätze, wie bspw. Bond- und Swapzinssätze, unterschiedlich entwickeln.[292] Darüber hinaus finden im Bankensektor Kreditderivate zunehmende Verbreitung.

Neben der Absicherung von im Bestand befindlichen Finanzinstrumenten kennzeichnet das Risikomanagement von Banken eine Reduzierung künftiger Marktrisiken noch nicht abgeschlossener - folglich auch noch nicht bilanzierter, jedoch zu erwartender – Geschäfte, so genannte antizipative Hedges.[293]

Mit der Anwendung von Hedge Accounting im Sinne von IAS 39 wird das Ziel verfolgt, den Nettoeinfluss auf die Gewinn- und Verlustrechnung zu begrenzen. Da die Finanzinstrumente den dargestellten vier Bewertungskategorien[294] zugeordnet werden, würde es ohne die Anwendung des Hedge Accounting zu wirtschaftlich nicht begründbaren Ergebnisschwankungen kommen. Wie oben aufgezeigt, werden Kredite und begebene Schuldverschreibungen regelmäßig zu fortgeführten Anschaffungskosten bewertet. Änderungen der Marktzinssätze wirken sich folglich nicht auf ihren Buchwert aus. Zinsswaps sind als Derivate dagegen erfolgswirksam zum Fair Value zu bewerten, d.h. Änderungen der Marktzinssätze werden als (unrealisierte) Erträge bzw. Aufwendungen erfolgswirksam in der GuV verbucht. Wird nun ein Zinsswap (Sicherungsinstrument) und ein Kredit (gesichertes Grundgeschäft) als Sicherungszusammenhang abgebildet, der bestimmte Dokumentations- und Effektivitätsanforderungen des IAS 39 erfüllt, so kann durch diese Herstellung der Hedge-Accounting-Beziehung eine zinsinduzierte Buchwertanpassung des Grundgeschäfts eine gegenläufige Ergebnisentwicklung zwischen Kredit und Swap abgebildet werden.

Aufgrund der hohen Anforderungen des Standards an das Hedge Accounting kommt es in der Praxis regelmäßig vor, dass sich ökonomische Sachverhalte nicht in der Rechnungslegung darstellen lassen.[295] Ein Grund dafür kann z.B. sein, dass sich trotz einer gegebenen ökonomischen Sicherungsbeziehung die Effektivität des Hedge nicht hinreichend nachweisen lässt. Hochentwickelte und in der Praxis bewährte Verfahren des Risikomanagements werden dadurch zum Teil in Frage gestellt. Unternehmen stehen

---

[292] Vgl. KRUMNOW, J., Bankencontrolling für derivative Geschäfte, in: HUMMEL, D./BÜHLER, W./SCHUSTER, L. (Hrsg.), Banken in globalen und regionalen Umbruchsituationen, FS zum 60. Geburtstag von Johann Heinrich von Stein, Stuttgart 1997, S. 291-315, hier S. 299.

[293] Vgl. zu diesem Abschnitt LÖW, E., Antizipative Sicherungsgeschäfte und Fortentwicklung des deutschen Bilanzrechts, in: LANGE, T. A./LÖW, E. (Hrsg.), Rechnungslegung, Steuerung und Aufsicht von Banken - Kapitalmarktorientierung und Internationalisierung, Wiesbaden 2004, S. 242-275.

[294] Vgl. zur Kategorisierung Abschnitt 6.

[295] Vgl. LÖW, E., Bilanzierung von Finanzinstrumenten und Risikocontrolling, a.a.O. (Fn. 291), S. 37.

letztendlich vor der Entscheidung, ihr bisheriges Risikomanagement beizubehalten und aufgrund der Nichtanerkennung bisheriger Sicherungsstrategien, erhebliche Ergebnisschwankungen in Kauf zu nehmen, oder das Risikomanagement an die restriktiven Regelungen des Hedge Accounting anzupassen.

In der Bankbilanzierungspraxis ist es aufgrund der Schwierigkeiten bei der bilanziellen Abbildung der vorhandenen wirtschaftlichen Hedges umgekehrt teilweise aber auch anzutreffen, Grundgeschäfte und Sicherungsderivate, die unabhängig von der Risikosteuerung die Effektivitäts- und Dokumentationsvoraussetzungen des IAS 39 erfüllen, im Rahmen des Hedge Accounting abzubilden.[296]

12.2 Überblick über die Regelungen

Zum Zweck des Hedge Accounting unterscheidet IAS 39 zwischen drei Arten von Sicherungsbeziehungen.[297] Die Behandlung von Gewinnen oder Verlusten aus den Sicherungsbeziehungen steht in Abhängigkeit zu der gewählten Art des Hedge.

Hedge-Accounting-Grundmodelle nach IAS 39

■ Fair Value Hedge	■ Cash Flow Hedge	■ Hedge zur Absicherung von Währungsrisiken einer Nettoinvestition in ein Auslandsgeschäft
– Absicherung von (Teilen von) Vermögenswerten/ Schulden sowie festen Verpflichtungen	– Absicherung von zukünftigen, risikobehafteten Cash Flows sowie erwarteten Transaktionen	
– Hauptanwendungsabsicht: Debt Instruments mit <u>fixiertem</u> Zinssatz, d.h. der Fair Value Hedge setzt auf der Festzinsposition der Aktivseite auf	– Hauptanwendungsabsicht: Debt Instruments mit <u>variabler</u> Verzinsung, d.h. der Cash Flow Hedge setzt auf dem variablen Zins der Passivseite auf	– keine Veränderung der bisherigen Rechtslage nach IAS 21 – Behandlung wie Cash Flow Hedges

Abb. 33: Hedge-Accounting-Grundmodelle nach IAS 39

---

[296] So KEHM, P./LAUINGER, R./RAVE, H., Umsetzung der Anforderungen des IAS 39 im Commerzbank-Konzern: ein Projektbericht, ZfgK 2003, S. 799-808 sowie KEMMER, M./NAUMANN, T. K., IAS 39: Warum ist die Anwendung für deutsche Banken so schwierig? (II), ZfgK 2003, S. 794-798, hier S. 796.

[297] Vgl. IAS 39.86.

Der Fair Value Hedge und der Cash Flow Hedge sind die beiden zentralen Hedge-Accounting-Modelle des IAS 39 und kommen in der Praxis überwiegend zum Einsatz; sie stehen auch im Mittelpunkt der folgenden Ausführungen. Der Hedge of a Net Investment in a Foreign Operation stellt lediglich einen Sonderfall des Cash Flow Hedge dar.

Fair Value Hedges dienen der Absicherung von Bilanzposten oder identifizierbaren Komponenten hiervon gegen mögliche Fair-Value-Änderungen, die das Ergebnis beeinflussen sowie der Absicherung fester Verpflichtungen.[298] Als grundlegendes Beispiel für einen Fair Value Hedge kann die Absicherung einer Festzinsposition gegen Fair-Value-Veränderungen aufgeführt werden, die durch Veränderungen der Marktzinssätze hervorgerufen werden. Ein weiteres Beispiel für einen Fair Value Hedge ist die Absicherung von variabel verzinslichen Finanzinstrumenten gegen Marktwertänderungen, wenn der Marktwert zwischen den Zinsanpassungsterminen wesentlichen Schwankungen unterliegt. Nach den im Rahmen des Amendments Project überarbeiteten Regelungen umfassen Fair Value Hedges auch die Absicherung von bilanzunwirksamen festen Verpflichtungen (firm commitments).

Cash Flow Hedges dienen der Absicherung von Bilanzposten und erwarteten und mit hoher Wahrscheinlichkeit eintretenden künftigen Transaktionen (forecasted transactions) gegen Cash-Flow-Änderungen, die aus einem mit der Transaktion verbundenen Risiko resultieren.[299] Ein Beispiel für einen Cash Flow Hedge ist ein Swap, mit dem ein variabel verzinslicher Vermögenswert oder eine variabel verzinsliche Verbindlichkeit in einen festverzinslichen Vermögenswert oder eine festverzinsliche Verbindlichkeit gedreht wird. Ein Beispiel für einen Cash Flow Hedge zur Absicherung einer erwarteten Transaktion im Bankenbereich ist die Absicherung von geplanten Emissionen.

Welcher der beiden Hedge-Accounting-Modelle (Fair Value Hedge oder Cash Flow Hedge) in einer Bank zum Einsatz kommt, lässt sich nur bei Einzelpositionen zweifelsfrei aus dem Sicherungszweck ablesen. Entweder soll durch das Sicherungsgeschäft eine Fair-Value-Änderung abgesichert oder eine Änderung des Cash Flow vermieden werden. Bei dem Ausgleich von Überhängen aus zusammengesetzten Positionen im Rahmen des Asset Liability Management stellt sich hingegen die Frage, von welchem Standpunkt aus der Vergleich vorgenommen wird.

Veranschaulicht an der Asset-Liability-Steuerung von Banken lässt sich häufig ein Überhang variabel verzinslicher Verbindlichkeiten über variabel verzinsliche Kreditvergaben feststellen, während bei Festzinskonditionen die verzinslichen Kreditvergaben die festverzinslichen Verbindlichkeiten übersteigen. Unter der Annahme eines ansonsten ausgeglichenen Verhältnisses zwischen Gesamtvolumen der Kredite und Gesamtvolumen der Verbindlichkeiten kann das bestehende Zinsänderungsrisiko von zwei Aus-

---

[298] Vgl. IAS 39.89-94.
[299] Vgl. IAS 39.86(c).

gangspunkten abgesichert werden: der Festzinsüberhang im Kreditgeschäft kann mittels eines Swap in eine variabel verzinsliche Vermögensposition umgewandelt werden, so dass der Fair Value unverändert bleibt (fair value hedge), oder mittels eines Swap können variabel verzinsliche Verbindlichkeiten in eine Verbindlichkeitsposition mit einem für das Kreditgeschäft passenden festen Cash Flow umgewandelt werden (cash flow hedge). Sowohl der Abschluss eines Fair Value Hedge als auch der Abschluss eines Cash Flow Hedge kann zu dem gewollten Absicherungsergebnis führen. Die Wahl der Absicherungsmethode bleibt hierbei grundsätzlich dem Unternehmen überlassen.

Bezüglich der aus der Entscheidung über die Ausübung der Wahlrechte resultierenden Berücksichtigung der Ergebnisse aus den unterschiedlichen Hedge-Arten ist zu bedenken, dass sich nur bei dem Fair Value Hedge die Wertänderungen von Grund- und Sicherungsgeschäft in der Gewinn- und Verlustrechnung ausgleichen, während bei dem Cash Flow Hedge nur die Wertänderungen des Sicherungsinstruments in der GuV erfasst werden. Der effektive Teil der Wertänderungen ist im Eigenkapital zu berücksichtigen, der ineffektive Teil ist unmittelbar GuV-wirksam zu verrechnen, so dass insoweit kein Ausgleich aus den Fair-Value-Änderungen des Grund- und Sicherungsinstrumentes in der GuV erzielt wird.

Die Absicherung einer Nettoinvestition in einen wirtschaftlich selbständigen ausländischen Geschäftsbetrieb (Hedge of a Net Investment in a Foreign Operation) wird in IAS 21 geregelt. IAS 39 ergänzt die in IAS 21 vorhandenen Regelungen durch Bedingungen, die an die Anwendung des Hedge Accounting bei derartigen Sicherungsbeziehungen gestellt werden. Des Weiteren enthält IAS 39 Regelungen zur bilanziellen Behandlung der im Zusammenhang mit dem Hedge Accounting anfallenden Gewinne oder Verluste. Insofern sind bei der Bilanzierung eines Hedge of a Net Investment in a Foreign Operation sowohl die Vorschriften des IAS 39 als auch des IAS 21 zu beachten.[300]

Unternehmen dürfen finanzielle Vermögenswerte und finanzielle Verbindlichkeiten auf Einzelgeschäfts-Ebene in die Kategorie Financial Assets und Financial Liabilities at Fair Value through Profit or Loss designieren.[301] Diese Möglichkeit kann im Zusammenhang mit der Entscheidung über das zu wählende Hedge-Accounting-Modell eine Alternative darstellen: Es ist mittels Designation in die Kategorie Financial Assets und Financial Liabilities at Fair Value through Profit or Loss möglich, sowohl Grundgeschäft als auch das Sicherungsderivat erfolgswirksam zum Fair Value zu bewerten. Eine Ergebnissynchronisation von Grund- und Sicherungsgeschäft kann so erreicht werden, ohne dazu die nachfolgend dargestellten restriktiven Dokumentations- und Effektivitätskriterien des Hedge Accounting einhalten zu müssen.[302]

---

[300] Vgl. dazu auch LÖW, E./LORENZ, K., Bilanzielle Behandlung von Fremdwährungsgeschäften nach deutschem Recht und nach den Vorschriften des IASB, a.a.O. (Fn. 240), S. 234-243.

[301] Vgl. hierzu allerdings die Ausführungen in Abschnitt 1.2.

[302] Vgl. zur Hedge-Accounting-Strategie auch Abschnitt 13.3.

Ansatz und Bewertung von Finanzinstrumenten 561

12.3 Grundvoraussetzungen für das Hedge Accounting

12.3.1 Anforderungen an die Dokumentation

An die Sicherungsbeziehungen wird zur Eignung für das Hedge Accounting die kumulative Erfüllung verschiedener Kriterien hinsichtlich Dokumentation und Effektivität verlangt.[303]

Die Dokumentation der Sicherungsbeziehung hat zu Beginn des Hedge vorzuliegen; sie darf nicht nachträglich angelegt werden. Sie umfasst die Identifikation des Sicherungsinstrumentes und der abgesicherten Position sowie der Art des abgesicherten Risikos. Des Weiteren sind das Risikomanagementziel des Unternehmens und das Ziel der einzelnen Absicherung sowie die Prüfung der Effektivität zu dokumentieren.[304]

Die Dokumentation der Sicherungsbeziehung umfasst bei Cash Flow Hedges zusätzlich die eindeutige Festlegung der abzusichernden Cash Flows und des Sicherungsinstruments. Das Sicherungsinstrument muss den entsprechenden variablen Zahlungsströmen zuordenbar sein. Dabei ist es nicht ausreichend, nachweisen zu können, dass die künftigen variablen Zahlungen brutto größer sind als die künftigen variablen Zahlungen aus dem Sicherungsinstrument. Nach IAS 39 hat vielmehr entweder eine 1:1-Zuordnung der Cash Flows aus dem Grundgeschäft und dem Sicherungsgeschäft oder eine Portfoliozuordnung (z.B. Absicherung von X% der zeitlich zuerst entstehenden Zahlungsströme) zu erfolgen.

Im Rahmen von Umstellungsprojekten wird den Anforderungen des IAS 39 im Hinblick auf die Dokumentation von Hedge-Beziehungen entsprochen, indem Vorlagen für Musterdokumentationen erstellt werden, die alle genannten Punkte enthalten und eine einwandfreie Zuordnung zu den designierten Geschäften erlauben.

Hinsichtlich der Erfüllung der Offenlegungsanforderungen, die sich aus den zu erfüllenden Grundvoraussetzungen des Hedge Accounting ergeben, bietet es sich an, einen Teil in den Risikobericht nach Deutschen Rechnungslegungs Standards (DRS) des Deutschen Rechnungslegungs Standards Committee (DRSC) zu integrieren.[305] Je nach Branche des bilanzierenden Unternehmens ist DRS 5, Risikoberichterstattung, DRS 5-10, Risikoberichterstattung von Kredit- und Finanzdienstleistungsinstituten, oder DRS 5-20, Risikoberichterstattung von Versicherungsunternehmen relevant.[306]

---

[303] Vgl. IAS 39.88. Zur Durchführung der Effektivitätstests vgl. Abschnitt 12.3.5.
[304] Vgl. IAS 39.88(a).
[305] Vgl. zu den Grundvoraussetzungen IAS 39.88.
[306] Vgl. LÖW, E./LORENZ, K., Risikoberichterstattung nach den Standards des DRSC und im internationalen

12.3.2 Zulässige Grundgeschäfte

Grundsätzlich kann ein gesichertes Grundgeschäft ein bilanzwirksamer Vermögenswert oder eine bilanzwirksame Schuld, eine bilanzunwirksame feste Verpflichtung, ein noch nicht erfolgter, aber höchstwahrscheinlich eintretender, erwarteter künftiger Geschäftsvorfall oder ein Hedge of a Net Investment in a Foreign Operation sein.[307]

Held to Maturity Investments sind als Grundgeschäfte bei der Absicherung gegen Zinsänderungen ausgeschlossen,[308] da mit der Zuordnung von Finanzinstrumenten zu dieser Kategorie annahmegemäß die Absicht besteht, sie bis zur Endfälligkeit zu halten. Zwischenzeitliche Marktwertschwankungen wegen Zinsänderungen spielen somit keine Rolle.[309]

Derivative Finanzgeschäfte qualifizieren ebenfalls grundsätzlich nicht als zu sichernde Grundgeschäfte, da diese der Kategorie Held for Trading zugeordnet sind und sich jegliche Änderungen des Fair Value ohnehin im Periodenergebnis niederschlagen. Eine Ausnahme stellt die Designierung gekaufter Optionen als Grundgeschäft im Rahmen eines Fair Value Hedge dar.[310]

Während das moderne Risikomanagement üblicherweise im Rahmen einer Portfoliobildung einen Risikoausgleich über die (natürliche) Diversifikation herzustellen versucht, um anschließend lediglich die Nettorisikoposition zu ermitteln und diese Spitze - vornehmlich durch den Einsatz von Derivaten - abzusichern (Macro Hedge/Portfolio Hedge), gingen die Rechnungslegungsregeln des IAS 39 tendenziell bislang von der Vorstellung einer 1:1-Beziehung zwischen Grundgeschäft und Zahlungsstrom einerseits und Derivat andererseits aus.[311] Nach massiver Kritik der europäischen Banken hat das IASB neben dem unten dargestellten Cash Flow Hedge auf Portfolio-Basis eine zusätzliche Möglichkeit eines Fair Value Hedge Accounting von Zinsrisiken auf Macro-Ebene geschaffen.[312]

Von der Vorstellung einer 1:1-Beziehung zwischen Grundgeschäft und Derivat ausgenommen waren auch bislang schon Portfolien finanzieller Vermögenswerte und finan-

---

Vergleich, KoR, 2001, S. 211-222. Zu den geplanten Änderungen nach IFRS über ED 7 vgl. den Abschnitt 4 im Beitrag „Bilanz, Gewinn- und Verlustrechnung sowie Notes" sowie Abschnitt 2.9 im Beitrag „Offenlegung von Finanzinstrumenten".

[307] Vgl. IAS 39.78.
[308] Vgl. IAS 39.79.
[309] Vgl. dazu auch IAS 39.IG.F.2.9.
[310] Vgl. IAS 39.IG.F.2.1.
[311] Vgl. Löw, E., Bilanzierung von Finanzinstrumenten und Risikocontrolling, a.a.O. (Fn. 291), S. 39.
[312] Vgl. zum Cash Flow Hedge auf Portfoliobasis Abschnitt 12.5. Zum Fair Value Hedge Accounting von Zinsrisiken auf Macro-Ebene vgl. Abschnitt 13.

zieller Schulden ähnlicher Risikocharakteristik.[313] Eine Ähnlichkeit im Risikoprofil liegt vor, wenn sich Marktwertänderungen eines im Portfolio vorhandenen Instruments annähernd proportional zur Gesamtveränderung aller darin enthaltenen Geschäfte verhalten. Dies im Falle eines Fair Value Hedge gegeben, wenn Zinssensitivitäten der einzelnen Grundgeschäfte bezüglich des abgesicherten Risikos annähernd gleich sind.

Die Implementation Guidance stellt in diesem Zusammenhang aber klar, dass ein Aktienportfolio, welches einen Index nachbildet, nicht durch eine Put Option auf diesen Index gesichert werden kann. Das Index-Portfolio ist kein Portfolio ähnlicher Vermögenswerte, da die einzelnen Aktien einen unterschiedlichen Risikocharakter aufweisen.[314] Obwohl es sich um einen nahezu perfekten Hedge handelt, sind die Fair-Value-Änderungen der Aktien - bei unterstellter Kategorisierung als finanzielle Vermögenswerte der Kategorie Available for Sale - weiterhin erfolgsneutral im Eigenkapital auszuweisen, während die Wertänderungen der Indexoption erfolgswirksam in der Gewinn- und Verlustrechnung erfasst werden.[315]

12.3.3 Zulässige Sicherungsinstrumente

Im Rahmen des Hedge Accounting können grundsätzlich nur derivative Finanzinstrumente als Sicherungsinstrumente eingesetzt werden. Nicht-derivative Finanzinstrumente können nur dann als Sicherungsinstrument eingestuft werden, wenn es sich bei dem Sicherungsziel um die Absicherung eines Währungsrisikos handelt.[316]

Eigenkapital des eigenen Unternehmens kann nicht als Sicherungsinstrument eingesetzt werden. Voraussetzung für eine Qualifizierung zur Absicherung ist, dass das Unternehmen einem bestimmten Risiko ausgesetzt ist, welches sich negativ auf das Periodenergebnis auswirken könnte.[317]

Ebenso wird eine geschriebene Option im allgemeinen nicht als Absicherungsinstrument im Hedge Accounting anerkannt, da das Unternehmen durch das Schreiben der Option in der Regel eher einem weiteren Risiko ausgesetzt wird, als dass eine Risikoabsicherung erzielt wird. In vielen Fällen wird das Verlustrisiko einer geschriebenen Option die Gewinnchance durch die Optionsprämie deutlich übersteigen. Eine Stillhalterposition qualifiziert nur dann zum Hedge Accounting, wenn diese zur Absicherung einer Kauf-

---

[313] Vgl. IAS 39.83 i.V.m. IAS 39.84.
[314] Vgl. IAS 39.IG.F.2.20.
[315] Vgl. hierzu LÖW, E., Bilanzierung von Finanzinstrumenten und Risikocontrolling, a.a.O. (Fn. 291), S. 40, BARZ, K./BÄTHE-GUSKI, M./WEIGEL, W., Die neuen Vorschriften zum Hedge Accounting, Die Bank 2004, S. 416-419, hier S. 420.
[316] Vgl. IAS 39.72 und IAS 39.IG.F.1.2.
[317] Vgl. IAS 39.IG.F.2.7.

option dient und die Effektivität des Hedge sichergestellt ist.[318] Als wirtschaftlich gerechtfertigte Ausnahmeregelung lässt IAS 39 zu, dass eine Kombination aus Stillhalterposition und Kaufoption dann als Sicherungsbeziehung anerkannt wird, wenn folgende Bedingungen erfüllt sind:[319]

- keine Vereinnahmung einer Optionsprämie über die gesamte Laufzeit,
- abgesehen vom Strike Price gleiche Vertragsbedingungen der gegenläufigen Optionen und
- gleiches oder höheres Nominalvolumen der Long Position gegenüber der Short-Position.

Ein Sicherungsinstrument kann auch anteilig für eine Hedge-Beziehung eingesetzt werden.[320] Nicht anerkannt wird hingegen eine Hedge-Beziehung, die kürzer befristet ist als das Sicherungsinstrument läuft. Zahlungsströme eines Teils der Gesamtlaufzeit eines originären Vermögenswerts oder einer originären Schuld qualifizieren nicht als Sicherungsinstrument, da die Zahlungsströme nicht exakt identifizierbar sind.[321] Ebenso kann ein Grundgeschäft mit einer Laufzeit von zwei Jahren nicht durch ein Sicherungsinstrument mit einer Laufzeit von fünf Jahren abgesichert werden. Bei Wegfall des Grundgeschäfts würde durch das noch bestehende Sicherungsinstrument eine offene Position entstehen. Hingegen ist es möglich, ein Instrument für die Restlaufzeit des Grundgeschäftes als Sicherungsinstrument einzusetzen.[322]

12.3.4 Umfang der Absicherung

Die Absicherung durch Hedge Accounting hat nicht zwingend alle Risiken eines Finanzinstruments zu umfassen; gegebenenfalls kann auch nur eine Risikokomponente, z.B. das Zinsänderungsrisiko, Credit Spread Risiko oder Fremdwährungsrisiko eines Grundgeschäft abgesichert werden. Teilabsicherungen von Finanzinstrumenten werden im Hedge Accounting aber nur anerkannt, sofern die Effektivität verlässlich messbar ist.[323]

Umgekehrt sind auch gleichzeitige Absicherungen gegen mehrere Risiken durch ein Sicherungsinstrument möglich, sofern die Risiken klar identifizierbar sind und die Effektivität sowie der Absicherungszusammenhang nachgewiesen werden können.[324] So kann

---

[318] Vgl. IAS 39.AG94.
[319] Vgl. IAS 39.IG.F.1.3.
[320] Vgl. IAS 39.75.
[321] Vgl. IAS 39.IG.F.1.11.
[322] Vgl IAS 39.IG.F.2.17.
[323] Vgl. IAS 39.81.
[324] Vgl. IAS 39.IG.F.1.12, IAS 39.IG.F.2.18, IAS 39.IG.F.1.13.

bspw. durch den Einsatz eines Cross Currency Swap sowohl die Absicherung des Fremdwährungsrisikos als auch des Zinsänderungsrisikos erfolgen.

Bei Positionen, die keine Finanzinstrumente sind, wird im Hedge Accounting nur eine Absicherung gegen das Fremdwährungsrisiko oder die Gesamtheit aller Risiken anerkannt.[325]

Erfolgt die Designation eines Teils der Cash Flows eines finanziellen Vermögenswertes oder einer finanziellen Verbindlichkeit als gesichertes Grundgeschäft, so muss der gesicherte Teil geringer sein als die gesamten Cash Flows des Vermögenswertes oder der Verbindlichkeit.[326]

Im Fall einer finanziellen Verpflichtung, die eine geringere Effektivverzinsung als LIBOR aufweist, darf nicht designiert werden:

- ein Teil der Verpflichtung in Höhe des Nominalbetrags zuzüglich der Verzinsung zu LIBOR und
- eine negative Restgröße.

Dagegen ist es zulässig, alle Cash Flows des gesamten finanziellen Vermögenswertes oder der finanziellen Verbindlichkeit als gesichertes Grundgeschäft zu designieren und nur bezüglich eines speziellen Risikos zu sichern (z.B. bezüglich von Veränderungen, die den Veränderungen des LIBOR zuzuordnen sind). So ist es bspw. im Falle einer finanziellen Verpflichtung, deren effektiver Zinssatz 100 Basispunkte unter LIBOR liegt, zulässig, die gesamte Verpflichtung zu designieren (z.B. Nominal zuzüglich Verzinsung zum LIBOR-100BP) und dieses Grundgeschäft bezüglich des Risikos einer LIBOR-Änderung zu sichern.

IAS 39.AG99A und AG99B stellen sicher, dass das gesicherte Exposure geringer ist als das gesamte Exposure, das dem gesicherten Grundgeschäft zugrunde liegt. Dies kann an den folgenden Beispielen veranschaulicht werden:

Beispiel 11:

Die Bank hat eine Emission mit Nominal € 100 Mio. und Kupon von 4,5% begeben, wobei der Ausgabepreis 100% beträgt. Dies impliziert, dass die effektive Verzinsung der finanziellen Verpflichtung ebenfalls 4,5% beträgt. Der LIBOR beträgt zum Emissionszeitpunkt 5%. Im Bestand befindet sich weiterhin ein Receiver Swap mit Nominal in Höhe von € 100 Mio., der auf der variablen Seite LIBOR zahlt und auf der festen Seite 5% bekommt. Es ist in diesem Falle nicht möglich, 5% Kupon als gesichertes Risiko zu betrachten (LIBOR zuzüglich eines negativen Residuals von 0,5%).

---

[325] Vgl. IAS 39.82.
[326] Vgl. IAS 39.AG99A und IAS 39.AG99B.

Beispiel 12:

Die Bank hat eine Emission mit Nominal € 100 Mio. und Kupon von 5% begeben, wobei der Ausgabepreis 100% beträgt. Dies impliziert, dass die effektive Verzinsung der finanziellen Verpflichtung ebenfalls 5% beträgt. Der LIBOR beträgt zum Emissionszeitpunkt 5%. Im Bestand befindet sich weiterhin ein Receiver Swap mit Nominal in Höhe von € 200 Mio., der auf der variablen Seite LIBOR zahlt und auf der festen Seite 5% bekommt. Es ist in diesem Falle nicht möglich, 10% Kupon als gesichertes Risiko zu betrachten.

Beide Beispiele führen dazu, dass zum Zwecke des Hedge Accounting finanzielle Verpflichtungen als gesicherte Grundgeschäfte designiert würden, die real nicht existieren. Wenn wirtschaftlich offene Derivate-Positionen existieren, könnten diese durch Bildung fiktiver Cash Flows bilanzpolitisch geschlossen werden. Dies ist nach IAS 39 jedoch nicht zulässig. Zulässig wären jedoch folgende Beispiele, in denen das gesicherte Exposure geringer ist als das gesamte Exposure, das dem gesicherten Grundgeschäft zugrunde liegt:

Beispiel 13:

Die Bank hat eine Emission mit Nominal € 100 Mio. und Kupon von 6% begeben, wobei der Ausgabepreis 100% beträgt. Dies impliziert, dass die effektive Verzinsung der finanziellen Verpflichtung ebenfalls 6% beträgt. Der LIBOR beträgt zum Emissionszeitpunkt 5%. Im Bestand befindet sich weiterhin ein Receiver Swap mit Nominal in Höhe von € 100 Mio., der auf der variablen Seite LIBOR zahlt und auf der festen Seite 5% bekommt. Es ist in diesem Falle möglich, 5% Kupon als gesichertes Risiko zu betrachten.

Beispiel 14:

Die Bank hat eine Emission mit Nominal € 200 Mio. und Kupon von 5% begeben, wobei der Ausgabepreis 100% beträgt. Dies impliziert, dass die effektive Verzinsung der finanziellen Verpflichtung ebenfalls 5% beträgt. Der LIBOR beträgt zum Emissionszeitpunkt 5%. Im Bestand befindet sich weiterhin ein Receiver Swap mit Nominal in Höhe von € 100 Mio., der auf der variablen Seite LIBOR zahlt und auf der festen Seite 5% bekommt. Es ist in diesem Falle möglich, nur € 100 Mio. des Grundgeschäftes zu designieren.

Der Buchwert der abzusichernden Position, der sich aus den allgemeinen Vorschriften zur Folgebewertung ergibt, ist erfolgswirksam um den Betrag anzupassen (hedge adjustment), um den sich der Fair Value aufgrund des abgesicherten Risikos ändert (IAS 39.89(b)). Dies bedeutet, dass die Bewertung des gesicherten Grundgeschäfts weder zu fortgeführten Anschaffungskosten noch zum Fair Value erfolgt, sondern ein von diesen beiden Bewertungskonzeptionen abweichender, eigenständiger Wert (Hedge Fair Value) zu ermitteln ist.

Ansatz und Bewertung von Finanzinstrumenten

12.3.5 Effektivitätstest

Voraussetzung für die Anwendung des Hedge Accounting ist, dass die Sicherungsbeziehung im Hinblick auf die dem abgesicherten Risiko zuzurechnenden Änderungen des Fair Value oder der Cash Flow als hoch wirksam eingestuft wird.[327]

Eine Hedge-Beziehung wird als hoch effektiv (highly effective) eingestuft, wenn die folgenden beiden Bedingungen kumulativ erfüllt sind:[328]

- Das Unternehmen kann zu Beginn der Hedge-Beziehung und für die nachfolgenden Perioden davon ausgehen, dass eine hohe Effektivität bezüglich der gegenläufigen Fair-Value- oder Cash-Flow-Änderungen bezogen auf das gesicherte Risiko gegeben ist (Ex-ante-Effektivitätstest). Aufgrund der zu US-GAAP analogen Formulierung „highly effective" kann bei Anwendung der Dollar-Offset-Methode von einer Bandbreite 80-125% ausgegangen werden.[329]

- Retrospektiv wird für die Sicherungsbeziehung ebenfalls eine Effektivität innerhalb der Bandbreite von 80% bis 125% gemessen (Ex-post-Effektivitätstest). Ergibt die Messung der Effektivität, dass der Verlust aus einem Sicherungsinstrument € 120 und der Gewinn aus dem monetären Instrument € 100 beträgt, so kann die Hedge-Effektivität auf zwei Arten beurteilt werden: Der Nachweis wird anhand der Berechnung 120/100 erbracht; dies führt zu einem Ergebnis von 120%. Alternativ werden die Wertänderungen umgekehrt ins Verhältnis gesetzt (100/120), so dass sich ein Ergebnis von 83% ergibt. Sofern die Sicherungsbeziehung in diesem Beispiel auch die erstgenannten Voraussetzungen erfüllt, ist die Sicherungsbeziehung in hohem Maße effektiv.

IAS 39 schreibt keine bestimmte Methode zur Beurteilung der Effektivität eines Sicherungsgeschäfts vor. Die gewählte Methode hat sich jedoch an der Risikomanagementstrategie der Bank zu orientieren.[330] Die gewählte Verfahrensweise zur Beurteilung der Wirksamkeit mittels Effektivitätstest ist zu Beginn der Sicherungsbeziehung zu dokumentieren und diese Methode ist stetig über die gesamte Laufzeit der Sicherungsbeziehung anzuwenden.

Die hohe Effektivität zu Beginn der Hedge-Beziehung kann auf verschiedene Arten nachgewiesen werden. Der prospektive Effektivitätstest kann mittels eines historischen Abgleichs der Änderungen des beizulegenden Zeitwertes oder der Cash Flows des Grundgeschäfts, die auf das abgesicherte Risiko zurückzuführen sind, mit den Ände-

---

[327] Vgl. IAS 39.88(b).
[328] Vgl. IAS 39.AG105.
[329] Vgl. IAS 39.AG105, IAS.39.BC136 und IAS 39.BC136A. Vgl. auch KPMG, Insights into IFRS, a.a.O. (Fn. 246), S. 242.
[330] Vgl. IAS 39.AG107.

rungen des beizulegenden Zeitwertes oder der Cash Flows des Sicherungsinstruments erbracht werden. Alternativ kann auch eine hohe statistische Korrelation zwischen dem beizulegenden Zeitwert oder den Cash Flows des Grundgeschäfts und denen des Sicherungsinstruments nachgewiesen werden. Hier kommen in der Praxis Sensitivitätsberechnungen zum Einsatz, bei denen parallele Verschiebungen der Zinskurve vorgenommen werden. Das Unternehmen kann einen anderen Hedge-Faktor als eins zu eins wählen, um die Wirksamkeit der Absicherung[331] zu verbessern.

Die Ex-post-Hedge-Effektivität kann je Periode separat oder über alle Perioden seit Designation kumulativ gemessen werden.[332] Die Methode des Effektivitätstests hat sinnvoll und konsistent mit der von anderen ähnlichen Hedges zu sein. Dies schließt einen Wechsel zwischen kumulativer und periodischer Effektivitätsmessung aus. Die angewandte Methode ist stetig für gleiche Arten von Sicherungsgeschäften anzuwenden und zu dokumentieren.[333]

Die kumulative Effektivitätsmessung weist den Vorteil auf, dass sich durch die Betrachtung der gesamten Laufzeit Glättungseffekte einstellen. Zudem glättet die kumulative Methode die bei Zinsswaps auftretenden Ineffektivitäten am Ende der Laufzeit, wenn sich die Laufzeiten von Grund- und Sicherungsgeschäften nicht exakt entsprechen. Auch die aus der Berücksichtigung der variablen Seite des Swap resultierenden Fair-Value-Änderungen, die am Ende der Laufzeit einen gewichtigen Anteil an den Änderungen des zinsinduzierten Fair Value haben, können bei Wahl der kumulativen Methode geglättet werden.

Zur Messung der Wirksamkeit einer Hedge-Beziehung im Rahmen des Ex-post-Effektivitätstests können verschiedene mathematische Verfahren angewendet werden, darunter die - in der deutschen Bankenpraxis verbreitete - Verhältnisanalyse (Dollar-Offset-Methode), bei der zu einem bestimmten Zeitpunkt die durch den Einsatz des Sicherungsinstruments erzielten Gewinne und Verluste mit den Gewinnen und Verlusten aus dem gesicherten Grundgeschäft verglichen werden.

Trotz einer grundsätzlich effektiven Hedge-Beziehung kann der Effektivitätstest bei geringen Schwankungen des gesicherten Risikos eine Ineffektivität anzeigen. Im Falle geringer Änderungen der Marktzinsen werden die Schwankungen der Werte von Grund- und Sicherungsgeschäft ebenfalls gering sein. Kleine absolute Änderungen können jedoch leicht dazu führen, dass die Hedge-Beziehung ineffektiv wird. In der Praxis werden daher u.a. betragsmäßige und prozentuale Wesentlichkeitsgrenzen definiert, die eine vorzeitige Ineffektivität bei sehr geringen Wertänderungen verhindern können.

---

[331] Vgl. IAS 39.AG100. Zum Einsatz von Sensitivitätsanalysen im Risikomanagement vgl. TIMMERMANN, M., a.a.O. (Fn. 291), S. 382.

[332] Vgl. IAS 39.IG.F.4.2.

[333] Vgl. SCHARPF, P., Hedge Accounting nach IAS 39: Ermittlung und bilanzielle Behandlung der Hedge (In)Effektivität, KoR 2004, Beilage 1 zu Heft 4, S. 3-22, hier S. 10.

Neben den genannten Verfahren können auch statistische Messtechniken wie die Regressionsanalyse zum Einsatz kommen. Unabhängig von der gewählten Methode zur Effektivitätsmessung sind die oben aufgeführten Bandbreiten einzuhalten. Wählt das Unternehmen die Regressionsanalyse, hat es in seiner Dokumentation darzulegen, wie es die Ergebnisse der Analyse beurteilt.[334]

Die Beurteilung der Effektivität erfolgt üblicherweise auf einer Vor-Steuerbasis. Sie kann alternativ aber bei entsprechender Dokumentation auch mittels einer Nach-Steuerbasis gemessen werden.[335]

Der Ex-post-Effektivitätstest und die Dokumentation der Wirksamkeit der Sicherungsbeziehungen haben mindestens zum Zeitpunkt der Aufstellung des Jahresabschlusses oder des Zwischenabschlusses zu erfolgen.[336]

Ein Sicherungsgeschäft kann als perfekt angesehen werden, wenn die wesentlichen Vertragsbedingungen, d.h. Nominal- und Kapitalbetrag, Laufzeiten, Zinsanpassungstermine, Zeitpunkte der Zins-, Tilgungsein- und -auszahlungen sowie die Bemessungsgrundlage zur Festsetzung der Zinsen bei Grundgeschäft und Sicherungsinstrument identisch sind. Gleichwohl ist es nicht zulässig, auf eine fortlaufende Dokumentation der Hedge-Effektivität während der Laufzeit des Hedge zu verzichten.

Aus dieser Regelung resultiert ein wesentlicher Unterschied zwischen den Vorschriften von IAS 39 und SFAS 133. Für Bilanzierende nach US-GAAP enthält SFAS 133 hier eine Vereinfachungsmethode: Bei Sicherungsgeschäften mit Zinsswaps, bei denen die wesentlichen Bedingungen des gesicherten Grundgeschäfts und des als Sicherungsinstrument eingesetzten Zinsswaps identisch sind, braucht die Effektivität der Sicherungsbeziehung nicht fortlaufend geprüft und nachgewiesen zu werden.

Die Anwendung dieser Short-Cut-Methode ist für Bilanzierende nach IFRS auch nach der Überarbeitung des Standards im Rahmen des Amendments Project nicht zulässig.[337] Als Begründung für die Ablehnung der Short-Cut-Methode wird durch das IASB angeführt, dass es nach IAS 39 im Unterschied zu US-GAAP möglich sei, nur Teile eines finanziellen Vermögenswertes oder Verbindlichkeit zu hedgen. Da es erlaubt sei, lediglich das Zinsrisiko oder das Bonitätsrisiko zu hedgen, komme es bei Übereinstimmung der kritischen Merkmale von Grundgeschäft und Sicherungsinstrument in vielen Fällen ohnehin nicht zum Ausweis von Ineffektivitäten.[338]

In der Praxis wird der Effektivitätsnachweis bei Cash Flow Hedges bspw. mit Hilfe von Laufzeitbändern, sog. Maturity-Schedules, durchgeführt, in denen die künftigen variab-

---

[334] Vgl. IAS 39.IG.F.4.4.
[335] Vgl. IAS 39.IG.F.4.1.
[336] Vgl. IAS 39.AG106.
[337] Vgl. IAS 39.IG.F.4.7.
[338] Vgl. IAS 39.BC132-135. Vgl. auch LÖW, E./SCHILDBACH, S., a.a.O. (Fn. 97), S. 882.

len Zins-Cash-Flows aus den zu sichernden variablen Verbindlichkeiten und Forderungen zum Berichtsstichtag den variablen Zinszahlungen aus den zur Sicherung designierten Zinsderivaten gegenübergestellt werden.

Bei der Bildung von Laufzeitbändern ist darauf zu achten, dass die Effektivität der Hedges sichergestellt werden kann. Um einen effektiven Hedge zu ereichen, haben die in einem Laufzeitband zusammengefassten Geschäfte in folgender Weise einheitlich zu sein:

– die den Geschäften zugrunde liegenden Zahlungsströme werden in der gleichen Währung generiert,

– die Geschäfte haben den gleichen Referenzzins und die gleiche Zinsbindungsfrist,

– die ersten 24 Monate der Laufzeit sind in monatliche Laufzeitbänder einzuteilen, so dass sich bei Zinssatzänderungen praktisch keine Ineffektivitäten ergeben.

Erfüllt eine Sicherungsbeziehung nicht die dargestellten Kriterien, stellt das Unternehmen die Bilanzierung nach den Regeln des Hedge Accounting an dem Tag ein, an dem die Effektivität der Sicherungsbeziehung letztmalig nachgewiesen wurde.[339]

12.4 Bilanzierung von Fair Value Hedges

12.4.1 Überblick über die Regelungen

Die Bilanzierung von Sicherungsbeziehungen, d.h. die bilanzielle Behandlung von Gewinnen und Verlusten aus dem gesicherten Grundgeschäft und dem Sicherungsinstrument, ist abhängig von dem verwendeten Hedge-Accounting-Modell - Fair Value Hedge, Cash Flow Hedge und Hedge of a Net Investment in a Foreign Operation.

Die Bewertungsergebnisse aus Fair Value Hedges werden, sofern die soeben genannten Voraussetzungen für das Hedge Accounting erfüllt sind, wie folgt erfasst:[340]

– der Gewinn oder Verlust aus der Bewertung des Sicherungsinstruments (Derivats) zum beizulegenden Zeitwert oder die Währungskomponente seines gemäß IAS 21 bewerteten Buchwerts (für nicht derivative Sicherungsinstrumente) ist erfolgswirksam in der GuV zu erfassen;

---

[339] Vgl. IAS 39.AG113.
[340] Vgl. IAS 39.89.

- bei finanziellen Vermögenswert der Kategorie Available for Sale ist der dem abgesicherten Risiko zuzurechnende Gewinn oder Verlust nicht erfolgsneutral zu buchen, sondern erfolgswirksam in der GuV zu erfassen;
- wird das Grundgeschäft zu (fortgeführten) Anschaffungskosten bewertet, ist dessen Buchwert um den dem abgesicherten Risiko zuzurechnenden Gewinn oder Verlust anzupassen und in der GuV zu erfassen.

Die folgende Abbildung zeigt die bilanzielle Behandlung eines in die Kategorie Available for Sale eingestuften Wertpapiers mit und ohne Hedge Accounting:

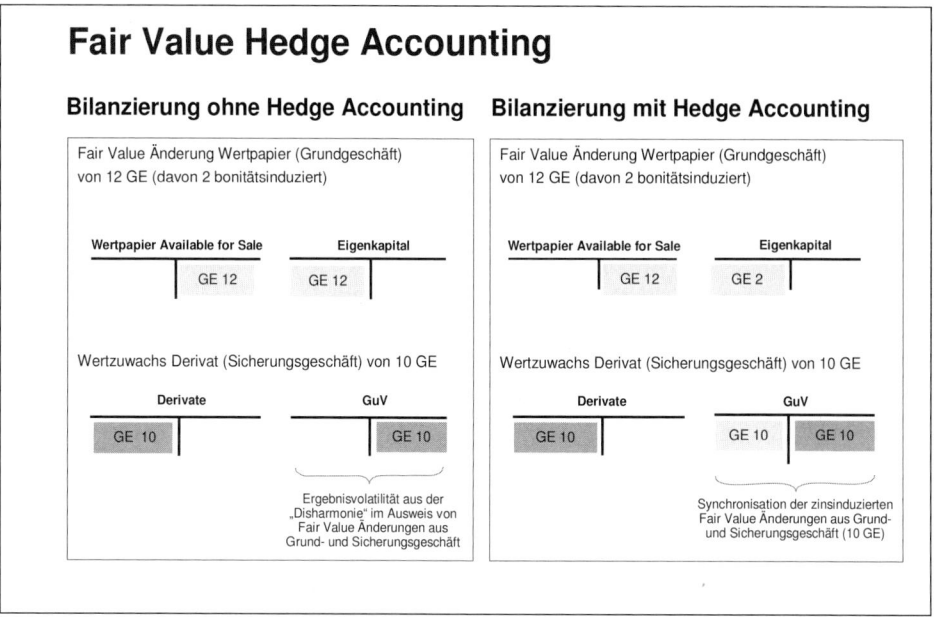

Abb. 34: Bilanzierung eines Wertpapiers mit und ohne Hedge Accounting

Die linke Seite der obigen Abbildung zeigt den Fall eines finanziellen Vermögenswerts der Kategorie Available for Sale, der wirtschaftlich durch ein Derivat gesichert wird. Ohne Anwendung des Hedge Accounting werden nur die Wertänderungen des Sicherungsinstruments ergebniswirksam in der GuV erfasst. Die gegenläufigen Wertentwicklungen des Grundgeschäfts werden erfolgsneutral in der Neubewertungsrücklage erfasst.

Die rechte Seite der Abbildung veranschaulicht, dass erst mit Designation des Wertpapiers zum Hedge Accounting eine Synchronisation der Ergebniseffekte für das abgesicherte (Zins-)Risiko erfolgt. Die bonitätsinduzierten Wertänderungen im Grundgeschäft sind nicht abgesichert und daher weiter in der Neubewertungsrücklage zu erfassen.

Ineffektivitäten außerhalb der Bandbreite von 80-125% führen zur Beendigung der Sicherungsbeziehung.[341] Da sowohl Gewinne oder Verluste aus dem Sicherungsinstrument als auch Gewinne oder Verluste aus dem Grundgeschäft erfolgswirksam zu buchen sind, wird jegliche Ineffektivität automatisch in der Gewinn- und Verlustrechnung erfasst.

Sofern nur bestimmte, mit dem Grundgeschäft verbundene Risiken abgesichert werden, sind zu berücksichtigende Wertänderungen, die sich nicht dem Sicherungsgeschäft zurechnen lassen, entweder erfolgsneutral im Eigenkapital oder erfolgswirksam in der Gewinn- und Verlustrechnung zu erfassen.[342] Auf diese Weise ist gewährleistet, dass Hedge Accounting nur auf diejenigen Fair-Value-Änderungen angewendet wird, die sich auf das gesicherte Risiko zurückführen lassen.

Bei den zu fortgeführten Anschaffungskosten bewerteten Finanzinstrumenten, wie z.B. finanzielle Vermögenswerte der Kategorie Loans and Receivables, ist die zu Beginn der Sicherungsbeziehung erforderliche Anpassung des Buchwerts an den Hedge Fair Value ergebniswirksam zu amortisieren. Die Auflösung des Fair Value Adjustment kann bereits im Zeitpunkt des Abschlusses des Fair Value Hedge beginnen; die Auflösung hat jedoch spätestens mit Beendigung der Sicherungsbeziehung zu erfolgen. Die Verteilung des Adjustment erfolgt mittels der Effektivzinsmethode; hierzu ist der Effektivzins des Finanzinstruments neu zu bestimmen.[343] Nicht dem Sicherungsgeschäft zurechenbaren Wertänderungen sind erst zu erfassen, wenn sie ausgebucht werden oder wertgemindert sind.

Die dargestellten Regelungen zur Absicherung bestimmter, mit dem Grundgeschäft verbundener Risiken sollen nachfolgend an einem Beispiel verdeutlicht werden.

Eine Emission mit Nominalwert € 100 Mio. hat einen Kupon in Höhe von 4,5%. Der Ausgabepreis beträgt 100%. Aufgrund der sehr guten Bonität der Bank und anderen Faktoren (z.B. Marktunvollkommenheiten) sei der risikofreie Zinssatz am Markt 5% (z.B. LIBOR; Annahme: flache Zinsstrukturkurve). Der Sicherungsswap zahlt auf der variablen Seite LIBOR-50BP und bekommt auf der festen Seite 4,5%. Sämtliche anderen Ausstattungsmerkmale (z.B. Zahlungstermine etc.) sind identisch.

Als zu sicherndes Grundgeschäft wird die gesamte finanzielle Verbindlichkeit zum Emissionszeitpunkt (Nominal in Höhe von € 100 Mio. zuzüglich der Verzinsung zum LIBOR-50BP) designiert. Das gesicherte Risiko ist der LIBOR. Der restliche Spread in

---

[341] Vgl. IAS 39.91.
[342] Vgl. IAS 39.55 und IAS 39.90.
[343] Vgl. IAS 39.92.

Ansatz und Bewertung von Finanzinstrumenten 573

Höhe von 50BP (wegen Bonität etc.) wird „eingefroren", da er nicht auf das gesicherte Risiko entfällt.

Zur Bestimmung des Hedge Fair Value werden die zukünftigen vertraglichen Cash Flows diskontiert. Der Diskontierungssatz ist die jeweilige LIBOR Kurve zum Bilanzstichtag unter Berücksichtigung des konstanten Spread.

$$\text{Fair Value} = \sum_{i=1}^{n} \frac{\text{Cash Flow}}{(1 + \text{LIBOR} + \text{Spread})^{T_i}}$$

Zum Emissionszeitpunkt, zu dem der Fair Value bekannt ist, wird der Spread bestimmt und bei den Folgebewertungen nicht angepasst. Lediglich der LIBOR wird angepasst.

Diese Vorgehensweise kann technisch wie folgt umgesetzt werden:

$$\text{Fair Value} = \sum_{i=1}^{n} \frac{\text{Cash Flow}}{(1 + \text{LIBOR} + \text{Credit Spread})^{T_i}} = \sum_{i=1}^{n} \frac{\text{Cash Flow}}{(1 + \text{LIBOR})^{T_i}} - \sum_{i=1}^{n} \frac{CF^*}{(1 + \text{LIBOR})^{T_i}}$$

Anstelle der Anpassung der Diskontfaktoren (über die Ermittlung des Credit Spreads), wird der Korrekturwert CF^* zur Emission bestimmt und bei den Folgebewertungen analog zum Credit Spread konstant gelassen, da das zu sichernde Risiko der LIBOR-Zinssatz ist.

Die Bilanzierung eines Fair Value Hedge ist zu beenden, wenn das Sicherungsinstrument ausgelaufen ist, veräußert, fällig oder ausgeübt wird oder die oben genannten Voraussetzungen für eine Qualifikation zum Hedge Accounting nicht mehr erfüllt sind. Die Sicherungsbeziehung ist auch zu beenden, wenn die Bank die Designation beendet.[344]

12.4.2 Besonderheiten bei festen Verpflichtungen (Firm Commitments)

Wird eine noch nicht bilanzierte feste Verpflichtung als Grundgeschäft designiert, so ist deren kumulierte Änderung des beizulegenden Zeitwertes, die auf das gesicherte Risiko zurückzuführen ist, als Vermögenswert oder Verbindlichkeit mit einem entsprechendem Gewinn oder Verlust im Periodenergebnis zu erfassen. Die Änderungen des beizulegenden Zeitwertes des Sicherungsinstruments sind ebenfalls im Periodenergebnis zu erfassen.[345]

---

[344] Vgl. IAS 39.91 und IAS 39.101.
[345] Vgl. IAS 39.93.

Geht die Bank eine feste Verpflichtung ein, einen Vermögenswert zu erwerben oder eine Verbindlichkeit zu übernehmen, der/die ein Grundgeschäft im Rahmen eines Fair Value Hedge darstellt, wird der Buchwert des Vermögenswertes oder der Verbindlichkeit, der aus der Erfüllung der festen Verpflichtung des Unternehmens hervorgeht, im Zugangszeitpunkt um die kumulierte Änderung des beizulegenden Zeitwertes der festen Verpflichtung, der auf das in der Bilanz erfasste und abgesicherte Risiko zurückzuführen ist, angepasst.[346]

12.4.3 Beispiel für die Anwendung eines Fair Value Hedge

12.4.3.1 Darstellung des Sachverhalts

Eine Bank kauft am 01.01.2000 (t_0) eine Anleihe mit Nominal € 100 und Kupon 4% zum Preis von € 96,45. Die Anleihe ist am 31.12.2003 (t_4) zu € 100 fällig. Die zwischenzeitlichen Bilanzstichtage sind t_1, t_2 und t_3. Die Bank schließt in t_0 einen Payer Swap ab, um das Zinsänderungsrisiko aus der Anleihe abzusichern. Der Kupon beträgt 4%. Die Bank zahlt ein Upfront Payment von € 0,90. Die Differenz zwischen dem Disagio beim Wertpapier und dem Upfront Payment beim Swap begründet sich aus der unterschiedlichen Kreditqualität der betrachteten Instrumente.

Im folgenden Beispiel wird vereinfachend davon ausgegangen, dass die variable Seite des Swap keinen Fair-Value-Schwankungen unterliegt; es wird daher auch keine Spezifikation der variablen Seite angegeben. Unterläge die variable Seite Fair-Value-Schwankungen, wären diese in den Effektivitätstest mit einzubeziehen.[347]

Die Zinsen für einen Bond mit gleicher Bonität und den Swap entwickeln sich in dem Zeitraum wie folgt:

	t_0	t_1	t_2	t_3	t_4
Bondzins	5,00%	4,70%	4,32%	3,90%	5,00%
Swapzins	4,25%	4,20%	3,82%	3,40%	4,50%
Spread	0,75%	0,50%	0,50%	0,50%	0,50%

Die Kategorisierung der Anleihe als Loans and Receivables ist zulässig, da die Anleihe nicht auf einem aktiven Markt gehandelt wird. Im Beispiel werden zur Veranschau-

---

[346] Vgl. IAS 39.94.
[347] Vgl. PWC, Die Vorschriften zum Hedge Accounting nach IAS 39, Juni 2004, S. 14. Anderer Auffassung SCHARPF, P., a.a.O. (Fn. 333), S. 7.

lichung jeweils auch die bilanziellen Auswirkungen einer - alternativ möglichen - Kategorisierung der Anleihe als Available for Sale dargestellt.

Die Bewertung des Bond ergibt sich bei Kategorisierung als Loans and Receivables auf Basis der Swapkurve plus Credit Spread des Bond und ist der nachfolgenden Übersicht zu entnehmen. Der Credit Spread wird bei Designation der Hedge-Beziehung ermittelt. Es wird davon ausgegangen, dass keine Transaktionskosten entstehen. Stückzinsen bleiben unberücksichtigt.

		t_0	t_1	t_2	t_3	t_4
Amortised Cost (AC)	Amortised Cost	96,45	97,28	98,14	99,05	100,00
	Amortisation Disagio (Zinsergebnis)		0,82	0,86	0,91	0,95
Hedge Fair Value (HFV)	Bewertung auf Swapkurve + konst. Spread	96,45	97,41	98,93	99,86	100,00
	Zinsinduzierte FV Änderung inkl. Amortis.		0,96	1,52	0,92	0,14
	Zinsinduzierte FV Änder. nach Abzug Disagio		0,13	0,66	0,02	-0,81
Full Fair Value (FFV)	Bewertung auf Bondkurve	96,45	98,08	99,40	100,10	100,00
	Abweichung FFV zum HFV		0,67	0,47	0,24	0,00
	Veränderung der Neubewertungsrücklage		0,67	-0,21	-0,23	-0,24

Abb. 35: Bewertung des Bond

Der Swap wird auf der Swapkurve bewertet. Bezüglich des Ausweises der Fair-Value-Änderungen des Swap wird bei Upfront Payments eine Aufteilung des Ergebnisses in Zinsergebnis und Hedge-Ergebnis vorgenommen. Das Vorgehen ist damit analog dem

Vorgehen beim Grundgeschäft und dient der ökonomischen Interpretierbarkeit des Hedge-Ergebnisses.[348]

	t_0	t_1	t_2	t_3	t_4
Bewertung auf der Swapkurve	0,90	0,55	-0,34	-0,58	0,00
Zinsinduzierte FV-Änderung inkl. Amortisation Upfront		-0,35	-0,89	-0,24	0,58
Amortisation Upfront Payment		-0,21	-0,22	-0,23	-0,24
Zinsinduzierte FV-Änderung nach Abzug Upfront Payment		-0,14	-0,67	-0,01	0,82

Abb. 36: Bewertung des Swap

		t_0	t_1	t_2	t_3	t_4
Disagio Bond	Kupon		4,00	4,00	4,00	4,00
	Zins gem. Effektivzinsmethode		4,82	4,86	4,91	4,95
	Amortisation des Disagios		0,82	0,86	0,91	0,95
Upfront Payment Swap	Kupon		4,00	4,00	4,00	4,00
	Zins gem. Effektivzinsmethode		4,21	4,22	4,23	4,24
	Amortisation der Prämie		0,21	0,22	0,23	0,24

Abb. 37: Amortisation gemäß Effektivzinsmethode

---

[348] Vgl. hierzu auch das in Abschnitt 8.4 dargestellte Beispiel.

12.4.3.2 Designation bei Erwerb

Alternative 1: Der Bond wird in die Kategorie Loans and Receivables eingestuft

Der Bond und der Swap werden unter Berücksichtigung des Upfront Payment beim Swap in t_0 eingebucht. Der Bond wird als Forderung ausgewiesen.

Forderungen	96,45	an	Kasse	96,45
Swap	0,90	an	Kasse	0,90

Am Ende der ersten Periode (in t_1) werden der Bond und der Swap bewertet. Die Veränderung des Hedge Fair Value der Forderung ist aufzuteilen auf den Zinsertrag, der sich gemäß Amortisation des Disagios ergibt und das Hedge-Ergebnis. Die Fair-Value-Schwankung des Swap ist ebenso nach Zinsertrag und Hedge-Ergebnis zu differenzieren.

Forderungen	0,82	an	Zinsertrag	0,82
Forderungen (Hedge Adjustment)	0,13	an	Hedge-Ergebnis	0,13
Zinsertrag	0,21	an	Swap	0,21
Hedge-Ergebnis	0,14	an	Swap	0,14

Die Buchungen der folgenden Perioden (t_2-t_4) erfolgen analog. Auf die Darstellung der weiteren Perioden wird daher verzichtet.

Alternative 2: Der Bond wird in die Kategorie Available for Sale eingestuft

Die Einbuchung des Bond und des Swap (upfront payment) in t_0 erfolgt wie bei Alternative 1 dargestellt:

Finanzanlage	96,45	an	Kasse	96,45
Swap	0,90	an	Kasse	0,90

Die Buchungen in t_1 sind wie folgt vorzunehmen:

Finanzanlage	0,82	an	Zinsertrag	0,82
Finanzanlage (Hedge Adjustment)	0,13	an	Hedge-Ergebnis	0,13
Zinsertrag	0,21	an	Swap	0,21
Hedge-Ergebnis	0,14	an	Swap	0,14
Finanzanlage	0,67	an	NBR	0,67

Während sich bei den Buchungen des Derivats keine Änderungen gegenüber Alternative 1 ergeben, unterscheidet sich die Behandlung des als Available for Sale eingestuften Wertpapiers in der erfolgsneutralen Erfassung derjenigen Fair-Value-Änderungen in der

Neubewertungsrücklage (NBR), die durch die Verminderung des Credit Spreads des Bond induziert wurden. Der in die Neubewertungsrücklage zu buchende Betrag ist somit die Differenz aus der Wertänderung zwischen Full Fair Value und Hedge Fair Value (€ 0,67).[349]

Die Buchungen zu den Stichtagen t_2 bis t_4 erfolgen analog.

12.4.3.3 Vorzeitige Dedesignation der Hedge-Beziehung

Der Hedge wird zum Zeitpunkt t_2 dedesigniert. Bei zinstragenden Finanzinstrumenten mit fester Restlaufzeit sind die gebuchten Hedge Adjustments (€ 0,13) unter Anwendung der Effektivzinsmethode über die Restlaufzeit der Anleihe zu amortisieren.[350] Die Auflösung erfolgt in den letzten drei Perioden t_2, t_3 und t_4. Der Swap ist nach der Dedesignation dem Handelsbestand zuzuordnen.

Zur Berechnung der Amortisation wird ein fiktiver Cash Flow gebildet:

Einzahlung: 100,13

Rückzahlung: 100,00

Da zwischen fiktiver Einzahlung und Rückzahlung drei Perioden liegen, errechnet sich der Effektivzinssatz wie folgt:

$100,13 / (1+r)^3 = 100$ → $r = 0,043\%$

Der Effektivzinssatz beträgt somit 4,3%.

Alternative 1: Der Bond wird in die Kategorie Loans and Receivables eingestuft

Die Buchungen der Amortisation des Basis-Adjustment und des Disagios in t_2 sind wie folgt vorzunehmen:

Zinsaufwand	0,04	an	Forderungen	0,04
			(Hedge Adjustment)	
Forderungen	0,86	an	Zinsertrag	0,86
Zinsertrag	0,22	an	Swap	0,22
Handelsergebnis	0,67	an	Swap	0,67

Da der Swap nicht mehr in einer Hedge-Beziehung steht, wird er entsprechend in ein anderes Konto umzubuchen sein. Die Buchungen in t_3 und t_4 erfolgen analog.

---

[349] Die entsprechenden Werte sind der obigen Tabelle „Bewertung des Bond" zu entnehmen.
[350] Vgl. IAS 39.92.

Ansatz und Bewertung von Finanzinstrumenten 579

Alternative 2: Der Bond wird in die Kategorie Available for Sale eingestuft

Die Amortisation des Adjustment und des Disagios in t_2 ist zu buchen:

Zinsaufwand	0,04	an	Finanzanlage	0,04
			(Hedge Adjustment)	
Finanzanlage	0,86	an	Zinsertrag	0,86

In den Perioden t_3 und t_4 ergeben sich die analogen Buchungen.

Die Buchung der zinsinduzierten Wertänderung der Anleihe (€ 0,13) in der ersten Periode ist über die Laufzeit zu amortisieren:

Finanzanlage	0,04	an	NBR	0,04

Darüber hinaus ist die Buchung des zinsinduzierten Wertgewinns vorzunehmen:

Finanzanlage	0,45	an	NBR	0,45

In den Perioden t_3 und t_4 ergeben sich die analogen Buchungen.

Schließlich ist die Fair-Value-Änderung des Swap zu t_2 zu erfassen:

Zinsertrag	0,22	an	Swap	0,22
Handelsergebnis	0,67	an	Swap	0,67

12.4.3.4 Vorzeitiger Verkauf des Grundgeschäfts

Alternative 1: Der Bond wird in die Kategorie Loans and Receivables eingestuft

Der Bond wird im Zeitpunkt t_1 zum Preis von 98,08 verkauft. Zu diesem Zeitpunkt beträgt der Buchwert 97,41.

Kasse	98,08	an	Forderungen	97,28
			Forderungen	0,13
			(Hedge Adjustment)	
			Ertrag (Verkauf)	0,67

Da der Swap jetzt nicht mehr in einer Hedge-Beziehung steht, wird er in ein anderes Konto umzugruppieren sein.

Alternative 2: Der Bond wird in die Kategorie Available for Sale eingestuft

Bei Verkauf des Wertpapiers sind die Buchungen gegen die Neubewertungsrücklage zunächst rückgängig zu machen. Folgende Buchungen sind vorzunehmen:

NBR	0,67	an	Ertrag (Verkauf)	0,67
Kasse	98,08	an	Wertpapiere	97,95
			Wertpapiere	0,13
			(Hedge Adjustment)	

12.5 Bilanzierung von Cash Flow Hedges

12.5.1 Überblick über die Regelungen

Bewertungsergebnisse aus Cash Flow Hedges werden, sofern die soeben genannten Grundvoraussetzungen für das Hedge Accounting erfüllt sind, wie folgt erfasst:[351]

- Der Anteil am Gewinn oder Verlust aus einem Sicherungsinstrument, der als effektiver Hedge gilt, ist erfolgsneutral im Eigenkapital (Neubewertungsrücklage) zu erfassen.

- Der ineffektive Teil des Hedge ist erfolgswirksam im Periodenergebnis zu erfassen.

Für den Fall, dass eine effektive Hedge-Beziehung vorliegt, ist die Ineffektivität, d.h. die betragsmäßige Abweichung von der 100%igen Effektivität, gemäß IAS 39.96 grundsätzlich wie folgt zu behandeln: Unterschreitet der kumulierte Gewinn oder Verlust eines Sicherungsinstruments die kumulierte Änderung des Fair Value der zukünftigen erwarteten Cash Flows aus dem gesicherten Grundgeschäft in absoluten Beträgen, so wird die gesamte Wertänderung des Sicherungsinstruments im Eigenkapital erfasst. Übersteigt dagegen der kumulierte Gewinn oder Verlust aus dem Sicherungsgeschäft die kumulierte Änderung des Fair Value der zukünftigen erwarteten Cash Flows aus dem gesicherten Grundgeschäft in absoluten Beträgen, so wird der übersteigende Betrag als Ineffektivität unmittelbar erfolgswirksam erfasst. Es ist folglich zwischen Underhedges und Overhedges zu unterscheiden.[352]

---

[351] Vgl. IAS 39.95.
[352] Vgl. hierzu das Beispiel in Abschnitt 12.5.3. Vgl auch BARCKOW, A., Die Bilanzierung von derivativen Finanzinstrumenten und Sicherungsbeziehungen, Düsseldorf 2004, S. 215-217.

Die Beträge, die direkt im Eigenkapital erfasst waren, sind im Ergebnis derjenigen Berichtsperiode zu erfassen, in dem die gesicherten Cash Flows ergebniswirksam werden (z.B. wenn eine erwartete Transaktion tatsächlich eintritt).[353]

Die in der Neubewertungsrücklage im Eigenkapital auszuweisenden Beträge aus Cash Flow Hedges werden in der Praxis teilweise in einem separaten Posten gezeigt; dabei kommen unterschiedliche Bezeichnungen zur Anwendung. Die HypoVereinsbank nennt den Posten bspw. Hedge-Rücklage. Die Hedge-Rücklage bleibt - wie auch die AfS-Rücklage - bei der von der Bank vorgenommenen Berechnung von Rentabilitätskennziffern unberücksichtigt.[354]

Wie beim Fair Value Hedge ist auch für den Cash Flow Hedge die Effektivität der Sicherungsbeziehung nachzuweisen. Die Effektivitätsmessung stellt dabei wiederum auf die Änderungen der Fair Values von Grund- und Sicherungsgeschäft ab, wenngleich der Cash Flow Hedge der Absicherung von Zahlungsströmen dient. Die oben[355] für den Fair Value Hedge genannten Verfahren zur Messung der Effektivität sind daher auch für den Cash Flow Hedge zulässig.

Die Bilanzierung eines Cash Flow Hedge ist einzustellen, wenn einer der folgenden Sachverhalte vorliegt:[356]

- Das Sicherungsinstrument läuft aus oder wird veräußert, beendet oder ausgeübt. In diesem Fall verbleibt der kumulative Gewinn oder Verlust aus dem effektiven Teil des Sicherungsgeschäfts, der erfolgsneutral im Eigenkapital erfasst wurde, als gesonderter Posten im Eigenkapital, bis die vorgesehene Transaktion eingetreten ist. Tritt die Transaktion ein, so ergeben sich die oben genannten Konsequenzen. Zu beachten ist indes, dass der Ersatz oder die Weiterführung eines Sicherungsinstruments durch ein anderes Sicherungsinstrument dann nicht als Auslaufen oder Beendigung gilt, wenn der Ersatz oder die Weiterführung Teil der durch die Bank dokumentierten Absicherungsstrategie ist.

- Das Sicherungsgeschäft erfüllt nicht mehr die oben genannten Grundvoraussetzungen. In diesem Fall verbleibt der kumulative Gewinn oder Verlust aus dem effektiven Teil des Sicherungsgeschäfts, der erfolgsneutral im Eigenkapital erfasst wurde, als gesonderter Posten im Eigenkapital, bis die vorhergesehene Transaktion eintritt.[357]

---

[353] Vgl. zur Bilanzierung von Cash Flow Hedges, die der Absicherung erwarteter Transaktionen dienen, den folgenden Abschnitt 12.5.2.
[354] Vgl. HYPOVEREINSBANK, Geschäftsbericht 2003, S. 47.
[355] Vgl. Abschnitt 12.4.1.
[356] Vgl. IAS 39.101.
[357] Vgl. IAS 39.101(b).

12.5.2 Besonderheiten bei erwarteten Transaktionen (Forecasted Transactions)

Cash Flow Hedges können auch der Absicherung von Risiken von Schwankungen der Zahlungsströme einer erwarteten Transaktion dienen. Die meisten der formalen Grundvoraussetzungen gelten für die Beanspruchung des Fair Value Hedge und des Cash Flow Hedge gleichermaßen. Die Akzeptanz von Sicherungsbeziehungen bei antizipativen Geschäften ist an die Erfüllung ergänzender Kriterien geknüpft.[358]

Voraussetzung für die Absicherung einer erwarteten Transaktion durch einen Cash Flow Hedge ist, dass die Wahrscheinlichkeit des Eintritts eines zukünftigen Geschäftsvorfalls als hoch einzuschätzen sein muss. Dazu sind zunächst folgende Sachverhalte zu prüfen:

- Häufigkeit ähnlicher Transaktionen in der Vergangenheit,
- finanzielle und operative Situation des Unternehmens, das in Frage stehende Geschäft evtl. nicht ausführen zu können,
- erheblicher Ressourceneinsatz für einen bestimmten Bereich,
- aus Störungen des Unternehmensablaufs resultierendes Verlustpotential, wenn das Geschäft nicht abläuft,
- Existenz von Alternativen, die zum gleichen Ergebnis führen wie der geplante Geschäftsvorfall und
- Unternehmensplanung.

Sofern zukünftige Geschäftsvorfälle nicht genügend spezifiziert werden können, wie geplante Ausschüttungen oder nicht genau identifizierbare Käufe oder Verkäufe, kommen diese als Grundgeschäft für einen Cash Flow Hedge nicht Infrage. Eine mögliche Änderung des zeitlichen Eintritts eines abgesicherten zukünftigen Geschäftsvorfalls hat hingegen keinen Einfluss auf die ursprünglich designierte Sicherungsbeziehung.

Die bilanzielle Behandlung von Hedges, die erwartete Transaktionen betreffen, richtet sich danach, ob die erwartete Transaktion später zum Ansatz eines Finanzinstruments oder eines Nicht-Finanzinstruments führt.

Resultiert aus der Absicherung einer erwarteten Transaktion später der Ansatz eines finanziellen Vermögenswertes oder einer finanziellen Verbindlichkeit, sind die mit dem Hedge verbundenen, direkt im Eigenkapital erfassten Gewinne oder Verluste in dersel-

---

[358] Vgl zu antizipativen Geschäften LÖW, E., Verlustfreie Bewertung antizipativer Sicherungsgeschäfte nach HGB - Anlehnung an internationale Rechnungslegungsvorschriften, WPg 2004, S. 1109-1123. Kritisch zu den Objektivierungswirkungen der Kriterien WÜSTEMANN, J./DUHR, A., Steuerung der Fremdwährungsrisiken von Tochterunternehmen im Konzern - Finanzcontrolling vs. Bilanzierung nach HGB und IAS/IFRS, BB 2003, S. 2501-2508, hier S. 2507, die von einer „Gefahr der Scheinobjektivierung" sprechen.

ben Berichtsperiode oder denselben Berichtsperioden in das Ergebnis umzubuchen, in denen der erworbene Vermögenswert oder die übernommene Verbindlichkeit das Ergebnis beeinflusst (wie z.B. in den Perioden, in denen Zinserträge oder Zinsaufwendungen erfasst werden).[359] Erwartet die Bank jedoch, dass der gesamte oder ein Teil des direkt im Eigenkapital erfassten Verlusts in einer oder mehreren Berichtsperioden nicht wieder hereingeholt wird, ist der voraussichtlich nicht erzielbare Betrag in das Periodenergebnis umzubuchen.[360]

Resultiert aus der Absicherung einer erwarteten Transaktion dagegen später der Ansatz eines nicht-finanziellen Vermögenswertes oder einer nicht-finanziellen Verbindlichkeit oder wird eine erwartete Transaktion für ein Nicht-Finanzinstrument zu einer festen Verpflichtung, die mittels Fair Value Hedge abgesichert wird, kann die Bank zwischen zwei möglichen Vorgehensweisen wählen:[361]

- Die Gewinne und Verluste, die im Eigenkapital erfasst wurden,[362] sind in das Ergebnis derselben Berichtsperiode oder der Berichtsperioden umzubuchen, in denen der erworbene Vermögenswert oder die übernommene Verbindlichkeit den Gewinn oder Verlust beeinflusst (wie z.B. in den Perioden, in denen Abschreibungen verbucht werden). Erwartet die Bank jedoch, dass der gesamte oder ein Teil des direkt im Eigenkapital erfassten Verlusts in einer oder mehreren Berichtsperioden nicht wieder hereingeholt wird, hat sie den voraussichtlich nicht wieder erzielbaren Betrag in das Periodenergebnis umzubuchen.

- Die Gewinne und Verluste, die im Eigenkapital erfasst wurden, werden entfernt und Teil der Anschaffungskosten des Vermögenswertes oder der Verbindlichkeit im Zugangszeitpunkt.

Die Bank hat eine der beiden Alternativen als Bilanzierungs- und Bewertungsmethode zu wählen und stetig auf alle Sicherungsbeziehungen anzuwenden, die zur Absicherung einer erwarteten Transaktion von Nicht-Finanzinstrumenten abgeschlossen wurden.

Die Bilanzierung eines Cash Flow Hedge zur Absicherung einer erwarteten Transaktion ist einzustellen, wenn ihr Eintritt nicht mehr erwartet wird. Die im Eigenkapital aufgelaufenen Gewinne oder Verluste sind dann sofort erfolgswirksam im Periodenergebnis zu erfassen.

---

[359] Vgl. dazu IAS 39.95.
[360] Vgl. IAS 39.97.
[361] Vgl. IAS 39.98.
[362] Vgl. IAS 39.95.

12.5.3 Beispiel für die Anwendung eines Cash Flow Hedge

Die beiden im Rahmen des Cash Flow Hedge denkbaren Fälle eines Underhedge und eines Overhedge und deren bilanzielle Behandlung werden im Folgenden an einem Beispiel verdeutlicht.

Eine Bank schließt zur Absicherung eines Grundgeschäfts (z.B. eine variable verzinsliche Anleihe) über zwei Perioden ein Derivat (z.B. einen Receiver Swap) ab.

Fall 1: Underhedge

Am Ende der Periode 1 erhöht sich der Wert des Grundgeschäfts aufgrund der abdiskontierten erwarteten Cash Flows um € 10, das Sicherungsderivat erfährt dagegen eine Wertminderung in Höhe von € 9. Am Ende der zweiten Periode wird der Cash Flow Hedge dann beendet.

Die folgende Abbildung zeigt die bilanzielle Behandlung des Cash Flow Hedge:

Cash Flow Hedge

Hedge-Ineffektivität (Underhedge)

	Gain or Loss Recognition		
	Period 1	Period 2	Total
Hedged Item		10	10
Hedging Derivative	0 ⟶	(9)	(9)
Earnings	0	1	1

Abb. 38: Cash Flow Hedge - Effekte des Underhedge

Wie der obigen Abbildung zu entnehmen ist, erhöht sich der Wert des Grundgeschäfts am Ende der Periode 1 aufgrund der abdiskontierten erwarteten Cash Flows um € 10, das Sicherungsderivat erfährt dagegen eine Wertminderung in Höhe von € 9. Am Ende der zweiten Periode wird der Cash Flow Hedge dann beendet. Ineffektivitäten entstehen in Höhe von € 1 in Periode 2, weil die Wertminderung des Sicherungsderivats die Werterhöhung des Grundgeschäfts nicht vollständig kompensiert (underhedge).

Fall 2: Overhedge

Anders als im soeben dargestellten Fall 1 verringert sich nun der Wert des Sicherungsinstruments stärker als die gleichzeitige Wertsteigerung aufgrund höherer erwarteter Cash Flows im Grundgeschäft.

Die folgende Abbildung stellt Fall 2, den Overhedge, dar:

Cash Flow Hedge

Hedge-Ineffektivität (Overhedge)

Gain or Loss Recognition

	Period 1	Period 2	Total
Hedged Item		10	10
Hedging Derivative	(1) ⟶	(10)	(11)
Earnings	(1)	0	(1)

Abb. 39: Cash Flow Hedge - Effekte des Overhedge

Die Wertänderung des Derivats in Höhe von € 11 am Ende der ersten Periode hat zwei Komponenten: Die Wertminderung aus dem effektiven Teil des Sicherungsinstruments in Höhe von € 10 wird (bis zur Beendigung der Hedge-Beziehung in Periode 2) erfolgsneutral im Eigenkapital erfasst. Die GuV-Wirkung tritt mithin erst am Ende der zweiten Periode ein und kompensiert die dann zu erfassende Wertänderung des Grundgeschäfts.

Der ineffektive Teil des Derivats (overhedge) in Höhe von € 1 muss dagegen sofort erfolgswirksam in der GuV erfasst werden.

12.6 Hedge of a Net Investment in a Foreign Operation

Im Rahmen der Absicherung einer Nettoinvestition in einen ausländischen Geschäftsbetrieb (hedge of a net investment in a foreign operation) werden Nettoinvestitionen in wirtschaftlich selbständigen ausländischen Geschäftsbetrieben gegen Differenzen aus der Währungsumrechnung abgesichert.[363]

Ein ausländischer Geschäftsbetrieb wird in IAS 21 definiert als ein Tochterunternehmen, ein assoziiertes Unternehmen, ein Joint Venture oder eine Niederlassung des berichtenden Unternehmens, dessen Geschäftstätigkeit in einem anderen Land angesiedelt oder in einer anderen Währung ausgeübt wird oder sich auf ein anderes Land oder eine andere Währung als die des berichtenden Unternehmens erstreckt.[364]

Ausländische Geschäftsbetriebe sind Einheiten, die überwiegend in ihrer Landeswährung Barmittel und andere monetäre Posten ansammeln, Ausgaben tätigen, Einnahmen erzielen und eventuell Fremdmittel aufnehmen. Dies schließt nicht aus, dass auch Transaktionen in anderen Währungen ausgeführt werden. Änderungen der Wechselkurse zwischen der Berichtswährung und der lokalen Währung haben nur einen geringen oder überhaupt keinen direkten Einfluss auf den gegenwärtigen oder künftigen operativen Cash Flow des berichtenden Unternehmens oder den ausländischen Geschäftsbetrieb. Aus diesem Grund wirkt sich eine Währungsschwankung weniger auf die einzelnen monetären und nicht-monetären Posten des ausländischen Geschäftsbetriebs als vielmehr auf die Nettoinvestition des berichterstattenden Unternehmens in den ausländischen Geschäftsbetrieb aus. Die ausländische Einheit operiert weitgehend selbständig und unabhängig auf ihrem Teilmarkt.[365]

Nach dem Grundprinzip in IAS 21 sind Umrechnungsdifferenzen aus Fremdwährungsschulden in der Gewinn- und Verlustrechnung zu erfassen. Kursdifferenzen aus der Umrechnung des Abschlusses eines ausländischen Geschäftsbetriebs werden dagegen im Eigenkapital erfasst, was ohne besondere Vorschriften zur Bilanzierung von Sicherungsgeschäften zu Ergebnisschwankungen führen würde. Daher gestattet IAS 21 die ergebnisneutrale Erfassung von Umrechnungsdifferenzen.[366]

Der Teil des Gewinns oder Verlusts aus dem Sicherungsinstrument, der als wirksames Sicherungsgeschäft einzustufen ist, wird unmittelbar im Eigenkapital erfasst. Der unwirksame Teil der Währungsdifferenzen aus dem Sicherungsinstrument ist in der Gewinn- und Verlustrechnung zu erfassen.[367] Der dem wirksamen Teil des Sicherungs-

---

[363] Vgl. IAS 39.86(c) und IAS 39.102.
[364] Vgl. IAS 21.8.
[365] Vgl. IAS 21.11.
[366] Vgl. IAS 21.39(c).
[367] Vgl. IAS 39.102.

geschäfts zuzurechnende Gewinn oder Verlust aus dem Sicherungsgeschäft ist zusammen mit dem korrespondierenden Verlust oder Gewinn aus der Umrechnung des Abschlusses der ausländischen Tochtergesellschaft in einer gesonderten Rücklage für Währungsumrechnung zu erfassen. Die Veränderungen dieser Rücklage während der Periode sind in der Eigenkapitalveränderungsrechnung darzustellen.

Eine erfolgswirksame Umbuchung der im Eigenkapital erfassten Umrechnungsdifferenzen erfolgt erst mit Abgang des ausländischen Geschäftsbetriebs.[368]

Als derivative Sicherungsinstrumente werden bspw. Devisenterminkontrakte oder Währungsswaps eingesetzt. Der Nennbetrag des Derivats kann den gesamten Betrag oder einen Teil einer Nettoinvestition in die wirtschaftlich selbständige Tochtergesellschaft im Ausland abdecken.[369] Nach den Vorschriften für die Bilanzierung von Sicherungsgeschäften kann aber auch ein nicht-derivativer finanzieller Vermögenswert oder eine nicht-derivative Schuld als Sicherungsinstrument zur Absicherung gegen Fremdwährungsrisiken eingesetzt werden.[370] Die Absicherung einer Nettoinvestition in eine wirtschaftlich selbständige Teileinheit mit Hilfe eines nicht-derivativen Sicherungsinstruments ist grundsätzlich wie eine Absicherung mit Hilfe eines Derivats zu bilanzieren, mit der Ausnahme, dass der ineffektive Teil der Wertänderungen des Sicherungsinstruments nicht in der Gewinn- und Verlustrechnung erfasst wird. Sowohl die effektiven als auch die ineffektiven Teile der Gewinne oder Verluste werden gemäß IAS 21 erfolgsneutral im Eigenkapital erfasst

Die abzusichernde Nettoinvestition wird als einzelner Vermögenswert betrachtet - im Gegensatz zu den zahlreichen einzelnen Vermögenswerten und Schulden, die in der Bilanz der Tochtergesellschaft erfasst sind.

IAS 39 verlangt für die Absicherung einer Nettoinvestition die Erfüllung derselben restriktiven Voraussetzungen hinsichtlich der Dokumentation und Effektivität von Sicherungsgeschäften wie für Fair Value Hedges und Cash Flow Hedges.[371] Unternehmen, die vor der erstmaligen Anwendung von IAS 39 Nettoinvestitionen als Sicherungsgeschäfte bilanzierten, haben daher die neuen Anforderungen sorgfältig dahingehend zu prüfen, ob ihre bestehenden Transaktionen die Voraussetzungen für das Hedge Accounting nach IAS 39 erfüllen. Ggf. sind Änderungen vorzunehmen, damit diese auch in Zukunft als Sicherungsgeschäfte bilanziert werden dürfen.

---

[368] Vgl. IAS 21.48.
[369] Vgl. IAS 39.81.
[370] Vgl. IAS 39.72.
[371] Vgl. IAS 39.88.

12.7 Absicherung mit internen Geschäften

Im modernen Risikomanagement von Banken, Versicherungsunternehmen und in der Industrie werden zur Verbesserung der Risikosteuerung und zur Erzielung eines einheitlichen Marktauftritts gegenüber Externen interne Geschäfte eingesetzt.[372] Unter internen Geschäften sind Transaktionen zwischen organisatorischen Einheiten eines Unternehmens zu verstehen, wobei eine organisatorische Einheit ein Portfolio eines Händlers, eine aufbauorganisatorische Einheit oder auch ein rechtlich selbständiges Unternehmen sein kann. Häufig übernimmt eine zentrale Treasury-Abteilung das Management bestimmter Risiken. Sicherungsgeschäfte werden dabei durch interne Geschäfte an eine am Markt operierende Abteilung (Handel) weitergereicht und von dort nach außen an den Markt, d.h. an externe Dritte gegeben. Die Vorteile bei der Verwendung interner Geschäfte zur Risikosteuerung liegen darin, dass das Produktmandat bei der Stelle liegt, die hierin die beste Marktkenntnis hat und diese in optimaler Weise zum Einsatz bringen kann. Durch die Bündelung der Geschäfte zu marktüblichen Größen und eventuelles Pre-Netting lassen sich wesentliche Kosten einsparen.

Auch dieses Verfahren findet nach den Vorschriften von IAS 39 nur Akzeptanz, wenn ganz bestimmte eingrenzende Kriterien erfüllt sind. Um die Hedge-Accounting-Regeln anwenden zu dürfen, ist es erforderlich, dass die Absicherung mit fremden Dritten erfolgt.[373] Absicherungsgeschäfte zwischen Konzerngesellschaften oder Geschäftsbereichen, bei denen das Risiko nicht zu Marktkonditionen an externe Dritte durchgereicht wird, sondern im Konzern verbleibt, sind für Hedge-Accounting-Zwecke nicht zugelassen. Erst wenn das Risiko des internen Geschäfts spiegelbildlich an eine externe Partei auf Einzelgeschäftsbasis weitergereicht und dokumentiert wurde, wird das interne Geschäft für das Hedge Accounting auf Konzern-Ebene anerkannt.

Im Rahmen von Umstellungsprojekten ist aus Sicht der Bank ein Review der bestehenden externen Derivate durchzuführen, um abzuschätzen, ob diese die internen Sicherungsgeschäfte kompensieren und somit für Hedge Accounting auf Konzern-Ebene geeignet sind. Wenn in der Praxis die Treasury-Abteilung auch weiterhin eine Bankbuchposition netto über ihr Front-Office absichert, wird das Front-Office das interne Sicherungsgeschäft 1:1 an den Markt herausreichen müssen, um den Konzern für Hedge Accounting zu qualifizieren. Ebenso wäre es denkbar, dass die Treasury-Abteilung selbst an den Markt geht, wobei dieses Vorgehen den Verlust des einheitlichen Marktauftritts zur Folge hätte. Unabhängig davon entstehen zusätzliche Transaktionskosten für den Abschluss weiterer Sicherungsgeschäfte zur Erreichung des Spiegeleffekts. Darüber hinaus werden die Bücher durch zusätzliche Kreditrisiken belastet.

---

[372] Vgl. PRAHL, R., Bilanzierung von Financial Instruments - quo vadis?, in: LANGE, T. A./LÖW, E. (Hrsg.), Rechnungslegung, Steuerung und Aufsicht von Banken, FS für Jürgen Krumnow, Wiesbaden 2004, S. 207-239, hier S. 230-237; BARZ, K./BÄTHE-GUSKI, M./WEIGEL, W., a.a.O. (Fn. 315), S. 419.

[373] Vgl. IAS 39.73. Zur Kritik vgl. PRAHL, R., a.a.O. (Fn. 372), S. 230-237.

12.8 Erstanwendung der Vorschriften zum Hedge Accounting

Bei erstmaliger Anwendung der IFRS sind die zum Übergangszeitpunkt in Hedge-Beziehungen befindlichen derivativen Finanzinstrumente zum Fair Value zu bewerten und zu bilanzieren. Alle Abgrenzungsposten, die im Zusammenhang mit der Bilanzierung der Derivate nach HGB stehen, sind zu eliminieren. Die Differenz zwischen dem Fair Value nach IAS und dem Buchwert nach HGB zum Übergangszeitpunkt ist in der Gewinnrücklage der Eröffnungsbilanz zu buchen.

Dabei sind zwei Fälle zu unterscheiden: Im ersten Fall ist die kumulierte Fair-Value-Änderung des Sicherungsderivats bis zum Übergangszeitpunkt höher als die kumulierte Fair-Value-Änderung des Grundgeschäftes bezogen auf das gesicherte Risiko. Beispielsweise könnte die kumulierte Fair-Value-Änderung des Swap € -101 Mio. betragen haben, während der risikoinduzierte Fair Value eines gesicherten Wertpapiers kumuliert um € +100 Mio. gestiegen ist. Im Rahmen der Erstanwendung wäre dann wie folgt zu buchen:

Gewinnrücklagen   101   an   Sicherungsderivate   101

Hedge Adjustment   100   an   Gewinnrücklagen   100

Per Saldo ergibt sich ein Erstanwendungseffekt in Höhe von € 1 Mio. auf die Gewinnrücklagen aufgrund von partiellen Ineffektivitäten.

Im zweiten Fall ist die kumulierte Fair-Value-Änderung des Sicherungsderivats bis zum Übergangszeitpunkt geringer als die kumulierte Fair-Value-Änderung des Grundgeschäftes bezogen auf das gesicherte Risiko. Beispielsweise könnte die kumulierte Fair-Value-Änderung des Swap € -100 Mio. betragen haben, während der risikoinduzierte Fair Value der gesicherten Emission kumuliert um € +101 Mio. gestiegen ist. Im Rahmen der Erstanwendung wäre dann wie folgt zu buchen:

Gewinnrücklagen   100   an   Sicherungsderivate   100

Hedge Adjustment   100   an   Gewinnrücklagen   100

Per Saldo resultiert aus dieser Konstellation kein Erstanwendungseffekt auf die Gewinnrücklagen, obwohl partielle Ineffektivitäten in der Sicherungsbeziehung auftreten. Der Ex-ante-Effektivitätstest ist für alle Micro-Hedge-Beziehungen durchzuführen.

13. Macro Hedge Accounting

13.1 Macro Fair Value Hedge

13.1.1 Überblick über die Regelungen

Neben den soeben dargestellten Ausgestaltungen des Micro Hedge Accounting bestehen zwei Möglichkeiten zur bilanziellen Abbildung von Hedge-Beziehungen auf einer Macro-Ebene. Dabei werden die beiden oben dargestellten Hedge-Accounting-Modelle zur Bilanzierung der Sicherungsbeziehungen von einer Micro- auf die Macro-Ebene übertragen. Der Fair Value Hedge auf Portfoliobasis ermöglicht die Absicherung eines Portfolios von finanziellen Vermögenswerten und Verbindlichkeiten gegen Zinsänderungsrisiken; er wird im Folgenden eingehend behandelt.[374]

Die massive Kritik der europäischen Kreditwirtschaft an den komplizierten Regelungen des IAS 39 zum Hedge Accounting und die Unvereinbarkeit der Vorschriften mit dem Risikomanagement der Banken führten nur wenige Monate nach der Veröffentlichung des im Rahmen des Amendments Project im Dezember 2003 überarbeiteten IAS 39 zu einer weiteren Ergänzung des Standards.

Im März 2004 veröffentlichte das IASB neue Regelungen zur Anwendung eines Fair Value Hedge Accounting für Zinsrisiken. Die im Rahmen des „Exposure Draft of Proposed Amendments: Recognition and Measurement - Fair Value Hedge Accounting for a Portfolio Hedge of Interest Rate Risk" vorgeschlagenen Regelungen wurden damit in IAS 39 integriert.[375]

Der neue Ansatz sieht vor, das Bankbuch für Zwecke des Portfolio Hedge entsprechend den erwarteten Rückzahlungs- und Zinsanpassungsterminen in Laufzeitbänder zu unterteilen.

IAS 39 enthält ein zehnstufiges Verfahren, das der nachfolgenden Abbildung zu entnehmen ist. Die einzelnen Schritte werden dann nachfolgend en detail erläutert.[376]

---

[374] Vgl. zum Cash Flow Hedge auf Macro-Ebene Abschnitt 13.2.

[375] Vgl. zum Exposure Draft ausführlich KROPP, M./KLOTZBACH, D., Der Vorschlag des IASB zum Macro Hedge Accounting, WPg 2003, S. 1180-1192 und KUHN, S./SCHARPF, P., Finanzinstrumente: Neue Vorschläge zum Portfolio Hedging zinstragender Positionen nach IAS 39, DB 2003, S. 2293-2299.

[376] Vgl. zu diesen Schritten analog KROPP, M./KLOTZBACH, D., Der Vorschlag des IASB zum Macro Hedge

Abb. 40: Überblick über die Regelungen zum Portfolio Hedge Accounting

13.1.2 Identifikation des abzusichernden Portfolios

In einem ersten Schritt werden Portfolien zinstragender Finanzinstrumente identifiziert, die gegen Zinsrisiken gesichert werden soll. Die Portfolien können entweder nur Vermögenswerte oder nur Verbindlichkeiten oder aber eine Kombination von Vermögenswerten und Verbindlichkeiten beinhalten. Es ist dabei auch zulässig, mehrere Portfolien zu bilden.[377] So besteht bspw. die Möglichkeit, ein gesondertes Portfolio für Available-for-Sale-Wertpapiere zu bilden.[378]

Accounting, a.a.O. (Fn. 375), S. 1182-1184. Vgl. zum Macro Hedge Accounting ferner ECKES, B./BARZ, K./BÄTHE-GUSKI, M./WEIGEL, W., a.a.O. (Fn. 315), S. 416-419, KUHN, S./SCHARPF, P., Finanzinstrumente: Neue Vorschläge zum Portfolio Hedging zinstragender Positionen nach IAS 39, a.a.O. (Fn. 375), S. 2293-2299 und BARCKOW, A., Die Bilanzierung von derivativen Finanzinstrumenten und Sicherungsbeziehungen, a.a.O. (Fn. 352), S.218-226. Vgl. ARNOLDI, R./LEOPOLD, T., Portfolio Fair Value Hedge Accounting : Entwicklung IAS-konformer und praxistauglicher Buchungsregeln, KoR 1/2005, S. 22-38.

[377] Vgl. IAS 39.AG114(a) i.V.m. IAS 39.AG116.

[378] Vgl. zu den Besonderheiten bei Finanzinstrumenten der Kategorie Available for Sale Abschnitt 13.1.10.

Die Portfolien dürfen nur Posten umfassen, die auch individuell als Grundgeschäfte in einen Micro Fair Value Hedge einbezogen werden können. Für das Macro Hedging bedeutete dies, dass Sichteinlagen und finanzielle Verbindlichkeiten, die jederzeit kündbar sind, kein Bestandteil einer Sicherungsbeziehung sein dürfen, deren Laufzeit den vertraglich vereinbarten frühestmöglichen Kündigungstermin übersteigt.[379]

Die Vorschrift zur Nicht-Einbeziehung von Sichteinlagen wurde von europäischen Banken mit Hinweis auf die Bodensatztheorie und auf gängige, banktübliche Risikomanagementverfahren kritisiert. Nach der Bodensatztheorie verbleibt ein stabiler Anteil der Einlagen trotz des überschrittenen Kündigungstermins über einen längeren Zeitraum und weitgehend unabhängig von Zinsentwicklungen im Bestand der Banken. Dieser Anteil mit faktischer Zinsbindung wird im Rahmen des Risikomanagements abgesichert.[380]

Die EU hat sich im Zuge des Endorsement von IAS 39 dazu entschieden, die Vorschrift nicht in europäisches Recht zu übernehmen, so dass eine Einbeziehung von Sichteinlagen derzeit möglich ist. Die vom IASB eingesetzte, oben erwähnte Arbeitsgruppe zu IAS 39 wird sich nach Aussagen der EU dieses Themas annehmen.[381]

13.1.3 Designation der Hedged Items in Laufzeitbänder

Die Bank bildet in einem zweiten Schritt Laufzeitbänder, die auf den erwarteten Zinsanpassungsterminen basieren. Für die Bildung der Laufzeitbänder macht IAS 39 keine konkreten Vorgaben. Die Bildung kann sowohl auf Basis der erwarteten Cash Flows als auch auf Basis der erwarteten Nominalbeträge erfolgen.[382] Bei Gruppen gleichartiger Grundgeschäfte mit Kündigungsrechten kann eine Zuordnung durch Aufteilung des Gesamtbetrags auf die Laufzeitbänder erfolgen. So kann die Bank bei einem Darlehen mit einer Laufzeit von 25 Jahren für das erste Jahr Teilrückzahlungen erwarten und entsprechend Beträge in die Laufzeitbänder einstellen. Die Allokation kann auch auf Basis von Barwerten erfolgen.[383]

---

[379] Vgl. hierzu IAS 39.AG118(b), der nicht in europäisches Recht übernommen wurde.

[380] Vgl. hierzu ausführlich KROPP, M./KLOTZBACH, D., Der Vorschlag des IASB zum Macro Hedge Accounting, a.a.O. (Fn. 375), S. 1188-1189.

[381] Vgl. Verordnung (EG) Nr. 1606/2002 v. 19.7.2002 betreffend die Anwendung internationaler Rechnungslegungsstandards, AB1EG Nr. 243 v. 11.9.2002, S. 2. Vgl. zu der Arbeitsgruppe IAS 39 Fn. 6.

[382] Vgl. IAS 39.AG114(b).

[383] Vgl. KUHN, S./SCHARPF, P., Finanzinstrumente: Neue Vorschläge zum Portfolio Hedging zinstragender Positionen nach IAS 39, a.a.O. (Fn. 375), S. 2295 und BARCKOW, A./GLAUM, M., Bilanzierung von Finanzinstrumenten nach IAS 39 (rev. 2004) - ein Schritt in Richtung Full Fair Value Modell?, KoR 2004, S. 185-203, hier S. 195.

Es wird kein spezielles Verfahren vorgegeben, wie die erwarteten Zinsanpassungstermine zu bestimmen sind. Das verwendete Verfahren soll jedoch im Zeitverlauf stetig angewendet werden und im Einklang mit den Zielsetzungen und Verfahren des Risikomanagements des Unternehmens stehen.[384] Die Erwartungen über Zinsanpassungen bzw. Laufzeiten (insbesondere bei Grundgeschäften mit Kündigungsrechten) haben auf historischen Erfahrungswerten sowie weiteren verfügbaren Informationen zu basieren, die periodisch zu überprüfen und ggf. zu korrigieren sind. Falls keine validen unternehmensspezifischen Erfahrungen vorliegen, dann kann auf Peer-Group-Erfahrungswerte zurückgegriffen werden.[385]

Bezüglich der Anzahl und der zeitlichen Bandbreiten der Laufzeitbänder bestehen keine konkreten Vorgaben. Engere Laufzeitbänder führen tendenziell zu einer höheren Effektivität.[386] Auch die Bildung der Laufzeitbänder sollte im Einklang mit der Risikosteuerung der Bank stehen und entsprechend dokumentiert werden.[387]

In der Praxis werden je Laufzeitband mehrere Portfolien gebildet, die parallel verwaltet werden. Die Einstufung von Finanzinstrumenten in die jeweiligen Laufzeitbänder richtete sich z.B. nach deren Kategorisierung oder Währung. Die Frage der Einbeziehung von Finanzinstrumenten mit Kündigungsrechten ist im Hinblick auf die Qualität der Schätzung ihrer erwarteten Rückzahlungstermine zu prüfen.

Die Zuordnung des Betrages zu den einzelnen Laufzeitbändern erfolgt jeweils zu Periodenbeginn in Höhe des Betrages, welcher im jeweiligen Laufzeitband fällig wird. Erfolgt die Tilgung einer Position nicht endfällig, sondern zu verschiedenen Zeitpunkten so ist der Gesamtbetrag auf die jeweiligen Laufzeitbänder zu verteilen.

13.1.4 Bestimmung des abzusichernden Betrags

Im dritten Schritt bestimmt die Bank aus dem Portfolio von Vermögenswerten und Verbindlichkeiten die Nettorisikoposition und den Betrag, den sie absichern möchte. Dabei ist zu beachten, dass das absicherbare Volumen auf den Betrag der Nettorisikoposition beschränkt bleibt; Teilabsicherungen sind möglich. Nicht die Nettorisikoposition wird als Grundgeschäft designiert, sondern der für die Absicherung vorgesehene Betrag.[388]

---

[384] Vgl. IAS 39.AG119(b).
[385] Vgl. IAS 39.AG117.
[386] Vgl. IAS 39.AG125(c).
[387] Vgl. IAS 39.AG119.
[388] Vgl. IAS 39.AG114(c).

13.1.5 Designation von Sicherungsinstrumenten

Im vierten Schritt designiert die Bank ein einzelnes Derivat oder ein Portfolio von Derivaten, denen das gleiche gesicherte Zinsrisiko zugrunde liegt, als Hedging Instruments zu einem Laufzeitband. Ein solches Portfolio kann ausdrücklich auch gegenläufige Risikopositionen umfassen.[389] Damit wird es ermöglicht, die sich im Zeitablauf ändernden Risikopositionen durch Anpassungen der Derivate-Portfolien (z.B. in Form von gegenläufigen Zinsswaps) zu steuern, ohne Swaps dedesignieren und als Trading kategorisieren zu müssen.

Das auf Micro-Ebene bestehende Verbot der Verwendung geschriebener Optionen gilt auch für das Macro Hedge Accounting.[390] Eine Designation geschriebener Optionen als Sicherungsgeschäft kommt nur dann in Frage, wenn diese zur Absicherung gekaufter Optionen (etwa eingebetteter und nicht-separierter Optionen) verwendet werden. Weiterhin müssen die eingesetzten Derivate mit einem externen Dritten kontrahiert sein, d.h. interne Geschäfte dürfen (wie auch im Micro Hedge Accounting) nicht designiert werden.

Für das Macro Hedge Accounting kommen vorrangig Zinsswaps als Sicherungsgeschäfte in Betracht. Bei der praktischen Umsetzung der Vorschriften ist darauf zu achten, dass nur Derivate designiert werden, die nicht bereits für Micro-Hedge-Beziehungen vorgesehen sind.

Die Derivate sind analog zu den Grundgeschäften dann den entsprechenden Laufzeitbändern zuzuordnen; auch hier kann nach den jeweiligen Währungen differenziert werden. Maßgeblich für die Zuordnung der Derivate ist ihr Fälligkeitstermin. Es ist jeweils das Nominalvolumen einzustellen.

Wie beim Micro Fair Value Hedge Accounting von Zinsrisiken muss nicht das komplette Zinsrisiko gehedgt werden, sondern es sind grundsätzlich ebenso Komponenten wie z.B. ein LIBOR-Risiko absicherbar.[391]

13.1.6 Prospektiver Effektivitätstest

Im fünften Schritt wird der prospektive Effektivitätstest durchgeführt.[392] Wie beim oben skizzierten Micro Hedge Accounting ist auch beim Macro Hedge Accounting zu Beginn der Hedge-Beziehung für die folgende Periode eine hohe Effektivität bezüglich des gesi-

---

[389] Vgl. IAS 39.AG120.
[390] Vgl. IAS 39.AG120. Vgl. auch IAS 39.77 und IAS 39.AG94.
[391] Vgl. IAS 39.AG114(d).
[392] Vgl. IAS 39.AG114(f).

cherten Risikos nachzuweisen. Die für das Micro Hedge Accounting genannten Bandbreiten gelten analog.

IAS 39 schreibt für das Macro Hedge Accounting keine bestimmten Methoden zur Messung der prospektiven Effektivität vor. Die Methoden zum Nachweis der Effektivität beim Micro Fair Value Hedge kommen daher auch hier zur Anwendung.[393] Die Durchführung des prospektiven Effektivitätstests und die Berechnung von relativen Wertänderungen der gesicherten Grundgeschäfte und der Sicherungsderivate können z.B. auf Basis der Dollar-Offset-Methode erfolgen.

Es kann zulässig sein, für verschiedene Hedge-Typen unterschiedliche Methoden anzuwenden, sofern sich die gewählten Methoden an der Risikomanagementstrategie der Bank orientieren.[394]

Erfolgt das Macro Hedge Accounting in mehreren Portfolien je Laufzeitband (etwa für verschiedenen Währungen oder Bewertungskategorien) kann der prospektive Effektivitätstest für jedes Laufzeitband in den Portfolien einzeln durchgeführt werden. Auf diese Weise ist sichergestellt, dass bei eventuell auftretenden Ineffektivitäten nicht das gesamte Sicherungsportfolio vom Hedge Accounting ausgeschlossen wird.

Über die für das Micro Hedge Accounting dargestellten Dokumentationsanforderungen hinaus werden zusätzliche Anforderungen gestellt. So ist zu Beginn der Hedge-Beziehung anzugeben:

- welche Vermögenswerte und Verbindlichkeiten in eine Absicherung des Portfolios einzubeziehen sind und auf welcher Basis sie aus dem Portfolio entfernt werden können;
- wie Zinsanpassungstermine geschätzt werden, welche Annahmen von Zinssätzen den Schätzungen von Vorfälligkeitsquoten unterliegen und welches die Basis für die Änderungen dieser Schätzungen ist. Dieselbe Methode wird sowohl für die erstmaligen Schätzungen, die zu dem Zeitpunkt erfolgen, wenn ein Vermögenswert oder eine Verbindlichkeit in das gesicherte Portfolio eingebracht wird, als auch für alle späteren Korrekturen dieser Schätzwerte verwendet;
- die Anzahl und Dauer der Zinsanpassungsperioden;
- wie häufig das Unternehmen die Wirksamkeit der Hedge-Beziehung prüfen wird;
- die verwendete Methode, um den Betrag der Vermögenswerte oder Verbindlichkeiten, die als Grundgeschäfte eingesetzt werden, zu bestimmen und

---

[393] Vgl. IAS 39.88(b) und Abschnitt 12.4.1.
[394] Vgl. IAS 39.AG107.

- ob das Unternehmen die Wirksamkeit für jede Zinsanpassungsperiode einzeln prüfen wird, für alle Perioden gemeinsam oder eine Kombination von beidem durchführen wird.[395]

13.1.7 Ermittlung von Zu- und Abgängen

Im sechsten Schritt ist der Betrag je Laufzeitband und Währung zu ermitteln, der unter Berücksichtigung von Zu- und Abgängen am Ende einer Sicherungsperiode abzusichern war. Der gesicherte und anschließend für den retrospektiven Effektivitätstest zu verwendende Betrag ergibt sich nicht durch die Bewertung der einzelnen finanziellen Vermögenswerte bzw. finanziellen Verbindlichkeiten, sondern indem die Veränderungen im Bestand je Laufzeitband ermittelt werden.

Bei den Veränderungen im Bestand ist zwischen zinsinduzierten und anderen Zu- und Abgängen zu differenzieren. Für die Berechnung des gesicherten Betrags sind nur die zinsinduzierten Veränderungen zu berücksichtigen; alle anderen Zu- und Abgänge wirken sich nicht auf den Bestand aus und gehen deshalb auch nicht in den Effektivitätstest mit ein.

Veränderungen sind nicht zu berücksichtigen, wenn die drei folgenden Bedingungen kumulativ erfüllt sind:

- Die Fair-Value-Änderung resultiert eindeutig nicht aus einer Zinsänderung.
- sie ist unkorreliert mit einer Zinsänderung und
- sie kann zuverlässig von zinsinduzierten Fair-Value-Änderungen getrennt werden.

Bei Implementierung des Macro-Hedge-Accounting-Modells sind daher alle Geschäftsvorfälle während der Sicherungsperiode darauf hin zu untersuchen, ob sie zinsinduziert sind.

Zu- und Abgänge können auf veränderten Erwartungen bezüglich einer Zinsanpassung oder Tilgung basieren. Eine bislang erwartete vorzeitige Rückzahlung von Krediten kann unterbleiben, da der Marktzins gestiegen ist; die Kredite gehen ab und sind in ein anderes Laufzeitband aufzunehmen. Das aufnehmende Laufzeitband verzeichnet einen zinsinduzierten Zugang.

Abgänge aus einem Laufzeitband können aus vorzeitigen Rückzahlungen (prepayments) resultieren, wenn das allgemeine Zinsniveau gefallen ist und Kreditnehmer daher ihre Kredite zurückzahlen oder Bankkunden ihre Einlage zurückgezahlt wird. Sofern keine

---

[395] Vgl. IAS 39.AG119.

den Zinsvorteil kompensierenden Entschädigungszahlungen für die vorzeitige Rückzahlung eines Kredits durch den Kreditnehmer zu leisten sind, ist der Abgang zinsinduziert und bei der Ermittlung des gesicherten Betrags zu berücksichtigen.

Als Beispiel für einen nicht zu berücksichtigenden Geschäftvorfall kann ein Impairment angesehen werden: Der in ein Laufzeitband eingestellte Kredit ist wegen einer erheblichen Bonitätsverschlechterung des Kreditnehmers im Wert gemindert und geht teilweise ab. Der Abgang bleibt - da bonitätsbedingt - für die Bestimmung des gesicherten Betrags unberücksichtigt.

13.1.8 Bewertung und retrospektiver Effektivitätstest

Im siebten Schritt erfolgt die Bewertung von Grundgeschäft und Sicherungsinstrument, um deren Fair-Value-Änderungen zu vergleichen.[396] Während die Bewertung der dem Laufzeitband zugeordneten Derivate unproblematisch sein dürfte, stellt sich die Frage, wie die Bewertung der Grundgeschäfte vorzunehmen ist, bei denen es zu Zu- bzw. Abgängen gekommen sein kann. Der Standard gibt hier zwar keine bestimmte Methode zur Ermittlung der Fair-Value-Änderung des gesicherten Betrags vor, sieht aber eine bloße Anpassung des Fair Value des Grundgeschäfts um die Wertänderung der Derivate nicht als zulässig an (Vgl. IAS 39.AG122). Damit scheidet die Anwendung der Short-Cut-Methode auch auf Ebene des Macro Fair Value Hedge aus.

Der Standard schlägt folgendes vereinfachtes Verfahren zur Bestimmung der Ineffektivität aufgrund geänderter geschätzter Zinsanpassungstermine vor:[397]

- Bestimmung des prozentualen Anteils der als Hedged Items designierten Geschäfte an der Gesamtheit aller Grundgeschäfte des Laufzeitbandes;
- Multiplikation dieses Prozentsatzes mit dem um zinsinduzierte Veränderungen korrigierten Betrag im Laufzeitband;
- Ermittlung der Wertänderung des korrigierten Betrages. Dazu wird der soeben ermittelte Betrag mit der prozentualen Wertänderung des designierten Betrages multipliziert.

Für den anschließend durchzuführenden retrospektiven Effektivitätstest gelten die gleichen Anforderungen wie für das Micro Fair Value Hedge Accounting. Die berechneten Fair-Value-Änderungen der gesicherten Grundgeschäfte im Hinblick auf das gesicherte Risiko werden ins Verhältnis gesetzt zu den Fair-Value-Änderungen der Sicherungsgeschäfte. Wertmäßige Unterschiede in den Fair-Value-Änderungen sind als Ineffektivitäten anzusehen.

---

[396] Vgl. IAS 39.AG114(g).
[397] Vgl. IAS 39.AG126(b).

13.1.9 Bilanzielle Abbildung der Sicherungsbeziehung

Sind die Dokumentations- und Effektivitätsanforderungen des Macro Fair Value Hedge erfüllt, so erfolgt nach der Bewertung der Grund- und Sicherungsgeschäfte sowie der Ermittlung der Ineffektivitäten im achten Schritt die bilanzielle Abbildung der Sicherungsbeziehung.

Die Sicherungsderivate sind zum Fair Value zu bewerten und als Vermögenswert oder Verbindlichkeit zu bilanzieren. Ihre Fair-Value-Änderungen sind erfolgswirksam zu erfassen.[398]

Der Buchwert eines im Rahmen eines Fair Value Hedge gesicherten Grundgeschäftes ist um den dem abgesicherten Risiko zuzurechnenden Gewinn oder Verlust aus dem Grundgeschäft anzupassen und im Periodenergebnis zu erfassen.[399] Dies gilt für den Fall, dass das Grundgeschäft ansonsten mit den fortgeführten Anschaffungskosten bewertet wird. Der dem abgesicherten Risiko zuzurechnende Gewinn oder Verlust ist auch dann im Periodenergebnis zu erfassen, wenn es sich bei dem Grundgeschäft um einen zur Veräußerung verfügbaren finanziellen Vermögenswert handelt.[400]

Bei einem Fair Value Hedge von Zinsrisiken wird diese Anforderung eines Teils eines Portfolios finanzieller Vermögenswerte oder finanzieller Verbindlichkeiten erfüllt, wenn der dem Grundgeschäft zuzurechnende Gewinn- oder Verlust entweder durch

- einen einzelnen gesonderten Posten innerhalb der Vermögenswerte für jene Zinsanpassungsperioden, in denen das Grundgeschäft ein Vermögenswert ist, oder
- einen einzelnen gesonderten Posten innerhalb der Verbindlichkeiten hinsichtlich jener Zinsanpassungsperioden, in denen das Grundgeschäft eine Verbindlichkeit ist,

dargestellt wird.[401] Die in gesonderten Posten ausgewiesenen Beträge sind bei der Ausbuchung der dazugehörigen Vermögenswerte/Verbindlichkeiten aus der Bilanz erfolgswirksam zu entfernen. Die Fair-Value-Änderungen sind dabei nicht einzelnen Vermögenswerten oder Schulden zuzuordnen.[402]

Ineffektivitäten aufgrund unterschiedlicher Fair-Value-Änderungen von Sicherungsderivat und gesicherten Grundgeschäften werden erfolgswirksam erfasst.[403]

---

[398] Vgl. IAS 39.89(a) i.V.m. IAS 39.AG114(h).
[399] Vgl. IAS 39.89(b).
[400] Vgl. hierzu auch Abschnitt 13.1.10.
[401] Vgl. IAS 39.89A i.V.m. IAS 39.AG123.
[402] Vgl. IAS 39.AG114(g) i.V.m. IAS 39.AG123.
[403] Vgl. IAS 39.AG114(h).

Der Fair Value Hedge ist bei Dedesignation prospektiv aufzulösen.[404] Die bis zu diesem Zeitpunkt gebildeten zinsinduzierten Buchwertanpassungen (hedge adjustments) sind dann erfolgswirksam unter Anwendung der Effektivzinsmethode zu amortisieren.[405] Ist die Anwendung der Effektivzinsmethode nicht praktikabel, so kann auch eine Amortisation auf linearer Basis vorgenommen werden.[406] Die Amortisation kann beginnen, sobald ein Adjustment besteht. Die Amortisation muss spätestens zu dem Zeitpunkt einsetzen, ab dem keine weiteren Adjustments mehr gebucht werden.

Im Hinblick auf den Ausweis des amortisierten Hedge Adjustment in der Gewinn- und Verlustrechnung der Bank ist IAS 30.11 zu beachten. Nach dieser Vorschrift sind die Haupertragsarten (z.B. Zinsen, Handelsergebnis, etc.) separat offen zu legen. Zinsen und ähnliche Erträge sind daher in einem separaten Posten in der GuV auszuweisen.[407] Die genaue Zusammensetzung des Postens wird durch den Standard zwar nicht geregelt. Grundsätzlich sind in diesem Posten aber alle Erträge mit Zinscharakter (z.B. Auflösung von Disagien oder Gebühren mit Zinscharakter) zu erfassen.[408] Das Hedge Adjustment ist daher als Zinsertrag auszuweisen.

An die Stelle der Buchwertanpassungen der einzelnen abgesicherten Grundgeschäften bei Micro Hedges tritt beim Macro Hedging als Gegenbuchung zur erfolgswirksamen Erfassung der oben berechneten Fair-Value-Änderungen der Grundgeschäfte im Hedge-Ergebnis die pauschale Buchung in einen separaten Aktiv- bzw. Passivposten (separate line item). Ein saldierter Ausweis der Fair-Value-Änderungen ist nicht zulässig.

Werden Vermögenswerte gesichert, so hat die Gegenbuchung stets im Aktivposten zu erfolgen; die umgekehrte Vorgehensweise gilt für finanzielle Verbindlichkeiten.[409] Je nach Art des notwendigen Adjustment kann dadurch ein Contra-Asset bzw. eine Contra-Liability entstehen, d.h. dass die separaten Posten mit einem negativen Betrag auszuweisen sind.

Der Buchungssatz für das abgesicherte Portfolio X lautet dann wie folgt:

---

[404] Vgl. IAS 39.91(c).
[405] Vgl. zur Anwendung der Effektivzinsmethode IAS 18.30(a).
[406] Vgl. IAS 39.92.
[407] Vgl. IAS 30.10.
[408] Vgl. KRUMNOW, J./LÖW, E., IAS 30 - Angabepflichten im Jahresabschluss von Banken und ähnlichen Finanzinstituten (Disclosures in the Financial Statements of Banks and Similar Financial Institutions), in: BAETGE, J./DÖRNER, D. u.a. (Hrsg.), Rechnungslegung nach International Accounting Standards (IAS), 2. Aufl., Stuttgart 2002, Tz. 21; KRUMNOW, J./SPRIßLER, W. u.a. (Hrsg.), a.a.O. (Fn. 110), IAS 39.136-144; PwC, IAS für Banken, 2. Aufl., Frankfurt am Main 2002, S. 580-582.
[409] Vgl. IAS 39.AG114(g) und IAS 39.AG123.

1. Fall: steigender Fair Value von passivischen Grundgeschäften

Zinsergebnis/Macro Hedging   an   Sep. Bilanzposten Passiv/Portf. X

2. Fall: steigender Fair Value von aktivischen Grundgeschäften

Sep. Bilanzposten Aktiv/Portf. X   an   Zinsergebnis/Macro Hedging

3. Fall: sinkender Fair Value von passivischen Grundgeschäften

Sep. Bilanzposten Passiv/Portf. X   an   Zinsergebnis/Macro Hedging

4. Fall: sinkender Fair Value von aktivischen Grundgeschäften

Zinsergebnis/Macro Hedging   an   Sep. Bilanzposten Aktiv/Portf. X

Bei Abgängen einzelner Geschäfte aus den Macro-Hedging-Portfolien ist der Teil des Hedge Adjustment im separaten Bilanzposten, der auf die abgehenden Geschäfte zurückzuführen ist, auszubuchen.

Da keine direkte Zuordnung der Wertänderungen einzelner Vermögenswerte oder Verbindlichkeiten zum Hedge Adjustment möglich ist, bestimmt sich der Anteil des auszubuchenden Adjustment aus dem Quotient von Nominal des abgegangenen Grundgeschäftes und dem Nominal bei Designation der Hedge-Beziehung. Voraussetzung für diese Vorgehensweise ist jedoch, dass im Bezug auf die Höhe des Kupons ein repräsentativer Teil des jeweiligen Laufzeitbandes abgegangen ist. Auf diese Weise wird sichergestellt, dass die Adjustments beim Abgang von Grundgeschäften anteilig ausgebucht werden.

Bei Hedge-Auflösungen ist das betreffende Separate Line Item über die Restlaufzeit des Laufzeitbandes zu amortisieren. Die Amortisierung kann gemäß IAS 39.92 aus Praktikabilitätsgründen auch linear vorgenommen werden.

Der der Auflösung entsprechende Teil des bisher gebuchten Adjustment ist zu diesem Zweck in ein separates Konto umzubuchen. Der Umbuchungsbetrag ermittelt sich analog zur Bestimmung des Betrags bei einem Abgang von Grundgeschäft. Durch die Kombination von Umbuchung und Amortisation wird sichergestellt, dass Adjustments, die durch die aufgelöste bzw. teilaufgelöste Hedge-Beziehung verursacht wurden, wieder ausgebucht werden.

Zinsergebnis/Macro Hedging   an   Sep. Bilanzposten Aktiv/Portf. X

Sep. Bilanzposten Passiv/Portf. X   an   Zinsergebnis/Macro Hedging

Der neunte und der zehnte Schritt bedürfen keiner weiteren Erläuterungen, sie beinhalten lediglich die Aufhebung der bestehenden Sicherungsbeziehungen und die Neudesignation der zu sichernden Grund- und Sicherungsgeschäfte. Danach beginnt eine neue Sicherungsperiode und die dargestellten zehn Schritte sind erneut zu durchlaufen.

13.1.10 Besonderheiten bei Available-for-Sale-Finanzinstrumenten

Die die Fair-Value-Änderung der Sicherungsinstrumente kompensatorische Bewertung der Grundgeschäfte wird in der Macro-Hedging-Konzeption über den Ansatz des separaten Bilanzpostens (separate line item) gelöst.

Der Ansatz eines separaten Bilanzpostens kann jedoch nicht zulässig sein, wenn unter den Grundgeschäften auch zinstragende finanzielle Vermögenswerte enthalten sind, die als Available for Sale kategorisiert wurden: Finanzinstrumente dieser Kategorie sind in der Bilanz bereits zum Fair Value zu bewerten. Mit dem Ansatz eines separaten Bilanzpostens für den als Hedge designierten Teil der zinsinduzierten Fair-Value-Änderungen würde dieser Teil der Fair-Value-Änderungen doppelt erfasst.

Die in dem separaten Bilanzposten erfassten Wertänderungen können zudem verschiedene Bilanzposten betreffen. Da aus der Kategorisierung von Finanzinstrumenten keine direkte Zuordnung zu bestimmten Bilanzposten folgt, sind finanzielle Vermögenswerte der Kategorie Available for Sale häufig in unterschiedlichen Bilanzposten enthalten.

Die standardkonforme Bewertung der Finanzinstrumente erforderte demnach eine direkte Zuordnung des für das Macro Hedging designierten zinsinduzierten Teils der Fair-Value-Änderung zu den Einzelgeschäften. Eine solche Anforderung widerspräche indes dem Normzweck der Vorschriften, wonach eine Betrachtung auf aggregierter Ebene ausreicht und aufgrund der Bildung von separaten Bilanzposten eine Allokation der Fair-Value-Änderungen auf die einzelnen Vermögenswerte oder Verbindlichkeiten nicht erforderlich sein soll.

Diese konzeptionelle Inkonsistenz der Macro-Hedging-Regelungen bedingt für Finanzinstrumente der Kategorie Available for Sale die Bildung von separaten Portfolien.

13.2 Macro Cash Flow Hedge

Beim nachfolgend dargestellten Cash Flow Hedge auf Macro-Basis, der auch als „Batch 6-Modell" bezeichnet wird, werden statt eines einzelnen Grundgeschäfts aggregierte Cash Flows in Laufzeitbändern (maturity schedules) zusammengefasst und entsprechend eine Zuordnung von Sicherungsinstrumenten zu den Laufzeitbändern vorgenommen.[410] Im Hinblick auf die bilanzielle Abbildung des Cash Flow Hedge auf Macro-Basis kann auf die entsprechenden Ausführungen zum Micro Cash Flow Hedge verwiesen werden.[411]

---

[410] Vgl. zum gesamten Abschnitt IAS 39.IG.F.6.2 und IG.F.6.3.
[411] Vgl. hierzu Abschnitt 12.3.

Für den Macro Cash Flow Hedge werden Cash Flows aus zinstragenden Grund- und Sicherungsgeschäften designiert; sowohl Kapital- als auch Zins-Cash-Flows können berücksichtigt werden. Grundsätzlich können alle Finanzinstrumente einbezogen werden.[412] Der Macro Cash Flow Hedge kommt bspw. zur Absicherung von Wiederanlage- bzw. Refinanzierungsrisiken (Repricing-Risiken) zur Anwendung.

Die Gegenüberstellung der Cash Flows aus Grund- und Sicherungsgeschäften erfolgt üblicherweise nicht in einem einzigen Laufzeitband, sondern in nach Währungen und Zinsanpassungsterminen sowie Aktiv- bzw. Passivgeschäft untergliederten Laufzeitbändern.

Nach Einstellung der Grund- und Sicherungsgeschäfte in die Laufzeitbänder ist eine Rückverfolgung der einzelnen Geschäfte nicht mehr erforderlich. Es ist jedoch der Nachweis zu erbringen, dass die Summe der Cash Flows aus den Grundgeschäften in jedem Abschnitt (time bucket) der Laufzeitbänder höher ist als die Summe der Cash Flows der Sicherungsgeschäfte. Die Einteilung der einzelnen Laufzeitbänder in Time Buckets richtet sich nach dem Geschäft der jeweiligen Bank. Um die Effektivität der Absicherung erreichen zu können, empfiehlt sich eine enge Einteilung der Time Buckets; für die ersten Jahre der Time Buckets kann eine monatliche Einteilung als sachgerecht angesehen werden.

Die für das Hedge Accounting auf Micro-Ebene genannten Dokumentations- und Effektivitätsanforderungen sind auch beim Cash Flow Hedge auf Macro-Basis zu erfüllen. Die Effektivitätstests sind ex ante und ex post durchzuführen. Der Ex-post-Effektivitätstest und die Dokumentation der Wirksamkeit der Sicherungsbeziehungen haben mindestens zum Zeitpunkt der Aufstellung des Jahresabschlusses oder des Zwischenabschlusses zu erfolgen. Der Hedge ist effektiv, wenn die zukünftigen Cash Flows der abgesicherten Grundgeschäfte durch die Cash Flows der Sicherungsgeschäfte kompensiert werden.

Übersteigen die Cash Flows aus den Derivaten dagegen die Cash Flows aus den Grundgeschäften, ist der Hedge ineffektiv. Das Derivat ist zu dedesignieren, die entsprechende Hedge-Beziehung wird aufgelöst. Das Derivat wird dann in die Kategorie Trading eingestuft und erfolgswirksam zum Fair Value zu bewerten; das Grundgeschäft wird weiterhin entsprechend seiner Kategorisierung bilanziert.

---

[412] Auch finanzielle Vermögenswerte der Kategorie Held to Maturity können berücksichtigt werden, vgl. IAS 39.IG.F.2.11.

13.3 Überblick über mögliche Hedge-Strategien

Im Rahmen eines Umstellungsprojekts ist zunächst eine Analyse der bisherigen HGB-Sicherungsbeziehungen - Micro Hedges, Macro Hedges und sonstige Hedge-Beziehungen, wie Portfolio Hedges - und deren Kompatibilität mit den beschriebenen Anforderungen von IAS 39 vorzunehmen.[413] Hieraus können erste Informationen für die später verfolgte Strategie gewonnen werden.

Grundsätzlich ergeben sich im Hinblick auf die bilanzielle Abbildung von wirtschaftlichen Sicherungsbeziehungen dann verschiedene Möglichkeiten:

- Verzicht auf Hedge Accounting und akzeptieren eines unter Umständen hohen volatilen Handelsergebnisses,

- Entscheidung für eines der beiden Micro-Hedge-Accounting-Modelle und Implementierung der aufwendigen Anforderungen des IAS 39 inklusive Dokumentation und Effektivitätstest,

- Anwendung eines Macro-Hedge-Accounting-Ansatzes und Implementierung der aufwändigen Anforderungen des IAS 39 zum Hedge Accounting inklusive Dokumentation und Effektivitätstest,

- Designation des Grundgeschäfts in die Kategorie at Fair Value through Profit or Loss und Erzielung eines kompensatorischen Effekts in der Gewinn- und Verlustrechnung ohne aufwendige Dokumentation und Nachweis der Effektivität.

---

[413] Vgl. zu Bewertungseinheiten nach HGB PRAHL, R./NAUMANN, T. K., Die Bewertungseinheit am Bilanzstichtag - und was dann?, ZBB 1994, S. 1-9, PRAHL, R./NAUMANN, T. K., Financial Instruments, in: WYSOCKI, K. VON/SCHULZE-OSTERLOH, J., Handbuch des Jahresabschlusses, Abt. II/10, Köln 2000, Rn. 176-253.

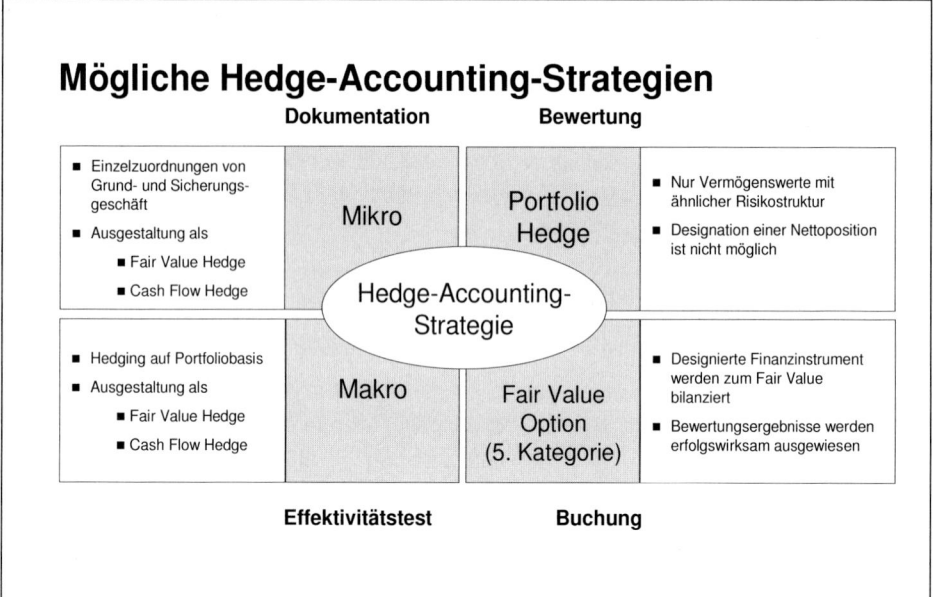

Abb. 41: Überblick über mögliche Hedge-Accounting-Strategien

Die freiwillige Designation des Grundgeschäfts in die Kategorie Fair Value through Profit or Loss weist zwar den Vorteil eines kompensierenden Effekts in der Gewinn- und Verlustrechnung auf, ohne dass die aufwendigen Dokumentations- und Effektivitätsanforderungen zu erfüllen sind. Es ist jedoch darauf hinzuweisen, dass Veränderungen des Bonitätsspread im gesicherten Grundgeschäft erhebliche Fair-Value-Schwankungen induzieren können, die bei einer Anwendung des Hedge Accounting vermieden werden können.[414]

---

[414] Vgl. PRAHL, R., a.a.O. (Fn. 372), S. 228-229; LÖW, E./SCHILDBACH, S., a.a.O. (Fn. 97), S. 877.

Patrick Kehm

Offenlegung von Finanzinstrumenten

1. Einführung 607
2. Offenlegungsvorschriften für Finanzinstrumente nach IFRS 608
   2.1 Zweck und Inhalt der Offenlegungsvorschriften 608
      2.1.1 Zweck der Offenlegungspflichten 608
      2.1.2 Definition von Finanzinstrumenten 609
      2.1.3 Berichtspflichtige Risiken 610
      2.1.4 Inhalt der Berichterstattung 612
      2.1.5 Form der Berichterstattung 612
   2.2 Angaben zu Art und Umfang der Finanzinstrumente sowie den Bilanzierungsmethoden 613
      2.2.1 Art und Umfang der Finanzinstrumente 613
      2.2.2 Bilanzierungsmethoden 618
   2.3 Angaben zu Fair Values von Finanzinstrumenten 619
   2.4 Angaben zum Risikomanagement und Hedge Accounting 624
   2.5 Angaben zu Zinsrisiken 626
      2.5.1 Grundsätzliche Anforderungen 626
      2.5.2 Angaben zu Fair-Value-Zinsrisiken 628
      2.5.3 Angaben zu Cash-Flow-Zinsrisiken 631
      2.5.4 Angaben zu Effektivzinsen 632
      2.5.5 Ergänzende Offenlegung zu Zinsrisiken 634
   2.6 Angaben zu Kreditrisiken 635
      2.6.1 Angaben zum maximalen Ausfallrisiko 635
      2.6.2 Angaben zu Ausfallrisikokonzentrationen 637
   2.7 Angaben zu sonstigen Risiken 639
   2.8 Sonstige Angabepflichten 641
   2.9 Exposure Draft „ED 7 Financial Instruments: Disclosures" 643
      2.9.1 Angaben zur Bedeutung von Finanzinstrumenten für die Vermögens-, Finanz- und Ertragslage 644
      2.9.2 Angaben zum Kapital 644
      2.9.3 Angaben zu Risiken aus Finanzinstrumenten 645

3. Offenlegungsvorschriften für Finanzinstrumente nach HGB und US-GAAP 650
   3.1 HGB 650
   3.2 US-GAAP 654

4. Vergleich der Offenlegungsvorschriften für Finanzinstrumente............................ 656

5. Zusammenfassung 657

1. Einführung

Die Geschäftstätigkeit von Kreditinstituten ist maßgeblich durch den Einsatz von Finanzinstrumenten - insbesondere Krediten, Wertpapieren, Beteiligungen, Refinanzierungen und derivativen Geschäften - geprägt. Dies drückt sich nicht zuletzt darin aus, dass - unabhängig von den zugrunde liegenden Rechnungslegungsvorschriften - regelmäßig mehr als 90% der Bilanzsumme auf Finanzinstrumente entfallen. Eine wesentliche Eigenschaft dieser Geschäfte besteht darin, dass ihr Wert von einer Vielzahl von - durch die Bank nicht beeinflussbaren - Faktoren abhängt. Hierzu zählen insbesondere die Bonität von Schuldnern, das Marktzinsniveau, Wechselkurse, Aktienkurse und sonstige Marktpreise. Kreditinstitute unterliegen damit in besonderem Maße dem Risiko einer Verschlechterung ihrer Vermögens-, Finanz- und Ertragslage aufgrund einer nachteiligen Veränderung dieser Faktoren.

Die Eigen- und Fremdkapitalgeber eines Kreditinstituts haben daher ein besonderes Interesse, im Rahmen des Jahres- bzw. Konzernabschlusses über diese, aus der Verwendung von Finanzinstrumenten resultierenden Risiken, informiert zu werden. Das Interesse richtet sich dabei insbesondere auf Informationen über die Art und den Umfang der eingesetzten Finanzinstrumente, die Höhe der damit verbundenen Risiken sowie die von der Bank verwendeten Methoden zum Management dieser Risiken.

Gegenstand der nachfolgenden Betrachtung sind die in diesem Zusammenhang relevanten Offenlegungspflichten für Kreditinstitute. Im Mittelpunkt stehen dabei die Vorschriften nach den IFRS, die (branchenübergreifend) in IAS 32 geregelt sind und durch Angabepflichten in IAS 30[1] ergänzt werden. Dabei wird auch auf den im Juli 2004 veröffentlichten Entwurf für einen neuen Standard zur Offenlegung von Finanzinstrumenten (ED 7) eingegangen.[2] Im Anschluss daran werden die Offenlegungspflichten nach HGB vorgestellt, die sich im Wesentlichen aus der Pflicht zur Risikoberichterstattung für Kreditinstitute gemäß DRS 5-10 ergeben. Nach einem kurzen Überblick zu den relevanten Angabepflichten nach US-GAAP werden die Vorschriften abschließend verglichen, wobei die Gemeinsamkeiten und Unterschiede zwischen den deutschen Regelungen und den IFRS-Vorschriften im Vordergrund stehen.

---

[1] Vgl. zu IAS 30 Abschnitt 3.3.2 im Beitrag „Bilanz, Gewinn- und Verlustrechnung sowie Notes".
[2] Vgl. Abschnitt 2.9 sowie den Abschnitt 4 im Beitrag „Bilanz, Gewinn- und Verlustrechnung sowie Notes".

2. Offenlegungsvorschriften für Finanzinstrumente nach IFRS

2.1 Zweck und Inhalt der Offenlegungsvorschriften

2.1.1 Zweck der Offenlegungspflichten

Das Framework des IASB formuliert als Ziel der Rechnungslegung die Information der Abschlussadressaten über die Leistung („performance") und wirtschaftliche Lage („financial position") des berichtenden Unternehmens. Insbesondere sollen die Adressaten mittels des Abschlusses in die Lage versetzt werden, Aussagen über die künftige Unternehmensentwicklung machen zu können. In diesem Zusammenhang führt das Framework aus: „The economic decisions that are taken by users of financial statements require an evaluation of the ability of an entity to generate cash and cash equivalents and of the timing and certainty of their generation."[3]

Um solche Informationen im Zusammenhang mit Finanzinstrumenten zu vermitteln, wurde mit IAS 39 für viele Finanzinstrumente eine Bewertung zum Fair Value eingeführt. Dies resultiert aus der Überlegung, dass der Fair Value der - im Vergleich zu den fortgeführten Anschaffungskosten - überlegene Bewertungsmaßstab ist, um über die aus einem Finanzinstrument künftig resultierenden Cash Flows zu informieren. Insbesondere spiegelt der Fair Value die seit Begründung eines Finanzinstruments eingetretenen Änderungen der relevanten Umfeldfaktoren (insbesondere des Zinsniveaus, der Wechselkurse, der Aktienkurse und der Kreditwürdigkeit von Schuldnern) wider. In den fortgeführten Anschaffungskosten schlagen sich solche Änderungen hingegen nicht nieder.[4]

Der Fair Value ist daher eine Momentaufnahme des Werts der künftig erwarteten Cash Flows eines Finanzinstruments auf der Basis der am Bilanzstichtag gültigen Marktbedingungen. Um Aussagen über die zukünftige Unternehmensentwicklung machen zu können, ist es darüber hinaus aber auch erforderlich, die Auswirkungen einer künftigen Änderung dieser Marktbedingungen auf die wirtschaftliche Lage der Bank abschätzen zu können. Es ist also die Frage zu beantworten, welcher Einfluss sich aus einer (potenziellen) künftigen Änderung des Zinsniveaus, der Wechselkurse, der Aktienkurse oder der Bonität von Schuldnern auf den Wert der Finanzinstrumente ergibt. Für die

---

[3] F.15.
[4] Eine Ausnahme gilt für den Fall einer dauerhaften Wertminderung gemäß IAS 39.58-62.

Abschätzung dieser, mit dem Einsatz von Finanzinstrumenten verbundenen, künftigen Risiken und Chancen benötigt der Abschlussleser allerdings zusätzliche - über die Bilanz und Gewinn- und Verlustrechnung hinausgehende - Informationen.

Die hierfür offen zu legenden Informationen werden in IAS 32 („Financial Instruments: Disclosure and Presentation") umfassend geregelt, indem

- Finanzinstrumente definiert,
- die berichtspflichtigen Risikoarten erläutert sowie
- der Inhalt und die Form der Berichterstattung geklärt

werden.

2.1.2 Definition von Finanzinstrumenten

Finanzinstrumente sind gemäß IAS 32 Verträge, die gleichzeitig bei einem Unternehmen einen finanziellen Vermögenswert und bei einem anderen Unternehmen eine finanzielle Verpflichtung oder ein Eigenkapitalinstrument begründen.[5] Es handelt sich also um vertragliche Ansprüche und Verpflichtungen, die mittelbar oder unmittelbar auf den Austausch von Zahlungsmitteln gerichtet sind.[6] Diese können aus originären oder aus derivativen Geschäften resultieren. Obwohl die Definition von Finanzinstrumenten des IAS 32 mit der in IAS 39 identisch ist, ist der Anwendungsbereich des IAS 32 weiter, da sich die Offenlegungspflichten auch auf nicht-bilanzierungspflichtige Finanzinstrumente beziehen.

Zu den Finanzinstrumenten im Sinne des IAS 32 zählen die folgenden Geschäfte:

1. Bilanzierungspflichtige finanzielle Vermögenswerte, insbesondere

- Zahlungsmittel und Zahlungsmittelsurrogate,
- Kredite (selbst begründet oder im Sekundärmarkt erworben),
- Schuldtitel (z.B. Anleihen, Schuldverschreibungen),
- Eigenkapitalinstrumente (z.B. Aktien, GmbH-Anteile),
- Anteile an Sondervermögen (z.B. Anteile an Aktienfonds) und
- Derivate (mit einem positiven Marktwert).

---

[5] Vgl. IAS 32.11.
[6] Vgl. GEBHARDT, G./NAUMANN, T. K., Grundzüge der Bilanzierung von Financial Instruments und von Absicherungszusammenhängen nach IAS 39, DB 1999, S. 1461-1469, hier S. 1461.

2. Bilanzierungspflichtige finanzielle Verpflichtungen, insbesondere
- Sicht-, Spar- und Termineinlagen,
- begebene Geldmarktpapiere,
- begebene Schuldverschreibungen,
- nachrangige Verbindlichkeiten und Genussrechtskapital,
- Lieferverpflichtungen aus Leerverkäufen und
- Derivate (mit einem negativen Marktwert).
3. Bilanzunwirksame finanzielle Verpflichtungen, insbesondere
- Eventualverbindlichkeiten (z.B. Bürgschaften und Garantien) und
- Unwiderrufliche Kreditzusagen.

2.1.3 Berichtspflichtige Risiken

Gegenstand der Offenlegungsvorschriften von IAS 32 sind die folgenden Risiken aus Finanzinstrumenten:[7]

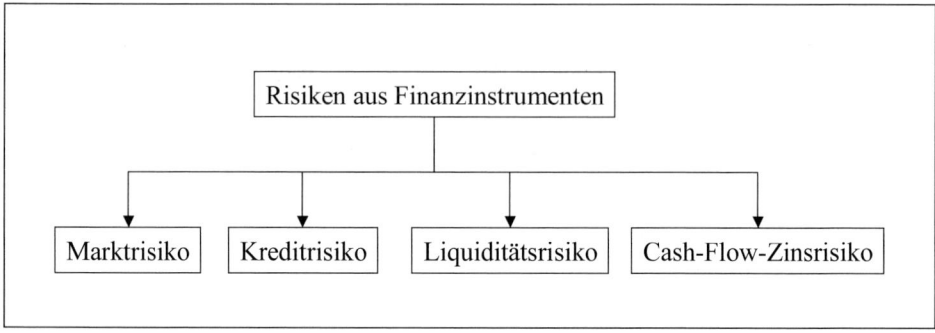

Abb. 1: Risikoarten gemäß IAS 32

Das Marktrisiko bezeichnet das Risiko, dass sich der Marktwert eines Finanzinstruments aufgrund von Marktparameter- oder Marktpreisschwankungen ändert.

---

[7] Vgl. IAS 32.52.

Dabei werden folgende Formen des *Marktrisikos* unterschieden:

1. Währungsrisiko

Das Risiko, dass sich der Wert eines Finanzinstruments (in Berichtswährung) aufgrund von Wechselkursschwankungen ändert, wird als Währungsrisiko bezeichnet. So folgt z.B. aus einer Abwertung des Euro gegenüber dem US-Dollar eine Erhöhung des Marktwerts (in Euro) einer variabel verzinslichen USD-Forderung und eine Reduzierung des Marktwerts eines Terminverkaufs von USD gegen Euro.

2. Fair-Value-Zinsrisiko

Das Fair-Value-Zinsrisiko ist das Risiko, dass sich der Wert eines Finanzinstruments aufgrund von Schwankungen der Marktzinsen ändert. So folgt z.B. aus einer Reduzierung des Marktzinsniveaus eine Zunahme des Marktwerts festverzinslicher Wertpapiere und eine Abnahme des Marktwerts von Payer Swaps[8].

3. Preisrisiko

Das Risiko, dass sich der Wert eines Finanzinstruments aufgrund von Schwankungen von Marktpreisen - insbesondere Aktienkursen und Edelmetallpreisen - ändert, wird als Preisrisiko bezeichnet. So reduziert sich z.B. der Marktwert eines Aktienbestandes in Folge einer Reduzierung des Aktienkurses. Der Marktwert einer Edelmetallforderung erhöht sich im Falle eines Anstiegs des Edelmetallkurses.

Das *Kreditrisiko* bezeichnet das Risiko, dass der Vertragspartner eines Finanzinstruments seinen Zahlungsverpflichtungen nicht nachkommt. Einem Kreditrisiko unterliegen z.B. Kredite, Wertpapiere und Derivate.

Mit dem *Liquiditätsrisiko* (bzw. Finanzierungsrisiko) wird das Risiko beschrieben, dass ein Unternehmen seinen aus Finanzinstrumenten resultierenden Zahlungsverpflichtungen nicht termingerecht nachkommen kann. Ursache für das Finanzierungsrisiko ist unter anderem das Risiko, dass im Bestand des Kreditinstituts befindliche Finanzinstrumente kurzfristig nicht zum Fair Value (oder zu einem nahe dem Fair Value liegenden Preis) veräußert werden können.

Das *Cash-Flow-Zinsrisiko* kennzeichnet das Risiko, dass die Höhe der aus einem Finanzinstrument künftig resultierenden Zahlungen in Folge einer Änderung der Marktzinsen schwankt (z.B. bei einer variabel verzinslichen Forderung oder Emission).

---

[8] Ein Payer Swap ist ein derivatives Geschäft, bei dem die Bank über die Laufzeit des Swap - bezogen auf einen Nominalbetrag - einen fixen Zins zahlt und im Austausch einen variablen Zins (z.B. den 6-Monats-EURIBOR) erhält.

2.1.4 Inhalt der Berichterstattung

Der Inhalt der Offenlegungspflichten gemäß IAS 32 lässt sich wie folgt strukturieren:

- Zunächst sind Angaben über Art und Umfang der eingesetzten Finanzinstrumente zu machen sowie die hierfür angewandten Bilanzierungs- und Bewertungsmethoden anzugeben. Diese Anforderungen sind in IAS 32.60-66 geregelt.

- Weiterhin ist für alle nicht zum Fair Value in der Bilanz bewerteten Finanzinstrumente die Angabe des Fair Value erforderlich. Diese Angabepflicht resultiert aus der vom IASB vertretenen Sicht, wonach mit Blick auf die Funktion des Abschlusses, künftig erwartete Cash Flows adäquat abzubilden, der Fair Value der überlegene Bewertungsmaßstab für Finanzinstrumente ist. Diese Anforderung ist in IAS 32.86-93 geregelt.

- Über diese stichtagsbezogenen Angaben hinaus sind die Ziele und Methoden des Managements der oben beschriebenen Risiken darzustellen sowie Angaben zum Hedge Accounting zu machen. Diese Anforderungen sind in IAS 32.56-59 geregelt.

- Den Kern der Offenlegungspflichten bilden die Angaben zur Kennzeichnung der Höhe der aus den Finanzinstrumenten resultierenden (Kredit-, Zins-, Währungs-, Markt-, und Liquiditäts-) Risiken. Die diesbezüglichen Anforderungen sind in IAS 32.67-85 und in IAS 30.30-39 geregelt.

- Schließlich sieht IAS 32.94 eine Reihe weiterer Angabepflichten vor.

2.1.5 Form der Berichterstattung

IAS 32 schreibt nicht vor, an welcher Stelle im Abschluss die geforderten Angaben vorzunehmen sind. Regelmäßig bieten sich dafür die Notes oder der Lagebericht[9], ggf. auch ein zusätzlicher Berichtsteil an. Soweit sich die geforderten Angaben bereits aus der Bilanz ergeben, müssen sie jedoch nicht wiederholt werden. Auch die Form der Berichterstattung wird nicht generell vorgeschrieben, so dass grundsätzlich textliche Ausführungen ebenso in Frage kommen wie quantitative Angaben.[10] Für Kreditinstitute werden aber üblicherweise quantitative Angaben erforderlich sein.

Bezüglich des Detaillierungsgrads der Angaben wird ausdrücklich eine Abwägung zwischen einer zu detaillierten und einer zu groben Darstellung verlangt. Gerade für Kreditinstitute ist es daher regelmäßig nicht zweckmäßig, Angaben zu einzelnen Finanzinstrumenten zu machen. Vielmehr sind die Angaben mit Bezug zu Gruppen von Finanzinstrumenten mit gleichen Merkmalen vorzunehmen. Dabei hängt das Kriterium der

---

[9] Dabei ist zu bedenken, dass die IFRS keine Verpflichtung zur Aufstellung eines Lageberichts kennen.
[10] Vgl. IAS 32.53.

Gruppenbildung vom Gegenstand der Angabepflicht im Einzelfall ab.[11] Die Gruppierung kann z.B.

- nach Maßgabe der Bilanzwirksamkeit getrennt für bilanzwirksame und -unwirksame Finanzinstrumente vorgenommen werden,
- für die in der Bilanz ausgewiesenen Positionen vorgenommen werden,
- nach Maßgabe des zugrunde liegenden Bewertungsmaßstabs für zu fortgeführten Anschaffungskosten bzw. zum Fair Value bewerteten Finanzinstrumenten vorgenommen werden,
- zwischen originären und derivativen Finanzinstrumenten unterscheiden und/oder
- nach der Zuordnung der Finanzinstrumente zum Bank- bzw. Handelsbuch unterscheiden.

2.2 Angaben zu Art und Umfang der Finanzinstrumente sowie den Bilanzierungsmethoden

2.2.1 Art und Umfang der Finanzinstrumente

Als Ausgangspunkt der Berichterstattung über Finanzinstrumente verlangt IAS 32 Angaben über die Art, den Umfang und die wesentlichen Vertragsbedingungen („significant terms and conditions") der eingesetzten Finanzinstrumente.[12] Die Angabepflicht wird zwar unter den Vorbehalt gestellt, dass Finanzinstrumente - entweder einzeln oder in Gruppen gleichartiger Geschäfte - ein signifikantes Risiko begründen; für Kreditinstitute kann aber von einer grundsätzlichen Pflicht ausgegangen werden.
Angaben sind nur insoweit erforderlich, als sich die geforderten Informationen nicht bereits aus der Bilanz ergeben. Da IFRS-Bilanzen von Kreditinstituten in der Regel eine straffe Gliederung aufweisen (vgl. beispielhaft Abbildung 2), sind weitergehende Aufgliederungen der Bilanzpositionen in den Notes jedoch zwingend erforderlich.[13]

---

[11] Vgl. IAS 32.55.
[12] Vgl. hierzu und im Weiteren IAS 32.60(a) und IAS 32.62-65.
[13] Vgl. zur Bilanz nach IFRS Abschnitt 3.1 im Beitrag „Bilanz, Gewinn- und Verlustrechnung sowie Notes".

Bilanz (Finanzinstrumente)			
Aktiva	Mio. €	Passiva	Mio. €
Barreserve	3.000	Verbindlichkeiten gegenüber Kreditinstituten	50.000
Forderungen an Kreditinstitute[14]	29.900	Verbindlichkeiten gegenüber Kunden	59.750
Forderungen an Kunden[15]	99.750	Verbriefte Verbindlichkeiten	99.750
Derivative Sicherungsinstrumente[16]	2.000	Derivative Sicherungsinstrumente[17]	3.000
Handelsaktiva[18]	45.000	Handelspassiva[19]	17.000
Available-for-Sale-Bestand	78.000	Nachrangkapital	5.000
Held to Maturity Investments	9.800		

Abb. 2: Abbildung von Finanzinstrumenten in der Bilanz gemäß IFRS (Beispiel)

Zur Kennzeichnung der Art und des Umfangs der bilanzwirksamen Finanzinstrumente bieten sich z.B. folgende Untergliederungen an:

Handelsaktiva	Mio. €
Schuldverschreibungen und andere festverzinsliche Wertpapiere	19.500
Aktien und andere nicht festverzinsliche Wertpapiere	7.500
Schuldscheindarlehen	1.000
Derivative Finanzinstrumente, davon	17.000
Zinsbezogene Derivate	10.000
Währungsbezogene Derivate	5.000
Aktien-/Indexbezogene Derivate	1.500
Sonstige Derivate	500
Gesamt	45.000

Abb. 3: Aufgliederung der Handelsaktiva

---

[14] Hierunter fallen nur solche Forderungen, die gemäß IAS 39.9 als „Loans and Receivables" klassifiziert werden.

[15] Hierunter fallen nur solche Forderungen, die gemäß IAS 39.9 als „Loans and Receivables" klassifiziert werden.

[16] Hierunter fallen nur Derivate des Bankbuchs (mit einem positiven Marktwert), für die die Regelungen des Hedge Accounting angewandt wurden.

[17] Hierunter fallen nur Derivate des Bankbuchs (mit einem negativen Marktwert), für die die Regelungen des Hedge Accounting angewandt wurden.

[18] Hierunter fallen alle Derivate mit positivem Marktwert aus 1. dem Handelsbuch und 2. dem Bankbuch (sofern die Regelungen des Hedge Accounting nicht angewandt wurden).

[19] Hierunter fallen alle Derivate mit negativem Marktwert aus 1. dem Handelsbuch und 2. dem Bankbuch (sofern die Regelungen des Hedge Accounting nicht angewandt wurden). Darüber hinaus werden hier Lieferverpflichtungen aus Wertpapierleerverkäufen ausgewiesen.

Available-for-Sale-Bestand	Mio. €
Schuldverschreibungen und andere festverzinsliche Wertpapiere	59.000
Aktien und andere nicht festverzinsliche Wertpapiere	9.000
Beteiligungen	8.500
Beteiligungen an assoziierten Unternehmen	1.400
Beteiligungen an Tochterunternehmen	100
Gesamt	78.000

Abb. 4: Aufgliederung des Available-for-Sale-Bestands

Verbriefte Verbindlichkeiten	Mio. €
Begebene Schuldverschreibungen	69.750
Begebene Geldmarktpapiere	29.000
Sonstige	1.000
Gesamt	99.750

Abb. 5: Aufgliederung der verbrieften Verbindlichkeiten

Handelspassiva	Mio. €
Derivative Finanzinstrumente, davon	16.000
Zinsbezogene Derivate	9.500
Währungsbezogene Derivate	5.000
Aktien-/Indexbezogene Derivate	1.300
Sonstige Derivate	200
Lieferverpflichtungen aus Wertpapierleerverkäufen	1.000
Gesamt	17.000

Abb. 6: Aufgliederung der Handelspassiva

Zur weitergehenden Kennzeichnung der derivativen Geschäfte bietet sich darüber hinaus an, diese nach Produktarten zu unterscheiden. Dies gilt sowohl für Derivate des Handelsbestandes als auch für Sicherungsderivate (vgl. Abbildung 8 unten).

IAS 32 verlangt darüber hinaus Angaben zu den wesentlichen Vertragsbedingungen der Finanzinstrumente.[20] Hierzu zählen insbesondere

- Nominalvolumen,
- Restlaufzeit,
- in Finanzinstrumente eingebettete Rechte (Kündigungsrechte, Wandlungsrechte oder andere eingebettete Derivate),
- geleistete bzw. erhaltene Sicherheiten und

---

[20] Vgl. IAS 32.60(a), IAS 32.63.

– sonstige Bedingungen der Finanzinstrumente (z.B. Sicherheiten).

Angaben zum Nominalvolumen und zur Restlaufzeit sind naturgemäß nur für Finanzinstrumente mit einer vertraglichen Laufzeit möglich. Die Nominalbeträge dieser Geschäfte sind nach Restlaufzeiten aufzugliedern, ohne dass IAS 32 eine Vorgabe über die anzugebenden Laufzeitbänder enthält. Daneben regelt bereits IAS 30 eine Pflicht zur Aufgliederung des Buchwerts von Finanzinstrumenten nach Restlaufzeiten.[21] Um eine Aufgliederung sowohl des Buchwerts als auch des Nominalbetrags zu vermeiden, bietet es sich an:

– für nicht-derivative Finanzinstrumente entweder den Buchwert[22] oder den Nominalbetrag in Berichtswährung gemäß den Laufzeitbändern des IAS 30 aufzugliedern (vgl. Abbildung 7) und

– für Derivate den Nominalbetrag in Berichtswährung aufzugliedern, da der Buchwert (fair value) keine Aussagekraft bezüglich des Geschäfts- und Risikovolumens besitzt (vgl. Abbildung 8).

Restlaufzeitengliederung in Mio. €	Buchwert	Nominalbetrag - Restlaufzeit					
		< 1 Monat	1 bis 3 Monat(e)	3 bis 12 Monate	1 bis 5 Jahr(e)	mehr als 5 Jahre	Summe
Forderungen an Kreditinstitute	29.900	6.000	12.000	5.000	3.000	4.000	30.000
Forderungen an Kunden	99.750	9.000	20.000	10.000	21.000	40.000	100.000
Schuldverschreibungen und Schuldscheindarlehen des Handelsbestands	20.500	0	2.000	3.000	10.000	5.000	20.000
Schuldverschreibungen des Available-for-Sale-Bestands	65.500	0	5.000	7.000	23.000	30.000	65.000
Held to Maturity Investments	9.800	0	1.000	1.000	5.000	3.000	10.000
Summe Aktiva	225.450	15.000	40.000	26.000	62.000	82.000	225.000
Verbindlichkeiten gegenüber Kreditinstituten	50.000	6.000	26.000	9.000	4.000	5.000	50.000
Verbindlichkeiten gegenüber Kunden	59.750	19.000	25.000	4.000	5.000	7.000	60.000
Verbriefte Verbindlichkeiten	99.750	0	18.000	20.000	39.000	23.000	100.000
Nachrangkapital	5.000	0	0	500	1.500	3.000	5.000
Summe Passiva	214.500	25.000	69.000	33.500	49.500	38.000	215.000

Abb. 7: Restlaufzeitengliederung nicht-derivativer Finanzinstrumente

---

[21] Vgl. IAS 30.30, der allerdings der Kennzeichnung des Liquiditätsrisikos dient.
[22] Das ist für Forderungen, Held to Maturity Investments und Verbindlichkeiten der Betrag der fortgeführten Anschaffungskosten und für den Handels- und den Available-for-Sale-Bestand der Fair Value.

Restlaufzeitengliederung in Mio. €		Nominalbetrag Restlaufzeit				Marktwert	
		bis 1 Jahr	1 bis 5 Jahr(e)	mehr als 5 Jahre	Summe	positiv	negativ
Zinsbezogene Geschäfte		498.000	230.500	194.000	922.500	12.000	12.500
OTC-Geschäfte	Forward Rate Agreements	90.000	1.500	0	91.500	500	500
	Zinsswaps	353.000	200.000	169.000	722.000	10.500	11.000
	Zinsoptionen - Käufe	6.000	13.000	12.000	31.000	1.000	-
	Zinsoptionen - Verkäufe	7.000	14.000	13.000	34.000	-	1.000
	Sonstige Zinskontrakte	0	0	0	0	0	0
Börsengehandelte Geschäfte	Zinsfutures	12.000	1.500	0	13.500	-	-
	Zinsoptionen	30.000	500	0	30.500	-	-
Währungsbezogene Geschäfte		150.000	25.000	6.000	181.000	5.000	5.000
OTC-Geschäfte	Devisentermingeschäfte	115.000	7.000	0	122.000	3.000	3.000
	Zinswährungsswaps	12.000	15.500	6.000	33.500	1.500	1.500
	Devisenoptionen - Käufe	11.000	1.500	0	12.500	500	-
	Devisenoptionen - Verkäufe	12.000	1.000	0	13.000	-	500
	Sonstige Devisenkontrakte	0	0	0	0	0	0
Börsengehandelte Geschäfte	Devisenfutures	0	0	0	0	-	-
	Devisenoptionen	0	0	0	0	-	-
Aktien-/Indexbezogene Geschäfte		9.000	15.000	1.000	25.000	1.500	1.300
OTC-Geschäfte	Aktien-/Index-Swaps	0	0	0	0	0	0
	Aktien-/Index-Optionen (Käufe)	4.500	7.500	500	12.500	1.400	-
	Aktien-/Index-Optionen (Verkäufe)	4.000	7.000	500	11.500	-	1.200
	Sonstige Aktien-/Index-Kontrakte	500	500	0	1.000	100	100
Börsengehandelte Geschäfte	Aktien-/Index-Futures	0	0	0	0	-	-
	Aktien-/Index-Optionen	0	0	0	0	-	-
Sonstige Geschäfte		1.500	7.000	1.000	9.500	500	200
OTC-Geschäfte	Edelmetallgeschäfte	0	0	0	0	0	0
	Kreditderivate	1.500	7.000	1.000	9.500	500	200
	Sonstige Geschäfte	0	0	0	0	0	0
Börsengehandelte Geschäfte	Futures	0	0	0	0	-	-
	Optionen	0	0	0	0	-	-

Abb. 8: Restlaufzeitengliederung für Derivate[23]

---

[23] Aufgliederung entspricht der Empfehlung des BUNDESVERBANDES DEUTSCHER BANKEN (BdB), vgl. AUS-SCHUSS FÜR BILANZIERUNG DES BdB, Bilanzpublizität von Finanzderivaten, WPg 1995, S. 1-6, hier S. 4.

Zur Kennzeichnung der Art und des Umfangs der bilanzunwirksamen Finanzinstrumente sind zumindest die Nominalbeträge der Eventualverbindlichkeiten und der unwiderruflichen Kreditzusagen anzugeben.[24]

Die vorgenannten Aufgliederungen werden jeweils in der Berichtswährung des Kreditinstituts gemacht. Wenn die zugrunde liegenden Geschäfte auf eine andere Währung lauten, sind zusätzliche Angaben hierzu erforderlich. Darüber hinaus sind zu allen vorgenannten Aufgliederungen textliche Angaben über weitere wesentliche Vertragsbedingungen - z.B. eingebettete Derivate, gegebene oder erhaltene Sicherheiten[25] usw. - zu machen.

2.2.2 Bilanzierungsmethoden

IAS 32 verlangt darüber hinaus die Angabe der für Finanzinstrumente angewandten Bilanzierungs- und Bewertungsmethoden[26] und ergänzt damit die in diesem Zusammenhang in IAS 1 allgemein geregelte Offenlegungspflicht[27].

Neben einer Beschreibung der Rechnungslegungsvorschriften für Finanzinstrumente (die sich im Wesentlichen aus IAS 39 ergeben) ist es auch erforderlich, Angaben zur Anwendung dieser Regelungen auf die im Unternehmen relevanten Geschäftsvorfälle zu machen. Diese Angaben beziehen sich auf die

– Kriterien für den bilanziellen Zu-/Abgang von Finanzinstrumenten:

   Die Vorschriften für die Ein- bzw. Ausbuchung von Finanzinstrumenten[28] sind darzulegen und für die im Unternehmen in diesem Zusammenhang relevanten Transaktionen (z.B. Pensionsgeschäfte, Wertpapierleihegeschäfte und Forderungsverbriefungen) zu spezifizieren.[29]

– Bewertungsmethoden:

   Neben einer Erläuterung der Bewertungsvorschriften für Finanzinstrumente[30] ist insbesondere

   - auf die unternehmensspezifische Umsetzung dieser Regeln einzugehen (z.B. hinsichtlich der Methoden zur Bestimmung von Fair Values, Ermittlung von

---

[24] Diese Angabepflicht resultiert bereits aus IAS 30.26.
[25] Vgl. hierzu auch die Angabepflichten gemäß IAS 32.94(b) und Abschnitt 2.8.
[26] Vgl. IAS 32.60(b).
[27] Vgl. IAS 1.103(a).
[28] Diese resultieren aus IAS 39.14-42.
[29] Vgl. zur Ausbuchung von Finanzinstrumenten Abschnitte 3-4 im Beitrag „Ansatz und Bewertung von Finanzinstrumenten".
[30] Diese resultieren aus IAS 39.43-70.

Wertberichtigungen auf Forderungen, Abtrennung eingebetteter Derivate aus hybriden Finanzinstrumenten oder Bestimmung des bilanziellen Anpassungsbetrags für im Rahmen eines Fair Value Hedge gesicherte Geschäfte) und

- die Nutzung von Wahlrechten zu kennzeichnen (z.B. bezüglich der Anwendung des „Trade Date/Settlement Date Accounting"[31]).

– Erfassung und Bewertungen von Aufwendungen und Erträgen:

Neben der Darstellung der diesbezüglichen Vorschriften ist deren Umsetzung im Unternehmen zu beschreiben (z.B. bezüglich der Verrechnung von Erträgen und Aufwendungen, Ermittlung der Ergebniswirkungen aus Cash Flow Hedges und Fair Value Hedges und der Erfassung von Zinserträgen für Kredite mit Zahlungsrückständen).

2.3 Angaben zu Fair Values von Finanzinstrumenten

Nach der vom IASB vertretenen Ansicht sollten alle Finanzinstrumente einheitlich zum Fair Value bilanziert werden, um den Abschlussadressaten entscheidungsrelevante Informationen über die Leistungsfähigkeit des Unternehmens zur Verfügung zu stellen.[32] Da sich eine solche umfassende Marktbewertung bis heute aber nicht durchsetzen konnte, besteht gemäß IAS 32 die Verpflichtung, für alle nicht zum Fair Value bilanzierten Finanzinstrumente, den Fair Value in den Notes anzugeben.[33] Mit dieser Angabe sollen die Abschlussadressaten eine bessere Abschätzung der aus den Finanzinstrumenten künftig resultierenden Cash Flows vornehmen können (vgl. hierzu Beispiel 1).

---

[31] Vgl. IAS 32.61, IAS 39.38 sowie Abschnitt 2 im Beitrag „Ansatz und Bewertung von Finanzinstrumenten".

[32] Vgl. hierzu z.B. PAPE, J., Financial Instruments: Standard der Joint Working Group of Standard Setters, WPg 2001, S. 1458-1467, hier S. 1461.

[33] Vgl. hierzu und im Weiteren IAS 32.86-93.

Beispiel 1:
Bank A begibt am 31.03.20X1 einen mit 5% festverzinslichen Kredit i.H.v. € 5 Mio. mit einer Laufzeit bis 31.03.20X7. Bis zum 31.03.X3 ist der vergleichbare Marktzins auf 4% gefallen. Zu diesem Zeitpunkt begibt die Bank einen mit 4% festverzinslichen Kredit i.H.v. € 5 Mio. mit einer Laufzeit ebenfalls bis 31.03.20X7. Beide Kredite werden gemäß IAS 39 zu fortgeführten Anschaffungskosten von € 5 Mio. bilanziert, obwohl die künftigen Zins-Cash-Flows des ersten Kredits höher sind. Dieser Unterschied spiegelt sich im Fair Value der beiden Geschäfte wieder: Während der erste Kredit einen Fair Value von € 5,3 Mio. aufweist, hat der zweite Kredit einen Fair Value von nur € 5 Mio. Die stille Reserve des ersten Kredits in Höhe von € 0,3 Mio. wird in den Notes ausgewiesen.

Eine Notwendigkeit zur Angabe von Fair Values in den Notes besteht nur für Finanzinstrumente, die zu fortgeführten Anschaffungskosten bewertet werden oder bilanzunwirksam sind. Danach sind Angaben für folgende Finanzinstrumente erforderlich:

Finanzinstrument	Bewertungsmaßstab	Fair-Value-Angabe
Bilanzwirksame finanzielle Vermögensgegenstände		
Forderungen an Kreditinstitute	Fortgeführte Anschaffungskosten	Ja
Forderungen an Kunden	Fortgeführte Anschaffungskosten	Ja
Derivative Sicherungsinstrumente	Fair Value	Nein
Handelsaktiva	Fair Value	Nein
Available-for-Sale-Bestand	Fair Value	Nein
Held to Maturity Investments	Fortgeführte Anschaffungskosten	Ja
Bilanzwirksame finanzielle Verpflichtungen		
Verbindlichkeiten gegenüber Kreditinstituten	Fortgeführte Anschaffungskosten	Ja
Verbindlichkeiten gegenüber Kunden	Fortgeführte Anschaffungskosten	Ja
Verbriefte Verbindlichkeiten	Fortgeführte Anschaffungskosten	Ja
Derivative Sicherungsinstrumente	Fair Value	Nein
Handelspassiva	Fair Value	Nein
Nachrangkapital	Fortgeführte Anschaffungskosten	Ja
Außerbilanzielle Finanzinstrumente		
Unwiderrufliche Kreditzusagen	-	Ja
Eventualverbindlichkeiten	-	Ja

Abb. 9: Notwendigkeit einer Fair-Value-Angabe

Der Fair Value ist der Betrag, zu dem - unter vertragswilligen, sachverständigen und voneinander unabhängigen Parteien - Vermögensgegenstände getauscht bzw. Verpflichtungen erfüllt werden können.[34] Bei der Bestimmung dieses Betrags ist stets von der Prämisse der Unternehmensfortführung auszugehen. Der Fair Value ist daher nicht als Liquidationswert, sondern unter Bezugnahme auf die aktuellen Umfeldbedingungen des Unternehmens zu ermitteln.[35] Dabei ist wie folgt vorzugehen:

1. Wird das Finanzinstrument in einem aktiven Markt - Börse oder OTC-Markt - gehandelt, ist die Quotierung am Bilanzstichtag für die Bestimmung des Fair Value maßgebend.[36]

2. Liegt in einem Markt hingegen keine aktuelle Quotierung vor, können die zuletzt verfügbaren Marktpreise herangezogen werden; ggf. sind Anpassungen für zwischenzeitlich eingetretene wertrelevante Änderungen der Rahmenbedingungen vorzunehmen.[37]

3. Liegen für ein Finanzinstrument keine Marktpreise vor - weil kein Markt vorhanden ist oder der Markt nicht hinreichend aktiv ist -, ist der Fair Value mittels anderer Methoden zu schätzen:[38]

    a. durch Verwendung von Marktpreisen anderer, vergleichbarer Finanzinstrumente,

    b. mittels der Methode des Discounted Cash Flow, indem die zukünftig erwarteten Zahlungsströme aus dem Finanzinstrument abgezinst werden oder

    c. mittels Optionspreismodellen.

Da die Bewertung in den Fällen 1, 2 und 3a auf Marktpreisen basiert, wird sie als „Mark to Market" bezeichnet. Weil in den Fällen 3b und 3c Bewertungsmodelle verwendet werden, wird die Bewertung als „Mark to Model" bezeichnet.

Für den überwiegenden Teil der Finanzinstrumente, für die eine Angabe der Fair Values in den Notes erforderlich ist, kommt nur eine Mark-to-Model-Bewertung in Frage, da diese Geschäfte nicht aktiv gehandelt werden. Dies gilt insbesondere für Kredite und für (einen wesentlichen Teil der) Verbindlichkeiten. Der Fair Value dieser Geschäfte ist daher regelmäßig mittels der Barwertmethode zu bestimmen und insbesondere von Zins-, Bonitäts- und Währungsrisiken abhängig:

— Zinsbedingte Veränderungen des Fair Value ergeben sich nur für festverzinsliche

---

[34] Vgl. IAS 32.11.
[35] Vgl. IAS 39.AG69.
[36] Vgl. IAS 39.AG71.
[37] Vgl. IAS 39.AG72.
[38] Vgl. IAS 39.AG74.

Finanzinstrumente. Für variabel verzinsliche Geschäfte besteht daher keine Angabepflicht in den Notes (vgl. Beispiel 2 und 3).

- Wechselkursbedingte Veränderungen des Fair Value werden bilanziell bereits berücksichtigt.[39] Sie begründen daher allein keine Angabepflicht in den Notes (vgl. Beispiel 4).

- Bonitätsbedingte Veränderungen des Fair Value begründen dann eine Angabepflicht in den Notes, wenn sich die Veränderung bilanziell nicht niedergeschlagen hat (vgl. Beispiel 5).

Beispiel 2:
Bank A begibt am 15.02.20X1 einen Kredit i.H.v. € 1 Mio. mit dreimonatiger Zinsanpassung und einer Laufzeit von 4 Jahren. Am 31.12.20X1 wird der Kredit zu fortgeführten Anschaffungskosten i.H.v. € 1 Mio. bilanziert. Der Fair Value des Kredits beträgt (bei unveränderter Bonität des Schuldners) ebenfalls ca. € 1 Mio., da die letzte Anpassung an das Marktzinsniveau erst sechs Wochen zurückliegt und die nächste Zinsanpassung bereits in sechs Wochen erfolgt. In den Notes ist daher keine Angabe erforderlich.

Beispiel 3:
Bank B begibt am 30.06.20X1 eine mit 5% festverzinsliche Anleihe über € 15 Mio. mit einer Laufzeit von 7 Jahren. Bis zum 30.06.20X2 ist das Zinsniveau gestiegen. Infolge der Unterverzinslichkeit der Verbindlichkeit beträgt der Fair Value € -14 Mio. Die Differenz von € 1 Mio. zu den fortgeführten Anschaffungskosten i.H.v. € -15 Mio. ist in den Notes anzugeben.

Beispiel 4:
Wie Beispiel 2, jedoch handelt es sich um einen Kredit über $ 1 Mio. Bei Vergabe des Kredits beträgt der Wechselkurs $/€ 1,0. Am 31.12.20X1 beträgt der Wechselkurs 1,25. Der Kredit wird zu fortgeführten Anschaffungskosten (in €) i.H.v. € 800 Tsd. bilanziert. Der Marktwert beträgt ebenfalls ca. € 800 Tsd. In den Notes ist daher keine Angabe erforderlich.

Beispiel 5:
Wie Beispiel 2. Bis zum 31.12.20X3 ist die Bonität des Schuldners gesunken, ohne dass mit einem Zahlungsausfall gerechnet werden muss. Der Kredit wird zu fortgeführten Anschaffungskosten i.H.v. € 1 Mio. bilanziert. Aufgrund der verschlechterten Bonität ist der Fair Value mit einem erhöhten Credit Spread zu ermitteln. Daraus resultiert - trotz variabler Verzinsung - ein Rückgang des Fair Value um € 0,1 Mio., der in den Notes anzugeben ist.

Bei der Ermittlung des Fair Value sind eingebettete Derivate, sofern sie nicht bereits bilanziell abgetrennt und zum Fair Value bilanziert werden[40], zu berücksichtigen.[41]

---

[39] Vgl. hierzu IAS 21.23.
[40] Vgl. zu den Regelungen zur Abtrennung eingebetteter Derivate IAS 39.10-13.
[41] Vgl. zu Embedded Derivatives den Abschnitt 11 im Beitrag „Ansatz und Bewertung von Finanzinstrumenten".

Dabei kann es sich z.B. um Kündigungsrechte oder Zinsbegrenzungsvereinbarungen handeln:

> **Beispiel 6:**
> Bank A begibt am 01.01.20X1 einen Kredit i.H.v. € 20 Mio. und einer Laufzeit von 5 Jahren. Der Zins wird vierteljährlich angepasst, ist aber nach oben bei 4% begrenzt. Bei Kreditvergabe beträgt der 3-Monats-Zins 3,5%. Am 31.12.20X2 beträgt der 3-Monats-Zins 4,5%. Da der Cap gemäß IAS 39 nicht abzutrennen ist, wird der Kredit zu fortgeführten Anschaffungskosten i.H.v. € 20 Mio. bilanziert. Der Fair Value des Kredits setzt sich aus dem Fair Value des Kredits ohne Zinsbegrenzung und dem Fair Value des Cap zusammen. Während der isolierte Kredit wegen der variablen Verzinsung (bei unveränderter Bonität des Kunden) einen Fair Value von annähernd € 20 Mio. aufweist, hat der Cap einen Marktwert von € -0,3 Mio. Der Fair Value i.H.v. € 19,7 Mio. ist in den Notes anzugeben.
>
> **Beispiel 7:**
> Wie Beispiel 3, allerdings hat der Gläubiger ein Kündigungsrecht zum Nominalbetrag. Da das Kündigungsrecht gemäß IAS 39 nicht abzutrennen ist, wird die Verbindlichkeit zum 31.12.20X3 mit den fortgeführten Anschaffungskosten zu € 15 Mio. bilanziert. Der Fair Value der Verbindlichkeit setzt sich aus dem Fair Value der Verbindlichkeit ohne Kündigungsrecht und dem Kündigungsrecht (aus Sicht der Bank ein Short Put auf die Verbindlichkeit) zusammen. Während die isolierte Verbindlichkeit einen Fair Value von € -14 Mio. aufweist, hat das Kündigungsrecht einen Fair Value von € -1 Mio. Der Fair Value der Verbindlichkeit insgesamt ändert sich daher nicht. Eine Angabe in den Notes ist nicht erforderlich.

Die Angaben zu den Fair Values sind so vorzunehmen, dass sie einen Vergleich mit dem Buchwert und damit eine Ermittlung der unrealisierten Reserven oder Lasten ermöglichen (vgl. z.B. Abbildung 10). Verrechnungen sind nur für solche Finanzinstrumente erlaubt, die auch in der Bilanz auf Nettobasis ausgewiesen werden. Für nicht-börsennotierte Eigenkapitalinstrumente, die zu Anschaffungskosten bilanziert werden, weil der Fair Value nicht verlässlich ermittelt werden kann[42] (und Derivate, die sich auf solche Instrumente beziehen) ist eine Angabe der Fair Values nicht notwendig. Stattdessen sind für solche Instrumente die folgenden Angaben erforderlich: Buchwert, Begründung für die fehlende Bewertung zum Fair Value und Informationen, die es dem Abschlussadressaten erlauben, eine eigene Einschätzung über den Fair Value vorzunehmen. Für den Fall, dass solche finanziellen Vermögenswerte veräußert werden, ist der Veräußerungsgewinn bzw. -verlust anzugeben.

---

[42] Vgl. IAS 39.46(c).

Schließlich sind im Anhang die folgenden Angaben bezüglich der Ermittlung von Fair Values zu machen:[43]

- Methoden zur Ermittlung der Fair Values für jede Kategorie von Finanzinstrumenten sowie die dabei zugrunde gelegten Annahmen;
- Inwieweit bei der Ermittlung von Fair Values Marktpreise (mark to market) oder Bewertungsmodelle (mark to model) verwendet wurden;
- Ob bei der Verwendung von Bewertungsmodellen Annahmen getroffen wurden, die nicht durch Marktpreise oder -parameter bestätigt sind (z.B. Annahmen über vorzeitige Rückzahlungen). In diesem Zusammenhang sind auch Angaben zu den Auswirkungen alternativer Annahmen auf den Fair Value zu machen;
- Inwieweit sich Fair-Values-Änderungen, die mittels Bewertungsmodellen ermittelt wurden, in der Gewinn- und Verlustrechnung der Periode niedergeschlagen haben.

Fair Values von Finanzinstrumenten (in Mio. €)	Buchwert	Fair Value	Differenz
Bilanzwirksame finanzielle Vermögensgegenstände			
Forderungen an Kreditinstitute	29.900	30.650	750
Forderungen an Kunden	99.750	101.850	2.100
Held to Maturity Investments	9.800	10.600	800
Bilanzwirksame finanzielle Verpflichtungen			
Verbindlichkeiten gegenüber Kreditinstituten	50.000	50.850	850
Verbindlichkeiten gegenüber Kunden	59.750	60.700	950
Verbriefte Verbindlichkeiten	99.750	101.450	1.700
Nachrangkapital	5.000	5.350	350

Abb. 10: Fair Values für Finanzinstrumente

2.4 Angaben zum Risikomanagement und Hedge Accounting

Ziel der Offenlegungspflichten ist es, dem Abschlussleser eine Einschätzung der aus dem Einsatz von Finanzinstrumenten resultierenden Risiken zu ermöglichen. In diesem Zusammenhang interessiert u.a. auch die Art und Weise, wie das Unternehmen mit diesen Risiken umgeht. IAS 32 verlangt daher Angaben über die Zielsetzungen und Methoden des Risikomanagements für Finanzinstrumente.[44]

---

[43] Vgl. IAS 32.92.
[44] Vgl. IAS 32.56. Vgl. hierzu auch IAS 30.7.

Eine weitergehende Konkretisierung des Inhalts und Umfangs der hierfür erforderlichen Angaben findet sich in IAS 32 nicht. Das Unternehmen hat hierüber nach eigenem Ermessen zu entscheiden. Gegenstand einer solchen Berichterstattung sollte u.a. sein:

- Spezifizierung der Strategien und Ziele des Risikomanagements unter Bezugnahme auf die Gesamtbanksteuerung,
- Darstellung der Organisation des Risikomanagementprozesses (Kennzeichnung der Organisationseinheiten und ihrer Aufgaben im Rahmen der Risikosteuerung und Risikoüberwachung),
- Beschreibung der relevanten Risikoarten (Adressenausfall-, Markt-, Liquiditäts- und sonstige Risiken),

Für jede Risikoart sollten angegeben werden:

- Art und Umfang der dem Risiko unterliegenden Finanzinstrumente,
- der mit dem Einsatz der Finanzinstrumente verfolgte Zweck,
- Prozess und Organisation des Risikocontrolling (Identifizierung, Analyse, Bewertung, Steuerung und Überwachung des Risikos),
- Methoden zur Risikoquantifizierung und
- Limitierung und Limitüberwachung der Risiken.

Im Zusammenhang mit der Berichterstattung über das Risikomanagement bietet es sich auch an, auf die von IAS 32 geforderten Angaben zum Hedge Accounting einzugehen.[45] So sind anzugeben:

- die genutzten Formen des Hedge Accounting (Fair Value Hedge, Cash Flow Hedge und Hedge of a Net Investment in a Foreign Entity);[46]
- die dabei verwendeten Finanzinstrumente (insbesondere Derivate) sowie deren Fair Values;
- die gesicherten Risiken (Ausfall-, Zins-, Währungs- oder andere Marktpreisrisiken);
- für Cash Flow Hedges von erwarteten Transaktionen Angaben darüber, wann die künftigen Zahlungsmittelflüsse erwartet werden und wann diese in der GuV berücksichtigt werden. Zusätzlich ist über solche erwarteten Transaktionen zu berichten, für die die Anwendung des Cash Flow Hedge Accounting beendet wurde, weil die Transaktion nicht mehr mit hinreichender Wahrscheinlichkeit erwartet wird.

---

[45] Vgl. die diesbezüglichen Angabepflichten in IAS 32.58.
[46] Vgl. hierzu IAS 39.137 sowie Abschnitte 12-13 des Beitrags „Ansatz und Bewertung von Finanzinstrumenten".

2.5 Angaben zu Zinsrisiken

2.5.1 Grundsätzliche Anforderungen

Neben den allgemeinen Angabepflichten zum Risikomanagement und zum Hedge Accounting verlangt IAS 32 gesonderte Angaben über die aus dem Einsatz von Finanzinstrumenten resultierenden Zinsrisiken.[47] Unter dem Zinsrisiko wird allgemein das Risiko verstanden, dass sich die künftige Ertragslage der Bank aufgrund einer Veränderung des Zinsniveaus verbessert oder verschlechtert. Diesem Risiko unterliegen alle zinsabhängigen Finanzinstrumente. Zinsrisiken ergeben sich insbesondere, wenn zinsabhängige Vermögensgegenstände und Verpflichtungen unterschiedliche Zinsbindungsfristen aufweisen, z.B. wenn:

– langfristige, festverzinsliche Aktiva kurzfristig refinanziert (vgl. Beispiel 8) oder laufzeitkongruent, aber variabel verzinslich refinanziert werden (vgl. Beispiel 9),

– langfristige, festverzinsliche Verbindlichkeiten zur Refinanzierung kurzfristiger Aktiva oder laufzeitkongruenter, variabel verzinslicher Aktiva verwendet werden.

Bestehen zwischen den Vermögensgegenständen und Verbindlichkeiten keine Zinsbindungsunterschiede, existiert auch kein Zinsrisiko (vgl. Beispiel 10).

Beispiel 8:
Bank X begibt einen festverzinslichen Kredit mit einer Laufzeit von 6 Jahren. Der Kredit wird mit einem Geldmarktgeschäft mit einer Laufzeit von einem Jahr refinanziert. Aus dem Laufzeitunterschied (6 Jahre vs. 1 Jahr) resultiert ein Zinsrisiko. So ist im Falle steigender Marktzinsen - bei unveränderten Zinserträgen - für die Anschlussfinanzierung in einem Jahr ein höherer Zinssatz zu zahlen. Dadurch reduziert sich die Zinsmarge.

Beispiel 9:
Bank Y begibt einen festverzinslichen Kredit mit einer Laufzeit von 5 Jahren. Der Kredit wird durch Begebung einer fünfjährigen Anleihe mit variabler Verzinsung (6-Monats-EURIBOR) refinanziert. Aus den unterschiedlichen Zinsbindungsfristen (5 Jahre vs. 6 Monate) resultiert ein Zinsrisiko. So erhöhen sich im Falle steigender Marktzinsen - bei gleich bleibenden Zinserträgen - die Refinanzierungszinsen. Dadurch reduziert sich die Zinsmarge.

---

[47] Vgl. hierzu und im Weiteren IAS 32.67-75.

> **Beispiel 10:**
> Bank Z begibt einen variabel verzinslichen Kredit mit halbjährlicher Zinsanpassung und einer Laufzeit von 5 Jahren. Der Kredit wird mit einem Geldmarktgeschäft mit einer Laufzeit von sechs Monaten refinanziert. Da die Zinsbindung des Kredits und der Verbindlichkeit übereinstimmen, besteht kein Zinsrisiko. Im Fall steigender Zinsen erhöhen sich sowohl die Zinserträge als auch die Refinanzierungskosten. Daher ändert sich die Zinsmarge nicht.[48]

Die Angabepflichten zu den Zinsrisiken in IAS 32 beziehen sich auf alle zinsabhängigen Finanzinstrumente, unabhängig davon, ob sie bilanzwirksam oder -unwirksam sind. Zu den bilanzwirksamen Finanzinstrumenten zählen insbesondere Kredite, Wertpapiere und Verbindlichkeiten sowie zinsbezogene Derivate (u.a. Zinsswaps, Zinswährungsswaps und Zinsoptionen). Als bilanzunwirksame Finanzinstrumente sind insbesondere unwiderrufliche (festverzinsliche) Kreditzusagen zu berücksichtigen.

IAS 32 unterscheidet für die Angabepflicht zwei Arten von Zinsrisiken:[49]

– Ein Fair-Value-Zinsrisiko liegt vor, wenn Zinsschwankungen eine Änderung des Fair Value eines Finanzinstruments bewirken.

– Ein Cash-Flow-Zinsrisiko liegt vor, wenn Zinsschwankungen eine Änderung der künftigen Cash Flows eines Finanzinstruments bewirken.

Die - im Zinsrisikomanagement nicht übliche - Unterteilung in Fair-Value- und Cash-Flow-Zinsrisiken kann für nicht-derivative Finanzinstrumente einfach vorgenommen werden. Während festverzinsliche Geschäfte einem Fair-Value-Zinsrisiko unterliegen, weisen variabel verzinsliche Geschäfte ein Cash-Flow-Zinsrisiko auf. Lediglich bis zum nächsten Zinsanpassungstermin unterliegen sie einem Fair-Value-Zinsrisiko. Schwieriger gestaltet sich die Klassifizierung allerdings für derivative Geschäfte. So weist z.B. ein einfacher Zinsswap sowohl die Definitionsmerkmale eines Fair-Value-Zinsrisikos (weil Zinsschwankungen eine Änderung des Marktwerts des Swap zur Folge haben) als auch eines Cash-Flow-Zinsrisikos (weil Zinsschwankungen eine Änderung der künftigen Cash Flows aus dem Swap zu Folge haben) auf. Dies resultiert daraus, dass ein Zinsswap letztlich die Zusammensetzung zweier (nicht-derivativer) Geschäfte mit entgegen gesetzten Zinsrisiken ist. So kann z.B. ein Payer Zinsswap als eine Kombination aus einem variabel verzinslichen (aktiven) Finanzinstrument und einem festverzinslichen (passiven) Finanzinstrument beschrieben werden.

---

[48] Die Marge kann sich allerdings durch eine Erhöhung oder Reduzierung des credit spread für die Refinanzierung ändern.

[49] IAS 32.68.

2.5.2 Angaben zu Fair-Value-Zinsrisiken

Der Umfang des Fair-Value-Zinsrisikos eines Finanzinstruments ist unmittelbar von dessen Zinsbindungsdauer abhängig. Je länger die Zinsbindungsdauer ist, desto stärker sind die Auswirkungen einer Zinsänderung auf den Marktwert. IAS 32 verlangt daher zur Kennzeichnung des Umfangs des Fair-Value-Zinsrisikos Angaben zu den vertraglichen Fälligkeits- bzw. früheren Zinsanpassungsterminen der Finanzinstrumente.[50] Dabei ist zwischen bilanzwirksamen und -unwirksamen Geschäften zu unterscheiden.

Für bilanzwirksame Finanzinstrumente ist eine Aufgliederung der Buchwerte nach ihrer Restlaufzeit bzw. der früheren Zinsbindungsfrist in acht Laufzeitbänder (weniger als 1 Monat, 1-3 Monat(e), 3-12 Monate, 1-2 Jahr(e), 2-3 Jahre, 3-4 Jahre, 4-5 Jahre und mehr als 5 Jahre) vorgeschrieben. Für jedes Laufzeitband sind die aktiven und passiven Festzinsbeträge gegenüberzustellen, um die Höhe der Festzinsüberhänge zu ermitteln.

Da sich die Angabepflicht auf die in der Bilanz ausgewiesenen Buchwerte bezieht, ist der aufzugliedernde Betrag von der Bewertung des Finanzinstruments gemäß IAS 39 abhängig. Dies können sein

- fortgeführte Anschaffungskosten:
  für Forderungen, Held to Maturity Investments und Verbindlichkeiten,

- gemäß den Hedge-Accounting-Regeln angepasster Betrag der fortgeführten Anschaffungskosten:
  für Forderungen, Held to Maturity Investments und Verbindlichkeiten, für die die Regelungen des Fair Value Hedge Accounting angewandt wurden oder

- Fair Value:
  für Sicherungsderivate, Handelsaktiva und -passiva sowie den Available-for-Sale-Bestand.

Zur Kennzeichnung des Zinsrisikos ist eine solche Buchwertaufgliederung aus folgenden Gründen zu kritisieren:

- Für zwei Finanzinstrumente mit identischem Fair-Value-Zinsrisiko werden unter Umständen - aufgrund verschiedener Bewertungsregeln - unterschiedliche Beträge angegeben[51] und

- für derivative Geschäfte ist der Buchwert (Fair Value) zur Kennzeichnung des Fair-Value-Zinsrisikos nicht maßgebend. Bedeutender ist in diesem Zusammenhang der Nominalbetrag.

---

[50] Vgl. IAS 32.67(a).

[51] Für zwei Kredite mit identischem Fair-Value-Zinsrisiko werden unterschiedliche Beträge aufgegliedert, wenn ein Kredit in einem aktiven Markt gehandelt wird (und daher der Kategorie „Available for Sale" zugeordnet wird) und der andere nicht (und daher der Kategorie „Loans and Receivables" zugeordnet wird).

Abweichend vom Wortlaut des IAS 32 bietet es sich daher an, die Angaben zu den Fair-Value-Zinsrisiken für bilanzwirksame Finanzinstrumente wie folgt vorzunehmen:

1. Für nicht-derivative Finanzinstrumente werden die Buchwerte - alternativ Nominalbeträge - nach Zinsbindungsfristen aufgegliedert und für jedes Zinsbindungsband die offene Zinsposition ausgewiesen (vgl. Abbildung 11).
2. Für derivative Finanzinstrumente werden die Nominalbeträge nach Zinsbindungsfristen aufgegliedert. Dabei werden aktivische[52] und passivische[53] Zinsrisiken unterschieden. Für jedes Zinsbindungsband wird die offene Zinsposition ausgewiesen (vgl. Abbildung 12).
3. Die beiden offenen Zinspositionen je Laufzeitband werden zur Gesamtrisikoposition aggregiert (vgl. Abbildung 13).

Bilanzielle Zinsrisiken aus nicht-derivativen Geschäften (in Mio. €)	Nominalbetrag - Zinsbindung					
	< 1 Monat	1 bis 3 Monat(e)	3 bis 12 Monate	1 bis 5 Jahr(e)[54]	mehr als 5 Jahre	Summe
Forderungen an Kreditinstitute	7.000	14.000	6.000	1.500	1.500	30.000
Forderungen an Kunden	10.000	22.000	13.000	19.000	36.000	100.000
Schuldverschreibungen und Schuldscheindarlehen des Handelsbestands	1.000	4.000	5.000	7.000	3.000	20.000
Schuldverschreibungen und erworbene Kredite des Available-for-Sale-Bestands	0	8.000	10.000	20.000	27.000	65.000
Held to Maturity Investments	0	2.000	1.500	4.000	2.500	10.000
Summe Aktiva	18.000	50.000	35.500	51.500	70.000	225.000
Verbindlichk. gegenüber Kreditinstituten	8.000	27.000	8.000	3.000	4.000	50.000
Verbindlichkeiten gegenüber Kunden	20.000	27.000	6.000	3.000	4.000	60.000
Verbriefte Verbindlichkeiten	500	20.500	23.000	36.000	20.000	100.000
Nachrangkapital	0	500	1.000	1.000	2.500	5.000
Summe Passiva	28.500	75.000	38.000	43.000	30.500	215.000
Offene Zinsposition	-10.500	-25.000	-2.500	8.500	39.500	10.000

Abb. 11: Zinsbindungsfristen für nicht-derivative, bilanzwirksame Finanzinstrumente

---

[52] Hierzu zählen Derivate, deren Marktwert sich im Falle einer Erhöhung des Zinsniveaus reduziert (z.B. Receiver Swaps).
[53] Hierzu zählen Derivate, deren Marktwert sich bei einer Zinsniveauerhöhung erhöht (z.B. Payer Swaps).
[54] Das Laufzeitenband „1 bis 5 Jahr(e)" ist weiter in vier Jahresbänder zu untergliedern (aus Gründen der Übersichtlichkeit wird dies hier unterlassen).

Bilanzielle Zinsrisiken aus derivativen Geschäften (in Mio. €)	Nominalbetrag - Zinsbindung					
	< 1 Monat	1 bis 3 Monat(e)	3 bis 12 Monate	1 bis 5 Jahr(e)[55]	mehr als 5 Jahre	Summe
Aktivische Zinsrisiken	46.000	84.000	140.000	112.000	78.000	460.000
Passivische Zinsrisiken	34.500	57.500	136.000	118.500	116.000	462.500
Offene Zinsposition	11.500	26.500	4.000	-6.500	-38.000	-2.500

Abb. 12: Zinsbindungsfristen für derivative, bilanzwirksame Finanzinstrumente

Bilanzielle Zinsrisiken gesamt (in Mio. €)	Nominalbetrag - Zinsbindung					
	< 1 Monat	1 bis 3 Monat(e)	3 bis 12 Monate	1 bis 5 Jahr(e)[56]	Mehr als 5 Jahre	Summe
Nicht-derivative Finanzinstrumente	-10.500	-25.000	-2.500	8.500	39.500	10.000
Derivative Finanzinstrumente	11.500	26.500	4.000	-6.500	-38.000	-2.500
Offene Zinsposition gesamt	1.000	1.500	1.500	2.000	1.500	7.500

Abb. 13: Zinsbindungsfristen für bilanzwirksame Finanzinstrumente

Aus dem vorstehenden Beispiel können Abschlussleser die folgenden Aussagen bezüglich des Fair-Value-Zinsrisikos der Bank ableiten:

1. Die nicht-derivativen Finanzinstrumente weisen einen Passivüberhang im unterjährigen Bereich und einen Aktivüberhang im überjährigen Bereich auf.
2. Für die Derivate ergibt sich das umgekehrte Bild.
3. Insgesamt weist die Bank einen Aktivüberhang in allen Laufzeitenfächern auf.
4. Aufgrund dieser offenen Zinsposition profitiert die Bank von einem Rückgang des Marktzinsniveaus, da der Marktwertgewinn der Aktivgeschäfte größer ist als der Marktwertverlust der Passivgeschäfte. Im Falle einer Erhöhung des Marktzinsniveaus erleidet die Bank einen Marktwertverlust.[57]
5. Aussagen über die Höhe der potenziellen Gewinne bzw. Verlust lassen sich aus dieser Darstellung nicht unmittelbar ableiten.

---

[55] Das Laufzeitenband „1 bis 5 Jahr(e)" ist weiter in vier Jahresbänder zu untergliedern (aus Gründen der Übersichtlichkeit wird dies hier unterlassen).

[56] Das Laufzeitenband „1 bis 5 Jahr(e)" ist weiter in vier Jahresbänder zu untergliedern (aus Gründen der Übersichtlichkeit wird dies hier unterlassen).

[57] Da nicht alle Finanzinstrumente dieser Position erfolgswirksam zum Fair Value bewertet werden, schlagen sich diese unrealisierten Marktwertgewinne bzw. -verluste nicht unmittelbar in der GuV nieder.

Da die zinsabhängigen Geschäfte regelmäßig auf verschiedene Währungen lauten, sind die vorstehenden Angaben zu den Fair-Value-Zinsrisiken getrennt für jede Währung vorzunehmen. In Anbetracht des damit verbundenen Berichtsumfangs - insbesondere wenn eine Vielzahl von Währungen zu berücksichtigen ist - kann in der Praxis die Detaillierung der Angaben u.U. begrenzt werden, indem für derivative und für nichtderivative Finanzinstrumente jeweils nur nach aktivischen und passivischen Risiken unterschieden wird.

Für einem Fair-Value-Zinsrisiko unterliegende bilanzunwirksame Finanzinstrumente - insbesondere unwiderrufliche (festverzinsliche) Kreditzusagen - ist in Ermangelung eines Buchwerts die Angabe des Nominalwerts und der Restlaufzeit erforderlich.[58]

2.5.3 Angaben zu Cash-Flow-Zinsrisiken

Der Umfang des Cash-Flow-Zinsrisikos eines Finanzinstruments ist abhängig von dessen Zinsanpassungsfrequenz und der Restlaufzeit. Je höher die Zinsanpassungsfrequenz und je länger die Restlaufzeit ist, desto stärker sind die Auswirkungen einer Zinsänderung auf die künftigen Cash Flows. IAS 32 verlangt daher zur Kennzeichnung des Umfangs des Cash-Flow-Zinsrisikos der Finanzinstrumente Angaben zu den vertraglichen Zinsanpassungs- und Fälligkeitsterminen.[59]

Ob solche Angaben zu Cash-Flow-Zinsrisiken - zusätzlich zu den Angaben zu Fair-Value-Zinsrisiken - für Kreditinstitute sachgerecht sind, muss allerdings bezweifelt werden. Dies resultiert aus der Tatsache, dass Cash-Flow-Zinsrisiken lediglich das Spiegelbild von Fair-Value-Zinsrisiken sind und dass somit die Gefahr besteht, eine offene Zinsposition zweimal auszuweisen. Das folgende - vereinfachte - Beispiel verdeutlicht diesen Zusammenhang:

> **Beispiel 11:**
> Eine Bank begibt einen mit 7% festverzinslichen Kundenkredit i.H.v. € 100 Mio. mit einer Laufzeit von 6 Jahren. Der Kredit wird mit einer variabel verzinslichen Verbindlichkeit i.H.v. € 100 Mio. mit einer Laufzeit von ebenfalls 6 Jahren auf der Basis des 3-Monats-Euribor (aktuelles Fixing liegt bei 6,5%) refinanziert. Aus der Fristentransformation resultiert ein Zinsrisiko für die Bank. Im Falle eines Anstiegs des Zinsniveaus (3-Monats-EURIBOR) reduziert sich die aktuelle Marge von 50BP.

---

[58] Vgl. IAS 32.73.

[59] Obwohl IAS 32.71(b) Angaben zum Umfang des Cash-Flow-Zinsrisikos verlangt, wird in IAS 32.67(a) für variabel verzinsliche Finanzinstrumente lediglich die Angabe des nächsten Zinsanpassungstermins verlangt. Aus IAS 32.74(c) ergibt sich jedoch auch die Notwendigkeit zur Angabe des Fälligkeitstermins.

Das Beispiel spiegelt sich in den durch IAS 32 geforderten Angaben wie folgt wider:

1. Angaben zum Fair-Value-Zinsrisiko: Die Buchwerte des Kredits und der Verbindlichkeit werden gemäß ihrer Zinsbindung in die Laufzeitbänder eingestellt. Die offene Zinsposition zeigt den aus der Fristentransformation resultierenden Aktivüberhang i.H.v. € 100 Mio. zwischen dem zweiten und fünften Laufzeitband. In diesem Umfang besteht ein Fair-Value-Zinsrisiko gemäß IAS 32.

2. Angaben zum Cash-Flow-Zinsrisiko: Die Buchwerte des Kredits und der Verbindlichkeit werden in die Laufzeitbänder eingestellt, in denen sie einer Zinsanpassung unterliegen. Der Kredit bleibt dabei - aufgrund der festen Verzinsung - unberücksichtigt. Für die Verbindlichkeit erfolgt eine Zinsanpassung im dritten, vierten und fünften Laufzeitband, bezogen auf den Buchwert i.H.v. € 100 Mio. In diesem Umfang besteht ein Cash-Flow-Zinsrisiko gemäß IAS 32.

Das Beispiel verdeutlicht, dass das durch die Fristentransformation verursachte Zinsrisiko zweimal dargestellt wird: als Fair-Value- und als Cash-Flow-Zinsrisiko. Deutlich wird dies auch daran, dass sich beide Zinsrisiken auf Null reduzieren, wenn die offene Zinsposition mit einem Payer Swap (Laufzeit 6 Jahre über € 100 Mio., 3-Monats-EURIBOR) geschlossen wird.

Daher erscheint es für Kreditinstitute[60] nicht nur nicht notwendig, sondern zur Vermeidung falscher Interpretationen bei den Abschlussadressaten auch nicht sachgerecht, Cash-Flow-Zinsrisiken auszuweisen.

2.5.4 Angaben zu Effektivzinsen

Zusätzlich zu den vorgenannten Angaben sieht IAS 32 - zur weitergehenden Kennzeichnung des Zinsrisikos - auch die Offenlegung von Effektivzinsen vor. Der Effektivzins wird in diesem Zusammenhang als der Zinssatz definiert, der im Rahmen einer Barwertberechnung verwendet werden muss, um die künftigen Zahlungsströme eines Finanzinstruments auf dessen Buchwert zu diskontieren. Die Verpflichtung zur Angabe des Effektivzinssatzes wird ausdrücklich unter den Vorbehalt gestellt, dass ein berechenbarer Effektivzins vorhanden sein muss. Die Angabe ist daher insbesondere für Kredite, Wertpapiere und Verbindlichkeiten erforderlich. Für zinsbezogene Derivate ist die Angabe hingegen nicht notwendig, da für diese Geschäfte - obwohl sie einem Zinsrisiko unterliegen - kein Effektivzins berechnet werden kann.

---

[60] Für Unternehmen anderer Branchen kann die Offenlegung von Cash-Flow-Zinsrisiken unter Umständen sinnvoll sein.

Die Höhe des anzugebenden Effektivzinses hängt danach davon ab,

- nach welchem Maßstab ein Finanzinstrument in der Bilanz bewertet wird und
- ob es sich um ein variabel oder festverzinsliches Finanzinstrument handelt.

Danach lassen sich folgende Fälle unterscheiden:

1. Für zum Fair Value bewertete Finanzinstrumente entspricht der Effektivzins stets dem Marktzins am Bilanzstichtag. Dies gilt unabhängig davon, ob es sich um ein variabel oder fest verzinsliches Finanzinstrument handelt.

2. Bei einer Bewertung zu fortgeführten Anschaffungskosten ist der Effektivzins stets ein historischer Zins. Im Falle eines festverzinslichen Finanzinstruments ist dies der Marktzins im Zeitpunkt der Begründung des Finanzinstruments. Bei variabel verzinslichen Finanzinstrumenten ist dies der Marktzins im Zeitpunkt der letzten Zinsanpassung.

3. Wird ein Geschäft gemäß den Regeln des Fair Value Hedge Accounting bewertet, ist der Effektivzins der historische Zins im Zeitpunkt der Begründung des Grundgeschäfts zuzüglich der zwischen dem Beginn des Sicherungszusammenhangs und dem Bilanzstichtag eingetretenen Zinsänderungen.

Mittels des in diesem Sinne berechneten Effektivzinses lässt sich - unabhängig von dem zugrunde liegenden Bewertungsmaßstab - die Höhe der künftigen Zinszahlungen ableiten. Die Angaben zu den Effektivzinsen können entweder als Durchschnittszins oder als Zinsspanne (zwischen dem minimalen und dem maximalen Zins) aller Finanzinstrumente der Kategorie angegeben werden. Weiterhin ist eine Untergliederung nach Währungen erforderlich:

Durchschnittliche Effektivzinsen	EUR	USD	GBP	YEN
Aktiva				
Forderungen an Kreditinstitute	4,4%	4,4%	5,4%	0,5%
Forderungen an Kunden	5,5%	6,6%	6,8%	1,7%
Handelsaktiva	4,3%	3,0%	4,7%	0,7%
Available-for-Sale-Bestand	4,4%	3,1%	4,8%	0,8%
Held to Maturity Investments	5,0%	6,1%	6,2%	1,1%
Passiva				
Verbindlichkeiten gegenüber Kreditinstituten	4,3%	4,3%	5,3%	0,4%
Verbindlichkeiten gegenüber Kunden	2,5%	2,7%	3,0%	0,2%
Verbriefte Verbindlichkeiten	4,9%	6,0%	6,1%	1,0%
Nachrangkapital	5,4%	6,5%	6,5%	1,4%

Abb. 14: Durchschnittliche Effektivzinsen

2.5.5 Ergänzende Offenlegung zu Zinsrisiken

Die von IAS 32 geforderten Angaben zu den Fair-Value-Zinsrisiken informieren die Abschlussadressaten über den Umfang offener Festzinspositionen. Die eigentlich interessierende Frage, welche Auswirkungen sich aus potenziellen Zinsänderungen auf den Marktwert der Finanzinstrumente ergeben, wird jedoch nicht beantwortet. Hierzu ist vielmehr die Angabe eines Risikomaßes erforderlich.

Aus diesem Grund empfiehlt IAS 32 die freiwillige Offenlegung einer Sensitivitätsanalyse, aus der sich die aus einer Änderung des Marktzinsniveaus (z.B. um 1 Basispunkt) resultierenden Änderungen des Fair Value der Finanzinstrumente ergeben. Die Darstellung der Zinssensitivitäten sollte getrennt für die wichtigsten Währungen vorgenommen werden. Weitergehend kann eine Aufgliederung z.B. nach Handels- und Bankbuch sowie ggf. nach Zinsbindungsbändern vorgenommen werden:

Zinssensitivitäten für eine Änderung von 1BP (in Tsd. €)		Zinsbindung					Gesamt
		< 1 Monat	1 bis 3 Monat(e)	3 bis 12 Monate	1 bis 5 Jahr(e)	mehr als 5 Jahre	
EUR	Handelsbuch	-9	-19	-25	-40	-87	-180
	Bankbuch	2	-3	-55	-500	-644	-1.200
USD	Handelsbuch	-3	-3	-7	-14	-63	-90
	Bankbuch	2	-1	-2	-48	-51	-100
Sonstige	Handelsbuch	2	2	-3	4	-50	-45
	Bankbuch	1	-1	2	-2	-5	-5
Summe	Handelsbuch	-10	-20	-35	-50	-200	-315
	Bankbuch	5	-5	-55	-550	-700	-1.305

Abb. 15: Zinssensitivitäten

Aus dieser Darstellung lässt sich erkennen, dass sich der Marktwert der zinsabhängigen Finanzinstrumente in Folge einer Erhöhung des Zinsniveaus um 1 BP um ca. € 1,6 Mio. reduziert. Ursache für diese Sensitivität ist der aktive Festzinsüberhang der Bank (vgl. Abbildung 13).

Die Offenlegung von Fair-Value-Zinsrisiken kann darüber hinaus auch mittels der Angabe von Value-at-Risk-Kennzahlen erfolgen. Der Value at Risk (VaR) eines Portfolios gibt an, welche Änderung des Fair Value mit vorgegebenen Wahrscheinlichkeiten (Konfidenzniveaus) nicht übersteigen wird, wenn die zugrunde liegenden Geschäfte für eine bestimmte Dauer gehalten werden. Der Ermittlung des VaR werden dabei historische Daten über Zinssätze für einen spezifizierten Beobachtungszeitraum zugrunde gelegt. Im Gegensatz zu Sensitivitätsanalysen muss der Abschlussleser für die Ermittlung einer potenziellen Fair-Value-Änderung keine eigenen Annahmen über zu erwartende künftige Zinsänderungen entwickeln. Die Darstellung des VaR kann z.B. getrennt für Finanzinstrumente des Handels- und des Bankbuchs - ggf. auch in einer weiteren Untergliederung - vorgenommen werden:

Offenlegung von Finanzinstrumenten

Risikopotenzial (VaR) in Mio. €	Haltedauer	Konfidenzniveau		
		95%	97,5%	99%
Handelsbuch	1 Tag	2,1	2,4	3,5
Bankbuch	1 Tag	8,5	10,3	14,6
Gesamt[61]	1 Tag	10,1	11,9	17,4

Abb. 16: VaR-Kennzahlen für Zinsrisiken

Werden VaR-Kennzahlen verwendet, sind die angewandten Methoden angemessen zu erläutern, die zugrunde gelegten Annahmen darzulegen und der Bezug zu den in der Bilanz ausgewiesenen Finanzinstrumenten zu verdeutlichen.

2.6 Angaben zu Kreditrisiken

IAS 32 verlangt - neben den Angaben zu Zinsrisiken - explizit auch Angaben zu den mit dem Einsatz von Finanzinstrumenten verbundenen Kreditrisiken.[62] Einem Kreditrisiko - also dem Risiko eines Verlusts, weil ein Vertragspartner seinen Zahlungsverpflichtungen nicht nachkommt - unterliegen sowohl bilanzwirksame Finanzinstrumente (z.B. Kredite, Wertpapiere und Derivate) als auch bilanzunwirksame Finanzinstrumente (z.B. Kreditzusagen, Bürgschaften und Garantien).

Damit der Abschlussadressat in die Lage versetzt wird, eine eigene Einschätzung über das Risiko künftiger Verluste aufgrund von Zahlungsausfällen vornehmen zu können, sind in diesem Zusammenhang für jede Kategorie von Finanzinstrumenten

– der Betrag, der das maximale Ausfallrisiko (maximum credit risk exposure) widerspiegelt und

– wesentliche Konzentrationen von Ausfallrisiken

anzugeben.

2.6.1 Angaben zum maximalen Ausfallrisiko

Aus ökonomischer Sicht lässt sich das Ausfallrisiko eines Finanzinstruments am besten durch dessen Fair Value beschreiben. Der Fair Value ist der Betrag, der aufgewendet werden muss, um ein Finanzinstrument - auf der Grundlage der am Bilanzstichtag gülti-

---

[61] Das Gesamtrisiko entspricht aufgrund von Korrelationseffekten nicht der Summe der Einzelrisiken.
[62] Vgl. hierzu und im Weiteren IAS 32.76-85.

gen Marktverhältnisse - wiederzubeschaffen (so genannter Wiedereindeckungsaufwand). Daher unterliegen nur Finanzinstrumente mit einem positiven Fair Value einem Kreditrisiko. Ein Ausfallrisiko ist aber insoweit nicht vorhanden, als der Bank im Zusammenhang mit einem Finanzinstrument verwertbare Sicherheiten gestellt wurden. Das Ausfallrisiko bestimmt sich daher grundsätzlich aus der Differenz zwischen dem Fair Value des Finanzinstruments und dem Fair Value der Sicherheit. Soweit im Zusammenhang mit einem Finanzinstrument Netting-Vereinbarungen - also das Recht, Verpflichtungen gegenüber einem Vertragspartner mit gegenüber diesem bestehenden Ansprüchen aufzurechnen - getroffen wurden, besteht ein Ausfallrisiko nur nach Berücksichtigung derartiger Verrechnungsmöglichkeiten.

Abweichend von dieser ökonomischen Interpretation des Ausfallsrisikos verlangt IAS 32 die Angabe des so genannten maximalen Ausfallrisikos. Dieser Betrag ist ausdrücklich ohne Berücksichtigung eventuell vorhandener Sicherheiten zu ermitteln.[63]

Das maximale Ausfallrisiko entspricht gemäß IAS 32 im Falle bilanzwirksamer aktiver Finanzinstrumente dem in der Bilanz ausgewiesenen Buchwert (abzüglich der hierfür vorgenommenen Wertberichtigungen). Damit ist der maximale Ausfallbetrag von dem im Einzelfall für ein Finanzinstrument zur Anwendung kommenden Bewertungsmaßstab - fortgeführten Anschaffungskosten[64] oder Fair Value - abhängig.

Da sich das maximale Ausfallrisiko für bilanzwirksame Finanzinstrumente bereits aus der Bilanz ergibt, sind insoweit keine weiteren Angaben erforderlich. Wenn jedoch Umstände vorliegen, wonach das maximale Ausfallrisiko wesentlich von dem Buchwert abweicht - und sich auch nicht aus anderen veröffentlichten Angaben zu dem Finanzinstrument ergibt[65] - sind weitere Angaben zur Kennzeichnung des maximalen Ausfallbetrags erforderlich. Dies ist insbesondere der Fall, wenn:

– ein aktives Finanzinstrument, für das ein rechtlich durchsetzbares Recht zur Verrechnung mit einer Verbindlichkeit besteht, in der Bilanz brutto (also vor Verrechnung) ausgewiesen wird, weil die Voraussetzungen für eine bilanzielle Verrechnung[66] nicht erfüllt sind. Da hieraus gleichwohl eine Reduzierung des Ausfallrisikos resultiert, sind entsprechende (textliche) Angaben vorzunehmen.

– ein Unternehmen Master-Netting-Agreements zur Reduzierung des Ausfallrisikos abgeschlossen hat, ohne damit die Voraussetzungen für eine bilanzielle Verrechnung zu erfüllen. Auch in einem solchen Fall sind (textliche) Angaben über die Ausfallrisiko reduzierenden Wirkungen erforderlich.

---

[63] Als Begründung wird angeführt, dass damit unternehmensübergreifend eine konsistente Bewertung des Ausfallrisikos gewährleistet werden soll. So könnten sich im Falle einer Berücksichtigung von Sicherheiten Unterschiede aus deren Bewertung ergeben.

[64] Ggf. unter Berücksichtigung eines Anpassungsbetrags gemäß den Regeln des Fair Value Hedge Accounting.

[65] Z.B. aus den Angaben des Fair Value gemäß IAS 32.86 oder des Nominalbetrags gemäß IAS 32.60.

[66] Vgl. hierzu IAS 32.42.

Für bilanzunwirksame Finanzinstrumente sind dann keine expliziten Angaben zum maximalen Ausfallrisiko erforderlich, wenn sich dieser Betrag bereits aus anderen Angaben ergibt. So ist z.B. für Bürgschaften oder Kreditzusagen der Nominalbetrag (als maximaler Ausfallbetrag) im Rahmen der Offenlegung der wesentlichen Vertragsbedingungen anzugeben.[67] Angaben erübrigen sich auch für den Fall, dass der maximale Ausfallbetrag in Höhe des Fair Value des Geschäfts besteht.[68] Besteht ein Ausfallrisiko allerdings in anderer Höhe (z.B. weil ein Recht zur Verrechnung mit einem bilanzunwirksamen passiven Finanzinstrument besteht), sind diesbezügliche Angaben erforderlich.

2.6.2 Angaben zu Ausfallrisikokonzentrationen

Mit der Angabe des maximalen Ausfallbetrags für (bilanzwirksame und -unwirksame) Finanzinstrumente wird zunächst ein Worst Case beschrieben. Für eine Beurteilung des Kreditrisikos ist aber neben der Höhe auch die Wahrscheinlichkeit künftiger Zahlungsausfälle zu berücksichtigen.

IAS 32 schreibt keine Angaben über künftige Ausfallwahrscheinlichkeiten vor. Statt dessen sind Angaben über Konzentrationen von Ausfallrisiken zu machen. Eine Kreditrisikokonzentration liegt danach vor, wenn eine Gruppe von Schuldnern bzw. Vertragspartnern gleiche Merkmale aufweisen, so dass ihre Fähigkeit, fälligen Zahlungsverpflichtungen nachzukommen, in gleicher Weise von Änderungen des wirtschaftlichen Umfelds oder anderer Rahmenbedingungen abhängt. So sind bspw. Schuldner eines bestimmten Wirtschaftszweigs (z.B. des Baugewerbes) in gleicher Weise von konjunkturbedingten oder strukturellen Änderungen betroffen, die einen unmittelbaren Einfluss auf ihre Zahlungsfähigkeit haben.

Da IAS 32 keine Vorgaben bezüglich dieser, eine Ausfallrisikokonzentration begründenden Merkmale macht und den Umfang der erforderlichen Angaben nicht spezifiziert, liegen die diesbezüglichen Entscheidungen im Ermessen des berichtenden Unternehmens. Folgende Merkmale kommen in diesem Zusammenhang bspw. in Frage:

– Branche des Schuldners,

– geographische Region des Schuldners und

– Bonität des Schuldners (ausgedrückt z.B. mittels des Ratings).

Für die auf der Aktivseite der Bilanz ausgewiesenen Finanzinstrumente sowie die außerbilanziellen Finanzinstrumente ist der maximale Ausfallbetrag - im Sinne des IAS 32 - nach Maßgabe der im Einzelfall anwendbaren Merkmale aufzugliedern (vgl. beispielhaft

---

[67] Vgl. IAS 32.60.
[68] Hierzu sind bereits Angaben gemäß IAS 32.86 offen zu legen.

Abbildungen 17 und 18). Darüber hinaus sind die Merkmale - soweit erforderlich - inhaltlich zu beschreiben.

Ausfallrisikokonzentration nach Branchen	Forderungen an Kunden	Wertpapiere (Available for Sale)	Wertpapiere (Held to Maturity)	Eventualverbindlichkeiten
Öffentliche Haushalte	20.000	22.000	8.000	0
Private Haushalte	35.000	0	0	100
Unternehmen - verarbeitendes Gewerbe	8.000	13.000	0	3.000
Unternehmen - Baugewerbe	2.000	2.000	0	1.000
Unternehmen - Handel	7.000	5.000	0	900
Unternehmen - Dienstleistungen/freie Berufe	25.000	20.000	1.800	3.000
Übrige	2.750	3.500	0	2.000
Gesamt	99.750	65.500	9.800	10.000

Abb. 17: Ausfallrisikokonzentration nach Branchen

Ausfallrisikokonzentration nach Bonitätsklassen	Forderungen	Wertpapiere (Available for Sale)	Wertpapiere (Held to Maturity)	OTC-Derivate[69]	Eventualverbindlichkeiten
AAA	9.000	20.000	3.000	2.000	0
AA	15.000	15.000	4.800	6.000	1.000
A	21.000	17.000	2.000	8.000	2.000
BBB	42.000	10.000	0	2.000	4.000
BB	35.000	2.000	0	1.000	2.000
B	7.000	1.000	0	0	1.000
CCC und schlechter	650	500	0	0	0
Gesamt	129.650	65.500	9.800	19.000	10.000

Abb. 18: Ausfallrisikokonzentration nach Bonitätsklassen

---

[69] Börsengehandelte Derivate werden hier nicht berücksichtigt, da sie keinem Ausfallrisiko unterliegen.

2.7 Angaben zu sonstigen Risiken

Bezüglich der gemäß IAS 32 berichtspflichtigen Risiken aus Finanzinstrumenten werden explizite (quantitative) Angaben nur für die Zins- und die Kreditrisiken vorgeschrieben. Darüber hinaus lassen sich aus der Verpflichtung, Angaben zu Art und Umfang der eingesetzten Finanzinstrumente zu machen, Offenlegungspflichten zu Währungsrisiken ableiten,[70] danach ist eine Aufgliederung der Nominalbeträge der Finanzinstrumente nach Währungen erforderlich. Für nicht-derivative Finanzinstrumente kann die Angabe wie folgt vorgenommen werden:

Fremdwährungsvolumina in Mio. €	Nominalvolumina				
	USD	GBP	YEN	Andere	Gesamt
Barreserve	50	4	1	70	125
Forderungen an Kreditinstitute	5.000	2.000	1.000	2.000	10.000
Forderungen an Kunden	10.000	4.000	2.000	4.000	20.000
Handelsaktiva (ohne Derivate)	5.000	1.000	500	500	7.000
Available-for-Sale-Bestand	9.000	1.000	2.000	3.000	15.000
Held to Maturity Investments	0	0	0	0	0
Fremdwährungsaktiva	29.050	8.004	5.501	9.570	52.125
Verbindlichkeiten gegenüber Kreditinstituten	12.000	3.000	4.000	4.000	23.000
Verbindlichkeiten gegenüber Kunden	8.000	4.000	500	2.500	15.000
Verbriefte Verbindlichkeiten	17.000	5.000	1.000	2.000	25.000
Nachrangkapital	1.000	500	0	0	1.500
Fremdwährungspassiva	38.000	12.500	5.500	8.500	64.500

Abb. 19: Fremdwährungsvolumina nicht-derivativer Finanzinstrumente

Weitergehende Angabepflichten zu Währungsrisiken lassen sich weder aus IAS 32 noch aus IAS 30 oder IAS 21 ableiten.[71]

Für die anderen Marktrisiken (insbesondere Aktien- und Edelmetallrisiken) bestehen keine expliziten Angabepflichten. Dem steht allerdings nicht entgegen, hierzu freiwillige Angaben zu machen. In Betracht kommen dabei insbesondere VaR-Kennzahlen. Im Falle der Angabe des VaR bietet es sich darüber hinaus an, die verschiedenen Marktrisiken zu einer Gesamtrisikoposition zu aggregieren:

---

[70] Vgl. hierzu IAS 32.63(h).
[71] IAS 30.7 empfiehlt lediglich Angaben zum Management der Währungsrisiken.

Marktrisikopotenzial (VaR) in Mio. €	Haltedauer	Konfidenzniveau		
		95%	97,5%	99%
Zinsrisiken	1 Tag	10,1	11,9	17,4
Währungsrisiken	1 Tag	2,6	3,1	3,8
Aktien-/Indexrisiken	1 Tag	2,4	3,5	4,2
Sonstige Risiken	1 Tag	0,4	0,5	0,6
Gesamt[72]	1 Tag	15,0	18,0	25,0

Abb. 20: Value-at-Risk-Kennzahlen für Marktrisiken

Eine Kennzeichnung des aus Finanzinstrumenten resultierenden Liquiditätsrisikos verlangt die Angabe der Höhe und des Zeitpunkts der aus diesen Geschäften künftig resultierenden Cash Flows. Ein Liquiditätsrisiko besteht dann, wenn für bestimmte Perioden ein Auszahlungsüberschuss besteht. Wird bspw. ein langfristiger Kredit kurzfristig refinanziert, besteht für den Zeitpunkt der Rückzahlung der Verbindlichkeit ein Liquiditätsrisiko, also ein Risiko, dass eine Anschlussfinanzierung nicht (oder nicht zu angemessenen Konditionen) möglich ist.[73] Die Höhe dieses Risikos hängt wiederum von der Liquidierbarkeit der im Bestand der Bank befindlichen Finanzinstrumente ab. Je liquider diese Geschäfte sind, desto besser können Liquiditätsengpässe durch deren Veräußerung beseitigt werden. Im vorgenannten Fall ist die Höhe des Liquiditätsrisikos somit von der Veräußerbarkeit des Kredits abhängig.

IAS 30 verlangt zur Kennzeichnung des Liquiditätsrisikos eine Aufgliederung der Buchwerte aller Aktiva und Passiva (einschließlich der Finanzinstrumente) nach ihrer vertraglichen Restlaufzeit in fünf Laufzeitbändern.[74] Dabei ist zu berücksichtigen, dass:

- die vertragliche Laufzeit auch dann zugrunde zu legen ist, wenn die erwartete Laufzeit davon abweicht, z.B., weil Einlagen über die Kündigungsfrist hinaus zur Verfügung stehen oder Kredite vorzeitig zurückgezahlt werden.

- Finanzinstrumente ohne vertragliche Laufzeit (insbesondere Eigenkapitalinstrumente) separat ausgewiesen werden sollten, da sie keinem Laufzeitband zugeordnet werden können.

- die Aufgliederung des Buchwerts (= Fair Value) derivativer Finanzinstrumente nach ihrer Restlaufzeit keine Aussagekraft für das Liquiditätsrisiko besitzt. So repräsentiert der Fair Value eines Zinsswap den Barwert aller künftigen Differenzzahlungen bis zur Fälligkeit, aber keinen Liquiditätsfluss am Laufzeit Ende. Derivate sollten daher ebenfalls separat ausgewiesen werden.

---

[72] Das Gesamtrisiko entspricht aufgrund von Korrelationseffekten nicht der Summe der Einzelrisiken.
[73] Ursache ist insbesondere eine erhebliche Verschlechterung der Bonität der Bank.
[74] Vgl. IAS 30.30. Die Laufzeitenfächer sind: < 1 Monat, 1 bis 3 Monat(e), 3 bis 12 Monate, 1 bis 5 Jahr(e) und mehr als 5 Jahre.

– Handelsbestandspositionen regelmäßig nicht bis zur Fälligkeit gehalten werden. Unter Liquiditätsgesichtspunkten sollten sie daher auch separat ausgewiesen werden.

Zur Kennzeichnung der Liquidierbarkeit der finanziellen Vermögensgegenstände können darüber hinaus die Geschäfte, die auf einem liquiden Markt (Börse oder OTC) gehandelt werden, angegeben werden.[75]

2.8 Sonstige Angabepflichten

IAS 32.94 sieht eine Reihe zusätzlicher Angabepflichten zu unterschiedlichen Sachverhalten vor.

So sind Angaben für den Fall erforderlich, dass trotz der Veräußerung oder anderweitigen Übertragung eines finanziellen Vermögenswerts keine (vollständige) Ausbuchung vorgenommen werden darf.[76] Dies ist der Fall, wenn entweder die wesentlichen Chancen und Risiken aus dem Vermögenswert zurückbehalten wurden[77] oder die - wesentlichen Chancen und Risiken aus dem Vermögenswert nur teilweise übertragen wurden, aber die Kontrolle über den Vermögenswert weiter besteht.[78] Anzugeben sind die Art der betroffenen Vermögenswerte sowie die zurückbehaltenen Chancen und - Risiken. Die weiteren Angabepflichten unterscheiden sich nach dem Umfang der zurückbehaltenen Chancen und Risiken:

– verbleiben die Chancen und Risiken vollständig bei dem übertragenden Unternehmen, sind die Buchwerte der Vermögenswerte und der damit zusammenhängenden Verbindlichkeiten anzugeben. Dies gilt z.B. für Wertpapierleihgeschäfte oder echte Pensionsgeschäfte.

– kommt hingegen das Continuing-Involvement-Konzept zur Anwendung, sind sowohl der Gesamtbetrag der übertragenen Vermögenswerte als auch der weiterhin in der Bilanz erfasste Teil (sowie der Buchwert der damit zusammenhängenden Verbindlichkeiten) anzugeben.

Weiterhin sind Angaben zu gewährten und erhaltenen Sicherheiten erforderlich.[79] Bezüglich der für Verbindlichkeiten bzw. Eventualverbindlichkeiten gewährten Sicherheiten sind sowohl die Buchwerte als auch die wesentlichen Vertragsbedingungen an-

---

[75] Vgl. NEUß, A., Finanzinstrumente in IAS-Konzernabschlüssen, Köln 1998, S. 71.
[76] Vgl. IAS 32.94(a).
[77] Vgl. IAS 39.29. Die Bilanzierung erfolgt in diesem Fall wie eine besicherte Kreditaufnahme, so dass die Vermögenswerte weiterhin in voller Höhe zu bilanzieren sind.
[78] Vgl. IAS 39.30. In diesem Fall sind die Vermögenswerte in Höhe der zurückbehaltenen Risikoposition nach dem Konzept des „continuing involvement" zu bilanzieren.
[79] Vgl. IAS 32.94(b) und IAS 32-94(c). Diese Angabepflicht ergänzt die in Abschnitt 2.2.1 zu Sicherheiten beschriebenen Angabepflichten.

zugeben. Für erhaltene Sicherheiten, die auch ohne einen Ausfall des Sicherungsgebers veräußert oder weiterverpfändet werden dürfen, sind sowohl die wesentlichen Vertragsbedingungen als auch der Fair Value der Sicherheiten insgesamt sowie der Fair Value der veräußerten bzw. weiterverpfändeten Sicherheiten anzugeben.

Für emittierte Finanzinstrumente, die sowohl Eigenkapital- als auch Verbindlichkeitscharakter haben, sind besondere Angaben dann erforderlich, wenn sie mehrere eingebettete Derivate beinhalten, deren Werte wechselseitig abhängig sind.[80] Hintergrund dieser Angabepflicht ist, das die von IAS 32.28 geforderte Aufteilung eines Finanzinstruments in den Eigenkapital- und Verbindlichkeitsteil in einem solchen Fall erschwert wird. Daher sind Angaben über diese - wechselseitig abhängigen - eingebetteten Derivate vorzunehmen.

Aufgrund der in IAS 39 neu eingeführten Fair-Value-Option, die es erlaubt, jedes Finanzinstrument im Zeitpunkt des Zugangs wie Handelsbestand zu bewerten,[81] müssen im Anhang die Buchwerte der als Handelsbestand klassifizierten Finanzinstrumente und der unter die Fair-Value-Option fallenden Finanzinstrumente separat angegeben werden.[82] Darüber hinaus ist für den Fall, dass die Fair-Value-Option auf finanzielle Verbindlichkeiten angewandt wurde, anzugeben:[83]

– welcher Teil der Fair-Value-Änderungen sich nicht aus Veränderungen des Zinsniveaus (also z.B. dem EURIBOR) ergibt. Dabei geht es in erster Linie um die Angabe der - in der GuV erfassten - Effekte, die sich aus der Bewertung der Veränderungen des eigenen Credit Spreads ergeben.

– der Unterschied zwischen dem Buchwert (Fair Value) und dem Rückzahlungsbetrag der Verbindlichkeit.

Darüber hinaus sind die folgenden Angaben erforderlich:

– Für den Fall, dass ein finanzieller Vermögenswert, der bisher zum Fair Value bewertet wurde, in eine Kategorie umgegliedert wurde, die zu (fortgeführten) Anschaffungskosten bewertet wird, ist der Grund für eine solche Umgliederung anzugeben.[84]

– Gesamtbetrag der Zinserträge und der Zinsaufwendungen für finanzielle Vermögenswerte und Verbindlichkeiten, die nicht erfolgswirksam zum Fair Value bewertet werden.[85]

---

[80] Ein Beispiel ist eine kündbare Wandelanleihe, also eine Anleihe mit den folgenden zwei eingebetteten Derivaten: 1. das Wandlungsrecht des Gläubigers, das gleichzeitig die Eigenkapitalkomponente darstellt und 2. das Kündigungsrecht des Schuldners (vgl. hierzu IAS 32.BC39-42).

[81] Vgl. IAS 39.9 zu der neuen Kategorie „Upon initial recognition designated by the entity as financial assets and financial liabilities at fair value through profit and loss".

[82] Vgl. IAS 32.94(e). Dies gilt natürlich nur, sofern sich diese Angaben nicht bereits unmittelbar aus der Bilanz ergeben.

[83] Vgl. IAS 32.94(f).

[84] Vgl. IAS 32.94(g).

[85] Vgl. IAS 32.94(h)(i). Da sich diese Angabe regelmäßig bereits aus der Gewinn- und Verlustrechnung er-

- Für Finanzinstrumente der Kategorie Available for Sale die in der Periode im Eigenkapital erfassten (unrealisierten) Gewinne und Verluste sowie den Betrag, der aus dem Eigenkapital in die Gewinn- und Verlustrechnung umgebucht wurde.[86]
- der Betrag der für wertberichtigte finanzielle Vermögenswerte abgegrenzten Zinserträge.[87]
- Art und Umfang der für die verschiedenen Klassen von finanziellen Vermögenswerten in der Gewinn- und Verlustrechnung berücksichtigten Wertberichtigungen bzw. Abschreibungen.[88]
- Für den Fall, dass das berichtende Unternehmen seine vertraglichen Pflichten aus einer Kreditvereinbarung nicht eingehalten hat und der Gläubiger dadurch das Recht auf sofortige Rückzahlung erhält, sind die Art des Vertragsbruchs sowie der diesbezügliche Buchwert in der Bilanz anzugeben. Diese Angaben sind dann nicht erforderlich, wenn vor dem Abschlussstichtag entweder die Vertragsverletzung beseitigt oder die Kreditvereinbarung neu verhandelt wurde.[89]

2.9 Exposure Draft „ED 7 Financial Instruments: Disclosures"

Im Juli 2004 hat das IASB einen Entwurf für einen neuen - branchenübergreifenden - Standard zur Offenlegung von Finanzinstrumenten „ED 7 Financial Instruments: Disclosures" veröffentlicht, der die bisher in IAS 32 und IAS 30 enthaltenen Angabepflichten ersetzen und ab 01.01.2007 angewendet werden soll.[90] Dabei wird eine Vielzahl der bisherigen Offenlegungsvorschriften verändert, zum Teil werden die Angabepflichten erweitert und teilweise eingeschränkt.

---

gibt, entfällt eine Angabepflicht im Anhang.
[86] Vgl. IAS 32.94(h)(ii).
[87] Vgl. IAS 32.94(h)(iii).
[88] Vgl. IAS 32.94(i).
[89] Vgl. IAS 32.94(j).
[90] Vgl. auch die Ausführungen im Abschnitt 4 im Beitrag „Bilanz, Gewinn- und Verlustrechnung sowie Notes".

Die Angabepflichten des ED 7 gliedern sich in die folgenden drei Teile:[91]

1. Angaben zur Bedeutung von Finanzinstrumenten für die Vermögens-, Finanz- und Ertragslage,[92]
2. Angaben zum Kapital[93] und
3. Angaben zu Risiken aus Finanzinstrumenten.[94]

2.9.1 Angaben zur Bedeutung von Finanzinstrumenten für die Vermögens-, Finanz- und Ertragslage

Was die Angaben zur Bedeutung von Finanzinstrumenten für die Vermögens-, Finanz- und Ertragslage anbelangt, so sind zunächst für jede, der in IAS 39.9 unterschiedenen Bewertungskategorien von finanziellen Vermögenswerten und Verbindlichkeiten, die Buchwerte und die in der Gewinn- und Verlustrechnung erfassten (realisierten und unrealisierten) Bewertungsergebnisse anzugeben.[95] Darüber hinaus werden diverse andere Angabepflichten aus IAS 32 weitgehend unverändert in den ED 7 übernommen.[96] Insgesamt ergeben sich damit für Kreditinstitute keine wesentlichen neuen Angabepflichten.

2.9.2 Angaben zum Kapital

Mit ED 7 werden erstmalig Angaben zur Höhe und zum Management des (Eigen-) Kapitals gefordert,[97] weil - nach Ansicht des IASB - solche Angaben wichtige Einflussfaktoren für die Abschlussadressaten zur Abschätzung des Risikoprofils eines Unter-

---

[91] Vgl. zum Inhalt des ED 7 insgesamt LÖW, E./SCHILDBACH, S., Risikoberichterstattung nach IAS/IFRS geplant, Börsen-Zeitung vom 24.06.2004; ECKES, B./SITTMANN-HAURY, C., ED IFRS 7 „Financial Instruments: Disclosures" - Offenlegungsvorschriften für Finanzinstrumente und Auswirkungen aus der Ablösung von IAS 30 für Kreditinstitute, WPg 2004, S. 1195-2001; KUHN, S./SCHARPF, P., Finanzinstrumente: Neue (Teil-) Exposure Drafts zu IAS 39 und Vorstellung des Exposure Draft ED 7, KoR 2004, S. 381-389 sowie BONIN, C., Finanzinstrumente im IFRS-Abschluss - Planung grundlegender Neuerungen der Angabepflichten durch ED 7 Financial Instruments: Disclosures, DB 2004, S. 1569-1573.

[92] Vgl. ED 7.9-31.

[93] Vgl. ED 7.46-48.

[94] Vgl. ED 7.32-45.

[95] Vgl. ED 7.10, 21.

[96] Dabei handelt es sich um die Angaben gemäß IAS 32.94 (vgl. hierzu die Ausführungen in Abschnitt 2.8) sowie Angaben zu den Bilanzierungsmethoden, zum Hedge Accounting und zu den Fair Values der Finanzinstrumente.

[97] Vgl. hierzu ED 7.46-48, ED 7.BC45-54.

nehmens und seiner Fähigkeit zur Bewältigung unerwarteter negativer Entwicklungen sind. Dabei bezieht sich ED 7 weniger auf das bilanzielle Eigenkapital als vielmehr auf eine ökonomische Definition des (Eigen-)Kapitals, die bspw. auf das aufsichtsrechtliche Eigenkapital abstellen kann und insofern - neben dem bilanziellen Eigenkapital - auch stille Einlagen und nachrangiges Kapital umfassen kann, die bilanziell als Fremdkapital behandelt werden.[98]

- Die geforderte Berichterstattung bezieht sich auf:
- qualitative Angaben über die Ziele, Methoden und Prozesse zum Management des (Eigen-)Kapitals. Hierzu gehört u.a. eine Beschreibung der dem (Eigen-)Kapital zugerechneten Instrumente sowie eine Beschreibung der Art und des Managements externer und interner Kapitalanforderungen.
- quantitative Angaben zum (Eigen-)Kapital und zu den internen Kapitalzielen.
- Angaben über Verstöße gegen externe und interne Kapitalanforderungen und die sich hieraus ergebenden Konsequenzen.[99]

2.9.3 Angaben zu Risiken aus Finanzinstrumenten

Die Angabepflichten zu den Risiken aus Finanzinstrumenten wurden neu geregelt. Danach müssen Angaben gemacht werden, die den Abschlussleser in die Lage versetzen, Art und Umfang der mit den Finanzinstrumenten verbundenen Risiken und deren Management einzuschätzen.[100] Dabei werden die folgenden Risiken aus Finanzinstrumenten unterschieden:

- Kreditrisiko,
- Liquiditätsrisiko und
- Marktrisiko (Währungs-, Zins- und andere Preisrisiken).[101]
- Zielsetzung des IASB war es dabei, einerseits einheitliche und branchenübergreifende Berichtsanforderungen zu formulieren und andererseits den Berichtsumfang vom Ausmaß des Einsatzes von Finanzinstrumenten und der damit verbundenen Risiken abhängig zu machen. Aus diesem Grund wurden die für alle Unternehmen gültigen Kernanforderungen im Standard selbst geregelt. Die Auslegungen dieser Kernanforderungen und der Berichtsumfang im einzelnen werden in der Implementation

---

[98] Vgl. ECKES, B./SITTMANN-HAURY, C., a.a.O. (Fn. 91), S. 1200.
[99] Vgl. zur Kritik an dieser Anforderung KUHN, S./SCHARPF, P., a.a.O. (Fn. 91), S. 389.
[100] Vgl. ED 7.32, 33.
[101] Vgl. ED 7.33; die Risiken werden im Appendix A erläutert. Dabei fällt auf, dass das Cash-Flow-Zinsrisiko - anders als in IAS 32.52 - nicht mehr als eigenständige Risikoart definiert wird.

Guidance geregelt und sind vom Umfang der eingesetzten Finanzinstrumente und der damit verbundenen Risiken abhängig.[102] Für Kreditinstitute haben die Anforderungen der Implementation Guidance daher regelmäßig in vollem Umfang Gültigkeit. Dabei betont das IASB ausdrücklich, das diese Anforderungen mit den Berichtsanforderungen der Säule 3 des Basel Committee konsistent sind und insofern Doppelangaben vermeiden; gleichwohl sei aber der Gesamtumfang der Angaben im Vergleich zu IAS 30 / IAS 32 reduziert worden.[103]

Die Angabepflichten gliedern sich in die folgenden zwei Teile:

– Qualitative Angaben und

– Quantitative Angaben.

Die qualitativen Angabepflichten beziehen sich auf die[104]

– Art der Risiken und die Aktivitäten aus denen diese Risiken resultieren,

– Ziele, Strategien und Organisation des Risikomanagements und

– Methoden zur Messung der Risiken.

– Im Grundsatz entsprechen diese Angabepflichten den Anforderungen des IAS 32.57;[105] ED 7 sieht hierzu - insbesondere in der Implementation Guidance - lediglich weitergehende Spezifizierungen vor.[106]

Die quantitativen Berichtspflichten verlangen Angaben zum Umfang der einzelnen Risiken (also des Kredit-, Liquiditäts- und Marktrisikos) am Bilanzstichtag. Darüber hinaus sind Angaben zu Risikokonzentrationen vorzunehmen.[107] Die vorgenannten Angaben müssen dabei auf der Grundlage der Informationen vorgenommen werden, die auch intern zur Information des Managements herangezogen werden.[108] Da infolge dieses Management Approaches ein Unternehmensvergleich der Risikoberichterstattung erschwert wird, sieht ED 7 zusätzlich die folgenden Mindestangabepflichten vor:[109]

---

[102] Vgl. ED 7.BC19-20.

[103] Vgl. ED 7.BC20.

[104] Vgl. ED 7.34.

[105] Vgl. hierzu Abschnitt 2.4.

[106] Vgl. ED 7.IG7-8.

[107] Hierzu zählt insbesondere eine Beschreibung, wie Risikokonzentrationen bestimmt, welche Merkmale hierfür herangezogen und wie die Zusammensetzung des Bestandes an Finanzinstrumenten bezüglich dieser Konzentrationsmerkmale ist. Vgl. ED 7.35(c), ED7.38 und ED 7.IG9-11. Vgl. hierzu auch die Ausführungen zu den Ausfallrisikokonzentrationen in Abschnitt 2.6.2.

[108] Vgl. ED 7.35(a) und ED 7.BC22.

[109] Vgl. ED 7.35(b).

- *Kreditrisiken*:[110]
  Für jede Kategorie von Finanzinstrumenten ist - wie bisher in IAS 32.76(a)[111] - der Betrag des maximalen Ausfallrisikos anzugeben. Zusätzlich sind die erhaltenen Sicherheiten zu beschreiben und - soweit möglich - deren Fair Value anzugeben. Über die Anforderungen des IAS 32 hinaus sind weitere Angaben zu finanziellen Vermögenswerten in Abhängigkeit davon zu machen, ob sie Zahlungsstörungen aufweisen und/oder wertberichtigt sind:[112]
  - Liegen weder Zahlungsstörungen noch Wertberichtigungen vor, sind Angaben zur Kreditqualität der Finanzinstrumente zu machen. Der Inhalt dieser Angabe im einzelnen ist bewusst in das Ermessen des bilanzierenden Unternehmens gestellt, um den Umständen im Einzelfall möglich gerecht werden zu können. Mögliche Kriterien für die Strukturierung der Angabe können dabei externe oder interne Ratings, die Art des Vertragspartners oder historische Ausfallraten der finanziellen Vermögenswerte sein.
  - Liegen Zahlungsstörungen vor (past due), ohne dass bisher eine Wertberichtigung berücksichtigt wurde, ist eine Analyse der Dauer des Zahlungsverzugs vorzunehmen.[113] Diese soll es dem Abschlussadressaten erlauben, eine Abschätzung der Finanzinstrumente, für die eine erhöhte Wahrscheinlichkeit einer künftigen Wertberichtigung besteht, vorzunehmen.
  - Für Finanzinstrumente, die bereits wertberichtigt sind, ist eine weitergehende Analyse vorzunehmen. ED 7 schlägt in diesem Zusammenhang die Angabe der Buchwerte (vor Wertberichtigung), der Wertberichtigung sowie der Art und der Fair Values der zugehörigen Sicherheiten vor. Darüber hinaus sind Angaben zur Methodik der Bildung von Wertberichtigungen erforderlich.
  - Für Finanzinstrumente, die entweder Zahlungsstörungen oder eine Wertberichtigung aufweisen, sind zusätzliche Angaben zu den erhaltenen Sicherheiten erforderlich; hierzu zählt auch die Angabe der Fair Values der Sicherheiten, soweit dies nicht praktisch unmöglich ist.

---

[110] Vgl. hierzu insgesamt ED 7.39-41, ED 7.BC27-33 und ED 7.IG12-23.
[111] Vgl. hierzu Abschnitt 2.6.2.
[112] Alle Angaben sind dabei ausdrücklich getrennt nach Kategorien von Finanzinstrumenten vorzunehmen.
[113] Der Entwurf empfiehlt in diesem Zusammenhang die Angabe von vier Zeitbändern: bis 3 Monate, 3 bis 6 Monate, 6 Monate bis 1 Jahr und über 1 Jahr.

- *Liquiditätsrisiken*:[114]
Die Offenlegungspflichten zu Liquiditätsrisiken in ED 7 sind weniger umfassend als bisher in IAS 30 / IAS 32.[115] So ist eine Aufstellung der Restlaufzeiten nur noch für finanzielle Verbindlichkeiten gefordert. Da diese Aufstellung nach Maßgabe der vertraglichen Fälligkeiten bzw. früheren Kündigungsmöglichkeiten vorgenommen werden muss (Worst-Case-Betrachtung), ist zusätzlich eine Beschreibung des Managements der Liquiditätsrisiken (Liquiditätssteuerung) erforderlich. Hierin kann z.B. angegeben werden, inwieweit

- erwartete Rückzahlungszeitpunkte anstelle vertraglicher Restlaufzeiten zugrunde gelegt wurden (z.B. auf der Grundlage der Bodensatztheorie im Einlagengeschäft);
- inwieweit aus Liquiditätserwägungen finanzielle Vermögenswerte, für die ein liquider Markt existiert, gehalten werden (insbesondere börsennotierte Wertpapiere);
- Kreditfazilitäten zur Deckung eines Liquiditätsbedarfs zur Verfügung stehen.

- *Marktrisiken*:[116]
Die Berichtspflichten des ED 7 zu Marktrisiken weichen erheblich von den gegenwärtigen Angabepflichten des IAS 32[117] ab. So soll das Marktrisiko mittels Sensitivitätsanalysen, die die Auswirkungen hypothetischer Änderungen der Risikofaktoren (Zinssätze, Wechselkurse und andere Preise) darstellen, beschrieben werden. ED 7 macht dabei keine Vorgabe dazu, wie hoch die zu berücksichtigenden Änderungen sein sollen, sondern verlangt lediglich die Verwendung sinnvoller („reasonable") Änderungen der Risikoparameter. Die Analyse ist dabei getrennt für die verschiedenen Risiken vorzunehmen.[118]

Bei der von ED 7 geforderten Sensitivitätsanalyse handelt es sich allerdings nicht um die üblicherweise i.R.d. Risikomanagements verwendeten Sensitivitätsanalysen, die die Auswirkungen einer Parameter Änderung auf den Barwert einer Position von Finanzinstrumenten - unabhängig von der bilanziellen Behandlung der Finanzinstrumente - bestimmt. ED 7 fordert vielmehr die Angabe der Auswirkungen einer Parameter Änderung auf

- die Gewinn- und Verlustrechnung und
- das Eigenkapital.

Bezüglich der Auswirkungen in der Gewinn- und Verlustrechnung geht es darüber

---

[114] Vgl. hierzu insgesamt ED 7.42, ED 7.BC34-35 und ED 7.IG24-30.
[115] Vgl. hierzu Abschnitt 2.7.
[116] Vgl. hierzu insgesamt ED 7.43-45, ED 7.BC36-39 und ED 7.IG31-47.
[117] Vgl. hierzu insbesondere die Angabepflichten zum Zinsrisiko in Abschnitt 2.5.
[118] Nur für den Fall, dass die Risiken wechselseitige Abhängigkeiten aufweisen und für interne Zwecke Sensitivitätsanalyse unter Berücksichtigung solcher Abhängigkeiten erstellt und verwendet werden, dürfen sie auch für die Angabepflichten nach ED 7 zugrunde gelegt werden.

hinaus nicht nur um die in der Gewinn- und Verlustrechnung erfassten Änderungen des Barwerts (bzw. Fair Value) einer Position von Finanzinstrumenten. ED 7 verlangt auch die Angabe der Auswirkungen auf andere Positionen der Gewinn- und Verlustrechnung (insbesondere das Zinsergebnis). Hinsichtlich der Auswirkungen auf das Eigenkapital kann es nur um Änderungen des Fair Value von Finanzinstrumenten gehen, die erfolgsneutral verrechnet werden.

Bezüglich des Zinsrisikos folgt daraus, dass eine hypothetische Änderung der Zinskurve

- bei einem festverzinslichen Finanzinstrument eine Änderung seines Fair Value, aber keine Änderung seines Zinsergebnisses bewirkt. Die Änderung des Fair Value begründet aber nur dann eine Berichtspflicht gemäß ED 7, wenn sie entweder in der Gewinn- und Verlustrechnung berücksichtigt (wie bei Finanzinstrumenten des Handelsbestandes bzw. für die die Fair-Value-Option angewandt wird oder bei Derivaten[119] bzw. gesicherten Grundgeschäften i.R.d. Fair Value Hedge Accounting) oder unmittelbar im Eigenkapital verrechnet wird (wie bei Wertpapieren des Available-for-Sale-Bestands oder bei Derivaten i.R.d. Cash Flow Hedge Accounting). Bei der Vielzahl an festverzinslichen Finanzinstrumenten, die zu fortgeführten Anschaffungskosten bewertet werden,[120] würde sich aus ED 7 keine Angabepflicht ergeben. Für die Berechnung der Sensitivität ist dabei wohl eine Zinsänderung zum Bilanzstichtag zu unterstellen, um auf dieser Grundlage die resultierende Änderung der Fair Values zu ermitteln.
- bei einem variabel verzinslichen Finanzinstrument keine Änderung des Fair Value, aber eine Änderung des Zinsergebnisses bewirkt und daher stets eine Angabepflicht begründet. Für die Berechnung der Sensitivität kann dabei aber nicht von einer Zinsänderung am Bilanzstichtag ausgegangen werden, da dies (anders als die Auswirkungen auf den Fair Value im vorigen Punkt) keine Änderung des Zinsergebnisses zur Folge hätte. Vielmehr müsste eine Zinsänderung zum Beginn der laufenden Periode unterstellt und die daraus resultierende Änderung des Zinsergebnisses ermittelt werden. Hierzu enthält ED 7 aber keine klaren Aussagen.

Bezüglich des Aktienrisikos bedeutet dies, dass die aus einer hypothetischen Änderung der Aktienkurse resultierenden Auswirkungen

---

[119] Bei Swaps ist allerdings zu beachten, dass sie - neben dem festverzinslichen Schenkel, der verantwortlich für die Änderung des Fair Value ist - auch einen variabel verzinslichen Schenkel aufweisen, der Auswirkungen auf das Zinsergebnis begründet.

[120] Insbesondere also Forderungen und Verbindlichkeiten des Bankbuchs, für die nicht die Fair-Value-Option oder das Fair Value Hedge Accounting angewandt wird.

– in der Gewinn- und Verlustrechnung anzugeben sind. Dabei sind die Auswirkungen auf die verschiedenen Positionen der Gewinn- und Verlustrechnung zu berücksichtigten:

1. Handelsergebnis für aktienkursbezogene Finanzinstrumente des Handelsbestands,
2. Ergebnis der Fair-Value-Option für aktienkursbezogene Finanzinstrumente für die die Fair-Value-Option angewandt wurde,
3. Bewertungsergebnis für Abschreibungen auf Aktien des Available-for-Sale-Bestands und
4. Sicherungsergebnis für aktienbezogene Sicherungsderivate bzw. gesicherte Aktien i.R.d. Fair Value Hedge Accounting.

– im Eigenkapital anzugeben sind. Dabei kann es sich um die erfolgsneutrale Bewertung der Aktien des Available-for-Sale-Bestands oder um aktienbezogene Derivate handeln, die i.R.d. Cash Flow Hedge Accounting Aktien absichern.

Analoge Überlegungen gelten für die anderen Marktrisikoarten. Für den Fall, dass Sensitivitätsanalysen die Risiken nicht adäquat abbilden, sind zusätzliche Angaben zu den Risiken sowie den Auswirkungen auf die Gewinn- und Verlustrechnung bzw. das Eigenkapital erforderlich.[121]

3. Offenlegungsvorschriften für Finanzinstrumente nach HGB und US-GAAP

3.1 HGB

Die deutschen Rechnungslegungsvorschriften enthielten lange Zeit keine expliziten Offenlegungsvorschriften für Finanzinstrumente. Lediglich aus den allgemeinen Regelungen zur Berichterstattung im Anhang und Lagebericht ließen sich derartige Angabepflichten ableiten. So ist im Anhang über die verwendeten Bilanzierungs- und Bewertungsmethoden, die Grundlagen der Fremdwährungsumrechnung und den Gesamtbetrag der sonstigen finanziellen Verpflichtungen zu berichten.[122] Im Lage-

---

[121] Dies ist z.B. dann der Fall, wenn Finanzinstrumente nicht über einen liquiden Markt verfügen oder Optionen beinhalten, die nicht im Geld sind.
[122] Vgl. § 284 Abs. 2 Nr. 1, Nr. 2 und § 285 Nr. 3 HGB sowie § 313 Abs. 1 Nr. 1, Nr. 2 und § 314 Abs. 1 Nr. 2 HGB. Vgl. hierzu auch PRAHL, R./NAUMANN, T. K., Financial Instruments, Berlin 2000, S. 85-89 und S. 123-125.

bericht ist der Geschäftsverlauf und die Lage der Kapitalgesellschaft bzw. des Konzerns so darzustellen, dass ein den tatsächlichen Verhältnissen entsprechendes Bild vermittelt wird.[123]

Für Kreditinstitute regelt § 36 RechKredV darüber hinaus die Verpflichtung, im Anhang eine Aufstellung über die Arten von am Bilanzstichtag noch nicht abgewickelten fremdwährungsabhängigen, zinsabhängigen und sonstigen Derivategeschäften aufzunehmen. Dabei genügen verbale Aufzählungen; betragsmäßige Angaben sind nicht erforderlich.[124]

Aufgrund dieses unzureichenden Regelungsumfangs wurden in den vergangenen Jahren verschiedene Empfehlungen zur freiwilligen Berichterstattung über Finanzinstrumente entwickelt.[125] Hierzu zählen insbesondere die Empfehlungen des Bundesverbandes deutscher Banken zur

- Bilanzpublizität von Finanzderivaten[126]

    Hierin wird vor allem eine Erweiterung der Aufstellung gemäß § 36 RechKredV um quantitative Angaben empfohlen, wonach zu den für jede Risikokategorie relevanten Derivatetypen die Nominalvolumina angegeben und nach Restlaufzeiten aufgegliedert sowie - zur Kennzeichnung des Ausfallrisikos - die (positiven) Marktwerte offen gelegt werden sollen.[127] Empfehlungen zu quantitativen Angaben über Marktrisiken wurden - da anerkannte Methoden noch nicht vorlagen - ausdrücklich nicht vorgenommen. Vielmehr werden qualitative Angaben zum Risikomanagement im Lagebericht empfohlen.

- Marktrisikopublizität[128]

    Für alle originären und derivativen Finanzinstrumente des Handelsbestandes wird die Angabe des - nach Zins-, Währungs-, Aktien-/Index- und sonstigen Risiken untergliederten - konsolidierten VaR am Stichtag im Lagebericht oder einem freiwilligen Berichtsteil empfohlen. Die Berechnung sollte auf der Basis der BIZ-Parameter-Vorgaben erfolgen.[129]

---

[123] Vgl. § 289 Abs. 1 HGB sowie § 315 Abs. 1 HGB.

[124] Vgl. hierzu im Einzelnen KRUMNOW, J./SPRIßLER, W. u.a. (Hrsg.), Rechnungslegung der Kreditinstitute, 2. Aufl., Stuttgart 2004, Kommentierung zu § 36 RechKredV., Tz. 1-4.

[125] Vgl. hierzu ausführlich SCHARPF, P./LUZ, G., Risikomanagement, Bilanzierung und Aufsicht von Finanzderivaten, 3. Aufl., Stuttgart 2000, S. 796-812.

[126] Vgl. AUSSCHUSS FÜR BILANZIERUNG DES BDB, Bilanzpublizität von Finanzderivaten, a.a.O. (Fn. 23), S. 1-6.

[127] Hierzu wurde das in Abbildung 8 dargestellte Schema empfohlen.

[128] Vgl. AUSSCHUSS FÜR BILANZIERUNG DES BDB, Marktrisikopublizität, WPg 1996, S. 64-66.

[129] 10 Handelstage Haltedauer, 1 Jahr Beobachtungsperiode, Konfidenzniveau 99%.

Mit dem KonTraG[130] wurden die Berichtspflichten im (Konzern-) Lagebericht dahingehend erweitert, dass „auch auf die Risiken der künftigen Entwicklung einzugehen"[131] ist. Eine inhaltliche Konkretisierung der Anforderungen an diese Risikoberichterstattung erfolgte mit dem Deutschen Rechnungslegungs Standard 5 „Risikoberichterstattung", der durch DRS 5-10 „Risikoberichterstattung von Kredit- und Finanzdienstleistungsinstituten" ergänzt wird. Zwar handelt es sich dabei nicht um einen spezifischen Standard zur Berichterstattung über Finanzinstrumente; da das Geschäft von Kreditinstituten aber maßgeblich durch den Einsatz von Finanzinstrumenten und die damit zusammenhängenden Risiken geprägt ist, nehmen die diesbezüglichen Inhalte einen breiten Raum ein.

DRS 5-10 sieht im Konzernlagebericht eine geschlossene Darstellung zu den Risiken des Konzerns gemäß folgender Gliederung vor:[132]

– Die risikopolitischen Strategien sind zu beschreiben und das Risikomanagementsystem im Konzern ist in funktionaler und organisatorischer Hinsicht zu erläutern. In funktionaler Hinsicht ist insbesondere auf die Systeme und Methoden zur Identifizierung, Bewertung, Begrenzung und Überwachung von Risiken sowie auf deren Berichterstattung einzugehen. In organisatorischer Hinsicht ist über die risikosteuernden und risikoüberwachenden Organisationseinheiten zu berichten.

– Der Standard unterscheidet Adressenausfall-, Liquiditäts-, Markt-, operationale und sonstige Risiken. Für jede Risikokategorie ist im Rahmen der Berichterstattung

  - die Risikoart zu beschreiben,

  - das Risikomanagement in funktionaler und organisatorischer Hinsicht zu beschreiben und

  - das Risiko - soweit möglich - zu quantifizieren. Hierzu sind die im Konzern intern für das Risikomanagement genutzten Methoden zu verwenden. Die angewandten Verfahren und die dabei zugrunde gelegten Annahmen sind zu erläutern.

---

[130] Gesetz zur Kontrolle und Transparenz im Unternehmensbereich vom 27. April 1998.
[131] § 289 Abs. 1 HGB, § 315 Abs. 1 HGB.
[132] Vgl. hierzu insgesamt LÖW, E./LORENZ, K., Risikoberichterstattung nach den Standards des DRSC und im internationalen Vergleich, KoR 2001, S. 211-222 und PwC, IAS für Banken, 2. Aufl., Frankfurt am Main, S. 735-738.

- Die Angaben zum Adressenausfallrisiko beziehen sich auf alle bilanziellen und außerbilanziellen Geschäfte[133] und sind nach den Teilrisiken Kredit-, Kontrahenten-, Länder- und Anteilseignerrisiken zu unterteilen. Anzugeben sind insbesondere
  - die Höhe der ausfallbedrohten Beträge, Ausfallwahrscheinlichkeiten und die - im Falle eines Ausfalls - realisierbaren Sicherheiten,
  - die zur Quantifizierung und Steuerung der Ausfallsrisikos angewandten Verfahren sowie
  - Ausfallrisikokonzentrationen (vorzugsweise in tabellarischer Form) auf Basis der vom Konzern zur Steuerung dieses Risikos verwendeten Merkmale.[134]

- Die Angabepflichten zum Liquiditätsrisiko beziehen sich insbesondere auf das Liquiditätsrisiko im engeren Sinne[135] und sehen zur Quantifizierung u.a. Liquiditätsablaufbilanzen, Cash-Flow-Prognosen und Liquiditätskennzahlen vor. Bezüglich der Refinanzierungs- und Marktliquiditätsrisiken[136] werden quantitative Angaben - allerdings ohne eine weitergehende Konkretisierung - gefordert.

- Die Angaben zu den Marktrisiken sind gesondert für Zins-, Währungs-, Aktien-/ Eigenkapitalpositions- sowie sonstige Preisrisiken vorzunehmen. Zur Quantifizierung sind die vom Konzern intern für das Management verwendeten Verfahren heranzuziehen. Dabei kann es sich bspw. um Sensitivitätsanalysen oder Value-at-Risk-Verfahren handeln. In letzterem Falle sind die zugrunde liegenden Parameter sowie die Ergebnisse aus Stress-Tests und Back-Testing-Verfahren anzugeben.

- Weiterhin sind Angaben zu operationalen Risiken und ggf. zu sonstigen Risiken zu machen.

- Abschließend sind die einzelnen Risikodarstellungen zu einem Gesamtbild der Risikolage des Konzerns zusammenzuführen.

---

[133] Dabei ist zu beachten, dass Derivate nach HGB als schwebende Geschäfte bilanzunwirksam sind.

[134] Damit ist die Wahl des Merkmals, nachdem die Konzentration angegeben wird, nicht freigestellt. Als Kriterien werden beispielhaft genannt: Länder, Branchen, Kreditarten, Schuldnerrisikogruppen.

[135] Hierunter wird das Risiko verstanden, dass das Kreditinstitut fällige Zahlungen nicht leisten kann.

[136] Hiermit werden die Risiken bezeichnet, dass die Bank nicht ausreichend Liquidität beschaffen kann bzw. Vermögenswerte nicht (ohne Verluste) veräußert werden können.

3.2 US-GAAP[137]

Die Bilanzierungs- und Bewertungsregeln für Finanzinstrumente nach US-GAAP sind in vielen Bereichen mit den Vorschriften nach den IFRS identisch bzw. vergleichbar.[138] Insofern liegt nach US-GAAP eine mit IFRS vergleichbare bilanzielle Ausgangsbasis für die weitergehende Berichterstattung über Risiken aus Finanzinstrumenten vor.

Mit der Verabschiedung des SFAS 133 zur Rechnungslegung von Derivaten und zum Hedge Accounting wurden die Berichtspflichten für Finanzinstrumente neu geregelt und resultieren im Wesentlichen aus SFAS 107 und SFAS 133.[139] Dabei konzentrieren sich die Angabepflichten weitgehend auf derivative Finanzinstrumente.

SFAS 133 sieht im Einzelnen folgende Angaben vor:

– Für alle derivativen Finanzinstrumente ist anzugeben, zu welchem Zweck sie begründet wurden und mit welchen Strategien die Ziele erreicht werden sollen. Die Angaben sollen getrennt für Derivate, die im Rahmen eines Fair Value Hedge, Cash Flow Hedge oder Hedge of a Net Investment in a Foreign Operation zugeordnet wurden, vorgenommen werden (SFAS 133.44).

– Für jede dieser Kategorien sind zudem Angaben zum Risikomanagement vorzunehmen und die gesicherten Grundgeschäfte zu beschreiben.

– Darüber hinaus bestehen zu jeder der drei vorgenannten Sicherungsformen quantitative Angabepflichten über daraus resultierende Auswirkungen auf die Gewinn- und Verlustrechnung.[140]

– Da sich die vorstehenden qualitativen Angabepflichten nur auf derivative Geschäfte beziehen, geben sie naturgemäß ein nur eingeschränktes Bild der Gesamtrisikosituation eines Unternehmens wieder. Daher wird empfohlen, diese Angaben in eine Beschreibung des Risikomanagements für das gesamte Unternehmen einzubetten.

---

[137] Vgl. zu den Angabepflichten nach US-GAAP insgesamt ERNST&YOUNG, Financial Reporting Developments - Accounting for Derivative Instruments and Hedging Activities, o.O. 2001; WALDERSEE, G. GRAF, Bilanzierung von Finanzderivaten nach HGB, IAS und US-GAAP, in: KÜTING, K./LANGENBUCHER, G. (Hrsg.), Internationale Rechnungslegung, Stuttgart 1999, S. 239-264. Auf die Angabepflichten gemäß den Regelungen des AICPA sowie die SEC-Publizitätsvorschriften wird in diesem Abschnitt nicht eingegangen. Vgl. hierzu LÖW, E./LORENZ, K., a.a.O. (Fn. 123), S. 218-219.; PwC, A Guide of Accounting for Derivative Instruments and Hedging Activities, o.O. 1998.

[138] Dies betrifft unter anderem die Bilanzierung von Derivaten (SFAS 133, SFAS 138), das Hedge Accounting (SFAS 133 und SFAS 138), die Bilanzierung von Wertpapieren (SFAS 115) und die Bestimmung von Wertberichtigungen auf Forderungen (SFAS 114 und SFAS 118).

[139] Bis zu diesem Zeitpunkt fanden sich die Regelungen in SFAS 105 „Disclosure of Information about Financial Instruments with Off-Balance-Sheet Risk and Financial Instruments with Concentrations of Credit Risk", SFAS 107 „Disclosure about Fair Value of Financial Instruments" und SFAS 119 „Disclosure about Derivative Financial Instruments and Fair Value of Financial Instruments".

[140] Vgl. hierzu im Einzelnen SFAS 133.45.

SFAS 107 sieht im Einzelnen folgende Angaben vor:

- In Ergänzung zu den Angaben gemäß SFAS 133 wird empfohlen (ausdrücklich nicht verlangt), quantitative Angaben zu Marktrisiken aus Finanzinstrumenten vorzunehmen. Hierzu sollen z.B. Sensitivitäts-, Gap-, Durations- oder VaR-Analysen herangezogen werden.[141]
- Für alle (derivativen und nicht-derivativen) Finanzinstrumente sind die Fair Values anzugeben.[142]
- Für alle (derivativen und nicht-derivativen) Finanzinstrumente sind Konzentrationen von Kreditrisiken anzugeben.[143]

Mit der Einführung von SFAS 133 wurden - in Folge der Aufhebung von SFAS 105 und SFAS 119 - andere, bis zu diesem Zeitpunkt gültige Angabepflichten nicht fortgeführt. Hierzu zählt unter anderem die Angabe der wesentlichen Vertragsbedingungen sowie der Nominalvolumina derivativer Geschäfte.

Mit SFAS 140 wurden darüber hinaus Angabepflichten für Verbriefungen und andere Übertragungen von finanziellen Vermögenswerten sowie damit zusammenhängende Sicherheiten begründet.[144] Im Juni 2004 hat das FASB schließlich einen Exposure Draft „Fair Value Measurements" verabschiedet, in dem Regelungen zur Ermittlung von Fair Values vorgeschlagen werden. In diesem Zusammenhang sind auch eine Reihe von Angabepflichten vorgesehen, unter anderem[145]

- der Betrag der zum Fair Value bewerteten Vermögenswerte und Verbindlichkeiten;
- wie die Fair Values bestimmt wurden (also inwieweit Preisnotierung aus einem aktiven Markt oder Bewertungsmodelle verwendet wurden und - im Falle der Verwendung von Bewertungsmodellen - in welchem Umfang durch den Markt vorgegebene Inputparameter herangezogen wurden);
- die Auswirkungen der Fair-Value-Bewertung auf die Gewinn- und Verlustrechnung.

Diese Angaben sind getrennt für solche Vermögenswerte und Verbindlichkeiten, die periodisch zum Fair Value bewertet werden (z.B. Finanzinstrumente des Handelsbuchs) und die nicht periodisch zum Fair Value bewertet werden (z.B. Wertberichtigungen von Forderungen) vorzunehmen.

---

[141] Vgl. SFAS 107.15C, 15D, die mit Einführung des SFAS 133 in SFAS 107 aufgenommen wurden (vgl. hierzu SFAS 133.531).

[142] Vgl. SFAS 107.10-15.

[143] Vgl. SFAS 107.15A, der mit Einführung des SFAS 133 in SFAS 107 aufgenommen wurden (vgl. hierzu SFAS 133.531). Die Angabe ist für jede Kategorie auf Basis des maximalen Ausfallrisikos - das sich nach Maßgabe der Fair Values ohne Berücksichtigung von Sicherheiten bestimmt - vorzunehmen.

[144] Vgl. SFAS 140.17, die zum Teil bereits in SFAS 125.17 geregelt waren.

[145] ED Proposed Statement of Financial Accounting Standards „Fair Value Measurement" paragraph 25.

4. Vergleich der Offenlegungsvorschriften für Finanzinstrumente

Der nachfolgende Vergleich der Offenlegungsvorschriften für Finanzinstrumente berücksichtigt nur die Regelungen nach HGB und IFRS, da die Offenlegungsvorschriften gemäß US-GAAP in fast allen Bereichen hinter den Anhangangabepflichten der vorgenannten Standards zurückbleiben.

Eine explizite Berichterstattungspflicht für Finanzinstrumente existiert nur nach IFRS, während sie nach HGB lediglich impliziter (wenn auch elementarer) Bestandteil der allgemeinen Risikoberichterstattung gemäß DRS 5-10 ist. Da IAS 32 die Offenlegungspflichten branchenübergreifend regelt, sind die Angabepflichten zum Teil nicht genügend auf Kreditinstitute zugeschnitten, wohingegen DRS 5-10 ein spezifisch für Kreditinstitute geschaffenes Regelwerk ist. Obwohl der Begriff der Finanzinstrumente nur in IAS 32 definiert wird, ist davon auszugehen, dass diese - weite - Definition auch für DRS 5-10 gültig ist.[146] Auch bzgl. der in die Offenlegung einzubeziehenden Risikokategorien sind die beiden Standards weitgehend deckungsgleich.[147]

Hinsichtlich der Offenlegungspflichten gilt im Einzelnen Folgendes:

- Die Angabepflichten des IAS 32 sind primär auf eine Aufgliederung der Buch- bzw. Nominalwerte der Finanzinstrumente ausgerichtet.[148] DRS 5-10 orientiert sich hingegen nicht an der Bilanz, sondern verlangt eine Quantifizierung der Risiken nach Maßgabe der für die interne Steuerung verwendeten Methoden.[149]

- Angabepflichten zu Art und Umfang sowie den wesentlichen Vertragsbedingungen der eingesetzten Finanzinstrumente finden sich nur in IAS 32, da sich DRS 5-10 nicht spezifisch auf Finanzinstrumente bezieht.

- Eine Pflicht zur Beschreibung des Risikomanagements findet sich in beiden Standards. Während IAS 32 diese Anforderung aber nur knapp spezifiziert, wird DRS 5-10 hier deutlicher, indem nicht nur die Inhalte geklärt werden, sondern Angaben sowohl für jede Risikokategorie als auch für die Gesamtbank gefordert werden.

- Angabepflichten zum Fair Value von Finanzinstrumenten bestehen nur nach IFRS.

- Hinsichtlich der Berichterstattung über Ausfallrisiken unterscheidet DRS 5-10 vier

---

[146] So verweist DRS 5-10.33 bezüglich der Angaben zu Marktrisiken - wenn auch etwas unspezifisch - darauf, das alle Geschäfte einzubeziehen sind.

[147] DRS 5-10 bezieht darüber hinaus auch die operationalen Risiken ein.

[148] Dies zeigt sich bspw. bei den Angaben zu den Zins- und Ausfallrisiken.

[149] So ist z.B. für die Quantifizierung der Zinsrisiken keine Buchwertaufgliederung, sondern die Angabe eines Risikomaßes (z.B. Value at Risk) vorgesehen.

Risikoarten und verlangt Angaben zu jeder Risikoart; IAS 32 sieht eine solche Untergliederung nicht vor. Inhaltlich verlangen beide Standards Angaben zur Ausfallrisikokonzentrationen. Während IAS 32 die Art der Aufgliederung dem Kreditinstitut überlässt, sieht DRS 5-10 die Verwendung der für die interne Risikosteuerung verwendeten Kriterien vor. Angaben zu Ausfallwahrscheinlichkeiten werden nur von DRS 5-10 verlangt.

- DRS 5-10 und IAS 32 unterscheiden die gleichen dem Marktrisiko zuzuordnenden Risikoarten. Während gemäß IAS 32 eine Quantifizierung explizit nur für die Zinsrisiken gefordert wird, verlangt DRS 5-10 quantitative Angabe getrennt für Zins-, Währungs-, Aktien-, Rohwaren- und sonstige Preisrisiken.

- Bezüglich der Angaben zu den Liquiditätsrisiken verlangt IAS 30 eine Aufgliederung der (finanzierungsrelevanten) Aktiva und Passiva nach Restlaufzeiten, während die Angabepflichten von DRS 5-10 spezifischer auf die Abbildung der künftigen Cash Flows abstellen.

- Angaben zu operationalen Risiken werden - da es sich nicht um mit einem einzelnen Finanzinstrument zusammenhängende Risiken handelt - von IAS 32 nicht verlangt, während DRS 5-10 als Standard zur Risikoberichterstattung hierzu explizite Angaben fordert.

- Die Zusammenführung einzelner Risiken zu einem Gesamtrisiko ist nach IFRS nicht erforderlich und aufgrund der nicht für alle Risiken geforderten Quantifizierung und der Orientierung an der Buchwertaufgliederung auch nicht ohne weiteres möglich. DRS 5-10 hingegen verlangt eine solche Zusammenfassung. Die interessante Frage, wie die unterschiedlichen Risiken zu einer Gesamtrisikoposition aggregiert werden können, wird allerdings nicht geklärt.

5. Zusammenfassung

Die Regelungen der IFRS zur Offenlegung von Risiken aus Finanzinstrumenten resultieren im Wesentlichen aus IAS 32, ergänzt um IAS 30. Obwohl sich die Vorschriften auf alle für Kreditinstitute relevanten Risiken beziehen, werden umfassende Offenlegungspflichten nur zu den Zins- und Kreditrisiken verlangt. Darüber hinaus werden - weniger detailliert - Informationen zu Währungs- und Liquiditätsrisiken gefordert. Alle Angaben sind in der Form einer Aufgliederung von Buchwerten bzw. Nominalbeträgen vorzunehmen. Damit ist der Inhalt der Offenlegungspflichten zwar eindeutig und unternehmensübergreifend vorgegeben, eine auf die spezifischen Verhältnisse von Kreditinstituten ausgerichtete Risikoberichterstattung für die Abschlussadressaten wird damit aber erschwert. Hierzu sind freiwillige Zusatzangaben - z.B. mittels VaR-Kennzahlen - erforderlich.

Auch die Risikoberichterstattung gemäß DRS 5-10 berücksichtigt alle für Kreditinstitute relevanten Risikoarten. Anders als gemäß IAS 32 werden allerdings umfangreiche Angaben zu jeder Risikoart gefordert. Darüber hinaus sind keine Aufgliederungen von Buchwerten bzw. Nominalbeträgen vorgesehen; vielmehr sind Angaben auf der Grundlage der unternehmensintern für die Steuerung der Risiken verwendeten Methoden und Kennzahlen erforderlich. Dadurch ist der Inhalt der Offenlegungsvorschriften weniger fixiert und ein Unternehmensvergleich unter Umständen erschwert. Allerdings erlauben diese Angaben eine auf die besonderen Verhältnisse des Kreditinstituts ausgerichtete Risikoberichterstattung. Darüber hinaus ist damit auch eine - von DRS 5-10 geforderte - Zusammenfassung aller Risiken zu einer Gesamtrisikoposition der Bank möglich.

Der vom IASB kürzlich veröffentlichte Entwurf eines neuen Standards zur Offenlegung von Finanzinstrumenten (ED 7) sieht die Bündelung aller Angabepflichten für Finanzinstrumente in einem Standard vor und bringt eine Reihe von Änderungen mit sich. Insbesondere ist die Berichterstattung stärker an die intern angewandten Methoden des berichtenden Unternehmens ausgerichtet und rückt damit näher an die Prinzipien von DRS 5-10 heran. Insbesondere die Angaben zu den Risiken aus Finanzinstrumenten sind dadurch - im Vergleich zu den geltenden Regelungen des IAS 30 / IAS 32 - stark verändert und zum Teil ausgeweitet und komplexer geworden. Neu sind - auch im Vergleich zu DRS 5-10 - die von ED 7 geforderten Angaben zur Höhe und zum Management des (Eigen-)Kapitals.

Rainer Husmann

Immaterielle Vermögenswerte

1. Einleitung 661
2. Begriffliche Abgrenzung der Intangible Assets 662
3. Ansatz von Intangible Assets nach IAS 38 664
   3.1 Grundsätzlich zu beachtende Ansatzkriterien für Intangible Assets 664
   3.2 Konkretisierung der Ansatzkriterien für selbsterstellte Intangible Assets 665
   3.3 Beispiel: Bilanzierung selbsterstellter Software 668
       3.3.1 Begriffliche Abgrenzungen 668
       3.3.2 Prozess der Software-Entwicklung und Zuordnung zu der aktivierungsrelevanten Phase 669
       3.3.3 Feststellung des Erreichens der Entwicklungsphase 670
4. Bewertung von Intangible Assets nach IAS 38 672
   4.1 Bewertung bei Ersterfassung 672
       4.1.1 Erwerb mittels separater Anschaffung 673
       4.1.2 Anschaffung im Rahmen eines Unternehmenserwerbes 674
       4.1.3 Herstellung eines Intangible Asset 675
       4.1.4 Öffentliche Zuschüsse zum Erwerb von Intangible Assets ... 678
       4.1.5 Erwerb von Intangible Assets durch Tausch 678
       4.1.6 Behandlung von Upgrades und Erweiterungen bei Software-Produkten 678
   4.2 Bewertung in den Folgeperioden 679
       4.2.1 Fortgeführte Anschaffungs- und Herstellungskosten 679
           4.2.1.1 Intangible Assets mit bestimmter Nutzungsdauer 680
               4.2.1.1.1 Ermittlung der Nutzungsdauer 680
               4.2.1.1.2 Bestimmung der Abschreibungsmethode ... 682
               4.2.1.1.3 Bestimmung des Restwertes 682
           4.2.1.2 Intangible Assets mit unbestimmter Nutzungsdauer ... 682

    4.2.1.3 Wertminderungstest - Impairment-Test..683
       4.2.1.3.1 Indikatoren für eine Wertminderung..........................683
       4.2.1.3.2 Vorgehensweise...684
       4.2.1.3.3 Wertaufholung in Folgeperioden 684
  4.2.2 Neubewertungsansatz 685

5. Ausweis von Intangible Assets 685

6. Ausblick..687

Immaterielle Vermögenswerte 661

1. Einleitung

Die externe Rechnungslegung wird im Gleichlauf mit der zunehmenden Internationalisierung der Kapitalmärkte als Quelle für entscheidungsrelevante Informationen gesehen. Konzernabschlüsse stellen gegenüber anderen Quellen, wie Presseberichten und Analystenreports, zwar nur einen kleinen und vergangenheitsbezogenen, aber bedeutenden Teil der Investoreninformation dar. Dies gilt für Finanzinstitute nicht nur hinsichtlich der Investoren, sondern auch für die Bankenaufsicht.[1] Durch die Anwendung der International Financial Reporting Standards (IFRS) wurde ein allgemein anerkanntes und weit verbreitetes Instrument geschaffen, das die Vergleichbarkeit von Abschlüssen über die nationalen Grenzen hinweg gewährleistet.[2]

Damit dieses Instrument seiner Zwecksetzung gerecht werden kann, muss es Transparenz und Verlässlichkeit vermitteln. Mit IAS 38 hat das IASB dieser Zielsetzung Rechnung getragen. Es wird einerseits die Bilanzierung von selbsterstellten oder erworbenen immateriellen Vermögenswerten geregelt, es werden andererseits aber auch detaillierte Anwendungsvoraussetzungen vorgegeben, so dass die Möglichkeit einer missbräuchlichen Verwendung eingeschränkt wird.

Immaterielle Vermögenswerte sind in der Vergangenheit bei Unternehmenszusammenschlüssen zumeist in den Geschäfts- oder Firmenwert eingegangen. Der Grund lag in der mangelnden Konkretisierung des Begriffs „Identifizierbarkeit" in IAS 38. Das IASB hat in dieser Hinsicht den Standard überarbeitet. Es ist deshalb zu erwarten, dass künftig ein verstärkter Ausweis von immateriellen Vermögenswerten erfolgt. Die überarbeitete Version von IAS 38 ist bereits seit dem 1. April 2004 anzuwenden.

Der folgende Beitrag möchte einen Abriss der Regelungen von IAS 38 geben. Durch Beispiele soll die theoretische Darstellung untermauert und verdeutlicht werden. Die Erläuterungen sind immer dort, wo sich aus Sicht eines Finanzinstituts ein eher begrenzter Anwendungsbereich ergibt, nur knapp gehalten. Insbesondere das Vorgehen beim Software Accounting wird vertieft behandelt.

---

[1] Vgl. DEUTSCHE BUNDESBANK, Monatsbericht Juni 2002, S. 42.
[2] Vgl. zu dieser Thematik KAHLE, H., Informationsversorgung des Kapitalmarkts über internationale Rechnungslegungsstandards, KoR 2002, S. 95-107, hier S. 95-107.

2. Begriffliche Abgrenzung der Intangible Assets

Die Definition des handelsrechtlichen Begriffes der immateriellen Vermögensgegenstände basiert auf der Gestalt des Vermögensgegenstandes:

Einem immateriellen Vermögensgegenstand fehlt es im Gegensatz zu den materiellen Gütern an der körperlichen Gestalt oder die körperliche Gestalt ist von untergeordneter Bedeutung und der Wert wird allein bzw. im überragenden Maße durch den geistigen Gehalt bestimmt.

Als immaterielle Güter sind bspw. zu nennen:

- Patente,
- Lizenzen,
- Urheberrechte,
- Handelsmarken,
- Konzessionen,
- Software,
- Kundenlisten,
- Vertriebsrechte und
- Technisches Know-how.

Der Begriff der Intangible Assets wird in IAS 38.8 ähnlich dem handelsrechtlichen Vorgehen abgegrenzt. Hierbei ist jedoch darauf zu verweisen, dass nicht jedes immaterielle Gut auch ein Intangible Asset im Sinne von IAS 38 darstellt. Immaterielle Güter dürfen nur dann als Intangible Assets in den IFRS-Abschluss aufgenommen werden, wenn sie die folgenden Bedingungen kumulativ erfüllen:

- abgrenzbar (identifiable),
- nicht monetär,
- ohne physische Substanz und
- Assets im Sinne des Framework.

Als abgrenzbare Intangible Assets gelten solche, die eines der folgenden zwei alternativen Kriterien erfüllen. Das Intangible Asset muss entweder

- auf vertraglichen oder anderen Rechten beruhen (contractual or other legal rights criterion) oder
- einzeln oder zusammen mit einem Related Contract veräußert, übertragen, lizensiert, vermietet oder getauscht werden können (separability criterion).

Als monetäre Vermögensgegenstände gelten hierbei Kassenbestände sowie Geldbeträge, die in festgelegter Höhe ausstehen.

Ein Vermögenswert (asset) ist im Sinne des Framework (F.49(a)) eine in der Verfügungsmacht des Unternehmens stehende Ressource, die ein Ergebnis von Ereignissen der Vergangenheit darstellt, und von der erwartet wird, dass dem Unternehmen hieraus künftiger wirtschaftlicher Nutzen zufließt. Der künftige wirtschaftliche Nutzen besteht in dem Potenzial, direkt oder indirekt den Cash Flow zu erhöhen.

Das Fehlen physischer Substanz soll die unkörperlichen von den körperlichen Vermögenswerten abgrenzen. Probleme ergeben sich, wenn die Vermögenswerte materielle wie immaterielle Bestandteile enthalten. Als Beispiel soll hierzu auf die Bilanzierung von Software verwiesen werden.

Beispiel 1: Abgrenzung materieller und immaterieller Bestandteile bei Zwittergütern

Nach IAS 38.4 ist Software danach zu unterscheiden, ob der materielle oder immaterielle Bereich überwiegt. Als mögliche Abgrenzungskriterien gelten das Wertverhältnis zwischen den Herstellungsaufwendungen für den materiellen und den immateriellen Bestandteil. Auch die Funktion der Bestandteile bzw. das wirtschaftliche Interesse des Käufers an den Bestandteilen kann für die notwendige Zuordnung der Software herangezogen werden. IAS 38 selbst nennt keine expliziten Abgrenzungskriterien.

Allgemein gilt, dass Computersoftware materielle Bestandteile wie eine Diskette oder CD enthält, gleichzeitig deren Funktionsfähigkeit allerdings in der Regel als dem materiellen Bestandteil überwiegend zu bewerten ist, so dass zumeist die Software als Ganzes als Intangible Asset anzusehen ist. Die materiellen Bestandteile sind prinzipiell als Transport- bzw. Dokumentationsmedium zu verstehen.

Computersoftware, die in einer computergestützten Maschine einen unlösbar integrierten Bestandteil darstellt, ist hingegen als Bestandteil des materiellen Vermögenswertes nach IAS 16 zu bilanzieren. Dies gilt auch für Betriebssysteme von Computern. Es gilt der Grundsatz, dass Software immer als immaterieller Vermögensgegenstand nach IAS 38 zu bilanzieren ist, soweit diese keinen unlösbar integrierten Bestandteil einer Hardware darstellt. Als Beispiel hierfür gilt Standardsoftware.

Dagegen ist Standardsoftware nach handelsrechtlicher Auffassung generell als immaterieller Vermögensgegenstand zu behandeln. Insofern kann sich ein Unterschied zur Bilanzierung nach IFRS ergeben.

Abb. 1: Abgrenzung materieller und immaterieller Bestandteile bei Zwittergütern

3. Ansatz von Intangible Assets nach IAS 38

3.1 Grundsätzlich zu beachtende Ansatzkriterien für Intangible Assets

Auch für Intangible Assets gelten zunächst die allgemeinen Ansatzkriterien des IFRS-Framework. Diese werden in IAS 38.18-19 durch Intangible Asset-spezifische Kriterien konkretisiert, damit neben den allgemeinen Ansatzkriterien auch die Definition für Intangible Assets nach IAS 38.8 erfüllt ist:

– Es liegt ein Intangible Asset i.S.v. IAS 38.8 vor.

– Es ist wahrscheinlich, dass dem Unternehmen aus dem Intangible Asset zukünftiger Nutzen zufließt. Für Intangible Assets, die entweder separat oder im Rahmen eines Unternehmenszusammenschlusses erworben wurden, gilt das Wahrscheinlichkeitskriterium regelmäßig als erfüllt (IAS 38.IN7a).

– Die Kosten für das Intangible Asset sind zuverlässig messbar. Der Fair Value eines Intangible Asset, das in einem Unternehmenszusammenschluss erworben wurde, kann i.d.R. mit ausreichender Zuverlässigkeit bestimmt und das Intangible Asset separat vom Goodwill angesetzt werden. Hat das in einem Unternehmenszusammenschluss erworbene Intangible Asset eine begrenzte wirtschaftliche Nutzungsdauer, besteht die widerlegbare Vermutung, dass sein fair value zuverlässig ermittelt werden kann (IAS 38.IN7b).

Sind diese Kriterien kumulativ nicht erfüllt, gilt statt des Ansatzgebotes ein Ansatzverbot (IAS 38.68).

Insbesondere der Nachweis zukünftigen Nutzens wird als praktisches Problem gesehen. Auch wenn im Schrifttum zumeist nicht auf mögliche Lösungen eingegangen wird, herrscht doch breiter Konsens dahingehend, dass die Nachweisführung auf Einzelfallbasis möglich ist.[3]

---

[3] Vgl. KÜTING, K./PILLHOFER, J. u.a., Die Bilanzierung von Software aus der Sicht des Herstellers nach US-GAAP und IFRS, WPg 2002, S. 73-85, hier S. 75; in Teilbereichen EPSTEIN, B. J./MIRZA, A. A., Interpretation and Application of International Accounting Standards, 2001, S. 337.

3.2 Konkretisierung der Ansatzkriterien für selbsterstellte Intangible Assets

Die in IAS 38.18-19 aufgeführten Ansatzkriterien gelten für die Beurteilung selbsterstellter Intangible Assets gleichermaßen. Allerdings ergeben sich besondere Probleme bei der Beurteilung der Erfüllung der Kriterien. Bspw. kann es strittig sein, ob ein Asset im Sinne des Framework vorliegt. Der IASB hat deshalb eine Konkretisierung dieser allgemeinen Vorschriften vorgenommen und gewährleistet damit die übereinstimmende Bilanzierung von selbsterstellten und erworbenen Intangible Assets.

Zur Feststellung der Ansatzpflicht unterscheidet IAS 38 die folgenden Entstehungsphasen bei der Selbsterstellung eines Intangible Asset:

1. Forschungsphase

Generell gilt als Forschung die eigenständige und planmäßige Suche mit der Aussicht, zu neuem wissenschaftlichen oder technischen Wissen und Verstehen zu gelangen. Während der Forschungsphase sucht ein Unternehmen nach neuen Prozessen, Produkten oder wissenschaftlichen Erkenntnissen bzw. evaluiert, ob ein Projekt zur Erstellung eines Intangible Assets sinnvoll und realisierbar ist. Beispiele für Forschungsaktivitäten sind:

- Aktivitäten zur Erweiterung des fachlichen Know-how,
- Suche nach und Bewertung sowie Auswahl von Anwendungen, Forschungsergebnissen und sonstigen neuen Erkenntnissen,
- Suche nach Alternativen für Geräte, Produkte, Prozesse, Systeme oder Serviceleistungen und
- Konzeption, Darstellung und Bewertung möglicher Alternativen sowie die endgültige Auswahl einer Lösung für neue oder verbesserte Geräte, Produkte, Prozesse, Systeme oder Serviceleistungen.

2. Entwicklungsphase

Für die begriffliche Abgrenzung der Entwicklung kann auf die „alte" Definition im IAS 9 zurückgegriffen werden.[4] Danach gilt als Entwicklung die Anwendung von Forschungsergebnissen und Spezialwissen auf einen Plan oder Entwurf für die Produktion von neuen oder beträchtlich verbesserten Materialien, Vorrichtungen, Produkten, Verfahren, Systemen oder Dienstleistungen. Die Entwicklungsphase beinhaltet den Zeitraum vom Ende der Forschungsphase, d.h. dem Beginn der Entwicklung eines Intangible Assets, bis zu dessen Einsatz. Die Entwicklungsphase umfasst insbesondere Entwurf-,

---

[4] IAS 38 löste im Jahre 1998 IAS 9 ab.

Konstruktions-, Programmierungs- und Testarbeiten. Zum Zeitpunkt seines Einsatzes wird das Intangible Asset als fertig zur Implementierung angesehen.[5]

3. Implementierungs- und Betriebsphase

Diese Phase beginnt, wenn das Intangible Asset (bei Banken i.A. Software) entsprechend seiner angedachten Nutzung zur Verfügung steht und beinhaltet Betriebs- und Wartungsaktivitäten.

Die Entwicklungsphase - und damit der Abschluss der Forschungsphase - gilt als erreicht, wenn die folgenden Kriterien kumulativ erfüllt sind:

– Die technische Realisierbarkeit (technical feasibility) zur Fertigstellung des Intangible Asst (im Wesentlichen Software) zum Zwecke der Eigennutzung ist gegeben.

– Es besteht die Absicht und die Fähigkeit, das Intangible Asset fertig zu stellen und zu nutzen bzw. zu vermarkten[6].

– Es liegt ein Nachweis über den erwarteten zukünftigen wirtschaftlichen Nutzen vor.

– Das Unternehmen beschreibt, wie das Intangible Asset einen voraussichtlichen künftigen Nutzen erzielen wird und kann u.a. die Existenz eines Marktes für die Produktion oder das Intangible Assets selbst oder bei Eigenverwendung den Nutzen des Intangible Asset nachweisen.

– Adäquate technische, finanzielle und andere Ressourcen zur Fertigstellung des Intangible Asset und zur Eigennutzung bzw. Vermarktung stehen zur Verfügung.

– Das Unternehmen ist fähig, die Kosten des Intangible Asset während der Entwicklung zuverlässig zu messen.

Die IFRS enthalten keine weiteren Erläuterungen, wie bspw. das Erfüllen der Kriterien zu erkennen oder nachzuweisen ist. Dem Bilanzierenden bleibt insofern erheblicher Ermessensspielraum, der in Abstimmung mit dem Abschlussprüfer durch sachgerechte Interpretation zu füllen ist.

Ausschließlich die während der Entwicklungsphase anfallenden Aufwendungen sind zu aktivieren. Nur Kosten zwischen technischer Reife und Marktreife bzw. Fertigstellung dürfen demgemäß aktiviert werden.[7] Für die in der Forschungsphase anfallenden Kosten besteht ein Aktivierungsverbot (IAS 38.54).

---

[5] Es ist darauf zu verweisen, dass die Beispiele für die Forschungs- und Entwicklungsphase in IAS 9 und IAS 38 weitgehend übereinstimmen. Jedoch war die Entscheidung über verschiedene Projektalternativen nach IAS 9 der Entwicklungsphase zuzurechnen. IAS 38 sieht hier hingegen eine eindeutige Zurechnung zur Forschungsphase vor. Hier zeigt sich eine restriktivere Interpretation des IASB im Zeitverlauf.

[6] Bei Erstellung von Software auf Basis eines kundenspezifischen Auftrages sind die allgemeinen Grundsätze des IAS 11 (construction contract) zu beachten.

[7] Vgl. GRÜNBERGER, D./GRÜNBERGER, H., IFRS und US-GAAP 2002/2003: Ein systematischer Praxis-Leitfaden (IAS 41 und SFAS 145), Herne 2002, S. 14.

Diese Vorgehensweise ist dadurch zu rechtfertigen, dass für die Ergebnisse in der Forschungsphase nicht nachgewiesen werden kann, ob sie tatsächlich in der Zukunft zu Nutzen führen werden. Erst die Entwicklungsphase stellt die Phase dar, in welcher prinzipiell von der Erfüllung der allgemeinen Ansatzkriterien nach IAS 38.21-22 auszugehen ist. Wirtschaftlich betrachtet ist die Phase der Eruierung von Nutzenpotenzialen abgeschlossen und das Ergebnis der Forschungsphase für positiv befunden worden. Das Unternehmen hat sich entschlossen, auf Basis der Voruntersuchungen die festgestellten möglichen Potenziale nutzen zu wollen. Dabei wurden die Chancen für die Realisierung des geplanten zukünftigen Nutzens höher bewertet als die damit verbundenen Risiken. Unter wirtschaftlicher Betrachtungsweise erscheint es deshalb gerechtfertigt, Aufwendungen im Zusammenhang mit dem Projekt zu aktivieren.

In strittigen Fällen bezüglich der Abgrenzung zwischen Forschungs- und Entwicklungsphase bei einem Selbsterstellungsprojekt (sachliche Zuordnung) sind die Kosten periodengleich aufwandswirksam zu erfassen, d.h. eine Aktivierung darf nicht stattfinden. Im Zweifelsfall ist demgemäß von der Fortdauer der Forschungsphase auszugehen. Das Ermessen des Bilanzierenden wird hierdurch eingeschränkt.

Sollte die Entwicklungsphase zu einem Zeitpunkt erreicht werden, zu welchem eine genaue zeitliche Erfassung der Kosten (zeitliche Zuordnung) nicht möglich ist (z.B. in der Mitte einer Berichterstattungsperiode), ist zwischen dem Grundsatz der Zuordnung von Aufwendungen zur Forschungsphase bei strittigen Abgrenzungsfragen und der Verteilung auf Basis von kaufmännisch-vernünftigen Annahmen abzuwägen. Insbesondere regelmäßige Kosten, wie Personalkosten, sollten zeitanteilig verteilt werden und nicht grundsätzlich den Forschungskosten zugerechnet werden.

Eine Aktivierung von Kosten in der Implementierungs- und Betriebsphase ist insofern abzulehnen, als bereits mit der Implementierung die wirtschaftliche Nutzung beginnt.

Neben dem Aktivierungsverbot bei Nicht-Erfüllung der Aktivierungsvoraussetzungen gemäß IAS 38.68 enthält IAS 38 für selbsterstellte Intangible Assets weitere explizite Aktivierungsverbote, die losgelöst von dem Ergebnis der Kriterienüberprüfung gelten. IAS 38.48, IAS 38.63 und IAS 38.69 definieren ein Aktivierungsverbot für:

– Selbsterstellte Geschäfts- oder Firmenwerte,

– Selbsterstellte Markennamen, Impressi, Verlagsrechte, Kundenlisten und ähnliche Sachverhalte,

– Ingangsetzungskosten,

– Ausgaben für Aus- und Weiterbildungsaktivitäten,

– Ausgaben für Werbekampagnen und Maßnahmen der Verkaufsförderung und

– Ausgaben für die Verlegung oder Reorganisation des Unternehmens.

Im Gegensatz zu den internationalen Regeln besteht nach HGB keine Möglichkeit zum Ansatz selbsterstellter immaterieller Vermögensgegenstände. Nach § 248 Abs. 2 HGB besteht ein Aktivierungsverbot. Art. 9 der 4. EG-Richtlinie räumt den nationalen Gesetzgebern das Recht ein, selbst geschaffene immaterielle Vermögensgegenstände zum Ansatz in der Bilanz zuzulassen. Von diesem Wahlrecht hat der deutsche Gesetzgeber keinen Gebrauch gemacht; gleiches gilt für Belgien, Frankreich, Luxemburg und die Niederlande. Ein Ansatz ist dagegen in Dänemark und Großbritannien zulässig.

3.3 Beispiel: Bilanzierung selbsterstellter Software

3.3.1 Begriffliche Abgrenzungen

Der Begriff Software bezeichnet neben Programmen auch Daten sowie begleitende Dokumente. Unter Programm wird eine Folge von Befehlen subsumiert, welche der Computer selbständig ausführen kann und dadurch eine Datenverarbeitungsaufgabe löst.[8]

Software kann aus funktionaler Perspektive in Systemsoftware und Anwendungssoftware unterschieden werden:[9]

- Systemsoftware oder Basissoftware wird für spezielle Hardware entwickelt und übernimmt deren Steuerung. Zur Systemsoftware zählen u.a. Betriebssysteme oder Dienstprogramme.

- Anwendungssoftware oder Applikationsprogramme dienen der Lösung von Aufgaben des Anwenders mit Hilfe des Computersystems. Zur Anwendungssoftware zählen bspw. Textverarbeitungsprogramme oder Planungs- und Simulationsprogramme.

Anwendungssoftware setzt auf Systemsoftware auf, so dass Systemsoftware als Mittler zwischen Hardware und der eigentlichen Aufgabenbearbeitung mittels der Anwendungssoftware zu verstehen ist.

Je nach Anwenderkreis wird innerhalb der Anwendersoftware wiederum zwischen Individual- und Standardsoftware unterschieden. Standardsoftware wird ohne direkte Einflussnahme von Kunden entwickelt und ohne weitere Veränderung an Kunden vermarktet. Die Anpassung der Standardsoftware an die Bedürfnisse des individuellen Kunden wird als Customising bezeichnet.

---

[8] Vgl. zur Bilanzierung von Kosten zur Entwicklung und den Betrieb einer Website SCHRUFF L., in: EPSTEIN, B. J./MIRZA A. A., (Hrsg.), Wiley-Kommentar zur internationalen Rechnungslegung nach IAS/IFRS, Braunschweig 2004, S. 372-373.

[9] Vgl. FRIZLEN, U./MÖHRLE, M., Aktivierung eigenentwickelter Programme in den Bilanzen der Softwarehersteller nach HGB und US-GAAP, KoR 2001, S. 233-243, hier S. 233.

3.3.2 Prozess der Software-Entwicklung und Zuordnung zu der aktivierungsrelevanten Phase

Der Software-Entwicklungszyklus beinhaltet die folgenden Phasen:

1. Problemdefinition

Beschreibung des mit Hilfe der Software zu lösenden Problems.

2. Anforderungsanalyse

Basierend auf der Problemdefinition werden die an die Software zu stellenden Anforderungen analysiert (funktionale und qualitative Anforderungen).

3. Spezifikation

Die aus der Anforderungsanalyse definierten Anforderungen werden in softwarespezifische Anforderungen formuliert; komplexe Funktionen sind hierzu in einzelne Teilfunktionen aufzuteilen, Fragen zu softwarespezifischen Problemen sind vorzugeben (z.B. Schnittstellenproblematik, Datenstruktur, Datenfluss etc.).

4. Entwurf

Entwurf einer detaillierten Softwarearchitektur mit der Beschreibung der Struktur der Software und der Wechselbeziehungen der Funktionen untereinander. Der Detaillierungsgrad sollte eine weitere Strukturierung in den Folgephasen überflüssig machen.

5. Codierung

Programmierung der Software, Übersetzung der Software in eine für den Computer lesbare und ausführbare Form.

6. Test

Test der Funktionsfähigkeit der Software durch Überprüfung, ob eine fehlerfreie Ausführung der gewünschten Funktionalitäten gegeben ist.

7. Wartung

Nach Auslieferung erfolgt regelmäßige Wartung, durch die Programmierfehler, die bei der Auslieferung noch unentdeckt waren, beseitigt werden.

Abb. 2: Phasen-Darstellung des Software-Entwicklungszyklus

Basierend auf dem Software-Lebenszyklus lässt sich die in der folgenden Abbildung wiedergegebene Zuordnung der Phasen zu den durch die Rechnungslegungsstandards IFRS und US-GAAP vorgegebenen Erstellungsphasen vornehmen.

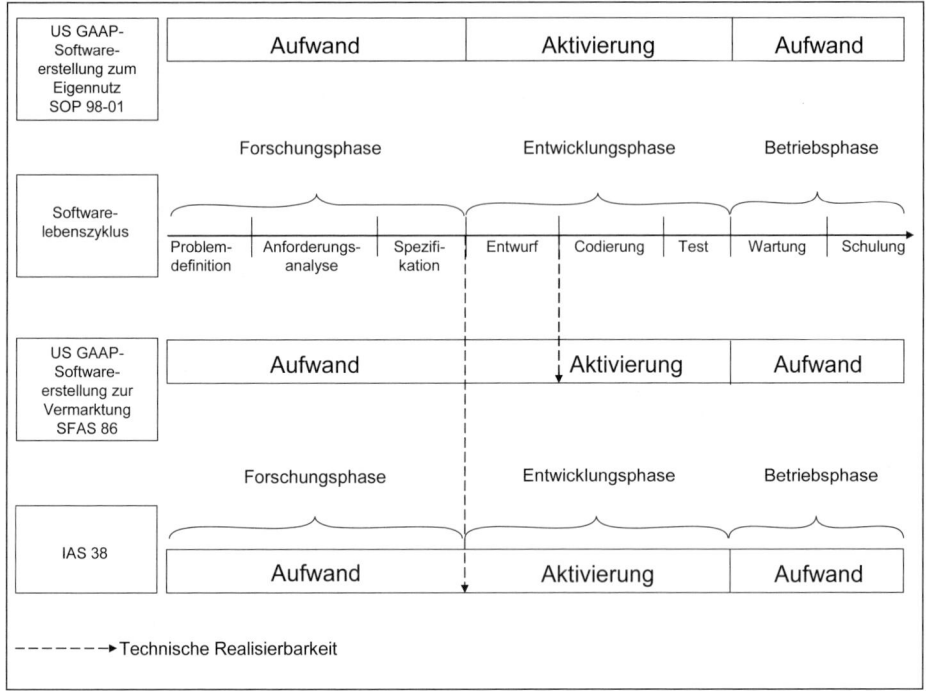

Abb. 3: Einordnung des Software-Entwicklungszyklus in die Phasen-Systematik der internationalen Rechnungslegungsstandards[10]

3.3.3 Feststellung des Erreichens der Entwicklungsphase

Anhand der Pläne sowie der Entscheidungsvorlage zur Verabschiedung des Entwicklungsprojektes sollte die Absicht und Fähigkeit des Unternehmens zur Fertigstellung der Software ersichtlich sein. Spätestens zur Abschlusserstellung ist hinreichende Sicherheit

---

[10] Vgl. zur gegenüberstellenden Bilanzierung von Software nach IFRS und US-GAAP sowie HGB: KÜTING, K./PILLHOFER, J. u.a., a.a.O. (Fn. 3), S. 73-85; KÜTING, K./ULRICH, A., Abbildung und Steuerung immaterieller Vermögensgegenstände (Teil I) - Werttreiber im normativen Zwangskorsett, DStR 2001, S. 953-960, hier S. 953-954.

dahingehend zu gewinnen, ob weiterhin an dem Projekt gearbeitet wird oder das Projekt eingestellt wurde. Bei Einstellung ist die Absicht eindeutig widerlegt.

Auch der Nachweis des zukünftigen wirtschaftlichen Nutzens sollte mit diesen Unterlagen möglich sein. Bei einem angemessenen Kostenrechnungssystem in dem Unternehmen sollte zudem die Messbarkeit und Zuordenbarkeit der Projektkosten sichergestellt sein.

Insbesondere der Nachweis der technischen Realisierbarkeit fällt nicht leicht. Hier kann nach herrschender Literaturmeinung[11] auf SFAS 86 und der dort beschriebenen Abgrenzung zurückgegriffen werden, wobei der SFAS 86 selbst nur für die Bilanzierung von zur Vermarktung vorgesehenen Intangible Assets Verwendung findet. Die technische Realisierbarkeit ist danach durch eine der beiden folgenden Maßnahmen zu dokumentieren:

– Anhand eines detaillierten Programm-Designs werden die geplanten Funktionalitäten der selbstentwickelten Software belegt.
– Das Programm-Design ist fertig gestellt und die Vollständigkeit des detaillierten Programm-Designs wird durch Dokumentation und Abgleich mit den Produktspezifikationen im Produktentwurf belegt.
– Alle benötigten Fertigkeiten, Kenntnisse und Ressourcen stehen zur Verfügung, um das geplante Programm fertig zu stellen.
– Potenzielle Risiken für den erfolgreichen Abschluss des Projektes sind erkannt und durch Programmier- sowie Testarbeiten ausgeschaltet.

Der Entwurf des Softwareproduktes ist also so weit vorangeschritten, dass die funktionelle und wirtschaftliche Spezifikationen erfüllt sind und mit der Programmierung der Software begonnen werden kann.

– Ein Arbeitsmodell (working model) der Software liegt vor.
– Das Arbeitsmodell dient als eine operative Version der Software, die in der gleichen Programmiersprache wie das Endprodukt erstellt wird. Es stellt alle wesentlichen Funktionalitäten und steht zu ersten Anwendertests bereit; damit ist es als Prototyp des Endproduktes zu werten.
– Die Übereinstimmung mit dem Programm-Design ist durch Testarbeiten überprüft worden.

---

[11] Vgl. KÜTING, K./PILLHOFER, J. u.a., a.a.O. (Fn. 3), S. 83.

Für den Fall, dass ein Software-Projekt auf einer Standardsoftware eines anerkannten Softwarehauses (z.B. SAP) basiert, die lediglich im Hinblick auf unternehmensspezifische Anforderungen customised oder die an bereits existierende Anwendungen angebunden werden muss, wird angenommen, dass die technische Realisierbarkeit eintritt, sobald dieses zur Installation bereitsteht. Liegen

– die Kosten für die Weiterentwicklung oder das Customising der Standardsoftware allerdings über deren Anschaffungskosten oder

– gibt der Zeitrahmen, in dem diese Aktivitäten erfolgen, Anlass für die Vermutung einer wesentlichen Veränderung der Standardsoftware (i.d.R. mehr als 6 Monate),

so ist das Eintreten der technischen Realisierbarkeit entsprechend der oben beschriebenen Maßnahmen nachzuweisen.

4. Bewertung von Intangible Assets nach IAS 38

4.1 Bewertung bei Ersterfassung

Grundsätzlich gilt für die Bewertung von Intangible Assets die gleiche Vorgehensweise wie für Tangible Assets. Die Vermögenswerte sind mit ihren Anschaffungs- und Herstellungskosten zu erfassen (IAS 38.24).

Allerdings unterscheidet IAS 38 hinsichtlich der Ermittlung der Anschaffungs- bzw. Herstellungskosten detailliert nach dem Anschaffungsvorgang:

– Separater Erwerb,

– Erwerb im Rahmen eines Unternehmenszusammenschlusses,

– Herstellung,

– Erwerb durch eine Zuwendung der öffentlichen Hand und

– Tausch von Vermögenswerten.

4.1.1 Erwerb mittels separater Anschaffung

Nach IAS 38.27 ergeben sich die Anschaffungskosten bei einer separaten Anschaffung (d.h. nicht im Rahmen eines Unternehmenskaufes) entsprechend folgender Übersicht:

	Kaufpreis
+	Anschaffungsnebenkosten
-	Anschaffungspreisminderungen
+	Fremdkapitalkosten (fakultativ)
=	Anschaffungskosten

Der Kaufpreis sollte aus der Rechnung unmittelbar ersichtlich sein. Die Ermittlung ist insofern unkritisch. Bei den Anschaffungsnebenkosten besteht hingegen Interpretationsspielraum. Unzweifelhaft sind Einfuhrzölle, nicht erstattungsfähige Erwerbsteuern sowie alle direkt zurechenbare Aufwendungen, die notwendig sind, um das Intangible Asset für seine vorgesehene Verwendung vorzubereiten, den Anschaffungsnebenkosten nach IAS 38.27 zuzurechnen. Auch Aufwendungen für rechtliche und gutachterliche Dienstleistungen sind den Nebenkosten zuzurechnen, während die Umsatzsteuer ausdrücklich kein Bestandteil der Anschaffungsnebenkosten ist.

Aus der Formulierung von IAS 38.27 ist zunächst eine reine Einzelkostenzurechnung zu ersehen. Damit sind Gemeinkosten nicht als Anschaffungsnebenkosten zu behandeln. Allerdings sehen Baetge/von Keitz[12] hier einen Bruch in der Systematik der IFRS, die grundsätzlich vergleichbare Sachverhalte gleich darstellen wollen. Die Rechtsberatung durch die interne Rechtsabteilung sollte demgemäß analog einer extern erkauften Rechtsberatung behandelt werden. Daraus schlussfolgern Baetge/von Keitz, dass auch produktbezogene Gemeinkosten über einen Zeit- oder Mengenschlüssel in die Anschaffungsnebenkosten einzurechnen sind und widersprechen insoweit der Formulierung von IAS 38.27 („any directly attributable costs of preparing the asset"). Dieser Argumentation ist zu folgen, allerdings sollten aus Gründen der Vergleichbarkeit von Abschlüssen tatsächlich nur die Gemeinkosten zugerechnet werden, die aus Leistungen resultieren, für welche ein alternatives Angebot zum externen Bezug bestehen.

Für die Anschaffungspreisminderungen gelten keine Besonderheiten gegenüber der Anschaffung anderer Assets: Skonti und Rabatte sind abzuziehen. In Verbindung mit dem Wahlrecht zur Aktivierung von Fremdkapitalzinsen soll allerdings auf die besondere Behandlung von nicht in Anspruch genommenen Skonti hingewiesen werden. Bei der Behandlung von Fremdkapitalzinsen unterscheiden die IFRS zwei Methoden:

---

[12] Vgl. BAETGE, J./KEITZ, V., IAS 38 - Immaterielle Vermögenswerte, in: BAETGE, J./DÖRNER, D. u.a. (Hrsg.), Rechnungslegung nach Internationalen Accounting Standards (IAS), 2. Aufl., Stuttgart 2002, Rn. 69.

– Benchmark Treatment (IAS 23.7):

Die Fremdkapitalzinsen sind in der Periode ihres Anfalls direkt als Aufwand zu berücksichtigen.

– Allowed Alternative Treatment (IAS 23.11):

Die Fremdkapitalzinsen können statt der aufwandswirksamen Erfassung den Anschaffungskosten zugerechnet werden.

Aus diesem Wahlrecht ergeben sich für die Behandlung des nicht in Anspruch genommenen Skontos folgende Implikationen:

Gemäß IAS 38.32 entsprechen die Anschaffungskosten den Barpreisäquivalenten, sofern „normal Credit Terms" überschritten sind. Bei handelsüblichen Skontofristen als normal Credit Terms ist aus dieser Vorschrift abzuleiten, dass nur das Barpreisäquivalent als Anschaffungskosten anzusetzen ist und zwar unabhängig von der Inanspruchnahme des Skontos. Der Skonto selbst ist als Zinsaufwand zu klassifizieren. In Abhängigkeit von der Wahl einer der oben beschriebenen Methoden zählt der nicht in Anspruch genommene Skonto zu den Anschaffungskosten oder zu den Periodenaufwendungen.

4.1.2 Anschaffung im Rahmen eines Unternehmenserwerbes

Analog zur separaten Anschaffung von Intangible Assets gelten auch für die Anschaffung der Intangible Assets im Rahmen eines Unternehmenserwerbes die allgemeinen Grundsätze zur Bewertung von Assets bei Unternehmenserwerb und nicht eine spezielle Intangible-Regelung. IAS 38.33 verweist auf IFRS 3, Business Combinations, nach welchem der Zeitwert für das Intangible Asset anzusetzen ist. Dieser ergibt sich zunächst aus dem Marktwert, sofern ein aktiver Markt für das Intangible Asset besteht (IAS 38.39, IFRS 3.B16). Sollte hingegen kein Marktpreis gegeben sein, was in der Regel der praktischen Erfahrung entspricht, ist auf vergleichbare Erwerbsvorgänge und die sich daraus ergebenden Werte für das Intangible Asset zurückzugreifen. Dieser Market Approach versucht eine Objektivierung auf Basis von Marktpreisvergleichen anstelle direkt verfügbarer einzelobjektbezogener Marktpreise zu erzielen. Insbesondere die unterschiedlichen Intentionen der Käufer von Intangible Assets lassen eine Objektivierung von Kaufpreisen dieser Art von Assets nur bedingt zu. Zu verweisen ist hierbei bspw. auf Marken oder Kundenlisten, die zunächst einmal insbesondere an die Person des Verkäufers bzw. an das veräußernde Unternehmen gebunden sind. Es besteht eine starke Affinität zum Eigentümer. Eine Übertragung dieser Intangible Assets zu einem vergleichbaren Preis aus vergangenen Transaktionen kann nicht als objektivierter Preis angesehen werden, da es wesentlich auf die Werterhaltungsfähigkeit durch den Käufer ankommt.

Das IASB lässt deshalb als weitere Alternative, jedoch erst nach Prüfung der zuvor genannten Preisfindungsmöglichkeiten, die Bemessung des beizulegenden Wertes mit Hilfe einer Barwertbetrachtung zu. Eine Barwertbetrachtung unterliegt subjektiven

Elementen, wie bspw. die Diskontsatzfestsetzung oder die Bemessung der zeitlich gestaffelten Zahlungsmittelströme. Insofern besteht die Gefahr einer die tatsächlichen Verhältnisse verzerrenden Bilanzpolitik im Sinne des bilanzierenden Unternehmens. Nach IFRS 3 sind alle identifizierbaren materiellen und immateriellen Vermögenswerte auszuweisen. Ergibt sich ein negativer Unterschiedsbetrag, sind die Parameter der Erwerbsmethode zu überprüfen und erst danach der verbleibende Unterschiedsbetrag erfolgswirksam zu vereinnahmen.

Diese Vorgehensweise soll anhand eines einfachen Beispiels erläutert werden:

Beispiel 2: Ansatz von Intangible Assets bei Wertbemessung mittels Barwertberechnung	
Net Assets (Netto-Zeitwert aller Assets und Liabilities) ohne der Intangible Assets:	100 GE
Intangible Asset I (Marktpreis: 40 GE)	40 GE
Intangible Asset II (Barwert aus DCF-Berechnung)	30 GE
Gesamt	170 GE
Kaufpreis	150 GE
Differenz (Ausweis in der GuV)	20 GE

Falls ein Wertansatz nicht zuverlässig ermittelt werden kann, ist ein im Rahmen eines Zusammenschlusses erworbenes Intangible Asset nicht als eigenständiges Asset zu aktivieren und muss stattdessen unter „Geschäfts- oder Firmenwert" bilanziert werden.

4.1.3 Herstellung eines Intangible Asset

In IAS 38.66 sind die Komponenten der Herstellungskosten für selbsterstellte Intangible Assets genannt.

Zu aktivieren sind die folgenden Aufwendungen (Aktivierungspflicht):

– Aufwendungen für Güter und Dienstleistungen, die im Rahmen der Entwicklung bzw. Herstellung benötigt oder verbraucht werden.

– Löhne, Gehälter und sonstige personalbezogene Aufwendungen von eigenen Mitarbeitern, die direkt in die Entwicklung bzw. Herstellung involviert sind

- Gebühren, die bei der Eintragung eines Rechtes erhoben werden.
- Aufwendungen, die der Entwicklung bzw. Herstellung direkt zurechenbar sind, z.B. Patentgebühren oder die Abschreibung auf Patente und Lizenzen.
- Gemeinkosten, die der Entwicklung bzw. Herstellung des Intangible Asset zugerechnet werden können (z.B. Verrechnung von Abschreibungen auf Gebäude, Versicherungsprämien oder Mieten).

Beispiel 3: Spezifische Software-Herstellungskosten

Bei der Software-Entwicklung sind entsprechend der obigen Darstellung u.a. folgende spezifische Kostenkomponenten zu nennen (sofern keine spezifischen Regelungen in IFRS vorhanden, wurde als Ergänzung auf den SOP 98-1 zurückgegriffen):

1. Aufwendungen für Tests vor der internen Nutzung

Die Aufwendungen für Tests vor der internen Nutzung und zur Datenkonvertierung dienen der Herstellung der Einsatzbereitschaft der selbsterstellten Software. Unter den Aufwendungen der Datenkonvertierung (z.B. Datenmigration) sind die Kosten der Lesbarmachung vorhandener Daten durch das neue System zu verstehen.

Bei den Aufwendungen zu Datenkonvertierung ist darauf hinzuweisen, dass diese grundsätzlich nicht aktivierungsfähig sind. Nur die Schaffung eines Zugangs für das neue System zum Lesen bereits bestehender Datenbestände gilt hier als Ausnahme. Bspw. sind Kosten aus der Bereinigung oder Überleitung von bestehenden Datenbeständen oder der Generierung neuer Datenbestände direkt als Aufwand zu erfassen.

2. Aufwendungen für die Dokumentation und Vervielfältigung

Die Aufwendungen für die Dokumentation sollen insbesondere die breite Verwendbarkeit und die sachgerechte Verwendung und damit Nutzung entsprechend der geplanten wirtschaftlichen Nutzungsdauer sicherstellen.

Eine besondere Problematik ergibt sich bei der internen Verrechnung von Kosten. Falls die interne Verrechnung auf Basis von Personenstundensätzen erfolgt, sind diese Sätze entsprechend anzupassen, d.h. nicht-aktivierbare Kostenbestandteile sind heraus zu rechnen. Zu den nicht-aktivierbaren Kostenbestandteilen zählen bspw. die Overhead-Kosten, d.h. Kosten der Zentrale, die auf die dezentralen Stellen verrechnet werden und nicht dem Entwicklungsprojekt direkt zugerechnet werden können.

Das Aktivierungswahlrecht für Zinskosten gilt analog der Ausführungen zu den separat angeschafften Intangible Assets.

Neben den aktivierungspflichtigen Kosten nennt IAS 38 auch nicht-aktivierbare Positionen (Aktivierungsverbot):

- Vertriebs-, Verwaltungs- und sonstige Gemeinkosten, die nicht dem Intangible Asset direkt zurechenbar sind, Kosten für die Schulung von Mitarbeitern im Umgang mit dem Vermögenswert.

- Kosten für die Schulung von Mitarbeitern im Umgang mit dem Vermögenswert.

- Eindeutig identifizierte Ineffizienzen und anfängliche operative Verluste, die vor dem Erreichen der geplanten Ertragskraft auftreten, (Ineffizienzen können z.B. auftreten, wenn die erzielten Fortschritte im Projekt nicht im Einklang mit den angefallenen Aufwendungen stehen oder bereits entwickelte Funktionalitäten aufgrund einer Strategieänderung nicht mehr zum Einsatz kommen werden.) Diese eindeutig nicht mit den zukünftigen Nutzenerwartungen in Verbindung stehenden Aufwendungen sind sofort ergebniswirksam zu erfassen.

Neben diesen sachlichen Aktivierungskriterien soll hier nochmals auf die zeitlichen Aktivierungsprämissen (Aktivierbarkeit ist abhängig von der Erstellungsphase) verwiesen werden. Nur bei Erfüllung beider Dimensionen (sachliche und zeitliche) ist die Aktivierung von Kosten möglich. Eine nachträgliche Aktivierung von bereits erfassten Aufwendungen ist nicht möglich.

Eine besondere Problematik ergibt sich für Intangible Assets, die sowohl als separat erworben als auch als selbst erstellt angesehen werden können. Beispielhaft ist hier auf Standardsoftware-Produkte zu verweisen: Sollte die Standardsoftware nicht im Wesentlichen in einem Projekt zur Entwicklung einer hauseigenen Softwarelösung Verwendung finden, ist diese nach den Grundsätzen für die separat erworbenen Intangible Assets sofort zu aktivieren. Die Erfüllung der zusätzlichen zeitlichen Aktivierungskriterien für selbsterstellte Intangibles bleibt unbeachtlich.

Nach den Regeln des deutschen Handelsrechtes besteht für Standardsoftware, die entgeltlich erworben wurde, eine zwingende Aktivierungspflicht. Dies gilt auch, wenn die Standardsoftware an die betrieblichen Erfordernisse angepasst werden muss. Wird jedoch erworbene Standardsoftware bei der Anpassung an betriebliche Bedürfnisse derart umfangreich modifiziert, das von einer Wesensänderung auszugehen ist, liegt nach der Stellungnahme des IDW ein neuer Vermögenswert vor, der als „Individualsoftware" zu klassifizieren und als selbst erstellter immaterieller Vermögensgegenstand zu behandeln ist. Liegt eine Wesensänderung vor - dies wird primär anhand der Veränderungen der Softwarefunktionen festgestellt - so ist für die Einstufung als Anschaffungs- oder Herstellungsvorgang entscheidend, wer das Herstellungsrisiko trägt.[13]

---

[13] Vgl. IDW, Stellungnahme RS HFA 11/2004, Bilanzierung von Software beim Anwender, WPg 2004, S. 817-820.

4.1.4 Öffentliche Zuschüsse zum Erwerb von Intangible Assets

Hierbei handelt es sich um entgeltfreie oder lediglich symbolisch beglichene Transfers von Intangible Assets, wie z.B. Importlizenzen. Es erfolgt ein Ansatz zum beizulegenden Zeitwert. Alternativ ist ein Ansatz zum Zeitwert reduziert um den öffentlichen Zuschuss, d.h. zu einem Wert Null, möglich. Diese Thematik soll hier nicht vertieft werden, da sie für Finanzinstitute von untergeordneter Bedeutung ist.

4.1.5 Erwerb von Intangible Assets durch Tausch

Wird ein Intangible Asset im Tausch gegen ein anderes Intangible Asset empfangen, sieht IAS 38.45 einen Ansatz der Kosten mit ihrem beizulegenden Zeitwert vor, es sei denn,

- der Tausch ist nicht von wirtschaftlicher Bedeutung oder
- der beizulegende Zeitwert weder des abgegebenen noch des empfangenen Asset ist zuverlässig ermittelbar.

Die Entscheidung, ob ein Tausch von wirtschaftlicher Bedeutung ist, hängt von dem Ausmaß ab, in dem der Tausch künftige Vermögenszuwächse erwartungsgemäß verändert. Hierbei sollen die erwarteten Vermögenszuwächse Nachsteuergrößen widerspiegeln (IAS 38.46). Allerdings wird aus praktischer Sicht kein Unterschied zwischen der Bewertung der wirtschaftlichen Bedeutung auf Basis der Vor- oder Nachsteuergrößen zu erwarten sein.

In manchen Fällen kann der Wertansatz des empfangenen Intangible Asset nicht ermittelt werden. Dann ist aus Praktikabilitätsgründen auf den Zeitwert des hingegebenen Asset zurückzugreifen (IAS 38.47).

4.1.6 Behandlung von Upgrades und Erweiterungen bei Software-Produkten

Upgrades und Erweiterungen dürfen aktiviert werden. Hierbei ist unter diese Begriffe eine wesentliche Verbesserung der Funktionalität bzw. eine wesentliche Verlängerung der Nutzungsdauer der bereits bestehenden Software zu verstehen.

Upgrades sind von Updates abzugrenzen, die keine zusätzlichen Funktionalitäten bereitstellen, sondern der Behebung von Fehlern dienen, die bei der Softwareeinführung vorangegangenen Tests nicht entdeckt wurden. Erweiterungen wiederum sind von der Wartung zu unterscheiden, die lediglich die Aufrechterhaltung der Leistungsfähigkeit sicherstellt. Updates und Wartungsaufwendungen sind explizit von der Aktivierung gemäß SIC-6.4, Costs of Modifying Existing Software, ausgeschlossen.

Voraussetzung für die Aktivierung von Aufwendungen im Zusammenhang mit Upgrades und Erweiterungen ist, dass die folgenden Punkte kumulativ erfüllt sind:

- Die zugrunde liegende primäre Software wurde aktiviert.
- Die geplanten Aufwendungen sind als wesentlich, bspw. mindestens 15%, in Bezug auf die Gesamtkosten der primären Software zu bewerten.
- Es ist wahrscheinlich, dass diese Investition zu einer Verlängerung der erwarteten wirtschaftlichen Nutzungsdauer oder zu zusätzlichen Funktionalitäten führt.
- Die Aufwendungen sind zuverlässig erfassbar und der Software zurechenbar.

Es besteht hinsichtlich des ersten Aktivierungskriteriums eine Ausnahme bei der Rechnungslegung für Upgrades und Erweiterungen: Ist die primäre Software lediglich aufgrund bei Erstansatz bestehender abweichender Rechnungslegungsvorschriften nicht aktiviert worden, so sind die Aufwendungen aus der Erweiterung heute aktivierungsfähig, sofern die allgemeinen Aktivierungsvoraussetzungen erfüllt werden.

4.2 Bewertung in den Folgeperioden

IAS 38 enthält ein Wahlrecht hinsichtlich der Bewertung von Intangible Assets in den Folgeperioden. Die Intangible Assets können entweder mit den fortgeführten Anschaffungs- oder Herstellungskosten oder mit dem Neubewertungsansatz in der Bilanz aktiviert werden.

4.2.1 Fortgeführte Anschaffungs- und Herstellungskosten

Die fortgeführten Anschaffungs- und Herstellungskosten ergeben sich entsprechend der folgenden Berechnung:

	Historische Anschaffungs- und Herstellungskosten
-	kumulierte planmäßige Abschreibungen und Wertberichtigungen
-	kumulierte Zuschreibungen
=	fortgeführte Anschaffungs- und Herstellungskosten

Die Ermittlung der historischen Anschaffungs- und Herstellungskosten wurde im Rahmen der Erläuterung der Ersterfassung dargelegt.

IAS 38 unterscheidet für die Folgebewertung bei Ansatz der fortgeführten Anschaffungs- und Herstellungskosten zwischen Intangible Assets mit bestimmter und solchen mit unbestimmter Nutzungsdauer. Die Nutzungsdauer ist entsprechend IAS 38.88-96 unbestimmt, wenn sie entweder trotz Analyse nicht geschätzt werden kann oder tatsächlich als unbegrenzt gilt. Im Gegensatz zu Intangible Assets mit bestimmter Nutzungsdauer sind solche mit unbestimmter Nutzungsdauer nicht planmäßig abzuschreiben.

Die Entscheidung, ob es sich um Intangible Assets mit bestimmter oder unbestimmter Nutzungsdauer handelt, erfolgt bei Anschaffung bzw. Herstellung. Eine Umklassifizierung von unbeschränkter in beschränkte Nutzungsdauer sieht IAS 38.109 vor, wobei eine umgekehrte Klassifizierung von beschränkter in die unbeschränkte Nutzungsdauer nach IAS 38 nicht möglich ist. Nach SFAS 142 stehen unter US-GAAP beide Umklassifizierungsmöglichkeiten zur Verfügung.

4.2.1.1 Intangible Assets mit bestimmter Nutzungsdauer

Intangible Assets mit bestimmter Nutzungsdauer sind planmäßig über ihre Nutzungsdauer abzuschreiben, um der Tatsache, dass im Laufe der Zeit der wirtschaftliche Nutzen der Assets dezimiert wird, Rechnung zu tragen. Es ist deshalb zu überlegen, wie der planmäßige Verbrauch des Nutzenpotenzials der Intangible Assets abzubilden ist. Die Abschreibungsmethode soll den Verlauf widerspiegeln, in dem der künftige wirtschaftliche Nutzen erwartungsgemäß von dem Unternehmen verbraucht wird. Kann dieser Verlauf nicht zuverlässig ermittelt werden, ist die lineare Abschreibungsmethode anzuwenden. Die für jede Periode anfallenden Abschreibungen sind als Aufwand in der Gewinn- und Verlustrechnung zu erfassen. Dabei ist von den historischen Anschaffungs- und Herstellungskosten auszugehen und ein möglicherweise verbleibender Restwert abzuziehen. Die so ermittelte Summe ist planmäßig über die Nutzungsdauer aufzulösen.

Die gewählte Abschreibungsdauer und -methode sind mindestens einmal jährlich zum Ende einer Berichtsperiode zu überprüfen und ggf. anzupassen.

Intangible Assets mit bestimmter Nutzungsdauer sind außerplanmäßig auf ihren erzielbaren Betrag (recoverable amount) abzuschreiben, falls dieser kleiner als der fortgeführte Buchwert ist. Sind die Gründe für die außerplanmäßige Abschreibung entfallen, ist entsprechend zuzuschreiben (IAS 38.111 in Verbindung mit IAS 36.110 und IAS 36.117 (überarbeitet 2004) Impairment of Assets).[14]

4.2.1.1.1 Ermittlung der Nutzungsdauer

Die Abschreibungsperiode entspricht der betriebsindividuellen Nutzungsdauer und soll entsprechend des Matching Principle den Verbrauch des Asset entsprechend seines Gebrauchs widerspiegeln. Gerade bei Intangible Assets ist die Bestimmung der Nutzungsdauer jedoch zumeist schwierig, da sie oft individuell gestaltet sind, von einer Vielzahl von externen, schwer kalkulierbaren Faktoren abhängen und teilweise keine Er-

---

[14] Vgl. Abschnitt 4.2.1.3.

fahrungswerte über deren Nutzungsdauer bestehen. Gemäß IAS 38.90 sind deshalb im Rahmen der Festlegung der betriebsindividuellen Nutzungsdauer folgende Faktoren zu beachten:

- Erwartete Nutzung des Intangible Asset durch das Unternehmen und die Fähigkeit der Nutzenstiftung auch für andere Unternehmen,
- typische Produktlebenszyklen für dieses Asset oder für Assets mit vergleichbarer Verwendung,
- technische, technologische oder sonstige Veralterung,
- erwartetes Verhalten der aktuellen und potenziellen Wettbewerber,
- notwendige Erhaltungsaufwendungen und die Fähigkeit diese aufzubringen,
- Zeitraum der Kontrolle des Unternehmens über das Intangible Asset, rechtliche Nutzungsbeschränkungen und
- Abhängigkeit der Nutzung des Intangible Asset von der Nutzungsdauer anderer Assets.

Außer diesen Faktoren, die nicht umfassend alle möglichen externen und internen Einflüsse auf die betriebsindividuelle Nutzungsdauer eines Intangible Asset widerspiegeln, hat das IASB versucht, einen Rahmen für die Bestimmung der Nutzungsdauer vorzugeben:

- Die Nutzungsdauer eines Intangible Asset, das aus vertraglichen oder anderen Rechten entsteht, darf die Laufzeit des vertraglichen oder anderen Rechtes nicht überschreiten. Hierbei sind jedoch bei erneuerbaren Rechten die Prolongationspläne des bilanzierenden Unternehmens mit in Betracht zu ziehen (IAS 38.94-96).
- Nach IAS 38.93 darf kein unrealistisch kurzer Abschreibungszeitraum gewählt werden. Eine schnelle Nutzungsdauer, bspw. aufgrund technischer Fortentwicklung (z.B. bei Software), ist dennoch erlaubt (IAS 38.92). Jedoch besteht nicht die Möglichkeit einer Direktabschreibung. Im Hinblick auf den raschen Wandel wird die betriebsgewöhnliche Nutzungsdauer von Software im Regelfall 3-5 Jahre betragen.[15]
- Im Gegensatz zum IAS 38 bestand nach der vorherigen Regelung noch die widerlegbare Vermutung, dass Intangible Assets über maximal 20 Jahre abzuschreiben sind. Die Streichung dieser Regelung ist nicht als Teilaufgabe von Rahmenvorgaben zu werten, sondern verpflichtet im Gegenteil den Bilanzierenden selbst eine möglichst realistische Nutzungsdauer zu ermitteln, statt - wie in der Praxis zu beobachten - die 20 Jahre häufig ohne weitergehende Hinterfragung zu übernehmen.

---

[15] Vgl. KRUMNOW J./SPRIßLER, W. u.a. (Hrsg.), Rechnungslegung der Kreditinstitute, 2. Aufl., Stuttgart 2004, Tz. 6 zu Aktivposten Nr. 11 in Formblatt 1 der RechKredV.

4.2.1.1.2 Bestimmung der Abschreibungsmethode

Als Abschreibungsmethoden nennt IAS 38.98 ausdrücklich

- Straight-line (lineare Abschreibung),
- Diminishing Balance (degressive Abschreibung) sowie
- Unit of Production (leistungsabhängige Abschreibung).

Es besteht jedoch kein Methodenwahlrecht, sondern eine Verpflichtung, die Methoden zu wählen, die den zu erwartenden Nutzenverbrauch am besten widerspiegelt. Auch nicht genannte Methoden können verwendet werden, sofern diese die Abbildung des tatsächlichen Wertverlaufes sicherstellen, jedoch ist die gewählte Methode stetig anzuwenden, sofern sich der erwartete Abschreibungsverlauf nicht ändert. Jedes Geschäftsjahr hat der Bilanzierende die Adäquanz der gewählten Methode zu überprüfen (IAS 38.104).

4.2.1.1.3 Bestimmung des Restwertes

Der Restwert ist der Nettobetrag, den das Unternehmen derzeit bei einem Verkauf des Asset am Ende der Nutzungsdauer unter Berücksichtigung der Verkaufskosten erzielen würde (IAS 38.8). Grundsätzlich ist der Restwert nach IAS 38.100 mit Null anzusetzen, es sei denn

- Es besteht eine Verpflichtung eines Dritten zum Erwerb des Intangible Asset am Ende der Laufzeit, oder
- es existiert ein aktiver Markt für das Asset, der eine Marktpreisermittlung zulässt und der selbst voraussichtlich die Nutzungsdauer überdauert.

Bei späteren Preisänderungen hat keine Anpassung des Wertes und damit der planmäßigen Abschreibung zu erfolgen.

4.2.1.2 Intangible Assets mit unbestimmter Nutzungsdauer

Die Nutzungsdauer eines Intangible Asset ist unbestimmt, wenn nach umfangreicher Analyse der Zeitraum, in dem das Intangible Asset Vermögenszuwächse generiert, nicht ermittelt werden kann oder als zeitlich unbegrenzt einzuschätzen ist.

Intangible Assets mit unbestimmter Nutzungsdauer sind ausschließlich und regelmäßig einem Impairment-Test nach IAS 36 (überarbeitet 2004) zu unterwerfen und - sofern notwendig - auf den erzielbaren Betrag (recoverable amount) abzuschreiben (Impairment-only-Ansatz).[16]

---

[16] Vgl. Abschnitt 4.2.1.3.

Nach SFAS 142[17] besteht ebenfalls die Möglichkeit einer unbegrenzten Nutzungsdauer von Intangible Assets. Hier wurde insbesondere auf Markennamen verwiesen, wie bspw. Coca-Cola. Die Anzahl der Beispiele ist äußerst begrenzt. Das IASB ist insofern den US-GAAP-Regelungen im Rahmen der Überarbeitung von IAS 38 gefolgt.

Die Prüfung der Werthaltigkeit der Intangible Assets, die das FASB bei unbegrenzt nutzbaren Intangible Assets vorschreibt, ist von subjektiven Ermessensentscheidungen abhängig. Es ist deshalb zu hinterfragen, ob eine fiktive Abschreibung nicht tatsächlich die wirtschaftlichen Verhältnisse auch dieser Intangible Assets besser darstellt, als die gleichbleibende Aktivierung auf Basis von Werthaltigkeitstests. Schließlich sollte hier unterstrichen werden, dass die unbegrenzte Nutzungsdauer oft erst in der retrospektiven Betrachtung konstatiert werden kann. Deshalb erscheint die Festlegung der unbegrenzten Nutzung eines selbsterstellten Intangible Asset als nicht sachgerecht.

4.2.1.3 Wertminderungstest - Impairment-Test

Der Wertminderungstest (impairment test) ist einmal jährlich durchzuführen und zusätzlich immer dann, wenn Anzeichen für eine Wertminderung vorliegen. Diesem Test haben sich alle Intangible Assets unabhängig von deren Nutzungsdauer zu unterwerfen. Zudem sieht IAS 38.110 einen Wertminderungstest immer dann vor, wenn eine Umklassifizierung von einem Intangible Asset unbegrenzter Nutzungsdauer zu einem mit begrenzter Nutzungsdauer erfolgt.

4.2.1.3.1 Indikatoren für eine Wertminderung

Die folgenden Indikatoren, können u.a. darauf hinweisen, dass eine Wertminderung vorliegt (IAS 36.12):

- Deutlicher Verfall des Marktpreises eines Intangible Asset,
- signifikante nachteilige Veränderung im Unternehmensumfeld,
- Veralterung oder physischer Schaden eines Intangible Asset,
- signifikante nachteilige Veränderung im Einsatzbereich des Intangible Asset und
- substanzielle Hinweise auf Verschlechterung der Ertragskraft des Intangible Asset.

Die folgende Aufzählung konkretisiert mögliche Wertberichtigungs-Indikatoren bei der Software-Bilanzierung:

- Die ursprünglich beabsichtigte Verwendung der Software ist nicht mehr gegeben.
- Eine ursprünglich geplante Veräußerung der Software am Ende der Nutzungsdauer ist hinfällig.

---

[17] Vgl. SFAS 142.10.

- In der Entwicklungsphase wird deutlich, dass die Kosten des Projekts deren erwartete Nutzung übersteigen.

4.2.1.3.2 Vorgehensweise

Wie der SFAS 142 beruht der Impairment-Test nach IFRS auf einem einstufigen Konzept. Hierbei wird der Buchwert des Intangible Asset mit seinem erzielbaren Betrag verglichen (IAS 36.10). Übersteigt der Buchwert den erzielbaren Betrag, so ist eine Wertminderung sofort in Höhe der Differenz der beiden Größen erfolgswirksam gegen den Buchwert des Intangible Asset zu erfassen.

Im Gegensatz hierzu verlangt SFAS 144 für den Impairment-Test von Intangible Asset mit begrenzter Nutzungsdauer einen zweistufigen Test. Im zweistufigen Test ist der oben beschriebenen Vorgehensweise noch der Vergleich des Buchwertes mit den nicht abdiskontierten Cash Flows vorgelagert. Nur in dem Fall, dass diese Cash Flows den Buchwert nicht übersteigen, ist die zweite Stufe zur Ermittlung eines möglichen Abschreibungsbedarfes notwendig.

4.2.1.3.3 Wertaufholung in Folgeperioden

Liegen in späteren Perioden Anzeichen für eine Wertaufholung vor, dann ist erneut der erzielbare Betrag zu ermitteln und der Vermögenswert zuzuschreiben, wenn, und nur wenn, sich seit dem der letzte Wertminderungsaufwand erfasst worden ist, die der Ermittlung des erzielbaren Betrags zugrunde liegenden Schätzungen geändert haben und der Recoverable Amount den aktuellen Buchwert übersteigt. IAS 36 nennt als zumindest zu untersuchende Wertaufholungsfaktoren in IAS 36.111 interne und externe Faktoren, wie bspw. Marktwertentwicklungen, Zinspreissenkungen oder wesentliche vorteilhafte interne bzw. externe Veränderungen.

Zuschreibungen, die sich aus der mindestens jährlichen Wertermittlung ergeben, sind auf die Höhe vorheriger Wertberichtigungen zu beschränken.[18] Hierbei ist bei Intangible Assets mit bestimmter Nutzungsdauer zu beachten, dass aufgrund des zuvor vorgenommenen außerordentlichen Wertminderungsabschlages nicht erfolgte regelmäßige Abschreibungen bei der Ermittlung des maximalen Zuschreibungsbetrages zu berücksichtigen sind (IAS 38.117).

---

[18] Zu weiteren Informationen zu diesem Themenkreis vgl. IAS 36.109-116. Eine Zuschreibung ist bei einer Rechnungslegung nach US-GAAP nicht möglich.

4.2.2 Neubewertungsansatz

Der Neubewertungsbetrag entspricht dem Fair Value zum Zeitpunkt des Erwerbs abzüglich der kumulierten planmäßigen und außerplanmäßigen Abschreibungen/Zuschreibungen.[19] Gemäß IAS 38.75 ist der Neubewertungsansatz nur dann anwendbar, wenn ein aktiver Markt zur regelmäßigen Ermittlung von Fair Values vorhanden ist. Ein aktiver Markt ist nach IAS 38.8 gegeben, wenn die folgenden Voraussetzungen erfüllt sind:

- Die Intangible Assets an diesem Markt sind homogen.
- Das Asset ist fungibel, d.h. es muss jederzeit eine ausreichende Zahl an Käufern und Verkäufern existieren.
- Der Preis ist öffentlich zugänglich.

Die Wertänderung des Intangible Asset ist in einer Neubewertungsrücklage zu erfassen, sofern es sich nicht um eine Korrektur einer zuvor vorgenommenen ergebniswirksamen Wertberichtigung handelt. Eine solche Korrektur ist ergebniswirksam zu erfassen (IAS 38.85).

Aufgrund der weitgehenden Anforderungen aus der Abgrenzung des aktiven Marktes und der Individualität der Intangible Assets besteht nur ein geringes praktisches Anwendungsfeld für diesen Ansatz. Deshalb soll diese Thematik nicht weiter vertieft werden.

5. Ausweis von Intangible Assets

Die Ausweispflichten für Intangible Assets sind im Wesentlichen in IAS 38.118, 119, 122, 124 und 126 geregelt. IAS 38.118 verlangt die Angabe der folgenden Informationen getrennt nach Intangible-Klassen und getrennt nach intern bzw. extern erworbenen Intangible Assets:

- Nutzungsdauer und, wenn diese begrenzt ist, die Abschreibungssätze,
- Abschreibungsmethode der Intangible Assets mit bestimmter Nutzungsdauer,
- Bruttobuchwert und kumulierte Abschreibungen zum Anfang und zum Ende der Berichtsperiode,

---

[19] Vgl. vertiefend zur Fair-Value-Bewertung von Intangible Assets JÄGER, R./HIMMEL, H., Die Fair-Value-Bewertung immaterieller Vermögenswerte vor dem Hintergrund der Umsetzung internationaler Rechnungslegungsstandards, BFuP 2003, S. 417-440.

- GuV-Position, in welche die Abschreibungen eingegangen sind,
- Überleitung des Buchwertes vom Anfangsperiodenwert zum Periodenendwert durch Angabe von Zu- und Abgängen,
- Vermögenswerte, die als Held for Sale klassifiziert sind oder in eine Held-for-Sale-Kategorie zugeordnet wurden und
- Zu- und Abschreibungen, Nettoumrechnungsdifferenzen sowie sonstiger Veränderungen.

Als Intangible-Klassen gibt der IAS 38 indikativ, d.h. nicht verbindlich und vollumfänglich, die folgende Klassifizierung vor:

- Marken,
- Impressi und Verlagsrechte,
- Software,
- Lizenzen und Kontingente,
- Patente und Urheberrechte,
- Rezepturen, Formeln, Modelle und Entwürfe sowie Prototypen und
- Intangible Assets in der Entwicklung.
- IAS 38.122 schreibt u.a. die folgenden Angaben für verschiedene individuelle Assets vor (keine vollumfängliche Aufzählung):
- Bei Intangible Assets mit unbestimmter Nutzungsdauer ist der Buchwert anzugeben sowie die Gründe und Faktoren, die zu der Klassifizierung als Asset mit unbestimmter Nutzungsdauer geführt haben.
- Wesentliche Intangible Assets (> 5% der Bilanzsumme) sind einzeln zu beschreiben, Buchwert und Restnutzungsdauer sind anzugeben.
- Es ist der Betrag aus Verpflichtungen zum Erwerb von Intangible Assets anzugeben.

Für den Fall der Nutzung der alternativen Bewertungsmethode (Neubewertungsmethode) sieht IAS 38.124 zusätzliche Angaben vor:

- Zeitpunkt der Neubewertung,
- Buchwert der neubewerteten Assets,
- Buchwert bei Weiterführung des at-Cost-Ansatzes,
- Angaben über die Entwicklung der Neubewertungsrücklage in der Berichtsperiode und
- Methoden zur Ermittlung des Fair Value der Assets.

Schließlich erfordert IAS 38.126 die Angabe des Betrages an Forschungs- und Entwicklungsaufwendungen, der sofort ergebniswirksam erfasst wurde.

Die Pflichtangaben von IAS 38 für Intangible Assets gehen über die Angaben zu den Tangible Assets hinaus. Dies spiegelt das höhere Risiko in der Aktivierung von Intangible Assets gegenüber dem Ansatz der Tangibles wider und soll die Transparenz der Bilanz steigern. Auch die bloße Nennung des Betrages der aufwandswirksam erfassten Forschungs- und Entwicklungsaufwendungen verdeutlicht, dass das IASB die aktivierten Aufwendungen als kritisch ansieht und deshalb weitergehende Informationen verlangt, nicht jedoch eine generelle Transparenz im Bereich Forschung und Entwicklung für notwendig erachtet. Dies wäre auch aus Wettbewerbsgründen kritisch zu bewerten.

6. Ausblick

Die überarbeiteten Regelungen nach IAS 38, aber auch die derzeitigen amerikanischen Bilanzierungsstandards werden sich weiterentwickeln. Es ist zu erwarten, dass die Fair-Value-Berechnungen stetig weiterentwickelt werden und dass bei hinreichend sicheren und aussagekräftigen Berechnungssystematiken der Neubewertungsansatz in erweiterter Form angewendet werden darf.

Gleichzeitig ist insbesondere im Bereich des Value-Reporting der Bilanzierende zunehmend aufgefordert, schon heute über das nicht bilanzierte Intellectual Capital freiwillig zu berichten.[20] Hierzu zählen unter anderem:

- Innovation Capital,
- Human Capital,
- Customer Capital,
- Supplier Capital,
- Investor Capital,
- Process Capital und
- Location Capital.

---

[20] Vgl. hierzu z.B. ARBEITSKREIS EXTERNE UNTERNEHMENSRECHNUNG DER SCHMALENBACHGESELLSCHAFT KÖLN, Grundsätze für das Value Reporting, DB 2002, S. 2337-2339, hier S. 2337-2339; RUHWEDEL, F./SCHULTZE, W., Value Reporting: Theoretische Konzeption und Umsetzung bei den DAX 100 - Unternehmen, zfbf 2002, S. 602-632, hier S. 602-613.; KÜTING, K./ULRICH, A Abbildung und Steuerung immaterieller Vermögensgegenstände (Teil II) - Werttreiber im normativen Zwangskorsett, DStR 2001, S. 1002-1004.

Diese Entwicklung in Verbindung mit valideren und verlässlicheren Berechnungsmethoden wird dazu führen, dass derartige Bestandteile weiter an Bedeutung gewinnen und zum Pflichtbestandteil der Bilanz auch unter IFRS werden. Schon heute gelten Intangible Assets oft als einer der entscheidenden Wettbewerbsfaktoren,[21] so dass sich auch hieraus ein Bedürfnis für die Finanzinstitute ergibt, dieses adäquat in der Rechnungslegung abzubilden und so die Wettbewerbsfähigkeit zu unterstreichen. Problematisch erscheint in diesem Zusammenhang der hohe Verwaltungsaufwand, der mit der Werthaltigkeitsüberprüfung der Intangible Assets verbunden ist sowie der über den Impairment-only-Ansatz drohende signifikante Einmalaufwand bei Intangible Assets mit unbegrenzter Nutzungsdauer. Der Impairment-only-Ansatz wird das Unternehmen mutmaßlich in der wirtschaftlich angespannten Lage treffen und damit zu einer Verschärfung der Situation im Unternehmen beitragen. Insofern ist diese Entwicklung im Rahmen der Intangible-Asset-Bilanzierung mit Skepsis zu betrachten.

---

[21] Vgl. ESSER, M./HACKENBERGER, J., Bilanzierung immaterieller Vermögenswerte des Anlagevermögens nach IFRS und US-GAAP, KoR 2004, S. 402.

Karsten Lorenz

Leasingverhältnisse

1. Einleitung 691
2. Anwendungsbereich von IAS 17 693
   2.1 Ausnahmen vom Anwendungsbereich 693
   2.2 Beschränkung des Anwendungsbereichs bei bestimmten
       Leasingverhältnissen 694
3. Klassifizierung von Leasingverhältnissen nach IAS 17 695
   3.1 Überblick über die Kriterien zur Klassifizierung 695
   3.2 Die Bedeutung der Kriterien bei einer Umstellung von HGB- auf IFRS-
       Rechnungslegung 698
       3.2.1 Übertragung des Eigentums 698
       3.2.2 Prüfung einer vorteilhaften Kaufoption 698
       3.2.3 Laufzeittest 699
       3.2.4 Barwerttest 701
           3.2.4.1 Ökonomische Grundidee des Barwerttests 701
           3.2.4.2 Bestimmung der Mindestleasingzahlungen 701
           3.2.4.3 Bestimmung des Zinssatzes 703
           3.2.4.4 Bestimmung des beizulegenden Zeitwerts 703
           3.2.4.5 Vergleich des Barwerts der Mindestleasingzahlungen mit
                   dem Zeitwert 704
       3.2.5 Spezialleasing 704
       3.2.6 Verlustübernahme bei Kündigung 705
       3.2.7 Gewinne und Verluste aus Restwertschwankungen 706
       3.2.8 Günstige Verlängerungsoption 707
       3.2.9 Besonderheiten beim Immobilien-Leasing 707
   3.3 Klassifizierung von erlasskonformen deutschen Leasingverträgen ... 709
       3.3.1 Vollamortisationsverträge für Mobilien 709
       3.3.2 Teilamortisationsverträge für Mobilien 710
       3.3.3 Vollamortisationsverträge für Immobilien 712
       3.3.4 Teilamortisationsverträge für Immobilien 712

4. Bilanzierung beim Leasingnehmer 713
   4.1 Abbildung von Finanzierungs-Leasingverhältnissen 713
   4.2 Abbildung von Operating-Leasingverhältnissen 715

5. Bilanzierung beim Leasinggeber 716
   5.1 Abbildung von Finanzierungs-Leasingverhältnissen 716
       5.1.1 Regelungen für alle Leasingverhältnisse 716
       5.1.2 Besonderheiten bei Händler- oder Herstellerleasingverhältnissen 718
   5.2 Abbildung von Operating-Leasingverhältnissen 719

6. Praktisches Beispiel für die Bilanzierung von Leasingverhältnissen 720
   6.1 Sachverhalt 720
   6.2 Bilanzielle Behandlung des Mietvertrages nach handelsrechtlichen GoB 721
   6.3 Bilanzielle Behandlung des Mietvertrages nach IAS 17 722
       6.3.1 Übergang des rechtlichen Eigentums 722
       6.3.2 Vorteilhafte Kaufoption 722
       6.3.3 Laufzeit des Leasingverhältnisses 723
       6.3.4 Barwerttest 723
               6.3.4.1 Bestimmung der Mindestleasingzahlungen 723
               6.3.4.2 Bestimmung des Zinssatzes 723
               6.3.4.3 Ermittlung des Zeitwerts 724
               6.3.4.4 Vergleich von Barwert und Zeitwert 724
       6.3.5 Spezialleasing 724
       6.3.6 Verlustübernahme bei Kündigung 725
       6.3.7 Gewinne und Verluste aus Restwertschwankungen 725
       6.3.8 Günstige Verlängerungsoption 725
   6.4 Fallspezifische Klassifizierung der Leasingvereinbarung 725
   6.5 Bilanzielle Behandlung des Leasingvertrages 726

7. Sale-and-Leaseback-Transaktionen 729
   7.1 Sale-and-Leaseback-Transaktionen als Finanzierungsleasing 729
   7.2 Sale-and-Leaseback-Transaktionen als Operating-Leasing 729

8. Angabepflichten nach IAS 17 731
   8.1 Angabepflichten des Leasingnehmers 731
       8.1.1 Angaben bei Finanzierungs-Leasingverhältnissen 731
       8.1.2 Angaben bei Operating-Leasingverhältnissen 732
   8.2 Angabepflichten des Leasinggebers 733
       8.2.1 Angaben bei Finanzierungs-Leasingverhältnissen 733
       8.2.2 Angaben bei Operating-Leasingverhältnissen 733

9. Ausblick: Geplante Änderungen und weitergehende Überarbeitung
   von IAS 17 734

1. Einleitung

Die bilanzielle Behandlung von Leasinggeschäften ist eines der schwierigsten Einzelprobleme der Rechnungslegung. Zwei Fragestellungen stehen national wie international im Vordergrund: Nach welchen Kriterien erfolgt die Entscheidung über die Zurechnung des Leasinggegenstandes zum Vermögen des Leasinggebers bzw. des Leasingnehmers? Wie sind die Leasingzahlungen in deren Jahresabschlüssen zu berücksichtigen?

Da das Handelsgesetzbuch keine expliziten Regelungen zur Behandlung von Leasingverhältnissen enthält, orientiert sich die Bilanzierungspraxis in Deutschland zumeist an den - auf der Rechtsprechung des Bundesfinanzhofes basierenden - Leasingerlassen der Finanzverwaltung und an der Stellungnahme des Hauptfachausschusses des Instituts der Wirtschaftsprüfer.[1] Die Erlasse folgen für die Zurechnung des Leasingobjektes dem Grundgedanken der vollständigen und dauerhaften Übertragung von Substanz und Ertrag vom Leasinggeber auf den Leasingnehmer.[2] Erlasskonforme Leasingverträge führen zu einer Zurechnung des Objektes zum Leasinggeber. Die Erlasse werden im folgenden Beitrag als bekannt vorausgesetzt.

Auf internationaler Ebene enthält IAS 17 umfangreiche Regelungen zur bilanziellen Behandlung von Leasinggeschäften. Der Standard in seiner jetzigen Fassung ersetzte IAS 17 (alt) von 1982 und gilt für Abschlüsse, deren Berichtsperioden am oder nach dem 1. Januar 1999 beginnen. Die danach vorgenommenen geringfügigen Modifikationen sind auf die beiden neueren Standards, IAS 40 „Als Finanzinvestition gehaltene Immobilien" und IAS 41 „Landwirtschaft", zurückzuführen.

Im Zuge der Überarbeitung zahlreicher Standards hat das IASB im Improvements Project auch Änderungen an IAS 17 vorgenommen. Die Änderungen betreffen drei Bereiche: Der Anwendungsbereich des Standards wurde geringfügig erweitert, die Regelungen zur Klassifizierung von Leasingverhältnissen über Grund und Boden sowie Gebäude wurden überarbeitet und das Wahlrecht zur Behandlung von Vertrags-

---

[1] Vgl. BUNDESMINISTER DER FINANZEN, Vollamortisationserlass für Mobilien vom 19.4.1971, BStBl I 1971, S. 264; Vollamortisationserlass für Immobilien vom 21.3.1972, BStBl I 1972, S. 188; Teilamortisationsvertrag für Mobilien vom 22.12.1975, DB 1976, S. 172; Teilamortisationsvertrag für Immobilien vom 23.12.1991, BStBl I, S. 13 sowie IDW, Stellungnahme HFA 1/1989, Zur Bilanzierung beim Leasinggeber, WPg 1989, S. 626.

[2] Vgl. DÖLLERER, G., Leasing - wirtschaftliches Eigentum oder Nutzungsrecht?, BB 1971, S. 535-540. Vgl. auch LORENZ, K., Wirtschaftliche Vermögenszugehörigkeit im Bilanzrecht, Düsseldorf 2002, S. 44-140.

abschlusskosten wurde abgeschafft. Die Änderungen treten für Berichtsjahre in Kraft, die am oder nach dem 1. Januar 2005 beginnen.

Neben IAS 17 existieren mit SIC-15, Operating-Leasingverhältnisse - Anreizvereinbarungen, und SIC-27, Beurteilung des wirtschaftlichen Gehalts von Transaktionen in der rechtlichen Form von Leasingverhältnissen, zwei Verlautbarungen des Standing Interpretations Committees, die weitere Regelungen zur Behandlung von Leasingverhältnissen im Jahresabschluss enthalten. Darüber hinaus hat das International Financial Reporting Interpretations Committee (IFRIC) jüngst die Interpretation 4, Determining wether an Arrangement contains a Lease, veröffentlicht. Die Interpretation enthält Leitlinien zur Behandlung von Vereinbarungen, die rechtlich nicht als Leasingverhältnis zu qualifizieren sind.

Auch die US-GAAP kennen sehr detaillierte Regelungen zu Leasinggeschäften. Neben der zentralen Vorschrift SFAS 13 „Accounting for Leases" enthalten SFAS 28 und SFAS 98 sowie zahlreiche EITF Anforderungen an die bilanzielle Behandlung von Leasinggeschäften.[3]

Der vorliegende Beitrag untersucht zuvorderst die Fragestellung, welche Implikationen aus einer Umstellung der Rechnungslegung von HGB auf IFRS für Leasinggeschäfte resultieren; dabei stehen die beiden eingangs erwähnten Problembereiche im Mittelpunkt. Besonderes Augenmerk gilt der Vorgehensweise im Rahmen eines Umstellungsprojekts. Da seitens des IASB eine Annäherung der Standards an bestehende US-GAAP angestrebt wird, werden Unterschiede zwischen IAS 17 und SFAS 13 kurz skizziert. Auf SFAS 13 wird nachfolgend auch dann rekurriert, wenn diese Regelungen geeignet erscheinen, zu einer Konkretisierung von IAS 17 beizutragen.

Im Zusammenhang mit Immobilien-Leasingverträgen und beim Leasing von Großanlagen werden häufig Leasing-Objektgesellschaften gegründet. Die Zurechnungsproblematik ist hier eng mit der Frage der Konsolidierung der Objektgesellschaft verbunden: Eine Vertragsgestaltung, die zur Zurechnung des Leasinggegenstandes zu der Objektgesellschaft führt, schließt nicht aus, dass die Gesellschaft nicht dennoch vom Leasingnehmer zu konsolidieren ist. Der beabsichtigte Off-Balance-Sheet-Effekt wird damit auf Konzernebene eventuell nicht erreicht. IAS 27 i.V.m. SIC-12 regelt die Konsolidierung von Zweckgesellschaften; diese Vorschriften werden im Folgenden nicht weiter behandelt.[4] Unberücksichtigt bleiben in diesem Beitrag auch Fragen der Ausbuchung von Leasingforderungen, wie sie insbesondere im Zusammenhang mit

---

[3] Vgl. etwa EITF 90-15, 95-1, 95-4, 96-21, 97-1 und 97-10. Zu den Regelungen des SFAS 13 vgl. auch WIEDMANN, H., Kommentierung zu § 246 HGB, Bilanzrecht, Kommentar zu den §§ 238-342a HGB, 2. Aufl., München 2003, Tz. 49-51.

[4] Die Konsolidierung von Zweckgesellschaften bildet den Untersuchungsgegenstand in Abschnitt 4 des Beitrages „Konzernrechnungslegung".

Factoring-Geschäften auftreten, und der Berücksichtigung von Wertminderungen bei Leasingforderungen.[5]

2. Anwendungsbereich von IAS 17

2.1 Ausnahmen vom Anwendungsbereich

Grundsätzlich regelt IAS 17 alle Arten von Leasingverhältnissen. Als Leasingverhältnisse sind nach dem Standard Vereinbarungen anzusehen, bei denen ein Leasinggeber dem Leasingnehmer gegen eine Zahlung oder eine Reihe von Zahlungen das Recht auf Nutzung eines Vermögenswertes für einen vereinbarten Zeitraum überträgt. Damit werden von IAS 17 jene Vereinbarungen ausgeschlossen, bei denen der Leasinggegenstand nicht die Merkmale eines Vermögenswertes im Sinne des Framework erfüllt.[6] Bei strenger Wortlautauslegung wären auch Vereinbarungen, die eine Kündigungsmöglichkeit für eine der Vertragsparteien enthalten und somit keinen Zeitraum fixieren, nicht durch IAS 17 geregelt. Der Leasingbegriff nach IAS 17 ist jedoch sehr weit zu verstehen, so dass auch Miet- und Pachtverträge, die eine unkündbare Grundmietzeit haben, unter den Anwendungsbereich des Standards fallen.[7]

Der Standard nennt darüber hinaus drei Arten von Vereinbarungen, für die eine Anwendung ausgeschlossen wird:[8]

- Leasingvereinbarungen in Bezug auf die Entdeckung und Verarbeitung von nicht regenerativen Ressourcen (wie z.B. Mineralien, Öl, Erdgas). Das IASB plant, für diesen Bereich einen eigenständigen Standard zu entwickeln.

- Lizenzvereinbarungen über Filme, Patente, Copyrights u.ä. Für derartige Vereinbarungen kommt IAS 38 zur Anwendung.

- Dienstleistungsverträge, bei denen kein Nutzungsrecht auf den Vertragspartner übergeht.[9] Diese werden als schwebende Geschäfte eingestuft und nicht bilanziert, es sei

---

5   Vgl. Abschnitt 4.2 im Beitrag „Ansatz und Bewertung von Finanzinstrumenten".
6   Vgl. F.89-90.
7   Vgl. ENGEL-CIRIC, D., § 15 Leasing, in: LÜDENBACH, N./HOFFMANN, W.-D. (Hrsg.), Haufe IAS-Kommentar, Freiburg im Breisgau u.a. 2003, Tz. 2.
8   Vgl. IAS 17.2-3. Ob sog. Lease-and-Leaseback-Geschäfte unter die Regelungen des Standards fallen, richtet sich nach dem wirtschaftlichen Gehalt der gesamten Transaktion: vgl. SIC-27.

denn der Vertrag ist etwa als belastender Vertrag im Sinne von IAS 38.66-73 einzustufen.

2.2 Beschränkung des Anwendungsbereichs bei bestimmten Leasingverhältnissen

IAS 17 nennt zwei Bereiche, für die der Standard nur zur Klassifizierung der Leasingverhältnisse anzuwenden ist. Die Bewertung des Leasingobjektes erfolgt dann nach den Regelungen anderer Standards.

Der erste, auch für Banken bedeutsame Bereich, betrifft bestimmte Leasingvereinbarungen über Immobilien[10]: Immobilien, die als Finanzinvestition anzusehen sind, werden nach den Vorschriften von IAS 40 bewertet, wenn sie von Leasinggebern (Leasingnehmern) im Rahmen eines Operating-Leasingverhältnisses (Finanzierungs-Leasingverhältnisses) gehalten werden.

Als Finanzinvestition im Sinne von IAS 40 gelten Immobilien, die zur Erzielung von Mieteinnahmen und/oder zum Zwecke der Wertsteigerung gehalten werden. Die vom Unternehmen oder von den Mitarbeitern des Unternehmens genutzten Immobilien stellen somit keine Finanzinvestition dar.

Aus der Sicht eines Leasing*gebers* werden Operating-Leasingverhältnisse grundsätzlich der Erzielung von Mieteinnahmen dienen. Die im Rahmen dieser Leasingverhältnisse vermieteten Immobilien sind daher nach IAS 40 als Finanzinvestition einzustufen.[11] Tritt die Bank als Leasing*nehmer* auf und wird der Leasingvertrag aus Sicht der Bank als Finanzierungsleasing klassifiziert, ist zu untersuchen, ob die Immobilie nach IAS 40 als Finanzinvestition einzustufen ist. Wird dies bejaht, erfolgt die Bewertung des Leasinggegenstandes nach IAS 40.[12]

Der im Rahmen des Improvement Projects überarbeitete IAS 17 räumt Leasingnehmern weitergehende Möglichkeiten der Anwendung von IAS 40 ein: Bislang war es Leasingnehmern nur im Rahmen von Finanzierungs-Leasingverträgen erlaubt, IAS 40 anzuwenden. Künftig können auch Leasingnehmer bei Immobilien, die sie in einem Operating-Leasingverhältnis nutzen und die als Finanzinvestition einzustufen sind, IAS 40 anwenden (IAS 17.19). Dies setzt voraus, dass die Bewertung der als Finanzinvestition

---

[9] Leasingverträge, die auch Dienstleistungen beinhalten (z.B. Wartung eines Leasingobjektes durch den Leasinggeber), sind aufzuspalten; vgl. hierzu auch Abschnitt 3.2.4.2.
[10] Zu den Besonderheiten bei Immobilien-Leasingverhältnissen vgl. auch unten, Abschnitt 3.2.9.
[11] Vgl. hierzu auch Abschnitt 8.1.1.
[12] Vgl. hierzu auch Abschnitt 3.1.2 im Beitrag „Bilanz, Gewinn- und Verlustrechnung sowie Notes".

gehaltenen Immobilien zum Fair Value erfolgt. Als Beispiel nennt IAS 17 Sub-Leasingverhältnisse, die der Leasingnehmer abschließt.

Die aus dieser Änderung resultierende mögliche Bilanzierung des Leasingobjektes beim Leasingnehmer erscheint nicht unproblematisch: Obgleich das Leasingobjekt nach den Kriterien von IAS 17 dem Leasinggeber zugerechnet wird, der über die Chancen und Risiken aus dem Objekt verfügt, soll allein aufgrund des Abschlusses eines Sub-Leasingverhältnisses auch eine Aktivierung beim Leasingnehmer erfolgen. Dies führt zu einer gleichzeitigen Aktivierung des Leasingobjektes beim Leasinggeber und Leasingnehmer, ohne dass Letzterer über das „wirtschaftliche Eigentum" im Sinne des Standards verfügt. Eine Aktivierung des Leasingobjektes beim Leasinggeber und Leasingnehmer konnte sich bislang nur in wenigen Fällen - bei unterschiedlichen Ergebnissen aus der Durchführung des Barwerttests - ergeben.

Der zweite Ausnahmebereich von IAS 17 in Bezug auf die Bewertung betrifft biologische Vermögenswerte. Sind die Leasingobjekte biologische Vermögenswerte im Sinne von IAS 41, so erfolgt die Bewertung beim Leasingnehmer (Leasinggeber) nach diesem Standard, wenn es sich um Finanzierungs-Leasingverhältnisse (Operating-Leasingverhältnisse) im Sinne von IAS 17 handelt.

3. Klassifizierung von Leasingverhältnissen nach IAS 17

3.1 Überblick über die Kriterien zur Klassifizierung

Welche Ansatz-, Bewertungs- und Angabevorschriften von IAS 17 zu beachten sind, richtet sich zuvorderst danach, ob das Leasingverhältnis als Finanzierungs- oder Operating-Leasing anzusehen ist.

Der Standard verfolgt einen an den Risiken und Chancen orientierten Ansatz: Als Finanzierungsleasing sind Leasingverhältnisse einzustufen, bei denen „*im Wesentlichen* alle mit dem Eigentum verbundenen Risiken und Chancen eines Vermögenswertes übertragen werden."[13]

Zu den Risiken gehören nach IAS 17 die Verlustmöglichkeiten aufgrund ungenutzter Kapazitäten, technischer Überholung oder Renditeabweichungen auf Grund geänderter wirtschaftlicher Rahmenbedingungen. Als Chancen sind die Erwartungen eines Gewinn

---

[13] Vgl. IAS 17.4 (keine Hervorhebung im Original).

bringenden Einsatzes im Geschäftsbetrieb während der Nutzungsdauer des Vermögenswerts, der Gewinn aus Wertzuwachs sowie aus der Realisation eines Restwerts anzusehen.[14]

Eine Übertragung des Eigentumsrechts auf den Leasingnehmer zum Ende der Laufzeit des Leasingvertrages ist - wie auch nach deutschem Recht - nicht erforderlich, um das Leasingverhältnis als Finanzierungsleasing einzustufen. Dies entspricht ebenfalls der Definition von Vermögenswerten im Framework, wonach auch Vermögenswerte zu bilanzieren sind, über die das Unternehmen keine gesetzliche Verfügungsmacht hat.[15]

IAS 17 nennt die folgenden fünf „Beispiele für Situationen", die wegen der weit reichenden Übertragung von Chancen und Risiken zu einem Leasingverhältnis führen, das als Finanzierungsleasing einzustufen ist:[16]

(1) Am Ende der Laufzeit des Leasingverhältnisses wird dem Leasingnehmer das Eigentum an dem Vermögenswert übertragen;

(2) der Leasingnehmer hat eine Kaufoption, den Vermögenswert zu einem Preis zu erwerben, der erwartungsgemäß deutlich niedriger als der zum Optionsausübungszeitpunkt beizulegende Zeitwert des Vermögenswertes ist, so dass zu Beginn des Leasingverhältnisses hinreichend sicher ist, dass die Option ausgeübt wird;

(3) die Laufzeit des Leasingverhältnisses umfasst den überwiegenden Teil der wirtschaftlichen Nutzungsdauer des Vermögenswertes, auch wenn das Eigentumsrecht nicht übertragen wird;

(4) zu Beginn des Leasingverhältnisses entspricht der Barwert der Mindestleasingzahlungen im Wesentlichen dem beizulegenden Zeitwert des Leasinggegenstandes; und

(5) die Leasinggegenstände haben eine spezielle Beschaffenheit, so dass sie nur der Leasingnehmer nutzen kann, ohne dass wesentliche Veränderungen vorgenommen werden.

Indikatoren für Situationen, die zu einem als Finanzierungs-Leasingverhältnis führen können, sind:[17]

(6) bei Kündigung des Leasingvertrages durch den Leasingnehmer übernimmt dieser die Verluste des Leasinggebers, die aus der Auflösung des Vertrages resultieren;

---

[14] Vgl. IAS 17.7.
[15] Vgl. F.57.
[16] Vgl. IAS 17.10. Ein praktisches Beispiel für die Anwendung der Kriterien findet sich in Abschnitt 6.
[17] Vgl. IAS 17.11.

(7) der Leasingnehmer erhält die Gewinne und trägt die Verluste, die durch Schwankungen des beizulegenden Restzeitwerts entstehen. Dies kann auch in Form einer Mietrückerstattung erfolgen, die einen Großteil des Verkaufserlöses am Ende des Leasingverhältnisses abdeckt; und

(8) der Leasingnehmer hat die Möglichkeit, das Leasingverhältnis für eine zweite Mietperiode zu einer Miete fortzuführen, die wesentlich niedriger ist als die marktübliche Miete.

Operating-Leasingverhältnisse sind gemäß IAS 17.4 alle Vereinbarungen, die nicht als Finanzierungsleasing einzustufen sind.

Die Klassifizierung erfolgt zu Beginn des Leasingverhältnisses. Als Beginn eines Leasingverhältnisses gilt der Tag der Leasingvereinbarung oder der Tag, an dem sich die Vertragsparteien über die wesentlichen Bestimmungen der Vereinbarung geeinigt haben.[18] Spätere, in beiderseitigem Einverständnis beschlossene Veränderungen der Bestimmungen des Leasingvertrages führen zu einer neuen Vereinbarung, die nach den genannten Kriterien erneut zu prüfen ist.

Anders als nach deutschem Recht und auch bei Anwendung der US-GAAP verzichtet IAS 17 für die Klassifizierung auf die Festlegung quantitativer Kriterien. Die noch im Exposure Draft zu IAS 17 enthaltenen Grenzen, nach denen ein Leasingverhältnis als Finanzierungsleasing einzustufen war, wenn die Dauer des Leasingverhältnisses 75% der wirtschaftlichen Nutzungsdauer oder der Barwert der Mindestleasingzahlungen mindestens 90% des beizulegenden Zeitwerts des Leasinggegenstandes ausmacht, wurden nicht in den Standard übernommen.[19] Mit dem Verzicht auf quantitative Kriterien soll vermieden werden, dass die Vertragsparteien einzelne Vertragsparameter genau so wählen, dass diese Grenzen gerade noch umgangen werden. Der Standard betont insoweit die wirtschaftliche Betrachtungsweise; die formale Vertragsform soll nicht allein über die Klassifizierung entscheiden. Gleichwohl erleichterten eindeutige Kriterien eine praktikable Anwendung der Kriterien und dienten der Objektivierung.

Die in IAS 17 auch als „Indikatoren" bezeichneten Kriterien haben keinen abschließenden Charakter. Sie sollen verdeutlichen, dass für die wirtschaftliche Würdigung der Leasingverhältnisse sämtliche Bestimmungen der Vereinbarung einschließlich etwaiger Nebenabreden zu untersuchen sind.

Zu beachten ist, dass eine gesonderte Prüfung der Kriterien bei Leasingnehmer und Leasinggeber durchzuführen ist, die im Einzelfall zu unterschiedlichen Beurteilungen führen kann. Als Gründe hierfür sind insbesondere der unterschiedliche Umfang der Mindestleasingzahlungen und die Verwendung unterschiedlicher Zinssätze im Rahmen der Anwendung des Barwerttests bei Leasingnehmer und Leasinggeber zu nennen. Auch

---

[18] Vgl. IAS 17.4.
[19] Vgl. den Exposure Draft zu IAS 17, ED 19.5.

Kauf- oder Verlängerungsoptionen können aus Sicht der Vertragsparteien unterschiedlich eingeschätzt werden. Eine Bilanzierung des Leasingobjektes sowohl beim Leasingnehmer und Leasinggeber kann daher ebenso wenig ausgeschlossen werden wie die Nicht-Bilanzierung bei beiden Vertragsparteien.

3.2 Die Bedeutung der Kriterien bei einer Umstellung von HGB- auf IFRS-Rechnungslegung

3.2.1 Übertragung des Eigentums

Bei Leasingvereinbarungen, die eine spätere Übertragung des Eigentums vorsehen, gehen nach IAS 17 die wirtschaftlich wesentlichen Chancen und Risiken auf den Leasingnehmer über. Die Einstufung als Finanzierungsleasing erscheint daher zwingend. Aus der Umstellung von HGB- auf IFRS-Rechnungslegung sind aus diesem Kriterium keine Umklassifizierungen zu erwarten.

Im Einzelfall bestehen allerdings Schwierigkeiten bei der Beantwortung der Frage, ob ein späterer Eigentumsübergang erfolgen wird. So können Kündigungsklauseln vereinbart worden sein, die einen späteren Eigentumsübergang fraglich erscheinen lassen. Auch eine Rückkaufoption des Leasinggebers am Ende der Laufzeit des Vertrages kann den Übergang des Eigentums in Frage stellen. Zu prüfen ist bei derartigen Vereinbarungen, ob mit der Ausübung der Option ernsthaft zu rechnen ist; dabei kann auf Erfahrungswerte aus bereits abgewickelten Verträgen zurückgegriffen werden.

3.2.2 Prüfung einer vorteilhaften Kaufoption

Für die Klassifizierung nach IAS 17 ist zu untersuchen, ob der Leasingnehmer am Ende der Laufzeit über eine vorteilhafte Kaufoption verfügt. Die Beurteilung der Vorteilhaftigkeit der Option bedingt eine Prüfung auf Einzelvertragsebene.

Als vorteilhaft sind Optionen anzusehen, die den Erwerb des Leasinggegenstandes zu einem Preis vorsehen, der erwartungsgemäß *deutlich* unter dem beizulegenden Zeitwert des Gegenstandes zum möglichen Ausübungszeitpunkt liegt. In diesem Fall kann mit hinreichender Sicherheit angenommen werden, dass die Option ausgeübt wird.

Von einer günstigen Kaufoption ist auch auszugehen, wenn die (steuerliche) betriebsgewöhnliche Nutzungsdauer erheblich unter der wirtschaftlichen Nutzungsdauer liegt.

Die Ausübung der Kaufoption hängt zudem von Faktoren wie der technischen Innovation oder der wirtschaftlichen Lage des Leasingnehmers ab, so dass die Schätzung künftiger Marktwerte im Einzelfall schwierig sein kann. Von einer Ausübung der Kaufoption dürfte auszugehen sein, wenn dem Leasingnehmer bei Rückgabe des Leasingobjektes umfangreiche Abbau- oder Rücktransportkosten entstehen, also ein wirtschaftlicher Zwang zur Ausübung der Option besteht.[20]

Zwar dürfte die Orientierung an Vergangenheitswerten und beobachteten Wertentwicklungen bei bestimmten Objekten erste Aufschlüsse über die Wahrscheinlichkeit der Optionsausübung geben. In Ermangelung einer präzisen Festlegung in IAS 17, wann ein Kaufpreis „deutlich" unter dem Zeitwert des Leasingobjektes liegt, verbleiben dem Bilanzierenden jedoch gewisse Gestaltungsspielräume.

3.2.3 Laufzeittest

Für das dritte Kriterium ist die Laufzeit des Leasingverhältnisses mit der wirtschaftlichen Nutzungsdauer des Vermögenswertes zu vergleichen.

Die *Laufzeit des Leasingvertrages* umfasst die unkündbare Zeitperiode, für die sich der Leasingnehmer vertraglich verpflichtet hat, den Vermögenswert zu mieten, sowie weitere Zeiträume, für die der Leasingnehmer mit oder ohne weitere Zahlungen eine Option ausüben kann, sofern die Ausübung dieser Option zum Beginn des Leasingverhältnisses hinreichend sicher ist.

Als *unkündbares Leasingverhältnis* definiert IAS 17 Leasingverhältnisse, die nur aufgelöst werden können, wenn einer der folgenden Umstände gegeben ist:

- Eintritt eines unwahrscheinlichen Ereignisses,
- Einwilligung des Leasinggebers,
- Abschluss eines neuen Leasingverhältnisses über denselben oder einen entsprechenden Vermögenswert, oder
- Zahlung eines zusätzlichen Betrags durch den Leasingnehmer, der eine Fortführung des Vertrags schon bei Vertragsbeginn als hinreichend sicher erscheinen lässt.[21]

Deutsche Leasingverträge enthalten häufig Formulierungen, wonach unter bestimmten Bedingungen eine vorzeitige Auflösung des Leasingvertrages möglich ist. Im Rahmen eines Umstellungsprojekts auf IFRS stellt sich die Frage, ob diese Verträge noch als unkündbar gelten können. Da die Vereinbarungen üblicherweise nicht weiter kon-

---

[20] Vgl. MELLWIG, W., Die bilanzielle Darstellung von Leasingverträgen nach den Grundsätzen des IASC, DB 1998, Beilage 12 zu Heft Nr. 35, S. 1-16, hier S. 5.
[21] Vgl. IAS 17.4.

kretisieren, unter welchen Voraussetzungen eine außerordentliche Kündigung erfolgen darf, kann die hier vorzunehmende Wahrscheinlichkeitsbeurteilung Schwierigkeiten bereiten. Von der Vermutung eines unkündbaren Leasingverhältnisses wird indes nur ausnahmsweise dann abzugehen sein, wenn anhand eindeutiger Kriterien nachgewiesen werden kann, dass ein solches Ereignis wahrscheinlich eintreten wird. Die Einwilligung des Leasinggebers liegt in diesen Fällen wegen der vertraglich vereinbarten außerordentlichen Kündigungsmöglichkeit vor.

Bei Abschluss eines neuen Leasingverhältnisses über denselben oder einen entsprechenden Vermögenswert gilt das Leasingverhältnis als ungekündigt, so dass die Gesamtlaufzeit der Verträge zu betrachten ist.

Auf mögliche Zahlungen des Leasingnehmers, die eine Fortführung des Vertrages zu Vertragsbeginn als hinreichend sicher erscheinen lassen, wird noch an anderer Stelle eingegangen, da es sich hierbei häufig um Kündigungsentschädigungen handeln wird. Eine hinreichend sichere Fortführung des Vertrages kann darüber hinaus auch in der schwierigen wirtschaftlichen Situation des Leasinggebers begründet sein, wenn dieser etwa ein über die Vertragslaufzeit hinausgehendes, vom Leasingnehmer garantiertes oder gewährtes Darlehen in Anspruch nimmt.[22]

Die wirtschaftliche Nutzungsdauer ist entweder der Zeitraum, in dem ein Vermögenswert voraussichtlich von einem oder mehreren Nutzern wirtschaftlich nutzbar ist oder die voraussichtlich durch den Vermögenswert von einem oder mehreren Nutzern zu erzielende Anzahl an Produktionseinheiten oder ähnlichen Maßgrößen.[23] IAS 17 grenzt darüber hinaus die wirtschaftliche Nutzungsdauer von der Nutzungsdauer ab, in der sich der im Vermögenswert enthaltene wirtschaftliche Nutzen im Unternehmen verbraucht.[24]

Die im deutschen Recht verwendete betriebsgewöhnliche Nutzungsdauer im Sinne der AfA-Tabellen bietet nicht mehr als einen ersten Anhaltspunkt für die Bestimmung der wirtschaftlichen Nutzungsdauer: Die wirtschaftliche kann erheblich von der betriebsgewöhnlichen Nutzungsdauer abweichen. Die Ermittlung der wirtschaftlichen Nutzungsdauer kann zwar im Einzelfall schwierig sein und ist stärker ermessensbehaftet. Die pauschale Verwendung eines Faktors, mit dem die betriebsgewöhnliche Nutzungsdauer multipliziert wird, um so auf die wirtschaftliche Nutzungsdauer zu schließen, ist gleichwohl unzulässig.

Während nach US-GAAP der Anteil der Vertragslaufzeit an der wirtschaftlichen Nutzungsdauer unter 75% liegen muss, um eine Klassifizierung als Capital Lease zu verhindern,[25] führt nach IAS 17 ein überwiegender Anteil (major part) der Laufzeit an der wirtschaftlichen Nutzungsdauer zu einer Einstufung als Finanzierungsleasing.

---

[22] Zu Kündigungsentschädigungen vgl. Abschnitt 3.2.6; zu Mieterdarlehen vgl. Abschnitt 3.3.4.
[23] Vgl. IAS 17.4.
[24] Vgl. hierzu auch IAS 16.57.
[25] Vgl. SFAS 13.7(c).

In diesem Kriterium kommt erneut die dem Standard zugrunde liegende Idee zum Ausdruck, keine quantitativen Kriterien zu verwenden. Im Schrifttum werden gleichwohl aus Praktikabilitätsgründen eindeutige Grenzen eingefordert. Die dort diskutierten Vorschläge für solche Grenzen bewegen sich zwischen 50% und 90%.[26] Zur Klassifizierung ist auf den Nutzenverlauf jedes einzelnen Vermögenswertes abzustellen, es erscheint jedoch nicht unplausibel, auf die in SFAS 13 angeführten 75% zu rekurrieren.

3.2.4 Barwerttest

3.2.4.1 Ökonomische Grundidee des Barwerttests

Für die Durchführung des Barwerttests nach IAS 17 wird der Barwert der Mindestleasingzahlungen zu Beginn des Leasingverhältnisses ins Verhältnis gesetzt zum Zeitwert des Leasingobjektes. Eine Klassifizierung als Finanzierungsleasing erfolgt, wenn der Barwert „im Wesentlichen" dem Zeitwert entspricht.

Ökonomische Grundidee des Barwerttests ist es, zu Beginn des Leasingverhältnisses mittels Vergleich von sicheren Leasingzahlungen und Zeitwert bzw. Anschaffungskosten des Leasingobjektes das Maß der Übertragung von Chancen und Risiken vom Leasinggeber auf den Leasingnehmer zu ermitteln. Der Barwert der Mindestleasingzahlungen spiegelt den Betrag wider, der dem Leasinggeber vergütet wird und der nicht mehr mit Investitionsrisiken behaftet ist. Je höher der Anteil dieses Betrages am Zeitwert ist, desto mehr nähert sich der Leasingvertrag einem Kaufvertrag an.[27]

Die Durchführung des Barwerttests vollzieht sich in vier Schritten: Zunächst sind die Mindestleasingzahlungen zu ermitteln, anschließend wird der zur Abzinsung der Mindestleasingzahlungen erforderliche Zinssatz bestimmt. Nach der Ermittlung des beizulegenden Zeitwerts erfolgt schließlich der Vergleich von Barwert und Zeitwert. Die vier Schritte werden nachfolgend dargestellt.[28]

3.2.4.2 Bestimmung der Mindestleasingzahlungen

Die Mindestleasingzahlungen werden im Standard als diejenigen Zahlungen definiert, die der Leasingnehmer während der Laufzeit des Leasingverhältnisses zu leisten hat, oder zu denen er herangezogen werden kann. Bedingte Mietzahlungen sowie Aufwand für Dienstleistungen und Steuern, die der Leasinggeber zahlt und die ihm erstattet

---

[26] Vgl. FINDEISEN, K.-D., Die Bilanzierung von Leasingverträgen nach den Vorschriften des International Accounting Standards Committee, RIW 1997, S. 838-847, hier S. 841 und HELMSCHROTT, H., Zum Einfluss von SIC-12 und IAS 39 auf die Bestimmung des wirtschaftlichen Eigentums bei Leasingvermögen, WPg 2000, S. 426-429.
[27] Vgl. MELLWIG, W., Leasing im handelsrechtlichen Jahresabschluss, ZfgK 2001, S. 303-309, hier S. 306.
[28] Vgl. auch das praktische Beispiel in Abschnitt 6.

werden, sind nicht in die Mindestleasingzahlungen einzurechnen. Sieht die Leasingvereinbarung zusätzliche Dienstleistungen, wie Asset Management, Bestellabwicklung, Wartungen oder Reparaturen vor, sind deren Anteile an den Leasingraten zu bestimmen und aus den Mindestleasingzahlungen herauszurechnen.

Bei der Berücksichtigung von garantierten Beträgen bei der Ermittlung von Mindestleasingzahlungen muss zwischen Leasingnehmer und Leasinggeber differenziert werden. Beim *Leasingnehmer* sind alle von ihm oder von einer mit ihm verbundenen Partei garantierten Beträge in den Barwerttest einzubeziehen. So ist bei so genannten „First-loss-Garantien" - auf einen bestimmten Betrag begrenzte Restwertgarantien des Leasingnehmers - der garantierte Betrag in die Mindestleasingzahlungen einzurechnen. Hat der Leasinggeber ein Andienungsrecht, ist auch dieses Recht als Bestandteil der Mindestleasingzahlungen anzusehen.

Verfügt der Leasingnehmer über eine Option zum Erwerb des Leasinggegenstandes zu einem Preis, der erwartungsgemäß deutlich unter dem Zeitwert des Gegenstandes zum möglichen Ausübungszeitpunkt liegt, kann mit hinreichender Sicherheit angenommen werden, dass die Option ausgeübt wird. In diesem Fall ist auch die für die Option zu leistende Zahlung in die Mindestleasingzahlungen einzurechnen.

IAS 17 lässt offen, unter welchen Voraussetzungen eine Partei als mit dem Leasingnehmer verbunden gilt. Zur Konkretisierung kann auf die in IAS 24 enthaltene Definition von nahe stehenden Unternehmen und Personen rekurriert werden.[29] Unternehmen und Personen gelten als nahe stehend, wenn eine der Parteien über die Möglichkeit verfügt, die andere Partei zu beherrschen oder einen maßgeblichen Einfluss auf deren Finanz- und Geschäftspolitik auszuüben.[30]

Beim *Leasinggeber* sind jegliche garantierten Restwerte bei der Ermittlung der Mindestleasingzahlungen zu berücksichtigen, wenn mit der Erfüllung zu rechnen ist. So sind etwa Rücknahmezusagen des Händlers oder Herstellers des Leasingobjektes beim Leasinggeber in die Mindestleasingzahlungen einzubeziehen.

Bedingte Leasingzahlungen sind nicht in die Mindestleasingzahlungen mit einzubeziehen, da sie vom Eintritt bestimmter Ereignisse, wie z.B. der Erreichung eines bestimmten Umsatzes oder einer Nutzungsintensität abhängen. Werden Zahlungen auf Basis eines Indizes oder eines Zinssatzes vereinbart, sind diese Zahlungen als Bestandteil der Mindestleasingzahlungen anzusehen, wenn ihre Höhe zu Beginn des Leasingverhältnisses bestimmbar ist und ihr Zufluss als hinreichend sicher gelten kann.

---

[29] Vgl. MELLWIG, W., Die bilanzielle Darstellung von Leasingverträgen nach den Grundsätzen des IASC, a.a.O. (Fn. 20), S. 5.
[30] Vgl. IAS 24.9. Zum Begriff der „Beherrschung" vgl. auch IAS 27.4, zur Definition des „maßgeblichen Einflusses" vgl. IAS 28.2; siehe hierzu auch den Abschnitt 2 im Beitrag „Konzernrechnungslegung".

3.2.4.3 Bestimmung des Zinssatzes

Um den Barwert der Mindestleasingzahlungen zu ermitteln, sind die Mindestleasing zahlungen mit dem Zinssatz abzuzinsen, der dem Leasingverhältnis zugrunde liegt. Dieser interne Zinssatz ist der Abzinsungssatz, bei dem zu Beginn des Leasingverhältnisses die Summe der Barwerte der Mindestleasingzahlungen und des nicht garantierten Restwerts dem beizulegenden Zeitwert des Leasinggegenstands entspricht.

Da dieser Zinssatz üblicherweise nur dem Leasinggeber bekannt sein dürfte, verwendet der Leasingnehmer - wenn er diesen Zinssatz nicht ermitteln kann - an Stelle dieses Kalkulationszinssatzes einen Zinssatz, den er bei einem vergleichbaren Leasingverhältnis bezahlen müsste. Kann auch dieser nicht festgestellt werden, kommt der Zinssatz zur Anwendung, den er bei der Aufnahme von Fremdkapital zum Zwecke des Erwerbs des Vermögenswertes für die gleiche Dauer und mit der gleichen Sicherheit vereinbaren müsste.[31]

Verwendet der Leasingnehmer für den Barwerttest nach IAS 17 den Fremdkapitalzinssatz, entscheidet auch die Bonität des Leasingnehmers über den Zinssatz und die Klassifizierung des Leasingverhältnisses. Eine schlechte Bonität des Leasingnehmers und ein daraus resultierender hoher Fremdkapitalzinssatz könnten beim Barwerttest zu einer Einstufung als Operating-Leasing führen.[32] Dabei ist jedoch zu bedenken, dass der Verwendung eines hohen Fremdkapitalzinssatzes beim Barwerttest bonitätsbedingt erhöhte Leasingraten gegenüber stehen, da der Leasinggeber in seiner Kalkulation der Leasingraten die Bonität des Leasingnehmers berücksichtigen wird. Der Einfluss der Bonität des Leasingnehmers auf die Klassifizierung dürfte daher insgesamt eher marginal sein.

3.2.4.4 Bestimmung des beizulegenden Zeitwerts

Der beizulegende Zeitwert des Leasinggegenstandes ist der Betrag, zu dem der Vermögenswert zwischen sachverständigen und vertragswilligen Parteien wie unter voneinander unabhängigen Geschäftspartnern erworben oder beglichen werden könnte. Hat der Leasinggeber den Vermögenswert erworben, können die Anschaffungskosten zugrunde gelegt werden; diese sind um handelsübliche Preisnachlässe zu vermindern. Bei Händlern oder Herstellern als Leasinggeber wird für die Ermittlung des Zeitwertes auf geschätzte Marktwerte zu rekurrieren sein.

Steuergutschriften und sonstige staatliche Zuwendungen sind bei der Ermittlung des Zeitwerts abzuziehen, wenn ihre Zahlung sicher ist. Dem liegt der Gedanke zugrunde, dass mit dem Barwert der Mindestleasingzahlungen der investitionsrisikofreie Anteil am Zeitwert des Leasingobjektes ermittelt wird. Da Steuergutschriften und Zuwendungen

---

31 Vgl. IAS 17.4. SFAS 13 stellt dagegen direkt auf diesen Fremdkapitalzinssatz ab, es sei denn, der interne Zinssatz ist dem Leasingnehmer bekannt, vgl. SFAS 13.7d.

32 Kritisch hierzu äußern sich ALVAREZ, M./WOTSCHOFSKY, S./MIETHIG, M., Leasingverhältnisse nach IAS 17 - Zurechnung, Bilanzierung, Konsolidierung, WPg 2001, S. 933-947, hier S. 939.

den risikobehafteten Anteil reduzieren, sind sie von den Anschaffungskosten abzuziehen. Eine Anpassung des Zeitwerts unterbleibt jedoch, wenn dem Leasingnehmer die Begünstigung bekannt ist und diese über entsprechend verringerte Leasingraten an den Leasingnehmer weitergeleitet werden.

3.2.4.5 Vergleich des Barwerts der Mindestleasingzahlungen mit dem Zeitwert

Als letzter Schritt zur Durchführung des Barwerttests ist der Barwert der Mindestleasingzahlungen mit dem Zeitwert des Leasingobjektes zu vergleichen.

Der Vergleich soll nach dem Standard „zu Beginn des Leasingverhältnisses" erfolgen, also entweder zum Zeitpunkt des Vertragsabschlusses oder zu einem früheren Zeitpunkt, zu dem Einigung über wesentliche Inhalte des Standards erzielt wurde. Bei enger Wortlautauslegung würden Verträge, bei denen zu Beginn des Leasingverhältnisses zunächst die Errichtung des Vermögenswertes (z.B. eines Gebäudes) steht, bereits zeitlich (lange) vor Mietbeginn zu klassifizieren sein. Es stellt sich die Frage, ob eine Klassifizierung erst mit der Fertigstellung vorzunehmen ist; dabei ist insbesondere die Frage der Verteilung von Risiken und Chancen während der Bauzeit zu prüfen. Eine Klassifizierung als Finanzierungsleasing dürfte jedenfalls dann vorzunehmen sein, wenn die Höhe der später zu leistenden Leasingzahlungen von den Kosten des Bauprojekts abhängt: Der Leasingnehmer trägt dann die Risiken und Chancen des Objektes.

Wie auch bereits beim Laufzeittest konstatiert, enthält IAS 17 entsprechend der wirtschaftlichen Sichtweise keine quantitativen Kriterien, mit denen konkretisiert wird, wann der Barwert der Mindestleasingzahlungen „im Wesentlichen" bzw. „substantially" dem Zeitwert des Leasinggegenstandes entspricht. Im Schrifttum wird wiederum versucht, durch eine Quantifizierung die Klassifizierung zu erleichtern. Unstrittig erscheint lediglich, dass der Standard eine Grenze unter 100% fordert. Nach der wohl herrschenden Meinung wird ab einem Anteil von 90% am Zeitwert eine Klassifizierung als Finanzierungsleasing vorgeschlagen.[33]

3.2.5 Spezialleasing

Spezialleasing liegt vor, wenn die Leasinggegenstände eine spezielle Beschaffenheit haben und nur vom Leasingnehmer genutzt werden können. Eine Klassifizierung als Finanzierungsleasing erscheint dann plausibel, weil dem Leasingnehmer in einer typisierenden Betrachtungsweise die Chancen und Risiken des Leasingvertrages zustehen. Allerdings ist dem Wortlaut des Standards nicht zu entnehmen, wann eine „spezielle

---

[33] Vgl. FINDEISEN, K.-D., Die Bilanzierung von Leasingverträgen nach den Vorschriften des International Accounting Standards Committee, a.a.O. (Fn. 26), S. 842.

Beschaffenheit" vorliegt und was unter „wesentlichen Veränderungen" zu verstehen sein soll. Im Einzelfall verbleiben daher Abgrenzungsprobleme.[34]

In der Praxis spielt Spezialleasing allerdings eine eher untergeordnete Rolle. Regelmäßig bleibt zu prüfen, ob nicht doch alternative Einsatzmöglichkeiten in anderen Unternehmen derselben Branche bestehen und ob dazu wesentliche Veränderungen erforderlich sind.

3.2.6 Verlustübernahme bei Kündigung

Die soeben dargestellten Kriterien (1) bis (5) beschreiben nach IAS 17 „Beispiele für Situationen, die normalerweise zu einem Leasingverhältnis führen würden, das als Finanzierungsleasing klassifiziert wird"[35]. Die im Folgenden zu untersuchenden Kriterien (6) bis (8) werden im Standard dagegen nur als „Indikatoren" bezeichnet, „die für sich genommen oder in Kombination mit anderen auch zu einem Leasingverhältnis führen *können*, das als Finanzierungsleasing klassifiziert wird".[36] Die Erfüllung eines der drei Kriterien muss also nicht in jedem Fall zu einer Einstufung als Finanzierungsleasing führen. Es besteht aber ein enges Zusammenspiel dieser Kriterien mit den Kriterien (1) bis (5), so dass die Erfüllung eines der drei Kriterien auch Implikationen auf die Erfüllung anderer Kriterien haben kann.

Entstehen dem Leasinggeber durch eine vorzeitige Auflösung des Leasingvertrages durch den Leasingnehmer Verluste und werden diese Verluste durch den Leasingnehmer getragen, kann das Leasingverhältnis als Finanzierungsleasing einzustufen sein. Dem Kriterium liegt der Gedanke zugrunde, dass der Leasingnehmer durch die Übernahme der Kosten einer vorzeitigen Auflösung die Risiken und Chancen des Leasingvertrages übernimmt. Gleichwohl kann aus Kündigungsentschädigungen nicht stets auf eine weitgehende Übertragung der Investitionsrisiken auf den Leasingnehmer geschlossen werden.

Zu prüfen ist, ob wegen der vereinbarten Entschädigung eine Vertragsverlängerung zwingend erscheint; eine dementsprechende Anpassung der Vertragslaufzeit hat dann Implikationen auf den oben dargestellten Laufzeittest.[37] Ist die Zahlung der Entschädigung dagegen hinreichend sicher, muss sie in die Berechnung der Mindestleasingzahlungen einbezogen werden und kann sich damit auf den Barwerttest auswirken.

---

[34] Im Unterschied zu IAS 17 kennt SFAS 13 kein Kriterium „Spezialleasing", vgl. hierzu SFAS 13.74.
[35] IAS 17.10.
[36] IAS 17.11 (keine Hervorhebung im Original).
[37] Vgl. zu diesem Kriterium oben, Abschnitt 3.2.3.

3.2.7 Gewinne und Verluste aus Restwertschwankungen

Fallen dem Leasingnehmer Gewinne oder Verluste zu, die durch Schwankungen des beizulegenden Restzeitwertes entstehen, kann dies als Indikator für Finanzierungsleasing angesehen werden.

Das Kriterium zielt nur auf jene Gewinne oder Verluste, die nach Ablauf der Grundmietzeit entstehen. Da die während der Grundmietzeit mit dem Leasingvertrag verbundenen Risiken und Chancen hier annahmegemäß beim Leasingnehmer liegen, erscheint eine Klassifizierung als Finanzierungsleasing plausibel.[38]

Der Wortlaut von IAS 17.11(b) scheint darauf hin zu deuten, dass es ausreicht, wenn der Leasingnehmer entweder die Gewinne *oder* die Verluste übernimmt. Das Merkmal wird jedoch so zu verstehen sein, dass Schwankungen des Restzeitwertes unabhängig davon ob Gewinne oder Verluste entstehen, dem Leasingnehmer zugerechnet werden.[39]

Ob eine Beurteilung des Leasingverhältnisses anhand dieses (oder eines anderen) Kriteriums erfolgen kann, wird nicht zuletzt auch von der Höhe des verbleibenden Restwerts abhängen: Die Übernahme des Restwertrisikos bei hohem verbleibenden Restwert wird Rückschlüsse auf den Übergang des Investitionsrisikos zulassen. Umgekehrt muss das Kriterium bei vernachlässigbarem Restwert hinter die anderen Merkmale zurücktreten. Die in der Leasingpraxis übliche 25%ige Beteiligung des Leasinggebers am Verwertungserlös bedeutet bei einem sehr niedrigen Restwert, dass dem Leasinggeber faktisch keine Chancen und Risiken verbleiben.

Eine Übernahme der Gewinne oder Verluste aus Restzeitwertschwankungen lässt sich bspw. durch Vereinbarungen erreichen, die zugleich eine Kaufoption des Leasingnehmers und ein Andienungsrecht des Leasinggebers enthalten. Zu prüfen ist aber, ob mit der Ausübung des Andienungsrechts durch den Leasinggeber - und damit der Übernahme der Risiken durch den Leasingnehmer - ernsthaft zu rechnen ist. Verzichtet der Leasinggeber bei diesen Verträgen regelmäßig auf sein Andienungsrecht, weil Aussicht auf den Abschluss neuer Leasingverträge besteht, verbleiben die Risiken bei ihm. Die Übernahme von Gewinnen oder Verlusten aus Restwertschwankungen kann darüber hinaus auch z.B. in Form von Mietrückerstattungen oder durch unbesicherte oder nicht ausreichend besicherte Mieterdarlehen erfolgen.[40]

---

[38] Aus diesem Kriterium können Abweichungen gegenüber SFAS 13 resultieren, vgl. FINDEISEN, K.-D., Internationale Rechnungslegung im Leasing-Geschäft, FLF 2002, S. 62-67, hier S. 65-66.

[39] Vgl. MELLWIG, W., Die bilanzielle Darstellung von Leasingverträgen nach den Grundsätzen des IASC, a.a.O. (Fn. 20), S. 7.

[40] Vgl. zur Behandlung von Mieterdarlehen auch unten, Abschnitt 3.3.4.

3.2.8 Günstige Verlängerungsoption

Eine günstige Verlängerungsoption des Leasingnehmers allein muss noch nicht zu einer Klassifizierung des Leasingverhältnisses als Finanzierungsleasing führen: Die Chancen und Risiken des Vertrages könnten trotz dieser Option weitgehend beim Leasinggeber verbleiben.

Erst in Verbindung mit dem Laufzeitkriterium erscheint eine solche Option bedeutsam, da die entsprechenden Zeiträume bei der Ermittlung der Vertragslaufzeit zu berücksichtigen sind. Die in der verlängerten Laufzeit zu leistenden Leasingzahlungen sind zudem in die Berechnung der Mindestleasingzahlungen einzubeziehen. Aus einer günstigen Verlängerungsoption sind daher auch Implikationen für die Ermittlung der Mindestleasingzahlungen und für die Klassifizierung nach dem Barwerttest zu erwarten.

3.2.9 Besonderheiten beim Immobilien-Leasing

Im Rahmen des Improvement Projects ist die Behandlung von Immobilien-Leasingverträgen neu geregelt worden.

Leasingverträge über unbebaute Grundstücke sind nach IAS 17.14 nur dann als Finanzierungsleasing zu klassifizieren, wenn am Ende der Grundmietzeit das Eigentum am Grundstück auf den Leasingnehmer übergeht. Infolgedessen sind bei unbebauten Grundstücken nur das Eigentumsübergangs- und das Kaufoptionskriterium zu prüfen. Wenn eines dieser beiden Kriterien erfüllt ist, erfolgt die Zurechnung zum Leasingnehmer. Das Nutzungsdauer- und Barwertkriterium ist für die Beurteilung der Zurechnung von unbebauten Grundstücken nicht heranzuziehen.

Bei der Klassifizierung von Leasingverhältnissen über Grund und Boden und Gebäude hat künftig zwingend eine getrennte Betrachtung von Grundstück und Gebäude zu erfolgen; bisher war die gesonderte Klassifizierung nicht vorgeschrieben.

Mindestleasingzahlungen einschließlich Leasing-Vorauszahlungen werden nach den neuen Regelungen auf Grund und Boden einerseits sowie Gebäude andererseits im Verhältnis ihrer beizulegenden Zeitwerte zu Beginn des Leasingverhältnisses verteilt.[41] Wenn die Verteilung dieser Leasingzahlungen nicht zuverlässig vorgenommen werden kann, ist das gesamte Leasingverhältnis als Finanzierungsleasing zu qualifizieren. Diese Klassifizierung kann nur dann ausnahmsweise unterbleiben, wenn das Leasingverhältnis über Grund und Boden sowie Gebäude eindeutig als Operating-Leasing einzustufen ist.

Im Fall des Leasing von bebauten Grundstücken, bei dem der Wert des Grund und Bodens zu Beginn des Leasingverhältnisses unwesentlich ist, können zur Klassifikation

---

[41] Vgl. analog auch SFAS 13.25-28.

des Leasingverhältnisses Grund und Boden sowie Gebäude als Einheit betrachtet und entweder als Finanzierungs- oder Operating-Leasing behandelt werden. In einem solchen Fall wird die Nutzungsdauer des Grundstücks mit der Nutzungsdauer des Gebäudes gleichgesetzt.

Der IASB begründet die Änderung damit, dass die hybride Klassifizierung von Leasingverhältnissen bei bebauten Grundstücken die Vermögenswerte und Verbindlichkeiten aus dem Leasingverhältnis besser reflektiert. Dies gelte vor allem dann, wenn die Laufzeit des Leasingverhältnisses annähernd der Nutzungsdauer der Gebäude entspricht und die Leasingraten so konzipiert sind, dass sie zu einem „pay out" des Leasinggebers für das Gebäude führen.

Darüber hinaus soll die hybride Klassifizierung von Leasingverhältnissen bei bebauten Grundstücken die Möglichkeit missbräuchlicher Vertragsgestaltung ausschließen: Durch die Einbeziehung eines kleinen, im Wert vernachlässigbaren Stück Grund und Bodens in den Leasingvertrag wäre das ganze Leasingverhältnis als Operating-Leasing zu qualifizieren.

Aus der getrennten Klassifizierung von Grundstück und Gebäude folgt für den Bilanzierenden, dass bereits bestehende Leasingverhältnisse über Immobilien, die über den Erstanwendungszeitpunkt des Standards hinaus laufen, erneut zu klassifizieren sind. Der Standard lässt offen, wie die bei Umklassifizierungen auftretenden Anpassungen vorzunehmen sind.

Die gesonderte Bestimmung von Zeitwerten für Grundstück und Gebäude kann in der Praxis Schwierigkeiten bereiten, sofern kein gesonderter Erwerb vorliegt. Die Verteilung des Gesamtkaufpreises auf Grundstück und Gebäude soll sich nach dem Umfang richten, in dem das Gebäude durch den Leasingnehmer genutzt wird: Wird der Leasingvertrag über die gesamte Nutzungsdauer des Gebäudes abgeschlossen, ermittelt sich der Zeitwert des Grundstücks aus der Differenz zwischen Gesamtkaufpreis und Zeitwert des Gebäudes.

Die Ausnahmeregelung, wonach bei Unwesentlichkeit des Werts des Grundstücks von einer getrennten Behandlung abgesehen werden kann, wirft die Frage auf, ab welchem Anteil des Zeitwerts des Grundstücks am Gesamtkaufpreis das Grundstück noch als unwesentlich angesehen werden kann. Da der Standard dies offen lässt, kann hier eine Orientierung an den US-GAAP hilfreich sein: SFAS 13.26(b)(i) sieht vor, dass bei einem Anteil des Zeitwerts am Gesamtkaufpreis bis zu einer Höhe von 25% von einer gesonderten Behandlung abgesehen werden kann.

Die im Rahmen von Operating-Leasingverhältnissen vermieteten Immobilien sind nach IAS 40 als Finanzinvestition einzustufen. Tritt die Bank als Leasing*nehmer* auf und wird der Leasingvertrag aus Sicht der Bank als Finanzierungsleasing klassifiziert, kann die Immobilie ebenfalls nach IAS 40 als Finanzinvestition einzustufen sein.

3.3 Klassifizierung von erlasskonformen deutschen Leasingverträgen

3.3.1 Vollamortisationsverträge für Mobilien

Erlasskonforme deutsche Leasingverträge führen zu einer Zurechnung des Leasingobjektes zum Leasinggeber. Allgemeine Aussagen über die Klassifizierung solcher Leasingverträge nach IAS 17 sind nicht möglich. Eine genauere Untersuchung der einzelnen Verträge im Hinblick auf die oben dargestellten acht Kriterien ist für die Klassifizierung als Operating- oder Finanzierungsleasing zwingend.[42]

Gleichwohl können die Verträge im Bestand bei der im Rahmen einer Umstellung der Rechnungslegung von HGB auf IFRS vorzunehmenden Klassifizierung zunächst nach den Vertragsgestaltungen aus den Leasing-Erlassen grob kategorisiert werden. Eine solche Einteilung lässt sich anhand der vorhandenen Systeme zumeist vornehmen. Sie kann erste Anhaltspunkte darüber geben, welche Vertragsarten voraussichtlich nach IAS 17 als Finanzierungs- oder Operating-Leasing zu klassifizieren sein werden und welche Vertragsarten nach HGB bei der Umstellung noch genauer zu untersuchen bleiben.

Bei erlasskonformen Vollamortisationsverträgen für Mobilien mit und ohne Kaufoption des Leasingnehmers werden die Anschaffungskosten des Leasingobjektes während der Grundmietzeit voll amortisiert. Ein späterer Eigentumsübergang ist nicht vorgesehen bzw. richtet sich nach der Vorteilhaftigkeit der Kaufoption.

Die Option ist aus Sicht des Leasingnehmers vorteilhaft, wenn der beizulegende Zeitwert im Zeitpunkt der Ausübung den vereinbarten Kaufpreis deutlich übersteigt. Der Kaufpreis liegt bei diesen Verträgen nicht unterhalb des linearen Restwerts oder des auf Grundlage eines Gutachtens ermittelten gemeinen Werts. Spiegeln die gesamten planmäßigen Abschreibungen voraussichtlich den tatsächlichen Wertverlust wider, entspricht der Restbuchwert am Ende der Vertragslaufzeit dem Zeitwert des Leasingobjektes. Gegen die Vorteilhaftigkeit der Kaufoption spricht auch, dass die Option üblicherweise nur ca. 10% der Anschaffungskosten ausmacht. Es dürfte im Regelfall schwierig sein, zum Zeitpunkt des Vertragsabschlusses festzustellen, dass eine solche Option mit hinreichender Sicherheit ausgeübt wird. Die Option kann daher regelmäßig nicht als günstig angesehen werden.[43]

---

[42] Vgl. zu den Kriterien oben, Abschnitt 3.1.
[43] Vgl. MELLWIG, W., Die bilanzielle Darstellung von Leasingverträgen nach den Grundsätzen des IASC, a.a.O. (Fn. 20), S. 9.

Im Hinblick auf die an den deutschen Leasingerlassen ausgerichteten Vertragsgestaltungen ist ferner zu prüfen, ob die (steuerliche) betriebsgewöhnliche Nutzungsdauer erheblich unter der (tatsächlichen) wirtschaftlichen Nutzungsdauer des Leasingobjektes liegt; auch in diesem Fall kann die Kaufoption als günstig betrachtet werden.

Die Grundmietzeit der Vollamortisationsverträge beträgt üblicherweise 90% der betriebsgewöhnlichen Nutzungsdauer. Im Hinblick auf den Laufzeittest ist zu untersuchen, ob die wirtschaftliche Nutzungsdauer der Mobilien ihrer betriebsgewöhnlichen Nutzungsdauer entspricht. Im Einzelfall kann aus diesem Kriterium die Einstufung als Finanzierungsleasing resultieren.

Entscheidendes Kriterium für die Klassifizierung der Vollamortisationsverträge ist zumeist der Barwerttest. In der Regel entspricht der Barwert der Mindestleasingzahlungen im Wesentlichen dem Zeitwert des Leasinggegenstandes, so dass eine Einstufung des Vertrages als Finanzierungsleasing vorzunehmen sein wird.

Zu prüfen bleibt, ob bei diesen Verträgen eine Restamortisation durch die Verwertung des Leasingobjektes vorgesehen ist. Allerdings führen interne Restwerte, die dem Leasinggeber Verwertungschancen belassen, meist nicht zu einer Klassifizierung als Operating-Leasing, weil der Restwert nicht über 10% liegen dürfte.

Enthalten die Verträge Verlängerungsoptionen, muss schließlich auch die Wahrscheinlichkeit der Ausübung der Optionen beurteilt werden. Sofern die Marktmieten für Objekte mit ähnlicher Ausstattung und vergleichbarem Alter nicht erheblich unter den vereinbarten Anschlussraten liegen, wird die Option nicht als günstig zu anzusehen sein.[44]

Vollamortisationsverträge mit und ohne Kaufoption des Leasingnehmers werden aus der Sicht des Leasinggebers und des Leasingnehmers regelmäßig als Finanzierungsleasing zu klassifizieren sein.

3.3.2 Teilamortisationsverträge für Mobilien

Bei Teilamortisationsverträgen ist nach Verträgen mit und ohne Andienungsrechten des Leasinggebers zu differenzieren; darüber hinaus können Mehrerlösbeteiligungen und Kündigungsrechte vereinbart worden sein.

Bei Teilamortisationsverträgen *mit Andienungsrecht* werden die Anschaffungskosten des Leasinggegenstandes während der Grundmietzeit nicht vollständig amortisiert. Erst das Andienungsrecht, den Gegenstand zu einem festen Preis an den Leasingnehmer zu verkaufen, sichert dem Leasinggeber die volle Amortisation.

---

[44] Vgl. MELLWIG, W., Die bilanzielle Darstellung von Leasingverträgen nach den Grundsätzen des IASC, a.a.O. (Fn. 20), S. 7.

Bei Teilamortisationsverträgen mit Andienungsrecht ist zu prüfen, ob die Ausübung des Rechts wahrscheinlich ist. In diesem Fall geht das Eigentum am Ende der Grundmietzeit auf den Leasingnehmer über. Das Andienungsrecht stellt dann eine Restwertgarantie dar und ist bei der Berechnung der Mindestleasingzahlungen einzubeziehen. Der Vertrag ist daher aus Sicht des Leasinggebers und des Leasingnehmers als Finanzierungsleasing einzustufen sein.

Verfügt der Leasinggeber dagegen *nicht* über ein Andienungsrecht, geht auch das Eigentum am Ende der Vertragslaufzeit nicht auf den Leasingnehmer über: eine Klassifizierung als Finanzierungsleasing nach diesem Kriterium scheidet beim Leasinggeber und -nehmer aus.

Der Leasinggeber trägt bei den Verträgen ohne Andienungsrecht das Restwertrisiko, Gewinne und Verluste aus Änderungen des Restwerts stehen ihm zu. Auch das Kriterium (7) wäre demnach aus Sicht beider Vertragsparteien nicht erfüllt.

Da der nicht garantierte Restwert bei diesen Verträgen wesentlich sein dürfte, wird der Barwert der Mindestleasingzahlungen regelmäßig nicht im Wesentlichen dem Zeitwert des Leasinggegenstandes entsprechen. Eine Klassifizierung der Verträge als Operating-Leasing erscheint hier wahrscheinlich, zumal der Barwert aus Sicht des Leasinggebers bei höherem nicht garantierten Restwert durch einen höheren Kalkulationszins zusätzlich reduziert wird.

Bei Teilamortisationsverträgen mit *Mehrerlösbeteiligung* wird ein Mehrerlös aus der Veräußerung des Leasinggegenstandes zwischen Leasinggeber und Leasingnehmer aufgeteilt. Da dem Leasingnehmer in erlasskonformen Leasingverträgen üblicherweise 75% des Mehrerlöses zustehen, kann das Kriterium (7) als erfüllt gelten. Der Leasingnehmer trägt somit die Risiken und Chancen; eine Einstufung als Finanzierungsleasing erscheint zwingend.

Bei *kündbaren Verträgen* hat der Leasingnehmer nach Kündigung einen Verlustausgleich in Form einer Abschlusszahlung zu leisten. Ein Erlös des Leasinggebers aus der Verwertung des Leasinggegenstands wird auf diese Abschlusszahlung angerechnet. Kritisches Kriterium ist zumeist der Barwerttest, da die Abschlusszahlung als Restwertgarantie bei der Ermittlung der Mindestleasingzahlungen zu berücksichtigen ist. Eine Einstufung als Finanzierungsleasing kann zumeist auch dadurch nicht verhindert werden, dass dem Leasinggeber ein Mehrerlös aus der Verwertung zusteht.

Unterschiedliche Klassifizierungen bei Leasinggeber und Leasingnehmer könnten sich ergeben, wenn ein Leasingverhältnis eine *Händler- oder Herstellergarantie* enthält: Da diese Zusage bei der Ermittlung des Barwertes aus Sicht des Leasingnehmers nicht zu berücksichtigen ist, kann der Vertrag als Operating-Leasing zu qualifizieren sein. Der Leasinggeber rechnet diese Garantie dagegen in die Mindestleasingzahlungen mit ein und kann deshalb zu einer Klassifizierung als Finanzierungsleasing kommen.

3.3.3 Vollamortisationsverträge für Immobilien

Da bei Vollamortisationsverträgen die Leasingraten der Mietzeit vollständig die Anschaffungskosten des Leasinggegenstandes decken, entsprechen sie im Wesentlichen dem Zeitwert der Immobilie; das Barwertkriterium kann als erfüllt gelten. Die (in der Praxis eher unüblichen) erlasskonformen Vollamortisationsverträge für Immobilien werden daher grundsätzlich als Finanzierungsleasing einzustufen sein.

3.3.4 Teilamortisationsverträge für Immobilien

Bei den in Deutschland verbreiteten Teilamortisationsverträgen für Immobilien verfügt der Leasingnehmer in aller Regel über eine Option, die Immobilie zum Restbuchwert zu erwerben. Es ist zu prüfen, ob die Kaufoption als vorteilhaft anzusehen ist.

Vor dem Hintergrund der in der Vergangenheit in Deutschland zumeist steigenden Immobilienpreise scheint ein Ankaufrecht zum Restbuchwert zunächst für die Vorteilhaftigkeit der Kaufoption zu sprechen. Stark schwankende Marktwerte von Immobilien sind indes keine Seltenheit und erschweren die Beurteilung der Vorteilhaftigkeit der Kaufoption. Zu beachten ist ferner, dass wirtschaftlich wesentliche Objektrisiken, insbesondere die Gefahr des zufälligen Untergangs und der unverschuldeten Zerstörung, beim Leasinggeber verbleiben. Zudem ist bei langer Vertragslaufzeit aufgrund des technischen und wirtschaftlichen Wandels eine Wertminderung der gewerblichen Immobilie zu erwarten. Eine Zurechnung zum Leasingnehmer kann wegen des weitgehenden Verbleibs der Risiken beim Leasinggeber zumeist unterbleiben.[45]

Hat der Leasinggeber ein *Andienungsrecht*, wird dieses Recht bei der Ermittlung der Mindestleasingzahlungen berücksichtigt, da es eine Restwertgarantie des Leasingnehmers darstellt. Die Einstufung als Finanzierungsleasing erscheint dann sehr wahrscheinlich.

Im Rahmen der Umstellung auf IFRS sind die in der deutschen Praxis beim Immobilienleasing verbreiteten *Mieterdarlehen* genauer zu untersuchen. Die Gewährung des Darlehens durch den Leasingnehmer erfolgt üblicherweise über die Zahlung von erhöhten Leasingraten. Am Ende der Grundmietzeit entspricht der Darlehensbetrag dem Restbuchwert des Leasingobjekts nach linearer Abschreibung. Der Leasingnehmer kann das Leasingobjekt zu diesem Zeitpunkt erwerben, ohne dass ihm zusätzlicher Aufwand entsteht. Die beim Leasinggeber bestehende Darlehensverbindlichkeit wird in diesem Fall gegen den Restbuchwert des Objektes ausgebucht.

---

[45] Vgl. MELLWIG, W., Leasing im handelsrechtlichen Jahresabschluss, a.a.O. (Fn. 27), S. 307.

Da der Leasinggeber im Immobilienleasing häufig eine Objektgesellschaft ist, die nur mit geringem Kapital ausgestattet wird, besteht am Ende der Laufzeit des Vertrages für den Leasinggeber bzw. Darlehensnehmer zumeist ein wirtschaftlicher Zwang zur Verwertung des Objektes.[46] Ist die Verwertung nur zu einem geringen Preis möglich, besteht aus Sicht des Leasingnehmers die Gefahr, dass eine Rückzahlung des Darlehens unterbleibt, die Übernahme des Leasingobjektes erscheint wahrscheinlich.

Mieterdarlehen haben in einer wirtschaftlichen Sichtweise daher die Funktion einer Restwertgarantie. Die Teile der Leasingraten, die dem Aufbau des Mieterdarlehens dienen, sind daher in die Mindestleasingzahlungen einzubeziehen, sofern von einer Rückzahlung nicht auszugehen ist.

Die Vereinbarung eines Mieterdarlehens betrifft neben dem Barwerttest zwei weitere Kriterien von IAS 17: Das Darlehen deutet darauf hin, dass nach Ablauf der Vertragslaufzeit der Übergang des Eigentums auf den Leasingnehmer erfolgen wird (Kriterium (1)). Darüber hinaus ist zu prüfen, ob das Kriterium (7), die Übernahme von Gewinnen oder Verlusten aus Restwertschwankungen, erfüllt ist.

4. Bilanzierung beim Leasingnehmer

4.1 Abbildung von Finanzierungs-Leasingverhältnissen

Je nach der Klassifizierung von Leasingverhältnissen ergeben sich unterschiedliche Implikationen für die bilanzielle Behandlung beim Leasingnehmer und Leasinggeber.

Leasingnehmer haben Finanzierungs-Leasingverhältnisse entsprechend ihrem wirtschaftlichen Gehalt als Vermögenswerte und Schulden in gleicher Höhe anzusetzen. Beide Posten werden mit dem beizulegenden Zeitwert des Leasingobjektes oder mit dem Barwert der Mindestleasingzahlungen, sofern dieser Betrag niedriger ist, bewertet.[47]

Der erstmalige Ansatz erfolgt mit Beginn des Leasingverhältnisses, wenn dem Leasingnehmer zu diesem Zeitpunkt die Verfügungsmacht an dem Leasingobjekt übertragen wurde.

In den Folgeperioden wird das Leasingobjekt nach denselben Regelungen bewertet wie jene Vermögenswerte, die im Eigentum des Leasingnehmers stehen. Das Finanzierungs-

---

[46] Vgl. PwC, IAS für Banken, 2. Aufl., Frankfurt am Main 2002, S. 345-346.
[47] Vgl. IAS 17.20-32.

Leasingverhältnis führt in jeder Periode zu einem Abschreibungsaufwand bei abschreibungsfähigen Vermögenswerten und zu einem Finanzierungsaufwand. Im Hinblick auf die Abschreibung kommen für Sachanlagen die Vorschriften von IAS 16, für immaterielle Vermögenswerte die Regelungen von IAS 38 zur Anwendung. Ist zu Beginn des Leasingverhältnisses nicht hinreichend sicher, dass das Eigentum auf den Leasingnehmer übergeht, so wird der Vermögenswert über den kürzeren der beiden Zeiträume, Laufzeit des Leasingverhältnisses oder Nutzungsdauer abgeschrieben.[48] Der Standard lässt offen, ob ein Restwert bei der Bemessung der Abschreibungen einzubeziehen ist. Der allgemeine Verweis auf IAS 16 und die mit der Vernachlässigung eines Restwertes einher gehende Ergebnisverzerrung lässt es allerdings sachgerecht erscheinen, auch bei Leasinggegenständen einen wesentlichen Restwert zu berücksichtigen.

Vertragsabschlusskosten, wie Provisionen und Rechtsberatungsgebühren, die als direkt zurechenbare Kosten im Zusammenhang mit einer Finanzierungs-Leasingvereinbarung anfallen, sind bei der Aktivierung des Leasingobjektes beim Leasingnehmer nach dem neuen Standard zu aktivieren und über die Laufzeit des Leasingvertrages zu verteilen. Zudem wird klargestellt, dass Overhead-Kosten nicht als Vertragsabschlusskosten aktiviert werden dürfen.

Aus der Pflicht zur Aktivierung von Vertragsabschlusskosten ergibt sich für die praktische Umsetzung die Notwendigkeit, dass Bilanzierende diese Kosten künftig den Leasingobjekten zurechnen und über die Laufzeit abgrenzen müssen. Dazu sind die systemtechnischen Voraussetzungen für eine Zurechnung der direkten Kosten zu den einzelnen Leasingobjekten zu schaffen.

Die Zahlungen des Leasingnehmers an den Leasinggeber sind in einen Zins- und einen Tilgungsanteil aufzuteilen. Der Zinsanteil wird als Finanzierungskosten behandelt, der Tilgungsanteil reduziert die Verbindlichkeit. Die Finanzierungskosten sind so über die Laufzeit des Leasingvertrages zu verteilen, dass über die Perioden ein konstanter Zinssatz auf die verbliebene Schuld entsteht. Der Standard lässt zur Vereinfachung dieser Berechnungen Näherungsverfahren zu.[49]

Die Folgebewertung von Finanzierungs-Leasingverhältnissen über Immobilien richtet sich nach IAS 40. Verträge über biologische Vermögenswerte sind nach IAS 41 zu bewerten.

Eine auch für Banken wichtige Neuerung für die bilanzielle Behandlung von Leasingverbindlichkeiten beim Leasingnehmer ergibt sich aus der im Rahmen des Amendments Project erfolgten Überarbeitung von IAS 39 zu Finanzinstrumenten: Für diese Verbindlichkeiten sind die Vorschriften von IAS 39 zur Ausbuchung zu beachten.[50]

---

[48] Vgl. IAS 17.27-28.
[49] Vgl. IAS 17.25-26.
[50] Vgl. IAS 39.2(b)(ii).

Handelt es sich bei der Verbindlichkeit aus dem Leasingverhältnis um eine Fremdwährungsverbindlichkeit, kommt IAS 21 zur Anwendung. Da die Verbindlichkeit monetären Charakter hat, ist sie mit dem Kassakurs zum Abschlussstichtag umzurechnen. Umrechnungsdifferenzen werden als Aufwand oder Ertrag der Periode erfasst.[51]

Zur Feststellung, ob das Leasingobjekt im Wert gemindert ist, hat das Unternehmen IAS 36 Wertminderungen von Vermögenswerten anzuwenden; Wertminderungen von Leasingobjektes werden nicht nach IAS 17, sondern nach diesem Standard behandelt.

IAS 17 enthält nur wenige Regelungen zum Ausweis der Leasingverhältnisse. Die im Rahmen eines Finanzierungsleasing-Verhältnisses zugegangenen Vermögenswerte sind dem Posten zuzuordnen, dem sie auch bei einem „normalen" Kaufgeschäft zuzurechnen wären. Üblicherweise wird der Ausweis der Vermögenswerte unter den Posten „Sachanlagen" bzw. „immaterielle Vermögenswerte" erfolgen. Leasingverbindlichkeiten sind als verzinsliche Verbindlichkeiten in der Bilanz auszuweisen.[52]

4.2 Abbildung von Operating-Leasingverhältnissen

Zahlungen des Leasingnehmers im Rahmen eines Operating-Leasingverhältnisses sind als Aufwand in der Gewinn- und Verlustrechnung über die Laufzeit des Leasingverhältnisses zu erfassen. Die Verteilung des Aufwands aus den Leasingzahlungen soll grundsätzlich linear erfolgen, es sei denn eine andere systematische Grundlage entspricht dem zeitlichen Verlauf des Nutzens für den Leasingnehmer. Der vereinbarte Zahlungsmodus spielt insoweit keine Rolle.[53] Bestehen zwischen der gewählten Verteilungsmethode und dem Zahlungsmodus Unterschiede, sind die aktivischen (passivischen) Differenzbeträge in dem Bilanzposten sonstige Vermögenswerte (sonstige Verbindlichkeiten) aufzunehmen.

Operating-Leasingverhältnisse werden als schwebende Verträge angesehen, die Verpflichtungen zur künftigen Zahlung von Leasingraten werden nicht bilanziell erfasst.

Anreize, die der Leasinggeber dem Leasingnehmer für den Abschluss des Vertrages gewährt, sind beim Leasingnehmer als Bestandteil der Nettogegenleistung anzusehen. Beispiele für solche Anreize sind Barzahlungen des Leasinggebers, Übernahme von Kosten für Mietereinbauten und Kosten mit einer vorher bestehenden vertraglichen Verpflichtung. Der Leasingnehmer hat die Summe des Nutzens aus Anreizen als eine

---

[51] Vgl. IAS 21.28. Zur Behandlung von Fremdwährungsgeschäften, vgl. LÖW, E./LORENZ, K., Bilanzielle Behandlung von Fremdwährungsgeschäften nach deutschem Recht und nach den Vorschriften des IASB, KoR 2002, S. 234-243 und LORENZ, K., DRS 14 zur Währungsumrechnung: Darstellung und Vergleichbarkeit mit den IASB-Regelungen, KoR 2004, S. 437-441.
[52] Vgl. IAS 1.68.
[53] Vgl. IAS 17.33-34.

Reduktion der Mietaufwendungen linear über die Laufzeit des Leasingverhältnisses zu erfassen, es sei denn eine andere Verteilungsmethode entspricht dem zeitlichen Verlauf des Nutzens des Leasingnehmers aus der Nutzung des Vermögenswerts.[54]

Offen bleibt, ob Leasingnehmer Vertragsabschlusskosten wie Provisionen und Rechtsberatungsgebühren, die als direkt zurechenbare Kosten im Rahmen eines Operating-Leasingverhältnisses anfallen, zu aktivieren haben. Auch der neue Standard enthält hierzu keine Regelung. Zum Zwecke der Gleichbehandlung aller Leasingverhältnisse dürfte sich eine Aktivierung von Vertragsabschlusskosten auch bei Operating-Leasingverhältnissen empfehlen.

Aufwendungen aus Operating-Leasingverhältnissen werden als Bestandteil der betrieblichen Tätigkeit im Ergebnis der betrieblichen Tätigkeit ausgewiesen; bei Banken erfolgt der Ausweis im Verwaltungsaufwand.

5. Bilanzierung beim Leasinggeber

5.1 Abbildung von Finanzierungs-Leasingverhältnissen

5.1.1 Regelungen für alle Leasingverhältnisse

Leasinggeber haben Vermögenswerte aus Finanzierungsleasing in ihren Bilanzen als Forderungen in Höhe des Nettoinvestitionswertes aus dem Leasingverhältnis anzusetzen.

Die Nettoinvestition stellt die Differenz zwischen der Bruttoinvestition in das Leasingverhältnis und dem noch nicht realisierten Finanzertrag dar. Beide Begriffe werden in IAS 17 definiert: Die Bruttoinvestition in das Leasingverhältnis ist die Summe der Mindestleasingzahlungen in ein Finanzierungsleasing aus Sicht des Leasinggebers und jeglichen, dem Leasinggeber zuzurechnenden, nicht garantierten Restwerten. Der noch nicht realisierte Finanzertrag bezeichnet die Differenz zwischen der Bruttoinvestition und der abgezinsten Bruttoinvestition; letztere wird mit dem Zinssatz abgezinst, der dem Leasingvertrag zugrunde liegt.[55]

---

[54] Vgl. hierzu SIC-15, Operating-Leasingverhältnisse - Anreizvereinbarungen.
[55] Vgl. IAS 17.4.

Die Erfassung der Finanzerträge ist so vorzunehmen, dass eine konstante periodische Verzinsung der ausstehenden Nettoinvestition des Leasinggebers in das Finanzierungs-Leasingverhältnis zustande kommt. Die Zahlungen des Leasingnehmers sind daher aufzuteilen in einen Tilgungsanteil, der die Nettoinvestition in das Leasingverhältnis reduziert, und einen Zinsanteil, der den noch nicht realisierten Finanzertrag verringert und erfolgswirksam in der Gewinn- und Verlustrechnung erfasst wird.[56]

Die vom Leasinggeber im Rahmen der Berechnung der Bruttoinvestition angesetzten, nicht garantierten Restwerte sind regelmäßig auf ihre Werthaltigkeit zu prüfen. Dies bedingt eine gesonderte Untersuchung jedes einzelnen im Bestand befindlichen Leasingvertrages.

Im Falle einer Minderung des geschätzten Restwerts wird die Ertragsverteilung über die Laufzeit des Leasingverhältnisses berichtigt; jede Minderung von bereits abgesetzten Beträgen wird unmittelbar erfasst.[57] Der Standard lässt offen, inwieweit auch eine Wertaufholung des Restwerts zu berücksichtigen ist. Ob eine analoge Vorgehensweise zu IAS 36 zur Anwendung kommen kann, erscheint fraglich, da in IAS 17 nur die Erfassung von Restwertminderungen erwähnt wird.[58]

Vertragsabschlusskosten, wie Provisionen und Rechtsberatungsgebühren, die als direkt zurechenbare Kosten im Zusammenhang mit einer Finanzierungs-Leasingvereinbarung anfallen, sind bei der Aktivierung der Forderung beim Leasinggeber nach dem neuen Standard zu aktivieren und über die Laufzeit des Leasingvertrages zu verteilen. Auch Kosten für die Erstellung des Vertrages, die Bonitätsprüfung und die Erlangung von Sicherheiten, sind als anfängliche direkte Kosten anzusehen, sofern sie dem einzelnen Vertrag direkt zugerechnet werden können.

Der alte Standard enthielt noch ein Wahlrecht zur Aktivierung von Vertragsabschlusskosten bei Leasinggebern im Rahmen von Finanzierungs-Leasingverhältnissen. Mit der Abschaffung dieses Wahlrechtes entspricht das IASB einem der Ziele des Improvements Project, der Verringerung von Wahlrechten.

Aus der Pflicht zur Aktivierung von Vertragsabschlusskosten ergibt sich für die praktische Umsetzung die Notwendigkeit, dass Bilanzierende diese Kosten künftig den Verträgen zurechnen und über die Laufzeit abgrenzen müssen. Dazu sind vom Bilanzierenden die systemtechnischen Voraussetzungen für eine Zurechnung der direkten Kosten zu den einzelnen Leasingobjekten bzw. -verträgen zu schaffen.

Darüber hinaus resultieren aus der Änderung eine Ergebnisverbesserung im Jahr der Umstellung und eine Verlagerung von Aufwendungen in spätere Perioden, sofern

---

[56] Vgl. IAS 17.39-40.
[57] Vgl. IAS 17.41.
[58] Vgl. zur Wertaufholung IAS 36.109-110.

bislang (aus Vereinfachungsgründen) eine sofortige aufwandswirksame Verbuchung der Vertragsabschlusskosten erfolgte.

Für die bilanzielle Behandlung von Leasingforderungen beim Leasinggeber ergeben sich auch aus der im Rahmen des Amendments Project erfolgten Überarbeitung von IAS 39 zu Finanzinstrumenten praktische Auswirkungen: Nach IAS 39.2(b)(i) unterliegen Leasingforderungen nunmehr den Vorschriften von IAS 39 zur Ausbuchung und Wertminderung. Während die Regelungen zur Ausbuchung - etwa im Falle eines Verkaufs von Leasingforderungen - bereits nach den Vorschriften von IAS 39 (alt) zu beachten waren, wurden Leasingforderungen in Ermangelung konkreter Vorschriften in IAS 17 bislang häufig entsprechend den HGB-Vorschriften wertberichtigt. Aufgrund der Komplexität der Regelungen im Bereich der Wertberichtigungen (impairment) von IAS 39 ergibt sich hier Anpassungsbedarf. Auch die im Rahmen des Amendments Project vollständig überarbeiteten Vorschriften von IAS 39 zur Ausbuchung von Finanzinstrumenten können zu einer von der bisherigen Bilanzierung abweichenden Behandlung von verkauften Leasingforderungen führen.[59]

Handelt es sich bei der Forderung um eine Fremdwährungsforderung, kommt IAS 21 zur Anwendung. Forderungen sind nach diesem Standard als monetärer Posten einzustufen; Umrechnungsdifferenzen aus Leasingforderungen in Fremdwährung werden daher erfolgswirksam in der Gewinn- und Verlustrechnung erfasst.

Der Leasinggeber weist den Gesamtbetrag der Nettoinvestition unter den Forderungen aus, ein gesonderter Ausweis wird vom Standard nicht verlangt. Der ergebniswirksam zu erfassende Finanzertrag und der ergebniswirksam zu erfassende Teil der aktivierten anfänglichen direkten Kosten werden als Bestandteil des Finanzergebnisses ausgewiesen. Bei Banken erfolgt der erfolgswirksame Ausweis üblicherweise im Zinsüberschuss.

5.1.2 Besonderheiten bei Händler- oder Herstellerleasingverhältnissen

IAS 17 enthält spezifische Vorschriften für Leasingverhältnisse, bei denen der Leasinggeber Händler oder Hersteller ist. Der Standard enthält zwar keine Definition der Begriffe „Händler" bzw. „Hersteller", es wird jedoch unterstellt, dass bei solchen Leasingverhältnissen ein Verkaufsgewinn oder -verlust entsteht.

Leasinggeber, die Händler oder Hersteller sind, haben den Verkaufsgewinn oder -verlust nach den gleichen Methoden im Periodenergebnis zu erfassen, die das Unternehmen bei direkten Verkaufsgeschäften anwendet. Dem liegt der Gedanke zugrunde, das Leasinggeschäft beim Leasinggeber als Verkauf mit Kreditgewährung zu behandeln. Werden

---

[59] Vgl. zu den Regelungen des IAS 39 den Beitrag „Ansatz und Bewertung von Finanzinstrumenten".

dabei künstlich niedrige Zinsen verwendet, ist der Verkaufsgewinn auf die Höhe zu beschränken, die sich bei Berechnung mit dem marktüblichen Zins ergeben hätte.[60]

Der von einem Leasinggeber, der Händler oder Hersteller ist, zu Beginn erfassende Umsatzerlös ist der beizulegende Zeitwert des Vermögenswerts oder, wenn niedriger, der dem Leasinggeber zuzurechnende Barwert der Mindestleasingzahlungen. Die zu Beginn des Leasingverhältnisses zu erfassenden Umsatzkosten sind die Anschaffungs- oder Herstellungskosten bzw., falls abweichend, der Buchwert des Leasinggegenstands abzüglich des Barwerts des nicht garantierten Restwerts. Der Differenzbetrag zwischen Umsatzerlös und Umsatzkosten ist der Verkaufsgewinn. Anfängliche direkte Kosten bei Leasinggebern, die Händler oder Hersteller sind, werden zu Beginn des Leasingverhältnisses als Aufwand in der Gewinn- und Verlustrechnung erfasst.[61]

5.2 Abbildung von Operating-Leasingverhältnissen

Vermögenswerte, die Gegenstand eines Operating-Leasingverhältnisses sind, werden in der Bilanz des Leasinggebers entsprechend ihrer Eigenschaft aktiviert.[62] Ihre Bewertung richtet sich nach den Vorschriften für solche Vermögenswerte. Je nach Eigenschaft des Vermögenswertes kann IAS 16 für Sachanlagen, IAS 38 für immaterielle Vermögenswerte, IAS 40 für die als Finanzinvestition gehaltenen Immobilien oder IAS 41 für biologische Vermögenswerte zur Anwendung kommen. Für die Folgebewertung sowie die Vornahme außerplanmäßiger Abschreibungen sind ferner die Regelungen von IAS 36 zu beachten.

Leasingerträge aus Operating-Leasingverhältnissen werden erfolgswirksam linear über die Laufzeit des Leasingverhältnisse erfasst, es sei denn, eine andere planmäßige Verteilung entspricht eher dem zeitlichen Verlauf, in dem sich der aus dem Leasinggegenstand erzielte Nutzenvorteil verringert. Zahlungen des Leasingnehmers für Dienstleistungen, wie Versicherungen oder Instandhaltung werden nicht systematisch über die Laufzeit des Leasingverhältnisses, sondern nach den allgemeinen Grundsätzen erfolgswirksam erfasst.

Vertragsabschlusskosten, wie Provisionen und Rechtsberatungsgebühren, die als direkt zurechenbare Kosten anfallen, sind beim Leasinggeber zu aktivieren und über die Laufzeit des Leasingvertrages zu verteilen.

Die vom Leasinggeber für den Abschluss des Vertrags dem Leasingnehmer gewährten Anreize sind gemäß SIC-15 Bestandteil der vereinbarten Gegenleistung. Der Leasinggeber hat die gesamten aus Anreizvereinbarungen resultierenden Kosten entsprechend

---

60 Vgl. IAS 17.42.
61 Vgl. IAS 17.44-48.
62 Vgl. IAS 17.49.

der planmäßigen Verteilung der Leasingerträge über die Laufzeit zu verteilen und aufwandswirksam zu verbuchen. Eine sofortige ergebniswirksame Erfassung, wie dies bei anfänglichen direkten Kosten als zulässig angesehen wird, ist nicht möglich.

Eine Forfaitierung noch nicht fälliger Leasingraten hat keine Auswirkungen auf die bilanzielle Behandlung des Operating-Leasingverhältnisses. Das mit dem Forderungsverkauf zu zahlende Entgelt, das sich aus der Differenz zwischen Nominalbetrag der Forderungen und Verkaufspreis ergibt, ist über die Laufzeit des Leasingverhältnisses verteilt als Zinsaufwand zu verbuchen.

Der Ausweis der Vermögenswerte in der Bilanz des Leasinggebers erfolgt entsprechend ihrer Eigenschaft in dem jeweiligen Bilanzposten. Aufwendungen und Erträge aus dem Operating-Leasingverhältnis, die über die Laufzeit zu verteilen sind, werden als sonstige Vermögenswerte bzw. sonstige Schulden ausgewiesen.

Leasingerträge und -aufwendungen werden als Bestandteil des betrieblichen Ergebnisses ausgewiesen. Leasingerträge können als Umsatzerlöse oder als sonstige betriebliche Erträge ausgewiesen werden.[63] Je nach Zuordnung der Erträge sind die Leasingaufwendungen im entsprechenden Posten auszuweisen.

6. Praktisches Beispiel für die Bilanzierung von Leasingverhältnissen

6.1 Sachverhalt

Eine Bank hat zum 01.01.2002 einen Mietvertrag über die Nutzung einer Telefonanlage über einen Zeitraum von 24 Monaten abgeschlossen. Die Miete beträgt € 10.000 und ist vierteljährlich zum Monatsersten fällig. Nach Ablauf des Mietvertrages hat die Bank zum 01.01.2004 das Recht, die Telefonanlage zu einem Preis von € 40.000 zu erwerben (Kaufoption). Der Zeitwert der Anlage beträgt im Zeitpunkt des Vertragsabschlusses, zum 01.01.2002, € 117.500.

Der Bank sind im Zusammenhang mit dem Abschluss des Leasingvertrags Kosten der Vertragsverhandlung und des Vertragsabschlusses in Höhe von € 5.000 entstanden.

---

[63] Vgl. IAS 1.91 (Gesamtkostenverfahren) bzw. IAS 1.92 (Umsatzkostenverfahren).

Der dem Leasingverhältnis zugrunde liegende Zinssatz ist der Bank nicht bekannt. Eine laufzeitkongruente Finanzierung könnte die Bank zu einem Zinssatz von 6,00% p.a. abschließen.

Die Telefonanlage hat eine wirtschaftliche Nutzungsdauer von fünf Jahren; die betriebsgewöhnliche Nutzungsdauer beträgt drei Jahre.

Es stellt sich die Frage, wie der Mietvertrag nach den handelsrechtlichen Grundsätzen ordnungsmäßiger Bilanzierung und nach den Regelungen des IASB zu Leasingverhältnissen bilanziell zu behandeln ist.[64]

6.2 Bilanzielle Behandlung des Mietvertrages nach handelsrechtlichen GoB

Die vertraglich vereinbarte Grundmietzeit beträgt zwei Jahre, die betriebsgewöhnliche Nutzungsdauer wird in der Sachverhaltsbeschreibung mit drei Jahren angegeben. Die Grundmietzeit des Leasingvertrages umfasst daher 66% der betriebsgewöhnlichen Nutzungsdauer der Telefonanlage.

Zu prüfen ist, ob der für den Fall der Ausübung des Optionsrechts vorgesehene Kaufpreis niedriger ist als der unter Anwendung der linearen AfA ermittelte Buchwert. Der Kaufpreis beträgt € 40.000. Bei unterstellter linearer AfA und Anschaffungskosten in Höhe des Zeitwerts der Telefonanlage (€ 117.500) verbleibt nach zwei Jahren noch ein Restbuchwert in Höhe von € 39.166.

Der vorgesehene Kaufpreis liegt also nicht unter dem Restbuchwert, so dass die Kaufoption nicht als günstig angesehen werden kann. Der gemeine Wert ist der Bank nicht bekannt; es wird daher unterstellt, dass der gemeine Wert dem Restbuchwert entspricht.

Die Telefonanlage ist nicht der Bank zuzurechnen, sondern verbleibt im Vermögen des Leasinggebers. Das Leasingverhältnis über die Telefonanlage wird wirtschaftlich nicht als Kauf- sondern als Mietvertrag angesehen. Der Mietvertrag über die Telefonanlage ist aus Sicht der Bank als schwebendes Geschäft einzustufen und wird entsprechend dem Grundsatz der Nichtbilanzierung schwebender Geschäfte wie bei einem „normalen" Mietvertrag nicht von der Bank bilanziert. Die von der Bank zu zahlenden monatlichen Leasingraten werden erfolgswirksam als (Miet-)Aufwand erfasst.

Da im vorliegenden Fall lineare Leasingraten vereinbart wurden, ist eine Abgrenzung von gezahlten oder zu zahlenden Leasingraten zur periodengerechten Erfassung des Aufwands nicht erforderlich.

---

[64] Vgl. hierzu auch LORENZ, K., Wirtschaftliche Vermögenszugehörigkeit - Beispiel Leasingverhältnisse, in: WÜSTEMANN, J. (Hrsg.), Bilanzierung case by case. Lösungen nach HGB und IFRS, Heidelberg 2004, S. 74-94.

6.3 Bilanzielle Behandlung des Mietvertrages nach IAS 17

6.3.1 Übergang des rechtlichen Eigentums

Im vorliegenden Sachverhalt ist die Prüfung der genannten acht Kriterien von IAS 17 aus Sicht der Bank vorzunehmen.

Der Übergang des rechtlichen Eigentums ist in dem vorliegenden Leasingverhältnis nicht explizit vereinbart. Der Eigentumsübergang richtet sich hier nach der Vorteilhaftigkeit der Kaufoption.[65] Da der Eigentumsübergang aber nicht fixiert wurde, ist das Kriterium zunächst nicht erfüllt.

Die Sachverhaltsgestaltung lässt offen, ob neben der Kaufoption der Bank auch eine Rückkaufoption des Eigentümers besteht. Eine Rückkaufoption des Leasinggebers am Ende der Laufzeit des Vertrages würde einen eventuellen Übergang des Eigentums auf den Leasingnehmer in Frage stellen. Zu prüfen wäre dann, ob mit der Ausübung einer solchen Option ernsthaft zu rechnen ist. Im Folgenden wird von einer Rückkaufoption des Leasinggebers nicht ausgegangen.

6.3.2 Vorteilhafte Kaufoption

Für die Klassifizierung nach IAS 17 ist zu untersuchen, ob der Leasingnehmer am Ende der Laufzeit über eine vorteilhafte Kaufoption verfügt. Die Beurteilung der Vorteilhaftigkeit der Option ist auf Einzelvertragsebene durchzuführen.

Im vorliegenden Beispiel ist zur Beurteilung der Vorteilhaftigkeit der Kaufoption der potentielle Kaufpreis (€ 40.000) mit dem Zeitwert der Telefonanlage zum 01.01.2004 zu vergleichen. Da keine Informationen zu diesem Zeitwert im Sachverhalt gegeben werden, wird der potentielle Kaufpreis hilfsweise mit dem Restbuchwert der Anlage nach Ablauf der Grundmietzeit verglichen. Bei unterstellter linearer, an der wirtschaftlichen Nutzungsdauer orientierten Abschreibung (Abschreibungsaufwand pro Jahr rd. € 23.333) der Telefonanlage verfügt der Leasingnehmer, die Bank, über eine günstige Kaufoption: Der Restbuchwert der Anlage beträgt nach zwei Jahren rd. € 70.000. Da der Kaufpreis deutlich unter diesem Buchwert und annahmegemäß auch dem Zeitwert der Telefonanlage liegt, ist mit der Ausübung der Option zu rechnen; das Kriterium ist daher erfüllt.

---

[65] Vgl. hierzu den folgenden Abschnitt 6.3.2.

6.3.3 Laufzeit des Leasingverhältnisses

Für das dritte Kriterium ist die Laufzeit des Leasingverhältnisses mit der wirtschaftlichen Nutzungsdauer des Vermögenswertes zu vergleichen.

Die vertraglich fixierte Laufzeit des Leasingverhältnisses im Beispiel beträgt 2 Jahre. Die Telefonanlage hat eine wirtschaftliche Nutzungsdauer von 5 Jahren. Da die Ausübung der Option zum Beginn des Leasingverhältnisses als hinreichend sicher gelten kann, läuft die Vereinbarung über die gesamte Nutzungsdauer. Das dritte Kriterium ist damit erfüllt.

6.3.4 Barwerttest

6.3.4.1 Bestimmung der Mindestleasingzahlungen

Wie bereits oben festgestellt, verfügt die Bank über eine günstige Kaufoption. Da mit hinreichender Sicherheit von deren Ausübung ausgegangen werden kann, ist diese Option bei der Berechnung der Mindestleasingzahlungen einzubeziehen.

Die Mindestleasingzahlungen setzen sich demnach zusammen aus den vierteljährlichen Mietraten von € 10.000 und der Kaufoption in Höhe von € 40.000.

6.3.4.2 Bestimmung des Zinssatzes

Da die Bank als Leasingnehmer den dem Leasingverhältnis zugrunde liegenden Zinssatz nicht kennt, wird sie für den Barwerttest den im Beispiel genannten Zins für eine laufzeitkongruente Finanzierung (6,00% p.a.) verwenden.

$$Periodenzins = \sqrt[4]{(1 + Jahreszins)} - 1 = \sqrt[4]{(1 + 0{,}06)} - 1 = 1{,}46738\%$$

Der Zinssatz p.a. muss aufgrund der quartalsweisen Zahlung in einen quartalsweisen Zinssatz umgerechnet werden:

Der quartalsweise Zinssatz für die Aufnahme von Fremdkapital beträgt demnach im Beispiel 1,46738%.

6.3.4.3 Ermittlung des Zeitwerts

Der beizulegende Zeitwert des Leasinggegenstandes ist der Betrag, zu dem der Vermögenswert zwischen sachverständigen und vertragswilligen Parteien wie unter voneinander unabhängigen Geschäftspartnern erworben oder beglichen werden könnte.

Im vorliegenden Beispiel bleibt offen, ob der Leasinggeber und die Bank als voneinander unabhängige Geschäftspartner zu gelten haben; dies wird im Folgenden unterstellt.

Der Zeitwert der Telefonanlage wird mit € 117.500 zum 01.01.2002 angegeben.

6.3.4.4 Vergleich von Barwert und Zeitwert

Als letzter Schritt zur Durchführung des Barwerttests ist der Barwert der Mindestleasingzahlungen zu ermitteln und mit dem Zeitwert des Leasingobjektes zu vergleichen.

Der Barwert der Mindestleasingzahlungen errechnet sich unter Verwendung des oben ermittelten quartalsweisen Zinssatzes in Höhe von 1,46738%, der quartalsweisen Leasingzahlungen sowie der vorteilhaften Kaufoption wie folgt:

$$\text{Barwert} = \sum_{t=1}^{8} \frac{10.000}{(1+0{,}0146738)^{t-1}} + \frac{40.000}{(1+0{,}0146738)^{8}} = 111.666$$

Der Barwert der Mindestleasingzahlungen beträgt € 111.666. Der Zeitwert der Telefonanlage wird mit € 117.500 angegeben. Der Barwert der Mindestleasingzahlungen wird nun ins Verhältnis zum Zeitwert der Anlage gesetzt:

$$111.666 / 117.500 = 0{,}95$$

Der Anteil des Barwerts der Mindestleasingzahlungen am Zeitwert beträgt 95%. Damit entspricht der Barwert im Wesentlichen dem Zeitwert der Anlage; das Barwertkriterium ist erfüllt.

6.3.5 Spezialleasing

Der Sachverhaltsbeschreibung ist nicht zu entnehmen, ob es sich bei der gemieteten Telefonanlage um ein Spezialleasing handelt. Regelmäßig werden Telefonanlagen aber ohne sehr hohen Aufwand, d.h. ohne wesentliche Veränderungen, auch bei anderen Leasingnehmern einsetzbar sein. Im vorliegenden Fall dürfte daher kein Spezialleasing vorliegen.

6.3.6 Verlustübernahme bei Kündigung

Die Fallgestaltung enthält keinen Hinweis auf eine Kündigungsentschädigung; das Kriterium gilt daher nicht als erfüllt.

6.3.7 Gewinne und Verluste aus Restwertschwankungen

Eine explizite Vereinbarung über die Übernahme von Restschwankungen durch den Leasingnehmer, die Bank, wurde im Leasingvertrag nicht getroffen. Da im Leasingvertrag eine günstige Kaufoption vereinbart wurde, ist absehbar, dass dem Leasingnehmer mit Ausübung der Option die Gewinne und Verluste aus Restwertschwankungen zustehen. Das Kriterium ist daher erfüllt.

6.3.8 Günstige Verlängerungsoption

Die Fallgestaltung enthält keine Hinweise auf eine Verlängerungsoption; stattdessen ist eine Kaufoption vorgesehen.

6.4 Fallspezifische Klassifizierung der Leasingvereinbarung

Die Bank verfügt im Beispiel über eine günstige Kaufoption, mit deren Ausübung zu rechnen ist. Der Laufzeittest führt zu einer Klassifizierung des Leasingvertrages als Finanzierungsleasing. Der Barwerttest ergibt ebenfalls, dass die wesentlichen Chancen und Risiken auf die Bank übergegangen sind. Auch wenn nicht alle untersuchten Kriterien erfüllt sind, wird das Leasingverhältnis in einer Gesamtschau daher als Finanzierungsleasingverhältnis im Sinne von IAS 17 einzustufen sein.

Die unterschiedliche Klassifizierung bzw. bilanzielle Behandlung des Leasingvertrages nach den handelsrechtlichen GoB und nach IAS 17 ist letztlich auf die aus den unterschiedlichen Nutzungsdauern resultierende Einschätzung über die Vorteilhaftigkeit der Kaufoption im Beispielfall zurückzuführen: Während nach den Leasingerlassen die betriebsgewöhnliche Nutzungsdauer zugrunde gelegt wird, orientiert sich IAS 17 an der wirtschaftlichen Nutzungsdauer. Nach IAS 17 ist mit der Ausübung der Kaufoption zu rechnen. Der höhere Abschreibungsaufwand in den ersten drei Jahren lässt die Kaufoption nach den handelsrechtlichen GoB dagegen als nicht vorteilhaft erscheinen.

Die Einstufung des Vertrages als Finanzierungsleasing im Sinne von IAS 17 aus Sicht der Bank bedeutet nicht, dass der Leasinggeber zwingend zu einer analogen Beurteilung kommen muss: Die Verwendung eines anderen Zinssatzes und die Berücksichtigung zusätzlicher Komponenten bei der Berechnung der Mindestleasingzahlungen können nach IAS 17 zu einer anderen Klassifizierung des Leasingverhältnisses führen.

6.5 Bilanzielle Behandlung des Leasingvertrages

Der erstmalige Ansatz der Telefonanlage bei der Bank erfolgt mit Beginn des Leasingverhältnisses, wenn der Bank zu diesem Zeitpunkt die Verfügungsmacht an dem Leasingobjekt übertragen wurde.

Leasingnehmer haben Finanzierungs-Leasingverhältnisse entsprechend ihrem wirtschaftlichen Gehalt als Vermögenswerte und Schulden bei Zugang des Leasingobjektes in gleicher Höhe anzusetzen. Beide Posten werden mit dem beizulegenden Zeitwert des Leasinggegenstandes oder mit dem Barwert der Mindestleasingzahlungen, sofern dieser Betrag niedriger ist, bewertet (IAS 17.12). Der beizulegende Zeitwert im Beispiel beträgt € 117.500, die Mindestleasingraten in Höhe von € 111.666 liegen unter diesem Zeitwert.

Bei der Ermittlung des Zugangswerts der Telefonanlage sind zusätzlich die direkten Initialkosten, die Kosten der Vertragsverhandlung und des Vertragsabschlusses, in Höhe von € 5.000 einzubeziehen. Der Zugangswert der Telefonanlage beträgt daher € 116.666.

Im Hinblick auf die Abschreibung der Telefonanlage kommen die Vorschriften von IAS 16 zur Anwendung, da die Telefonanlage als Sachanlage einzustufen ist. Wegen der günstigen Kaufoption ist die Telefonanlage über die gesamte wirtschaftliche Nutzungsdauer (5 Jahre) abzuschreiben. Die Telefonanlage wird über die gesamte wirtschaftliche Nutzungsdauer von der Bank genutzt; im Folgenden wird angenommen, dass kein wesentlicher Restwert verbleibt.

Die Abschreibungen und die Entwicklung des Buchwerts der Telefonanlage sind der nachfolgenden Übersicht zu entnehmen:

Quartal	Abschreibungen	Kumulierte Abschreibungen	Buchwert Telefonanlage
1. Quartal 2002	5.833	5.833	110.833
2. Quartal 2002	5.833	11.667	105.000
3. Quartal 2002	5.833	17.500	99.167
4. Quartal 2002	5.833	23.333	93.333
1. Quartal 2003	5.833	29.167	87.500
2. Quartal 2003	5.833	35.000	81.667
3. Quartal 2003	5.833	40.833	75.833
4. Quartal 2003	5.833	46.666	70.000

Abb. 1: Abschreibungen und Entwicklung des Buchwertes der Telefonanlage

Der Ausweis der Telefonanlage wird unter dem Posten „Sachanlagen" erfolgen. Der Buchwert des Leasingobjektes beträgt zum Abschlussstichtag 31.12.2002 rund € 93.333. Zum nächsten Abschlussstichtag, dem 31.12.2003, hat die Telefonanlage noch einen Buchwert in Höhe von € 70.000.

Die jährlichen Abschreibungen in Höhe von € 23.333 werden erfolgswirksam in der Gewinn- und Verlustrechnung verbucht.

Die Zahlungen der Bank an den Leasinggeber sind in einen Zins- und einen Tilgungsanteil aufzuteilen. Der Zinsanteil wird als Finanzierungskosten behandelt, der Tilgungsanteil reduziert die Verbindlichkeit. Die Finanzierungskosten sind so über die Laufzeit des Leasingvertrages zu verteilen, dass über die Perioden ein konstanter Zinssatz auf die verbliebene Schuld entsteht. IAS 17.26 lässt zur Vereinfachung dieser Berechnungen Näherungsverfahren zu.

Die Aufteilung des Zins- und Tilgungsanteils an den Leasingzahlungen ist nachfolgend dargestellt:

Quartal	Zahlung Perioden-beginn	Restbuch-wert für Tilgung	Tilgung	Kumulierte Tilgung	Zinsauf-wand	Kumul. Zinsauf-wand	Restbuchwert nach Tilgung
1/2002	10.000	101.666	8.508	8.508	1.492	1.492	103.158
2/2002	10.000	93.157	8.633	17.141	1.367	2.859	94.525
3/2002	10.000	84.524	8.760	25.901	1.240	4.099	85.765
4/2002	10.000	75.765	8.888	34.789	1.112	5.211	76.877
1/2003	10.000	66.876	9.019	43.808	981	6.192	67.858
2/2003	10.000	57.858	9.151	52.959	849	7.041	58.707
3/2003	10.000	48.707	9.285	62.244	715	7.756	49.422
4/2003	10.000	39.422	9.422	71.666	578	8.334	40.000

Abb. 2: Aufteilung des Zins- und Tilgungsanteils

Die Leasingverbindlichkeiten sind entsprechend IAS 1.66 als verzinsliche Verbindlichkeiten in der Bilanz der Bank auszuweisen.

Bei dem hier unterstellten Erwerb der Telefonanlage durch Ausübung der Kaufoption zum 01.01.2004 erfolgt die Ausbuchung der Verbindlichkeit in Höhe von € 40.000 zulasten des Bankkontos.

7. Sale-and-Leaseback-Transaktionen

7.1 Sale-and-Leaseback-Transaktionen als Finanzierungsleasing

Bei Sale-and-Leaseback-Verträgen mietet ein Leasingnehmer einen Vermögenswert vom Leasinggeber zurück, der zuvor vom Leasingnehmer an den Leasinggeber veräußert wurde. Da Kauf- und Leasingvertrag üblicherweise aufeinander abgestimmt wurden und der Verkaufspreis und die Leasingzahlungen normalerweise in einem Zusammenhang stehen, sind die beiden Verträge gemeinsam zu betrachten.

Die Behandlung von Sale-and-Leaseback-Transaktionen beim Leasingnehmer und Leasinggeber richtet sich nach der Klassifizierung des Leasingvertrages. Hierzu kommen die oben dargestellten acht Kriterien zur Anwendung.[66]

Handelt es sich bei dem Leasingvertrag um ein Finanzierungs-Leasingverhältnis, geht das Eigentum zwar auf den Leasinggeber über, der Vermögenswert bleibt jedoch weiterhin beim Leasingnehmer bilanziert. Wirtschaftlich ist der Vertrag als Darlehen des Leasinggebers an den Leasingnehmer anzusehen, die Übertragung des Eigentums dient als Sicherheit.[67]

Der Überschuss der Verkaufserlöse über den Buchwert darf beim Leasingnehmer nicht als Ertrag verbucht werden, sondern ist über die Laufzeit des Leasingverhältnisses abzugrenzen. Der aus den Leasingraten resultierende Aufwand verringert sich dementsprechend. Liegt der Kaufpreis unter dem Buchwert, wird der Differenzbetrag ebenfalls über die Laufzeit des Leasingvertrags abgegrenzt und erfolgswirksam aufgelöst. Eine sofortige erfolgswirksame Erfassung des Aufwands erfolgt nur, wenn eine Wertminderung nach IAS 36 vorliegt.

7.2 Sale-and-Leaseback-Transaktionen als Operating-Leasing

Ist der Leasingvertrag als Operating-Leasingverhältnis einzustufen und wird die Transaktion zum Zeitwert durchgeführt, so ist jeglicher Gewinn oder Verlust sofort zu erfassen.[68] Der Leasinggeber hat den Vermögenswert in seiner Bilanz auszuweisen.

---

[66] Vgl. zu den Kriterien Abschnitt 3.
[67] Vgl. IAS 17.59-60.
[68] Vgl. IAS 17.61-62.

Liegt der Zeitwert des Leasinggegenstandes zum Zeitpunkt der Transaktion unter dem Buchwert des Vermögenswerts, ist eine sofortige Erfassung des Verlusts in Höhe der Differenz zwischen Buchwert und Zeitwert zwingend.

Übersteigt der Zeitwert den Buchwert des Vermögenswertes, sind verschiedene Konstellationen denkbar. Der aus der Transaktion resultierende Gewinn oder Verlust ist grundsätzlich sofort zu realisieren, wenn die Transaktion zum Zeitwert erfolgt.

Liegt der Kaufpreis *unter* dem Zeitwert, wird der Gewinn oder Verlust ebenfalls erfolgswirksam verbucht. Es erscheint nur auf den ersten Blick aus Sicht des Leasingnehmers und Verkäufers unverständlich, eine Transaktion abzuschließen, die einen Verkauf unter Zeitwert zur Folge hat. So können etwa Liquiditätsprobleme des Verkäufers einen sofortigen Verkauf bedingen.

Eine Ausnahme der sofortigen Erfassung von Gewinnen und Verlusten betrifft jene Verluste, die noch durch unter dem Marktpreis liegende Leasingraten ausgeglichen werden: Jene Verluste, die durch niedrige Leasingraten kompensiert werden, sind über die Laufzeit abzugrenzen und entsprechend den Leasingraten aufzulösen.

Übersteigt der Kaufpreis den beizulegenden Zeitwert, muss der den Zeitwert übersteigende Betrag abgegrenzt werden und über den Zeitraum der voraussichtlichen Nutzung des Vermögenswertes erfolgswirksam verteilt werden.

Im Hinblick auf den Ausweis der Sale-and-Leaseback-Transaktionen gelten die obigen Ausführungen zu Operating- und Finanzierungs-Leasingverhältnissen analog.[69] Die abgegrenzten Veräußerungsgewinne und -verluste werden als sonstige Verbindlichkeiten bzw. als sonstige Schulden ausgewiesen.

---

[69] Vgl. hierzu die Abschnitte 4 und 5.

8. Angabepflichten nach IAS 17

8.1 Angabepflichten des Leasingnehmers

8.1.1 Angaben bei Finanzierungs-Leasingverhältnissen

Leasingnehmer haben die folgenden Angaben für ein Finanzierungs-Leasingverhältnis zu leisten:
- Für jede Klasse von Vermögenswerten den Nettobuchwert zum Bilanzstichtag,
  - eine Überleitung von der Summe der Mindestleasingzahlungen zum Bilanzstichtag zum Barwert. Unternehmen haben darüber hinaus zusätzlich die Summe der Mindestleasingzahlungen und deren Barwert für die Perioden bis zu einem Jahr, länger als ein Jahr bis fünf Jahre und länger als fünf Jahre anzugeben,
  - die erfolgswirksam erfassten bedingten Mietzahlungen,
  - die Summe der zukünftigen Mindestleasingzahlungen, deren Erhalt auf Grund von unkündbaren Untermietverhältnissen am Bilanzstichtag erwartet wird, und
  - eine allgemeine Beschreibung der wesentlichen Leasingvereinbarungen des Leasingnehmers, einschließlich der Grundlagen auf der bedingte Mietzahlungen festgelegt sind, der Bestimmungen von Verlängerungs- oder Kaufoptionen und Preisanpassungsklauseln und der Beschränkungen, die Dividenden, zusätzliche Schulden und weitere Leasingverhältnisse betreffen.

Über die in diesem Standard geforderten Angaben hinaus ergeben sich Anforderungen aus weiteren Standards des IASB: Verbindlichkeiten aus Finanzierungs-Leasingverhältnissen gelten als Finanzinstrumente im Sinne von IAS 32 „Finanzinstrumente: Angaben und Darstellung". Nach IAS 32.86 sind für jede Klasse von finanziellen Verbindlichkeiten Informationen über deren beizulegenden Zeitwert anzugeben. Dies bedeutet, dass für die Leasingverbindlichkeit ein Zeitwert zu ermitteln ist. Dieser Zeitwert variiert bspw. mit Änderungen der Bonität des Leasingnehmers und wird zudem durch Änderungen des zugrunde liegenden Marktzinses beeinflusst.

Weitere Anforderungen an die zu leistenden Angaben resultieren aus IAS 36 „Wertminderung von Vermögenswerten"; je nach Eigenschaft des Vermögenswerts sind ferner die von IAS 16, IAS 38, IAS 40 und IAS 41 geforderten Angaben zu leisten.

Eine Besonderheit ergibt sich beim Immobilien-Leasing: Wird die Immobilie vom Leasingnehmer als Finanzinvestition gehalten - dient sie also zur Erzielung von Mieteinnahmen oder zum Zwecke der Wertsteigerung - kommt IAS 40 „Als Finanzinvestition gehaltene Immobilien" zur Anwendung. IAS 40 sieht ein Wahlrecht zur Bewertung dieser Immobilie entweder zum beizulegenden Zeitwert oder zu Anschaffungskosten vor. Wird das Anschaffungskostenmodell gewählt, ist der beizulegende Zeitwert der Immobilien im Anhang anzugeben.[70]

8.1.2 Angaben bei Operating-Leasingverhältnissen

Im Rahmen eines Operating-Leasingverhältnisses sind vom Leasingnehmer folgende Angaben zu leisten:

– Die Summe der künftigen Mindestleasingzahlungen auf Grund von unkündbaren Operating-Leasingverhältnissen für die Perioden bis zu einem Jahr, länger als ein und bis zu fünf Jahren sowie für Perioden über fünf Jahren,

– die Summe der künftigen Mindestleasingzahlungen zum Bilanzstichtag, deren Erhalt auf Grund von unkündbaren Untermietverhältnissen erwartet wird,

– Zahlungen aus Leasingverhältnissen und Untermietverhältnissen, die erfolgswirksam erfasst sind, getrennt nach Beträgen für Mindestleasingzahlungen, bedingte Mietzahlungen und Zahlungen aus Untermietverhältnissen,

– eine allgemeine Beschreibung der wesentlichen Leasingvereinbarungen des Leasingnehmers, einschließlich der Grundlage, auf der bedingte Mietzahlungen festgelegt sind, das Bestehen und die Bestimmungen von Verlängerungs- oder Kaufoptionen und Preisanpassungsklauseln sowie durch Leasingverhältnisse auferlegte Beschränkungen, die etwa Dividenden, zusätzliche Schulden und weitere Leasingverhältnisse betreffen.

---

[70] Vgl. IAS 40.79(e).

8.2 Angabepflichten des Leasinggebers

8.2.1 Angaben bei Finanzierungs-Leasingverhältnissen

Leasinggeber haben bei Finanzierungs-Leasingverhältnissen die folgenden Angaben zu leisten:

- Eine Überleitung von der Bruttogesamtinvestition in das Leasingverhältnis am Bilanzstichtag und dem Barwert der am Bilanzstichtag ausstehenden Mindestleasingzahlungen. Ein Unternehmen hat zusätzlich die Bruttogesamtinvestition in das Leasingverhältnis und den Barwert der am Bilanzstichtag ausstehenden Mindestleasingzahlungen für Perioden bis zu einem Jahr, länger als ein Jahr bis zu fünf Jahren und länger als fünf Jahren anzugeben,
- den noch nicht realisierten Finanzertrag
- die nicht garantierten Restwerte, die zu Gunsten des Leasingnehmers anfallen,
- die kumulierten Wertberichtigungen für uneinbringliche ausstehende Mindestleasingzahlungen und
- eine allgemeine Beschreibung der wesentlichen Leasingvereinbarungen des Leasinggebers.

Da die Forderung des Leasinggebers als Finanzinstrument im Sinne von IAS 32 anzusehen ist, ergeben sich die beim Leasingnehmer für die Leasingverbindlichkeit dargestellten Konsequenzen für den Leasinggeber analog: Der Zeitwert der Leasingforderung ist gemäß IAS 32.86 anzugeben; dieser wird durch Bonitätsänderungen des Leasingnehmers und Marktzinsänderungen beeinflusst.

8.2.2 Angaben bei Operating-Leasingverhältnissen

Leasinggeber haben folgende zusätzliche Angaben für Operating-Leasingverhältnisse zu leisten:

- Die Summe der künftigen Mindestleasingzahlungen aus unkündbaren Operating-Leasingverhältnissen als Gesamtbetrag und für Perioden bis zu einem Jahr, länger als ein und bis zu fünf Jahre und länger als fünf Jahre;
- die Summe der erfolgswirksam berücksichtigten bedingten Mindestleasingzahlungen und
- eine allgemeine Beschreibung der wesentlichen Leasingvereinbarungen des Leasinggebers.

Zusätzliche Angaben resultieren aus den Anforderungen von IAS 16, IAS 36, IAS 38, IAS 40 und IAS 41.

9. Ausblick: Geplante Änderungen und weitergehende Überarbeitung von IAS 17

Bemerkenswert erscheint, dass der Standard in jüngster Vergangenheit nicht nur mehrfach überarbeitet wurde, sondern auch Gegenstand intensiver Diskussionen im Schrifttum war, die zunächst in einen grundsätzlich neuen Vorschlag zur Bilanzierung von Leasingverhältnissen, das sog. McGregor-Papier mündeten und sodann vom IASB in einem im Jahr 2000 herausgegebenen Diskussionspapier aufgegriffen wurden.[71]

Beide Papiere empfehlen sehr weitreichende Änderungen der bilanziellen Behandlung von Leasingverhältnissen. So soll nach den Vorschlägen McGregors und dem G4+1 Position Paper, das diese Vorschläge weiter präzisiert, auf die Unterscheidung zwischen Finanzierungs- und Operating-Leasing verzichtet werden und statt dessen bei allen Miet- oder Leasing-Verträgen mit einer Laufzeit von über einem Jahr vom Leasingnehmer ein Nutzungsrecht und eine Verbindlichkeit gegenüber dem Leasinggeber bilanziert werden. Der Leasinggeber hätte nach diesen Vorschlägen eine Forderung gegen den Leasingnehmer (in Höhe des Barwerts der Mindestleasingzahlungen) und den noch verbleibenden Restwert nach Ablauf der Grundmietzeit einzubuchen.[72]

Über die im Rahmen des Improvement Projects vorgenommenen Änderungen hinaus beabsichtigt das IASB, in einem als „Comprehensive Project" bezeichneten gemeinsamen Projekt mit dem britischen Accounting Standards Board eine weitergehende Überarbeitung von IAS 17 vorzunehmen.[73]

---

[71] Vgl. MCGREGOR, W. u.a., Accounting for Leases: A New Approach, Recognition by Lessees of Assets and Liabilities Arising under Lease Contracts, 1996 und NAILOR, H./LENNARD, A. u.a., Leases: Implementation Of A New Approach, 2000.

[72] Zur Kritik an den Vorschlägen des McGregor-Papiers, vgl. MELLWIG, W., Die bilanzielle Darstellung von Leasingverträgen nach den Grundsätzen des IASC, a.a.O.(Fn. 20), S. 13-16. Zu den Vorschlägen der G4+1 Working Group, vgl. KÜTING, K./HELLEN, H.-H./BRAKENSIEK, S., Leasingbilanzierung: Vorschlag zur Neuausrichtung nach dem Positionspapier der G4+1 Working Group, BB 2000, S. 1720-1721.

[73] Vgl. hierzu auch den Projektplan des IASB unter www.iasb.org.

Joachim Kölschbach und Stefan Engeländer

Versicherungsgeschäfte

1. Einführung 737
2. Phase I: IFRS 4 738
   2.1 Anwendungsbereich 738
   2.2 Zerlegung von Versicherungsverträgen 743
       2.2.1 Entflechtung von Finanzkomponenten 743
       2.2.2 Separierung von eingebetteten Derivaten 744
   2.3 Beibehaltung der bisherigen Bilanzierungsmethoden 745
   2.4 Änderungen der Bilanzierungsmethoden 747
   2.5 Inkonsistente Bewertung von Kapitalanlagen und
       versicherungstechnischen Rückstellungen 749
   2.6 Erwerb von Versicherungsunternehmen und -beständen 750
   2.7 Sonderregeln für Verträge mit Überschussbeteiligung 751
   2.8 Anhangangaben 753
   2.9 Übergangsvorschriften 756
3. Ausblick auf Phase II des IASB Projektes 757
4. Schlussbemerkung 758

1. Einführung

Am 31. März 2004 hat das IASB mit IFRS 4 Versicherungsverträge erstmals einen Standard für Versicherungsverträge veröffentlicht.

Seit 1997 waren in dem Versicherungsprojekt des IASC, der Vorgängerorganisation des IASB, und zuletzt im IASB vor allem eine Zeitwertbilanzierung für Vermögenswerte und Schulden, die aus Versicherungsverträgen resultieren, diskutiert worden. Das Konzept einer umfassenden Bilanzierung von Rechten und Verpflichtungen aus Versicherungsverträgen zu Zeitwerten, insbesondere bezüglich des Wertansatzes für Versicherungsrisiken, erwies sich aber als noch nicht ausgereift genug.[1]

Im Mai 2002 hat das IASB daher beschlossen, dass ein Übergang auf die Zeitwertbilanzierung bis zum Jahr 2005 von den Versicherungsunternehmen nicht verlangt werden soll. Es sah sich daher gezwungen, das Projekt in zwei Phasen aufzuteilen:

„Phase I" stellt mit IFRS 4 lediglich eine Übergangsregelung dar, die es den Unternehmen ermöglichen soll, weitestgehend ihre derzeitige Bilanzierungspraxis bei Versicherungsverträgen und für Verträge mit Überschussbeteiligung fortzuführen, bis im Rahmen der „Phase II" ein endgültiger Standard hierzu erlassen wird. Ein Mindestmaß an Transparenz und Vergleichbarkeit soll aber bereits in Phase I über erläuternde Angaben im Anhang bzw. über eine Darstellung der erwarteten Zahlungsströme aus Versicherungsverträgen herbeigeführt werden.

---

[1] Vgl. bspw. MEYER, L., Full Fair Value Accounting für Versicherungsunternehmen, in WAGNER, F. (Hrsg.), Aktuelle Fragen der Versicherungswirtschaft, Karlsruhe 2003 S. 119-137; PERLET, H., Fair-Value-Bilanzierung von Versicherungsunternehmen, BFuP 2003, S. 441-456 sowie die diversen Beiträge in GEIB, G. (Hrsg.), Rechnungslegung von Versicherungsunternehmen, FS für Horst Richter, Düsseldorf 2001.

2. Phase I: IFRS 4

2.1 Anwendungsbereich

IFRS 4 findet Anwendung auf alle Versicherungsverträge, die ein Unternehmen als Versicherer abschließt, einschließlich der aktiven Rückversicherung. Versicherer ist nach der Definition von IFRS 4 jede Partei eines Versicherungsvertrages, die Versicherungsrisiko übernimmt, unabhängig davon, ob es sich um ein beaufsichtigtes Versicherungsunternehmen handelt. Damit ist auch jede Bank, die Produkte im Anwendungsbereich von IFRS 4 anbietet, Versicherer i.S.v. IFRS 4 und muss diesen für die danach zu bilanzierenden Produkte anwenden. Dazu wird auch die passive Rückversicherung eines Versicherers gezählt.

IFRS 4 ist auch auf Verträge, die keine Versicherungsverträge sind, aber eine ermessensabhängige Überschussbeteiligung gewähren, anzuwenden. Überschussbeteiligung ist zwar eine sehr versicherungsspezifische Vertragsgestaltung, doch können durchaus auch im Bankbereich Gestaltungen vorkommen, die entsprechende Eigenschaften haben, da dieser Begriff in IFRS 4 sehr allgemein definiert ist.[2] Angesichts der noch fehlenden konzeptionellen Klarheit über die Bilanzierung der Überschussbeteiligung werden auch solche Verträge, wenn sie eine ermessensabhängige Überschussbeteiligung beinhalten, von IFRS 4, allerdings mit Einschränkungen, erfasst.[3] Finanzinstrumente ohne ermessensabhängige Überschussbeteiligung werden bei fehlendem Transfer von signifikantem Versicherungsrisiko demgegenüber von IFRS 4 nicht erfasst, selbst wenn sie von Versicherungsunternehmen angeboten werden. Für sie gelten die einschlägigen Bestimmungen von IAS 32 Finanzinstrumente: Angaben und Darstellung, IAS 39 Finanzinstrumente: Ansatz und Bewertung und IAS 18 Erträge.[4]

Während bei Rückversicherungsverträgen die Bilanzierung für beide Vertragspartner von IFRS 4 geregelt wird, wird für Erstversicherungsverträge bzw. Sparprodukte im zuvor genannten Sinne lediglich die Bilanzierung beim Anbieter behandelt. Erstversicherungsnehmer und Sparer fallen nicht in den Anwendungsbereich. Versicherungsnehmer haben eigene Bilanzierungsmethoden gemäß IAS 8.10-12 zu entwickeln, Sparer wenden IAS 39 an.

IFRS 4 erfasst auch Finanzgarantien, soweit sie die Definition eines Versicherungsvertrages erfüllen. Darunter können auch von Banken angebotene Produkte und

---

[2] Vgl. Abschnitt 2.7.
[3] Vgl. Abschnitt 2.7.
[4] Zu beachten ist die Änderung von IAS 18, aufgrund derer gemischte Finanzinstrumente in einen Dienstleistungsteil und ein reines Finanzinstrument aufzuteilen sind.

Patronatserklärungen fallen. Allerdings gibt es Überlegungen, IFRS 4 dahingehend zu ändern, sämtliche Finanzgarantien, die den Inhaber einer Forderung aus einem Schuldinstrument entschädigen, wenn ein spezifizierter Schuldner seinen Leistungen nicht nachkommt, spätestens ab 2006 nach IAS 39 in Verbindung mit IAS 37 zu bilanzieren.[5] Das soll auch für entsprechende Kreditversicherungsverträge gelten. Die Entscheidung über die Änderung von IFRS 4 war eigentlich noch für 2004 vorgesehen, sie ist allerdings bis Anfang des Jahres 2005 noch nicht erfolgt.[6]

Vom Anwendungsbereich von IFRS 4 ausgeschlossen sind unabhängig davon, ob sie die Definition eines Versicherungsvertrages erfüllen:[7]

- Von Arbeitgebern zugesagte Versorgungsleistungen;
- bei Unternehmenszusammenschlüssen gewährte, von der zukünftigen Entwicklung abhängige Zahlungsansprüche oder Verpflichtungen (contingent consideration);
- vertragliche Rechte und Ansprüche, die von der zukünftigen Nutzung von bzw. Nutzungsrechten an nicht finanziellen Vermögenswerten abhängen;
- Finanzgarantien, die aus dem Transfer anderer finanzieller Vermögenswerte und Schulden gemäß IAS 39 resultieren und
- Produktgarantien, die vom Hersteller gewährt werden.

IFRS 4 Appendix A definiert einen Versicherungsvertrag als einen Vertrag, nach dem eine Partei (der Versicherer) ein signifikantes Versicherungsrisiko von einer anderen Partei (dem Versicherungsnehmer) übernimmt, indem sie vereinbart, dem Versicherungsnehmer eine Entschädigung zu leisten, wenn ein spezifiziertes ungewisses zukünftiges Ereignis (das versicherte Ereignis) den Versicherungsnehmer nachteilig betrifft.

Die neue Definition erfolgt ausschließlich für Zwecke der IFRS. Sie wurde im Hinblick auf den Charakter von IFRS 4 als Übergangsstandard so großzügig gewählt, dass alle Verträge, bei denen die Bilanzierung nach IAS 39 wegen der fehlenden Berücksichtigung des Versicherungsrisikos unangemessen sein könnte, von IFRS 4 erfasst werden. Sie soll auch in Phase II weiter gelten.

Bei der Versicherungsleistung muss es sich nicht stets um eine Zahlung handeln. In Verträgen gelegentlich vorgesehener Naturalersatz oder Dienstleistungen, die den Nachteil ausgleichen, sind auch möglich. Damit fallen auch bestimmte Assistance-Verträge oder andere Verträge, die aufgrund zufälliger, nachteiliger Ereignisse ausgleichende Dienstleistungen anbieten, unter IFRS 4. Insbesondere letzteres könnte auch für Banken relevant sein.

---

5   Vgl. IAS 39.2(f).
6   Vgl. IFRS 4.BC62-68 und IFRS 4.IN13(a).
7   Vgl. IFRS 4.4.

Die Definition von IFRS 4 verlangt, dass der Vertrag eine „Entschädigung" nur im Fall eines für den Versicherungsnehmer nachteiligen Ereignisses vorsieht. Auf Seiten des Versicherungsnehmers muss also eine ungünstige Auswirkung vorliegen (versichertes Interesse), für das eine Entschädigung erfolgt. Der Versicherungsvertrag muss einen Leistungsvorbehalt für die Fälle vorsehen, in denen kein versichertes Interesse vorliegt. Dass ein Produkt geeignet ist, einen möglicherweise eingetretenen wirtschaftlichen Schaden bei der Gegenpartei zu kompensieren, wie bspw. bei einer Verbriefung von Risiken, denen die Gegenpartei ausgesetzt sein kann, aber nicht notwendigerweise sein muss, führt für sich genommen noch nicht dazu, den Vertrag wie einen (Rück-)Versicherungsvertrag zu behandeln.[8] Auch konzerninterne Patronatserklärungen, die nicht auf eine Entschädigung beim Gläubiger abstellen, sondern auf die Ausstattung des Schuldners mit finanziellen Mitteln, fallen damit nicht unter den Anwendungsbereich von IFRS 4. Auch die auf Kapitalmärkten gehandelten Katastrophenbonds sind nicht als Versicherungsverträge anzusehen, wenn - wie üblich - die Bedingungen nicht vorsehen, dass ein Schaden des Emittenten eine auf Verlangen nachzuweisende Voraussetzung für die Veränderung der Verzinsung ist. Ein wesentliches Merkmal eines Versicherungsvertrages ist die Bezugnahme auf ein „spezifiziertes ungewisses zukünftiges Ereignis" - das versicherte Ereignis - als Auslöser für eine Leistung. Der Begriff des Ereignisses ist allgemein gehalten. Die Ungewissheit kann sich auf den Eintritt, den Zeitpunkt des Eintritts oder den Umfang der Folgen beziehen.[9] Es wird ausdrücklich bestätigt, dass auch das Erleben eines Zeitpunktes ein solches Ereignis ist.[10] Damit sind auch Erlebensfallversicherungen, die den Versicherungsnehmer gegen die wirtschaftlichen Folgen des längeren Lebens absichern, als Versicherungen zu qualifizieren.

IFRS 4 definiert Versicherungsrisiko sehr weit gefasst als jedes auf eine andere Partei übertragene Risiko, das nicht Finanzrisiko ist.[11] Finanzrisiko ist nach IFRS 4 jedes Risiko, das aus der Veränderung von finanziellen Variablen oder nicht-finanziellen parteiunspezifischen Variablen resultiert. Die Beschränkung des Finanzrisikos auf parteiunspezifische nicht-finanzielle Variablen steht im Einklang mit dem Verständnis, dass ein versichertes Ereignis eine parteispezifische nicht-finanzielle Variable darstellt. Der Begriff der parteiunspezifischen nicht-finanziellen Variablen wird im Zusammenhang mit eingebetteten Derivaten näher zu untersuchen sein.[12]

Als wesentliche Folge können damit auch Kosten- oder Stornorisiken Versicherungsrisiken sein. Voraussetzung ist aber stets, dass durch den Vertrag ein originäres Risiko, welches beim Vertragspartner auch ohne den Vertrag besteht, auf den Versicherer über-

---

[8] Vgl. IFRS 4.B14.
[9] Vgl. IFRS 4.B2.
[10] Vgl. IFRS 4.B18(d).
[11] Vgl. IFRS 4.A.
[12] Vgl. Abschnitt 2.2.3.

tragen wird.[13] Das aus dem Vertrag beim Versicherer resultierende Kosten- oder Stornorisiko ist mangels „Übertragung" für diesen kein Versicherungsrisiko.

Ein Versicherungsrisiko gilt nach IFRS 4.B23 als signifikant, wenn es in Fällen von kommerzieller Substanz (commercial substance) zu signifikanten Abweichungen bei den Leistungen kommen kann. IFRS 4 spezifiziert näher, dass kommerziell ohne Substanz solche Fälle sind, die keine wahrnehmbare Wirkung auf die wirtschaftliche Sicht des Geschäfts haben.

Man kann allen Ereignissen „kommerzielle Substanz" zuerkennen, deren Eintrittsmöglichkeit im Wirtschaftsleben Entscheidungen beeinflusst. So ist jede Ereignismöglichkeit als kommerziell von Bedeutung anzusehen, für die Marktteilnehmer, im Falle von Rückversicherungsverträgen auch Erstversicherer, willens sind, explizit zusätzlich Geld für Versicherungsschutz auszugeben. Auch deutliche Beschränkungen der Annahmepolitik zum Schutz gegen das Risiko, sind ein Indiz dafür, dass das Risiko wirtschaftliche Entscheidungen beeinflusst.

IFRS 4 spezifiziert nicht näher, was unter einer „signifikanten" Abweichung zu verstehen ist. Der Standard beschränkt sich auf prinzipienorientierte Vorgaben qualitativer Kriterien. Der Unterschied der Leistungen des Versicherers, die zu erbringen ist, wenn das versicherte Ereignis eintritt, zu der Leistung im Fall, dass es nicht eintritt, muss signifikant sein. Hierbei sind auch zufallsabhängige Aufwendungen des Versicherers, die nicht an den Begünstigten geleistet werden, wie Regulierungskosten, zu berücksichtigen. Dies ist insbesondere bei Naturalleistungen oder Leistungen in Form von Dienstleistungen von Bedeutung. Mit dieser Regelung sollen Verträge mit gegenüber dem Finanzanteil vernachlässigbarem Versicherungsschutz nicht als Versicherung gelten. Dies soll selbst dann gelten, wenn der Gewinn des Versicherers praktisch ausschließlich aus dem erfolgreichen Risikoausgleich im Kollektiv resultiert. Fondsgebundene Lebensversicherungen mit minimalem Todesfallschutz sind z.B. keine Versicherungen, auch wenn der Gewinn möglicherweise nur aus zufällig unverbrauchten Risikobeiträgen stammt. Obwohl hier der Finanzanteil für den Versicherer ein wirtschaftlich irrelevanter durchlaufender Posten ist, legen die Formulierungen in der Implementation Guidance[14] die Annahme nahe, dass dieser Finanzanteil die Vergleichsgröße für die Feststellung der Signifikanz des Versicherungsrisikos sein soll. Damit werden viele Bankprodukte, die z.B. im Todesfall des Kunden eine gewisse Erleichterung bzgl. der Abwicklung der Vertragsbeziehung gegenüber den Rechtsnachfolgern vorsehen, keinen signifikanten Versicherungsschutz beinhalten. Derartige Erleichterungen werden wertmäßig gegenüber dem Finanzvolumen des Vertrages normalerweise unerheblich sein. Dennoch sind die angebotenen Produkte, bei denen z.B. der Tod des Vertragspartners besondere Abwicklungsfolgen hat, auf Signifikanz des Versicherungsrisikos zu überprüfen.

---

13 Vgl. IFRS 4.B24(b).
14 Vgl. IFRS 4.IG2 Example 1.3.

Auch der Wegfall zukünftiger Gewinne durch die vorzeitige Beendigung des Vertrages durch Todesfall ist mangels übertragenen Risikos kein Teil des Versicherungsrisikos. Anderenfalls wäre jeder lang laufende Vertrag ein Versicherungsvertrag, da praktisch alle Verträge mit dem Tod des Vertragspartners enden und daraus zukünftig keine Gewinne mehr erzielt werden können.

Im Falle von Ereignissen, die nur den Zeitpunkt der Leistung bestimmen, nicht deren Eintreten oder Höhe, ist zu beachten, dass die dadurch bewirkte Abweichung nur die Höhe der erzielbaren Kapitalanlagegewinne (bzw. Vorfinanzierungskosten) betrifft. Dies kann u.U. bei kurzen Laufzeiten dazu führen, dass eine Abweichung nur gering, d.h. nicht signifikant ist, da sich das Risiko nur auf den Zins, nicht aber auf das Kapital selbst bezieht. Damit ist der wirtschaftliche Effekt von zinsfreien Änderungen von Fälligkeitsterminen im Todesfall zumeist ein insignifikantes Versicherungsrisiko, soweit diese Änderung, wie z.B. bei manchen Versicherungsverträgen, nicht viele Jahre beträgt.

Grundsätzlich muss für jeden einzelnen Versicherungsvertrag ein Transfer von signifikantem Versicherungsrisiko vorliegen. Aus Vereinfachungsgründen kann aber bei homogenen Beständen auf die Überprüfung bezüglich des Vorliegens der Signifikanz des Versicherungsrisikos jedes einzelnen Vertrages verzichtet werden, um den ganzen Bestand als Versicherungsverträge zu klassifizieren. Es gibt aber keine umgekehrte Vereinfachungsregel, nach der ein Portefeuille aus Verträgen mit fast nur insignifikantem Versicherungsrisiko insgesamt als Nicht-Versicherung gehandhabt werden kann. Hier ist im Einzelfall zu prüfen, ob nicht Verträge doch ein signifikantes Versicherungsrisiko beinhalten. Ziel des IASB war es, die Anwendung von IFRS 4 auf möglichst viele Verträge zu ermöglichen und damit dem Anbieter von Versicherungsprodukten die Einführung von IFRS 4 zu erleichtern. Andererseits bedeutet dies für Banken, bei denen ggf. nur einzelne Verträge unter IFRS 4 fallen, einen zusätzlichen Aufwand, diese Verträge zu identifizieren. Allerdings ist der Begriff der Signifikanz ein auslegungsbedürftiger Begriff, so dass es in Zweifelsfällen auch möglich ist, den Umfang des Versicherungsrisikos als insignifikant anzusehen.

Ein Vertrag, der einmal als Versicherungsvertrag klassifiziert wurde, bleibt dies bis zur Erfüllung aller Rechte und Pflichten.[15] Dies gilt auch für Rechte und Pflichten aus dem ursprünglichen Vertrag, die erst lange nach dem Ende jeder Unsicherheit aus dem Versicherungsrisiko zu erfüllen sind. Ein Vertrag, bei dem zu Beginn das Versicherungsrisiko noch nicht signifikant ist, es aber bei normalem Verlauf der Dinge zu erwarten ist, dass es später signifikant wird, ist bereits zu Beginn ein Versicherungsvertrag. Dies trifft insbesondere auf solche Fälle zu, in welchen erst sehr spät im Vertragsverlauf ein Versicherungsrisiko getragen wird, das demzufolge auf Grund des Diskontierungseffektes zu Beginn noch einen sehr kleinen Wert hat. Ein Beispiel hierfür sind aufgeschobene Rentenversicherungen mit sehr langen Aufschubzeiten, bei denen während der Aufschubzeit der Zeitwert des Rentenanspruchs als Todesfallleistung gezahlt wird.

---

[15] Vgl. IFRS 4.B30.

Zusammenfassend ist davon auszugehen, dass im Wesentlichen alle Verträge, die nach deutschem Aufsichts-, Vertrags- oder Steuerrecht als Versicherungen akzeptiert sind, auch nach IFRS 4 Versicherungsverträge sind. Zu einer abweichenden Beurteilung kommen kann es bei gewissen Kreditversicherungen, die jedoch zukünftig unter die Neufassung von IAS 39 fallen könnten, bei manchen eigenständigen Nebengeschäften oder bei gewissen Lebensversicherungsverträgen, bei denen die Klassifizierung als Versicherungs- oder Kapitalisierungsgeschäft nicht eindeutig ist. Letztgenanntes betrifft ggf. bestimmte Altersvorsorgeverträge nach dem Gesetz über die Zertifizierung von Altersvorsorgeverträgen, Pensionsfonds-Verträge oder andere aufgeschobene Rentenversicherungen ohne Versicherungsschutz in der Aufschubzeit und freie Bestimmbarkeit der Rentenfaktoren bei Rentenwahl. Abweichungen können sich auch bei besonderen Vertragsgestaltungen in der Gruppenversicherung und Rückversicherung ergeben. Dies gilt insbesondere für Rückversicherungen, die zu Finanzierungszwecken abgeschlossen wurden. Andererseits ist die Definition eines Versicherungsvertrages so weit gefasst, dass durchaus auch Verträge, die von Banken angeboten werden, hierunter fallen können. Versicherte Risiken könnten hier Tod des Vertragspartners, bestimmte von anderen Banken übernommene Storno- oder Kreditrisiken oder bestimmte Schadenereignisse im Bereich der Darlehen für Güter, wie z.B. Kfz-Darlehen, sein. Auch bestimmte Formen von Dienstleistungen oder ein Verzicht auf Zinsen können als Versicherungsleistung gelten.

2.2 Zerlegung von Versicherungsverträgen

2.2.1 Entflechtung von Finanzkomponenten

Die Anwendung eines Standards wird normalerweise aufgrund des rechtlichen Vertrages überprüft. Gerade in der Finanzwirtschaft entsprechen die rechtlichen Beziehungen nicht immer den wirtschaftlichen Verhältnissen. Eine wirtschaftliche Beziehung wird manchmal in mehreren, nur formalrechtlich unabhängigen Vertragsbeziehungen abgebildet. In anderen Fällen werden eigentlich unabhängige wirtschaftliche Beziehungen formalrechtlich in einem Vertrag gebündelt. IFRS 4 verlangt, dass zusammengehörige Vertragsbeziehungen bei der Frage, ob ein Versicherungsvertrag vorliegt, zusammen betrachtet werden. Andererseits dürfen Verträge auch in einen Versicherungsteil und einen Finanzteil zerlegt werden. Auf den Versicherungsteil ist dann IFRS 4 anzuwenden, auf den Finanzteil IAS 39, ggf. unter Anwendung von IAS 18 auf eine enthaltene Dienstleistungskomponente. Eine Pflicht zu einer solchen Zerlegung besteht nur, wenn die Rechte und Pflichten aus dem Finanzteil unter IFRS 4 nicht vollständig angesetzt würden. Sollten Produkte einer Bank insgesamt die Definition eines Versicherungsvertrages erfüllen, kann durch eine Entflechtung des Versicherungsteils des Vertrags der Anwendungsumfang von IFRS 4 minimiert werden.

Ist aufgrund des handelsrechtlichen Gebotes der Vollständigkeit[16] bzw. der Notwendigkeit für drohende Verluste aus schwebenden Geschäften eine Rückstellung gemäß § 249 Abs. 1 Satz 1 HGB zu bilden, sind die Voraussetzungen von IFRS 4.10 für eine Zerlegungspflicht bei Unternehmen, die derzeit nach HGB bilanzieren, regelmäßig nicht erfüllt. Im Fall von Rechten erfolgt der Ansatz sowohl nach HGB[17] als auch nach IFRS,[18] wenn die Realisierung so gut wie sicher ist. Gleiches gilt auch nach US-GAAP.

2.2.2 Separierung von eingebetteten Derivaten

Nach IAS 39 sind bestimmte in Finanzinstrumente eingebettete Derivate zu separieren, mit dem Zeitwert zu bewerten und Änderungen des Zeitwertes in der Gewinn- und Verlustrechnung zu erfassen.[19] Hierfür muss das eingebettete Derivat insbesondere eigenständig betrachtet ein Derivat i.S.v. IAS 39 sein. Dies gilt auch für Derivate, die in Versicherungsverträge eingebettet sind. Allerdings liegt keine Separierungspflicht vor, wenn der fragliche Vertragsteil selbst die Definition eines Versicherungsvertrages erfüllt.[20] Auch in anderen Fällen, die das Vorliegen einer Separierungspflicht vermuten lassen, erscheint es wichtig, die eingebettete Komponente auf die Erfüllung der Definition in IAS 39.9 hin zu überprüfen. Allein der Umstand, dass seitens der anderen Vertragspartei eine für den Versicherer nachteilige Optionsausübung möglich ist, oder die Möglichkeit, dass Garantien, die vom Versicherer gewährt werden, teurer werden können, bedeutet nicht unbedingt, dass es sich hierbei um ein Derivat handelt. IAS 39 erläutert den Begriff Derivat anhand von Beispielen, die sich auf gehandelte Finanzinstrumente beziehen. Diese Beispiele sind bei der Analyse komplexer Versicherungsprodukte nicht hilfreich. Daher ist das Vorliegen von separierungspflichtigen Derivaten im Einzelfall anhand der Definition zu überprüfen. Die durch IFRS 4.8 bzw. IAS 39.AG33(g) ausgesprochene Befreiung bestimmter Rückkaufsrechte konventioneller oder fondsgebundener Lebensversicherungsverträge von der Separierungspflicht begründet sich oft schon darin, dass solche Rechte bereits nicht die Definition eines Derivats erfüllen.

Beispiel 1: Recht zur Erhöhung des Versicherungsschutzes

Im Rahmen eines Lebensversicherungsvertrages wird dem Versicherungsnehmer eine Option zur Erhöhung der Versicherungssumme eingeräumt. Der Wert dieser Option hängt ganz wesentlich von dem Gesundheitszustand des Versicherten zum Zeitpunkt ihrer Ausübung ab. Er beinhaltet damit ein signifikantes Versicherungsrisiko.

---

[16] Vgl. § 246 Abs. 1 Satz 1 HGB.
[17] Vgl. ADS, Rechnungslegung und Prüfung der Unternehmen, 6. Aufl., Stuttgart 1998, § 246, Tz. 175.
[18] Vgl. IAS 37.33.
[19] Vgl. IAS 39.11.
[20] Vgl. IFRS 4.7.

Beispiel 2: Fondsgebundene Versicherung

Bei einer üblichen fondsgebundenen Versicherung stellt der Rückkaufswert den aktuellen Marktpreis des zukünftigen Auszahlungsanspruchs bei Ablauf der Versicherung dar. Das Recht, einen zukünftigen Auszahlungsanspruch jederzeit geltend zu machen, hat keinen Wert, wenn die Auszahlung jeweils zum Marktwert erfolgt. Da somit Marktvariablen keinen Einfluss auf den Wert dieses Rechtes haben, ist dieses Recht kein Derivat.

Beispiel 3: Fondsgebundene Versicherung mit Mindestleistung

Bei manchen fondsgebundenen Versicherungen wird zusätzlich vereinbart, dass die Auszahlung bei Ablauf wie auch bei Rückkauf mindestens die Summe der Beiträge beträgt. Das Recht des Versicherungsnehmers, neben der Beitragssumme zusätzliche Beträge auf Basis einer positiven Entwicklung der Anteile jederzeit zu erhalten, ist ein Derivat, dessen Wert wesentlich von der Entwicklung des Marktwertes der Anteile abhängt. Dieses Recht ist nicht eng mit dem Grundvertrag verbunden und daher zu separieren, soweit nicht bereits der ganze Vertragsteil zum beizulegenden Zeitwert berichtet wird.[21]

Derivate, die in Versicherungsverträgen eingebettet sind und nach IAS 39 separiert werden müssen, fallen gänzlich aus dem Anwendungsbereich von IFRS 4 und sind als Finanzinstrumente nach IAS 39 und IAS 32 zu behandeln; hierbei ist insbesondere der Zeitwert anzugeben. Zeitwerte von nicht separierten eingebetteten Derivaten in Versicherungsverträgen brauchen nicht angegeben zu werden. Soweit sie nicht schon zusammen mit dem Grundvertrag zum beizulegenden Zeitwert ausgewiesen sind, sind hierzu nur Angaben über das enthaltene Zins- und Marktrisiko zu machen.[22]

2.3 Beibehaltung der bisherigen Bilanzierungsmethoden

IFRS 4.13 ist die zentrale Vorschrift für die bilanzielle Behandlung von Versicherungsverträgen. Hiernach werden grundsätzlich die bisherigen Bilanzierungsmethoden für alle Rechte und Pflichten aus Versicherungsverträgen fortgeführt, gleich ob bisher schon ein IFRS-Abschluss erstellt wurde und IFRS 4 erstmals angewandt wird, oder ob insgesamt erstmals ein IFRS-Abschluss erstellt wird. IAS 8.10-12, die die Vorgehensweise im Fall von Regelungslücken in den IFRS festlegen, sind hierbei nicht anzuwenden. Damit sind für einen IFRS-Abschluss eines Unternehmens, welches zum 31.12.2004 HGB oder US-GAAP für die Bilanzierung von Versicherungsverträgen angewandt hat, auch ab 2005 weiter diese Grundsätze für Versicherungsverträge zu verwenden. Für Sparverträge mit ermessensabhängiger Überschussbeteiligung ergibt sich das gleiche Ergebnis auf

---

[21] Vgl. IFRS 4.IG4 Example 2.8.
[22] Vgl. IFRS 4.39(e) und Abschnitt 2.8.

Grund von IFRS 4.35 i.V.m. IFRS 4.34(e). Damit bleiben für Anwender von HGB oder US-GAAP bis auf wenige Ausnahmen die Bilanzierungsmethoden bei Einführung von IFRS 4 unverändert. Allerdings können sich, aufgrund der veränderten Methoden in anderen Bereichen, durchaus andere Zahlen ergeben, falls die Bewertungen von anderen Posten der Bilanz oder der Ertragsrechnung abhängen, z.B. von den ausgewiesenen Kapitalanlageerträgen. Eine Vergleichbarkeit der Wertansätze bleibt aber im Wesentlichen erhalten.

IFRS 4 schreibt dennoch einige wenige Änderungen vor. Nach dem IFRS-Rahmenkonzept dürfen Rückstellungen für Verpflichtungen aus noch nicht bestehenden Verträgen nicht gebildet werden. So dürfen Großrisiken- bzw. Schwankungsrückstellungen, wie sie in HGB vorgesehen sind, nach IFRS 4.14(a) nicht mehr als Rückstellung angesetzt, sondern nur als ausschüttungsbeschränkte Rücklage[23] bilanziert werden.

Eine wesentliche Mindestanforderung von IFRS 4 ist der Angemessenheitstest (liability adequacy test) für Rückstellungen nach IFRS 4.15-19, der allerdings gegenüber HGB oder US-GAAP keine zusätzliche Anforderung darstellt. Die in beiden Rechenwerken beschriebenen Angemessenheitstests stellen Angemessenheit der Rückstellungen ausreichend sicher. Denn nach IFRS 4 muss die angewandte Bilanzierungsmethode mindestens verlangen, dass die Rückstellung zu jeder Zeit mindestens dem Barwert der jeweils für die Zukunft erwarteten Zahlungsströme entspricht. Dabei macht IFRS 4 keine näheren Vorgaben zur Berechnung, außer der zwingenden Berücksichtigung der Zahlungsströme aus sämtlichen Leistungspflichten, die am Abschlussstichtag bestehen, einschließlich solcher aus Optionen und Garantien. Der Ansatz des Erwartungswertes (bester Schätzwert) genügt, d.h. die Bewertung muss nicht vorsichtig sein. Zum Diskontierungszins erfolgt keine Vorgabe. Im Einklang mit HGB[24] oder US-GAAP entwickelte Bilanzierungsmethoden werden dieser Mindestanforderung genügen.

Sollte die bisher angewandte Bilanzierungsmethode nicht sicherstellen, dass die Rückstellung stets einen Mindestwert im obigen Sinne erreicht, ist der Mindestwert nach IAS 37 zu bestimmen.[25]

Ansprüche gegen einen Rückversicherer unterliegen zusätzlich zu den entsprechenden Grundsätzen der bisher angewandten Bilanzierungsmethoden nach IFRS 4.20 einer besonderen Überprüfung auf Werthaltigkeit. Sie sind als nicht werthaltig anzusehen, wenn objektive Hinweise vorliegen, dass die Ansprüche nicht erfüllt werden können und sich diese Minderung verlässlich schätzen lässt (impairment).[26] In diesem Fall sind die

---

[23] Vgl. IAS 1.76(b).
[24] Vgl. §§ 252 Abs. 1 Nr. 4, 341e Abs. 1, 341g HGB, § 25 RechVersV und § 5 DeckRV.
[25] Vgl. IFRS 4.17(b).
[26] Diese Vorschrift ersetzt die Prüfung nach IAS 36, nicht aber eine evtl. in der bisherigen Bilanzierungsmethode vorgesehene Überprüfung auf Werthaltigkeit.

Buchwerte entsprechend zu mindern. Auf die relevanten Konkretisierungen von IAS 39.59[27] sei an dieser Stelle verwiesen.[28]

2.4 Änderungen der Bilanzierungsmethoden

IFRS 4 erlaubt grundsätzlich Änderungen der Bilanzierungsmethoden für Versicherungsverträge, und zwar sowohl bei erstmaliger Anwendung von IFRS als auch zu nachfolgenden Bilanzierungszeitpunkten. Allerdings ist die Änderung von Bilanzierungsmethoden an eine Reihe von Bedingungen gebunden. Uneingeschränkter Grundsatz ist hierbei, dass die Änderung bewirken muss, dass der Abschluss dadurch entweder verlässlicher oder relevanter wird, ohne dass das jeweils andere Kriterium beeinträchtigt wird.[29] Diese Änderungsmöglichkeit ist erforderlich, da ansonsten die einmal verwendeten Methoden uneingeschränkt zu ihrem historischen Stand zum Zeitpunkt der Erstanwendung von IFRS 4 fortgeführt werden müssten. Weiterentwicklungen, z.B. von HGB oder US-GAAP, könnten nicht nachvollzogen werden. Zudem könnten sinnvolle Anpassungen im Hinblick auf die Anwendung von IFRS auf andere Posten im Abschluss nicht vorgenommen werden. Auch soll den Unternehmen die Möglichkeit gegeben werden, sich sukzessive den Methoden der Phase II anzunähern, sobald diese sich abzeichnen.

IFRS 4.24-29 beinhaltet Einschränkungen für einige bestimmte Änderungen:

– Der Übergang von diskontierten zu undiskontierten Rückstellungen ist verboten. Dies betrifft vor allem Schadenrückstellungen;[30]

– eine bestehende Uneinheitlichkeit der Bilanzierungsmethoden im Konzern[31] darf zwar beibehalten werden, aber bei Änderungen nicht vergrößert werden;[32]

– eine über den Zeitwert hinausgehende Bewertung von zukünftigen Gewinnen aus Verwaltungs- und Betriebskostenzuschlägen darf nicht eingeführt werden.[33] Dies betrifft insbesondere die in britischen Bankkonzernen praktizierte Bewertung des Vertragsbestandes von Versicherungstöchtern mit dem Embedded Value, der sich oft nicht mit Marktwerten rechtfertigen lässt;

---

27 Siehe hierzu Abschnitt 10 im Beitrag „Ansatz und Bewertung von Finanzinstrumenten".
28 Vgl. IFRS 4.BC108.
29 Vgl. IFRS 4.22.
30 Vgl. IFRS 4.25(a).
31 Vgl. § 308 Abs. 2 Satz 2 HGB.
32 Vgl. IFRS 4.25(c).
33 Vgl. IFRS 4.25(b).

– die Änderung der Bilanzierungsmethoden darf auch nicht über ein bestehendes Maß an erforderlicher Vorsicht in der Bewertung hinausgehen.[34]

IFRS 4.27 verbietet grundsätzlich einen Übergang auf die Berücksichtigung unternehmensindividueller Zinsannahmen bei der Bewertung der Rückstellungen, wenn bisher unternehmensunabhängige Zinssätze verwendet werden. Eine von den erwarteten zukünftigen individuellen Kapitalanlageerträgen abhängige Bewertung wird als weniger relevant und verlässlich angenommen. Doch kann diese Vermutung durch den Beweis des Gegenteils widerlegt werden. Nur wenn die in IFRS 4.28 angegebenen Kriterien (andere Bestandteile der Änderung führen im Übrigen zu einer höher einzuschätzenden Qualität des Abschlusses) erfüllt sind, dürfen auch aus Kapitalerträgen abgeleitete Zinsannahmen eingeführt werden. Wenn die bisherige Methode, z.B. unter HGB, nicht aktuelle Marktzinsen, sondern aufsichtsrechtlich vorgegebene, sehr konservative langfristige Annahmen vorschreibt, kann ein Übergang z.B. auf US-GAAP durchaus eine Verbesserung im Sinne von IFRS 4 darstellen. Hingegen hält es das IASB für „hochgradig unwahrscheinlich"[35], dass ein Übergang auf aus Kapitalerträgen abgeleiteten Zinsen begründet werden kann, wenn nach der neuen Bilanzierungsmethode diese Zinsen unmittelbar die Erstbewertung des Vertrages bestimmen. Damit dürfte die Einführung klassischer Formen des Embedded Value nicht zulässig sein, sofern bislang unternehmensunabhängige Diskontierungszinssätze verwendet wurden.

IFRS 4 erlaubt es, bei Bedarf die aus US-GAAP stammende Schattenbilanzierung (shadow accounting) beizubehalten bzw. einzuführen.[36] Schattenbilanzierung bedeutet, dass bei nach IAS 39.55(b) angesetzten unrealisierten Gewinnen und Verlusten aus Vermögenswerten die versicherungstechnischen Rückstellungen so in der Bilanz anzusetzen sind, wie es bei einem entsprechenden realisierten Gewinn oder Verlust der Fall wäre. Die zugehörige Anpassung der versicherungstechnischen Rückstellungen wird entsprechend den korrespondierenden unrealisierten Gewinnen und Verlusten direkt im Eigenkapital berücksichtigt.[37] Die erfolgswirksam angesetzte Änderung der versicherungstechnischen Rückstellungen bestimmt sich hingegen allein auf Grund der erfolgswirksam erfassten Kapitalanlageerträge. Damit werden die versicherungstechnischen Posten, die durch unrealisierte Gewinne und Verluste beeinflusst werden, genauso behandelt, wie nach IAS 12.58(a) die ebenso betroffenen Ertragsteuern. In Deutschland ist davon so gut wie ausschließlich die Rückstellung für Beitragsrückerstattung betroffen.[38] Diese Methode ist nur wirksam, soweit sich normalerweise realisierte Gewinne und Verluste aus den Vermögenswerten eines Versicherers unmittelbar auf die Bewertung versi-

---

[34] Vgl. IFRS 4.26.
[35] Vgl. IFRS 4.29.
[36] Vgl. IFRS 4.30.
[37] Zur Pflicht der Bildung einer Rückstellung für latente Beitragsrückerstattung im Rahmen der Schattenbilanzierung siehe die Ausführungen zur ermessensabhängigen Überschussbeteiligung in Abschnitt 2.7.
[38] Ein weiterer Bilanzposten in Deutschland kann die Drohverlustrückstellung sein. Nach US-GAAP sind auch die abgegrenzten Abschlusskosten, die Deckungsrückstellung und immaterielle Vermögenswerte betroffen.

cherungstechnischer Bilanzposten auswirken. Hier erhebt sich die Frage, ob bilanziell berücksichtigte unrealisierte Gewinne und Verluste zusammen mit allein auf realisierten Gewinnen und Verlusten bestimmten versicherungstechnischen Posten der Bilanz ein zutreffendes Bild der Vermögenslage ergeben können. Daher wird die Möglichkeit geschaffen, ähnlich wie bei den Ertragssteuern, eine Berücksichtigung der unrealisierten Gewinne und Verluste beim Bilanzwert vorzunehmen.

Die Anhangangaben im Fall einer Änderung der Bilanzierungsmethoden erfolgen nach den Vorgaben von IAS 8, da sich die Ausnahmeregelung von IFRS 4 hierauf nicht bezieht.

2.5 Inkonsistente Bewertung von Kapitalanlagen und versicherungstechnischen Rückstellungen

Von der Versicherungswirtschaft, insbesondere im Ausland, wird kritisiert, dass den Versicherern keine Möglichkeit gegeben wird, für die Bilanzierung von Finanzinstrumenten auf die nach IAS 39 grundsätzlich vorgeschriebene Zeitwertbilanzierung zu verzichten. Während sich bspw. ein Zinsanstieg auf der Aktivseite durch niedrigere beizulegende Zeitwerte bei festverzinslichen Kapitalanlagen ausdrückt, bleibt die Passivseite auf Grund der marktunabhängigen Abzinsung mit einem vorsichtigen Zinssatz - falls überhaupt eine Abzinsung erfolgt - hiervon unberührt. Konzeptionell richtig wäre es dann, auch die versicherungstechnischen Rückstellungen mit einem Marktzins zu diskontieren. IFRS 4 lässt das auch zu. Nach IFRS 4.24 darf für frei vom Unternehmen zu wählende Teilbestände von versicherungstechnischen Verbindlichkeiten eine Bewertung auf Basis der jeweils aktuellen Annahmen zum Bilanzstichtag eingeführt werden. Eine Vorgabe für die in Frage kommenden Teilbestände oder zur Bestimmung der Marktzinsen enthält IFRS 4 nicht. Es kann davon ausgegangen werden, dass Berechnungsverfahren mit regelmäßig zu ändernden Zinsvektoren für viele bestehende Kalkulationsprogramme kurzfristig ein unüberwindliches technisches Hindernis darstellen. Allerdings sind Vereinfachungsmethoden akzeptabel,[39] z.B. eine Zusammenfassung innerhalb bestimmter Zeiträume erwarteter Zahlungsströme.

Die Zeitwertveränderungen werden für den größten Teil der Kapitalanlagen, nämlich der Kategorie zur Veräußerung verfügbare (available for sale), nicht in der Gewinn- und Verlustrechnung erfasst. Wertänderungen bei versicherungstechnischen Passiva auf Grund geänderter Marktzinsen sind hingegen in der Gewinn- und Verlustrechnung auszuweisen. Als Übergangslösung erlaubt IFRS 4.45 bei Änderung der Bewertungsmethode für versicherungstechnische Passiva, auch bereits anders eingruppierte Kapitalanlagen in die Kategorie zum beizulegenden Zeitwert durch die Gewinn- und

---

[39] Vgl. IFRS 4.BC176.

Verlustrechnung (fair value through profit or loss) umzugruppieren, so dass sich gegenläufige Wertentwicklungen - zumindest teilweise - ausgleichen[40].

Ebenso besteht die Möglichkeit statt einer Umgruppierung, diese Effekte in den Anhangangaben zu erläutern, evtl. durch Angabe von Alternativwerten, die den Zusammenhang von Aktiva und Passiva verdeutlichen.[41]

2.6 Erwerb von Versicherungsunternehmen und -beständen

Beim Erwerb von Versicherungsunternehmen, die in einen konsolidierten Abschluss einbezogen werden, ist nach dem Standard zum Unternehmenserwerb eine Bewertung aller Rechte und Pflichten mit dem Zeitwert zum Zeitpunkt des Erwerbes vorzunehmen.[42] Dies gilt auch für Rechte und Pflichten aus Versicherungsverträgen. IFRS 4.31 erlaubt aber auch, die Vermögenswerte und Schulden aus Versicherungsverträgen mit dem Wert anzusetzen, der sich aus der Anwendung der derzeitigen Bilanzierungsmethoden des erwerbenden Versicherers ergibt. Die Differenz zum Zeitwert des Versicherungsbestandes ist dann gesondert unter den immateriellen Vermögenswerten zu erfassen. Die Folgebewertung dieses immateriellen Vermögenswertes erfolgt im Einklang mit der Bewertung der zugehörigen Versicherungsverbindlichkeiten.[43] Damit erfolgt im Unterschied zu einem Geschäfts- und Firmenwert eine planmäßige Abschreibung über die Gewinn- und Verlustrechnung, entsprechend der Abwicklung der im Rahmen des Erwerbs übernommenen versicherungstechnischen Rückstellungen.

Bei Bestandsübertragungen kann nach demselben Verfahren vorgegangen werden.[44]

Diese Regelung betrifft allerdings nur den Wert der zum Zeitpunkt des Erwerbs im Bestand befindlichen Verträge. Der bei Erwerb angesetzte Wert des erwarteten Neugeschäfts ist nach den allgemeinen Regeln von IAS 36 und 38 zu behandeln, IFRS 4 enthält hierfür keine Ausnahmen.[45]

Hingewiesen sei an dieser Stelle auf Beispiel 4 der Illustrative Examples zu IFRS 3, wonach Vertragsverlängerungen und Cross-Selling-Potenziale bei der Ermittlung des im Rahmen eines Unternehmenszusammenschlusses erworbenen immateriellen Vermögensgegenstandes zu berücksichtigen sind.[46]

---

[40] Zurzeit wird eine Einschränkung der in IAS 39 definierten Kategorie at Fair Value through Profit or Loss diskutiert. Vgl. dazu Abschnitt 6 im Beitrag „Ansatz und Bewertung von Finanzinstrumenten".
[41] Vgl. IFRS 4.IG47.
[42] Vgl. IFRS 3.24-31.
[43] Vgl. IFRS 4.31(b).
[44] Vgl. IFRS 4.32.
[45] Vgl. IFRS 4.33.
[46] Vgl. IFRS 3.IE Example 4.

Auch die Anhangangaben bei Unternehmenszusammenschlüssen erfolgen entsprechend den Vorgaben von IFRS 3.

2.7 Sonderregeln für Verträge mit Überschussbeteiligung

IFRS 4 definiert anhand besonderer Kriterien den neuen Begriff der ermessensabhängigen Überschussbeteiligung (discretionary partipating feature).[47]

Nach dieser Definition wird unter einer ermessensabhängigen Überschussbeteiligung ein vertraglicher Anspruch auf wesentliche Zusatzleistungen (die in jeder beliebigen Form, auch z.B. in Form von Sachleistungen oder Beitragsverrechnungen erbracht werden können) verstanden, bei dem

- die vertraglichen Klauseln zur Bestimmung der Zusatzleistung auf den Überschuss des Unternehmens, eines Teilbestandes oder eines Teils des Überschusses wie Zins- oder Sterblichkeitsüberschuss Bezug nehmen und

- der Vertrag es ausdrücklich in das freie Ermessen des Versicherers stellt, die Höhe oder wenigstens den Zuteilungszeitpunkt der zusätzlichen Leistungen zumindest in gewissen Grenzen zu bestimmen.

Damit beinhalten z.B. fondsgebundene Leistungen, die an einen internen Fonds oder an gehaltene Fondsanteile anknüpfen, keine ermessensabhängige Überschussbeteiligung, da es bei diesen üblicherweise am Ermessen fehlt. Ebenso wenig werden Zusatzleistungen, die vollständig im Ermessen des Versicherers liegen, ohne dass der Vertrag eine Bindung an den Überschuss des Versicherers vorsieht, von der Definition erfasst.[48] Die in Deutschland gesetzlich geregelte Form der Überschussbeteiligung fällt unter die in IFRS 4 beschriebene Art. Die Regelungen zur Überschussbeteiligung haben eine besondere Bedeutung, da diese in wesentlich größerem Umfang den ausgewiesenen Gewinn bzw. das Eigenkapital in einem IFRS-Abschluss eines Lebensversicherers bestimmen, als alle übrigen Bilanzierungsvorschriften. Daher ist das Verständnis der Vorgehensweise für die Interpretation des Abschlusses erforderlich.

Die Regelungen für die ermessensabhängige Überschussbeteiligung in IFRS 4 zielen vor allem auf die Beseitigung eines britischen Phänomens, nämlich die Möglichkeit, über die Aufteilung von Überschüssen zwischen Versicherer und Versicherten noch nicht direkt bei deren Anfall zu entscheiden, sondern diese vorübergehend in einem besonderen Bilanzposten zwischen Eigenkapital und Fremdkapital auszuweisen (fund for future appropriation). Im Fall von Versicherungsverträgen mit ermessensabhängiger Überschussbeteiligung verbietet IFRS 4.34 einen solchen Ausweis. Stattdessen darf der noch

---

[47] Vgl. IFRS 4.A.
[48] Vgl. IFRS 4.BC162 mit Hinweis auf die in den USA typischen Universal-Life-Verträge, bei denen die Zinszuteilung allein im Ermessen des Versicherers liegt.

nicht zugeordnete Betrag nur in den Kategorien Eigenkapital und Fremdkapital ausgewiesen werden. Abgesehen davon ist jede bestehende Bilanzierungsmethode zur Behandlung der ermessensabhängigen Überschussbeteiligung weiter zu verwenden. Damit kann der Versicherer bei Versicherungsgeschäften mit einer ermessensabhängigen Überschussbeteiligung, das garantierte Element getrennt von der ermessensabhängigen Überschussbeteiligung, als Verbindlichkeiten ansetzen. Die ermessensabhängige Überschussbeteiligung muss dann entweder als Verbindlichkeit oder als eine gesonderte Komponente des Eigenkapitals.[49]

Bei einer im Einzelabschluss angesetzten Rückstellung für Beitragsrückerstattung handelt es sich daher wohl um eine auch nach IFRS 4 zu passivierende Verpflichtung.

IFRS 4 macht keine Vorgabe, wie zukünftige Ansprüche aus der Überschussbeteiligung aufgrund von Bewertungsunterschieden zwischen IFRS-Konzernbilanz und der für die Überschussbeteiligung maßgeblichen Erfolgsrechnung im HGB-Einzelabschluss zu bewerten sind.[50] Vorschriften zur Überschussbeteiligung und Beitragsrückerstattung im VAG betreffen unmittelbar nur den Teil der Überschüsse aus dem handelsrechtlichen Einzelabschluss. Nach § 56a Satz 1 VAG bestimmt der Vorstand mit Zustimmung des Aufsichtsrates, welche Beträge zurückzustellen sind. Im Rahmen einer Fortführung der derzeitigen Bilanzierungsmethode wird die handelsrechtliche Komponente des § 56a VAG - Sätze 1 bis 3 ohne die gesellschaftsrechtlichen Vorgaben - als Teil dieser fortzuführenden Bilanzierungsmethode gesehen. Damit entsteht die Notwendigkeit, im IFRS-Abschluss vorab ausgewiesene Überschüsse bzw. unrealisierte Gewinne bei der Bildung der Rückstellung für Beitragsrückerstattung zu berücksichtigen. Das Gleiche ergibt sich aus dem allgemeinen Vollständigkeitsgebot in § 246 Abs. 1 Satz 1 HGB sowie den allgemeinen Bilanzierungsgrundsätzen für versicherungstechnische Rückstellungen in § 341e Abs. 1 HGB. Die aus US-GAAP bekannte Rückstellung für latente Beitragsrückerstattung (einschließlich der im Rahmen der Schattenbilanzierung zu bildenden Rückstellungen[51]) ist daher auch in einem IFRS-Konzernabschluss zu bilden, der gemäß IFRS 4 die bisherigen handelsrechtlichen Bilanzierungsmethoden für die Versicherungsverträge fortführt. Nach der bisherigen Bilanzierungsmethode für die Rückstellung für Beitragsrückerstattung war die Aufteilung auf Basis des Rohüberschusses zu bestimmen. Dies ist fortzuführen und erfolgt damit auf Basis des sich im Rahmen eines IFRS-Abschlusses ergebenden Rohüberschusses. US-GAAP enthält spezifische Vorgaben für die Behandlung von solchen Bewertungsunterschieden, die weiter anzuwenden sind. Bei Anwendung auf deutsche Lebensversicherungsverträge ergibt sich auch hier, dass der gesamte zukünftige Anspruch auf Anteile der Versicherungsnehmer an den Bewertungsunterschieden als Teil der Rückstellung für Beitragsrückerstattung zu berücksichtigen ist.

---

[49] Vgl. IFRS 4.34.
[50] Vgl. IFRS 4.BC160.
[51] Vgl. Abschnitt 2.4.

Bei Sparverträgen mit ermessensabhängiger Überschussbeteiligung gelten grundsätzlich die gleichen Vorschriften von IFRS 4 zu den Bilanzierungs- und Bewertungsmethoden wie für Versicherungsverträge, d.h. die bisherigen Methoden sind weiter zu verwenden. Wenn allerdings, wie bei Fortführung von HGB oder US-GAAP nicht gestattet, ein Teil des Anspruchs der Versicherungsnehmer auf Überschussbeteiligung im Eigenkapital gezeigt wird, bestimmt IFRS 4.35(b), dass die Gesamtrückstellung für den Vertrag mindestens so hoch sein muss, als wenn IAS 39, ggf. in Verbindung mit IAS 18, isoliert auf den garantierten Teil angewendet würde.

Die Anhangangaben für Sparverträge mit ermessensabhängiger Überschussbeteiligung sind gemäß IAS 32.4(e) vorzunehmen. Nach IAS 32.86 ist der Zeitwert von Spar- bzw. Kapitalisierungsverträgen im Anhang anzugeben. Soweit der Zeitwert eines Kapitalisierungsvertrages mit ermessensabhängiger Überschussbeteiligung für die Anhangangaben nicht zuverlässig bestimmt werden kann, können stattdessen qualitative Angaben gemacht werden.[52] Die Beiträge für solche Verträge dürfen als Ertrag gezeigt werden, soweit dies bisher schon geschah.[53]

2.8 Anhangangaben

Nach IFRS 4 ist es weitgehend zulässig, dass Versicherungsunternehmen, die nach IFRS bilanzieren, die bisherigen Bilanzierungsmethoden weiter anwenden.[54] Ein Mindestmaß an Transparenz und Vergleichbarkeit der Abschlussinformationen wird deshalb durch Anhangangaben hergestellt.[55] Die Anhangangaben müssen nach IFRS 4 zwei Prinzipien genügen:

– Beträge im Abschluss, die aus Versicherungsverträgen resultieren, müssen identifiziert und erläutert werden;[56]

– der Versicherer soll Angaben machen, die es dem Informationsadressaten ermöglichen, Rückschlüsse auf Betrag, Zeitpunkt und Unsicherheit der Zahlungsströme aus Versicherungsverträgen zu ziehen, die zukünftig erwartet werden.[57]

---

[52] Vgl. IAS 32.91A.
[53] Vgl. IFRS 4.35(c).
[54] Vgl. Abschnitt 2.3.
[55] Vgl. IFRS 4.1.
[56] Vgl. IFRS 4.36.
[57] Vgl. IFRS 4.38.

IFRS 4 konkretisiert das erste Prinzip wie folgt:

- Bilanzierungs- und Bewertungsmethoden für Versicherungsverträge sind zu erläutern.[58] Die Darstellung kann sich auf die wesentlichen Bilanzierungs- und Bewertungsmethoden beschränken;
- Beträge in Posten der Bilanz bzw. der Gewinn- und Verlustrechnung, die aus Versicherungsverträgen resultieren, sind anzugeben. Diese Angaben können auch durch separate Posten in Bilanz, Gewinn- und Verlustrechnung gemacht werden;
- Gewinne oder Verluste, die bei Abschluss eines Rückversicherungsvertrages entstanden sind, sind auszuweisen. Werden solche Gewinne oder Verluste zum Zeitpunkt des Vertragsabschlusses abgegrenzt und wird der Abgrenzungsposten in den Folgeperioden aufgelöst, sind der Auflösungsbetrag in der Berichtsperiode sowie der Abgrenzungsposten zu Beginn und am Ende der Periode anzugeben;[59]
- im Anhang sind die Verfahren zur Ermittlung von Annahmen mit wesentlichem Einfluss auf die Bewertung anzugeben. Wenn möglich, sind die Bewertungsannahmen zu quantifizieren;[60]
- Auswirkungen von Änderungen der Bewertungsannahmen sind anzugeben. Dabei sind Änderungen mit wesentlichem Einfluss auf den Jahresabschluss separat, ohne überlagernde Effekte aus anderen Änderungen der Bewertungsannahmen, darzustellen;[61]
- schließlich sind die Änderungen der Verpflichtungen aus Versicherungsverträgen, der Vermögenswerte, die sich aus Rückversicherungsverhältnissen ergeben und, soweit vorhanden, zugehöriger abgegrenzter Abschlusskosten in der Berichtsperiode zu erläutern.[62]

Im Gegensatz zu Finanzinstrumenten im Anwendungsbereich von IAS 39 müssen für Verträge im Anwendungsbereich von IFRS 4 keine Anhangangaben über den Zeitwert gemacht werden. Um den Informationsadressaten die Möglichkeit zu geben, sich selbst ein Bild über die wirtschaftliche Belastung aus zukünftigen Zahlungsverpflichtungen zu machen, sind gemäß dem zweiten Prinzip zu den Anhangangaben Informationen zu Betrag, Zeitpunkt und Unsicherheit der erwarteten zukünftigen Zahlungsströme zu veröffentlichen.

---

[58] Vgl. IFRS 4.37(a).
[59] Vgl. IFRS 4.37(b).
[60] Vgl. IFRS 4.37(c).
[61] Vgl. IFRS 4.37(d).
[62] Vgl. IFRS 4.37(e).

Folgende Angabeerfordernisse werden durch IFRS 4 in Bezug auf das zweite Prinzip aufgestellt:

- Ziele des Risikomanagements und Maßnahmen zum Ausgleich von Risiken, die aus dem Abschluss von Versicherungsverträgen resultieren;[63]
- Bestimmungen, die die Versicherungsverträge enthalten und die einen wesentlichen Einfluss auf Betrag, Zeitpunkt und Unsicherheit der zukünftig zu erwartenden Zahlungsströme haben;[64]
- Versicherungsrisiken, die sich auf die zukünftigen Zahlungsströme auswirken. Eine solche Analyse soll vor und nach Abzug der passiven Rückversicherung erfolgen.[65] Hierzu sind:
  - Sensitivitätsanalysen im Hinblick auf die Auswirkungen der Versicherungsrisiken auf Gewinn, Verlust und Eigenkapital durch die Änderungen wesentlicher Größen, die das Versicherungsrisiko beeinflussen, durchzuführen;
  - Angaben zu Konzentrationen des Versicherungsrisikos zu machen;
  - Angaben zur tatsächlichen Schadenentwicklung im Vergleich zur prognostizierten Schadenentwicklung, also der Schadenabwicklung, zu machen. Diese Angaben sollen sich auf solche Schäden beziehen, die noch nicht vollständig abgewickelt worden sind und voraussichtlich nicht innerhalb eines Jahres abgewickelt werden bzw. bezüglich derer ein Abwicklungsrisiko voraussichtlich für länger als ein Jahr bestehen wird. Die Angaben sollen über die ganze Abwicklungsdauer gemacht werden, müssen jedoch nicht mehr als zehn Jahre in die Vergangenheit zurückreichen;[66]
  - Angaben bezüglich Zinsänderungs- und Ausfallrisiken zu machen, die IAS 32 fordern würde, wenn Versicherungsverträge von IAS 32 erfasst würden;[67]
  - Angaben über Zinsänderungs- und Marktrisiken zu machen, die sich auf eingebettete Derivate beziehen, die in einem Versicherungsvertrag enthalten sind und nicht mit dem Zeitwert bewertet werden.[68]

Als grundsätzliches Problem im Zusammenhang mit der Erfüllung der Anhangangabepflichten stellt sich die Frage nach dem Umfang bzw. der Detailtiefe der bereitzu-

---

[63] Vgl. IFRS 4.39(a). Zur Darstellung von Risiken, die sich auf im Abschluss dargestellte Beträge auswirken können, die nicht aus Versicherungsverträgen resultieren, siehe z.B. IAS 1.116 und die Angabepflichten nach IAS 32.

[64] Vgl. IFRS 4.39(b).

[65] Gemäß DRS 5-20.21 sind versicherungstechnische Risiken nur nach Abzug der passiven Rückversicherung zu betrachten.

[66] Vgl. IFRS 4.39(c).

[67] Vgl. IFRS 4.39(d) und IFRS 4.IG62.

[68] Vgl. IFRS 4.39(e).

stellenden Informationen. Bei der Auswahl der dazustellenden Informationen und einer möglichen Aggregation (z.B. nach Versicherungsarten) ist grundsätzlich die Frage zu stellen, welche Informationen nützlich bzw. notwendig für den Informationsadressaten sind, weil sie die Entscheidungsfindung beeinflussen können.[69] Mögliche Konflikte können sich ergeben, wenn Informationen für den Informationsadressaten entscheidungsrelevant sind und gleichzeitig vertrauliche bzw. sensible Daten für das berichtende Unternehmen darstellen.

Zu den Anhangangaben ist eine umfangreiche Implementation Guidance veröffentlicht worden.[70] Es handelt sich bei der Implementation Guidance nicht um verbindliche Regelungen, sondern um Vorschläge, aus denen das Unternehmen die Angaben selektieren soll, die als notwendig angesehen werden, um die Anforderungen umzusetzen, die sich aus den Vorschriften von IFRS 4 zu den Anhangangaben ergeben.[71] Andererseits sind diese Vorschläge auch nicht abschließend. Aus der Implementation Guidance folgen keine Anforderungen, die über den Standard hinausgehen.[72]

2.9 Übergangsvorschriften

In bestimmten Fällen sind für die Vorjahresvergleichszahlen weiterhin die bisherigen Bilanzierungsmethoden anwendbar.[73] Vergleichszahlen für Vorjahre, die vor dem 1. Januar 2005 beginnen, brauchen für Anhangangaben, die sich nicht auf Bilanzierungsmethoden oder Posten der Bilanz und Gewinn- und Verlustrechnung beziehen, nicht ermittelt zu werden.[74] Für die Bilanzwerte der Vermögenswerte und Schulden, Gewinn- und Verlustrechnungsposten sowie diesbezügliche Anhangangaben, soweit sie sich auf Versicherungsverträge beziehen, ist grundsätzlich die Angabe von Vorjahreszahlen erforderlich, es sei denn, die Angabe ist nicht praktikabel. Soweit es nicht praktikabel sein sollte, Vergleichszahlen zu Jahren vor dem 1. Januar 2005 zu bestimmen, ist über diesen Umstand zu berichten.[75] Wegen der grundsätzlichen Fortführung der in der Vergangenheit angewandten Bilanzierungsmethoden sollte dies jedoch kaum Relevanz erlangen.

Im Rahmen der Darstellung der Schadenentwicklung gemäß IFRS 4.39(c)(iii) müssen Angaben zur historischen Schadenentwicklung für die vier Geschäftsjahre vor dem ersten Jahr der Anwendung von IFRS 4 angegeben werden. Wenn die Angaben auch für

---

[69] Vgl. IFRS 4.IG44 mit Verweis auf IAS 32.54.
[70] Vgl. IFRS 4.IG11-71.
[71] Vgl. IFRS 4.IG12.
[72] Vgl. IFRS 4.IG11-12.
[73] Vgl. IFRS 1.36A.
[74] Vgl. IFRS 4.42.
[75] Vgl. IFRS 4.42 und IAS 8.5.

diesen verkürzten Zeitraum nicht gemacht werden können, ist dies in den Anhangangaben zu erläutern.

3. Ausblick auf Phase II des IASB Projektes

Das IASB hat die Arbeiten an der Phase II wieder aufgenommen. Hierzu wurde eine neue Arbeitsgruppe eingerichtet, in der u.a. hochrangige Vertreter der Versicherungswirtschaft, ihre Expertise in die Arbeiten des IASB einbringen. Als nächster Schritt soll im Jahr 2005 ein Diskussionspapier veröffentlicht werden, in dem die entwickelten Vorstellungen des IASB reflektiert werden sollen. Das Projekt ist ein Joint Project mit dem FASB, so dass aufgrund dieses Diskussionspapiers ein gemeinsamer Exposure Draft mit dem FASB entwickelt werden soll. Damit soll eine gleichartige Vorgehensweise bei US-GAAP- und IFRS-Anwendern im Versicherungsbereich erreicht werden.

Die bislang zur Thematik veröffentlichten oben genannten Dokumente (Diskussionspapier und Draft Statement of Principles) werden sicherlich Berücksichtigung finden. Das IASB hat jedoch mehrfach darauf hingewiesen, dass die Arbeitsgruppe unvoreingenommen in die erneute Diskussion gehen möchte und die Zeitwertbilanzierung nicht notwendigerweise das Ziel für Phase II ist.[76] Sogar das Rahmenwerk des IASB mit den darin enthaltenen Definitionen von Aktiva und Passiva wird nicht mehr als bedingungsloser Maßstab angesehen. Allerdings wird eine Verträglichkeit mit Entwicklungen bei anderen Standards angestrebt werden. Zu nennen sind die Projekte zur Überarbeitung der Standards zu Erträgen („Revenue Recognition") und sowie zu Finanzinstrumenten.

Ausgangspunkte der Diskussion sind eine Reihe von Fragestellungen, die vom IASB bereits Anfang 2003 erstmals unverbindlich diskutiert wurden.[77] Die Fragen reichen von der maßgeblichen Bilanzkonzeption (statisch oder dynamisch) und der Bewertungsmethode (Fair Value oder at Cost) über die Notwendigkeit der Abzinsung sowie den Zusammenhang zwischen Aktiva und Passiva, die Höhe von eventuellen Sicherheitszuschlägen und den Zeitpunkt des Gewinnausweises bis hin zur eher theoretisch anmutenden Berücksichtigung des eigenen Kreditrisikos bei der Rückstellungsbewertung. Zum jetzigen Zeitpunkt lässt sich selbst die Zielrichtung des zukünftigen Standards noch nicht absehen.

---

[76] Vgl. IASB INSIGHT, July 2004, S. 4.
[77] Vgl. IFRS 4.BC6.

4. Schlussbemerkung

Mit einem endgültigen Standard kann nicht vor 2007 gerechnet werden. Wird von einer zweijährigen Frist bis zur erstmaligen Anwendung ausgegangen, erscheint eine erstmalige Anwendung für das Geschäftsjahr 2010 realistisch. Das dürfte auch im Einklang mit dem Zeitplan für Solvency II stehen. Ausgangspunkt der Diskussion wird wieder die Zeitwertbilanzierung werden. Dabei stellt sich die Frage einer sachgerechten Ausgestaltung, etwa ob es gerechtfertigt ist, bei Verträgen, die teilweise mehrere Jahrzehnte laufen, die erwarteten Gewinne in die Periode des Vertragsabschlusses vorzuziehen. Über das Projekt „Revenue Recognition" sind hiervon allerdings alle schwebenden Geschäfte, auch solche bei Unternehmen anderer Branchen, betroffen. Diese Vorschläge dürften noch zu intensiven Diskussionen führen. Damit steigt das Risiko einer weiteren Verzögerung bei der Fertigstellung des endgültigen Rechnungslegungsstandards für Versicherungsverträge.

Rolf T. Müller

Pensionsverpflichtungen

1. Rechtsgrundlagen 761
2. Von IAS 19 erfasste Leistungsarten 761
3. Ursachen für höhere Pensionsrückstellungen nach IFRS als nach HGB 763
   3.1 Realistische Bewertungsparameter als Hauptursache 764
   3.2 Beispiele zur Abgrenzung von statischen und dynamischen
       Rentenzusagen 766
   3.3 Weitere Bewertungsparameter 767
4. Geglätteter Pensionsaufwand statt stichtagsbezogener Bilanzausweis 769
5. Bewertung 771
   5.1 Defined Contribution Plans 771
   5.2 Defined Benefit Plans 771
6. Pensionsrückstellung 774
   6.1 Ermittlung der Pensionsrückstellung 774
   6.2 Pensionsaufwand 776
   6.3 Die Komponenten des Pensionsaufwands 778
7. Besonderheiten 782
   7.1 Rückgedeckte Pensionszusagen 782
   7.2 Settlements (Abfindungen, Übertragungen) und Curtailments
       (Kürzungen) von Pensionsplänen 782
8. Offenlegung 783
9. Fallstudie 785

1. Rechtsgrundlagen

Die Vorschriften zum Ausweis der Verpflichtung von Unternehmen, Mitgliedern der Geschäftsführung und/oder der Belegschaft sowie deren Hinterbliebenen, Pensionen und ähnliche Leistungen (employee benefits) zu gewähren, unterscheiden sich nach IFRS von denen im deutschen Handelsrecht im Wesentlichen hinsichtlich der Bewertungsmethode sowie der Ermittlung und Darstellung des Aufwands und der Rückstellung. Bei der Wahl und dem Ansatz der Bewertungsparameter sind viele Gemeinsamkeiten festzustellen, wenn für den Vergleich statt der fiskalpolitisch begründeten Rechtsvorschriften in § 6a EStG und R 41 EStR die in der Stellungnahme des Hauptfachausschusses des Instituts der Wirtschaftsprüfer - HFA 2/1988 - vom 14. Juni 1988[1] festgelegten Grundsätze für den Ausweis der Pensionsverpflichtungen im deutschen handelsrechtlichen Jahresabschluss herangezogen werden. Zur Bilanzierung von Pensionsverpflichtungen nach IFRS ist IAS 19, Employee Benefits, relevant, der Gegenstand dieses Beitrages ist.

2. Von IAS 19 erfasste Leistungsarten

IAS 19 beschreibt generell die Darstellung von Leistungen des Unternehmens an Arbeitnehmer (employee benefits) im Jahresabschluss des Unternehmens. Ist im Falle rechtlich selbständiger Versorgungsträger (Trust, Pensionskasse, Pensionsfonds, Unterstützungskasse u.ä.) dieser selbst zu einem Abschluss nach IFRS verpflichtet, so ist hier nicht IAS 19, sondern IAS 26, Accounting and Reporting by Retirement Benefit Plans, anzuwenden.

---

[1] Vgl. IDW, Stellungnahme HFA 2/1988, Pensionsverpflichtungen im Jahresabschluß, WPg 1988, S. 403-405.

Im Einzelnen werden von IAS 19 beispielhaft folgende Leistungen des Unternehmens an Arbeitnehmer sowie deren Hinterbliebene erfasst:

– Short-Term Employee Benefits:

Löhne, Gehälter, Sozialversicherungsbeiträge, Urlaubsgeld, Lohnfortzahlung im Krankheitsfall, Gewinnbeteiligungen, Boni (zahlbar innerhalb von 12 Monaten), sowie Fringe Benefits (medizinische Leistungen, Wohngelder, Dienstwagen, Preisnachlässe, Haustarife etc.) für Aktive.

– Post-Employment Benefits:

Pensions- und Versorgungspläne einschließlich im Versorgungsfall vorgesehener Überbrückungszahlungen (z.B. Gnadenquartal), Prämienzahlungen für Lebensversicherungen von Pensionären sowie medizinische Leistungen an Pensionäre, aber auch Zahlungen auf gesetzlicher oder tarifvertraglicher Basis bei Beendigung des Arbeitsverhältnisses (z.B. Abfertigungen in Österreich, Entlassungsentschädigungen in Italien) und Versorgungsleistungen durch Entgeltumwandlung.

– Other Long-Term Employee Benefits:

Jubiläumsleistungen (Geldleistungen und/oder Urlaub), Freistellungen für Forschungs-/Akademischen Urlaub (sabbaticals), rein berufs- oder dienstjahresabhängige Bezügeerhöhungen (auch Treueprämien), Leistungen bei dauernder Berufsunfähigkeit, Gewinnbeteiligungen und Boni, die nach Ablauf von 12 Monaten nach dem Ende des Wirtschaftsjahres zahlbar sind und aufgeschobene Vergütung (deferred compensation).

– Termination Benefits:

Leistungen im Zusammenhang mit der vorzeitigen Beendigung des Dienstverhältnisses, z.B. Sozialpläne, Vorruhestand, Altersteilzeit und Übergangsgelder.

– Equity Compensation Benefits:

Leistungen in Form von Anteilen des Unternehmens bzw. seines Mutterunternehmens oder Leistungen, deren Wert vom zukünftigen Preis der Anteile am Unternehmen abhängt, z.B. Stock Option Pläne oder Belegschaftspläne.

Um den Rahmen dieses Beitrags nicht zu sprengen, wird im Folgenden nur auf die Post-Employment-Benefits und hier den Ausweis von Pensionsverpflichtungen im Jahresabschluss nach IFRS eingegangen. Im Hinblick auf die komplexen Regelungen zur Bilanzierung von Altersteilzeitverpflichtungen sei auf die Stellungnahme des Hauptfachausschusses des Instituts der Wirtschaftsprüfer zur „Bilanzierung von Verpflichtungen aus Altersteilzeitregelungen nach IFRS und nach handelsrechtlichen Vorschriften" - IDW RS HFA 3 - vom 18. November 1998[2] verwiesen.

Abgrenzung zwischen Pensionsverpflichtungen und anderen langfristigen Verpflichtungen

■ Pensionsverpflichtungen:
Leistungen des Alters-, Invaliditäts- oder Hinterbliebenenversorgung aus Anlass des Arbeitsverhältnisses

■ andere langfristige Verpflichtungen:
Jubiläumsleistungen, Altersteilzeit, Übergangsgeld und ähnliche Verpflichtungen

---

3. Ursachen für höhere Pensionsrückstellungen nach IFRS als nach HGB

Als Mitte der 90er Jahre die ersten deutschen Unternehmen (z.B. Hoechst, Schering, Merck, Bayer, Heidelberger Zement, Dyckerhoff, Deutsche Bank) ihre Rechnungslegung auf IFRS umstellten und ihre Jahresabschlüsse veröffentlichten, waren viele Bilanzleser von den betragsmäßigen Unterschieden zum deutschen handelsrechtlichen Jahresabschluss bei einzelnen Positionen überrascht und betroffen: Die Pensionsrückstellungen stiegen um 10% bis 30%, in Einzelfällen auch noch deutlich höher. Die Schlagzeilen in der Presse lauteten seinerzeit: „Pensionsverpflichtungen in Deutschland unzureichend bilanziert!" Oder gar: „Milliardenlöcher in deutschen Bilanzen!". Diese Feststellungen ließen Zweifel am „vorsichtigen deutschen Kaufmann" mit seinen vorsichtigen Bilanzierungsgrundsätzen aufkommen.

---

[2] Vgl. IDW, Stellungnahme HFA RS 1998, Bilanzierung von Pensionsverpflichtungen aus Altersteilzeitregelungen nach IFRS und nach handelsrechtlichen Vorschriften, WPg 1998, S. 1063-1065.

3.1 Realistische Bewertungsparameter als Hauptursache

Die meist deutlich höhere Pensionsrückstellung nach IFRS hat im Wesentlichen zwei Ursachen:

– Nach IFRS müssen auch künftige wahrscheinliche Erhöhungen der Pensionsan-sprüche sowohl in der Anwartschaftsphase (z.B. bei bezügeabhängigen Pensionszusagen) als auch in der Rentenphase (z.B. aufgrund der Anpassungsprüfungspflicht nach § 16 des Gesetzes zur Verbesserung der betrieblichen Altersversorgung, dem sogenannten Betriebsrentengesetz oder kurz BetrAVG) zwingend in die Bewertung eingehen.

Nach der HFA-Stellungnahme 2/1988 wären diese im Jahresabschluss nach deutschen handelsrechtlichen Vorschriften grundsätzlich entsprechend zu berücksichtigen. Die meisten deutschen Unternehmen weisen in ihren Jahresabschlüssen jedoch nur die in der HFA-Stellungnahme zugelassene Mindestrückstellung in Höhe des in § 6a Abs. 3 EStG festgelegten steuerlichen Wertansatzes aus (umgekehrtes Maßgeblichkeitsprinzip). Dort dürfen aus fiskalpolitischen Gründen nur schriftlich rechtsverbindlich zugesagte Erhöhungen angesetzt werden.

– Die Höhe des im Jahresabschluss auszuweisenden Verpflichtungsumfangs wird ganz wesentlich vom berücksichtigten Rechnungszinsfuß bestimmt. Je niedriger der Rechnungszinsfuß ist, desto höher ist der im Jahresabschluss abzubildende Verpflichtungsumfang. Als ungefähre Annäherung bewirkt eine Zinsänderung um 1% bei Rentnerbeständen eine Änderung des Verpflichtungsumfanges um 10%; bei Anwärterbeständen mit einer restlichen Aktivitätszeit von 15 Jahren liegt die Auswirkung bei 25%.

Nach IFRS orientiert sich der Rechnungszins für die Abzinsung der Pensionsverpflichtungen am Kapitalmarkt, genauer an High-Quality-Corporate-Bonds. Nach Schaffung der Europäischen Währungsunion zum 1. Januar 1999 ist hierbei auf Industrieanleihen in den Euro-Ländern abzustellen. Als High-Quality gelten Industrieanleihen mit AA-Rating.

Die Höhe des nach IFRS anzusetzenden Rechnungszinsfußes hängt damit neben dem Bewertungsstichtag auch von der Laufzeit der zu bewertenden Verpflichtungen ab. Je nach Alter des Bestandes an Pensionsberechtigten kam bspw. Ende 2002 ein Rechnungszins von 5,25% (für reine Rentnerbestände) bis 5,75% (bei extrem jungen reinen Aktivenbeständen sogar bis 6,00%) in Betracht. Für gemischte Personenbestände lag damit im Ergebnis der nach IFRS anzusetzende Rechnungszinsfuß bis Ende 2002 in der Größenordnung des für steuerliche Zwecke vorgeschriebenen Zinssatzes von 6%.[3] Der Zinssatz von 6% wird aus Gründen des umgekehrten Maßgeb-

---

[3] Vgl. § 6a EStG.

lichkeitsprinzips in den meisten Jahresabschlüssen nach deutschen handelsrechtlichen Vorschriften der Bewertung der Pensionsverpflichtungen zugrunde gelegt. Derzeit (Ende des Jahres 2004) wäre nach IFRS für gemischte Bestände allenfalls ein Zinssatz von 4,50% zulässig.

Aus den oben skizzierten Ursachen resultiert Folgendes: Je „dynamischer" Pensionszusagen sind,[4] umso mehr liegt die Pensionsrückstellung nach IFRS über der nach HGB. Besonders „kritisch" sind so genannte Gesamtversorgungszusagen", bei denen der Arbeitgeber (u.U. auch nach Rentenbeginn) verpflichtet ist, durch einen Firmenzuschuss Leistungen anderer Versorgungsträger (z.B. der gesetzlichen Rentenversicherung) auf ein festgelegtes Vorsorgeniveau (z.B. 60% einer tarifgebundenen Bezugsgröße) anzuheben. Wenn dann die anrechenbaren Leistungen (z.B. die Sozialversicherungsrenten) schwächer steigen als die tarifgebundene Bezugsgröße, steigt der Verpflichtungsumfang des Unternehmens überproportional. So resultiert bspw. bei einer Gesamtversorgungszusage, die sich zu 25% aus einem Firmenzuschuss und zu 75% aus einer Sozialversicherungsrente zusammensetzt, aus einer 3%igen Tariferhöhung und einer „Nullrunde" in der gesetzlichen Rentenversicherung ein 12%iger Anstieg des Firmenzuschusses. Bei gänzlich statischen Zusagen (insbesondere fixierten Kapitalzusagen) oder wenn im deutschen Jahresabschluss - wie in der HFA-Stellungnahme 2/1988 grundsätzlich vorgesehen - ein realistischer Rechnungszinsfuß und künftige wahrscheinliche Erhöhungen des Verpflichtungsumfanges in Ansatz gebracht werden, liegt die Pensionsrückstellung nach IFRS in der Regel sogar deutlich unter derjenigen nach HGB bzw. EStG.

---

[4] Vgl. Abschnitt 3.2.

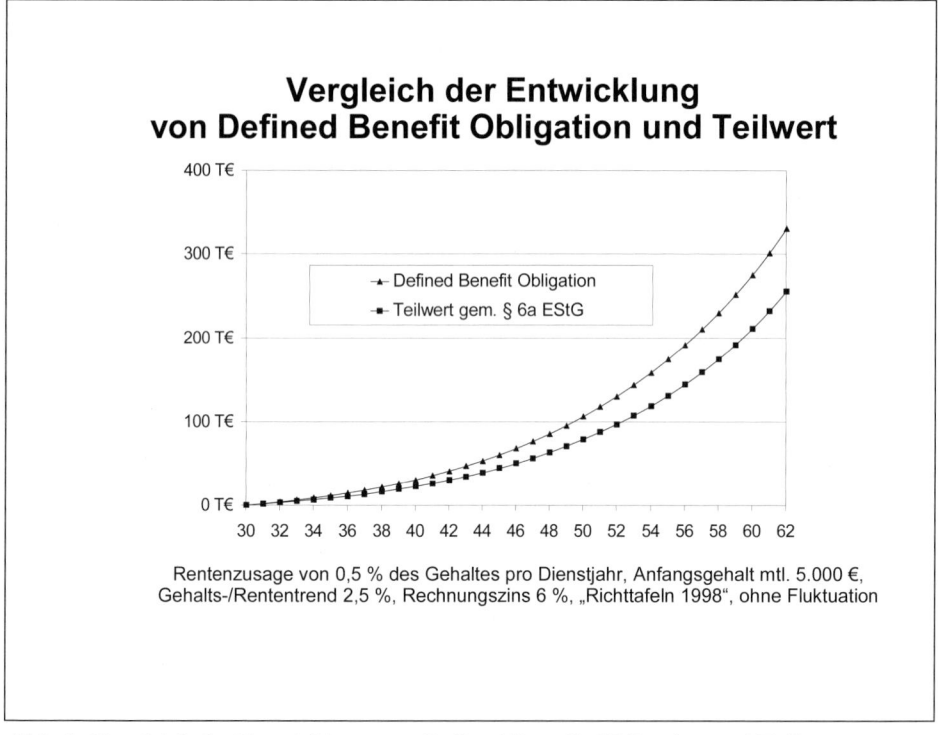

Abb. 1: Vergleich der Entwicklung von Defined Benefit Obligation und Teilwert

3.2 Beispiele zur Abgrenzung von statischen und dynamischen Rentenzusagen

Beispiele zur Abgrenzung von statischen und dynamischen Rentenzusagen:

- Eine statische Kapitalzusage sieht einen Kapitalbetrag von € 1.000 pro Dienstjahr vor, so dass bei Ausscheiden nach 30 Dienstjahren ein Kapital von € 30.000 an den Betriebsrentner ausgezahlt wird.

- Da eine statische Rentenzusage von (monatlich) € 10 pro Dienstjahr, die nach 30 Dienstjahren zu einem Rentenanspruch von € 300 führt, ab Rentenbeginn nach § 16 BetrAVG (meist entsprechend der Inflationsrate) erhöht werden muss, ist diese Zusage „teildynamisch".

- Wird der Steigerungsbetrag von € 10 auch während der Anwartschaftszeit regelmäßig (z.B. analog zur Inflationsrate oder Gehaltserhöhung) erhöht, liegt eine „volldynamische" Pensionszusage vor. Pensionszusagen mit einer gehaltsabhängigen Formel (z.B. 0,5% des Gehaltes pro Dienstjahr) sind ebenfalls volldynamisch.

– Bei neueren Betriebsrentensystemen, die Rentenbausteine mit einer rechtsverbindlich garantierten Rentenanpassung von z.B. 1% p.a. versprechen, liegen die Pensionsrückstellungen nach IFRS meist unter denjenigen nach HGB/EStG, da auch nach deutschem Recht diese garantierten Anpassungen bereits berücksichtigt werden müssen.

3.3 Weitere Bewertungsparameter

Nach IFRS sollen alle Bewertungsparameter realistisch und zutreffend sein. Künftige Rentenanpassungen nach der Inflationsrate werden derzeit mit etwa 1,9% bis 2,2%, gehaltsabhängige Anwartschaftssteigerungen mit etwa 2,5% bis 4,5% angesetzt.

Die biometrischen Rechnungsgrundlagen (z.B. Wahrscheinlichkeiten für Tod und Invalidität) werden in aller Regel den steuerlich anerkannten Standardtabellen der Richttafeln von Dr. Klaus Heubeck aus dem Jahre 1998 entnommen. Im Hinblick darauf, dass diese „prospektiven" Tafeln bereits nach knapp 7 Jahren als „überarbeitungsbedürftig" angesehen, von Dr. Klaus Heubeck zur Zeit überarbeitet und voraussichtlich in nächster Zeit durch so genannte Generationentafeln ersetzt werden wird, ist bei der Bewertung nach IFRS zu überlegen, ob nicht den zu erwartenden Änderungen bei der Bestimmung des Verpflichtungsumfanges und der Kosten durch einen „pauschalen" Auf- bzw. Abschlag - je nach Bestandsstruktur - vorab Rechnung getragen werden sollte. Die Wahrscheinlichkeiten für das Verlassen des Unternehmens wegen Kündigung sowie das wahrscheinliche Pensionierungsalter sind betriebs- bzw. branchenspezifisch zu schätzen bzw. zu modifizieren.

Zu den versicherungsmathematischen Grundlagen zählen:

– die Rentnersterblichkeit,

– die Gesamtsterblichkeit,

– die Witwen- und Witwersterblichkeit,

– die Invalidensterblichkeit,

– die Invalidisierung,

– die Aktivensterblichkeit,

– die Ehe-Wahrscheinlichkeit im Tode,

– der Altersunterschied der Ehegatten und

– die Fluktuation.

Unter die aktuariellen Annahmen fallen:

- der Rechnungszins[5],
- die erwarteten Erträge aus Planvermögen,
- die Anwartschaftsdynamik,
- die Rentendynamik,
- die Altersgrenzen,
- die Vorruhestands- und Altersteilzeitmaßnahmen sowie
- Kündigungen und Beförderungen.

Als weitere finanzielle Annahmen sind u.a. zu nennen:

- Gehalts- und Karrieretrends, die als realistische, langfristige Durchschnittsannahmen einzubeziehen sind, u.U. abschnittsweise definiert und nach Gruppen getrennt,
- Rentenanpassungen, wobei als Maßstab in der Regel § 16 BetrAVG anzuwenden ist, also Teuerungsausgleich entsprechend dem Verbraucherpreisindex für Deutschland, bzw. gegebenenfalls weitergehende vertragliche Anpassungsregelungen,
- die Beitragsbemessungsgrenze in der gesetzlichen Rentenversicherung,
- die Sozialversicherungsrente, also die Entwicklung des aktuellen Rentenwertes,
- die Entwicklung von anzurechnenden Renten, etwa aus Pensionskassen oder Direktversicherungen,
- die Anpassung bei Festbetragszusagen und
- die Nettoversorgung, d.h. die Entwicklung der Nettoquote.

---

[5] Nach IAS 19.78 ist der Rechnungszins unter Verwendung von High Quality Corporate Bonds zu bestimmen. Ist kein tiefer Markt vorhanden, so sind Government Bonds zu verwenden. Die Laufzeit der Bonds soll mit der Fälligkeit der Verpflichtung übereinstimmen. Gemäß IAS 19.79 ist der Rechnungszins unabhängig vom Investitionsrisiko entsprechend dem Time Value of Money zu bestimmen; in der Praxis darf ein einheitlicher Zinssatz verwendet werden. Sind keine langfristigen Bonds vorhanden, so sind die entsprechenden Erträge durch Extrapolation zu ermitteln.

4. Geglätteter Pensionsaufwand statt stichtagsbezogener Bilanzausweis

Nach deutscher Rechnungslegung wird der Verpflichtungsumfang zum Bilanzstichtag vom Versicherungsmathematiker in aller Regel nach dem in § 6a EStG beschriebenen Teilwertverfahren ermittelt. Der Teilwert als Maßgröße für den Verpflichtungsumfang zum Bewertungsstichtag geht ohne Modifikation in die Bilanz ein, da wegen des Passivierungsgebots keine Verteilungswahlrechte (z.B. bei Neuzusagen oder Rentenerhöhungen) bestehen. Nach der Teilwertmethode soll der Pensionsaufwand grundsätzlich gleichmäßig auf die Perioden vom Zeitpunkt des Diensteintritts des Pensionsberechtigten bis zum Versorgungsfall verteilt werden. Der jährliche Zuführungsbetrag zur Pensionsrückstellung ergibt sich aus der Differenz zwischen dem Teilwert am Schluss des Geschäftsjahres und dem Teilwert am Schluss des vorangegangenen Geschäftsjahres. Bei komplizierten - heute zunehmend nicht mehr üblichen - Pensionsplänen, die von schwer kalkulierbaren und alljährlich oftmals stark schwankenden volatilen Bemessungsgrößen, z.B. der Sozialversicherungsrente oder dem Nettogehalt der Mitarbeiter, abhängen, wird der Finanzchef oftmals von „unpassenden" (d.h. unerwartet hohen oder niedrigen) Teilwerten überrascht, die ihm das geplante Jahresergebnis „umwerfen". Da die Teilwertberechnung (auch bei Inventurstichtagsvorverlegung um drei Monate) oftmals erst kurz vor oder nach dem Bilanzstichtag vorliegt (wenn sich z.B. die Bereitstellung der Berechnungsdaten an den Versicherungsmathematiker bzw. die Berechnung selbst verzögert hat), ist ein „bilanzpolitisches Gegensteuern" zu diesem Zeitpunkt kaum mehr möglich.

Nach IFRS steht der aufwandsbezogene Ansatz im Vordergrund; es wird der Barwert der bisher bis zum Stichtag erdienten Pensionsansprüche erfasst. Der Pensionsaufwand soll einerseits periodengerecht, andererseits aber auch langfristig möglichst glatt sein. Gerade bei so langfristigen Verpflichtungen wie den Pensionsverpflichtungen ist eine verlässliche und auf Dauer angelegte (überraschungsfreie) Aufwandsverteilung ein sinnvolles Ziel von IFRS.

Da der Pensionsaufwand bereits zu Beginn des Wirtschaftsjahres ermittelt wird, steht die Pensionsrückstellung regelmäßig zum Jahresanfang fest - bilanzpolitische Überraschungen sind insoweit ausgeschlossen. Der Verpflichtungsumfang (present value of the defined benefit obligation - DBO) wird zwar auch zum Bilanzstichtag mit den dann gültigen Bewertungsparametern[6] berechnet, die Abweichung zum vorab schon feststehenden Bilanzansatz wird lediglich im Anhang berichtet und ggf. über künftige Wirtschaftsjahre erfolgswirksam verteilt.

---

[6] Vgl. Abschnitt 3.1.

Die grundsätzliche Struktur des Bilanzansatzes ist jedoch bei beiden Rechnungslegungssystemen ähnlich (sog. Finanzierungsstatus = financial status):

Ermittlungsschema zum Finanzierungsstatus der Pensionsverpflichtungen
„Messlatte"
./. evtl. externes Kassenvermögen (z.B. einer Unterstützungskasse)
./. ausstehende Verteilungsbeträge (Fehlbeträge oder Überdeckungen)
= Pensionsrückstellung

Abb. 2: Finanzierungsstatus von Pensionsverpflichtungen

Beispiel 1: Finanzierungsstatus der Pensionsverpflichtung	
„Messlatte"	15.000.000
./. externes Kassenvermögen	- 4.000.000
./. ausstehende Fehlbeträge	- 2.000.000
= Pensionsrückstellung	9.000.000

Die Messlatte der Pensionsverpflichtungen ist nach HGB/EStG der Teilwert und nach IFRS die DBO (Barwert der erdienten Teilansprüche auf Versorgungsleistungen zum Stichtag). Besteht zur Finanzierung der Pensionsverpflichtungen ein externes Kassenvermögen (z.B. Unterstützungskasse), so kann dieses Vermögen gegengerechnet werden.

Nicht bilanzierte Beträge können Fehlbeträge oder auch Überdeckungen sein (z.B. wenn der Zusatzaufwand für Neuzusagen oder Rentenerhöhungen verteilt werden kann oder wenn außergewöhnlich gute Vermögenserträge einer Unterstützungskasse dort „geparkt" werden dürfen). Für diese nicht bilanzierten Beträge gibt es Buchungsvorschriften: Nach HGB darf es bei direkten Pensionszusagen wegen der grundsätzlichen Passivierungspflicht keine Fehlbeträge geben (bei Unterstützungskassen sind allerdings Fehlbeträge erlaubt). Nach IFRS bestehen dagegen (für die o.a. zusätzlichen Aufwendungen oder Erträge) großzügige - aber stetig anzuwendende - Verteilungswahlrechte. Die Rechnungslegung im Sinne von „Rechenschaft des Managements für das Wirtschaften im Geschäftsjahr" findet insofern nur im Finanzierungsstatus statt.

Bei erstmaliger Bilanzierung nach IFRS wird der volle Verpflichtungsumfang der DBO (ggf. abzgl. einem externen Kassenvermögen) erfolgsneutral zurückgestellt und damit wird ohne Fehlbeträge oder Überdeckungen in die IFRS-Zukunft gestartet.

5. Bewertung

5.1 Defined Contribution Plans

Die Bewertungsvorschriften nach IFRS betreffen das finanzierte Betriebsrentensystem sowohl unmittelbar über den Arbeitgeber als auch mittelbar über einen externen Träger (Unterstützungskassen, Pensionskassen, Pensionsfonds oder Direktversicherungen). Es liegt ein Beitragsplan (definded contribution plan) vor, wenn die Verpflichtungen des Arbeitgebers ausschließlich in der Zahlung von Beiträgen an einen externe Träger bestehen und somit Chancen und Risiken voll beim Arbeitnehmer liegen - d.h. den Arbeitgeber kann weder ein Nachschuss noch ein Überschuss treffen. Der Pensionsaufwand besteht hier aus der Summe der gezahlten Beiträge, die als laufender Aufwand der Periode erfolgswirksam zu erfassen sind; ein Bilanzausweis ist nicht erforderlich.

Im Folgenden werden daher nur Leistungspläne (defined benefit plans) behandelt.

5.2 Defined Benefit Plans

Beim Teilwert nach § 6a EStG wird die gesamte Pensionsverpflichtung gegenüber einem Arbeitnehmer (analog zu einem Versicherungsvertrag) mit einem laufenden Beitrag finanziert, der wegen des Nominalwertprinzips über die gesamte Dienstzeit gleichbleibend sein soll. Hinzu kommt die in der Zuführung enthaltene Aufzinsung der Pensionsrückstellung vom Jahresanfang zum Jahresende, da sich in jedem Jahr der Abzinsungszeitraum (bis zur Fälligkeit der Betriebsrente) um ein Jahr vermindert. Zu Sprüngen im Teilwertverlauf kommt es nur dann, wenn die erreichbaren Pensionsansprüche von Jahr zu Jahr stark schwanken (dies passiert insbesondere dann, wenn ein wie oben skizziertes kompliziertes Pensionssystem mit jährlich stark schwankenden Bemessungsgrößen vorliegt).

Nach IFRS wird der Verpflichtungsumfang (DBO) nach dem Anwartschaftsbarwertverfahren (projected unit credit method - PUCM) ermittelt. Die DBO ist der Barwert der am Bewertungsstichtag erdienten und realistisch bewerteten Pensionsansprüche - inklusive wahrscheinlicher künftiger Erhöhungen von Renten und Gehältern. Der Verpflichtungsumfang (DBO) für einen aktiven Mitarbeiter erhöht sich alljährlich um die Aufzinsung und um den Barwert der im Wirtschaftsjahr neu erdienten Pensionsansprüche (current service cost).

Current Service Cost

Leistungsverlauf:

$$\frac{1}{m+1} \times R^{dyn}_{m+1} \; ; \; \frac{1}{m+2} \times R^{dyn}_{m+2} \; ; \; \ldots \; ; \; \frac{1}{n-1} \times R^{dyn}_{n-1} \; ; \; \frac{1}{n} \times R^{dyn}_{n}$$

m   zurückgelegte Dienstzeit am Beginn des Wirtschaftsjahres
n   mögliche Dienstzeit bis zum Pensionierungsalter
R^{dyn}_i Rentenanwartschaft bei Eintritt des Versorgungsfalles im Dienstjahr i

Abb. 3: Current Service Cost

Defined Benefit Obligation

Leistungsverlauf: (degressive m/n – tel Methode):

$$\frac{m}{m} \times R^{dyn}_{m} \; ; \; \frac{m}{m+1} \times R^{dyn}_{m+1} \; ; \; \ldots \; ; \; \frac{m}{n-1} \times R^{dyn}_{n-1} \; ; \; \frac{m}{n} \times R^{dyn}_{n}$$

m   zurückgelegte Dienstzeit am Beginn des Wirtschaftsjahres
n   mögliche Dienstzeit bis zum Pensionierungsalter
R^{dyn}_i Rentenanwartschaft bei Eintritt des Versorgungsfalles im Dienstjahr i

Abb. 4: Defined Benefit Obligation

Beispiel 2: Current Service Cost

Wird eine Pension von 0,5% des Gehalts pro Dienstjahr zugesagt und hat ein Arbeitnehmer 20 Dienstjahre abgeleistet, so hat er einen Pensionsanspruch von 10% seines Gehalts p.a. (z.B. € 30.000) erdient.

Die DBO ist der Anwartschaftsbarwert einer Jahresrente von € 3.000. Die Current Service Cost für das Folgejahr (Aufwand, der auf die im Geschäftsjahr erdienten Ansprüche entfällt) ist der Anwartschaftsbarwert eines jährlichen Rentenanspruchs von € 150 - also 1/20 der DBO.

Defined Benefit oder Defined Contribution Plan?

- In Deutschland dürfte ein Defined Contribution Plan im Sinne von IAS in der Regel lediglich bei einer Direktversicherung mit versicherungsvertraglicher Lösung bei unverfallbarem Ausscheiden vorliegen

- Bei den meisten deutschen Pensionskassen liegt kein Defined Contribution Plan vor, da der Arbeitgeber im allgemeinen von Gewinnen/Verlusten der Pensionskasse betroffen ist

- Unterstützungskassen sind nach IAS wegen der Subsidiärhaftung des Arbeitgebers (fast) immer als Defined Benefit Plan zu behandeln

- Es wird die Auffassung vertreten, dass unter bestimmten Voraussetzungen eine kongruent rückgedeckte Unterstützungskasse als beitragsorientierter Plan angesehen werden kann

6. Pensionsrückstellung

6.1 Ermittlung der Pensionsrückstellung

Nach HGB/EStG wird die Pensionsrückstellung, die i.d.R. mit dem Teilwert identisch ist, zum Bilanzstichtag originär versicherungsmathematisch errechnet und bilanziert. Die Bilanzierung folgt also nach dem Balance Sheet Approach durch stichtagsbezogene Ermittlung der Pensionsrückstellungen (in der Regel zum Minimalansatz nach § 6a EStG). Der in der GuV anzusetzende Pensionsaufwand wird zum Ende des Wirtschaftsjahres (also retrospektiv) ermittelt als Summe von Zuführungsbeträgen und Rentenzahlungen. Eine genaue Ergebnisplanung zu Beginn des Wirtschaftsjahres ist bei diesem Ansatz nur bedingt möglich, aber als Mittel zur Bilanzpolitik gezielt einsetzbar.

Nach IAS 19 besteht grundsätzlich eine Passivierungspflicht in Höhe der Pensionsverpflichtungen, soweit diese nicht durch Fondsvermögen (plan assets) gedeckt sind. Tatsächlich führen aber verschiedene Verteilungsvorschriften (Übergangsfehlbetrag, rückwirkende Veränderungen des Pensionsplans, versicherungsmathematische Gewinne und Verluste) dazu, dass die zu bilanzierende Pensionsrückstellung nach IFRS (defined benefit liability) vom Verpflichtungsumfang abweicht. Zur Bilanzierung der Pensionsrückstellung wird der Income Approach (aufwandsbezogener Bilanzansatz) angewandt. Der in der GuV anzusetzende Pensionsaufwand wird zu Beginn des Wirtschaftsjahres auf der Grundlage der zu Beginn des Wirtschaftsjahres maßgeblichen Daten (also prospektiv) ermittelt, allerdings mit Wertstellung zum Ende des Jahres. Dieser Aufwand bleibt in der Regel für das laufende Wirtschaftsjahr unverändert. Eine genaue Ergebnisplanung zu Beginn des Wirtschaftsjahres ist so zwar möglich, aber als Mittel zur Bilanzpolitik nicht geeignet. Darzustellen sind nach IFRS der (oben beschriebene) Finanzierungsstatus der Pensionsverpflichtungen sowie die Entwicklung der Pensionsrückstellungen vom Jahresanfang zum Jahresende:

Ermittlungsschema zur Entwicklung der Pensionsrückstellungen	
	Pensionsrückstellung (defined benefit liability) zum Jahresanfang
+	Pensionsaufwand (pension expense)
+/-	Zahlungen des <u>Unternehmens</u> wie folgt:
./.	direkte Rentenzahlungen
./.	ggf. Zahlungen an einen externen Träger
./.	Abfindungen von Pensionsansprüchen
+/-	<u>Übertragungen von/an andere Unternehmen oder Träger</u>
=	Pensionsrückstellung zum Jahresende

Abb. 5: Entwicklung der Pensionsrückstellung

Die Pensionsrückstellung verändert sich also um den vom Versicherungsmathematiker zu errechnenden Pensionsaufwand, dessen recht komplexe Ermittlung im nächsten Abschnitt dargestellt wird, sowie dem Saldo der Zahlungen des Unternehmens.

Beispiel 3: Entwicklung der Rückstellungsentwicklung		
Pensionsrückstellung Jahresanfang		9.000.000
+ Pensionsaufwand		+ 1.245.000
./. Zahlungen des Unternehmens wie folgt:		
./. direkte Rentenzahlungen	-	400.000
./. Zahlung an externen Träger	-	350.000
./. Abfindungen	-	10.000
+ Übertragungen von Fremdunternehmen	+	30.000
= Pensionsrückstellung Jahresende	=	9.515.000

> **Überleitung von HGB auf IFRS**
>
> Das Rechenschema zur Ermittlung der Pensionsrückstellungen zum Jahresende[7] ist formal auch nach HGB möglich und wird auch in vielen Prüfberichten von Wirtschaftsprüfern so vorgenommen. Eine solche Darstellung ist dann eine Kontrollrechnung für den Pensionsaufwand nach HGB, der aus den Zahlungen des Unternehmens und der Veränderung der Teilwerte (Pensionsrückstellungen) vom Jahresanfang zum Jahresende besteht.
>
> Nach IFRS wird der Pensionsaufwand originär ermittelt, so dass sich die Pensionsrückstellung zum Jahresende als Ergebnis darstellt. Insoweit ergibt sich für den Buchhalter in der Darstellung grundsätzlich kein Unterschied.
>
> Die Buchhaltung eines deutschen Unternehmens erfolgt i.d.R. nach HGB-Regeln, so dass bei der Überleitung von HGB nach IFRS lediglich der deutsche Pensionsaufwand sowie die deutschen Pensionsrückstellungen zum Jahresanfang und zum Jahresende durch die entsprechenden IFRS-Werte zu ersetzen sind (Anpassungsbuchungen).

Bei einem sehr gut dotierten externen Träger (Pensionskasse oder Pensionsfonds) kann die Pensionsrückstellung auch negativ (also ein Aktivposten) sein. Nach IFRS ist ein solcher Aktivposten auf den Anteil beschränkt, der zum Nutzen des Unternehmens verwendet werden kann (z.B. durch Beitragsrückgewähr oder Beitragssenkung). Die Ermittlung dieses Anteils kann in der Praxis durchaus kompliziert werden.

6.2 Pensionsaufwand

Der Pensionsaufwand nach HGB ergibt sich (wie in obigem Schema dargestellt) aus der Veränderung der Pensionsrückstellung zzgl. der Zahlungen des Unternehmens im Wirtschaftsjahr.

---

[7] Vgl. Abschnitt 4.

Nach IFRS wird der Pensionsaufwand (pension expense bzw. net periodic pension cost) originär vom Versicherungsmathematiker folgendermaßen ermittelt:

Ermittlungsschema Pensionsaufwand	
	Dienstzeitaufwand/Prämien (current service cost)
+	Zinsaufwand/Zinsanteil auf die DBO (interest cost)
./.	ggf. erwarteter Ertrag eines externen Trägers (expected return on plan assets)
+	Tilgungsbetrag für versicherungsmathematische Gewinne und Verluste (actuarial gains or losses)
+	Tilgungsbetrag für rückwirkende Pensionsplanänderungen (past service cost)
+/-	Tilgungsbetrag für evtl. Unter- oder Überdeckung bei erstmaliger Bilanzierung (transition amount)
=	Pensionsaufwand (pension expense)

Abb. 6: Pensionsaufwand

Beispiel 4: Pensionsaufwand	
Dienstzeitaufwand (service cost)	600.000
+ Zinsaufwand (6% von 15 Mio. der DBO)	+ 900.000
./. erwarteter Ertrag eines externen Trägers	- 280.000
(7% von 4 Mio. des externen Kassenvermögens)	
+ Tilgungsbetrag Gewinne/Verluste (lt. Vorjahresberechnung)	+ 25.000
+ Tilgungsbetrag Planänderungen	+ 0
+ Tilgungsbetrag erstmalige Anwendung	+ 0
= Pensionsaufwand	= 1.245.000

6.3 Die Komponenten des Pensionsaufwands

Zu den entscheidenden Komponenten des Pensionsaufwands zählen:

- der originär versicherungsmathematisch ermittelte Dienstzeitaufwand (current service cost), der den Barwert der im Wirtschaftsjahr neu erdienten Pensionsansprüche misst,
- der Zinsaufwand (interest cost), der sich durch Multiplikation des (kapitalmarktorientiert) gewählten Zinssatzes mit der DBO zum Jahresanfang ergibt,
- der erwartete Ertrag eines externen Trägers (expected return on plan assets), der langfristig realistisch zu schätzen ist, und
- der Tilgungsbetrag für versicherungsmathematische Gewinne und Verluste (actuarial gains or losses).

Nach IFRS könnte der aus Pensionsverpflichtungen resultierende Zinsaufwand (ggf. vermindert um einen erwarteten Ertrag eines externen Trägers) auch formell unter Zinsaufwand erfolgswirksam gebucht werden. Hierdurch würde sich der Personalaufwand entsprechend vermindern, so dass sich das operative Ergebnis (EBIT: Earnings Before Interest and Tax) eines Unternehmens steigern würde. Der Zinsaufwand resultiert aus der Anwendung des Rechnungszins auf die DBO zu Beginn des Wirtschaftsjahres unter Berücksichtigung geschätzter materieller Veränderungen der DBO im Laufe des Jahres, wie etwa unterjährig auszuzahlende direkte Versorgungsleistungen des Unternehmens, Zuwendungen an eine externe Versorgungseinrichtung oder übertragene Vermögenswerte an andere Versorgungsträger (IAS 19.7 und IAS 19.82).

Da der Zinsaufwand einer Bank zum operativen Ergebnis gehört, würde das oben beschriebene Vorgehen lediglich zu einer Verschiebung innerhalb des operativen Ergebnisses (zwischen Personal- und Zinsaufwand) führen - mit Schwierigkeiten bei der Interpretation des „klassischen" Zinsaufwands.

Unter den erwarteten Ertrag eines externen Trägers ist zum einen der erwartete Nettovermögensertrag auf die Plan Assets, der für die Bestreitung der Versorgungsleistungen zur Verfügung steht, zu subsumieren; Kosten für die Kapitalanlagenverwaltung und die Personalbestandsführung sowie eventuell Steuern sind in Abzug zu bringen (IAS 19.7 und IAS 19.105-107). Zum anderen fällt unter den erwarteten Ertrag eines externen Trägers der erwartete Ertrag auf Vermögenswerte, die zwar der Deckung von Pensionsverpflichtungen dienen, aber nicht alle für die Einstufung als Plan Assets notwendigen Bedingungen erfüllen.

Versicherungstechnische Gewinne und Verluste (actuarial gains or losses) entstehen aufgrund der prospektiven Vorgehensweise durch:

- Abweichung der tatsächlichen von der erwarteten (d.h. rechnungsmäßigen) Entwicklung der Pensionsverpflichtungen (sowohl hinsichtlich des Risikoverlaufes als auch hinsichtlich der Bemessungsgrundlagen),
- Änderung der Annahmen (insbesondere in Bezug auf den Rechnungszins sowie Gehalts- und Rententrends) und
- Vermögensgewinne und -verluste, die sich als Differenz zwischen dem tatsächlichen und dem erwarteten Ertrag auf das Vermögen des Pensionsfonds (plan assets) ergeben.

Die wesentlichen Unterschiede zwischen den versicherungstechnischen Gewinnen und Verlusten nach HGB und IFRS bestehen darin, dass

- Gewinne und Verluste nach IFRS nicht im Jahr des Entstehens erfolgswirksam gebucht werden müssen und
- in einer „Nebenbuchhaltung" ein fiktives Konto „Gewinne und Verluste" geführt wird, auf dem jeweils die jährlichen entstandenen Gewinne und Verluste erfasst werden.

IFRS verlangt nicht, dass versicherungstechnische Gewinne und Verluste sowie Vermögensgewinne und -verluste im Jahr des Entstehens erfolgswirksam erfasst werden. Erst unter bestimmten Voraussetzungen muss im folgenden Wirtschaftsjahr ein Mindestbetrag amortisiert werden (IAS 19.7 und IAS 19.92-95). Versicherungstechnische Gewinne und Verluste brauchen so lange nicht erfolgswirksam gebucht zu werden, bis die aufgelaufenen, noch ungetilgten Beträge einen Korridor von 10% des Maximums aus DBO und marktbezogenem Wert der Plan Assets zum Bewertungsstichtag übersteigen. Erst wenn diese aufgelaufenen, noch nicht erfolgswirksam gebuchten Gewinne und Verluste am Ende des Wirtschaftsjahres den 10%-Korridor überschreiten, muss im folgenden Wirtschaftsjahr ein Mindestbetrag gebucht werden. Der Mindestbetrag ergibt sich in der Regel durch Division des den Korridor übersteigenden Betrages durch die künftige Restaktivitätsdauer der pensionsberechtigten Arbeitnehmer.

Nach IFRS dürfen auch größere Beträge als der Mindestbetrag erfolgswirksam gebucht werden. Insbesondere ist auch eine sofortige Tilgung zulässig. Eine einmal gewählte Tilgungsmethode ist indes grundsätzlich beizubehalten. Die Methode der sofortigen vollständigen Tilgung im Jahr des Entstehens der Gewinne und Verluste kann insbesondere bei Änderungen der Annahmen erhebliche Aufwandsschwankungen verursachen. Die Anwendung dieser Methode führt praktisch zum Balance Sheet Approach zurück, dem das HGB folgt. Hierin besteht ein Konflikt mit den Intentionen des IASB.

Wird ein Pensionsplan verbessert, so dass sich auch die erdienten Pensionsansprüche erhöhen (z.B. der Pensionssteigerungsbetrag von € 10 wird auf € 15 pro Dienstjahr erhöht), ist der Mehraufwand nach IFRS über die Zeit zu verteilen, in der die neuen Ansprüche unverfallbar werden - i.d.R. also sofort voll zu buchen.

Der Pensionsaufwand steht i.d.R. bereits zu Beginn des Wirtschaftsjahres fest. Unvorhergesehene Änderungen der DBO (Differenz von erwartetem zu tatsächlichem Verpflichtungsumfang) durch abweichende tatsächliche Bestandsveränderungen oder Gehalts- bzw. Rentenerhöhungen oder durch am Ende des Wirtschaftsjahres neu festgelegte Berechnungsparameter (und auch abweichendem tatsächlichem Ertrag eines externen Trägers) müssen nicht sofort bilanziert werden. Ggf. ist ein Mindestteilbetrag im nächsten Wirtschaftsjahr erfolgswirksam zu buchen, der sich nach der Korridormethode ergibt: Der den Korridor (von 10% des Maximums aus DBO und evtl. Vermögenswerten eines externen Trägers) übersteigende Betrag an noch ungetilgten Gewinnen und Verlusten wird durch die erwartete Restdienstzeit der Aktiven dividiert (sog. Dienstzeitverteilung; vgl. nachfolgende Beispiele). Hierdurch ergeben sich großzügige Glättungsmöglichkeiten.

Beispiel 5: Erwartete und tatsächliche DBO		
DBO Ende Vorjahr		15.000.000
+ Dienstzeitaufwand (current service cost)	+	600.000
+ Zinsaufwand (interest cost)	+	900.000
./. Rentenzahlungen	-	700.000
./. Abfindungen	-	10.000
+ Übertragungen	+	30.000
= erwartete DBO zum Jahresende	=	15.820.000

Der Versicherungsmathematiker ermittelt aber zum Jahresende auf Basis der tatsächlichen Personendaten und ggf. neuer Berechnungsannahmen (z.B. Zins) mit € 16.000.000 eine um € 180.000 höhere tatsächliche DBO, was grundsätzlich einen Verlust darstellt. Andererseits meldet der Finanzchef des externen Träger (z.B. Unterstützungskasse) um € 40.000 höhere tatsächliche Erträge als erwartet. Per Saldo sind also € 140.000 neue Verluste entstanden.

Beispiel 6: Korridormethode

ungetilgte Verluste zum Jahresanfang (stammend aus Vorjahren[8])		2.000.000
+ neu entstandene Verluste im Geschäftsjahr (siehe zuvor)	+	140.000
./. getilgte Verluste im Geschäftsjahr (lt. Vorjahresberechnung)	-	25.000
= ungetilgte Verluste zum Jahresende	=	2.115.000
./. Korridor (10% von 16 Mio. der DBO)	-	1.600.000
= den Korridor übersteigender Betrag	=	515.000
: Restdienstzeit der Aktiven	:	20
= Tilgungsbetrag für Verluste für das Folgejahr	=	25.750

Im ersten Jahr der Anwendung von IFRS sind die „ungetilgten Verluste (Gewinne) zum Jahresanfang" sowie die „getilgten Verluste im Geschäftsjahr" gleich Null, da ohne Fehlbeträge und Überdeckungen in die IFRS-Zukunft gestartet wird. In dem vorgestellten Beispiel befindet sich das Unternehmen also bereits in einem späteren Jahr der Bilanzierung nach IFRS.

Zur Kontrolle ergibt sich der folgende Finanzierungsstatus:

Beispiel 7: Finanzierungsstatus am Jahresende

DBO zum Jahresende (lt. Berechnung)		16.000.000
./. externes Kassenvermögen (lt. Buchhaltung der Kasse)	-	4.370.000
./. ausstehende Fehlbeträge (siehe Beispiel zur Korridormethode)	-	2.115.000
= Pensionsrückstellung zum Jahresende	=	9.515.000

Diese ist identisch mit der Zahl oben,[9] was zeigt, dass richtig gerechnet wurde.

---

[8] Vgl. Beispiel 1 in Abschnitt 4.
[9] Vgl. Abschnitt 6.1.

7. Besonderheiten

Über die vorstehend dargestellte Bilanzierung hinaus gibt es viele Besonderheiten im Detail, bei denen der Rat des Versicherungsmathematikers und des Wirtschaftsprüfers eingeholt werden sollte. Beispielhaft seien hier rückgedeckte Pensionszusagen sowie Settlements und Curtailments von Pensionsplänen genannt.

7.1 Rückgedeckte Pensionszusagen

Nach HGB sind Rückdeckungsversicherungen als normale Vermögenswerte des Unternehmens mit dem Wert der Versicherung (Aktivwert) zu aktivieren. Wird die Rückdeckungsversicherung durch Verpfändung oder Treuhandvertrag dem Zugriff des Unternehmens und dritter Gläubiger effektiv entzogen, so gelten diese nach IFRS als Qualifying Insurance Policies und können wie Plan Assets (Vermögenswerte eines externen Trägers) behandelt werden. Treuhandlösungen mit anderen Vermögenswerten[10] können bei passender Konstruktion auch als Plan Assets anerkannt werden. Plan Assets werden in der Bilanz des Unternehmens nicht aktiviert. Die Pensionsrückstellung mindert sich um den gleichen Betrag. Es kommt zu einer Bilanzverkürzung durch Plan Assets, wodurch sich ggf. Bilanzkennzahlen verbessern.

7.2 Settlements (Abfindungen, Übertragungen) und Curtailments (Kürzungen) von Pensionsplänen

Entstehen bei Abfindungen von Pensionsverpflichtungen (durch Barzahlungen an Versorgungsberechtigte), bei entgeltlichen Übertragungen von Pensionsverpflichtungen auf einen neuen Arbeitgeber (Stellenwechsel) oder bei Kürzungen von Pensionsplänen (z.B. bei Personalstrukturmaßnahmen) neue Gewinne oder Verluste, sind diese nach IFRS (wie nach HGB) sofort voll erfolgswirksam zu vereinnahmen. Noch aus Vorjahren bestehende ungetilgte Gewinne und Verluste (die noch „im Korridor schlummern") sind anteilig erfolgswirksam zu buchen.

Vorruhestands- oder Altersteilzeitregelungen haben meist auch einen indirekten Effekt auf den Pensionsplan des Unternehmens, da Vorruheständler und Altersteilzeitnehmer im allgemeinen ihre Betriebsrente früher als eingerechnet beziehen werden (z.B. mit Erreichen des Alters von 60 statt 63 Jahren). Dies stellt ein sog. Curtailment dar, da

---

[10] Vgl. z.B. Siemens, DaimlerChrysler, VW.

insoweit ansonsten zu erwartende Dienstjahre wegfallen. Dies führt meist zu einer Verteuerung des Pensionsplans. Der entsprechende Mehraufwand ist nach IFRS sofort erfolgswirksam zu buchen.

8. Offenlegung

Nach IAS 19.120 sind für leistungsorientierte Pläne (defined benefit plans) folgende Angaben zu machen:

- Tilgungsmethode für versicherungstechnische Gewinne und Verluste,
- allgemeine Beschreibung des Pensionsplans,
- Überleitung (reconciliation) zu den in der Bilanz erfassten Aktiv- und Passivposten,
- die im Marktwert der Plan Assets enthaltenen Beträge,
- eine Überleitung, die die Entwicklung der bilanzierten Nettoschuld (oder des bilanzierten Nettovermögens) in der Periode zeigt,
- der gesamte in der GuV erfasste Aufwand mit allen Komponenten, sowie die Position, unter der der Aufwand jeweils gebucht ist,
- die tatsächlichen Nettovermögenserträge aus den Plan Assets und den Reimbursement Rights und
- die wesentlichen zum Bilanzstichtag verwendeten versicherungsmathematischen Annahmen.

Für einen beitragsorientierten Plan ist nach IAS 19.46 nur der im Geschäftsjahr gebuchte Pensionsaufwand anzugeben.

DBO - Disclosure nach IAS 19

Überleitung (reconciliation) zu der in der Bilanz erfassten Rückstellung (bzw. ggf. Aktivposten)

      Barwert (DBO) der leistungsorientierten Verpflichtungen, soweit nicht über Planvermögen finanziert (wholly unfunded)

+   Barwert (DBO) der leistungsorientierten Verpflichtungen, soweit ganz/teilweise über Planvermögen finanziert (wholly/partly funded)

−   Zeitwert des externen Planvermögens (fair value of plan assets)

+/−   noch nicht erfasste versicherungsmathematische Gewinne/Verluste (unrecognized gains/losses)

−   noch nicht erfasster nachzuverrechnender Dienstzeitaufwand (unrecognized past service cost)

+   jeder aufgrund der Begrenzung von IAS 19.58(b) nicht als Aktivposten erfasste Betrag

=   in der Bilanz ausgewiesene Rückstellung (bzw. ggf. Aktivposten)

DBP - Disclosure nach IAS 19

Entwicklung der bilanzierten Nettoschuld (oder des bilanzierten Nettovermögens) in der Periode

      Rückstellung (ggf. Aktivposten) zu Beginn der Periode (defined benefit liability or asset)

+   Altersversorgungsaufwand in der Periode (pension expense)

−   Zuwendungen an ein externes Planvermögen (contributions)

−   direkte Rentenzahlungen des Unternehmens

+/−   ggf. Auswirkungen von Plankürzungen oder −abgeltungen (curtailments or settlements)

=   Rückstellung (ggf. Aktivposten) am Ende der Periode

9. Fallstudie

Bewertungs- und Rohergebnisannahmen zum 01.01.20X1

Rechnungszins	6,0 %
Gehaltstrend	2,5 %
Rententrend	2,0 %
Erwartete Rendite des Pension-Fund-Vermögens	6,5 %

Die Rohergebnisse (beinhalten Pensionsverpflichtungen aus Direktzusage und dem Pension Fund)

Present Value of the Benefit Obligation (PVDBO) zum 01.01.20X1	€ 1.500.000
Current Service Cost für 20X1	€ 60.000
Marktwert des Pension Fund	€ 200.000
Erwartete Rentenzahlungen in 20X1	
aus Direktzusage	€ 40.000
aus dem Pension Fund	€ 20.000

Überleitung (reconciliation) der Pensionsrückstellung in der Bilanz zum 01.01.20X1

(1)	PVDBO zum 01.01.20X1	€ 1.500.000
(2)	Kassenvermögen zum 01.01.20X1	€ 200.000
(3)	Ausstehende Fehlbeträge	€ 0
Defined Benefit Liability am 01.01.20X1= (1) - (2) - (3):		€ 1.300.000

Pensionsaufwand in 20X1

(1)	Current Service Cost	€ 60.000
(2)	Interest Cost (= 6 % x [€ 1.500.000 - 0,5 x € 60.000])	€ 88.200
(3)	Expected Return on Plan Assets	
	(= 6,5 % x [€ 200.000 - 0,5 x € 20.000])	€ 12.350
Expenses = (1) + (2) - (3)		€ 135.850

Erwartete Pensionsrückstellung nach IAS 19 zum 31.12.20X1

(1)	Defined Benefit Liability zum 01.01.20X1	€ 1.300.000
(2)	Expenses in 20X1	€ 135.850
(3)	Erwartete Rentenzahlungen aus Direktzusage in 20X1	€ 40.000
Erwartete Defined Benefit Liability zum 31.12.20X1 = (1) + (2) - (3):		€ 1.395.850

Zuwendungen an den Pension Fund sind nicht geplant.

Korrektur der erwarteten Pensionsrückstellung

Am Ende des Jahres 20X1 wird die tatsächliche Pensionsrückstellung dann analog ermittelt, allerdings mit den tatsächlichen, statt der erwarteten Rentenzahlungen und unter Berücksichtigung aller sonstigen in 20X1 erfolgten liquiden Auszahlungen oder Einnahmen.

Tatsächliche Pensionsrückstellung nach IAS 19 zum 31.12.20X1

(1)	Defined Benefit Liability zum 01.01.20X1	€ 1.300.000
(2)	Expenses in 20X1	€ 135.850
(3)	Tatsächliche Rentenzahlungen aus Direktzusage in 20X1	€ 42.000
(4)	Übertragung der Rückstellung für einen Wechsler auf das Mutterunternehmen	€ 25.000
Tatsächliche Defined Benefit Liability zum 31.12.20X1		
	= (1) + (2) - (3) - (4)	€ 1.368.850

Zuwendungen an den Pension Fund gab es nicht.

Ermittlung der versicherungstechnischen Gewinne und Verluste (1)

Ermittlung des erwarteten PVDBO zum 31.12.20X1

(1)	PVDBO zum 01.01.20X1	€ 1.500.000
(2)	Current Service Cost in 20X1	€ 60.000
(3)	Interest Cost in 2001	€ 88.200
(4)	Tatsächliche Rentenzahlungen in 20X1	€ 62.000
(5)	Übertragung der Rückstellung für einen Wechsler auf das Mutterunternehmen	€ 25.000
Erwarteter PVDBO zum 31.12.20X1 = (1) + (2) + (3) - (4) - (5)		€ 1.561.200

Ermittlung der versicherungstechnischen Gewinne und Verluste (2)

(1)	Erwarteter PVDBO zum 31.12.20X1	€ 1.561.200
(2)	Tatsächlicher PVDBO zum 31.12.20X1	€ 1.387.273
Aktueller versicherungstechnischer Gewinn zum 31.12.20X1 = (1) - (2)		€ 173.927

Da aus dem Vorjahr kein versicherungstechnischer Gewinn oder Verlust vorgetragen wurde, ist dies auch zugleich der aufgelaufene versicherungstechnische Gewinn.

Zur Vereinfachung wird angenommen, dass keine Vermögensgewinne/-verluste aufgetreten sind.

Tilgung des versicherungstechnischen Gewinns

(1)	Aufgelaufener versicherungstechnischer Gewinn zum 31.12.20X1	€ 173.927
(2)	Korridor = 10 % des Maximums aus PVDBO und Marktwert der Plan Assets:	€ 138.727
Den Korridor übersteigender Teil des Gewinns zum 31.12.20X1 = (1) - (2)		€ 35.200
Künftige Restaktivitätszeit zum 31.12.20X1		16
Annual Amortization of Actuarial Gain		€ 2.200

Christof Hasenburg und Holger Seidler

Anteilsbasierte Vergütungen

1. Überblick 791
2. Bilanzierung und Bewertung nach IFRS 2 793
   2.1 Begriffsbestimmung 793
   2.2 Sachlicher Anwendungsbereich 794
   2.3 Zeitlicher Anwendungsbereich 794
   2.4 Aktienoptionen 796
       2.4.1 Grundlegende Gestaltung 796
       2.4.2 Ansatz 797
       2.4.3 Bewertung 798
             2.4.3.1 Erstmalige Aufwandserfassung 798
                     2.4.3.1.1 Ermittlung des beizulegenden Zeitwerts 798
                     2.4.3.1.2 Modifizierte Gewährungszeitpunktmethode 799
                     2.4.3.1.3 Bewertungszeitpunkt 807
                     2.4.3.1.4 Zeitpunkt der Aufwandsverrechnung 807
             2.4.3.2 Folgeanpassungen des beizulegenden Zeitwerts 808
       2.4.4 Sonderfragen 808
             2.4.4.1 Änderungen der Aktienoptionsbedingungen 808
             2.4.4.2 Annullierung, Erfüllung, Rückkauf der Aktienoptionen 811
             2.4.4.3 Bewertung mit dem inneren Wert 811
   2.5 Wertsteigerungsrechte 815
       2.5.1 Grundlegende Gestaltung 815
       2.5.2 Ansatz 815
       2.5.3 Bewertung 816
   2.6 Kombinationsmodelle 819
       2.6.1 Grundsätzliches 819
       2.6.2 Erfüllungswahlrecht bei den Begünstigten 819
       2.6.3 Erfüllungswahlrecht beim Unternehmen 823
   2.7 Anhangangaben 823

3. Bisherige Bilanzierung anteilsbasierter Vergütungen durch IFRS-Anwender 826
   3.1 Regelungslücke 826

3.2 Bisherige Anwendung der US-GAAP 827
    3.2.1 SFAS 123 827
    3.2.2 APB 25 829
        3.2.2.1 Aktienoptionen 829
        3.2.2.2 Wertsteigerungsrechte 830
        3.2.2.3 Kombinationsmodelle 831
    3.2.3 Anhangangaben 832
3.3 Handelsbilanzrecht 832
    3.3.1 Aktienoptionen 832
    3.3.2 Wertsteigerungsrechte 834
    3.3.3 Kombinationsmodelle 834
    3.3.4 Anhangangaben 835

4. Aus der Anwendung von IFRS 2 resultierender Anpassungsbedarf 835
   4.1 Aktienoptionen 835
      4.1.1 Frühere Bilanzierung nach SFAS 123 835
      4.1.2 Frühere Bilanzierung nach APB 25 836
      4.1.3 Frühere Bilanzierung nach Handelsrecht 837
   4.2 Wertsteigerungsrechte 837
      4.2.1 Frühere Bilanzierung nach APB 25 837
      4.2.2 Frühere Bilanzierung nach Handelsrecht 838
   4.3 Kombinationsmodelle 838
      4.3.1 Frühere Bilanzierung nach US-GAAP 838
      4.3.2 Frühere Bilanzierung nach Handelsrecht 838

5. Ausblick 839

1. Überblick

Die Vereinbarung von Vergütungsformen, bei denen Eigenkapitalinstrumente entweder als Entgelt für Güter oder Dienstleistungen gewährt werden oder als Basis für die Berechnung eines Barausgleichs dienen (nachfolgend anteilsbasierte Vergütungen)[1], ist trotz der Entwicklungen an den internationalen Kapitalmärkten nach wie vor von Bedeutung. Insbesondere im Bereich der Mitarbeitervergütung wird auf diesem Weg eine Orientierung am Shareholder Value angestrebt und der als problematisch erkannte Principal-Agent-Konflikt entschärft. Darüber hinaus können anteilsbasierte Vergütungen als Instrument zur Mitarbeiterrekrutierung und -bindung dienen.[2]

Vor diesem Hintergrund ist es nur folgerichtig, dass das IASB mit der Veröffentlichung von IFRS 2 am 19. Februar 2004 die bisher bestehende Regelungslücke hinsichtlich der Bilanzierung und Bewertung von anteilsbasierten Vergütungen geschlossen hat.[3] Die Zielsetzung von IFRS 2 besteht darin, einheitliche und verbindliche Regelungen zur bilanziellen Behandlung von anteilsbasierten Vergütungen vorzugeben.[4] Gleichzeitig wurde versucht, eine Harmonisierung mit den US-GAAP zu erreichen.[5] Konzeptionell

---

[1] In der amtlichen Übersetzung wird teilweise der Begriff „anteilsbasiert" und teilweise der Begriff „aktienbasiert" verwandt. Aufgrund der Tatsache, dass der Anwendungsbereich des Standards sachlich über aktienbasierte Vergütungsformen hinausgeht, wird nachfolgend durchgängig von anteilsbasierten Vergütungen gesprochen.

[2] Vgl. zu den Zielsetzungen von am Aktienkurs des rechnungslegungspflichtigen Unternehmens orientierten Vergütungsformen eingehend SCHRUFF, W./HASENBURG, C., Stock Option-Programme im handelsrechtlichen Jahresabschluß, BFuP 1999, S. 616-645; SAUTER, T./BABEL, M., Zielsetzungen von Stock-Option-Plänen; betriebswirtschaftliche Grundlagen, in: KESSLER, M./SAUTER, T. (Hrsg.), Handbuch Stock Options, München 2003, Rn. 28.

[3] Vgl. zur Würdigung des Standardentwurfs aus deutscher Sicht u.a. GEBHARDT, G., Konsistente Bilanzierung von Aktienoptionen und Stock Appreciation Rights - eine konzeptionelle Auseinandersetzung mit E-DRS 11 und IFRS ED 2, BB 2003, S. 675-681; HASBARGEN, U./SETA, B., IAS/IFRS Exposure Draft ED 2 „Share-based Payment" - Auswirkungen auf aktienbasierte Vergütung, BB 2003, S. 515-521; KNORR, L./WIEDERHOLD, P., IASB Exposure Draft 2 „Share-based Payments" - Ende der Diskussion in Sicht? WPg 2003, S. 49-56; ROß, N./BAUMUNK, S., ED 2 Share-based Payment im Vergleich zu US-GAAP und E-DRS 11, KoR 2003, S. 29-38; SCHILDBACH, T., Personalaufwand aus Managerentlohnung mittels realer Aktienoptionen - Reform der IAS im Interesse besserer Informationen?, DB 2003, S. 893-898; ZEIMES, M./THUY, M. G., Aktienoptionen sind als Aufwand zu erfassen, KoR 2003, S. 39-44.

[4] Vgl. KPMG (Hrsg.), IFRS aktuell, Stuttgart 2004, S. 28-59, hier S. 31.

[5] Das Financial Accounting Standards Board (nachfolgend: FASB) veröffentlichte im Dezember 2004 SFAS 123 (2004), Accounting for Stock-based compensation, der eine Überarbeitung von SFAS 123 (1995) darstellt und durch den eine erhebliche Annäherung an IFRS 2 erreicht wird.

verlangt IFRS 2 konsequent die aufwandswirksame Erfassung der anteilsbasierten Mitarbeitervergütung als Gegenleistung für ihre Arbeitsleistung (IFRS 2.8). Die Begründung für dieses Vorgehen besteht darin, dass jede andere Gegenleistung für erhaltene Güter oder Dienstleistungen - sofern für diese keine Aktivierungspflicht besteht - ebenfalls aufwandswirksam zu erfassen wäre.[6]

Aus einer Auswertung der Geschäftsberichte für das Geschäftsjahr 2003 lässt sich entnehmen, dass die bei Banken und Versicherungsunternehmen in der Praxis bestehenden Aktienoptionspläne als Bezugsberechtigte ihre Mitarbeiter vorsehen.[7] Die Mitarbeiter erhalten entweder Aktienoptionen, die zum Bezug von Aktien berechtigen (stock options) und deren Bedienung durch eine bedingte Kapitalerhöhung sichergestellt wird oder Wertsteigerungsrechte ohne Dividendenkomponente (stock appreciation rights), bei denen im Ausübungszeitpunkt ein Ausgleich in Geld erfolgt.[8]

Die nachfolgende Betrachtung konzentriert sich daher grundsätzlich auf die Mitarbeitern gewährten Aktienoptionen (Ausgleich in Eigenkapitalinstrumenten in Form von Aktien), Wertsteigerungsrechte (Barausgleich auf Basis der Entwicklung des Kurses oder Wertes von Eigenkapitalinstrumenten) und solche Vergütungsformen, die ein Wahlrecht zwischen einem Ausgleich in Aktien und einem Barausgleich einräumen (nachfolgend: Kombinationsmodelle oder Tandem Plans). In einem ersten Abschnitt wird deren Bilanzierung und Bewertung nach IFRS 2 dargestellt (dazu Abschnitt 2.).[9] Danach werden in einem zweiten Abschnitt Bilanzierungsregelungen dargestellt, die von Unternehmen, die bereits bisher nach Maßgabe der IFRS bilanzieren, zur Ausfüllung der bisherigen Regelungslücke herangezogen wurden (dazu Abschnitt 3.). Darauf aufbauend werden in einem dritten Abschnitt die wesentlichen Unterschiede dieser Bilanzierungsregelungen im Verhältnis zu IFRS 2 herausgearbeitet und der daraus resultierende Anpassungs-

---

6   Vgl. KPMG (Hrsg.), International Financial Reporting Standards, 3. Aufl., Stuttgart 2004, S. 173-180, hier S. 173.

7   Vgl. auch die empirische Studie der Entwicklungen von Aktienoptionsplänen in der Unternehmenspraxis von SAUTER, T./BABEL, M., Entwicklungen in der Unternehmenspraxis - Eine empirische Studie, in: KESSLER, M./SAUTER, T. (Hrsg.), Handbuch Stock Options, München 2003,Rn. 58-71.

8   Die in der Übersicht bei KESSLER, M./BABEL, M., Überblick zu Ausgestaltungsformen von Stock-Option-Plänen, in: KESSLER, M./SAUTER, T. (Hrsg.), Handbuch Stock Options, München 2003, Rn. 86, angesprochenen Aktienoptionspläne, deren Bedienung durch den Rückkauf eigener Aktien sichergestellt wird oder die mit Wandel- oder Optionsanleihen gekoppelt werden, sind nicht Gegenstand der Untersuchung. Das Gleiche gilt für virtuelle Aktienoptionspläne mit Dividendenkomponente (phantom stocks) oder virtuelle Aktienoptionspläne, mit denen die Ausgabe von Genussrechten verbunden ist. Auch die Bilanzierung und Bewertung von Belegschaftsaktien soll hier vernachlässigt werden.

9   Zur Bilanzierung anteilsbasierter Vergütungen nach IFRS 2 geben einen umfassenden Überblick KPMG (Hrsg.), IFRS aktuell, a.a.O. (Fn. 4), S. 28-59; KPMG (Hrsg.), International Financial Reporting Standards, a.a.O. (Fn. 6), S. 173-180 sowie LÜDENBACH, N./HOFFMANN, W.-D. (Hrsg), Haufe IAS-Kommentar, 2. Aufl., Freiburg 2004, § 23; HOFFMANN, W.-D./LÜDENBACH, N., Die Bilanzierung aktienorientierter Vergütungsformen nach IFRS 2 (Share-Based Payment), DStR 2004, S. 786-792; PELLENS, B./CRASSELT, N., Bilanzierung von Aktienoptionsplänen und ähnlichen Entgeltformen nach IFRS 2 „Share-based Payment", KoR 2004, S. 113-118; KIRNBERGER, C., § 19 in: BOHL, W./RIESE, J./ SCHLÜTER, J. (Hrsg.), Beck'sches IFRS-Handbuch, München 2004, § 19. Einen schnellen Einstieg in die komplexe Materie gewährt KPMG (Hrsg.), IFRS visuell, Stuttgart 2004, S. 133-136.

bedarf für die Bilanzierungspraxis eruiert (dazu Abschnitt 4.). Die Darstellung schließt mit einem Ausblick (dazu Abschnitt 5.).

2. Bilanzierung und Bewertung nach IFRS 2

2.1 Begriffsbestimmung

Der Begriff der „anteilsbasierten Vergütungen" umfasst (IFRS 2.2):

- Anteilsbasierte Vergütungen mit Ausgleich durch Eigenkapitalinstrumente (equity-settled share-based payments), bei denen als Gegenleistung für erhaltene Güter oder Dienstleistungen Eigenkapitalinstrumente des Unternehmens, z.B. Aktien oder Aktienoptionen, gewährt werden;
- anteilsbasierte Vergütungen mit Barausgleich (cash-settled share-based payments). Basis für den Barausgleich ist üblicherweise die Gewährung von Wertsteigerungsrechten als Gegenleistung für erhaltene Güter oder Dienstleistungen, mit denen das Unternehmen eine Verpflichtung zu einer Geldzahlung eingeht, die sich der Höhe nach an der Kurs- oder Wertentwicklung von Eigenkapitalinstrumenten des Unternehmens orientiert;
- anteilsbasierte Vergütungen, bei denen einer der Vertragspartner die Möglichkeit erhält, zwischen einem Ausgleich durch Eigenkapitalinstrumente oder einem Barausgleich zu wählen (share-based payment with cash alternatives).

Bereits die differenzierte Definition des Begriffs der anteilsbasierten Vergütungen lässt deutlich werden, dass IFRS 2 in seinem Anwendungsbereich keineswegs auf die Ausgabe von Aktienoptionen und Wertsteigerungsrechten an Mitarbeiter beschränkt ist, wenn auch diese beiden Vergütungsformen die typischen Anwendungsfälle des Standards sein dürften und deshalb nachfolgend näher betrachtet werden. Vielmehr werden, wie der nachfolgend dargestellte sachliche Anwendungsbereich des Standards erkennen lässt, alle Transaktionen erfasst, bei denen Eigenkapitalinstrumente als Gegenleistung für Güter oder Dienstleistungen gewährt oder Zahlungsverpflichtungen als Gegenleistung für die Gewährung von Gütern oder Dienstleistungen eingegangen werden, deren Höhe sich an der Kurs- oder Wertentwicklung von Eigenkapitalinstrumenten orientiert.

2.2 Sachlicher Anwendungsbereich

Der Standard ist durch sämtliche Unternehmen anzuwenden, die Leistungen in Form von Gütern oder Dienstleistungen erhalten und die ihnen obliegende Gegenleistung in Form anteilsbasierter Vergütungen erfüllen (IFRS 2.2). Dies gilt auch dann, wenn die anteilsbasierten Vergütungen unmittelbar durch die Anteilseigner gewährt werden (IFRS 2.3). Daraus ist zu entnehmen, dass es für die Anwendung von IFRS 2 beim berichtspflichtigen Unternehmen allein darauf ankommt, dass diesem die mittels der anteilsbasierten Vergütungen erworbenen Güter oder Dienstleistungen wirtschaftlich zuzurechnen sind.[10] Die Güter können in nicht bilanzierbaren oder bilanzierbaren Vermögenswerten (Vorräte, Konsumgüter, Grundstücke, immaterielle Vermögenswerte) erbracht werden (IFRS 2.5). Die Dienstleistungen können in Arbeits- oder Beratungsleistungen u.a. bestehen. Die Güter oder Dienstleistungen, die für den Erhalt der anteilsbasierten Vergütungen erbracht werden, können von Mitarbeitern, Lieferanten, externen Dienstleistungsunternehmen u.a. stammen.[11]

IFRS 2 findet sachlich keine Anwendung auf Eigenkapitalinstrumente, die für Güter im Rahmen eines Unternehmenszusammenschlusses gewährt werden (IFRS 2.5). Auch dürfen Sachverhalte dann nicht unter IFRS 2 subsumiert werden, wenn sie in den Anwendungsbereich von IAS 32 und IAS 39 fallen.[12] Leistungen an Arbeitnehmer in ihrer Eigenschaft als Inhaber von Eigenkapitalinstrumenten des Unternehmens - z.B. die Ausgabe von Aktien im Rahmen einer Kapitalerhöhung aus Gesellschaftsmitteln - werden ebenfalls nicht von IFRS 2 erfasst (IFRS 2.4).

2.3 Zeitlicher Anwendungsbereich

In zeitlicher Hinsicht ist der Standard auf alle Geschäftsjahre anzuwenden, die am oder nach dem 1. Januar 2005, dem Zeitpunkt des Inkrafttretens, beginnen (IFRS 2.60). Darüber hinaus ergibt sich aus den Übergangsregelungen, differenziert nach Plänen, welche die Gewährung von Aktienoptionen beinhalten, und solchen, welche Wertsteigerungsrechte begründen, Folgendes:

Ab dem 1. Januar 2005 sind Aktienoptionen, die nach dem 7. November 2002 - dem Datum der Veröffentlichung des Entwurfs von IFRS 2 - gewährt wurden und deren

---

[10] Vgl. ZEIMES, M./THUY, M. G., a.a.O. (Fn. 3), S. 39.

[11] Vgl. z.B. KPMG (Hrsg.), International Financial Reporting Standards, a.a.O. (Fn. 6), S. 174. Bei der Gewährung von Vergütungsformen, die sich am Aktienkurs des rechnungslegungspflichtigen Unternehmens orientieren, sind zudem die Restriktionen des jeweiligen nationalen Rechts zu beachten.

[12] Vgl. IFRS 2.6. Danach würde z.B. ein Kaufvertrag über Vermögenswerte gegen Gewährung einer anteilsbasierten Vergütung unter IFRS 2 fallen, während IAS 39 (2004) grundsätzlich auf einen Kaufvertrag über Vermögenswerte anzuwenden ist, der alternativ einen Nettoausgleich in Geld oder Geldäquivalenten vorsieht; vgl. dazu auch IFRS 2.BC27 und IAS 32.8 (2004).

Erdienungszeitraum (vesting period) erst nach dem 1. Januar 2005 endet, nach den Regelungen von IFRS 2 zu bilanzieren (IFRS 2.53 und IFRS 2.55). Die Anpassungen sind in der Eröffnungsbilanz der frühesten dargestellten Berichtsperiode zu Lasten der Gewinnrücklagen vorzunehmen (IFRS 2.53 und IFRS 2.55). Den Unternehmen bleibt es unbenommen, den Standard freiwillig auf alle anderen - mithin die vor dem 8. November 2002 gewährten - Aktienoptionen anzuwenden (IFRS 2.54), sofern sie den beizulegenden Zeitwert der Aktienoptionen zum Bewertungsstichtag (measurement date)[13] schon früher veröffentlicht hatten; dies dürfte in der Regel nur auf Unternehmen zutreffen, die bisher die US-GAAP-Regelungen angewendet haben.

Vor dem 8. November 2002 gewährte und noch umlaufende Aktienoptionen sind ab dem 1. Januar 2005 im Anhang hinsichtlich ihres Inhalts und Umfangs offen zu legen (IFRS 2.56 verweist hier auf IFRS 2.44 und IFRS 2.45). Modifikationen der vor dem 8. November 2002 gewährten Aktienoptionen sind, soweit sie nach dem 1. Januar 2005 vorgenommen werden, ebenfalls den Regelungen von IFRS 2 zu unterwerfen (IFRS 2.57). Mithin konnten Modifikationen an vor dem 8. November 2002 gewährten Aktienoptionen noch bis zum 31. Dezember 2004 durchgeführt wurden, ohne dass daran bilanzielle Konsequenzen anknüpften.[14]

Auf am 1. Januar 2005 bestehende Schulden (liabilities) aus Wertsteigerungsrechten ist der Standard retrospektiv unter Anpassung der Gewinnrücklagen der Eröffnungsbilanz der frühesten dargestellten Berichtsperiode anzuwenden; die Anpassung der Vorjahreswerte kann nur dann unterbleiben, wenn sich die Vergleichswerte auf einen Zeitraum vor dem 7. November 2002 beziehen (IFRS 2.58).

Darüber hinaus wird eine insgesamt retrospektive Ausweitung des Standards auf andere Schulden für anteilsbasierte Vergütungen empfohlen, wie bspw. auf Schulden, die in einer Berichtsperiode beglichen wurden, für die Vergleichsinformationen aufgeführt sind (IFRS 2.59).

Im Zusammenhang mit dem Erlass von IFRS 2 kam es zudem zu einer Ergänzung von IFRS 1 (2004). Danach sollen die Übergangsvorschriften nach IFRS 2 grundsätzlich auch für IFRS-Erstanwender (first time adopter) gelten (IFRS 1.25B und IFRS 1.25C sowie IFRS 1.BC63B). Es wird auch hier zwischen Plänen, welche die Gewährung von Aktienoptionen vorsehen, und solchen, welche Wertsteigerungsrechte begründen, differenziert.

Soweit Pläne die Gewährung von Aktienoptionen vorsehen, wird empfohlen, IFRS 2 freiwillig anzuwenden, wenn die Aktienoptionen entweder vor dem 7. November 2002 oder aber nach dem 7. November 2002 gewährt wurden, sie aber vor dem späteren Zeit-

---

[13] Siehe hierzu Abschnitt 2.4.3.1.3.
[14] In diesem Zusammenhang ist zu berücksichtigen, dass die vorgesehenen Modifikationen nicht dazu führen dürfen, dass, wie z.B. durch die Aufnahme neuer Begünstigter, gleichsam ein neuer Aktienoptionsplan begeben wird.

punkt von Stichtag der IFRS-Eröffnungsbilanz (date of transition) und 1. Januar 2005 unverfallbar wurden (IFRS 1.25B). Die freiwillige Anwendung von IFRS 2 ist jedoch nur zulässig, wenn das Unternehmen den beizulegenden Zeitwert der Aktienoptionen zum Bewertungsstichtag bereits früher veröffentlicht hat (IFRS 1.25B). Zudem hat der Erstanwender, auch wenn er sich gegen eine freiwillige Anwendung von IFRS 2 entscheidet, die Anhangangaben nach IFRS 2.44-45 zu machen (IFRS 1.25B). Weiterhin sind IFRS 2.26-29 nicht auf Änderungen von Ausübungsbedingungen anzuwenden, die vor dem späteren Zeitpunkt von Eröffnungsbilanzstichtag (date of transition) und dem 1. Januar 2005 vereinbart wurden (IFRS 1.25B).[15] Im Übrigen ist IFRS 2 für Erstanwender auf alle Aktienoptionspläne außerhalb des Anwendungsbereichs von IFRS 1.25B retrospektiv anzuwenden (IFRS 1.7).

Begründen die Pläne Wertsteigerungsrechte, müssen die entsprechenden Schulden, soweit sie vor dem Eröffnungsbilanzstichtag oder vor dem 1. Januar 2005 ausgeglichen wurden, von dem Erstanwender nicht nach IFRS 2 abgebildet werden (IFRS 1.25C). Wird IFRS 2 freiwillig angewandt, sind die Vergleichsinformationen für Berichtsperioden vor dem 7. November 2002 nicht verpflichtend anzupassen (IFRS 1.25C). Im Übrigen ist IFRS 2 außerhalb des Anwendungsbereichs von IFRS 1.25C für Erstanwender retrospektiv anzuwenden (IFRS 1.7).

2.4 Aktienoptionen

2.4.1 Grundlegende Gestaltung

In der Grundform erhalten die Mitarbeiter auf der Basis eines Aktienoptionsplans durch das Unternehmen am Tag der Gewährung (grant date oder nachfolgend auch Gewährungszeitpunkt) Aktienoptionen, die sie berechtigen, zum späteren Ausübungszeitpunkt (exercise date) oder innerhalb eines Zeitraums nach Ablauf des Erdienungszeitraums eine bestimmte Anzahl von Eigenkapitalinstrumenten zu einem bestimmten, im Voraus festgelegten Preis - dem Ausübungspreis - zu erwerben.[16] Je weiter der tatsächliche Kurs der betreffenden Aktien zum Ausübungszeitpunkt über dem Ausübungspreis liegt, umso höher ist der aus der Ausübung der Aktienoptionen resultierende Gewinn für den einzelnen Mitarbeiter. Liegt der Kurs der Aktien zum Ausübungszeitpunkt dagegen unter dem Ausübungspreis, ist die Ausübung der Aktienoption wirtschaftlich nicht sinnvoll, da die Aktien am Markt günstiger zu beziehen sind. Üblicherweise enthalten Aktien-

---

[15] Der Eröffnungsbilanzstichtag meint den Zeitpunkt, auf den die Eröffnungsbilanz zu erstellen ist bzw. den Beginn der ersten Vergleichsperiode, die im ersten IFRS-Abschluss dargestellt wird (IFRS 1.A).

[16] Im Gegensatz zum Exercise Date handelt es sich bei dem Vesting Date um den Zeitpunkt, zu dem der Anspruch der Begünstigten unverfallbar entstanden ist. Dieser Zeitpunkt kann vor dem Exercise Date liegen, üblicherweise fallen beide Zeitpunkte jedoch zusammen.

optionspläne über den vorstehend beschriebenen Inhalt hinaus weitere Ausübungsbedingungen (vesting conditions).

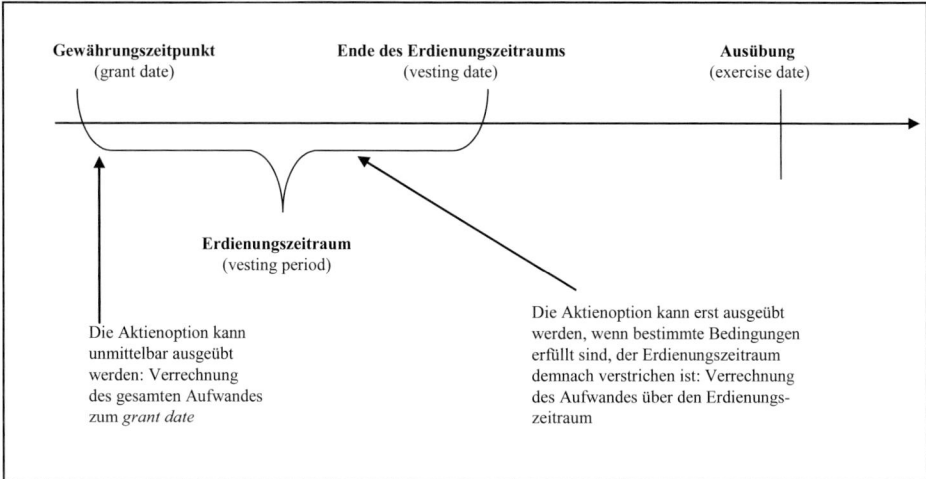

Abb. 1: Zeitpunkt der Aufwandsverrechnung

2.4.2 Ansatz

Im Jahresabschluss des Unternehmens ist zwischen bilanzierungsfähigen Gütern oder Dienstleistungen und nicht bilanzierungsfähigen Gütern oder Dienstleistungen zu unterscheiden; nur die Letzteren führen sofort zu Aufwand.[17] Erhalten Mitarbeiter des Unternehmens für ihre künftig noch zu erbringende Arbeitsleistung Aktienoptionen, führt dies mangels Aktivierungsfähigkeit immer zu einer aufwandswirksamen Erfassung (IFRS 2.11). Die Gegenbuchung ist in allen Fällen im Eigenkapital vorzunehmen (IFRS 2.7-8).[18] Im Hinblick darauf, dass es sich bei den Dienstleistungen nicht um

---

[17] Die erworbenen Güter oder Dienstleistungen sind im Zeitpunkt ihres Zugangs bzw. nach Erbringung der Dienstleistung buchmäßig zu erfassen. Sie sind als Vermögenswerte auszuweisen und zu bewerten, sofern sie die allgemeinen Ansatzvorschriften erfüllen, im Übrigen als Aufwand; vgl. IFRS 2.7-9. Dementsprechend enthält IFRS 2 Sonderregeln für den Fall, dass die erhaltenen Güter oder Dienstleistungen - betroffen ist hier regelmäßig nur die künftige Arbeitsleistung der Mitarbeiter - einer Aktivierung als Vermögensgegenstand nicht zugänglich sind und daher eine aufwandswirksame Erfassung zu erfolgen hat.

[18] Da der Standard diese Verfahrensweise zwingend vorschreibt und sich das IASB mit den diskutierten Bedenken - Ausgangspunkt der Diskussion ist die Frage, ob Aktienoptionen überhaupt erfolgswirksam zu erfassen sind - in der den Standard ergänzenden Basis of Conclusions (nachfolgend: BC) eingehend auseinander setzt, vgl. IFRS 2.BC29-33, kann an dieser Stelle eine Darstellung des Streitstandes unter-

einlagefähige Vermögensgegenstände handelt[19] und um insoweit den Gleichlauf mit den aktienrechtlich geprägten Kapitalrücklagen des Einzelabschlusses herzustellen, empfiehlt es sich, bei dieser Buchung die Gewinnrücklagen heranzuziehen.[20]

2.4.3 Bewertung

2.4.3.1 Erstmalige Aufwandserfassung

2.4.3.1.1 Ermittlung des beizulegenden Zeitwerts

Zur Ermittlung der Höhe des Aufwands stellt IFRS 2 die widerlegbare Vermutung auf, dass die Höhe des zu erfassenden Aufwands durch den beizulegenden Zeitwert (fair value) der erhaltenen Güter oder Dienstleistungen determiniert wird (sog. direkte Methode) (IFRS 2.10).[21] Nur soweit der beizulegende Zeitwert der erhaltenen Güter oder Dienstleistungen nicht zuverlässig ermittelt werden kann, erfolgt die Ermittlung der Höhe des Aufwands indirekt durch die Bewertung der gewährten Aktienoptionen (sog. indirekte Methode) (IFRS 2.11).

Bei der Gewährung von Aktienoptionen an Mitarbeiter sieht der Standard zwingend die Anwendung der indirekten Methode vor.[22] In Anwendung der indirekten Methode ist

---

bleiben. Es sei nur auf die kritischen Stimmen in der Literatur, z.B. SCHRUFF, W., Zur Bilanzierung von Stock Options nach HGB - Übernahme internationaler Rechnungslegungsstandards?, in: HOMMELHOFF, P. (Hrsg.), FS für Welf Müller, München 2001, S. 219-239, hier insbesondere S. 235; SCHILDBACH, T., Stock Options nach den Vorstellungen der Arbeitsgruppe des Deutschen Standardisierungsrates, StuB 2000, S. 1033-1038, hier S. 1034; HERZIG, N./LOCHMANN, U., Steuerbilanz und Betriebsausgabenabzug bei Stock Options, WPg 2002, S. 325-344 sowie die zusammenfassende Darstellung der Streitpunkte bei ROß, N./BAUMUNK, S., ED 2 Share-based Payment im Vergleich zu US-GAAP und E-DRS 11, a.a.O. (Fn. 3), S. 29-38, verwiesen. Die in der BC enthaltene Argumentation des IASB wird zudem näher durch KPMG (Hrsg.), IFRS aktuell, a.a.O. (Fn. 4), S. 28-29 und HOFFMANN, W.-D., § 23 Aktienorientierte Vergütungsformen, in: LÜDENBACH, N./HOFFMANN, W.-D. (Hrsg.), Haufe IAS-Kommentar, 2. Aufl., Freiburg 2004, § 23, Rz. 52, beleuchtet. Die Vereinbarkeit der derzeitigen Argumentationslinien des IASB mit dem Aktienrecht untersucht EKKENGA, J., Bilanzierung von Stock Options Plans nach US-GAAP, IFRS und HGB, DB 2004, S. 1897-1903.

[19] Vgl. HUECK, A./FASTRICH, L., Stammkapital und Stammeinlagen, in: BAUMBACH, A./HUECK, A. (Hrsg.), GmbH Gesetz, 17. Aufl., München 2000, § 5, Rn. 24; HÜFFER, U., AktG, 6. Aufl., München 2004, § 27, Rn. 29; SCHRUFF, W./HASENBURG, C., a.a.O. (Fn. 2), S. 641.

[20] Vgl. KPMG IFRG LIMITED (Hrsg.), Illustrative financial statements: first-time adoption in 2005, S. 92.

[21] Damit hat sich das IASB gegen die auch denkbare Bewertung zum inneren Wert (intrinsic value) entschieden, vgl. dazu ROß, N./BAUMUNK, S., ED 2 Share-based Payment im Vergleich zu US-GAAP und E-DRS 11, a.a.O. (Fn. 3), S. 31.

[22] Das IASB geht davon aus, dass der beizulegende Zeitwert der erhaltenen Arbeitsleistung nicht zuverlässig ermittelt werden kann, vgl. IFRS 2.11. Auch HOFFMANN, W.-D., a.a.O. (Fn. 18), § 23, Rz. 82, weist darauf hin, dass aktiengestützte Vergütungssysteme häufig ein Bonussystem als Anreiz für die Aufrechterhaltung des Dienstverhältnisses oder für Bemühungen im Interesse einer verbesserten Leistungsfähigkeit des Unternehmens enthalten, dessen Wertbestimmung aber praktisch unmöglich ist.

der beizulegende Zeitwert der Aktienoptionen - der sich aus dem inneren Wert (intrinsic value) und dem Zeitwert (time value) zusammensetzt[23] - primär im Wege eines Vergleichs mit am Markt verfügbaren Aktienoptionen gleicher Ausstattung und Laufzeit festzustellen (IFRS 2.16).

Soweit Vergleichspreise nicht verfügbar sind, ist der beizulegende Zeitwert durch ein anerkanntes finanzmathematisches Aktienoptionspreismodell zu berechnen (IFRS 2.17). Im Rahmen finanzmathematischer Aktienoptionspreismodelle ist der beizulegende Zeitwert unter Rückgriff auf mindestens die folgenden Marktbedingungen (market conditions) zu ermitteln: Ausübungspreis (exercise price) und die Laufzeit der Aktienoptionen (life of the option), erwartete Volatilität (expected volatility), Aktienkurs bei Optionseinräumung (current price of underlying shares), zu erwartende Dividende (dividends expected) sowie laufzeitadäquater risikofreier Zinssatz (risk free interest rate for the life of the option) (IFRS 2.B6)[24]. Der Standard selbst schreibt kein bestimmtes Aktienoptionspreismodell verbindlich vor, sondern verlangt allein Konsistenz zwischen dem gewählten Aktienoptionspreismodell und den allgemein anerkannten Bewertungsverfahren für Finanzinstrumente (IFRS 2.17 und IFRS 2.B5).[25]

2.4.3.1.2 Modifizierte Gewährungszeitpunktmethode

Der auf Basis der Marktbedingungen ermittelte beizulegende Zeitwert der Aktienoptionen determiniert regelmäßig nicht allein den grundsätzlich über die Dauer des Erdienungszeitraumes zu erfassenden Aufwand. Vielmehr entfalten auch die in Aktienoptionsplänen üblicherweise vorgesehenen anderen Ausübungsbedingungen (other vesting conditions) Bedeutung.[26] So ist es z.B. denkbar, dass im Aktienoptionsplan vereinbart wurde, dass die Ausübung der Aktienoptionen eine ununterbrochene Zugehörigkeit zum Unternehmen von drei Jahren voraussetzt, in den vergangenen Geschäftsjahren für diesen Zeitraum eine Fluktuationsrate von 20% bestand. Diese Tatsache muss bei der Berechnung des zu erfassenden Aufwandes Berücksichtigung finden. Das wiederum geschieht über die sog. modifizierte Gewährungszeitpunktmethode (modified grant date approach).[27] Die anderen Ausübungsbedingungen sind danach nicht bei der Bewertung der Aktienoptionen im Rahmen des Aktienoptionspreismodells, sondern vielmehr bei der

---

[23] Vgl. HOFFMANN, W.-D., a.a.O. (Fn. 18), § 23, Rz. 25, 83.

[24] Vgl. KPMG (Hrsg.), IFRS aktuell, a.a.O. (Fn. 4), S. 36; HOFFMANN, W.-D., a.a.O. (Fn. 18), § 23, Rz. 86; OSER, P./VATER, H., Bilanzierung von Stock Options nach US-GAAP und IAS, DB 2001, S. 1261-1268, hier S. 1261.

[25] Benannt werden das Binominalmodell und das Black-Scholes-Modell, wobei jedoch keine Festlegung auf eines der Modelle getroffen wird.

[26] Dieser Ansatz beruht, in Durchbrechung der konzeptionellen Grundlage des Standards und in Abweichung zum Standardentwurf des Jahres 2002 (dort war die Berücksichtigung von Leistungseinheiten vorgesehen) auf dem Bestreben des IASB, eine Harmonisierung mit den US-GAAP zu erreichen; vgl. dazu die Kritik von PELLENS, B./CRASSELT, N., Bilanzierung von Aktienoptionsplänen und ähnlichen Entgeltformen nach IFRS 2 „Share-based Payment", a.a.O. (Fn. 9), S. 116.

[27] Vgl. KPMG (Hrsg.), IFRS aktuell, a.a.O. (Fn. 4), S. 36.

Einschätzung des zu erwartenden Umfangs der ausgeübten Aktienoptionen zu berücksichtigen.[28]

Innerhalb der anderen Ausübungsbedingungen unterscheidet IFRS 2 wie folgt (IFRS 2.19 und IFRS 2.BC184):

- Leistungsbedingungen (performance conditions), soweit sie nicht marktorientiert sind; bspw. die Anknüpfung der Ausübung der Aktienoptionen an die Erreichung von Umsatz-, Gewinn- oder EBITDA-Zielen oder

- Dienstbedingungen (service conditions); bspw. die Anknüpfung der Ausübung der Aktienoptionen an eine bestimmte Verbleibenszeit im Unternehmen.

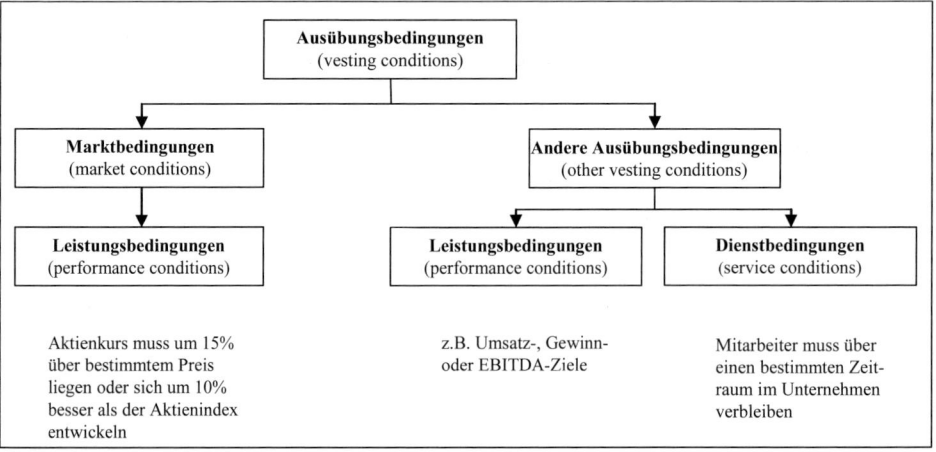

Abb. 2: Ausübungsbedingungen

Die Berechnung des Aufwandes erfolgt also, aufbauend auf dem ermittelten beizulegenden Zeitwert der Aktienoptionen, durch dessen Gewichtung mit den Eintrittswahrscheinlichkeiten der anderen Ausübungsbedingungen.[29] So wird im vorstehenden Beispiel der ermittelte beizulegende Zeitwert der gewährten Aktienoptionen mit der Eintrittswahrscheinlichkeit der Ausübung der Aktienoptionen (100% - 20% Fluktuationsrate = 80%) multipliziert.

---

[28] Vgl. HOFFMANN, W.-D., a.a.O. (Fn. 18), § 23, Rz. 86, der die Einschätzung des zu erwartenden Umfangs ausgeübter Aktienoptionen - nach deutschem Sprachverständnis - als Mengengerüst und die Bewertung der Aktienoptionen mittels Aktienoptionspreismodells als Wertkomponente bezeichnet.

[29] Vgl. KPMG (Hrsg.), IFRS aktuell, a.a.O. (Fn. 4), S. 38.

Beispiel 1: Gewährung von Aktienoptionen mit Dienstbedingungen (IFRS 2.IG Beispiel 1)[30]

Ein Unternehmen gewährt jedem seiner 500 Mitarbeiter jeweils 100 Aktienoptionen, mithin insgesamt 50.000 Aktienoptionen. Die Aktienoptionen können nach einem Erdienungszeitraum von 3 Jahren, in denen der Mitarbeiter im Unternehmen verbleiben muss, ausgeübt werden. Man schätzt, dass während des Erdienungszeitraums 20% der Mitarbeiter das Unternehmen verlassen und somit ihre Aktienoptionen nicht ausüben werden. Der mit Hilfe eines Aktienoptionspreismodells ermittelte beizulegende Zeitwert der einzelnen Aktienoption beträgt zum Gewährungszeitpunkt € 15.

Szenario 1:

Tatsächliche und erwartete Fluktuation entsprechen sich. In den einzelnen Berichtsperioden wird die Gesamtzahl der ausgegebenen Aktienoptionen unter Rückgriff auf die geschätzte Fluktuation auf die Anzahl reduziert, die voraussichtlich zum Ende des Erdienungszeitraums ausgeübt werden können. Diese Anzahl wird mit dem zum Gewährungszeitpunkt ermittelten beizulegenden Zeitwert multipliziert. Darauf folgt die Gewichtung mit dem bereits abgelaufenen Anteil an dem gesamten Erdienungszeitraum, bspw. im 1. Jahr mit $1/3$. Schließlich wird in dem jeweiligen Jahr der bereits in den Vorjahren erfasste kumulierte Aufwand abgezogen, um so zu dem in der zu beurteilenden Berichtsperiode zu erfassenden Aufwand zu gelangen.

Jahr	Berechnung Periodenaufwand	Perioden-aufwand	Kumulierter Aufwand
1	50.000 [Aktienoptionen] x 80% x € 15 x $1/3$	€ 200.000	€ 200.000
2	50.000 [Aktienoptionen] x 80% x € 15 x $2/3$	€ 200.000	€ 400.000
3	50.000 [Aktienoptionen] x 80% x € 15 x $3/3$	€ 200.000	€ 600.000

---

[30] Das angesprochene Beispiel ist auch bei KPMG (Hrsg.), IFRS aktuell, a.a.O. (Fn. 4), S. 39-40 sowie HOFFMANN, W.-D., a.a.O. (Fn. 18), § 23, Rz. 91, zu finden.

Szenario 2:

Die tatsächliche Fluktuationsrate entspricht nicht dem Erwartungswert zum Gewährungszeitpunkt. Während des ersten Jahres verlassen 20 Mitarbeiter das Unternehmen. Das Unternehmen revidiert seine Schätzung von 20% auf 15%. Während des zweiten Jahres verlassen 22 Mitarbeiter das Unternehmen. Dieses revidiert seine Schätzung von 15% auf 12%. Im dritten Jahr verlassen weitere 15 Mitarbeiter das Unternehmen; insgesamt sind dies über den Erdienungszeitraum mithin 57 Mitarbeiter, so dass lediglich 443 Mitarbeiter ihre Aktienoptionen ausüben können.

Jahr	Berechnung Periodenaufwand	Periodenaufwand	Kumulierter Aufwand
1	50.000 [Aktienoptionen] x 85% x € 15 x $^1/_3$	€ 212.500	€ 212.500
2	(50.000 [Aktienoptionen] x 88% x € 15 x $^2/_3$) - € 212.500	€ 227.500	€ 440.000
3	(44.300 [Aktienoptionen] x € 15 x $^3/_3$) - € 440.000	€ 224.500	€ 664.500

Beispiel 2: Gewährung von Aktienoptionen mit einer Marktbedingung (IFRS 2.IG Beispiel 5)[31]

Ein Unternehmen räumt seinen Mitarbeitern insgesamt 10.000 Aktienoptionen ein. Der Erdienungszeitraum, in dem die begünstigten Mitarbeiter im Unternehmen verbleiben müssen, beträgt drei Jahre. Die Aktienoptionen können nur ausgeübt werden, wenn der Börsenkurs der Aktien von € 50 zu Beginn des ersten Jahres auf über € 65 am Ende des dritten Jahres gestiegen ist.

Zum Zeitpunkt der Gewährung der Aktienoptionen beträgt der beizulegende Zeitwert der Aktienoptionen unter Berücksichtigung der Wahrscheinlichkeit, dass der Aktienkurs von € 65 am Ende des dritten Jahres überschritten wird, € 24. Sofern die Mitarbeiter während des Erdienungszeitraums im Unternehmen verbleiben, sie mithin die Aktienoptionen ausüben können, ist der Aufwand unabhängig von der tatsächlichen Entwicklung des Aktienkurses bzw. des beizulegenden Zeitwerts der Aktienoptionen wie folgt zu ermitteln:

Jahr	Berechnung Periodenaufwand	Perioden-aufwand	Kumulierter Aufwand
1	10.000 [Aktienoptionen] x € 24 x $^1/_3$	€ 80.000	€ 80.000
2	(10.000 [Aktienoptionen] x € 24 x $^2/_3$) - € 80.000	€ 80.000	€ 160.000
3	(10.000 [Aktienoptionen] x € 24 x $^3/_3$) - € 160.000	€ 80.000	€ 240.000

---

[31] Das Beispiel ist auch abgedruckt in KPMG (Hrsg.), IFRS aktuell, a.a.O. (Fn. 4), S. 44.

Beispiel 3: Gewährung von Aktienoptionen mit variablem Erdienungszeitraum, der in Abhängigkeit von einer Dienstbedingung variiert (IFRS 2.IG Beispiel 2)[32]

Ein Unternehmen gewährt jedem seiner 500 Mitarbeiter 100 Aktienoptionen. Der Erdienungszeitraum ist als Dienstbedingung formuliert und bezeichnet den Zeitraum, über den die Mitarbeiter, denen Aktienoptionen gewährt wurden, in dem Unternehmen verbleiben müssen, um die Aktienoptionen ausüben zu können. Zugleich knüpft eine Leistungsbedingung an den Erdienungszeitraum an und bedingt dessen Länge. Steigt der Gewinn danach um mehr als 18% an, so endet der Erdienungszeitraum nach einem Jahr. Steigt der Gewinn im Durchschnitt über die ersten zwei Jahre um mehr als 13% an, so endet der Erdienungszeitraum nach zwei Jahren. Im Fall einer durchschnittlichen Steigerung des Gewinns um mehr als 10% endet der Erdienungszeitraum nach drei Jahren. Wird eine durchschnittliche Gewinnsteigerung von 10% innerhalb von drei Jahren nicht erreicht, verfallen die Aktienoptionen. Zum Gewährungszeitpunkt beträgt der auf Basis eines Aktienoptionspreismodells ermittelte beizulegende Zeitwert pro Aktienoption € 30.

Am Ende des ersten Jahres ist der Gewinn um 14% gestiegen. Zudem haben 30 Mitarbeiter das Unternehmen verlassen. Es wird erwartet, dass der Gewinn im nächsten Jahr in demselben Maß steigt und der Erdienungszeitraum daher am Ende des zweiten Jahres ausläuft. Weiterhin wird geschätzt, dass im zweiten Jahr weitere 30 Mitarbeiter das Unternehmen verlassen und daher am Ende 440 Mitarbeiter ihre Aktienoptionen tatsächlich ausüben werden.

Am Ende des zweiten Jahres beträgt die Gewinnsteigerung tatsächlich nur 10% mit der Folge, dass der Erdienungszeitraum weiter läuft. Für das dritte Jahr wird eine Gewinnsteigerung von mindestens 6% erwartet und somit von einer durchschnittlichen Gewinnsteigerung über die ersten drei Jahre von 10% ausgegangen. Weitere 28 Mitarbeiter haben das Unternehmen verlassen und es wird geschätzt, dass im dritten Jahr noch 25 Mitarbeiter das Unternehmen verlassen werden.

Am Ende des dritten Jahres haben weitere 23 Mitarbeiter das Unternehmen verlassen. Die Steigerung des Gewinns betrug 8%, mithin im Durchschnitt mehr als 10% pro Jahr. Insgesamt werden 419 Mitarbeiter die Aktienoptionen ausüben können.

---

[32] Das Beispiel ist auch abgedruckt in KPMG (Hrsg.), IFRS aktuell, a.a.O. (Fn. 4), S. 41.

Jahr	Berechnung Periodenaufwand	Perioden-aufwand	Kumulierter Aufwand
1	440 [Mitarbeiter] x 100 [Aktienoptionen] x € 30 x $^1/_2$	€ 660.000	€ 660.000
2	(417 [Mitarbeiter] x 100 [Aktienoptionen] x € 30 x $^2/_3$) - € 660.000	€ 174.000	€ 834.000
3	(419 [Mitarbeiter] x 100 [Aktienoptionen] x € 30 x $^3/_3$) - € 834.000	€ 423.000	€ 1.257.000

Das Berechnungsbeispiel macht deutlich, dass zu jedem Bilanzstichtag die weitere voraussichtliche Entwicklung des Aktienoptionsprogramms beurteilt werden muss, um zu einer Anpassung der zugrunde liegenden Schätzwerte zu gelangen. Am Ende des Erdienungszeitraums sind die Aktienoptionen zu ermitteln, die tatsächlich ausgeübt werden können. Nur diese sind relevant für den kumuliert über den Erdienungszeitraum zu erfassenden Aufwand.

Beispiel 4: Gewährung von Aktienoptionen unter Leistungsbedingungen mit variablem Ausübungspreis (IFRS 2.IG Beispiel 4)[33]

Ein Unternehmen räumt seinen Mitarbeitern insgesamt 10.000 Aktienoptionen ein. Der Erdienungszeitraum, in dem die begünstigten Mitarbeiter im Unternehmen verbleiben müssen, beträgt 3 Jahre. Der Ausübungspreis beträgt € 40. Erhöht sich der Gewinn während des Erdienungszeitraums um durchschnittlich 10%, vermindert sich der Ausübungspreis auf € 30. Zum Zeitpunkt der Gewährung besitzt die einzelne Aktienoption bei einem Ausübungspreis von € 30 einen beizulegenden Zeitwert von € 16, bei einem Ausübungspreis von € 40 einen beizulegenden Zeitwert von € 12.

Während des ersten Jahres steigt der Gewinn des Unternehmens um 12% an. Das Unternehmen erwartet diese Entwicklung auch für die Folgejahre, was zur Annahme eines Ausübungspreises in Höhe von € 30 führt. Im zweiten Jahr beträgt die Gewinnsteigerung 13%, so dass weiter von einem Ausübungspreis in Höhe von € 30 auszugehen ist. Im dritten Jahr beträgt die Gewinnsteigerung nur 3%. Damit ist die Leistungsbedingung der Aktienoptionen nicht erreicht, was zu einem Ausübungspreis von € 40 nach Ablauf des Erdienungszeitraums führt.

---

[33] Das Beispiel findet sich auch bei KPMG (Hrsg.), IFRS aktuell, a.a.O. (Fn. 4), S. 42-43.

Jahr	Berechnung Periodenaufwand	Perioden-aufwand	Kumulierter Aufwand
1	10.000 [Aktienoptionen] x € 16 x $^1/_3$	€ 53.333	€ 53.333
2	(10.000 [Aktienoptionen] x € 16 x $^2/_3$) - € 53.333	€ 53.334	€ 106.667
3	(10.000 [Aktienoptionen] x € 12 x $^3/_3$) - € 106.667	€ 13.333	€ 120.000

Die Besonderheit dieses Beispiels besteht in der Verknüpfung einer Marktbedingung - dem Ausübungspreis - mit einer Leistungsbedingung in Form der Gewinnsteigerung. Nach IFRS 2.21 sind allein Marktbedingungen in die Berechnung des beizulegenden Zeitwerts mittels Aktienoptionspreismodell zu integrieren. Da die Höhe des Ausübungspreises in Abhängigkeit von einer Leistungsbedingung gestellt wurde, die gerade nicht bei der Ermittlung des beizulegenden Zeitwerts berücksichtigt werden darf, wird der Einfluss der Leistungsbedingung nicht in die Berechnung des beizulegenden Zeitwerts einbezogen. Der beizulegende Zeitwert wird vielmehr für beide möglichen Ausübungspreise zum Gewährungszeitpunkt gesondert ermittelt. Zum jeweiligen Bilanzstichtag ist dann einzuschätzen, welches der beiden Szenarien mit höherer Wahrscheinlichkeit eintritt: Die Prognoseanpassung erfolgt unter Rückgriff auf den zu verteilenden Gesamtaufwand des wahrscheinlichsten Szenarios.

Entsprechend wird der Aufwand im Beispiel im zweiten Jahr anhand des beizulegenden Zeitwerts für den zu diesem Zeitpunkt wahrscheinlicheren Ausübungspreis von € 30 mit € 16 ermittelt. Im dritten Jahr wird deutlich, dass die Leistungsbedingung nicht erfüllt wird; der Ausübungspreis liegt damit bei € 40. Der beizulegende Zeitwert wird folglich auf € 12 gesenkt.

Der Wechsel des beizulegenden Zeitwerts erfolgt ausschließlich aufgrund der Nichterfüllung der Leistungsbedingung. Dem Grundsatz, dass der beizulegende Zeitwert ausschließlich zum Gewährungszeitpunkt zu ermitteln ist und in den nachfolgenden Perioden nicht angepasst wird, wird auch hier gefolgt, denn die alternativen Werte des beizulegenden Zeitwerts in Abhängigkeit von dem möglichen Ausübungspreis werden auf der Grundlage der Wertverhältnisse zum Gewährungszeitpunkt ermittelt und nachfolgend bei einer Änderung der Wertverhältnisse während des Erdienungszeitraums nicht angepasst.

2.4.3.1.3 Bewertungszeitpunkt

Hinsichtlich des Bewertungszeitpunktes sind in den bereits bestehenden US-GAAP-Standards, dem mittlerweile nicht weiter verfolgten Standard-Entwurf E-DRS 11 des Deutschen Rechnungslegungs Standard Committee (DRSC) und der handelsrechtlichen Literatur die unterschiedlichsten Ansätze zu finden. Genannt werden der Zeitpunkt bzw. Tag der Gewährung der Aktienoptionen, der Zeitpunkt, an dem die Anzahl der erwerbbaren Aktien und der Ausübungspreis feststehen (measurement date i.S.v. APB 25 (1975))[34] sowie der Zeitpunkt, an dem der Aktienoptionsberechtigte alle Leistungen erbracht hat und unwiderruflich die Rechte aus der Aktienoption ausüben kann (vesting date).[35] Das IASB hat sich für eine Bewertung der Aktienoptionen zum Tag der Gewährung entschieden (IFRS 2.16).

Begrifflich umschreibt der Standard als Tag der Gewährung den Tag, an dem die Vertragsparteien ein gemeinsames Verständnis bezüglich der Vertragsbedingungen haben und dem Vertragspartner – regelmäßig dem einzelnen Mitarbeiter – die vereinbarten Aktienoptionsrechte gewährt werden (IFRS 2.A). Dies dürfte grundsätzlich der Zeitpunkt des Vertragsabschlusses sein. Soweit der Vertrag noch eines Genehmigungsverfahrens, z.B. der Zustimmung der Aktionäre oder des Aufsichtsrates des Unternehmens bedarf, wird der Tag der Gewährung durch den Standard auf den Tag der Erteilung der Zustimmung gelegt (IFRS 2.A).

2.4.3.1.4 Zeitpunkt der Aufwandsverrechnung

Mit IFRS 2 hat sich das IASB dafür entschieden, den auf den Tag der Gewährung ermittelten (erwarteten) Aufwand aus der Ausgabe von Aktienoptionen an Mitarbeiter als Gegenleistung für zukünftig zu erbringende Arbeitsleitungen zeitanteilig über den Erdienungszeitraum in der Gewinn- und Verlustrechnung zu erfassen (IFRS 2.15).[36] Korrespondierend wird über die Dauer des Erdienungszeitraums auch das Eigenkapital (Gewinnrücklagen) erhöht (IFRS 2.15). Das beschriebene Vorgehen soll bewirken, dass letztlich die Anzahl der Aktienoptionen zu Grunde gelegt wird, die zum Ende des Erdienungszeitraums erwartungsgemäß ausgeübt werden können (IFRS 2.19).

Von einer anteilsbasierten Vergütung bereits erbrachter Arbeitsleistungen der Mitarbeiter – mit der Folge einer sofortigen vollen Erfassung als Aufwand und im Eigenkapital im Zusagezeitpunkt – darf dagegen nach IFRS 2.14 nur ausgegangen werden, wenn die Ausübung der Aktienoptionen nicht von dem Fortbestehen des Arbeitsverhältnisses abhängt.[37]

---

[34] APB Opinion 25, Accounting for Stock Issued to Employees.
[35] Vgl. ROß, N./BAUMUNK, S., ED 2 Share-based Payment im Vergleich zu US-GAAP und E-DRS 11, a.a.O. (Fn. 3), S. 31.
[36] Eine Definition des Begriffs des Erdienungszeitraums (vesting period) lässt sich IFRS 2.A entnehmen.
[37] Vgl. HOFFMANN, W.-D., a.a.O. (Fn. 18), § 23, Rz. 90.

2.4.3.2 Folgeanpassungen des beizulegenden Zeitwerts

Neben dem Grundprinzip der Aufwandsberechnung enthält IFRS 2 Regelungen zu der Frage, wie sich Änderungen der Marktbedingungen auswirken, die bei der Ermittlung des beizulegenden Zeitwerts der Aktienoptionen mit Hilfe des Aktienoptionspreismodells berücksichtigt wurden; weiter regelt der Standard auch, wie Änderungen der anderen Ausübungsbedingungen zu berücksichtigen sind.

Schwankungen des beizulegenden Zeitwerts, die auf Änderungen der im angewandten Aktienoptionspreismodell berücksichtigten Marktbedingungen zurückzuführen sind, führen hiernach nicht zu einer Anpassung des zu erfassenden Aufwandes.[38] Eine Anpassung des einmal ermittelten beizulegenden Zeitwerts (trueing up) findet in den Folgeperioden nicht statt (IFRS 2.21). Damit wird der zum Tag der Gewährung ermittelte beizulegende Zeitwert über die Dauer des Erdienungszeitraums fixiert.[39]

Bezüglich der anderen Ausübungsbedingungen - mithin der nicht marktorientierten Leistungs- und der Dienstbedingungen - erfolgt demgegenüber eine Berücksichtigung von Änderungen der Eintrittswahrscheinlichkeiten während des Erdienungszeitraum für diejenige Berichtsperiode (bzw. deren Ende), in der die Änderung der Eintrittswahrscheinlichkeit eingetreten ist (IFRS 2.19).[40] Nach Ablauf des Erdienungszeitraums sind keine Anpassungen, etwa im Hinblick auf verfallene oder nicht ausgeübte Aktienoptionen, mehr vorzunehmen; lediglich Umbuchungen innerhalb des Eigenkapitals kommen noch in Betracht (IFRS 2.23).

2.4.4 Sonderfragen

2.4.4.1 Änderungen der Aktienoptionsbedingungen

Änderungen der Aktienoptionsbedingungen können sich sowohl durch eine vertragliche Änderung von im Aktienoptionsplan enthaltenen Bedingungen ergeben als auch durch tatsächliche Veränderungen von im Aktienoptionsplan enthaltenen anderen Ausübungsbedingungen.

Werden die Bedingungen, zu denen Aktienoptionen gewährt worden sind, nachträglich im Wege einer vertraglichen Vereinbarung abgeändert, bleibt es grundsätzlich bei der bisher angewandten bilanziellen Vorgehensweise, nämlich der aufwandswirksamen

---

[38] Begründet wird dies durch das IASB damit, dass die erhaltene Leistung bilanziell abzubilden sei und nicht die Wertentwicklung der Aktienoptionen, vgl. IFRS 2.18-25 sowie ergänzend auch HOFFMANN, W.-D. a.a.O. (Fn. 18), § 23, Rz. 90; KPMG (Hrsg.), IFRS aktuell, a.a.O. (Fn. 4), S. 39.

[39] Vgl. KPMG (Hrsg.), IFRS aktuell, a.a.O. (Fn. 4), S. 39.

[40] Vgl. auch KPMG (Hrsg.), IFRS aktuell, a.a.O. (Fn. 4), S. 39; BRUNS, H.-G./ZEIMES, M., Aktueller Stand der Projekte des IASB, Der Konzern 2004, S. 410-420, hier S. 414, weisen darauf hin, dass der verabschiedete Standard in diesem Punkt an SFAS 123 (1995) angeglichen wurde.

Periodisierung des beizulegenden Zeitwerts der gewährten Aktienoptionen über den Erdienungszeitraum.[41] Zusätzlich soll aber bei der vertraglich vereinbarten Änderung der Aktienoptionsbedingungen eine damit einhergehende Erhöhung des beizulegenden Zeitwerts der gewährten Aktienoptionen erfasst werden. Ermäßigungen des Zeitwerts wirken sich dagegen nicht aus (IFRS 2.27 und IFRS 2.B42-44). Wird bspw. der Ausübungspreis nachträglich im Wege einer vertraglichen Vereinbarung gesenkt, steigt der beizulegende Zeitwert.[42] Dieser zusätzliche beizulegende Zeitwert (incremental fair value) wird als Differenz des beizulegenden Zeitwerts der ursprünglich gewährten Aktienoptionen und des beizulegenden Zeitwerts der geänderten Aktienoptionen jeweils zu dem Tag, zu dem die Änderung eingetreten ist, berechnet und, sofern die Änderung im Erdienungszeitraum erfolgt, über den verbleibenden Erdienungszeitraum verteilt.[43] Durch das Abstellen der Differenzrechnung auf den Tag der Änderung wird sichergestellt, dass nur Wertänderungen aufgrund der geänderten Aktienoptionsbedingungen berücksichtigt werden, nicht aber Wertänderungen der ursprünglich gewährten Aktienoptionen bis zum Tag der Änderung.[44]

Die tatsächliche Veränderung der anderen Ausübungsbedingungen findet demgegenüber - wie bereits erörtert - über die Anwendung der modifizierten Gewährungszeitpunktmethode zu dem Bilanzstichtag Berücksichtigung, in dessen Berichtsperiode die Änderungen eingetreten sind.

---

41 Vgl. KPMG (Hrsg.), IFRS aktuell, a.a.O. (Fn. 4), S. 47.
42 Vgl. KPMG (Hrsg.), IFRS aktuell, a.a.O. (Fn. 4), S. 47.
43 Vgl. KPMG (Hrsg.), IFRS aktuell, a.a.O. (Fn. 4), S. 47.
44 Vgl. KPMG (Hrsg.), IFRS aktuell, a.a.O. (Fn. 4), S. 47.

Beispiel 5: Nachträgliche Anpassung des Ausübungspreises (IFRS 2.IG Beispiel 7)[45]

Ein Unternehmen gewährt jedem seiner 500 Mitarbeiter 100 Aktienoptionen, die erst nach einem Erdienungszeitraum von drei Jahren ausgeübt werden können, während dessen die Mitarbeiter im Unternehmen verbleiben müssen. Der beizulegende Zeitwert pro Aktienoption im Zeitpunkt der Gewährung beträgt € 15. Es wird zum Zeitpunkt der Gewährung mit einer Fluktuation von insgesamt 100 Mitarbeitern über die nächsten drei Jahre gerechnet.

Während des ersten Jahres verlassen 40 Mitarbeiter das Unternehmen. Es wird davon ausgegangen, dass in den folgenden zwei Jahren insgesamt 70 weitere Mitarbeiter das Unternehmen verlassen. Während des zweiten Jahres verlassen 35 Mitarbeiter das Unternehmen und man schätzt, dass weitere 30 Mitarbeiter das Unternehmen im dritten Jahr verlassen. Im dritten Jahr verlassen tatsächlich 28 Mitarbeiter das Unternehmen.

Zudem wird der Ausübungspreis aufgrund eines starken Absinkens des Aktienkurses neu festgelegt. Der beizulegende Zeitwert der Aktienoptionen betrug unter Zugrundelegung des alten Ausübungspreises € 5. Unter Zugrundelegung des neuen Ausübungspreises beträgt er nunmehr € 8. Der zusätzliche beizulegende Wert beträgt also € 3. Die Verteilung des Anpassungsbetrages erfolgt über den verbleibenden Erdienungszeitraum.

Jahr	Berechnung Periodenaufwand	Perioden-aufwand	Kumulierter Aufwand
1	(500 - 110 [Mitarbeiter]) x 100 [Aktienoptionen] x € 15 x $^1/_3$	€ 195.000	€ 195.000
2	(500 - 105 [Mitarbeiter]) x 100 [Aktienoptionen] x ((€ 15 x $^2/_3$) + (€ 3 x ½)) - € 195.000	€ 295.250	€ 454.250
3	(500 - 103 [Mitarbeiter]) x 100 [Aktienoptionen] x (€ 15 + € 3) - € 454.250	€ 260.350	€ 714.600

---

[45] Das Berechnungsbeispiel ist auch in KPMG (Hrsg.), IFRS aktuell, a.a.O. (Fn. 4), S. 48, abgedruckt.

2.4.4.2 Annullierung, Erfüllung, Rückkauf der Aktienoptionen

Im Fall einer Annullierung bzw. Kündung (cancellation) oder einer Erfüllung bzw. eines vorzeitigen Ausgleichs in Geld oder Geldäquivalenten (settlement) während des Erdienungszeitraums ist der gesamte noch auf die künftigen Berichtsperioden zu verteilende Aufwand sofort zu erfassen. Sowohl die Annullierung als auch die Erfüllung werden damit wie eine Verkürzung des Erdienungszeitraumes behandelt (IFRS 2.28(a)).[46] Diese Vorgehensweise kommt allerdings dann nicht zur Anwendung, wenn eine Aktienoption nach Ablauf des Erdienungszeitraums verfällt oder die anderen Ausübungsbedingungen nicht erfüllt worden sind (vgl. IFRS 2.28).

Die im Zusammenhang mit einer Annullierung oder einer Erfüllung geleisteten Zahlungen sind - entsprechend der Vorgehensweise bei Aktienrückkäufen - vom Eigenkapital abzusetzen (IFRS 2.28(b)). Aufgrund des Sachzusammenhangs mit den Dienstleistungen der Mitarbeiter empfiehlt es sich dabei, die Gegenbuchung in den Gewinnrücklagen vorzunehmen. Übersteigen die geleisteten Zahlungen den beizulegenden Zeitwert der Aktienoptionen, ist der überschießende Betrag als Aufwand zu erfassen (IFRS 2.28(b)).

Die vorstehenden Ausführungen gelten entsprechend für den Rückkauf von Aktienoptionen nach Ablauf des Erdienungszeitraums (IFRS 2.29). Soweit die gewährten Aktienoptionen jedoch gegen neue Aktienoptionen ausgetauscht werden, liegt eine Änderung der Aktienoptionsbedingungen vor (IFRS 2.28(c)).

2.4.4.3 Bewertung mit dem inneren Wert

IFRS 2 unterstellt, dass es in der Praxis möglich ist, den beizulegenden Zeitwert von Aktienoptionen mittels eines Aktienoptionspreismodells verlässlich zu ermitteln; weshalb eine Bewertung zum inneren Wert (intrinsic value) nur ausnahmsweise erfolgen darf (IFRS 2.24). Ist ein Unternehmen bspw. nicht börsennotiert, so kann es im Einzelfall durchaus unmöglich sein, die für die Wertermittlung mittels Aktienoptionspreismodell erforderlichen Parameter zuverlässig zu schätzen (IFRS 2.B27-30 und IFRS 2.BC137-144). Die Bewertung zum inneren Wert darf jedoch keinesfalls dazu genutzt werden, dass die Unternehmen die Erfassung des zutreffenden Aufwandes durch Ausnutzung dieser Ausnahmeregelung vermeiden bzw. hinauszögern.[47]

Bei dem inneren Wert handelt es sich um die Differenz zwischen dem Ausübungspreis der Aktienoption und dem aktuellen Kurs der Aktie, auf die sich die Aktienoption bezieht (IFRS 2.A). Zu beachten ist, dass der innere Wert - im Gegensatz zur Ermittlung des beizulegenden Zeitwerts der Aktienoptionen auf der Basis von Aktienoptionspreismodellen - nicht nur einmalig zum Tag der Gewährung, sondern zu jedem Bilanzstichtag neu zu ermitteln und entsprechend anzupassen ist (IFRS 2.24(a)). Die Veränderungen des inneren Wertes sind solange zu jedem Bilanzstichtag - letztmalig im Ausübungszeit-

---

[46] So genannte „Acceleration of Vesting".
[47] Vgl. KPMG (Hrsg.), IFRS aktuell, a.a.O. (Fn. 4), S. 45.

punkt - erfolgswirksam zu erfassen, bis die Aktienoptionen ausgeübt werden, verfallen oder auslaufen (IFRS 2.24(a)).

Darüber hinaus ist auch bei diesem Bewertungsverfahren eine Aufwandserfassung während eines etwaigen Erdienungszeitraums nur für solche Aktienoptionen zulässig, die zum Ende des Erdienungszeitraums voraussichtlich ausgeübt werden (IFRS 2.24(b)). Mithin sind auch Schätzwertveränderungen im erwarteten Aufwand periodisch zu erfassen (IFRS 2.24(b)).

Ein weiterer Unterschied im Verhältnis zum grundsätzlichen Bewertungsverfahren besteht darin, dass die erfassten Aufwandsbeträge nach dem Ende des Erdienungszeitraums zu stornieren sind, wenn Aktienoptionen, die nach Ablauf des Erdienungszeitraums hätten ausgeübt werden können, nicht ausgeübt wurden (IFRS 2.24(b)).

Wenn zum Tag der Gewährung die Bewertung zum inneren Wert erfolgt ist, besteht nicht die Möglichkeit, zu einem späteren Zeitpunkt - bspw. weil sich dann der beizulegende Zeitwert der Aktienoptionen aufgrund geänderter Umstände ermitteln lässt - auf das Regelmodell mit seiner Bewertung zum beizulegenden Zeitwert überzugehen. Die Bewertung zum beizulegenden Zeitwert setzt von Wortlaut und Systematik von IFRS 2 voraus, dass der beizulegende Zeitwert der Aktienoptionen zum Tag der Gewährung unter den dort geltenden Umständen und Marktbedingungen ermittelt wird. Dies ist zu einem späteren Zeitpunkt aber nicht mehr möglich.

Beispiel 6: Bewertung gewährter Aktienoptionen zum inneren Wert (IFRS 2.IG Beispiel 10)[48]

Ein Unternehmen gewährt seinen 50 Mitarbeitern je 1.000 Aktienoptionen. Die Aktienoptionen können erst nach einem Erdienungszeitraum von drei Jahren ausgeübt werden, über den die Mitarbeiter im Unternehmen verbleiben müssen. Die Aktienoptionen haben eine Gesamtlaufzeit von 10 Jahren. Zum Tag der Gewährung ist der beizulegende Zeitwert der Aktienoptionen nicht ermittelbar. Der Ausübungspreis pro Aktienoption beträgt € 60. Der Aktienkurs zum Tag der Gewährung beträgt ebenfalls € 60.

Am Ende des ersten Jahres haben 3 Mitarbeiter das Unternehmen verlassen. Vor diesem Hintergrund geht das Unternehmen davon aus, dass 80% der Mitarbeiter ihre Aktienoptionen letztlich ausüben werden. Am Ende des zweiten Jahres haben 2 weitere Mitarbeiter das Unternehmen verlassen. Auf dieser Basis wird geschätzt, dass voraussichtlich 86% der Mitarbeiter die gewährten Aktienoptionen ausüben werden. Am Ende des dritten Jahres haben zwei weitere Mitarbeiter das Unternehmen verlassen, so dass letztlich 43.000 Aktienoptionen ausgeübt werden können.

---

[48] Das Beispiel ist auch enthalten in KPMG (Hrsg.), IFRS aktuell, a.a.O. (Fn. 4), S. 45.

Jahr	Aktienkurs zum Jahresende	Anzahl ausgeübter Aktienoptionen
1	€ 63	0
2	€ 65	0
3	€ 75	0
4	€ 88	6.000
5	€ 100	8.000
6	€ 90	5.000
7	€ 96	9.000
8	€ 105	8.000
9	€ 108	5.000
10	€ 115	2.000

Während des Erdienungszeitraums wird Aufwand in der Höhe erfasst, wie er sich aus dem Produkt der Anzahl der Optionen, die am Ende des Erdienungszeitraums erwarteter Maßen ausgeübt werden können, und dem inneren Wert der Aktienoptionen zum Bilanzstichtag ergibt. Nach dem Ende des Erdienungszeitraums bis zum Ende der Laufzeit wird der Aufwand in Höhe der Veränderung des inneren Wertes sowohl für die am Ende der Berichtsperiode noch ausstehenden als auch für die während der Berichtsperiode ausgeübten Aktienoptionen erfasst. Im sechsten Jahr kommt es zu einer Stornierung bereits verrechneten Aufwands, da in diesem Jahr der Kurs der Aktien und mithin der innere Wert im Verhältnis zur Vorperiode sinkt.

Jahr	Berechnung Periodenaufwand	Perioden-aufwand	Kumulierter Aufwand
1	50.000 [Aktienoptionen] x 80% x (€ 63 - € 60) x 1/3	€ 40.000	€ 40.000
2	(50.000 [Aktienoptionen] x 86% x (€ 65 - € 60) x 2/3) - € 40.000	€ 103.333	€ 143.333
3	(43.000 [Aktienoptionen] x (€ 75 - € 60) x 3/3) - € 143.000	€ 501.667	€ 645.000

Jahr	Ausstehende Aktienoptionen	Ausgeübte Aktienoptionen	Perioden-aufwand	Kumulierter Aufwand
4	37.000 x (€ 88 - € 75)	6.000 x (€ 88 - € 75)	€ 559.000	€ 1.204.000
5	29.000 x (€ 100 - € 88)	8.000 x (€ 100 - € 88)	€ 444.000	€ 1.648.000
6	24.000 x (€ 90 - € 100)	5.000 x (€ 90 - € 100)	- € 290.000	€ 1.358.000
7	15.000 x (€ 96 - € 90)	9.000 x (€ 96 - € 90)	€ 144.000	€ 1.502.000
8	7.000 x (€ 105 - € 96)	8.000 x (€ 105 - € 96)	€ 135.000	€ 1.637.000
9	2.000 x (€ 108 - € 105)	5.000 x (€ 108 - € 105)	€ 21.000	€ 1.658.000
10		2.000 x (€ 115 - € 108)	€ 14.000	€ 1.672.000

2.5 Wertsteigerungsrechte

2.5.1 Grundlegende Gestaltung

Bei der Gewährung von Wertsteigerungsrechten wird als Gegenleistung für erhaltene Güter oder Dienstleistungen eine Barzahlung in Geld in Abhängigkeit von der Wertentwicklung von Eigenkapitalinstrumenten des Unternehmens, vornehmlich von Aktien, vereinbart.[49] Der wesentliche Unterschied zu den Aktienoptionen besteht darin, dass sich die gesellschaftsrechtlichen Beteiligungsverhältnisse nicht ändern und dem Unternehmen, anders als dies bei der Ausübung gewährter Aktienoptionen möglich ist, kein Eigenkapital zufließt.[50] Vielmehr muss das die Wertsteigerungsrechte ausgebende Unternehmen im Ergebnis selbst Geld aufwenden.[51]

2.5.2 Ansatz

Begleicht ein Unternehmen erworbene Güter oder Dienstleistungen durch Ausgabe von Wertsteigerungsrechten, sind diese Güter und Dienstleistungen, soweit sie die Voraussetzungen aktivierungsfähiger Vermögenswerte erfüllen, zu aktivieren, anderenfalls aufwandswirksam zu erfassen. Die Gegenbuchung - mithin die bilanzielle Erfassung der aus der Ausgabe der Wertsteigerungsrechte resultierenden Verpflichtung zur Leistung von Geld - ist demgegenüber grundsätzlich zu Lasten der Schulden (liabilities) vorzunehmen (IFRS 2.30).[52] Soweit die Wertsteigerungsrechte an Mitarbeiter als Gegenleistung für deren Arbeitsleistung ausgegeben werden, wird unterstellt, dass deren Arbeitsleistung einer Aktivierung nicht zugänglich ist, so dass immer eine aufwandswirksame Erfassung zu erfolgen hat.

Der Zeitpunkt der aufwandswirksamen Erfassung ist davon abhängig, wann die Wertsteigerungsrechte durch die Mitarbeiter ausgeübt werden können. Insoweit sind zwei Fallgestaltungen zu unterscheiden: Können die Wertsteigerungsrechte unmittelbar im Gewährungszeitpunkt ausgeübt werden, hat bereits zu diesem Zeitpunkt die Aufwandserfassung zu erfolgen.[53] Können die Wertsteigerungsrechte hingegen - was üblicher-

---

[49] Vgl. KPMG (Hrsg.), IFRS aktuell, a.a.O. (Fn. 4), S. 49.
[50] Vgl. KPMG (Hrsg.), IFRS aktuell, a.a.O. (Fn. 4), S. 49.
[51] Vgl. KPMG (Hrsg.), IFRS aktuell, a.a.O. (Fn. 4), S. 49.
[52] So auch PELLENS, B./CRASSELT, N., Bilanzierung von Aktienoptionsplänen und ähnlichen Entgeltformen nach IFRS 2 „Share-based Payment", a.a.O. (Fn. 9), S. 115.
[53] Vgl. KPMG (Hrsg.), IFRS aktuell, a.a.O. (Fn. 4), S. 49-50.

weise der Fall ist - erst nach Ablauf eines Erdienungszeitraums ausgeübt werden, ist der Aufwand zeitanteilig über die Dauer des Erdienungszeitraums zu verteilen (IFRS 2.30).

2.5.3 Bewertung

Für die Ermittlung der Höhe des aus der Gewährung der Wertsteigerungsrechte resultierenden Aufwandes ist - in genereller Anwendung der indirekten Methode - der mit Hilfe eines Aktienoptionspreismodells zu ermittelnde beizulegende Zeitwert der Wertsteigerungsrechte heranzuziehen (IFRS 2.33). In Abweichung zu den Aktienoptionen wird der beizulegende Wert bis zur endgültigen Ausübung zu jedem Bilanzstichtag und letztmalig zum Ausübungszeitpunkt neu berechnet und es werden die sich daraus ergebenden Wertänderungen erfolgswirksam in der Gewinn- und Verlustrechnung erfasst (IFRS 2.33).[54] Gerade durch die regelmäßige Anpassung der Bewertung unterscheiden sich die Wertsteigerungsrechte von den Aktienoptionen erheblich. Während die Höhe des insgesamt zu verrechnenden Aufwands pro Aktienoption zum Tag der Gewährung determiniert wird, ist bei einem Wertsteigerungsrecht letztlich nur der Ausübungsgewinn des einzelnen Mitarbeiters aufwandswirksam. Je nach Marktentwicklung kann dieser Gewinn höher oder niedriger ausfallen, als der beizulegende Zeitwert der Aktienoption. Folglich erhöht der Einsatz von Wertsteigerungsrechten die Ergebnisvolatilität.[55]

Beispiel 7: Berechnung des Aufwands aus einem Wertsteigerungsrecht (IFRS 2 IG Beispiel 12)[56]

Ein Unternehmen räumt seinen 500 Mitarbeitern zum 1. Januar des ersten Jahres jeweils 100 Wertsteigerungsrechte ein. Zum Ausübungszeitpunkt sollen die Mitarbeiter einen Barausgleich in Höhe der Differenz zwischen dem Kurs der Aktie und dem Betrag von € 50 erhalten. Erforderlich ist, dass die Mitarbeiter drei Jahre im Unternehmen verbleiben. Die Wertsteigerungsrechte können ab dem Ende des dritten Jahres bis zum Ende des fünften Jahres ausgeübt werden.

---

54 Die Tatsache, dass im Zeitpunkt der Ausübung der Wertsteigerungsrechte deren innerer Wert den Betrag determiniert, der an Liquidität abfließt, wird nicht berücksichtigt; vgl. dazu kritisch ROß, N./ BAUMUNK, S., ED 2 Share-based Payment im Vergleich zu US-GAAP und E-DRS 11, a.a.O. (Fn. 3), S. 36.

55 Vgl. auch PELLENS, B./CRASSELT, N., Bilanzierung von Aktienoptionsplänen und ähnlichen Entgeltformen nach IFRS 2 „Share-based Payment", a.a.O. (Fn. 9), S. 115.

56 Das angesprochene Beispiel ist auch in KPMG (Hrsg.), IFRS aktuell, a.a.O. (Fn. 4), S. 50-51, enthalten.

Jahr	Kurs der Aktie	Beizulegender Zeitwert des einzelnen Wertsteigerungsrechts
1	€ 55	€ 14,40
2	€ 58	€ 15,50
3	€ 65	€ 18,20
4	€ 70	€ 21,40
5	€ 75	€ 25,00

Im ersten Jahr verlassen 35 Mitarbeiter das Unternehmen. Es wird davon ausgegangen, dass im zweiten und dritten Jahr weitere 60 Mitarbeiter das Unternehmen verlassen. Im zweiten Jahr verlassen 40 Mitarbeiter das Unternehmen. Das Unternehmen schätzt, dass im dritten Jahr weitere 25 Mitarbeiter kündigen. Tatsächlich verlassen 22 Mitarbeiter das Unternehmen. Am Ende des dritten Jahres üben 150 Mitarbeiter ihre Wertsteigerungsrechte aus, am Ende des vierten Jahres weitere 140 Mitarbeiter und am Ende des fünften Jahres 113 Mitarbeiter.

Jahr	Berechnung des Periodenaufwands	Aufwand	Schuld
1	(500 - 95 [Mitarbeiter]) x 100 [Wertsteigerungsrechte] x € 14,40 x 1/3 = € 194.400 abzgl. Verbindlichkeit zum 01.01.20X1= 0 Periodenaufwand insgesamt = € 194.400	€ 194.400	€ 194.400
2	(500 - 100 [Mitarbeiter]) x 100 [Wertsteigerungsrechte] x € 15,50 x 2/3 = € 413.333 abzgl. Verbindlichkeit zum 01.01.20X1 = - € 194.400 Periodenaufwand insgesamt = € 218.933	€ 218.933	€ 413.333
3	(500 - 247 [Mitarbeiter]) x 100 [Wertsteigerungsrechte] x € 18,20 x 3/3 = € 460.460 abzgl. Verbindlichkeit zum 01.01.20X1 = - € 413.333 zzgl. Zahlung für 150 Mitarbeiter (150 x 100 x € 15) = € 225.000 Periodenaufwand insgesamt = € 272.127	€ 272.127	€ 460.460
4	(253 - 140 [Mitarbeiter]) x 100 [Wertsteigerungsrechte] x € 21,40 = € 241.820 abzgl. Verbindlichkeit zum 01.01.20X1 = - € 460.460 zzgl. Zahlung für 140 Mitarbeiter (140 x 100 x 20) = € 280.000 Periodenaufwand insgesamt = € 61.360	€ 61.360	€ 241.820
5	0 [Mitarbeiter] x 100 [Wertsteigerungsrechte] x € 25 = 0 abzgl. Verbindlichkeit zum 01.01.20X1 = - € 241.820 zzgl. Zahlung für 113 Mitarbeiter (113 x 100 x € 25) = € 282.500 Periodenaufwand insgesamt = € 40.680	€ 40.680	€ 0
	Gesamtaufwand	€ 787.500	

2.6 Kombinationsmodelle

2.6.1 Grundsätzliches

Soweit Kombinationsmodelle einer der beiden Parteien das Recht einräumen, bezüglich der Gegenleistung des Unternehmens zwischen einem Ausgleich in Eigenkapitalinstrumenten oder in Geld zu wählen, ist danach zu differenzieren, ob das Wahlrecht hinsichtlich der Bedienungsform den Begünstigten oder aber dem Unternehmen zusteht.

2.6.2 Erfüllungswahlrecht bei den Begünstigten

Wurde den Begünstigten die Wahl der Bedienungsform überlassen, unterstellt IFRS 2, dass das Unternehmen ein zusammengesetztes Finanzinstrument (compound financial instrument) gewährt hat, das aus einer Schuldkomponente - dem Recht des Begünstigten, einen Ausgleich in Geld verlangen zu können - und einer Eigenkapitalkomponente - dem Recht des Begünstigten, Eigenkapitalinstrumente verlangen zu können, besteht (IFRS 2.35-40). Hinsichtlich der Bewertung des zusammengesetzten Finanzinstruments ist danach zu unterscheiden, ob die Begünstigten Mitarbeiter des Unternehmens sind oder aber fremde Dritte (IFRS 2.35 und IFRS 2.36)).

Die Bewertung eines an fremde Dritte ausgegebenen Finanzinstruments ist folgendermaßen durchzuführen: Der beizulegende Zeitwert der Eigenkapitalkomponente ist - soweit der beizulegende Zeitwert der erhaltenen Güter oder Dienstleistungen nach der direkten Methode eruiert werden kann - im Wege einer Differenzrechnung (Restwertmethode) zu ermitteln (IFRS 2.35). Danach ist die Differenz zwischen dem beizulegenden Zeitwert der erhaltenen Güter oder Dienstleistungen und dem beizulegenden Zeitwert der Schuldkomponente zu ermitteln. Diese Differenz stellt den beizulegenden Zeitwert der Eigenkapitalkomponente dar (IFRS 2.35).

Kann der beizulegende Zeitwert der erhaltenen Güter oder Dienstleistungen dagegen nur indirekt ermittelt werden, was vor allem der Fall ist, wenn die anteilsbasierte Vergütung eine Gegenleistung für die Arbeitsleistung der Mitarbeiter darstellt, scheidet die Restwertmethode aus. In diesem Fall ist eine Ermittlung des beizulegenden Zeitwerts des zusammengesetzten Finanzinstruments vorzunehmen (IFRS 2.36). Hierfür ist zunächst der beizulegende Zeitwert der Schuldkomponente zu ermitteln und dann der beizulegende Zeitwert der Eigenkapitalkomponente und zwar unter Berücksichtigung der Tatsache, dass der Begünstigte dann sein Recht auf Barausgleich verwirkt (IFRS 2.37). Der beizulegende Zeitwert des zusammengesetzten Finanzinstruments entspricht der Summe der beizulegenden Zeitwerte der beiden Komponenten. Da die Ermittlung des

Zeitwerts der Eigenkapitalkomponente aber unter Berücksichtigung des verwirkten Barausgleichs zu erfolgen hat, bedeutet dies, dass letztlich nur der Betrag aus der Eigenkapitalkomponente bilanziell zum Tragen kommt, der betragsmäßig die Schuldkomponente übersteigt. Stehen sich also bei einer isolierten Betrachtung der beizulegende Zeitwert der Eigenkapital- und derjenige der Schuldkomponente in gleicher Höhe gegenüber, was z.B. bei einer Wahlmöglichkeit zwischen der Gewährung von Eigenkapitalinstrumenten oder einem wertgleichen Barausgleich regelmäßig der Fall sein dürfte, führt dies dazu, dass der beizulegende Zeitwert der Eigenkapitalkomponente Null beträgt (IFRS 2.37). In dieser Fallgestaltung entspricht mithin der beizulegende Zeitwert des zusammengesetzten Finanzinstruments dem beizulegenden Zeitwert der Schuldkomponente und das Kombinationsmodell ist daher nach den Regelungen zur Bilanzierung von Wertsteigerungsrechten zu behandeln (IFRS 2.37-38).

Divergieren der beizulegende Zeitwert der Eigenkapitalkomponente und der beizulegende Zeitwert der Schuldkomponente dagegen der Höhe nach, ist in der Regel der beizulegende Zeitwert des zusammengesetzten Finanzinstruments größer, als der beizulegende Zeitwert des Fremdkapitalinstruments (IFRS 2.37) In diesen Fällen ist die Schuldkomponente nach den Regelungen für Wertsteigerungsrechte zu bilanzieren und die Eigenkapitalkomponente nach den Regelungen für Aktienoptionen (IFRS 2.38). Auch bei der Folgebewertung finden dann jeweils die für die jeweilige Komponente des zusammengesetzten Finanzinstruments geltenden Bilanzierungsregelungen Anwendung.[57]

Am Erfüllungstag (date of settlement) ist die für die Schuldkomponente angesetzte Verpflichtung erfolgswirksam neu zu bewerten (IFRS 2.39). Sodann ist danach zu unterscheiden, wie die Begünstigten ihr Erfüllungswahlrecht ausüben: Erfolgt die Ausübung zugunsten der Erfüllungsform Geld, dient die Schuld in voller Höhe zur Bedienung in Geld (IFRS 2.40). In das Eigenkapital (Gewinnrücklagen) eingestellte Beträge verbleiben dort und es kann allenfalls innerhalb des Eigenkapitals umgebucht werden (IFRS 2.40). Erfolgt die Ausübung des Erfüllungswahlrechts zugunsten von Eigenkapitalinstrumenten, ist die bilanzierte Schuld in voller Höhe in das Eigenkapital (Gewinnrücklagen) umzubuchen (IFRS 2.39-40). Auch insoweit gilt, dass etwa bereits in das Eigenkapital (Gewinnrücklagen) eingestellte Beträge dort verbleiben (IFRS 2.40).

---

[57] Vgl. HOFFMANN, W.-D., a.a.O. (Fn. 18), § 23, Rz. 121.

Beispiel 8: Aktienoptionsplan, bei dem der Berechtigte entweder Aktien oder eine Barzahlung verlangen kann (IFRS 2.IG Beispiel 13)[58]

Ein Unternehmen vereinbart mit seinen Mitarbeitern im Rahmen eines Aktienoptionsplans die folgenden Vergütungsalternativen. Der einzelne Mitarbeiter kann zwischen einem Barausgleich im Gegenwert von 1.000 Aktien oder der Ausgabe von 1.200 Aktien wählen. Der Aktienoptionsplan enthält einen Erdienungszeitraum von drei Jahren, während dessen die Mitarbeiter im Unternehmen verbleiben müssen. Wählen die Mitarbeiter die Ausgabe von Aktien, dürfen diese innerhalb von drei Jahren nach Ablauf des Erdienungszeitraums nicht veräußert werden.

Zum Zeitpunkt der Gewährung beträgt der Aktienkurs € 50. Am Ende der ersten drei Jahre ist der Aktienkurs auf € 52, € 55 bzw. € 60 gestiegen. In den nächsten drei Jahren erwartet das Unternehmen keine Dividendenausschüttungen. Unter Berücksichtigung der Veräußerungsbeschränkung nach Ablauf des Erdienungszeitraums beträgt der beizulegende Zeitwert der Aktienalternative daher € 48.

Beizulegender Zeitwert bei Aktienbezug	1.200 x € 48 =	€ 57.600
- Wert Barausgleich	1.000 x € 50 =	€ 50.000
Beizulegender Zeitwert der Eigenkapitalkomponente	=	€ 7.600

Wird ein Barausgleich verlangt, ist die (fortlaufend neu bewertete) Verbindlichkeit am Erfüllungstag erfolgsneutral gegen die liquiden Mittel auszubuchen. Wird dagegen die Ausgabe von Aktien verlangt, ist die entsprechende Verbindlichkeit erfolgsneutral in das Eigenkapital umzubuchen.

---

[58] Das Beispiel ist auch abgedruckt in KPMG (Hrsg.), IFRS aktuell, a.a.O. (Fn. 4), S. 54-55. Ein weiteres Berechnungsbeispiel ist zu finden bei HOFFMANN, W.-D., a.a.O. (Fn. 18), § 23, Rz. 121.

Jahr	Berechnung	Aufwand	Eigenkapital	Verbindlichkeit
1	Schuldkomponente 1.000 [Wertsteigerungsrechte] x € 52 x $^1/_3$	€ 17.333		€ 17.333
	Eigenkapitalkomponente € 7.600 x $^1/_3$	€ 2.533	€ 2.533	
2	Schuldkomponente (1.000 [Wertsteigerungsrechte] x € 55 x $^2/_3$) - € 17.333	€ 19.333		€ 36.666
	Eigenkapitalkomponente € 7.600 x $^1/_3$	€ 2.533	€ 2.533	
3	Schuldkomponente (1.000 [Wertsteigerungsrechte] x € 60 x $^3/_3$) - € 36.666	€ 23.334		€ 60.000
	Eigenkapitalkomponente € 7.600 x $^1/_3$	€ 2.534	€ 2.534	
Ende Jahr 3	*Var. 1: Barausgleich*			€ - 60.000
	Barausgleich gesamt	€ 67.600	€ 7.600	€ 0
	Var. 2: Ausgabe von Aktien		€ 60.000	€ - 60.000
	Ausgabe von Aktien gesamt	€ 67.600	€ 67.600	€ 0

2.6.3 Erfüllungswahlrecht beim Unternehmen

Liegt das Wahlrecht bezüglich der Erfüllungsform beim Unternehmen, muss zunächst festgestellt werden, ob eine (gegenwärtige) Verpflichtung des Unternehmens zum Ausgleich in Geld besteht. Davon ist auszugehen, wenn (IFRS 2.41):

- die Vergütung durch Eigenkapitalinstrumente wirtschaftlich nicht sinnvoll ist,
- die Vergütung durch Eigenkapitalinstrumente rechtlich nicht möglich ist (bspw. aufgrund entsprechender rechtlicher Bestimmungen) oder
- bisherige Unternehmenspraxis oder -richtlinien von vornherein oder auf Wunsch des Begünstigen eine Vergütung in Geld beinhalteten.

Liegt eine so begründete Verpflichtung vor, sind die Regelungen zur Bilanzierung von Wertsteigerungsrechten anzuwenden (IFRS 2.42). Ist eine solche Verpflichtung dagegen nicht erkennbar, ist nach den Regelungen für Aktienoptionen zu bilanzieren (IFRS 2.43).

Kommt es dann bei der Erfüllung entgegen der bisherigen Bilanzierung - Ausgleich durch Eigenkapitalinstrumente - doch zu einem Barausgleich, ist der Mittelabfluss bilanziell wie ein Rückkauf eigener Aktien abzubilden (IFRS 2.43(a)). Erfolgt die Erfüllung mittels Eigenkapitalinstrumenten, ergeben sich, da der Ausgleich entsprechend der bisherigen Bilanzierung erfolgt, keine weiteren besonderen Bilanzierungsfolgen, mit Ausnahme ggf. erforderlicher Umbuchungen im Eigenkapital (IFRS 2.43(b)). Wählt das Unternehmen diejenige Erfüllungsalternative - Barausgleich oder Eigenkapitalinstrumente - aus, welcher der höhere beizulegende Zeitwert zukommt, obwohl die bisherige Bilanzierung - gleichgültig ob sie auf der Basis der Vorschriften für anteilsbasierte Vergütungen mit Barausgleich oder für anteilsbasierte Vergütungen mit Ausgleich durch Eigenkapitalinstrumente erfolgte - bis dahin einen niedrigeren beizulegenden Zeitwert abgebildet hat, so ist die Differenz zwischen den beiden beizulegenden Zeitwerten als zusätzlicher Aufwand zu erfassen (IFRS 2.43(c)).

2.7 Anhangangaben

In IFRS 2 sind umfangreiche Anhangangaben vorgesehen, die für Aktienoptionen und Wertsteigerungsrechte gelten.[59] Die vorgeschriebenen Mindestanforderungen dienen der Erreichung dreier Zielsetzungen:

- Die Abschlussadressaten sollen in die Lage versetzt werden, Art und Umfang der während der Berichtsperiode bestehenden Formen anteilsbasierter Vergütung zu verstehen (IFRS 2.44),

---

[59] Der Standard ersetzt die bisherigen Angabepflichten nach IAS 19.144-152 (2002).

- die Abschlussadressaten sollen verstehen können, wie der beizulegende Zeitwert der erhaltenen Güter und Dienstleistungen bzw. der anteilsbasierten Vergütungen ermittelt wurde (IFRS 2.46) und

- die Abschlussadressaten sollen die Auswirkungen anteilsbasierter Vergütungen auf die Vermögens- und Finanzlage sowie das Periodenergebnis verstehen können (IFRS 2.50).

Führen die von IFRS 2 explizit geforderten und nachfolgend näher erläuterten Angaben nicht dazu, dass diesen drei Informationszielen hinreichend Rechnung getragen wird, sind die dazu erforderlichen zusätzlichen Angaben zu machen (IFRS 2.52).

Der Zielsetzung, ein Verständnis der Abschlussadressaten für Art und Umfang der während der Berichtsperiode bestehenden anteilsbasierten Vergütungsformen zu erreichen, dienen primär die folgenden Angabepflichten:

- Beschreibung der während der Berichtsperiode bestehenden anteilsbasierten Vergütungsformen, einschließlich einer detaillierten Darstellung der Ausstattungsparameter jedes Planes wie Ausübungsbedingungen, die maximale Anzahl der gewährten Rechte bzw. Optionen sowie die Methode der Erfüllung (Eigenkapitalinstrument/Barausgleich). Hierbei ist zu beachten, dass die Angaben für vergleichbare Vergütungsformen zusammengefasst gegeben werden können, soweit die Grundanforderung einer ausreichenden Information der Abschlussadressaten dadurch erfüllt wird (IFRS 2.45(a)).

- Angabe der Anzahl sowie des gewichteten durchschnittlichen Ausübungspreises für jede der folgenden Optionsgruppen:

    - Zu Beginn der Berichtsperiode ausstehend,

    - während der Berichtsperiode gewährt,

    - während der Berichtsperiode verwirkt,

    - während der Berichtsperiode ausgeübt,

    - während der Berichtsperiode erloschen,

    - am Ende der Berichtsperiode ausstehend, und

    - am Ende der Berichtsperiode ausübbar (IFRS 2.45(b)).

- Angabe des gewichteten durchschnittlichen Aktienkurses zum Ausübungszeitpunkt für die während der Berichtsperiode ausgeübten Optionen. Bei gleichmäßiger Ausübung der Optionen während der Berichtsperiode ist ersatzweise die Angabe eines gewichteten Durchschnittskurses während der Berichtsperiode möglich (IFRS 2.45(c)).

- Angabe der Restlaufzeit sowie der Bandbreite festgelegter Ausübungspreise für die Optionen, die zum Ende der Berichtsperiode noch ausstehen. Bei einer großen Bandbreite der festgelegten Ausübungspreise sollen die ausstehenden Optionen in einer Art und Weise in Gruppen eingeteilt werden, die es ermöglicht, die Anzahl und den Ausgabezeitpunkt zusätzlicher ausgegebener Aktien sowie den Kapitalzufluss, der bei der Ausübung der Optionen generiert wird, einzuschätzen (IFRS 2.45(d)).

Daneben sind zur Verdeutlichung der Ermittlung des beizulegenden Zeitwerts der erhaltenen Güter oder Dienstleistungen bzw. der anteilsbasierten Vergütungen die folgenden Angaben zu machen (IFRS 2.47):

– Der gewichtete durchschnittliche beizulegende Zeitwert für die während der Berichtsperiode gewährten Optionen zum Bewertungsstichtag sowie Angaben zur Ermittlung des beizulegenden Zeitwerts einschließlich der Angaben (IFRS 2.47(a)):

  – zum zu Grunde gelegten Aktienoptionspreismodell einschließlich der einbezogenen Daten im Hinblick auf die einzelnen verwendeten Parameter,

  – zur Vorgehensweise der Bestimmung der erwarteten Volatilität des Aktienkurses sowie Angaben darüber, in welchem Umfang die Schätzung der Volatilität auf historischen Daten beruht und

  – zur Frage, ob und wie Ausstattungsmerkmale wie etwa Marktbedingungen bei der Bewertung berücksichtigt wurden.

– Für nicht in der Form von Aktienoptionen gewährte Eigenkapitalinstrumente deren Anzahl, deren gewichteter durchschnittlicher beizulegender Zeitwert zum Bewertungsstichtag sowie die nachfolgenden Informationen zur Ermittlung des beizulegenden Zeitwerts (IFRS 2.47(b)):

  – Angaben zur Ermittlung des beizulegenden Zeitwerts, soweit dieser nicht auf der Grundlage beobachtbarer Marktpreise ermittelt wurde,

  – Angaben zur Berücksichtigung von Dividenden im Wertermittlungsverfahren und

  – Angaben zur Berücksichtigung anderer Ausstattungsmerkmale im Rahmen des Wertermittlungsverfahrens.

– Für anteilsbasierte Vergütungsformen, deren Ausstattung während der Berichtsperiode geändert wurde, sind die nachfolgenden Angaben aufzuführen (IFRS 2.47(c)):

  – Erläuterung der Änderung,

  – zusätzlicher beizulegender Zeitwert aufgrund der Änderung und

  – Informationen zur Ermittlung des zusätzlichen beizulegenden Zeitwerts.

Hat ein Unternehmen den beizulegenden Zeitwert direkt ermittelt, so ist anzugeben, wie dies geschehen ist (IFRS 2.48). Hat ein Unternehmen den beizulegenden Zeitwert von nicht von Mitarbeitern erhaltenen Dienstleistungen oder Gütern indirekt und damit entgegen der Vermutung des IFRS 2.13 ermittelt, so ist dies anzugeben und es ist zu begründen, warum die Vermutung als widerlegt angesehen wurde (IFRS 2.49).

Zur Verdeutlichung der Auswirkungen auf die Vermögens- und Finanzlage sowie das Periodenergebnis definiert der Standard die folgenden Mindestanforderungen (IFRS 2.51):

– Angabe der während der Berichtsperiode für anteilsbasierten Vergütungen insgesamt erfassten und aus der Erfüllung mit Eigenkapitalinstrumenten resultierenden Aufwendungen (IFRS 2.51(a));

– für Schulden aufgrund von Wertsteigerungsrechten (IFRS 2.51(b)):

— Angabe des Gesamtbuchwertes zum Ende der Berichtsperiode sowie

— des gesamten inneren Wertes der Schulden aufgrund von zum Ende der Berichtsperiode ausübbaren Wertsteigerungsrechten (vested share appreciation rights).

3. Bisherige Bilanzierung anteilsbasierter Vergütungen durch IFRS-Anwender

3.1 Regelungslücke

Bis zum Inkrafttreten von IFRS 2 regelten nur die US-GAAP die bilanzielle Erfassung von anteilsbasierten Vergütungen.[60] Weder die IFRS noch das HGB enthielten - abgesehen von einem inzwischen nicht weiter verfolgten Entwurf des DRSC (E-DRS 11 „Bilanzierung von Aktienoptionsplänen und ähnlichen Entlohnungsformen")[61] - vergleichbare Vorschriften zum Ansatz und zur Bewertung anteilsbasierter Vergütungen.[62]

Somit lag es in den Händen des Managements der nach Maßgabe der IFRS bilanzierenden Unternehmen, diejenige Bilanzierungsweise zu wählen, welche die Abschluss-

---

[60] Vgl. SFAS 123 (1995), Accounting for Stock-based compensation und APB Opinion 25, Accounting for Stock Issued to Employees.

[61] Siehe zu der - wegen § 342 Abs. 1 S. 1 Nr. 1 HGB - kritisch zu beurteilenden Frage der Zuständigkeit des DRSC für derartige Rechnungslegungsfragen z.B. ROß, N./BAUMUNK, S., Aktienoptionspläne nach § 192 Abs. 2 Nr. 3 AktG, in: KESSLER, T./SAUTER, T. (Hrsg.), Handbuch Stock Options, München 2003, Rn. 180.

[62] Vgl. nur EISOLT, D., Bilanzierung von Stock Options nach US-GAAP und IAS, IStR 1999, S. 759-764, hier S. 763, ROß, N./BAUMUNK, S., ED 2 Share-based Payment im Vergleich zu US-GAAP und E-DRS 11, a.a.O. (Fn. 3), S. 30.

adressaten am aussagekräftigsten informiert.[63] Hier bot es sich an, auf der Basis von IAS 1.22(c) (1999) auf die Rechnungslegungsgrundsätze anderer Standardsetter auszuweichen.[64] In der Praxis wurde vor allem eine Anwendung der in den US-GAAP enthaltenen Regelungen empfohlen.[65]

Dementsprechend zeigt eine Auswertung von Geschäftsberichten für das Geschäftsjahr 2003, dass nach den IFRS bilanzierende Banken und Versicherungen die vorhandene Regelungslücke durch Anwendung der US-GAAP oder auch des E-DRS 11 geschlossen haben.[66]

3.2 Bisherige Anwendung der US-GAAP

3.2.1 SFAS 123

SFAS 123 (1995) erfasst grundsätzlich nur anteilsbasierte Vergütungsformen aufgrund deren Mitarbeitern Aktien, Optionen auf Aktien oder ähnliche Eigenkapitalinstrumente gewährt werden, mithin in erster Linie die hier in Rede stehenden Aktienoptionen (SFAS 123.1).[67]

Der Wert der Aktienoptionen entspricht dem Entgelt für die künftig - über die Dauer des Leistungszeitraums (service period) - noch zu erbringenden Arbeitsleistungen (SFAS 123.16).[68] Die Gewährung von Aktienoptionen an Mitarbeiter führt daher grundsätzlich zu einem Ausweis von Personalaufwand.[69] Die Gegenbuchung des Personal-

---

[63] Vgl. WOLLMERT, P./HEY, J., Bilanzierung von Stock Opitions nach internationalen Grundsätzen, in: ACHLEITNER, A.-K./WOLLMERT, P., (Hrsg.), Stock Options, 2. Aufl., Stuttgart 2002, S. 165.

[64] Vgl. WOLLMERT, P./HEY, J., a.a.O. (Fn. 63), S. 165.

[65] Vgl. ROß, N./BAUMUNK, S., ED 2 Share-based Payment im Vergleich zu US-GAAP und E-DRS 11, a.a.O. (Fn. 3), S. 30; OSER, P./VATER, H., a.a.O. (Fn. 24), S. 1268; WOLLMERT, P./HEY, J., a.a.O. (Fn. 63), S. 165; EISOLT, D., a.a.O. (Fn. 62), S. 763.

[66] Aus dem Geschäftsbericht 2003 der Allianz Group lässt sich bspw. entnehmen, dass der Allianz Konzern, der seinen Konzernabschluss nach den IFRS aufstellt, seine anteilsbasierten Vergütungen nach der Fair-Value-Method des SFAS 123 (1995) bilanziert; vgl. S. 127 des Geschäftsberichts 2003 der Allianz Group. Der Geschäftsbericht der Commerzbank AG, die ebenfalls nach den IFRS Rechnung legt, enthält den Hinweis, dass auf die anteilsbasierten Vergütungen der Standardentwurf des DRS angewandt wurde, vgl. S. 103 des Geschäftsberichts 2003 der Commerzbank AG.

[67] So auch EISOLT, D., a.a.O. (Fn. 62), S. 760.

[68] Die Regelung ist nicht allein auf die Gewährung von Aktienoptionen für künftig noch zu erbringende Arbeitsleitungen beschränkt. Erfasst wird auch die Ausgabe von Aktienoptionen für in der Vergangenheit bereits erbrachte Arbeitsleitungen.

[69] Vgl. OSER, P./VATER, H., a.a.O. (Fn. 24), S. 1262.

aufwands erfolgt in einer gesonderten Position der Kapitalrücklagen (paid-in capital stock options, SFAS 123.30). Für den hier untersuchten Fall der Gewährung von Aktienoptionen als Entlohnung für in künftigen Perioden noch zu erbringende Arbeitsleistungen ist die Kapitalrücklage in Abhängigkeit des jeder Berichtsperiode zuzurechnenden Personalaufwands ratierlich zu erhöhen (SFAS 123.30).

Die Höhe des Personalaufwands bestimmt sich gemäß SFAS 123.16 nach dem beizulegenden Zeitwert oder auch Gesamtwert der ausgegebenen Aktienoptionen zum Gewährungszeitpunkt (grant date).[70] Die Bemessung des beizulegenden Zeitwerts hat anhand anerkannter finanzwissenschaftlicher Aktienoptionspreismodelle zu erfolgen (vgl. den Hinweis in SFAS 123.16).[71] Dabei müssen zumindest die folgenden Preisbildungsfaktoren Berücksichtigung finden: Der Ausübungspreis, die Laufzeit, der Aktienkurs bei Gewährung der Aktienoptionen, die Volatilität, die Dividende und der laufzeitadäquate risikolose Zins (SFAS 123.19). Zudem führen Änderungen der Preisbildungsfaktoren nicht mehr zu einer Änderung des zum Gewährungszeitpunkt ermittelten beizulegenden Zeitwerts (SFAS 123.19). Soweit mit den gewährten Aktienoptionen künftige Arbeitsleistungen entlohnt werden, ist der zum Gewährungszeitpunkt ermittelte beizulegende Zeitwert über den Leistungszeitraum (service period) zu verteilen (SFAS 123.30).[72]

Zwar führen Änderungen der Preisbildungsfaktoren nicht mehr zu einer Veränderung des beizulegenden Zeitwerts, sehr wohl aber finden Änderungen der sonstigen (anderen) Ausübungsbedingungen - ähnlich IFRS 2 - während der Leistungsperiode noch Berücksichtigung. Bspw. kann die zum Gewährungszeitpunkt anhand von Erfahrungswerten geschätzte, noch unbekannte Zahl der tatsächlich auszugebenden Aktien über die Dauer der Leistungsperiode, zuletzt zum Zeitpunkt des Eintritts der Unverfallbarkeit an die tatsächliche Ausgabequote angepasst werden (SFAS 123.28).[73] Nach dem Zeitpunkt des Eintritts der Unverfallbarkeit der Aktienoptionen (vesting date) ist jedoch auch insoweit eine Korrektur des verrechneten Personalaufwands nicht mehr zulässig (SFAS 123.26).[74]

Bei Ausübung der Aktienoptionen ist die gesonderte Position der Kapitalrücklage aufzulösen und der so freigesetzte Betrag zusammen mit den bei Ausübung geleisteten Einzahlungen in Höhe des Ausübungspreises auf das gezeichnete Kapital und die reguläre Kapitalrücklage zu verteilen.[75]

---

[70] Auch Aktienoptionen mit einem inneren Wert von Null führen somit zu Personalaufwand; so auch OSER, P./VATER, H., a.a.O. (Fn. 24), S. 1262.
[71] Diskutiert werden u.a. das Black/Scholes-Modell und das Binominal-Modell.
[72] Dabei ist davon auszugehen, dass der Leistungszeitraum (service period) und die Sperrfrist (vesting period) mangels anderweitiger Vereinbarung gleichzusetzen sind.
[73] Ebenso KPMG (Hrsg.), Rechnungslegung nach US-amerikanischen Grundsätzen, 3. Aufl., Düsseldorf 2003, S. 252.
[74] Das Vesting Date - der Zeitpunkt des Eintritts der Unverfallbarkeit der Aktienoptionen- dürfte regelmäßig mit dem Exercise Date - dem Zeitpunkt der tatsächlichen Ausübung der Aktienoptionen durch die Mitarbeiter - übereinstimmen.
[75] Vgl. VATER, H., Das „Passauer Modell" zur bilanziellen Abbildung von Stock Options im handelsrechtli-

Zu berücksichtigen ist, dass SFAS 123 ein Wahlrecht enthält, das Unternehmen erlaubt, APB 25 anstelle von SFAS 123 anzuwenden (SFAS 123.11).[76]

3.2.2 APB 25

3.2.2.1 Aktienoptionen

APB 25 differenziert zwischen Compensatory Plans und Non-Compensatory Plans (APB 25.8). Nur die Compensatory Plans werden nach den US-GAAP als Aktienoptionspläne eingestuft, in deren Rahmen Eigenkapitalinstrumente als Entgelt für bereits erbrachte oder künftige noch zu erbringende Güter oder Dienstleistungen gewährt werden. Bei den Non-Compensatory Plans handelt es sich um Aktienoptionspläne, denen primär kein Entlohnungscharakter zukommt, sondern die anderen Unternehmenszielen dienen, z.B. der Kapitalaufnahme oder der Mitarbeiterbeteiligung (APB 25.7).[77] Soweit die Voraussetzungen eines Compensatory Plans vorliegen, sind die damit verbundenen Compensation Costs als Personalaufwand (compensation expense) zu erfassen (APB 25.10).[78] Die Gegenbuchung erfolgt in einer speziellen Kapitalrücklage für laufende Aktienoptionspläne (paid-in capital - stock options) (APB 25.14).[79] Bei Ausübung der Aktienoptionen ist diese spezielle Kapitalrücklage aufzulösen und zusammen mit dem von den Aktienoptionsberechtigten bei Ausübung entrichteten Einzahlungen auf das gezeichnete Kapital (Nennbetrag) und die Kapitalrücklage (Aufgeld) aufzuteilen.[80]

Die Höhe des Personalaufwandes entspricht gemäß APB 25.10 dem inneren Wert der Aktienoptionen am Bewertungsstichtag (measurement date). Der Bewertungsstichtag ist der Zeitpunkt, in dem erstmalig sowohl die Anzahl der von jedem Bezugsberechtigten maximal erwerbbaren Aktien als auch der Ausübungspreis feststehen (APB 25.10b).

---

chen Jahresabschluss, BuW 2001, S. 441-451, hier S. 442.

[76] Die Ausübung dieses Wahlrechtes hat zur Folge, dass eine Gesellschaft, die APB 25 anwendet, im Anhang angeben muss, wie sich eine Anwendung des SFAS 123 (1995) auswirken würde. Beispielhaft sei an dieser Stelle auf den Geschäftsbericht des Jahres 2003 der CityBank Group verwiesen, die im Anhang pro forma die Höhe des Jahresergebnisses und den Gewinn je Aktie bezogen auf die Fair Value Based Method angegeben hat; vgl. CITIGROUP, Geschäftsbericht 2003, S. 12.

[77] Vgl. dazu auch RAMMERT, S., Die Bilanzierung von Aktienoptionen für Manager - Überlegungen zur Anwendung von US-GAAP im handelsrechtlichen Jahresabschluss, WPg 1998, S. 766-777, hier S. 767; OSER, P./VATER, H., a.a.O. (Fn. 24), S. 1261.

[78] Vgl. z.B. SCHRUFF, W., a.a.O. (Fn. 18), S. 225.

[79] Vgl. auch SCHRUFF, W., a.a.O. (Fn. 18), S. 227; SCHILDBACH, T., US-GAAP, 2. Aufl., München 2002, S. 250.

[80] Vgl. SCHILDBACH, T., US-GAAP, a.a.O. (Fn. 79), S. 250.

Darüber hinaus ist im Anwendungsbereich des APB 25 die Differenzierung zwischen den Fixed Plans und den Variable Plans von Bedeutung.[81] Der Ausweis von Personalaufwand kann durch die Implementierung eines Fixed Plans vermieden werden. Dies setzt voraus, das bereits zum Gewährungszeitpunkt die Anzahl der erwerbbaren Aktien und der Ausübungspreis unwiderruflich feststehen (APB 25.24); mithin Gewährungszeitpunkt und Bewertungsstichtag identisch sind.[82] Weiter muss der Ausübungspreis dem Aktienkurs am Gewährungszeitpunkt entsprechen, so dass sich ein innerer Wert der Aktienoptionen von Null ergibt, ein Personalaufwand also nicht entsteht (APB 25.23).[83] Da Änderungen des inneren Wertes nach dem Bewertungsstichtag keinen Einfluss auf die Höhe des zu verrechnenden Personalaufwands mehr haben, kann auf diese Weise der Ausweis von Personalaufwand zur Gänze vermieden werden.

Liegt dagegen ein Variable Plan vor, d.h. stehen Ausübungspreis und Anzahl der erwerbbaren Aktien zum Gewährungszeitpunkt nicht unwiderruflich fest, ist der Ausweis von Personalaufwand dann geboten, wenn die Aktienoptionen in der Zeit zwischen dem Gewährungszeitpunkt und Bewertungsstichtag einen inneren Wert angesammelt haben.[84] Der ermittelte Personalaufwand ist - soweit vorhanden auch bei Fixed Plans - über die Leistungsperiode zu verteilen (APB 25.12). Wenn nichts anderes bestimmt ist, wird angenommen, dass der Leistungszeitraum (service period) der Sperrfrist (vesting period) entspricht (FIN 28.3).

Änderungen des inneren Wertes zwischen dem Gewährungszeitpunkt und dem Bewertungsstichtag sind durch entsprechende Anpassungen des zu verrechnenden Personalaufwands erfolgswirksam zu berücksichtigen, denn Bemessungsgrundlage des endgültigen Personalaufwands ist der innere Wert der Aktienoptionen zum Bewertungsstichtag (APB 25.27).

3.2.2.2 Wertsteigerungsrechte

Die in APB 25 niedergelegten Bilanzierungsgrundsätze gelten auch für gewährte Wertsteigerungsrechte (FIN 28.2 (1978)). Die Differenz zwischen dem jeweiligen Aktienkurs am Bilanzstichtag und dem fiktiven Ausübungspreis bildet den inneren Wert. Dieser ist an jedem Bilanzstichtag zu ermitteln (FIN 28.2).[85] Auch hier ist einer Verteilung des

---

[81] Vgl. SCHRUFF, W., a.a.O. (Fn. 18), S. 226.

[82] Vgl. SCHRUFF, W., a.a.O. (Fn. 18), S. 226.

[83] Vgl. auch RAMMERT, S., a.a.O. (Fn. 77), S. 768; KUNZI, D./HASBARGEN, U./KAHRE, B., Gestaltungsmöglichkeiten von Aktienoptionsprogrammen nach US-GAAP, DB 2000, S. 285-288.

[84] Vgl. ROß, N./BAUMUNK, S., Aktienoptionspläne nach § 192 Abs. 2 Nr. 3 AktG, a.a.O. (Fn. 61), Rn. 245. Variable Plans kommen insbesondere in Gestalt von sog. Performance Awards vor, welche die Ausübbarkeit von Aktienoptionen und damit die Anzahl der erwerbbaren Aktien durch Indexierung von der Erreichung bestimmter relativer oder absoluter Kurssteigerungen abhängig machen, vgl. KPMG (Hrsg.), Rechnungslegung nach US-amerikanischen Grundsätzen, a.a.O. (Fn. 73), S. 254; SCHRUFF, W., a.a.O. (Fn. 18), S. 226.

[85] Nach dieser Regelung ist der zu erfassende Personalaufwand zu bemessen „as the amount by which the quoted market value of the shares of the enterprise's stock covered by the grant exceeds the option price

inneren Wertes über den Leistungszeitraum vorzunehmen (FIN 28.3). Ist der Leistungszeitraum nicht vertraglich festgelegt, wird unterstellt, dass er der Sperrfrist (vesting period) entspricht (FIN 28.3).

Während der Laufzeit der Wertsteigerungsrechte ist zu den jeweiligen Bilanzstichtagen deren innerer Wert zu ermitteln. Dieser ist über den Leistungszeitraum verteilt zu verbuchen (FIN 28.4). Etwaige Nachholungen von in früheren Jahren zu niedrig ausgefallenen Bewertungen gehen folglich zu Lasten der Berichtsperiode, in der die Nachholungen anfallen.[86] Nach Ablauf der Leistungsperiode aufgrund von Kursschwankungen eintretende Veränderungen sind aufwands- oder ertragswirksam in der Berichtsperiode zu erfassen, in der die Änderung eintritt.[87]

Bei Ausübung der Wertsteigerungsrechte wird die gebuchte Schuld in Anspruch genommen. Werden die Ausübungsbedingungen nicht erfüllt oder erfolgt die Ausübung aus anderen Gründen nicht, ist die Schuld ergebniswirksam auszubuchen.[88]

3.2.2.3 Kombinationsmodelle

Soweit den Mitarbeitern das Wahlrecht eingeräumt wurde, bei Ausübung der Aktienoption zwischen einem Ausgleich in Geld und in Eigenkapitalinstrumenten zu wählen, also vom Vorliegen eines Kombinationsmodells auszugehen ist, ist unter Anlegung der US-GAAP - aufgrund der unterschiedlichen Bilanzierung von Aktienoptionen und Wertsteigerungsrechten - zu jedem Bilanzstichtag zu schätzen, wie die Mitarbeiter ihr Wahlrecht ausüben werden (FIN 28.5). Dabei ist von der widerlegbaren Vermutung auszu-

---

or value specified, by reference to a market price or otherwise, subject to any appreciation limitations unter the plan." Unter Option Price ist dabei nicht der beizulegende Zeitwert ermittelt nach aktienoptionspreistheoretischen Modellen zu verstehen, sondern der aktuelle Kurs der Aktien im Zeitpunkt der Ausgabe der Wertsteigerungsrechte; vgl. ROß, N./BAUMUNK, S., ED 2 Share-based Payment im Vergleich zu US-GAAP und E-DRS 11, a.a.O. (Fn. 3), S. 36, unter Hinweis auf das Beispiel in Appendix B zu FIN 28, wo der Option Price dem quoted Market Price at the Day of the Grant entspricht. Dies deckt sich mit den Stellungnahmen im deutschen Schrifttum, die hinsichtlich der bilanziellen Abbildung von Wertsteigerungsrechten nach den US-GAAP allein ABP 25 i.V.m. FIN 28 in Bezug nehmen, vgl. z.B. PELLENS, B./CRASSELT, N., Virtuelle Aktienoptionsprogramme im Jahresabschluss, WPg 1999, S. 765-772.

[86] Vgl. ROß, N./BAUMUNK, S., Wertsteigerungswahlrechte ohne Dividendenkomponente, in: KESSLER, T. /SAUTER, T. (Hrsg.), Handbuch Stock Options, München 2003, Rn. 740.

[87] Vgl. KPMG (Hrsg.), Rechnungslegung nach US-amerikanischen Grundsätzen, a.a.O. (Fn. 73), S. 253.

[88] Vgl. ROß, N./BAUMUNK, S., Wertsteigerungswahlrechte ohne Dividendenkomponente, a.a.O. (Fn. 86), Rn. 742. Ergänzend bleibt anzumerken, dass es im US-amerikanischen Schrifttum durchaus auch Stimmen gibt, welche die Konzeption des SFAS 123 auch auf Wertsteigerungsrechte für analog anwendungsfähig halten. So führen KIESO, D. E./WEYGANDT, J. J./WARFIELD, T. D., Intermediate Accounting, 10. Aufl., New York 2001, S. 890, aus: „Because compensation expense is measured by the difference between market prices of the stock from period, multiplied by the number of SARs, compensation expense can increase or decrease substantially from one period to the next. For this reason, companies with substantial stock appreciation rights plans may choose to use SFAS No. 123 guidelines because the total compensation expense is determined at the date of grant. Subsequent changes in market price are therefore ignored; compensation expense may be lower under SFAS 123."

gehen, dass die Mitarbeiter einen Ausgleich in Geld wählen werden (FIN 28.5). Entsprechend dieser Einschätzung wird entweder insgesamt nach den Regelungen der Bilanzierung von Wertsteigerungsrechten oder insgesamt nach den Regelungen für Aktienoptionen bilanziert (FIN 28.5). Steht das Wahlrecht demgegenüber dem Unternehmen zu, richtet sich die Bilanzierung danach, wie das Unternehmen das Wahlrecht auszuüben beabsichtigt.[89]

3.2.3 Anhangangaben

Unabhängig davon, ob die anteilsbasierten Vergütungen nach APB 25 oder nach SFAS 123 bilanziert werden, ergeben sich die nach den US-GAAP erforderlichen Anhangangaben aus SFAS 123.45-48.

3.3 Handelsbilanzrecht

3.3.1 Aktienoptionen

Im Handelsbilanzrecht bestanden und bestehen keine Regelungen zur bilanziellen Abbildung von Aktienoptionen. Aus diesem Grunde entwickelten sich in der handelsrechtlichen Literatur unterschiedliche und sehr kontrovers diskutierte Lösungsansätze. Teilweise wurde vertreten, Aktienoptionen führten, abgesehen von administrativen Kosten für den Entwurf, die Implementierung und die Verwaltung, nicht zu Aufwand.[90] Vielmehr trügen die Altgesellschafter die entstehenden Kosten infolge des aus der erforderlich werdenden Kapitalerhöhung oder des Rückkaufs eigener Aktien resultierenden Verwässerungseffekts.[91] Unter Zugrundelegung dieser Auffassung ergeben sich Auswirkungen auf die Bilanz erst durch die Ausübung der Aktienoptionen. Diese Ansicht haben offensichtlich nach IFRS bilanzierende Industrieunternehmen zur Lückenfüllung herangezogen[92], indem sie bis zur Optionsausübung keine Abbildung der Aktienoptionsprogramme in (Konzern-) Bilanz sowie Gewinn- und Verlustrechnung vor-

---

[89] Vgl. Roß, N./Baumunk, S., Wertsteigerungswahlrechte ohne Dividendenkomponente, a.a.O. (Fn. 86), Rn. 750.

[90] Vgl. Roß, N./Baumunk, S., Aktienoptionspläne nach § 192 Abs. 2 Nr. 3 AktG, a.a.O. (Fn. 61), Rn. 174.

[91] Vgl. Schruff, W./Hasenburg, C., a.a.O. (Fn. 2), S. 641; Wiedmann, H., Bilanzrecht, 2. Aufl., München 2003, § 272 HGB Anm. 56; Lange, T., Rückstellungen für Stock Options in Handels- und Steuerbilanz, StuW 2001, S. 137-149, hier S. 146.

[92] Vgl. bspw. S. 76-77 des 2003 Geschäftsberichts der Henkel AG.

nahmen, sondern die Programme unter Beachtung der Angabepflichten nach § 160 Abs. 1 Nr. 5 AktG im Anhang erläuterten.[93]

Nach anderer Auffassung sind Aktienoptionen bilanziell durch Bildung einer Verbindlichkeitsrückstellung aufgrund eines Erfüllungsrückstandes abzubilden.[94] Begründet wurde diese Auffassung damit, dass in Höhe des inneren Wertes der gewährten Aktienoptionen am Bilanzstichtag ein Gehaltsverzicht vorliege.[95]

Eine dritte Auffassung favorisiert die erfolgswirksame Bilanzierung der Aktienoptionspläne im Wege der Buchung „per Personalaufwand an Kapitalrücklage".[96] Dieser Ansatz orientiert sich an SFAS 123 und basiert auf der Überlegung, dass die Altaktionäre ihre Bezugsrechte, auf die sie mit der Fassung des Beschlusses nach § 192 Abs. 2 Nr. 3 AktG inzident verzichtet hätten, in die Gesellschaft eingelegt haben und die spätere Bedienung der Aktienoptionen als vergütungshalber erfolgende Zuwendung der Bezugsrechte zu Personalaufwand führe.[97]

Dieser Auffassung hatte sich auch das DRSC in seinem Entwurf eines Rechnungslegungsstandards E-DRS 11 angeschlossen. Danach wurde vorgeschlagen, dass die Bewertung mit dem nach finanzmathematischen Aktienoptionspreismodellen ermittelten beizulegenden Zeitwert oder Gesamtwert im Gewährungszeitpunkt der Aktienoptionen erfolgen sollte, und zwar ohne die Möglichkeit einer Berücksichtigung späterer Anpassungen infolge von Änderungen der bei der Ermittlung des beizulegenden Zeitwerts im Rahmen des Aktienoptionspreismodells bereits berücksichtigten Marktbedingungen (E-DRS 11.10). Über die Dauer des Leistungszeitraums waren nach E-DRS 11.15-16. Veränderungen in der Höhe des zu erwartenden Aufwands infolge der Änderung der anderen Ausübungsbedingungen, z.B. infolge von Mitarbeiterfluktuation, an den Bilanzstichtagen, in deren Berichtsperiode die Veränderung fällt, zu berücksichtigen.[98] War die Ausübung der Aktienoptionen erst nach Ablauf des Leistungszeitraums bzw. nach Eintritt bestimmter Erfolgsziele möglich, so sollte der Personalaufwand über den Leistungszeitraum zu verteilt werden. Als Leistungszeitraum wurde grundsätzlich die Sperrfrist angesehen (E-DRS 11.15).

---

[93] Vgl. zu aktienrechtlichen Angabepflichten Roß, N./Baumunk, S., Aktienoptionspläne nach § 192 Abs. 2 Nr. 3 AktG, a.a.O. (Fn. 61), Rn. 223.
[94] Vgl. Förschle, G./Kropp, M., G. Exkurs: Optionsbezugsrechte auf Aktien (stock options) für Arbeitnehmner und Geschäftsführung, in: Berger, A./Ellrott, H. u.a. (Hrsg.), Beck'scher Bilanz-Kommentar, 5. Aufl., München 2003, § 266 HGB, Anm. 289 sowie Anm. 292.
[95] Vgl. Förschle, G./Kropp, M., a.a.O. (Fn. 94), § 266 HGB, Anm. 289 sowie Anm. 292.
[96] Vgl. Pellens, B./Crasselt, N., Bilanzierung von Stock Options, DB 1998, S. 217-223, hier S. 223; eine Zusammenstellung weiterer Fundstellen findet sich bei Lange, T., a.a.O. (Fn. 91), S. 146.
[97] Vgl. Pellens, B./Crasselt, N., Bilanzierung von Stock Options, a.a.O. (Fn. 96), S. 223.
[98] Vgl. Roß, N./Baumunk, S., Aktienoptionspläne nach § 192 Abs. 2 Nr. 3 AktG, a.a.O. (Fn. 61), Rn. 185.

3.3.2 Wertsteigerungsrechte

Wertsteigerungsrechte sollen künftige Arbeitsleistungen der berechtigten Mitarbeiter in Geld abgelten.[99] Aufgrund der künftigen Zahlungsverpflichtungen ist eine Verbindlichkeitsrückstellung zu bilden.[100] Umstritten ist die Bewertung der Rückstellung. E-DRS 11 verlangte, auf den nach aktienoptionspreistheoretischen Modellen ermittelten beizulegenden Zeitwert oder auch Gesamtwert zum jeweiligen Bilanzstichtag abzustellen und diesen über den Leistungszeitraum zu verteilen (E-DRS 11.33).[101] Die Rückstellung für ungewisse Verbindlichkeiten war demzufolge zeitanteilig über den Leistungszeitraum - der üblicherweise dem Erdienungszeitraum entspricht - zu erhöhen.[102] Erwartete Fluktuations- und Sterbewahrscheinlichkeiten waren zu berücksichtigen, um den erwarteten Zahlungsbetrag zu schätzen. Außerdem war eine Folgebewertung erforderlich (E-DRS 11.35). Demgegenüber wird von anderer Seite der Ansatz einer Verbindlichkeitsrückstellung zum inneren Wert am jeweiligen Bilanzstichtag ohne eine weitere zeitliche Verteilung favorisiert.[103]

3.3.3 Kombinationsmodelle

Liegt das den Kombinationsmodellen immanente Wahlrecht bei der Gesellschaft, kommt die Bildung einer Kapitalrücklage wegen § 150 AktG solange nicht in Frage, wie nicht abschließend feststeht, dass Eigenkapitalinstrumente gewährt werden (E-DRS 11.B30). Vielmehr wurde es nach E-DRS 11.36 für sachgerecht erachtet, den sich an den einzelnen Stichtagen ergebenden gesamten Betrag zunächst unter den Rückstellungen auszuweisen und diesen, soweit im Zeitpunkt der Ausübung des Wahlrechts Eigenkapitalinstrumente gewährt werden, erfolgsneutral in die Kapitalrücklage umzubuchen (E-DRS 11.36).[104] Die Dotierung der Kapitalrücklage musste in diesem Fall dem Gesamtwert der Aktienoptionen bei Gewährung entsprechen. Eine mögliche Über- oder Unterdeckung war erfolgswirksam zu korrigieren (E-DRS 11.39).

---

99 Vgl. zu den drei typischen Fallgestaltungen SCHRUFF, W./HASENBURG, C., a.a.O. (Fn. 2), S. 622.
100 Vgl. ROß, N./BAUMUNK, S., Wertsteigerungswahlrechte ohne Dividendenkomponente, a.a.O. (Fn. 86), Rn. 688.
101 Ebenso PELLENS, B./CRASSELT, N., Virtuelle Aktienoptionsprogramme im Jahresabschluss, a.a.O. (Fn. 85), S. 765.
102 Vgl. ROß, N./BAUMUNK, S., Wertsteigerungswahlrechte ohne Dividendenkomponente, a.a.O. (Fn. 86), Rn. 704.
103 Vgl. z.B. SCHRUFF, W./HASENBURG, C., a.a.O. (Fn. 2), S. 626; HERZIG, N., Steuerliche und bilanzielle Probleme bei Stock Options und Stock Appreciation Rights, DB 1999, S. 1-12, hier S. 10.
104 Vgl. zur Kritik an diesem Lösungsvorschlag z.B. ROß, N./BAUMUNK, S., Wertsteigerungswahlrechte ohne Dividendenkomponente, a.a.O. (Fn. 86), Rn. 708, die hier allenfalls die Bildung einer - steuerlich unbeachtlichen - Aufwandsrückstellung zulassen wollen.

Liegt das Wahlrecht hingegen bei den Mitarbeitern, ist im Zweifel davon auszugehen, dass ein Ausgleich in Geld angestrebt ist. Grundsätzlich ist deshalb in diesen Fällen einer Rückstellungsbildung der Vorzug zu geben.[105]

3.3.4 Anhangangaben

Die Anhangangaben richten sich nach den handelsrechtlichen Vorschriften. Anzuwenden sind § 285 Nr. 8 b), Nr. 9 a) HGB sowie § 314 Abs. 1 Nr. 4, Nr. 6 a) HGB. Zudem ist § 160 Abs. 1 Nr. 5 AktG zu beachten. Darüber hinaus beinhaltete E-DRS 11.40 - zur Befriedigung des Informationsbedürfnisses der Aktionäre - weit gefasste Angabepflichten, die argumentativ auf § 264 Abs. 2 S. 2 HGB basiert.

4. Aus der Anwendung von IFRS 2 resultierender Anpassungsbedarf

4.1 Aktienoptionen

4.1.1 Frühere Bilanzierung nach SFAS 123

Da IFRS 2 und SFAS 123 bezüglich der bilanziellen Abbildung von Aktienoptionen die gleiche Grundkonzeption verfolgen, dürften sich - insbesondere nachdem das IASB aus Harmonisierungsgründen auch zur Berücksichtigung von Änderungen der anderen Ausübungsbedingungen im Wege des Modified Grant Date Approach übergangen ist - keine wesentlichen Anpassungsprobleme ergeben.

---

[105] Vgl. IDW, Prüfungshinweis PH 9.400.4/2000, Bestätigungsvermerke und Bescheinigungen zu Konzernabschlüssen bei Börsengängen an den Neuen Markt, WPg 2000, S. 1080.

4.1.2 Frühere Bilanzierung nach APB 25

Die Umstellung von APB 25 auf IFRS 2 birgt dagegen Anpassungsbedarf. Zwar ist auch nach APB 25 eine aufwandswirksame Erfassung der an Mitarbeiter ausgegebenen Aktienoptionen vorzunehmen und die Gegenbuchung hat auch zu Gunsten des Eigenkapitals zu erfolgen. Im Gegensatz zu IFRS 2 sind die ausgegebenen Aktienoptionen nach APB 25 jedoch nicht mit dem beizulegenden Zeitwert, sondern mit dem inneren Wert zu bewerten, wobei bei entsprechender Gestaltung auch die Möglichkeit besteht, den Ausweis von Personalaufwand vollständig zu vermeiden.

Aufgrund der Tatsache, dass IFRS 2.55 eine retrospektive Anwendung mit Anpassung der Gewinnrücklagen in der Eröffnungsbilanz der ersten dargestellten Berichtsperiode fordert, ergeben sich die folgenden Implikationen: Die nicht mehr darzustellenden Berichtsperioden sind ggf. durch eine Umbuchung im Eigenkapital erfolgsneutral anzupassen. Demgegenüber ist für die (anzupassende) Vergleichsperiode - i.d.R. das Geschäftsjahr 2004 - und die Berichtsperiode - i.d.R. das Geschäftsjahr 2005 - grundsätzlich von einer Verringerung des Periodenergebnisses auszugehen, da der aus der Gewährung der Aktienoptionen resultierende Personalaufwand nach IFRS 2 insoweit in der Gewinn- und Verlustrechnung zu zeigen ist.

Beispiel 9: Anpassungsbedarf bei der Umstellung

Die Verpflichtung zur Anwendung des IFRS 2 auf ab dem 1. Januar 2005 beginnende Berichtsperioden zeigt bereits für die vorhergehende Vergleichsperiode Auswirkungen. Werden die Auswirkungen des IFRS 2 für die Berichtsperiode vom 1. Januar 2005 bis zum 31. Dezember 2005 im Jahresabschluss zum 31. Dezember 2005 bilanziell abgebildet, ist bereits in der im Abschluss abgebildeten Vergleichsperiode von 1. Januar 2004 bis zum 31. Dezember 2004 der aus der Gewährung der Aktienoptionen resultierende Personalaufwand (anteilig) erfolgswirksam zu erfassen. Aus den vor dem 1. Januar 2004 liegenden Berichtsperioden ggf. resultierender kumulierter Personalaufwand ist demgegenüber (anteilig) erfolgsneutral im Eigenkapital anzupassen.

Darüber hinaus divergieren auch die Bewertungszeitpunkte. Während APB 25 auf den Bewertungsstichtag (measurement date) - den Zeitpunkt, an dem die Anzahl der erwerbbaren Aktien und deren Ausübungspreis erstmals feststehen - abstellt, ist nach IFRS 2 zum Gewährungszeitpunkt (grant date) zu bewerten. Eine zeitliche Verteilung des Aufwandes über den Erdienungszeitraum sehen beide Regelungen vor. Nach APB 25 sind aber innerhalb dieses Zeitraums alle eventuell erforderlichen Anpassungen durchzuführen. IFRS 2 erlaubt demgegenüber über die Dauer des Erdienungszeitraums nur eine Anpassung der Aufwandshöhe, soweit der Anpassungsbedarf aus einer Änderung der anderen Ausübungsbedingungen resultiert.

Hinsichtlich der Anhangabgaben dürfte kein größerer Anpassungsbedarf bestehen, da Unternehmen, die APB 25 anwenden, bereits pro forma die Auswirkungen einer Anwendung des SFAS 123 im Anhang anzugeben haben.

4.1.3 Frühere Bilanzierung nach Handelsrecht

Da E-DRS 11 inhaltlich im Wesentlichen dem Entwurf des heutigen IFRS 2 aus dem Jahr 2002 entsprach, dürfte sich der Anpassungsbedarf für Unternehmen, die anteilsbasierte Vergütungen nach E-DRS 11 bilanziert haben, im Rahmen einer Umstellung auf IFRS 2 ebenfalls in Grenzen halten.

Soweit die vormals in den IFRS enthaltene Regelungslücke durch die Anwendung der Auffassung geschlossen worden ist, nach der Aktienoptionspläne, die auf die Ausgabe von Aktienoptionen gerichtet sind, bis zur Ausübung keine bilanziellen Auswirkungen haben, besteht für diese Unternehmen künftig Anpassungsbedarf. Es kommt zwar aufgrund von IFRS 2.55 für die nicht mehr dargestellten Berichtsperioden ggf. nur zu einer Umbuchung innerhalb des Eigenkapitals, aber in der (anzupassenden) Vergleichs- und in der Berichtsperiode sind nun erstmals Personalaufwendungen zu zeigen. Es gelten mithin die Ausführungen unter Abschnitt 4.1.2 entsprechend.

4.2 Wertsteigerungsrechte

4.2.1 Frühere Bilanzierung nach APB 25

Sowohl APB 25 als auch IFRS 2 schreiben die bilanzielle Erfassung von Personalaufwand und im Gegenzug die Bildung einer Schuld vor. Darüber hinaus decken sich die Bestimmungen auch hinsichtlich des Zeitpunktes der Bewertung, nämlich zum Bilanzstichtag und hinsichtlich der zeitlichen Verteilung des Aufwands über den Erdienungszeitraum. Der wesentliche Unterschied liegt in der Bewertung des Personalaufwands. Während IFRS 2 auch für Wertsteigerungsrechte auf deren beizulegenden Zeitwert abstellt, lässt APB 25 nur eine Bewertung mit dem inneren Wert zu. Der sich dabei in der Regel ergebende Mehraufwand für nicht mehr dargestellte Berichtsperioden wird gemäß IFRS 2.58 gegen die Eröffnungsbilanz der Vergleichsperiode gebucht. Demgegenüber wirken sich die Bewertungsunterschiede in der (anzupassenden) Vergleichsperiode und in der Berichtsperiode in der Gewinn- und Verlustrechnung aus.

4.2.2 Frühere Bilanzierung nach Handelsrecht

Da E-DRS 11 dem Entwurf von IFRS 2 im Wesentlichen entsprach, dürften sich bei einer Umstellung auf IFRS 2 keine besonderen Anpassungserfordernisse ergeben.

Wurde demgegenüber der Auffassung gefolgt, die den Ansatz einer Verbindlichkeitsrückstellung zum inneren Wert am jeweiligen Bilanzstichtag ohne eine weitere zeitliche Verteilung favorisierte, wird nun der sich in der Regel ergebende Mehraufwand für nicht mehr dargestellte Berichtsperioden gemäß IFRS 2.58 gegen die Eröffnungsbilanz der Vergleichsperiode gebucht. In der (anzupassenden) Vergleichsperiode und in der Berichtsperiode wirken sich die Bewertungsunterschiede in der Gewinn- und Verlustrechnung aus.

4.3 Kombinationsmodelle

4.3.1 Frühere Bilanzierung nach US-GAAP

Während die Bilanzierung von Kombinationsmodellen unter Anwendung der US-GAAP entweder nach den Regelungen für Aktienoptionen oder den Regelungen für Wertsteigerungsrechte zu erfolgen hatte, schreibt IFRS 2 eine dann weitergehende Differenzierung jedenfalls dann vor, wenn das Ausübungswahlrecht bei den Begünstigten liegt. Da in diesem Fall vom Vorliegen eines zusammengesetzten Finanzinstruments auszugehen ist, kann sich in einigen Fällen der Effekt ergeben, dass die Eigenkapitalkomponenten des Kombinationsmodells nach den Regelungen für Aktienoptionen und die Schuldkomponenten nach den Regelungen für Wertsteigerungsrechte zu bilanzieren ist. Welche Auswirkungen sich dann für die Bilanz und die Gewinn- und Verlustrechnung ergeben, hängt davon ab, nach welchen Regelungen zuvor bilanziert wurde.[106]

4.3.2 Frühere Bilanzierung nach Handelsrecht

Die Bilanzierung von Kombinationsmodellen nach E-DRS 11 dürfte bei einer Umstellung auf IFRS 2 ebenfalls zu einem nicht unerheblichen Anpassungsbedarf führen. E-DRS 11 schlug die Bildung einer Rückstellung vor, die im Zeitpunkt der Ausübung des Wahlrecht zugunsten von Eigenkapitalinstrumenten ggf. in die Kapitalrücklage umzubuchen war. Mithin waren grundsätzlich die Regelungen zur Bilanzierung von Wertsteigerungsrechten anzuwenden.

---

[106] Siehe hierzu die Abschnitte 4.1.1 und 4.1.2 sowie 4.2.1.

Demgegenüber differenziert IFRS 2. Liegt das Ausübungswahlrecht beim Unternehmen, ist vermutlich eher nach den Regelungen für Aktienoptionen zu bilanzieren. Liegt das Ausübungswahlrecht bei den Begünstigten, kann es bei entsprechender Gestaltung teilweise zur Anwendung der Regelungen zur Bilanzierung von Aktienoptionen und im Übrigen zur Anwendung der Regelungen zur Bilanzierung von Wertsteigerungsrechten kommen.

5. Ausblick

Nach den Vorgaben des Bilanzrechtsreformgesetzes sind die IFRS und damit auch IFRS 2 für Konzernabschlüsse kapitalmarktorientierter Unternehmen bis auf wenige Ausnahmen ab 2005 verpflichtend anzuwenden. Offen ist dagegen weiterhin die Bilanzierung von anteilsbasierten Vergütungen im handelsrechtlichen Einzelabschluss sowie in handelsrechtlichen Konzernabschlüssen von Unternehmen.

Im Hinblick auf die zu erwartenden künftigen Entwicklungen ist festzuhalten, dass die Ausarbeitung von IFRS 2 in enger Zusammenarbeit mit dem US-amerikanischen Standardsetter, dem FASB, erfolgte. Im Dezember 2004 hat das FASB den überarbeiteten SFAS 123 zur Bilanzierung anteilsbasierter Vergütungen nach US-GAAP vorgelegt. Die jetzige Fassung entspricht in wesentlichen Teilen IFRS 2. Für die Zukunft kann daher wohl von einer international weitestgehend einheitlichen Bilanzierung anteilsbasierter Vergütungen ausgegangen werden. Ob und wie sich dies im deutschen Handels- und Steuerrecht niederschlagen wird, bleibt abzuwarten.

Antje Walter

Tatsächliche und latente Ertragsteuern

1. Rechtliche Grundlagen 843
2. Zielsetzung 844
3. Anwendungsbereich 846
4. Tatsächliche Steuern 847
5. Latente Steuern 848
   5.1 Abgrenzungskonzept 848
   5.2 Gründe für die Bildung latenter Steuern 849
       5.2.1 Temporäre Differenzen 850
             5.2.1.1 Abzugsfähige temporäre Differenzen 850
             5.2.1.2 Zu versteuernde temporäre Differenzen 852
             5.2.1.3 Beispiele 853
       5.2.2 Ungenutzte Verlustvorträge 854
       5.2.3 Ungenutzte Steuergutschriften 856
       5.2.4 Steuerwert 857
   5.3 Bewertung latenter Steuern 859
       5.3.1 Anzuwendender Steuersatz 859
       5.3.2 Abzinsung und Stichtagsprinzip 862
6. Ansatz 863
   6.1 Ausnahmen bei tatsächlichen Steuern 863
   6.2 Ausnahme bei latenten Steuern 863
       6.2.1 Erfolgsneutrale Erfassung 863
       6.2.2 Unternehmensakquisition 865
       6.2.3 Anteilsbasierte Vergütung 865
7. Ausweis 866
   7.1 Bilanz 866
   7.2 Gewinn- und Verlustrechnung 866

8. Anhangangaben 867
   8.1 Übersicht 867
   8.2 Überleitungsrechnung 869

9. Zwischenberichterstattung 872

10. Rückstellung für allgemeine Steuerrisiken 873

11. Organisatorische Anforderungen 874

12. Ausblick 875

1. Rechtliche Grundlagen

In HGB-Abschlüssen deutscher Unternehmen spielte die Problematik der Bilanzierung von Ertragsteuern, speziell von latenten Steuern, in der Vergangenheit eine untergeordnete Rolle. Ursache hierfür war zum einen der Maßgeblichkeitsgrundsatz nach § 5 Abs. 1 EStG, der als Grundprinzip der steuerlichen Gewinnermittlung über viele Jahre eine weitgehende Angleichung des Handelsbilanzgewinns mit dem steuerlichen Ergebnis erreichte. Insbesondere durch die Steuergesetzgebung seit Mitte der neunziger Jahre weichen die steuerlichen Gewinnermittlungsvorschriften dagegen immer stärker von den handelsrechtlichen Bestimmungen ab, so dass vermehrt Ergebnisdifferenzen auftreten, die zu latenten Steuern führen können. § 274 HGB regelt die Steuerabgrenzung - der Begriff der „latenten Steuern" wird nicht verwendet - für den Einzelabschluss als Passivierungspflicht für einen Überhang an passiven Steuerabgrenzungsposten und als Aktivierungswahlrecht für einen aktiven Abgrenzungsposten. Für latente Steuern aus Konsolidierungsmaßnahmen besteht im Konzernabschluss nach § 306 HGB grundsätzlich eine Ansatzpflicht. Durch die Ausgestaltung der aktiven Abgrenzungsposten als Bilanzierungshilfe (und einer damit verbundenen Ausschüttungssperre) wurde das Ansatzwahlrecht von den Unternehmen im Einzelabschluss nur selten ausgeübt, so dass auch aus diesem Grund die Bilanzierung latenter Steuern in Deutschland ein Schattendasein führte. Im Januar 2002 hat das DRSC den Standard DRS 10, Latente Steuern im Konzernabschluss, verabschiedet, der am 9. April 2002 im Bundesanzeiger veröffentlicht wurde. DRS 10 lehnt sich weitgehend an die Regelungen nach IFRS und US-GAAP an und ist für Geschäftsjahre, die nach dem 31. Dezember 2002 beginnen, anzuwenden. Für alle Gesellschaften, die in Deutschland einen Konzernabschluss aufstellen, war deshalb spätestens seit 2003 die Beschäftigung mit latenten Steuern ein absolutes „Muss".

Für IFRS-Abschlüsse regelt IAS 12 (überarbeitet 2004) Income Taxes die Bilanzierung von Ertragsteuern. IAS 12 wurde seit seiner ersten Genehmigung in 1994 mehrfach überarbeitet. Eine wesentliche Veränderung erfuhr IAS 12 durch die ab 1998 geltende Fassung, wonach latente Steuern nicht mehr durch das Timing-Konzept, sondern anhand des Temporary-Konzepts zu ermitteln waren.[1] Durch die Überarbeitung im Jahre 2004 wurde IAS 12 nicht grundlegend geändert. Vielmehr erfolgten Anpassungen an andere Standards; insbesondere wurden Regelungen zur steuerlichen Behandlung von anteilsbasierten Vergütungen (IFRS 2) getroffen. In der jetzt vorliegenden Fassung ist IAS 12

---

[1] Siehe Abschnitt 5.1.

für Berichtsperioden, die am oder nach dem 1. Januar 2005 beginnen, verpflichtend anzuwenden.

Wichtige Hinweise für die Ermittlung der Steuerposition im Zwischenabschluss bieten IAS 34, Anhänge B und C.

Darüber hinaus befassen sich zwei SIC-Interpretationen, die ab dem 15. Juli 2000 anzuwenden sind, mit IAS 12:

- SIC-21: Ertragsteuern - Realisierung von neubewerteten, nicht abschreibungsfähigen Vermögenswerten,

- SIC-25: Ertragsteuern - Änderungen im Steuerstatus eines Unternehmens oder seiner Anteilseigner.

US-GAAP bietet mit SFAS 109 eine IFRS im Ansatz vergleichbare Regelung der Bilanzierung von Ertragsteuern. Auf die wesentlichen Unterschiede in den einzelnen Vorschriften wird nachfolgend eingegangen.

2. Zielsetzung

Die generelle Zielsetzung des IAS 12 ist es, durch die Abbildung gegenwärtiger und zukünftiger Steueransprüche und -schulden eine genauere Darstellung der Vermögenslage eines Unternehmens zu geben. Dabei sind steuerliche Konsequenzen zu ziehen aus

- allen Geschäftsvorfällen der Berichtsperiode und

- der künftigen Realisierung der in der Bilanz angesetzten Buchwerte von Vermögensgegenständen/Schulden.

Hierdurch wird in der Regel auch eine periodengerechte Abgrenzung des Steueraufwands gewährleistet und eine Verprobung des Steueraufwands ermöglicht.

Beispiel 1: Darstellung der Vermögenslage nach IFRS im Vergleich zu HGB

Kreditinstitut A erzielt in 20X2 einen Nettoertrag aus dem operativen Geschäft in Höhe von € 2 Mio. In 20X1 hatte das Unternehmen ein festverzinsliches Wertpapier für € 400.000 erworben, das dem Liquiditätsbestand zugeordnet wurde. Sowohl nach IFRS als auch nach HGB ist auf das Wertpapier in 20X2 eine Teilwertabschreibung in Höhe von 50% erforderlich, so dass der Buchwert des Wertpapiers in der Bilanz zum 31.12.20X2 noch € 200.000 beträgt. Die Teilwertabschreibung wird steuerlich nicht anerkannt, da das Kreditinstitut eine voraussichtlich dauernde Wertminderung gemäß § 6 Abs. 1 Nr. 2 EStG nicht nachweisen kann. Nach Abschreibung beläuft sich der Gewinn vor Ertragsteuern auf € 1.800.000. Die tatsächlichen Steuern betragen € 800.000 bei einem angenommenen Steuersatz von insgesamt 40%.

Der Aufwand aus der Teilwertabschreibung wird steuerlich erst in der Zukunft, spätestens bei Veräußerung des Wertpapiers, wirksam und mindert erst dann das steuerpflichtige Ergebnis und damit die Steuerbelastung des Unternehmens. Für diesen künftigen Steuervorteil ist nach IFRS eine aktive latente Steuer anzusetzen. Bei einem angenommenen Gesamtsteuersatz von 40% ergibt sich ein Steueranspruch von € 80.000.

Die GuV des Unternehmens für 20X2 stellt sich vereinfacht wie folgt dar:

	IFRS	HGB	Steuer
Gewinn vor Steuern	1.800.000	1.800.000	2.000.000
Tatsächliche Steuern	-800.000	-800.000	-800.000
Latente Steuern	80 000	0	0
Gewinn nach Steuern	1.080.000	1.000.000	1.200.000
Steuerquote	40,0%	44,4%	40,0%

Der nach IFRS ausgewiesene Steueraufwand von insgesamt € 720.000 entspricht einer Steuerquote von 40,0% und damit genau dem Betrag, der anfallen würde, wenn das IFRS-Ergebnis selbst Bemessungsgrundlage für die Besteuerung wäre.

Die Bilanz des Unternehmens für 20X2 stellt sich vereinfacht wie folgt dar:

31.12.20X2	IFRS	HGB	Steuer
Aktiva			
Bank	2.050.000	2.050.000	2.050.000
Wertpapier	200.000	200.000	400.000
Aktive latente Steuern	80 000	0	0
Bilanzsumme	2.330.000	2.250.000	2.450.000

31.12.20X2	IFRS	HGB	Steuer
Passiva			
Kapital	50.000	50.000	50.000
Jahresüberschuss	1.080.000	1.000.000	1.200.000
Verbindlichkeiten	400.000	400.000	400.000
Steuerrückstellung	800.000	800.000	800.000
Bilanzsumme	2.330.000	2.250.000	2.450.000

In der IFRS-Bilanz wird die Vermögenslage des Unternehmens konkretisiert, denn die Bilanz zeigt nicht nur den um € 200.000 niedrigeren Buchwert des Wertpapiers, sondern auch den auf der Wertminderung beruhenden, gegenläufigen Steueranspruch von € 80.000.

3. Anwendungsbereich

IAS 12 gilt für alle Unternehmen, die einen Abschluss nach IFRS aufstellen, und bezieht sich auf die Bilanzierung von Ertragsteuern. Ertragsteuern sind alle in- und ausländischen Steuern, deren Höhe von dem zu versteuernden Ergebnis eines Unternehmens abhängig ist. Für in Deutschland steuerpflichtige Kapitalgesellschaften ist diese Voraussetzung für die Körperschaftsteuer, Gewerbesteuer und den Solidaritätszuschlag erfüllt. Bei Personengesellschaften wird nur die Gewerbesteuer, für die die Gesellschaft auch Steuerschuldner ist, einbezogen. Vom Einkommen oder Ertrag unabhängige Steuern wie Umsatzsteuer, Grundsteuer oder Kfz-Steuer werden von IAS 12 nicht erfasst. Nach § 233a AO geleistete/erstattete Zinsen stellen wie die Aussetzungszinsen nach § 237 AO keinen Steueraufwand/-ertrag dar, sondern sind unter dem Zinsaufwand/Zinsertrag auszuweisen.

Der Steueraufwand/-ertrag setzt sich zusammen aus:

- tatsächlichen Steuern (current taxes) und
- latenten Steuern (deferred taxes).

4. Tatsächliche Steuern

Die tatsächlichen oder laufenden Steuern werden in IAS 12.5 als Betrag der fälligen Ertragsteuerverpflichtungen/-ansprüche einer Abrechnungsperiode definiert. Hierbei handelt es sich im Regelfall um den Steueraufwand des jeweiligen Jahres. Nachzahlungen/Erstattungen für Steuern früherer Jahre, z.B. auf Grund von Betriebsprüfungen, gehören jedoch ebenfalls zu den tatsächlichen Steuern. Noch nicht bezahlte tatsächliche Steuern sind als Schulden, noch nicht erstattete Steuern als Vermögenswerte anzusetzen (IAS 12.12); dies gilt auch für Erstattungsansprüche aus einem Verlustrücktrag (IAS 12.13-14).

Die tatsächlichen Ertragsteuern werden grundsätzlich nach den nationalen, steuerlichen Vorschriften ermittelt; auf Besonderheiten - wie nachfolgend für HGB dargestellt - ist zu achten. Der Konzernabschluss nach IFRS (vor Konsolidierungsmaßnahmen) spiegelt deshalb in der Regel die Summe aller tatsächlichen Ertragsteuern wider, die in den Konzernabschluss einbezogene Unternehmen in ihren lokalen Einzelabschlüssen ausgewiesen haben.

Eine wesentliche Ausnahme zwischen HGB und IFRS besteht bei körperschaftsteuerpflichtigen Kapitalgesellschaften bezüglich der Berechnung des laufenden Steueraufwands im Zusammenhang mit Gewinnausschüttungen.[2] Nach dem Systemwechsel bei der Dividendenbesteuerung vom Anrechnungsverfahren zum Halbeinkünfteverfahren gilt eine Übergangsregelung von 18 Jahren. Während dieses Zeitraums kann es - außerhalb des Moratoriums - bei Ausschüttungen von Kapitalgesellschaften, die noch über Altbestände an verwendbarem Eigenkapital verfügen, zu einer Minderung oder Erhöhung der Körperschaftsteuer kommen. Gemäß § 37 Abs. 2 Satz 2 KStG ändert sich die Körperschaftsteuer des Veranlagungszeitraums, in dem das Wirtschaftsjahr endet, in dem die Gewinnausschüttung erfolgt. In der Steuerbilanz ist die Körperschaftsteueränderung im Jahr der Ausschüttung zu erfassen.[3] IFRS schreibt vor, dass die steuerlichen Konsequenzen aus einer Dividendenausschüttung erst ab dem Zeitpunkt im Abschluss berücksichtigt werden dürfen, an dem die zugrunde liegende Gewinnausschüttung als Verbindlichkeit gegenüber den Anteilseignern zu buchen ist (IAS 12.52B); bei deutschen Kapitalgesellschaften ist dies regelmäßig erst nach Beschluss der Gesellschafter-/Hauptversammlung erfüllt. Im Gegensatz hierzu ist die Steuerminderung nach Auffas-

---

[2] Vgl. etwa BISCHOF, S., Erfassung der ausschüttungsbedingten Änderung des Körperschaftsteueraufwands nach dem Handelsrecht und nach International Accounting Standards im Licht der §§ 37 und 38 KStG, DB 2002, S. 1565-1569, hier S. 1565.

[3] BMF-Schreiben vom 16.5.2002 IV A 2 - S. 2741 - 4/02, DStR 2002, S. 1048.

sung des HFA[4] nach § 278 HGB in dem Abschluss zu berücksichtigen, an dessen Ergebnis sie anknüpft.

> **Beispiel 2: Ausschüttungsbedingte Änderung des Körperschaftsteueraufwands**
>
> Kreditinstitut B erzielt im Wirtschaftsjahr 20X2 einen Jahresüberschuss von € 900.000, der vollständig ausgeschüttet werden soll. Das zum 31. Dezember 20X2 festgestellte Körperschaftsteuerguthaben beträgt € 200.000. Die Ausschüttung wird von der Hauptversammlung im Mai 20X3 beschlossen und erfolgt im Juni 20X3.
>
> Die Körperschaftsteuerminderung beträgt $^1/_6$ der Ausschüttung, d.h. € 150.000. Sie wird bei Ermittlung der Körperschaftsteuer des Veranlagungszeitraumes 20X3 berücksichtigt. Im Einzelabschluss nach HGB wird die Steuerminderung bereits in 20X2 Gewinn erhöhend erfasst, da sie an das Ergebnis 20X2 anknüpft. Im Konzernabschluss nach IFRS ist die Minderung erst in 20X3 zu erfassen.

5. Latente Steuern

5.1 Abgrenzungskonzept

Für die Abgrenzung latenter Steuern gibt es zwei Konzepte:

- Timing-Konzept und
- Temporary-Konzept.

§ 274 HGB lehnt sich an das Timing-Konzept an. Dieses orientiert sich an der Gewinn- und Verlustrechnung und bezieht nur diejenigen Unterschiede zwischen Handelsbilanz und Steuerwert ein, die sowohl bei ihrer Entstehung als auch bei ihrer Umkehr Einfluss auf das steuerliche Ergebnis haben. IFRS und US-GAAP verwenden dagegen das Temporary-Konzept. Das Temporary-Konzept ist bilanzorientiert und bezieht alle Unterschiede ein, die sich zukünftig steuerbelastend oder -entlastend auswirken; es werden deshalb auch die Unterschiede erfasst, die bei ihrer Entstehung erfolgsneutral gebildet werden.[5] Der Anwendungsbereich des Temporary-Konzepts ist deshalb weitergehender

---

[4] IDW, 179. Sitzung des HFA, FN-IDW. 12/2001, S. 688-689.
[5] Siehe Abschnitt 6.2.1.

und schließt die Unterschiede nach dem Timing-Konzept als Teilmenge mit ein. Die Unterschiede zwischen Handelsbilanz und Steuerwert werden wie folgt klassifiziert:

- Zeitlich begrenzte = temporäre Differenzen sind Unterschiede, die in der Zukunft zu einer Verminderung oder Erhöhung der steuerlichen Bemessungsgrundlage und damit zu einer Steuerbelastung oder -entlastung führen. Auch Unterschiede, die sich nicht automatisch umkehren, sondern erst einer unternehmerischen Disposition oder der Unternehmensauflösung bedürfen (quasi permanente Differenzen), werden von dem Temporary-Konzept erfasst. Die Bildung latenter Steuern ist grundsätzlich geboten.

- Zeitlich unbegrenzte = permanente Differenzen sind Unterschiede, die sich auch in der Zukunft nicht umkehren und - in Deutschland - auf außerbilanziellen Hinzurechnungen oder Kürzungen beruhen. Beispiele hierfür sind steuerfreie Einnahmen oder nicht abzugsfähige Betriebsausgaben. Die Bildung latenter Steuern ist unzulässig.

5.2 Gründe für die Bildung latenter Steuern

Latente Ertragsteuern sind Steuern, die in künftigen Perioden zahlbar oder erstattungsfähig sind, deren Ursache aber in Vermögenswerten/Schulden liegt, die in der Bilanz bereits angesetzt sind. Mit der Begriffsdefinition in IAS 12.5 gibt der Standard gleichzeitig eine Auflistung der Gründe für die Bildung latenter Steuern:

- Latente Steuerschulden (passive latente Steuern; deferred tax liabilities) sind die Beträge an Ertragsteuern, die in zukünftigen Perioden aus zu versteuernden temporären Differenzen zahlbar sind.

- Latente Steueransprüche (aktive latente Steuern; deferred tax assets) sind die Beträge an Ertragsteuern, die in zukünftigen Perioden erstattungsfähig sind aus

  – abzugsfähigen temporären Differenzen,

  – noch nicht genutzten steuerlichen Verlustvorträgen und

  – noch nicht genutzten Steuergutschriften.

- Temporäre Differenzen (temporary differences) sind die Unterschiede zwischen dem IFRS-Buchwert eines Vermögenswertes oder einer Schuld und dem jeweiligen Steuerwert.

- Der Steuerwert (tax base) eines Vermögenswertes oder einer Schuld ist der diesem Wirtschaftsgut für steuerliche Zwecke beizulegende Wert.

5.2.1 Temporäre Differenzen

Die Bilanzierung nach IFRS ist nicht von einzelnen, nationalen Steuergesetzen beeinflusst, so dass temporäre Unterschiede zwischen IFRS-Bilanz und Steuerbilanz zwangsläufig entstehen. Es gibt

- abzugsfähige temporäre Differenzen, deren Umkehr in der Zukunft zu einer Minderung der steuerlichen Bemessungsgrundlage und damit zur Bildung von aktiven latenten Steuern führt, und

- zu versteuernde temporäre Differenzen, deren Umkehr eine Erhöhung des zu versteuernden Einkommens und damit passive latente Steuern hervorruft.

Temporäre Differenzen entstehen sowohl auf der Ebene der Einzelabschlüsse durch Unterschiede zwischen dem lokalen Abschluss und der Steuerbilanz als auch durch Überleitung des lokalen Abschlusses auf einen IFRS-Abschluss. Zudem ergeben sich temporäre Differenzen durch Konzernmaßnahmen und Konsolidierungsvorgänge. Die Summe aller temporären Differenzen lässt sich also in verschiedenen Stufen ermitteln. Die verschiedenen Stufen sind technisch jedoch so zusammenzufassen, dass am Ende der Konzernbilanz nach IFRS die jeweiligen Steuerwerte gegenübergestellt werden. Dies bedeutet im Zweifel auch eine Umgliederung der Steuerbilanz nach IFRS-Kriterien. Basis für die Ermittlung latenter Steuern sollte eine Aufstellung nach z.B. folgendem Schema sein:

Beispiel 3: Schema zur Ermittlung latenter Steuern				
Bilanzposition	IFRS	Steuer	abzugsfähige Differenz	zu versteuernde Differenz
Finazanlagen (AfS)	100.000	70.000	0	30.000
Sachanlagen	50.000	45.000	0	5.000
Rückstellungen	70.000	50.000	20.000	0
§ 6b-Rücklage	0	60.000	0	60.000

5.2.1.1 Abzugsfähige temporäre Differenzen

Eine aktive latente Steuerabgrenzung ist in allen Fällen vorzunehmen, in denen es wahrscheinlich (probable) ist, dass künftig ausreichend zu versteuernde Gewinne verfügbar sind, um die gebildeten aktiven latenten Steuern wirksam nutzen zu können. IAS 12 selbst nennt keinen Grad der Wahrscheinlichkeit, der für den Ansatz aktiver latenter Steuern vorliegen muss. Kann mit der Realisierung des Steuerabgrenzungspostens nicht gerechnet werden, ist zwingend eine Wertberichtigung (valuation allowance) auf den Steuerabgrenzungsposten vorzunehmen. Der Wahrscheinlichkeitstest ist jährlich zu überprüfen.

US-GAAP schreibt im Gegensatz dazu vor, dass eine Wertberichtigung vorzunehmen ist, sobald die Realisierung mit mehr als 50% unwahrscheinlich (more likely than not) ist. Auch IAS 12 soll wohl künftig nach dieser Lesart ausgelegt werden. Nach IAS 12.27-30 ist die Nutzbarkeit der aktiven latenten Steuern dann gegeben, wenn

- ausreichende zu versteuernde temporäre Differenzen vorliegen, die sich voraussichtlich in der gleichen Periode umkehren wie die abzugsfähigen temporären Differenzen oder
- künftig ausreichende Gewinne erwartet werden, die nicht aus der Umkehr von zu versteuernden temporären Differenzen resultieren, oder
- das Management geeignete Maßnahmen ergreifen kann, um die aktiven latenten Steuern zu realisieren.

Abzugsfähige temporäre Differenzen können auch entstehen, wenn der IFRS-Wert von Anteilen an Tochterunternehmen, Gemeinschaftsunternehmen und assoziierten Unternehmen von deren Steuerwert abweicht. Ein latenter Steueranspruch ist in diesem Fall in dem Umfang auszuweisen, wie es wahrscheinlich ist, dass bei der Umkehr ausreichendes zu versteuerndes Einkommen zur Verfügung steht und die Umkehr in absehbarer Zeit wahrscheinlich ist (IAS 12.44).

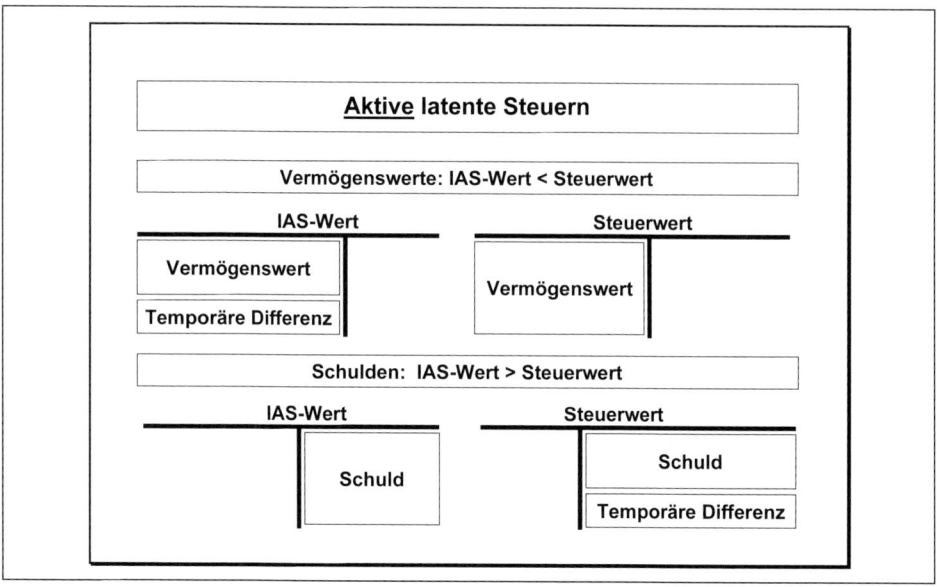

Abb.1: Aktive latente Steuern

5.2.1.2 Zu versteuernde temporäre Differenzen

Für passive latente Steuern auf zu versteuernde temporäre Differenzen besteht grundsätzlich eine Ansatzpflicht. Verboten ist der Ansatz passiver latenter Steuern auf

- temporäre Differenzen, die aus dem Ansatz eines Geschäfts- oder Firmenwertes (Goodwill) aus der Erstkonsolidierung resultieren, (IAS 12.15 und IAS 12.21-21B). Der Goodwill stellt die positive Differenz aus dem Kaufpreis und dem um stille Reserven und daraus resultierenden latenten Steuern bereinigten Eigenkapital dar. Die Bildung einer latenten Steuer auf diese Residualgröße würde den Firmenwert wieder verändern. Dies wird durch das Verbot verhindert.

- zu versteuernde temporäre Unterschiede im Zusammenhang mit Beteiligungen an verbundenen Unternehmen, Gemeinschaftsunternehmen oder assoziierten Unternehmen (z.B. durch thesaurierte Gewinne bei einem verbundenen Unternehmen, das nach der Equity-Methode bewertet wird), wenn die Muttergesellschaft die Umkehr der temporären Differenz steuern kann und eine Umkehr in absehbarer Zeit nicht stattfinden wird (IAS 12.39).

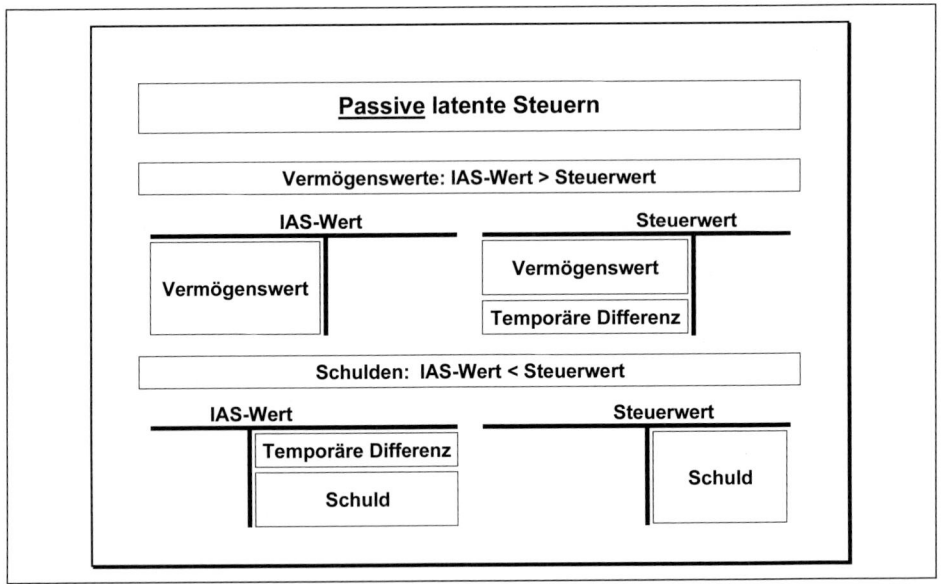

Abb. 2: Passive latente Steuern

5.2.1.3 Beispiele

Typische Beispiele für abzugsfähige/zu versteuernde temporäre Differenzen im Bankbereich sind:

- Mark-to-Market-Bewertung von Handelsbeständen nach IFRS gegenüber dem Anschaffungskostenprinzip in der Steuerbilanz,[6]
- Bilanzierung von Spezialfonds zu Marktwerten bei auf Fondsebene thesaurierten Veräußerungsgewinnen,
- Erstanwendung von IAS 39: Neubewertung von AfS-Wertpapieren,[7]
- Hedge-Accounting,[8]
- Bildung einer § 6b-Rücklage in der Steuerbilanz, die nach IFRS nicht möglich ist,
- Unterschiede im Ansatz von Grundstücken und Gebäuden durch die Übertragung von § 6b-Rücklagen,
- Fonds zur bauspartechnischen Absicherung,
- Aktivierung selbsterstellter Software nach IFRS, wohingegen der Aufwand nach Steuerrecht sofort abzugsfähig ist,[9]
- höhere Pensionsrückstellungen, Rückstellungen für Altersteilzeit und Vorruhestand nach IFRS als nach Steuerrecht,
- Unterschiede in der Behandlung von Jubiläumsrückstellungen,
- Drohverlustrückstellungen, die in der Steuerbilanz nicht abzugsfähig sind,
- Verbindlichkeiten und Rückstellungen, die in der Steuerbilanz mit 5,5% abzuzinsen sind,
- Restrukturierungsrückstellungen,
- Differenzen im Ansatz von nicht konsolidierten (Objekt-)Personengesellschaften durch die Spiegelbildmethode in der Steuerbilanz und
- Zwischengewinneliminierung.

---

[6] Vgl. zur Bewertung von Handelsbeständen Abschnitt 8 im Beitrag „Ansatz und Bewertung von Finanzinstrumenten".
[7] Vgl. zu Available for Sale Abschnitt 6.5 im Beitrag „Ansatz und Bewertung von Finanzinstrumenten".
[8] Vgl. zu Hedge Accounting die Abschnitte 12-13 im Beitrag „Ansatz und Bewertung von Finanzinstrumenten".
[9] Vgl. zur Bilanzierung selbsterstellter Software den Beitrag „Immaterielle Vermögenswerte".

5.2.2 Ungenutzte Verlustvorträge

Soweit in der Zukunft zu versteuerndes Einkommen verfügbar ist, gegen das ein steuerlich vortragsfähiger Verlust verrechnet werden kann, stellt dieser einen Vermögensanspruch dar, weil er künftigen Ertragsteueraufwand „erspart". IFRS - ebenso US-GAAP - sehen daher die Bilanzierung aktiver latenter Steuern auf ungenutzte steuerliche Verlustvorträge vor (IAS 12.34). Die Verlustvorträge müssen, wie die abzugsfähigen temporären Differenzen, daraufhin überprüft werden, ob der mit ihnen verbundene Steuervorteil zukünftig erzielt werden kann.[10] Es sind deshalb positive und negative Anhaltspunkte gegeneinander abzuwägen, um die Wahrscheinlichkeit künftiger steuerpflichtiger Gewinne, gegen die der Verlustvortrag verrechnet werden kann, auszuloten.

Eine besondere Rolle spielt dabei, ob ein Verlustvortrag unbegrenzt nutzbar ist. In einigen Steuerjurisdiktionen sind Verlustvorträge zeitlich nur eingeschränkt verrechenbar. So erlaubt z.B. Japan eine Nutzung nur innerhalb von fünf Jahren. Nach deutschem Steuerrecht sind sowohl der körperschaftsteuerliche als auch der gewerbesteuerliche Verlustvortrag (§ 10d EStG, § 10a GewStG) von der zeitlichen Befristung her unbegrenzt. Soweit der Verlustvortrag € 1 Mio. übersteigt, ist die Nutzung bei Körperschaften derzeit allerdings auf 60% des Gesamtbetrags der Einkünfte bzw. des Gewerbeertrags begrenzt.

Beispiel 4: Verlustvortrag

Kreditinstitut B ist in Japan ansässig und erzielt in 20X1 einen steuerlichen Verlust von € 500.000. Der Verlust ist fünf Jahre nutzbar. Nach der Budgetplanung erwartet das Kreditinstitut bis 06 ein zu versteuerndes Ergebnis von insgesamt € 400.000, das mit voraussichtlich 40% zu versteuern sein wird.

Der maximale Ansatz aktiver latenter Steuern zum 31.12.20X1 beträgt € 200.000.

Der Ansatz ist zu korrigieren um € 40.000,

da der Verlustvortrag wahrscheinlich nur in Höhe von € 160.000,

zu einer steuerlichen Entlastung führt (€ 400.000 * 40%).

Der korrigierte Betrag wird als Wertberichtigung (valuation allowance) bezeichnet.

Weist ein Unternehmen eine Historie von Verlusten aus, muss es substantielle Hinweise dafür vorlegen können, dass künftig ausreichender Ertrag erwirtschaftet wird, um den Verlustvortrag zu nutzen. Dies sollte durch eine Steuerplanungsrechnung, die auf einer möglichst detaillierten Budgetplanung des Unternehmens basiert, gestützt werden. IAS 12.82 fordert bei einer Historie von Verlusten und gleichzeitigem Ansatz aktiver latenter Steuern eine Erläuterung in den Notes.

---

[10] Siehe Wahrscheinlichkeitstest unter Abschnitt 5.2.1.1.

Nach einhelliger Auffassung in der Fachliteratur durften nach HGB bis auf eng umgrenzte Ausnahmen aktive latente Steuern für steuerliche Verlustvorträge und Steuergutschriften weder im Einzel- noch im Konzernabschluss angesetzt werden. DRS 10 dagegen sieht den Ansatz aktiver latenter Steuern auf Verlustvorträge auch nach dem jetzigen Wortlaut der HGB-Normen als möglich an. Der Standard ist insoweit umstritten,[11] eröffnet einem Unternehmen jedoch gewisse Dispositionsmöglichkeiten.

In der Praxis ist die Thematik „Latente Steuern auf Verlustvorträge" unternehmenspolitisch brisant. Ihr wird sowohl von dem Management als auch von Seiten der Wirtschaftsprüfer und Analysten besonderes Interesse entgegengebracht. Entscheidet sich ein Unternehmen, keine aktiven latenten Steuern auf den Verlustvortrag eines Tochterunternehmens anzusetzen, kann dies z.B. einen Hinweis auf ein langfristig defizitäres Geschäftsfeld geben und/oder mögliche Felder für Umstrukturierungen im Konzern aufzeigen. Bei einem Übergang von HGB auf IFRS ist der Frage der zutreffenden Ermittlung der Verlustvorträge und der daraus resultierenden aktiven latenten Steuern deshalb besondere Aufmerksamkeit zu widmen.

Neben dem allgemeinen körperschaftsteuerlichen und gewerbesteuerlichen Verlustvortrag können auch nicht verrechenbare Verluste z.B. nach § 2a (1) EStG, § 15 Abs. 4 EStG und § 15a EStG zur Bildung aktiver latenter Steuern führen. Vororganschaftliche Verluste sind sowohl bei der Körperschaftsteuer als auch bei der Gewerbesteuer bis zum Ende der Organschaft eingefroren und deshalb nicht anzusetzen, es sei denn, dass Planungen über eine künftige Beendigung der Organschaft und anschließende Nutzung des Verlustvortrages vorliegen.

Um eine bessere Kontrolle über die Entwicklung der Verlustvorträge und der darauf basierenden aktiven Steuern zu haben, empfiehlt sich eine Fortschreibung und Gliederung der Verlustvorträge. Auch für die Steuerplanung und optimale Nutzung von Verlustvorträgen im Konzern ist eine Übersicht bspw. nach folgendem Schema hilfreich:

---

[11] Vgl. SAUTER, T./HEURUNG, R./FISCHER, W.-W., Erfassung von latenten Steuern im Konzernabschluss nach E-DRS 12, BB 2001, S. 1783-1788, hier S. 1783.

Gesellschaften	A	B	Summe
Steuersatz	50%	30%	
Steuerlicher Verlustvortrag 31.12.20X1	100.000	50.000	150.000
Maximaler Steueranspruch 31.12.20X1	50.000	15.000	65.000
Wertberichtigung	-10.000	0	-10.000
Aktivierter Steueranspruch 31.12.20X1	40.000	15.000	55.000
Korrektur früherer Jahre	0	6.000	6.000
Zugang laufendes Jahr	50.000	0	50.000
Verbrauch laufendes Jahr	0	-10.000	-10.000
Verfall laufendes Jahr	-5.000	0	-5.000
Währungsdifferenzen	0	2.000	2.000
Steuerlicher Verlustvortrag 31.12.20X2	145.000	48.000	193.000
Maximaler Steueranspruch 31.12.20X2	72.500	14.400	86.900
Wertberichtigung	-32.500	0	-32.500
Aktivierter Steueranspruch 31.12.20X2	40.000	14.400	54.400
Steuerlicher Verlustvortrag nutzbar in			
20X3	0	0	0
20X4	5.000	0	5.000
20X5	0	0	0
20X6	90.000	0	90.000
20X7	50.000	0	50.000
>5 Jahre	0	0	0
>10 Jahre	0	0	0
Unbegrenzt	0	48.000	48.000

5.2.3 Ungenutzte Steuergutschriften

Für den Ansatz aktiver latenter Steuern auf ungenutzte Steuergutschriften gelten die gleichen Voraussetzungen wie für ungenutzte Verlustvorträge.

Ungenutzte Steuergutschriften sind für in Deutschland ansässige Kapitalgesellschaften nach derzeitigem Steuerrecht im Regelfall nicht zu berücksichtigen. IAS 12.52B legt eindeutig fest, dass die steuerlichen Konsequenzen von Ausschüttungen erst dann zu zeigen sind, wenn eine Verpflichtung zur Ausschüttung der Dividende anzusetzen ist. Fließt eine Dividende im Jahr der Beschlussfassung ab, ist das Körperschaftsteuerguthaben nach § 37 Abs. 1 KStG[12] deshalb als laufender Steueranspruch und nicht als latenter Steueranspruch zu zeigen.

Ungenutzte Steuergutschriften ergeben sich z.B., wenn nach den steuerlichen Vorschriften eines Landes bisher nicht anrechenbare Quellensteuern vorgetragen werden können.

5.2.4 Steuerwert

Nach IFRS wird jedem Vermögenswert und jeder Schuld ein Steuerwert zugeordnet. Der Steuerwert ist der Wert, der bei Realisierung eines Vermögenswertes/Begleichung einer Schuld von dem erzielten Vorteil/handelsrechtlichen Buchwert abgezogen werden kann und Auswirkungen auf die steuerliche Bemessungsgrundlage hat. In Deutschland lässt sich der steuerliche Wertansatz in der Regel aus der Steuerbilanz ablesen.

> **Beispiel 5: Steuerwert - Regelfall**
>
> 1. Betriebs- und Geschäftsausstattung wird im Januar 20X1 für € 800.000 erworben und nach IFRS planmäßig auf fünf Jahre abgeschrieben. Für steuerliche Zwecke beträgt die Abschreibungsdauer gemäß den amtlichen AfA-Tabellen acht Jahre. Der IFRS-Wert per 31.12.20X1 beträgt € 640.000, der Steuerwert € 700.000.
>
> 2. Eine Rückstellung für Prozesskosten wird nach IFRS per Ende 20X1 mit € 250.000 passiviert. Nach Steuerrecht ist eine Abzinsung mit 5,5% gemäß § 6 Abs. 1 Nr. 3a EStG erforderlich, die zu einer Differenz in der Bewertung der Rückstellung von € 15.000 führt. Der Steuerwert der Rückstellung beträgt € 235.000.

Problematischer wird es, wenn Vermögensgegenstände/Schulden bilanziert werden, deren Realisierung kein steuerliches Ereignis nach sich zieht. Nach IAS 12.7 soll der Steuerwert in solchen Fällen dem Buchwert gleichgesetzt werden.

---

[12] Siehe Beispiel 4 in Abschnitt 4.

> **Beispiel 6: Steuerwert - Ausnahme**
>
> Kreditinstitut A erwirbt Aktien (Streubesitz) der Gesellschaft Y im Liquiditätsbestand für € 100.000. Die Gesellschaft Y nimmt in 20X1 eine Ausschüttung aus dem steuerlichen Einlagekonto in Höhe von € 10.000 vor, die bei A handelsrechtlich als Ertrag erfasst wird. Steuerlich liegt eine Minderung der Anschaffungskosten vor. Bei Veräußerung der Aktien wäre ein Veräußerungsgewinn nach § 8b Abs. 2 KStG steuerbefreit. In der IFRS-Bilanz zum 31.12.20X1 sind die Aktien weiterhin mit ihren Anschaffungskosten von € 100.000 bilanziert. Der Buchwert in der Steuerbilanz beträgt hingegen € 90.000.
>
> Lösung A nach IAS 12.7: Der Steuerwert wird dem IFRS-Buchwert gleichgesetzt und entspricht damit ebenfalls € 100.000. Eine temporäre Differenz liegt nicht vor. Latente Steuern werden nicht gebildet.
>
> Lösung B nach Fußnote 1 zu Beispiel 4 in IAS 12.7: Der Steuerwert wird mit € 90.000 angesetzt. Es entsteht eine temporäre Differenz in Höhe von € 10.000. Da eine Veräußerung steuerfrei ist, wird auf die temporäre Differenz ein Steuersatz von Null angewendet. Latente Steuern werden nicht gebildet.
>
> Lösung B ist aus pragmatischen Gründen der Vorzug zu geben. Zum einen kann die Summe der Steuerwerte mit der Steuerbilanz abgestimmt werden. Zum anderen sind alle Unterschiede zwischen IFRS- und Steuerbilanz systemseitig erfasst und stehen zur Verfügung, sollte die steuerliche Behandlung der Veräußerungsgewinne von Aktien wieder geändert werden.

Darüber hinaus sind auch Fälle denkbar, bei denen (k)ein Steuerwert besteht, dem aber (k)ein Wert in der IFRS-Bilanz gegenübersteht. Der Unterschiedsbetrag stellt eine temporäre Differenz dar, die eine latente Steuer zur Folge hat.

> **Beispiel 7: Steuerwert, aber kein IFRS-Ansatz**
>
> Kreditinstitut B veräußert ein Grundstück und stellt den Gewinn in der Steuerbilanz in eine § 6b EStG-Rücklage von € 50.000 ein. Nach IFRS ist die Bildung eines Schuldpostens nicht möglich und der Gewinn auszuweisen. Der Unterschied zwischen dem Buchwert von Null und dem Steuerwert von € 50.000 stellt eine zu versteuernde temporäre Differenz dar.

5.3 Bewertung latenter Steuern

5.3.1 Anzuwendender Steuersatz

Die Bewertung erfolgt nach der Verbindlichkeitsmethode, die auf den zutreffenden Bilanzausweis abstellt. Danach sind latente Steuern gemäß IAS 12.47 mit den Steuersätzen zu bemessen, die für den Zeitpunkt der voraussichtlichen Umkehr der temporären Differenzen erwartet werden. Es gelten die Steuersätze, die am Bilanzstichtag bereits wirksam sind oder mit deren Inkrafttreten mit an Sicherheit grenzender Wahrscheinlichkeit gerechnet werden kann. IFRS erläutert nicht, was hierunter im einzelnen zu verstehen ist. Es ist jedoch davon auszugehen, dass das Gesetzgebungsverfahren weitestgehend abgeschlossen sein sollte; in Deutschland sind hierfür die Zustimmung von Bundestag und Bundesrat erforderlich. Nach US-GAAP ist es im Gegensatz zu IFRS notwendig, dass das Gesetz offiziell verabschiedet ist; in Deutschland ist dazu die Unterzeichnung durch den Bundespräsidenten erforderlich.

> **Beispiel 8: Anzuwendender Steuersatz**
>
> Bei einem Kreditinstitut bestehen zum 31.12.20X1 abzugsfähige temporäre Differenzen wegen festverzinslicher Wertpapiere in Höhe von € 30.000 und wegen Rückstellungen in Höhe von € 50.000. Das Unternehmen rechnet damit, dass sich die temporären Differenzen wegen der Rückstellungen in 20X2 umkehren; wann sich die Unterschiede in Bezug auf die Wertpapiere ausgleichen, ist nicht absehbar. Der für 20X1 und 20X2 gültige Körperschaftsteuersatz beträgt 34%; mit Wirkung ab 20X3 wurde eine Senkung des Körperschaftsteuersatzes von 34% auf 30% verabschiedet. Die aktiven latenten Steuern ermitteln sich wie folgt:
>
> Wertpapiere   € 30.000 * 30%   =   € 9.000
>
> Rückstellungen   € 50.000 * 34%   =   € 17.000

In Ländern mit einem gespaltenen Körperschaftsteuersatz - wie er in Deutschland während des Anrechnungsverfahrens galt - sind die latenten Steuern mit dem Thesaurierungssatz zu bewerten. Dies gilt einheitlich sowohl nach IFRS (IAS 12.52A) als auch nach US-GAAP (EITF No. 95-10).

Soweit in manchen Ländern für unterschiedliche Einkünfte unterschiedliche Steuersätze gelten, ist dies bei Ermittlung der latenten Steuern entsprechend zu berücksichtigen. Verbreitet sind bspw. Sondersteuersätze für Veräußerungsgewinne (capital gains tax). Durch die Körperschaftsteuerreform sind Dividendenerträge und Veräußerungsgewinne auf der Ebene von Kapitalgesellschaften in Deutschland steuerfrei. Auf entsprechende temporäre Differenzen sind deshalb in der Regel keine latenten Steuern zu bilden.[13] Sind die Steuersätze je nach Höhe des Einkommens gestaffelt, ist ein wahrscheinlicher Mischsteuersatz anzuwenden (IAS 12.49).

Bei Änderungen des Steuersatzes findet eine Neubewertung der latenten Steuern statt, um der Verbindlichkeitsmethode Rechnung zu tragen. Die Auswirkungen aus einer Steuersatzänderung sind bereits in dem Quartal zu bilanzieren, in dem die Zustimmung des Bundesrates erfolgt.

---

[13] Siehe Beispiel 6 in Abschnitt 5.2.4.

> **Beispiel 9: Änderung des Steuersatzes**
>
> In der Bilanz des Unternehmens C bestehen zum 31.12.20X1 aktive latente Steuern von € 500.000, die unter Zugrundelegung eines Steuersatzes von 50% GuV-wirksam gebildet wurden. Im Januar 20X2 wird eine Senkung des Steuersatzes auf 40% beschlossen. Die aktiven latenten Steuern sind neu zu bewerten und betragen bei sonst unveränderter Ausgangsposition noch € 400.000. Der Steueraufwand hieraus beträgt € 100.000 und belastet die GuV des ersten Quartals.

Steuersatzänderungen sind nach IFRS dann über die GuV auszuweisen, wenn die zugrunde liegende latente Steuer ebenfalls erfolgswirksam war. Bei erfolgsneutral entstandenen temporären Differenzen ist die Steuersatzänderung entsprechend über das Eigenkapital zu erfassen. Nach US-GAAP sind Anpassungen auf Grund von Steuersatzänderungen grundsätzlich ergebniswirksam zu erfassen. Dies kann zu gravierenden Unterschieden zwischen IFRS und US-GAAP führen.

In der Praxis verwenden in Deutschland ansässige Kapitalgesellschaften in der Regel einen Gesamtsteuersatz für die Bewertung latenter Steuern, der die Effektivsteuerbelastung aus Körperschaftsteuer von 25%, Solidaritätszuschlag von 5,5% und je nach Hebesatz der Gemeinde variierende Gewerbesteuer widerspiegelt. Der Gesamtsteuersatz beträgt derzeit je nach Hebesatz rd. 40%. Unterliegen einzelne temporäre Differenzen nur der Körperschaftsteuer und dem Solidaritätszuschlag, nicht aber der Gewerbesteuer, ist dies entsprechend zu berücksichtigen. Es bietet sich an, die temporären Differenzen nach den jeweils anzuwendenden Steuersätzen zu kennzeichnen.

Da die steuerlichen Verlustvorträge für Körperschaftsteuer und Gewerbesteuer nach unterschiedlichen Bemessungsgrundlagen ermittelt werden, sind die hierfür anzusetzenden aktiven latenten Steuern mit den für die jeweilige Steuerart geltenden Steuersätzen zu berechnen. Die Gewerbesteuer stellt eine abzugsfähige Betriebsausgabe dar; deshalb ist bei der Berechnung des für den gewerbesteuerlichen Verlustvortrag maßgeblichen Steuersatzes die Steuerentlastung bei der Körperschaftsteuer und dem Solidaritätszuschlag einzukalkulieren. Bei einem Hebesatz von 450% beträgt der anzuwendende Steuersatz 13,52% (= Hebesatz/(2000 + Hebesatz) * (100 - (Körperschaftsteuersatz + Körperschaftsteuersatz * Satz für Solidaritätszuschlag)) % = 450/2450 * 73,625%).

Im Konzern empfiehlt es sich, den Konzerngesellschaften zur Ermittlung der latenten Steuern pro Land einen einheitlich anzuwendenden Steuersatz vorzugeben, auch wenn kleinere, regionale Unterschiede wegen lokaler Steuern bestehen.

Werden deutsche Personengesellschaften in den Konzern einbezogen, ist Folgendes zu bedenken: Die Personengesellschaft selbst ist nicht körperschaftsteuerpflichtig, sondern nur gewerbesteuerpflichtig. Temporäre Differenzen, die ihren Ursprung bei der Personengesellschaft haben, wären auf Ebene der Personengesellschaft demnach allein mit dem Gewerbesteuersatz zu belegen.[14] Soweit Gesellschafter der Personengesellschaft jedoch im Inland steuerpflichtige Kapitalgesellschaften sind, die ebenfalls konsolidiert werden, ist auf Konzernebene die Körperschaftsteuer und der Solidaritätszuschlag ebenfalls zu berücksichtigen. Um dies zu erreichen, gibt es zwei Lösungsansätze:

- Die temporären Differenzen sind zweimal anzusetzen: Auf Ebene der Personengesellschaft sind sie zur Ermittlung der latenten Steuern mit dem effektiven Gewerbesteuersatz zu bilanzieren. Auf der Ebene des Gesellschafters erfolgt die Erfassung der Körperschaftsteuer und des Solidaritätszuschlages.

- Sollte die Personengesellschaft keinen Einzelabschluss nach IFRS veröffentlichen, könnte die Personengesellschaft für die Zumeldung der latenten Steuern zu Konzernzwecken auch den Gesamtsteuersatz verwenden. Auch wenn diese Methode bei der Saldierung[15] zu Ungenauigkeiten führen kann, erscheint sie am praktikabelsten.

5.3.2 Abzinsung und Stichtagsprinzip

Eine Abzinsung latenter Steuern würde einen detaillierten Plan über die voraussichtliche Umkehr temporärer Differenzen erfordern. Da diese Aufstellung als zu komplex und nicht praktikabel empfunden wird, besteht für latente Steuern derzeit sowohl nach IFRS als auch nach US-GAAP ein Abzinsungsverbot (IAS 12.53). Der DSR hat sich dieser Auffassung angeschlossen (DRS 10.27).

Gerade bei sehr langfristigen temporären Differenzen stellt sich allerdings die Frage, ob eine Abzinsung nicht erforderlich wäre, um eine Überbewertung von Bilanzpositionen zu verhindern. Die Frage, ob latente Steuern abgezinst werden sollten, wurde zwar mehrfach diskutiert,[16] eine Änderung der Bilanzierungspraxis jedoch nicht vorgenommen.

Die temporären Differenzen werden regelmäßig zu den Abschlusszeitpunkten ermittelt. Aktive latente Steuerpositionen sind zu jedem Bilanzstichtag hinsichtlich der Bewertung neu zu prüfen (IAS 12.56). Sollte sich die Einschätzung über die Werthaltigkeit der aktiven latenten Steuern aufgrund neuer Rahmenbedingungen ändern, sind die Wertberichtigungen anzupassen oder gegebenenfalls erstmals vorzunehmen.

Bei Steuersatzänderungen ist eine Neubewertung der Steuerpositionen vorzunehmen.[17]

---

[14] Vgl. KIRSCH, H., Abgrenzung latenter Steuern bei Personengesellschaften in Deutschland, DStR 2002, S. 1875.
[15] Siehe Abschnitt 7.1.
[16] Vgl. LOITZ, R./RÖSSEL, C., Die Diskontierung von latenten Steuern, DB 2002, S. 645-651, hier S. 645.
[17] Siehe Abschnitt 5.3.1.

6. Ansatz

Tatsächliche und latente Steuern sind in Übereinstimmung mit den Geschäftsvorfällen zu erfassen, aus denen sie resultieren (IAS 12.57). Da sich die meisten Geschäftsvorfälle auf das Ergebnis eines Unternehmens auswirken, gilt gemäß IAS 12.58 als generelle Regel die ergebniswirksame Erfassung. Ausnahmen gelten für Steuern im Zusammenhang mit

- Geschäftsvorfällen, die unmittelbar dem Eigenkapital belastet werden, und
- Unternehmensakquisitionen.

6.1 Ausnahmen bei tatsächlichen Steuern

Eine Ausnahme besteht bei allen der deutschen Kapitalertragsteuer vergleichbaren Steuern, die eine Gesellschaft bei Ausschüttung der Dividende an die Anteilseigner einbehalten und an die Finanzbehörde abführen muss. Diese Quellensteuer wird als Teil der Dividende direkt mit dem Eigenkapital verrechnet (IAS 12. 65A). Die Handhabung nach IFRS entspricht den bestehenden Regeln nach HGB.

In der Praxis kann sich eine Korrektur der Ertragsteuern im Vergleich zum HGB ergeben, wenn in dem Ergebnis vor Steuern Gewinne oder Verluste aus der Veräußerung eigener Aktien enthalten sind. Diese Ergebnisbeiträge werden nach SIC-16 dem Eigenkapital zugeordnet. Als Konsequenz sind die entsprechenden anteiligen Ertragsteuern ebenfalls ergebnisneutral zu behandeln.

6.2 Ausnahme bei latenten Steuern

6.2.1 Erfolgsneutrale Erfassung

Ist eine temporäre Differenz bei ihrer Entstehung erfolgsneutral, hat auch die Bildung der korrespondierenden latenten Steuern ergebnisneutral zu erfolgen (IAS 12.61).

Bei Kreditinstituten dürfte der häufigste Fall der ergebnisneutralen Entstehung temporärer Differenzen aus IAS 39 resultieren. Nach IAS 39 sind zur Veräußerung verfügbare finanzielle Vermögenswerte (available for sale) zum Fair Value zu bewerten. Es besteht die Verpflichtung, Gewinne und Verluste erfolgsneutral mit dem Eigenkapital zu verrechnen.[18] Die Ergebniswirkung tritt erst im Zeitpunkt der tatsächlichen Realisierung ein. Zwischen dem Fair Value eines Vermögenswertes und dem jeweiligen Steuerwert bestehen häufig Unterschiede, die zum Ansatz latenter Steuern führen.

Beispiel 10: Erfolgsneutrale Bildung latenter Steuern

Kreditinstitut M bilanziert zum 31.12.20X2 festverzinsliche Wertpapiere (Anschaffungskosten von € 20.000), die als Available for Sale Securities mit dem Fair Value von € 30.000 bewertet werden. Der steuerliche Buchwert der Wertpapiere entspricht den Anschaffungskosten. Das Kreditinstitut verrechnet den Ertrag erfolgsneutral mit dem Eigenkapital zu verrechnen. Die Wertpapiere werden Anfang 20X3 für € 30.000 veräußert. Der Veräußerungsgewinn von € 10.000 unterliegt einem Steuersatz von 40%. Auf die zu versteuernde Differenz zwischen IFRS- und Steuerbilanz von € 10.000 ist in 20X2 eine passive latente Steuer von € 4.000 zu bilden, die in 20X3 aufgelöst wird. Sowohl die Bildung als auch die Auflösung der latenten Steuer erfolgt ergebnisneutral.[19]

GuV-Wirkung	20X2	20X3
Ergebnis vor Steuern	0	10.000
Latente Steuern	0	0
Laufende Steuern	0	4.000
Ergebnis nach Steuern	0	6.000

Weitere Anwendungsfälle sind (IAS 12.62):

- Buchwertänderung infolge einer Neubewertung von Sachanlagevermögens gemäß IAS 16,

- Anpassung des Anfangssaldos der Gewinnrücklage infolge einer Änderung der Bilanzierungs- und Bewertungsmethoden, die rückwirkend angewendet wird oder Korrektur eines grundlegenden Fehlers (IAS 8),

- Währungsdifferenzen infolge einer Umrechnung des Abschlusses einer wirtschaftlich selbständigen ausländischen Einheit (IAS 21) und

- Beträge, die beim erstmaligen Ansatz der Eigenkapitalkomponente eines kombinierten Finanzinstrumentes entstehen (IAS 12.23).

---

[18] Vgl. zur Kategorie Available for Sale den Abschnitt 6.5 im Beitrag „Ansatz und Bewertung von Finanzinstrumenten".

[19] Vgl. HEURUNG, R./KURTZ, M., Latente Steuern nach dem Temporary Differences-Konzept: Ausgewählte Problembereiche, BB 2000, S. 1775-1780, hier S. 1775.

6.2.2 Unternehmensakquisition

Werden bei der Erstkonsolidierung eines Unternehmens die Vermögensgegenstände und Schulden in der Konzernbilanz mit den Fair Values angesetzt, die sich von den Steuerwerten unterscheiden, entstehen temporäre Differenzen, die mit latenten Steuern zu belegen sind. Diese latenten Steuern erhöhen oder vermindern den Goodwill (Anschaffungskosten abzüglich zuzuordnende stille Reserven, IAS 12.66). Sie sind nicht erfolgswirksam.

Hat das übernommene Unternehmen mangels Ertragsaussichten bisher keine aktiven latenten Steuern angesetzt und schätzt der Erwerber die Realisierbarkeit der Steueransprüche bspw. aufgrund von konzerninternem Zusatzgeschäft als wahrscheinlich ein, ist auch in diesem Fall eine aktive latente Steuer zu bilden; sie vermindert allerdings nicht den Goodwill (IAS 12.67).

Auf den im Rahmen einer Erstkonsolidierung entstehenden Goodwill selbst wird keine latente Steuer gebildet.[20]

6.2.3 Anteilsbasierte Vergütung

IFRS 2 verlangt grundsätzlich die aufwandswirksame Erfassung der gewährten anteilsbasierten Vergütung von Arbeitnehmern. Der hierfür steuerlich geltend zu machende Aufwand kann sowohl in der Höhe als auch vom Zeitpunkt der Erfassung her differieren.[21] So wird der Aufwand in einigen Jurisdiktionen erst bei Ausübung und nicht im Zeitpunkt der Gewährung der Optionen steuerwirksam. Die hieraus resultierende temporäre Differenz kann, soweit der steuerlich abzugsfähige Betrag noch nicht bekannt sein sollte, geschätzt werden. Übersteigt der steuerlich abzugsfähige Betrag den Aufwand nach IFRS, ist die laufende oder latente Steuer auf den übersteigenden Betrag dem Eigenkapital zuzuordnen.

---

[20] Siehe Abschnitt 5.2.1.2.
[21] Vgl. dazu auch IAS 12.68A-C.

7. Ausweis

7.1 Bilanz

Steueransprüche und -schulden sind in der Bilanz separat von allen anderen Vermögenswerten und Schulden auszuweisen; latente Steueransprüche und -schulden sind von den tatsächlichen Steuererstattungsansprüchen und den Steuerrückstellungen zu trennen (IAS 1.68). Unterscheidet ein Unternehmen in seinem Abschluss nach IFRS zwischen kurzfristigen und langfristigen Bilanzpositionen, darf es die latenten Steuern nicht als kurzfristig ausweisen (IAS 1.70).

Tatsächliche Steuererstattungsansprüche sind mit tatsächlichen Steuerschulden nach IAS 12.71 dann zu verrechnen, wenn

- die rechtlichen Voraussetzungen für eine Aufrechnung (gleiche Steuerbehörde, gleiches Steuersubjekt) gegeben sind und
- das Unternehmen auch aufrechnen bzw. die Schuld zeitgleich bei Eingang der Forderung begleichen will.

Vergleichbare Voraussetzungen gelten auch zur Saldierung latenter Steuern nach IAS 12.74.

In der Praxis sind latente Steueransprüche und -schulden pro steuerlicher Einheit getrennt zu ermitteln. Eine Saldierung hat nach weitgehender Zuordnung der Konsolidierungsmaßnahmen und Konzernmaßnahmen zu diesen steuerlichen Einheiten zu erfolgen.

7.2 Gewinn- und Verlustrechnung

In der GuV sind laufende und latente Steuern in einer Position auszuweisen. Der Steueraufwand/-ertrag, der sich auf die gewöhnliche Geschäftstätigkeit bezieht, ist gesondert darzustellen (IAS 12.77).

8. Anhangangaben

8.1 Übersicht

Für die Notes bestehen nach IFRS umfangreiche Angabepflichten, die in IAS 12.79-88 erläutert sind:

- Tatsächlicher Steueraufwand/-ertrag[22] (IAS 12.80(a)),
- latenter Steueraufwand/-ertrag[23] (IAS 12.80(c)),
- Anpassung für tatsächliche Steuern früherer Jahre (IAS 12.80(b)),
- Betrag latenter Steuern wegen Steuersatzänderungen oder der Einführung neuer Steuern (IAS 12.80(d)),
- Betrag der Minderung der tatsächlichen Steuern aus der Nutzung zuvor nicht angesetzter Steuern auf Verlustvorträge oder abzugsfähige temporäre Differenzen (IAS 12.80(e)),
- Betrag der latenten Steuerminderung aus Verlustvorträgen oder abzugsfähigen temporären Differenzen, für die keine aktiven latenten Steuern gebildet worden waren (IAS 12.80(f)),
- latenter Steueraufwand, der bei der jährlichen Überprüfung aus einer Wertberichtigung von aktiven latenten Steuern resultiert (IAS 12.80(g)); bei einer Wertaufholung ist der latente Steuerertrag ebenfalls anzugeben,
- Betrag der Steuern, der auf Änderungen der Bilanzierungs- bzw. Bewertungsmethoden oder auf grundlegenden Fehlern beruht (IAS 12.80(h)),
- tatsächliche und latente Steuern, die direkt mit dem Eigenkapital verrechnet werden (IAS 12.81(a)),
- Erläuterung der Relation zwischen dem ausgewiesenen Steueraufwand/-ertrag und dem handelsrechtlichen Ergebnis vor Steuern[24] (Überleitungsrechnung; IAS 12.81(c)),
- Erläuterung zu Änderungen in den anzuwendenden Steuersätzen (IAS 12.81(d)),

---

[22] Nach US-GAAP ist zusätzlich nach inländischen und ausländischen Steuern zu differenzieren. Dies empfiehlt sich auch für IFRS.
[23] Siehe vorstehende Fußnote.
[24] Siehe Abschnitt 8.2.

- Höhe und Verfallsdatum der abzugsfähigen temporären Differenzen, ungenutzten Verlustvorträge und Steuergutschriften, für die keine latenten Steuern angesetzt worden sind[25] (IAS 12.81(e)),

- Summe der temporären Differenzen im Zusammenhang mit Anteilen an Tochterunternehmen, assoziierten Unternehmen und Joint Ventures, für die nach IAS 12.39 keine latenten Steuerschulden bilanziert wurden[26] (IAS 12.81(f)),

- Betrag der latenten Steuerforderungen und -verbindlichkeiten, getrennt nach der Art der temporären Differenz und für jede Art von Verlustvorträgen und Steuergutschriften (IAS 12.81(g))

- Steueraufwand hinsichtlich eingestellter Bereiche (IAS 12.81(h)),

- Betrag der ertragsteuerlichen Konsequenzen von Dividendenzahlungen, die vor Veröffentlichung des Abschlusses vorgeschlagen oder beschlossen wurden, die aber nicht als Verbindlichkeit im Abschluss bilanziert sind[27] (IAS 12.81(i)),

- Begründung für den Ansatz aktiver latenter Steuern, wenn keine ausreichenden steuerpflichtigen temporären Differenzen vorliegen und eine Historie von Verlusten gegeben ist[28] (IAS 12.82) und

- Angabe der ertragsteuerlichen Konsequenzen von potentiellen Dividendenausschüttungen (IAS 12.82A).

---

[25] Siehe Abschnitt 5.2.1.1 und 5.2.2.
[26] Siehe Abschnitt 5.2.1.2.
[27] Siehe Beispiel 4 in Abschnitt 4.
[28] Siehe Abschnitt 5.2.2.

Beispiel 11: Aktive und Passive latenten Steuern bei Vermögenswerten

	Jahr 20X1	Jahr 20X2
Sachanlagen	5.000	6.000
Rückstellungen	100.000	50.000
Verlustvorträge	40.000	2.000
Summe Aktive latente Steuern	145.000	58.000
Finanzanlagen	300.000	500.000
(davon gegen Eigenkapital)[29]	50.000	52.000
Sonstige Vermögensgegenstände	20.000	10.000
Summe Passive latente Steuern	320.000	510.000

8.2 Überleitungsrechnung

Eine wichtige Rolle unter den Notesangaben spielt die Überleitungsrechnung (effective tax reconciliation), die nach IFRS, US-GAAP und DRS 10 vorgesehen ist.[30] Ziel der Überleitungsrechnung ist es, die Relation zwischen dem in der GuV ausgewiesenen Steueraufwand/-ertrag und dem handelsrechtlichen Ergebnis vor Steuern transparent zu machen. Die ausgewiesenen Steuern stimmen regelmäßig nicht mit dem Steueraufwand überein, der sich durch Multiplikation des Ergebnisses vor Steuern mit dem anzuwendenden Steuersatz ergibt. Durch die Überleitungsrechnung werden die wesentlichen Gründe für die Abweichung aufgezeigt.

IFRS lässt alternativ zwei Darstellungsmethoden zu, wovon sich in der Praxis die erste Alternative durchgesetzt hat:

---

[29] Damit Angabe nach IAS 12.81(a) erfüllt.
[30] Vgl. DAHLKE, J./EITZEN, B. VON, Steuerliche Überleitungsrechnung im Rahmen der Bilanzierung latenter Steuern nach IAS 12, DB 2003, S. 2237-2239.

- eine zahlenmäßige Überleitungsrechnung zwischen dem ausgewiesenen Steueraufwand/-ertrag und dem Produkt aus handelsrechtlichem Ergebnis und dem hierauf anzuwendenden Steuersatz,

- eine Überleitungsrechnung zwischen dem durchschnittlichen effektiven Steuersatz und dem anzuwendenden Steuersatz.

Für die Überleitungsrechnung ist nach IAS 12.85 der Steuersatz mit der höchsten Aussagekraft anzuwenden (applicable tax rate). Wenn ein Konzern überwiegend in Deutschland steuerpflichtig ist, wird dies der Gesamtsteuersatz unter Einschluss von Gewerbesteuer, Körperschaftsteuer und Solidaritätszuschlag sein. Für einen in mehreren Steuerjurisdiktionen tätigen Konzern kann dies auch ein gewichteter, durchschnittlicher Steuersatz sein. Für die Überleitungsrechnung sind die für die Periode gültigen Steuersätze zugrunde zu legen; diese können von den für latente Steuern anzuwendenden Steuersätzen abweichen.

Beispiel 12: Überleitungsrechnung

Bank B hat in 20X1 einen IFRS-Gewinn vor Steuern von € 100.000. Die nach IFRS gebildeten Pensionsrückstellungen sind um € 20.000 höher als die nach steuerlichen Gesichtspunkten anzuerkennenden Pensionsrückstellungen (abzugsfähige temporäre Differenz). Im Gewinn enthalten sind nach Doppelbesteuerungsabkommen steuerfreie Dividenden von € 25.000. Die nicht abziehbaren Betriebsausgaben betragen € 10.000. Steuernachforderungen aus einer Betriebsprüfung belaufen sich auf € 1.000.

Der für die Überleitungsrechnung anzuwendende Steuersatz beträgt in 20X1 40%; auch die latenten Steuern sind mit 40% zu bewerten.

Das zu versteuernde Einkommen beträgt:

IFRS-Gewinn vor Steuern		100.000
nicht abzugsfähige Pensionsrückstellungen		20.000
steuerfreie Dividenden		- 25.000
nicht abzugsfähige Betriebsausgaben		10.000
zu versteuerndes Einkommen		105.000
=> laufende Steuern für 20X1	105.000 * 40% =	42.000
=> laufende Steuern Vorjahre wegen Betriebsprüfung		1.000
=> aktive latente Steuern	-20.000 * 40% =	- 8.000
=> Gesamtsteueraufwand lt. GuV		35.000

Die Überleitungsrechnung stellt sich folgt dar:

IFRS-Gewinn vor Steuern		100.000
theoretischer Steuersatz		40%
erwarteter Steueraufwand		40.000
ausgewiesener Steueraufwand		35.000
Differenz		- 5.000
weg		
steuerfreier Erträge	-25.000 * 40% =	- 10.000
nicht abzugsfähiger Betriebausgaben	+10.000 * 40% =	4.000
Steuern früherer Jahre		1.000
Konzernsteuerquote		35%

Gründe für die Abweichung zwischen dem erwarteten und tatsächlichen Steueraufwand/ -ertrag ergeben sich insbesondere aus:

- steuerfreien Erträgen (z.B. Dividendenerträge, Veräußerungsgewinne aus Anteilen an Kapitalgesellschaften, steuerfreie Wertaufholungen im Zusammenhang mit Anteilen an Kapitalgesellschaften),
- nicht abzugsfähigen Betriebsausgaben (pauschale Betriebsausgaben nach § 8b Abs. 5 KStG, Veräußerungsverluste/Teilwertabschreibung bei Anteilen an Kapitalgesellschaften, Geschenke, Bewirtungskosten),
- Impairment-Abschreibung des Goodwills im Konzern,[31]
- Steuern Vorjahre,
- Neubewertung von latenten Steuern wegen Steuersatzänderungen,
- Veränderung der Wertberichtigung aktiver latenter Steuern,
- Körperschaftsteuerminderung/-erhöhung während der Übergangszeit von 15 Jahren,
- Sondersteuersätzen für bestimmte Einkünfte, die durch den anzuwendenden Steuersatz nicht widergespiegelt werden,
- Unterschieden zwischen angewendetem (inländischen) Steuersatz und ausländischen Steuersätzen,

---

[31] Siehe Abschnitt 5.2.1.2.

- abweichender Bemessungsgrundlage bei Steuerarten, die in die Ermittlung des anzuwendenden Steuersatzes einbezogen wurden,
- Anrechnung fiktiver Quellensteuer,
- nicht anrechenbare, tatsächlich gezahlte Quellensteuer und
- Zuführungen/Auflösungen der Rückstellung für allgemeine Steuerrisiken.[32]

In der Praxis können sich auch bei der Ermittlung latenter Steuern Effekte aus Vorjahren ergeben, wenn bspw. temporäre Differenzen aufgrund von (berichtigten) Steuererklärungen oder der Betriebsprüfung anzupassen sind. Zu diesem Zweck ist es ratsam, bei der Ermittlung temporärer Differenzen zwischen Zu- und Abgängen des laufenden Jahres einerseits und Korrekturen wegen früherer Jahre andererseits zu unterscheiden, da der Steuereffekt aus den Korrekturen früherer Jahre für die Überleitungsrechnung benötigt wird.

Die Überleitungsrechnung ist eine gute Kontrolle dafür, ob alle Steuereffekte im Rechenwerk erfasst sind und sollte deshalb mit besonderer Sorgfalt aufgestellt werden.

Die sich aus der Überleitungsrechnung ergebende Konzernsteuerquote[33] spiegelt das Verhältnis des Ertragsteueraufwandes zum Jahresergebnis vor Steuern wider und bietet für Kenner der Materie im Zusammenhang mit einer aussagekräftigen Überleitungsrechnung einen Einblick in die Steuerpolitik eines Unternehmens. Die nähere Beschäftigung mit dieser Kennziffer sprengt den Rahmen des Beitrags, wird aber für jede Konzernsteuerabteilung, sofern noch nicht geschehen, zur Pflicht werden und die traditionelle Steuerberatung wirkungsvoll ergänzen.

9. Zwischenberichterstattung

Für den Zwischenberichtszeitraum folgt die Steuerermittlung einem eigenen Schema. Sowohl nach IAS 34 als auch US-GAAP (APB 28 Interim Financial Reporting, FIN 18 Accounting for Income Taxes in Interim Periods) und DRS (DRS 6.25) werden die Ertragsteuern auf der Grundlage des voraussichtlichen Ertragsteuersatzes erfasst, der für das gesamte Geschäftsjahr erwartet wird. Um eine effektive Steuerquote ermitteln zu können, müssen für alle konsolidierten Einheiten Planungen für den IFRS-Gewinn vor Steuern und die permanenten Differenzen vorliegen. Die Planungen werden im Laufe des Jahres an aktuelle Entwicklungen angepasst. Steuersatzänderungen sind im Quartal

---

[32] Siehe Abschnitt 10.
[33] Vgl. etwa HERZIG, N./DEMPFLE, U., Konzernsteuerquote, betriebliche Steuerpolitik und Steuerwettbewerb, DB 2002, S. 1-8, hier S. 1; MÜLLER, R., Die Konzernsteuerquote - Modephänomen oder ernst zu nehmende neue Kennziffer?, DStR 2002, S. 1684.

des Inkrafttretens der Gesetzesänderung zu berücksichtigen. Wesentliche ungewöhnliche Einflüsse sind allerdings im jeweiligen Quartal zu berücksichtigen und wirken sich auf den voraussichtlichen Ertragsteuersatz nicht aus. Erläuterungen zu der Steuerposition sind für die Zwischenberichterstattung nicht vorgesehen; für Nachfragen des Managements und der Analysten sollten aber mindestens eine (gegebenenfalls vereinfachte) Überleitungsrechnung und eine aktualisierte Aufstellung der Verlustvorträge vorgehalten werden.

Beispiele für die Ermittlung der Steuerposition im Zwischenabschluss bietet IAS 34.B12-22 sowie IAS 34.C5.[34]

10. Rückstellung für allgemeine Steuerrisiken

In vielen Unternehmen wird eine „Rückstellung" für allgemeine Steuerrisiken (tax cushion, provision for tax exposures) bestehend aus Steuern, Zinsen und möglicherweise Strafen ausgewiesen, die Unsicherheiten aus der künftigen Behandlung steuerlich strittiger Sachverhalte durch die Steuerbehörden, insbesondere durch Betriebsprüfungen, berücksichtigt. Diese Rückstellung beinhaltet nach IFRS nur bezüglich der permanenten Differenzen auch Risiken aus der eigentlichen Steuernachzahlung, während bezüglich temporärer Differenzen nur Risiken für Zinseffekte und Strafen eingeschlossen sind. Im HGB-Einzelabschluss gebildete Rückstellungen können dagegen auch Steuerrisiken aus temporären Differenzen enthalten, so dass eine nach HGB gebildete Rückstellung nicht ohne weiteres in den IFRS-Abschluss übernommen werden sollte.

---

[34] Vgl dazu auch den Beitrag „Zwischenberichterstattung".

> **Beispiel 13: Steuerrisiko**
>
> Das Kreditinstitut A hat eine Teilwertabschreibung auf ein Grundstück sowohl nach HGB als auch nach IFRS vorgenommen. Es besteht die Gefahr, dass die Betriebsprüfung die Abschreibung für steuerliche Zwecke nicht anerkennen wird. Im Einzelabschluss nach HGB erhöht das Kreditinstitut deshalb die allgemeine Vorsorge für Betriebsprüfungsrisiken gewinnwirksam um € 50.000 wegen möglicher Steuernachzahlungen. Der Anstieg der Rückstellung kann nicht nach IFRS übernommen werden: Die im Jahr der Feststellung durch die Betriebsprüfung entstehenden laufenden Steuern für frühere Jahre werden durch die Bildung aktiver latenter Steuern auf quasi permanente Differenzen ausgeglichen, so dass sich per Saldo keine Gewinnwirkung ergibt.

Da IAS 12 keine Regelung über allgemeine Steuerrisiken enthält, stellt sich die Frage, wie diese Rückstellungen auszuweisen sind.

Zins- und Strafbestandteile der Rückstellung sind nicht unter den Steuerverbindlichkeiten, sondern als Rückstellung nach IAS 37 auszuweisen; die Zuführungen stellen insoweit keinen Ertragsteueraufwand dar.

Die Rückstellungen für allgemeine Steuerrisiken werden in der Praxis regelmäßig unter den Steuerverbindlichkeiten ausgewiesen. In der Überleitungsrechnung kann die Zuführung z.B. unter den „Steuern für frühere Jahre" erfolgen.

11. Organisatorische Anforderungen

Bei dem Übergang von HGB auf IFRS ist den erhöhten Anforderungen für die Bilanzierung von Ertragsteuern organisatorisch Rechnung zu tragen:

- Im Vorfeld sind klare Verantwortlichkeiten zu verteilen. Während die Ermittlung der tatsächlichen Steuern traditionell eher von der Steuerabteilung wahrgenommen wird, erfolgt die Berechnung der latenten Steuern in praxi teils durch die Steuerabteilung, teils durch das Rechnungswesen. Hier sollte ein Erstverantwortlicher für den gesamten Themenkomplex benannt werden, der dann auch Ansprechpartner für das Management, für Pressefragen etc. ist.

- Die Bilanzierung latenter Steuern erfordert eine intensive Kommunikation zwischen Rechnungswesen und Steuerabteilung, da zur Entscheidung regelmäßig die Kenntnisse beider Einheiten erforderlich sind. Die Schnittstelle ist durch einen gegenseitigen Datenzugriff zu unterstützen.

- Es ist ein Tax Reporting sowohl für den Jahresabschluss als auch für die Zwischenabschlüsse aufzubauen, das die Erfassung aller wesentlichen steuerlich relevanten Daten sicherstellt. Eine Verknüpfung mit den übrigen Daten aus Bilanz und GuV ist notwendig.
- Die gestiegenen Ansprüche sind in personeller und fachlicher Hinsicht zu berücksichtigen, d.h. die Mitarbeiterkapazität ist aufzustocken.
- Mitarbeiter sowohl der Konzernmutter als auch der konsolidierten Gesellschaften sind zu schulen, da Kenntnisse über die Bilanzierung latenter Steuern oft nur rudimentär vorhanden sind und daher das Gespür für die Wichtigkeit des Themas fehlt.

12. Ausblick

Die Bedeutung der Bilanzierung von Ertragsteuern ist in den letzten Jahren mit zunehmender Internationalisierung gewachsen. Die Verabschiedung des Bilanzrechtsreformgesetzes, wonach es Unternehmen ab 2005 erlaubt ist, zu Informationszwecken einen IFRS-Einzelabschluss aufzustellen, ist ein weiterer Schritt zur Anpassung an die internationale Entwicklung. Mit dem angekündigten Bilanzrechtsmodernisierungsgesetz könnten Maßnahmen wie die Ausübung von Wahlrechten der Modernisierungsrichtlinie oder die Öffnung des Handelsbilanzrechts für die Fair-Value-Bewertung folgen. Derzeit sind alle Einzelabschlüsse noch verpflichtend nach HGB aufzustellen; auch die Maßgeblichkeit der Handelsbilanz für die Steuerbilanz wurde beibehalten. Die Diskussion darüber, ob auf Dauer ein eigenständiges Bilanzsteuerrecht zu installieren ist, was wiederum die Bilanzierung von Ertragsteuern beeinflussen würde, reißt jedoch nicht ab. Die Entwicklungen in diesem Bereich werden deshalb unverändert spannend bleiben.

Silke Alves

Zur Veräußerung gehaltene, langfristige Vermögenswerte und aufgegebene Bereiche

1. Einleitung 879
2. Anwendungsbereich von IFRS 5 880
   2.1 Überblick 880
   2.2 Abgrenzung von kurzfristigen und langfristigen Vermögenswerten 880
   2.3 Abgrenzung unterschiedlicher Veräußerungs- und Abgangsvarianten 881
   2.4 Klassifizierung als zur Veräußerung gehalten 882
       2.4.1 Konkrete Veräußerungsabsicht 882
       2.4.2 Unmittelbare Verfügbarkeit 882
       2.4.3 Veräußerung innerhalb von 12 Monaten 882
       2.4.4 Zeitpunkt der Umklassifizierung 884
3. Erstmalige Anwendung von IFRS 5 884
   3.1 Überblick 884
   3.2 Vier Stufen der Wertermittlung 885
       3.2.1 Bewertung unmittelbar vor der Umklassifizierung (1. Stufe) 885
       3.2.2 Ermittlung des beizulegenden Zeitwerts (2. Stufe) 885
       3.2.3 Ermittlung der Veräußerungskosten (3. Stufe) 885
       3.2.4 Anwendung des Niederstwertprinzips (4. Stufe) 886
       3.2.5 Beispiel 887
   3.3 Ausweis und Anhangangaben 889
4. Anwendung von IFRS 5 in den Folgeperioden 890
   4.1 Keine planmäßigen Abschreibungen 890
   4.2 Wertänderungen einzelner langfristiger Vermögenswerte 890
   4.3 Wertänderungen von Veräußerungsgruppen 891
   4.4 Vorgehensweise bei Planänderungen 892

5. Aufgegebene Geschäftsbereiche 893
   5.1 Definition 893
   5.2 Ausweis und Anhangangaben 894
   5.3 Umklassifizierungen und Korrekturen 895

6. Besonderheiten bei zum Zwecke der Weiterveräußerung erworbenen
   Beteiligungen 896

7. Übergangsbestimmungen 897

1. Einleitung

Die Behandlung von zur Veräußerung gehaltenen, langfristigen Vermögenswerten und aufgegebenen Geschäftsbereichen wird durch IFRS 5 „Non-current Assets Held for Sale and Discontinued Operations" festgelegt. Der Standard soll sicherstellen, dass im Abschluss aussagekräftige Informationen zu zur Veräußerung gehaltenen, langfristigen Vermögenswerten und zu aufgegebenen Geschäftsbereichen enthalten sind, die den Abschlussadressaten eine angemessene Entscheidungsgrundlage bieten. Um dieses Ziel zu erreichen, werden insbesondere folgende drei Festlegungen getroffen:

- Der Standard definiert die zur Veräußerung gehaltenen, langfristigen Vermögenswerte und gibt dafür besondere Bewertungs- und Ausweisvorschriften vor.
- Eine Veräußerungsgruppe umfasst Vermögenswerte und ihnen direkt zurechenbare Schulden. Soll eine Gruppe in einer einzelnen Transaktion veräußert werden und ist mindestens ein wesentlicher, langfristiger Vermögenswert darin enthalten, muss sie als zur Veräußerung gehalten eingeordnet werden. Auf eine solche Veräußerungsgruppe sind die besonderen Bewertungs- und Ausweisvorschriften von IFRS 5 in ihrer Gesamtheit anzuwenden - der Grundsatz der Einzelbewertung wird nicht berücksichtigt.
- Liegt ein aufgegebener Geschäftsbereich vor, sind umfangreiche Angabepflichten zu erfüllen.

IFRS 5 wurde im Rahmen des Konvergenzprojekts erarbeitet, das gemeinsam vom IASB und FASB mit dem Ziel betrieben wird, die IFRS und US-amerikanischen Rechnungslegungsstandards zu vereinheitlichen. Der Standard löst IAS 35 ab und stellt eine wesentliche Annäherung an die entsprechenden US-amerikanischen Vorschriften zu zur Veräußerung gehaltenen Vermögenswerten und aufgegebenen Bereichen (SFAS 144) dar.[1]

---

[1] Zur Auffassung des IASB vgl. IFRS 5.IN5; zu einer Liste der zwischen IFRS 5 und SFAS 144 verbliebenen Unterschiede siehe IFRS 5.BC85.

2. Anwendungsbereich von IFRS 5

2.1 Überblick

IFRS 5 ist auf sämtliche langfristige Vermögenswerte und Veräußerungsgruppen anzuwenden (IFRS 5.2), auch auf geleaste Vermögenswerte, bei denen ein Finanzierungsleasing nach IAS 17 vorliegt, und auf vorliegende Geschäfts- oder Firmenwerte. Zwei Arten von langfristigen Vermögenswerten sind vom Anwendungsbereich ausgenommen:

– langfristige Vermögenswerte, die zum Fair Value bewertet werden und bei denen die Wertänderungen erfolgswirksam in der Gewinn- und Verlustrechnung berücksichtigt werden, sowie

– langfristige Vermögenswerte, deren Fair Value nur mit Schwierigkeiten zu ermitteln ist (IFRS 5.BC13).

IFRS 5.5 gibt eine abschließende Liste der nicht in den Anwendungsbereich des Standards fallenden Vermögenswerte (z.B. IAS 39 Financial Instruments: Recognition and Measurement - IFRS 5.5(c)) vor.

2.2 Abgrenzung von kurzfristigen und langfristigen Vermögenswerten

IFRS 5 bezieht sich auf langfristige Vermögenswerte und auf Veräußerungsgruppen, die mindestens einen wesentlichen langfristigen Vermögenswert umfassen. Nach IAS 1.57 und IFRS 5.4 sind Vermögenswerte als kurzfristig einzuordnen, wenn ihre Realisation innerhalb des normalen Verlaufs des Geschäftszyklusses des Unternehmens oder innerhalb von 12 Monaten erwartet wird oder wenn sie primär für kurzfristige Handelszwecke gehalten werden. Auch alle Zahlungsmittel und -äquivalente werden zu den kurzfristigen Vermögenswerten gezählt, wenn sie keinen Verwendungsbeschränkungen unterliegen. Vermögenswerte können dann nicht kurzfristig sein, wenn ihre Veräußerung nicht zu den typischen und üblichen Geschäften eines Unternehmens zählt (IAS 1.59).[2] Ein ursprünglich als langfristig eingestufter Vermögenswert darf nicht im letzten Nutzungsjahr als kurzfristig umklassifiziert werden (IFRS 5.3). Vermögenswerte, die bereits mit der Absicht der Weiterveräußerung innerhalb von 12 Monaten erworben werden, die abgesehen davon jedoch als langfristig einzustufen sind, müssen als lang-

---

[2] Vgl. HOFFMANN, W.-D./LÜDENBACH, N., IFRS 5 - Bilanzierung bei beabsichtigter Veräußerung von Anlagen und Einstellung von Geschäftsfeldern, BB 2004, S. 2006-2008, hier S. 2007.

fristige Vermögenswerte, die zur Veräußerung bestimmt sind, klassifiziert werden (IFRS 5.11).

Liegen Bilanzen vor, die statt nach Fristigkeit nach Liquidität gegliedert sind, gelten die Vermögenswerte als langfristig, die länger als 12 Monate im Bestand des Unternehmens verbleiben (IFRS 5.2).

2.3 Abgrenzung unterschiedlicher Veräußerungs- und Abgangsvarianten

In den IFRS werden mehrere Veräußerungs- und Abgangsvarianten unterschieden. Die folgende Übersicht verdeutlicht, bei welchen Varianten IFRS 5 anzuwenden ist:[3]

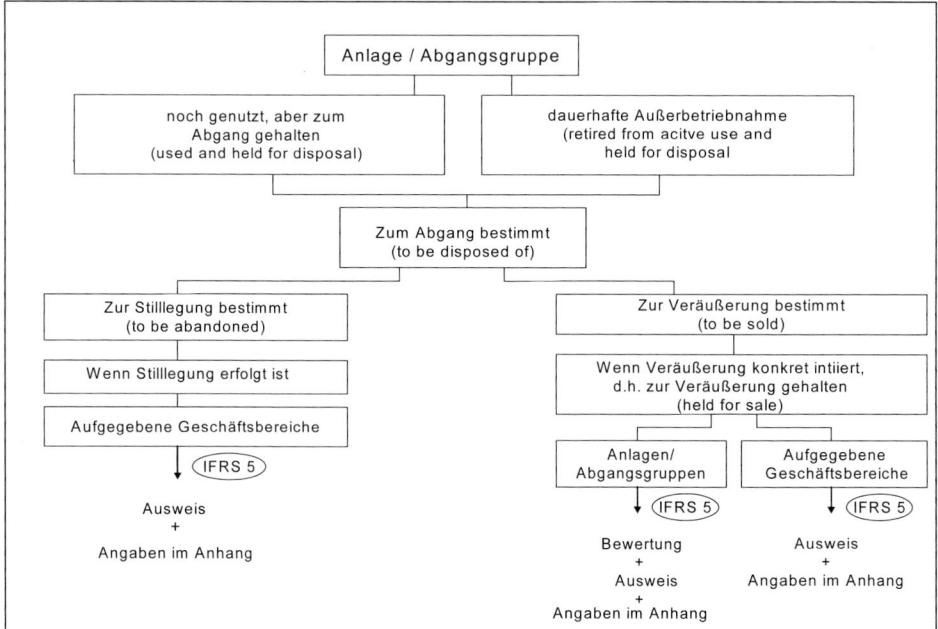

Abb. 1:   Anwendungsbereich von IFRS 5
Quelle: KPMG (Hrsg.), a.a.O. (Fn. 3), S. 178-180.

---

3   Vgl. KPMG (Hrsg.), IFRS aktuell, Stuttgart 2004, S. 177.

2.4 Klassifizierung als zur Veräußerung gehalten

IFRS 5 ist auf solche Vermögenswerte bzw. Veräußerungsgruppen anzuwenden, die als zur Veräußerung gehalten klassifiziert werden. Die Klassifizierung erfolgt anhand mehrerer in IFRS 5.7-8 festgelegter Kriterien, die im Folgenden zusammengefasst erläutert werden.

2.4.1 Konkrete Veräußerungsabsicht

Die Einstufung eines Vermögenswerts als zur Veräußerung gehalten setzt nach IFRS 5.7 voraus, dass der Verkauf hoch wahrscheinlich ist. Davon ist gemäß IFRS 5.8 dann auszugehen, wenn das über die notwendige Entscheidungsmacht verfügende Management seine Veräußerungsabsicht bekannt gegeben hat und wenn mit der Suche nach einem Käufer und mit der Umsetzung der Verkaufsabsicht erkennbar begonnen wurde. Darüber hinaus muss der Vermögenswert bzw. die Veräußerungsgruppe am Markt zu einem Preis angeboten werden, der dem beizulegenden Zeitwert in etwa entspricht. Die zum Verkauf notwendigen Vorkehrungen dürfen nicht darauf schließen lassen, dass noch signifikante Änderungen des Verkaufsplans oder gar die komplette Aufgabe der Verkaufsabsicht wahrscheinlich ist.

2.4.2 Unmittelbare Verfügbarkeit

Als weitere Voraussetzung für die Klassifizierung als zur Veräußerung gehalten gilt, dass ein langfristiger Vermögenswert bzw. eine Veräußerungsgruppe zur sofortigen Veräußerung im gegenwärtigen Zustand verfügbar sein muss.[4] Änderungen des Vermögenswerts oder der Veräußerungsgruppe dürfen nur noch in einem für den Veräußerungsprozess üblichen Rahmen notwendig sein (IFRS 5.7). So ist IFRS 5 z.B. auf ein zum Verkauf bestimmtes Verwaltungsgebäude nicht anzuwenden, wenn zunächst die Errichtung eines neuen Verwaltungsgebäudes abgeschlossen sein muss, damit der Auszug aus dem Verwaltungsgebäude und damit der Verkauf überhaupt erst möglich sind (IFRS 5.IG Beispiel 1).

2.4.3 Veräußerung innerhalb von 12 Monaten

Für die Einordnung eines Vermögenswerts als zur Veräußerung gehalten muss erwartet werden, dass die Veräußerung voraussichtlich innerhalb eines Jahres nach dem Zeit-

---

[4] Vgl. HOFFMANN, W.-D./LÜDENBACH, N., a.a.O. (Fn. 2), S. 2007.

punkt der Umklassifizierung abgewickelt und realisiert werden wird (IFRS 5.8). Nur dann sind Vermögenswerte bei Verzögerungen weiterhin als zur Veräußerung gehalten einzuordnen, wenn diese aus Umständen resultieren, die nicht im Einflussbereich des Unternehmens liegen, und wenn eine weiterhin bestehende Verkaufsabsicht nachgewiesen werden kann (IFRS 5.9).[5]

IFRS 5.B gibt Situationen vor, in denen eine Ausnahme von der 12-Monats-Regel gerechtfertigt ist:[6]

- Das veräußernde Unternehmen erwartet, dass Dritte (nicht der Käufer, z.B. eine Behörde) Bedingungen an den Verkauf stellen werden, kann aber Maßnahmen zur Erfüllung dieser Bedingungen nicht vor dem Abschluss einer verbindlichen Vereinbarung zwischen den betroffenen Kauf-/Verkauf-Parteien einleiten. Der Abschluss der verbindlichen Vereinbarung muss von dem Unternehmen mit hoher Wahrscheinlichkeit innerhalb der ersten 12 Monate nach der Umklassifizierung als zur Veräußerung gehalten erwartet werden.

- Nicht vorhersehbare Geschehnisse treten ein, z.B. weil ein Käufer, obwohl bereits eine verbindliche Kaufvereinbarung geschlossen wurde, nachträglich zusätzliche Bedingungen stellt. Die nicht vorhersehbaren Geschehnisse dürfen aber lediglich zu einer Verzögerung des Verkaufs, nicht zur Rücknahme der Verkaufsabsicht (IFRS 5.IG Beispiel 6) führen.

- In dem ersten Jahr nach der Umklassifizierung treten unerwartete und unwahrscheinliche Entwicklungen auf, die eine Veräußerung innerhalb der ersten 12 Monate verhindern. Das veräußernde Unternehmen hat mit geeigneten Maßnahmen darauf zu reagieren und die restlichen Kriterien für die Klassifizierung zur Veräußerung gehalten müssen weiterhin gegeben sein.[7]

---

[5] Zu Rettungserwerben vgl. Abschnitt 3.1.2 im Beitrag „Bilanz, Gewinn- und Verlustrechnung sowie Notes".

[6] Siehe auch THIEL, M./PETERS, C., ED 4 „Veräußerung langfristiger Vermögenswerte und Darstellung der Aufgabe von Geschäftsbereichen" aus Sicht der Bilanzierungspraxis, BB 2003, S. 1999-2006, hier S. 2002.

[7] Vgl. HOFFMANN, W.-D./LÜDENBACH, N., a.a.O. (Fn. 2), S. 2007.

2.4.4 Zeitpunkt der Umklassifizierung

Vermögenswerte oder Veräußerungsgruppen sind dann als zur Veräußerung gehalten umzuklassifizieren, wenn sämtliche der beschriebenen Voraussetzungen erfüllt sind. Liegt dieser Zeitpunkt nach dem Ende des Geschäftsjahres, aber vor der formellen Freigabe bzw. Genehmigung des Abschlusses, muss die geplante Veräußerung in sachlicher und zeitlicher Hinsicht im Anhang erläutert werden (IFRS 5.12).

Eine Ausnahme sieht IFRS 5 für langfristige Vermögenswerte vor, die bereits mit der Absicht zur Weiterveräußerung innerhalb der nächsten 12 Monate erworben werden. Selbst wenn diese noch nicht alle geforderten Kriterien erfüllen, dies aber in naher Zukunft (bis etwa drei Monate) für sehr wahrscheinlich gehalten wird, sind sie als zur Veräußerung gehalten zu klassifizieren (IFRS 5.11).

3. Erstmalige Anwendung von IFRS 5

3.1 Überblick

IFRS 5 sieht für zur Veräußerung gehaltene, langfristige Vermögenswerte oder Veräußerungsgruppen eine Bewertung mit dem niedrigeren der beiden Werte Buchwert und beizulegender Zeitwert (fair value) abzüglich Veräußerungskosten vor (IFRS 5.15). Stellt die Veräußerungsgruppe eine Zahlungsmittel generierende Einheit dar, kann sie einen im Rahmen eines Unternehmenszusammenschlusses erworbenen und nach IAS 36 der zahlungsmittelgenerierenden Einheit zugeordneten Geschäfts- oder Firmenwert beinhalten (IFRS 5.A).

Für die erstmalige Bewertung von außerhalb eines Unternehmenszusammenschlusses erworbenen, langfristigen Vermögenswerten, die bereits mit der Absicht der Weiterveräußerung innerhalb der nächsten 12 Monate gekauft wurden, sind der beizulegende Zeitwert abzüglich Veräußerungskosten mit dem Wert, mit dem der Vermögenswert ohne Anwendung von IFRS 5 angesetzt worden wäre (dies dürften i.d.R. die Anschaffungskosten sein) zu vergleichen. Der niedrigere der beiden verglichenen Werte ist heranzuziehen (IFRS 5.16).

3.2 Vier Stufen der Wertermittlung

3.2.1 Bewertung unmittelbar vor der Umklassifizierung (1. Stufe)

Die Bewertung erfolgt nach einem Vier-Stufen-Schema. Zuerst werden unmittelbar vor der Umklassifizierung die langfristigen Vermögenswerte nach den bisher angewendeten Standards bewertet. Sofern sich Wertänderungen ergeben, sind diese auch entsprechend bislang angewendeter Standards zu behandeln. Etwaige in der Vergangenheit gewählte Wahlrechte müssen beibehalten werden. Die Bestandteile einer zur Veräußerung gehaltenen Veräußerungsgruppe sind auch nach den bisher angewendeten Standards zu bewerten (IFRS 5.18). Der Buchwert einer Veräußerungsgruppe setzt sich aus der Summe der einzelnen ermittelten Buchwerte zusammen.

3.2.2 Ermittlung des beizulegenden Zeitwerts (2. Stufe)

In der zweiten Stufe ist der beizulegende Zeitwert des einzelnen Vermögenswerts oder der Veräußerungsgruppe in ihrer Gesamtheit zu ermitteln. Die Ermittlung des Fair Value einer Veräußerungsgruppe auf aggregierter Ebene stellt eine Erleichterung im Vergleich zur Fair-Value-Ermittlung sämtlicher einzelner Vermögenswerte der Gruppe dar. Detaillierte Gutachten bzw. die Anwendung von Unternehmensbewertungsverfahren sind i.d.R. nicht notwendig: Zum Zeitpunkt der Bewertung zum beizulegenden Zeitwert dürfte bereits eine Wertermittlung stattgefunden haben, weil eine Veräußerungsgruppe überhaupt erst dann als zur Veräußerung gehalten klassifiziert wird, wenn ihr Verkauf schon aktiv angestrebt und sie zu einem Preis angeboten wird, der mit ihrem Fair Value vergleichbar ist.[8]

3.2.3 Ermittlung der Veräußerungskosten (3. Stufe)

Von dem in Stufe 2 ermittelten Fair Value sind im nächsten Schritt die Veräußerungskosten abzuziehen. Dazu zählen nur die direkt der Veräußerung zurechenbaren Kosten. Weder Finanzierungskosten noch Steuerbelastungen sind einzubeziehen (IFRS 5.A).

---

[8] Vgl. KPMG (Hrsg.), a.a.O. (Fn. 3), S. 187.

Sofern ein langfristiger Vermögenswert als zur Veräußerung gehalten eingestuft wird, obwohl innerhalb der nächsten 12 Monate die beabsichtige Veräußerung nicht realisiert werden kann, sind die noch anfallenden Veräußerungskosten abzuzinsen. Die aufgrund des Zeitverlaufs notwendige Aufzinsung ist erfolgswirksam in der Gewinn- und Verlustrechnung zu erfassen (IFRS 5.17).

3.2.4 Anwendung des Niederstwertprinzips (4. Stufe)

In der letzten Stufe wird der ermittelte beizulegende Zeitwert abzüglich Veräußerungskosten mit dem Buchwert des langfristigen Vermögenswerts oder der Veräußerungsgruppe verglichen. Liegt der Buchwert über dem um Veräußerungskosten verminderten beizulegenden Zeitwert, ist auf letzteren niedrigeren Wert abzuschreiben und der Wertminderungsaufwand in der Gewinn- und Verlustrechnung zu erfassen (IFRS 5.20).

Für die Behandlung von langfristigen Vermögenswerten oder Veräußerungsgruppen, die bei einem Unternehmenszusammenschluss mit der Absicht erworben werden, sie weiterzuveräußern, sieht das IASB besondere Vorschriften vor: Entgegen den grundsätzlichen Konsolidierungsvorschriften gemäß IFRS 3 sind diese nicht mit dem Fair Value, sondern mit dem beizulegenden Zeitwert abzüglich Veräußerungskosten anzusetzen. Damit wird verhindert, dass diese Vermögenswerte oder Veräußerungsgruppen nach dem Erwerb sofort als zur Veräußerung gehalten umklassifiziert und folglich die Veräußerungskosten erfolgswirksam erfasst werden müssen. Aus dieser Vorschrift folgt, dass sich bei der Kapitalkonsolidierung ein höherer Geschäfts- oder Firmenwert ergibt (IFRS 5.BC42-44). Das IASB schreibt diese Vorgehensweise mit IFRS 3.36 fest, hat jedoch angekündigt, sie bei der Überarbeitung der Regelungen zur Erwerbsmethode nochmals zu überdenken und sie ggf. zu ändern (IFRS 5.BC45).

3.2.5 Beispiel

Ein Unternehmen verfügt über eine Veräußerungsgruppe, die erstmals die Kriterien für eine Klassifizierung als zur Veräußerung gehalten erfüllt. Die Bewertung nach dem 4-Stufen-Schema von IFRS 5 erfolgt folgendermaßen: [9]

	Buchwert zum Stichtag vor Umklassifizierung €	Buchwert nach Neubewertung unmittelbar vor Umklassifizierung €
Geschäfts- oder Firmenwert	1.500	1.500
Sachanlagen (bewertet gemäß Neubewertungsmethode)	4.600	4.000
Sachanlagen (bewertet zu Anschaffungskosten)	5.700	5.700
Vorräte	2.400	2.200
Finanzinstrumente (available for sale)	1.800	1.500
Summe	16.000	14.900

Stufe 1:

Unmittelbar vor der Umklassifizierung werden alle Vermögenswerte der Veräußerungsgruppe neubewertet. Das Unternehmen erfasst den Verlust von € 1.100 (€ 16.000 - € 14.900) erfolgswirksam. Dann wird die Veräußerungsgruppe als zur Veräußerung gehalten eingeordnet.

Stufe 2 und 3:

Der beizulegende Zeitwert abzüglich Veräußerungskosten der Veräußerungsgruppe beläuft sich auf € 13.000.

Stufe 4:

Das Unternehmen wendet den Niederstwerttest an und vergleicht den Buchwert der Veräußerungsgruppe (€ 14.900) mit ihrem beizulegenden Zeitwert abzüglich Veräußerungskosten (€ 13.000). Es erfasst die Differenz von € 1.900 als Wertminderungsaufwand in der GuV und setzt die Veräußerungsgruppe mit einem Wert von € 13.000 an. Die Wertminderung ist nur auf die langfristigen Vermögenswerte zu verteilen, die unter den An-

---

[9] Vgl. IFRS 5.IG Beispiel 10.

wendungsbereich von IFRS 5 fallen. Deshalb werden die Vorräte sowie die Available-for-Sale-Finanzinstrumente nicht berücksichtigt. Zunächst ist der Wertminderungsaufwand auf den Geschäfts- oder Firmenwert zu verteilen. Der überschießende Betrag (€ 400) wird im Verhältnis der Buchwerte der langfristigen Vermögenswerte anteilig auf diese verteilt.

	Buchwert nach Neubewertung unmittelbar vor Umklassifizierung €	Wertminderungsaufwand €	Buchwert nach Berücksichtigung des Wertminderungsaufwands €
Geschäfts- oder Firmenwert	1.500	-1.500	0
Sachanlagen (bewertet gemäß Neubewertungsmethode)	4.000	-165	3.835
Sachanlagen (bewertet zu Anschaffungskosten)	5.700	-235	5.465
Vorräte	2.200	---	2.200
Finanzinstrumente (available for sale)	1.500	---	1.500
Summe	14.900	-1.900	13.000

3.3 Ausweis und Anhangangaben

Bis zum Verkauf fordert IFRS 5.38-40 einen separaten Bilanzausweis von zur Veräußerung gehaltenen Vermögenswerten oder Veräußerungsgruppen:

- Auf der Aktivseite sind die zur Veräußerung gehaltenen, langfristigen Vermögenswerte und die Vermögenswerte von zur Veräußerung gehaltenen Veräußerungsgruppen in einzelne, abgrenzbare Vermögensklassen aufzuteilen und separat auszuweisen und

- auf der Passivseite ist entsprechend mit den Veräußerungsgruppen zugehörigen Schulden zu verfahren.

Die Saldierung von Vermögenswerten und Schulden ist untersagt. Eine Anpassung der Vorjahreswerte ist nicht erforderlich, wenn Vermögensgegenstände und Schulden die Kriterien von IFRS 5.7-8 erfüllen und als zur Veräußerung bestimmt gehalten werden (IFRS 5.40).

Ein separater Ausweis im Eigenkapital ist notwendig, wenn im Zusammenhang mit zur Veräußerung gehaltenen, langfristigen Vermögenswerten oder Veräußerungsgruppen Sachverhalte direkt im Eigenkapital erfasst werden. Dies kann z.B. bei Vermögenswerten der Fall sein, deren Wertänderungen erfolgsneutral in das Eigenkapital eingehen (IFRS 5.38, IFRS 5.BC58 und IFRS 5.IG Beispiel 12).

In der Gewinn- und Verlustrechnung ist eine gegebenenfalls vorgenommene Wertminderung aus der Anpassung des Buchwerts an den beizulegenden Zeitwert abzüglich Veräußerungskosten im Ergebnis der laufenden Geschäftstätigkeit auszuweisen (IFRS 5.37). Einen separaten Ausweis verlangt der Standard nicht.

Im Anhang sind die zur Veräußerung gehaltenen, langfristigen Vermögenswerte sowie Veräußerungsgruppen und die näheren Umstände ihrer Veräußerung zu beschreiben. Außerdem müssen die Segmente angegeben werden, denen die betroffenen Vermögenswerte und Schulden zugehören. Auch die betragsmäßige Erläuterung eventueller Wertänderungen der langfristigen Vermögenswerte und Veräußerungsgruppen ist erforderlich (IFRS 5.41).

4. Anwendung von IFRS 5 in den Folgeperioden

4.1 Keine planmäßigen Abschreibungen

Zur Veräußerung gehaltene, langfristige Vermögenswerte sind ab dem Zeitpunkt ihrer Umklassifizierung nicht mehr planmäßig abzuschreiben (IFRS 5.25). Damit wird eine Ausnahme von der grundsätzlichen Pflicht zur planmäßigen Abschreibung gemäß IAS 16.55 verankert. Diese basiert auf der Grundidee, dass es bei einem zur Veräußerung gehaltenen Vermögenswert nicht auf seine noch anstehende Restnutzung im Unternehmen ankommt, sondern vielmehr auf seine baldige Veräußerung, die wertmäßig am sachgerechtesten durch seinen um Veräußerungskosten geminderten beizulegenden Zeitwert widergespiegelt wird (IFRS 5.BC30).[10]

Anders als die zur Veräußerung gehaltenen Vermögenswerte oder Veräußerungsgruppen müssen Vermögenswerte, die stillgelegt werden sollen, sehr wohl planmäßig abgeschrieben werden. Bei ihnen liegt per definitionem keine Veräußerungsabsicht vor, sondern eine weitere Nutzung bzw. die Möglichkeit einer Nutzung bis zur tatsächlichen Aufgabe des Vermögenswertes (IFRS 5.BC36).

Während auf eine planmäßige Abschreibung von zur Veräußerung gehaltenen Vermögenswerten oder Veräußerungsgruppen verzichtet wird, schreibt IFRS 5.25 eine erfolgswirksame Berücksichtigung von Zinsen und anderen Aufwendungen vor, die mit den zu Veräußerungsgruppen gehörenden Schulden in Zusammenhang stehen.

4.2 Wertänderungen einzelner langfristiger Vermögenswerte

Die Folgebewertung von als zur Veräußerung gehaltenen, langfristigen Vermögenswerten erfolgt ausschließlich nach IFRS 5, nicht nach den Rechnungslegungsstandards, die vor der Umklassifizierung für ihre Bewertung maßgeblich waren. Zu den Stichtagen ist für sie der beizulegende Zeitwert abzüglich Veräußerungskosten zu bestimmen.

Auf den sich ergebenden Wert ist abzuschreiben, wenn er unter dem aktuellen Buchwert liegt (IFRS 5.20). Übersteigt jedoch der beizulegende Zeitwert abzüglich Veräußerungskosten den aktuellen Buchwert, erfolgt eine Zuschreibung nur unter der Voraussetzung, dass diese Zuschreibung eine Wertminderungsüberprüfung gemäß IAS 36 (vor der Umklassifizierung) oder gemäß IFRS 5 (nach der Umklassifizierung) rückgängig macht (IFRS 5.21 und IFRS 5.BC46).

---

[10] Vgl. THIEL, M./PETERS, C., a.a.O. (Fn. 6), S. 2001.

Wertänderungen von zur Veräußerung gehaltenen Vermögenswerten sind in der GuV im Ergebnis der laufenden Geschäftstätigkeit auszuweisen (IFRS 5.37).

4.3 Wertänderungen von Veräußerungsgruppen

Die Folgebewertung von zur Veräußerung gehaltenen Veräußerungsgruppen erfolgt in zwei Stufen. Zuerst erfolgt eine Bewertung der zu der Veräußerungsgruppe gehörenden einzelnen Vermögenswerte und Schulden, die einzeln betrachtet nicht unter den Anwendungsbereich von IFRS 5 fallen. Sie werden nach den Standards bewertet, die vor der Identifikation der zur Veräußerung gehaltenen Veräußerungsgruppe anzuwenden waren (IFRS 5.19). Ein Beispiel für diese Vermögenswerte stellen für Investitionszwecke gehaltene Immobilien gemäß IAS 40 dar. Der Buchwert der Veräußerungsgruppe hängt also auch von den Wertänderungen der einzelnen, eigentlich nicht unter IFRS 5 fallenden, Vermögenswerte ab.[11]

In der zweiten Stufe wird die gesamte Veräußerungsgruppe mit ihrem beizulegenden Zeitwert abzüglich Veräußerungskosten bewertet (IFRS 5.19). Ergibt sich eine Wertminderung, ist diese ausschließlich den langfristigen Vermögenswerten innerhalb der Veräußerungsgruppe, die unter den Anwendungsbereich von IFRS 5 fallen, anteilig nach den Vorschriften von IAS 36 zuzuweisen (IFRS 5.23, IAS 36.104(a)-(b) und IAS 36.122). Ein zur Veräußerungsgruppe gehörender Geschäfts- oder Firmenwert wird nicht separat, sondern gemeinsam mit der gesamten Veräußerungsgruppe bewertet. Ergibt sich ein Wertminderungsaufwand, ist dieser zunächst dem Geschäfts- oder Firmenwert zuzuordnen (IFRS 5.BC39-41). Sich ergebende Wertsteigerungen dürfen dem Geschäfts- oder Firmenwert jedoch nicht zugeordnet werden.

Die Zuschreibungsregelung für einzelne langfristige Vermögenswerte gilt auch für Veräußerungsgruppen. Allerdings dürfen nur solche in der Vergangenheit berücksichtigten Wertminderungen rückgängig gemacht werden, die auf die Vermögenswerte innerhalb der Veräußerungsgruppe entfallen, die zum Anwendungsbereich von IFRS 5 gehören (IFRS 5.22).

Wie bei der Folgebewertung von einzelnen langfristigen Vermögenswerten sind Aufwendungen und Erträge, die sich aus Wertänderungen von Veräußerungsgruppen ergeben, im Ergebnis der laufenden Geschäftstätigkeit auszuweisen (IFRS 5.37).

---

[11] Vgl. KPMG (Hrsg.), a.a.O. (Fn. 3), S. 195.

4.4 Vorgehensweise bei Planänderungen

Werden Vermögenswerte aufgrund einer Planänderung nicht mehr als zur Veräußerung gehalten klassifiziert, so sind sie nach der Umklassifizierung so zu bewerten, als wären sie niemals unter den Anwendungsbereich von IFRS 5 gefallen (IFRS 5.26). Für diese retrospektive Anpassung ist der Vermögenswert, der nicht mehr als zur Veräußerung gehalten eingestuft wird oder der nicht mehr zu einer als zur Veräußerung gehaltenen Veräußerungsgruppe gehört, mit dem niedrigeren der folgenden Werte anzusetzen (IFRS 5.27):[12]

- Dem Buchwert des Vermögenswerts oder der Veräußerungsgruppe, der sich ergeben hätte, wenn eine Umklassifizierung nach IFRS 5 nie stattgefunden hätte. Für einen nach der Anschaffungskostenmethode bewerteten Vermögenswert wäre dies der Buchwert vor der Umklassifizierung abzüglich der planmäßigen Abschreibungen, die seit der Umklassifizierung notwendig gewesen wären;
- dem Wiederverkaufswert Betrag zum Zeitpunkt der Planänderung. Gehört der betreffende Vermögenswert zu einer zahlungsmittelgenerierenden Einheit, muss er ggf. aufgrund der IAS 36-Regelungen zur Wertminderung anteilig abgewertet werden (IFRS 5.27(b)).

Beschließt ein Unternehmen, eine zur Veräußerung gehaltene Veräußerungsgruppe insgesamt doch nicht zu verkaufen, sind alle Elemente der Veräußerungsgruppe, die in den Anwendungsbereich von IFRS 5 fallen, rückwirkend so zu bewerten, als wären sie niemals Bestandteil einer zur Veräußerung gehaltenen Veräußerungsgruppe gewesen.

Bei zur Veräußerung gehaltenen Veräußerungsgruppen kann die Planänderung auch lediglich einzelne Elemente dieser Gruppe betreffen. Der aus der Veräußerungsgruppe herausgenommene Vermögenswert ist so zu bilanzieren, als wäre er nie Bestandteil der Veräußerungsgruppe gewesen. Die noch verbleibenden Vermögenswerte und Schulden sind darauf zu prüfen, ob sie insgesamt noch eine Veräußerungsgruppe darstellen. Sofern die verbleibenden Elemente unverändert nach den Kriterien von IFRS 5 als zur Veräußerung gehaltene Veräußerungsgruppe klassifiziert werden, sind sie auch weiterhin als solche nach IFRS 5 zu bewerten. Ansonsten ist zu prüfen, ob die verbleibenden Vermögenswerte einzeln betrachtet als zur Veräußerung gehalten zu klassifizieren sind. Ist dies der Fall, werden sie jeweils zum Buchwert oder - wenn niedriger - zu ihrem beizulegenden Zeitwert abzüglich Veräußerungskosten bewertet. Ergibt die Prüfung der einzelnen verbleibenden langfristigen Vermögenswerte, dass sie die Kriterien für eine Klassifizierung als zur Veräußerung gehalten nicht erfüllen, sind sie nach den oben beschriebenen Vorschriften von IFRS 5.26-27 zu behandeln (IFRS 5.29).

Wertanpassungen, die sich aus einer Planänderung ergeben, sind im Ergebnis der laufenden Geschäftstätigkeit auszuweisen mit Ausnahme von Wertanpassungen, die bei

---

[12] Vgl. THIEL, M./PETERS, C., a.a.O. (Fn. 6), S. 2003.

Vermögenswerten vorgenommen werden, die vor der Umklassifizierung nach dem Neubewertungsmodel von IAS 16 bzw. IAS 38 bewertet worden sind. Hier fließen die Bewertungsanpassungen grundsätzlich in die Neubewertungsrücklage ein (IFRS 5.28).

Im Anhang sind die Gründe für eine Planänderung bzw. für die Herausnahme von Elementen aus einer zur Veräußerung gehaltenen Veräußerungsgruppe darzulegen. Der Effekt der Planänderung ist sowohl für das aktuelle Geschäftsjahr als auch für die Vorjahreszahlen zu zeigen (IFRS 5.42).

Wird eine zur Veräußerung gehaltene Veräußerungsgruppe um Vermögenswerte und Schulden ergänzt, so sind für die langfristigen, unter den Anwendungsbereich von IFRS 5 fallenden Vermögenswerte zum Zeitpunkt der Umklassifizierung der beizulegende Zeitwert abzüglich Veräußerungskosten zu ermitteln. Wird zu einem späteren Zeitpunkt bezüglich einer nachträglich erweiterten Veräußerungsgruppe eine Planänderung vorgenommen, sind bei einer retrospektiven Anpassung die unterschiedlichen Einbeziehungszeitpunkte der Vermögenswerte zu berücksichtigen.[13]

5. Aufgegebene Geschäftsbereiche

5.1 Definition

Unter einem aufgegebenen Geschäftsbereich wird ein Unternehmensteil (component of an entity) verstanden (IFRS 5.31), der bestimmte in IFRS 5.32 festgelegte Voraussetzungen erfüllt.[14]

Unter einem Unternehmensteil werden gemäß IFRS 5.31 die Geschäftstätigkeiten und Cashflows verstanden, die sowohl in operativer Hinsicht als auch für Zwecke der Berichterstattung eindeutig vom restlichen Unternehmen separiert werden können.[15] Diese Eigenschaft stimmt im Wesentlichen mit der Definition der zahlungsmittelgenerierenden Einheit nach IAS 36 überein, wobei aber auch mehrere zahlungsmittelgenerierende Einheiten zusammen einen aufgegebenen Geschäftsbereich bilden können.[16]

---

[13] Vgl. KPMG (Hrsg.), a.a.O. (Fn. 3), S. 197.
[14] Zu Rettungserwerben vgl. Abschnitt 3.1.2 im Beitrag „Bilanz, Gewinn- und Verlustrechnung sowie Notes".
[15] Vgl. THIEL, M./PETERS, C., a.a.O. (Fn. 6), S. 2004.
[16] Vgl. KPMG (Hrsg.), a.a.O. (Fn. 3), S. 198.

Es handelt sich bei einem Unternehmensteil um einen aufgegebenen Geschäftsbereich, wenn dieser eine der folgenden Voraussetzungen erfüllt:

- Der Unternehmensteil stellt einen gesonderten, wesentlichen Geschäftszweig oder operative Tätigkeiten in einem geografisch abgegrenzten Raum dar (IFRS 5.32(a)).
- Der Unternehmensteil ist Teil eines einzelnen, formellen Unternehmensplans, wonach ein separater wesentlicher Geschäftszweig oder operative Tätigkeiten in einem geografisch abgegrenzten Raum verkauft werden sollen (IFRS 5.32(b)).
- Der Unternehmensteil stellt ein Tochterunternehmen dar, das ausschließlich zum Zwecke der Weiterveräußerung erworben wurde (IFRS 5.32(c)).[17]

Ist die Definition des aufgegebenen Geschäftsbereichs erfüllt, wird dadurch noch nicht die Angabepflicht von IFRS 5 ausgelöst. Diese ist erst dann zu erfüllen, wenn zusätzlich ein aufgegebener Geschäftsbereich als zur Veräußerung gehalten nach den Kriterien von IFRS 5.7-8 klassifiziert wird (IFRS 5.BC65-66).

5.2 Ausweis und Anhangangaben

Für aufgegebene Geschäftsbereiche gibt IFRS 5 - anders als für zur Veräußerung gehaltene, langfristige Vermögenswerte und Veräußerungsgruppen - keine besonderen Bewertungsvorschriften vor, sondern legt lediglich Regelungen zum Ausweis und zu Angaben in der GuV oder im Anhang fest (IFRS 5.33). Da ein aufgegebener Geschäftsbereich jedoch i.d.R. zur Veräußerung gehaltene, langfristige Vermögenswerte bzw. Veräußerungsgruppen enthalten dürfte, werden die Adressaten auf zwei Ebenen informiert: Zum einen liefert der Abschluss Informationen zu den betreffenden langfristigen Vermögenswerten oder Veräußerungsgruppen aufgrund der besonderen hierfür geltenden Bewertungsregeln, zum anderen werden Informationen zur Verfügung gestellt, die sich ausschließlich auf aufgegebene Geschäftsbereichen beziehen.[18]

IFRS 5 gestattet zwar nicht explizit, dass die Informationen zu aufgegebenen Geschäftsbereichen zusammengefasst für mehrere Bereiche erfolgen dürfen. Allerdings beziehen sich sowohl IFRS 5.33 als auch das Beispiel 11 in IFRS 5.IG auf aufgegebene Bereiche, was darauf schließen lässt, dass aggregierte Angaben gestattet sind.[19]

---

[17] Zur Diskussion über die Notwendigkeit der Definition eines Unternehmensteils siehe KPMG (Hrsg.), a.a.O. (Fn. 3), S. 198-199.
[18] Vgl. KPMG (Hrsg.), a.a.O. (Fn. 3), S. 201.
[19] Vgl. KPMG (Hrsg.), a.a.O. (Fn. 3), S. 201.

Bezüglich aufgegebener Geschäftsbereiche ist in der Gewinn- und Verlustrechnung das Nach-Steuer-Ergebnis als Nettogröße anzugeben. Dieses umfasst zwei Komponenten:

- das Ergebnis aus dem Betrieb des aufgegebenen Geschäftsbereichs und
- die sich aus der Bewertung nach IFRS 5 ergebenden Wertänderungen der zu dem Geschäftsbereich zählenden zur Veräußerung gehaltenen, langfristigen Vermögenswerte und Veräußerungsgruppen (IFRS 5.33(a)).

Wenn Vermögenswerte oder Veräußerungsgruppen, die zu einem aufgegebenen Bereich gehören, bereits veräußert oder ausgebucht wurden, sind die daraus resultierenden Aufwendungen und Erträge in den anzugebenden Betrag einzubeziehen (IFRS 5.35). Sofern zur Veräußerung gehaltene, langfristige Vermögenswerte oder Veräußerungsgruppen nicht zu einem aufgegebenen Geschäftsbereich gehören, sind die aus ihrer Bewertung gemäß IFRS 5 resultierenden Wertänderungen dagegen im Ergebnis der laufenden Geschäftstätigkeit auszuweisen (IFRS 5.37).

Der für die aufgegebenen Geschäftsbereiche angegebene Nach-Steuer-Ergebnis-Nettobetrag ist zu analysieren hinsichtlich Umsatz, Aufwendungen, Vor-Steuerergebnis und Steueraufwand des aufgegebenen Geschäftsbereichs. Die Angaben können entweder in der Gewinn- und Verlustrechnung oder im Anhang erfolgen (IFRS 5.33(b)).

Zu jedem nach IAS 14 auszuweisenden Segment ist ein getrennter Ausweis des Segmentergebnisses aus der laufenden Geschäftstätigkeit und des sich auf den aufgegebenen Geschäftsbereich beziehenden Segmentergebnisses vorgeschrieben (IAS 14.52). Außerdem muss eine verkürzte Kapitalflussrechnung für die aufgegebenen Bereiche in der Bilanz oder im Anhang offen gelegt werden, in der die Cashflows aus der operativen, der Investitions- und der Finanzierungstätigkeit getrennt gezeigt werden (IFRS 5.33(a)).[20]

Für die im Abschluss dargestellten Vorjahre sind alle geforderten Angaben zu den aufgegebenen Geschäftsbereichen entsprechend zu veröffentlichen (IFRS 5.34).

5.3 Umklassifizierungen und Korrekturen

Wird ein im vorhergehenden Abschluss als aufgegebener Geschäftsbereich dargestellter Geschäftsbereich im aktuellen Berichtszeitraum nicht mehr als aufgegebener Geschäftsbereich eingeordnet, sind alle dazu im Abschluss offen gelegten Angaben - einschließlich der Vorjahresangaben - umzuklassifizieren, und die Umklassifizierung ist zu erläutern (IFRS 5.36).

Sofern Informationen bezüglich der Aufgabe eines Geschäftsbereichs nachträglich bekannt werden, die bei frühzeitigerer Kenntnis in vorhergehenden Abschlüssen zu ande-

---

[20] Vgl. HOFFMANN, W.-D./LÜDENBACH, N., a.a.O. (Fn. 2), S. 2008.

ren Angaben geführt hätten, müssen im aktuellen Abschluss separate Korrekturen (bei den jeweiligen Angaben zu aufgegebenen Geschäftsbereichen) ausgewiesen werden (IFRS 5.35).

6. Besonderheiten bei zum Zwecke der Weiterveräußerung erworbenen Beteiligungen

Tochterunternehmen, die zum Zwecke der baldigen Weiterveräußerung erworben wurden, stellen regelmäßig zur Veräußerung gehaltene Veräußerungsgruppen gemäß IFRS 5 dar. Somit sind auch sie zum beizulegenden Zeitwert abzüglich der Veräußerungskosten zu bewerten (zur Verdeutlichung siehe IFRS 5.IG Beispiel 12 und 13).

Gleichzeitig erfüllt ein zur baldigen Weiterveräußerung erworbenes Tochterunternehmen auch regelmäßig die Definition eines aufgegebenen Geschäftsbereichs (IFRS 5.32, IFRS 5.BC72). Für Tochterunternehmen existiert eine Ausnahmeregelung von den speziellen Ausweis- und Angabepflichten von IFRS 5 für aufgegebene Geschäftsbereiche (IFRS 5.33(b)-(c)). Es muss weder das GuV-Ergebnis analysiert werden noch ist ein besonderer Ausweis in der Kapitalflussrechnung notwendig. Ebenso braucht eine Zusammenfassung der Vermögenswerte und Schulden zu Klassen nicht zu erfolgen (IFRS 5.39).

Auch assoziierte Unternehmen und Joint Ventures, die mit der Absicht der baldigen Weiterveräußerung erworben wurden, fallen unter den Anwendungsbereich von IFRS 5 (IAS 28.13 und IAS 31.42). Werden die Verkaufspläne für sie fallen gelassen, müssen retrospektive Korrekturen vorgenommen werden (IFRS 5.27). Bei Equity-Unternehmen ist die Equity-Methode rückwirkend anzuwenden ab dem Zeitpunkt, zu dem die Unternehmen erstmalig als zur Veräußerung gehalten klassifiziert wurden (IAS 28.15). Bei Joint Ventures ist entsprechend ab dem Zeitpunkt der erstmaligen Klassifizierung als zur Veräußerung gehalten die Equity-Methode oder die Quotenkonsolidierung anzuwenden, je nachdem, welche der beiden Methoden für alle anderen Joint Ventures im Konzernabschluss herangezogen wird (IAS 31.43).

7. Übergangsbestimmungen

IFRS 5 muss für Geschäftsjahre, die am 1. Januar 2005 oder später beginnen, verpflichtend angewendet werden (IFRS 5.44). Dabei ist eine prospektive Anwendung erforderlich, das heißt eine Klassifizierung als zur Veräußerung gehalten und die Anwendung der Bewertungsvorschriften sowie die Erfüllung der Ausweis- und Angabepflichten von IFRS 5 sind für Geschäftsjahre vorzunehmen, die am 1. Januar 2005 oder später beginnen. Statt der prospektiven Vorgehensweise darf IFRS 5 nur dann retrospektiv angewendet werden, wenn dem Unternehmen die für eine retrospektive Anwendung notwendigen Informationen bereits in Geschäftsjahren vorgelegen haben, die vor dem 1. Januar 2005 begonnen haben (IFRS 5.43, IFRS 5.BC78-79 und IFRS 1.34A-B). Müssten diese Informationen allerdings zunächst noch ermittelt werden, ist die retrospektive Anwendung von IFRS 5 untersagt.

Andere Übergangsbestimmungen gelten für Unternehmen, die in Geschäftsjahren beginnend am 1. Januar 2005 oder später erstmals einen IFRS-Abschluss erstellen. Sie müssen IFRS 5 zwingend retrospektiv anwenden (IFRS 1.34B).

Edgar Löw und Harald E. Roggenbuck

Segmentberichterstattung

1. Heutiger Stellenwert der Segmentberichterstattung 901
2. Rechtsgrundlagen 903
3. Hintergrund und Ziele 907
4. Gestaltungserfordernis in zwei Berichtsformaten 910
   4.1 Primäres Berichtsformat 910
   4.2 Sekundäres Berichtsformat 915
5. Allgemeingültige und bankspezifische Segmentpositionen 916
   5.1 Segmentpositionen nach IAS 14 916
   5.2 Segmentpositionen nach SFAS 131 918
   5.3 Segmentpositionen nach DRS 3 und DRS 3-10 919
6. Segmentberichterstattung in der Anwendungspraxis 922
   6.1 Segmentabgrenzung der einzelnen Banken im primären Berichtsformat 922
       6.1.1 Segmentabgrenzung der Deutschen Bank 922
       6.1.2 Segmentabgrenzung der Dresdner Bank 925
       6.1.3 Segmentabgrenzung der Commerzbank 928
       6.1.4 Segmentabgrenzung der HypoVereinsbank 931
       6.1.5 Fazit zur intertemporalen Vergleichbarkeit der
              Segmentabgrenzung einzelner Banken 934
   6.2 Segmentabgrenzungen im Bankenvergleich 935
   6.3 Offengelegte Segmentpositionen im Bankenvergleich 940
7. Praktische Probleme bei der Bereitstellung von Segmentdaten 944
   7.1 Stichtagsbezogene Segmentpositionen 944
       7.1.1 Segmentvermögen 944
       7.1.2 Risikopositionen 945
       7.1.3 Segmentverbindlichkeiten 946
       7.1.4 Allokiertes Kapital 948

7.2 Periodenbezogene Segmentpositionen 950
    7.2.1 Zinsüberschuss 950
    7.2.2 Risikovorsorge 951
    7.2.3 Provisionsüberschuss 953
    7.2.4 Handelsergebnis/Nettoertrag/-aufwand aus Finanzgeschäften 954
    7.2.5 Verwaltungsaufwand 954
    7.2.6 Ergebnis nach Risikovorsorge 956
7.3 Kennziffern auf Segmentebene 957
    7.3.1 Rentabilität des allokierten Kapitals 957
    7.3.2 Aufwand/Ertrag-Relation 957
7.4 Überleitung auf die externe Rechnungslegung 957

8. Zusammenfassung 958

Anlagen 961

Anlage 1: Offengelegte Positionen in den primären Segmentberichten
         ausgewählter Geschäftsberichte des Jahres 2000 961

Anlage 2: Segmentberichterstattung der Dresdner Bank 2003 964

1. Heutiger Stellenwert der Segmentberichterstattung

Auf dem Weg zu einer transparenteren Geschäftsberichterstattung stellt die Segmentberichterstattung einen wesentlichen Meilenstein dar. Sie ermöglicht den Einblick in den Wertschöpfungsprozess von Unternehmen. Insbesondere im Rahmen der Diversifikationswelle der achtziger Jahre, als große Unternehmen ihre Aktivitäten auf unterschiedliche Geschäftsfelder auszuweiten begannen und sich zunehmend auf internationale Märkte ausgerichtet haben, entwickelte sich die bis dahin noch überschaubare Wertschöpfungskette vieler Unternehmen zu einem Wertschöpfungsnetzwerk mit vielfachen Wirkungsmechanismen und strukturell schwer durchschaubaren Querverbindungen.

Im Kreditgewerbe ist aus der in der Bundesrepublik Deutschland traditionellen Universalbank, die ihr Ergebnis vorrangig aus der Zinsmarge sowie aus dem Provisionsergebnis erzielte, ein Banktypus hervorgegangen, in dem der Eigenhandel als dritte Ertragssäule erstarkt ist und in dem Investmentbanking und Asset Management zu so bedeutenden Geschäftsbereichen avanciert sind, dass insbesondere bei den privaten Geschäftsbanken das klassische Kreditgeschäft und das Privatkundengeschäft in der Wahrnehmung zurückgestuft wurde bis hin zu zeitweiligen Überlegungen, sich des Massengeschäfts im Privatkundenbereich völlig zu entledigen. Geänderte Marktbedingungen haben mittlerweile die Volatilität des Investmentbanking und des Asset-Management-Geschäfts in das Bewusstsein gerückt und zu einer Rückbesinnung auf die margenärmeren, aber verlässlicheren Ertragssäulen geführt. Konzeptionell stellt sich der aus der klassischen Universalbank weiterentwickelte Banktypus heute als gesellschaftsrechtliche oder organisatorische Klammer für mehrere spezifische Unternehmensbereiche dar, die sehr unterschiedlichen Einflüssen unterliegen können und daher jeweils einer gesonderten Betrachtung bedürfen.

International seit Anfang der achtziger Jahre etabliert, hat sich - mit einem „time-lag" von zwei Jahrzehnten - auch in der Bundesrepublik Deutschland die traditionell eher zurückhaltende Berichterstattung zu einer modernen Publizitätstransparenz entwickelt. Welche Konsequenz dieser Wandel in der Einstellung bedeutet, wird in der nachfolgenden Gegenüberstellung charakteristischer Merkmale der traditionellen und modernen Segmentpublizität konkretisiert:

Vergleich charakteristischer Merkmale der traditionellen und modernen Segmentpublizität

Sichtweise und Merkmale

■ traditionell
- Segmentveröffentlichung führt zu Wettbewerbsnachteilen
- Anknüpfung an wenige Größen der externen Rechnungslegung
- Maximal Offenlegung geographischer Angaben
- Stark retrospektive Focussierung

■ modern
- Wettbewerb um Kapital führt zur freiwilligen Offenlegung von Segmentinformationen
- Anknüpfung an diverse Größen der internen Berichterstattung
- Aussagefähigkeit und Transparenz nehmen zu
- Prognosetauglichkeit wird erwartet

Inzwischen ist die Segmentberichterstattung für börsennotierte Muttergesellschaften und Unternehmen obligatorisch geworden, die eine Zulassung von Wertpapieren ihres Unternehmens oder ihrer Tochterunternehmen an einem organisierten Markt beantragt haben, und gilt aus finanzanalytischer Sicht als Kernkomponente der externen Geschäfts- und Zwischenberichtspublizität von Konzernen mit hohem Nutzen.[1] Gleichwohl ist festzustellen, dass die Erstellung und Aufbereitung in einer für externe Adressen verständlichen und aussagekräftigen Form das Rechnungswesen von Großkonzernen erheblich beansprucht.[2]

---

[1] Vgl. MUJKANOVIC, R., Die Vorschläge des Deutschen Standardisierungsrats (DSR) zur Segmentberichterstattung, AG 2000, S. 122-127, hier S. 123.

[2] Vgl. HACKER, B./DOBLER, M., Empirische Untersuchung der Segmentpublizität in Deutschland, WPg 2000, S. 811-819, hier S. 819, AUER, K. V., IAS 14 (Segmentreporting): Inhalt/Schnittstellen zum Controlling, in: WEIßENBERGER, B. E. (Hrsg.), IFRS und Controlling, ZfCM Sonderheft 2, 2004, S. 4-11 sowie WEIßENBERGER, B. E./WEBER, J. u.a., IAS/IFRS: Quo vadis Unternehmensrechnung? Konsequenzen für die Unternehmensrechnung in deutschen Unternehmen, WHU, Advanced Controlling, Band 31.

2. Rechtsgrundlagen

Innerhalb der Arbeit des IASC gehörte die Erarbeitung von Vorschriften zu „Segmentinformationen" zu den frühen Betätigungsfeldern. Erstmals 1980 als International Accounting Standard (IAS) veröffentlicht, ist der in der aktuellen Fassung für Geschäftsjahre seit 1998 verbindliche IAS 14 „Reporting Financial Information by Segment"[3] für diejenigen Unternehmen verpflichtend, die nach IFRS bilanzieren und deren Aktien oder sonstige Wertpapiere in den Börsenhandel einbezogen sind oder einbezogen werden sollen.[4] Auch anderen nach IFRS bilanzierenden Unternehmen wird eine Segmentberichterstattung nach IAS 14 empfohlen.[5]

Die Anforderungen von IAS 14 gelten ausnahmslos für alle Branchen. Auch der Standard IAS 30 „Disclosures in the Financial Statements of Banks and Similar Financial Institutions" enthält keine spezifischen Regeln für die Segmentberichterstattung von Kreditinstituten.

Ursprünglicher Anlass für eine Segmentberichterstattung in den US-amerikanischen Vorschriften war, dass in den USA der Konzernabschluss den Einzelabschluss ersetzt und demzufolge disaggregierte Daten fehlten. Der aktuelle, alle früheren Segmentvorschriften ersetzende Standard SFAS 131 „Disclosures about Segments of an Enterprise" ist seit dem 15. Dezember 1997 gültig. Wie die IFRS enthält auch SFAS 131 keine bankspezifischen Regelungen.

In der Bundesrepublik Deutschland beschränkten sich die allgemeinen Vorschriften des Handelsgesetzbuches bis 1998 auf die Aufgliederung der Umsatzerlöse von großen Kapitalgesellschaften nach Tätigkeitsbereichen und geographisch bestimmten Märkten (§ 285 Nr. 4 HGB). Für das Kreditgewerbe, in dem die Größe „Umsatzerlöse" keine Aussagekraft hat, ist an Stelle der HGB-Vorschrift im Jahre 1992 bei der Umsetzung der EU-Bankbilanz-Richtlinie durch die Rechnungslegungsverordnung für Kreditinstitute (RechKredV)[6] in § 34 Abs. 2 Nr. 1 RechKredV die Aufgliederung des Gesamtbetrages

---

[3] Aus dem im Juli 2004 veröffentlichten Exposure Draft ED 7 „Financial Instruments: Disclosures" sind für IAS 14 keine konzeptionellen Änderungen zu erwarten, sondern nur terminologische Änderungen bezüglich der Berichtstrukturen („key management personnel" statt „board of directors and the chief executive officer").

[4] Vgl. IAS 14.3.

[5] Vgl. IAS 14.4.

[6] Verordnung über die Rechnungslegung der Kreditinstitute (RechKredV) vom 10. Februar 1992, BGBl. 1992, Teil I, Nr. 6, S. 203-222, zuletzt geändert durch das Euro-Bilanzgesetz vom 10. Dezember 2001, BGBl. 2001, Teil I, Nr. 66, S. 3414-3419; der Anwendungsbereich wurde zwischenzeitlich auf Kreditinstitute und Finanzdienstleistungsinstitute ausgeweitet.

bestimmter GuV-Posten[7] vorgeschrieben worden. Diese Anforderung ist allerdings reduziert auf eine Segmentierung nach Regionen und umfasst lediglich bestimmte, das Betriebsergebnis der Bank kennzeichnende Größen als Gesamtsumme.

Rechtsgrundlagen der Segmentberichterstattung

Bisherige Rechtsgrundlagen in Deutschland

■ Aufgliederung der Umsatzerlöse für große Kapitalgesellschaften
- nach Tätigkeiten und
- nach geographisch bestimmten Märkten

■ Exkulpationsvorschrift: § 286 Absatz 2 HGB gestattet die Unterlassung der Aufgliederung, soweit sie nach vernünftiger kaufmännischer Beurteilung geeignet ist, der Kapitalgesellschaft einen erheblichen Nachteil zuzuführen

■ Sonderregelung für Banken:
Aufgliederung des Gesamtbetrages bestimmter GuV-Posten[1)] als Äquivalent für Umsatzerlöse
- nur nach geographisch bestimmten Märkten

■ Exkulpationsvorschrift: § 34 Absatz 2 Nr. 1 Satz 2 RechKredV

1) Zinserträge; laufende Erträge aus Aktien und anderen nicht festverzinslichen Wertpapieren, Beteiligungen, Anteilen an verbundenen Unternehmen; Provisionserträge; Nettoertrag aus Finanzgeschäften; Sonstige betriebliche Erträge

---

[7] Im Einzelnen handelt es sich um die GuV-Posten „Zinserträge", „laufende Erträge aus Aktien und anderen nicht festverzinslichen Wertpapieren, Beteiligungen, Anteilen an verbundenen Unternehmen", „Provisionserträge", „Nettoertrag aus Finanzgeschäften" und „sonstige betriebliche Erträge".

Erst 1998 ist durch das Gesetz zur Kontrolle und Transparenz im Unternehmensbereich (KonTraG)[8] für börsennotierte Mutterunternehmen eines Konzerns als neue zusätzliche Anforderung in § 297 Abs. 1 HGB die Pflicht zur Segmentberichterstattung ab Geschäftsjahr 1999 eingeführt worden. Durch Art. 2 Nr. 4 des Transparenz- und Publizitätsgesetzes (TransPuG)[9] vom 19. Juli 2002 ist die Segmentberichterstattungspflicht zudem mit Wirkung ab Geschäftsjahr 2003 auch auf Unternehmen ausgedehnt worden, die eine Zulassung von Wertpapieren ihres Unternehmens oder ihrer Tochterunternehmen an einem organisierten Markt beantragt haben.[10] Außerdem ist die Segmentberichterstattung in diesem Rahmen insoweit aufgewertet worden, als sie nach § 297 Abs. 1 HGB ab 2003 als eigenständige Komponente des Konzernabschlusses auszuweisen und damit nicht mehr Bestandteil des Konzernanhangs ist. Hinsichtlich dieses Stellenwerts hat Deutschland gegenüber den internationalen Rechnungslegungsgrundsätzen eine Vorreiterrolle übernommen, da nach IAS 14 und SFAS 131 die Segmentberichterstattung lediglich im Rahmen der Notes zu veröffentlichen ist. Für Geschäftsjahre ab 2005 hat es eine weitere gesetzliche Änderung gegeben. Der Anwendungsbereich wurde auf alle Konzernabschlüsse ausgedehnt, allerdings ist die Segmentberichterstattung nur noch optional offen zu legen.

Die Erweiterung der Anforderung von § 297 Abs. 1 HGB gibt allerdings lediglich den Begriff „Segmentberichterstattung" vor und liefert keine inhaltlichen Anhaltspunkte für deren Erstellung mit. Die Konkretisierung bleibt vielmehr dem Deutschen Rechnungslegungs Standards Committee überlassen. Dieses hat einen entsprechenden allgemeinen, branchenübergreifenden Standard entwickelt und 1999 unter der Bezeichnung Deutscher Rechnungslegungs Standard Nr. 3 (DRS 3) „Segmentberichterstattung" verabschiedet. Infolge der Bekanntmachung durch das Bundesministerium der Justiz am 17. Mai 2000 hat der Standard den Status eines „Grundsatzes ordnungsmäßiger Buchführung" erhalten.

Zeitgleich zu dem allgemeingültigen, branchenübergreifenden Standard ist für Banken und Versicherungen jeweils ein branchenspezifischer Standard zur Segmentberichterstattung entwickelt worden. Diese als DRS 3-10 „Segmentberichterstattung von Kreditinstituten" und DRS 3-20 „Segmentberichterstattung von Versicherungsunternehmen" bezeichneten Standards werden explizit als „Ergänzung zu dem allgemeinen Standard zur Segmentberichterstattung (DRS 3) deklariert[11] und sollen den branchenspezifischen Besonderheiten bei Kreditinstituten bzw. Versicherungsunternehmen Rechnung tragen.

---

[8] Gesetz zur Kontrolle und Transparenz im Unternehmensbereich (KonTraG) vom 27. April 1998, BGBl.1998, Teil I, Nr. 24, S. 786-794.

[9] Gesetz zur weiteren Reform des Aktien- und Bilanzrechts, zu Transparenz und Publizität (Transparenz- und Publizitätsgesetz) vom 19. Juli 2002, BGBl. 2002, Teil I, Nr. 50, S. 2681-2687.

[10] Vgl. auch LENZ, H./FOCKEN, E., Die Prüfung der Segmentberichterstattung, WPg 2002, S. 853-863, hier S. 853-853.

[11] Vgl. DRS 3-10.1 und DRS 3-20.1.

Beide branchenspezifischen Standards sind zusammen mit dem allgemeinen Standard verabschiedet und bekannt gemacht worden.

Rechtsgrundlagen der Segmentberichterstattung

Neue zusätzliche Rechtslage in Deutschland für börsennotierte Konzernmütter seit Geschäftsjahr 1999

- Erweiterung des Konzernanhangs um eine Segmentberichterstattung nach § 297 Absatz 1 HGB durch das KonTraG
- Verpflichtende Anwendung für Geschäftsjahre, die nach dem 31. Dezember 1998 beginnen
- Konkretisierung der Anforderung durch das Deutsche Rechnungslegungs Standards Committee (DRSC)
    - Arbeitskreis Segmentberichterstattung
    - Arbeitskreis Banken
- Aufwertung als eigenständige Konzernabschlusskomponente durch das TransPuG mit Wirkung ab dem Geschäftsjahr 2003
- Ausdehnung der Anwendung auf alle Konzernabschlüsse ab 2005, allerdings auf optionaler Basis

---

Die Anwendung von DRS 3-10 ist gemäß DRS 3-10.2 für alle Kreditinstitute verpflichtend, die nach § 297 Abs. 1 Satz 2 i.V.m. § 340i Abs. 1 Satz 1 HGB den Konzernabschluss um eine Segmentberichterstattung als eigenständige Komponente zu erweitern haben (bis einschließlich Geschäftsjahr 2002 war die Segmentberichterstattung noch Bestandteil des Konzernanhangs). Für den Kreditinstitutsbegriff wird in DRS 3-10.3 Sinnvollerweise auf die umfassende Definition des § 1 Abs. 1 KWG Bezug genommen unter der üblichen Ausklammerung von denjenigen Kreditinstituten, die nach § 2 Abs. 1, 4 und 5 KWG nicht dem Anwendungsbereich des KWG unterliegen.

Zugleich spricht sich DRS 3-10.5 dafür aus, dass auch diejenigen Kreditinstitute, die die Befreiungsregelung gemäß § 292a HGB in Anspruch nehmen und statt des Konzernabschlusses nach HGB einen Konzernabschluss nach internationalen Rechnungslegungsstandards veröffentlichen, den DRS 3-10 anwenden.[12] Damit soll gemäß DRS 3-10.5 die Vergleichbarkeit der Rechnungslegung von Kreditinstituten gefördert werden. Konflikte sind vor dem Hintergrund der Entstehungsgeschichte von DRS 3 sowie DRS 3-10 und DRS 3-20 hieraus nicht zu erwarten, da bei der Konzeption der deutschen Standards auf eine Kompatibilität mit den internationalen Standards besonderer Wert gelegt worden ist.

Segmentierung der Erfolgsquellen im Bankkonzern

Bankspezifische Ergänzung des allgemeinen Standards zur Segmentberichterstattung (DRS 3) durch DRS 3-10

■ Anwendungsbereich
- Kreditinstitute, die nach § 297 Abs. 1 HGB zur Erstellung einer Segmentberichterstattung verpflichtet sind
- Kreditinstitute, die eine Segmentberichterstattung freiwillig erstellen
- Keine Anwendungspflicht für Kreditinstitute mit befreiendem Konzernabschluss nach § 292a HGB

---

3. Hintergrund und Ziele

IAS 14 unterscheidet im Abschnitt „Objective" zunächst zwischen Zielen des Standards per se und Zielen der Segmentberichterstattung. Ziel des Standards per se ist die Aufstellung von Grundsätzen zur Darstellung von Finanzinformationen nach Segmenten. Als Ziele der Segmentaufgliederung nach „Informationen über die unterschiedlichen Arten von Produkten und Dienstleistungen, die ein Unternehmen produziert und an-

---

[12] Auf die durch das geplante Bilanzrechtsreformgestz vorgesehene nationale Anwendung internationaler Rechnungslegungsstandards geht die derzeitige Fassung von DRS 3-10 (verabschiedet 7. November 2003) noch nicht ein.

bietet, und die unterschiedlichen geographischen Regionen"[13] werden hingegen die folgenden drei Gesichtspunkte für Abschlussadressaten explizit aufgeführt:

- Besseres Verständnis der bisherigen Ertragskraft des Unternehmens,
- bessere Einschätzbarkeit der Risiken und Erträge des Unternehmens,
- sachgerechtere Beurteilbarkeit des Unternehmens als Ganzes.

Aus allen drei Aspekten, insbesondere aber aus dem dritten, wird ersichtlich, dass die Aufgliederung nicht nur auf die Darstellung der einzelnen Segmente zielt, sondern durch die Segmentberichterstattung vor allem eine besser fundierte Beurteilung des Gesamtunternehmens ermöglicht werden soll.[14]

Abweichend zu IAS 14 nimmt die US-GAAP-Regelung SFAS 131 zwar nicht die formale Unterscheidung nach den Zielen des Standards und den Zielen der Aufgliederung vor, die Segmentierung nach Geschäftsfeldern und verschiedenen wirtschaftlichen Umfeldern soll den Abschlussadressaten aber zu folgenden, weitgehend mit IAS 14 vergleichbaren Zwecken dienen.[15]

- Besseres Verständnis der Ertragskraft des Unternehmens,
- bessere Beurteilbarkeit der Aussichten auf künftige Netto-Cash-Flows,
- sachgerechtere Beurteilbarkeit des Unternehmens als Ganzes.

Wie bei den Zielen der Segmentberichterstattung nach IAS 14 wird auch aus SFAS 131.3 ersichtlich, dass die Aufgliederung nicht nur der Darstellung der einzelnen Segmente dient, sondern vor allem eine bessere Beurteilung des Gesamtunternehmens ermöglichen soll.

Im allgemeingültigen, brachenübergreifenden deutschen Standard zur Segmentberichterstattung DRS 3 wird in DRS 3.1 das Ziel, „Informationen über die wesentlichen Geschäftsfelder eines Unternehmens zu geben", insoweit konkretisiert, als durch die Segmentberichterstattung der „Einblick in die Vermögens-, Finanz- und Ertragslage" der Unternehmen verbessert werden soll wie auch „die Einschätzung der Chancen und Risiken der einzelnen Geschäftsfelder". Im Blickwinkel dieser beiden Anforderungen stehen insofern zum einen das Unternehmen in seiner Gesamtheit und zum anderen die jeweiligen Geschäftsfelder. Die ergänzenden branchenspezifischen DRS 3-10 und DRS 3-20 enthalten keine zusätzlichen Ausführungen zu Zielen.

Verständlich sind die Segmentierungsanforderungen in allen drei Normen vor dem wirtschaftlichen Hintergrund, dass insbesondere bei diversifizierten Unternehmen aus den

---

[13] Vgl. Abschnitt „Objective" in IAS 14.
[14] Vgl. hierzu auch NARDMANN, H., Die Segmentberichterstattung - Anforderungen nach DRS 3 im internationalen Vergleich, Herne/Berlin 2002, S. 215.
[15] Vgl. SFAS 131.3.

aggregierten Konzerndaten selbst kaum noch Aussagen zur Entwicklung des operativen Geschäfts abgeleitet werden können und möglicherweise gegenläufige Geschäftsentwicklungen nivelliert werden.[16] Ohne nähere Kenntnisse der Zusammenhänge haben diese Zahlen für einen externen Adressaten allenfalls den Wert einer historischen Statusgröße ohne jegliche Aussagekraft für die Nachhaltigkeit. Weder die Bilanz noch die Gewinn- und Verlustrechnung reichen daher für die heutigen Anforderungen einer externen Analyse aus. Ohne detailliertere Angaben zu den Entwicklungen in den einzelnen Geschäftsfeldern lassen sich nachteilige Einzeltrends in dem Gesamtspektrum oft nur schwer oder spät erkennen, da sie in den aggregierten Zahlen durch Quersubventionierungen überdeckt werden. Mangels Publizität könnte hierdurch das Unternehmen Gefahr laufen, dass strategische Maßnahmen nicht oder verspätet ergriffen werden und dadurch das Unternehmen als Ganzes seine Widerstandsfähigkeit einbüßt.

Hintergrund und Ziele der Segmentberichterstattung

Ziel nach internationalen Standards

- Offenlegung von Segmentinformationen zur Beurteilung der Ertragschancen und Risiken eines diversifizierten Unternehmens, die aus aggregierten Daten nicht zu erkennen sind

- Blickrichtung ist nach FASB „the way that management organizes ... the enterprise for making operating decisions and assessing performance"

- Ursprungsidee: In Amerika ersetzt der Konzernabschluss den Einzelabschluss; disaggregierte Daten fehlen

---

In den letzten vier bis sechs Jahren der Anwendung der gültigen Standards ist bei den Abschlussadressaten der Informationswert der Segmentberichterstattung auf reges Interesse gestoßen und zum Kernpunkt der Analyse geworden. Parallel zu dem zusätzlichen Informationsangebot sind auch die Anforderungen des Marktes an weitere Informationen

---

[16] Vgl. HALLER, A., IAS 14 Segmentberichterstattung (Segment Reporting), in: BAETGE, J./DÖRNER, D. u.a. (Hrsg.), Rechnungslegung nach International Accounting Standards (IAS), 2. Aufl., Stuttgart 2002, Tz. 22.

gewachsen. Im gegenwärtigen Zeitalter einer kennzifferndominierten Unternehmensbewertung wird von Analysten vielfach der „Einblick in die Chancen und Risiken der einzelnen Geschäftsfelder" nicht mehr als Ausgangspunkt für eine eigene Beurteilung genutzt, sondern eine fertige, vollständige Segmenterfolgsrechnung erwartet – einschließlich segmentspezifischer Angaben zum Wertmanagement.

4. Gestaltungserfordernis in zwei Berichtsformaten

4.1 Primäres Berichtsformat

Wie schon das Ziel ist auch die Vorgehensweise, nach der die Segmente zu bilden sind, in allen drei Standards weitgehend identisch, weist allerdings im Ansatz gewisse - für die Anwendung jedoch weniger relevante - Unterschiede auf.

Definition der Segmente und Berichtsformate

Berichtsformate der Segmentierung nach IAS 14, SFAS 131 und DRS 3

- ■ Segmentinformationen sind anzugeben für
  - primäre Berichtsformate, üblicherweise Unternehmensbereiche
  - sekundäre Berichtsformate, üblicherweise Regionen

- ■ Einordnung als primäres Berichtsformat richtet sich nach der
  - Hauptart der Risiken und Erträge

- ■ Kriterien zur Qualifikation
  - interne Organisations- und Führungsstruktur
  - interne finanzielle Berichterstattung

Alle drei Standards unterscheiden zwischen einem primären Berichtsformat mit umfassenderen Offenlegungsanforderungen und einem sekundären Berichtsformat. Erstmals und im Gegensatz zu den traditionellen Jahresabschluss-Komponenten stellt nicht eine Legalstruktur den Ansatzpunkt für die Berichterstattung im primären Berichtsformat dar, sondern die innere Managementstruktur des Unternehmens. In der Praxis kann diese zwar im Einzelfall sehr stark nach rechtlichen Einheiten ausgerichtet sein, wie bspw. im Bankenbereich bei der Credit Suisse Group, die als Struktur ab 01.01.2002 explizit die Bereiche „Rechtseinheit Credit Suisse", „Rechtseinheit Winterthur" sowie „Rechtseinheit Credit Suisse First Boston" ausweist.[17] Üblicherweise ist aber die interne Managementstruktur eher losgelöst von der Legalstruktur und nach Produkt- oder Kundenverantwortung organisiert. Beide Alternativen sind in dem nachfolgenden Schaubild gegenübergestellt:

Vergleich charakteristischer Merkmale der traditionellen und modernen Segmentpublizität
Sichtweise und Merkmale

■ traditionell	■ modern
– Segmentveröffentlichung führt zu Wettbewerbsnachteilen	– Wettbewerb um Kapital führt zur freiwilligen Offenlegung von Segmentinformationen
– Anknüpfung an wenige Größen der externen Rechnungslegung	– Anknüpfung an diverse Größen der internen Berichterstattung
– Maximal Offenlegung geographischer Angaben	– Aussagefähigkeit und Transparenz nehmen zu
– Stark retrospektive Focussierung	– Prognosetauglichkeit wird erwartet

In den Anforderungen von IAS 14 wird klargestellt, dass für die Segmentberichterstattung ein primäres Format zu bestimmen und zusätzlich eine Segmentierung nach einem sekundären Berichtsformat vorzunehmen ist.[18] Gleichzeitig bestimmt IAS 14.27 in den Fällen, in denen die Risiken und die Eigenkapitalverzinsung eines Unternehmens sowohl aus Unterschieden in den angebotenen Produkten und Dienstleistungen als auch aus Unterschieden in den geographischen Regionen stark beeinflusst werden, die Priorisierung der Berichtsformate. Grundsätzlich geht hiernach das „business" vor, so dass in

---

[17] Vgl. CREDIT SUISSE, Geschäftsbericht 2001, S. 6.
[18] Vgl. IAS 14.26-27.

aller Regel Geschäftssegmente als primäres Berichtsformat und geographische Segmente als sekundäres Berichtsformat zu verwenden sind. In der Praxis wird selbst bei solchen Banken, die als Spezialkreditinstitute tätig sind, wie bspw. Hypothekenbanken oder Bausparkassen, im primären Berichtsformat eine Segmentierung nach Geschäftssparten und nicht nach Regionen vorgenommen.

Die Rechnungslegung nach IFRS unterstellt dabei, dass Geschäftssegmente im Unternehmen so festgelegt sind, dass ein einzelnes Geschäftssegment keine Produkte und Dienstleistungen mit signifikant unterschiedlichen Risiken und Erträgen umfasst (IAS 14.11).Dieser Homogenitätsansatz relativiert die Anforderungen allerdings insofern, als bei einzelnen oder sogar einer Reihe von Faktoren Ungleichgewichte auftreten dürfen. Erwartet wird jedoch, dass die in ein einzelnes Geschäftssegment einbezogenen Produkte und Dienstleistungen mindestens in der Mehrheit der Faktoren ähnlich sind.

Im Rahmen dieser Konzeption unterstellt IAS 14.13, dass die wesentlichen Risikoquellen eines Unternehmens dafür verantwortlich zeichnen, wie die meisten Unternehmen organisiert sind und geleitet werden. Aus diesem Grunde wird gemäß IAS 14.13 bei der Bestimmung der berichtspflichtigen Segmente in IAS 14.27 vorausgesetzt, dass die Organisationsstruktur eines Unternehmens und sein internes Finanzberichtssystem die Grundlagen zur Bestimmung seiner Segmente bilden. In der Anwendungspraxis gibt hierfür die Zuständigkeitsverteilung innerhalb des Vorstands einen gewichtigen Anhaltspunkt.

Hintergrund und Ziele der Segmentberichterstattung

Ziel nach internationalen Standards

- Offenlegung von Segmentinformationen zur Beurteilung der Ertragschancen und Risiken eines diversifizierten Unternehmens, die aus aggregierten Daten nicht zu erkennen sind

- Blickrichtung ist nach FASB „the way that management organizes ... the enterprise for making operating decisions and assessing performance"

- Ursprungsidee: In Amerika ersetzt der Konzernabschluss den Einzelabschluss; disaggregierte Daten fehlen

Wie in den Anforderungen nach IFRS ist auch die Segmentberichterstattung nach US-GAAP in zwei Berichtsformaten vorzunehmen. Ohne ausdrücklich von einem „primären" Berichtsformat zu sprechen, wird hinsichtlich der internen Struktur der Unternehmen die Organisation nach Produkten oder Dienstleistungen an erster Stelle genannt und anschließend die Aufstellung nach Regionen.[19]

Für die Segmentberichterstattung nach US-GAAP hat sich das FASB ausdrücklich auf den „Management Approach" festgelegt. So heißt es in SFAS 131.4 „The method the Board (FASB) chose for determining what information to report ... is based on the way that management organizes the segments within the enterprise for making operating decisions assessing performance." Auf diese Weise lassen sich nach SFAS 131.4 die Segmente aus der internen Organisation abbilden und von den Unternehmen zudem kosteneffizient und zeitnah zur Verfügung stellen. Da SFAS 131 bezüglich der primären Segmentbildung keine formale Verknüpfung zu damit verbundenen Chancen und Risiken zieht, stellt der Risk-and-Reward-Ansatz keine methodische Grundlage für die primäre Segmentbildung dar.[20] Trotz der konzeptionellen Ausrichtung an dem Management-Approach muss dieser allerdings nicht 1 : 1 für die Segmentierung übernommen werden. Nach SFAS 131.72 können sowohl ein zu hoher Detaillierungsgrad als auch bestimmte Hinderungsgründe eine Aggregation für sinnvoll erscheinen lassen, um den Abschlussadressaten den größten Nutzen zu bieten. Als Hinderungsgründe für einen separaten Segmentausweis könnten bspw. schutzwürdige Kundeninteressen oder Wettbewerbsaspekte angeführt werden, die einer detaillierten Offenlegung im Wege stehen.[21]

Zur Bestimmung der anzugebenden Segmente stellt der allgemeingültige, branchenübergreifende deutsche Standard zur Segmentberichterstattung DRS 3 in DRS 3.9-10 klar, dass die Segmentierung „primär anhand der operativen Segmente des Unternehmens" zu erfolgen hat und sich „somit aus der internen Organisations- und Berichtsstruktur des Unternehmens" ergibt.[22]

---

[19] Vgl. die Angaben zu einem durchgeführte Feldtest in SFAS 131.102.
[20] Vgl. auch NARDMANN, H., a.a.O. (Fn. 14), S. 169.
[21] Vgl. zu Schutzklauseln auch VEIT, K.-R./BERNARDS, O., Anforderungen an die Segmentberichterstattung im internationalen Vergleich, WPg 1995, S. 493-498, hier S. 494.
[22] So DRS 3.9-10.

> **Definition der Segmente und Berichtsformate**
>
> **Definition der Segmente nach IAS 14, SFAS 131 und dem deutschen Rechnungslegungsstandard DRS 3**
>
> ■ Die Segmentierung hat anhand der operativen Segmente des Unternehmens entsprechend der internen Organisations- und Berichtsstruktur zu erfolgen
>
> ■ Bestehen mehrere Segmentierungen nebeneinander, ist die Segmentierung offenzulegen, die die Chancen und die Risikostruktur des Unternehmens am besten widerspiegelt
>
> ■ Ein operatives Segment ist grundsätzlich anzugeben, wenn Umsatzerlöse, Segmentergebnis oder Segmentvermögen mindestens jeweils 10 % des entsprechenden Gesamtbetrages ausmachen

Nahezu gleich lautend soll auch in der Segmentberichterstattung von Banken nach DRS 3-10.8 die Segmentierung „die interne Organisations- und Berichtsstruktur eines Kreditinstituts widerspiegeln". DRS 3-10.9 formuliert diese Beziehung noch anwendungsorientierter, indem die „interne Organisations- und Berichtsstruktur und damit die Chancen und Risiken eines Kreditinstituts dessen anzugebende Segmente (bestimmen)". Das erweiterte Segmentkriterium „Chancen und Risiken" kann allerdings in wissenschaftlicher Hinsicht nicht ohne weiteres als Folgerung aus dem Segmentkriterium „interne Organisations- und Berichtsstruktur" akzeptiert werden. Diese Ergänzung ist vielmehr zum einen als Brückenschlag zu den Zielparametern in DRS 3.1 verwendet worden und unterstellt (ohne erkennbare Rechtfertigung), dass die interne Struktur ohnehin stets nach Chancen und Risiken organisiert ist.[23] Ohne eine Alternative als erwähnenswert mitzuliefern, bestimmt DRS 3-10.9 darüber hinaus die Berichtsformate und deren Rangfolge im Detail wie folgt:

„Werden die interne Organisationsstruktur sowie die Chancen und Risiken im Wesentlichen von den Produkten und Dienstleistungen bestimmt, bilden die Geschäftsfelder die primär anzugebenden Segmente und die geographischen Tätigkeitsgebiete die sekundär anzugebenden Segmente."

---

[23] Vgl. hierzu auch NARDMANN, H., a.a.O. (Fn. 14), S. 66.

Das in allen drei Standards verfolgte Konzept einer Segmentierung nach der internen Organisation eines Unternehmens ist auf dem theoretischen Abstraktionsniveau überzeugend und wird im einschlägigen Schrifttum auch nicht infrage gestellt. Die abstrakte Formulierung im Standard ist allerdings um ein Vielfaches einfacher als die Umsetzung in der Praxis, wenn die Segmentberichterstattung dem Adressaten eine aussagekräftige Informationsgrundlage bieten soll. Die einfachste Konstellation, dass die innere Struktur eines Konzerns mit der Legalstruktur übereinstimmt und keine sich überschneidenden Leistungsangebote zu berücksichtigen sind, kommt in den seltensten Fällen vor und wäre vor allem bei einer „reinen" Holdingfunktion der Muttergesellschaft denkbar.

In der Regel - und insbesondere bei Kreditinstituten - ist ein Konzern hingegen keine Zusammenfassung von unabhängigen Bereichen, sondern ein interaktiver Unternehmensverbund. Viele Konzerne haben aus diesem Grund auch keine eindimensionale Organisationsstruktur, sondern eine mehrdimensionale, bspw. nach Kundengruppen, Produkten und Regionen ausgerichtete Führungsorganisation in Matrixform. Allein hieraus wird schon deutlich, dass ein eindimensionaler Segmentbericht diese vielseitigen Verflechtungen nicht alle gleichzeitig zum Ausdruck bringen kann. Für die Praxis resultiert daraus das Problem der Konsolidierungsposten, da die interne Verrechnung in aller Regel über Stromgrößen erfolgt und bisher von den IT-Systemen die entsprechenden Volumensgrößen nicht automatisch mitgeliefert wurden. In Projekten empfiehlt es sich daher, diese Thematik frühzeitig anzugehen, um IT-bedingten Projektverzögerungen zu begegnen.

4.2 Sekundäres Berichtsformat

Nach den Anforderungen von IAS 14 ist neben der Segmentberichterstattung im primären Berichtsformat zusätzlich eine Segmentierung nach einem sekundären Berichtsformat vorzunehmen,[24] für das allerdings weniger umfangreiche Offenlegungsanforderungen bestehen. Gleichzeitig bestimmt IAS 14.27, dass grundsätzlich „business" vorgeht, so dass in aller Regel Geschäftssegmente als primäres Berichtsformat und geographische Segmente als sekundäres Berichtsformat zu verwenden sind. Zu den Ausweispositionen im Einzelnen vgl. Abschnitt 5.1.

Auch nach US-GAAP wird bezüglich der Berichtsformate die Darstellung anhand der Organisation nach Produkten oder Dienstleistungen an erster Stelle genannt und anschließend die Aufstellung nach Regionen.[25] Nach SFAS 131.104 wird gleichwohl einer regionalen Aufgliederung der Erträge für Analystenkreise eine große Bedeutung zugemessen, um im Umfeld unterschiedlicher Entwicklungen der einzelnen Volkswirtschaften Risikokonzentrationen besser beurteilen zu können. Gleiches gilt auch für Investi-

---

[24] Vgl. IAS 14.26-27.
[25] Vgl. die Angaben zu einem durchgeführten Feldtest in SFAS 131.102.

tionen in verschiedenen Regionen, die besonderen Risiken unterliegen. Zu den Ausweispositionen im Einzelnen vgl. Abschnitt 5.2.

Analog zu IAS 14 verlangt auch der allgemeingültige, nicht branchenspezifische Standard DRS 3 bei der geographischen Segmentbildung gemäß DRS 3.39 das gleiche kleinere Spektrum an segmentweise offen zu legenden Posten. Im bankspezifischen DRS 3-10 werden bei der geographischen Aufgliederung allerdings in detaillierterer Form GuV- und Bilanzposten sowie betriebswirtschaftliche Kennziffern herangezogen, die zu den Kerngrößen der bankbetrieblichen Betätigung gehören und für die Risikobeurteilung von maßgeblicher Bedeutung sind. Zu den Ausweispositionen im Einzelnen vgl. Abschnitt 5.3.

5. Allgemeingültige und bankspezifische Segmentpositionen

5.1 Segmentpositionen nach IAS 14

In der Rechnungslegung nach IFRS gibt es für die Positionen des primären Berichtsformats nur die allgemeingültigen, branchenübergreifenden Vorgaben nach IAS 14 und keine branchenspezifischen Regelungen für Kreditinstitute oder Versicherungsunternehmen. Im Einzelnen sind die angabepflichtigen Positionen in IAS 14.50-66 geregelt und umfassen acht an der Gewinn- und Verlustrechnung oder Bilanz orientierte Werte, die in der nachfolgenden Übersicht aufgeführt sind:

Definition der Segmente und Berichtsformate

Angabepflichtige Positionen für das primäre Berichtsformat nach IAS 14

- Segmenterlösemit Überleitung auf die GuV
- Segmentergebnismit Überleitung auf die GuV
- Segmentvermögenmit Überleitung auf die Bilanz
- Segmentverbindlichkeitenmit Überleitung auf die Bilanz
- Investitionen in Segmentvermögen
- Segmentabschreibungen
- Sonstige nicht zahlungswirksame Segmentaufwendungen
- Ergebnisanteil und Beteiligungswert der nach der Equity-Methode einbezogenen Unternehmen

Der nahezu durchgängige Verzicht branchenspezifischer Regelungen innerhalb der IFRS und das Fehlen segmentspezifischer Vorgaben in dem Branchenstandard IAS 30 trägt den Konflikt in sich, dass einerseits dem Wortlaut der allgemeingültigen Regelungen Rechnung zu tragen ist, andererseits aber der Wortlaut das maßgebliche Unternehmensgeschehen nicht sachgerecht abbildet.

Bei Kreditinstituten wird dieses besonders deutlich in der Position Segmentvermögen. Bankaufsichtsrechtlich werden die Risiken aus dem Anlagebuch bereits seit Jahrzehnten differenziert nach bestimmten Risikokategorien, die abgestuft mit unterschiedlichen Gewichtungssätzen von 100%, 50%, 20% oder bei höchster Bonitätsklasse sogar zu 0% mit Eigenkapital zu unterlegen sind. Wie wichtig eine derartige risikogerechte Differenzierung ist, wurde aus den intensiven Bemühungen um die Novellierung der Basler Eigenkapitalvorschriften („Basel II") deutlich. Es wäre verfehlt, diese für die Kreditwirtschaft grundlegenden Erkenntnisse bei der Segmentberichterstattung zu ignorieren. Für eine aussagefähige Segmentberichterstattung von Banken ist es daher nahezu zwingend, zumindest zusätzlich auf Positionen zurückzugreifen, die die für Kreditinstitute charakteristischen Chancen und Risiken abbilden. Vorbild für die Anwendungspraxis kann in diesem Fall DRS 3-10 sein, der insbesondere im Hinblick auf die berichtspflichtigen Angaben den Besonderheiten der Kreditwirtschaft gezielt Rechnung trägt.[26]

---

[26] Vgl. hierzu Abschnitt 6.3 sowie zu praktischen Problemen bei der Bereitstellung der einzelnen Segmentdaten Abschnitt 7.

Für das sekundäre Segmentberichtsformat ist die Offenlegungspflicht in IAS 14 auf lediglich drei Positionsangaben beschränkt. Gemäß IAS 14.69 sind bei geographischer Aufgliederung im sekundären Berichtsformat die in nachfolgender Übersicht dargestellten Positionen anzugeben:

Definition der Segmente und Berichtsformate

Angabepflichtige Positionen für das sekundäre Berichtsformat nach IAS 14

- Segmenterlöse
- Segmentvermögen
- Investitionen in Segmentvermögen

5.2 Segmentpositionen nach SFAS 131

Die Angabepflichten nach US-GAAP für das primäre Berichtssegment umfassen analog zu IAS 14 ebenfalls periodenbezogene und stichtagsbezogene Größen. Während nach IAS 14 jedoch ein fixer Katalog von erforderlichen Angaben vorgeschrieben ist, hängen die Angabepflichten nach SFAS 131 davon ab, ob diese Größen für die Steuerung des Unternehmenserfolgs oder der Vermögenswerte des Unternehmens tatsächlich verwendet werden.[27] Nach SFAS 131 sind insofern die Positionen nicht so schematisch festgelegt wie nach IAS 14. Gleichwohl nennt SFAS 131.27 aber explizit eine Liste von zehn Erfolgsgrößen,[28] die möglicherweise im Rahmen der Unternehmenssteuerung herange-

---

[27] Vgl. PORTER, T. L., Comparative Analysis of IAS 14 (1997), Segment Reporting, and U.S. GAAP including FASB Statement No. 131, Disclosures about Segments of an Enterprise and Related Information, in: BLOOMER, C. (Hrsg.), The IASC-U.S. Comparison Project: A Report on the Similarities and Differences between IASC Standards an U.S. GAAP, 2. Aufl., Norwalk 1999, S. 161-172, hier S. 166-167.

[28] Diese umfasst: Umsatzerlöse mit externen Dritten; Umsatzerlöse aus Transaktionen mit anderen Segmenten des Unternehmens; Zinserlöse; Zinsaufwendungen; Abschreibungen und sonstige Wertminderungen; Ungewöhnliche Aufwendungen und Erträge; Anteilige Erträge aus Beteiligungen, die in den Konzernabschluss at equity einbezogen werden; Aufwand oder Ertrag aus Steuern vom Einkommen und vom Ertrag; Außerordentliches Ergebnis; Wesentliche nicht zahlungswirksame Aufwendungen außer Abschreibungen und sonstige Wertminderungen.

zogen werden und in diesem Fall segmentierungspflichtig sind. Abweichend zu IAS 14 verzichtet SFAS 131 auf eine Zuordnung der Verbindlichkeiten[29] auf Segmente.

Wie in der Rechnungslegung nach IFRS gibt es auch nach US-GAAP keinen branchenspezifischen Standard für die Segmentberichterstattung von Kreditinstituten. Konzeptionell ist allerdings der Rahmen der Angabepflichten nicht schematisch fixiert wie der Katalog nach IFRS, sondern durch die Größen bestimmt, die tatsächlich zur internen Steuerung verwendet werden. Der Management Approach reicht insofern über die Segmentaufteilung hinaus und setzt sich auch in der Auswahl der Angabepflichten fort. Für die Angabepflichten von Kreditinstituten sind insofern konsequenterweise die Größen heranzuziehen, die für die Banksteuerung zur Anwendung kommen.

Analog zu IAS 14 ist auch nach SFAS 131 neben den Angaben nach Geschäftsfeldern eine geographische Segmentierung erforderlich. Angabepflichtig sind hierbei die Positionen externe Umsatzerlöse sowie langfristige Vermögenswerte.[30]

5.3 Segmentpositionen nach DRS 3 und DRS 3-10

Sowohl in dem primären als auch in dem sekundären Berichtsformat des allgemeingültigen, branchenübergreifenden DRS 3 kann eine weitgehende Übereinstimmung der Positionen[31] mit den berichtspflichtigen Angaben nach IAS 14 festgestellt werden - verständlich aus der Entstehungsgeschichte des DRS 3. In dessen Konzeption stand das Ziel im Vordergrund, dass mit der Erfüllung der Anforderungen nach DRS 3 zugleich auch die international anerkannten Rechnungslegungsgrundsätze, also IFRS und US-GAAP, miterfüllt sind.

Die besonderen Determinanten, die das Bankgeschäft wie auch das Versicherungsgeschäft charakterisieren, schlagen sich nicht nur in einer spezifischen und stark reglementierenden Branchenaufsicht nieder, sondern auch in jeweils spezifischen Schemata für die Darstellung der Bilanz und Gewinn- und Verlustrechnung. Aus diesem Bewusstsein heraus ist bei der Konzeption der deutschen Regelung für die Segmentberichterstattung die Notwendigkeit erkannt worden, dass ein aussagekräftiger Segmentbericht

---

[29] Begründet wird der Verzicht auf eine Segmentierung der Verbindlichkeiten in SFAS 131.96 damit, dass in der Praxis im Allgemeinen die Fremdfinanzierung zentral erfolgt und diese Mittel üblicherweise nicht segmentbezogen zugeordnet werden. Diese Argumentation ist allerdings sehr pauschal formuliert und vernachlässigt wichtige Finanzierungsstrukturen bestimmter Branchen. So bleiben bspw. Lieferantenkredite unberücksichtigt, die durchaus für verschiedene Segmente von unterschiedlicher Bedeutung sein können. Insbesondere wird aber dem Einlagengeschäft von Kreditinstituten nicht Rechnung getragen, bei denen allenfalls die Emission verbriefter Verbindlichkeiten als ein eher zentrales Instrument der Fremdfinanzierung angesehen werden kann.

[30] Mit bestimmten Ausnahmen, wie Investitionen in Finanzinstrumente, Kundenbeziehungen (bei Finanzinstitutionen) oder Grundschulden.

[31] Vgl. DRS 3.31.

für Banken und Versicherungen ebenfalls nur durch branchencharakteristische Positionsbestimmungen erreicht werden kann.

In dem branchenspezifischen Standard für Banken sind in DRS 3-10.26 in einem sehr viel weitergehenden Maße als in dem allgemeingültigen DRS 3 die Pflichtangaben aufgeführt, die in bankspezifisch sinnvoller Auslegung von IAS 14 und DRS 3 für jedes Segment von Kreditinstituten offen zu legen sind. Hierbei handelt es sich für die Segmentdarstellung im primären Berichtsformat um die in der nachfolgenden Übersicht dargestellten sechs periodenbezogenen und vier stichtagsbezogene Größen sowie zwei Kennziffern:

Segmentierung der Erfolgsquellen bei Banken

Angabepflichtige Positionen für das branchenspezifische primäre Berichtsformat nach DRS 3-10

- Zinsüberschuss
- Risikovorsorge im Kreditgeschäft
- Provisionsüberschuss
- Nettoüberschuss aus Finanzgeschäften
- Verwaltungsaufwand
- Ergebnis nach Risikovorsorge

- Segmentvermögen
- Segmentverbindlichkeiten
- Risikopositionen
- Allokiertes Kapital
- Rentabilität des allokierten Kapitals
- Aufwand/Ertrag-Relation

Mit Ausnahme der Aufwand/Ertrag-Relation sind dabei gemäß DRS 3-10.26 sämtliche Angaben auf die entsprechenden Gesamtwerte des Konzerns überzuleiten. Auf die praktischen Probleme bei der Bereitstellung der einzelnen Segmentdaten geht im Einzelnen Abschnitt 7 ein.

Im Vergleich zu den Anforderungen nach IAS 14 und DRS 3 ist festzustellen, dass in DRS 3-10 auf eine separate Zuordnung der Positionen Sachanlagevermögen, Investitionen in langfristiges Vermögen und Abschreibungen zu Segmenten verzichtet worden ist. Mit Blick auf die Bilanzrelationen der Banken ist der Verzicht auf die separaten Angaben für das Sachanlagevermögen verständlich und sinnvoll. So belief sich bspw. der Anteil des Sachanlagevermögens im Verhältnis zur gesamten Bilanzsumme im Konzern

Dresdner Bank per 31.12.2003 auf lediglich 0,8 Prozent.[32] DRS 3-10.29 begründet diese in der Regel zulässige Ausnahme daher auch durch den Wesentlichkeitsgrundsatz. Der Verzicht auf die Position Segmentabschreibungen wird durch die bankspezifische Angabe der Risikovorsorge kompensiert.

In der Segmentdarstellung für das sekundäre Berichtsformat sind statt der zwölf Positionen für das primäre Berichtsformat lediglich die sechs in der nachfolgenden Übersicht dargestellten Positionen segmentweise auszuweisen:

Segmentierung der Erfolgsquellen im Bankkonzern

Für jedes sekundäre berichtspflichtige Segment (in der Regel Regionen) sind folgende Größen gesondert auszuweisen:

- Ergebnis vor Risikovorsorge
- Risikovorsorge im Kreditgeschäft
- Ergebnis nach Risikovorsorge
- Segmentvermögen oder Risikopositionen
- Segmentverbindlichkeiten oder allokiertes Kapital
- Aufwand/Ertrag-Relation

---

[32] Vgl. DRESDNER BANK, Konzernabschluss 2003, S. 40.

6. Segmentberichterstattung in der Anwendungspraxis

Anhand von Geschäftsberichten des Zeitraumes 1996 bis 2003 soll im Folgenden die Anwendungspraxis ausgewählter deutscher Kreditinstitute aufgezeigt werden. Der erste Abschnitt geht dabei auf die jeweilige Segmentabgrenzung bei den einzelnen Banken sowie auf Veränderungen im mehrjährigen Zeitablauf ein. Im zweiten Abschnitt werden die Segmentabgrenzungen der Kreditinstitute nebeneinander gestellt und einem Vergleich unterzogen. Im dritten Abschnitt werden die Positionen dargestellt, die von den jeweiligen Kreditinstituten auf ihre Segmente aufgegliedert werden.

6.1 Segmentabgrenzung der einzelnen Banken im primären Berichtsformat

6.1.1 Segmentabgrenzung der Deutschen Bank

In der nachfolgenden Darstellung für die Deutsche Bank werden die Geschäftsberichte des Zeitraumes 1996 bis 2003 zugrunde gelegt. Die Einführung der Segmentberichterstattung nach operativen Geschäftssparten ist bei der Deutschen Bank erstmals für das Geschäftsjahr 1996 erfolgt, d.h. ein Jahr nach der erstmaligen Veröffentlichung ihres Konzernabschlusses nach IFRS. Nach Übergang der Deutschen Bank von der Rechnungslegung nach IFRS auf US-GAAP ist der Geschäftsbericht ab dem Jahr 2001 nach US-GAAP erstellt worden.

Intertemporaler Überblick über die Segmentabgrenzung im primären Berichtsformat in den Geschäftsberichten 1996 bis 2003 der Deutschen Bank				
1996	1998	2000	2001	2003
Privat- und Geschäftskunden	Privat- und Geschäftskunden	Privat- und Geschäftskunden	Corporate Banking & Securities	Corporate Banking & Securities
Unternehmen und Institutionen	Unternehmen und Immobilien	Unternehmen und Immobilien	Global Transaction Banking	Global Transaction Banking
Investment Banking	Globale Unternehmen und Institutionen	Globale Unternehmen und Institutionen	Personal Banking	Asset and Wealth Management
Konzerndienste	Asset Management	Asset Management	Private Banking	Private & Business Clients
	Global Technology and Services	Global Technology and Services	Asset Management	
	Corporate Center (soweit nicht verrechnet)	Corporate Center	Corporate Investments	Corporate Investments
			Total Management Reporting	Management Reporting insgesamt
Sonstige / Konsolidierung	Sonstige / Konsolidierung	Sonstige / Überleitung / Konsolidierung	Überleitung	Consolidation & Adjustments
Insgesamt Konzern	Insgesamt Konzern	Insgesamt Konzern	Konzern (US-GAAP) insgesamt	Consolidated insgesamt

Quellen: Geschäftsberichte der Deutschen Bank aus dem Zeitraum 1996 bis 2003.

In dem Überblick in überwiegend Zwei-Jahres-Schritten ist die Reihenfolge der Sparten so übernommen worden, wie sie in den jeweiligen Geschäftsberichten dargestellt wird. Ersichtlich werden erhebliche Umstrukturierungen, insbesondere in den ersten Jahren sowie zum Übergang auf US-GAAP im Geschäftsbericht für das Jahr 2001.

Zu diesen intertemporalen Veränderungen wie auch zur Behandlung der Vorjahresvergleichszahlen werden zu grundsätzlichen Aspekten verbale Erläuterungen vorgenommen. So ist bspw. die verbale Erläuterung zur Segmentabgrenzung im Geschäftsbericht 1998 wie folgt gefasst:

„Strukturellen Änderungen und methodischen Verfeinerungen wird in der Berichterstattung über das laufende Geschäftsjahr und - soweit möglich - in den Vergleichen mit dem vergangenen Geschäftsjahr Rechnung getragen. Die Vergleichzahlen 1997 wurden auf die neue Organisationsstruktur übergeleitet."[33]

Dieser Wortlaut wird auch in den Folgejahren unverändert übernommen,[34] allerdings konnte dann auf die Einschränkung „soweit möglich" verzichtet werden, wodurch eine qualitative Verbesserung der Vergleichbarkeit suggeriert wird. Eine jährliche Wiederholung desselben Wortlauts birgt allerdings die Gefahr in sich, dass dieser eher phrasenhaft zur Kenntnis genommen wird. Wünschenswert und aussagekräftiger wären vielmehr detailliertere Hinweise auf die geschäftsjahrspezifischen Änderungen.

Detailliertere Angaben zu einzelnen Zuordnungen wie auch zu Vergleichzahlen werden jedoch teilweise in der tabellarischen Darstellung in Form von Fußnoten vorgenommen, wie bspw. im Geschäftsbericht 1998 in folgender Weise:

„Die Vergleichzahlen 1997 wurden auf die neue Organisationsstruktur übergeleitet. Die Vorjahresvergleichswerte sind wegen der Strukturverfeinerung 1998 nur bedingt aussagefähig; 1997 wurden noch nicht alle Ergebnisbestandteile der Treasury aus dem Corporate Center den Segmenten zugeordnet."[35]

Angesichts des begrenzten Raums in tabellarischen Offenlegungen und hierin insbesondere für Fußnoten, kommt diesen Angaben jedoch häufig nur der Charakter eines Minimalhinweises zu statt einer erläuternden Hilfe für die Beurteilung der Bedeutung von Änderungen.

In dem nach US-GAAP erstellten Geschäftsbericht 2001, in dem Vergleichzahlen für zwei vorhergehende Jahre ausgewiesen werden, wird verbal auf die „Modifizierung der Management-Berichtssysteme" hingewiesen, „um die Abbildung der neuen Organisationsstruktur zu reflektieren" sowie darauf, dass die „für die Geschäftsjahre 2000 und

---

[33] Vgl. DEUTSCHE BANK, Geschäftsbericht 1998, S. 89.
[34] Vgl. DEUTSCHE BANK, Geschäftsbericht 2000, S. 122.
[35] Vgl. DEUTSCHE BANK, Geschäftsbericht 1998, S. 91.

1999 ausgewiesenen Zahlen an die neue Organisationsstruktur angepasst wurden, um sie mit den Zahlen für 2001 vergleichbar zu machen."[36]

6.1.2 Segmentabgrenzung der Dresdner Bank

Die Einführung einer Segmentberichterstattung nach operativen Geschäftssparten ist bei der Dresdner Bank für das Geschäftsjahr 1998 erfolgt, für das erstmalig der Konzernabschluss nach IFRS veröffentlicht wurde.

Intertemporaler Überblick über die Segmentabgrenzung im primären Berichtsformat in den Geschäftsberichten 1998 bis 2003 der Dresdner Bank						
1998	1999	2000	2001	2002	2003	
Investment Banking	Asset Management	Private Kunden	Private Kunden	Private Kunden und Geschäftskunden	Private Kunden und Geschäftskunden	
Institutional Asset Management	Firmenkundengeschäft	Asset Management	Asset Management	Asset Management	Corporate Banking	
Firmenkundengeschäft	Investment Banking	Investment Banking	Corporates & Markets	Corporates & Markets	Dresdner Kleinwort Wasserstein	
Privatkundengeschäft	Private Kunden	Firmenkundengeschäft			Institutional Restructuring Unit	

Quellen: DRESDNER BANK, Geschäftsberichte 1998 bis 2003 (Teil I)

---

[36] Vgl. DEUTSCHE BANK, Geschäftsbericht 2001, S. 150.

Intertemporaler Überblick über die Segmentabgrenzung im primären Berichtsformat in den Geschäftsberichten 1998 bis 2003 der Dresdner Bank					
1998	1999	2000	2001	2002	2003
		Immobilien	Immobilien		Corporate Investments
Corporate Items	Corporate Items	Corporate Items	Corporate Items	Corporate Items	Corporate Items
Konzern insgesamt	Konzern insgesamt	Konzern insgesamt	Konzern insgesamt	Konzern insgesamt	Konzern insgesamt

Quellen: DRESDNER BANK, Geschäftsberichte 1998 bis 2003 (Teil II)

In dem Überblick ist die Reihenfolge der Sparten so übernommen worden, wie sie in den jeweiligen Geschäftsberichten dargestellt wird. Aus der Betrachtung der ersten beiden Jahre lässt sich der Eindruck gewinnen, dass sich – abgesehen von der Diskontinuität der Reihenfolge – vor allem Bezeichnungen einzelner Unternehmensbereiche verändert haben. Ein Grund für die Änderung der Reihenfolge in der Darstellung der Unternehmensbereiche vom Geschäftsjahr 1998[37] zum Geschäftsjahr 1999[38] wird aus den Erläuterungen zur Segmentberichterstattung nicht ersichtlich, so dass die Frage offen bleibt, welcher Zweck hinter dieser – möglicherweise als formale Hürde wirkenden – Änderung steht.

Gleichermaßen geben die Erläuterungen zur Segmentberichterstattung des Geschäftsjahres 1999 keine Hinweise darauf, ob die Änderungen der Unternehmensbereichsbezeichnungen von „Institutional Asset Management" im Geschäftbericht 1998 in „Asset Management" im Geschäftbericht 1999 sowie „Privatkundengeschäft" 1998 in „Private Kunden" 1999 auch mit Änderungen in den Segmentabgrenzungen verbunden sind. Eine indirekte Folgerung aus der Beschreibung der Segmente gibt keine klaren Indizien für eine Identität, zumal auch die differierenden Zahlenangaben über den Vorjahresvergleich[39] keine direkten Schlussfolgerungen erlauben.

---

[37] Vgl. DRESDNER BANK, Geschäftsbericht 1998, S. 72-73.
[38] Vgl. DRESDNER BANK, Geschäftsbericht 1999, S. 88-89.
[39] Vgl. die Zahlenangaben für 1998 im Geschäftsbericht 1998 der DRESDNER BANK, S. 73, mit den Vorjahreszahlen im Geschäftsbericht 1999, S. 89, für die Unternehmensbereiche „Institutional Asset Management" bzw. „Asset Management" sowie „Privatkundengeschäft" bzw. „Private Kunden".

Im Geschäftsbericht 2000 wird erstmals ein genereller Hinweis zur Behandlung von Änderungen in der Segmentberichterstattung aufgeführt. Nach diesem Wortlaut werden „Änderungen der divisionalen Organisationsstruktur sowie Modifikationen und Verbesserungen der Ertrags- und Kostenzuordnung rückwirkend in der Berichterstattung über das laufende Jahr als auch in der Darstellung des Vorjahres berücksichtigt."[40] Im vorjährigen Geschäftsbericht fehlte ein entsprechender Hinweis noch, obwohl auch dort Änderungen in den Vergleichszahlen festzustellen sind.[41]

Konsequenterweise wird die strukturelle Veränderung der Organisation im Geschäftsjahr 2000 durch Schaffung eines eigenständigen Unternehmensbereiches „Immobilien" in den Erläuterungen zur Segmentberichterstattung des Geschäftsjahres eingehend erläutert. Dabei wird zum einen offen gelegt, dass in diesem Unternehmensbereich „im Berichtsjahr ausschließlich die operativen Aktivitäten der Hypothekenbank-Tochtergesellschaft Deutsche Hyp" ausgewiesen werden, aber ab Geschäftsjahr 2001 „in diesem Unternehmensbereich das gesamte Leistungsspektrum des Dresdner Bank Konzerns rund um die Immobilie zusammengefasst wird"[42]. Zum anderen erfolgt auch der Hinweis, dass die Aktivitäten der Deutschen Hypo zuvor den Unternehmensbereichen „Private Kunden" und „Firmenkundengeschäft" zugeordnet waren[43]. Eine Quantifizierung der Aufteilung ist zwar nicht unmittelbar ersichtlich, aber durch Differenzrechnung zwischen den Zahlenangaben für 1999 im Geschäftsbericht 1999 und den Vorjahreszahlen im Geschäftsbericht 2000 im Wesentlichen nachvollziehbar.[44]

Als strukturelle Veränderung des Geschäftsjahres 2001 werden die bisher selbständig operierenden Unternehmensbereiche „Investment Banking" und „Firmenkundengeschäft" in dem neugeschaffenen Unternehmensbereich „Corporates & Markets" zusammengefasst. Auf diese Änderung und die entsprechende Anpassung der Vorjahreszahlen gehen die Erläuterungen zur Segmentberichterstattung zwar verbal ein,[45] liefern allerdings an dieser Stelle keine Einzelheiten zu der Zusammenfassung. Ebenso fehlen hier Hinweise auf andere Abschnitte im Geschäftsbericht oder eine Begründung zur Neuorganisation und mögliche Zahlenentwicklungen in den Einzelbereichen ohne die Zusammenfassung. Da sich insbesondere bei Zusammenfassungen die Frage möglicher Quersubventionierungen stellt, wäre eine detailliertere Berichterstattung durchaus wünschenswert, um eine fundiertere Beurteilungsgrundlage zu erhalten.

---

[40] Vgl. DRESDNER BANK, Geschäftsbericht 2000, S. 120.
[41] Vgl. DRESDNER BANK, Geschäftsbericht 1999, S. 89, im Vergleich zum Geschäftsbericht 1998, S. 73.
[42] Vgl. DRESDNER BANK, Geschäftsbericht 2000, S. 119.
[43] Vgl. DRESDNER BANK, Geschäftsbericht 2000, S. 120.
[44] Vgl. die Zahlenangaben für 1999 im Geschäftsbericht 1999, S. 89, für die Unternehmensbereiche „Private Kunden" und „Firmenkundengeschäft" mit den Vorjahreszahlen für diese Unternehmensbereiche und die ungefähre Entsprechung mit den Zahlen für den Unternehmensbereich „Immobilien" im Geschäftsbericht 2000, S. 121.
[45] Vgl. DRESDNER BANK, Geschäftsbericht 2001, S. 114.

6.1.3 Segmentabgrenzung der Commerzbank

Wie bei der Dresdner Bank ist auch bei der Commerzbank die Einführung einer Segmentberichterstattung nach operativen Geschäftssparten zum Geschäftsjahr 1998 erfolgt, für das erstmalig der Konzernabschluss nach IFRS veröffentlicht wurde.

Intertemporaler Überblick über die Segmentabgrenzung im primären Berichtsformat in den Geschäftsberichten 1998 bis 2003 der Commerzbank					
1998	1999	2000	2001	2002	2003
Inländisches Filialgeschäft	Private Kunden und Immobilien	Private Kunden	Private Kunden	Private Kunden	Private Kunden
Internationales Finanzgeschäft	Firmenkunden und Institutionen	Asset Management	Asset Management	Asset Management	Asset Management
Investment Banking	Investment Banking	Firmenkunden und Institutionen	Firmenkunden und Institutionen	Firmenkunden und Institutionen	Firmenkunden und Institutionen
		Securities	Securities	Securities	Securities
		Treasury und Devisen	Treasury und Devisen	Group Treasury	Group Treasury
Hypothekenbankgeschäft	Hypothekenbankgeschäft	Hypothekenbanken	Hypothekenbanken	Hypothekenbanken	Hypothekenbanken

Quellen: COMMERZBANK, Geschäftsberichte 1998 bis 2003 (Teil I)

Intertemporaler Überblick über die Segmentabgrenzung im primären Berichtsformat in den Geschäftsberichten 1998 bis 2003 der Commerzbank					
1998	1999	2000	2001	2002	2003
Konzernsteuerung / Sonst. / Konsolidierung	Konzernsteuerung / Sonst. / Konsolidierung	Sonstige und Konsolidierung	Sonstige und Konsolidierung	Sonstige und Konsolidierung	Sonstige und Konsolidierung
Gesamt	Gesamt	Gesamt	Gesamt	Gesamt	Gesamt

Quellen: COMMERZBANK, Geschäftsberichte 1998 bis 2003 (Teil II)

In dem Überblick ist die Reihenfolge der Sparten so übernommen worden, wie sie in den jeweiligen Geschäftsberichten dargestellt wird. Hierbei wird ersichtlich, dass bereits im zweiten Jahr der Segmentberichterstattung nach Unternehmensbereichen eine einschneidende Änderung der Segmentabgrenzung erfolgt.

Statt einer Abgrenzung der Unternehmensbereiche „Inländisches Filialgeschäft" und „Internationales Finanzgeschäft" im Geschäftsbericht 1998,[46] d.h. einer Zuordnung nach regionalen Kriterien auch im primären Berichtsformat,[47] orientiert sich diesbezüglich die Segmentberichterstattung im Geschäftsbericht 1999[48] nach Kundengruppen und grenzt zwischen den Unternehmensbereichen „Private Kunden und Immobilien" und „Firmenkunden und Institutionen" ab. Für die übrigen Unternehmensbereiche, dem Bereich „Investment Banking" und dem Bereich „Hypothekenbanken", in dem die Aktivitäten der Hypothekenbank-Tochtergesellschaften gezeigt werden, sind hingegen keine Änderungen ersichtlich.[49] Ausdrücklich weisen die verbalen Erläuterungen zur Segmentberichterstattung darauf hin, dass bereits die Segmentberichterstattung 1999 die neue Ordnung der Unternehmensbereiche darstellt, obwohl die Neuordnung erst ab dem Jahr 2000 wirksam wird.[50] Außerdem wird in den Erläuterungen zum Ausdruck gebracht,

---

[46] Vgl. COMMERZBANK, Geschäftsbericht 1998, S. 73.
[47] Im sekundären, geographischen Berichtsformat wird zwischen den Regionen „Deutschland", „Europa (ohne Deutschland)", „Amerika", „Asien" und „Afrika" unterschieden; vgl. COMMERZBANK, Geschäftsbericht 1998, S. 74.
[48] Vgl. COMMERZBANK, Geschäftsbericht 1999, S. 80-81.
[49] Vgl. COMMERZBANK, Geschäftsbericht 1998, S. 73, und Geschäftsbericht 1999, S. 80-82.
[50] Vgl. COMMERZBANK, Geschäftsbericht 1999, S. 80.

dass die Daten der in einer separaten Matrix gezeigten Vorjahresvergleichszahlen[51] der neuen Darstellungssystematik angepasst wurden.[52]

Auch im dritten Jahr der umfassenderen Segmentberichterstattung erfolgt eine einschneidende Änderung der Segmentdarstellung. Im Geschäftsbericht 2000 werden in der Segmentberichterstattung die Unternehmensbereiche weiter aufgebrochen in Geschäftsfelder, hiervon allerdings einige Geschäftsfelder wiederum zusammengefasst. In den verbalen Erläuterungen zur Segmentberichterstattung wird diese Änderung wie folgt begründet:

„Um eine größere Transparenz darzustellen, berichten wir in diesem Jahr nicht mehr über Unternehmensbereiche, sondern über die Ergebnisse der einzelnen Geschäftsfelder, die wir als primäre Segmente ausweisen. Dabei haben wir einige Geschäftsfelder zusammengefasst."[53]

Für die Zusammenfassung werden allerdings keine Gründe angeführt. In der Veröffentlichungspraxis sollte dabei bedacht werden, dass das Fehlen solcher Hinweise leicht den Schluss nahe legen kann, durch geeignete Aggregationen würden ungünstige Ergebnisse einzelner Geschäftsfelder kaschiert, obwohl möglicherweise gar nicht die Quersubventionierung, sondern andere Gründe das ausschlaggebende Motiv gewesen sind.

Im Einzelnen werden bei der Änderung der Segmentdarstellung zum einen statt des Unternehmensbereichs „Private Kunden und Immobilien" in der Segmentberichterstattung des Geschäftsjahres 1999 aus dem im Geschäftsjahr 2000 neu formierten Unternehmensbereich „Private Kunden und Asset Management" die Geschäftsfelder „Private Kunden" und „Asset Management" separat dargestellt.[54]

Zum anderen werden die in der Segmentberichterstattung des Geschäftjahres 1999 separat ausgewiesenen Unternehmensbereiche „Firmenkunden und Institutionen" und „Investment Banking" im Geschäftsjahr 2000 neu formiert in einem Unternehmensbereich „Firmenkunden und Investment Banking".[55] Aus dessen sieben Geschäftsfeldern „Firmenkunden", „Relationship Management", „Internationale Banken", „Corporate Finance", „Immobilien" (1999 noch Teil des Unternehmensbereichs „Private Kunden und Immobilien"), „Securities" und „Treasury und Devisen" werden wiederum die ersten fünf Geschäftsfelder zusammengefasst und in der Segmentberichterstattung als „Firmenkunden und Institutionen" ausgewiesen,[56] während die Geschäftsfelder „Securities" und „Treasury und Devisen" einzeln gezeigt werden.[57] Weiterhin separat ausge-

---

51 Vgl. COMMERZBANK, Geschäftsbericht 1999, S. 82.
52 Vgl. COMMERZBANK, Geschäftsbericht 1999, S. 80.
53 Vgl. COMMERZBANK, Geschäftsbericht 2000, S. 93.
54 Vgl. COMMERZBANK, Geschäftsbericht 2000, S. 92 und 94.
55 Vgl. COMMERZBANK, Geschäftsbericht 2000, S. 92.
56 Vgl. COMMERZBANK, Geschäftsbericht 2000, S. 92.
57 Vgl. COMMERZBANK, Geschäftsbericht 2000, S. 92 und 94.

wiesen wird der Bereich „Hypothekenbanken",[58] der ab 2003 die Hypothekenbanken „Eurohypo"(at equity), „Hypothekenbank in Essen" und „Erste Europäische Pfandbrief- und Kommunalkreditbank" umfasst.[59]

Das Aufbrechen der Segmentberichterstattung nach Geschäftsfeldern ist aus Transparenzaspekten begrüßenswert und wird seitens der Commerzbank auch entsprechend begründet.[60] Gleichzeitig wird allerdings der Stellenwert der für erforderlich gehaltenen Transparenz wieder relativiert, indem „aus arbeitsökonomischen Gründen"[61] eine Anpassung der Vorjahresvergleichswerte an die neue Systematik nicht vorgenommen wird - obwohl nach IFRS die Vorjahreszahlen aus Vergleichbarkeitsgründen anzupassen sind.

Erstmals im Geschäftsjahr 2001 hat bei der Commerzbank die im Vorjahr dargestellte Segmentabgrenzung auch für die Folgeperiode Bestand,[62] so dass zumindest aus dieser organisatorischen Kontinuität die Voraussetzungen für eine intertemporale Vergleichbarkeit gegeben sind. Inhaltlich ist allerdings zu berücksichtigen, dass aufgrund der Anwendung von IAS 39 zu Ansatz und Bewertung von Finanzinstrumenten die Zahlen für das Geschäftsjahr 2001 mit den (nicht angepassten) Vorjahresangaben nur bedingt vergleichbar sind.[63] In diesem Zusammenhang soll jedoch auf folgende zusätzliche Offenlegung hingewiesen werden: Da die Commerzbank in der unterjährigen Berichterstattung IAS 39 noch nicht angewendet hatte,[64] sind im Geschäftsbericht 2001 ergänzend für alle vier Quartale des Geschäftsjahres 2001 Segmentberichte einschließlich der Effekte aus IAS 39 ausgewiesen worden.[65]

6.1.4 Segmentabgrenzung der HypoVereinsbank

Die durch Fusion der Bayerischen Hypotheken- und Wechsel-Bank und der Bayerischen Vereinsbank am 01.09.1998 hervorgegangene Bayerische Hypo- und Vereinsbank (HypoVereinsbank) legt von Beginn an einen Geschäftsbericht nach IFRS einschließlich einer Segmentberichterstattung vor.

---

[58] Vgl. COMMERZBANK, Geschäftsbericht 1999, S. 80-82, und Geschäftsbericht 2000, S. 92-94.
[59] Vgl. COMMERZBANK, Geschäftsbericht 2003, S. 115.
[60] Vgl. COMMERZBANK, Geschäftsbericht 2000, S. 93.
[61] Vgl. COMMERZBANK, Geschäftsbericht 2000, S. 93.
[62] Vgl. COMMERZBANK, Geschäftsbericht 2000, S. 92-94, und Geschäftsbericht 2001, S. 94-101.
[63] Vgl. COMMERZBANK, Geschäftsbericht 2001, S. 98.
[64] Vgl. COMMERZBANK, Geschäftsbericht 2001, S. 98.
[65] Vgl. COMMERZBANK, Geschäftsbericht 2001, S. 98-102.

Intertemporaler Überblick über die Segmentabgrenzung im primären Berichts- format in den Geschäftsberichten 1998 bis 2003 der HypoVereinsbank					
1998	1999	2000	2001	2002	2003
Privat- und Geschäftskunden	Privat- und Geschäftskunden	Privatkunden und Geschäftskunden	Privatkunden und Geschäftskunden	Deutschland	Deutschland
Firmenkunden	Firmenkunden	Firmenkunden	Firmenkunden	Österreich & Zentral- und Osteuropa	Österreich & Zentral- und Osteuropa
Immobilienfinanzierungsgeschäft und Immobilienkunden	Immobilienfinanzierungsgeschäft und Immobilienkunden	Immobilienfinanzierungsgeschäft und Immobilienkunden	Immobilienfinanzierungsgeschäft und Immobilienkunden		
International Markets	International Markets	International Markets	International Markets	Corporates & Markets	Corporates & Markets
Asset Management	Asset Management	Asset Management	Asset Management		
	Workout Immobilien	Workout Immobilien	Workout Immobilien	Workout Immobilien	Workout Immobilien
Sonstige/ Konsolidierung	Sonstige/ Konsolidierung	Sonstige/ Konsolidierung	Sonstige/ Konsolidierung	Sonstige/ Konsolidierung	Sonstige/ Konsolidierung
Konzern	Konzern	Konzern	Konzern	Group	Group

Quellen: HYPOVEREINBANK, Geschäftsberichte 1998 bis 2003

In dem Überblick ist die Reihenfolge der Sparten so übernommen worden, wie sie in den jeweiligen Geschäftsberichten dargestellt wird. Die im Rahmen der Fusion geschaffene Organisationsstruktur hat sich bislang als weitgehend stabil erwiesen. Auf den ersten Blick erkennbar sind allenfalls die Erweiterung um einen als „Workout Immobilien" bezeichneten Unternehmensbereich ab Geschäftsjahr 1999[66] sowie der „Namenswechsel"[67] des bis zum Geschäftsjahr 1999 als „Privat- und Geschäftskunden" geführten Unternehmensbereiches in „Privatkunden und Geschäftskunden" ab Geschäftsjahr 2000.[68]

Zu dem neu geschaffenen Unternehmensbereich „Workout Immobilien" gibt der Geschäftsbericht 1999 ganzseitig verbale Erläuterungen.[69] Auf diesen Unternehmensbereich sind neben „problembehafteten Joint-Venture-Projekten", die zuvor in dem Segment „Sonstige/Konsolidierung" geführt wurden, nach dem Wortlaut der HypoVereinsbank „problembehaftete Developerfinanzierungen sowie Vermittlergeschäfte" aus dem Unternehmensbereich „Immobilienfinanzierungsgeschäft und Immobilienkunden" übertragen worden. Der Unternehmensbereich „Workout Immobilien" hat den Auftrag, „das gesamte Portfolio schnellstmöglich und optimal zu vermarkten und durch ein spezielles Risikomanagement weitere Verluste zu vermeiden". Insofern handelt es sich um einen „vorübergehenden" Unternehmensbereich. Zu beachten ist hierbei allerdings, dass durch die Herausnahme von „Problemfällen" aus bestimmten Segmenten deren Ergebnis besser dargestellt wird, als es den gegenwärtigen Verhältnissen entspricht, und somit eine Vergleichbarkeit mit anderen Banken nur noch bedingt gegeben ist. In der Praxis sollte daher eine solche Vorgehensweise auf „Ausnahmesituationen" in der Unternehmensgeschichte, wie bspw. Portfoliobereinigungen nach einer Fusion, begrenzt sein.

Im Hinblick auf Vorjahresvergleichszahlen beschränkt sich der Geschäftsbericht 1999 auf die Unternehmensbereiche ohne strukturelle Änderungen, d.h. „Privat- und Geschäftskunden", „Firmenkunden", „International Markets" und „Asset Management". Zu den Bereichen mit strukturellen Änderungen werden hingegen mit folgender Begründung keine Vorjahresvergleichzahlen ausgewiesen:

„Da die Umgliederung zum Jahresende erfolgte und somit völlig neue Strukturen geschaffen wurden, sind für die Segmente »Immobilienfinanzierungsgeschäft und Immobilienkunden«, »Workout Immobilien« sowie »Sonstige/Konsolidierung« keine Vorjahreszahlen verfügbar."[70]

---

[66] Vgl. HYPOVEREINSBANK, Geschäftsbericht 1999, S. 164-167.
[67] Dass mit dem Namenswechsel auch inhaltliche Änderungen verbunden sind, wird im Geschäftsbericht 2000, S. 175, erläutert.
[68] Vgl. HYPOVEREINSBANK, Geschäftsbericht 2000, S. 175-180.
[69] Vgl. im Einzelnen HYPOVEREINSBANK, Geschäftsbericht 1999, S. 164.
[70] HYPOVEREINSBANK, Geschäftsbericht 1999, S. 164.

Die im Geschäftsbericht 2000 zunächst als „Namenswechsel" erkennbare Bezeichnung des bis 1999 als „Privat- und Geschäftskunden" geführten Unternehmensbereiches in „Privatkunden und Geschäftskunden" hat auch einen inhaltlichen Hintergrund. Die verbalen Erläuterungen zur Segmentberichterstattung im Geschäftsbericht 2000 weisen ausdrücklich darauf hin, dass die Betreuungszuständigkeit für die Kunden als Kriterium für die Abgrenzung der Unternehmensbereiche dient, und es hierin eine „leichte Verschiebung" im dritten Quartal 2000 gegeben hat.[71] Im Rahmen der „Repositionierung des Firmenkundengeschäfts" wurden dabei vom Segment „Firmenkunden" Betreuungszuständigkeiten an das ab 2000 neu bezeichnete Segment „Privatkunden und Geschäftskunden" abgegeben. Gleichzeitig wird in den verbalen Erläuterungen der Hinweis gegeben, dass die Vorjahreszahlen entsprechend angepasst worden sind.[72]

Im Geschäftsjahr 2001 hat es gegenüber der Segmentberichterstattung des Geschäftsjahres 2000 keine Änderungen hinsichtlich der Segmentbezeichnungen gegeben, wohl aber im Einzelnen verbal erläuterte Verschiebungen bei der Zurechnung bestimmter Geschäfte zu den einzelnen Unternehmensbereichen.[73] Als mustergültiges Zeichen von adressatenorientierter Transparenz ist die Vorgehensweise bei den Vorjahresvergleichszahlen anzusehen, durch die ein wesentlicher Erstkonsolidierungseffekt bereinigt wird. Im konkreten Fall ist der Erwerb der Bank Austria im Jahre 2000 in den Ergebniswerten und Kennziffern des Geschäftsjahres 2000 aufgrund des Erwerbszeitpunktes nur mit einem Monat enthalten. Da die tatsächlichen Vorjahreszahlen in diesem Fall keine zweckmäßige Beurteilungsgrundlage bieten, hat sich die HypoVereinsbank „zur besseren Vergleichbarkeit" entschlossen, neben der Pflichtangabe der tatsächlichen Vorjahresvergleichswerte auch „Pro-forma-Werte" für das Vorjahr anzugeben, in denen die Aufwands- und Ertragspositionen der Bank Austria mit ihren Jahreswerten enthalten sind.[74]

6.1.5 Fazit zur intertemporalen Vergleichbarkeit der Segmentabgrenzung einzelner Banken

Eine durchgehende intertemporale Vergleichbarkeit der Segmentabgrenzung vom Geschäftsjahr 1998 bis zum Geschäftsjahr 2003 ist bei keiner der betrachteten Kreditinstitute gegeben. Vielmehr lässt sich ein breites Spektrum von nahezu jährlichen Umstrukturierungen bis zu einer grundlegenden Kontinuität mit eher einzelnen Anpassungsmaßnahmen erkennen.

---

[71] Vgl. HYPOVEREINSBANK, Geschäftsbericht 2000, S. 175.
[72] Vgl. HYPOVEREINSBANK, Geschäftsbericht 2000, S. 175.
[73] Vgl. hierzu im Einzelnen HYPOVEREINSBANK, Geschäftsbericht 2001, S. 53.
[74] Vgl. HYPOVEREINSBANK, Geschäftsbericht 2001, S. 53-56.

Diese Einschränkung der intertemporalen Vergleichbarkeit ist zum Teil noch darauf zurückzuführen, dass sich sowohl die Unternehmensbereichsrechnung als auch die Segmentberichterstattung im Vergleich zur externen Rechnungslegung in einem eher frühen Entwicklungsstadium befinden. Zum Teil ist die Einschränkung der intertemporalen Vergleichbarkeit aber konzeptioneller Art, da Veränderungen der internen Organisationsstruktur von der Segmentberichterstattung aus konzeptionellen Gründen verpflichtend nachzuvollziehen sind. Von praktischer Relevanz sind in dem Spannungsverhältnis zwischen Kontinuität und Neuorganisation vor allem strukturelle Veränderungen infolge eines Vorstandswechsels. Zu betonen ist allerdings diese Reihenfolge zwischen Ursache und Maßnahme in der Segmentberichterstattung. Keineswegs darf eine nicht gewünschte Offenlegung von ungünstigen Segmententwicklungen dazu veranlassen, dass Segmente lediglich deshalb neu abgegrenzt werden, um die ungünstige Entwicklung in „tragfähigeren" Segmenten zu kaschieren.

Um auf längerfristige Sicht den Nutzen der Segmentberichterstattung zu gewährleisten, der von Adressaten erwartet und von Finanzanalysten eingefordert wird, sollte die Anwendungspraxis künftig in stärkerem Ausmaß die intertemporale Vergleichbarkeit sicherstellen. Ohne diese Kontinuität bleibt die Aussagekraft der Segmentberichterstattung beschränkt.

6.2 Segmentabgrenzungen im Bankenvergleich

Das in Deutschland für die meisten Kreditinstitute charakteristische Betätigungsspektrum als Universalbank und die in der Kreditwirtschaft kurzfristigen Produktinnovationszeiten könnten zu der Annahme verleiten, dass die betrachteten Kreditinstitute eine weitgehend identische Organisationsstruktur aufweisen. In der zu Vergleichszwecken vorgenommen Gegenüberstellung werden nachfolgend die Geschäftsberichte des Jahres 2000 zugrunde gelegt, da in diesem Geschäftsjahr noch alle in den Vergleich einbezogenen Kreditinstitute nach IFRS bilanziert haben.

Segmentabgrenzungen deutscher Banken im primären Berichtsformat für das Geschäftsjahr 2000 im Vergleich			
Deutsche Bank	Dresdner Bank	Commerzbank	HypoVereinsbank
Privat- und Geschäftskunden	Private Kunden	Private Kunden	Privatkunden und Geschäftskunden
Unternehmen und Immobilien	Asset Management	Asset Management	Firmenkunden
Globale Unternehmen und Institutionen	Investment Banking	Firmenkunden und Institutionen	Immobilienfinanzierungsgeschäft und Immobilienkunden
Asset Management	Firmenkundengeschäft	Securities	International Markets
Global Technology and Services	Immobilien	Treasury und Devisen	Asset Management
Corporate Center	Corporate Items	Hypothekenbanken	Workout Immobilien
Sonstige / Überleitung / Konsolidierung		Sonstige und Konsolidierung	Sonstige / Konsolidierung
Insgesamt Konzern	Konzern insgesamt	Gesamt	Konzern

Quellen: Geschäftsberichte 2000 der jeweiligen Kreditinstitute

In dem vergleichenden Überblick ist die Reihenfolge der Sparten so übernommen worden, wie sie in dem Geschäftsbericht des jeweiligen Kreditinstituts dargestellt wird. Als grundsätzliche Gemeinsamkeit kann festgestellt werden, dass sich - abweichend zum Geschäftsjahr 1998[75] - eine weitgehend kundengruppenorientierte Segmentabgrenzung

---

[75] Im Geschäftsjahr 1998 hatte die Commerzbank im primären Berichtsformat noch die Unternehmensbereiche „Inländisches Filialgeschäft" und „Internationales Finanzgeschäft" gegeneinander abgegrenzt; vgl. COMMERZBANK, Geschäftsbericht 1998, S. 73, sowie die Ausführungen in Abschnitt 6.1.3.

durchgesetzt hat. Gleichwohl endet diese Gemeinsamkeit häufig bereits bei der Bestimmung der jeweiligen Kundengruppen. So unterscheidet die Deutsche Bank bspw. in den drei Segmenten „Privat- und Geschäftskunden", „Unternehmen und Immobilien" sowie „Globale Unternehmen und Institutionen" explizit zwischen drei Kundengruppen,[76] legt aber in der Segmentberichterstattung keine Trennlinie offen. Die Abgrenzung für Überschneidungsbereiche, wie z.B. bei „Geschäftskunden" und „Unternehmen", kann daher allenfalls den Berichtsabschnitten entnommen werden, in denen sich die einzelnen Unternehmensbereiche selbst darstellen.

Umgruppierungen von Kunden von einem Unternehmensbereich auf einen anderen werden möglicherweise dann nicht extern erkennbar, wenn hierüber nicht ausdrücklich berichtet wird. Als begrüßenswertes Beispiel einer nutzerorientierten Transparenz hat die HypoVereinsbank in ihrem Geschäftsbericht 2000 auf eine Verschiebung der Betreuungszuständigkeit zwischen dem Unternehmensbereich „Privatkunden und Geschäftskunden" und dem Unternehmensbereich „Firmenkunden" und die Konsequenzen in der Segmentberichterstattung hingewiesen.[77] Eine Neupositionierung der Trennlinie zu Großkunden ist dabei nicht nur die Veränderung eines Zuordnungskriteriums, sondern kann infolge veränderter Transaktionsvolumina auch das Verhältnis zwischen Aufwand und Ertrag maßgeblich beeinflussen und bspw. bei TOP-1000-Kunden andere Performanceerwartungen rechtfertigen als bei einer breiteren Basis.

Sehr unternehmensindividuell abgegrenzt ist auch der Bereich „Investment Banking". Die Deutsche Bank hatte in ihrer Organisationsstruktur bis Ende Januar 2001[78] diesbezüglich in einem Unternehmensbereich „Globale Unternehmen und Institutionen" einen „eng verzahnten Service im Corporate und im Investment Banking"[79] angeboten, der sich im Einzelnen in die Geschäftsbereiche „Investment Banking Division", „Global Markets", „Global Equities" und „Global Banking Services" aufteilte.[80] Die Hypo Vereinsbank stellt hingegen in diesem Bereich bei der Segmentbezeichnung nicht auf Kunden, sondern auf Märkte ab und hat die Aktivitäten des Investment Banking in dem Bereich „International Markets" integriert.[81] Die Commerzbank hat dagegen aus dem Unternehmensbereich „Firmenkunden und Investment Banking" die Geschäftsfelder „Securities" und „Treasury und Devisen" als so bedeutend eingestuft, dass ein separater Ausweis erfolgt, während die Geschäftsfelder „Firmenkunden", „Relationship Management", „Internationale Banken", „Corporate Finance" und „Immobilien" zusammenge-

---

[76] Vgl. DEUTSCHE BANK, Geschäftsbericht 2000, S. 124.
[77] Vgl. HYPOVEREINSBANK, Geschäftsbericht 2000, S. 175, sowie die diesbezüglichen Ausführungen in Abschnitt 6.1.4.
[78] Vgl. zur Organisationsstruktur DEUTSCHE BANK, Geschäftsbericht 2000, S. 6.
[79] So explizit in DEUTSCHE BANK, Geschäftsbericht 1999, S. 29.
[80] Vgl. DEUTSCHE BANK, Geschäftsbericht 1999, S. 7.
[81] Vgl. HYPOVEREINSBANK, Geschäftsbericht 2000, S. 176-180.

fasst unter der Bezeichnung „Firmenkunden und Institutionen" ausgewiesen werden.[82] Eine unmittelbare Identifikation einer mit anderen Banken vergleichbaren Abgrenzung des Investment Banking ist in diesen Strukturen nur bedingt möglich.

Auch bei Unternehmensbereichen, die bei verschiedenen Banken die gleiche Bezeichnung tragen, wie dieses bspw. im Geschäftsjahr 2000 durchgängig für das „Asset Management" der Fall ist, kann nicht unbesehen davon ausgegangen werden, dass diese identisch abgegrenzt sind. So kann bspw. die Researchfunktion in diesem Bereich integriert sein oder als Service eines anderen Unternehmensbereiches in Anspruch genommen werden. Als unmittelbar hilfreich erweist sich hierfür eine diesbezügliche Beschreibung der Bereiche in der Segmentberichterstattung, wie von der Dresdner Bank[83] und der Commerzbank[84] vorgenommen, während ein Verweis auf die Berichtsteile, in denen sich die Unternehmensbereiche selbst darstellen, in der Regel ein Hindernis ist, die Informationen herauszufiltern.

Auch in speziellen Bereichen, wie insbesondere den Aktivitäten „rund um die Immobilie", verfahren die betrachteten Kreditinstitute sehr unterschiedlich. Während die Deutsche Bank diese Aktivitäten im Geschäftsjahr 2000 dem Unternehmensbereich „Unternehmen und Immobilien" zugeordnet hat,[85] fasst die Dresdner Bank das gesamte diesbezügliche Leistungsspektrum in einem eigenständigen Unternehmensbereich „Immobilien" zusammen.[86] Die Commerzbank weist hingegen im Geschäftsjahr 2000 nur das Geschäft ihrer beiden Hypothekenbank-Tochtergesellschaften in einem separaten Unternehmensbereich „Hypothekenbanken" aus,[87] während die HypoVereinsbank einen zweigeteilten Ausweis in unterschiedlichen Unternehmensbereichen vornimmt,[88] indem neben dem Segment „Immobilienfinanzierungsgeschäft und Immobilienkunden" ein separater Unternehmensbereich „Workout Immobilien" geschaffen worden ist, der den Auftrag hat, das ihm zugeordnete Portfolio schnellstmöglich und optimal zu vermarkten.[89] Analytisch ergeben sich hieraus erhebliche Abweichungen in Beurteilungsgrundlagen, wie Quote der Risikovorsorge oder Ausfallquote.

Grundsätzlich sind daher alle Segmente des primären Berichtsformats stets im Umfeld der übrigen ausgewiesenen Segmente zu sehen. Insbesondere Kennziffern können insofern nicht unbesehen 1 : 1 übernommen werden.

---

[82] Vgl. COMMERZBANK, Geschäftsbericht 2000, S. 92.
[83] Vgl. DRESDNER BANK, Geschäftsbericht 2000, S. 113.
[84] Vgl. COMMERZBANK, Geschäftsbericht 2000, S. 93.
[85] Vgl. DEUTSCHEN BANK, Geschäftsbericht 2000, S. 124.
[86] Vgl. DRESDNER BANK, Geschäftsbericht 2000, S. 113.
[87] Vgl. COMMERZBANK, Geschäftsbericht 2000, S. 93.
[88] Vgl. HYPOVEREINSBANK, Geschäftsbericht 2000, S. 176-180.
[89] Vgl. HYPOVEREINSBANK, Geschäftsbericht 1999, S. 164.

Die Beeinträchtigung der Vergleichbarkeit der Segmentabgrenzung im primären Berichtsformat zwischen verschiedenen Banken ist jedoch eine konzeptionelle Konsequenz der von allen drei Standardsettern geforderten Ausrichtung an der internen Organisations- und Berichtsstruktur des Unternehmens. Insofern wird bereits durch die Standardsetter hier für die Vergleichbarkeit behindert.

Die anfängliche Erwartung, dass bei Universalbanken die Segmentabgrenzungen weitgehend identisch und im Zeitablauf stabil sind, wird durch die Praxis der letzten Jahre nicht gestützt. Gleichwohl sollte zumindest bei der einzelnen Bank im Spannungsverhältnis zwischen Neuorganisation der Geschäftsbereiche und Kontinuität längerfristig den vergleichbaren Informationen ein stärkeres Gewicht beigemessen werden.

Möglicherweise sind aber sogar die Homogenität der Produktpalette und die bisher fehlende Spezialisierung ein Grund, dass die Kreditinstitute sich im Wettbewerb um den Markt in ihren Vertriebsformen in immer kürzeren Zeiten neu organisieren und dadurch zwangsläufig Veränderungen in der Segmentberichterstattung nach sich ziehen.

Ergänzend zu dem Vergleich über die Ausweispraxis der Banken soll nachfolgend für das gleiche Geschäftsjahr auch ein Überblick über die Handhabung bei der Segmentberichterstattung nach Regionen gegeben werden:

Segmentabgrenzungen deutscher Banken im sekundären, geographischen Berichtsformat für das Geschäftsjahr 2000 im Vergleich			
Deutsche Bank	Dresdner Bank	Commerzbank	HypoVereinsbank
Deutschland	Deutschland	Deutschland	Deutschland
			Österreich
Europa (ohne Deutschland)	Europa (ohne Deutschland)	Europa (ohne Deutschland)	Übriges Westeuropa
			Zentral- und Osteuropa
Nordamerika	Nordamerika	Amerika	Amerika
Südamerika	Lateinamerika		
Asien/Pazifik/Afrika	Asien/Pazifik	Asien	Asien
		Afrika	
Konsolidierungsposten	Konsolidierung	Konsolidierung	Konsolidierung
Insgesamt	Insgesamt	Gesamt	Konzern

Quellen: Geschäftsberichte 2000 der jeweiligen Kreditinstitute

In der Gegenüberstellung der geographischen Segmentabgrenzungen werden zum Teil historische Geschäftsschwerpunkte als auch strategische Weichenstellungen der letzten Jahre erkennbar. So hatten bei der Deutschen Bank traditionell das Geschäft in Südamerika und Nordamerika eine jeweils eigenständige Bedeutung, wenngleich im Verhältnis der regional aggregierten Bilanzsummen von € 345 Mrd. per 31.12.2000 für Nordamerika und € 13 Mrd. per 31.12.2000 für Südamerika letztere Region stark zurückgefallen ist. Der getrennte Ausweis ist heutzutage vor allem aufgrund des unterschiedlichen Länderrisikos für beide Regionen gerechtfertigt, dem die jeweiligen Volumina unterliegen.

Traditionell begründet ist auch bei der Dresdner Bank der separate Ausweis von Lateinamerika, da die Bank in Süd- und Mittelamerika schon Jahrzehnte über das Filialnetz ihrer Tochtergesellschaft Deutsch-Südamerikanische Bank (Sudamero) - heute Dresdner Bank Lateinamerika - vertreten war. Auch bei der Dresdner Bank hat Lateinamerika gegenüber Nordamerika an Bedeutung verloren, das Verhältnis der regional aggregierten Bilanzsummen beläuft sich in diesem Fall allerdings auf € 62 Mrd. per 31.12.2000 für Nordamerika gegenüber € 11 Mrd. per 31.12.2000 für Lateinamerika.

Als strategische Weichenstellung der letzten Jahre ist hingegen die regionale Differenzierung der HypoVereinbank anzusehen. Hierzu gehört zum einen die Integration der Bank Austria nach Erwerb im Geschäftsjahr 2000, die zwar zu einer organisatorischen Zusammenführung führt, aber in geographischer Hinsicht präsent bleibt und entsprechend der strategischen Bedeutung konsequenterweise ein eigenes Segment „Österreich" nach sich zieht. Zum anderen wird durch das separate Segment „Zentral- und Osteuropa" der besondere Fokus auf diese Region erkennbar.

Auch die Beeinträchtigung der Vergleichbarkeit im sekundären, geographischen Berichtsformat der Segmentberichterstattung ist letztlich eine konzeptionelle Konsequenz der Ausrichtung der Segmentberichterstattung an der Struktur des Unternehmens. Aus Nutzersicht, wie insbesondere der von Finanzanalysten, sollte die Anwendungspraxis allerdings zu einer stärkeren Kontinuität finden und Änderungen nur bei gewichtigen Einschnitten vornehmen. Da für das Verständnis der Segmentberichterstattung ohnehin ergänzende verbale Erläuterungen erforderlich sind, sollten vor allem diese genutzt werden, der Segmentberichterstattung die notwendige Aussagekraft zu verleihen.

6.3 Offengelegte Segmentpositionen im Bankenvergleich

Das Ziel einer Vergleichbarkeit der Rechnungslegung von Kreditinstituten wird von DRS 3-10.5 unter dem Blickwinkel einer möglichst breiten, gegebenenfalls auch freiwilligen Anwendung des Standards explizit zum Ausdruck gebracht. In diesem Sinne zielt DRS 3-10 auf eine Vergleichbarkeit der Segmentberichterstattung zwischen verschiedenen Kreditinstituten.

Gleichzeitig wird allerdings die Vergleichbarkeit der Segmentberichterstattung bereits durch alle drei Standardsetter konzeptionell beeinträchtigt, indem die Segmentabgrenzungen der internen Organisations- und Berichtsstruktur der Unternehmen zu folgen haben. Dass diese Beeinträchtigungen von praktischer Relevanz sind, haben die Abschnitte 6.1 und 6.2 gezeigt. Insofern muss sich der Anspruch auf Vergleichbarkeit letztlich vor allem auf die anzugebenden Positionen beziehen. Ob die Anwendungspraxis diesem Anspruch gerecht wird, soll in den nachfolgenden Gegenüberstellungen gezeigt werden.

Grundlage für die nachfolgende Übersicht über die Umsetzung der Segmentberichtsanforderungen im Hinblick auf die angegebenen Positionen sind die Geschäftsberichte des Jahres 2000 der vier größten privaten Geschäftsbanken der Bundesrepublik Deutschland, weil in diesem Jahr noch alle vier Kreditinstitute nach IFRS bilanziert haben. Da es sich in allen vier Fällen um universell tätige Banken handelt, sollte davon auszugehen sein, dass für die Steuerung der Institute weitgehend identische Positionsarten herangezogen werden. Unterschiede aus dem eher starren Anforderungsschema nach IFRS und dem an den tatsächlichen für die Steuerung verwendeten Komponenten dürften das Gesamtbild insofern nicht signifikant verzerren. Zur bankspezifischen Ausgestaltung steht zudem allen vier Kreditinstituten als eine Leitlinie DRS 3-10 zur Verfügung, bei dessen Konzeption auf die Kompatibilität mit den allgemeingültigen Regelungen nach IAS 14 und SFAS 131 besonderer Wert gelegt worden ist. Bei der in der Anlage 1 im Anhang dargestellten Übersicht der einzelnen Angabepflichten im primären Berichtsformat wurde versucht, inhaltsgleiche Positionen möglichst auf gleicher Höhe abzubilden. Die stärkere Untergliederung einzelner Banken kann hierdurch Leerfelder bei anderen Banken nach sich ziehen. Auf eine Differenzierung der Positionen nach „mit oder ohne Goodwill-Abschreibungen" wurde aus Gründen der Übersicht und der vom IASB durch den neuen International Financial Reporting Standard (IFRS) 3 „Unternehmenszusammenschlüsse" (Business Combinations) an einen Impairment-Test geknüpften Goodwill-Behandlung für Vertragsabschlüsse ab 31.03.2004[90] entsprechend der im Juni 2001 veröffentlichten SFAS 141 und SFAS 142 verzichtet.

In dem Quervergleich über die ausgewählten Kreditinstitute über das primäre Berichtsformat ist auffällig, dass die Deutsche Bank für die Erträge eine aggregierte Position „Erträge" verwendet,[91] während die übrigen drei Banken den Zinsüberschuss, den Provisionsüberschuss und das Handelsergebnis einheitlich separat zuordnen.[92] Im Geschäftsjahr 1998 hatte sich auch die Dresdner Bank noch auf die Zuordnung der aggre-

---

[90] Vgl. hierzu KPMG´s Audit Committee Quarterly II/2004, S. 25-26.
[91] Vgl. DEUTSCHE BANK, Geschäftsbericht 2000, S. 124.
[92] Vgl. DRESDNER BANK, Geschäftsbericht 2000, S. 121, COMMERZBANK, Geschäftsbericht 2000, S. 94 und HYPOVEREINSBANK, Geschäftsbericht 2000, S. 176.

gierten Erträge beschränkt,[93] ist aber im Geschäftsjahr 1999 auf die detailliertere Zuordnung übergegangen.[94]

Die „Risikovorsorge im Kreditgeschäft" wird einheitlich von allen Kreditinstituten separat ausgewiesen,[95] wobei die HypoVereinsbank ergänzend eine Segmentaufteilung nach „Risikovorsorgebestand", „Bestandsquote", „zinslos gestellten Krediten" und „Deckungsquoten der zinslos gestellten Kredite" en-bloc zusammenstellt.[96] Durch diese Erweiterung wird den Berichtsadressaten eine aussagekräftige zusätzliche Beurteilungsgrundlage an die Hand gegeben.

Bei den weiteren erfolgsbezogenen Positionen werden die Segmentzuordnungen unterschiedlich detailliert ausgewiesen und bezeichnet. Sowohl die Deutsche Bank als auch die Dresdner Bank und die HypoVereinsbank heben zudem Sonderfaktoren des Berichtsjahres durch separate Positionen besonders heraus, wie „Restrukturierungsaufwand" bei der Deutschen Bank und Dresdner Bank,[97] „Aufwand zur Sicherung der Wettbewerbsposition" bei der Dresdner Bank,[98] „Aufwendungen für E-Commerce" bei der Hypo Vereinsbank.[99]

Als einziges Kreditinstitut weist die Commerzbank die Ergebniszuordnung über das „Ergebnis vor Steuern" hinaus bis zum „Jahresüberschuss" aus und führt die Zuordnungsrechnung fort mit den Positionen „Mitverantwortetes Ergebnis" und „Steuerungsergebnis".[100] Als „Mitverantwortetes Ergebnis" werden bestimmte Erträge aus der Spalte „Sonstige und Konsolidierung" eliminiert und den jeweiligen Segmenten zugeordnet, bei deren Erzielung die Segmente mitgewirkt haben.[101] Aus dieser segmentweisen Ergänzung und dem segmentierten „Jahresüberschuss" ergibt sich zusammen das „Steuerungsergebnis" für jedes Segment. Diese ergänzenden zwei Zeilen gab es im Geschäftsbericht 1998 noch nicht, so dass es zuvor nicht möglich war, zwischen einem dem Segment zugerechneten Anteil des tatsächlichen Jahresüberschusses der externen Rechnungslegung und den in der Segmentberichterstattung der operativen Unternemensbereiche dargestellten betriebswirtschaftlichen Steuerungsgrößen des internen Rechnungs-

---

[93] Vgl. DRESDNER BANK, Geschäftsbericht 1998, S. 73.

[94] Vgl. DRESDNER BANK, Geschäftsbericht 1999, S. 89.

[95] Vgl. DEUTSCHE BANK, Geschäftsbericht 2000, S. 124, DRESDNER BANK, Geschäftsbericht 2000, S. 121, COMMERZBANK, Geschäftsbericht 2000, S. 94 und HYPOVEREINSBANK, Geschäftsbericht 2000, S. 176.

[96] Vgl. HYPOVEREINSBANK, Geschäftsbericht 2000, S. 179.

[97] Vgl. DEUTSCHE BANK, Geschäftsbericht 2000, S. 124 und DRESDNER BANK, Geschäftsbericht 2000, S. 121.

[98] Vgl. hinsichtlich der Segmentposition DRESDNER BANK, Geschäftsbericht 2000, S. 121, während die nähere Erläuterung hierzu - Belastung (für Maßnahmen/"Retention Payments" zur Begegnung von Personalfluktuationen im Investment Banking) aufgrund der nicht zustande gekommenen Fusion mit der Deutschen Bank - im Aktionärsbrief auf S. 6 veröffentlicht wurde.

[99] Vgl. HYPOVEREINSBANK, Geschäftsbericht 2000, S. 176.

[100] Vgl. COMMERZBANK, Geschäftsbericht 2000, S. 94.

[101] Vgl. COMMERZBANK, Geschäftsbericht 2000, S. 93.

wesens zu unterscheiden. Vorgenommene Doppelzuordnungen eines bspw. in Höhe von 100 erzielten Ertrages auf zum einen diejenige Abteilung, die das Geschäft akquiriert hat, in Höhe von 100 und zum anderen auf die Abteilung, die die Leistung für das Geschäft erbracht hat, in Höhe von ebenfalls 100, können als „Motivationsumlage" oder Anreizmechanismus für das „Cross Selling" - statt einer 50:50 Teilung - durchaus sinnvoll sein, beinhalten aber das Problem, dass statt des verteilten Betrages von insgesamt 200 tatsächlich nur ein Betrag von 100 erwirtschaftet worden ist.

Eine Zuordnung des „Segmentvermögens" und der „Segmentverbindlichkeiten" wird nur von der Deutschen Bank, der Dresdner Bank und der HypoVereinsbank vorgenommen.[102] Hierbei verwendet die HypoVereinsbank allerdings nicht die aggregierten Werte, sondern untergliedert beide Positionen weiter und zeigt zum einen eine separate Zuordnung der „Handelsaktiva"[103] und des „Kreditvolumens" sowie zum anderen jeweils separat die Zuordnung der „Verbindlichkeiten gegenüber Kreditinstituten", der „Verbindlichkeiten gegenüber Kunden" und der „Verbrieften Verbindlichkeiten".[104] Während alle der drei genannten Kreditinstitute auch die „Risikoaktiva" segmentweise zuordnen,[105] wird diese Position von der Commerzbank ebenfalls nicht ausgewiesen.

Bei der Segmentzuordnung des Kapitals weist als einziges Kreditinstitut die Hypo Vereinsbank zusätzlich zu dem „durchschnittlichen bilanziellen Eigenkapital" auch das „durchschnittlich gebundene Kernkapital nach KWG" aus.[106]

Das Spektrum der ausgewiesenen Rentabilitätskennziffern reicht von Größen vor Steuern bis zu Größen nach Steuern. Bei dem Nebeneinander von „Aufwand/Ertrag-Relation",[107] „Cost-Income-Ratio"[108] und „Aufwandsquote"[109] handelt es sich hingegen in erster Linie um terminologische Unterschiede.

Insgesamt zeigt sich für das primäre Berichtsformat, dass die führenden deutschen Kreditinstitute trotz einer auf Kompatibilität bedachten ausführlichen Leitlinie in DRS 3-10 keine einheitliche Linie bei der Positionsverwendung in der Segmentberichterstattung gefunden haben. Wenn dem Vorwurf mangelnder Vergleichbarkeit von Segmentberichten begegnet werden soll, wäre diesem Bereich am ehesten beizukommen.

---

[102] Vgl. DEUTSCHE BANK, Geschäftsbericht 2000, S. 124, DRESDNER BANK, Geschäftsbericht 2000 S. 121 und HYPOVEREINSBANK, Geschäftsbericht 2000, S. 178.

[103] Vgl. zu Handelsaktiva auch den Abschnitt 3.1.2 im Beitrag „Bilanz, Gewinn- und Verlustrechnung sowie Notes" und den Abschnitt 2.1 im Beitrag „Ansatz und Bewertung von Finanzinstrumenten".

[104] Vgl. HYPOVEREINSBANK, Geschäftsbericht 2000, S. 178.

[105] Vgl. DEUTSCHE BANK, Geschäftsbericht 2000, S. 124, DRESDNER BANK, Geschäftsbericht 2000, S. 121 und HYPOVEREINSBANK, Geschäftsbericht 2000, S. 179.

[106] Vgl. HYPOVEREINSBANK, Geschäftsbericht 2000, S. 179.

[107] Vgl. DEUTSCHE BANK, Geschäftsbericht 2000, S. 124.

[108] Vgl. DRESDNER BANK, Geschäftsbericht 2000, S. 121 und HYPOVEREINSBANK, Geschäftsbericht 2000, S. 181.

[109] Vgl. COMMERZBANK, Geschäftsbericht 2000, S. 94.

7. Praktische Probleme bei der Bereitstellung von Segmentdaten

7.1 Stichtagsbezogene Segmentpositionen

7.1.1 Segmentvermögen

Nach IAS 14.16 umfasst das Segmentvermögen „die betrieblichen Vermögenswerte, die von einem Segment für dessen betriebliche Tätigkeiten genutzt werden, und die entweder dem Segment direkt zugeordnet oder die auf einer vernünftigen Grundlage auf das Segment verteilt werden können." Zu beachten ist hierbei die Interdependenz zwischen Segmentergebnis und Segmentvermögen. Explizit fordert diesbezüglich IAS 14.16: „Wenn das Segmentergebnis eines Segments Zins- oder Dividendenerträge enthält, beinhaltet dessen Segmentvermögen die korrespondierenden Forderungen, Darlehen, Finanzinvestitionen oder andere, Erlöse erwirtschaftende Vermögenswerte."

Klargestellt wird in IAS 14.16 zudem, dass das Segmentvermögen keine Ertragsteueransprüche umfasst und auch keine Finanzinvestitionen, die nach der Equity-Methode bilanziert werden, es sei denn, Gewinne oder Verluste solcher Finanzanlagen sind in den Segmenterträgen enthalten. In betraglicher Hinsicht ist das Segmentvermögen gemäß IAS 14.16 „nach dem Abzug der korrespondierenden Wertminderungen", d.h. abzüglich der Risikovorsorge, darzustellen.

Aus der bankspezifischen Interpretation der Angabepflichten für das Segmentvermögen durch DRS 3-10 ergeben sich folgende Positionen, die Kreditinstitute mindestens in das Segmentvermögen einzubeziehen haben:[110]

- Barreserve,
- Forderungen an Kreditinstitute,
- Forderungen an Kunden sowie
- Handelsaktiva.

Hierbei stellt sich das Problem, wie mit Positionen zu verfahren ist, die sich nicht oder nicht vollständig segmentbezogen zuordnen lassen, wie bspw. die Barreserve. Sicherlich

---

[110] Vgl. DRS 3-10.7.

wäre es kontraproduktiv, wenn zur Absicherung gegen Auszahlungsüberschüsse jeder Unternehmensbereich für sich eine Barreserve für eventuelle Spitzenbelastungen unterhielte. Auf diese Weise würden Konzernvorteile, wie die gemeinsame Nutzung von Ressourcen verschenkt. Zwar gibt es bestimmte plausible Kriterien für Zuordnungen - wie bspw. Kassenbestände im Filialgeschäft dem Privatkundengeschäft zuzuordnen - letztlich bleibt allerdings jede Schlüsselungsmethode Konvention.

Gemäß IAS 14.57 sind zwar grundsätzlich auch die Investitionen der Berichtperiode in Sachanlagevermögen anzugeben, sofern diese Vermögenswerte länger als eine Berichtsperiode genutzt werden sollen, bei Kreditinstituten kann die Angabe nach DRS 3-10.29 allerdings aufgrund des Wesentlichkeitsgrundsatzes entfallen.

Problematik bei ausgewählten Angabepflichten: Segmentvermögen (1)

- Angabepflicht nach IAS 14 und SFAS 131;
  umfasst bei Banken nach DRS 3-10 mindestens
    - Barreserve, Forderungen an Kreditinstitute, Forderungen an Kunden, Handelsaktiva
- Problembereiche
    - Zuordnung bestimmter, nicht segmentbezogener Positionen (zum Beispiel Barreserve)
    - Zuordnung von Geschäften, die durch mehrere Unternehmensbereiche betreut werden
    - Zuordnung von Geschäftswerten
    - nicht zweckadäquate Abbildung des Risikoprofils von Banken

---

7.1.2 Risikopositionen

Für die Abbildung des Risikoprofils wichtiger als das Segmentvermögen sind bei Kreditinstituten allerdings die risikogewichteten Aktiva („Risikoaktiva") und Marktrisikopositionen. Sie gelten bei der aufsichtsrechtlichen Überwachung von Kreditinstituten als Maßstab für das eingegangene Risiko. Vor allem die langjährige Diskussion um die

Novellierung der Basler Übereinkunft über die internationale Konvergenz der Eigenkapitalbemessung und Eigenkapitalanforderungen im Kreditgewerbe, kurz „Basel II" genannt, hat gezeigt, dass bei Kreditinstituten das zentrale Thema „Risikopositionen nach Maßstab des internen Risikomanagements" und nicht „Vermögen" heißt.

DRS 3-10.26 trägt diesem für die Banksteuerung vorrangigen Aspekt Rechnung und hat zusätzlich zu der in IAS 14 geforderten Segmentangabe des Vermögens die Anforderungen auf eine Segmentangabe der Risikopositionen erweitert.

Problematik bei ausgewählten Angabepflichten: Segmentvermögen (2)

■ Bankspezifisch zweckadäquater Ausweis: Risikopositionen
  – nach DRS 3-10 bankaufsichtsrechtliche Risikoaktiva und Marktrisikopositionen, mit
    • Risikoaktiva
      - Bilanzaktiva und außerbilanzielle Geschäfte einschließlich bestimmter Derivate
        (entsprechend § 4 Grundsatz I gemäß § 10 KWG)
    • Marktrisikopositionen
      - Handelsbuch-Risikopositionen
      - Währungsgesamtpositionen
      - Rohwarenpositionen
        (entsprechend § 5 Grundsatz I gemäß § 10 KWG)
  – kommt der Chancen- und Risikoabbildung bei Banken näher als Segmentvermögen
  – Zuordnungsprobleme bleiben bestehen

7.1.3 Segmentverbindlichkeiten

Nach IAS 14.16 umfassen die Segmentverbindlichkeiten „die betrieblichen Schulden, die aus den betrieblichen Tätigkeiten eines Segments resultieren und die entweder dem Segment direkt zugeordnet oder auf einer vernünftigen Grundlage auf das Segment verteilt werden können." Zu beachten ist hierbei die Interdependenz zwischen Segmentergebnis und Segmentverbindlichkeiten. IAS 14.16 fordert explizit: „Wenn das Ergebnis eines Segments Zinsaufwand enthält, beinhalten dessen Segmentschulden die korrespondierenden, verzinslichen Schulden." Zudem wird klargestellt, dass die Segmentverbindlichkeiten keine Ertragsteuerschulden umfassen.

Aus der bankspezifischen Interpretation der Angabepflichten für die Segmentverbindlichkeiten durch DRS 3-10 ergeben sich folgende Positionen, die Kreditinstitute mindestens in die Segmentverbindlichkeiten einzubeziehen haben:[111]

- Verbindlichkeiten gegenüber Kreditinstituten,
- Verbindlichkeiten gegenüber Kunden,
- Verbrieften Verbindlichkeiten und
- Handelspassiva[112].

Wie bei dem Segmentvermögen besteht auch hier die gleiche Schlüsselungsproblematik bei Positionen, die sich nicht oder nicht vollständig segmentbezogen zuordnen lassen. Typisches Beispiel sind die Verbrieften Verbindlichkeiten, wenn sie als Refinanzierungsmaßnahme zentral für das gesamte Kreditinstitut und noch ohne spezifische Verwendung aufgenommen worden sind. Das Problem stellt sich allerdings nicht nur für Kreditinstitute und war auch Grund für die Ausklammerung aus den Segmentierungsvorschriften in SFAS 131.

Problematik bei ausgewählten Angabepflichten: Segmentverbindlichkeiten

■ Angabepflicht nach IAS 14 und SFAS 131;
umfasst bei Banken nach DRS 3-10 mindestens

– Verbindlichkeiten gegenüber Kreditinstituten, Verbindlichkeiten gegenüber Kunden, Verbriefte Verbindlichkeiten, Handelspassiva

■ Problembereiche

– Zuordnung bestimmter Positionen
(zum Beispiel bei Verbrieften Verbindlichkeiten, wenn als Refinanzierung für die Gesamtbank und noch ohne spezifische Verwendung aufgenommen)

– Zuordnung von Geschäften, die durch mehrere Unternehmensbereiche betreut werden

---

[111] Vgl. DRS 3-10.7.
[112] Vgl. zu Handelspassiva auch Abschnitt 3.1.2 im Beitrag „Bilanz, Gewinn- und Verlustrechnung sowie Notes" sowie Abschnitt 2.1 im Beitrag „Ansatz und Bewertung von Finanzinstrumenten".

7.1.4 Allokiertes Kapital

Analog zum Segmentvermögen gilt auch für die Segmentverbindlichkeiten, dass sie für Kreditinstitute wenig Aussagekraft besitzen. Relevanter Faktor bei Banken ist das vorhandene Kapital, das den eingegangenen Risiken gegenübersteht.

DRS 3-10.26 trägt diesem für die Banksteuerung vorrangigen Aspekt Rechnung und hat zusätzlich zu der in IAS 14 geforderten Segmentangabe der Verbindlichkeiten die Anforderungen auf eine Segmentangabe des Allokierten Kapitals erweitert.

Eine Besonderheit bei Banken ist, dass bei ihnen drei Arten von Kapital zu unterscheiden sind. Im Einzelnen handelt es sich um

- das „Bilanzielle Eigenkapital",
- das „Regulatorische Kapital" und
- das „Ökonomische Kapital".

Das „Bilanzielle Eigenkapital" ist das im Konzernabschluss nach IFRS, US-GAAP oder HGB ausgewiesene Buchkapital. Dieses Kapital hat der Anleger in Form von Kapitaleinzahlungen und Thesaurierungen als Verzicht auf Dividendenzahlungen zur Verfügung gestellt.

Als „Regulatorisches Kapital" wird das nach bankaufsichtsrechtlichen Vorschriften ermittelte Kapital bezeichnet. Hierfür kommen international die Basler Eigenkapitalregelungen in Frage, aus denen - benannt nach dem Sitz des Basler Ausschusses für Bankenaufsicht bei der Bank für Internationalen Zahlungsausgleich - die BIZ-Eigenkapitalquote errechnet wird. National werden hingegen die Eigenkapitalanforderungen der §§ 10 und 10a KWG durch den Grundsatz I konkretisiert. Nicht ausdrücklich gesagt wird in DRS 3-10, ob hinsichtlich des Regulatorischen Kapitals nur das Kernkapital gemeint ist oder auch das Ergänzungskapital einbezogen werden soll.[113] Das Regulatorische Kapital weicht aufgrund anderer Ermittlungsvorschriften von dem bilanziellen Eigenkapital ab. So wird bspw. der bei der Bilanzierung aktivierungspflichtige Goodwill von dem Regulatorischen Kapital abgezogen. Darüber hinaus können sich im Konzern Abweichungen durch Unterschiede im Konsolidierungskreis ergeben, da bankaufsichtsrechtlich nicht auf die Konsolidierung nach HGB (und schon gar nicht auf die Konsolidierung nach IFRS unter Einschluss von SIC-12) abgestellt wird, sondern eine Kreditinstitutsgruppe nach § 10a KWG bestimmt wird, wonach in die Gruppe nur Kreditinstitute, Finanzdienstleistungsinstitute, Finanzunternehmen und Unternehmen mit bankbezogenen Hilfsdiensten einbezogen werden.[114]

---

[113] Vgl. PADBERG, T., Segmentpublizität und Analyse der Segmentinformationen von Kreditinstituten, KoR 2001, S. 71-80, hier S. 74.

[114] Vgl. hierzu § 10a Abs. 2 KWG sowie zu den einzelnen Betätigungsfeldern § 1 Abs. 1 bis Abs. 3c KWG.

Das in der jüngeren Vergangenheit entwickelte Konzept des „Ökonomischen Kapitals" bezeichnet das Kapital, das aus betriebswirtschaftlicher Sicht mit vorgegebener Wahrscheinlichkeit als Sicherheitsniveau den eingegangenen Risiken gegenüberstehen soll. Als Risiken werden die Arten Kreditrisiko, Marktrisiko und Operationale Risiken unterschieden.

Für die Segmentberichterstattung stellen sich bezüglich des Kapitals zwei Fragen:

(1) Welcher Kapitalbegriff ist für die Segmentberichterstattung zu verwenden?

Abzustellen ist nach DRS 3-10 auf einen einzigen Kapitalbegriff, und zwar auf denjenigen, nach dem das Unternehmen gesteuert wird. Zu berücksichtigen ist dabei, dass alle drei Kapitalarten unterschiedliche Adressaten haben. Das Regulatorische Kapital ist von Bedeutung für die Bankaufsichtsgremien, das Ökonomische Kapital für das Risikomanagement. Das Bilanzielle Eigenkapital gehört den Aktionären und ist Grundlage für die Berechnung der Eigenkapitalrentabilität.

(2) Wie ist das Gesamtkapital der Bank auf Segmente zu verteilen?

Aus betriebswirtschaftlicher Sicht bietet es sich an, vom Ökonomischen Kapital auszugehen. Dieses hat den Vorteil, dass es für alle Segmente definiert werden kann. Der Anteil der einzelnen Segmente am gesamten Ökonomischen Kapital des Kreditinstituts kann dann als Schlüssel für die Zuteilung des Bilanziellen Eigenkapitals angewandt werden. Durch diese Vorgehensweise wird eine Zuordnung des Eigenkapitals nach dem relativen Risikoprofil der Segmente erreicht. In der Berichterstattungspraxis ist dabei zu beachten, dass nach DRS 3-10.34 die Berechnungsgrundlagen für die Zuordnung des Ökonomischen Kapitals offen zu legen sind sowie die zugrunde liegenden Methoden und Annahmen zu erläutern sind.

> **Problematik bei ausgewählten Angabepflichten: Allokiertes Kapital**
>
> **Alternativansätze zum Zwecke der Kapitalallokation**
>
> | ■ Bilanzielles Eigenkapital | ■ Regulatorisches Kapital | ■ Ökonomisches Eigenkapital |
> |---|---|---|
> | im Konzernabschluss nach IAS, US-GAAP oder HGB ausgewiesenes Eigenkapital | nach bankaufsichtsrechtlichen Vorschriften (KWG, BIZ) ermitteltes Kapital | betriebswirtschaftlich notwendiger Betrag zur Abdeckung unerwarteter Verluste aus den Risikoarten
– Kreditrisiko
– Marktrisiko
– Business Risiko
– Operationale Risiken |

7.2 Periodenbezogene Segmentpositionen

IAS 14.59 empfiehlt grundsätzlich, die Art und den Betrag jeglicher Segmenterträge und Segmentaufwendungen anzugeben, „die von solcher Größe, Art oder Häufigkeit sind, dass deren Angabe wesentlich für die Erklärung der Ertragskraft eines jeden berichtspflichtigen Segments für die Berichtsperiode ist."

Aus der bankspezifischen Interpretation der Angabepflichten für die Segmenterträge und Segmentaufwendungen durch DRS 3-10 ergeben sich die in den nachfolgenden Unterabschnitten behandelten Positionen, die Kreditinstitute mindestens separat für die Segmente auszuweisen haben.

7.2.1 Zinsüberschuss

Die bereits in IAS 14.17 vorgegebene Anknüpfung der Segmentzuordnungen an den für interne Zwecke verwendeten Verteilungsmethoden wird in der bankspezifischen Interpretation durch DRS 3-10 generell in DRS 3-10.18 und für den Zinsüberschuss explizit in DRS 3-10.21 mit folgender Handlungsanweisung klargestellt: „Die Aufteilung des Zinsüberschusses auf die einzelnen Segmente erfolgt zu internen Steuerungszwecken üblicherweise entweder nach der Marktzinsmethode oder auf Basis eines Barwertkonzeptes. Die für interne Zwecke verwendete Methode ist für die Segmentberichterstattung zu verwenden."[115]

Für die Anwendungspraxis ergibt sich hieraus das Problem, dass zwischen den Daten des betriebswirtschaftlich orientierten internen Rechnungswesens auf Bereichsebene und der externen Rechnungslegung auf Konzernebene Bewertungsdifferenzen bestehen und darüber hinaus Abweichungen bezüglich des Zeitpunktes der Ertragsrealisierung vorliegen können. Angesichts der für das Zinsmanagement weit entwickelten IT-Infrastruktur sollte in diesem Bereich die nach DRS 3-10.24 erforderliche Überleitung zwischen den Zahlen des internen Rechnungswesens auf die Zahlen der traditionellen externen Rechnungslegung in einer gesonderten Spalte der Segmentberichterstattung allerdings gut zu bewältigen sein. Erforderlich ist dabei, dass die Überleitung auch verbal erläutert wird.[116]

Zu beachten ist hinsichtlich der erzielten Zinsüberschüsse auch, welches Betätigungsfeld der Treasury zugestanden wird und ob sich hieraus ggf. eine separate Segmentausweispflicht mit eigenem Zinsnutzen ergibt. Daneben besteht das Problem, dass auch im Zinsgeschäft bspw. innerhalb einer Kundenbeziehung verschiedene Unternehmensbereiche mitgewirkt haben können, wie Akquisition einerseits und Leistungserbringung für das Geschäft andererseits. Hierbei kann es sich auch um einen innerbetrieblichen Leistungstransfer handeln, der nach außen gar nicht in Erscheinung tritt. In diesen Fällen stellt sich die Frage, wie die erzielten Erträge aufzuteilen sind und ob ein Ausweis brutto oder netto erfolgen soll. Vermieden werden sollten Doppelzurechnungen, da hierdurch die Transparenz beeinträchtigt wird.

7.2.2 Risikovorsorge

Nach IAS 14.58 hat ein Unternehmen die gesamten Aufwendungen, die für die planmäßige Abschreibung des Segmentvermögens für die Berichtsperiode in dem Segmentergebnis enthalten sind, für jedes berichtspflichtige Segment anzugeben.

Gemäß der bankspezifischen Interpretation der Angabepflichten für die Segmentberichterstattung durch DRS 3-10 kann nach DRS 3-10.28 auf die Zuordnung von Abschreibungen verzichtet werden. Stattdessen ist von Kreditinstituten die für das Bankgeschäft viel bedeutsamere und charakteristischere Position „Risikovorsorge" auszuweisen und den einzelnen Segmenten zuzuordnen.[117] Inhaltlich ist die Position „Risikovorsorge"

---

[115] Vgl. zum Zinsüberschuss allgemein Abschnitt 3.2.2 im Beitrag „Bilanz, Gewinn- und Verlustrechnung sowie Notes".

[116] Vgl. DRS 3-10.24.

[117] Vgl. DRS 3-10.26.

eine bankspezifische „Quasi-Korrektur" zu den Zinserträgen, da in den Zinskonditionen aus betriebswirtschaftlicher Perspektive neben dem Entgelt für die Kapitalüberlassung per se auch eine Risikoprämie für die Kapitalüberlassung kalkuliert ist.[118] Diesem Aspekt tragen weder IAS 14 noch SFAS 131 Rechnung.

Das grundsätzliche methodische Problem für den Ansatz in der Segmentberichterstattung ist die Frage, ob hierin die tatsächlich angefallenen Nettoneubildungen für Bonitätsrisiken unter Berücksichtigung der Eingänge aus abgeschriebenen Forderungen sowie die Länderwertberichtigungen und Pauschalwertberichtigungen (die so genannten „Ist-Risikokosten") verwendet werden sollten und auf die einzelnen Segmente zuzuordnen sind oder kalkulatorische „Standard-Risikokosten". Bei den „Standard-Risikokosten" wird - analog zum Pendant der ex ante kalkulierten Risikoprämie innerhalb der Kreditkonditionen - auf die auf der Basis von historischen Erfahrungswerten innerhalb eines Jahres zu erwartenden Verluste durch Kreditausfälle abgestellt. Die tatsächliche Entwicklung des Risikos, die höher oder niedriger liegen kann, wird dabei für die Berichtsperiode nicht berücksichtigt und bleibt in der Steuerungsverantwortung außen vor.

Vorteile der Verwendung von „Ist-Risikokosten" sind der direkte Anschluss an die Zahlen der Gewinn- und Verlustrechnung, die unmittelbare Ersichtlichkeit signifikanter Ereignisse der Berichtsperiode und der Zuordnung der Auswirkungen in Verantwortungsbereiche. Für die Verwendung von Standard-Risikokosten spricht hingegen die Glättung extremer Verwerfungen, die sonst unterjährig zu Fehlprognosen verleiten könnten, und vor allem der dauerhaft zuverlässigere Erwartungswert durch eine breitere statistische Basis.

---

[118] Vgl. zur Risikovorsorge auch Abschnitt 3.2.2 im Beitrag „Bilanz, Gewinn- und Verlustrechnung sowie Notes".

> **Problematik bei ausgewählten Angabepflichten: Risikovorsorge**
>
> **Keine Angabepflicht nach IAS 14 und SFAS 131, aber bankspezifisch nach DRS 3-10**
>
> Problembereiche
> - Ist-Risikokosten   – Unmittelbare Anschlussfähigkeit an die GuV
>   – Signifikante Ereignisse unmittelbar erkennbar
>   **versus**
>
>   Standard-Risikokosten – Risikovorsorgeprämie glättet extreme Verwerfungen (insbesondere unterjährig)
>   – Stark retrospektive Betrachtung
>
> - Zuordnung der Länderrisikovorsorge
>   – Entscheidung über Länderengagements häufig durch Gesamtvorstand
>   – Widerspruch zum Verursachungsprinzip

7.2.3 Provisionsüberschuss

Die bereits in IAS 14.17 vorgegebene Anknüpfung der Segmentzuordnungen an den für interne Zwecke verwendeten Verteilungsmethoden wird in der bankspezifischen Interpretation auch in DRS 3-10.18 klargestellt. Anders als im Falle des Zinsüberschusses sind für den Provisionsüberschuss allerdings in der Regel keine signifikanten methodischen Abweichungen zwischen dem internen Rechnungswesen und der externen Rechnungslegung zu erwarten.

Als grundsätzliches Problem besteht - wie auch im Zinsgeschäft - die Möglichkeit, dass an einem Geschäft verschiedene Unternehmensbereiche mitgewirkt haben, also bspw. wiederum die Akquisition einerseits und die Leistungserbringung für das Geschäft andererseits. Hierbei kann es sich auch um einen innerbetrieblichen Leistungstransfer handeln, der nach außen gar nicht in Erscheinung tritt. In diesen Fällen stellt sich die Frage, wie die erzielten Erträge aufzuteilen sind und ob ein Ausweis brutto oder netto erfolgen soll. Vermieden werden sollten Doppelzurechnungen, da hierdurch die Transparenz beeinträchtigt wird.

7.2.4 Handelsergebnis/Nettoertrag/-aufwand aus Finanzgeschäften

Im Rahmen der bankspezifischen Interpretation der nach IAS 14.16 bestehenden Angabepflichten für die Segmenterlöse durch DRS 3-10 nimmt die Position „Handelsergebnis" oder „Nettoertrag/-aufwand aus Finanzgeschäften" eine maßgebliche Stellung ein, seit der Eigenhandel der Kreditinstitute ab Anfang der neunziger Jahre neben dem Zins- und Provisionsgeschäft zur dritten Ertragssäule der Kreditinstitute erstarkt ist.[119] Zugleich werden insbesondere bei den Handelsaktivitäten die unterschiedlichen Bewertungskonzepte von IFRS und HGB deutlich, indem Handelsaktivitäten nach IFRS einheitlich zum Fair Value zu bewerten sind, nach HGB hingegen zu fortgeführten Anschaffungskosten, wodurch ein ggf. höherer Marktwert keine Berücksichtigung findet.

Hinsichtlich der zuzurechnenden Aufwendungen und Erträge ist bezüglich des Handelsergebnisses zum einen die Anforderung von IAS 14 an das korrespondierende Verhältnis zwischen Erfolgs- und Bilanzgrößen zu beachten und zum anderen die Frage, wie in der externen Rechnungslegung des jeweiligen Kreditinstituts die Zinserträge, die der Handel erzielt, ausgewiesen werden. So ist abweichend zum HGB die Zusammensetzung des Postens „Zinserträge und ähnliche Erträge" in der Rechnungslegung nach IFRS weder in den allgemeinen Standards noch in IAS 30 geregelt. Üblicherweise werden nach IFRS alle Zinserträge der dem Handel zuzurechnenden Finanzinstrumente nach betriebswirtschaftlicher Sichtweise nicht dem Zinsergebnis, sondern dem Handelsergebnis zugeordnet. Durch diese - analog auch Dividendenerträge und Finanzierungsaufwendungen für Handelsbestände umfassende - Handhabung erhält einerseits das Handelsergebnis eine angemessenere Aussagekraft, andererseits ist aber auch zu beachten, dass sich infolge dieser Umgliederung bestimmte Kennziffern, wie die Zinsmarge, verändern.[120]

7.2.5 Verwaltungsaufwand

Als bankspezifische Interpretation der nach IAS 14 bestehenden Anforderungen an die Segmentberichterstattung verlangt DRS 3-10.26 die segmentweise Zuordnung der Aufwendungen, die sich auf die betrieblichen Tätigkeiten des Segments beziehen und direkt zugeordnet werden können oder auf einer vernünftigen Grundlage auf das Segment verteilt werden können.

---

[119] Vgl. zum Handelsergebnis auch Abschnitt 3.2.2 im Beitrag „Bilanz, Gewinn- und Verlustrechnung sowie Notes".

[120] Vgl. LÖW, E., Deutsche Bankabschlüsse nach International Accounting Standards, Stuttgart 2000, S. 14.

Die Zuordnung des Verwaltungsaufwandes stellt allerdings ein großes und nicht nur bankspezifisches Abgrenzungsproblem dar.[121] Bei Kreditinstituten werden unter den Begriff Verwaltungsaufwand alle Kosten gefasst, die dem betrieblichen Bereich der Bank zuzuordnen sind. Dieser Verwaltungsaufwand gliedert sich in Kosten, die direkt in den Segmenten anfallen und insofern keine Zurechnungsprobleme verursachen, und Kosten, die nicht direkt in den Segmenten anfallen, also indirekte Kosten.

Die Probleme liegen im Bereich der indirekten Kosten, die sich wiederum in „Dienstleistungen oder Services" einerseits und „Corporate Overheads" andererseits unterscheiden lassen. Für die Zurechenbarkeit von Services müssen vor allem Leistungseinheiten einschließlich der Mengen- und Preisgerüste definiert werden, die Inanspruchnahmen gemessen werden und zeitnahe Verrechnungen erfolgen. Für Kreditinstitute ist diese Problematik noch relativ neu, da sie nicht die Tradition der Kosten- und Leistungsverrechnung haben wie die Industrie.

Das besondere Problem bei dem „Corporate Overhead" besteht darin, dass eine Zurechnung nicht nach dem Verursachungsprinzip erfolgen kann. Das Spektrum reicht hier von Kosten der Zentrale bis zu den Kosten des Aufsichtsrats und des Abschlussprüfers, umfasst aber auch solche Kosten, die aus der Vergangenheit herrühren und weitergetragen werden müssen, ohne dass hierfür noch eine gegenwärtige Geschäftseinheit als Verursacher angesehen werden kann.

Die Aufteilung des Corporate Overheads ist sowohl intern als auch im Hinblick auf die Transparenzanforderungen der externen Berichtsadressaten ein besonders kritisches Thema, da

- eine verursachungsgerechte Verrechnung nicht möglich ist,
- die Verrechnung unmittelbar die Performance beeinträchtigt und
- der Zuordnungsschlüssel jederzeit geändert werden kann, ohne dass darüber in der Praxis berichtet würde.

---

[121] Vgl. auch Abschnitt 3.2.1 im Beitrag „Bilanz, Gewinn- und Verlustrechnung sowie Notes".

Problematik bei ausgewählten Angabepflichten: Verwaltungsaufwand

Keine Angabepflicht nach IAS 14 und SFAS 131, aber bankspezifisch nach DRS 3-10

Problembereich
- Gemeinkostenschlüsselung, insbesondere des Corporate Centers

■ Pro	■ Contra
– ohne Umlage zu positive Darstellung der Unternehmensbereiche – Überleitungsspalte überproportional groß	– Aufwand durch Unternehmensbereiche nicht beeinflussbar – Widerspruch zum Verursachungsprinzip – Permanente Diskussion um Zurechnungsschlüssel

7.2.6 Ergebnis nach Risikovorsorge

Als bankspezifische Interpretation der nach IAS 14.52 bestehenden Anforderungen an die Offenlegung des Segmentergebnisses durch DRS 3-10 verlangt DRS 3-10.26 den Ausweis des Ergebnisses nach Risikovorsorge. Als Saldogröße bestehen für diesen Ausweis keine positionsspezifischen Probleme.

7.3 Kennziffern auf Segmentebene

7.3.1 Rentabilität des allokierten Kapitals

Nach IAS 14.53 und IAS 14.54 werden die Angabe von Rentabilitäts- und Performance-Kennziffern pro Segment empfohlen. Als bankspezifische Interpretation der nach IAS 14 bestehenden Empfehlungen zu Rentabilitätskennziffern verlangt DRS 3-10.26 die segmentweise Offenlegung einer Kennziffer zur Rentabilität des allokierten Kapitals.

DRS 3-10 enthält keinen Hinweis dazu, ob die Eigenkapital-Rentabilität der Segmente vor oder nach Steuern zu ermitteln ist. In der Geschäftsberichterstattung der deutschen Banken sind beide Verfahrensweisen anzutreffen. Bei der in der Segmentberichterstattung ohnehin sehr ausführlich berichtenden HypoVereinsbank werden sogar beide Kennziffern ausgewiesen.[122]

7.3.2 Aufwand/Ertrag-Relation

Als weitere der nach IAS 14 empfohlenen Performance-Kennziffern ist nach der bankspezifischen Interpretation durch DRS 3-10 die Aufwand/Ertrag-Relation pro Segment offen zu legen. Diese Kennziffer wird als Quotient aus Verwaltungsaufwand und Erträgen ohne Risikovorsorge gebildet und spiegelt die Kosteneffizienz der Geschäftsfelder wider.

Im Gegensatz zu den übrigen Angabepflichten je Segment braucht gemäß DRS 3-10.26 die Position „Aufwand/Ertrag-Relation" nicht auf den entsprechenden Gesamtwert des Konzerns übergeleitet werden.

7.4 Überleitung auf die externe Rechnungslegung

Alle Angaben zu den Segmenterlösen, dem Segmentergebnis, dem Segmentvermögen, den Segmentverbindlichkeiten und zur Rentabilität des allokierten Kapitals sind nach DRS 3-10 im Rahmen einer Überleitung mit den Konzernzahlen der externen Rechnungslegung zu verbinden.

---

[122] Vgl. HYPOVEREINSBANK, Geschäftsbericht 2003, S. 64.

Formal erfolgt die Überleitung im Segmentbericht durch eine oder mehrere Zusatzspalten. Die Abweichungen zwischen der Datenbasis des internen Rechnungswesens und der externen Rechnungslegung sind verursacht durch

- Bewertungsunterschiede (valuation and timing differences),
- Unterschiede im Konsolidierungskreis und
- nicht zugeordnete Vermögens- und Erfolgsbestandteile.

Angesichts der konzeptionellen Anbindung der Segmentberichterstattung an das interne Rechnungswesen lassen sich die Unterschiede nicht methodisch bereinigen. Hinsichtlich der Bewertungsunterschiede wird die Thematik allerdings durch die zunehmenden Anwendungsgebiete der Marktwertbilanzierung entschärft. Ob Unterschiede im Konsolidierungskreis einen dauerhaften Abweichungsgrund darstellen werden, hängt zum einen davon ab, ob sich die Bankkonzerne wieder stärker auf ihr Kerngeschäft fokussieren. Zum anderen wird diese Thematik auch von der künftigen Entwicklung zur Beaufsichtigung von Finanzkonglomeraten beeinflusst.

Gegenwärtig lassen die ausgewiesenen Differenzen durchaus Zweifel an der Aussagefähigkeit der Segmentberichterstattung aufkommen. Andererseits führt das daraus resultierende Bestreben, die Abweichungsgründe und -volumina so gering wie möglich zu halten, zur zunehmenden Anwendung von Zurechnungsschlüsselungen, die gegenüber externen Berichtsadressaten nur schwer kommunizierbar sind. Zugleich besteht hierbei stets die Gefahr, dass Schlüsselungen nicht ausschließlich nach dem Verantwortungskriterium erfolgen und verändert werden, ohne dass ein Berichtsadressat hierauf hingewiesen wird.

Die Forderung nach einer Minimierung der Überleitungsspalte bleibt letztlich eine Gratwanderung zwischen konkurrierenden Zielen und führt zwangsläufig zu einem zweckmäßigen Druck, das interne Rechnungswesen an die externe Rechnungslegung anzupassen. Eine völlige Übereinstimmung lässt sich dabei allerdings kaum herstellen.

8. Zusammenfassung

In den wenigen Jahren, in den deutsche Kreditinstitute bisher eine über die geographische Aufgliederung hinausgehende Segmentberichterstattung veröffentlicht haben, hat sich dieses Transparenzmedium zwischen internem Rechnungswesen und externer Rechnungslegung zu einer Kernkomponente der Geschäfts- und Zwischenberichtspublizität entwickelt. Die Herausstellung als eigenständige Komponente eines Konzernabschlusses durch das TransPuG im Jahre 2002 unterstreicht diesen Stellenwert.

Die Vielzahl der Detailinformationen in einer Segmentberichterstattung bietet insbesondere für den Analysten eine breite Grundlage zur Beurteilung der Ertragsquellen eines Bankkonzerns. Gleichzeitig entzieht sich allerdings die Segmentberichterstattung durch ihre besondere Konzeption in mehrfacher Hinsicht dem Handwerkszeug der Analysten. Vor allem zwischenbetriebliche Vergleiche und intertemporale Vergleiche aus verschiedenen Geschäftsjahren desselben Kreditinstituts sind häufig nicht oder nur unter gewissen Vorbehalten möglich.

Im Hinblick auf die Einschränkungen der Vergleichbarkeit sind drei Konstellationen zu unterscheiden:

(1) Von Bank zu Bank unterschiedliche Segmentabgrenzungen

Diese Einschränkung der Vergleichbarkeit ist konzeptioneller Art, da die Segmentabgrenzungen der internen Organisation des Kreditinstituts zu folgen haben. Diese Unterschiede können sowohl hinsichtlich der Geschäftsfelder als auch in regionaler Beziehung auftreten. Der Trend von einer universellen Betätigung der Kreditinstitute zu einer Fokussierung auf Kernkompetenzen sowie das Aufbrechen der Wertschöpfungskette durch unterschiedliche Konzepte zum Outsourcing lassen in dieser Hinsicht keine Verbesserung der Vergleichbarkeit erwarten, sondern eher das Gegenteil.

(2) Intertemporale Entwicklung bei einer einzelnen Bank

Auch diese Einschränkung der Vergleichbarkeit ist konzeptioneller Art, da Veränderungen der internen Organisationsstruktur von der Segmentberichterstattung nachzuvollziehen sind. Zu betonen ist allerdings, dass diese Reihenfolge entscheidend ist und die Anbindung an die Organisationsstruktur kein Freibrief für permanente Änderungen ist. Zu leicht könnte ansonsten der Eindruck entstehen, dem Management ermangele es an einer geeigneten Strategie.

(3) Offengelegte Segmentpositionen

Der Katalog offenzulegender Segmentpositionen nach den allgemeingültigen, branchenübergreifenden IAS 14 und DRS 3 ist grundsätzlich kompatibel und bei entsprechender tatsächlicher Anwendung auch nach SFAS 131 nutzbar. Als einziger branchenspezifischer Standard für die Segmentberichterstattung von Kreditinstituten versucht DRS 3-10, als Leitlinie zur Vergleichbarkeit auch für solche Kreditinstitute zu gelten, die einen Abschluss nach internationalen Regeln publizieren (vgl. DRS 3-10.5).

Angesichts dieser Grundlagen sollte es der deutschen Kreditwirtschaft prinzipiell möglich sein, durch eine Vereinheitlichung des Positionsausweises wenigstens in dieser Hinsicht zu einer Annäherung der Vergleichbarkeit beizutragen.

Zusammenfassend betrachtet kann jedem Kreditinstitut nur empfohlen werden, auf eine weitgehende Vergleichbarkeit seiner Segmentberichterstattung zu achten, sowohl intertemporal als auch gegenüber anderen Banken. Die Beachtung dieses Grundsatzes trägt entscheidend zur Akzeptanz der Segmentberichterstattung bei.

Zusammenfassung

Fazit

- Segmentabgrenzungen spiegeln regelmäßig die geschäftspolitische Ausrichtung einer jeden Bank institutsindividuell wider
- Vereinheitlichungen von Inhalten gleichnamiger Segmente zwischen verschiedenen Banken sind nicht möglich
- Verständlichkeit ist nur durch ergänzende verbale Erläuterungen zu erzielen
- Zielsetzung sollte eine intertemporale Vergleichbarkeit sein

Anlagen

Anlage 1: Offengelegte Positionen in den primären Segmentberichten ausgewählter Geschäftsberichte des Jahres 2000

\multicolumn{4}{c}{Offengelegte Positionen in den primären Segmentberichten ausgewählter Geschäftsberichte des Jahres 2000}			
Deutsche Bank	Dresdner Bank	Commerzbank	HypoVereinsbank
Erträge	Zinsüberschuss	Zinsüberschuss	Zinsüberschuss
Risikovorsorge im Kreditgeschäft	Risikovorsorge im Kreditgeschäft	Risikovorsorge im Kreditgeschäft	Kreditrisikovorsorge
	Zinsüberschuss nach Risikovorsorge	Zinsüberschuss nach Risikovorsorge	
	Provisionsüberschuss	Provisionsüberschuss	Provisionsüberschuss
	Handelsergebnis	Handelsergebnis	Handelsergebnis
	Übrige Erträge	Finanzanlageergebnis	
Verwaltungsaufwand	Verwaltungsaufwand	Verwaltungs- aufwendungen	Verwaltungsaufwand
	davon: lfd. Abschrei- bungen auf Sachanlagen		Aufwendungen für E-Commerce
Saldo der Sonstigen Erträge/Aufwendungen	Übrige Aufwendungen	Sonstiges betriebliches Ergebnis	Saldo sonstige betriebliche Erträge/ Aufwendungen
			Betriebsergebnis
			Finanzanlageergebnis
			Abschreibungen auf Geschäfts- oder Firmenwerte
			Saldo übrige Erträge/ Aufwendungen
Ergebnis vor Aufwand für Restrukturierung und Steuern	Ergebnis vor Sonderfaktoren und vor Steuern		Ergebnis der gewöhnlichen Geschäftstätigkeit

Offengelegte Positionen in den primären Segmentberichten ausgewählter Geschäftsberichte des Jahres 2000			
Deutsche Bank	Dresdner Bank	Commerzbank	HypoVereinsbank
	Aufwand zur Sicherung der Wettbewerbsposition		
Restrukturierungsaufwand	Restrukturierungsaufwand		Saldo außerordentliche Erträge/Aufwendungen
Ergebnis der gewöhnlichen Geschäftstätigkeit vor Steuern	Gewinn vor Steuern	Ergebnis der gewöhnlichen Geschäftstätigkeit	Ergebnis vor Steuern
		Ertragsteuern	
		Ergebnis nach Steuern	
		Konzernfremden Gesellschaftern zustehende Gewinne/Verluste	
		Jahresüberschuss	
		Mitverantwortetes Ergebnis	
		Steuerungsergebnis	
Segmentvermögen	Segmentvermögen		Handelsaktiva
			Kreditvolumen
Segmentverbindlichkeiten	Segmentschulden		Verbindlichkeiten gegenüber Kreditinstituten
			Verbindlichkeiten gegenüber Kunden
			Verbriefte Verbindlichkeiten
Risikopositionen	Risikoaktiva		Risikoaktiva
			Marktrisikopositionen
			Risikovorsorgebestand
			Bestandsquote
			Zinslos gestellte Kredite

Offengelegte Positionen in den primären Segmentberichten ausgewählter Geschäftsberichte des Jahres 2000			
Deutsche Bank	Dresdner Bank	Commerzbank	HypoVereinsbank
			Deckungsquote der zinslos gestellten Kredite
Durchschnittliches Kapital	IAS-Kapital	Durchschnittlich gebundenes Eigenkapital	Durchschnittliches bilanzielles Eigenkapital
			Durchschnittlich gebundenes Kernkapital (KWG)
RoE	Return on Equity	Eigenkapitalrendite	Eigenkapitalrentabilität vor Steuern
Wertbeitrag			Eigenkapitalrentabilität nach Steuern
Aufwand/Ertrag-Relation	Cost-Income-Ratio	Aufwandsquote	Cost-Income-Ratio
		Mitarbeiter (Durchschnitt)	Mitarbeiter

Quellen: Geschäftsberichte 2000 der jeweiligen Kreditinstitute.

Anlage 2: Segmentberichterstattung der Dresdner Bank 2003

Mio. €	Private Kunden und Geschäftskunden		Corporate Banking		Dresdner Kleinwort Wasserstein		Institutional Restructuring Unit		Corporate Investments		Corporate Items		Konzern insgesamt	
	2003	2002	2003	2002	2003	2002	2003	2002	2003	2002	2003	2002	2003	2002
Zinsüberschuss	1 528	1 649	694	717	355	553	488	681	- 91	- 78	- 499	- 246	2 525	3 276
Provisionsüberschuss	1 453	1 379	316	317	560	757	76	129	-	-	185	508	2 590	3 090
Handelsergebnis	38	44	54	55	1 270	983	13	21	-	-	151	- 59	1 526	1 044
Operative Erträge	3 019	3 072	1 064	1 089	2 185	2 293	577	831	- 91	- 78	- 113	203	6 641	7 410
Risikovorsorge														
im Kreditgeschäft	247	470	118	98	- 45	32	884	1 588	-	-	- 188	30	1 016	2 218
Operative Erträge														
nach Risikovorsorge	2 772	2 602	946	991	2 230	2 261	- 307	- 757	- 91	- 78	75	173	5 625	5 192
Verwaltungsaufwand	2 524	2 742	499	578	1 876	2 633	421	491	16	-	593	1 056	5 929	7 500
Operatives Ergebnis	248	- 140	447	413	354	- 372	- 728	- 1 248	- 107	- 78	- 518	- 883	- 304	- 2 308
Saldo Sonstige betriebliche														
Erträge/Aufwendungen	- 9	1	- 9	-	15	-	- 277	- 32	39	-	- 233	- 148	- 474	- 179
Ergebnis aus Finanzanlagen	8	- 5	- 3	- 66	22	13	- 105	- 473	- 1 013	914	30	2 378	- 1 061	2 761
Abschreibungen auf														
Firmenwerte	31	31	-	-	55	129	17	14	-	-	91	1 002	194	1 176
Restrukturierungsaufwand	174	26	90	11	30	120	145	57	-	-	401	30	840	244
Ergebnis vor Steuern	42	- 201	345	336	306	- 608	- 1 272	- 1 824	- 1 081	836	- 1 213	315	- 2 873	- 1 146
Cost-Income Ratio														
(operativ) in %	83,6	89,3	46,9	53,1	85,9	114,8	73,0	59,1					89,3	101,2
Return on Risk Capital														
(operativ) in %	16,5	- 7,8	29,8	19,7	16,1	- 10,6	- 31,7	- 37,8					- 3,2	- 16,0
Return on Risk Capital														
vor Steuern in %	2,8	- 11,2	23,0	16,0	13,9	- 17,4	- 55,3	- 55,3					- 30,2	- 8,0
Risikokapital (Durchschnitt)	1 500	1 800	1 500	2 100	2 200	3 500	2 300	3 300	2 700	3 000	- 700	700	9 500	14 400
Risikoaktiva (Durchschnitt)	37 300	40 900	25 800	30 600	33 800	40 300	15 500	22 900	7 200	6 600	7 900	28 100	127500	169400

Aufgeteilt nach geographischen Märkten ergibt sich für unsere geschäftlichen Aktivitäten folgendes Bild; dabei ist der Sitz der jeweiligen operativen Einheit maßgebend:

Mio. €	Erträge		Verlust/Gewinn vor Steuern		Bilanzsumme	
	2003	2002	**2003**	2002	**2003**	2002
Deutschland	8 724	12 062	- 2 573	1 864	400 617	321 716
Europa (ohne Deutschland)	5 480	5 049	- 154	- 1 002	148 847	128 014
Nordamerika	1 518	1 874	- 344	- 1 532	46 067	59 398
Lateinamerika	167	535	118	- 513	4 833	8 006
Asien/Pazifik	418	344	81	37	18 060	19 325
Konsolidierung	- 4 453	- 3 802			- 141 395	- 123 014
Insgesamt	**11 854**	**16 063**	**- 2 873**	**- 1 146**	**477 029**	**413 445**

Der Gesamtbetrag der Erträge enthält Zinserträge, Laufende Erträge aus Aktien und anderen nicht festverzinslichen Wertpapieren, Beteiligungen und Anteilen an verbundenen Unternehmen, Laufende Erträge aus Leasingforderungen, Provisionserträge, das Handelsergebnis und Sonstige betriebliche Erträge.

Harald E. Roggenbuck

Gewinn pro Aktie

1. Rechtsgrundlagen und nationale Normen für Gewinn-pro-Aktie-Kennziffern 969
   1.1 Internationale Normen zur Angabe von Earnings per Share 970
   1.2 Die gemeinsame DVFA/SG-Empfehlung zur Ermittlung eines „Ergebnisses je Aktie" 971

2. Hintergrund und Ziele der Gewinn-pro-Aktie-Kennzahlen 972
   2.1 Hintergrund und Ziele der Gewinn-pro-Aktie-Kennzahlen nach internationalen Normen 972
   2.2 Hintergrund und Ziele des „Ergebnisses je Aktie" nach DVFA/SG 973

3. Anwendungsbereich nach IFRS, US-GAAP und DVFA/SG 975
   3.1 Anwendungsbereich für die Regelungen nach IFRS und US-GAAP 975
   3.2 Anwendungsbereich für die Empfehlung nach DVFA/SG 976

4. Spektrum der zu veröffentlichenden Kennziffern 977
   4.1 Nach IAS 33 anzugebende Kennziffern 977
   4.2 Nach SFAS 128 anzugebende Kennziffern 979
   4.3 Nach der DVFA-Empfehlung anzugebende Kennziffern 981

5. Ermittlung des „Fundamentalen Ergebnisses je Aktie" 982
   5.1 Adjustierung der Ergebnis-Komponente im „Fundamentalen Ergebnis je Aktie" 982
       5.1.1 Adjustierung der Ergebnis-Komponente im „Fundamentalen Ergebnis je Aktie" nach IFRS und US-GAAP 982
       5.1.2 Adjustierung der Ergebnis-Komponente im „Fundamentalen Ergebnis je Aktie" nach DVFA/Banken 985
   5.2 Adjustierung der „pro-Aktie"-Komponente im „Fundamentalen Ergebnis je Aktie" 989
       5.2.1 Adjustierung der „pro-Aktie"-Komponente im „Fundamentalen Ergebnis je Aktie" nach IFRS und US-GAAP 989

5.2.2 Adjustierung der „pro-Aktie"-Komponente im „Fundamentalen Ergebnis je Aktie" nach DVFA/Banken 993

6. Ermittlung des „Verwässerten Ergebnisses je Aktie" 995
   6.1 Adjustierung der Ergebnis-Komponente im „Verwässerten Ergebnis je Aktie" 995
      6.1.1 Adjustierung der Ergebnis-Komponente im „Verwässerten Ergebnis je Aktie" nach IFRS und US-GAAP 995
      6.1.2 Adjustierung der Ergebnis-Komponente im „Verwässerten Ergebnis je Aktie" nach DVFA/Banken 996
   6.2 Adjustierung der „pro-Aktie"-Komponente im „Verwässerten Ergebnis je Aktie" 997
      6.2.1 Adjustierung der „pro-Aktie"-Komponente im „Verwässerten Ergebnis je Aktie" nach IFRS und US-GAAP 997
         6.2.1.1 Regelungen nach IFRS 997
         6.2.1.2 Regelungen nach US-GAAP 999
      6.2.2 Adjustierung der „pro-Aktie"-Komponente im „Verwässerten Ergebnis je Aktie" nach DVFA/Banken 1000

7. Vergleichende Wertung der Gewinn-pro-Aktie-Normen 1001

8. Berechnungsmuster 1002
   8.1 Berechnungsmuster für die gewichtete durchschnittliche Aktienzahl im „Fundamentalen Ergebnis je Aktie" 1003
   8.2 Berechnungsmuster für das „Fundamentale Ergebnis je Aktie" 1003
   8.3 Kalkulationsformel für den rechnerischen neuen Marktpreis bei Kapitalerhöhungen 1004
   8.4 Berechnungsformel für die Gesamtzahl der im „Verwässerten Ergebnis je Aktie" zu berücksichtigenden Aktien 1005
   8.5 Darstellungsmuster für die Ableitung des „Verwässerten Ergebnisses je Aktie" 1005

1. Rechtsgrundlagen und nationale Normen für Gewinn-pro-Aktie-Kennziffern

Unter dem Ziel „hochwertige, verständliche und weltweit durchsetzbare Standards der Rechnungslegung für transparente und vergleichbare Informationen in Unternehmensabschlüssen zu entwickeln"[1], hat am 18. Dezember 2003 der International Accounting Standards Board (IASB) im Rahmen seines Improvements Project[2] unter anderem eine Überarbeitung des seit 1997 bestehenden International Accounting Standards (IAS) 33, Earnings per Share, vorgenommen.[3]

Als weitere maßgebliche Grundlagen für anerkannte Kennzahlenangaben zum „Gewinn pro Aktie" gelten neben IAS 33, Earnings per Share, zudem das vom US-amerikanischen Financial Accounting Standards Board (FASB) publizierte Statement of Financial Accounting Standards No. 128 (SFAS 128), Earnings per Share, sowie die in Deutschland verbreitet angewendete „Gemeinsame Empfehlung der DVFA und der Schmalenbach-Gesellschaft zur Ermittlung eines von Sondereinflüssen bereinigten Jahresergebnisses je Aktie" (Ergebnis je Aktie nach DVFA/SG).[4]

Zu diesen drei Normen sollen im Folgenden zunächst der Hintergrund der Entwicklung sowie die Ziele dargelegt werden und danach der Anwendungsbereich, das Spektrum der zu veröffentlichenden Kennziffern sowie die Ermittlung der Kennziffern erläutert werden. Im Anschluss an eine vergleichende Wertung der drei Gewinn-pro-Aktie-Normen werden letztlich noch Berechnungsmuster für die Anwendungspraxis dargestellt.

---

[1] Vgl. IASC FOUNDATION CONSTITUTION, Part A, Names and Objectives, IASCF: International Accounting Standards 2002, London 2002, S. C-1.

[2] Vgl. zum Entwurf auch IASB: Exposure Draft of Proposed Improvements to International Accounting Standards, London, 15.05.2002, sowie zum Gesamtüberblick über das Projekt KPMG, IFRS aktuell, Stuttgart 2004, S. 207-296.

[3] Die Änderungen sind gemäß IAS 33.74 in Geschäftsjahren, die am oder nach dem 1. Januar 2005 beginnen, verpflichtend anzuwenden, dürfen aber auch schon in Abschlüssen ab dem 31. Dezember 2003 zugrunde gelegt werden.

[4] Vgl. BUSSE VON COLBE, W./BECKER, W. u.a. (Hrsg.), Ergebnis je Aktie nach DVFA/SG, 3. Aufl., Stuttgart 2000.

1.1 Internationale Normen zur Angabe von Earnings per Share

International maßgebliche Grundlagen für Kennzahlenangaben zum „Gewinn pro Aktie" sind der vom International Accounting Standards Board (IASB) veröffentlichte IAS 33, Earnings per Share, und die gleichnamige US-GAAP-Vorschrift SFAS 128, Earnings per Share.

Beide Standards sind in enger dreijähriger Kooperation zwischen dem IASB (zum Zeitpunkt der Standarderstellung noch IASC) und dem FASB erarbeitet und Anfang 1997 mit nur einmonatigem Zeitunterschied veröffentlicht worden.[5] Insofern ist es nicht überraschend, dass die Regelungen in grundlegenden konzeptionellen Aspekten weitgehend deckungsgleich sind und bei den Untersuchungen eines IASC-U.S. Comparison Projects nur einige wenige, methodisch nicht substanzielle Unterschiede identifiziert werden konnten.[6] Hierzu zählten vor dem Improvements Project des IASB in erster Linie die unterschiedlichen Publizitätsanforderungen hinsichtlich ergänzender „Teil"-Kennzahlen für nicht fortgeführte Unternehmensbereiche (Angabe nach SFAS 128 zwingend, nach IAS 33 in der bis Ende 2004 gültigen Fassung hingegen nur empfohlen) sowie die teilweise umfassenderen Berechnungsleitlinien in SFAS 128. Im Rahmen des Improvements Project ist eine weitgehende Angleichung von IAS 33 an SFAS 128 erfolgt. Hierauf wird an entsprechender Stelle eingegangen.

Die weitgehende Identität zwischen IAS 33 und SFAS 128 wird zudem durch die Intention des FASB für SFAS 128 unterstrichen: Während das IASC erstmals eine Regelung für die Kennziffernpublizität veröffentlicht hatte, gab es in den USA bereits eine als „Accounting Principles Board Opinion" (APB) qualifizierte Vorläuferregelung APB 15, Earnings per Share. Diese Norm war vom FASB vor allem deswegen ersetzt worden, um die komplexen Berechnungsverfahren zu vereinfachen und an die Regelungen anderer Länder und des IASC anzugleichen.[7] Der eingeschlagene Weg für das erklärte Ziel, eine globale Vergleichbarkeit der Kennziffern zu ermöglichen,[8] kann durchaus als Vorläufer der gegenwärtigen Anzeichen dafür gesehen werden, dass die USA ihren Pfad, in der Rechnungslegung nur amerikanisches Gedankengut zu akzeptieren, zu überdenken beginnen.

---

[5] Vgl. FÖRSCHLE, G., Earnings per Share, in: FISCHER, T./HÖMBERG, R. (Hrsg.), Jahresabschluß und Jahresabschlußprüfung - Probleme, Perspektiven, internationale Einflüsse, FS zum 60. Geburtstag von Jörg Baetge, Düsseldorf 1997, S. 499-518, hier S. 502.

[6] Vgl. PETRONE, K., Comparative Analysis of IAS 33, Earnings per Share" and U.S. GAAP including FASB Statement No. 128, Earnings per Share, in: BLOOMER, C. (Hrsg.), The IASC-U.S. Comparison Project: A Report on the Similarities and Differences between IASC Standards an U.S. GAAP, 2. Aufl., Norwalk 1999, S. 377-386.

[7] Vgl. SFAS 128.1.

[8] Vgl. SFAS 128.4.

Angesichts der weitgehenden Deckungsgleichheit der IFRS- und US-GAAP-Regelungen zum „Gewinn pro Aktie" wird im Vergleich mit der Kennziffer nach DVFA/SG zum „Ergebnis je Aktie" eine Differenzierung zwischen IFRS und US-GAAP nur dann vorgenommen, wenn sich hieraus Abweichungen für die Anwendungspraxis ergeben.

1.2 Die gemeinsame DVFA/SG-Empfehlung zur Ermittlung eines „Ergebnisses je Aktie"

Die Veränderungen in der Bilanzierungspraxis deutscher Konzerne seit Inkrafttreten der Befreiungsregelung des § 292a HGB durch das Kapitalaufnahmeerleichterungsgesetz (KapAEG v. 24. April 1998) hatten auch die Deutsche Vereinigung für Finanzanalyse und Anlageberatung (DVFA) veranlasst, ihre gemeinsam mit dem Arbeitskreis „Externe Unternehmensrechnung" der Schmalenbach-Gesellschaft/Deutsche Gesellschaft für Betriebswirtschaft (SG) im Jahre 1990 auf dem Deutschen Betriebswirtschaftertag in Berlin erstmals der Öffentlichkeit vorgestellten Empfehlungen zur Ermittlung des „Ergebnisses je Aktie nach DVFA/SG" grundlegend zu überarbeiten.[9] Durch die Neufassung der Ermittlungsschemata sollten die Empfehlungen von DVFA/SG unabhängig davon anwendbar werden, ob die jeweiligen Anwender ihren Abschluss nach deutschem Handelsgesetzbuch (HGB), International Accounting Standards (IAS) oder US-amerikanischen Generally Accepted Accounting Principles (US-GAAP) erstellen. Die DVFA/SG-Kennziffer hat dadurch ihr Image als HGB-Kenngröße abgestreift und einen eher methodisch fokussierten Stellenwert erhalten.[10]

Wie bereits in der vorherigen Regelung wird auch in den aktuellen DVFA/SG-Empfehlungen neben den generellen Regelungen branchenspezifischen Besonderheiten Rechnung getragen.

So gibt es jeweils gesonderte Berechnungsschemata für Banken und Versicherungsunternehmen und klarstellende Regelungen zu Abweichungen bei der Zugehörigkeit bestimmter Positionen zur „gewöhnlichen Geschäftstätigkeit" für Immobiliengesellschaften mit Bestandscharakter und Unternehmensbeteiligungsgesellschaften. Für den Sektor der Banken sollen nachfolgend die IFRS- sowie US-GAAP-Regelungen mit den DVFA/SG-Empfehlungen verglichen werden.

Im Unterschied zu diesen branchenspezifischen Anpassungen in der DVFA/SG-Empfehlung sehen weder die IFRS- noch US-GAAP-Normen zum „Gewinn pro Aktie" besondere Regelungen für einzelne Branchen vor. Auch in anderen Normen der anglo-

---

[9] Vgl. BUSSE VON COLBE, W./BECKER, W. u.a. (Hrsg.), a.a.O. (Fn. 4), S. XI.
[10] Vgl. LÖW, W./ROGGENBUCK, H. E., Ergebnis-je-Aktie-Kennziffern für Banken im Blickwinkel nationaler und internationaler Rechnungslegung, BB 2001, S. 1460-1468.

amerikanischen Rechnungslegung sind keine diesbezüglichen Anpassungen der Regelungen an besondere Verhältnisse der Branche vorgesehen.

2. Hintergrund und Ziele der Gewinn-pro-Aktie-Kennzahlen

2.1 Hintergrund und Ziele der Gewinn-pro-Aktie-Kennzahlen nach internationalen Normen

Der Zweck der Veröffentlichung von Gewinn-pro-Aktie-Angaben besteht nach IFRS und US-GAAP darin, Investoren Kennziffern zur Verfügung zu stellen, die einen

- intertemporalen Vergleich der Ertragslage bei einem Unternehmen und einen
- Vergleich der Ertragslage von verschiedenen Unternehmen

ermöglichen. IAS 33 nennt diese beiden Ziele im Abschnitt „Objective" explizit, während SFAS 128 dieses Ziel implizit einbezieht, indem es an das bereits in APB 15 formulierte Ziel, eine Basis für eine „konsistente Berechnungsmethode" sicherzustellen, anknüpft und dessen unveränderten Fortbestand bestätigt.[11]

Abweichend zum Ergebnis je Aktie nach DVFA/SG sind die Kennziffern nach internationalen Normen retrospektiv ausgerichtet. Ihre Berechnungsgrundlage orientiert sich eng an dem in der Berichtsperiode tatsächlich erzielten Ergebnis. In die Kennziffern sind alle Ergebniskomponenten einzubeziehen, grundsätzlich unabhängig davon, ob sie in der Folgeperiode wieder erzielbar sind oder nicht (Schlussfolgerungen hierzu ergeben sich nur indirekt durch Aufsplittung in Kennziffern für fortgeführte und aufgegebene Aktivitäten). Im Gegensatz zur Ausklammerung bei dem Ergebnis nach DVFA/SG spielt es bei den für die umfassenden Kennzahlen zugrunde zu legenden „Earnings" nach IFRS und US-GAAP auch keine Rolle, ob die einzelne Ergebniskomponente außerordentlichen Charakter hat oder nicht.

Für die Berichterstattung nach US-GAAP verlangen SFAS 128.9 und SFAS 128.37, neben den auf das Gesamtergebnis abstellenden Kennziffern zusätzlich spezifisch aufgegliederte „Teil"-Kennziffern für

---

[11] Vgl. SFAS 128.2.

- fortgeführte Aktivitäten (continuing operations),
- aufgegebene Aktivitäten (discontinued operations),
- außerordentliche Positionen (extraordinary items) und
- den kumulativen GuV-Effekt von Änderungen in den Bilanzierungs- und Bewertungsmethoden (cumulative efffect of an accounting change),

sofern die Gewinn- und Verlustrechnung entsprechende Ergebnispositionen ausweist. Die drei letztgenannten Kennziffernpositionen müssen allerdings nicht auf der GuV-Seite herausgehoben dargestellt werden, sondern können nach SFAS 128.37 und SFAS 128.123, wahlweise auch in den Notes ausgewiesen werden.

Der IASB ließ die Veröffentlichung zusätzlicher Kennziffern zwar auch bereits in dem bisher gültigen IAS 33 zu,[12] hatte bislang aber von einer Pflichtpublizität abgesehen, um die Abschlüsse nicht mit zu vielen parallelen Kennziffern zu überladen.

Nach der durch das Improvements Project ab 2005 anzuwendenden geänderten Fassung haben sich gemäß IAS 33.66 die im Hauptfokus stehenden Kennziffern nunmehr auf das Ergebnis aus fortgeführten Geschäftsbereichen (continuing operations) zu beziehen. Hierfür ist der Ausweis auf der GuV-Seite zwingend. Darüber hinaus sollen gemäß IAS 33.68 im Falle aufgegebener Geschäftsbereiche für deren Ergebnis ebenfalls Gewinn-pro-Aktie-Kennziffern veröffentlicht werden. Für diese Kennziffern ist allerdings ein Wahlrecht zwischen einer Veröffentlichung auf der GuV-Seite und einer Angabe in den Notes eingeräumt worden. Insgesamt führen diese Erweiterungen zu einer Angleichung an die in SFAS 128 bereits bestehende US-GAAP-Regelung.

2.2 Hintergrund und Ziele des „Ergebnisses je Aktie" nach DVFA/SG

Als Zweck ihrer gemeinsam entwickelten Kennziffer Ergebnis je Aktie benennen DVFA und SG die Bereitstellung eines möglichst objektiven Vergleichsmaßstabs zur Beurteilung der Ertragskraft von Unternehmen.[13] Im Fokus steht dabei nicht der zeitlich spezifizierte Blick auf die Ertragskraft der abgelaufenen Periode, sondern die „Sichtbarmachung" der nachhaltig erzielbaren Ertragskraft. Der in einer Periode tatsächlich erzielte und ausgewiesene Gewinn wird dementsprechend als „häufig nicht geeignet" angesehen. Zu leicht können Sondereinflüsse nicht wiederkehrender Gewinn- und Verlustkomponenten das Ergebnis verzerrt haben, um hieraus Schlüsse für die Zukunft zu ziehen.

---

[12] Vgl. IAS 33.51-52.
[13] Vgl. BUSSE VON COLBE, W./BECKER, W. u.a. (Hrsg.), a.a.O. (Fn. 4), S. 3.

Obwohl die Empfehlungen von DVFA/SG Sondereinflüsse in bestimmten Zeiträumen auszuklammern versuchen, hat die zeitliche Dimension für die Messung der nachhaltigen Ertragskraft dennoch eine Bedeutung. Veröffentlicht ein Unternehmen unter sonst weitgehend gleichen Konstellationen Ergebnis-je-Aktie-Kennziffern regelmäßig von Periode zu Periode, legt es damit die Veränderungen seiner nachhaltigen Ertragskraft im Zeitablauf offen. Die Entwicklung der Kennziffer von Jahresabschluss zu Jahresabschluss lässt dabei erkennen, ob das Unternehmen seine Ertragskraft gestärkt hat oder dazu nicht in der Lage war. Der Wortlaut des in einem späteren Abschnitt erläuterten Berechnungsschemas stellt zwar auf jährliche Zeiträume und zugehörige Vorjahresvergleichszahlen ab, wünschenswert sind aber auch längerfristige Übersichten und kürzerfristige Anwendungen. In der Praxis sind bspw. Mehrjahresübersichten[14] bis hin zu „Zehnjahresvergleichen"[15] üblich, wobei allerdings infolge der zwischenzeitlich geänderten Bilanzierungsregeln methodische Brüche der Zeitreihen in Kauf genommen werden müssen.

Einsetzbar ist die Kennziffer auch unterjährig, vor allem in der Quartalsberichterstattung. Auf diese Weise können sehr zeitnah Veränderungen der Ertragskraft aufgezeigt werden. Unterjährig bestehen zudem in der Quartalsberichterstattung die beiden Möglichkeiten, sowohl die Ertragskraft des einzelnen Quartals als auch die kumulierte Ertragskraft mehrerer Quartale eines Berichtsjahres auszuweisen. Die diesbezügliche Handhabung ist in der Praxis aber durchaus noch unterschiedlich.[16] Durch die kumulierten Werte zum Halbjahresende oder zum Ende des dritten Quartals wird gleichzeitig deutlich, ob die quotale Entwicklung in Bezug auf das Jahresziel im Plan liegt.

Neben dem Periodenvergleich soll die Kennziffer Ergebnis je Aktie nach DVFA/SG auch den Vergleich der Ertragskraft verschiedener Unternehmen ermöglichen. Einem unmittelbaren Vergleich steht allerdings zunächst entgegen, dass die Zahl der ausgegebenen Aktien unternehmensindividuell geprägt ist und kein Beurteilungskriterium per se darstellt. So führt bspw. ein „pures" Aktiensplitting ohne sonstige Kapitalveränderungen zu einer Halbierung des Kennziffernwertes, ohne dass hierdurch die Ertragskraft anders zu beurteilen ist.

Der Vergleich zwischen verschiedenen Unternehmen bedarf insofern stets einer Relativierung. Üblicherweise wird hierzu der Börsenkurs herangezogen und ein Quotient aus Börsenkurs als Zähler und Ergebnis je Aktie als Nenner gebildet. Der Wert dieser Relation, die als „Kurs/Gewinn-Verhältnis" (KGV) oder „Price Earnings Ratio" (PER) bezeichnet wird, kann dann als Vergleichsmaßstab für die „Preiswürdigkeit" von Aktien

---

[14] Vgl. HYPOVEREINSBANK, Finanzbericht 2003, S. 107.

[15] So die DEUTSCHE BANK bis zum Geschäftsbericht 2000, S. 180-181; nach Übergang auf US-GAAP im Geschäftsbericht 2001 allerdings auf einen Fünfjahresvergleich beschränkt.

[16] So veröffentlicht im Zwischenbericht zum 30. September 2004 bspw. die DEUTSCHE BANK sowohl kumulierte Werte als auch Quartalswerte (S. 10), während die COMMERZBANK nur die kumulierten Kennziffern angibt (S. 6).

herangezogen werden.[17] Da sowohl Zähler als auch Nenner auf je eine Aktie bezogen sind, gibt der erhaltene Wert den Faktor an, mit dem das Periodenergebnis zu multiplizieren ist, um eine Aktie zu kaufen. Eine Aktie eines Unternehmens mit niedrigerem KGV ist nach diesem Beurteilungskriterium preisgünstiger (vorteilhafter) als eine Aktie eines anderen Unternehmens mit höherem KGV. Eine Steigerung des Ergebnisses je Aktie in einem Unternehmen würde bei einem zunächst als gleichbleibend angenommenen Börsenkurs zu einem niedrigeren KGV führen und im partiellen Vergleich in einem ansonsten unveränderten Umfeld einen Kaufanreiz für die Aktie auslösen.

3. Anwendungsbereich nach IFRS, US-GAAP und DVFA/SG

3.1 Anwendungsbereich für die Regelungen nach IFRS und US-GAAP

In Bezug auf den Anwenderkreis von Unternehmen, an die sich die Normen zur Offenlegung von Gewinn-pro-Aktie-Kennziffern richten, geben IAS 33 und SFAS 128 detailliertere Abgrenzungen als DVFA/SG.

Der Anwendungsbereich von IAS 33 umfasst als Spektrum

– Unternehmen, deren Stammaktien börsengehandelt werden (IAS 33.2),

– Unternehmen, die den Börsenhandel ihrer Stammaktien anstreben (IAS 33.2) und

– andere Unternehmen, die freiwillig ein Ergebnis je Aktie angeben wollen (diese Unternehmen werden aufgefordert, ebenfalls den Berechnungsmodus von IAS 33 anzuwenden, IAS 33.3).

Ähnlich ausgerichtet wie IAS 33 ist SFAS 128 auf alle Unternehmen bezogen, deren Stammaktien (oder deren Bezug begründende Rechte, wie z.B. Optionen oder Wandelschuldverschreibungen) auf einem öffentlichen Markt gehandelt werden, deren Handel beantragt wird oder deren Handel über eine regulatorische Institution vorbereitet wird (SFAS 128.6). Als öffentlicher Markt gelten hierbei sowohl nationale oder ausländische Börsen, unabhängig davon, ob eine Notierung nur lokal oder regional erfolgt, als auch

---

[17] Vgl. auch KÜTING, K./WEBER, C.-P., Bilanzanalyse, 7. Aufl., Stuttgart 2004, S. 282.

OTC-Märkte.[18] Nicht anzuwenden sind die Anforderungen von SFAS 128 von Kapitalanlagegesellschaften („Investment Companies" nach der Definition des AICPA[19] Audit and Accounting Guide „Audits of Investment Companies") sowie von Unternehmen, die sich vollständig im Besitz eines Eigentümers befinden (SFAS 128.6). Analog zu IAS 33 werden andere Unternehmen, die freiwillig ein Ergebnis je Aktie angeben wollen, nach SFAS 128.6, aufgefordert, den Berechnungsmodus von SFAS 128 anzuwenden.

3.2 Anwendungsbereich für die Empfehlung nach DVFA/SG

Die gemeinsame Empfehlung von DVFA und SG zur Veröffentlichung eines Ergebnisse je Aktie richtet sich an börsennotierte Muttergesellschaften von Konzernen. Obwohl als Bezugsbasis die Aktien der Muttergesellschaft maßgeblich sind, wird in Anbetracht der Wertschöpfungszusammenhänge im Konzern für die Ergebnisermittlung nicht auf das Zahlenwerk der Muttergesellschaft, sondern auf den Konzern abgestellt. Demzufolge ist von der GuV des Konzernabschlusses auszugehen, der in der Regel die ergebnismäßigen Auswirkungen aller wesentlichen Tochter- und Gemeinschaftsunternehmen sowie assoziierten Unternehmen nach Erwerb und Anpassung an die konzerneinheitlichen Bilanzierungsgrundsätze enthält.[20]

Um bei der Konzernbetrachtung allerdings die Vergleichbarkeit der Gewinn-pro-Aktie-Kennziffern nach DVFA/SG zwischen HGB-, IFRS- und US-GAAP-Konzernabschlüssen zu erreichen, ist bei Beteiligungen mit einer Anteilsquote der Muttergesellschaft von unter 100% eine einheitliche Handhabung bei den auf konzernfremde Gesellschafter entfallenden Anteilen am Konzernergebnis erforderlich. Nach der Interessentheorie im US-amerikanischem Verständnis gelten Minderheitenanteile nicht als Eigenkapital des Konzerns, so dass auch hierauf entfallende Ergebnisanteile nicht zum Konzernergebnis gehören, sondern als auf Minderheitenanteile entfallende Aufwands- oder Ertragsposten in die Konzern-GuV einfließen. Nach IAS 33 ist aus den gleichen Gründen eine analoge Handhabung geboten, wenngleich der bisherige Wortlaut in IAS 33.12, „income and expense … including … minority interests", eher den gegenteiligen Eindruck erweckte.[21] Im Rahmen der Änderungen durch das Improvements Pro-

---

[18] Als OTC-(over-the-counter-)Märkte gelten die Märkte, bei denen die Abwicklung der Geschäfte nicht über die Börse erfolgt; hierzu zählen insbesondere der Freiverkehr und Telefonverkehr, in denen Kontrakte häufig individuell ausgehandelt werden.

[19] American Institute of Certified Public Accountants.

[20] Vgl. BUSSE VON COLBE, W./BECKER, W. u.a. (Hrsg.), a.a.O. (Fn. 4), S. 7.

[21] Vgl. zu dieser Frage auch die Diskussion in LÖW, E./ROGGENBUCK, H. E., Earnings per Share nach IFRS und Gewinn pro Aktie nach DVFA für Banken, DBW 1998, S. 659-671, hier S. 663, wo die Sachgerechtigkeit der Einbeziehung bereits in Frage gestellt wurde. Seinerzeit war der Konsultationsprozess mit dem IASC und Anwendern jedoch noch nicht abgeschlossen, so dass der Wortlaut „included" als formelles Argument zur Einbeziehung ausgelegt wurde.

ject des IASB werden nunmehr allerdings Minderheitenanteile in der Konzernbilanz nicht mehr als separater Posten getrennt von Eigenkapital und Fremdkapital ausgewiesen, sondern innerhalb des Eigenkapitals als separater Posten, getrennt von dem Eigenkapital, das auf Anteilseigner des Mutterunternehmens entfällt.[22] Ergebnisbestandteile, die konzernfremde Gesellschafter betreffen, sind weiterhin separat auszuweisen.

Der internationalen Handhabung entsprechend wird die Vergleichbarkeit mit HGB-Konzernabschlüssen in der DVFA/SG-Empfehlung dadurch hergestellt, dass das Ergebnis der Konzern-GuV nach HGB in einer Bereinigungsrechnung um konzernfremden Gesellschaftern zustehende Gewinne zu verringern ist und um die auf konzernfremde Gesellschafter entfallenden Verluste zu erhöhen ist. Hierbei sind zudem gegebenenfalls spezifische Steuerquoten zu berücksichtigen.

Hinsichtlich der Rechtsform der Adressaten ist die gemeinsame Empfehlung von DVFA und SG nicht auf „reine" Aktiengesellschaften beschränkt, sondern richtet sich auch an Kommanditgesellschaften auf Aktien. Bei Unternehmen dieser Rechtsform sind Modifikationen bei der zugrunde zu legenden Aktienzahl vorzunehmen, wenn auch die persönlich haftenden Gesellschafter Kapitaleinlagen geleistet haben und gewinnberechtigt sind, sowie u.U. Fiktionen bezüglich der Versteuerung von Gewinnanteilen der Komplementäre zu treffen.

Inhaltlich gibt es neben dem allgemeinen Arbeitsschema von DVFA/SG zur Ermittlung des Ergebnisses je Aktie noch branchenspezifische Regelungen jeweils für Banken, Versicherungen, Immobiliengesellschaften mit Bestandscharakter und Unternehmensbeteiligungsgesellschaften.

4. Spektrum der zu veröffentlichenden Kennziffern

4.1 Nach IAS 33 anzugebende Kennziffern

Im Gegensatz zur weitgehenden Fokussierung der DVFA-Empfehlung auf das Basisergebnis und dem eher ergänzenden Informationscharakter des voll verwässerten Ergebnisses, ist IAS 33 a priori auf eine gleichrangige Veröffentlichung von zwei Kennziffern ausgerichtet[23]. Zwingend vorgeschrieben sind die Veröffentlichung des

---

[22] Vgl. IAS 27.33.
[23] Vgl. IAS 33.66.

- fundamentalen Ergebnisses je Aktie (basic earnings per share) und des
- verwässerten Ergebnisses je Aktie (diluted earnings per share).

Beiden Kennziffern misst IAS 33 eine so herausragende Bedeutung zu, dass sie direkt auf der GuV-Seite („on the Face of the Income Statement") zu veröffentlichen sind.

Wenn ein Unternehmen verschiedene Klassen von Stammaktien (ordinary shares) mit abweichenden Rechten am Periodengewinn emittiert hat, sind gemäß IAS 33.66 jeweils paarweise pro Klasse ein fundamentales und ein verwässertes Ergebnis je Aktie anzugeben. Hierzu gehören bspw. diejenigen Vorzugsaktien, bei denen die Vorzugsdividende gemäß Satzung des Unternehmens an die Dividende der Stammaktien gekoppelt ist und ein Dividendenzuschlag gewährt wird (Mehrdividende), dieser aber nicht vorrangig bedient wird. Nicht zu den Stammaktien i.S.v. IAS 33 zählen hingegen diejenigen stimmrechtslosen Vorzugsaktien, bei denen eine in der Satzung bestimmte Dividende an die Vorzugsaktionäre auszuschütten ist, bevor eine Ausschüttung an die übrigen Aktionäre erfolgen darf.[24]

Darüber hinaus sollen im Falle aufgegebener Geschäftsbereiche (discontinued operation) sowohl für das Ergebnis der fortgeführten Geschäftsbereiche (continuing operation) als auch für das zusammengefasste Ergebnis der aufgegebenen Geschäftsbereiche ebenfalls die fundamentalen und verwässerten Gewinn-pro-Aktie-Kennziffern angegeben werden.[25] Für die beiden Kennziffern aus aufgegebenen Geschäftsbereichen ist allerdings statt der Pflichtveröffentlichung auf der GuV-Seite ein Wahlrecht zwischen einer Veröffentlichung auf der GuV-Seite und einer Angabe in den Notes eingeräumt worden.

Zur Abgrenzung zwischen Continuing Operation und Discontinued Operation bezieht IAS 33 selbst keine Stellung, allerdings wird über terminologische Folgeanpassungen im Zuge der Verabschiedung von IFRS 5, Non-current Assets Held for Sale and Discontinued Operations, eine Brücke für die Klassifizierungskriterien geboten. Wurde in der Fassung von IAS 33 nach dem Improvements Project in IAS 33.68 noch der Wortlaut „discontinuing operation" verwendet, ist durch IFRS 5 eine Abänderung in IAS 33.68 zum restriktiveren Begriff „discontinued operation" erfolgt. Der Prozess der Aufgabe von Geschäftsbereichen muss insofern bereits so konkret bestimmbar sein, dass hierzu im Abschluss detaillierte Informationen gegeben werden können und der aufgegebene Geschäftsbereich „den Anforderungen einer Cash Generating Unit oder einer Gruppe von Cash Generating Units genügt und damit über einen Cash Flow verfügt, „der für Zwecke der Berichterstattung im IFRS-Abschluss von den übrigen Cash Flows im Unternehmen klar getrennt werden kann."[26] Gesondert von den fortgeführten Aktivitäten

---

[24] Vgl. IDW, Stellungnahme ERS HFA 2 n.F, Einzelfragen zur Anwendung von IFRS, WPg 2004, S. 1333-1347, hier S. 1337.

[25] Vgl. IAS 33.68.

[26] Vgl. ZÜLCH, H./LIENAU, A., Bilanzierung zum Verkauf stehender langfristiger Vermögenswerte sowie aufgegebener Geschäftsbereiche nach IFRS 5, KoR 2004, S. 442-451, hier S. 447.

sind hierbei in der GuV diejenigen Nachsteuergewinne und -verluste in einem Betrag zusammenzufassen, welche sich aus der Geschäftstätigkeit der aufgegebenen Bereiche ergeben.[27]

Wie in der Empfehlung von DVFA/SG besteht die Angabepflicht für die Kennziffern zum Ergebnis je Aktie nach IAS 33.69 regelmäßig auch dann, wenn die Ergebnisse negativ sind, d.h. ein Verlust je Aktie zu verzeichnen ist. In der unterjährigen Berichterstattung kann es dabei durchaus vorkommen, dass ein kumuliertes Ergebnis je Aktie über bspw. die ersten drei Quartale positiv ist, das quartalsbezogene Ergebnis je Aktie jedoch negativ ist, da im dritten Quartal ein Verlust erwirtschaftet wurde. Gleichwohl sollte diese Erkenntnis der Veröffentlichung von Quartalskennziffern nicht im Wege stehen, da der Sachverhalt im Prinzip auch aus dem Rückgang des kumulierten Ergebnisses je Aktie vom Halbjahr zum Neunmonatszeitraum ersichtlich wird.

Weitere Kennziffern in der Form von bestimmten Beträgen je Aktie für spezifische Komponenten des Periodengewinns können von Unternehmen gemäß IAS 33.73, auf freiwilliger Basis erfolgen; von einer Verpflichtung hierzu hat der IASB aber abgesehen, um einen Abschluss nicht mit einem Übermaß an Kennziffern zu belasten. Sollten jedoch weitere Kennziffern veröffentlicht werden, ist die Aktienzahl als Bezugsbasis stets entsprechend IAS 33 zu berechnen, um die Vergleichbarkeit der ausgewiesenen Beträge je Aktie zu gewährleisten. Auf dieser Basis weist bspw. die Deutsche Bank in ihrem Finanzbericht 2003 die beiden Pflichtkennziffern sowohl auf der GuV-Seite[28] als auch in den Notes[29] noch differenzierter aus durch die zusätzliche Veröffentlichung von kumulierten Effekten aus Änderungen der Bilanzierungsmethoden.

4.2 Nach SFAS 128 anzugebende Kennziffern

Analog zu IAS 33 sind auch nach SFAS 128.36 die beiden Kennziffern

– fundamentales Ergebnis je Aktie (basic earnings per share) und

– verwässertes Ergebnis je Aktie (diluted earnings per share)

gleichrangig auf der GuV-Seite offenzulegen.

Abweichend zur bis Ende 2004 gültigen Fassung von IAS 33 forderten SFAS 128.9 und SFAS 128.37 bereits bislang, aber teilweise mit der Wahlmöglichkeit zwischen einer Platzierung auf der GuV-Seite oder in den Notes, einen spezifischen Ausweis dieser beiden Kennziffernausprägungen für

---

[27] Vgl. ZÜLCH, H./LIENAU, A., a.a.O. (Fn. 26), S. 448.
[28] Vgl. Deutsche Bank, Finanzbericht 2003, S. 40.
[29] Vgl. Deutsche Bank, Finanzbericht 2003, S. 103-104.

– weiterhin fortgeführte Geschäftsaktivitäten (continuing operations),

– aufgegebene Geschäftsaktivitäten (discontinued operations),

– das außerordentliche Geschäft (extraordinary ttems) und

– den kumulativen GuV-Effekt von Änderungen in den Bilanzierungs- und Bewertungsmethoden (cumulative effect of an accounting change),

sofern die GuV entsprechende Ergebnispositionen ausweist. Als Beispiel, das zwar nicht aus dem Kreditgewerbe stammt, aber immerhin zu acht Kennziffernwerten führt, kann der DaimlerChrysler Geschäftsbericht 2003 herangezogen werden.[30] In ihm werden neben dem „Ergebnis aus fortgeführten Aktivitäten" und dem „Ergebnis aus aufgegebenen Aktivitäten" als spezielle Positionen zum einen das „Ergebnis aus der Veräußerung von aufgegebenen Aktivitäten" und zum anderen die Effekte aus „Anpassungen aus der Erstanwendung von FIN 46R[31] und SFAS 142[32]" auf die Zahl umlaufender Aktien heruntergebrochen und auf der GuV-Seite ausgewiesen. Im Extremfall hat ein Unternehmen, das seinen Konzernabschluss nach US-GAAP erstellt, insgesamt zwölf Gewinn-pro-Aktie-Kennzahlen auszuweisen.

Durch die vom IASB im Rahmen des Improvements Projekt eingeführte Pflicht zur jeweiligen Angabe der Gewinn-pro-Aktie-Kennziffern für fortgeführte Geschäftsaktivitäten und aufgegebene Geschäftsaktivitäten ist eine wesentliche Angleichung von IAS 33 an SFAS 128 erfolgt.[33]

Bei Unwesentlichkeit der Positionen besteht allerdings durch SFAS 128.43 eine generelle Befreiungsregelung. Die drei letztgenannten Kennziffernkategorien brauchen zudem nicht auf der GuV-Seite veröffentlicht werden, sondern können nach SFAS 128.37 und SFAS 128.123 wahlweise auch in den Notes ausgewiesen werden. Einen ausdrücklichen Hinweis auf eine Ausweispflicht im Verlustfall enthält SFAS 128 zwar nicht. Diese kann gleichwohl implizit aus den Berechnungserläuterungen in SFAS 128.9 für negative Ergebnisse gefolgert werden.

Unterschiede in den Ausweispflichten zwischen IFRS und US-GAAP waren dem IASB (damals IASC) und dem FASB vor der Verabschiedung der Standards bekannt, wie die expliziten Begründungen in SFAS 128.130-132 zu Konsensbestrebungen belegen. Ein Unvereinbarkeitskonflikt zwischen IFRS und US-GAAP ergab und ergibt sich hieraus jedoch nicht, da bereits der bisher gültige IAS 33 gemäß Tz. 51-52 die Offenlegung von zusätzlichen Angaben zugelassen hatte.

---

[30] Vgl. DAIMLERCHRYSLER, Geschäftsbericht 2003, S. 110.

[31] FASB Interpretation (FIN) No. 46R, Consolidation of Variable Interest Entities - an interpretation of ARB No. 51.

[32] SFAS 142, Goodwill and Other Intangible Assets.

[33] Vgl. IAS 33.66-68.

4.3 Nach der DVFA-Empfehlung anzugebende Kennziffern

Im Mittelpunkt der gemeinsamen Empfehlung von DVFA/SG steht die zentrale Kennziffer „Ergebnis nach DVFA/SG je Aktie".[34] Dabei wird nicht ausdrücklich angesprochen, dass die Kennziffer auch in dem Falle eines negativen Ergebnisses angegeben werden soll. Implizit bestehen an dieser Anforderung aber keine Zweifel, da die erläuternde Ergänzung „Überschuss/Fehlbetrag" bei der Ausgangsgröße in den Berechnungsschemata[35] auch den Verlustfall einbezieht. Erst nach dem Betrachtungsschwerpunkt „Ergebnis" wird in den darauf folgenden Erläuterungen der Empfehlung zu der Anzahl der zugrunde zu legenden Aktien eine Unterscheidung zwischen dem „Unverwässerten Wert je Aktie" und dem „Verwässerten Wert je Aktie" getroffen.

Im anschließenden allgemeinen Arbeitsschema der Empfehlung werden diese beiden Kennziffern als

– Ergebnis nach DVFA/SG je Aktie („Basisergebnis") und

– voll verwässertes Ergebnis nach DVFA/SG je Aktie

bezeichnet.

Die offiziellen Bezeichnungen dieser beiden Kennziffern im Arbeitsschema für Banken sind

– Ergebnis nach DVFA/Banken je Aktie („Basisergebnis") und

– voll verwässertes Ergebnis nach DVFA/Banken je Aktie.[36]

Zweck der zusätzlichen Kennziffer ist es, den derzeitigen und potenziellen Aktionären oder Investoren des Unternehmens mögliche Effekte aus einer Erhöhung der Aktienzahl aufzuzeigen. Die Betrachtung erfolgt aus dem Blickwinkel der gegenwärtigen Verhältnisse. Grundlage ist hierbei zum einen das während der Berichtsperiode ermittelte tatsächlich erzielte (Basis-)Ergebnis nach DVFA/Banken, dessen Entwicklung prognostiziert werden soll, wenn sich die Aktienzahl erhöht. Zum anderen werden alle zum Berichtszeitraum eingeräumten Bezugsrechte zugrunde gelegt und Berechnungen vorgenommen, ob eine Wandlung in Aktien zu einem festgelegten späteren Zeitpunkt unter den gegenwärtigen Verhältnissen für den Bezugsrechtsinhaber vorteilhaft ist. Dieses ist immer dann der Fall, wenn er aus der Bezugsrechtsausübung Aktien günstiger beziehen kann als durch einen Aktienkauf direkt über die Börse. Aus der Summe dieser Vorteile gegenüber dem Bestand der bisherigen Aktien ergibt sich dann der maximale Verwässerungseffekt durch Erhöhung der Aktienzahl aus zum Berichtszeitpunkt eingeräumten Bezugsrechten.

---

[34] Vgl. BUSSE VON COLBE, W./BECKER, W. u.a. (Hrsg.), a.a.O. (Fn. 4), S. 3-5.
[35] Vgl. BUSSE VON COLBE, W./BECKER, W. u.a. (Hrsg.), a.a.O. (Fn. 4), S. 71 und S. 101.
[36] Vgl. BUSSE VON COLBE, W./BECKER, W. u.a. (Hrsg.), a.a.O. (Fn. 4), S. 103.

5. Ermittlung des „Fundamentalen Ergebnisses je Aktie"

Zur begrifflichen Abgrenzung gegenüber dem „Verwässerten Ergebnis je Aktie" wird das Ergebnis je Aktie ohne Berücksichtigung der Verwässerungseffekte im Folgenden einheitlich als „Fundamentales Ergebnis je Aktie" bezeichnet. Der Terminus umfasst insofern die in der Empfehlung der DVFA/SG als „Basisergebnis" oder häufig lediglich als „Ergebnis nach DVFA/SG je Aktie" oder branchenspezifisch als „Ergebnis nach DVFA/Banken je Aktie" bezeichnete Kennziffer und die nach IFRS und US-GAAP als „Basic Earnings per Share" oder in der deutschen Ausgabe der IFRS als „Unverwässertes Ergebnis je Aktie" bezeichnete Kennziffer.

Zur Ermittlung des „Fundamentalen Ergebnisses je Aktie" wird ein adjustiertes Konzernergebnis für Aktionäre der Muttergesellschaft einer durchschnittlichen Gesamtzahl umlaufender Aktien gegenübergestellt:

$$\frac{\text{auf Aktionäre der Muttergesellschaft entfallendes adjustiertes Konzernergebnis}}{\text{durchschnittliche Zahl umlaufender Aktien}}$$

5.1 Adjustierung der Ergebnis-Komponente im „Fundamentalen Ergebnis je Aktie"

5.1.1 Adjustierung der Ergebnis-Komponente im „Fundamentalen Ergebnis je Aktie" nach IFRS und US-GAAP

Abweichend zur gemeinsamen Empfehlung von DVFA/SG, die sowohl ein Arbeitsschema als auch Erläuterungen enthält, beschränken sich die internationalen Normen zum Gewinn pro Aktie - von Beispielrechnungen abgesehen - auf verbale Beschreibungen. Die nachfolgende skizzierte Übersicht ist insofern kein „offizielles" Arbeitsschema.

	Konzern-Jahresergebnis nach Steuern (Überschuss oder Fehlbetrag)
−	Ausschüttungen für Vorzugsaktien, sofern die Ausschüttungen die Berichtsperiode betreffen
−	Auf Konzernfremde entfallende Erträge
+	Auf Konzernfremde entfallende Aufwendungen
Σ	Maßgebliches Konzernergebnis für das „Fundamentale Ergebnis je Aktie"

Abb. 1: Schematische Übersicht zur Ergebnisbereinigung im „Fundamentalen Ergebnis je Aktie"

In beiden internationalen Standards zum „Gewinn pro Aktie" liegt das Hauptaugenmerk einer Normierung in der Bestimmung der zugrunde zu legenden Aktienzahl. So weist IAS 33 im Abschnitt „Objective" explizit darauf hin, dass es nach wie vor aufgrund unterschiedlicher Bilanzierungs- und Bewertungsmethoden bei der Ergebnisermittlung zu Einschränkungen in der Aussagefähigkeit der Kennziffern kommen kann, der ergebnisbezogene Teilaspekt aber nicht Betrachtungsgegenstand des Standards ist. Insbesondere methodische Ergebnisunterschiede zwischen einem IFRS-Abschluss und einem US-GAAP-Abschluss schlagen sich insofern zwangsläufig in den Kennziffern pro Aktie nieder. Zu betonen ist allerdings, dass diese in Kauf genommenen Beeinträchtigungen nur den zwischenbetrieblichen Vergleich betreffen, während sie für den innerbetrieblichen Vergleich von mehreren Berichtsperioden angesichts der methodischen Kontinuität üblicherweise keine Bedeutung haben.

Ausgangspunkt für die Ergebniskomponente im „Fundamentalen Ergebnis je Aktie" ist nach IAS 33.12 (entsprechend SFAS 128.9) das Ergebnis aus dem fortgeführten Geschäft nach Steuern (die Vorgehensweise für das Ergebnis aus aufgegebenen Aktivitäten erfolgt analog).Von dem Jahresergebnis sind nach IAS 33.14 die Ausschüttungen für Vorzugsaktien (amount of net profit attributable to preference shareholders) abzuziehen, sofern die Ausschüttungen das Berichtsjahr betreffen. Ob über die Ausschüttung bereits eine Beschlussfassung erfolgt ist oder nicht, ist nach IAS 33.14 unerheblich. Handelt es sich dagegen bei den Ausschüttungen um nachträgliche Zahlungen für in den Vorperioden unterlassene Ausschüttungen, wie es die Emissionsbedingungen von Vorzugsaktien in der Praxis durchaus vorsehen, erfolgt nach IAS 33.14 keine Bereinigung.

Vergleichbar zu IAS 33 sind auch nach SFAS 128 Ausschüttungen für Vorzugsaktien abzuziehen, im Unterschied hierzu verlangt SFAS 128.9 allerdings eine Beschlussfassung (declared) und fordert den Abzug unabhängig davon, ob der Zahlungsvorgang bereits erfolgt ist oder nicht. Bei kumulativen Vorzugsaktien ist der Ausschluss von Zahlungen für Vorperioden in SFAS 128 nur mittelbar angesprochen durch die Formulierung des Abzugskriteriums als „Dividends accumulated for the Period". Klargestellt wird, dass im Verlustfall der Abzug den zugrunde zu legenden Fehlbetrag erhöht.

Abzuziehen sind nach IAS 33.12 auf Konzernfremde entfallende Erträge und Aufwendungen. Indirekt ergibt sich diese Regelung in dem an 2005 gültigen Standard aus dem Wortlaut „amounts attributable to ordinary equity holders of the parent entity". Im bisherigen Standard vermittelte der diesbezügliche Wortlaut in Tz. 12, „income and expense ... including ... minority interests", zwar eher den gegenteiligen Eindruck, ergab wirtschaftlich aber keinen Sinn und wurde von englischen Anwendern als „Blick auf die GuV" interpretiert und somit ebenfalls als „Abzug" ausgelegt. Zur Thematik „auf Konzernfremde entfallende Erträge und Aufwendungen" gibt es im SFAS 128 keine Hinweise, sie sind aus US-amerikanischem Verständnis, der so genannten „Interessentheorie", aber auch nicht zu erwarten, da nach US-GAAP (analog zur bisherigen Regelung nach IFRS[37]) Minderheitenanteile nicht als Eigenkapital gelten und daher die Ergebnisanteile der Minderheitsgesellschafter bereits als Aufwands- oder Ertragsposten in die GuV eingeflossen sind.[38]

Durch diese nach IFRS und US-GAAP parallel vorgesehenen Regelungen wird sichergestellt, dass erstens nur solche Ergebniskomponenten berücksichtigt werden, die dem laufenden Geschäftsjahr zuzuordnen sind, und zweitens nur das für Stammaktien relevante Ergebnis zugrunde gelegt wird.

Sonstige Ergebnisbereinigungen, wie z.B. aufgrund einer von Unternehmen unterschiedlich ausgeübten Anwendung von alternativ zugelassenen Bilanzierungsmethoden und damit verbundener Ergebniswirkungen, sind nach IAS 33 nicht vorgesehen. Auf gewisse Einschränkungen der Vergleichbarkeit durch unterschiedliche Bilanzierungsmethoden weist der IASB zwar durchaus hin,[39] diese Thematik wird allerdings in IAS 33 nicht weiter verfolgt. Analog zu IAS 33 sind auch nach US-GAAP für die Berechnung des Fundamentalen Ergebnisses je Aktie keine sonstigen Ergebnisbereinigungen vorgesehen.

Über die Veröffentlichungsempfehlung von DVFA/SG hinausgehend, sind gemäß IAS 33.70 sowohl das für die Kennziffer „Fundamentales Ergebnis je Aktie" zugrunde gelegte Ergebnis als auch dessen Berechnung zu veröffentlichen. Für Dritte soll auf diese Weise eine Ableitung aus der GuV ermöglicht werden. Vergleichbare Anforderungen bestehen nach SFAS 128.40, die Ableitung des zugrunde gelegten Ergebnisses offen zu legen. Anzugeben ist dabei aber zusätzlich auch der Ausschüttungsbetrag für Vorzugsaktien.

---

[37] Im Rahmen des Improvement Project des IASB werden in formaler Hinsicht Minderheitenanteile in der Konzernbilanz zwar nicht mehr als separater Posten getrennt von Eigenkapital und Fremdkapital ausgewiesen, sondern innerhalb des Eigenkapitals als separater Posten, getrennt von dem Eigenkapital, das auf Anteilseigner des Mutterunternehmens entfällt. Allerdings sind Ergebnisbestandteile, die konzernfremde Gesellschafter betreffen, auch weiterhin separat auszuweisen.

[38] Vgl. NIEHUS, R./THYLL, A., Konzernabschluss nach US-GAAP - Grundlagen und Gegenüberstellung mit den deutschen Vorschriften, 2. Aufl., Stuttgart 2000, S. 100.

[39] Vgl. IAS 33.1 (Objective).

5.1.2 Adjustierung der Ergebnis-Komponente im „Fundamentalen Ergebnis je Aktie" nach DVFA/Banken

Für die Ermittlung der Gewinn-pro-Aktie-Kennziffern haben die Methodenkommission der DVFA und der Arbeitskreis Externe Unternehmensrechnung der Schmalenbach-Gesellschaft Arbeitsschemata entwickelt und zusammen mit ihrer gemeinsamen Empfehlung zum Ergebnis je Aktie nach DVFA/SG veröffentlicht. Für das Ergebnis nach DVFA/Banken je Aktie besteht ein branchenspezifisches „Arbeitsschema für Banken"[40], dessen Einzelschritte bei der Adjustierung der Ergebniskomponente im Anschluss an die im Folgenden skizzierte Übersicht erläutert werden.

	Konzern-Jahresergebnis nach Steuern (Überschuss oder Fehlbetrag)
+/-	Ergebnisse nicht konsolidierter Tochterunternehmen
+/-	Ergebnisse erworbener noch nicht konsolidierter Tochterunternehmen
-/+	Ergebnisse nicht konsolidierter Tochterunternehmen, die seit mehr als einem Jahr zum Verkauf bestimmt sind
+/-	Ergebnisse von nicht at equity bilanzierten wesentlichen Beteiligungen
+/-	Abweichung zwischen bilanziellem Ansatz von Rückstellungen und steuerlicher Berücksichtigung
+	Latente Steuererträge auf Verlustvorträge
Σ A	Angepasstes Konzernergebnis

Abb. 2: Schematische Übersicht zur Ermittlung der Ergebniskomponente nach DVFA/Banken (Teil I)

---

[40] Abgedruckt in BUSSE VON COLBE, W./BECKER, W. u.a. (Hrsg.), a.a.O. (Fn. 4), S. 100-103.

+/-	Legung oder Auflösung von Reserven nach § 340g HGB (offen ausgewiesener Fonds für allgemeine Bankrisiken)
+/-	Legung oder Auflösung von Reserven nach § 340f HGB (Stille Reserven zur Sicherung gegen die besonderen Risiken der Banken)
-/+	Gewinne oder Verluste aus der Veräußerung von Wertpapieren des Liquiditätsbestandes (HGB), unter bestimmten Voraussetzungen
-/+	Gewinne oder Verluste aus der Veräußerung von Wertpapieren aus dem Anlagebestand (IFRS), unter bestimmten Voraussetzungen
-/+	Gewinne oder Verluste aus der Umbuchung von Wertpapieren aus dem Anlagebestand (IFRS), unter bestimmten Voraussetzungen
-/+	Gewinne oder Verluste aus Immobilienverkäufen
Σ B	Zusammenfassung der bankspezifischen Bereinigungspositionen
+/-	Bereinigungspositionen nach DVFA/GDV-Schema für Versicherungen
+/-	Bereinigungspositionen nach dem allgemeinen DVFA/SG-Schema, soweit noch nicht berücksichtigt
Σ C	DVFA/Banken-Konzernergebnis für das Gesamtunternehmen (Σ C = Σ A +/- Σ B +/- Bereinigungspositionen aus dem Versicherungs- und allgemeinen Schema)
-/+	Ergebnisanteile Dritter am Jahresüberschuss oder -fehlbetrag
-/+	Ergebnisanteile Dritter an latenten Steueranpassungen
-/+	Ergebnisanteile Dritter an Bereinigungspositionen
ΣΣ	DVFA/Banken-Konzernergebnis für Aktionäre der Muttergesellschaft

Abb. 2: Schematische Übersicht zur Ermittlung der Ergebniskomponente nach DVFA/Banken (Teil II)

Ausgangspunkt für die Bereinigungsrechnung ist das Konzernergebnis nach Steuern, wobei die Berechnung sowohl im Falle eines Überschusses als auch im Falle eines Fehlbetrages vorzunehmen ist. Der Ausweis der Kennziffer als „Nach-Steuern-Größe" entspricht der international üblichen Praxis.

Bei den ersten vier Bereinigungspositionen handelt es sich um konsolidierungskreisbezogene Anpassungen des Konzernergebnisses. Diesbezügliche Bereinigungen sind nach der Empfehlung von DVFA/SG vorzunehmen, wenn

- wesentliche Beteiligungen, über die ein beherrschender Einfluss oder die Kontrolle ausgeübt wird, nicht im Konzernabschluss enthalten sind,
- Tochterunternehmen, deren Anteile im Berichtsjahr erworben worden sind, nicht zeitanteilig in den Konzernabschluss einbezogen worden sind,
- wesentliche Tochterunternehmen in den Konzernabschluss nur deshalb nicht einbezogen worden sind, weil sie zur Veräußerung bestimmt sind, und diese Absicht seit mehr als einem Jahr besteht oder
- wesentliche Beteiligungen, auf deren Geschäfts- und Bilanzpolitik ein maßgeblicher Einfluss ausgeübt wird, nicht at equity bilanziert worden sind.

Zweck der konsolidierungsbezogenen Bereinigungsmaßnahmen im DVFA-Schema sind in erster Linie Anpassungen an die Konsolidierungsmethodik nach internationalen Bilanzierungsnormen. Während das DVFA-Ergebnis früher nur auf HGB-Abschlüsse zugeschnitten war, wurde im neuen Schema durch diese Adjustierungsmaßnahmen die Anwendbarkeit auf Abschlüsse nach den international anerkannten Bilanzierungsnormen erweitert. Dadurch wird eine Vergleichbarkeit zwischen den DVFA-Kennziffern unabhängig davon erreicht, ob diese Konzernabschlüsse nach HGB, IFRS oder US-GAAP aufgestellt worden sind. Die zeitanteilige Einbeziehung der Ergebnisse von im Berichtsjahr erworbenen Tochterunternehmen (zweiter Punkt) lässt dabei deutlich erkennen, dass aus Vergleichbarkeitsgründen Kompromisse gegenüber den internationalen Bilanzierungsnormen eingegangen worden sind, denn für den von DVFA/SG ansonsten fokussierten Aspekt der Nachhaltigkeit wäre sogar die ganzjährige Einbeziehung angebracht.

Auch die beiden nächsten Bereinigungspositionen, in denen Anpassungen bei den latenten Steuern erfolgen, dienen der Vergleichbarkeit der DVFA-Kennziffern unabhängig davon, ob die Konzernabschlüsse nach HGB, IFRS oder US-GAAP aufgestellt worden sind. Die Anpassung erfolgt dabei an die international übliche Handhabung. Unternehmen, die ihren Konzernabschluss nach IFRS oder US-GAAP aufstellen, haben nach diesen Vorschriften latente Steuern in vollem Umfang zu berücksichtigen, so dass in den beiden Steuer-Positionen keine Anpassungen vorzunehmen sind. Unternehmen, die ihren Konzernabschluss hingegen nach HGB aufstellen, berücksichtigen aktive latente Steuern üblicherweise nicht in vollem Umfang. Im Falle von „Rückstellungen", wie z.B. bei Drohverlustrückstellungen, die bilanziell angesetzt sind, steuerlich aber nicht mehr anerkannt werden, und „Verlustvorträgen" wird die Berücksichtigung nach der DVFA-Empfehlung durch eine Bereinigungsrechnung für zwingend erforderlich gehalten. In anderen Fällen ist dieses lediglich erwünscht, wird aus Praktikabilitätsgründen aber ggf. auch für verzichtbar gehalten.

Nach diesen Anpassungen an die internationalen Normen und dem Zwischensaldo „Angepasstes Konzernergebnis", folgen sechs bankspezifische Korrekturpositionen. Hierzu gehören zum einen die unter Analyseaspekten immer stärker in den Vordergrund gestellte Thematik der Bildung und Auflösung versteuerter Stiller Reserven nach § 340f HGB und die durch die EU-Bankbilanz-Richtlinie als Alternative vorgeschriebene Dotierungs- oder Auflösungsmöglichkeit eines „Fonds für allgemeine Bankrisiken" nach § 340g HGB. Durch diese nur für die HGB-Konzernabschlüsse relevanten Anpassungen wird im Bereich der allgemeinen Risikovorsorge für das Bankgeschäft ein Gleichklang mit den internationalen Rechnungslegungsstandards hergestellt, die eine stille Bildung von Zweckreserven gar nicht zulassen und eine offene Dotierung oder Auflösung von Zweckreserven erst im Rahmen der Gewinnverwendung erlauben.

Zum anderen gehören zu den bankspezifischen Bereinigungspositionen bestimmte Gewinne oder Verluste aus Wertpapier- und Immobilienveräußerungen. Die generelle Abgrenzungsfrage ist hierbei, ob diese Veräußerungen als gewöhnliche Geschäftstätigkeit anzusehen sind[41] oder nicht. Zu bejahen ist diese Zuordnung in jedem Fall für den Handelsbestand und üblicherweise auch bei Wertpapierveräußerungen aus dem Liquiditätsreservebestand. Letztere Wertpapierkategorie wird allerdings nur nach HGB separat behandelt. Nach internationalen Rechnungslegungsstandards waren diese Wertpapiere hingegen bisher den Kategorien Handelsbestand oder Anlagebestand zuzuordnen. Seit der verpflichtenden Anwendung von IAS 39 ab Berichtsperioden, die am oder nach dem 01.01.2001 begonnen haben, ist letztere Kategorie noch weiter aufgebrochen in „bis zur Endfälligkeit zu haltende Positionen" (held-to-maturity investments) und „zur Veräußerung verfügbare Positionen" (available-for-sale financial assets). Ob jedoch Veräußerungen aus letzterer Kategorie als gewöhnliche Geschäftstätigkeit einzustufen sind, kann letztlich nur anhand der konkreten Verhältnisse beurteilt werden.

In den Fällen allerdings, in denen es sich um die Veräußerung größerer Aktienpakete aus dem Nicht-Handelsbestand handelt, die sich schon länger im Besitz der Bank befinden und deren Veräußerungsgewinne oder -verluste einen wesentlichen Einfluss auf das Ergebnis der Bank haben, ist eine Bereinigung zwingend vorzunehmen. Verkäufe von Aktien aus dem Nicht-Handelsbestand, die eine Anteilsquote von 10% oder mehr an der jeweiligen Aktiengesellschaft verkörpern, bilden stets einen Korrekturtatbestand, ebenso Veräußerungsgewinne, die in ihrer Summe einen wesentlichen Ergebniseinfluss haben. Das Durchhandeln von Aktienpaketen oder der Verkauf von ganzen Unternehmen oder Anteilen daran, die ausschließlich mit der Absicht der Weiterveräußerung oder Börseneinführung in den Bestand genommen worden sind, gilt hingegen als gewöhnliches Geschäft.

Gewinne und Verluste aus Immobilienverkäufen werden dann als gewöhnliche Geschäftsvorfälle angesehen, wenn die Höhe des verwalteten Grundvermögens quasi

---

[41] Die Empfehlung von DVFA/SG verwendet den Terminus „Bestandteil des ordentlichen Ergebnisses", vgl. BUSSE VON COLBE, W./BECKER, W. u.a. (Hrsg.), a.a.O. (Fn. 4), S. 95.

regelmäßig solche Transaktionen mit sich bringt. Ungewöhnliche und seltene Transaktionen erfordern hingegen eine Ergebnisbereinigung. Grundsätzlich wird die Veräußerung von Immobilien, die die Bank selbst nutzt, als ungewöhnliche Transaktion angesehen, Ausnahmen bestehen allerdings für Filialbanken in dem Umfang, der noch als üblicher Rahmen für Veränderungen im Filialnetz gelten kann.

Neben diesen bankspezifischen Bereinigungspositionen können u.U. bei Banken mit allfinanzorientierter Konzernstruktur noch Bereinigungen aus versicherungsgeschäftlicher Betätigung erforderlich werden, wie z.B. im Falle von Sondereinflüssen auf die versicherungstechnischen Rückstellungen, sowie weitere, bisher noch nicht berücksichtige Sonderkonstellationen aus dem allgemeinen Bereinigungsschema, wie bspw. planmäßige Abschreibungen außerhalb der üblichen Bandbreiten.

Als letzte Bereinigungsposition ist im Falle eines HGB-Konzernabschlusses der Ergebnisanteil Dritter einschließlich der diesen zuzurechnenden Steueranteile und Bereinigungskomponenten auszukehren. Durch die Anpassung an die internationale Handhabung soll auch unter diesem Aspekt die Vergleichbarkeit zwischen den Kennziffern aus HGB-Konzernabschlüssen einerseits und aus IFRS- sowie US-GAAP-Konzernabschlüssen andererseits erreicht werden.

Wegen der Einbeziehung von unternehmensinternen Daten, wie z.B. Stillen Reserven im Konzernabschluss nach HGB, wird das DVFA-Ergebnis für Banken von diesen selbst ermittelt und nur als Endergebnis veröffentlicht. Der Ausweis von Einzelkomponenten ist entsprechend einer bei der Entwicklung des Bankenschemas getroffenen Vereinbarung zwischen der DVFA und den Kreditinstituten in der DVFA-Empfehlung nicht vorgesehen. Gleichwohl sollten zumindest auf Anfrage die wichtigsten Bereinigungsposten genannt werden.

5.2 Adjustierung der „pro-Aktie"-Komponente im „Fundamentalen Ergebnis je Aktie"

5.2.1 Adjustierung der „pro-Aktie"-Komponente im „Fundamentalen Ergebnis je Aktie" nach IFRS und US-GAAP

Sowohl nach IAS 33.19 als auch nach SFAS 128.8 gilt als maßgebliche Bezugskomponente für die Anzahl der Aktien, die im „Fundamentalen Ergebnis je Aktie" zu berücksichtigen sind, die gewichtete durchschnittliche Zahl der Stammaktien, die in der Berichtsperiode im Umlauf waren. Anders als in der Empfehlung von DVFA/SG werden weder nach IFRS noch nach US-GAAP Vorzugsaktien in die Berechnung einbezogen.

Bei der Ermittlung der durchschnittlichen Zahl der Stammaktien sind übereinstimmend nach IFRS und US-GAAP Neuemissionen und Aktienrückkäufe[42] von Stammaktien zeitanteilig zu berücksichtigen. Wie in der Empfehlung von DVFA/SG kann dabei nach IAS 33.20 bzw. SFAS 128.45 die taggenaue Erfassung durch angemessene Näherungsverfahren ersetzt werden.

Auf die Frage, ob als „Rückkauf" z.B. neben dem Rückerwerb im Rahmen eines Aktienrückkauf-Programmes auch Handelsbestände zu verstehen sind, die möglicherweise bereits am nächsten Tag dem Markt wieder zur Verfügung stehen, gehen weder IAS 33 noch SFAS 128 ein. Angesichts des branchenübergreifenden Anwendungsbereichs der beiden internationalen Standards sind Bankspezifika völlig außer acht geblieben. So wird heutzutage im Aktienhandel der Banken im Prinzip keine Unterscheidung mehr getroffen, ob ein Handel in Aktien der eigenen Bank, in Aktien der Nachbarbanken oder in sonstigen Aktien getätigt wird. Einzige Ausnahme stellen noch die Quartalsultimostichtage dar, zu denen üblicherweise nach internen Richtlinien eine Glattstellung in eigenen Aktien erfolgen soll, d.h. keine Bestände gehalten werden.

Für IAS 33 war als nachträgliche Auslegungshilfe für die Frage, ob Handelsbestände als „Rückkauf" zu behandeln sind, die im Januar 1999 veröffentlichte, inzwischen in IAS 32 integrierte Interpretation SIC-16[43] des IASB nur bedingt förderlich. Dort wurde im Wesentlichen klargestellt, dass „Eigene Aktien"[44] in der Bilanz vom Eigenkapital abzuziehen sind und Rückkauf, Entwertung oder Wiederverkauf erzielte Gewinne oder Verluste nicht in der GuV, sondern über die Eigenkapitalveränderungsrechnung im Eigenkapital zu verrechnen sind. Die bankspezifische Frage der Behandlung von Beständen in eigenen Aktien, die der Wertpapierhandel vorübergehend hält, blieb letztlich auch in SIC-16 unbeantwortet. Deutlich wird hingegen, dass Eigenkapitalabzug und Abzug bei der Berechnung der Kennziffer „Ergebnis je Aktie" stets einheitlich zu handhaben sind, d.h., wenn ein Abzug beim Eigenkapital erfolgt, hat auch ein Abzug bei der Zahl der umlaufenden Stammaktien zu erfolgen.

Wie in IAS 33 geht auch SFAS 128 nicht auf Branchenspezifika ein. Anders als in Deutschland stellt sich die Frage nach der Behandlung von Handelsbeständen aber für die US-Anwendungspraxis nicht, da in den USA ein Handel in eigenen Aktien nicht üblich ist oder keine Trennung zwischen Beständen aus dem Handel und aus einem Rückkaufprogramm vorgenommen wird. In diesem Fall wird das Handling gar nicht hinterfragt, sondern ein Abzug als selbstverständlich hingenommen. Gewisse Anhaltspunkte für Ausnahmen ergaben sich ursprünglich zwar aus bestimmten Veröffentlichungen des

---

[42] „Bought back" nach IAS 33, „reacquired" nach SFAS 128.

[43] SIC-16, Gezeichnetes Kapital - Rückgekaufte eigene Eigenkapitalinstrumente (eigene Anteile).

[44] Dieser vom IASB in der deutschen Fassung verwendete Begriff wird in der englischen Fassung als „Treasury Shares" bezeichnet und dient nur als Kurzform für die umfassendere Kategorie „Eigene Eigenkapitalinstrumente/Own Equity Instruments" gemäß IAS 32.

Accounting Principles Board (APB)[45] und des Accounting Research Bulletins (ARB),[46] diese Handhabung ist aber in neueren Abschlüssen nicht mehr belegbar und nach Streichung in den APB- und ARB-Veröffentlichungen nicht mehr zulässig.

Der Abzug der zurückgekauften eigenen Aktien bei der Berechnung des gewichteten Durchschnitts der Zahl umlaufender Stammaktien nach IAS 33 und SFAS 128 hat - analog zur DVFA/SG-Regelung - zur Folge, dass sich der Nenner des Quotienten verringert und sich dementsprechend die Kennziffer selbst erhöht.

In entsprechender Weise wie es die Empfehlung von DVFA/SG vorsieht, ist der Zeitbeginn für die unterjährige Adjustierung nach IFRS üblicherweise durch die Gegenleistung oder Leistungsanpassung bestimmt. IAS 33.21-25 gibt hierzu folgende Anwendungsbeispiele:

– Abrechnungstag bei Neuemissionen,

– Dividendenzahltag bei Emission zum Re-Investment von Dividenden,

– Ende der Zinszahlung bei aus Wandelschuldverschreibungen oder aus anderen Finanzinstrumenten bezogenen Stammaktien,

– Abwicklungstag bei der Ausgabe von Stammaktien zur direkten Ablösung von Verbindlichkeiten,

– Zeitpunkt der Leistungserbringung bei der Ausgabe von Stammaktien zur Abgeltung von fremdbezogenen Leistungen,

– Rechtswirksamkeit bei der Ausgabe von Stammaktien gegen Sacheinlagen und

– Zeitpunkt der Akquisition bei der Ausgabe von Stammaktien als Entgelt für einen Unternehmenskauf (bei einem Zusammenschluss mit einem anderen Unternehmen erfolgt hingegen nur noch eine Betrachtung des neuen Unternehmens als Ganzes; in diesem Fall sind auch Vergleichszahlen für Vorperioden so zu ermitteln, als hätte der Zusammenschluss schon retrospektiv bestanden).

Gegebenenfalls können auch spezifische Faktoren einzelner Emissionen den Beginn der Einbeziehung in die Gewichtung determinieren. Hierunter könnten z.B. Wandelschuldverschreibungen fallen, wenn die Ausübung über einen Zeitraum möglich war. In diesem Fall dürften aus praktischen Erwägungen monatliche Zusammenfassungen der Ausübungen als angemessene Näherungsverfahren angebracht sein.

SFAS 128 geht im Gegensatz zu IAS 33 auf Detailfragen, an welchen Anhaltspunkten der genaue Zeitpunkt für eine Änderung der Aktienzahl zu bemessen ist, nicht in Form eines spezifischen Katalogs von Bestimmungsfaktoren ein. Die als Berechnungsleitlinie

---

[45] APB 6, Tz. 12b, gestattete den aktivischen Ausweis von Treasury Shares „under certain circumstances", traf jedoch hierzu keine weiteren erläuternden Aussagen.

[46] ARB 43, Chapter 1 A, Tz. 1, mit gleichem Wortlaut wie APB 6, Tz. 12b (vgl. vorhergehende Fußnote).

aufgeführten Beispiele in SFAS 128.148 basieren lediglich auf den vereinfachten Grundannahmen,[47] dass zu einem fixen Datum Aktien verkauft oder gewandelt werden. Für bedingte Aktienausgaben ohne (oder mit nur geringer) Zuzahlung ist nach SFAS 128.10 die Einbeziehung in die Berechnung ab dem Zeitpunkt vorzunehmen, zu dem alle Bedingungen erfüllt sind. Vice versa ist mit bedingten Rückgaben umlaufender Stammaktien zu verfahren.[48] Differenzierungen nach verschiedenen Zahlungsmodalitäten oder Formen der Gegenleistung werden in SFAS 128 nicht angesprochen, wie auch SFAS 128 nicht auf spezifische Determinanten für die Bestimmung des Zeitbeginns eingeht.

Teileingezahlte Stammaktien sind nach IAS 33, Anhang A15-16, in analoger Handhabung zu SFAS 128.64 gegenüber voll eingezahlten Stammaktien nur im Verhältnis ihrer entsprechenden proportionalen Dividendenberechtigung zu berücksichtigen. Diese Verfahrensweise ist durchaus sachgerecht, da nur das zur Verfügung stehende Eigenkapital als Ausgangsbasis für die Wertschöpfung dient (einschließlich der bankaufsichtsrechtlichen Multiplikatorwirkung für den Geschäftsumfang und der auf dem Eigenkapital aufbauenden weiteren Kapitalbeschaffung zur Ausnutzung des Leverage-Effektes). Sofern bis zur Volleinzahlung gar kein Anspruch auf eine Dividendenzahlung besteht, sind nach US-GAAP diese Aktien wie Optionsrechte zu behandeln und nur in der Berechnung des „Verwässerten Ergebnisses je Aktie" zu berücksichtigen.

Nach IAS 33.26-29, sind ferner auch Änderungen in der Zahl umlaufender Aktien zu berücksichtigen, die mit keiner Gegenleistung oder Leistungsanpassung verbunden sind. Hierzu zählen bspw.

– die Ausgabe von Gratisaktien (bonus issue),

– Aktien-Splits (share splits),

– Aktien-Zusammenlegungen (reverse share splits/consolidation of shares).

Adjustierungen dieser Art sind auch bei den Vorjahresvergleichszahlen sowie darüber hinaus in Mehrjahresübersichten sogar für weiter zurückliegende Zeiträume vorzunehmen.

Wie in IAS 33 sind auch nach SFAS 128.42 bei der Berechnung der Kennziffern die Effekte aus der Ausgabe von Gratisaktien („Stock Dividends") und Aktien-Splits zu berücksichtigen. Nicht genannt werden in SFAS 128 Aktien-Zusammenlegungen, zusätzlich hingegen Effekte aus Unternehmenszusammenschlüssen.

Üblicherweise gibt es bei Kapitalerhöhungen ein Bonuselement in der Form, dass der Emissionskurs der neuen Aktien unterhalb des Börsenkurses festgelegt wird. Dieses Bonuselement wird sowohl nach IFRS als auch nach US-GAAP durch eine spezielle Ad-

---

[47] Vgl. SFAS 128.147.
[48] Vgl. SFAS 128.10.

justierung der ursprünglichen Zahl umlaufender Stammaktien berücksichtigt. Die Berechnung erfolgt dabei über den Kursveränderungsfaktor zwischen dem Kurs vor und dem rechnerischen Kurs nach Bezugsrechtsausübung. Durch diesen Faktor wird für die Berichtsperiode auf kalkulatorisch vereinfachtem, aber inhaltlich adäquatem Wege dem Sachverhalt Rechnung getragen, dass die Eigenkapitalbasis für den Wertschöpfungsprozess infolge des niedrigeren Emissionskurses nur unterproportional zur Aktienzahl mitgewachsen ist.

Wie bei der Ergebniskomponente sind nach den beiden internationalen Standards sowohl die insgesamt angesetzte Anzahl an Stammaktien als auch deren Berechnung offen zu legen, so dass für Dritte die zugrunde gelegte Bezugsbasis der Kennziffer nachvollziehbar ist.

5.2.2 Adjustierung der „pro-Aktie"-Komponente im „Fundamentalen Ergebnis je Aktie" nach DVFA/Banken

Für die Bezugsbasis „pro Aktie" in der Kennziffer „Gewinn pro Aktie" ist in der aktuellen Empfehlung von DVFA/SG als maßgebliches Kriterium die „Dauer der Kapitalverfügbarkeit" eingeführt worden. Hierdurch wurde die Berechnung des Nenners an die Handhabung in der internationalen Rechnungslegung angepasst. Insbesondere für den Rückkauf eigener Aktien ist seitdem die Handhabung vereinheitlicht, dass deren Bestände ab Rückerwerbszeitpunkt nicht mehr in die Berechnung der Aktienzahl eingerechnet werden. Diese Regelung gilt unabhängig davon, ob die Aktien eingezogen werden oder zur Wiederveräußerung verfügbar bleiben.[49] Auf Unterscheidungen zwischen Stamm- und Vorzugsaktien sowie hiermit u.U. verbundene abweichende Dividendenberechtigungen, wie z.B. Mehr- oder Mindestdividenden, verzichtet die Empfehlung von DVFA/SG allerdings ausdrücklich, da auch ohne diese Differenzierung eine „hinreichend genaue Beurteilung der Ertragslage des Unternehmens erreicht wird."[50]

Hat ein Unternehmen statt Stückaktien noch Aktien mit unterschiedlichen Nennwerten im Umlauf, ist das Ergebnis auf die Anzahl der Aktien zu beziehen, die sich ergibt, wenn das Gezeichnete Kapital durch den Nennwert der börsennotierten Gattung dividiert wird. Sind mehrere Gattungen mit unterschiedlichen Nennwerten nebeneinander notiert, ist auf die liquideste Gattung abzustellen. Wahlweise können in diesen Fällen aber auch gattungsspezifische Kennziffern bekannt gegeben werden. Teileingezahlte Aktien sind entsprechend ihrer Dividendenberechtigung als Bruchteil einer Aktie anzusehen.

Für die Berechnung des „Fundamentalen Ergebnisses je Aktie" ist gemäß dem Kriterium der Kapitalverfügbarkeitsdauer der zeitgewichtete Durchschnitt der Gesamtzahl an

---

[49] Vgl. BUSSE VON COLBE, W./BECKER, W. u.a. (Hrsg.), a.a.O. (Fn. 4), S. 57.
[50] Vgl. BUSSE VON COLBE, W./BECKER, W. u.a. (Hrsg.), a.a.O. (Fn. 4), S. 55.

Aktien zugrunde zu legen, die während der Berichtsperiode im Umlauf waren. Die Zeitgewichtung kann dabei taggenau oder über angemessene Näherungsverfahren erfolgen.

Der Zeitpunkt, ab oder bis zu dem Aktien in den gewichteten Durchschnitt einzubeziehen sind, ist an dem Kapitalverfügbarkeitskriterium auszurichten und bemisst sich daher üblicherweise am zu- oder abgeflossenen Gegenwert. Hierfür gibt die Empfehlung von DVFA/SG folgende Anwendungsbeispiele:

– Tag des Geldeingangs bei Neuemissionen gegen Zahlungsmittel,

– Periodenbeginn bei Kapitalerhöhungen aus Gesellschaftsmitteln,

– Periodenbeginn bei Aktienzusammenlegungen (Kapitalschnitten),

– Tag des rechtlichen Erwerbs bei Kapitalerhöhungen gegen Sacheinlagen,

– Zeitpunkt der Einbeziehung in den Konzernabschluss bei Kapitalerhöhungen im Zuge des Erwerbs einer Unternehmenseinheit,

– Periodenbeginn bei Unternehmenszusammenschlüssen nach der Interessenzusammenführungsmethode,

– Tag des Wegfalls der Zinsverpflichtung bei Umwandlungen aus Wandelanleihen und Wandelgenussscheinen,

– Tag des Geldeingangs bei der Ausübung von Optionsrechten mit Barleistung,

– Periodenbeginn bei der Ausübung von Optionsrechten ohne Barleistung und

– Termin des Rückkaufs eigener Aktien unabhängig davon, ob die Aktien eingezogen werden oder nicht.

Jeder Zeitraum der Nichteinbeziehung in den gewichteten Durchschnitt verkleinert hierbei zunächst den Nenner als Bezugsbasis der Kennziffer, vergrößert auf diese Weise allerdings den Betrag des Quotienten. Ein Aktienrückkauf wirkt sich als Beispiel dadurch im Endeffekt in einer Erhöhung der Kennziffer aus.

6. Ermittlung des „Verwässerten Ergebnisses je Aktie"

Die Kennziffer des „Verwässerten Ergebnisses je Aktie" dient dazu, den Einfluss von potenziell ausstehenden Aktien aus der zukünftigen Ausübung von Bezugsrechten auf Aktien, wie z.B. aus Wandel- oder Optionsschuldverschreibungen, auf das „Fundamentale Ergebnis je Aktie" sichtbar zu machen. Zur Ermittlung des „Verwässerten Ergebnisses je Aktie" wird ein auf Aktionäre der Muttergesellschaft entfallendes Konzernergebnis um Ergebniseffekte aus einer Bezugsrechtsausübung adjustiert und einer Bezugsbasis aus derzeitigen Aktien und potenziellen Aktien gegenübergestellt:

$$\frac{\text{adjustiertes Konzernergebnis + Ergebniseffekte aus Bezugsrechtsausübung}}{\text{durchschnittliche Zahl umlaufender Aktien + potenzielle Aktien aus Bezugsrechten}}$$

6.1 Adjustierung der Ergebnis-Komponente im „Verwässerten Ergebnis je Aktie"

6.1.1 Adjustierung der Ergebnis-Komponente im „Verwässerten Ergebnis je Aktie" nach IFRS und US-GAAP

Sowohl nach IAS 33.30 als auch nach SFAS 128.11 ist der Ausgangspunkt für die Ergebniskomponente im „Verwässerten Ergebnis je Aktie" das für das „Fundamentale Ergebnis je Aktie" verwendete Konzernergebnis, gegebenenfalls analog zum „Fundamentalen Ergebnis je Aktie" separiert in ein Ergebnis aus fortgeführten Aktivitäten und ein Ergebnis aus aufgegebenen Aktivitäten. Vorzunehmen sind hierin sind nach IAS 33.33-35 Bereinigungen um Nach-Steuer-Effekte aus

- Dividenden für Finanzinstrumente, aus denen unter Wegfall des Dividendenanspruchs Stammaktien beziehbar sind,
- Zinszahlungen, die durch Ausübung eines Stammaktienbezugs entfallen, und
- jeglichen sonstigen Ertrags- oder Aufwandsänderungen durch Ausübung eines Bezugsrechts auf Stammaktien, wie z.B. Bezugsgebühren, Ab- oder Aufgeld, ergebnisabhängiger Aufwand.

Entsprechend sind nach SFAS 128.11 Ergebnisbereinigungen um Nach-Steuer-Beträge vorzunehmen um

– Vorzugsdividenden für in Stammaktien wandelbare Finanzinstrumente,

– Zinszahlungen für Wandelschuldverschreibungen, die durch Wandlung in Stammaktien entfallen, und

– jegliche sonstigen Ertrags- oder Aufwandsänderungen, die durch die Wandlung in Stammaktien anfallen, wie z.B. ergebnisabhängiger Aufwand, oder durch Wahlmöglichkeiten des Bezugsbegünstigten bestehen.

Nach IAS 33.70, sind sowohl das für die Kennzahl zugrunde gelegte Ergebnis als auch dessen Berechnung offen zu legen, so dass für Dritte die Ableitung aus der GuV nachvollziehbar ist. Beruht der Verwässerungseffekt auf mehreren Einflusskomponenten, sind die jeweiligen Effekte nach IAS 33.70(b) auch einzeln darzulegen.

Vergleichbar zu IAS 33 ist auch nach SFAS 128.40 die Ableitung des zugrunde gelegten Ergebnisses auszuweisen. Ebenso sind nach US-GAAP die spezifizierten betragsmäßigen Angaben der jeweiligen Ergebnisveränderungseffekte aus allen Arten von Verwässerungsursachen erforderlich.

6.1.2 Adjustierung der Ergebnis-Komponente im „Verwässerten Ergebnis je Aktie" nach DVFA/Banken

Für die Ergebniskomponente in dem „Verwässerten Ergebnis je Aktie" sind diejenigen Ergebnisbestandteile auszukehren, die im Verwässerungsfall zusätzlich oder weniger anfallen. Ausgangspunkt ist das für das „Fundamentale Ergebnis je Aktie" verwendete Ergebnis. Dieses wird korrigiert um die Erträge und Aufwendungen nach Steuern, die bei einer Umwandlung von potenziellen Aktien durch Ausübung von Bezugsrechten hinzukommen oder entfallen. Hierzu gehören bspw. die um die Steuerwirkung gekürzten Zinsen auf Wandelanleihen wie auch steuerliche Entlastungen durch die erhöhte Dividendensumme.

6.2 Adjustierung der „pro-Aktie"-Komponente im „Verwässerten Ergebnis je Aktie"

6.2.1 Adjustierung der „pro-Aktie"-Komponente im „Verwässerten Ergebnis je Aktie" nach IFRS und US-GAAP

Ausgangspunkt für die Berechnung der Bezugskomponente „pro-Aktie" für die Kennziffer „Verwässertes Ergebnis je Aktie" ist sowohl nach IFRS als auch nach US-GAAP die Bezugsbasis aus dem „Fundamentalen Ergebnis je Aktie".

6.2.1.1 Regelungen nach IFRS

Nach IAS 33.36 und IAS 33.41 ist die dem „Fundamentalen Ergebnis je Aktie" zugrunde gelegte Aktienzahl zu ergänzen um sämtliche eingeräumten Bezugsrechte auf weitere Stammaktien, sofern hieraus „Verwässerungseffekte" angenommen werden. Den bestehenden und potenziellen Investoren wird hierdurch die Information zur Verfügung gestellt, inwieweit die Ausgabe weiterer Stammaktien maximal zu einer Verringerung des Ergebnisses je Aktie führen kann. Eine Einschränkung durch die Unterstellung bestimmter Annahmen ist insofern erforderlich, als die Ausübung der Bezugsrechte auf neue Aktien unter bestimmten Bedingungen als „verwässerungsneutral" angesehen wird. In diesen Fällen wird angenommen, dass aus dem Gegenwert der neu emittierten Aktien der gleiche Ergebnisbeitrag erzielt wird wie aus den alten Aktien. Für die Kennziffer bedeutet dieses, dass sich das Ergebnis je Aktie auch auf der Basis der erhöhten Aktienzahl nicht verringert.

Insbesondere der Bezug von Stammaktien zum durchschnittlichen Kurswert der Berichtsperiode wird als verwässerungsneutral angesehen, so dass hieraus nach IAS 33.45 keine Adjustierung der Aktienzahl vorzunehmen ist. In diesem Fall wird davon ausgegangen, dass das zusätzlich erhaltene Eigenkapital im gleichen Maße zur Wertschöpfung beiträgt wie das bisherige Eigenkapital.

Die üblicherweise bei Neuemissionen eingeräumten Bezugsmöglichkeiten von Stammaktien unterhalb des durchschnittlichen Kurswertes der Berichtsperiode werden hinsichtlich der zu berücksichtigenden zusätzlichen Aktienzahl nach IFRS wie folgt behandelt. Bei der Berechnung der Anzahl zusätzlich einzubeziehender Aktien ist zunächst der rechnerische Emissionserlös aller potenziellen Aktien zu ermitteln. Dieser Emissionserlös wird durch den durchschnittlichen Börsenkurs der Aktien während der Berichtsperiode geteilt. Wird die so errechnete Stückzahl, die einer Emission zum Börsenkurs entspricht, von der tatsächlich wandelbaren oder durch Optionsrecht erwerbbaren Aktienzahl abgezogen, ergibt sich die Anzahl der verwässernden potenziellen Aktien. Zusammen mit der Zahl der durchschnittlich im Umlauf befindlichen Aktien ergibt sich hieraus die Bezugsbasis für das „Verwässerte Ergebnis je Aktie". Rechnerisch werden auf diese Weise die potenziellen Aktien aufgeteilt in einen Teil, der zum Börsenkurs der alten Aktien abgegeben wird und somit zu keinem Verwässerungseffekt führt, und einem Teil, der gratis abgegeben wird und damit voll verwässernd wirkt.

Einschränkend ist nach IAS 33.41 eine Verwässerung allerdings nur zu berücksichtigen, wenn durch den Bezug neuer Stammaktien eine Verminderung der Kennziffer „Operatives Ergebnis je Aktie" eintritt. Bezugsmöglichkeiten, die an Stelle einer Verwässerung zu einer Verbesserung des operativen Ergebnisses je Aktie führen, sind nach IAS 33.43 bei der Berechnung des „Verwässerten Ergebnisses je Aktie" nicht einzubeziehen. Diese Handhabung erklärt sich aus dem Ziel, den „Altaktionären" den maximal möglichen Verwässerungseffekt vor Augen zu führen.

Sofern aus mehreren Kategorien eingeräumter Bezugsrechte Verwässerungen herrühren können, sind nach IAS 33.44 die Adjustierungsmaßnahmen in der Reihenfolge der Verwässerungsintensität vorzunehmen. Indem die stärkste Verwässerung zuerst berücksichtigt wird, lässt sich die maximale kumulative Verwässerung am zügigsten ermitteln, da alle gegenüber dem kumulierten Wert schwächeren Verwässerungseffekte eine gegenüber diesem Wert anti-dilutive Wirkung haben und somit ohnehin auszusparen sind.

Um den Altaktionären und potenziellen Investoren den größtmöglichen Verwässerungseffekt aufzuzeigen, werden nach IAS 33.39 jeweils die für den potenziellen Bezieher der Stammaktien vorteilhaftesten Bedingungen angenommen. Hierzu gehört auch die Regelung in IAS 33.38, dass als Umwandlungszeitpunkt für potenzielle Stammaktien grundsätzlich der Beginn der Berichtsperiode unterstellt wird. Diese Bedingungen stellen sich aus Sicht des emittierenden Unternehmens als ungünstigste Konstellation dar. Hierdurch stellt IAS 33 als eine Art Vorsichtsprinzip sicher, dass für jede Bezugsmöglichkeit der jeweils größtmögliche Verwässerungseffekt abgebildet wird.

Da sich in Konzernen die Bezugsmöglichkeiten für Aktien des Mutterunternehmens häufig nicht auf dessen Aktionäre beschränken, weist IAS 33.40 ausdrücklich darauf hin, dass bei den Adjustierungen auch solche Bezugsrechte zu berücksichtigen sind, die Tochter-, Gemeinschafts- oder assoziierte Unternehmen auf Stammaktien des Mutterunternehmens eingeräumt haben. Von Dritten ausgestellte Optionsrechte auf Aktien des betrachteten Unternehmens müssen hingegen üblicherweise aus dem Markt bedient werden und haben insofern keine Verwässerungseffekte.

Das „genehmigte Kapital" i.S. der §§ 202-206 AktG ist per se hingegen kein Bestimmungsfaktor für den Verwässerungstatbestand, denn es berechtigt lediglich die zuständigen Organe, innerhalb einer gewissen Frist Aktien zu emittieren, während zum Abschluss-Stichtag weder Ansprüche Dritter bestehen mit möglichem Verwässerungseffekt, noch der Verwässerungseffekt des genehmigten Kapitals aufgrund fehlender Bewertungsparameter berechenbar ist.[51] Diesbezüglich abgeleitet wird allerdings aus der im

---

[51] Vgl. IDW, a.a.O. (Fn. 24), S. 1338.

Rahmen des Improvements Projects neu aufgenommenen Offenlegungsvorschrift IAS 33.70(c) eine entsprechende Pflicht zur Anhangangabe.[52]

Nach IAS 33.70 sind sowohl die Zahl der umlaufenden Stammaktien und die Zahl der potenziellen Stammaktien als auch deren jeweilige Berechnung offen zu legen, so dass für Dritte die zugrunde gelegte Bezugsbasis der Kennziffer nachvollziehbar ist. Darüber hinaus sind nach IAS 33.70(c) zusätzlich zu den bisherigen Offenlegungspflichten künftig auch Angaben über solche Instrumente erforderlich, die zwar derzeit nicht verwässernd sind (und daher nicht die aktuelle Gewinn-pro-Aktie-Berechnung einfließen), aber in der Zukunft zu Verwässerungseffekten führen können. Außerdem sind nach IAS 33.70(d) Transaktionen mit Stammaktien oder potenziellen Stammaktien zu beschreiben, die nach dem Bilanzstichtag durchgeführt wurden und aus denen sich die Zahl der Stammaktien oder potenziellen Stammaktien signifikant geändert hätten (hierzu werden in IAS 33.71 einige Beispiele aufgeführt).

6.2.1.2 Regelungen nach US-GAAP

Im Prinzip schlagen sich die Verwässerungseffekte nach SFAS 128 in der gleichen Weise nieder wie nach IAS 33. Insbesondere die Beschränkung auf „echte" Verwässerungen (dilutive) und die Ausklammerung von nicht verwässernden Konstellationen (antidilutive) sind identisch. Die bisherigen Hauptursachen für Unterschiede, die nach Ansicht des US-amerikanischen Financial Accounting Standards Board aufgrund des in SFAS 128 gegenüber IAS 33 umfassenderen Leitfadens zur Berechnung der Anzahl verwässernder Aktien je nach Auslegung des Interpretationsspektrums in IAS 33 zu Zahlenabweichungen gegenüber SFAS 128 führten[53] (insbesondere ausstehende Options- und Wandlungsrechte, bedingt begebare Aktien sowie Kontrakte, bei denen ein Wahlrecht zur Begleichung in Aktien oder bar besteht), hat der IASB durch umfangreiche Beispielrechnungen für spezielle Fälle (IAS 33.45-63) ausgeräumt. Die Unterschiede waren jedoch schon bisher nicht zwangsläufig, da IAS 33 eine Auslegung, wie sie im Leitfaden von SFAS 128 vorgegeben ist, ausnahmslos bereits bislang zuließ.

Als Besonderheit für unterjährige Veröffentlichungen von Kennziffern ist allerdings noch darauf hinzuweisen, dass SFAS 128 explizit auf die einzelnen Zwischenberichtsperioden, d.h. in der Regel Quartalszahlen, abstellt, statt auf eine kumulierte Zeitraumbetrachtung (year-to-date period), während IAS 33 keine Prioritäten setzt bezüglich quartalsbezogener oder kumulierter Betrachtung. Abweichungen können sich dann ergeben, wenn in einzelnen Zwischenperioden kein Verwässerungseffekt besteht. Die Nichtberücksichtigung für diese Zeiträume führt zu einer geringeren Zahl verwässernder Aktien, d.h. zu einem höheren Wert bei der Kennziffer „Verwässertes Ergebnis je Aktie".

---

[52] Vgl. WIECHMANN, J., Ergebnis je Aktie (EPS), in: BOHL, W./RIESE, J./SCHLÜTER, J. (Hrsg.), Beck'sches IFRS-Handbuch, München 2004, S. 455-467, S. 460.

[53] Vgl. PETRONE, K., a.a.O. (Fn. 6), S. 379.

6.2.2 Adjustierung der „pro-Aktie"-Komponente im „Verwässerten Ergebnis je Aktie" nach DVFA/Banken

Für die Adjustierung der „pro-Aktie"-Komponente im „Verwässerten Ergebnis je Aktie" enthält die Empfehlung von DVFA/SG die nachfolgend erläuterte Leitlinie.[54] Bei der Berechnung der Anzahl zusätzlich einzubeziehender Aktien ist zunächst der rechnerische Emissionserlös aller potenziellen Aktien zu ermitteln, wobei für die Inhaber von Options- und Wandelrechten mit gestaffeltem Bezugspreis der für sie günstigste Preis zugrunde zu legen ist. Durch die Heranziehung des günstigsten Preises wird die am stärksten verwässernde Variante gewählt, d.h. die für das Unternehmen und die Altaktionäre ungünstigste Konstellation. Dieser Emissionserlös wird durch den durchschnittlichen Börsenkurs der Aktien während der Berichtsperiode geteilt. Wird die so errechnete Stückzahl, die einer Emission zum Börsenkurs entspricht, von der tatsächlich wandelbaren oder durch Optionsrecht erwerbbaren Aktienzahl abgezogen, ergibt sich die Anzahl der verwässernden potenziellen Aktien.

Zusammen mit der Zahl der durchschnittlich im Umlauf befindlichen Aktien ergibt sich hieraus die Bezugsbasis für das „Verwässerte Ergebnis je Aktie". Rechnerisch werden auf diese Weise die potenziellen Aktien aufgeteilt in einen Teil, der zum Börsenkurs der alten Aktien abgegeben wird und somit zu keinem Verwässerungseffekt führt, und einem Teil, der gratis abgegeben wird und damit voll verwässernd wirkt. Im Ergebnis entspricht dieses Verfahren der so genannten „Treasury Stock Method", wie sie bei der Berechnungsformel im Abschnitt 8.4 verwendet wird.

Der Berechnungsweg soll anhand des nachfolgenden Beispiels veranschaulicht werden. Hierzu wird die Gesamtzahl der neu beziehbaren Aktien aus einem Bezugskontrakt hypothetisch zerlegt in

– einen Teilkontrakt N, der den Bezug zum durchschnittlichen Kurswert der Berichtsperiode ermöglicht, und

– einen Teilkontrakt V, der den Bezug ohne Gegenleistung, d.h. quasi „gratis" ermöglicht.

Angenommen wird in vereinfachter Rechnung, dass der Durchschnittskurs einer Aktie einschließlich der insgesamt 2000 Aktien aus dem zugrunde gelegten Bezugskontrakt in der Berichtsperiode € 100 beträgt und die neuen Aktien zu einem Bezugskurs von € 75 angeboten werden. Auf dieser Grundlage wird die Emission von 2000 Stück x €/Stück 75 = € 150.000 kalkulatorisch zerlegt in eine Emission N von 1500 Stück zu €/Stück 100 (= € 150.000) und eine Emission V von 500 Stück zu €/Stück 0 (= € 0). Der Teilkontrakt N über 1500 Aktien ist nach IAS 33.35 verwässerungsneutral, so dass dessen Aktienzahl bei der Adjustierung der Bezugsbasis nicht zu berücksichtigen ist. Der

---

[54] Vgl. BUSSE VON COLBE, W./BECKER, W. u.a. (Hrsg.), a.a.O. (Fn. 4), S. 61.

Teilkontrakt V über 500 Aktien ist hingegen voll verwässernd, so dass die Bezugsbasis um diese 500 Aktien zu erhöhen ist. In den Annahmen vereinfacht wird hieraus folgende Tendenz ersichtlich: Je niedriger der Emissionskurs im Vergleich zu dem Kurs der alten Aktien ist, desto größer ist der Anteil der als voll verwässernd zu berücksichtigenden neuen Aktien (im Beispiel ein Viertel).

7. Vergleichende Wertung der Gewinn-pro-Aktie-Normen

Bei einer vergleichenden Wertung der zuvor dargestellten Normen für die Kennziffer „Ergebnis je Aktie" nach DVFA/Banken, IFRS und US-GAAP ist das Resümee im Wesentlichen durch die unterschiedlichen Aussageziele zwischen der DVFA/Banken-Norm einerseits sowie der IFRS- und US-GAAP-Norm andererseits geprägt. Die DVFA-Kennziffer ist auf die nachhaltige Ertragskraft ausgerichtet, während die Kennziffern nach den international anerkannten Normen das tatsächlich erzielte Ergebnis je Aktie abbilden sollen. Zudem gibt es nach DVFA branchenspezifische Adjustierungen, während die internationalen Normen nur allgemeingültige Kennziffernausprägungen vorsehen. Angesichts dieser unterschiedlichen Ziele gibt es keine qualitative Abstufung im Sinne eines allgemeinen „besser-schlechter"-Ratings, sondern nur eine an den Informationsadressaten ausgerichtete Eignungsprüfung.

Die DVFA-Empfehlung zielt auf eine Kennziffer, die dem Aktionär oder potenziellen Investor die nachhaltige Ertragskraft des betrachteten Konzerns vor Augen führen soll. Die Kennziffer soll dabei eine möglichst stabile Grundlage für Anlageentscheidungen liefern und ist diesbezüglich grundsätzlich prospektiv ausgerichtet. Diesem Ziel folgend liegt der Schwerpunkt der Empfehlung sehr offenkundig - und abweichend von der IFRS- und US-GAAP Regelung - bei der Adjustierung der Ergebnisgröße.[55] Die bei Abgrenzung der als Bezugsbasis zugrunde zu legende Aktienzahl durch die DVFA in der aktuellen Empfehlung vorgenommene enge Anlehnung an die Abgrenzungsmethodik der Aktienzahl nach IFRS oder US-GAAP hat dazu beigetragen, dass das Nebeneinander von zwei Kennziffern verstanden wird. Auf dieser Grundlage kann die seit 1999 verwendete DVFA-Kennziffer im Prinzip als eine unter analytischem Fokus spezifisch weiterentwickelte Stufe der Kennziffer nach IFRS oder US-GAAP angesehen werden.

---

[55] Vgl. PELLENS, B./GASSEN, J., IAS 33 - Ergebnis je Aktie, Rechnungslegung nach International Accounting Standards (IAS), in: BAETGE, J./DÖRNER, D. u.a. (Hrsg.), Rechnungslegung nach International Accounting Standards (IAS), 2. Aufl., Stuttgart 2002.

Die Kennziffern nach IFRS und US-GAAP nehmen hingegen - abgesehen von der Aufteilung in Kennziffern für fortgeführte und aufgegebene Aktivitäten - für sich nicht in Anspruch, eine Aussage für die Zukunft zu treffen, sondern sollen in retrospektiver Sichtweise lediglich das tatsächlich erzielte Ergebnis der Berichtsperiode in einer durch die Aktienzahl relativierten Größe abbilden. Unter diesem Aspekt ist auch die Pflicht zur Veröffentlichung der Kennziffern für fortgeführte Aktivitäten auf der GuV-Seite folgerichtig, auf der über die abgelaufene Periode Rechenschaft gelegt wird. Auch für das „Verwässerte Ergebnis je Aktie" löst sich die Betrachtungsrichtung nicht von der Vergangenheit, sondern beschränkt sich auf die für die derzeitigen Aktionäre wichtige Frage, wie sich das tatsächlich erzielte Ergebnis der Vergangenheit darstellen würde, wenn von den ausstehenden Bezugsrechten Gebrauch gemacht würde. Das prospektive Element ist insofern im Wesentlichen auf die Aktienzahl begrenzt und beeinflusst die Ergebniskomponente nur in den Fällen, in denen ein unmittelbarer Zusammenhang zwischen Ergebnis und Ausübung des Bezugsrechts besteht, wie z.B. der Wegfall von Zinsaufwendungen aus Wandelanleihen nach Ausübung des Wandlungsrechts. Gemeinsamer Kernpunkt von IAS 33 und SFAS 128 ist vielmehr die Methodik für eine sachgerechte Abgrenzung der zugrunde zu legenden Aktienzahl. Grundsätzlich sind hierbei die Berechnungsmodalitäten von IFRS identisch zu denen von SFAS 128, in einzelnen Fällen enthalten die US-GAAP allerdings detailliertere Leitlinien für spezifische Sachverhalte.

Die Unterschiede in den Schwerpunkten der Bereinigung bei DVFA einerseits und IFRS sowie US-GAAP andererseits lassen sich letztlich wie folgt skizzieren:

Kennziffer nach DVFA/Banken				Kennziffer nach IFRS und US-GAAP
Ergebnis	◄	Schwerpunkt der Bereinigung		Ergebnis
geteilt durch				geteilt durch
Aktienzahl		Schwerpunkt der Bereinigung	►	Aktienzahl
prospektiv	◄	Betrachtungshorizont	►	retrospektiv

Abb. 3: Bereinigungsschwerpunkte nach DVFA, IFRS und US-GAAP

8. Berechnungsmuster

Zusätzlich zu dem bereits zuvor abgebildeten Schema zur Adjustierung der Ergebniskomponente nach DVFA/Banken sind nachfolgend einige Grundmuster für die aktienzahlbezogene Berechnung der Kennziffern und ihre Dokumentation abgebildet.

8.1 Berechnungsmuster für die gewichtete durchschnittliche Aktienzahl im „Fundamentalen Ergebnis je Aktie"

Unterstellt werden in retrospektiver Betrachtung am 30.6.2004 eine Stammaktienzahl von 200.000 Stück am 31.12.2003, dem letzten Bilanzstichtag vor der Berichtsperiode 01.01.-30.6.2004, eine Kapitalerhöhung um 10% am 15.03.2004 sowie die Ausgabe von 1.000 Stück Belegschaftsaktien am 15.04.2004. Vereinfachend wird angenommen, dass der Emissionskurs dem Durchschnittskurs der Berichtsperiode entspricht und dass für die Gewichtung monatliche Zeiträume als Näherungsverfahren angewendet werden.

Zeitpunkt/ Zeitraum	Tatsächliche Aktienzahl	Emissionsanlass	Gewichtungsfaktor	Gewichtete Aktienzahl	
31.12.2003	200.000		6/6	200.000	
März 2004	+ 20.000	Kapitalerhöhung am Markt	4/6	+ 13.333	
April 2004	+ 1.000	Ausgabe Belegschaftsaktien	3/6	+ 500	
30.06.2004	221.000			213.833	= ø Aktienzahl 01.01.-30.06.2004

Abb. 4: Berechnungsmuster für die gewichtete durchschnittliche Aktienzahl im „Fundamentalen Ergebnis je Aktie"

8.2 Berechnungsmuster für das „Fundamentale Ergebnis je Aktie"

Unterstellt werden eine unveränderte Aktienzahl im Vorjahr sowie die in der vorhergehenden Berechnung zugrunde gelegten Aktienzahlveränderungen im Berichtsjahr, ein Gewinn nach Steuern ohne Fremdanteile in der Berichtsperiode 01.01.-30.6.2004 von € 500 Tsd. sowie in der entsprechenden Vorjahresperiode von € 400 Tsd.

Berechnungsschritte	Daten für 01.01.-30.6.2003	Daten für 01.01.-30.6.2004
Gewinn nach Steuern ohne Fremdanteile	€ 400 Tsd.	€ 500 Tsd.
:		
Ø Aktienzahl	200.000	213.833
= Ergebnis je Aktie	€ 2,00	€ 2,34

Abb. 5: Berechnungsmuster „Fundamentales Ergebnis je Aktie"

8.3 Kalkulationsformel für den rechnerischen neuen Marktpreis bei Kapitalerhöhungen

Unterstellt wird die in dem ersten Berechnungsmuster aufgeführte Kapitalerhöhung um 10%. Für den Kurswert der alten Aktien wird nunmehr allerdings ein Stückpreis von € 60 und für die neuen Aktien ein Bezugspreis von € 40 pro Stück angenommen. Hieraus ergibt sich über die Formel

$$\frac{(\text{Zahl alter Aktien} \times \text{alter Kurswert}) + (\text{Zahl neuer Aktien} \times \text{Bezugspreis})}{\text{Zahl alter Aktien} + \text{Zahl neuer Aktien}}$$

im Zahlenbeispiel

$$\frac{(200.000 \text{ Stück} \times € 60) + (20.000 \text{ Stück} \times € 40)}{200.000 \text{ Stück} + 20.000 \text{ Stück}}$$

ein rechnerischer neuer Kurswert für den Gesamtbestand von € 58 pro Stück.

8.4 Berechnungsformel für die Gesamtzahl der im „Verwässerten Ergebnis je Aktie" zu berücksichtigenden Aktien

Unterstellt werden die im dritten Berechnungsmuster angenommenen Werte. Hieraus ergibt sich über die Formel

$$\text{Zahl alter Aktien} \times \frac{\text{alter Kurswert}}{\text{neuer Kurswert}}$$

im Zahlenbeispiel

$$200.000 \text{ Stück} \times \frac{€\ 60}{€\ 58}$$

eine Gesamtzahl von 206.897 Stück Aktien, die für das „Verwässerte Ergebnis je Aktie" zu berücksichtigen sind. Aus der Gesamtzahl von 20.000 neuen Aktien sind demzufolge 6.897 Stück voll verwässernd und 13.103 Stück verwässerungsneutral.

8.5 Darstellungsmuster für die Ableitung des „Verwässerten Ergebnisses je Aktie"

Unterstellt, dass die Bezugsrechte auf die 20.000 neuen Aktien zu den o. a. Bedingungen und Kurskonstellationen schon im Jahre 2003 bestanden hätten, kann für den Konzernabschluss 2003, bei dem ein Jahresüberschuss nach Steuern ohne Fremdanteile von € 800 Tsd. angenommen wird, die Berechnung nach folgendem Muster dargestellt werden:

Durch-schnitts-kurs 2003	Kapital-erhöhung 15.04.04 zum Be-zugskurs von € 40	#	Poten-zielle Erhöhung der Akti-enzahl	davon ver-wässe-rungs-neutral	davon voll ver-wäs-sernd	Zahl der Aktien im Umlauf	Gesamtzahl der Aktien für „ver-wässerte" Kennziffer"	Jahresüber-schuss nach Steuern ohne Fremd-anteile	Ver-wässer-tes Ergeb-nis je Aktie
€ 60	X		20.000	13.103	6.897	200.000	206.897	€ 800.000	€ 3,87
		#							

#) für weitere potenzielle Kapitalveränderungen sind jeweils eine Spalte und eine Zeile zu ergänzen

Abb. 6: Darstellungsmuster für das „Verwässerte Ergebnis je Aktie"

Diese zur Veranschaulichung zahlenmäßig auf nur einen Verwässerungseffekt be-schränkte Darstellung lässt sich bei mehreren eingeräumten Kategorien von Bezugs-rechten matrixartig erweitern. Hierzu werden neben der zweiten Spalte zusätzliche Spal-ten für die weiteren Bezugsrechtskategorien eingefügt und hieraus jeweils entsprechende Berechnungszeilen für die aus dieser Bezugskategorie zusätzlich zu berücksichtigenden voll verwässernden Aktien generiert. Insbesondere bei Programmen zur gewinnabhängi-gen Mitarbeiterbeteiligung über Stock-Option-Pläne laufen diese über Jahre hinweg nebeneinander. Durch zeilenmäßige Fortschreibung lässt sich zudem die Berechnung über die weiteren Perioden festhalten und auf diese Weise ein Gesamtüberblick über die Entwicklung der Kennziffer „Verwässertes Ergebnis je Aktie" schaffen.

Harald E. Roggenbuck

Zwischenberichterstattung

1. Stellenwert und Rechtsgrundlagen 1009

2. Anwendungsadressaten 1012
   2.1 Anwendungsadressaten nach IFRS 1012
   2.2 Anwendungsadressaten nach US-GAAP 1014
   2.3 Anwendungsadressaten nach deutschem Recht 1014

3. Aussageziele 1015

4. Inhaltliche Anforderungen an die Zwischenberichterstattung 1016
   4.1 Berichtsperioden 1016
   4.2 Konformität der Bilanzierungs- und Bewertungsmethoden 1018
   4.3 Komponenten des Zwischenberichts 1019
      4.3.1 Bilanz 1019
      4.3.2 Gewinn- und Verlustrechnung 1021
      4.3.3 Kapitalflussrechnung 1023
      4.3.4 Eigenkapitalveränderungsrechnung 1025
      4.3.5 Notes 1027
      4.3.6 Angaben zum Geschäftsverlauf und zur voraussichtlichen Entwicklung des Geschäftsjahres 1032
   4.4 Berichtstiefe und Anwendung von Schätzverfahren 1033
   4.5 Vergleichszahlen 1034

5. Veröffentlichungsfristen 1036

6. Prüfungsanforderungen 1036

1. Stellenwert und Rechtsgrundlagen

Bis vor einem Jahrzehnt wurde die Zwischenberichterstattung in den deutschen Anforderungen zur externen Rechnungslegung eher stiefmütterlich behandelt. Die gesetzlichen Anforderungen per se beschränken sich[1] sogar noch in der neuen, am 21. Juni 2002 bekannt gemachten Fassung des Börsengesetzes (BörsG)[2] auf das seit 1988 bestehende kleinstmögliche Anspruchsniveau eines Halbjahresberichts, indem nach § 40 BörsG Unternehmen, deren Aktien im „Amtlichen Markt" zugelassen sind, lediglich verpflichtet werden, innerhalb eines Geschäftsjahres einen einzigen Zwischenbericht zu veröffentlichen. Für Unternehmen, deren Aktien im „Geregelten Markt" zugelassen sind, fehlt in der Gesetzesgrundlage sogar diese „Minimalanforderung". Auch die Börsenzulassungsverordnung (BörsZulV)[3] knüpft nur an dieser Minimalpublizität an, konkretisiert aber den Zeitraum und Zeitpunkt, indem nach § 53 BörsZulV der Zwischenbericht eine Beurteilung ermöglichen muss, wie sich die Geschäftstätigkeit des Unternehmens in den ersten sechs Monaten des Geschäftsjahres entwickelt hat. Gleichwohl ist die heutige Erwartung an eine Quartalsberichterstattung kein neues Gedankengut, sondern wurde bereits im Jahre 1873 gegenüber Banken und Versicherungen auf einer Tagung des Vereins für Socialpolitik gefordert.[4]

Ein Umdenken in der deutschen Unternehmenspraxis, die noch 1967 starken Widerstand gegen eine Gesetzesinitiative des Bundesministeriums für Wirtschaft zur Zwischenberichterstattung geleistet hatte, erfolgte erst mit der zunehmenden Inanspruchnahme ausländischer Kapitalmärkte. Vor allem an der New York Stock Exchange (NYSE) hatte bereits 1960 der Anteil der gelisteten Unternehmen, die Zwischenberichte (überwiegend

---

[1] Abgesehen von spezifischen Sonderregelungen, wie bspw. dem Halbjahresbericht gemäß § 44 Abs. 2 InvG vom 15. Dezember 2003 (BGBl., Jg. 2003, Teil I, Nr. 62, S. 2694-2695.) für Kapitalanlagegesellschaften.

[2] Vgl. Bekanntmachung des Börsengesetzes in der Neufassung durch Art. 1 des Gesetzes zur weiteren Fortentwicklung des Finanzplatzes Deutschland (Viertes Finanzmarktförderungsgesetz) vom 21. Juni 2002, BGBl., Jg. 2002, Teil I, Nr. 39, S. 2010-2028 (die nach diesem Zeitpunkt erfolgte Änderung durch Art. 72 der Achten Zuständigkeitsanpassungsverordnung vom 25. November 2003, BGBl., Jg. 2003, Teil I, Nr. 56, S. 2312, ist für den hier betrachteten Sachverhalt ohne Bedeutung).

[3] Vgl. Bekanntmachung der Börsenzulassungsverordnung in der Neufassung vom 9. September 1998, BGBl., Jg. 1998, Teil I, Nr. 62, S. 2832-2852 (die nach diesem Zeitpunkt erfolgten Änderungen vom 21. Dezember 2000, 13. Juli 2001 und 21. Juni 2002 sind für den hier betrachteten Sachverhalt ohne Bedeutung).

[4] Vgl. WAGNER, A., Aktiengesellschaftswesen, Das Aktiengesellschaftswesen, Schriften des Vereins für Socialpolitik, Teil IV, Verhandlungen von 1873, Leipzig 1874, S. 51-89, hier S. 55, zitiert nach MÜLLER, W., Die Zwischenberichtspublizität der deutschen Aktiengesellschaften, Düsseldorf 1976, S. 3.

Quartalsberichte) erstellen, die 99%-Grenze überschritten.[5] Seit 1970 verlangt auch die US-amerikanische Börsenaufsicht „Securities and Exchange Commission" (SEC) Quartalsberichte.[6] Als Anforderungsschema für die Zwischenberichtspublizität nach US-GAAP ist „Form 10-Q" verpflichtend, ferner sind die „Regulation S-X" (Financial Statement Requirements) und „Regulation S-K" (Non Financial Information) sowie die Stellungnahme des Accounting Principles Board (APB) vom Mai 1973, APB Opinion No. 28, Interim Financial Reporting, zu beachten.[7]

Seitens des International Accounting Standards Committee (IASC) ist im Februar 1998 der International Accounting Standard (IAS) 34, Interim Financial Reporting, veröffentlicht worden, der für Abschlüsse in Kraft trat, die am oder nach dem 1. Januar 1999 begannen.

Durch Aufnahme der „Zwischenberichterstattung" in sein Arbeitsprogramm hat der Deutsche Standardisierungsrat (DSR) der gestiegenen Bedeutung der Zwischenberichte für die Kapitalmarktteilnehmer Rechnung getragen und die Initiative ergriffen, bestehende Regelungslücken zu internationalen Normen zu schließen.[8] Hieraus ist der Deutsche Rechnungslegungs Standard Nr. 6 (DRS 6), Zwischenberichterstattung, hervorgegangen, der durch den DSR am 11. Januar 2001 verabschiedet und durch das Bundesministerium der Justiz am 13. Februar 2001 bekannt gemacht worden ist. Dieser Standard trat in Kraft für nach dem 30. Juni 2001 beginnende Geschäftsjahre.[9] Die danach erfolgten Anpassungen in DRS 6 durch Art. 11 des am 1. Januar 2004 in Kraft getretenen Deutschen Rechnungslegungs Änderungsstandard 1 (DRÄS 1) erweitern den Anwendungsbereich von DRS 6 auf Unternehmen, die in Zukunft internationale Rechnungslegungsgrundsätze anwenden, tragen den Änderungen im BörsG Rechnung und sind ansonsten weitestgehend formaler Art (Vereinheitlichung von Formulierungen in den DRS).

Besondere Anforderungen hatten sich bis dahin bereits im Rahmen von Regulierungen durch die Börsen herausgebildet. So wurden insbesondere Unternehmen bei Aufnahme in die auf privatrechtlicher Basis von der Deutschen Börse AG in den Jahren 1997 und 1999 geschaffenen weiteren Marktsegmente „Neuer Markt" und „SMAX" Informationspflichten unterworfen, die sich an den internationalen Standards orientieren und deutlich über die gesetzlichen deutschen Vorschriften hinausgehen.[10] Bezüglich der Zwischen-

---

[5] Vgl. GREEN, D., Interim Reports, in: DAVIDSON, S. (Hrsg.), Handbook of Modern Accounting, New York 1970, Kap. 6, S. 1-22, hier S. 12.

[6] Vgl. MÜLLER, W., a.a.O. (Fn. 4), S. 8.

[7] Vgl. HANFT, S./KRETSCHMER, T., Quartalspublizität am Neuen Markt, AG 2001, S. 84-87, hier S. 85.

[8] Vgl. KNORR, L., Zwischenberichterstattung, BFuP 2001, S. 1-6, hier S. 1.

[9] Vgl. hierzu auch die Kommentierung in KRUMNOW, J./SPRIßLER, W., u.a. (Hrsg.), DRS 6 Zwischenberichterstattung, Rechnungslegung der Kreditinstitute, 2. Aufl., Stuttgart 2004, Tz. 1-25.

[10] Vgl. AMMEDICK, O./STRIEDER, T., Zwischenberichterstattung börsennotierter Gesellschaften - Bestimmungen des BörsG, DRS, IFRS und US-GAAP sowie deutscher Börsensegmente, München 2002, S. 74.

berichterstattung wurde durch die Regelwerke für den Neuen Markt und den SMAX eine quartalsweise Berichterstattung für die ersten drei Quartale eines Geschäftsjahres verbindlich. Grundsätzlich wurde es zudem 2002 in diesen Marktsegmenten zur Pflicht, die Quartalsberichte sowohl in deutscher als auch in englischer Sprache abzufassen; die Deutsche Börse AG kann jedoch eine Beschränkung auf Englisch zulassen. Um die Vergleichbarkeit der Zwischenberichterstattung im Neuen Markt zu verbessern, war zudem ab dem dritten Quartal 2001 die freie Formatwahl durch die Einführung so genannter „Strukturierter Quartalsberichte" ersetzt worden.

Im Zuge der neuen Segmentierung des Aktienmarktes durch die Deutsche Börse AG besteht seit Anfang 2003 nunmehr auch für alle diejenigen gelisteten Unternehmen eine Pflicht zur Quartalsberichterstattung, die in dem Prime Standard aufgenommen worden sind oder aufgenommen werden wollen.[11] Die im § 63 der Börsenordnung für die Frankfurter Wertpapierbörse festgelegten Anforderungen an die Quartalsberichterstattung bauen grundsätzlich auf den Anforderungen nach IFRS und US-GAAP auf, fordern erweiternd in Abs. 4 allerdings noch zusätzliche Offenlegungen. Zu diesen Anforderungen gehören insbesondere Angaben zu gezahlten oder vorgeschlagenen Dividenden, zum Bestand eigener Aktien und zu Bezugsrechten von Organmitgliedern und Arbeitnehmern, zu personellen Veränderungen von Geschäftsführungs- oder Aufsichtsorganen, zur Zahl der Arbeitnehmer, zur Auftragslage und zu Vorgängen von besonderer Bedeutung sowie zu Aussichten für das laufende Geschäftsjahr.[12]

Seitens der Europäischen Union war im Rahmen der Initiative, bis spätestens 2005 einen integrierten europäischen Finanzmarkt zu schaffen, von der EU-Kommission im Konsultationspapier vom 11. Juli 2001 zunächst eine obligatorische Quartalsberichterstattung für börsennotierte Unternehmen vorgesehen worden. Diese sollte tabellarische Übersichten zu Nettoumsatz, Gewinn vor und nach Steuern, Erläuterungen zur Geschäftstätigkeit und zum Quartalsergebnis sowie Trendangaben über die voraussichtliche Unternehmensentwicklung einschließlich aller bedeutsamen Unsicherheiten und Risiken enthalten. Als Reaktion auf die breite Ablehnungsfront der Emittenten gegenüber den EU-Plänen sind bestimmte Anforderungen von der EU-Kommission fallen gelassen worden. So verzichtete bereits der 2003 verabschiedete Vorschlag der EU-Kommission für eine Transparenz-Richtlinie auf zwingende Angaben zur voraussichtlichen Entwicklung des Unternehmens bis zum Ende des laufenden Geschäftsjahres sowie auf eine Kontrollpflicht der Quartalsergebnisse durch Abschlussprüfer und untersagte zugleich, dass strengere Anforderungen durch einen EU-Mitgliedstaat erhoben werden können. Gleichwohl stieß auch die „abgespeckte" Quartalsberichtspflicht im Europäischen Parlament auf Widerstand, da nach wie vor befürchtet wurde, dass die vorgesehene Berichtsbreite zu einer Kurzatmigkeit in der Unternehmensplanung führe. Nach langem Tauziehen zwischen EU-Kommission, Europäischem Parlament und den EU-

---

[11] Vgl. § 63 der Börsenordnung für die Frankfurter Wertpapierbörse, Stand 01.11.2004.
[12] Vgl. auch ZIELKE, W./KRONNER, M., Umstrukturierung der Deutschen Börse, FB 2003, S. 44-49, hier S. 47.

Mitgliedstaaten ist schließlich im März 2004 eine dahin gehende Einigung erzielt worden, dass künftig zwar Halbjahresfinanzberichte und -lageberichte vorgeschrieben werden (auch für Emittenten von Anleihen), nicht jedoch umfassende Quartalsberichte zu den übrigen Zeitpunkten, sondern zu diesen Zeitpunkten nur abgespeckte Lageberichte.[13] Den einzelnen EU-Mitgliedstaaten bleibt dabei vorbehalten, auf nationaler Ebene Quartalsberichte vorzuschreiben. Auf dieser Kompromissbasis ist die EU-Transparenz-Richtlinie im Dezember 2004 verabschiedet worden und bis Anfang 2007 in nationales Recht umzusetzen.

2. Anwendungsadressaten

2.1 Anwendungsadressaten nach IFRS

Als allgemeingültiger Standard ist IAS 34 nicht auf bestimmte Unternehmenskategorien ausgerichtet. Expressis verbis schreibt IAS 34.1 „weder vor, welche Unternehmen Zwischenberichte zu veröffentlichen haben, noch wie häufig oder innerhalb welchen Zeitraums nach dem Ablauf einer Zwischenberichtsperiode dies zu erfolgen hat." IAS 34.1 knüpft vielmehr an den nationalen Verpflichtungen zur Zwischenberichterstattung an, die von „Regierungen, Aufsichtsbehörden, Börsen und sich mit der Rechnungslegung befassenden Berufsverbänden" erlassen sind. Neben den nach IFRS bilanzierenden Unternehmen, die durch diese Bezugnahme IAS 34 verpflichtend anzuwenden haben, empfiehlt IAS 34.1 zudem die freiwillige Zwischenberichterstattung nach den Grundsätzen des Standards. Wenn ein Zwischenbericht den Vorschriften des IAS 34 entspricht, ist hierauf ausdrücklich hinzuweisen.[14] In diesem Fall müssen die Anforderungen des Standards vollständig erfüllt sein.[15]

Für die Erstanwender der Rechnungslegung gemäß IFRS, die aufgrund der IFRS-Verordnung der Europäischen Union[16] für am oder nach dem 1. Januar 2005 beginnende Geschäftsjahre oder - in bestimmten Ausnahmefällen für nach US-GAAP bilanzierende

---

[13] Vgl. SCHÜTTE, S./WAGNER, O., Die europäische Transparenz-Richtlinie - Anlegerschutz durch Information, DBk 2004, S. 26-29.

[14] Vgl. IAS 34.19.

[15] Vgl. IAS 34.3.

[16] Verordnung (EG) Nr. 1606/2002 des Europäischen Parlaments und des Rates vom 19. Juli 2002 betreffend die Anwendung internationaler Rechnungslegungsstandards, Amtsblatt der Europäischen Gemeinschaften, L/243/1-4 vom 11.09.2002.

Unternehmen und für Landesbanken - für am oder nach dem 1. Januar 2007 beginnende Geschäftsjahre die Berichtspublizität im Jahre 2005 bzw. 2007 auf IFRS umstellen, steht die Frage im Raum, ob bereits die Zwischenberichte dieses Jahres gemäß IFRS zu veröffentlichen sind. Die Regularien des IASB, wie insbesondere IFRS 1, First-Time Adoption of International Financial Reporting Standards, und IAS 34, Interim Financial Reporting, beziehen hierzu keine verpflichtende Stellung. Der Wortlaut „Für Geschäftsjahre ... stellen Gesellschaften ... ihre konsolidierten Abschlüsse nach den internationalen Rechnungslegungsstandards" in Art. 4 der IFRS-Verordnung der EU legt jedoch nahe, dass erst die Jahresabschlüsse gemeint seien. Ebenso haben sich die Frankfurter Wertpapierbörse und die Deutsche Börse AG auf den Standpunkt gestellt, dass bei einer pflichtgemäßen Umstellung der Rechnungslegung auf IFRS die Zwischenberichterstattung dem Konzernabschluss nachfolge.[17] Demzufolge müssten bspw. Emittenten, bei denen das Geschäftsjahr dem Kalenderjahr entspricht, den ersten Zwischenbericht nach IFRS im Jahre 2006 bzw. 2008 publizieren. Aus betriebswirtschaftlicher Sicht der Praxis stehen dieser eher rechtlichen Position allerdings die Überlegungen entgegen, dass für den Konzernabschluss 2005 bzw. 2007 über das gesamte Geschäftsjahr 2005 bzw. 2007 Positionen zugrunde zu legen sind, deren Ansatz und Bewertung nach IFRS zu erfolgen hat, insofern ein Festhalten an einer Zwischenberichterstattung nach HGB eine kostenträchtige Doppelbuchhaltung zur Konsequenz hätte und zudem für den Kapitalmarkt keine über das gesamte Jahr verfolgbare kontinuierliche Datengrundlage zur Verfügung stünde. Eine Umstellung der Zwischenberichte bereits in dem Jahr, in dem der erste Konzernabschluss nach IFRS publiziert wird, setzt allerdings voraus, dass die neuen Rechnungslegungsgrundlagen einschließlich einer Überleitung bereits in der Zwischenberichterstattung angemessen erläutert werden, die sonst üblicherweise auf den Abschluss des vorausgegangenen Geschäftsjahres verweist,[18] sofern keine methodischen Änderungen vorgenommen worden sind.

---

[17] So heißt es bspw. in DEUTSCHE BÖRSE AG, Rundschreiben Listing 03/04 „Anwendung der International Financial Reporting Standards (IFRS) im Prospekt und im Rahmen der Zulassungsfolgepflichten" vom Februar 2004 konkret: „Zwischenberichte sind erst *nach* der freiwilligen oder verbindlichen Erstellung und Veröffentlichung des IFRS entsprechenden Jahresabschlusses ihrerseits gemäß IFRS zu erstellen und zu veröffentlichen".

[18] Vgl. hierzu auch KPMG, IFRS 1 - Erstmalige Anwendung der IFRS, Berlin 2003, S. 20.

> **Anforderungen nach IAS 34**
>
> **Anwendungsbereich**
>
> ■ Keine Beschränkung auf bestimmte Unternehmen (IAS 34.1)
>
> ■ Auf Übereinstimmung mit IAS 34 ist expressis verbis hinzuweisen (IAS 34.19)
>
> ■ Im Falle einer Zwischenberichterstattung sind die Anforderungen komplett zu erfüllen (IAS 34.3)

2.2 Anwendungsadressaten nach US-GAAP

Nach US-GAAP muss von SEC-berichtspflichtigen Unternehmen ein „Quarterly Report" erstellt werden. Der unterjährige Bericht für das vierte Quartal kann entfallen, wenn im „Annual Report" quartalsbezogene Zusatzangaben ergänzt werden. Ausländische Unternehmen haben allerdings i.d.R. die Möglichkeit, sich auf die Einreichung von Abschlüssen entsprechend den Vorschriften ihres Sitzlandes, ggf. Halbjahresabschlüssen, zu beschränken. APB 28 ist sowohl von berichtspflichtigen Unternehmen als auch im Rahmen der freiwilligen Zwischenberichterstattung anzuwenden.[19]

2.3 Anwendungsadressaten nach deutschem Recht

Der Anwendungsbereich von DRS 6 erstreckt sich zwingend auf die Unternehmen, die nach § 40 BörsG i.V.m. den §§ 53 bis 62 BörsZulV, den Börsenordnungen der regionalen Börsen und den Regelwerken der Deutschen Börse AG zur Erstellung eines Zwischenberichts verpflichtet sind.[20] Darüber hinaus wird allen Unternehmen, die freiwillig einen Zwischenbericht erstellen, die Anwendung von DRS 6 empfohlen.[21] Die

---

[19] Vgl. HAYN, S./WALDERSEE, G. GRAF, IFRS/US-GAAP/HGB im Vergleich - Synoptische Darstellung für den Einzel- und Konzernabschluss, 5. Aufl., Stuttgart 2004, S. 302.

[20] Vgl. DRS 6.4.

[21] Vgl. DRS 6.6.

Zwischenberichterstattung hat nach DRS 6.8 auf konsolidierter Basis zu erfolgen. Für Unternehmen, die gegenwärtig noch die Befreiung nach § 292a HGB in Anspruch nehmen, sind die Zwischenberichte nach den Rechnungslegungsgrundsätzen zu erstellen, die für den Konzernabschluss angewendet werden.[22] Weder im HGB noch für nicht börsennotierte Unternehmen sind ansonsten Verpflichtungen zu einer Zwischenberichterstattung vorgesehen.[23]

3. Aussageziele

Ziel des IAS 34 ist, für die unterjährige Berichterstattung den Mindestinhalt sowie die Grundsätze für die Erfassung und Bewertung in einem vollständigen oder verkürzten Abschluss einer Zwischenberichtsperiode vorzuschreiben.[24] Durch eine rechtzeitige und verlässliche Zwischenberichterstattung soll Investoren, Gläubigern und anderen Adressaten eine bessere Grundlage geboten werden, die Fähigkeit eines Unternehmens, Periodenüberschüsse und Mittelzuflüsse zu erzeugen, sowie seine Vermögenslage und Liquidität zu beurteilen.

Nach US-GAAP wird die Zwischenberichterstattung als wesentliches Medium angesehen, Investoren und anderen Adressaten zeitnah Informationen über die Entwicklung des Unternehmens zur Verfügung zu stellen.[25] Als weiterer wichtiger Grund für die Aufstellung von Quartalsabschlüssen wird neben dem hohen Informationswert zudem die vierteljährliche Dividendenzahlung vieler US-amerikanischer Unternehmen aufgeführt.[26]

Angesichts der grundsätzlich identischen Ausrichtungen der Zwischenberichterstattung nach IFRS und US-GAAP bestand keine Notwendigkeit, diese Regelungen für Anpassungsmaßnahmen in den Katalog der Konvergenzprojekte vom IASB und FASB einzubeziehen.[27]

---

[22] Vgl. DRS 6.5.
[23] Vgl. HAYN, S./WALDERSEE, G. GRAF, a.a.O. (Fn. 19), S. 303.
[24] Vgl. Abschnitt „Objective" in IAS 34.
[25] Vgl. APB 28.9.
[26] Vgl. ALVAREZ, M./WOTSCHOFSKY, S., Zwischenberichterstattung nach Börsenrecht, IFRS und US-GAAP - Konzeptionelle Grundlagen mit einer Analyse des Publizitätsverhaltens der DAX100-Unternehmen, Bielefeld 2000, S. 27.
[27] Zum Katalog der Konvergenzprojekte vgl. PERLET, H., Konvergenzerfordernis zwischen IFRS und US-GAAP, in LANGE, T.A./LÖW, E. (Hrsg.), Rechnungslegung, Steuerung und Aufsicht von Banken - Kapitalorientierung und Internationalisierung, FS zum 60. Geburtstag von Jürgen Krumnow, Wiesbaden 2004, S. 15-34, hier S. 22-23.

Gemäß DRS 6.1 hat die Zwischenberichterstattung das Ziel, „regelmäßige, zeitnahe und verlässliche Informationen über die Vermögens-, Finanz- und Ertragslage eines Unternehmens und die künftige Entwicklung des Geschäftsjahres zu geben." Der Zwischenbericht wird dabei als ein Rechnungslegungsinstrument angesehen, das die Entwicklung seit dem letzten Jahresabschluss darstellt und gleichzeitig eine Prognose des Jahresergebnisses für das laufende Geschäftsjahr ermöglichen soll.[28] Nach DRS 6.2 soll eine Konzentration auf „wesentliche Aktivitäten, Ereignisse und Umstände des Zwischenberichtszeitraums erfolgen."

4. Inhaltliche Anforderungen an die Zwischenberichterstattung

4.1 Berichtsperioden

In IAS 34 erfolgt angesichts der Bezugnahme auf nationale Usancen über Pflichtveröffentlichungen von Zwischenberichten explizit keine Festlegung zur Häufigkeit einer unterjährigen Berichterstattung. Als Mindestanforderung wird aber ein Halbjahresbericht befürwortet.[29] Bei einer weiteren Aufteilung der Berichtsperioden, wie bspw. einem zusätzlichen Zwischenbericht zum 30. September, steht nach IAS 34.16, Satz 2, der kumulierte Zeitraum seit dem letzten Jahresabschluss im Vordergrund. Betreffen bestimmte für das Verständnis des Berichtsadressaten wichtige Ereignisse nur den Zeitraum seit dem letzten Zwischenabschluss des Berichtsjahres, wie bspw. nur das dritte Quartal, so ist hierauf gesondert hinzuweisen.[30] Das Fehlen einer Zwischenberichterstattung für das vierte Quartal erfordert gemäß IAS 34.27 keine zusätzlichen Berichtspflichten speziell für diesen Zeitraum im nächsten Jahresabschluss.

Als Regelberichtsperiode nach US-GAAP gilt sowohl für SEC-berichtspflichtige Unternehmen als auch nach APB 28 im Rahmen der freiwilligen Zwischenberichterstattung der „Quarterly Report". Zwingend vorgeschrieben ist der vierteljährliche Zwischenbericht bei den SEC-berichtspflichtigen Unternehmen zumindest für die ersten drei Quartale eines jeden Geschäftsjahres, für die jeweils ein nach Form 10-Q erstellter

---

[28] Vgl. DRS 6.2.
[29] Vgl. IAS 34.1.
[30] Vgl. IAS 34.16, Satz 3.

Bericht bei der SEC einzureichen ist.[31] Obwohl die SEC für das vierte Quartal keinen eigenständigen Quartalsabschluss verlangt, wird dieser von den Unternehmen in der Regel erstellt.[32] Entfällt hingegen der unterjährige Bericht für das vierte Quartal, ist es allerdings erforderlich, dass im „Annual Report" quartalsbezogene Zusatzangaben ergänzt werden. Diese Abweichung zu IAS 34, in dem weder eine Zwischenberichterstattung für das vierte Quartal noch quartalsbezogene Zusatzangaben im Geschäftsbericht gefordert werden, dürfte in der stärkeren Quartalsorientierung der US-amerikanischen Rechnungslegung begründet sein.

Differenzierte Zwischenberichtsanforderungen der SEC

Unterscheidung zwischen in- und ausländischen Unternehmen

- Pflicht zur Einreichung eines Zwischenberichtes nach Form 10-Q für alle inländischen (also amerikanischen), der SEC unterliegenden Unternehmen

- Pflicht zur Einreichung eines Zwischenberichtes nach der jeweiligen Heimatbörse auf Form 6-K für alle ausländischen der SEC unterliegenden Unternehmen

---

Abweichend zu den Anforderungen an US-amerikanische Unternehmen unterliegen ausländische Gesellschaften, die bei der SEC registriert sind, hingegen nicht der Verpflichtung zur Quartalsberichterstattung, sofern die jeweiligen nationalen Regelungen im Sitzland des Unternehmens keine Quartalspublizität zwingend vorschreiben.[33] Stattdessen

---

31 Vgl. PELLENS, B./FÜLBIER, R. U./GASSEN, J., Internationale Rechnungslegung, 5. Aufl., Stuttgart 2004, S. 815.

32 Vgl. EISOLT, D., Die rechtlichen Grundlagen der amerikanischen Konzernrechnungslegung, AG 1993, S. 209-233, hier S. 218.

33 Vgl. ALVAREZ, M./WOTSCHOFSKY, S., a.a.O. (Fn. 26), S. 27.

haben die ausländischen Unternehmen lediglich die nach den Vorschriften der jeweiligen Heimatbörse aufgestellten Zwischenberichte auf Form 6-K bei der SEC einzureichen.[34]

Nach DRS 6 sind Zwischenberichte jeweils zum Stichtag der ersten drei Quartale eines Geschäftsjahres aufzustellen.[35] Unternehmen wird allerdings in DRS 6.12 freigestellt, zusätzlich auch separat über das vierte Quartal zu berichten.

4.2 Konformität der Bilanzierungs- und Bewertungsmethoden

Gemäß IAS 34 unterliegen Zwischenabschlüsse den gleichen Bilanzierungs- und Bewertungsmethoden wie jährliche Abschlüsse.[36] Da der Fokus der Zwischenberichterstattung nach IAS 34.15 auf wesentliche Veränderungen seit dem letzten Abschluss-Stichtag gesetzt wird, kann auf Erläuterungen zu den Bilanzierungs- und Bewertungsmethoden verzichtet werden, wenn es diesbezüglich keine Änderungen gegenüber dem letzten Abschluss gegeben hat. IAS 34 setzt hierbei voraus, dass ein Adressat des Zwischenberichts eines Unternehmens auch Zugang zu dem letzten Geschäftsbericht dieses Unternehmens hat.[37] Auf diese Weise werden Wiederholungen bereits bekannter Sachverhalte und eine unnötige Überfrachtung des Zwischenberichts vermieden. Sind andererseits Änderungen in den Bilanzierungs- und Bewertungsmethoden erfolgt, ist auf diese gemäß IAS 34.28 sowohl in dem Zwischenbericht als auch in dem nächsten jährlichen Abschluss einzugehen.

Grundsätzlich sind auch in der Zwischenberichterstattung nach US-GAAP die gleichen Bilanzierungs- und Bewertungsmethoden anzuwenden, die das Unternehmen bereits bei der Erstellung des letzten Jahresabschlusses zugrunde gelegt hat.[38] Eine Angabepflicht zu Bilanzierungs- und Bewertungsmethoden in der Zwischenberichterstattung beschränkt sich daher nach APB 28.23 auf Änderungen. Abweichend zu IAS 34 unterscheidet hierbei APB 28.23 explizit zwischen folgenden drei Bezugsgrundlagen der Änderung:

- Änderungen gegenüber der entsprechenden Zwischenberichtsperiode des Vorjahres,
- Änderungen gegenüber der vorangegangenen Zwischenberichtsperiode im laufenden Geschäftsjahr und
- Änderungen gegenüber dem Jahresabschluss des Vorjahres.

---

[34] Vgl. PELLENS, B./FÜLBIER, R. U./GASSEN, J., a.a.O. (Fn. 31), S. 816-817.
[35] Vgl. DRS 6.11.
[36] Vgl. IAS 34.28.
[37] Vgl. IAS 34.15.
[38] Vgl. APB 28.10.

Über diese Änderung ist gemäß APB 28.24 und unter Zugrundelegung der Vorschriften von APB 20, Accounting Changes, in der Periode zu berichten, in der die Änderung stattgefunden hat.

Für bestimmte im Jahresabschluss angewendete Bilanzierungs- und Bewertungsmethoden lässt APB 28.10 allerdings Modifikationen, wie bspw. pro-rata-temporis-Ansätze von Budgetwerten oder eine erweiterte Anwendung von Schätzverfahren, zu, die im Einzelnen in APB 28.12 bis APB 28.20 erläutert werden.

In enger Anlehnung an die Anforderungen nach IAS 34 sind auch nach DRS 6 im Zwischenbericht die gleichen Bilanzierungs- und Bewertungsmethoden zu beachten wie im Jahresabschluss.[39] Ausgenommen sind hiervon nach DRS 6.18 lediglich solche Änderungen, „die nach dem Stichtag des letzten Jahresabschlusses vorgenommen wurden und die im nächsten Jahresabschluss anzuwenden sind." Im Unterschied zu IAS 34 und APB 28 verlangt DRS 6.26 allerdings in jedem Fall eine Angabe zu den Bilanzierungs- und Bewertungsmethoden, d.h. völlig unabhängig davon, ob überhaupt eine Änderung erfolgt ist. Hat eine solche stattgefunden, ist diese zu beschreiben und deren betragsmäßige Auswirkung offen zu legen.[40]

Als besonderen Fall einer Berichterstattungspflicht über unterjährige Änderungen der Bilanzierungs- und Bewertungsmethoden geht DRS 6.19 auf Änderungen im vierten Quartal des Geschäftsjahres ein. Wird für dieses Quartal, wie üblicherweise in Deutschland gehandhabt, kein gesonderter Zwischenbericht erstellt, ist auf die Art und die betragsmäßige Auswirkung dieser Änderung in der Berichterstattung zum Geschäftsjahr einzugehen.[41]

4.3 Komponenten des Zwischenberichts

4.3.1 Bilanz

Nach IAS 34 besteht für die Zwischenberichterstattung grundsätzlich die Wahlmöglichkeit zwischen einer verkürzten Darstellung[42] oder einem vollständigen Abschluss.[43] Bei Veröffentlichung eines vollständigen Abschlusses müssen gemäß IAS 34.9 Form und Inhalt dem Jahresabschluss entsprechen. Verkürzte Darstellungen in einem Zwischenab-

---

[39] Vgl. DRS 6.18.
[40] Vgl. DRS 6.26(a).
[41] Vgl. DRS 6.19.
[42] Vgl. IAS 34.8.
[43] Vgl. IAS 34.9; zur Bilanz nach IFRS vgl. Abschnitt 3.1 im Beitrag „Bilanz, Gewinn- und Verlustrechnung sowie Notes".

schluss haben dagegen gemäß IAS 34.10 als Mindestanforderung für die Bilanzgliederung jede der Überschriften und Zwischensummen zu enthalten, die in dem letzten jährlichen Abschluss enthalten waren. Darüber hinaus sind zusätzliche Posten dann einzubeziehen, „wenn ihr Weglassen den Zwischenbericht irreführend erscheinen lassen würde."

Angesichts der in der Anwendungspraxis der Geschäftsberichterstattung nach IFRS üblicherweise ohnehin komprimierten Bilanzdarstellung bietet es sich an, aus Gründen der Ausweisstetigkeit dieses Schema unverändert für die Zwischenberichtspublizität nach IFRS zu übernehmen. Als Beispiel sind in Abb. 1 die Bilanzposten aus der Darstellung der HypoVereinsbank im Zwischenbericht zum 30. September 2004 aufgeführt.

Aktiva	Passiva
Barreserve	Verbindlichkeiten gegenüber Kreditinstituten
Handelsaktiva	Verbindlichkeiten gegenüber Kunden
Forderungen an Kreditinstitute	Verbriefte Verbindlichkeiten
Forderungen an Kunden	Handelspassiva
Wertberichtigungen auf Forderungen	Rückstellungen
Finanzanlagen	Sonstige Passiva
Sachanlagen	Nachrangkapital
Immaterielle Vermögenswerte	Anteile in Fremdbesitz
Sonstige Aktiva	Eigenkapital
	Gezeichnetes Kapital
	Kapitalrücklage
	Gewinnrücklagen
	Rücklagen aus Währungs- und sonstigen Veränderungen
	Bewertungsänderungen von Finanzinstrumenten
	- AfS-Rücklage
	- Hedge-Rücklage
	Konzerngewinn 2003
	Gewinn/Verlust 01.01.-30.09.2004
Summe der Aktiva	**Summe der Passiva**

Abb. 1: Ausgewiesene Bilanzposten der HypoVereinsbank im Zwischenbericht zum 30. September 2004[44]

---

[44] Da es nach IAS 1.68(o) und IAS 27.33 künftig vorgesehen ist, die Anteile im Fremdbesitz dem Eigen-

Analog zu IAS 34 ermöglichen auch die US-GAAP eine verkürzte Bilanzdarstellung. Gemäß Form 10-Q müssen dabei alle Daten analog zum Jahresabschluss eingereicht, dürfen aber nach Komponenten zusammengefasst werden.

Nach DRS 6 reicht es aus, wenn die Gliederung der Bilanz die wesentlichen Posten und Zwischensummen aufweist, die im letzten Abschluss enthalten waren.[45] Gemäß DRS 6.15 ist allerdings eine Ergänzung um zusätzliche Posten oder Erläuterungen erforderlich, „wenn anders kein den tatsächlichen Verhältnissen entsprechendes Bild der Vermögens-, Finanz- und Ertragslage vermittelt würde."

4.3.2 Gewinn- und Verlustrechnung

Wie bei der Bilanz besteht nach IAS 34 auch für die Gewinn- und Verlustrechnung die Wahlmöglichkeit zwischen einer verkürzten Darstellung[46] oder einem vollständigen Abschluss.[47] Bei Veröffentlichung eines vollständigen Abschlusses müssen gemäß IAS 34.9 Form und Inhalt dem Jahresabschluss entsprechen. Verkürzte Darstellungen in einem Zwischenabschluss haben dagegen gemäß IAS 34.10 als Mindestanforderung jede der Überschriften und Zwischensummen zu enthalten, die in dem letzten jährlichen Abschluss enthalten waren. Darüber hinaus sind zusätzliche Posten dann einzubeziehen, „wenn ihr Weglassen den Zwischenbericht irreführend erscheinen lassen würde."[48]

Analog zur Bilanzdarstellung bietet es sich für die Gewinn- und Verlustrechnung an, die nach IFRS üblicherweise ohnehin komprimierte Darstellungsform aus dem Jahresabschluss beizubehalten. Dem Berichtsadressaten stehen damit für beide Kernkomponenten kontinuierlich gleichbleibende Schemata zur Verfügung. Als Beispiel sind in Abb. 2 die GuV-Posten aus der Darstellung der HypoVereinsbank im Zwischenbericht zum 30. September 2004 aufgeführt.

---

kapital unterzuordnen, wird sich die ausgewiesene Passivseite leicht ändern.
[45] Vgl. DRS 6.15.
[46] Vgl. IAS 34.8; zur Gewinn- und Verlustrechnung nach IFRS vgl. Abschnitt 3.1 im Beitrag „Bilanz, Gewinn- und Verlustrechnung sowie Notes".
[47] Vgl. IAS 34.9.
[48] Vgl. IAS 34.10.

Zinserträge
Zinsaufwendungen
Zinsüberschuss
Kreditrisikovorsorge
Zinsüberschuss nach Kreditrisikovorsorge
Provisionserträge
Provisionsaufwendungen
Provisionsüberschuss
Handelsergebnis
Verwaltungsaufwand
Saldo sonstige betriebliche Erträge/Aufwendungen
Betriebsergebnis
Finanzanlageergebnis
Abschreibungen auf Geschäfts- oder Firmenwerte
Saldo übrige Erträge/Aufwendungen
Ergebnis der gewöhnlichen Geschäftstätigkeit/Ergebnis vor Steuern
Ertragsteuern
Ergebnis nach Steuern
Fremdanteile am Ergebnis
Gewinn/Verlust
Ergebnis je Aktie (bereinigt um Goodwillabschreibungen)
Ergebnis je Aktie

Abb. 2: Ausgewiesene GuV-Positionen der HypoVereinsbank im Zwischenbericht zum 30. September 2004[49]

---

[49] Da es nach IAS 1.81 nicht vorgesehen ist, ein operatives Ergebnis gesondert auszuweisen, könnte sich die gezeigte GuV leicht ändern.

Analog zu IAS 34 ermöglichen auch die US-GAAP eine verkürzte Darstellung der Gewinn- und Verlustrechnung. Gemäß Form 10-Q müssen dabei alle Daten analog zum Jahresabschluss eingereicht werden, dürfen aber nach Komponenten zusammengefasst werden.

Auch in der Zwischenberichterstattung nach DRS 6 kann eine straffe Gliederungsform für die Gewinn- und Verlustrechnung verwendet werden. Ausweispflichtig sind dabei grundsätzlich nur die wesentlichen Posten und Zwischensummen, die im letzten Abschluss in der Gewinn- und Verlustrechnung enthalten waren.[50] Wie bei der Bilanzdarstellung muss hierdurch allerdings sichergestellt sein, dass dem Bilanzadressaten ein den tatsächlichen Verhältnissen entsprechendes Bild der Vermögens-, Finanz- und Ertragslage vermittelt wird. Ist diese Voraussetzung nicht gegeben, hat das Unternehmen gemäß DRS 6.15 die erforderliche Informationsvermittlung durch Ergänzung der Gewinn- und Verlustrechnung um weitere Posten oder durch zusätzliche Erläuterungen vorzunehmen.

4.3.3 Kapitalflussrechnung

Analog zur Bilanz sowie Gewinn- und Verlustrechnung kann sich nach IAS 34 ein Unternehmen auch bei der Kapitalflussrechnung auf eine verkürzte Darstellung in der Zwischenberichterstattung beschränken[51] oder einen vollständigen Abschluss für die Zwischenberichtsperiode publizieren.[52] Entschließt sich das Unternehmen zur Veröffentlichung eines vollständigen Abschlusses, haben gemäß IAS 34.9 Form und Inhalt dem Jahresabschluss zu entsprechen.[53] Bei einer verkürzten Darstellung in einem Zwischenabschluss gelten hingegen entsprechend der formellen und inhaltlichen Konkretisierung der Kapitalflussrechnungen in IAS 7 die folgenden Angaben als wesentliche Bestandteile einer Kapitalflussrechnung und unterliegen folglich implizit der Mindestangabepflicht des IAS 34:[54]

---

[50] Vgl. DRS 6.15.
[51] Vgl. IAS 34.8.
[52] Vgl. IAS 34.9.
[53] Vgl. den Beitrag „Kapitalflussrechnung".
[54] Vgl. ALVAREZ, M./WOTSCHOFSKY, S., a.a.O. (Fn. 26), S. 55.

> **Präsentation der Kapitalflussrechnung**
>
> **Anforderungen nach IAS 34.10**
>
> - Ausweis der Hauptbereiche, also
>   - Cash Flow aus operativer Geschäftstätigkeit
>   - Cash Flow aus Investitionstätigkeit
>   - Cash Flow aus Finanzierungstätigkeit
> - Abstimmung mit
>   - Zahlungsmittelbestand am Ende der Vorperiode und
>   - Zahlungsmittelbestand am Ende der Periode
>
>   durch zusätzlichen
>   - Ausweis der Effekte aus Wechselkursänderungen
>
>   gewährleistet

Im Gegensatz zu der Anwendungspraxis bei der Darstellung der Bilanz und Gewinn- und Verlustrechnung in der Zwischenberichterstattung nach IFRS wird bei der Kapitalflussrechnung von der Möglichkeit einer verkürzten Darstellung im Zwischenbericht regelmäßig Gebrauch gemacht. Als Beispiel sind in Abb. 3 die Positionen der Kapitalflussrechnung aus der Darstellung der HypoVereinsbank im Zwischenbericht zum 30. September 2004 aufgeführt.

Zahlungsmittelbestand zum 01.01.2004
Cashflow aus operativer Geschäftstätigkeit
Cashflow aus Investitionstätigkeit
Cashflow aus Finanzierungstätigkeit
Effekte aus Wechselkursänderungen
Zahlungsmittelbestand zum 30.09.2004

Abb. 3: Ausgewiesene Positionen in der Kapitalflussrechnung der HypoVereinsbank im Zwischenbericht zum 30. September 2004

Wie IAS 34 ermöglichen auch die US-GAAP eine verkürzte Darstellung der Kapitalflussrechnung. Gemäß Form 10-Q müssen dabei alle Daten analog zum Jahresabschluss eingereicht werden, dürfen aber nach Komponenten zusammengefasst werden.

Die Möglichkeit einer gestrafften Darstellung der Kapitalflussrechnung im Zwischenbericht besteht auch nach DRS 6. Als zwingender Ausweis vorgeschrieben sind hierbei die wesentlichen Posten und Zwischensummen, die in der Kapitalflussrechnung des letzten Abschlusses enthalten waren.[55] Sollte sich hieraus für den Berichtsadressaten kein den tatsächlichen Verhältnissen entsprechendes Bild der Vermögens-, Finanz- und Ertragslage ergeben, sind gemäß DRS 6.15 Ergänzungen um zusätzliche Posten oder Erläuterungen erforderlich.

4.3.4 Eigenkapitalveränderungsrechnung

Für die Darstellung der Eigenkapitalveränderungsrechnung im Zwischenbericht bestehen nach IAS 34 in doppelter Hinsicht Wahlmöglichkeiten. Zum einen gibt es - wie bei Bilanz, Gewinn- und Verlustrechnung sowie Kapitalflussrechnung - die Wahl zwischen einer verkürzten Darstellung der Eigenkapitalveränderungsrechnung[56] oder einer Darstellung entsprechend dem vollständigen Abschluss[57]. Veröffentlicht das Unternehmen den Zwischenbericht in der Form eines vollständigen Abschlusses, müssen gemäß IAS 34.9 Form und Inhalt dem Jahresabschluss entsprechen. Zum anderen besteht bei der Entscheidung für eine verkürzte Darstellung der Eigenkapitalveränderungsrechnung im Zwischenabschluss nach IAS 34.8 darüber hinaus die zusätzliche Wahlmöglichkeit

– alle Veränderungen des Eigenkapitals während der Berichtsperiode zu zeigen oder

– nur die Veränderungen des Eigenkapitals während der Berichtsperiode zu zeigen, die nicht aus Kapitaltransaktionen mit Eigentümern oder Ausschüttungen an Eigentümer resultieren.

Als Beispiel einer alle Veränderungen des Eigenkapitals während der Berichtsperiode umfassenden Darstellung sind in Abb. 4 die Positionen der Eigenkapitalveränderungsrechnung aus der Darstellung der HypoVereinsbank im Zwischenbericht zum 30. September 2004 aufgeführt.

---

[55] Vgl. DRS 6.15.
[56] Vgl. IAS 34.8.
[57] Vgl. IAS 34.9; vgl. Beitrag „Eigenkapitalveränderungsrechnung".

Eigenkapital zum 01.01.2004
Veränderungen 01.01.-30.09.2004
Gezeichnetes Kapital
Zugang aus Barkapitalerhöhung
Kapitalrücklage
Bestandsveränderungen und Ergebnis eigener Aktien
Zugang aus Barkapitalerhöhung
Gewinnrücklagen
Sonstige Veränderungen
Rücklagen aus Währungs- und sonstigen Veränderungen
Bewertungsänderungen von Finanzinstrumenten
Konzerngewinn 2003 (Ausschüttung der HVB AG)
Gewinn/Verlust 01.01.-30.09.2004
Eigenkapital zum 30.09.2004

Abb. 4: Ausgewiesene Positionen in der Eigenkapitalveränderungsrechnung der Hypo-Vereinsbank im Zwischenbericht zum 30. September 2004

Eine Eigenkapitalveränderungsrechnung ist nach US-GAAP für den Zwischenbericht zwar nicht vorgeschrieben, wird in der Bilanzierungspraxis aber häufig ausgewiesen.[58]

In der deutschen Rechnungslegung ist die Eigenkapitalveränderungsrechnung expressis verbis erst durch Art. 2 Nr. 4 des Transparenz- und Publizitätsgesetzes (TransPuG)[59] vom 19. Juli 2002 eingeführt worden und mit Wirkung ab Geschäftsjahr 2003 obligatorisch für börsennotierte Mutterunternehmen eines Konzerns sowie für Unternehmen, die eine Zulassung von Wertpapieren ihres Unternehmens oder ihrer Tochterunternehmen an einem organisierten Markt beantragt haben (§ 297 Abs. 1 HGB). Analog zur Kapitalflussrechnung und zur Segmentberichterstattung, die im Rahmen des TransPuG eine Aufwertung erfahren haben und seit 2003 nicht mehr Bestandteil des Anhangs sind, sondern als eigenständige Komponente des Konzernabschlusses auszuweisen sind, hat auch die Eigenkapitalveränderungsrechnung den Status einer eigenständigen Abschlusskomponente erhalten.

---

[58] Vgl. HAYN, S./WALDERSEE, G. GRAF, a.a.O. (Fn. 19), S. 304.

[59] Gesetz zur weiteren Reform des Aktien- und Bilanzrechts, zu Transparenz und Publizität (Transparenz- und Publizitätsgesetz) vom 19. Juli 2002, BGBl. Jg. 2002, Teil I, Nr. 50, S. 2681-2687.

Eine entsprechende Ergänzung für die Zwischenberichterstattung ist in DRS 6 derzeit noch nicht nachvollzogen worden. Gleichwohl empfiehlt es sich, die Basiskomponenten der Geschäftsberichterstattung auch in die Zwischenberichte aufzunehmen, um eine gewisse Stetigkeit in der externen Berichterstattung zu erreichen und den Stellenwert dieser Komponenten zu unterstreichen.

4.3.5 Notes

Durch die Fokussierung der Zwischenberichterstattung nach IAS 34 auf die Änderungen seit dem letzten Jahresabschluss[60] reicht es nach IAS 34.15 aus, zu Zwischenberichtsterminen über Ereignisse und Geschäftsvorfälle zu berichten, „die für ein Verständnis von Veränderungen der Vermögens-, Finanz- und Ertragslage eines Unternehmens seit dem Abschlussstichtag wesentlich sind". Die Berichtsanforderungen für die einzelnen Komponenten des Zwischenberichts in IAS 34.8 beschränken sich daher bezüglich der Notes auf „ausgewählte erläuternde Anhangangaben".[61]

Gleichwohl enthält IAS 34.16 einen Katalog von mindestens erforderlichen Informationen. Diese sind allerdings nur verpflichtend, wenn sie wesentlich sind und müssen nicht zwingend in den Notes erfolgen, sondern können auch „an einer anderen Stelle des Zwischenberichts gegeben werden."[62] Diese Informationen sind nach IAS 34.16 in der Regel auf einer „vom Geschäftsjahresbeginn bis zum Zwischenberichtstermin fortgeführten Grundlage darzustellen",[63] ggf. können sich bestimmte Erläuterungen aber auch auf die aktuelle Zwischenberichtsperiode beschränken, wenn die Ereignisse nur für diesen Zeitraum wesentlich sind.[64]

Im Einzelnen werden nach IAS 34.16 nachfolgende Sachverhalte als besonders informationsrelevant angesehen:

– Änderungen der Bilanzierungs- und Bewertungsmethoden; ggf. sind deren Art zu beschreiben sowie die Auswirkungen aufzuzeigen;

– saisonale und konjunkturelle Einflüsse auf die Geschäftstätigkeit innerhalb der Zwischenberichtsperiode;

– Sachverhalte, die Vermögenswerte, Verbindlichkeiten, Eigenkapital, Periodenergebnis oder Cash Flows beeinflussen, soweit sie aufgrund ihrer Art, ihres Ausmaßes

---

[60] Vgl. IAS 34.6, Sätze 3 und 4.
[61] Vgl. IAS 34.8(e).
[62] Vgl. IAS 34.16, Satz 1.
[63] Vgl. IAS 34.16, Satz 2.
[64] Vgl. IAS 34.16, Satz 3.

oder ihrer Häufigkeit ungewöhnlich sind; ggf. sind deren Art sowie deren Umfang aufzuzeigen;

- wesentliche Änderungen von in Vorperioden des aktuellen Geschäftsjahres oder in früheren Geschäftsjahren getroffenen Schätzungen und deren Bezifferung, soweit diese Änderungen eine wesentliche Auswirkung auf die aktuelle Zwischenberichtsperiode haben; ggf. sind deren Art sowie deren Umfang aufzuzeigen;
- Emissionen, Rückkäufe und Rückzahlungen von Schuldverschreibungen oder Eigenkapitaltiteln;
- gezahlte Dividenden als Gesamtsumme oder in einer Angabe je Aktie, bei unterschiedlichen Aktiengattungen ggf. gesondert für Stammaktien und sonstige Aktien;
- Segmenterlöse und Segmentergebnis nach der übergeordneten Segmentierungsebene, d.h. üblicherweise nach Unternehmensbereichen, ansonsten geographisch, sofern das Unternehmen nach IAS 14, Segmentberichterstattung, zur Angabe von Segmentdaten in seinem jährlichen Abschluss verpflichtet ist;[65]
- wesentliche Ereignisse nach dem Ende der Zwischenberichtsperiode, die nicht im Abschluss der Zwischenberichtsperiode widergespiegelt worden sind;
- Auswirkungen von Änderungen in der Zusammensetzung eines Unternehmens während der Zwischenberichtsperiode, einschließlich Unternehmenszusammenschlüssen, dem Erwerb oder der Veräußerung von Tochterunternehmen und langfristigen Finanzinvestitionen, Restrukturierungsmaßnahmen sowie Aufgabe von Geschäftsbereichen;
- Änderungen bei Eventualverbindlichkeiten oder Eventualforderungen seit dem letzten Bilanzstichtag.

Darüber hinaus werden exemplarisch in IAS 34.17 weitere Sachverhalte aufgeführt, bei denen Änderungen möglicherweise als signifikant anzusehen sind. Im Einzelnen handelt es sich hierbei um:

- außerplanmäßige Abschreibungen oder deren Rückbuchung;
- Erfassung eines Aufwands aus der Wertminderung von Sachanlagen, immateriellen Vermögenswerten oder anderen Vermögenswerten, sowie die Rückgängigmachung von solchen Wertminderungsaufwendungen;
- Auflösungen von Rückstellungen für Restrukturierungsmaßnahmen;
- Anschaffungen und Veräußerungen von Sachanlagen;
- Verpflichtungen zum Kauf von Sachanlagen;

---

[65] Vgl. Abschnitt 4 im Beitrag „Segmentberichterstattung".

- Beendigungen von Rechtsstreitigkeiten;
- Berichtigungen grundlegender Fehler in bereits berichteten Finanzdaten;
- außerordentliche Posten;
- jegliche Forderungsausfälle oder Verletzungen von Zahlungsvereinbarungen, sofern nicht unmittelbar darauf ein Ausgleich erfolgt ist;
- Geschäftsvorfälle mit nahe stehenden Unternehmen und Personen.

Bei allen aufgeführten Beispielen ist allerdings die Angabepflicht auf wesentliche Auswirkungen beschränkt. Keinesfalls ist dieser Katalog so auszulegen, dass Kreditinstitute z.B. grundsätzlich über jeden Forderungsausfall zu berichten haben.

In der Anwendungspraxis der deutschen Großbanken erfolgen die Angaben in den Notes überwiegend tabellarisch. Hierbei werden teilweise die Tabellen formal weitgehend unverändert aus dem Geschäftsbericht übernommen, wie z.B. für den Zinsüberschuss,[66] Provisionsüberschuss,[67] das Handelsergebnis[68], das Ergebnis je Aktie[69], das Kreditvolumen,[70] die Sachanlagen,[71] die Rückstellungen[72] und die Segmentberichterstattung nach Geschäftsfeldern.[73] Teilweise werden die Tabellen aber auch durch Zusammenfas-

---

[66] So bspw. HYPOVEREINSBANK, Zwischenbericht zum 30. September 2004, S. 26, im Vergleich zum Finanzbericht 2003, S. 69.

[67] So bspw. COMMERZBANK, Zwischenbericht zum 30. September 2004, S. 10, im Vergleich zum Geschäftsbericht 2003, S. 108, wie auch HYPOVEREINSBANK, Zwischenbericht zum 30. September 2004, S. 26, im Vergleich zum Finanzbericht 2003, S. 69.

[68] So bspw. COMMERZBANK, Zwischenbericht zum 30. September 2004, S. 11, im Vergleich zum Geschäftsbericht 2003, S. 108, wie auch HYPOVEREINSBANK, Zwischenbericht zum 30. September 2004, S. 27, im Vergleich zum Finanzbericht 2003, S. 70.

[69] So bspw. DRESDNER BANK, Zwischenbericht zum 30. Juni 2004, S. 12, im Vergleich zum Geschäftsbericht 2003, S. 57 (im Zuge der Eingliederung der Dresdner Bank in den Allianz-Konzern veröffentlicht die Dresdner Bank seit einschließlich 2003 keine Zwischenberichte zum 30. März und 30. September mehr, weist in den Halbjahresberichten allerdings die Quartalsergebnisse des laufenden Jahres und des Vorjahres aus).

[70] So bspw. COMMERZBANK, Zwischenbericht zum 30. September 2004, S. 14, im Vergleich zum Geschäftsbericht 2003, S. 124.

[71] So bspw. COMMERZBANK, Zwischenbericht zum 30. September 2004, S. 16, im Vergleich zum Geschäftsbericht 2003, S. 129.

[72] So bspw. COMMERZBANK, Zwischenbericht zum 30. September 2004, S. 18, im Vergleich zum Geschäftsbericht 2003, S. 135.

[73] So bspw. COMMERZBANK, Zwischenbericht zum 30. September 2004, S. 12-13, im Vergleich zum Geschäftsbericht 2003, S. 116-117.

sungen[74] oder Verzicht auf Untergliederungen[75] in verkürzter Form dargestellt. Auf die in den Zwischenberichten 2002 zumindest noch verkürzt dargestellte „Segmentberichterstattung nach geographischen Märkten"[76] ist in den Zwischenberichten 2004 durchgängig bei allen betrachteten Kreditinstituten verzichtet worden.

In dieser Hinsicht geht die enge Anlehnung der Zwischenberichtsdarstellung an die Geschäftsberichte über die Anforderungen von IAS 34 hinaus, wonach nur eine ausgewählte Berichterstattung in den Notes über wesentliche Änderungen erforderlich ist. Gleichwohl hat diese Vorgehensweise für den Berichtsadressaten einen erheblichen Vorteil. Für die wichtigsten Basisdaten erhält er eine kontinuierliche Informationsgrundlage und kann durch die Stetigkeit der Darstellungsform leichter längerfristige Vergleiche von Entwicklungen vornehmen.

In der Berichterstattungspraxis der deutschen Großbanken ist hingegen der Umfang der verbalen Erläuterungen in den Notes eher spärlich. Bei der HypoVereinsbank setzen sich bspw. im Zwischenbericht zum 30. September 2004 die Notes aus insgesamt 22 Tabellen und einem Erläuterungstext zu Eigenen Aktien zusammen,[77] wobei lediglich in fünf Fällen die Tabellen durch verbale Erläuterungen ergänzt werden. Hierin werden zum Teil Volumina von Unterpositionen aufgeführt,[78] zum Teil aber auch methodische Verfahren beschrieben. So wird zum einen bei der tabellarischen Darstellung der „Kreditrisikovorsorge" der verbale Hinweis hinzugefügt, dass die Kreditrisikovorsorge im Zwischenbericht auf der Basis des voraussichtlichen Jahresbedarfs ermittelt wird.[79] Zum anderen wird bei der tabellarischen Darstellung des „Marktrisikopotenzials der Handelsaktivitäten" verbal ergänzt, dass als Messverfahren die Value-at-Risk-Methode eingesetzt wird und eine diesbezügliche Beschreibung im vorhergegangen Geschäftsbericht erfolgt ist.[80]

Auch nach US-GAAP werden von börsennotierten Unternehmen gemäß „Form 10-Q" unterjährig neben der Bilanz, der Gewinn- und Verlustrechnung und der Kapitalflussrechnung ergänzende Erläuterungen gefordert. Hierbei dürfen - wie nach IFRS - die ergänzenden Angaben und Erläuterungen auf wesentliche und neue Informationen beschränkt werden, da vorausgesetzt werden kann, dass der Zwischenberichtsadressat die

---

[74] So bspw. für die „Risikovorsorge im Kreditgeschäft" bei der COMMERZBANK, Zwischenbericht zum 30. September 2004, S. 10, im Vergleich zum Geschäftsbericht 2003, S. 107.

[75] So bspw. für die „Verwaltungsaufwendungen" wie auch für „Verbriefte Verbindlichkeiten" und das „Nachrangkapital" bei der COMMERZBANK, Zwischenbericht zum 30. September 2004, S. 11, 17 und 19, im Vergleich zum Geschäftsbericht 2003, S. 109-110., 133 und 138.

[76] So bspw. COMMERZBANK, Zwischenbericht zum 30. September 2002, S. 14, im Vergleich zum Geschäftsbericht 2001, S. 102.

[77] Vgl. HYPOVEREINSBANK, Zwischenbericht zum 30. September 2004, S. 21-31.

[78] So zum „Handelsergebnis" im Zwischenbericht zum 30. September 2004, S. 27.

[79] Vgl. HYPOVEREINSBANK, Zwischenbericht zum 30. September 2004, S. 26.

[80] Vgl. HYPOVEREINSBANK, Zwischenbericht zum 30. September 2004, S. 31.

Möglichkeit hat, alle anderen Informationen dem letzten Jahresabschluss zu entnehmen.[81]

Analog zu IAS 34 liegt auch der Fokus der Zwischenberichterstattung nach DRS 6 auf der Information über „Aktivitäten, Ereignisse und Umstände des Zwischenberichtszeitraums."[82] Gleichwohl enthält auch DRS 6.26 einen Katalog von mindestens erforderlichen Informationen. Diese müssen allerdings nicht zwingend in den erläuternden Angaben aufgeführt werden, sondern können auch an anderen Stellen im Zwischenbericht veröffentlicht werden.

Im Einzelnen sind nach DRS 6.26 folgende erläuternde Angaben im Zwischenbericht aufzuführen:

- Angabe, dass die gleichen Bilanzierungs- und Bewertungsmethoden im Zwischenbericht befolgt werden wie im letzten Konzernabschluss und dem entsprechenden Zeitraum des Vorjahres oder, wenn diese Methoden geändert worden sind, eine Beschreibung der Art und betragsmäßigen Auswirkung der Änderung,
- Angaben zu Vorgängen, die aufgrund ihrer Art oder ihres Ausmaßes von besonderer Bedeutung für die Vermögens-, Finanz- und Ertragslage des Konzerns sind,
- Angaben zu Änderungen des Eigenkapitals einschließlich gezahlter oder vorgeschlagener Zwischendividenden (aggregiert oder je Aktie), gesondert für Stammaktien und sonstige Aktien,
- Erläuterungen der Auswirkung von Änderungen in der Zusammensetzung des Konsolidierungskreises, einschließlich Unternehmenszusammenschlüssen, dem Erwerb oder der Veräußerung von Tochterunternehmen,
- Erläuterungen zu Restrukturierungsmaßnahmen und Einstellungen von Geschäftszweigen,
- Erläuterungen zu bedeutenden Investitionen sowie Forschungs- und Entwicklungsaktivitäten,
- Angabe der Berechnungsmethode für das Ergebnis je Aktie,
- Segmentumsatzerlöse sowie Segmentergebnis für jedes anzugebende Segment,
- Änderungen in der Segmentberichterstattung,
- Zahl der Arbeitnehmer und
- Angabe, ob der Zwischenbericht in Übereinstimmung mit DRS 6 erstellt wurde.

---

[81] Vgl. hierzu im Einzelnen ALVAREZ, M./WOTSCHOFSKY, S., a.a.O. (Fn. 26), S. 36-41.
[82] Vgl. DRS 6.2.

Bei diesen Anforderungen ist allerdings zu berücksichtigen, dass das DRSC für die Zwischenberichterstattung nur den allgemeingültigen, branchenübergreifenden Standard DRS 6 veröffentlicht hat, während für die Kapitalflussrechnung, die Segmentberichterstattung und die Risikoberichterstattung neben den allgemeingültigen Standards DRS 2, DRS 3 und DRS 5 auch branchenspezifische Standards für Kreditinstitute und Versicherungsunternehmen erlassen worden sind, von denen für Kreditinstitute DRS 2-10, DRS 3-10 und DRS 5-10 maßgeblich sind. Die Angabepflichten in DRS 6.26 sind insofern in der Anwendungspraxis zum Teil bankspezifisch auszulegen, wie bspw. der Stellenwert von Forschungs- und Entwicklungsaktivitäten in der Kreditwirtschaft ungleich niedriger ist als in der Chemiebranche.

4.3.6 Angaben zum Geschäftsverlauf und zur voraussichtlichen Entwicklung des Geschäftsjahres

Eine als besondere Komponente herausgestellte Berichterstattung über den Geschäftsverlauf und die voraussichtliche Entwicklung des Geschäftsjahres sieht IAS 34 nicht vor. Innerhalb des Katalogs von möglichen Angabepflichten innerhalb der Notes sind allerdings eine Reihe von Sachverhalten vorgesehen, die speziell die Berichtsperiode betreffen und über die bei Wesentlichkeit zu berichten ist. Hierzu gehören u.a. saisonale, konjunkturelle oder ungewöhnliche Einflüsse während der Berichtsperiode, so dass hierdurch den Berichtsadressaten wichtige Informationen über den Geschäftsverlauf zur Verfügung stehen. Zur Berichterstattung über die voraussichtliche Entwicklung des Geschäftsjahres enthält IAS 34 allerdings keine explizite Anforderung.

Auch nach US-GAAP ist keine als besondere Komponente herausgestellte Berichterstattung über den Geschäftsverlauf und die voraussichtliche Entwicklung des Geschäftsjahres vorgesehen, so dass sich die Berichterstattung über den Geschäftsverlauf im Wesentlichen in den Notes oder in anderen Stellen des Zwischenberichts widerspiegelt. Wie IAS 34 sehen auch die US-GAAP für den Zwischenbericht keine explizite Anforderung an eine Berichterstattung über die voraussichtliche Entwicklung des Geschäftsjahres vor.

In der Zwischenberichterstattung nach DRS 6 gehören zu den Mindestbestandteilen auch Angaben zum Geschäftsverlauf und der voraussichtlichen Entwicklung des Geschäftsjahres.[83] Diese Anforderungen lehnen sich an die handelsrechtlichen Vorschriften zum Lagebericht an.[84] Während die Berichterstattung über den Geschäftsverlauf durch die internationalen Standards zur Zwischenberichterstattung abgedeckt ist, nimmt bezüglich der Prognoseberichterstattung DRS 6 im Rahmen der unterjährigen Publizität eine Vorreiterrolle ein.

---

[83] Vgl. DRS 6.13.
[84] Vgl. KNORR, L., a.a.O. (Fn. 8), S. 4.

4.4 Berichtstiefe und Anwendung von Schätzverfahren

Hinsichtlich der Berichtstiefe erlaubt IAS 34 für die Komponenten Bilanz, Gewinn- und Verlustrechnung, Eigenkapitalveränderungsrechnung und Kapitalflussrechnung eine verkürzte Form der Darstellung.[85] Da zugleich die für die Notes erforderlichen Angabepflichten auf wesentliche Änderungen beschränkt sind,[86] kann hinsichtlich der Berichtstiefe von einem generell niedrigeren Anforderungsniveau ausgegangen werden.

Als generelle Leitlinie für die Vorgehensweise bei Bewertungen, fordert IAS 34, dass sie so ausgestaltet ist, „dass die resultierenden Informationen verlässlich sind und dass alle wesentlichen Finanzinformationen, die für ein Verständnis der Vermögens-, Finanz- und Ertragslage des Unternehmens relevant sind, angemessen angegeben werden."[87] Im Verhältnis zu Bewertungen in Geschäftsberichten geht IAS 34.41 davon aus, dass bei der Aufstellung von Zwischenberichten in der Regel in größerem Umfang Schätzungsmethoden erforderlich sind als für die jährliche Rechnungslegung. Aus der Reihe von Beispielen, die IAS 34 für die Verwendung von Schätzungen anführt,[88] sind für Kreditinstitute insbesondere folgende Anwendungsbereiche von Bedeutung:

- Rückstellungen - Die Bestimmung eines angemessenen Betrages für eine Rückstellung kann schwierig und kosten- sowie zeitintensiv sein. Die Durchführung von Schätzungen an Zwischenberichtsterminen ist daher häufig eher eine Aktualisierung bereits zum vorangegangenen Bilanzstichtag gebildeter Rückstellungen als die Erstellung einer neuen Berechnung.

- Pensionen - IAS 19, Employee Benefits, schreibt vor, dass ein Unternehmen den Barwert von Verpflichtungen aus einem leistungsorientierten Plan sowie den Marktwert des Planvermögens an jedem Bilanzstichtag bestimmt, und empfiehlt einem Unternehmen, einen fachlich qualifizierten Versicherungsmathematiker zur Bewertung der Verpflichtungen heranzuziehen. Für Zwecke der Zwischenberichterstattung ist eine verlässliche Bewertung oft durch die Extrapolation der letzten versicherungsmathematischen Bewertungen zu erhalten.

- Ertragsteuern - Unternehmen können den Ertragsteueraufwand und latente Ertragsteuerschulden zu jährlichen Stichtagen berechnen, indem sie den Steuersatz für jeden einzelnen Rechtskreis auf die Erträge des jeweiligen Rechtskreises anwenden. Obwohl ein solcher Grad an Präzision auch an Zwischenberichtsstichtagen wünschenswert wäre, kann stattdessen ein gewichteter Durchschnitt der Steuersätze von den Rechtskreisen oder von den Ertragskategorien verwendet werden, wenn

---

[85] Vgl. IAS 34.8.
[86] Vgl. IAS 34.15.
[87] Vgl. IAS 34.41.
[88] Vgl. IAS 34.C.

hierdurch eine vernünftige Annäherung an die Auswirkungen erreicht wird, die sich bei der Verwendung von spezielleren Sätzen ergeben würden.

- Überleitungsrechnungen zwischen konzerninternen Unternehmen - Einige konzerninterne Salden, die bei der Aufstellung des Konzernabschlusses am Ende eines Geschäftsjahres auf einem detaillierten Niveau übergeleitet werden, können bei der Aufstellung des Konzernabschlusses an einem Zwischenberichtstermin auf einem weniger detaillierten Niveau übergeleitet werden.

Auch nach US-GAAP ist im Spannungsverhältnis zwischen zeitnaher Berichterstattung und Berichtstiefe gemäß APB 28.30 eine weniger detaillierte unterjährige Berichterstattung zulässig. Zugleich gibt APB 28.30 für Zusammenfassungen allerdings auch einen Leitfaden, für welche Angaben weiterhin ein eigenständiger Ausweis erforderlich ist. Spezielle Anhaltspunkte für die Anwendung von Schätzverfahren in der Zwischenberichterstattung werden nicht explizit aufgeführt.

Eine generelle Leitlinie zur Berichtstiefe und zu Schätzverfahren wird in DRS 6 nicht gegeben. Zu besonderen Sachverhalten geht allerdings DRS 6 zum einen in DRS 6.17 auf die Zulässigkeit von Schätzungen bei erstmaliger Einbeziehung eines Tochterunternehmens in den Konzernabschluss ein sowie zum anderen in DRS 6.25 auf Anpassungen bei geänderten Schätzungen des voraussichtlichen Ertragsteuersatzes.

4.5 Vergleichszahlen

Nach IAS 34 sind für die Bilanz die entsprechenden Zahlen des letzten Jahresabschlusses anzugeben. Für die Gewinn- und Verlustrechnung sind hingegen bei quartalsweiser Zwischenberichterstattung ab dem zweiten Quartal zum einen die Quartalszahlen sowie zusätzlich die kumulierten Zahlen des laufenden Geschäftsjahres bis Ende der Berichtsperiode anzugeben, so dass ggf. zwei Vergleichszahlen zu veröffentlichen sind. Grundsätzlich ist hierbei jeweils die periodenechte Vergleichszahl anzugeben.

Für die Kapitalflussrechnung sind die Vergleichszahlen aus der entsprechenden Periode des Vorjahres zu verwenden. Aus der Eigenkapitalveränderungsrechnung müssen bei quartalsweiser Berichterstattung zum einen die Veränderungen während des Quartals sowie zusätzlich die kumulierten Veränderungen während des laufenden Geschäftsjahres ersichtlich sein, so dass auch hier ggf. zwei periodenechte Vergleichszahlen zu veröffentlichen sind.

Für die Notes werden keine speziellen Anforderungen zu Vergleichszahlen gestellt. Hier kommt es im Einzelfall darauf an, ob die jeweilige Veränderung überhaupt einen quantitativen Ausweis zulässt und Vergleichszahlen oder nur verbale Erläuterungen möglich sind. In der von der Anwendungspraxis üblicherweise verwendeten Darstellung in Form kontinuierlicher tabellarischer Veröffentlichung wesentlicher Positionen ist in aller Regel die Angabe von Vergleichszahlen unproblematisch.

Anforderungen nach IAS 34

Vergleichszahlen

- Bilanz — Zahlen des letzten Jahresabschlusses
- Gewinn- und Verlustrechnung — Zu den kumulierten Zahlen und den Zahlen der Berichtsperiode jeweils Angabe der periodenechten Vergleichszahlen des Vorjahres
- Kapitalflussrechnung — Vergleichszahlen der entsprechenden Periode des Vorjahres
- Eigenkapitalveränderungsrechnung — In den kumulierten Zahlen und den Zahlen der Berichtsperiode jeweils Angabe der periodenechten Vergleichszahlen des Vorjahres
- Notes — Keine speziellen Anforderungen

Die Veröffentlichung von Vorjahresvergleichszahlen oder der Zahlen der korrespondierenden Vorjahresberichtsperiode nach US-GAAP entspricht der Verfahrensweise nach IAS 34.

Nach DRS 6 sind für die Gewinn- und Verlustrechnung sowohl für das Quartal als ggf. auch für den Zeitraum zwischen dem Beginn des Geschäftsjahres bis zum Stichtag der Berichtsperiode die Vergleichszahlen aus dem entsprechenden Vorjahrzeitraum zu veröffentlichen[89]. Der Bilanz zum Stichtag des Zwischenberichtszeitraum sind nach DRS 6.13 die entsprechenden Vergleichszahlen zum Stichtag des vorangegangenen Geschäftsjahres gegenüberzustellen. Als Vergleichszahlen für die Kapitalflussrechnung sind die Zahlen des entsprechenden Zeitraums des vorangegangenen Geschäftsjahres zu verwenden.

---

[89] Vgl. DRS 6.13.

5. Veröffentlichungsfristen

Die Anknüpfung der Zwischenberichterstattung nach IAS 34 an die jeweiligen nationalen Bestimmungen zur Zwischenberichterstattung hat zur Konsequenz, dass IAS 34 selbst keinen Zeitraum festlegt, innerhalb dessen ein Zwischenbericht zu veröffentlichen ist. Als Leitlinie wird allerdings ein Zeitraum von 60 Tagen empfohlen, der damit länger ist als die 45-Tage-Frist nach US-GAAP.

Nach DRS 6.30 müssen Zwischenberichte spätestens 60 Tage nach dem Stichtag der Zwischenberichtsperiode veröffentlicht werden.

6. Prüfungsanforderungen

Zur Prüfung des Zwischenabschlusses durch einen Abschlussprüfer trifft IAS 34 keine Aussage. Insofern kann davon ausgegangen werden, dass keine Prüfungspflicht besteht.

Die Quartalsabschlüsse nach US-GAAP bedürfen grundsätzlich keiner Prüfung und Testierung durch einen US-amerikanischen Wirtschaftsprüfer. Unternehmen, die bei der SEC registriert sind, müssen allerdings ihre Quartalsberichte einer prüferischen Durchsicht unterziehen lassen.

Nach DRS 6 besteht für Zwischenabschlüsse keine Prüfungspflicht. Im Falle einer prüferischen Durchsicht durch den Abschlussprüfer verlangt DRS 6.27 allerdings, dass über das Ergebnis der prüferischen Durchsicht im Zwischenabschluss zu berichten ist. Für die verpflichtende Quartalsberichterstattung im Prime Standard der Deutschen Börse AG ist hingegen vorgesehen, dass die Angaben im Quartalsbericht einer prüferischen Durchsicht durch den Abschlussprüfer unterzogen werden sollen und das Ergebnis in den Zwischenbericht aufzunehmen ist.

Britta Graf-Tiedtke

Bankbilanzanalyse

1. Bankbilanzanalyse - Definition und Formen 1039

2. Grundlagen zur praktischen Durchführung.. 1041
   2.1 Bilanzstruktur und GuV-Praxisschema nach IFRS 1041
   2.2 Die vier Schritte der Bankbilanzanalyse 1047

3. Kennzahlenanalyse und -auswertung... 1049
   3.1 Strukturanalyse... 1049
       3.1.1 Grundlage: Bilanz und GuV als Spiegelbild der Geschäftstätigkeit 1050
       3.1.2 Wirkung exogener Einflussfaktoren... 1052
       3.1.3 Durchführung der Bilanz- und Ertragsstrukturanalyse............................ 1055
       3.1.4 Eigenkapitalanalyse.. 1058
           3.1.4.1 Grundlagen: Eigenkapitalbegriffe nach KWG und BIZ............... 1058
           3.1.4.2 Die neue internationale Eigenkapitalvereinbarung, Basel II 1064
           3.1.4.3 Beurteilung der Eigenkapitalausstattung....................................... 1065
       3.1.5 Refinanzierungspolitik 1067
           3.1.5.1 Rechtliche Grundlagen: Grundsatz II und § 11 KWG 1070
           3.1.5.2 Refinanzierungsrisiken durch Fristentransformation 1071
           3.1.5.3 Berechnung und Beurteilung der Kennzahlen 1073
       3.1.6 Stille Reserven und Net Asset Value 1075
           3.1.6.1 Entwicklungstrends der letzten Jahre.. 1076
               3.1.6.1.1 Entwicklungstrend bei Beteiligungsbesitz 1076
               3.1.6.1.2 Entwicklungstrend bei Immobilienbesitz....................... 1078
               3.1.6.1.3 Entwicklungstrend bei bankspezifischen stillen
                         Reserven (nach § 340f HGB).. 1079
           3.1.6.2 Theoretischer Hintergrund - IAS 39 1079
           3.1.6.3 Berechnung und Auswertung des NAV.. 1083
               3.1.6.3.1 Neubewertungsreserven aus Cash Flow Hedges 1083
               3.1.6.3.2 Unvollständige Berücksichtigung stiller Reserven
                         aus AfS-Beständen.. 1084
               3.1.6.3.3 Auswertung des NAV.. 1084

3.1.7 Analyse nicht-bilanzwirksamer Geschäftsfelder 1085
    3.1.7.1 Ausgewählte Kennzahlen 1085
        3.1.7.1.1 Vermögensverwaltung 1086
        3.1.7.1.2 Online Brokerage 1087
    3.1.7.2 Beispiele zu Vermögensverwaltung und Online Brokerage 1087
3.2 Risikoanalyse 1091
    3.2.1 Risikoarten 1091
    3.2.2 Das traditionelle Kreditrisiko 1093
        3.2.2.1 Theoretische Grundlagen 1093
        3.2.2.2 Ausgewählte Kennzahlen mit Beispielen 1096
3.3 Erfolgsanalyse 1099
    3.3.1 Produktivität 1101
    3.3.2 Wirtschaftlichkeit 1108
    3.3.3 Rentabilität 1111
        3.3.3.1 Beurteilung einzelner Bankgeschäfte 1111
        3.3.3.2 Die Gesamtbankrentabilität 1115

4. Grenzen der externen Bankbilanzanalyse 1124

1. Bankbilanzanalyse - Definition und Formen

Die Bankbilanzanalyse zielt darauf, durch die Aufbereitung und Auswertung entsprechender Jahresabschlussdaten mittels Kennzahlen, -systemen und sonstiger Methoden, Informationen über die Substanz-, Finanz- und Ertragslage einer Bank zu erhalten.[1] Je nachdem, welche Ziele mit der Auswertung dieser Informationen verknüpft sind, zieht der Analyst dafür den entsprechenden Einzelabschluss zur Analyse von Bereichen oder den Konzernabschluss zur Betrachtung der Gesamtbank heran.

Die Bilanzanalyse umfasst dabei nicht nur die Betrachtung der Bilanz, sondern auch der Gewinn- und Verlustrechung (GuV). Viele für den Analysten wichtige Hinweise zu Inhalt und Bewertung der einzelnen Abschlussdaten sind zudem im Anhang/Notes und Lagebericht enthalten. Darüber hinaus ist es von Vorteil, weitere Hintergrundinformationen bspw. aus der Zwischenberichterstattung, Presseveröffentlichungen oder Ansprachen der Geschäftsleitung zu besorgen. Hier erweist sich das Internet als nützliche Quelle.

Der Zusatznutzen der im Jahresabschluss enthaltenen Kapitalflussrechnung erscheint dagegen vergleichsweise gering. So können die wesentlichen Daten der Kapitalflussrechnung bereits durch die anderen Angaben im Jahresabschluss ermittelt werden (Duplizität).[2] Gleichzeitig passt das ursprünglich für Industrieunternehmen entwickelte Cash Flow Konzept in seiner Struktur nicht zum Bankgeschäft und sein Aussagegehalt ist daher vergleichsweise gering.[3]

Grundsätzlich können zwei wesentliche Formen der Bilanzanalyse unterschieden werden:

– Interne und externe Bilanzanalyse (Adressatenkreis),

– quantitative und qualitative Bilanzanalyse (Gegenstand der Analyse).

Die Unterscheidung in interne oder externe Bilanzanalyse wird je nach Adressatenkreis getroffen. Die interne Bankbilanzanalyse bezieht sich auf das eigene Institut und dient vorrangig bankinternen Controllingzwecken, also der Steuerung und Überwachung des eigenen Bankbetriebes. Die internen Adressaten sind hier vor allem die oberste Führung der Bank und sonstige Leitungsebenen. Die externe Analyse von Bilanz sowie GuV

---

[1] Vgl. im Folgenden KÜTING, K./WEBER, C.-P., Bilanzanalyse, 3. Aufl., Stuttgart 1997, S. 3.
[2] Vgl. WERNER, T./PADBERG, T., Bankbilanzanalyse, Stuttgart 2002, S. 43.
[3] Vgl. zur Anwendung von IAS 7 bei Banken den Beitrag „Kapitalflussrechnung".

durch einen außenstehenden (externen) Analysten versorgt dagegen einen Adressatenkreis außerhalb der Bank, wie bspw. Aktionäre, Arbeitnehmervertreter, aber auch Wettbewerber, mit entsprechenden Informationen, mit dem Ziel, zu einem Werturteil über die wirtschaftliche Lage der Bank zu gelangen. Dabei stehen zwei zentrale Fragestellungen im Vordergrund: Ertragslage und Stabilität. Die Frage nach der gegenwärtigen Ertragslage der Bank hat in der Regel das Ziel, die künftige, nachhaltige Ertragskraft zu prognostizieren. Die Fragestellung der Stabilität richtete sich auf die Fähigkeit der Bank, ihren gegenwärtigen und zukünftigen Zahlungsverpflichtungen (z.B. Rückzahlung von Spareinlagen oder der Kapitaldienst eigener Wertpapieremissionen) nachzukommen sowie zukünftiges Wachstum und Anpassungsmaßnahmen an veränderte Markt- und Konjunkturlagen finanzieren zu können.

Quantitative und qualitative Bilanzanalyse unterscheiden sich hinsichtlich ihres Analysegegenstandes. Die traditionelle quantitative Bilanzanalyse basiert auf den im Jahresabschluss enthaltenen Zahlen. Sie werden zu Kennzahlen verdichtet und dann ausgewertet. Der Jahresabschluss und sonstige unterjährige Berichterstattungen der Banken enthalten jedoch auch eine Fülle von qualitativen, verbalen Mitteilungen. Die Auswertung dieser Informationen ist Grundlage der qualitativen Bilanzanalyse. Untersuchungsgegenstand ist bspw. der Grad der Bestimmtheit von Aussagen, die Intensität der freiwilligen Berichterstattung oder auch die bevorzugte Wortwahl im Unternehmens- und Zeitvergleich.

Die nachfolgenden Ausführungen konzentrieren sich auf die externe, quantitative Bilanzanalyse mittels Kennzahlen. Im Vordergrund steht dabei der Konzernabschluss nach IFRS.

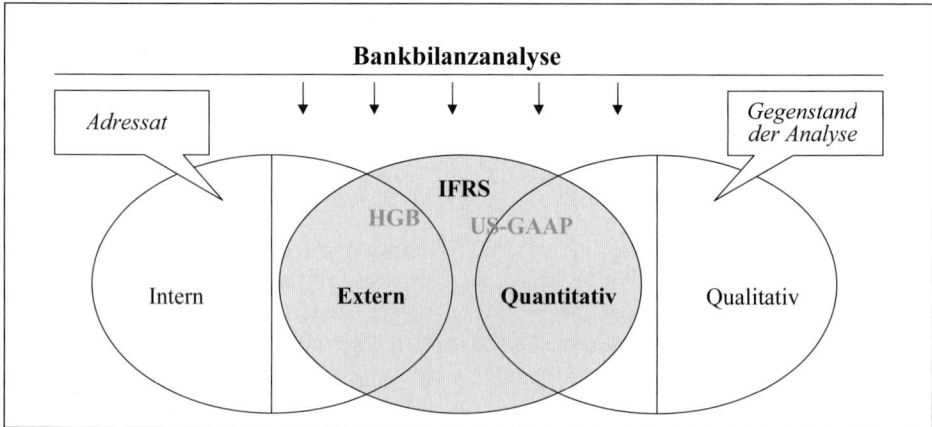

Abb. 1:   Formen der Bankbilanzanalyse und Gegenstand der Ausführungen

2. Grundlagen zur praktischen Durchführung

Das nachfolgende Kapitel umfasst die Grundlagen der Bankbilanzanalyse:

- Struktur und Aufbereitung von Bilanz und GuV (Kapitel 2.1),
- Praktische Schritte der Durchführung und ihre Besonderheiten (Kapitel 2.2).

Auf eine detaillierte Erläuterung von Inhalt und Struktur der einzelnen Bilanz- und GuV-Positionen wird jedoch an dieser Stelle bewusst verzichtet. Eine Grundkenntnis von Bankbilanz und Bank-GuV nach IFRS wird vorausgesetzt.[4]

2.1 Bilanzstruktur und GuV-Praxisschema nach IFRS

Die Inhalte von Bankbilanz und -GuV ergeben sich aus

- IAS 1 (Basisregelung für alle bilanzierenden Unternehmen),
- IAS 30 (Spezialvorschriften für Kreditinstitute) und
- verschiedenen, sachverhaltsspezifischen Standards.[5]

Keine der Vorschriften schreibt eine bestimmte Darstellungsform vor. Die IFRS verlangen lediglich, gewisse Mindestanforderungen für den Inhalt von Bilanz und GuV sowie den Notes einzuhalten, die dem bilanzierenden Institut verschiedene Wahl- sowie Gestaltungsmöglichkeiten aufgrund fehlender, präziser Regelungen offen lassen. Daher ist es nicht überraschend, dass sich die Jahresabschlüsse der Banken in der Praxis unterscheiden. Dies betrifft vor allem die GuV. In den letzten Jahren hat sich jedoch ein allgemein anerkanntes Praxisschema als Grundgerüst für einen GuV-Standard herausgebildet, welches sich ähnlich auch in der HGB- und US-GAAP-Rechnungslegung wieder findet. Es soll auch Basis für die nachfolgenden Ausführungen sein. Allerdings war und ist dieses Schema durch neue Branchentrends bzw. Rechnungslegungsvorschriften

---

[4] Vgl. auch den Beitrag „Bilanz, Gewinn- und Verlustrechnung sowie Notes" sowie KRUMNOW, J./ LÖW, E., IAS 30 – Angabepflichten im Jahresabschluss von Banken und ähnlichen Finanzinstituten (Disclosures in the Financial Statements of Banks and Similar Financial Institutions), in: BAETGE, J./DÖRNER, D. u.a. (Hrsg.), Rechnungslegung nach International Accounting Standards (IAS), 2. Aufl., Stuttgart 2002, 1. Teillieferung Teil 2005, Tz. 13-40.

[5] Z.B. IAS 12, Ertragsteuern; IAS 14, Segmentberichterstattung; IAS 39, Finanzinstrumente: Ansatz und Bewertung.

immer wieder Veränderungen unterworfen.[6] Gleichzeitig lassen sich die Banken gewisse gestalterische Freiheiten im Rahmen der gesetzlichen Vorschriften nicht nehmen.

Es kommt daher immer wieder zu

- unterschiedlichen Bezeichnungen von inhaltlich identischen Bilanz- und GuV-Positionen,
- verschiedenen Gliederungstiefen sowie
- unterschiedlichen Zuordnungen der einzelnen Buchungspositionen zu den jeweiligen GuV-Aggregaten.

Aktiva in Mio. €	2002	2003
Barreserve	5.259	5.708
Handelsaktiva	85.252	80.462
Forderungen an Kreditinstitute	57.552	52.842
Forderungen an Kunden	314.854	283.525
Werberichtigungen auf Forderungen	-12.206	-11.361
Finanzanlagen	65.807	53.000
Sachanlagen	3.331	3.001
Immaterielle Vermögenswerte	3.746	2.721
Sonstige Aktiva	12.220	9.557
Summe	**535.815**	**479.455**

Abb. 2: Bankbilanz nach IFRS am Beispiel der HypoVereinsbank (Konzern) (Teil I)
Quelle: Eigene Darstellung, HYPOVEREINSBANK, Finanzbericht 2003

---

[6] Beispiel: Berücksichtigung von Versicherungsgeschäften durch die Hinwendung zum Allfinanzgeschäft.

Passiva in Mio. €		
Verbindlichkeiten gegenüber Kreditinstituten	136.419	112.964
Verbindlichkeiten gegenüber Kunden	147.096	140.312
Verbriefte Verbindlichkeiten	147.523	122.728
Handelspassiva	51.479	55.233
Rückstellungen	8.830	6.847
Sonstige Passiva	11.973	9.400
Nachrangkapital	20.564	19.183
Anteile im Fremdbesitz	678	2.476
Eigenkapital	11.253	10.312
Gezeichnetes Kapital	1.609	1.609
Kapitalrücklage	12.024	9.295
Gewinnrücklagen	-	-
Rücklagen aus Währungs- und sonstigen Veränderungen	-	-40
Bewertungsänderungen von Finanzinstrumenten	-2.380	-552
Konzerngewinn	-	-
Summe	**535.815**	**479.455**

Abb. 2: Bankbilanz nach IFRS am Beispiel der HypoVereinsbank (Konzern) (Teil II)
Quelle: Eigene Darstellung, HYPOVEREINSBANK, Finanzbericht 2003

GuV in Mio. €		2002	2003
+	Zinserträge	24.417	19.645
-	Zinsaufwendungen	18.481	13.764
=	Zinsüberschuss (ZÜ)	5.936	5.881
-	Kreditrisikovorsorge (RV)	3.292	2.313
=	Zinsüberschuss nach Kreditrisikovorsorge	2.644	3.568
+	Provisionserträge	3.280	3.409
-	Provisionsaufwendungen	608	614
=	Provisionsüberschuss (PÜ)	2.672	2.795
+	Handelsergebnis (HE)	787	820
+	Sonstige betriebliche Erträge/Aufwendungen (SE)	180	620
=	**Gesamtertrag (GE=ZÜ+PÜ+HE+SE)**	**9.575**	**10.116**
-	Verwaltungsaufwand (VA)	6.896	6.371
=	**Betriebsergebnis (BE=GE-VA-RV)**	**-613**	**1.432**
+	Finanzanlegerergebnis (FA)	587	-1.806
-	Abschreibungen auf Geschäfts- und Firmenwerte (GA)	395	1.134
+	Saldo übriger Erträge/Aufwendungen (SÜ)	-432	-638
=	**Ergebnis der gewöhn. Geschäftstätigkeiten (BE+FA-GA+SÜ)**	**-853**	**-2.146**
=	**Ergebnis vor Steuern**	**-853**	**-2.146**
-	Ertragssteuern	-3	296
=	**Jahresüberschuss**	**-850**	**-2.442**
-	Fremdanteil am Jahresüberschuss	41	-197
=	**Jahresüberschuss ohne Fremdanteile**	**-809**	**-2.639**

Abb. 3: Praxisschema der GuV am Beispiel der HypoVereinsbank (Konzern)
Quelle: Eigene Darstellung, HYPOVEREINSBANK, Finanzbericht 2003, S. 45

So weisen bspw. die HypoVereinsbank und die Commerzbank in ihrer GuV ein Betriebsergebnis (bzw. Operatives Ergebnis) aus - bei der HypoVereinsbank umfasst dies jedoch im Gegensatz zum Ausweis der Commerzbank nicht das Finanzanlageergebnis.[7]

Aufmerksamkeit ist auch bei der Zuordnung der einzelnen Buchungspositionen zu den jeweiligen Aggregaten gefordert. Hier greifen zusätzlich länderspezifische Unterschiede. Generell bieten alle gesetzlich möglichen Buchungswahlrechte Raum für kreative Bilanzierung. Bspw. enthalten weder IAS 30 noch IAS 39 eine explizite Regelung zur Zusammensetzung der Positionen Ergebnis aus AfS- und HtM-Beständen. Daher können die Zinserträge und Dividenden der dort verbuchten Wertpapiere und Beteiligungen sowohl im Zinsüberschuss als auch im so genannten Ergebnis aus AfS-Beständen bzw. im Ergebnis aus HtM-Beständen oder, falls gemeinsam verbucht, im Finanzanlageergebnis eingeordnet sein.[8] Die Mehrheit der Banken folgt in diesem Beispiel der ersten Möglichkeit (Zinsüberschuss). Unterschiede gibt es dagegen regelmäßig in den folgenden vier Bereichen:,

– Abschreibungen auf Firmenwerte (Goodwill),[9]

– sonstige Steuern,

– Restrukturierungsaufwendungen und

– Provisionsaufwendungen (internationaler Kontext).

Was sonstige Steueraufwendungen (außer Ertragsteuern) betrifft, so verrechnet bspw. die Commerzbank diese Aufwendungen bislang traditionell in ihrem „sonstigen betrieblichen Ergebnis". Goodwill wird planmäßig unterhalb des operativen Ergebnisses über 15 Jahre linear abgeschrieben.[10] Die HypoVereinsbank weist dagegen die sonstigen Steuern zusammen mit Verlustübernahmen als Saldo „übrige Erträge/Aufwendungen", und damit unterhalb des Betriebsergebnisses aus und schreibt ihren Goodwill über einen Zeitraum von wahlweise 15-20 Jahren linear ab.[11]

Restrukturierungsaufwendungen (z.B. für neue Informationstechnologien, anlässlich einer Fusion bzw. Übernahme oder Bereinigungen von Geschäftsportefeuilles) werden gerne als außerordentlicher Aufwand im Rahmen des außerordentlichen Ergebnisses er-

---

[7] Vgl. HYPOVEREINSBANK, Finanzbericht 2003, S. 45; COMMERZBANK, Geschäftsbericht 2003, S. 83.

[8] Vgl. Abschnitt 3.1.6.2; IAS 39.

[9] Ab 2005 wird die bislang gültige Regelung der planmäßigen Abschreibung von Goodwill durch die jährlichen Werthaltigkeitsprüfungen (sog. Impairments) ersetzt, die nur bei entsprechendem Wertverlust zu einer Abschreibung führen. Siehe hierzu Abschnitt 3.1 im Beitrag „Konzernrechnungslegung".

[10] Vgl. COMMERZBANK, Geschäftsbericht 2003, S. 110 und S. 129.

[11] Vgl. HYPOVEREINSBANK, Finanzbericht 2003, S. 60 und S. 71.

fasst, wie bspw. anlässlich der Fusion der HypoVereinsbank (im Jahr 1997) oder für die Restrukturierung des Immobilienportefeuilles der Bank im Jahr 1997 und 1998.[12] Viele Banken folgen der Auffassung, dass diese Aufwendungen Einmalcharakter haben und damit nicht operativ sind. Vor dem Hintergrund, dass die deutschen Banken nunmehr seit Jahren regelmäßig umstrukturieren bzw. hohe Abschreibungen auf Kreditengagements vorweisen, ist diese Sichtweise diskussionswürdig. Zu begrüßen ist jedoch der offene Ausweis der Restrukturierungsrückstellungen als eigenständige Positionen in der Gewinn- und Verlustrechnung der HypoVereinsbank, die mit dem Jahresabschluss 2002 in das Reporting der Bank Einzug gehalten hat.[13] Bereits ein Jahr zuvor, war die Commerzbank mit gutem Beispiel vorangegangen: Für die Restrukturierungsaufwendungen wurde eine eigene Position geschaffen und zusätzlich ein Ergebnis der gewöhnlichen Geschäftstätigkeit vor und nach Restrukturierungsaufwendungen ausgewiesen.[14]

Obwohl das Praxisschema sich auch im internationalen Kontext wieder findet, gibt es vor allem im englischsprachigen Raum häufig einen wesentlichen Unterschied in der Gliederung: die Zuordnung der Provisionsaufwendungen. Sie werden dort mit den anderen Verwaltungsaufwendungen dem Gesamtaufwand zugerechnet. Sie sind damit in der Kennzahl „Total Revenues"[15] nicht enthalten. In Deutschland ist es dagegen üblich, Provisionserträge und -aufwendungen gegeneinander aufzurechnen und zum so genannten Provisionsüberschuss zusammenzufassen.[16] Der Provisionsüberschuss zählt dann zusammen mit dem Zinsüberschuss, dem Eigenhandel und dem sonstigen betrieblichen Ergebnis zur Kennzahl „Gesamtertrag".

Insgesamt bleibt festzuhalten, dass diese Unterschiede identifiziert und gegebenenfalls adjustiert werden müssen,[17] um bei einer Bankbilanzanalyse gute, verwertbare Ergebnisse zu erzielen.

---

[12] Von 1997 bis Jahr 2000 wurden insgesamt € 750 Mio. Integrationsaufwendungen für die Fusion der Bayerischen Hypobank mit der Bayerischen Vereinsbank im außerordentlichen Ergebnis der neuen Hypo Vereinsbank verbucht; vgl. HYPOVEREINSBANK, Geschäftsbericht 2000, S. 184. In den Jahren 1998 und 1997 (Pro-forma-IFRS-Abschluss) berücksichtigte die HypoVereinsbank zusätzlich insgesamt rund € 2.556 Mio. für Bewertungsmaßnahmen aus Joint Ventures und Developer-Finanzierungen ihres Immobiliengeschäftes im außerordentlichen Aufwand; vgl. HYPOVEREINSBANK, Geschäftsbericht 1998, S. 64.

[13] Vgl. HYPOVEREINSBANK, Finanzbericht 2002, S. 37.

[14] Vgl. COMMERZBANK, Geschäftsbericht 2001, S. 65.

[15] Vgl. dazu bspw. GOLDMAN SACHS, Geschäftsbericht 2001.

[16] Vgl. Praxisschema der GuV am Beispiel der HypoVereinsbank (Konzern).

[17] Vgl. Abschnitt 2.2.

2.2 Die vier Schritte der Bankbilanzanalyse

Bei der Durchführung der Bankbilanzanalyse empfiehlt es sich, in folgenden vier Schritten vorzugehen:
1. Bestimmung des Analyseziels,
2. Aufbereitung der Daten,
3. Berechnung der Kennzahlen und
4. Auswertung der ermittelten Kennzahlen.

Das Analyseziel bestimmt zum einen, mit welcher Intensität die Daten aufzubereiten und zum anderen, welche Kennzahlen zur Analyse heranzuziehen sind (Beispiel: Analyse eines Geschäftsbereiches versus Analyse der Gesamtbank).

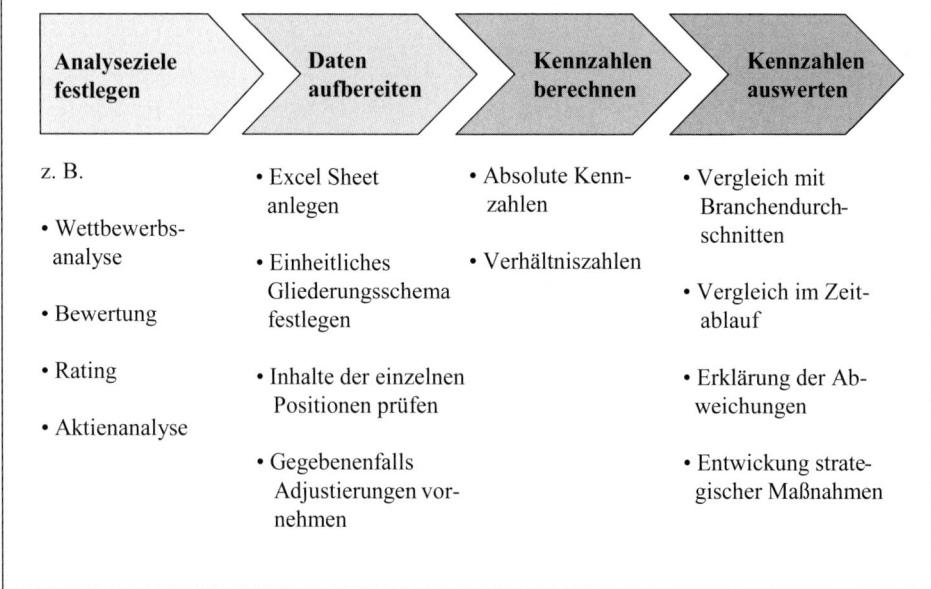

Abb. 4: Analyseschema zur Bankbilanzanalyse

Besonders wichtig ist die nachfolgende Aufbereitung der Daten unter Zuhilfenahme eines Tabellenkalkulationsprogramms (z.B. Excel). Dies nimmt in der Regel die meiste Zeit in Anspruch und sollte dennoch sehr sorgfältig erfolgen, da die Aufbereitung der Daten das Analyseergebnis und die damit verbundene unternehmerische Entscheidung (z.B. Investition in eine Aktie, Kauf einer Anleihe oder gar die Übernahme einer Bank) nachhaltig beeinflusst. Da die IFRS, wie unter Abschnitt 2.1 bereits dargestellt, keine verbindliche Darstellungsform vorschreiben, sondern lediglich inhaltliche Vorgaben machen, empfiehlt es sich, beim statischen Vergleich einer oder mehrerer Banken im Zeitablauf einheitliche Gliederungsschemata zu verwenden. Es ist dabei wichtig, dass die Zuordnung der Buchungsvorgänge zu den jeweiligen Aggregaten identisch ist. Wesentliche Hinweise dazu findet der Analyst in den Notes. Gegebenenfalls müssen entsprechende Bereinigungen bzw. Umgliederungen vorgenommen werden. Ansonsten werden bei der nachfolgenden Kennzahlenanalyse sehr schnell Äpfel mit Birnen verglichen und letztendlich die falschen Schlussfolgerungen gezogen. Im vorangegangenen Abschnitt 2.1 wurden bereits wichtige Abweichungen vorgestellt.

Die darauf folgende Berechnung der Kennzahlen ist vergleichsweise einfach und schnell gemacht. Weitaus anspruchvoller ist dann im letzten Schritt die Auswertung der Kennzahlen. Daher wird der nachfolgende Abschnitt nicht nur aufzeigen, welche Kennzahlen für die Bilanzanalyse geeignet sind, vielmehr sollen dort auch praktische Tipps zur Bewertung dieser Kennzahlen gegeben werden. Wichtige Ansatzpunkte sind der Vergleich mit Branchendurchschnitten oder im Zeitablauf. Bevor die eigentliche Bewertung der Kennzahlen beginnt, sollte jeder Analyst mit Hilfe dieser Vergleiche versuchen, seine Analyseergebnisse kritisch zu hinterfragen. Es sollte möglich sein, Abweichungen zur Branche und/oder im Zeitablauf über die Geschäftätigkeit und -struktur der analysierten Bank zu erklären. Gelingt dies nicht, kann dies ein Hinweis auf eine fehlerhafte Berechnung bzw. falsche oder fehlende Adjustierungen von Bilanz- und GuV-Positionen sein. Erscheinen die Ergebnisse jedoch plausibel, liefern die ermittelten Kennzahlen ein gutes Instrumentarium zur weiteren Zielanalyse und darauf folgenden Maßnahmenauswahl.

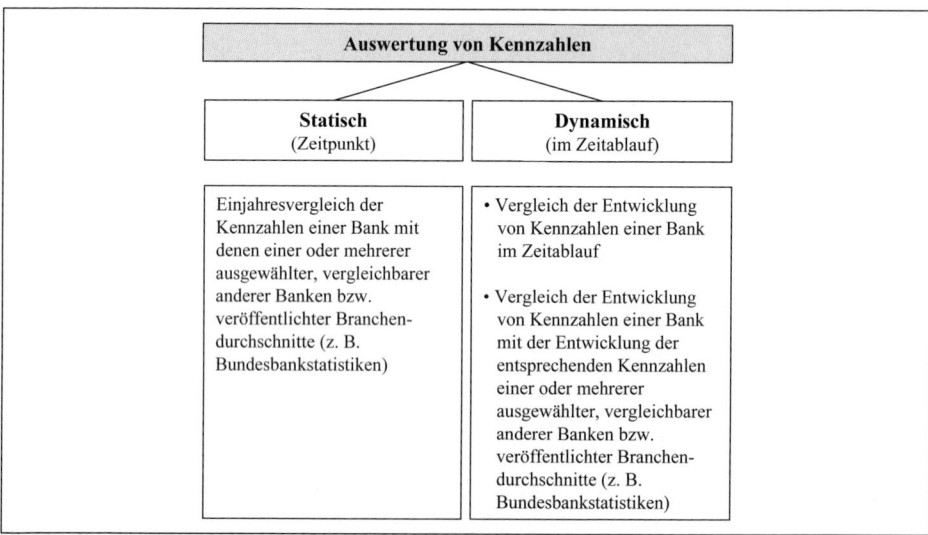

Abb. 5: Möglichkeiten der Auswertung: Statische und dynamische Kennzahlenanalyse

3. Kennzahlenanalyse und -auswertung

Die nachfolgenden Ausführungen konzentrieren sich auf die Analyse der Struktur, des Risikos und darauf aufbauend des Geschäftserfolges einer Bank. Dabei werden ausgewählte, in der Praxis übliche, absolute und relative Kennzahlen vorgestellt und deren Bedeutung für den externen Analysten anhand von Praxisbeispielen erläutert. Diese Kennzahlen sind dabei keineswegs ein festgeschriebener Standard. Neue Branchen- und Rechnungslegungstrends (z.B. die Entwicklung selbständiger Internetbanken und -broker, wie Comdirect, DAB-Bank und CortalConsors oder die Entstehung von Allfinanzkonzernen) zwingen regelmäßig sowohl zu Anpassungen etablierter als auch zur Entwicklung neuer Kennzahlen.

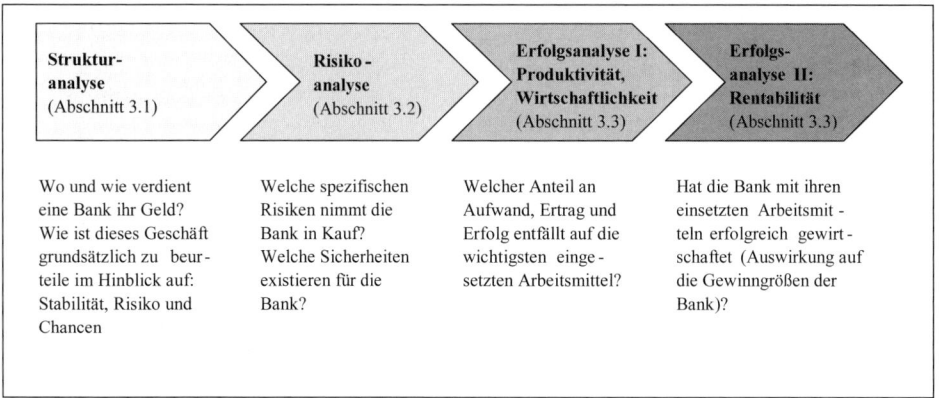

Abb. 6: Aufbau der Kennzahlenanalyse

3.1 Strukturanalyse

Die Strukturanalyse von Bilanz und GuV bildet die Grundlage der Bankbilanzanalyse. Sie gibt dem Analysten Auskunft bzw. lässt Schlussfolgerungen zu über

- die Art der Bank (z.B. Retail-, Hypothekenbank, Vermögensverwalter),
- exogene, auf den Geschäftsverlauf wirkende Einflussfaktoren,
- die damit verbundenen, generellen Chancen und Risiken für die Geschäftstätigkeit,
- die Qualität ihrer Eigenkapitalausstattung,

- die Qualität ihrer Refinanzierungsstruktur sowie
- die Verfügbarkeit und Qualität stiller Reserven.

Aber nicht alle Geschäfte werden in der Bilanz abgebildet. So zählen Dienstleistungsgeschäfte von Banken, wie die Vermögensverwaltung oder das Wertpapier-Brokerage (An- und Verkauf von Wertpapieren im Kundenauftrag) zu den so genannten nicht bilanzwirksamen Geschäften, deren wesentliche Kernaktivitäten nicht in der Bilanz berücksichtigt werden, da im Beispiel Vermögensverwaltung die verwalteten Kundengelder nicht aktiviert werden. Daher müssen für diese Bereiche Kennzahlen entwickelt werden, die den entsprechenden Erfolgsfaktoren dieser Banken Rechnung tragen.[18]

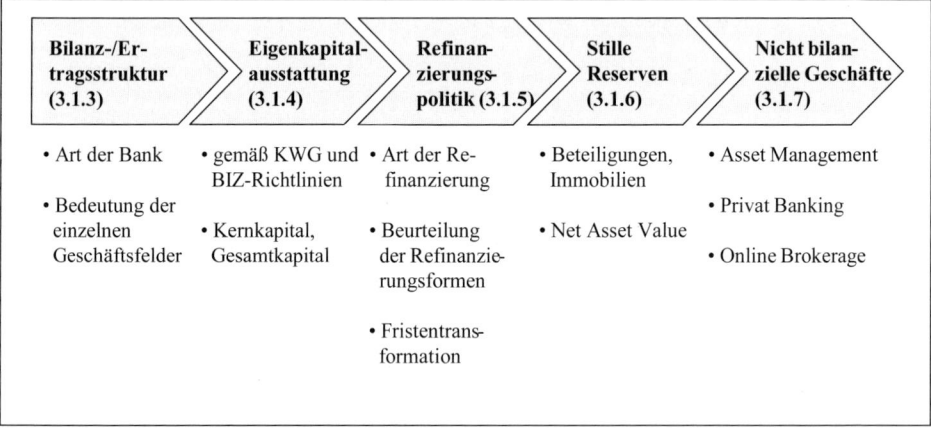

Abb. 7: Gegenstand der Strukturanalyse

Die Strukturanalyse ist wichtig, um bei der nachgelagerten Erfolgsanalyse die für die Bank passenden Kennzahlen auszuwählen. Sie ist aber auch Grundlage dafür, die berechneten Zahlen richtig zu interpretieren.

3.1.1 Grundlage: Bilanz und GuV als Spiegelbild der Geschäftstätigkeit

Die Bilanz- und Ertragsstruktur einer Bank sind grundsätzlich ein Spiegelbild ihrer Geschäftstätigkeit. Das Vorhandensein sowie die Höhe bestimmter Bilanz- und GuV-Positionen geben dem Analysten Auskunft darüber, ob eine Bank ein bestimmtes Geschäft betreibt und welche Bedeutung dieses Geschäftsfeld für sie hat („Wo und wie

---

[18] Vgl. Abschnitt 3.1.7.

verdient die Bank ihr Geld?"). Ausnahmen sind, wie bereits erwähnt, die bilanzunwirksamen Bankgeschäfte. Sie finden, von den eingesetzten Betriebsmitteln (z.B. Sachanlagen) der Bank abgesehen, erst in der GuV, traditionell im Provisionsüberschuss, ihren Niederschlag.

Grundsätzlich wird zwischen Universalbanken und Spezialinstituten unterschieden. Während Universalbanken fast alle Bankgeschäfte an Privat- und Firmenkunden sowie Institutionen anbieten, sind die Spezialbanken auf bestimmte Kundengruppen bzw. Geschäfte spezialisiert (z.B. Hypothekenbanken, Investmentbanken, Retailbanken). Unter den großen, börsennotierten, deutschen Banken dominiert traditionell das Universalbanksystem, wobei sich dort in den letzten Jahren Verschiebungen in den Geschäftsschwerpunkten ergeben haben. So hat das provisionsgetriebene Geschäft zulasten des zinsabhängigen Geschäfts an Gewicht gewonnen:

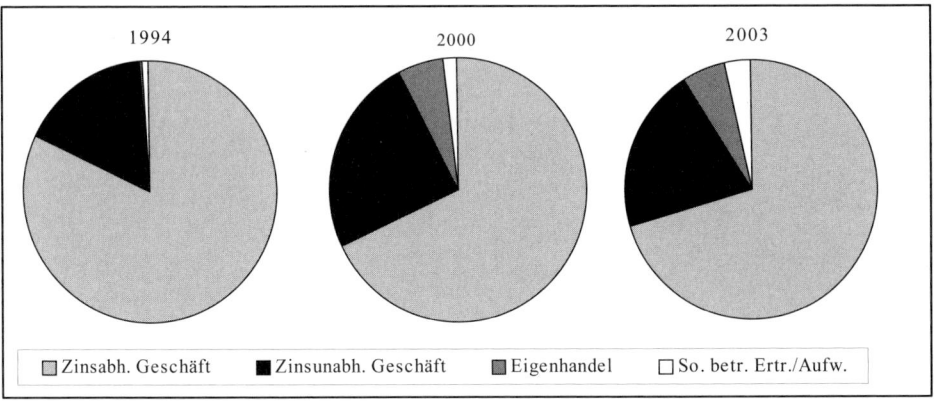

Abb. 8: Die Ertragsstruktur der deutschen Banken 1994-2003
Quelle: DEUTSCHE BUNDESBANK, Monatsbericht September 2004, S. 34-35

Nachfolgend ist eine allgemeine Übersicht über die Hauptgeschäftsfelder der Banken mit den ihnen entsprechenden, wichtigsten Bilanz- und GuV-Positionen nach IFRS dargestellt. Der Inhalt des Schaubildes umfasst dabei ausschließlich die grundlegende Geschäftstätigkeit. Die Aktiva des allgemeinen Geschäftsbetriebes und deren Erfolgswirksamkeit (z.B. Sachanlagen und Abschreibungen auf Sachanlagen, Personalaufwand, Aufwendungen für Miete) sowie Sicherungsgeschäfte sind nicht berücksichtigt.

Aktivität	Auswirkungen auf die Bilanz	Auswirkungen auf die GuV
Kreditgeschäft (Firmen-, Privatkunden)	Forderungen an Kunden (Kredite) Risikovorsorge (Kreditausfälle) Refinanzierung: Verbindlichkeiten gegenüber Kreditinstituten/Kunden, Schuldverschreibungen	Kreditzinsen/Aufwand für Refinanzierung: Zinsüberschuss Abschlussprovision: Provisionsüberschuss Abschreibungen: Risikovorsorge
Hypothekengeschäft	Forderungen an Kunden (Kredite) Risikovorsorge (Kreditausfälle) Refinanzierung: Verbriefte Verbindlichkeiten (im wesentlichen Hypothekenpfandbriefe)	Kreditzinsen/Aufwand für Refinanzierung: Zinsüberschuss Abschlussprovision: Provisionsüberschuss Abschreibungen: Risikovorsorge
Staatsfinanzierung	Forderungen an Kunden Risikovorsorge Refinanzierung: Verbriefte Verbindlichkeiten (im wesentlichen öffentliche Pfandbriefe)	Kreditzinsen/Aufwand für Refinanzierung: Zinsüberschuss Abschlussprovision: Provisionsüberschuss Abschreibungen: Risikovorsorge
Retailgeschäft (Einlagen)	Verbindlichkeiten gegenüber Kunden (Spar-, Termin-, Sichteinlagen) Kredite an Kunden/Kreditinstituten	Verzinsung aus Anlage der Kundeneinlagen: Zinsüberschuss Kontoführungsgebühr: Provisionsüberschuss
Investment Banking		
Auftragshandel (für Kunden)	Nicht bilanzwirksam	Handelsprovisionen: Prov.überschuss
M&A/Kapitalmaßnahmen	Nicht bilanzwirksam	Berat.-/Emiss.prov: Prov.überschuss
Brokerage	Nicht bilanzwirksam	Salesprov.: Provisionsüberschuss
Eigenhandel	Handelsaktiva/-passiva	Handelsergebnis
Private Banking	Nicht bilanzwirksam	Beratungsprovision, Erfolgsbeteiligung: Provisionsüberschuss
Asset Management	Nicht bilanzwirksam	Ausgabeaufschlag, Verwaltungsprovision: Provisionsüberschuss
Private Equity/ Venture Capital	Beteiligungs- und Wertpapierbestand bzw. Finanzanlagen	Zinsüberschuss (z.B. Dividenden, Zinserträge Bonds, Zinserträge aus stille Beteiligungen) Managementgebühr: Provisionsüberschuss ggf. auch Personalaufwand

Abb. 9: Bankgeschäfte und ihre Auswirkung auf Bilanz und GuV gemäß IFRS

3.1.2 Wirkung exogener Einflussfaktoren

Der folgende Abschnitt soll einen Einstieg zur grundlegenden Beurteilung der Attraktivität der einzelnen Bankgeschäfte geben. So ist es möglich, allgemeine Aussagen darüber zu treffen, in welchem Ausmaß die exogenen Einflussfaktoren Konjunktur, Finanzmarkt und Wettbewerb auf die einzelnen Bankgeschäfte wirken. Dies ist wichtig, um die zukünftige Entwicklung von Bankgeschäften abzuschätzen und damit zu bewerten, welche Art von Bankgeschäft in welcher Marktphase am attraktivsten ist, d.h. die höchsten Renditen verspricht. Je nach Wirkung der Einflussfaktoren werden die jeweiligen Bankgeschäfte nach folgenden drei Kategorien beurteilt: Stabilität/Volatilität des Ergebnisses, geringes/hohes, allgemeines Risiko der Geschäfte und ihre Chancen im Hinblick auf Wachstum und Margen.

Kategorien	Einflussfaktoren
Stabilität	Nachhaltige Wirkung konjunktureller und finanzmarktinduzierter Schwankungen der Nachfrage bzw. von Preisen auf die Bilanz- und GuV-Struktur (Betrachtungszeitraum in der Regel min. fünf Jahre).
Risiko	Genereller Einfluss von Marktrisiken (Finanzmarkt, Konjunktur) und Kreditrisiken auf die Bilanz- und GuV-Struktur.
Chancen	Wachstumserwartungen für das Geschäft sowie seine Wettbewerbsstrukturen und ihr Einfluss auf die Margen.

Abb. 10: Beurteilung der Geschäftsstruktur

Die nachfolgende Tabelle gibt einen Überblick über die Wirkungszusammenhänge der exogenen Einflussfaktoren auf die verschiedenen Bankgeschäfte. Aus Gründen der Vollständigkeit wurde dabei auch die Kapitalintensität (Höhe des benötigten, regulatorischen Eigenkapitals) der Geschäfte berücksichtigt.[19]

Im idealtypischen Fall sollte eine Bank vor allem in solchen Geschäftsbereichen tätig sein, die bei geringen Risiken eine hohe Stabilität mit guten Wachstumsaussichten und Margen aufweisen, um gleichzeitig bei geringen Eigenkapitalkosten eine überdurchschnittliche Rendite zu erzielen. Daher haben viele Banken in den letzten 5 Jahren vor allem in die Bereiche Asset Management und Private Banking investiert. In der aktuellen Phase allgemeiner Finanzmarkt- und Konjunkturschwäche scheinen die Banken auch das lange Zeit wenig geliebte Retailgeschäft wiederzuentdecken.

So zeichnet sich das Retailgeschäft mit Privatkunden in Deutschland durch eine vergleichsweise hohe Stabilität aus, da die Kunden auch in Zeiten schwieriger Konjunktur und schlechter Finanzmärkte ihren Zahlungsverkehr abwickeln müssen. Gleichzeitig verhindert eine gewisse Hausbankbindung noch immer einen raschen Wechsel von Bank zu Bank. Auch die Risiken sind vergleichsweise moderat: Das Wertpapierhandelsrisiko liegt beim Kunden selbst (Auftragshandel) und das Kreditrisiko ist im Vergleich zum Firmenkundenkredit aufgrund entsprechender Sicherheiten viel geringer. Allerdings

---

[19] Vgl. dazu im Detail Abschnitt 3.1.4.

zählt das Geschäft mit dem privaten Kunden nicht mehr zu den Wachstumsbereichen. Wachstum ist hier lediglich im Rahmen des allgemeinen Bevölkerungswachstums bzw. über Marktverdrängung von Wettbewerbern möglich. Gleichzeitig waren die in Deutschland erzielbaren Margen bislang eher gering, was vor allem der Wettbewerbsstruktur des deutschen Marktes zugeschrieben wird. Jedoch beweisen derzeit internationale Banken wie die Citybank, dass mit schlanken Kostenstrukturen und gutem Service auch im deutschen Retailgeschäft gute Gewinne erwirtschaftet werden können.

Geschäfts-feld	Geringe Volatilität	Geringes Risiko	Hohe Margen	Hohes Wachstum	Niedrige Kapitalintensität	Bemerkungen
Private Baning/Asset Management	✓	✓	✓	✓	✓	Mittlere Abhängigkeit von Finanzmarkt und Konjunktur; kein Kreditrisiko
Retailgeschäft	✓	✓	möglich	✗	✓	Margen in Deutschland eher niedrig, grundsätzlich aber hohe Margen möglich; geringes/ mittlere Kreditrisiko
Investment Banking	✗	✗	möglich	möglich	✓	Starke Abhängigkeit vom Finanzmarkt (hohes Marktrisiko)
Firmenkundenkreditgeschäft	✗	✗	möglich	✗	✗	Starke Abhängigkeit von der Konjunktur (hohes Kreditrisiko); sehr kapitalintensiv
Hypothekengeschäft	✗	möglich	✗	✗	✗	Mittleres/hohes Kreditrisiko, mittlere Kapitalintensität
Staatsfinanzierungsgeschäft	✓	✓	✗	✗	✓	Industrieländer mit gutem Rating: geringes Kreditrisiko und niedrige Kapitalintensität
Private Equity Venture Capital (VC)	✗	✗	möglich	möglich	✓	VC: hohes Risiko (vor allem Marktrisiko), Volatilität und Margen am höchsten
Online Brokerage	✗	✓	möglich	möglich	✓	Starke Abhängigkeit vom Finanzmarkt (hohes Marktrisiko, geringes/mittleres Kreditrisiko

✓ = trifft zu; ✗ = trifft nicht zu

Abb. 11: Attraktivität der Geschäftsfelder der Banken im Hinblick auf exogene Einflussfaktoren
Quelle: Eigene Darstellung; BNP PARIBAS

3.1.3 Durchführung der Bilanz- und Ertragsstrukturanalyse

Die rechnerische Durchführung der Strukturanalysen ist vergleichsweise einfach: bei der Bilanzstrukturanalyse setzt der Analyst die einzelnen Bilanzposten in Relation zur Bilanzsumme (z.B. Forderungen an Kunden in % der Bilanzsumme) und bei der Ertragsstrukturanalyse wird der Anteil der einzelnen Ertragskomponenten (z.B. Zins- und Provisionsüberschuss, Eigenhandel und sonstige betriebliche Aufwendungen/Erträge) zum Gesamtertrag in Beziehung gesetzt (z.B. Zinsüberschuss in % des Gesamtertrages). Dadurch werden nicht nur die Größenverhältnisse der Bankgeschäfte deutlich, sondern der Analyst erhält auch einen ersten Eindruck von ihrer Bedeutung für den Geschäftserfolg der Bank. Da unterschiedliche Geschäfte häufig unterschiedliche Margenstrukturen besitzen, kann die Bilanz- und Ertragsstrukturanalyse zu anderen Ergebnissen führen, d.h. ein bilanziell bedeutsames Geschäft kann bei der Ertragsstrukturanalyse relativ an Bedeutung verlieren und umgekehrt.

In der nachfolgenden Tabelle wird am Beispiel der DAB-Bank eine einführende Bilanzstruktur- und Ertragsstrukturanalyse durchgeführt. Zusätzlich ist die DAB-Bank auch ein sehr gutes Beispiel für die Bedeutung nicht bilanzwirksamer Geschäfte.

Als Online-Broker für Privatkunden zählt die DAB zu den Spezialbanken. Die Bilanzstruktur der DAB lässt dies erkennen: die Kundeneinlagen (Verbindlichkeiten gegenüber Kunden) bestimmen in den Jahren 2002 und 2003 rund 80% der Bilanzsumme. Es ist auffällig, dass die Kundeneinlagen der DAB, ihre Kredite an Kunden (Forderungen an Kunden) sowohl absolut als auch relativ deutlich übersteigen. Die DAB wird damit eher von der Passivseite, also dem Einlagengeschäft bestimmt, als vom Kreditgeschäft (Aktivseite). Offensichtlich kann oder möchte die Bank ihre Kundeneinlagen nicht stärker zur Kreditvergabe an Kunden nutzen und leiht fast die Hälfte der übrigen Mittel an andere Kreditinstitute aus, was grundsätzlich weniger risikoreich ist. Gleichzeitig ist die DAB nicht im privaten Hypothekengeschäft tätig. Sie führt daher keinerlei Refinanzierung über Pfandbriefe durch (keine „Verbrieften Verbindlichkeiten"). Die äußerst geringen Handelsaktiva/-passiva zeigen, dass die Bank kein Eigenhandelsgeschäft im großen Stil betreib. Auffällig ist auch die vergleichsweise große Bedeutung der Position Finanzanlagen. Ein Blick in die Anhang des Geschäftsberichtes 2003 zeigt, dass es sich hier weniger um Beteiligungen, sondern vor allem um Schuldverschreibungen und festverzinsliche Wertpapiere handelt, die ausschließlich der Kategorie Available for Sale[20] angehören. Sie dienen der DAB offensichtlich als Liquiditätspolster, entsprechend ihres Passivüberhanges auf der Kundeneinlagenseite. Dagegen ist die Position „Geschäfts-/Firmenwerte" eher gering. Zwar hatte die DAB im Jahr 2000 den französischen Direktbroker Self-Trade mit einem entsprechend hohen Goodwill übernommen. Dieser wurde

---

[20] Vgl. DAB-BANK, Geschäftsbericht 2003, S. 69 und S. 77; zu Wertpapieren der Kategorie Available for Sale vgl. Abschnitt 3.1.6.2. Siehe auch Abschnitt 6.5 im Beitrag „Ansatz und Bewertung von Finanzinstrumenten".

jedoch bereits in den Vorjahren über Sonderabschreibungen getilgt, so dass im Jahresabschluss 2003, lediglich der Firmenwert der direktanlage.at AG aktiviert worden ist,[21] der bis zum Wirksam werden der neuen IFRS-Abschreibungsregelungen für Goodwill im Jahr 2005, planmäßig über eine Nutzungsdauer von 15 Jahren abgeschrieben wird.

Tsd. €	2002	in % der BS	2003	in % der BS
Barreserve, Guthaben bei Zentralbanken	36.767	1,7%	21.282	1,0%
Forderungen an Kreditinstitute	626.137	29,2%	313.030	15,3%
Forderungen an Kunden	400.177	18,7%	385.705	18,9%
Risikovorsorge	- 10.563	-0,5%	- 5.754	-0,3%
Handelsaktiva	18.994	0,9%	32.058	1,6%
Finanzanlagen	898.717	42,0%	1.212.920	59,4%
Sachanlagen	23.538	1,1%	23.966	1,2%
Immaterielle Vermögenswerte	314	0,0%	1.077	0,1%
Geschäfts- oder Firmenwerte	21.082	1,0%	19.610	1,0%
Sonstige Aktiva	126.778	5,9%	39.098	1,9%
Summe Aktiva (BS)	**2.141.941**	**100,0%**	**2.042.992**	**100,0%**
Verb. gegenüber Kreditinstituten	146.569	6,8%	126.489	6,2%
Verbindlichkeiten gegenüber Kunden	1.793.372	83,7%	1.708.920	83,6%
Verbriefte Verbindlichkeiten	-	-	-	-
Handelspassiva	17.942	0,8%	28.709	1,4%
Rückstellungen	19.147	0,9%	12.087	0,6%
Sonstige Verbindlichkeiten	36.766	1,7%	26.016	1,3%
Nachrangkapital	6.161	0,3%	6.154	0,3%
Minderheitenanteile	-	-	-	-
Eigenkapital	121.984	5,7%	134.617	6,6%
Summe Passiva (BS)	**2.141.941**	**100,0%**	**2.042992**	**100,0%**

Abb. 12: Bilanzstruktur DAB-Bank-Konzern
Quelle: DAB-BANK, Geschäftsbericht 2003, S. 63

Ein wichtiger Teil des Kerngeschäfts der DAB findet jedoch in der Bilanz keine Berücksichtigung. Als Online-Broker generiert die Bank den überwiegenden Teil ihrer Erträge über den Auftragshandel von Wertpapieren, Fonds und anderen Finanzinstrumenten. Eine Analyse der Ertragsstruktur zeigt: Selbst im schwierigen Börsenjahr 2001 lag der errechnete Anteil des Provisionsüberschusses an den Gesamterträgen bei rund 62% gegenüber einem Anteil des Zinsüberschusses von 34%.[22] Im Jahr 2004 lag der Anteil

---

[21] Vgl. DAB-BANK, Geschäftsbericht 2003, S. 79.

[22] Vgl. DAB-BANK, Geschäftsbericht 2001, S. 50.

des Provisionsüberschusses bei 57% und der des Zinsüberschusses bei 35%. Im Lagebericht des Jahresabschlusses wird das dem Provisionsertrag zugrunde liegende Geschäftsvolumen dargestellt, Ende 2003 hat die DAB rund € 11,88 Mrd. Kundengelder verwaltet.[23] Die Bilanzsumme der Bank lag im gleichen Zeitraum mit rund € 2 Mrd. deutlich darunter. Die Anzahl der Wertpapiertransaktionen umfasste 3,2 Mio., dies sind rund 7 Transaktionen pro Kunde.[24]

Tsd. €	2002	in % des GE	2003	in % des GE
Zinsüberschuss	32.383	35,0%	42.449	36,8%
+ Provisionsüberschuss	55.050	59,5%	69.309	54,8%
+ Handelsergebnis	- 2.302	-2,5%	487	0,4%
+ So. betriebliche Aufwendungen/Erträge	7.361	8,0%	9.272	8,0%
= **Gesamtertrag (GE)**	**92.492**	**100,0%**	**121.517**	**100,0%**

Abb. 13: Ertragsstruktur DAB-Bank-Konzern
Quelle: DAB-BANK, Geschäftsbericht 2003, S. 62

Nach der Analyse der Gesamtstruktur empfiehlt es sich, weitere Detailanalysen der wichtigen Ertragsquellen, d. h. im Falle der DAB des Zins- und Provisionsüberschusses, durchzuführen. Die Strukturanalyse des Zinsüberschusses zeigt, dass die DAB im Jahr 2003 einen großen Anteil ihres Zinsertrages nicht über ihr traditionelles Kerngeschäft erzielt hat. Ende 2003 lag der Zinsüberschuss bei rund € 42 Mio. Er setzt sich zusammen aus rund € 71 Mio. Zinserträgen und rund € 29 Mio. Zinsaufwendungen.

Tsd. €	2002	2003
Zinserträge aus	**76.386**	**71.246**
- Kredit-/Geldmarktgeschäften	39.919	27.727
- Festverzinslichen Wertpapieren, Schuldbuchforderungen	19.800	42.497
- Aktien/anderen nicht festverzinslichen Wertpapieren	16.667	1.022
Zinsaufwendungen für	**44.003**	**28.797**
- Einlagen	43.766	28.614
- Nachrangkapital	237	183
Zinsüberschuss	**42.449**	**32.383**

Abb. 14: Zinsüberschuss DAB-Bank-Konzern
Quelle: DAB-BANK, Geschäftsbericht 2003, S. 71

---

[23] Vgl. DAB-BANK, Geschäftsbericht 2003, S. 42.

[24] Vgl. DAB-BANK, Geschäftsbericht 2003, S. 41.

So stammen im Geschäftsjahr 2003 nur rund 40% der Zinserträge der DAB aus dem Kreditgeschäft mit Wertpapierkrediten. Die restlichen rund 60% sind Zinserträge, welche die Bank aus der Anlage eigener Barmittel (überwiegend durch den Börsengang des Jahres 1999) erwirtschaftet hat. Dies bedeutet, dass eine deutliche Reduktion dieser Barmittel oder ein deutlicher Zinsrückgang auf der Geldanlageseite, sichtbare Auswirkungen auf den Zinsüberschuss der DAB-Bank haben. Damit wird deutlich, dass die DAB-Bank nicht nur in ihrem Provisionsgeschäft von den Entwicklungen an den Finanzmärkten abhängig ist.

In der Bilanz schlägt sich das Handelsgeschäft mit den Privatkunden auf der Passivseite nur in Form von Sichteinlagen der Kunden und auf der Aktivseite über die Vergabe von Wertpapierkrediten an Kunden (Forderungen an Kunden) nieder, falls diese nicht über genügend Liquidität zum Wertpapierkauf verfügen.

Bei einer Detailanalyse der Bilanzposition „Forderungen an Kunden", Ende 2003 rund € 386 Mio.,[25] tritt ebenfalls eine Besonderheit zu Tage: Da die DAB kein Firmenkundenkreditgeschäft betreibt, wäre grundsätzlich davon auszugehen, dass in dieser Position überwiegend Wertpapierkredite an Privatkunden verbucht werden. Aus dem Erläuterungen des Geschäftsberichtes ergibt sich jedoch, dass die DAB-Bank Ende 2003 lediglich rund € 173 Mio. „Kredite an Kunden" vergeben hat, also weniger als die Hälfte der Bilanzposition „Forderungen an Kunden". Das Kreditgeschäft mit Privatkunden der DAB-Bank ist also weitaus niedriger als eine erste Strukturanalyse zunächst hätte vermuten lassen. Die restlichen rund € 213 Mio. sind dagegen Finanzierungen im Zusammenhang mit Moblien-Leasingfonds (Flugzeugleasing), welche die DAB-Bank in Kooperation mit ihrem Mutterkonzern HypoVereinsbank durchgeführt hat. Möglich macht dies der Passivüberhang des Online-Brokers (Kundeneinlagen übersteigen Wertpapierkredite an Kunden).

3.1.4 Eigenkapitalanalyse

3.1.4.1 Grundlagen: Eigenkapitalbegriffe nach KWG und BIZ

In der Bankbilanzanalyse wird neben dem bilanziellen (handelsrechtlichen) Eigenkapital zwischen dem ökonomischen Eigenkapital (von einer Bank als wirtschaftlich notwendig erachtetes Eigenkapital) sowie den Eigenmitteln unterschieden. Letztere umfassen einerseits das haftende (regulatorische) Eigenkapital (eingeteilt in die Klassen 1 und 2), andererseits die so genannten Drittrangmittel (Klasse 3). Das haftende Eigenkapital, in diesem Zusammenhang auch Gesamtkapital genannt, besteht aus dem Kern- und dem

---

[25] Vgl. im Folgenden DAB-BANK, Geschäftsbericht 2003, S. 75.

Ergänzungskapital. Vor allem das Kernkapital ist ein grundlegender Bestandteil der praktischen Gesamtbanksteuerung und eine wichtige Kennzahl für Rating-Agenturen.

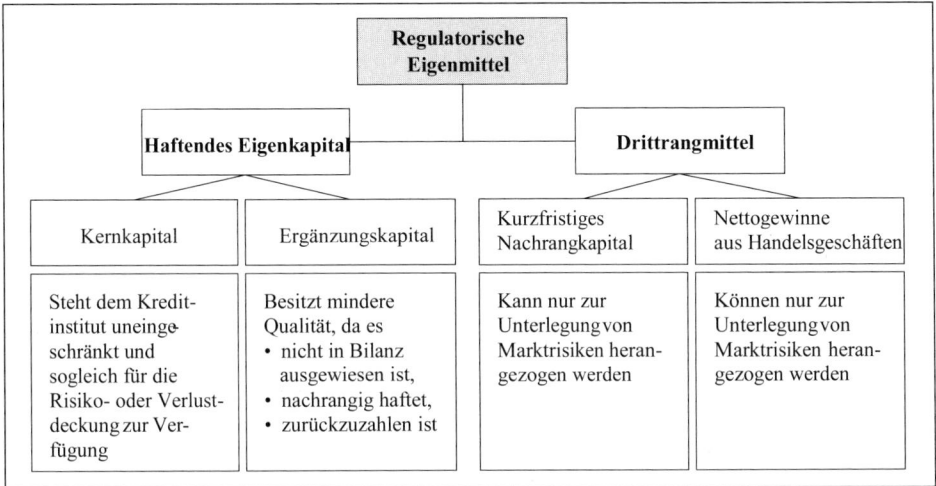

Abb. 15: Eigenkapitalbegriffe gemäß § 10 KWG und BIZ
Quelle: SCHIERENBECK, H./HÖLSCHER, R., Bank Assurance, 4. Aufl., Stuttgart 1998, S. 121

Die regulatorischen Eigenkapitalanforderungen sind im Kreditwesengesetz (KWG) und ergänzend dazu im so genannten Grundsatz I über die Eigenmittel der Institute verankert. Sie sind dort Teil einer grundlegenden Risikobegrenzungsnorm für Adressausfallrisiken und gültig für alle Kreditinstitute in Deutschland. Grundlage dieser Regelung ist die Baseler Eigenkapitalempfehlung von 1988 des Basler Ausschusses für Bankenaufsicht (Basel I; veröffentlicht über die Bank für Internationalen Zahlungsausgleich, BIZ),[26] die über EU-Richtlinien auch in deutsches Recht eingeflossen ist.

Beide Normen sind inhaltlich ähnlich, aber nicht identisch. Da die deutsche Norm des KWG etwas enger gefasst ist, führt die Berechnung von Kern- und Ergänzungskapital nach KWG tendenziell zu einem leicht niedrigeren Eigenkapitalbetrag. So sind nach BIZ im Gegensatz zum KWG Pauschalwertberichtigungen im Ergänzungskapital anrechenbar (vgl. Abbildung 16). Das Gleiche gilt für nicht realisierte Reserven in Wertpapieren, die nach KWG nur zu 35% (begrenzt auf 1,4% der Risikoaktiva) im Ergänzungskapital anrechnungsfähig sind, sofern die Kernkapitalquote mindestens 4,4% erreicht.

---

[26] Vgl. BASLE COMMITTEE ON BANKING SUPERVISION, International convergence of capital measurement and capital standards, Basle 1988.

Zusätzlich kann es innerhalb einer Eigenkapitalnorm je nach Rechnungslegungsstandard, vor allem zwischen HGB auf der einen und IFRS auf der anderen Seite, zu verschiedenen Eigenkapitalbeträgen kommen. Ein wesentlicher Unterschied liegt in der Berücksichtigung der stillen Vorsorgereserven gemäß § 340f HGB[27] und den Rücklagen nach § 6b EStG: beide sind grundsätzlich nach KWG (und BIZ) voll bzw. zu 45% im Ergänzungskapital anrechenbar. Die IFRS sehen solche Positionen jedoch nicht vor. Sie müssen daher beim Wechsel der Rechnungslegung von HGB zu IFRS aufgelöst werden. Des Weiteren haben die stillen Reserven in Wertpapieren bei den IFRS-Banken an Bedeutung verloren, da nach IFRS der weitaus überwiegende Teil der zu bilanzierenden Wertpapiere zu Marktwerten und nicht mehr zu Anschaffungskosten bewertet werden muss. Allerdings kann durch die wahlweise erfolgsneutrale Behandlung von Veränderungen in der Bewertung von AfS-Wertpapier-/Beteiligungsbeständen sowie so genannter Cash Flow Hedges eine Neubewertungsrücklage im Eigenkapital entstehen.[28] Diese Neubewertungsrücklage gemäß IAS 39 hat vergleichsweise großen Einfluss auf das bilanzielle Eigenkapital nach IFRS und ist je nach Marktlage sehr starken Schwankungen unterworfen. Daher bleibt diese Neubewertungsreserve bei der Berechnung der regulatorischen Eigenmittel unberücksichtigt.

Ohne zusätzliche Angaben der bilanzierenden Bank kann der externe Analyst jedoch die Kapitalquote nicht exakt aus der Bilanz errechnen. In der Regel werden die jeweiligen Quoten jedoch vom berichtenden Kreditinstitut in den Notes genannt und dort mehr oder weniger ausführlich aufgeschlüsselt.

---

[27] Vgl. dazu Abschnitt 3.1.6.

[28] Vgl. dazu im Detail Abschnitt 3.1.6.2.

Bankbilanzanalyse

Regulatorische Eigenmittel	KWG	BIZ	HGB	IAS
Kernkapital				
= Gezeichnetes Kapital	✓	✓	✓	✓
+ Gewinn-, Kapitalrücklagen	✓	✓	✓	✓
+ Fremdanteile am Eigenkapital	✓	✓	✓	✓
+ Einlagen stiller Gesellschafter [1]	✓	✓	✓	✓
+ Bankspezifische stille Reserven	✓	✓	§ 340g	✓
− Goodwill	✓	✓	✓	✓
Ergänzungskapital				
= Vorsorgereserven nach § 340f HGB	✓	✓	§ 340f	✗
+ Rücklagen nach § 6b EStG [2]	✓	✓	§ 6b EStG	✗
+ Genussrechtskapital	✓	✓	✓	✓
+ Unrealisierte Reserven in Wertpapieren, Immobilien [3]	✓	✓	✓	✓
+ Pauschalwertberichtigungen	✗	✓	✓	✓
+ Langfristige, nachrangige Verbindlichkeiten (mit fester Laufzeit)	✓	✓	✓	✓
Drittrangmittel				
= Kurzfristige, nachrangige Verbindlichkeiten	✓	✓	✓	✓

[1] Anrechnung bis max. 15% des Kernkapitals
[2] Anrechnung bis max. 45%
[3] Anrechnung bis max. 45%; KWG: Wertpapiere nur bis 35%; grundsätzlich nur Reserven aus der Bewertung zu Anschaffungskosten ≠ Neubewertungsrücklage nach IAS 39

✓ = zählt dazu / vorhanden   ✗ = zählt nicht dazu / nicht vorhanden

Abb. 16: Berechnung der Eigenmittel nach KWG und BIZ unter Berücksichtigung von IFRS und HGB
Quelle: Eigene Darstellung, KWG, BIZ

Im nachfolgenden Schaubild ist die Berechnung der Eigenmittel und ihrer Komponenten am Beispiel der Commerzbank dargestellt.[29] Ausgangspunkt ist das bilanzielle Eigenkapital. Zur Berechnung des Kernkapitals muss dieses bilanzielle Eigenkapital um den Bilanzgewinn und die Neubewertungsreserven gemäß IAS 39 bereinigt werden. Des Weiteren müssen auch immaterielle Vermögenswerte, wie der Goodwill abgezogen werden, da dieser sich im Konkursfall nicht immer als werthaltig erweist. Gleichzeitig sind die Anteile Konzernfremder am Eigenkapital hinzuzurechnen. Da im Nachrangkapital neben dem Genussrechtskapital auch Drittrangmittel und Nachrangkapital mit einer Lauf-

---

[29] Vgl. COMMERZBANK, Geschäftsbericht 2003, S. 159.

zeit unter 10 Jahren enthalten ist, muss dies bei der Berechnung des Ergänzungskapitals abgezogen werden.

Kernkapital nach BIZ in Mio. €	2003
Bilanzielles Eigenkapital	9.091
+ Fremdanteile (ohne Gewinn)	932
- Goodwill	187
- Neubewertungsrücklage	4
+/- Unterschiede des Konsolidierungskreises	374
+/- Sonstige Unterschiede	51
Summe	**10.257**
Ergänzungskapital nach BIZ in Mio. €	
Nachrangkapital (inkl. Genussrechtskapital)	8.381
- Nicht anrechenbare Anteile wg. Restlaufzeitenbeschränkung	1.010
- Drittrangmittel	125
+ Latente Neubewertungsrücklagen für Wertpapiere	477
+ Pauschalwertberichtigungen	300
+/- Sonstige Unterschiede	-155
Summe	**7.868**
Drittrangmittel nach BIZ in Mio. €	
Drittrangmittel	125
+/- Sonstige Unterschiede	0
Summe	**125**
Summe Eigenmittel	**18.250**

Abb. 17: Berechnung der Eigenmittel am Beispiel des Commerzbank-Konzerns
Quelle: COMMERZBANK, Geschäftsbericht 2003, S. 159

Aufgrund der im vorangegangenen Abschnitt erläuterten regulatorischen Eigenmitteln nach KWG und BIZ stellen sich die Risikobegrenzungsnormen wie folgt dar: Gemäß § 10 KWG und dem (Eigenkapital-)Grundsatz I des Bundesaufsichtsamts und in Übereinstimmung mit den BIZ-Richtlinien müssen ausfallrisikobehaftete Geschäfte (Risikoaktiva) und Marktpreisrisiken im Handelsbestand (z.B. aus Währungen, Optionen) mit haftenden Eigenmitteln unterlegt werden. Der Anteil des Kernkapitals an den Risikoaktiva (Kernkapitalquote) muss dabei mindestens 4% betragen, der des haftenden Eigenkapitals insgesamt (Gesamtkapital) an den Risikoaktiva mindestens 8% (Gesamtkapitalquote). Die Risikoaktiva eines Kreditinstituts dürfen damit das 12,5-fache des haftenden Eigenkapitals nicht überschreiten. Gleichzeitig schreibt das KWG vor, dass die Eigenmittel mindestens 8% der Summe aus gewichteten Risikoaktiva und Marktpreisrisiken (der Wertpapiere des Handelsbestandes) erreichen sollen (vgl. Abbildung 18).

$$\frac{\text{Anrechenbare Eigenmittel}}{\text{Gewichtete Risikoaktiva aus Kreditrisiken} + 12{,}5 \times \text{Anrechnungsbeträge für Marktrisiken}} \geq 8\%$$

Abb. 18: Regulatorische Eigenmittelforderung nach KWG und BIZ (Basel I)
Quelle: DEUTSCHE BUNDESBANK, Monatsbericht Januar 2002, S. 52

Nach § 4 Grundsatz I gliedern sich die Risikoaktiva, soweit diese Positionen nicht dem Handelsbuch zuzurechnen sind, in Bilanzaktiva, Swapgeschäfte, Termingeschäfte und Optionsrechte sowie sonstige außerbilanzielle Geschäfte. Grundsatz I enthält zudem so genannte Adressengewichtungssätze von 0%, 20%, 50%, 70% und 100%, um den unterschiedlichen Adressausfallrisiken der jeweiligen Geschäftspartner der Bank Rechnung zu tragen. Die Gesamtsumme der Risikoaktiva, als Basis für die Ermittlung der Eigenkapitalquote einer Bank, errechnet sich dann als Summe der mit den jeweiligen Risikofaktoren gewichteten Bilanzaktiva. Daher sind die Risikoaktiva einer Bank in der Regel niedriger als die Bilanzsumme der Bank. So werden Kassenbestände bspw. mit 0% gewichtet, da sie keinerlei Risiken beinhalten, und fließen damit praktisch nicht in die gewichtete Risikoposition ein. Kredite an Kunden werden dagegen in der Regel mit 100% gewichtet und sind daher vollständig bei der Ermittlung der regulatorisch geforderten Eigenmittel zu berücksichtigen. Die nachstehende Tabelle zeigt einen Überblick über die wichtigsten Geschäfte bzw. Kunden und ihre entsprechenden Risikofaktoren.

Die dargestellten Risikogewichte sind jedoch in dieser Form nur noch bis Ende 2006 gültig. Dann tritt auf Basis der Beschlussfassung vom Juni 2004 die neue Basler Eigenkapitalvereinbarung (Basel II) in Kraft. Der nachfolgende Abschnitt gibt einen kurzen, einführenden Abriss über den Stand der wichtigsten Neuerungen.

Produkte/Kunden	Gewichte
Deutschland: Bund, Länder, Gemeinden; Börseneinrichtungen, Kassenbestand, Guthaben bei den Zentralbanken; außerhalb Deutschlands: OECD Staaten, EU	0%
Banken, Kammern, Europäische Entwicklungsbank, ausländische Regionalregierungen bzw. örtliche Gebietskörperschaften in der EU und anderen OECD Staaten	20%
Hypothekarkredite	50%
Bausparkredite	70%
Privatsektor, Unternehmen, Banken mit Sitz außerhalb der OECD und sonstige Aktiva ohne expliziten Anrechnungssatz	100%

Abb. 19: Risikogewichte ausgewählter Risikoaktiva gemäß Grundsatz I und BIZ
Quelle: BASLE COMMITTEE ON BANKING SUPERVISION, International convergence of capital measurement and capital standards, appendix 2, Basle, July 1988

3.1.4.2 Die neue internationale Eigenkapitalvereinbarung, Basel II

Die noch gültige Basler Eigenkapitalvereinbarung von 1988 war in den letzten Jahren zunehmender Kritik ausgesetzt, da die vorgegebene, standardisierte Berechnung der Kreditrisiken[30] die tatsächlichen ökonomischen Risiken der Institute nur sehr grob und daher ungenau abbildet.[31] Am 26. Juni 2004 haben die Notenbankgouverneure der G10-Staaten und die Leiter der Aufsichtsbehörden dieser Länder der vom Basler Ausschuss für Bankenaufsicht vorgelegten Rahmenvereinbarungen über die neue Eigenkapitalempfehlung für Kreditinstitute (Basel II) nach über fünfjährigen Beratungen zugestimmt. Mit dieser neuen Vereinbarung ist ein wichtiger Schritt zur Verbesserung der Risikoabsicherung bei Banken gelungen.

Wie auch bei Basel I wird die Einhaltung der Eigenkapitalanforderungen zunächst anhand des Kapitalkoeffizienten gemessen, wobei nach Basel II die Eigenmittel in Relation zur Summe der gewichteten Risikoaktiva, Marktpreisrisiken und operationellen Risiken[32] mindestens 8% betragen müssen. Die Unterlegung des operationellen Risikos ist

---

[30] Vgl. Abschnitt 3.1.4.1, Abb. 19: Risikogewichte ausgewählter Risikoaktiva gemäß Grundsatz I und BIZ.

[31] Vgl. im Folgenden u.a. DEUTSCHE BUNDESBANK, Neue Eigenkapitalanforderungen für Kreditinstitute (Basel II), Monatsbericht September 2004, S. 75-100.

[32] Unter operationellen Risiken sind laut Basler Ausschuss für Bankenaufsicht die Gefahr von unmittelbaren oder mittelbaren Verlusten, die infolge der Unangemessenheit oder des Versagens von internen Verfahren, Menschen und Systemen oder von externen Ereignissen eintreten, zu verstehen.

hier neu. Als Kern von Basel II wird die Bemessung der Eigenkapitalunterlegung von Kreditrisiken ebenfalls neu geregelt: Die Risikogewichte werden stärker unterteilt und können erstmals 100% überschreiten (im sog. Standardansatz bis zu 150%; im sog. IRB-Ansatz, der mit Ausfallwahrscheinlichkeiten und Restlaufzeiten arbeitet, sind auch höhere Gewichte möglich).

$$\frac{\text{Anrechenbare Eigenmittel}}{\text{Gewichtete Risikoaktiva aus Kreditrisiken} + 12{,}5 \times \left(\text{Anrechnungsbeträge für Marktrisiko} + \text{Operationelles Risiko}\right)} \geq 8\%$$

Abb. 20: Regulatorische Eigenmittelforderung nach Basel II
Quelle: DEUTSCHE BUNDESBANK, Monatsbericht April 2001, S. 17

3.1.4.3 Beurteilung der Eigenkapitalausstattung

Kernkapital und Kernkapitalquote repräsentieren die in der Praxis wichtigste Eigenkapitalkennzahl. Grund dafür ist, dass es die eigentlich knappe Ressource im Rahmen des regulatorisch notwendigen Eigenkapitals darstellt. Es kann nur durch Kapitalerhöhungen, Gewinnthesaurierungen oder durch Umwandlung stiller in offene Reserven neu gebildet werden, während Ergänzungskapital durch einfache dispositive Entscheidung generiert werden kann.[33]

Damit ist das Kernkapital eine äußerst wichtige Steuerungsgröße für die Bank selbst und Qualitätsindikator für den externen Analysten zur Beurteilung der Sicherheit und in gewisser Weise auch des Geschäfts- und Managementerfolgs einer Bank. So beeinflusst die Höhe der Kernkapitalquote neben anderen Faktoren, wie bspw. der Qualität des Kreditportefeuilles, das Rating der Bank entscheidend. Idealerweise verfügt die Bank, je nach geplantem zukünftigem Geschäftswachstum, über einen gewissen Puffer zur Mindestforderung nach KWG/BIZ, um kurzfristige Eigenkapitalengpässe je nach Änderung der Geschäftspolitik zu vermeiden. Eine gut gemanagte Bank ist in der Lage, ihr internes Wachstum aus dem laufenden Geschäft selbst zu finanzieren. Das heißt, das Wachstum der Risikoaktiva wird entsprechend vom Wachstum thesaurierter Gewinne als Bestandteil des Kernkapitals getragen. In der Praxis wird häufig eine Kernkapitalquote von mindestens 6% als ideal betrachtet. Banken, die eine Kernkapitalquote ausweisen, die nur leicht über 4% liegt, laufen schnell Gefahr, in einen Kapitalengpass zu geraten. Sie müssen dann relativ kurzfristig ihr Kernkapital bspw. mittels Kapitalerhöhung durch Ausgabe neuer Aktien am Kapitalmarkt erhöhen, oder sie sind gezwungen, ihre Risikoaktiva entsprechend zu reduzieren. Die angespannte Lage an den Kapitalmärkten der letzten Jahre zeigt, dass dies nicht immer problemlos möglich ist und evtl.

---

[33] Vgl. dazu auch WERNER, T./PADBERG, T., a.a.O. (Fn. 2), S. 168.

sehr teuer mit entsprechenden Preisabschlägen erkauft werden muss. Am Kapitalmarkt werden solche Maßnahmen von Anlegern daher meist negativ beurteilt und mit entsprechenden Kursabschlägen der jeweiligen Aktien quittiert. Rating-Agenturen, die die Sicherheit einer Bank und der von ihr begebenen Schuldverschreibungen und sonstigen Wertpapiere bewerten, tragen diese Verschlechterung der Sicherheiten in der Regel mit einer Reduzierung ihres für die Bank ausgestellten, offiziellen Ratings Rechnung.

Das Bankenrating der drei großen Agenturen, Fitch Ratings, Moodys und Standard & Poor's (S&P), hat maßgeblichen Einfluss auf die Refinanzierungskosten einer Bank. Je besser das Rating, umso niedriger die Refinanzierungskosten und umgekehrt. So gab Commerzbank-Vorstand Klaus-Peter Müller in einer Pressemeldung vom 10.10.2002 zu bedenken, dass sich durch die unerwartete Rating-Herabstufung seitens S&P am 08.10.2002 von „A" auf „A-" die Refinanzierung der Bank so stark verteuere, dass dies die Margenverbesserung, die die Bank im Jahr 2002 im Aktivgeschäft erreichen konnte, aufzehren werde.[34] Die nachfolgende Tabelle gibt einen Überblick darüber, um wie viel Basispunkte (BP) sich die Refinanzierung bei entsprechender Verschiebung des Ratings im Durchschnitt ändern kann.

Neben einer zu geringen Kapitalisierung wird jedoch auch eine Überkapitalisierung, also eine Kernkapitalquote von deutlich über 6%, in der Regel als ineffizient betrachtet. In diesem Fall gelingt es der Bank nicht, das vorhandene Eigenkapital für neue, renditestarke Geschäfte einzusetzen. Dies kann bspw. der Fall sein, wenn dem Wachstum der Bank aufgrund ihrer Marktlage und Größe eine natürliche Grenze gesetzt wird. Dann kann es sinnvoll sein, durch den Rückkauf und die anschließende Vernichtung eigener Aktien das Eigenkapital zu reduzieren oder, wie im Beispiel UBS, den Aktionären anstelle einer zu versteuernden Dividende einen Teil ihres Kapitals zurückzuzahlen.[35]

Rating	AAA	AA	A	BBB	BB	B
Risikozuschlag in BP	70	80	100	130	270	440
∅ Kreditausfälle	0%	0%	0,1%	0,3%	1%	11%

Abb. 21: Einfluss von Rating und Refinanzierungskosten
Quelle: Eigene Darstellung und Daten, KfW

---

[34] Vgl. O.V., Banken ringen um ihren Ruf, Handelsblatt vom 10.10.2002, S.10; MAISCH, M./WALTER, N., Die hilflose Macht, Handelsblatt vom 10.10.2002, S. 10; KNIPPER, H. J. u.a., Commerzbank-Chef Müller: Ich werde nicht aufgeben, Handelsblatt vom 10.10.2002, S. 21.

[35] Vgl. UBS, Geschäftsbericht 2001, S. 39.

Ende 2001 lag die Kernkapitalquote nach BIZ ohne Berücksichtigung von Marktrisiken im europäischen Durchschnitt bei rund 7% (Quelle: Morgan Stanley). In der nachfolgenden Übersicht sind beispielhaft für das Geschäftsjahr 2001 die Kernkapitalquoten nach BIZ und KWG (nur deutsche Banken) sowie die entsprechenden gewichteten Risikoaktiva (RWA) und Marktrisiken (MR) ausgewählter Banken zusammengestellt. Die Eigenkapitalausstattung der betrachteten Banken ist insgesamt gut - allerdings erscheint die UBS tendenziell überkapitalisiert. Die Bank versucht jedoch bereits seit einigen Jahren durch Aktienrückkaufprogramme, Akquisitionen und andere Maßnahmen ihre Eigenkapitalquote zu optimieren.

	Kernkapitalquote (%)		Gew. Risikoaktiva (RWA) nach BIZ in Mrd. €	Marktrisiken (MR) nach BIZ in Mrd. €	Bilanzsumme (BS) in Mrd. € bzw. CHF	RWA in % der BS
	ohne MR	mit MR				
	KWG	BIZ				
HypoVereinsbank	7,1	6,0	5,4	365	3,2	728	50%
Commerzbank	6,5	6,2	6,0	195	0,7	501	41%
Deutsche Bank	n.v.	8,4	8,1	297	8,0	918	32%
BNP Paribas	-	7,3	n.v.	301	n.v.	694	43%
Credit Suisse	-	9,5	n.v.	223	n.v.	1 023	22%
UBS	-	n.v.	11,6	254	n.v.	1 253	20%

Abb. 22: Kernkapitalquoten und Risikoaktiva im Europäischen Vergleich
Quelle: Geschäftsberichte der oben genannten Banken; Stand 31.12.2001[36]

3.1.5 Refinanzierungspolitik

Die Refinanzierung einer Bank beschreibt die Mittelbeschaffung zur Gewährung von Krediten bzw. die Rückfinanzierung von bereits gewährten Krediten. Sie spiegelt damit zwar die Passivseite der Bankbilanz wider, ist jedoch mit der Aktivseite unweigerlich verbunden. Daher lässt die Analyse der Refinanzierungspolitik Rückschlüsse auf die

---

[36] Deutsche Bank, CS und BNP Paribas bilanzieren gemäß US-GAAP bzw. nationalen GAAP; HypoVereinsbank und Commerzbank bilanzieren nach IFRS, allerdings errechnet die HypoVereinsbank ihre Kapitalquoten noch auf Basis von HGB; n.v.: nicht im Geschäftsbericht verfügbar.

Zinsmarge (Differenz zwischen Zinserträgen auf der Kreditseite und Zinsaufwendungen auf der Refinanzierungsseite) zu. Die Analyse der Refinanzierungspolitik ist insbesondere für solche Banken von Bedeutung, die einen Schwerpunkt im Kreditgeschäft haben.

Grundsätzlich stehen einer Bank folgende klassische Refinanzierungsformen zur Verfügung (siehe auch nachfolgendes Schaubild):

- die Geldaufnahme bei anderen Kreditinstituten
  (Bilanz: Verbindlichkeiten gegenüber Kreditinstituten),
- die Nutzung von Kundeneinlagen
  (Bilanz: Verbindlichkeiten gegenüber Kunden),
- die Ausgabe eigener Schuldverschreibungen, Geldmarktpapiere, Pfandbriefe u.ä.
  (Bilanz: Verbriefte Verbindlichkeiten).

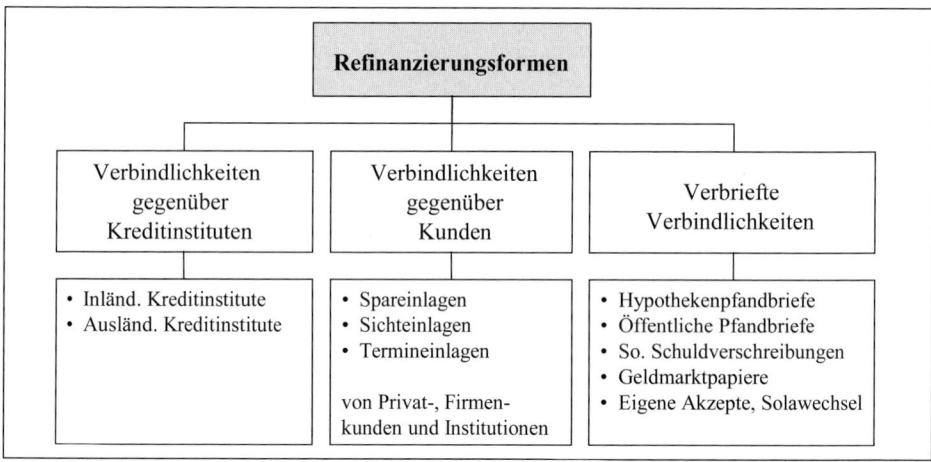

Abb. 23: Klassische Refinanzierungsformen der Banken

Im Folgenden werden die einzelnen Refinanzierungsmittel kurz vorgestellt:

Die Verbindlichkeiten gegenüber Kreditinstituten umfassen im Wesentlichen alle Arten von Verpflichtungen aus dem Interbankengeschäft, insbesondere die Geld- bzw. Kreditaufnahme bei anderen Kreditinstituten. Das Interbankengeschäft ist grundsätzlich kurzfristig ausgerichtet. Die Laufzeit ist festgelegt. Der Zinsaufwand richtet sich hier nach den gängigen Interbankenzinssätzen, wie bspw. dem LIBOR (London Interbank Offered Rate). Gleichzeitig spielt aber auch das Rating der Bank eine Rolle. Je nach Qualität dieses Ratings weicht der zu zahlende Zinssatz vom Referenzzinssatz nach oben ab.

Das Gleiche gilt für die so genannten verbrieften Verbindlichkeiten. Sie umfassen sowohl Schuldverschreibungen, wie bspw. Pfandbriefe, als auch andere Verpflichtungen (z.B. Geldmarktpapiere), für die übertragbare Urkunden ausgestellt werden. Verbriefte Verbindlichkeiten sind eher längerfristig ausgerichtet. Ihre Laufzeit ist festgelegt, die Verzinsung meist fix. Als Referenz für die Höhe der Zinszahlung wird, ihrer Laufzeit entsprechend, bei deutschen Papieren die Verzinsung der deutschen Staatsanleihen herangezogen. Die Zinsaufwendungen liegen umso näher an dem Zinssatz der Bundesanleihen, je besser ihr Rating ausfällt, d.h. je schlechter die Bonität des Emittenten, desto größer der Zinsaufschlag, den er dem Käufer des Papiers zahlen muss. Zur attraktivsten Refinanzierungsmöglichkeit unter den verbrieften Verbindlichkeiten zählt der Pfandbrief. Pfandbriefe sind in der Regel festverzinsliche Schuldverschreibungen, die auf Grundlage des Hypotheken- und Pfandbriefgesetzes ausgegeben werden und speziell zur Refinanzierung von Hypotheken- und Kommunaldarlehen (Hypothekenpfandbrief und öffentlicher Pfandbrief) dienen. Ihre Attraktivität liegt in der Absicherung dieser Papiere: Dem öffentlichen Pfandbrief steht eine Staatsgarantie, dem Hypothekenpfandbrief eine entsprechende Grundschuld als Sicherheit gegenüber. Daher gelingt es großen Spezialbanken immer wieder, bei großen Pfandbriefemissionen über € 500 Mio., den so genannten Jumbos, im Segment öffentlicher Pfandbriefe eine Verzinsung sehr nahe an den als praktisch risikolos eingestuften Bundesanleihen zu erreichen.

Die günstigsten Refinanzierungsformen sind jedoch die Kundeneinlagen. Je nach Verfügbarkeit wird bei der Einlage für den Kunden zwischen Sicht-, Termin- und Spareinlagen unterschieden. Ihre Verzinsung ist nicht von Rating-Agenturen abhängig und grundsätzlich variabel - wobei einige Sparformen einer gesetzlichen Mindestverzinsung unterliegen. Bis auf die Termineinlagen (und ggf. Spareinlagen mit besonderen Vereinbarungen) sind keine Laufzeiten vorgegeben. Die täglich verfügbaren Sichteinlagen (Einlagen auf Girokonten und Tagesgelder) werden in der Regel nicht oder nur sehr gering verzinst (z.B. mit 0,5%). Bei Termineinlagen liegt der Zinssatz dagegen je nach Höhe und Zeitdauer der Geldanlage entsprechend höher. Die Spareinlagen müssen gemäß § 21 Abs. 4 RechKredV eine Kündigung von mindestens 3 Monaten aufweisen, sind aber grundsätzlich in ihrer Laufzeit unbegrenzt. Sie sind speziell durch Ausfertigung einer Urkunde gekennzeichnet und nicht für den Zahlungsverkehr bestimmt. Auch hier ist die Verzinsung vergleichsweise moderat und lag im Durchschnitt der letzten sechs Jahre bei stabilen 2%.[37]

Damit ergibt sich insgesamt das folgende Bild: Banken mit einem hohen Anteil an Kundeneinlagen (insbesondere Spareinlagen) erscheinen insgesamt im Vorteil. Dank der fehlenden Laufzeitbegrenzung und eingeschränkten Verfügbarkeit der Gelder für die Kunden (Kündigungsfristen) zeichnen sich vor allem die Spareinlagen noch immer durch eine relativ große Stabilität im Hinblick auf ihr Anlagevolumen und ein sehr stabiles Zinsniveaus aus.[38] Daher sind Banken mit einem hohen Anteil solcher größtenteils län-

---

[37] Quelle: Deutsche Bundesbank, Zeitreihen-Datenbank (http://www.bundesbank.de/statistik/statistik_zeit reihen.php).

[38] Zwar sind die Spareinlagen in der jüngeren Vergangenheit beweglicher geworden und ihre Bedeutung hat

gerfristigen Einlagen auch auf der Kreditseite weniger unter Druck, Zinserhöhungen durchzuführen, als solche Institute, deren Refinanzierungskosten zeitgleich und in ähnlichem Umfang wie die Marktsätze steigen.[39] Dies betrifft insbesondere die Refinanzierung durch Kredite anderer Kreditinstitute. Andererseits müssen diese Banken auch einen gewissen Nachteil in Phasen sinkender Zinsen hinnehmen. Dann ist es umgekehrt schwieriger, die Einlagenzinsen entsprechend abzusenken, so dass sich die Zinsmarge tendenziell reduzieren dürfte. Aufgrund der attraktiven Grundverzinsung dieser Einlageform sollte das Margenniveau insgesamt dennoch vergleichsweise interessant bleiben.

3.1.5.1 Rechtliche Grundlagen: Grundsatz II und § 11 KWG

Die Refinanzierungspolitik einer Bank wird durch den so genannten Liquiditätsgrundsatz II in Verbindung mit § 11 KWG begrenzt. Dabei wird seit 31.12.1997 auf die Restlaufzeit statt auf die ursprünglich vereinbarte Laufzeit oder Kündigungsfrist abgestellt.[40] Im Rahmen eines in vier Fristenbändern (täglich fällig bis zu einem Monat, über einen Monat bis zu drei Monaten, über drei Monate bis zu sechs Monaten und über sechs Monate bis zu zwölf Monaten) untergliederten Schemas werden die während der künftigen zwölf Monate dem Institut zur Verfügung stehenden liquiden Aktiva und die tatsächlichen sowie potenziellen Mittelabflüsse erfasst. Die Liquiditätslage eines Instituts wird von der Bundesanstalt für Finanzdienstleistungsaufsicht anhand einer monatlich zu meldenden Liquiditätskennziffer beurteilt. Sie errechnet sich ex ante aus dem Quotient aus liquiden Aktiva und Liquiditätsabflüssen während des auf den Meldestichtag folgenden Monats. Die Zahlungsbereitschaft gilt als ausreichend, wenn die Kennziffer Werte gleich oder größer 1 annimmt. Die Liquiditätskennziffern werden häufig im Risikobericht des Geschäftsberichtes aufgeführt. So lag z.B. bei der Commerzbank im Berichtsjahr 2003 die Liquiditätskennziffer bei durchschnittlich 1,12 und im Vorjahr entsprechend bei 1,13 und damit über dem geforderten Wert. Dies zeigt, dass die Commerzbank in beiden Jahren stets ausreichend Liquidität verfügbar hatte.[41] Letztendlich ist jedoch die aktuelle Situation und die erwartete zukünftige Entwicklung entscheidend. Die Beurteilung durch den externen Analysten ist hier jedoch aufgrund fehlender Daten kaum möglich. Da die Quartalsberichte in der Regel erst rund einen Monat nach Ablauf des Berichtszeitraums veröffentlicht werden, sind diese wenig hilfreich, um die notwendigen, zeitnahen Informationen zu erhalten.

---

    durch zunehmenden Wettbewerb der Kreditinstitute im Vergleich zu früheren Jahren abgenommen. Dennoch stellen sie in Deutschland noch immer eine bedeutende Einlagenkategorie dar, deren Zinsen vergleichsweise wenig marktreagibel sind; vgl. dazu EUROPÄISCHE ZENTRALBANK, Geldpolitische Transmission im Euro-Währungsgebiet, Monatsbericht Juli 2000, S. 45-62.

[39] Vgl. im Folgenden DEUTSCHE BUNDESBANK, Zum Zusammenhang zwischen Kreditzinsen deutscher Banken und Marktzinsen, Monatsbericht März 2002, S. 56-57.

[40] Vgl. im Folgenden BUNDESAUFSICHTSAMT FÜR DAS KREDITWESEN, Erläuterungen zum Grundsatz II vom 25.11.1998.

[41] Vgl. COMMERZBANK, Geschäftsbericht 2003, S. 159.

3.1.5.2 Refinanzierungsrisiken durch Fristentransformation

Fristentransformation bedeutet, dass die Laufzeiten der Grundgeschäfte auf der Aktivseite (Kredit) und die der Laufzeit entsprechenden Refinanzierungsgeschäfte auf der Passivseite (z.B. Einlage) nicht deckungsgleich sind. Betreibt eine Bank Fristentransformation, kann dies zu erheblichen Refinanzierungsrisiken führen. Durch Sicherungsgeschäfte (Derivate) können Banken die Risiken der Fristentransformation entsprechend steuern. Analysegrundlage für die Fristentransformation ist die so genannte Zinsbindungsbilanz. Sie liefert den Mitarbeitern der Treasury-Abteilung eine Übersicht über die Laufzeiten und Margen der einzelnen Geschäfte. Dieses wettbewerbssensitive Instrument wird nicht veröffentlicht.

Folgendes Beispiel soll die Funktionsweise der Fristentransformation verdeutlichen (vergleiche dazu auch das nachfolgende Schaubild): Unterstellt wird ein normaler Verlauf der Zinsstrukturkurve (Zinsniveau steigt mit der Länge der Laufzeit an). Mit dem Ziel, die bankinterne Zinsmarge zu erhöhen, und in Erwartung, dass das allgemeine Zinsniveau langfristig sinken wird, refinanziert eine Bank einen Kredit mit 10 Jahren Laufzeit und einem Zinssatz von 6% zunächst kurzfristig über ein Jahr mit einem Zinssatz von 3%. In diesem Jahr erreicht die Bank damit eine Zinsmarge von 3%. Der Zinssatz für eine fristenkongruente Refinanzierung von 10 Jahren hätte dagegen bei 5,8% gelegen. Wäre der Kredit folglich entsprechend über 10 Jahre refinanziert worden, hätte die Bank lediglich eine Marge von 0,2% erzielen können. Allerdings ist die Marge für dieses Jahr noch nicht geschlossen. Erst im nächsten Jahr zeigt sich, ob die Transaktion insgesamt erfolgreich verlaufen ist. Sinken die langfristigen Zinsen erwartungsgemäß, so kann die Bank ihre verbleibende Refinanzierung über neun Jahre zu einem niedrigeren Zins vornehmen, als noch ein Jahr zuvor, z.B. zu 5%. Die Zinsmarge läge dann in den Jahren zwei bis neun bei 1%.

Diese Form der Fristentransformation wird Aktivvorlauf genannt, da Geldmittel auf der Aktivseite längerfristig ausgeliehen werden, als sie zunächst auf der Passivseite hereingenommen werden. Sinken die langfristigen Zinsen jedoch nicht wie erwartet, sondern steigen stattdessen, dann muss sich die Bank zu einem entsprechend höheren Zinssatz refinanzieren. Je nachdem, auf welchem Niveau dieser Zinssatz liegt, kann damit die positive Marge aus dem ersten Jahr teilweise kompensiert bzw. im schlechtesten Fall sogar überkompensiert werden. Die Bank macht dann ein Verlustgeschäft.

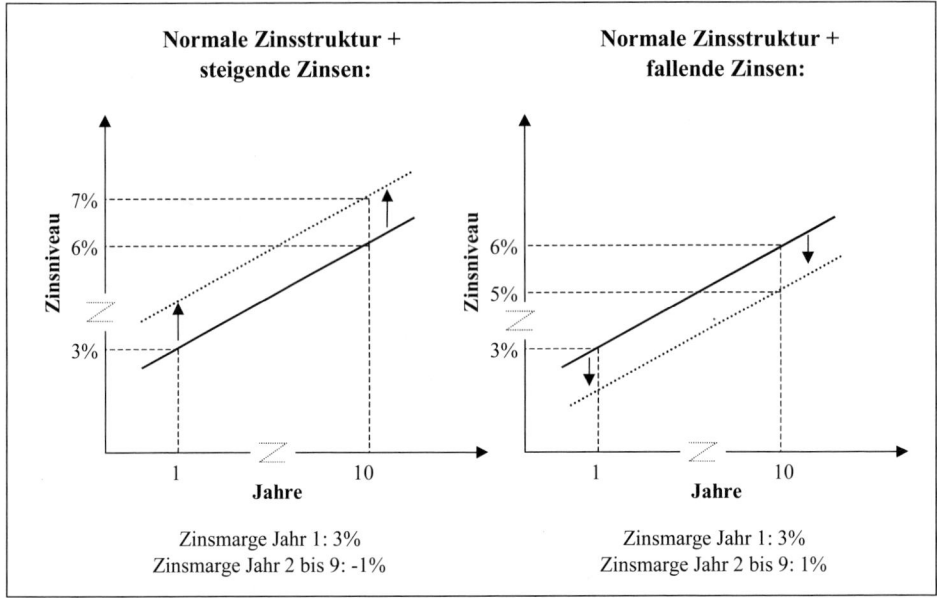

Abb. 24: Wirkungen der Fristentransformation auf die Zinsmarge
Quelle: Eigene Darstellung

Vom Aktivvorlauf ist der so genannte Passivvorlauf zu unterscheiden. Er wäre im Gegensatz zum Aktivvorlauf bei steigenden Zinsen erfolgreich: Gelder werden längerfristiger refinanziert als sie aktivisch vergeben werden. Er ist jedoch wesentlich riskanter als der Aktivvorlauf, da es in diesem Fall zunächst zu einer negativen Marge kommt, und die Marge erst bei tatsächlich steigenden Zinsen tendenziell ins Positive dreht. Nur bei inverser Zinsstrukturkurve (kurzfristige Zinsniveaus sind höher als langfristige Zinsen) ist der Passivüberhang von Beginn an erfolgreich.[42]

Die Fristentransformation ist nicht in beliebigem Umfang erlaubt und wird ebenfalls durch Grundsatz II begrenzt. Das Ergebnis aus Fristentransformation ist im Zinsüberschuss enthalten. Informationen, ob und in welchem Umfang sowie in welcher Form ein Institut Fristentransformation durchführt, sind in der Regel nicht Gegenstand der Geschäftsberichte der Banken. Allerdings können starke Schwankungen im Zinsüberschuss auf die mehr oder weniger erfolgreiche Durchführung von Fristentransformation hindeuten, sofern Ursachen im zugrunde liegenden Kerngeschäft ausgeschlossen sind.

---

[42] Vgl. Abbildung 25.

Fristen- transfor- mation \ Zinsstruk- tur, -trend	Normal + steigende Zinsniveaus	Normal + sinkende Zinsniveaus	Invers + steigende Zinsniveaus	Invers + sinkende Zinsniveaus
Aktiv- vorlauf	positiv	negativ	negativ	positiv
Passiv- vorlauf	negativ	positiv	positiv	negativ

☐ = tendenzieller Transformationsbeitrag

Abb. 25: Zusammenhang zwischen Zinsstruktur, Zinstrend und Fristentransformation
Quelle: Angelehnt an SCHIERENBECK, H., Ertragsorientiertes Bankmanagement, Wiesbaden 1990, S. 79

3.1.5.3 Berechnung und Beurteilung der Kennzahlen

Die Analyse der Refinanzierung einer Bank zielt, wie bereits eingangs dargestellt, letztendlich auf die Beurteilung ihrer Zinsmarge ab. Offensichtlich gibt es Refinanzierungsmittel, die tendenziell attraktiver, d.h. in den verschiedenen Marktphasen vergleichsweise niedriger verzinslich sind als andere. Sie führen damit zu tendenziell höheren und stabileren Margen. Es sind dies, wie unter Abschnitt 3.1.5 dargestellt, vor allem die Spar- und Sichteinlagen. Sie zeichnen sich durch

– unbegrenzte Laufzeit sowie

– vergleichsweise stabile und niedrige Verzinsung im Zeitablauf aus.

Alle anderen Refinanzierungsmittel, vor allem die Gruppe der verbrieften Verbindlichkeiten, aber auch das Interbankengeschäft, sind sehr vom aktuell vorherrschenden Zinsniveau und vom Rating der betrachteten Bank (Emittent) abhängig. Daher sind Banken mit einem hohen Anteil an Spareinlagen unter Refinanzierungsaspekten generell besser gestellt und damit positiver zu beurteilen.

Abb. 26: Ausgewählte Kennzahlen zur Analyse der Refinanzierungsstruktur

In der vorangegangenen Abbildung 26 sind die wichtigsten Kennzahlen zur Analyse der Refinanzierungsstruktur einer Bank zusammengestellt. Zunächst gilt es, die Struktur als solche zu ermitteln. Danach wird überprüft, inwieweit es einer Bank gelingt, ihr Kundenkreditgeschäft mit den attraktiven Einlageformen, also mittels Kundeneinlagen und speziell mittels Spareinlagen, zu refinanzieren. Zusätzlich empfiehlt es sich zu prüfen, ob und in welchem Umfang die analysierte Bank Fristentransformation betreibt, da dies signifikante und nicht immer positive Auswirkungen auf die Margen und damit das Ergebnis der Bank haben kann.[43]

In der nachstehenden Tabelle sind die oben dargestellten Kennzahlen für einige deutsche Banken auf Basis ihrer Jahresabschlüsse 2003 beispielhaft dargestellt. Es zeigt sich, dass die DAB-Bank, gefolgt von der Postbank, mit 84% bzw. 56% die stärkste Refinanzierungsbasis im Bereich der Kundeneinlagen hat. Bei der DAB-Bank zeigt sich sogar ein deutlicher Passivüberhang.[44] Die HypoVereinsbank verfügt dagegen insgesamt über die schwächste Refinanzierungsbasis, über die Hälfte der benötigten Einlagen muss sich das Institut bei anderen Kreditinstituten beschaffen bzw. werden über die Ausgabe von Schuldverschreibungen und ähnlichem erzielt - nur 4% der Aktiva sind stabile, vergleichsweise niedrigverzinsliche Spareinlagen. Nur 7% der Kredite an Kunden werden durch Spareinlagen gedeckt.

---

[43] Vgl. Abschnitt 3.1.5.2.

[44] Die Kundeneinlagen sind beinahe fünfmal so hoch wie die Kredite an Kunden, vgl. auch Abschnitt 3.1.3.

Bankbilanzanalyse 1075

Kennzahlen/ 2003	Commerzbank	Hypo-Vereinsbank	DAB-Bank	Postbank
in % der Passiva				
- Kundeneinlagen	26	29	84	56
- Spareinlagen	3	4	0	25
- Termineinlagen	14	10	13	15
- Sichteinlagen	9	15	73	15
- Verbriefte Verbindlichkeiten	22	26	0	20
- Verbindlichkeiten gegenüber Kreditinstituten	14	24	6	15
in % der Forderungen an Kunden				
- Kundeneinlagen	72	49	465	171
- Spareinlagen	9	7	0	78

Abb. 27: Vergleich der Refinanzierungsstruktur ausgewählter Banken
Quelle: COMMERZBANK, HYPOVEREINSBANK DAB-BANK und POSTBANK, Geschäftsberichte 2003

3.1.6 Stille Reserven und Net Asset Value

Der Net Asset Value (NAV) beschreibt den Nettovermögenswert einer Bank und setzt sich zusammen aus dem bilanziellen Eigenkapital (auch als Buchwert bezeichnet) sowie aller stiller, in der Bilanz nicht berücksichtigter Reserven. Er wird häufig als Instrument zur Bewertung einer Bank herangezogen. Die im NAV enthaltenen stillen Reserven können jedoch auch als Kennzahl zur Beurteilung der Ergebnisqualität einer Bank dienen.

Die Bedeutung der stillen Reserven, die im internationalen Kontext ohnehin keine große Rolle spielt haben, hat sich auch für die deutschen Banken verändert. Im nachfolgenden Abschnitt werden dieser Entwicklungstrend und die dem Thema zugrunde liegenden wichtigsten Rechnungslegungsvorschriften diskutiert. Daran anschießend folgt die Berechnung des NAV. Anhand von Beispielen soll dann seine Aussagekraft für den externen Analysten erläutert werden.

3.1.6.1 Entwicklungstrends der letzten Jahre

Stille Reserven haben bei den deutschen Banken, insbesondere bei den börsennotierten Grossbanken, traditionell eine sehr wichtige Rolle gespielt. Es handelte sich dabei vor allem um Reserven in

- Beteiligungen,
- Immobilien sowie
- so genannte bankspezifische stille Reserven (nach § 340f HGB).

Die Hinwendung zur internationalen Rechnungslegung einerseits und der Preisverfall an den Finanzmärkten andererseits haben in den letzten Jahren dazu geführt, dass die Bedeutung der stillen Reserven deutlich zurückgegangen ist. So konnte bspw. die Commerzbank Ende des Jahres 2000 noch auf rund € 1,7 Mrd. stille Kursreserven in ihren börsennotierten Finanzanlagen (im Wesentlichen aus Beteiligungen) blicken. Zum 30.09.2002 waren diese Reserven nicht nur abgeschmolzen, sondern hatten sich mit rund € -1,3 Mrd. sogar zu stillen Lasten entwickelt, denen dann im Jahresabschluss 2003 durch eine entsprechenden Sonderabschreibung bilanziell Rechnung getragen wurde.[45]

3.1.6.1.1 Entwicklungstrend bei Beteiligungsbesitz

Die technische Hinwendung zur internationalen Rechnungslegung und die entsprechende Neuorientierung vom reinen Gläubiger- zum Shareholder-Value-Denken hat die strategische Ausrichtung vieler Grossbanken in den letzten Jahren sichtbar verändert. Vor allem die Deutsche Bank, die mit dem Jahresabschluss 2001 von IFRS zu US-GAAP übergewechselt ist, verfügte seit Jahrzehnten über beachtliche stille Reserven in ihrem umfangreichen Industrie- und Versicherungsbeteiligungsbesitz. Diese wurden traditionell als strategisch und daher als langfristig und tendenziell unverkäuflich eingestuft. Ende der neunziger Jahre setzte hier die Trendwende ein. Mit der Gründung der eigenen Transaktionsgesellschaft DB Investor Ende 1998 und der Ausgliederung aller nicht mehr als strategisch eingestuften Industriebeteiligungen, wurde bei der Deutschen Bank die Wende vollzogen. Andere Banken zogen nach. Gleichzeitig nutzen die Banken ihre Beteiligungsverflechtungen untereinander als Akquisitions- bzw. Fusionswährung. Diese Entflechtung der „Deutschland AG" und die damit verbundene Reduktion der „Macht der Banken" wurden von den Kapitalmärkten und den Wettbewerbshütern allgemein begrüßt. Zum 01.01.2001 wurde diese Entwicklung durch gesetzliche Veränderungen zusätzlich unterstützt: Im Zuge der Steuerreform 2000 befreiten die Gesetzgeber alle Kapitalgesellschaften von ihrer Pflicht, Steuern auf den Verkaufserlös ihrer Beteiligungen zu zahlen. Seit Ende 1999 bis zum 30.09.2002 hat die Deutsche Bank bspw. stille Reserven in Beteiligungen von über € 7 Mrd. aufgelöst und damit ihr Ergebnis vor allem in den

---

[45] Vgl. COMMERZBANK, Geschäftsbericht 2003, S. 111. Ausweis von „Wertkorrekturen auf das Finanzanlagen- und Anteilsportfolio" auf Basis von Impairment-Tests in Höhe von € 2,325 Mrd.

schwierigen Geschäftsjahren 2001 und 2002 nachhaltig unterstützt. Sie steht damit jedoch nicht alleine. Auch die HypoVereinsbank hat inzwischen einen Großteil ihres Beteiligungsbesitzes veräußert und damit erhebliche stille Reserven gehoben.

Datum	Verkaufte Beteiligung	
Oktober 1999	Allianz (2,3%)	
Juni 2000	Allianz (2,8%)	
März 2001	Allianz (k.A.)	
Juni 2001	Münchener Rück (2,2%)	**Erlöse**
Dezember 2001	Münchener Rück (k.A.)	> **€ 7 Mrd.**
März 2002	Münchener Rück (k.A.)	
März 2002	Allianz (k.A.)	
Oktober 2002	Deutsche Börse (9,3%)	
November 2002	Continental (7,5%)	

Abb. 28: Deutsche Bank Wesentliche Anteilsverkäufe 1999-2002
Quelle: DEUTSCHE BANK, Geschäftsberichte und Pressemeldungen

Nicht nur das aktive Management der Beteiligungen hat zu einem Rückgang der stillen Reserven beigetragen. Auch der Preisverfall an den Finanzmärkten hat den Marktwert der noch vorhandenen Aktiva und damit auch ihre stillen Reserven als Differenz zwischen Markt- und Buchwert deutlich abschmelzen lassen. Seit Ende des Jahres 2000 bis zum 30.09.2002 sind die Aktienkurse, gemessen am DAX-Index, um rund 57%, gemessen am DJStoxx 50, um rund 54% und am Neuen Markt (NEMAX 50)[46] sogar um rund 88% gefallen.

---

[46] Das Marktsegment wurde zum 5. Juni 2003 von der Deutschen Börse geschlossen, der NEMAX 50 Index jedoch aus Gründen der Kontinuität bis Ende 2004 berechnet.

Die nachfolgende Übersicht zeigt die Veränderung der Kursreserven im Beteiligungs- und Wertpapierbestand bei Commerzbank und HypoVereinsbank von 1999 bis zum 30.9.2002.

Mio. € (Konzern)	31.12.99	31.12.00	31.12.01	30.06.02	30.09.02
Commerzbank	1.574	1.659	189	-640	-1.282
HypoVereinsbank	6.700	10.700	6.900	4.200	100

Abb. 29: Kursreserven im Beteiligungs- und Wertpapierbestand
Quelle: COMMERZBANK und HYPOVEREINSBANK, Zwischen- und Geschäftsberichte

Der starke Rückgang der Kursreserven zum 30.09.2002 wurde bei allen Banken insbesondere vom Wertverfall an den Finanzmärkten geprägt. So hatte bspw. die Commerzbank Ende September 2002 zwar noch unrealisierte Gewinne in ihren Beteiligungen bei Crédit Lyonnais, MAN und Unibanco. Diese wurden jedoch durch unrealisierte Verluste aus ihren Beteiligungen bei Banca Intesa, Santander Central Hispano, Generali, Linde und Münchener Rück deutlich überkompensiert. Bei der HypoVereinsbank hat zusätzlich der Verkauf von Beteiligungen (vor allem Allianz, e.on und Deutsche Börse) zu Buche geschlagen und die Reserven deutlich abschmelzen lassen.

Schließlich veränderte sich mit der Einführung von IAS 39 zum Geschäftsjahr 2001 auch die Bilanzierung der Beteiligungen. Als so genannte Wertpapiere „Available for Sale" (AfS-Bestände) werden sie seitdem, soweit dies möglich ist, zu Marktpreisen in der Bilanz bewertet (bislang zu Anschaffungskosten). Allerdings erfolgt nicht zwangsläufig auch eine erfolgswirksame Verrechnung der Marktpreisänderungen in der GuV. Die meisten Banken nutzen ein durch IAS 39 mögliches Wahlrecht[47] und verbuchen die Veränderung der Marktwerte (Fair Value) erfolgsneutral in den so genannten Neubewertungsrücklagen innerhalb des bilanziellen Eigenkapitals.

3.1.6.1.2 Entwicklungstrend bei Immobilienbesitz

Neben den stillen Reserven in den Beteiligungen verfügen viele Banken auch über umfangreichen, teilweise sehr alten Immobilienbesitz. Die Bedeutung der dort enthaltenen stillen Reserven war jedoch bislang deutlich geringer als die Reserven in den Beteiligungen. Gemäß IAS 16.28 wird dieser Immobilienbesitz in der Bilanz zu fortgeführten Anschaffungs- und Herstellkosten bewertet, sofern es sich nicht um einen eigenen Geschäftszweig handelt. Zwar ist auch hier grundsätzlich die Neubewertungsmethode erlaubt, keine der Banken hat diese Alternative jedoch bislang gewählt. Der Immobilienbesitz ist zudem weit weniger fungibel als der oben beschriebene Beteiligungsbesitz und sein Verkauf auch nicht entsprechend steuerlich begünstigt. Daher ist es gängige Praxis,

---

[47] Dieses Wahlrecht wurde mit der Novelle von IAS 39, anzuwenden spätestens ab dem Geschäftsjahr 2005, gestrichen; vgl. dazu im Detail nachfolgender Abschnitt 3.1.6.2.

bei der Ermittlung der stillen Reserven aus Immobilien diese sowohl um die fiktive Ertragsteuerbelastung als auch um einen subjektiven Fungibilitätsabschlag von 20-30% zu reduzieren.

3.1.6.1.3 Entwicklungstrend bei bankspezifischen stillen Reserven (nach § 340f HGB)

Diese bankspezifischen stillen Reserven waren bei den deutschen Banken sehr beliebt und haben vor der Hinwendung zur internationalen Rechnungslegung eine wichtige Rolle gespielt. Allerdings haben sie bei weitem nicht die Größenordnung der Reserven in Beteiligungen und Immobilien erreicht. Die Bildung solcher, in der Bilanz und GuV nicht sichtbarer, Reserven[48] ist nach IAS 30.25 ausdrücklich untersagt worden. Sie müssen daher beim Übergang zur IFRS-Rechnungslegung vollständig aufgelöst werden.

3.1.6.2 Theoretischer Hintergrund - IAS 39

Die Einführung von IAS 39 im Jahr 2001 hat die Bilanzierung des Beteiligungsbesitzes der Banken nachhaltig verändert. Die Regelungen sind mit denen unter US-GAAP vergleichbar und grenzen sich daher deutlich gegenüber dem HGB ab. Am 17. Dezember 2003 wurde eine überarbeitete Version des Standards vorgelegt, der nunmehr rein Ansatz und Bewertung von Finanzinstrumente regelt, während IAS 32 sich ausschließlich Ausweis und Offenlegung widmet.[49] Das grundlegende Konzept blieb dabei unverändert. Die Neufassung ist ab dem Geschäftsjahr 2005 zwingend anzuwenden. Nachfolgend wird zunächst der noch gültige Standard IAS 39 (= IAS 39 (2001)) dargestellt. Er ist Grundlage der dargestellten Kennzahlenanalysen. Im Anschluss daran, werden die wesentlichen Änderungen ab 2005 (= IAS 39 (2005)) skizziert.[50]

Die bis Ende 2004 gültige Fassung von IAS 39 (2001) unterscheidet gemäß IAS 39.10 vier Kategorien finanzieller Vermögenswerte:

1. Held for Trading Financial Assets (HfT; Handel),

2. Held to Maturity Investments (HtM; Anlagebestand, Halteabsicht bis zur Endfälligkeit),

3. Available for Sale Financial Assets (AfS; Liquiditätsbestand, Finanzinstrumente, die keiner übrigen Kategorie zugeordnet werden können) und

4. Loans and Receivables Originated by the Enterprise (Originäre Darlehen und Forderungen - im Wesentlichen Kreditgeschäft).

---

[48] Grundsätzlich können unter HGB-Recht so genannte Wertpapiere der Liquiditätsreserven, deren Ergebnis im GuV-Posten „Risikovorsorge" ihren Eingang findet, um bis zu 4% ihres Gesamtbetrages unterbewertet werden. Die dadurch entstehenden stillen Reserven müssen direkt bei Bildung versteuert werden.

[49] Vgl. dazu im folgenden: KPMG (Hrsg.), IFRS aktuell, Stuttgart, 2004, S. 298-379 sowie KPMG (Hrsg.), International Financial Reporting Standards, 3. Aufl., Stuttgart, 2004, S. 198-240.

[50] Vgl. auch den Beitrag „Ansatz und Bewertung von Finanzinstrumenten".

Die Beteiligungen der Banken werden in der Kategorie „AfS" erfasst, da sie keine Endfälligkeit aufweisen (HGB: Anlagebestand). In der Bilanz sind sie wahlweise als eigenständige Position oder gemeinsam mit den HtM-Beständen unter der Position Finanzanlagen auszuweisen.[51] Neu nach IAS 39 (2001) ist die Bewertung zu Marktpreisen statt wie bislang zu Anschaffungskosten (HGB: Anschaffungskosten und gemildertes Niederstwertprinzip). Dies hat direkte Auswirkung auf den Ausweis der stillen Reserven in Beteiligungen. Bis zum Jahr 2000 haben die Großbanken diese stillen Reserven lediglich in den Notes aufgeschlüsselt. Mit IAS 39 (2001) sind die Reserven nunmehr bereits in der Bilanz aufgedeckt. Häufig werden dabei unter IFRS im Gegensatz zum HGB die stillen Reserven in Beteiligungen im bilanziellen Eigenkapital und damit im Buchwert der Bank berücksichtigt. Unter HGB müssen die Marktwerte anhand des offen gelegten, börsennotierten Beteiligungsbesitzes ermittelt und den entsprechenden Buchwerten in der Bilanz gegenübergestellt werden. Angaben dazu finden sich bei den meisten großen Banken im Anhang. Die so ermittelten stillen Reserven sind dann zum bilanziellen Eigenkapital zu addieren. Erst dann sind die Buchwerte unter HGB und IFRS annähernd vergleichbar.

Die Veränderungen im Fair Value der AfS-Bestände muss eine IFRS-Bank nicht zwangsläufig erfolgswirksam erfassen. Sie hat vielmehr ein einmaliges Wahlrecht zwischen einer erfolgsneutralen Erfassung der Veränderungen im Eigenkapital der Bilanz oder der Berücksichtigung in der GuV und damit auch im Konzernergebnis. Bei erfolgswirksamer Bilanzierung werden Bewertungs- und Bestandsänderungen als Ergebnis aus AfS-Beständen (bzw. saldiert mit den HtM-Beständen im Finanzanlageergebnis) verbucht. Laufende Erträge (Dividenden) und Aufwendungen aus den Beteiligungen fließen in der Regel in den Zinsüberschuss, können jedoch auch im Ergebnis aus AfS-Beständen bzw. im Finanzanlageergebnis berücksichtigt werden. Dagegen gilt bei der erfolgsneutralen Verrechnung: Erst bei der Veräußerung des finanziellen Vermögenswerts wird das in der Neubewertungsrücklage bilanzierte, kumulierte Bewertungsergebnis aufgelöst und in der GuV erfasst. Die nach IFRS bilanzierenden deutschen Banken folgen, wie bereits beschrieben, in der Regel der erfolgsneutralen Methode und erfassen die Fair-Value-Änderungen ihrer AfS-Bestände in den so genannten Neubewertungsrücklagen als Position des bilanziellen Eigenkapitals. Damit spiegeln die Neubewertungsrücklagen aus AfS-Beständen prinzipiell die stillen Reserven bzw. Lasten in den Beteiligungen der Banken wider. Allerdings gilt es, dabei einige Ausnahmen und Besonderheiten zu beachten (vgl. dazu auch die Beispiele im nachfolgenden Abschnitt):

– AfS-Bestände, die nicht zu Marktpreisen bewertet werden können, werden weiterhin zu Anschaffungskosten in der Bilanz berücksichtigt. Folglich sind ihre stillen Reserven nicht in den Neubewertungsrücklagen enthalten;

---

[51] Die Aufsplittung in AfS und HtM erfolgt in den Notes; vgl. HYPOVEREINSBANK, Geschäftsbericht 2001, S. 70. Andere Banken, weisen die AfS-Bestände direkt als eigenständige Position „Beteiligungs- und Wertpapierbestand" (zur Veräußerung verfügbare finanzielle Vermögenswerte) in der Bilanz aus; vgl. COMMERZBANK, Geschäftsbericht 2001, S. 67.

- einige Banken weisen eine mit den Bewertungsänderungen aus Cash Flow Hedges saldierte Neubewertungsrücklage aus;

- bei dauerhaften Wertminderungen ist eine erfolgsneutrale Verrechnung nicht möglich und eine sofortige Abschreibung in der GuV zwingend vorgeschrieben.

Nach der ab 2005 gültigen Neufassung von IAS 39 (2005), werden analog IAS 39 (2001) vier Hauptkategorien bei finanziellen Vermögenswerten (financial assets) unterschieden, jedoch wird eine Hauptkategorie, gemäß IAS 39.9 (2005), in zwei Subkategorien aufgeteilt, was faktisch zu einer Fünfteilung führt, da die 1. Hauptkategorie und die Unterkategorie 1b den gleichen Namen tragen:

1. Financial Assets at Fair Value through Profit or Loss (finanzielle Vermögenswerte zum beizulegenden Zeitwert durch die Gewinn- und Verlustrechnung)

    a. Held for Trading (HfT; Handel),

    b. At Fair Value through Profit or Loss (Zeitwertbewertung via GuV),

2. Held to Maturity Investments (HtM; Anlagebestand, Halteabsicht bis zur Endfälligkeit),

3. Available for Sale Financial Assets (AfS; Liquiditätsbestand, Finanzinstrumente, die keiner übrigen Kategorie zugeordnet werden können),

4. Loans and Receivables (Kredite und Forderungen - im Wesentlichen Kreditgeschäft).

Die Abbildungen 30 und 31 geben eine Überblick über Definition, Ausweis und Bewertung von Wertpapierbeständen nach deutschem Recht (HGB) bzw. von Financial Instruments nach den IRFS in der bislang noch gültigen (2001) bzw. der ab 2005 anzuwendenden Form.

Bezeichnung	Beschreibung	Bilanz	GuV	Bewertung
Anlagebestand	Wertpapiere, die dem Geschäftsbetrieb dauernd dienen (Beteiligungen, Anteile an verbundenen Unternehmen, sonstige Wertpapiere).	Alle drei Kategorien können enthalten sein in - Beteiligungen, - Schuldverschreibungen und anderen festverzinslichen Wertpapieren, - Aktien und anderen nicht festverzinslichen Wertpapieren.	Zinsüberschuss: Zinserträge und Dividenden. Finanzanlageergebnis: Abgang und Abschreibungen bei dauerhafter Wertminderung.	Gemildertes Niederstwertprinzip in der Bilanz; erfolgswirksam bei Veräußerung in der GuV.
Handelsbestand	Wertpapiere, die eigenen Handelszwecken dienen.		Zinsüberschuss: Zinserträge und Dividenden. Ergebnis aus Finanzgeschäften (Handelserfolg).	Strenges Niederstwertprinzip in der Bilanz; erfolgswirksam bei Veräußerung in der GuV.
Liquiditätsbestand	Wertpapiere, die direkt keiner der anderen Kategorien zuzuordnen sind.		Zinsüberschuss: Zinserträge und Dividenden. Risikovorsorge (Abgang, Abschreibung und Bildung stiller Reserven nach § 340f).	

Abb. 30: Wertpapierbestände nach HGB

Bezeichnung	Beschreibung	Bilanz	GuV	Bewertung
1. At Fair Value through Profit or Loss (ab 2005)	Finanzinstrumente, die zum beizulegenden Zeitwert bewertet werden. **Prinzipiell können alle Finanzinstrumente unter IAS 39 (2005) dieser Kategorie beim erstmaligen Ansatz zugeordnet werden.** Ausnahme: Eigenkapitalinstrumente ohne notierten Marktpreis auf aktiven Märkten.	Alle Vermögensgegenstände und Schulden können enthalten sein.	Zinsüberschuss, Dividendenerträge und Ergebnis aus Finanzgeschäften (Handelsergebnis).	Bilanzierung zum Fair Value; Veränderung des Fair Value als Ertrag/Aufwand in der GuV.
2. Held for Trading (HfT)	Finanzinstrumente, die zu Handelszwecken gehalten werden inkl. Derivate - keine Sicherungsgeschäfte; Position beinhaltet neben Wertpapieren auch erworbene und originäre Forderungen, sofern sie Handelszwecken dienen **(Handelsbestand).**	Handelsaktiva und -passiva.	Handelsergebnis (inkl. Derivate, die keine Sicherungsgeschäfte sind).	Bilanzierung zum Fair Value; Veränderung des Fair Value als Ertrag/Aufwand in der GuV.
3. Available for Sale (AfS)	Finanzinstrumente, die keiner der übrigen Kategorie zugeordnet werden können **(Liquiditätsbestand)**, im Wesentlichen Anteile an nicht konsolidierten Tochterunternehmen, an assoziierten Unternehmen, Aktien und andere nicht festverzinsliche Wertpapiere und sonstiger Anteilsbesitz, aber auch erworbene Forderungen, die entsprechende Eigenschaften aufweisen.	Gemeinsamer Ausweis unter der Position Finanzanlagen möglich bzw. getrennt als AfS- und HtM-Beständen (Finanzanlagen). **AfS-Bestände:** Erfolgsneutrale Verrechnung der Änderung des Fair Value in den Neubewertungsrücklagen (bilanzielles Eigenkapital).	**Wahlrecht/ Zinsüberschuss oder Ergebnis aus AfS-Beständen bzw. Finanzanlagen:** Zinserträge und Dividenden aus AfS- und HtM-Beständen; **AfS/Ergebnis aus AfS-Beständen:** Abgang, Änderung des Fair Value, Abschreibungen bei dauerhafter Wertminderung erfolgsneutral bewerteter Bestände; **HtM/Ergebnis aus Finanzanlagen:** Abgang und Abschreibung bei dauerhafter Wertminderung.	Bilanzierung zum Fair Value.[52] **Wahlrecht (bis 2004):** Veränderung des Fair Value wird entweder erfolgsneutral in der Bilanz (Neubewertungsrücklage) bzw. erfolgswirksam in der GuV verrechnet. **Ab 2005:** Veränderung des Fair Value bis zum endgültigen Abgang nur noch erfolgsneutral möglich
4. Held to Maturity (HtM)	Finanzinstrumente, die mit der Absicht und Fähigkeit erworben wurden, sie bis zur Endfälligkeit zu halten. Sie müssen folglich eine Endfälligkeit aufweisen **(Anlagebestand)**. Im Wesentlichen sind dies festverzinsliche Wertpapiere aber auch erworbene Forderungen, die entsprechende Eigenschaften aufweisen; insgesamt eher geringere Bedeutung.			Zu Anschaffungskosten in der Bilanz; HtM: erfolgswirksam in der GuV erst bei Veräußerung. Zu Anschaffungskosten in der Bilanz; HtM: erfolgswirksam in der GuV erst bei Veräußerung.

Abb. 31: Kategorien finanzieller Vermögenswerte und Schulden nach IAS 39 (Teil I)

---

[52] Ist eine Marktpreisbewertung nicht möglich, kann zu Anschaffungskosten bewertet werden (z.B. bei nicht börsennotierten Beteiligungen).

Bezeichnung	Beschreibung	Bilanz	GuV	Bewertung
5. Originated Loans and Receivables (L&R)	**Originäre Forderungen**, die durch die Bereitstellung von Geld, Waren oder Dienstleistungen an Schuldner entstanden sind und nicht veräußert werden sollen (inkl. Konsortialkredite und syndizierte Forderungen sowie als Wertpapiere verbriefte Forderungen). **Neu ab 2005:** Erweiterung um auf dem Sekundärmarkt erworbene Kredite (z.B. Factoring) sofern keine kurzfristige Weiterveräußerungsabsicht (sonst HfT) bzw. nicht an einem aktiven Markt notiert (sonst AfS) zu verbuchen.	Je nach Schuldner - Forderungen an Kreditinstitute und - Forderungen an Kunden.	**Zinsüberschuss:** Zinserträge **Risikovorsorge:** Abschreibungen	

Abb. 31: Kategorien finanzieller Vermögenswerte und Schulden nach IAS 39 (Teil II)

3.1.6.3 Berechnung und Auswertung des NAV

Durch die Einführung von IAS 39 und die Änderung der Bewertung von Beteiligungen in der Bilanz hat sich das bilanzielle Eigenkapital dem NAV angenähert. Da die stillen Reserven (bzw. stillen Lasten) aus Beteiligungen prinzipiell im Eigenkapital enthalten sind, müssen lediglich die Nettoreserven aus dem Immobilienbesitz hinzugerechnet werden. Problematisch ist jedoch, dass im Eigenkapital auch die Neubewertungsreserven aus Cash Flow Hedges[53] enthalten sind. Diese sollten nicht im NAV berücksichtigt werden. Gleichzeitig sind bei einigen Banken in der Neubewertungsreserve aus AfS-Beständen nicht alle stillen Reserven aus Beteiligungen enthalten, da manche Beteiligungen nicht zu Marktpreisen bewertet werden können.

3.1.6.3.1 Neubewertungsreserven aus Cash Flow Hedges

Es liegt in der Natur von Sicherungsgeschäften, dass die verwendeten Derivate durch die Absicherung an Wert verlieren bzw. gewinnen können. Das Grundgeschäft dagegen wird unter IFRS weiterhin zu Anschaffungskosten bewertet. Es enthält folglich stille Reserven. Diese werden erst durch den Abgang des Geschäftes erfolgswirksam in der GuV realisiert. Bis dahin besteht ein Ungleichgewicht in der Bilanz. Durch die Nichtberücksichtigung der Neubewertungsreserven aus Cash Flow Hedges wird verhindert, dass sich dieses Ungleichgewicht auf den NAV überträgt.

---

[53] Cash Flow Hedges sind eine von drei unterschiedlichen Formen von Sicherungsgeschäften mittels Derivaten gemäß IAS 39.137 (2001). Cash Flow Hedges dienen der Absicherung zukünftiger, erfolgswirksamer Schwankungen von Zahlungsströmen. Der effiziente, also wirksame Teil des Cash Flow Hedges wird erfolgsneutral als Neubewertungsrücklage erfasst, der ineffiziente Teil wird dagegen erfolgswirksam in der GuV berücksichtigt. Zu Cash Flow Hedges vgl. Abschnitt 12 im Beitrag „Ansatz und Bewertung von Finanzinstrumenten".

3.1.6.3.2 Unvollständige Berücksichtigung stiller Reserven aus AfS-Beständen

Nicht alle Beteiligungen und Wertpapierbestände der AfS-Kategorie können zu Marktpreisen bewertet werden (in der Regel alle nicht börsennotierten Aktiva). Sie werden daher in der Bilanz weiterhin zu Anschaffungskosten verbucht. Dies kann, wie das Beispiel der HypoVereinsbank zeigt, durchaus zu nennenswerten Unterschieden führen: Im Jahr 2001 lag die Neubewertungsrücklage aus AfS-Beständen bei € 6,1 Mrd., die stillen Reserven jedoch fast € 7 Mrd. Grund dafür war, dass die HypoVereinsbank einige ihrer Beteiligungen, wie bspw. e.on,[54] indirekt über eine nicht-börsennotierte Beteiligungsgesellschaft gehalten hatte.

In der nachfolgenden Übersicht ist der NAV von Commerzbank und HypoVereinsbank beispielhaft dargestellt.

Mio. € (Konzern)	Commerzbank	Hypo-Vereinsbank
Bilanzielles Eigenkapital (Buchwert)	11.760	25.110
- Neubewertungsrücklagen aus Cash Flow Hedges	- 397	- 550
+ Stille Reserven in nichtbörsennotierten Beteiligungen	122	765
+ Stille Reserven in Immobilien[55]	82	630
= NAV	12.361	27.055
%-Anteil stiller Reserven am NAV	1,6	5,2

Abb. 32: Berechnung des NAV ausgewählter deutscher Banken zum 31.12.2001
Quelle: Eigene Darstellung, COMMERZBANK und HYPOVEREINSBANK, Geschäftsberichte 2001

3.1.6.3.3 Auswertung des NAV

Der NAV ist eine Kennzahl zur Bewertung einer Bank. Im Gegensatz zu neueren Methoden der Bankenbewertung, die den Wert einer Bank mittels zukünftiger Ertragsdiskontierungen feststellen, ist die NAV-Bewertung statisch und stellt rein auf Bilanzgrößen ab. Als erweiterter Buchwert bewertet der NAV einer Bank daher weniger ihr Wachstum, als ihre tatsächlich vorhandene Substanz. Allgemein gelten der NAV und insbesondere der Buchwert als Mindestwert. Liegt bei börsennotierten Banken der Marktwert des Instituts über einen längeren Zeitraum deutlich unter seinem NAV bzw. sogar unter seinem Buchwert, kann dies ein Zeichen für sehr negative Markterwartungen (z.B. drohende Insolvenz der Bank) sein. Anders bei einer gesunden Bank. Hier könnte

---

[54] Die HypoVereinsbank hat sich im dritten Quartal 2002 vollständig von ihrer indirekten Beteiligung an e.on getrennt; vgl. Präsentation der HypoVereinsbank anlässlich des Analystenmeetings vom 24.10.2002 in München.

[55] Bereinigt um Steuern und um einen Fungibilitätsabschlag von 20%.

diese Konstellation in volatilen Märkten für einen Anleger auch auf eine Unterbewertung und damit eine günstige Kaufgelegenheit hinweisen.

Die im NAV enthaltenen stillen Reserven/Lasten zeigen dem Analysten jedoch auch potenzielle Erträge bzw. potenzielle Aufwendungen an, die das Ergebnis einer Bank, sollten die zugrunde liegenden Beteiligungen bzw. Wertpapiere verkauft werden, deutlich beeinflussen können. Vor allem bei der Beurteilung der Eigenkapitalrendite [56] sollte dies nicht außer Acht gelassen werden. Da unter IFRS die stillen Reserven/Lasten im Eigenkapital berücksichtigt werden, könnte eine Bank durch den gezielten Verkauf von Beteiligungen bzw. Wertpapieren mit positiver Fair-Value-Entwicklung Bilanzpolitik betreiben: Der Verkauf reduziert die Neubewertungsreserve und damit das Eigenkapital[57] und erhöht gleichzeitig das Ergebnis (bei einer Verschlechterung des Fair Value würde das Ergebnis entsprechend belastet). Es käme zu einem doppelt positiven Effekt auf die Eigenkapitalrendite. Dieser Effekt und die damit erzielte Rendite sind jedoch selten nachhaltig.

3.1.7 Analyse nicht-bilanzwirksamer Geschäftsfelder

Im Folgenden soll die Analyse nicht bilanzwirksamer Bankgeschäfte am Beispiel der Geschäftsfelder Vermögensverwaltung (Asset Management, Private Banking) und Online Brokerage diskutiert werden. Diese Geschäftsfelder sind in den letzten fünf Jahren sehr stark gewachsen und haben damit deutlich an Bedeutung gegenüber den traditionellen, zinsabhängigen Bankgeschäften, wie bspw. dem Kreditgeschäft, gewonnen.[58]

3.1.7.1 Ausgewählte Kennzahlen

Bankgeschäfte mit Dienstleistungscharakter, wie z.B. Vermögensverwaltung oder Online Brokerage, sind im Gegensatz zum traditionellen Kredit- und Einlagengeschäft nur teilweise über die Bilanz zu analysieren. Wichtige Erfolgsfaktoren, die die Struktur des Geschäfts beschreiben und damit auch die Basis für die weitere Kennzahlenanalyse bilden, werden in der Bilanz nicht abgebildet.

Für die Vermögensverwaltung sind dies vor allem

- das Fondsvolumen (Höhe des für Kunden verwalteten Vermögens) und
- die Mittelzu- bzw. -abflüsse (brutto und netto).

---

[56] Vgl. Abschnitt 3.3.3.2.

[57] Zwar fließt über die Gewinnthesaurierung ein Teil des realisierten Gewinnes wieder in das Eigenkapital zurück, allerdings ist dieser Betrag geringer als die aufgelöste Neubewertungsreserve (Steuern, Ausschüttungspolitik).

[58] Vgl. dazu auch Abschnitt 3.1.1.

Für das Online Brokerage sind dies insbesondere

- die Anzahl der ausgeführten Wertpapiertransaktionen (Trades) und
- die Anzahl der Kunden (Konten).

3.1.7.1.1 Vermögensverwaltung

Das Fondsvolumen bzw. die Höhe des für Kunden verwalteten Vermögens ist die wichtigste Basiskennzahl dieses Geschäftsfeldes. Sie dient häufig auch als Grundlage für die Preisfindung in M&A-Transaktionen.[59] So ist die Höhe des verwalteten Vermögens Maßstab für die Bedeutung und Größe einer Geschäftseinheit. Analog zur Bilanzstrukturanalyse empfiehlt es sich, sofern es die Informationslage erlaubt, eine Strukturanalyse des verwalteten Vermögens durchzuführen (Welche Vermögenswerte werden für welche Kundengruppen verwaltet?).

Je nach Kundengruppe werden Publikumsfonds (börsennotiert, werden in der Regel an Privatkunden vertrieben) oder Spezialfonds (werden nicht öffentlich aufgelegt, sondern nur einem kleinen Kreis institutioneller Anleger, wie z.B. Großunternehmen, Versicherungen oder Kirchen angeboten) unterschieden. Generell gilt, dass die Margen im Geschäft mit Publikumsfonds höher als im Spezialfondsbereich sind. So wurde von Experten ermittelt, dass gemessen am Ergebnis nach Steuern bezogen auf das jeweilige Fondsvolumen im Geschäftjahr 2000 die durchschnittliche Rendite bei Publikumsfonds zwischen 8 und 64BP und im Spezialfondsbereich lediglich zwischen 0,2 und 5BP schwankte. Je nach Art der Geldanlage gibt es inzwischen vielfältige Arten von Investmentfonds (v.a. Aktien-, Renten-, Immobilien- und Geldmarktfonds).

Ein wichtiger Erfolgsindikator für den Bereich Vermögensverwaltung ist auch die Mittelzu- bzw. -abflüsse. Hier wird zwischen Brutto- und Nettozu-/-abflüssen unterschieden. Der Bruttozu-/-abfluss wird einfach als Differenz der Fondsvolumen am Ende und Anfang des Betrachtungszeitraums ermittelt. In dieser Bruttogröße sind neben der Entwicklung des Neugeschäfts auch die Wertveränderung der zugrunde liegenden Vermögenswerte (Preis- und Währungsveränderungen) und gegebenenfalls auch sonstige Faktoren, wie Akquisitionseffekte[60] enthalten. Um den Erfolg des Neugeschäfts und damit auch den Vertriebserfolg zu beurteilen, müssen diese anderen Faktoren daher aus der Bruttogröße herausgerechnet werden. Eine exakte Ermittlung der Nettoveränderungen ist jedoch aus externer Sicht oft nicht möglich, da die Banken dazu keine Angaben im Geschäftsbericht machen müssen. Allerdings lassen sich Schätzungen anhand der allge-

---

[59] Beispiel: Für die Übernahme von Zürich Scudder Investments (ohne Threadneedle) im Dezember 2001 hat die Deutsche Bank weniger als 1% des von Scudder verwalteten Vermögens in Publikumsfonds (ca. $ 296 Mrd.) als Kaufpreis ($ 2,5 Mrd.) bezahlt.

[60] Beispiel: Übernahme des US-Asset Managers Scudder und der US-Immobilienfondsgesellschaft RREEF durch die Deutsche Bank im Jahr 2001 oder der Verkauf passiver Fondsvermögen an Nothern Trust im Jahr 2003, vgl. detailliertes Beispiel in Abschnitt 3.1.7.2.

meinen Entwicklung der Aktien-, Renten- oder Immobilienmärkte vornehmen, sofern die Anlageschwerpunke des Fondsvermögens insgesamt über Angaben im Geschäftsbericht oder in entsprechenden Präsentationen der Bank bekannt sind.

3.1.7.1.2 Online Brokerage

Im Online Brokerage bestimmt dagegen die Anzahl der Wertpapiertransaktionen (Trades)[61] das Geschehen. Zum einen spiegeln sie die Aktivität der Kunden wider. Da es in der Branche üblich ist, dass der Kunde eine Provision pro ausgeführter Transaktion bezahlt, sind die Trades zum anderen auch eine wichtige Größe für den Geschäftserfolg. Eine weitere, wichtige Basiskennzahl ist die Anzahl der Kunden. Sie ist grundsätzlich mit der Anzahl der Konten bzw. Depots der Bank gleichzusetzen, sofern sich die Bank rein auf Wertpapier-/Investmentfondshandel im Kundenauftrag beschränkt, da ein Kunde in der Regel nur ein Depot auf seinen Namen eröffnet. Die Anzahl der Kunden ist ein guter Wachstumsindikator, jedoch kein unmittelbarer Maßstab für den Geschäftserfolg, da in Marktphasen hohen Wettbewerbs den Kunden häufig ein kostenloses Depot zur Verfügung gestellt wird. Nur mit aktiven Kunden sind jedoch entsprechende Erträge zu erwirtschaften. Die Anzahl dieser aktiven Kunden wird jedoch von den deutschen Brokern in der Regel nicht im Geschäftsbericht aufgeführt.

3.1.7.2 Beispiele zu Vermögensverwaltung und Online Brokerage

Im folgenden Abschnitt sollen am Beispiel der Deutschen Bank die grundlegenden Kennzahlen der Geschäftsfelder Asset Management und Private Banking vorstellt werden. Die Deutsche Bank verfügt hier, abgesehen von der deutschen Bankassurance-Gruppe Allianz/Dresdner, über das größte Geschäftsvolumen unter den deutschen Banken. Zwar bilanziert die Deutsche Bank, wie bereits beschrieben, seit dem Geschäftsjahr 2001 nach US-GAAP. Dies spielt jedoch für dieses Beispiel eine untergeordnete Rolle. Im Anschluss daran werden am Beispiel der größten deutschen Online Broker DAB-Bank und Comdirect die Erfolgsfaktoren im Online Brokerage mit den entsprechenden Kennzahlen kurz vorgestellt.

---

[61] Von den Trades sind die so genannten Orders zu unterscheiden. Sie beinhalten im Gegensatz zu den Trades auch alle nicht ausgeführten Transaktionen. Allerdings wird diese begriffliche Abgrenzung nicht von allen Brokern einheitlich verwendet.

Mrd. €	31.12.02	31.12.03	1Q04	2Q04	3Q04
Asset Management	623[62]	567	590	575	561
Veränderung zur Vorperiode (%)	-1,3	-9,0	4,1	-2,5	-2,4
Private Banking	155	162	166	166	161
Veränderung zur Vorperiode (%)	-7,2	-12,1	-0,6	-2,4	-7,4
Private & Business Clients	131	143	142	144	142
Summe	**909**	**872**	**898**	**885**	**864**
Mittelzu-/-abfluss (brutto)		**-37**	**26**	**-13**	**-21**

Abb. 33: Verwaltetes Vermögen der Geschäftseinheit PCAM der Deutschen Bank
Quelle: DEUTSCHE BANK, Geschäftsberichte und Präsentationen

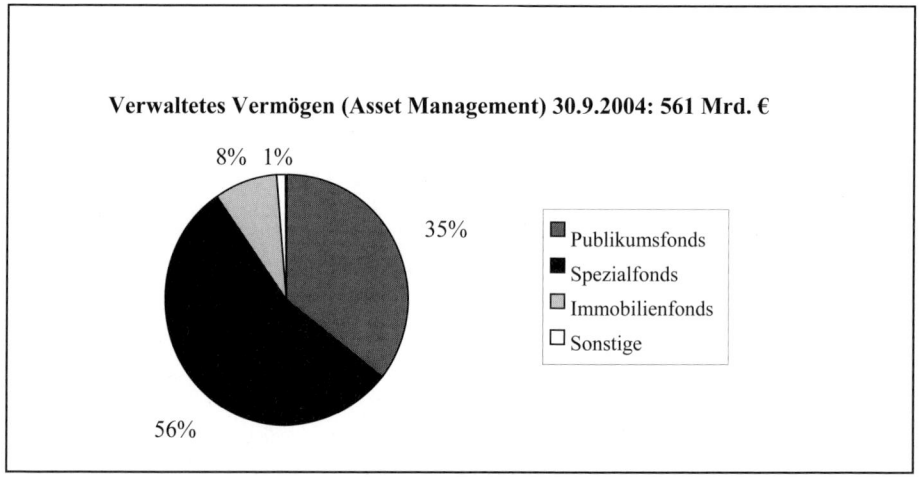

Abb. 34: Zusammensetzung: Verwaltetes Vermögen im Geschäftsfeld Asset Management der Deutschen Bank
Quelle: DEUTSCHE BANK, Präsentationen zum Zwischenbericht

Zunächst zum Beispiel der Deutschen Bank: Sie hat im Jahr 2001 eine neue Führungs- und Organisationsstruktur eingeführt,[63] die im Oktober 2002 weitere Adjustierungen

---

62 Bereinigt um den Verkauf passiver Fondsvermögen an Northern Trust (€ 103 Mrd.).

63 Vgl. dazu DEUTSCHE BANK, Geschäftsbericht 2001.

erfahren hat.[64] Die einzelnen Bankbereiche werden in drei operativen Einheiten gebündelt: die Geschäftseinheit „Private Clients and Asset Management" (PCAM) bildet dabei den Schwerpunkt in der Vermögensverwaltung für Kunden.[65] Sie umfasst neben dem Asset Management und dem Private Wealth Management auch das Segment Private & Business Clients (im Wesentlichen das Filialgeschäft). In den Jahren 2002 bis Ende September 2004 hat sich das in PCAM von der Deutschen Bank für Kunden verwaltete Vermögen sichtbar reduziert (vgl. Tabelle „Verwaltetes Vermögen der Geschäftseinheit PCAM der Deutschen Bank"). Das im Bereich Asset Management verwaltete Vermögen entfiel dabei zu 56% auf Spezial- und zu 35% auf Publikumsfonds (30.09.2004).

Mrd. €	2003	30.09.2004	%
Anfang der Periode	**726**	**567**	**- 22**
Nettozu-/abfluss	- 43	- 23	47
Marktveränderungen[66]	41	17	- 59
Akquisitions-/Desinvestitionseffekte[67]	- 103	-	-
Wechselkurseffekte	-54	n.a.	-
Ende der Periode	**567**	**561**	**-1**
Bruttozu-/-abfluss	**-159**	**- 6**	**96**
Ende der Periode vor Akquisitionen	**670**	**561**	**- 16**
Veränderung zum Beginn der Periode	-8%	-1%	-

Abb. 35: Kapitalströme des verwalteten Vermögens der Deutschen Bank
Quelle: DEUTSCHE BANK, Geschäftsberichte und Präsentationen

Eine Analyse der Kapitalströme für das Geschäftsjahr 2003 zeigt, dass der starke Rückgang des insgesamt im Bereich Asset Management verwalteten Vermögens von über € 700 Mrd. auf € 567 Mrd. in nicht unerheblichem Umfang auf einen Portfolioverkauf (an Norther Trust) zurückzuführen ist. Aber auch negative Wechselkurseffekte spielten eine Rolle. Sie konnten nicht durch die positive Wertentwicklung der in den Portfolien enthaltenen Wertpapiere (€ 41 Mrd.) kompensiert werden. Trotz positiver Marktentwicklung sind Mittelabflüsse in vergleichbarer Höhe aufgetreten, welche ein Zeichen struktureller Schwächen in einem oder mehreren Produktbereichen sein können. Im Falle der Deutschen Bank resultiert diese negative Entwicklung vor allem aus strukturellen Veränderungen im britischen Markt für institutionelles Portfoliomanagement. Sie setzen sich

---

64   Vgl. dazu DEUTSCHE BANK, Geschäftsbericht 2002.
65   Sie verwalten Ende September 2004 rd. 92% der insgesamt von der Deutschen Bank Gruppe für Kunden verwalteten Vermögen; weitere 8% entfielen auf den Unternehmensbereich Corporate Banking & Securities", innerhalb der Sparte „Corporate und Investment Bank".
66   30.09.2004 inkl. Wechselkurseffekte.
67   Verkauf des passiven Fondsvermögens an Northern Trust.

bis in das Jahr 2004 fort und führten bis Ende September des Jahres bei unverändert positiver Entwicklung der Marktwerte zu weiteren, wenn auch in ihrer Intensität rückläufigen, Mittelabflüssen in Höhe von € 23 Mrd.[68]

Anzahl in Tsd.	2001	2002	2003	1Q04	2Q04	3Q04
Comdirect						
Trades	6.565	5.699	6.369	2.111	1.309	1.204
Veränderung in %[69]	-36	-13	12	26	-38	-8
Kunden (Depots)[70]	615	595	592	602	550	545
Veränderung in %	14	-3	-1	18	-19	-1
DAB						
Trades	6.244	.408	3.229	1.004	817	648
Veränderung in %	2	-45	-5	18	-19	-21
Kunden (Depots)	546[71]	461	462	461	460	464
Veränderung in %	52	-16	0	-0,04	-0,4	1

Abb. 36: Comdirect und DAB-Bank: Kundenzahlen und Trades
Quelle: DAB-BANK und COMDIRECT, Zwischen- und Geschäftsberichte

Schließlich zum Geschäftsbereich Online Brokerage: Die grundlegenden, absoluten Kennzahlen für die Beurteilung von Profitabilität und Rentabilität sind die Anzahl der Kunden bzw. der verwalteten Depots sowie die Anzahl der für Kunden ausgeführten Trades. In der Regel werden diese Zahlen von allen Online Brokern im Lagebericht bzw. Anhang/Notes des Geschäftsberichts dargestellt und häufig auch nach Art der Kunden bzw. Regionen aufgeschlüsselt. Die Schwankungen in der Höhe der ausgeführten Wertpapiertransaktionen spiegelt deutlich den Einfluss der Finanzmärkte auf das Geschäft der Online Broker wieder. Durch ihren Geschäftschwerpunkt in Deutschland stellt die aktuelle sowie die erwartete Entwicklung des DAX Index einen relativ guten Indikator dar. Der Wert des DAX Performance Index hat sich von Anfang 2001 bis zum Beginn des Jahres 2003 praktisch halbiert, bevor im Jahr 2003 eine erneute, sichtbare Erholung einsetzte. Dagegen blieb die Anzahl der Kunden, wenn von De-/Konsolidierungseffekten abgesehen wird, bei beiden Banken vergleichsweise stabil. Das Angebot der häufig kostenlosen Depotführung bzw. der Möglichkeit Depots in Phasen niedriger Kundenaktivität kostenfrei stillzulegen, war sicherlich eine der Maßnahmen, diese Zahlen stabil zu halten.

---

[68] Vgl. DEUTSCHE BANK, Zwischenbericht zum 30. September 2004, S. 2.
[69] Veränderung gegenüber Vorjahr bzw. Vorquartal.
[70] Nur Online-Brokerage-Kunden.
[71] 2002: Verkauf der Tochtergesellschaften Self Trade SA sowie Direkt Anlage Bank (Schweiz) und Übernahme der direktanlage.at; adjustierte, mit 2002 vergleichbare Anzahl der Depots im Jahr 2001: 424.528.

3.2 Risikoanalyse

3.2.1 Risikoarten

Die Risikoüberwachung und -steuerung hat sich in den letzten Jahren bei allen Banken zu einem zentralen Thema entwickelt.[72] Ziel ist es, bei geringem Risiko und entsprechend niedrigen Risikokosten ein möglichst hohes Ergebnis zu erwirtschaften.

- Nach IAS 30 ist jede Bank durch die Bildung von Wertberichtigungen verpflichtet, Risikovorsorge für akute und potenzielle Kreditrisiken aufzubauen. Das deutsche Recht (vgl. DRS 5) sieht zusätzlich die Integration eines Risikoberichts im Geschäftsbericht vor. Der Risikobericht gibt dem externen Analysten wichtige Hinweise darüber, mit welchen Risiken[73] eine Bank konfrontiert werden kann und mit welchen Organisationsstrukturen und Kontrollmechanismen sie diese Risiken zu beherrschen versucht.[74] Grundsätzlich sind auf Basis des DRS 5-10.23 die folgenden Risiken zu unterscheiden (vgl. auch die folgende Abbildung 37):
- Adressenausfallrisiken,
- Liquiditätsrisiken,
- Marktrisiken,
- operationale Risiken,
- Geschäftsrisiken sowie
- sonstige spezielle, institutsspezifische Risiken.

---

[72] Vgl. auch TIMMERMANN, M., Risikocontrolling, Risikomanagement und Risikoberichterstattung von Banken, in: LANGE, T. A./LÖW, E. (Hrsg.), Rechnungslegung, Steuerung und Aufsicht von Banken – Kapitalmarktorientierung und Internationalisierung, FS zum 60. Geburtstag von Jürgen Krumnow, S. 377-405 sowie LÖW, E., Bilanzierung von Finanzinstrumenten und Risikocontrolling, ZfCM 2004, S. 32-41.

[73] Risiko ist die potenzielle negative Veränderung der prognostizierten Vermögens-, Finanz- und Ertragslage infolge eines unerwarteten Ereignisses; vgl. COMMERZBANK, Geschäftsbericht 2001, S. 44.

[74] Vgl. auch LÖW, E./LORENZ, K., Risikoberichterstattung nach den Standards des DRSC und im internationalen Vergleich, KoR 2001, S. 211-222.

Risikoarten	Beschreibung	Gesetzliche Vorschriften
Adressenausfallrisiken	Risiko von Verlusten oder entgangenen Gewinnen aufgrund unerwarteter Ausfälle oder Bonitätsverschlechterungen von Geschäftspartnern: – Kreditrisiko (Kreditgeschäft), – Emittentenrisiko (Wertpapiergeschäft), – Kontrahentenrisiko (Termingeschäfte) und – Länderrisiko (Kredit-, Wertpapiergeschäft).	Eigenkapitalvorschriften nach § 10 KWG/Grundsatz I und BIZ (vgl. 3.1.4.1)
Liquiditätsrisiken	Risiko, den gegenwärtigen und zukünftigen Zahlungsverpflichtungen nicht nachkommen zu können: – Liquiditätsrisiko im engeren Sinne (generelle Zahlungsfähigkeit), – Refinanzierungsrisiko (Kredit-/Einlagengeschäft) und – Marktliquiditätsrisiko (Wertpapierhandel).	Grundsatz II und § 11 KWG (vgl. 3.1.5.1)
Marktrisiken	Potenzieller Verlust aufgrund der Veränderungen von Preisen oder preisbeeinflussenden Parametern an den Finanzmärkten (Wertpapier-, Devisen-, Edelmetallhandel, Beteiligungen): – Zinsrisiko, – Währungsrisiko, – Aktienkursrisiko, – Edelmetall-/Rohstoffrisiko und – Volatilitätsrisiko.	Eigenkapitalvorschriften nach § 10 KWG/Grundsatz I und BIZ (vgl. 3.1.4.1)
Operationale Risiken	Risiko von Verlusten aus unzureichenden oder fehlerhaften Systemen, Prozessen, menschlichem oder technischem Versagen sowie externen Ereignissen.	Zukünftig in den neuen Eigenkapitalvorschriften Basel II enthalten (vgl. 3.1.4.2)
Geschäftsrisiken	Unerwartete, vom ermittelten Trend abweichende, negative Veränderungen des Geschäftsvolumen- und/oder der Margen, die nicht auf andere Risikoarten zurückzuführen sind.	Keine
Sonstige spezielle Risiken	z.B. Rechtsrisiko, Risiko aus dem Immobilienbesitz, dem Anteils-/Beteiligungsbesitz, Reputationsrisiken	Keine

Abb. 37: Risiken der Banken

Der Stellenwert der verschiedenen Risikoarten ist von Bank zu Bank unterschiedlich. Entscheidend sind die jeweiligen Geschäftsschwerpunkte des betrachteten Instituts. Für einen externen Analysten ist es häufig schwierig, ein umfassendes und vor allem aktuelles Bild über die Risikolage einer Bank zu bekommen. Da die Geschäftsberichte der deutschen Banken in der Regel erst einen Monat nach Ende der Berichtsperiode, häufig sogar später veröffentlicht werden, geben die dort enthaltenen Daten letztendlich einen Zustand der Vergangenheit wieder. Der Analyst kann daher nur vom Vergangenen in die Zukunft schließen und bei Banken mit entsprechend schlechter Risikostruktur auch zukünftig Vorsicht walten lassen. Bei einer weiteren Verschlechterung der Risikolage würde hier der entsprechende Puffer fehlen.

Die nachfolgenden Ausführungen konzentrieren sich auf die Adressenausfallrisiken, speziell auf das traditionelle Kreditrisiko.

3.2.2 Das traditionelle Kreditrisiko

3.2.2.1 Theoretische Grundlagen

Als Kreditrisiken werden mögliche Wertverluste im kommerziellen Kreditgeschäft bezeichnet. Um für diese Risiken vorzusorgen, bildet jede Bank auf der Aktivseite der Bilanz eine so genannte Risikovorsorge. Sie umschließt vor allem das bilanzielle, aber auch das außerbilanzielle Kreditgeschäft (z.B. Avale, Indossamentsverbindlichkeiten, Kreditzusagen).[75]

Die IFRS schreiben eine detaillierte Darstellung der Risikovorsorge und ihrer Veränderungen im Konzernabschluss vor.[76] Die Risikovorsorge hat Rückstellungscharakter und wird auf der Aktivseite der Bilanz als Negativposten unterhalb der ihr entsprechenden Aktiva, Forderungen an Kreditinstitute bzw. Kunden, aufgeführt. Die Zuführung (Aufwand) bzw. Auflösung (Ertrag) der bilanziellen Risikovorsorge erfolgt über eine gleichnamige Position in der GuV. Des Weiteren sind dort die so genannten Direktabschreibungen (Aufwand) und gegebenenfalls auch Erträge aus dem Eingang von in früheren Perioden bereits abgeschriebenen Forderungen enthalten. Die Risikovorsorge in der GuV ist damit eine saldierte Größe. Da die Zuführungen und Direktabschreibungen die Erträge meist übersteigen, ist die Risikovorsorge häufig negativ und hat damit Aufwandscharakter. Inanspruchnahmen, also die Nutzung bereits zuvor über die GuV

---

[75] Für die Risiken im außerbilanziellen Kreditgeschäft können zusätzlich auch auf der Passivseite entsprechende Rückstellungen gebildet werden. Sie sind in der Bilanzposition „Sonstige Rückstellungen" enthalten.

[76] Vgl. auch Abschnitt 3.1.2 im Beitrag „Bilanz, Gewinn- und Verlustrechnung sowie Notes" sowie Abschnitt 2.6 im Beitrag „Offenlegung von Finanzinstrumenten".

gebildeter Risikovorsorge bei tatsächlichem Kreditausfall, berühren die GuV dagegen nicht, sondern reduzieren lediglich den bilanziellen Risikovorsorgebestand (siehe nachfolgende Abbildungen).

2003 in Mio. € (Konzern)	HypoVereinsbank	Commerzbank[77]
Risikovorsorge zum 1.1.2003	12.206	5.705
+ Zuführungen	3.597	1.562
- Abgänge	3.985	1.296
aus Inanspruchnahmen	2.828	699
aus Auflösungen	1.157	597
+/- Sonstige Effekte[78]	-457	-117
= **Risikovorsorge zum 31.12.2003**	**11.361**	**5.854**
Einzelwertberichtigungen	10.914	5.506
Länderwertberichtigungen	61	48
Pauschalwertberichtigungen	386	300

Abb. 38: Struktur der bilanziellen Risikovorsorge
Quelle: COMMERZBANK und HYPOVEREINSBANK, Geschäftsberichte 2003

2003 in Mio. € (Konzern)	HypoVereinsbank	Commerzbank
- Zuführung	3.788	1.562
+ Auflösung	1.348	597
- Direktabschreibungen	k.A.[79]	145
+ Eingänge auf abgeschrieb. Forderungen	127	26
= **Risikovorsorge** $_{GuV}$	**-2.313**	**-1.084**

Abb. 39: Zusammensetzung der Risikovorsorge in der GuV
Quelle: COMMERZBANK und HYPOVEREINSBANK, Geschäftsberichte 2003

---

[77]   Risikovorsorge (Aktiva) inklusive „Rückstellungen im Kreditgeschäft" (Passiva).

[78]   Vor allem aus Wechselkursveränderungen und Änderungen im Konsolidierungskreis.

[79]   K.A.: keine Angabe; ist in (Aktiva) inklusive „Rückstellungen im Kreditgeschäft" (Passiva).

[79]   Vor allem aus Wechselkursveränderungen den Zuführungen enthalten.

Innerhalb der bilanziellen Risikovorsorge sind nach IFRS analog zum HGB fünf verschiedene Formen der Wertminderung zu unterscheiden, die sich jeweils in die Kategorien „einzeln identifizierbare" und „nicht einzeln identifizierbare" Risiken einordnen lassen. Dem entsprechend müssen Einzelwertberichtigungen bzw. Direktabschreibungen gebildet werden oder das Risiko wird pauschal (Pauschalwertberichtigung, pauschalisierte Einzelwertberichtigung, Länderwertberichtigung) berücksichtigt. Im Gegensatz zum HGB ist die Bildung stiller Reserven innerhalb der Risikovorsorge nicht gestattet.[80] Die Berechnungsmethode der Risikovorsorge wird durch IAS 30, künftig durch IAS 39, festgelegt. Demnach liegt eine Wertminderung vor, wenn der voraussichtlich einbringliche Betrag eines finanziellen Vermögenswerts niedriger als sein betreffender Buchwert ist. Die eigentliche Bemessung der Risikovorsorge ist allerdings nicht gesetzlich geregelt und ist folglich eine reine Managemententscheidung.[81] Daher wäre es bis zu einer bestimmten Grenze möglich, dass eine Bank mit extrem konservativer Bilanzierungspolitik auch unter IFRS stille Reserven legt.[82]

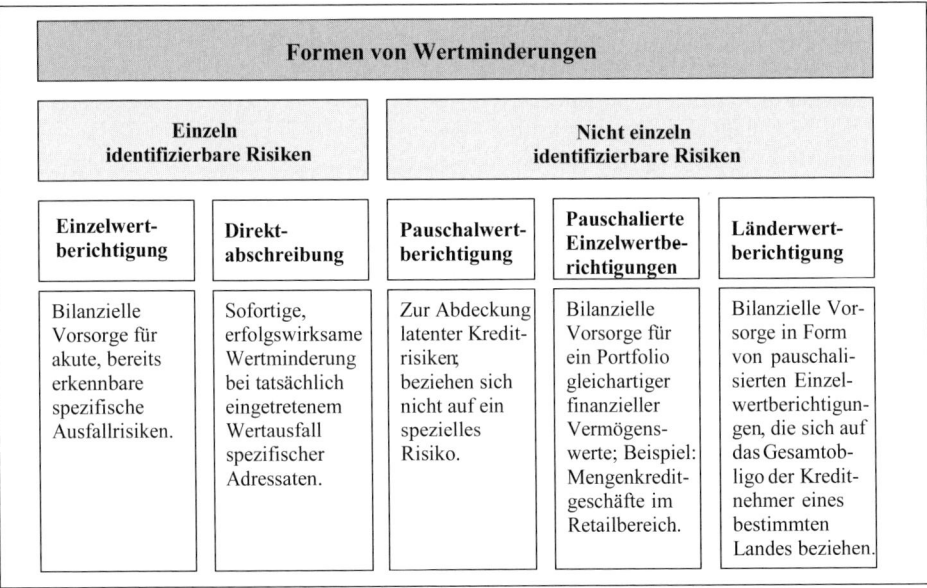

Abb. 40: Berücksichtigung von Kreditrisiken unter IAS 30

---

[80] Vgl. dazu Abschnitt 3.1.6.2 – stille Reserven nach § 340f HGB.

[81] Vgl. zum Impairment nach den Neuregelungen von IAS 39 Abschnitt 10 im Beitrag „Ansatz und Bewertung von Finanzinstrumenten".

[82] Vgl. Abschnitt 3.1.2 im Beitrag „Bilanz, Gewinn- und Verlustrechnung sowie Notes".

3.2.2.2 Ausgewählte Kennzahlen mit Beispielen

Das Kreditgeschäft der Banken wird durch ihr Kreditvolumen dokumentiert, welches in den Notes veröffentlicht und weiter aufgeschlüsselt wird. Es enthält Kredite an Kreditinstitute und Kunden sowie Wechselkredite.[83] Diese beinhalten auch praktisch risikolose Kommunaldarlehen. Zur Beurteilung von Risiko und Qualität des Kreditvolumens ist es angeraten, diese Kommunaldarlehen aus dem Kreditvolumen herauszurechnen. Damit können Verzerrungen aufgrund unterschiedlicher Geschäftsschwerpunkte der Banken vermieden werden. Die Höhe der Kommunaldarlehen wird allerdings nicht immer im Geschäftsbericht aufgeführt. Bei der Bildung entsprechender Kennzahlen erscheint es zusätzlich sinnvoll, auf das durchschnittliche Kreditvolumen zurückzugreifen (arithmetisches Mittel aus Jahresanfangs- und -endbestand), um unterjährigen Volumensschwankungen Rechnung zu tragen.

Daneben sind vor allem die unter Abschnitt 3.2.2.1 beschriebene Risikovorsorge (GuV und Bilanz) und die Anzahl der zinslos gestellten Kredite (so genannte Non-Performing-Loans, NPL[84]) für die weitere Analyse von grundlegender Bedeutung. Angaben über die NPL finden sich in der Regel in den Notes. Nach IAS 30.43(d) ist der Gesamtbetrag der Kredite, für die keine Zinszahlungen eingehen, anzugeben. Diese Angabepflicht wird jedoch in den IFRS nicht näher spezifiziert. Ein Zeitrahmen wird nicht vorgegeben. Die deutschen Rechnungslegungsvorschriften kennen dagegen keinerlei spezifische Offenlegung zinsloser Forderungen. Daher wird die Abgrenzung der NPL von den deutschen, nach IFRS bilanzierenden Banken von Institut zu Institut unterschiedlich gehandhabt. Der Zeitpunkt, ab wann ein Kredit als zinslos klassifiziert wird, variiert. Entscheidend ist auch, ob eine entsprechende Sicherheit (auf Basis aktueller Wertgutachten) existiert, die auf das Kreditvolumen angerechnet werden kann und damit zu einem entsprechend geringerem Nettorisikovolumen führt. Eine Adjustierung seitens externer Analysten ist aufgrund mangelnder Datenverfügbarkeit praktisch kaum möglich. Daher ist die Aussagekraft eines Kennzahlenvergleichs mehrerer Banken in diesem Fall eingeschränkt.

In der Regel scheinen die NPL der Banken zum überwiegenden Teil abgeschrieben bzw. wertberichtigt und damit entsprechend in der bilanziellen Risikovorsorge enthalten zu sein. Nicht abgedeckte Teile repräsentieren jedoch ein Risikopotenzial für zukünftige Wertberichtigungen bzw. Abschreibungen. Damit droht in diesem Fall neben dem bereits entgangenen Zinsertrag eine weitere Belastung der Risikovorsorge der GuV.

---

[83] Im Wesentlichen enthalten in den Bilanzpositionen „Forderungen an Kunden/Kreditinstitute" sowie in Form von nicht originär erworbenen Forderungen, die nach IFRS in der Position „Beteiligungs- und Wertpapierbestand" enthalten sind.

[84] Beispiele für NPL: Kredit aus Vergleichen und Konkursen, wegen Zahlungsstörungen gekündigte Konten.

Auf Basis von Kreditvolumen, Risikovorsorge und NPL lassen sich folgende, in der Abbildung 41 dargestellte, Kennzahlen zur Beurteilung der Qualität des Kreditgeschäfts unter Risikogesichtpunkten bilden.

Bezeichnung	Formel	Beschreibung
Kennzahlen in Relation zum Ø Kreditvolumen ohne Kommunaldarlehen		
Nettozuführungsquote	Zuführungen zur RV (inkl. Direktabschreibungen) minus Auflösungen der RV minus Eingänge auf abgeschriebenen Forderungen in % des Ø Kreditvolumens	Gibt an, in welcher Höhe relativ zum Kreditvolumen Risikovorsorge neu gebildet werden musste; ergebniswirksam in der betrachteten Periode; Aussagekraft einer Periode (Jahr) begrenzt. Analyse im Zeitablauf sinnvoll. Hohe Zuführungsquoten können auf eine schlechte Qualität des Kreditportfolios bzw. auf eine zu geringe Vorsorgepolitik in den Vorjahren hindeuten.
Ausfallquote	Kreditausfälle minus Eingänge auf abgeschriebene Forderungen in % des Ø Kreditvolumens	Effektive Kreditausfälle; häufig nicht in der betrachteten Periode ergebniswirksam; überdurchschnittliche Ausfallquoten deuten auf schlechtere Qualität des Kreditportfolios hin; die Ausfallquote sollte die Nettozuführungsquote nicht über mehrere Jahre deutlich übersteigen (Qualität des Risikomanagements).
Bestandsquote	Bilanzielle RV in % des Ø Kreditvolumens	Puffer für tatsächliche Kreditausfälle; zeigt an, für welchen Teil des Kreditvolumens Risikovorsorge getroffen wurde; eine hohe Bestandsquote ist grundsätzlich erwünscht - zu hohe Rückstellungen können jedoch auch aus Sicht der Anteilseigner ineffizient sein. Möglicher Indikator dafür: niedrige Ausfallquoten im Zeitablauf.
NPL-Quote	NPL in % des Ø Kreditvolumens	Zeigt an, welcher Teil des Kreditvolumens zinslos gestellt ist, also keinen Zinsertrag bringt. Grundsätzlich gilt: Umso niedriger die NPL-Quote, desto besser.
Sonstige Kennzahlen		
RV-NPL-Relation	Bilanzielle RV in % der NPL	Abdeckung der NPL durch die bestehende RV; ein Wert unter 100% gibt an, dass nicht alle NPL durch die Risikovorsorge gedeckt sind. Sie stellen ein theoretisches Risikopotenzial für mögliche Kreditausfälle dar.

Abb. 41: Kennzahlen zur Analyse der Qualität des Kreditgeschäfts

Bei der Analyse muss berücksichtigt werden, dass die Bewertung der Kennzahlen von der Geschäfts- und damit der Risikostruktur einer Bank abhängig ist. So müssten gut gemanagte Hypothekenbanken, vor dem Hintergrund der nach dem Hypothekenbankgesetz festgelegten Sicherheitenstruktur theoretisch niedrigere Bestands- und Ausfallquoten aufweisen, als solche Banken, die im mittelständischen Firmenkundengeschäft tätig sind. Insgesamt ist es daher schwer, generelle Richtwerte für die jeweiligen Kennzahlen zu geben. Gleichzeitig können die Kennzahlen je nach konjunkturellem Umfeld und individuellen Erwartungen der Banken stark schwanken. Während die Zuführung zur Risikovorsorge unmittelbar GuV-wirksam ist, sind die Kreditausfälle nur dann GuV-wirksam, wenn für sie keine Vorsorge getroffen wurde (Direktabschreibungen). Daher erscheint es sinnvoll, die Kennzahlen immer auch über einen mehrjährigen Zeitraum zu betrachten.

(Konzern)	2001	2002	2003
HypoVereinsbank[85]			
Nettozuführungsquote	0,57%	0,95%	0,70%
Ausfallquote	0,65%	0,58%	0,82%
Bestandsquote	3,6%	3,7%	3,6%
NPL-Quote	3,6%	3,6%	3,8%
RV_{Bilanz}-NPL-Relation	99,6%	96,5%	85,6%
Commerzbank			
Nettozuführungsquote	0,47%	0,68%	0,59%
Ausfallquote	0,33%	0,38%	0,40%
Bestandsquote	3,3%	3,4%	4,1%
NPL-Quote[86]	3,9%	4,1%	5,0%
RV_{Bilanz}-NPL-Relation[87]	86,1%	83,3%%	82,7%

Abb. 42: Kennzahlen zur Qualität des Kreditgeschäftes
Quelle: COMMERZBANK und HYPOVEREINSBANK, Geschäftsberichte 2001-2003

---

[85] 2003: IPO und damit Dekonsolidierung der Hypo Real Estate (HRE). Durchschnittsberechnungen auf Basis der adjustierten Zahlen ohne HRE; 2002/2001: Kennzahlen inkl. HRE.

[86] NPL vor Kürzung von Einzelwertberichtigungen und Sicherheiten.

[87] NPL vor Kürzung von Einzelwertberichtigungen und Sicherheiten.

Sowohl bei der Commerzbank, als auch bei der HypoVereinsbank erscheint die Kreditqualität vergleichsweise moderat: die Ausfallquote und der Anteil der NPL am Kreditvolumen (ohne Kommunaldarlehen) sind historisch eher hoch und tendenziell ansteigend. Bei beiden Banken werden die NPL nicht vollständig durch eine entsprechende Risikovorsorge gedeckt. Allerdings sind bei der Berechnung der RV-NPL-Relation aufgrund der Datenverfügbarkeit noch keine vorhandenen Sicherheiten, z.B. in Form von Garantien, Bürgschaften oder sonstiger Sachsicherheiten berücksichtigt. Gemessen an ihren relativ hohen Nettozuführungs- und entsprechend hohen Ausfallquoten, erscheint die Qualität des Kreditgeschäfts der HypoVereinsbank tendenziell schlechter als die der Commerzbank: Zwar sind die NPL-Quoten niedriger, die Ausfallquoten sind im gesamten Betrachtungszeitraum jedoch in etwa doppelt so hoch. Dem entsprechend musste die HypoVereinsbank ihre Nettozuführungen in Relation zu ihrem durchschnittlichen Kreditvolumen (ohne Kommunaldarlehen) steigern. Trotz der hohen Zuführungen der letzten drei Jahre, hat sich aufgrund der starken Ausfälle die Bestandsquote der HypoVereinsbank nicht erhöht. Als Auslöser für die angespannte Risikolage im Kreditgeschäft der HypoVereinsbank gilt neben den schwierigen, allgemeinen wirtschaftlichen Rahmenbedingungen, die Fusion der Bank im Jahr 1997 (Zusammenschluss von Bayerischer Hypotheken- und Wechselbank mit der Bayerischen Vereinsbank), die bereits vor dem Jahr 2001 zu einer Kumulation von Risiken im Kreditgeschäft mit entsprechend hohem Wertberichtigungsbedarf geführt hatte.

3.3 Erfolgsanalyse

Gegenstand der Erfolgsanalyse ist die Analyse von Produktivität, Wirtschaftlichkeit und Rentabilität einer Bank. Während nach betriebswirtschaftlicher Definition bei der Berechnung der Produktivität traditionell nur Mengengrößen eingehen, werden bei der Rentabilität grundsätzlich Wertgrößen berücksichtigt.[88] Bei der Beurteilung der Wirtschaftlichkeit wird speziell das Verhältnis von Aufwand und Ertrag berücksichtigt. Die Rentabilitätsbetrachtung steht insgesamt am Ende der Analysekette und ist somit gleichzeitig auch Ergebnis von Struktur, Risiko, Produktivität und Wirtschaftlichkeit eines Kreditinstituts.

Bei der Durchführung der Erfolgsanalyse im Vergleich mehrerer Banken, ist es wichtig, sowohl Unterschieden zwischen den Rechnungslegungsstandards als auch in der Geschäftsstruktur Rechnung zu tragen. Bei der Beurteilung der unterschiedlichen Rechnungslegungsformen, sollte vor allem auf die Zusammensetzung des Eigenkapitals geachtet werden. Bis Ende 2004 bleibt auch die Behandlung von planmäßigen Goodwillabschreibungen ein Thema. Entsprechende Unterschiede sind vor Berechung von Kennzahlen zu adjustieren.

---

[88] Vgl. KÜTING, K./WEBER, C.-P., a.a.O. (Fn. 1), S. 286.

Die Bedeutung des Goodwill[89] hat in den letzten Jahren durch die verstärkte Übernahme- und Fusionstätigkeit in der Bankenbranche zugenommen. Gemäß SFAS 142 darf seit dem 01.01.2002 der Goodwill nicht mehr planmäßig abgeschrieben werden, während IAS 22 bis Ende 2004 noch eine planmäßige Abschreibung über maximal 20 Jahre fordert.[90] Nach § 309 Abs. 1 HGB existiert dagegen ein Wahlrecht: Banken können ihren Goodwill entweder erfolgsneutral mit ihrem bilanziellen Eigenkapital verrechnen oder ihn über einen Zeitraum vom mindestens vier Jahren abschreiben.[91] Die meisten Banken, die nach HGB bilanzieren und deren Eigenkapitalausstattung den Erfordernissen der erfolgsneutralen Verrechnung standhält, wählen die erfolgsneutrale Verrechnung des Firmenwerts. Insgesamt weisen IFRS-Banken dadurch bislang ein vergleichsweise niedrigeres Ergebnis aus, als solche Banken, die den Goodwill erfolgsneutral nach HGB oder nach US-GAAP bilanzieren. Hinzu kommt, dass IFRS-Banken ihre Goodwillabschreibungen in unterschiedlichen GuV-Positionen berücksichtigen. Einige Banken verbuchten die betreffenden Abschreibungen im sonstigen betrieblichen Ergebnis (vergleiche nachfolgende Kennzahlenanalysen), diese sind damit im Gesamtertrag und im Betriebsergebnis enthalten. Andere Banken verrechnen ihre Goodwillabschreibungen innerhalb der übrigen Aufwendungen/Erträge unterhalb des Betriebsergebnisses bzw. als eigenständige Position zusammen mit den Goodwillsonderabschreibungen unterhalb ihres Betriebsergebnisses.[92] Ab dem Jahr 2005 tritt jedoch auch für den bislang gültigen IAS 22 eine Neuregelung in Kraft (vgl. IFRS 3, 2004[93]), welche dann die Bilanzierung von Firmenwerten an amerikanische Standards anlehnt: die planmäßigen Abschreibungen für den Goodwill werden dann abgeschafft. An ihre Stelle treten jährliche Werthaltigkeitsprüfungen (Impairment-Tests) auf Geschäftsbereichsebene, die bei entsprechender Wertminderung eine Goodwillsonderabschreibung nach sich ziehen. Bis diese Neuregelung in Kraft ist, sollte bei der Berechnung von Kennzahlen jedoch die unterschiedliche Behandlung des Goodwills entsprechend bereinigt werden. Das Gleiche gilt für Unterschiede in der Verbuchung der Goodwillabschreibungen innerhalb der GuV der IFRS-Banken. Die nachfolgende Kennzahlenanalyse wurde daher auf Basis des opera-

---

[89] Goodwill entsteht, wenn die Anschaffungskosten beim Unternehmenskauf größer sind als der Zeitwert des Vermögens abzüglich der Schulden des erworbenen Unternehmens. Vgl. zu den Neuregelungen Abschnitte 3.1.1.1.6 und 3.1.2.2 im Beitrag „Konzernrechnungslegung".

[90] Bis zum 1. Januar 2002 musste der Goodwill auch unter US-GAAP über mindestens 5 bis maximal 40 Jahre abgeschrieben werden.

[91] Eine vorgeschriebene Obergrenze gibt es nicht, in der Regel wird jedoch auf 15 Jahre abgeschrieben.

[92] Zusätzlich können die unter IFRS möglichen, unterschiedlichen Abschreibungsperioden die Vergleichbarkeit erschweren. Allerdings ist in der Praxis zu beobachten, dass die meisten Banken eine relativ einheitliche und lange Abschreibungsdauer von durchschnittlich 20 Jahren wählen. Die unterschiedlichen Abschreibungsmodalitäten sind insgesamt eher schwierig zu bereinigen.

[93] Vgl. KPMG (Hrsg.), IFRS aktuell, Stuttgart, 2004, S. 62-131 sowie Abschnitt 3.1.2.2. im Beitrag „Konzernrechnungslegung".

tiven Ergebnisses sowie seiner entsprechenden Komponenten ohne Berücksichtigung von Goodwill durchgeführt.

Neben dem Goodwill unterscheidet sich nach HGB und IFRS[94] vor allem die Zusammensetzung des bilanziellen Eigenkapitals. Dies muss insbesondere bei der Berechnung der Rentabilitätskennzahlen berücksichtigt werden. Eine ausführliche Darstellung dieses Themas folgt daher im entsprechenden Abschnitt 3.3.3.[95]

Neben den Gegensätzen in der Rechnungslegung, ist auch beim Vergleich von Banken mit unterschiedlichen Geschäftsstrukturen eine gewisse Vorsicht angebracht. Häufig sind deren Ertrags- und Aufwandsstrukturen verschieden. So gibt es z.B. Bankgeschäfte, die mit niedrigen Fixkosten, jedoch auch mit einer entsprechend geringeren Ertragsmarge arbeiten. Die genaue Kenntnis dieser Strukturen ist vor allem bei der Analyse der Produktivität und der Rentabilität spezifischer Bankgeschäfte wichtig.[96]

3.3.1 Produktivität

In der allgemeinen Betriebswirtschaftslehre wird die Produktivität als Kennzahl zur Berechnung der Ergiebigkeit der betrieblichen Faktorkombinationen definiert. Sie bezeichnet damit das Verhältnis von Output (Ausbringungsmenge) zum Input der Produktionsfaktoren.[97] Für Banken die als Finanzdienstleister nicht zur produzierenden Industrie zählen, muss diese Definition entsprechend weiter ausgelegt werden. Die verwendeten Inputfaktoren sind entsprechend der allgemeinen Definition reine Mengengrößen. Häufig wird hier die Mitarbeiterzahl herangezogen. Als Output bieten sich jedoch neben Mengengrößen (z.B. Transaktionen im Wertpapiergeschäft) auch Wertgrößen wie Aufwand, Ertrag und Ergebnis an. Im Hinblick auf das verwendete Ergebnis erscheint es sinnvoll, eine operative Ergebnisgröße wie das Betriebsergebnis oder gegebenenfalls auch das Ergebnis der gewöhnlichen Geschäftstätigkeit zur Berechnung heranzuziehen. Dies hat den Vorteil, dass die auf dieser Basis gebildete Kennzahl nicht durch außerordentliche Effekte verzerrt wird. Speziell im Retailgeschäft können auch Produktivitäten auf Basis von Kundenzahlen oder Filialen hilfreich sein. Im Brokerage ist dagegen besonders die Anzahl der Wertpapiertransaktionen von Bedeutung. Durch die Kombination der verschiedenen Input- und Outputgrößen lassen sich je nach Bankgeschäft die verschiedensten Produktivitäten berechen. Eine Auswahl ist in der nachstehenden Abbildung 43 zu sehen.

---

[94] IFRS ist dagegen US-GAAP sehr ähnlich.
[95] Vgl. zum Thema Eigenkapitalanalyse auch Abschnitt 3.1.4.
[96] Vgl. dazu auch Abschnitt 3.1.
[97] Vgl. „Produktivität" in KRUMNOW, J./GRAMLICH, L. u.a. (Hrsg.), Gabler Bank Lexikon, 13. Aufl., Wiesbaden 2002, S. 1052.

Darüber hinaus ist es, wie bereits eingangs angedeutet, zweckmäßig, beim Vergleich mehrerer Banken, solche mit möglichst ähnlicher Geschäftsstruktur auszuwählen. Wird bspw. eine Kennzahl pro Kunde einer im Großkundengeschäft mit Firmen operierenden Bank mit einer anderen Bank verglichen, die vor allem im Filialmengengeschäft mit vielen kleineren Privatkunden aktiv ist, werden die Ergebnisse sehr unterschiedlich sein: Die Produktivität der Großkundenbank wird aufgrund ihrer kleineren, aber meist auch ertragsstärkeren Kundenbasis auf der Ertragsseite entsprechend besser aussehen. Auf der Aufwandsseite ergibt sich dagegen ein anderes Bild. Hier sollen die Belastungen entsprechend höher sein - vor allem, wenn neben dem allgemeinen Verwaltungsaufwand auch die Risikokosten berücksichtigt werden.

Ausgewählte Produktivitätskennzahlen		
Kennzahl	Formel	Aussage
pro Mitarbeiter		
Personal-aufwand[98]	Personalaufwand / Anzahl der Mitarbeiter	Gibt die ∅ Höhe des Personalaufwands an, der auf einen Mitarbeiter entfällt.
Verwaltungs-aufwand[99]	Verwaltungsaufwand / Anzahl der Mitarbeiter	Gibt die ∅ Höhe der administrativen Aufwendungen an, die auf einen Mitarbeiter entfallen.
Gesamt-ertrag[100]	Gesamtertrag / Anzahl der Mitarbeiter	Gibt die Höhe des ∅ operativen Gesamtertrages an, den ein Mitarbeiter erwirtschaftet.
Betriebs-ergebnis	Betriebsergebnis / Anzahl der Mitarbeiter	Gibt die Höhe des ∅ operativen Ergebnisses an, das ein Mitarbeiter erwirtschaftet.
Mehrwert	(Operatives Ergebnis vor Abschreibungen + Personalaufwand) / Anzahl der Mitarbeiter	Gibt an, wie viel zusätzlichen Deckungsbeitrag ein weiterer Mitarbeiter erbringen könnte.

Abb. 43: Ausgewählte Produktivitätskennzahlen (Teil I)

---

[98] Personalaufwand: Löhne, Gehälter, soziale Abgaben sowie Aufwendungen für Altersvorsorge und Unterstützung.

[99] Verwaltungsaufwand: Personal-, Sachaufwand und Abschreibungen (vor Goodwill).

[100] Gesamtertrag: Zins- und Provisionsüberschuss, Handelsergebnis, Sonstige betriebliche Erträge/Aufwendungen (vor Goodwill).

Ausgewählte Produktivitätskennzahlen		
Kennzahl	Formel	Aussage
pro Kunden (insbesondere Mengengeschäft)		
Gesamt-ertrag[101]	$\dfrac{\text{Gesamtertrag}}{\text{Anzahl der Kunden}}$	Gibt die Höhe des ⌀ Gesamtertrags an, der mit einem Kunden erwirtschaftet wird.
Wertpapier-transaktionen	$\dfrac{\text{Wertpapiertransaktionen}}{\text{Anzahl der Kunden}}$	⌀ Aktivität der Kunden; gibt die Anzahl der ausgeführten Wertpapiertransaktionen eines Kunden an.
Verwaltungs-aufwand[102]	$\dfrac{\text{Verwaltungsaufwand}}{\text{Anzahl der Kunden}}$	Gibt die Höhe der ⌀ administrativen Aufwendungen an, die auf einen Kunden entfallen.
Akquisitions-kosten	$\dfrac{\text{Marketingaufwand}}{(\text{Kunden } t_2 - \text{Kunden } t_1)}$	Gibt den ⌀ Marketingaufwand für einen neuen Kunden an.
Betriebs-ergebnis	$\dfrac{\text{Betriebsergebnis}}{\text{Anzahl der Kunden}}$	Gibt das ⌀ operative Ergebnis an, das mit einem Kunden erwirtschaftet worden ist.
pro ausgeführter Wertpapiertransaktion (Brokerage Geschäft)		
Provisions-überschuss	$\dfrac{\text{Provisionsüberschuss}}{\text{Anzahl der Wertpapiertransaktionen}}$	Zeigt den ⌀ Provisionsüberschuss, der mit einer Wertpapiertransaktion verdient wird.
Verwaltungs-aufwand[103]	$\dfrac{\text{Verwaltungsaufwand}}{\text{Anzahl der Wertpapiertransaktionen}}$	Gibt die Höhe der ⌀ administrativen Aufwendungen an, die für eine Wertpapiertransaktion nötig sind.
Betriebs-ergebnis	$\dfrac{\text{Betriebsergebnis}}{\text{Anzahl der Wertpapiertransaktionen}}$	Nennt die Höhe des operativen Ergebnisses, welches mit einer Wertpapiertransaktion verdient wird.

Abb. 43: Ausgewählte Produktivitätskennzahlen (Teil II)

---

[101] Gesamtertrag: Zins- und Provisionsüberschuss, Handelsergebnis, Sonstige betriebliche Erträge/Aufwendungen (vor Goodwill).

[102] Verwaltungsaufwand: Personal-, Sachaufwand und Abschreibungen (vor Goodwill).

[103] Verwaltungsaufwand: Personal-, Sachaufwand und Abschreibungen (vor Goodwill).

in Tsd. € (Konzern)	2000[104]	2001[105]	2002	2003
Commerzbank				
Personalaufwand	77.016	77.658	73.265	75.424
Verwaltungsaufwand	140.278	148.299	140.978	139.327
Gesamtertrag	215.244	175.806	184.187	179.850
Adj. Gesamtertrag[106]	184.100	175.806	164.470	179.850
Betriebsergebnis	57.422	4.027	7.083	7.042
Adj. Betriebergebnis[107]	26.278	4.027	-12.635	7.042
Mehrwert	147.244	96.198	98.808	100.534
HypoVereinsbank				
Personalaufwand	67.733	60.227	58.720	60.302
Verwaltungsaufwand	118.128	111.263	107.324	105.806
Gesamtertrag	188.747	162.327	149.018	168.001
Adj. Gesamtertrag[108]	112.204	162.327	149.018	160.229
Betriebsergebnis	43.239	21.231	-9.540	23.782
Adj. Betriebsergebnis[109]	43.239	21.231	-9.540	16.010
Mehrwert	125.654	96.577	63.187	111.452

Abb. 44: Produktivitätskennzahlen pro Mitarbeiter (Jahresende)
Quelle: Eigene Darstellung, COMMERZBANK und HYPOVEREINSBANK, Geschäftsberichte 2000-2003

---

[104] Betriebsergebnis und Gesamterträge vor Goodwillabschreibungen; aufgrund fehlender Daten konnten die sonstigen Steuern, bei der Commerzbank in den sonstigen betrieblichen Aufwendungen verbucht, nicht bereinigt werden.

[105] Betriebsergebnis und Gesamterträge vor Goodwillabschreibungen; aufgrund fehlender Daten konnten die sonstigen Steuern, bei der Commerzbank in den sonstigen betrieblichen Aufwendungen verbucht, nicht bereinigt werden.

[106] Bereinigt um Sondereffekte; 2000: Ertrag aus dem Börsengang der Comdirect, € 1.216 Mrd.; 2002: Verkauf der Beteiligung an Rheinhyp, € 721 Mio.

[107] Bereinigt um Sondereffekte; 2000: Ertrag aus dem Börsengang der Comdirect, € 1.216 Mrd.; 2002: Verkauf der Beteiligung an Rheinhyp, € 721 Mio.

[108] Bereinigt um Sondereffekte; 2003:Verkauf der norsibank sowie der Bank von Ernst insgesamt € 468 Mio.

[109] Bereinigt um Sondereffekte; 2003:Verkauf der norsibank sowie der Bank von Ernst insgesamt € 468 Mio.

Aus Gründen der Vergleichbarkeit sollten ggf. die planmäßigen Goodwillabschreibungen sowohl in den Gesamterträgen als auch im Betriebsergebnis nicht berücksichtigt werden. Während die Commerzbank bis zum Jahr 2001 diese Goodwillabschreibungen im sonstigen betrieblichen Ergebnis[110] und damit innerhalb des Betriebsergebnisses verrechnet, weist die HypoVereinsbank diese Aufwendungen unterhalb des Betriebsergebnisses, wahlweise in den übrigen Aufwendungen/Erträgen bzw. als eigenständige Position[111] aus. Daher wurden die Zahlen der Commerzbank entsprechend bereinigt. Dies hat den Vorteil, dass die Produktivitätskennzahlen der Commerzbank damit auch mit US-GAAP-Banken besser vergleichbar sind. Aufgrund fehlender Daten konnten allerdings die sonstigen Steuern nicht bereinigt werden. Sie werden bei Commerzbank (und Comdirect) in den sonstigen betrieblichen Aufwendungen erfasst und sind damit sowohl in den Gesamterträgen als auch im Betriebsergebnis berücksichtigt. Die Hypo Vereinsbank (und die DAB-Bank) berücksichtigt die sonstigen Steuern unterhalb des Betriebsergebnisses innerhalb der übrigen Aufwendungen/Erträge. Die sonstigen Steuern stellen jedoch grundsätzlich keine große Aufwandsposition dar, so dass sich die daraus ergebenden Verzerrungen in Grenzen halten. Schließlich wurden die Kennzahlen auch um einmalige Sondereffekte adjustiert (vgl. adjustierter Gesamtertrag/Mitarbeiter und adjustiertes Betriebsergebnis/Mitarbeiter), von denen im Betrachtungszeitraum vor allem die Commerzbank profitieren konnte.

Der Vergleich der Mitarbeiterproduktivitäten von Commerzbank und HypoVereinsbank zeigt, dass im Durchschnitt der Jahre 2000 bis 2003 die HypoVereinsbank auf der Aufwandsseite eine höhere Produktivität aufweist (geringerer Personal- und Verwaltungsaufwand pro Mitarbeiter), während die Commerzbank auf der Ertragsseite einen Vorsprung besitzt. Die einzelnen Werte beider Banken zeichnen sich allerdings durch starke Schwankungen aus und haben sich in Summe eher verschlechtert. Vor allem im Jahr 2002 erscheint die Produktivität unzureichend: nur mit Hilfe der beschriebenen Sondererträge erreicht die Commerzbank eine positive Ergebnisproduktivität, während die Produktivität des operativen Betriebsergebnisse bei der HypoVereinsbank negativ bleibt. Der wesentliche Grund dafür liegt bei beiden Banken vor allem in der deutlichen Verschlechterung der Qualität ihrer Aktiva, welches eine sichtbare Erhöhung der Risikovorsorge zur Folge hatte.

---

[110] Vgl. COMMERZBANK, Geschäftsbericht 2001, S. 91.

[111] Vgl. HYPOVEREINSBANK, Geschäftsbericht 2001, S. 35 und 63; und Finanzbericht, S. 45.

in % (Konzern)	2001[112]	2002	2003
DAB-Bank[113]			
Wertpapiertransaktionen	11,4	7,4	7,0
Gesamtertrag	247	201	263
Verwaltungsaufwand	426	307	204
Akquisitionskosten[114]	645[115]	-	8.471
Betriebsergebnis	-189	-111	57
Comdirect[116]			
Wertpapiertransaktionen	10,7	9,6	10,8
Gesamtertrag	286	248	237
Verwaltungsaufwand	365	232	190
Akquisitionskosten[117]	730	-	-
Betriebsergebnis	-79	-31	66

Abb. 45: Produktivitätskennzahlen pro Kunde
Quelle: Eigene Darstellung, DAB-BANK und COMDIRECT, Geschäftsbericht 2001-2003

Die Kundenproduktivität von DAB-Bank und Comdirect, beide im Mengengeschäft mit Privatkunden tätige Online Broker, erscheint im Analysezeitraum 2001 bis 2003 insgesamt relativ schwach. Aufgrund der schwierigen Lage an den Finanzmärkten haben sich die Kunden beider Banken im Jahr 2001 deutlich zurückgehalten so dass sich die Transaktionen pro Kunde im Vergleich zu den Jahren zuvor deutlich reduziert haben, mit entsprechenden Auswirkungen auf Provisionsüberschuss und Gesamtertrag. Die hohen Kosten (Verwaltungs- und Risikokosten) konnten in den Jahren 2001 und 2002 bei beiden Banken nicht durch entsprechende Erträge gedeckt werden. Beide rutschen in die Verlustzone. Erst durch entsprechende Kostensenkungsmaßnahmen und Preiserhöhungen hat sich im Jahr 2003, trotz unverändert niedrigen bzw. leicht rückläufigen

---

[112] Betriebsergebnis und Gesamterträge bereinigt um planmäßige Goodwillabschreibungen.

[113] Ab 2002: Verkauf und Dekonsolidierung von Self Trade SA und Direkt Anlage Bank (Schweiz) sowie Übernahme und Vollkonsolidierung der direktanalge.at.

[114] Pro Neukunde.

[115] Bereinigt um Akquisitionseffekte.

[116] Nur Online-Brokerage-Kunden; aufgrund nicht verfügbarer Daten im Geschäftsbericht konnten die sonstigen Steuern, verbucht im sonstigen betrieblichen Aufwand nicht bereinigt werden.

[117] Pro Neukunde.

Neukundenzahlen, die Lage stabilisiert. Dabei konnte die Comdirect tendenziell eine leicht höhere Produktivität erreichen: zum einen zeichneten sich Ihre Kunden durch eine stärkere Aktivität aus, zum anderen zeigten die Kostensenkungsmaßnahmen bei der Comdirect eine deutlichere Wirkung.

Bei der Kennzahl „Akquisitionskosten pro Neukunde" ist zu beachten, dass sie vor allem eine Kennzahl für die interne Produktivität darstellt, da die Kennzahl auf Basis der internen Marketingaufwendungen berechnet wird. Es wird damit bei dieser Kennzahlendefinition implizit unterstellt, dass die Marketingaufwendungen ausschließlich zur Gewinnung von Neukunden dienen - ein Zusammenhang, der sicherlich diskutiert werden kann. Des Weiteren berücksichtigt die Kennzahl kein externes Wachstum mittels Akquisitionen. In diesem Fall werden die Kosten vor allem auf die Goodwillabschreibungen und die entsprechenden Finanzierungsaufwendungen verlagert. Daher empfiehlt es sich, Akquisitionseffekte in der Anzahl der Neukunden zu adjustieren (vgl. DAB-Bank im Jahr 2001). Verliert eine Bank Kunden durch Depotschließungen, bei DAB-Bank und Comdirect bspw. im Jahr 2002,[118] ist die Bedeutung der Kennzahl stark eingeschränkt, da rechnerisch negativ. Zwar können Marketingaufwendungen grundsätzlich zurückgefahren werden, Online-Broker müssen jedoch aus geschäftspolitischen Gründen (keine sichtbare Marktpräsenz durch ein entsprechendes Filialnetz) stets ein gewisses Maß an Werbung betreiben.

in % (Konzern)	2001[119]	2002	2003
DAB-Bank			
Provisionsüberschuss	13,5	16,2	21,5
Verwaltungsaufwand	37,3	41,5	29,3
Betriebsergebnis	-16,5	-15,1	8,2
Comdirect[120]			
Provisionsüberschuss	14,2	13,5	13,0
Verwaltungsaufwand	34,2	24,2	17,7
Betriebsergebnis	-7,4	-3,3	6,1

Abb. 46: Produktivitätskennzahlen pro Transaktion
Quelle: Eigene Darstellung, DAB-BANK und COMDIRECT, Geschäftsberichte 2001-2003

---

[118] Vgl. auch Abschnitt 3.1.7.2.

[119] Betriebsergebnis und Gesamterträge bereinigt um planmäßige Goodwill-Abschreibungen.

[120] Aufgrund nicht verfügbarer Daten im Geschäftsbericht konnten die sonstigen Steuern, verbucht im sonstigen betrieblichen Aufwand, nicht bereinigt werden.

Die Produktivitätskennzahlen auf Basis der ausgeführten Wertpapiertransaktionen zeigen ein ähnliches Bild wie zuvor die Kundenproduktivitäten. Sie erscheinen im Analysezeitraum 2001 bis 2003 insgesamt relativ schwach: Hoher Wettbewerb und entsprechender Preisdruck hatten von 1999 bis 2001 bei beiden Online Brokers zu einem Rückgang im Provisionsüberschuss pro Transaktion, bei gleichzeitig hohen Kosten und damit in Summe zu einem negativen Ergebnis pro Wertpapiertransaktion geführt. Erst im Jahr 2003 konnte auf Basis der Transaktionen wieder ein positiver Deckungsbeitrag erzielt werden. Bei der Comdirect wurde die Trendwende vor allem durch effiziente Kostensenkungsmaßnahmen erreicht. Die DAB-Bank konnte offensichtlich sehr erfolgreich Preiserhöhungen durchsetzen, was ab dem Jahr 2002 zu einem steigenden Provisionsergebnis pro Kunde geführt hat.

3.3.2 Wirtschaftlichkeit

Wichtigste Kennzahl zur Analyse der Wirtschaftlichkeit - und Standard in vielen Publikationen - ist die Kostenquote. Sie gibt an, inwieweit die administrativen Aufwendungen einer Bank durch ihre operativen Erträge gedeckt werden können. Diese Kennzahl ist grundsätzlich für jedes Bankgeschäft sinnvoll anwendbar. Durch die Analyse dieser Kennzahl im Zeitablauf lassen sich sehr gute Erkenntnisse über das Kostenmanagement der Bank ableiten. Analog zu den vorangegangenen Kennzahlenanalysen, empfiehlt sich auch hier eine Bereinigung von einmaligen Sondereffekten, sofern solche in den Gesamterträgen bzw. den Kosten der Bank enthalten sind. Neben den administrativen Kosten spielen bei den Banken jedoch auch die Risikokosten eine Rolle.[121] Sie sind vor allem für Banken mit Kreditgeschäft von Bedeutung. Anhand der Risikokostenquote kann ermittelt werden, inwieweit die Risikovorsorge (GuV) der Bank durch die operativen Erträge gedeckt wird.

Die Kostenquote errechnet sich als Summe aller administrativen Aufwendungen (Verwaltungsaufwand) in Prozent der Summe der operativen Gesamterträge (Zinsüberschuss, Provisionsüberschuss, Handelsergebnis und sonstiges betriebliches Ergebnis). Die Risikokostenquote ergibt sich entsprechend durch das Verhältnis der Risikovorsorge (GuV) zur Summe der operativen Erträge. Dabei sollten die Verwaltungsaufwendungen und die Risikovorsorge der Bank durch die operativen Gesamterträge mindestens gedeckt werden (Kostenquote + Risikokostenquote = 100%). Besser ist es natürlich, wenn die Verwaltungs- und Risikoaufwendungen signifikant unter den Gesamterträgen liegen (Kostenquote + Risikovorsorgequote < 100%). Die optimale Höhe der Kostenquote wird letztendlich durch die Gesamtbankrentabilität bestimmt: Das Verhältnis von Aufwendungen zu Erträgen sollte insgesamt so gestaltet sein, dass die betreffende Bank eine im

---

[121] Vgl. Abschnitt 3.2.2.

internationalen Vergleich optimale Rendite von 25% vor Steuern auf das von ihr eingesetzte, bilanzielle Eigenkapital erreichen kann.[122]

Ausgewählte Kennzahlen zur Analyse der Wirtschaftlichkeit		
Kennzahl	**Formel**	**Aussage**
Kostenquote	(Verwaltungsaufwand *100) / Operative Gesamterträge	Gibt an, inwieweit die allgemeinen Verwaltungsaufwendungen von den operativen Erträgen gedeckt werden.
Risikokostenquote	(Risikovorsorge *100) / Operative Gesamterträge	Gibt an, inwieweit die Risikokosten im Kreditgeschäft von den operativen Erträgen gedeckt werden.
Kombinierte Kostenquote	(Verwaltungsaufwand + Risikovorsorge) *100 / Operative Gesamterträge	Gibt an, inwieweit der operative Gesamtaufwand von den operativen Erträgen gedeckt wird.

Abb. 47: Ausgewählte Kennzahlen zur Analyse der Wirtschaftlichkeit

Wie bereits eingangs unter 3.3 erläutert, sind Kostenquoten bei Banken mit unterschiedlichen Rechnungslegungsstandards nicht zwangsläufig vergleichbar. Bis zur endgültigen Verabschiedung von IFRS 3 sollte vor allem auf die unterschiedliche Behandlung von Goodwillabschreibungen geachtet werden. Ohne Adjustierung weisen Banken, die nach US-GAAP und HGB bilanzieren, tendenziell eine bessere Aufwands/Ertrags-Relation auf als die IFRS-Banken. Bei der Durchführung der Adjustierung erscheint es dabei am einfachsten, wie folgt vorzugehen: Die planmäßigen Goodwillabschreibungen bei IFRS-Banken bzw. solchen HGB-Banken, die der erfolgswirksamen Verrechnungsweise folgen, werden aus den Aufwendungen herausgerechnet. Entsprechend sollten auch die so genannten Sonderabschreibungen des Goodwills nicht in der Kostenquote berücksichtigt werden. Auch die Berücksichtigung der sonstigen Steuern innerhalb der sonstigen betrieblichen Aufwendungen belastet bei den betroffenen Banken die Kostenquote. Ihre Adjustierung ist jedoch aufgrund häufig fehlender Angaben im Geschäftsbericht schwierig. Ansonsten spielen die unterschiedlichen Rechnungslegungsvorschriften bei der Berechnung der Kostenquote keine große Rolle. Die Zuordnung der einzelnen Aufwands- und Ertragsarten zu ihren jeweiligen saldierten Aufwands- und Ertragskomponenten sind teilweise zwar unterschiedlich, heben sich jedoch in ihrer Gesamtheit wieder auf.

Ein Vergleich der Wirtschaftlichkeit von Commerzbank und HypoVereinsbank zeigt, für beiden Banken eine im Analysezeitraum unbefriedigende Situation. Bei der Commerzbank wurden im Jahr 2001 fast die gesamten Erträge durch administrative Aufwendun-

---

[122] Vgl. dazu Abschnitt 3.3.3.2.

gen und Risikovorsorgeaufwendungen im Kreditgeschäft aufgezehrt; im Geschäftsjahr 2002 wären die Kosten ohne die Sondererträge aus dem Verkaufserlös sogar nicht durch entsprechende operative Erträge gedeckt worden. Dies entspricht auch der Situation der HypoVereinsbank im Jahr 2002. Während bei der Commerzbank jedoch vor allem die Verwaltungsaufwendungen problematisch erscheinen, kämpft die HypoVereinsbank insbesondere auf der Risikokostenseite. Die entsprechenden Quoten liegen jeweils sichtbar über der des Wettbewerbers.

in % (Konzern)	2000[123]	2001[124]	2002	2003
Commerzbank[125]				
Kostenquote	65	84	77	78
Adj. Kostenquote[126]	76	84	86	78
Risikokostenquote	8	13	19	18
Kombinierte Kostenquote	73	98	96	96
Adj. Komb. Kostenquote[127]	84	98	105	96
HypoVereinsbank				
Kostenquote	63	69	72	63
Adj. Kostenquote[128]	63	69	72	66
Risikokostenquote	15	18	34	23
Kombinierte Kostenquote	77	87	106	86
Adj. Komb. Kostenquote[129]	77	87	106	89

Abb. 48: Kennzahlen zur Wirtschaftlichkeit
Quelle: Eigene Darstellung, COMMERZBANK und HYPOVEREINSBANK, Geschäftsberichte 2000-2003

---

[123] Betriebsergebnis und Gesamterträge bereinigt um planmäßige Goodwill-Abschreibungen.

[124] Betriebsergebnis und Gesamterträge bereinigt um planmäßige Goodwill-Abschreibungen.

[125] Aufgrund fehlender Datenangaben im Geschäftsbericht konnten die sonstigen Steuern, verbucht im sonstigen betrieblichen Aufwand nicht bereinigt werden.

[126] Bereinigt um Sondereffekte; 2000: Ertrag aus dem Börsengang der Comdirect, € 1.216 Mrd.; 2002: Verkauf der Beteiligung an Rheinhyp, € 721 Mio.

[127] Bereinigt um Sondereffekte; 2000: Ertrag aus dem Börsengang der Comdirect, € 1.216 Mrd.; 2002: Verkauf der Beteiligung an Rheinhyp, € 721 Mio.

[128] Bereinigt um Sondereffekte; 2003:Verkauf der norsibank sowie der Bank von Ernst insgesamt € 468 Mio.

[129] Bereinigt um Sondereffekte; 2003:Verkauf der norsibank sowie der Bank von Ernst insgesamt € 468 Mio.

3.3.3 Rentabilität

Die Rentabilität einer Bank gibt an, ob sie insgesamt bzw. in einzelnen Bereichen erfolgreich gewirtschaftet hat. Formal beschreibt die Rentabilität das Verhältnis zwischen einer Erfolgsgröße und einer wertmäßigen Inputgröße, wie z.B. dem eingesetzten Kapital. Als wichtigste Kennziffer für den Gesamterfolg einer Bank gilt die Eigenkapitalrentabilität (ROE) auf Konzernbasis. Hier hat sich in der Praxis in den letzten Jahren eine quantitative Richtgröße von 25% (vor Steuern) bzw. 15% (nach Steuern) herausgebildet.[130] Sie dient als Messlatte für den Gesamterfolg. Allerdings gilt es, diesen Erfolg nachhaltig, also über mehrere Jahre hinweg zu erreichen. Daneben gibt es Rentabilitätskennziffern, die auf die Erfolgsmessung spezieller Bankgeschäfte ausgerichtet sind.

3.3.3.1 Beurteilung einzelner Bankgeschäfte

Zur Beurteilung des Aktivgeschäfts einer Bank erfreut sich traditionell die Zinsspanne großer Beliebtheit. Sie zählt auch zu den Standardkennzahlen der Bankenstatistik der Deutschen Bundesbank. Für die Sparte Vermögensverwaltung werden dagegen vor allem die so genannte Provisionsspanne und die Rendite auf das für Kunden verwaltete Vermögen (RoAuM) berechnet.

Ausgewählte Kennzahlen zur Analyse der Rentabilität spezifischer Bankgeschäfte		
Kennzahl	**Formel**	**Aussage**
Aktivgeschäft		
Zinsspanne	$\dfrac{(\text{Zinsüberschuss} * 100)}{(\text{Bilanzsumme } t_2 + \text{Bilanzsumme } t_1)/2}$	Marge im Zinsgeschäft; gibt die Rendite des Zinsgeschäfts auf die eingesetzten durchschnittlichen Aktiva der Periode an.
	$\dfrac{(\text{Zinsüberschuss} * 100)}{(\text{RWA } t_2 + \text{RWA } t_1)/2}$	Marge im Zinsgeschäft; gibt die Rendite des Zinsgeschäfts auf die eingesetzten durchschnittlichen und gewichteten Risikoaktiva der Periode an.

RWA = gewichtete Risikoaktiva (risk weighted assets); AuM = von Kunden verwaltetes Vermögen (Asset under Management)

Abb. 49: Ausgewählte Kennzahlen zur Rentabilitätsanalyse spezifischer Bankgeschäfte (Teil I)

---

[130] Vgl. dazu Abschnitt 3.3.3.2.

Ausgewählte Kennzahlen zur Analyse der Rentabilität spezifischer Bankgeschäfte		
Kennzahl	Formel	Aussage
Vermögensverwaltung		
Provisions-spanne	$\dfrac{(\text{Provisionsüberschuss}^{131} * 100)}{(\text{AuM t}_2 + \text{AuM t}_1)/2}$	Marge in der Vermögensverwaltung; gibt die Rendite des Provisionsgeschäfts auf das für Kunden durchschnittlich in der Periode verwaltete Vermögen an.
RoAuM-(Return on Assets under Management)	$\dfrac{(\text{Ergebnis vor Steuern}^{132} * 100)}{(\text{AuM t}_2 + \text{AuM t}_1)/2}$	Gibt die Vorsteuerrendite der Bank auf das für Kunden durchschnittlich verwaltete Vermögen an.
	$\dfrac{(\text{Jahresüberschuss}^{133} * 100)}{(\text{AuM t}_2 + \text{AuMt}_1)/2}^{134}$	Gibt die Nachsteuerrendite der Bank auf das für Kunden durchschnittlich verwaltete Vermögen an.

RWA = gewichtete Risikoaktiva (risk weighted assets); AuM = von Kunden verwaltetes Vermögen (Asset under Management)

Abb. 49: Ausgewählte Kennzahlen zur Rentabilitätsanalyse spezifischer Bankgeschäfte (Teil II)

Zur Berechnung der Zinsspanne wird der Zinsüberschuss häufig zur durchschnittlichen Bilanzsumme der Bank in Relation gesetzt. Teilweise werden auch die gewichteten Risikoaktiva verwendet. Als Marge für das Zinsgeschäft ist die Zinsspanne ein schneller und einfacher Trendindikator für die Ertragskraft in diesem Geschäft und von daher vor allem im Mehrjahresvergleich interessant. Allerdings ist ihre absolute Aussagekraft vor allem bei Universalbanken, die neben dem klassischen Einlagen- und Kreditgeschäft auch über ein nennenswertes Provisionsgeschäft verfügen, eingeschränkt. So sind im Zinsüberschuss neben den Zinserträgen und -aufwendungen aus dem Kreditgeschäft auch Zinserträge aus festverzinslichen Wertpapieren und sonstigen Geldanlagemitteln sowie Dividendenzahlungen enthalten.[135] Der Zinsüberschuss umfasst damit nicht nur das Ergebnis aus dem Kreditgeschäft (vor Risikokosten), sondern auch Teile des Ergebnisses aus dem Wertpapier- bzw. Beteiligungsgeschäft. Gleichzeitig sind in der durchschnittlichen Bilanzsumme alle Bankaktiva, also neben dem Kreditgeschäft auch alle

---

[131] Alternativ: nur Provisionserträge und nur aus der Sparte Vermögensverwaltung.

[132] Nur aus der Sparte Vermögensverwaltung und vor Anteilen Dritter.

[133] Nur aus der Sparte Vermögensverwaltung und nach Anteilen Dritter.

[134] AuM: Assets under Management (für Kunden verwaltetes Vermögen).

[135] Ausnahme unter IFRS: Wertpapiere, die dem Handel zuzuordnen sind. Deren Zinserträge bzw. Zinsaufwendungen und Dividenden werden im Handelsergebnis verbucht. Unter HGB finden sich diese Erträge/Aufwendungen dagegen auch im Zinsüberschuss wieder.

Wertpapier- und Beteiligungsbestände (darunter auch solche, die dem Handelsgeschäft zuzuordnen sind) sowie die Barreserve der Banken enthalten. Werden anstelle der Bilanzsumme die gewichteten Risikoaktiva (RWA) verwendet, schließt der Analyst alle mit null Prozent gewichteten Aktiva (vor allem Barmittel und so genannte Kommunaldarlehen) aus der Betrachtung aus. Die Zinserträge dieser Aktiva sind jedoch im Zinsüberschuss enthalten. Gleichzeitig werden die Handelsaktiva weiterhin berücksichtigt, deren Erträge nicht im Zinsüberschuss enthalten sind. Eine vernünftige Adjustierung der Kennzahl scheint aus externer Sicht kaum möglich. Das Gleiche gilt für die Bereinigung von Unterschieden, die sich beim Vergleich von Banken unterschiedlicher Rechnungslegungsstandards ergeben. So führt bspw. die Marktbewertung von Wertpapieren, deren Fair Value sich deutlich erhöht hat, unter IFRS im Vergleich zum HGB zu einer Erhöhung der Bilanzsumme.

In der nachfolgenden Tabelle sind beispielhaft die Zinsspannen von Commerzbank und HypoVereinsbank dargestellt. Seit 1998 sind die Zinsspannen beider Banken, berechnet auf Basis ihrer Aktiva (Bilanzsumme) tendenziell unter Druck geraten: von 1,03% bei der Commerzbank und 1,14% bei der HypoVereinsbank (Quelle: eigene Daten auf Basis der Geschäftsberichte), auf 0.68% und 0.94% im Jahr 2002. Die leichte Erholung der Zinsspanne im Jahr 2003 gibt Anlass zur Hoffnung, dass sich der Negativtrend nicht weiter fortsetzt. Dieses Bild wird im langfristigen Vergleich der Bundesbankstatistik bestätigt.[136] Seit 1995 ist die Zinsspanne bei allen Bankengruppen in Deutschland sukzessive zurückgegangen. Die Zinsspanne auf Basis der gewichteten Risikoaktiva (RWA) zeichnet dagegen bei beiden Banken ein gemäßigteres Bild. Der Margenverfall ist weniger ausgeprägt. Grund dafür ist das verstärkte aktive Risikomanagement. Im Zuge dieser Politik wurde in den letzen Jahren versucht, das weitere Wachstum der RWA generell zu begrenzen und eine bessere Ertrags/Risikorelation zu erreichen. Die im vorangegangenen Abschnitt 3.3.2 dargestellten Kostenquoten zeigen jedoch auch, dass die tatsächlichen Risikokosten in Relation zu den erzielten Erträgen noch immer zu hoch sind und die bislang getroffenen Maßnahmen in Phasen konjunktureller Schwäche offensichtlich nicht ausreichen.

---

[136] Vgl. nachfolgende Grafik Entwicklung der „Zinsspanne" deutscher Banken 1995-2003 (in Prozent).

in % (Konzern)	1998	1999	2000	2001	2002	2003
Commerzbank						
Zinsspanne (Aktiva)	1,03	0,92	0,85	0,75	0,68	0,69
Zinsspanne (RWA)	1,16	1.47	1,95	1,84	1,76	1,84
HypoVereinsbank						
Zinsspanne (Aktiva)	1,14	1,05	1,17	1,01	0,94	1,16
Zinsspanne (RWA)	2,23	2,04	2,35	2,04	1,82	2,23

Abb. 50: Zinsspanne
Quelle: Eigene Darstellung. COMMERZBANK und HYPOVEREINSBANK, Geschäftsberichte 1998-2003

Die Provisionsspanne ist im Gegensatz zur Zinsspanne speziell für die Vermögensverwaltung interessant. Bezogen auf das für Kunden eingesetzte Vermögen wird mit Hilfe des erzielten Provisionsüberschusses eine prozentuale Marge errechnet. Sie gibt an, was vor Abzug von Verwaltungs- und ähnlichen Aufwendungen, an jedem Euro verwalteten Vermögens verdient wurde. Analog zur Zinsspanne ist die Aussagekraft dieser Kennzahl bei Universalbanken mit starkem Kreditgeschäft jedoch insoweit eingeschränkt, als im Provisionsüberschuss nicht nur die Provisionen aus der Vermögensverwaltung enthalten sind. Die ebenfalls enthaltenen Kreditprovisionen sind vergleichsweise einfach zu adjustieren, da sie grundsätzlich im Geschäftsbericht innerhalb der Notes angegeben werden. Die Adjustierung von Provisionen aus IPO- und M&A-Geschäften ist dagegen schwieriger. Hier fehlen häufig die entsprechenden Informationen. Berechnungen von Branchenexperten zufolge, erreichten die deutschen Vermögensverwalter im Jahr 2001 eine durchschnittliche Provisionsspanne von 43-85BP[137] bei Publikumsfonds bzw. nur 6-15BP bei Spezialfonds. Gemessen am Provisionsertrag in Relation zum Fondsvolumen lag der Branchendurchschnitt in Deutschland im Jahr 2001 bei 102-256BP bei Publikumsfonds und lediglich 6-20BP bei Spezialfonds.

Die Rendite des für Kunden verwalteten Vermögens (RoAuM) ist analog zur Provisionsspanne eine Kennzahl zur Beurteilung des Erfolgs einer selbständigen Vermögensverwaltung oder, Datenverfügbarkeit vorausgesetzt, der entsprechenden Sparte einer Universalbank. Das Ergebnis vor bzw. nach Steuern aus der Vermögensverwaltung wird in Relation zum verwalteten Kundenvermögen gesetzt. Der Analyst bekommt damit einen Einblick, was die betrachtete Bank nach Abzug aller Aufwendungen an jedem Euro verwalteten Vermögens verdient. Im Jahr 2001 lag gemäß den Experten von Capco der

---

[137] 100 Basispunkte (BP) = 1%.

Branchendurchschnitt unter den deutschen Wettbewerbern hier bei 4-64BP im Publikumsfondssegment und nur 0,2-5BP im Spezialfondsbereich.

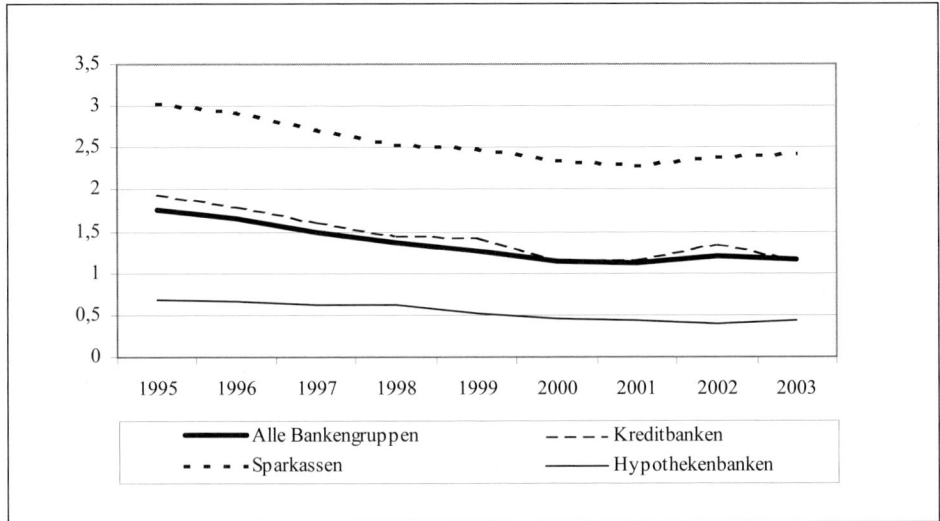

Abb. 51: Entwicklung der Zinsspanne[138] deutscher Banken 1995-2003 (in Prozent)
Quelle: DEUTSCHE BUNDESBANK, Monatsbericht September 2004, S. 31

3.3.3.2 Die Gesamtbankrentabilität

Zur Beurteilung der Gesamtbankrentabilität werden in der Praxis vor allem zwei Basiskennzahlen herangezogen:

– ROA (Return on Assets, Gesamtkapitalrentabilität) und
– ROE (Return on Equity, Eigenkapitalrentabilität).

Das Konzernergebnis (wahlweise vor bzw. nach Abzug von Steuern) der betrachteten Bank wird dabei ins Verhältnis zu ihren Aktiva (assets) oder zum bilanziellen Eigenkapital (equity) gesetzt. Der Analyst erhält damit im Ergebnis Kennzahlen, die ihm die Verzinsung (return) auf die für den Geschäftsbetrieb genutzten Aktiva bzw. das von der Bank für die Geschäfte eingesetzte Eigenkapital anzeigen. Da die Steuerbelastungen von Unternehmen im internationalen Vergleich noch immer differieren, wird zu internationalen Vergleichszwecken häufig auf die Rendite vor Steuern abgestellt. Aus Investo-

---

[138] Bis 1998: Zinsüberschuss in % des durchschnittlichen Geschäftsvolumens, ab 1999 in % der durchschnittlichen Bilanzsumme.

rensicht zählt dagegen vielmehr die Nachsteuerrendite. Teilweise werden anstelle der Bilanzsumme (Aktiva) auch die gewichteten Risikoaktiva (RWA) eingesetzt, um den unterschiedlichen Risikoklassen der verschiedenen Aktiva Rechnung zu tragen.

Gemessen an ihrem Entwicklungsstand liegt die Erfolgsmessung mittels ROA auf der einfachsten Ebene. Der ROE befindet sich dagegen bereits auf der zweiten Entwicklungsstufe. Mit der ROE-Kennzahl wird erstmals der Tatsache Rechnung getragen, dass das Eigenkapital der Banken eine knappe Ressource ist.[139] Der ROE setzt das Ergebnis (vor bzw. nach Steuern) der Bank ins Verhältnis zu ihrem bilanziellen Eigenkapital. Bei der Eigenkapitalverzinsung vor Steuern wird auf das Ergebnis vor Steuern sowie vor Ergebnis-Anteilen Dritter zurückgegriffen und dementsprechend auch das bilanzielle Eigenkapital inklusive der Eigenkapitalanteile Dritter herangezogen. Die Berechnung der Eigenkapitalverzinsung nach Steuern erfolgt analog mit Hilfe des Ergebnisses nach Steuern sowie nach Anteilen Dritter und somit auf Basis des bilanziellen Eigenkapitals ohne die Eigenkapitalanteile Dritter.

Werden steuerpflichtige Sondereffekte bereinigt, muss bei der Bereinigung von Kennzahlen auf Basis des Ergebnisses nach Steuern eine entsprechende Steueradjustierung des Sondereffektes erfolgen. In der Praxis wird hier entweder auf den pausschal gültigen Unternehmenssteuersatz oder den Steuersatz gemäß Konzernbilanz des analysierten Unternehmens in diesem Jahres zurückgegriffen. Baut die Kennzahlenanalyse zusätzlich auf dem Ergebnis nach Steuern und Anteile Dritter auf, müssen auch die Anteile Dritter am Sondereffekt berücksichtigt werden. Auch hier wird in der Praxis meist die Minderheitenquote der Konzernbilanz (Anteile Dritter in Prozent des Ergebnisses nach Steuern) als Näherungswert benutzt.

Die ROA- und ROE-Kennzahlen bestechen vor allem durch ihre einfache Berechnungsweise und internationale Verwendung. Vor allem der ROE ist in seiner einfachen Form noch immer die wichtigste Erfolgskennzahl für den externen Analysten. Gleichzeitig hat sich der ROE zu einer entscheidenden Grundlage für verschiedene Bankbewertungsmodelle entwickelt. Dies sind analog zum NAV-Konzept so genannte Value-Modelle. Diese stellen im Gegensatz zu den Wachstumsmodellen weniger auf das erwartete Geschäfts- und Ertragswachstum der Bank, sondern vielmehr auf ihre vorhandenen Vermögenswerte und auf für den Investor erwirtschafteten Renditen ab.

Das ROE-Konzept wurde inzwischen mehrfach verfeinert. Wichtigste Änderung ist dabei die Berücksichtigung von Bankrisiken. Auf der komplexesten Stufe wird ein modifizierter ROE bestimmt, der eine exaktere Einbindung von bestehenden Risiken mittels Value at Risk (VaR)[140] vornimmt. Das zur Unterlegung notwendige Kapital wird dabei so ermittelt, dass es genau dem eingegangenen Risiko entspricht. Der modifizierte ROE

---

[139] Vgl. dazu im Folgenden SCHRÖCK, G., Risiko- und Wertmanagement in Banken, Wiesbaden 1997, S. 93.

[140] Der VaR ist eine statistische Größe und misst den zu einem bestimmten Konfidenzniveau in einer vorgegebenen Liquidationsperiode wahrscheinlichen Verlust eines Portfoliowertes.

ermöglicht damit die Beurteilung der Rentabilität auf risikobereinigter Basis. Grundlegende Kennzahlen dieser risikoadjustierten Rentabilitätsbetrachtung[141] sind

- RAROC (Risk-Adjusted Return on Capital) und
- RORAC (Return on Risk-Adjusted Capital).

Der RAROC bereinigt den erwarteten absoluten Return um das historische Risiko und stellt diesen in Relation zum dafür eingesetzten bilanziellen Eigenkapital. Er wurde bereits Anfang der 80er Jahre bei der damaligen US-Investmentbank Bankers Trust[142] eingeführt und hat sich seit Mitte der 90er Jahre auch in Deutschland etabliert.[143] Der RORAC setzt dagegen den absoluten Return ins Verhältnis zum dabei eingegangenen Risiko (z.B. gemessen durch den VaR). Der RORAC nimmt im Gegensatz zum RAROC die Risikobereinigung im Nenner vor.

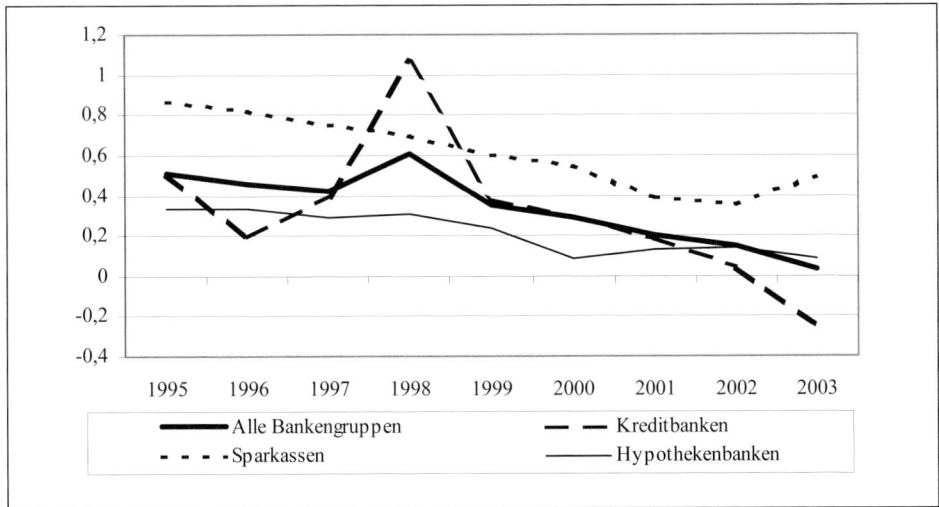

Abb. 52: Entwicklung des ROA vor Steuern[144] deutscher Banken 1995-2003 (in Prozent)
Quelle: DEUTSCHE BUNDESBANK, Monatsbericht September 2004, S. 33

---

[141] Vgl. dazu im Folgenden SCHRÖCK, G., a.a.O. (Fn. 139), S. 101.

[142] BT wurde 1999 von der Deutschen Bank übernommen.

[143] Als eine der ersten deutschen Banken hatte die Deutsche Bank 1998 das RAROC-Konzept eingeführt.

[144] Bis 1998: Ergebnis vor Steuern in % des durchschnittlichen Geschäftsvolumens; ab 1999: in % der durchschnittlichen Bilanzsumme.

Beide Kennzahlen dienen vor allem der internen Banksteuerung. Dem externen Analysten ist es kaum möglich, diese Zahlen aus dem Geschäftsbericht einer Bank selbst zu errechnen. So hilft die Risikosteuerung mittels RAROC v.a. dem Management bei der Entscheidung über die optimale Verteilung des Eigenkapitals auf die einzelnen Bankgeschäfte und auch über die Investitionen bzw. Desinvestitionen. Inzwischen hat sich ausgehend vom anglo-amerikanischen Sprachraum auch in Deutschland die generelle Bezeichnung RAROC für alle risikobereinigten Kennzahlen durchgesetzt.

Wie auch schon bei anderen Kennzahlen zuvor, sollte beim ROE-Vergleich mehrerer Banken den unterschiedlichen Rechnungslegungsstandards eine besondere Beachtung geschenkt werden. In Abschnitt 3.1.4 wurde bereits ausführlich dargestellt, dass sich die Zusammensetzung des Eigenkapitals unter HGB und IFRS deutlich unterscheidet. Dies führt dazu, dass die absolute Höhe des bilanziellen Eigenkapitals ein und derselben Bank unter HGB und unter IFRS unterschiedlich ausfallen kann. Eine pauschale Aussage darüber, nach welcher Rechnungslegungsform das Eigenkapital höher bzw. niedriger ist, ist schwierig. Daher sollte der externe Bilanzanalyst bei Vergleich bzw. Berechnung der Eigenkapitalrendite von Banken mit unterschiedlichen Rechnungslegungsstandards die Relevanz der Eigenkapitalunterschiede prüfen und gegebenenfalls entsprechende Adjustierungen vornehmen. Je nach Zusammensetzung der Vergleichsgruppe kann es zum einen sinnvoll sein, das Eigenkapital nach HGB um die stillen Reserven in Beteilungen und gegebenenfalls auch in Immobilien sowie um einen vom Eigenkapital abgezogenen Goodwill (bei erfolgsneutraler Goodwillverrechnung) zu ergänzen. Zum anderen kann es sich anbieten, die IFRS-Größe um die Neubewertungsrücklage zu bereinigen. Werden die stillen Reserven addiert, dann ist darauf zu achten, dass dabei keine Steuern abgezogen und damit die Bruttogrößen berücksichtigt werden.

Neben der Rechnungslegungsproblematik eröffnen die IFRS auch gewisse bilanzpolitische Spielräume, mit deren Hilfe eine Bank, die über ein großes Portfolio von grundsätzlich werthaltigen AfS-Beständen verfügt, in der Lage ist, die Höhe ihres ROE zu steuern. Wählt eine Bank die erfolgsneutrale Verrechnung von Bewertungsänderungen ihrer AfS-Bestände,[145] kann sie durch den gezielten Verkauf von Beteiligungen bzw. Wertpapieren mit positiver Fair-Value-Entwicklung den eigenen ROE deutlich erhöhen, ohne tatsächlich Mehrwert geschaffen zu haben.[146] Es wird jedoch sehr schwierig sein, mit Hilfe solchen Methoden eine Rendite nachhaltig zu beeinflussen.

Als internationale Praktikerregel hat sich, wie bereits eingangs dargestellt, ein optimaler ROE vor Steuern von 25% und ein ROE nach Steuern von etwa 15% als von den Banken angestrebte Zielgröße herausgebildet. Je nach Ertragslage wird dieses Ziel von den

---

[145] Vgl. 3.1.6.2: Ab 2005 entfällt das Wahlrecht und Bewertungsänderungen werden dann stets erfolgsneutral erfasst.

[146] Vgl. dazu im Detail Abschnitt 3.1.6.3.

Banken mehr oder weniger offen im Rahmen ihrer Berichterstattung publiziert.[147] Die Referenzgrößen 15% bzw. 25% sollten von einer Bank nach Möglichkeit nachhaltig, also über einen längeren Zeitraum (Daumenregel: mindestens fünf Jahre) erreicht werden. Die als Referenzgröße genannte Eigenkapitalverzinsung von 15% ergibt sich aus der Überlegungen dass sich aus Sicht eines privaten Investors in Deutschland, eine erwartete Basisrendite an der Verzinsung einer risikolosen Anleihe orientiert. Als Maßstab wird hier in der Regel die langfristige Verzinsung einer 10-jährigen Bundesanleihe (langfristig ca. 6%) angeführt. Da die Banken jedoch nicht als risikolos eingestuft werden können, müssen auf die Basisrendite entsprechende Risikozuschläge für das Gesamtmarktrisiko und das individuelle Unternehmensrisiko erfolgen. So ergibt sich eine langfristige Zielrendite von ca. 15% nach Steuern bzw. etwa 25% vor Steuern.

---

[147] Vgl. dazu COMMERZBANK, Zahlen, Fakten, Ziele, Mai 2001, S. 26: Als mittelfristige Ziele werden dort ein ROE von 15% nach Steuern, eine Kostenquote (ohne Risikokosten) von 60% und eine Kernkapitalquote (BIZ) von 6,5% genannt; vgl. auch HypoVereinsbank, Präsentation von SPRIßLER, W. vom 28.05.2002, S. 4: Als Ziele werden dort ein langfristiger ROE nach Steuern und vor Goodwillabschreibungen von 15%, eine Kostenquote von 55% (ohne Risikokosten) und eine Kernkapitalquote (BIZ) von 6,5% genannt.

Ausgewählte Kennzahlen zur Analyse der Gesamtbankrentabilität		
Kennzahl	**Formel**	**Aussage**
ROA (Return on Assets)	(Ergebnis vor Steuern[148] * 100) / (Bilanzsumme t_2 + Bilanzsumme t_1)/2	Gibt die Vorsteuerrendite der Bank auf die eingesetzten durchschnittlichen Aktiva an.
	(Jahresüberschuss[149] * 100) / (Bilanzsumme t_2 + Bilanzsumme t_1)/2	Gibt die Nachsteuerrendite der Bank auf die eingesetzten durchschnittlichen Aktiva an.
RORWA (Return on Risk Weighted Assets)	(Ergebnis vor Steuern[150] * 100) / (RWA t_2 + RWA t_1)/2	Gibt die Vorsteuerrendite der Bank auf die eingesetzten durchschnittlichen und gewichteten Risikoaktiva an.
	(Jahresüberschuss[151] * 100) / (RWA t_2 + RWA t_1)/2	Gibt die Nachsteuerrendite der Bank auf die eingesetzten durchschnittlichen und gewichteten Risikoaktiva an.
ROE (Return on Equity)	(Ergebnis vor Steuern[152] * 100) / (Bilanzielles Eigenkapital + Anteile Dritter am Eigenkapital)	Eigenkapitalrendite vor Steuern; gibt die Verzinsung des Eigenkapitals vor Abzug von Steuern und Anteilen Dritter am Ergebnis an.
	(Jahresüberschuss[153] * 100) / Bilanzielles Eigenkapital	Eigenkapitalrendite nach Steuern; gibt die Verzinsung des Eigenkapitals nach Abzug von Steuern an.

Abb. 53: Ausgewählte Kennzahlen zur Analyse der Gesamtbankrentabilität

Die deutschen Banken tun sich mit dem angestrebten ROE von 15% bzw. 25% bislang eher schwer. Neben der Wirtschaftslage wird immer wieder die Bankenstruktur in Deutschland dafür verantwortlich gemacht. Diese wird sehr stark vom öffentlich-rechtlichen Sektor dominiert. Vor allem den Landesbanken und Sparkassen wurde immer wieder vorgeworfen, durch ihre öffentlich-rechtlichen Privilegien zum Margenverfall im deutschen Bankgewerbe beizutragen. Gleichzeitig ist es den privaten Banken kaum möglich, das deutsche Filialgeschäft aufgrund ihres niedrigen Marktanteils von schätzungsweise jeweils 3-5% (über 60% des Marktes entfällt allein auf den Sparkassensektor) nachhaltig profitabel zu gestalten. Er wird daher sehr spannend, welche Auswirkungen sich ab dem Jahr 2006 ergeben, wenn Anstaltslast und Gewährträgerhaftung

---

[148] Vor Anteilen Dritter.
[149] Nach Anteilen Dritter.
[150] Vor Anteilen Dritter.
[151] Nach Anteilen Dritter.
[152] Vor Anteilen Dritter.
[153] Nach Anteilen Dritter.

nach EU-Recht endgültig fallen und sich auch die öffentlich-rechtlichen Banken dem generellen Wettbewerb stellen müssen. International gibt es einige Beispiele für Banken, denen es über mehrere Jahre hinweg gelungen ist, sehr gute Renditen zu erwirtschaften. So erzielte die UK Retailbank Lloyds TSB von 1999 bis 2001 ein ROE nach Steuern von rund 29%, 26% und 22%, die UK Bank Barclays erreichte im gleichen Zeitraum Renditen von rund 21%, 19% und 18% und die französische Großbank BNP Paribas entsprechend rund 10%, 19% und 17%.[154]

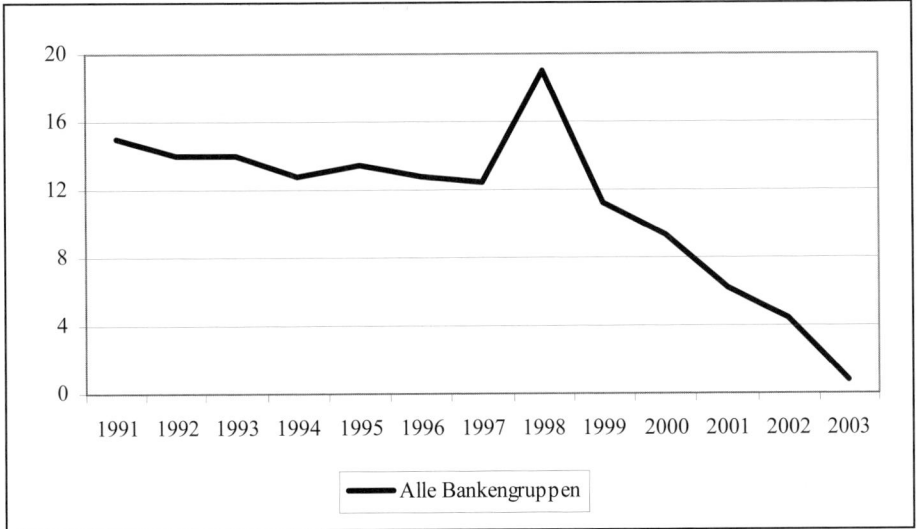

Abb. 54: Entwicklung des ROE vor Steuern[155] der deutschen Banken 1991-2003 (in Prozent)
Quelle: DEUTSCHE BUNDESBANK, Monatsbericht September 2004, S. 30

Die vorangegangene Profitabilitäts- und Wirtschaftlichkeitsanalyse von Commerzbank und HypoVereinsbank haben bereits gezeigt, dass die Entwicklung beider Banken bis zum Jahr 2003 nicht positiv erscheint. Die Analyse der Gesamtbankrentabilität auf Basis von ROA, RORWA und vor allem ROE bestätigen dies. Beide Banken sind weit von der branchenüblichen Zielrendite eines ROE von 15% entfernt. Allerdings ist bei beiden Banken vor allem der Jahresabschluss 2003 durch erhebliche Sondereffekte belastet.

So führte im Jahr 2003 eine Sonderabschreibung auf AfS-Wertpapiere sowohl bei der HypoVereinsbank als auch bei der Commerzbank zu einem erheblichen Aufwand von

---

[154] Quelle: OnVista.

[155] Ergebnis vor Steuern in % des Eigenkapitals; ab 1993 inklusive ostdeutscher Kreditinstitute.

€ 1.989 Mio. bzw. € 2.325 Mio., verbucht unterhalb des Betriebs- bzw. operativen Ergebnisses. Infolge dieser Sonderabschreibungen rutschte das Jahresergebnis 2003 bei beiden Banken tief in die Verlustzone. Zusätzlich kommen bei der HypoVereinsbank noch Aufwendungen in Höhe von € 460 Mio. in Form von Risikogarantien für die ehemalige Tochter Hypo Real Estate AG hinzu (insgesamt zugesagter Risikoschirm € 580 Mio.[156]), die auch durch die Sondererträge aus dem Verkauf der Bank von Ernst und der norisbank (€ 468 Mio.) nicht kompensiert werden konnten[157]. Letztendlich liegt es im Ermessen jedes Analysten zu entscheiden, welche Geschäftsvorgänge einen außerordentlichen, einmaligen Charakter haben und daher dementsprechend bereinigt werden sollten. Analog zu den Ausführungen zum außerordentlichen Charakter von Restrukturierungsaufwendungen[158] erscheint auch der außerordentliche Einmalcharakter von Wertpapierabschreibungen und Kreditrisikogarantie diskussionswürdig[159], während der beschriebenen Beteiligungsverkauf von den meisten Experten als zu bereinigender Sondereffekt klassifiziert werden dürfte.

---

[156] Vgl. HYPOVEREINSBANK, Finanzbericht 2003, S. 71.

[157] Vgl. HYPOVEREINSBANK, Finanzbericht 2003, S. 45.

[158] Vgl. Abschnitt 2.1.

[159] Die Risikokosten wären vermutlich auch ohne Ausgliederung der Hypo Real Estate im Rahmen des operativen Geschäftes angefallen.

in % (Konzern)	2000	2001	2002	2003
Commerzbank				
ROA v. St.	0,54	0,01	-0,08	-0,49
ROA n. St.	0,32	0,02	-0,06	-0,58
RORWA v. St.	1,24	0,02	-0,21	-1,32
RORWA n. St.	0,74	0,05	-0,17	-1,54
ROE v. St.	16,24	0,33	-3,69	-19,22
ROE n. St.	10,72	0,87	-3,38	-25,52
HypoVereinsbank				
ROA v. St.	0,31	0,21	-0,16	-0,45
ROA n. St.	0,20	0,13	-0,15	-0,55
RORWA v. St.	0,63	0,42	-0,30	-0,89
RORWA n. St.	0,41	0,26	-0,28	-1,09
ROE v. St.	10,24	5,50	-7,15	-16,78
ROE n. St.	7,36	3,74	-7,19	-25,59

Abb. 55: Gesamtbankrentabilität[160]
Quelle: Eigene Darstellung, COMMERZBANK und HYPOVEREINSBANK, Geschäftsberichte 2000-2003

---

[160] Kennzahlen nicht adjustiert.

4. Grenzen der externen Bankbilanzanalyse

Die externe Bilanzanalyse hat ihre Grenzen, wo die Feinheiten der Bilanzpolitik beginnen. Problemfelder sind vor allem

– Bewertungsspielräume (fehlende Datenverfügbarkeit),
– unterschiedliche Geschäftsstrukturen (keine exakte Vergleichbarkeit) und
– Strukturbrüche in den Daten (Änderungen in der Geschäftsstruktur).

Es gibt eine Vielzahl von Bewertungsspielräumen, wie bspw. die Abschreibungspolitik bei Firmenwerten (Spanne zwischen 5-20 Jahren) oder die Wahl der Methode bei der Fair-Value-Bewertung (zulässig sind bspw. börsennotierte Marktpreise, unabhängige Gutachten, Diskontierung von Cash Flows). Die Offenlegung dieser Bilanzierungs- und Bewertungsmethoden erfolgt in ihrer Gesamtheit in den Notes. Dennoch ist es einem externen Bilanzanalysten in diesen Fällen regelmäßig nicht möglich, entsprechende Adjustierungen vorzunehmen, da die hierfür erforderlichen Einzeldaten nur intern vorliegen.

Beim Branchenvergleich setzt neben der Bilanzpolitik die unterschiedliche Geschäftsstruktur der jeweiligen Bank zusätzlich natürliche Grenzen. Die Geschäftsmodelle und -strukturen von Banken unterscheiden sich teilweise recht deutlich. Identische Bilanzpolitik, gleiche Gliederung der Bilanz sowie einheitliche Kennzahlenberechnung unterstellt, können Kennzahlenanalysen bei Banken mit unterschiedlichen Geschäftsstrukturen dennoch zu den falschen Schlussfolgerungen und damit fehlerhaften Ergebnissen führen.

Ändert sich die Geschäftsstruktur einer Bank aufgrund einer strategischen Neuorientierung (z.B. Verkauf/Stilllegung von Unternehmensteilen, Übernahme bedeutender, neuer Geschäftsbereiche), wird von den Banken in der Regel nur die Bilanz und GuV des letzten Vorjahres an diese Veränderungen angepasst[161]. Die Datenlage lässt es häufig nicht zu, dass ein externer Analyst selbständig Bereinigungen für weitere, zurückliegende Jahre vornimmt. Jedoch die Kenntnis solcher Strukturbrüche, ist bei der Analyse langfristiger Trends wertvoll, um Kennzahlen nicht falsch zu interpretieren.

---

[161] Beispiel: Die Ausgliederung der Hypo Real Estate AG aus dem HypoVereinsbank Konzern in Jahr 2003.

Autorenverzeichnis

Dr. Silke Alves
Group Finance and Tax, Bayerische Hypo- und Vereinsbank AG, München

seit 2000	Bayerische Hypo- und Vereinsbank AG, Abteilungsdirektorin, verantwortlich für die Bilanz/GuV der HVB AG, Tätigkeitsschwerpunkte: Erstellung der HVB AG-Quartals- und Jahresabschlüsse, Grundsatzfragen der Rechnungslegung nach HGB und IAS/IFRS
1999	Projektmitarbeiterin beim IASC, London
1995 - 1999	Promotion und Tätigkeit als wissenschaftliche Mitarbeiterin am Lehrstuhl für Internationale Unternehmensrechnung von Prof. Dr. B. Pellens
1994	Abschluss des Studiums der Betriebswirtschaftslehre an der Universität Siegen, Schwerpunkte: Wirtschaftsprüfung und Finanzierung

Dr. Silke Blaschke
Department of Professional Practice Banking & Finance,
KPMG Deutsche Treuhand-Gesellschaft Aktiengesellschaft
Wirtschaftsprüfungsgesellschaft, Frankfurt am Main

seit Sept. 2003	Fachliche Mitarbeiterin im Department of Professional Practice Banking & Finance, KPMG Tätigkeitsschwerpunkte: Grundsatzfragen der Rechnungslegung nach HGB und IFRS; Erstellung von Stellungnahmen zu Bilanzierungsfragen nach HGB und IFRS; Betreuung der Gremienarbeit
1998-2003	Wissenschaftliche Mitarbeiterin von Prof. Dr. Günther Gebhardt an der Professur für Betriebswirtschaftslehre, insb. Wirtschaftsprüfung, Johann Wolfgang Goethe-Universität Frankfurt am Main; Abschluss der Promotion 2004
1993-1998	Studium der Betriebswirtschaftslehre an der Johann Wolfgang Goethe-Universität Frankfurt am Main
1991-1993	Ausbildung (Werbekauffrau) und Tätigkeit in der Werbeagentur Lowe & Partners GmbH, Frankfurt am Main

Stefan Engeländer
Actuarial Serives, Audit Financial Services,
KPMG Deutsche Treuhand-Gesellschaft Aktiengesellschaft
Wirtschaftsprüfungsgesellschaft, Köln

seit August 2000	Senior Manager Actuarial Services, KPMG Tätigkeitsschwerpunkte: US-GAAP und IFRS für Versicherungen Dozent für Internationale Rechnungslegung der Deutschen Aktuarakademie, Mitglied des IAA Subcommittee on Actuarial Standards
1987-2000	Tätigkeit in verschiedenen Versicherungsgesellschaften als Bilanzaktuar bzw. verantwortlicher Aktuar
1980-1987	Studium der Mathematik an der Universität zu Köln, Studienschwerpunkte Stochastik, Statistik, Risikotheorie, Versicherungsmathematik, Nebenfach Versicherungswissenschaften, Abschluss als Diplom-Mathematiker

Britta Graf-Tiedtke
Dipl.-Kauffrau, Finanzanalystin

seit 2003	Fitch Ratings, Frankfurt am Main
	Ratinganalystin Financial Institutions, Associate Director
2000-2002	Concord Effekten AG, Frankfurt am Main
	Leiterin der Abteilung Research
1997-2000	BNP Paribas S.A., Niederlassung Frankfurt am Main
	Finanzanalystin, stellvertretende Abteilungsleiterin der Abteilung Research Deutschland, Abteilungsdirektorin
1997-1999	Aktives Mitglied im DVFA-Arbeitskreis Banken
1994-1997	Bankhaus Metzler seel. Sohn & Co. KGaA in Frankfurt am Main
	Finanzanalystin, Prokuristin
1993	Sparkasse Dieburg Zweckverbandsparkasse in Groß-Umstadt
	Allgemeines Trainee-Programm „Bankgeschäft"
1987-1993	Studium der Betriebswirtschaftlehre an der Justus-Liebig-Universität in Gießen

Seit Anfang der 90er Jahre begleitet Britta Graf-Tiedtke als Finanzanalystin Banken und Finanzdienstleister aus Deutschland und dem europäischen Ausland. In dieser Zeit verfasst sie zahlreiche Branchen- und Unternehmensstudien im nationalen sowie internationalen Kontext. Veröffentlichung von Fachpublikationen zu den Themen Steuerreform und Unternehmensrechnungslegung nach IAS/US-GAAP, Vortragstätigkeit sowie Betreuung diverser Kapitalmarkttransaktionen als Branchenspezialistin im Investmentbanking.

Sven Hartung
Bereich Finanzen, Controlling und Steuern
IKB Deutsche Industriebank AG, Düsseldorf

seit Juli 2002	Mitarbeiter im Team „IAS-Bilanzierung und Grundsatzfragen", Prokurist seit April 2004; Tätigkeitsschwerpunkte: IFRS-Grundsatzfragen, Fachprojektleitung im Rahmen der Umstellung der Rechnungslegung sowie fachliche Qualitätssicherung
November 2001	Eintritt in das Team „Bank-Konzernrechnungswesen" bei der IKB Deutsche Industriebank AG, Düsseldorf
1996 – Okt. 2001	Mitarbeiter in den Bereichen Wirtschaftsprüfung und Steuerberatung bei der KPMG Deutsche Treuhand-Gesellschaft Aktiengesellschaft Wirtschaftsprüfungsgesellschaft, Düsseldorf
1989 - 1995	Studium der Betriebswirtschaftslehre an der Universität/Gesamthochschule Siegen
1987 - 1989	Kaufmännische Ausbildung in Wilhelmshaven

Dr. Christof Hasenburg, Wirtschaftsprüfer, Rechtsanwalt und Steuerberater
Department of Professional Practice Audit
KPMG Deutsche Treuhand-Gesellschaft Aktiengesellschaft
Wirtschaftsprüfungsgesellschaft, Berlin

seit Oktober 2003	Partner im Department of Professional Practice Audit Germany Leitung der für Fragen der Rechnungslegung nach IFRS und HGB zuständigen Gruppe; Bearbeitung von fachlichen Grundsatzfragen und Veröffentlichungen zur Rechnungslegung und Prüfung; Entwicklung und Durchführung von Seminaren
2000-2003	Partner in der Prüfungsabteilung für Industriemandate von KPMG Berlin Prüfung von Abschlüssen nach US GAAP, IAS und HGB; Betreuung von international agierenden Konzernen mit und ohne Börsennotierung; Betreuung von mittelständischen Industriemandaten
1998-2000	Manager in der Prüfungsabteilung für Industriemandate von KPMG Berlin Prüfung von Abschlüssen nach US GAAP, IAS und HGB; Betreuung von international agierenden Konzernen mit und ohne Börsennotierung; Betreuung von mittelständischen Industriemandaten
1992-1998	Mitarbeiter in einer mittelständischen Wirtschaftsprüfungs- und Steuerberatungsgesellschaft Prüfung und Erstellung von Abschlüssen nach HGB; Bearbeitung von steuerrechtlichen, gesellschaftsrechtlichen und rechnungslegungsbezogenen Fragestellungen; Betreuung von mittelständischen Mandaten
1983-1992	Studium der Rechtswissenschaften an der Universität Bielefeld; Abfassung einer Dissertation zu einem bilanzrechtlichen Thema

Dr. Rainer Husmann
Abteilungsleiter Group Accounting Policy, Allianz AG, München

seit Nov. 2004	Abteilungsleiter Group Accounting Policy Tätigkeitsschwerpunkte: Erarbeitung von Bilanzierungsrichtlinien nach IFRS und US GAAP, gutachterliche Stellungnahme zu Kapitalmarktprodukten sowie Unternehmenstransaktionen, Lobbying und konzerninterne Schulungsmaßnahmen
2002-2004	Abteilungsdirektor und Referatsleiter für Grundsatzfragen und Sonderfragen der Bilanzierung
2000-2001	Strategic Controlling, Deutsche Bank AG, Frankfurt am Main
1998-1999	Financial Accountant bei der DaimlerChrysler AG, Stuttgart
1994-1998	Wissenschaftlicher Mitarbeiter/Assistent am Lehrstuhl Prüfungswesen, Prof. Dr. V. H. Peemöller, Friedrich-Alexander-Universität Erlangen-Nürnberg
1994-1997	Promotionsstudium
1989-1994	Studium der Betriebswirtschaftslehre an der Friedrich-Alexander-Universität Erlangen-Nürnberg
1987-1989	Ausbildung zum Bankkaufmann in der Dresdner Bank AG, Filiale Fulda

Lehrtätigkeiten u.a. zu Themen der Internationalen Rechnungslegung, Konzernrechnungslegung sowie Bilanzanalyse und Jahresabschlusserstellung an der Universität Erlangen-Nürnberg sowie der Fachhochschule Würzburg und Wiesbaden.

Dr. Patrick Kehm
Zentraler Stab Bilanz und Steuern, Commerzbank AG, Frankfurt am Main

seit 1997	Abteilungsdirektor bei der Commerzbank AG, Frankfurt am Main, verantwortlich für Grundsatzfragen zur internationalen Rechnungslegung, darüber hinaus Leitung verschiedener Projekte zur Umsetzung von IAS im Commerzbank Konzern (u.a. IAS 39 und IAS 32)
1992-1997	Wissenschaftlicher Mitarbeiter bei Prof. Dr. F.W. Selchert
1986-1992	Studium der Betriebswirtschaftslehre an der Universität in Giessen

Liesel Knorr, Wirtschaftsprüfer und Steuerberater
Geschäftsführer des Deutschen Rechnungslegungs Standards Committee e.V.

seit Juli 1999	Geschäftsführer des DRSC
1994-1999	Technical Director des IASC
	Aufträge für die Europäische Kommission in Bulgarien, Russland, Vietnam
1989-1994	KPMG Deutsche Treuhand Köln
1988	Partner bei KPMG (Einführung des Partner-Status bei KPMG)
1984-1989	Expatriate in der Niederlassung Brüssel
1984	Wirtschaftsprüfer
1982	Steuerberater
1978	Eintritt in Deutsche Treuhand-Gesellschaft, Niederlassung Düsseldorf
1971	Diplom-Kaufmann, Universität zu Köln

Dr. Joachim Kölschbach
Center of Competence Insurance
KPMG Deutsche Treuhand-Gesellschaft Aktiengesellschaft
Wirtschaftsprüfungsgesellschaft, Köln

seit 2002	Leiter Center of Competence Insurance Tätigkeitsschwerpunkte: Grundsatzfragen der Rechnungslegung und Aufsicht von Versicherungsunternehmen
2000	Beförderung zum Partner
1999	Promotion zum Thema „Konzernabschlüsse von Allfinanzkonzernen"
seit 1996	Lehrbeauftragter an der Fachhochschule Köln, Fachbereich Versicherungswesen
1995	Beförderung zum Prokuristen
1991	Eintritt bei KPMG
1984-1990	Studium der Betriebswirtschaftslehre an der Universität zu Köln (Versicherungswesen und Wirtschaftsprüfung sowie Planung und Informationsverarbeitung) sowie Absolvierung des Programms für Internationales Management ESADE (Barcelona)

Mitglied im Advisory Committee Insurance beim International Accounting Standards Board (IASB) und Projektmanager für die Arbeitsgruppe „Versicherungen" beim Deutschen Rechnungslegungs Standards Committee (DRSC).

Prof. Dr. Edgar Löw, Steuerberater
Leiter Department of Professional Practice Banking & Finance,
KPMG Deutsche Treuhand-Gesellschaft Aktiengesellschaft
Wirtschaftsprüfungsgesellschaft, Frankfurt am Main

seit Okt. 2002	Leiter des Department of Professional Practice Banking & Finance der KPMG Deutsche Treuhand-Gesellschaft Aktiengesellschaft, Frankfurt am Main; Tätigkeitsschwerpunkte: Fragen der Rechnungslegung nach HGB, IAS und US-GAAP
2001-Sept. 2002	Leiter Grundsatzabteilung Financial Services Industry bei Arthur Andersen Wirtschaftsprüfungs- und Steuerberatungsgesellschaft mbH, Frankfurt am Main
1995-2000	Deutsche Bank AG, Abteilung Grundsatzfragen und Verbandsaufgaben
seit 1997	Leiter dieser Abteilung
1984-1994	Studium der Betriebswirtschaftslehre und Promotion an der Johann Wolfgang Goethe-Universität Frankfurt am Main

Mitarbeit in zahlreichen Gremien, die sich mit Fragen der Rechnungslegung beschäftigen; Honorarprofessor an der Wissenschaftlichen Hochschule für Unternehmensführung (WHU) in Koblenz, Dozent an der Fachhochschule für Wirtschaft in Frankfurt am Main, der Hessischen Verwaltungs- und Wirtschaftsakademie (VWA); Autor und Mitverfasser von Beiträgen zu Rechnungslegungsfragen.

Dr. Karsten Lorenz
Department of Professional Practice Banking & Finance,
KPMG Deutsche Treuhand-Gesellschaft Aktiengesellschaft
Wirtschaftsprüfungsgesellschaft, Frankfurt am Main

seit Okt. 2002	Senior Manager und Prokurist im Department of Professional Practice Banking & Finance, KPMG Tätigkeitsschwerpunkte: Grundsatzfragen der Rechnungslegung nach HGB und IAS, fachliche Leitung von IAS Conversion Projekten im Bankenbereich, Autor und Mitverfasser von Beiträgen zu Rechnungslegungsfragen
2001-Sept. 2002	Mitarbeiter bei Andersen Wirtschaftsprüfungsgesellschaft, Grundsatzabteilung Financial Services Industry, Frankfurt am Main; seit Aug. 2002 als Manager
2000	Mitarbeiter bei Deutsche Bank AG, Corporate Center Controlling, Abteilung Grundsatzfragen und Verbandsaufgaben, Frankfurt am Main
1998-2000	Wissenschaftlicher Mitarbeiter von Prof. Dr. Dr. h.c. mult. Adolf Moxter am Seminar für Treuhandwesen, Johann Wolfgang Goethe-Universität Frankfurt am Main; Abschluss der Promotion 2001
1992-1997	Studium der Betriebswirtschaftslehre an der Johann Wolfgang Goethe-Universität Frankfurt am Main
1989-1995	Ausbildung (Industriekaufmann) und Tätigkeit bei Siemens AG, Frankfurt am Main

Rolf T. Müller
Practice „Retirement", MERCER Human Resource Consulting GmbH, Düsseldorf

seit April 2003	Leiter der Practice „Retirement" in der Düsseldorfer Niederlassung der MERCER Human Resource Consulting GmbH (nach dem Verkauf des Geschäftsbereichs „Actuarial Services" von KPMG an MERCER) Tätigkeitsschwerpunkte: Bewertung betrieblicher Altersversorgung nach deutschen und internationalen Rechnungslegungsvorschriften; zahlreiche Veröffentlichungen und Vorträge zur betrieblichen Altersversorgung
seit Mai 1996	Leiter der Abteilung Versicherungsmathematik/betriebliche Altersversorgung, KPMG Deutsche Treuhand-Gesellschaft Aktiengesellschaft Wirtschaftsprüfungsgesellschaft, Köln
1994-1996	Prokurist der Kölner Spezial Beratungs-GmbH für betriebliche Altersversorgung
1983-1993	Leiter der Abteilung "Versorgungswerke" der Colonia Lebensversicherung AG in Köln
1976-1983	Gutachterliche Tätigkeit im Gutachter-Büro von Prof. Dr. Georg Heubeck und Dr. Klaus Heubeck
seit April 1983	Selbständige Tätigkeit als versicherungsmathematischer Sachverständiger
1969-1976	Studium der Mathematik sowie der Betriebs- und Volkswirtschaftslehre an der Universität Köln

Mitgliedschaft im Institut der versicherungsmathematischen Sachverständigen für Altersversorgung (IVS) seit Februar 1983, in der Deutschen Gesellschaft für Versicherungsmathematik (DGVM) seit April 1983, in der Fachvereinigung Mathematische Sachverständige der Arbeitsgemeinschaft für betriebliche Altersversorgung e.V. (ABA) seit Mai 1983 und in der Deutschen Aktuarvereinigung (DAV) seit Januar 1994; Öffentliche Bestellung und Vereidigung durch die Industrie- und Handelskammer Köln als Sachverständiger für Versicherungsmathematik in der betrieblichen Altersversorgung.

Dr. Harald E. Roggenbuck
Audit Committee Institute, KPMG Deutsche Treuhand-Gesellschaft Aktiengesellschaft Wirtschaftsprüfungsgesellschaft, Frankfurt am Main

seit Oktober 2003	Senior Manager in KPMG´s Audit Committee Institute (ACI); Tätigkeitsschwerpunkte: Herausgabe der vierteljährlich erscheinenden Publikation „Audit Committee Quarterly" mit aktuellen Information zur Corporate Governance und Rechnungslegung sowie themenspezifischer Sonderbroschüren mit aufsichtsratsbezogenem Fokus, Organisation von „Roundtable"-Veranstaltungen als Informations- und Diskussionsforum für Aufsichtsräte sowie Mitbetreuung der Website des ACI mit Informationen zur Corporate Governance und Rechnungslegung. Autor und Mitverfasser von Beiträgen zur Corporate Governance und Rechnungslegung
Oktober 2002- September 2003	Senior Manager im Department of Professional Practice Banking & Finance der KPMG Deutsche Treuhand-Gesellschaft Aktiengesellschaft, Frankfurt am Main; Tätigkeitsschwerpunkte: Grundsatzfragen der Rechnungslegung nach HGB und IAS sowie Corporate Governance; Autor und Mitverfasser von Beiträgen zu Rechnungslegungsfragen
Januar 2001- September 2002	Manager in der Grundsatzabteilung Financial Services Industry bei Arthur Andersen Wirtschaftsprüfungs- und Steuerberatungsgesellschaft mbH, Frankfurt am Main; Tätigkeitsschwerpunkte: Rechnungslegung nach HGB und IAS sowie deutsche und internationale Bankenaufsicht; Redaktion und Manuskripterstellung für Broschüren zur Bankenaufsicht sowie Mitarbeit an Publikationen zur Rechnungslegung
1991-2000	Deutsche Bank Aktiengesellschaft, Corporate Center Controlling, Referat Grundsatzfragen und Verbandsaufgaben
1991	Abschluss des Promotionsstudiums am Seminar für Bank- und Versicherungsbetriebslehre der Universität Hamburg bei Prof. Dr. Otfrid Fischer

Stephan Schildbach
Department of Professional Practice Banking & Finance,
KPMG Deutsche Treuhand-Gesellschaft Aktiengesellschaft
Wirtschaftsprüfungsgesellschaft, Frankfurt am Main

seit Okt. 2002	Manager im Department of Professional Practice Banking & Finance der KPMG Tätigkeitsschwerpunkte: Grundsatzfragen der Rechnungslegung nach HGB und IAS; Erstellung von Stellungnahmen zu Bilanzierungsfragen nach HGB und IAS
April-Sept. 2002	Mitarbeiter in der Grundsatzabteilung im Bereich Financial Services Industry der Arthur Andersen Wirtschaftsprüfungsgesellschaft, Frankfurt am Main
seit 2001	Lehrbeauftragter am Fachbereich Wirtschaft der Fachhochschule Frankfurt am Main
2000-2001	Mitarbeiter in der Steuerberatungsgesellschaft Kröner Meltzow & Partner, Langenselbold
1999-2000	Mitarbeiter in der MPM Projektmanagement GmbH, Gründau
1995-1998	Wissenschaftlicher Mitarbeiter am Seminar für Volks- und Betriebswirtschaftliches Rechnungswesen der Johann Wolfgang Goethe-Universität Frankfurt am Main
1990-1995	Mitarbeiter in der Steuerberatungsgesellschaft Marek & Koch, Gelnhausen
1984-1989	Studium der Betriebswirtschaftslehre an der Johann Wolfgang Goethe-Universität Frankfurt am Main und Abschluss als Diplom-Kaufmann

Dr. Holger Seidler, Rechtsanwalt und Steuerberater
Department of Professional Practice Audit,
KPMG Deutsche Treuhand-Gesellschaft Aktiengesellschaft
Wirtschaftsprüfungsgesellschaft, Berlin

2005	Bestellung zum Steuerberater
seit 2004	Mitarbeiter der KPMG Deutsche Treuhand-Gesellschaft Aktiengesellschaft, Berlin, Department of Professional Practice Audit, Berlin
2004	Abschluss der Promotion zum Dr. jur.
ab 2000	Mitarbeiter der KPMG Deutsche Treuhand-Gesellschaft Aktiengesellschaft, Frankfurt am Main, Audit Commercial Clients
seit 1998	Mitarbeiter der KPMG Deutsche Treuhand-Gesellschaft Aktiengesellschaft, Frankfurt am Main, National Tax

Antje Walter
Abteilung „Group Tax", Deutsche Bank AG, Frankfurt am Main

seit Okt. 2002	Group Tax Frankfurt, Deutsche Bank AG; Leitung der Service Line Compliance, damit Verantwortung für die Erfüllung der steuerlichen Verpflichtungen der Deutsche Bank AG Inland gegenüber der Finanzverwaltung Tätigkeitsschwerpunkte: Bearbeitung von Spezialthemen der steuerlichen Bilanzierung, Beurteilung internationaler Steuerfragen
1993-2002	Steuerabteilung Dresdner Bank AG; Leiterin des Referates Körperschaftsteuer/Gewerbesteuer und Verantwortung für das Reporting der Steuerpositionen im Konzernabschluss der Dresdner Bank; seit 1998 Befassung mit IAS 12
1993	Steuerberaterexamen
1985-1993	Amtsbetriebsprüferin/Großbetriebsprüferin in der Hessischen Finanzverwaltung
1982-1985	Studium an der Verwaltungsfachhochschule Rotenburg a.d. Fulda

Tätigkeitsschwerpunkte: Betreuung der Betriebsprüfung; Bearbeitung von Spezialthemen der steuerlichen Bilanzierung und deren Einfluss auf die Steuerpositionen nach HGB und US-GAAP; Beurteilung internationaler Steuerfragen (insbesondere Quellensteuer und Außensteuerrecht).

Literaturverzeichnis

ACHLEITNER, A.-K./WOLLMERT, P. (Hrsg.), Stock Options, 2. Aufl., Stuttgart 2002.

ACKERMANN, U., Marktwertbilanzierung von Finanzinstrumenten nach US-GAAP/IAS, Frankfurt a.M. 2001.

ADS (ADLER, H./DÜRING, W./SCHMALZ, K.) (Hrsg.), Rechnungslegung und Prüfung der Unternehmen, Kommentar zum HGB, AktG, GmbHG, PublG nach den Vorschriften des Bilanzrichtlinien-Gesetzes, 6. Aufl., Stuttgart 1998.

ALVAREZ, M./WOTSCHOFSKY, S., Zwischenberichterstattung nach Börsenrecht, IAS und US-GAAP – Konzeptionelle Grundlagen mit einer Analyse des Publizitätsverhaltens der DAX100-Unternehmen, Bielefeld 2000.

ALVAREZ, M./WOTSCHOFSKY, S./MIETHIG, M., Leasingverhältnisse nach IAS 17 – Zurechnung, Bilanzierung, Konsolidierung, WPg 2001, S. 933-947.

AMMANN, H./MÜLLER, S., IFRS – International Financial Reporting Standards: Bilanzierungs-, Steuerungs- und Analysemöglichkeiten, Herne 2004.

AMMEDICK, O./STRIEDER, T., Zwischenberichterstattung börsennotierter Gesellschaften – Bestimmungen des BörsG, DRS, IAS und US-GAAP sowie deutscher Börsensegmente, München 2002.

ANDREJEWSKI, K./BÖCKEM, H., Einzelfragen zur Anwendung der Befreiungswahlrechte nach IFRS 1 (Erstmalige Anwendung der IFRS), KoR 2004, S. 332–340.

ARBEITSKREIS EXTERNE UNTERNEHMENSRECHNUNG DER SCHMALENBACHGESELLSCHAFT KÖLN, Grundsätze für das Value Reporting, DB 2002, S. 2337-2340.

AUER, K. V. (Hrsg.), Die Umstellung der Rechnungslegung auf IAS/US-GAAP, Wien 1998.

AUER, K. V., IAS 14 (Segment Reporting): Inhalte/Schnittstellen zum Controlling, in: WEIßENBERGER, B. E. (Hrsg.), IFRS und Controlling, ZfCM Sonderheft 2, 2004, S. 4-11.

AUSSCHUSS FÜR BILANZIERUNG DES BUNDESVERBANDES DEUTSCHER BANKEN (BdB), Bilanzpublizität von Finanzderivaten, WPg 1995, S. 1-6.

AUSSCHUSS FÜR BILANZIERUNG DES BUNDESVERBANDES DEUTSCHER BANKEN (BdB), Marktrisikopublizität, WPg 1996, S. 64-66.

BAETGE, J./DÖRNER, D./KLEEKÄMPER, H./WOLLMERT, P./KIRSCH, H. J. (Hrsg.), Rechnungslegung nach International Accounting Standards (IAS), 2. Aufl., Stuttgart 2002.

BAETGE, J./KEITZ, V., IAS-38 - Immaterielle Vermögenswerte, in: BAETGE, J./DÖRNER, D. u.a. (Hrsg.), Rechnungslegung nach International Accounting Standards (IAS), 2. Aufl., Stuttgart 2002.

BAETGE, J./KIRSCH, H.-J./THIELE, S., Bilanzen, 7. Aufl., Düsseldorf 2003.

BAETGE, J./KIRSCH, H.-J./THIELE, S., Konzernbilanzen, 7. Aufl., Düsseldorf 2004.

BAETGE, J./THILE, S./PLOCK, M., Die Restrukturierung des International Accounting Standards Committee – Das IASC auf dem Weg zum globalen Standardsetter?, DB 2000, S. 1033-1038.

BAILY, G. T./WILD, K., International Accounting Standards, A Guide to preparing Accounts, 2. Aufl., London 2000.

BALLWIESER, W., IAS 16 Sachanlagen, in: BAETGE, J./DÖRNER, D. u.a. (Hrsg.), Rechnungslegung nach International Accounting Standards (IAS), 2. Aufl., Stuttgart 2002.

BARCKOW, A., Die Bilanzierung von derivativen Finanzinstrumenten und Sicherungsbeziehungen, Düsseldorf 2004.

BARCKOW, A., ED Fair Value Option – Der Entwurf des IASB zur Einschränkung der Fair-Value-Option in IAS 39 (überarbeitet 2003), WPg 2004, S. 793-798.

BARCKOW, A./GLAUM, M., Bilanzierung von Finanzinstrumenten nach IAS 39 (rev. 2004) – ein Schritt in Richtung Full Fair Value Modell?, KoR 2004, S. 185-203.

BARZ, K./BÄTHE-GUSKI, M./WEIGEL, W., Die neuen Vorschriften zum Hedge Accounting, Die Bank 2004, S. 416-419.

BASLE COMMITTEE ON BANKING SUPERVISION, International convergence of capital measurement and capital standards, Basle 1988.

BAUMBACH, A./HUECK, A. (Hrsg.), GmbH Gesetz, 17. Aufl., München 2000.

BELLAVITE-HÖVERMANN, Y./LÖW, E., Kapitalflussrechnungen von Banken, in: WYSOCKI, K. VON (Hrsg.), Kapitalflussrechnung, Stuttgart 1998, S. 99-158.

BELLAVITE-HÖVERMANN, Y./PRAHL, R., Bankbilanzierung nach IAS, Stuttgart 1997.

BERGER, A./ELLROTT, H./FÖRSCHLE; G./HENSE, B. (Hrsg.), Beck'scher Bilanz-Kommentar, 5. Aufl., München 2003.

BERGER, B. E. (Hrsg.), IFRS und Controlling, ZfCM Sonderheft 2, 2004.

BERTSCH, A., Bilanzierung strukturierter Produkte, KoR 2003, S. 550-563.

BEYHS, O., Impairment of Assets nach International Accounting Standards, Frankfurt a.M. 2002.

BIEG, H./REGNERY, P., Bemerkungen zur Grundkonzeption einer aussagefähigen Konzern-Kapitalflussrechnung, BB 1993, S. 1-19.

BISCHOF, S., Erfassung der ausschüttungsbedingten Änderung des Körperschaftsteueraufwands nach dem Handelsrecht und nach International Accounting Standards im Licht der §§ 37 und 38 KStG, DB 2002, S. 1565-1569.

BLOOMER, C., The IASC-U.S. Comparison Project: A Report on the Similarities and Differences between IASC Standards an U.S. GAAP, 2. Aufl., Norwalk 1999.

BNP-PARIBAS, Geschäftsbericht 2001.

BÖCKING, H.-J., Internationalisierung der Rechnungslegung und ihre Auswirkungen auf die Grundprinzipien des deutschen Rechts, Der Konzern 2004, S. 177-184.

BÖCKING, H.-J./HEROLD, C./MÜßIG, A., IFRS für nicht kapitalmarktorientierte Unternehmen – unter besonderer Berücksichtigung mittelständischer Belange, Der Konzern 2004, S. 664-672.

BÖCKING, H.-J./SITTMANN-HAURY, C., Forderungsbewertung – Anschaffungskosten versus Fair Value, BB 2003, S. 195-200.

BOHL, W./RIESE, J./SCHLÜTER, J. (Hrsg.), Beck'sches IFRS-Handbuch, München 2004.

BONIN, C., Finanzinstrumente im IFRS-Abschluss – Planung grundlegender Neuerungen der Angabepflichten durch ED 7 Financial Instruments: Disclosures, DB 2004, S. 1569-1573.

BÖTTCHER, A./BURKHARDT, K., Entwicklungsperspektiven einer weltweit einheitlichen Rechnungslegung, Die Bank 2003, S. 840-843.

BRAKENSIEK, S./KÜTING, K., Special Purpose Entities in der US-amerikanischen Rechnungslegung - Können Bilanzierungsregeln Fälle wie die Enron-Insolvenz verhindern?, StuB 2002, S. 209-215.

BREKER, N./GEBHARDT, G./PAPE, J., Das Fair Value-Projekt für Finanzinstrumente – Stand der Erörterungen der Joint Working Group of Standard Setters im Juli 2000, WPg 2000, S. 729-744.

BRINKHAUS, J./SCHERER, L.M. (Hrsg.), Gesetz über Kapitalanlagegesellschaften, Auslandsinvestment-Gesetz, Kommentar, München 2003.

BRÜCKS, M./WIEDERHOLD, P., IFRS 3 Business Combinations – Darstellung der neuen Regelungen des IASB und Vergleich mit SFAS 141 und SFAS 142, KoR 2004, S. 177-185.

BRÜGGEMANN, B./LÜHN, M./SIEGEL, M., Bilanzierung hybrider Finanzinstrumente nach HGB, IFRS und US-GAAP im Vergleich, KoR 2004, S. 340-352.

BRUNS, H.-G., Eigenkapitalausweis, in: CASTAN, E./HEYMANN, G. u.a. (Hrsg.), Beck'sches Handbuch der Rechnungslegung, Band II, München 2004, C 450.

BRUNS, H.-G./ZEIMES, M., Aktueller Stand der Projekte des IASB, Der Konzern 2004, S. 410-420.

BUCHHEIM, R./GRÖNER, S./KÜHNE, M., Übernahme von IAS/IFRS in Europa: Ablauf und Wirkung des Komitologieverfahrens auf die Rechnungslegung, BB 2004, S. 1783-1788.

BUND, S., Asset Securitisation – Anwendbarkeit und Einsatzmöglichkeiten in deutschen Universalkreditinstituten, in: STEIN, J. H. VON (Hrsg.), Schriftenreihe der Stiftung für Kreditwirtschaft an der Universität Hohenheim (Bd. 8), Frankfurt a.M. 2000.

BUNDESAUFSICHTSAMT FÜR DAS KREDITWESEN, Erläuterungen zum Grundsatz II vom 25.11.1998.

BUNDESMINISTER DER FINANZEN, Vollamortisationserlass für Mobilien vom 19.4.1971, BStBl I 1971, S. 264.

BUNDESMINISTER DER FINANZEN, Vollamortisationserlass für Immobilien vom 21.3.1972, BStBl I 1972, S. 188.

BUNDESMINISTER DER FINANZEN, Teilamortisationsvertrag für Mobilien vom 22.12.1975, DB 1976, S. 172.

BUNDESMINISTER DER FINANZEN, Teilamortisationsvertrag für Immobilien vom 23.12.1991, BStBl I, S. 13.

BUNDESVERBAND DEUTSCHER BANKEN, Banken wollen ihre Zwischenergebnisse umfassender offen legen, Der Bankenverband informiert, Betriebswirtschaft und Zahlungsverkehr, Juli 1993, II/Nr. 13, Ziff.1.

BUSSE VON COLBE, W., Anpassung der Konzernrechnungslegungsvorschriften des HGB an internationale Entwicklungen, BB 2004 S. 2063-2070.

BUSSE VON COLBE, W./BECKER, W./BERNDT, H./GEIGER, K./HAASE, H./ SCHELLMOSER, F./SCHMITT, G./SEEBERG, T./WYSOCKI, K. VON, (Hrsg.), Ergebnis je Aktie nach DVFA/SG, 3. Aufl., Stuttgart 2000.

CASTAN, E./BÖCKING, H.-J./HEYMANN, G./PFITZER, N./SCHEFFLER, E. (Hrsg.), Beck'sches Handbuch der Rechnungslegung, Band I-III, München 2004.

CITIGROUP, Geschäftsbericht 2003.

COMDIRECT, Geschäftsbericht 2001.

COMDIRECT, Geschäftsbericht 2002.

COMDIRECT, Geschäftsbericht 2003.

COMDIRECT, Zwischenbericht 31. März 2004.

COMDIRECT, Zwischenbericht 30. Juni 2004.

COMDIRECT, Zwischenbericht 30. September 2004.

COMMERZBANK, Geschäftsbericht 1995.

COMMERZBANK, Geschäftsbericht 1998.

COMMERZBANK, Geschäftsbericht 1999.

COMMERZBANK, Geschäftsbericht 2000.

COMMERZBANK, Geschäftsbericht 2001.

COMMERZBANK, Geschäftsbericht 2002.

COMMERZBANK, Geschäftsbericht 2003.

COMMERZBANK, Zahlen, Fakten, Ziele, Mai 2001.
COMMERZBANK, Zwischenbericht 30. Juni 2002.
COMMERZBANK, Zwischenbericht 30. September 2002
COMMERZBANK, Zwischenbericht 30. September 2004.
CREDIT SUISSE, Geschäftsbericht 2001.

DAB-BANK, Geschäftsbericht 2001.
DAB-BANK, Geschäftsbericht 2002.
DAB-BANK, Geschäftsbericht 2003.
DAB-BANK, Zwischenbericht 31. März 2004.
DAB-BANK, Zwischenbericht 30. Juni 2004.
DAB-BANK, Zwischenbericht 30. September 2004.
DAHLKE, J./EITZEN, B. VON, Steuerliche Überleitungsrechnung im Rahmen der Bilanzierung latenter Steuern nach IAS 12, DB 2003, S. 2237-2239.
DAIMLER BENZ, Geschäftsbericht 1993.
DAIMLERCHRYSLER, Geschäftsbericht 2003.
DAVIDSON, S. (Hrsg.), Handbook of Modern Accounting, New York 1970.
DEUTSCHE BANK, Geschäftsbericht 1998.
DEUTSCHE BANK, Geschäftsbericht 1999.
DEUTSCHE BANK, Geschäftsbericht 2000.
DEUTSCHE BANK, Geschäftsbericht 2001.
DEUTSCHE BANK, Geschäftsbericht 2002.
DEUTSCHE BANK, Geschäftsbericht 2003.
DEUTSCHE BANK, Zwischenbericht zum 30. September 2004.
DEUTSCHE BÖRSE AG, Rundschreiben Listing 03/04 „Anwendung der International Financial Reporting Standards (IFRS) im Prospekt und im Rahmen der Zulassungsfolgepflichten", Februar 2004.
DEUTSCHE BUNDESBANK, Monatsbericht April 2001.
DEUTSCHE BUNDESBANK, Monatsbericht Januar 2002.
DEUTSCHE BUNDESBANK, Monatsbericht März 2002.
DEUTSCHE BUNDESBANK, Monatsbericht Juni 2002.
DEUTSCHE BUNDESBANK, Monatsbericht September 2004.

DÖLLERER, G., Leasing – wirtschaftliches Eigentum oder Nutzungsrecht?, BB 1971, S. 535-540.

DOMBEK, M., Die Bilanzierung von strukturierten Produkten nach deutschem Recht und nach den Vorschriften des IASB, WPg 2002, S. 1065-1074.

DRESDNER BANK, Geschäftsbericht 1996.

DRESDNER BANK, Geschäftsbericht 1998.

DRESDNER BANK, Geschäftsbericht 1999.

DRESDNER BANK, Geschäftsbericht 2000.

DRESDNER BANK, Geschäftsbericht 2001.

DRESDNER BANK, Geschäftsbericht 2002.

DRESDNER BANK, Geschäftsbericht 2003.

DRESDNER BANK, Konzernabschluss 2003.

DRESDNER BANK, Zwischenbericht zum 30. Juni 2004.

DREYER, G./SCHMID, H./KRONAT, O., Bilanzbefreiende Wirkung von Asset-Backed-Securities Transaktionen - Kritische Anmerkungen zur IDW Stellungnahme IDW RS HFA 8, BB 2003, S. 91-97.

ECKES, B./SITTMANN-HAURY, C., ED IFRS 7 „Financial Instruments: Disclosure" – Offenlegungsvorschriften für Finanzinstrumente und Auswirkungen aus der Ablösung von IAS 30 für Kreditinstitute, WPg 2004, S. 1195-1201.

ECKES, B./SITTMANN-HAURY, C./WEIGEL, W., Neue Versionen von IAS 32 und IAS 39 (I): Ausweis und Bewertung von Finanzinstrumenten, Die Bank 2004, S. 118-121.

ECKES, B./SITTMANN-HAURY, C./WEIGEL, W., Neue Versionen von IAS 32 und IAS 39 (II): Kategorisierung und Bewertung von Finanzinstrumenten, Die Bank 2004, S. 176-180

EISOLT, D., Die rechtlichen Grundlagen der amerikanischen Konzernrechnungslegung, AG 1993, S. 209-233.

EISOLT, D., Bilanzierung von Stock Options nach US-GAAP und IAS, IStR 1999, S. 759-764.

EKKENGA, J., Bilanzierung von Stock Options Plans nach US-GAAP, IFRS und HGB, DB 2004, S. 1897-1903.

ENGEL-CIRIC, D., § 15 Leasing, in: LÜDENBACH, N./HOFFMANN, W.-D. (Hrsg.), Haufe IAS-Kommentar, Freiburg im Breisgau 2003.

EPSTEIN, B. J./MIRZA, A. A., Interpretation and Application of International Accounting Standards, New York 2001.

EPSTEIN B. J./MIRZA A. A. (Hrsg.), Wiley-Kommentar zur internationalen Rechnungslegung nach IAS/IFRS, Braunschweig 2004.

ERNST&YOUNG, Financial Reporting Developments – Accounting for Derivative Instruments and Hedging Activities, o.O. 2001.

ESSER M./HACKENBERGER J., Bilanzierung immaterieller Vermögenswerte des Anlagevermögens nach IFRS und US-GAAP, KoR 2004, S. 402-414.

EUROPÄISCHE ZENTRALBANK, Geldpolitische Transmission im Euro-Währungsgebiet, Monatsbericht Juli 2000.

EUROPEAN FINANCIAL REPORTING ADVISORY GROUP, Draft Paper zum "Meeting of the Contact Committee IAS Regulation and Modernisation of The Accounting Directives (DRAFT)", Questions and Answers.

FINDEISEN, K.-D., Die Bilanzierung von Leasingverträgen nach den Vorschriften des International Accounting Standards Committee, RIW 1997, S. 838-847.

FINDEISEN, K.-D., Asset-Backed Securities im Vergleich zwischen US-GAAP und HGB, DB 1998, S. 481-488.

FINDEISEN, K.-D., Internationale Rechnungslegung im Leasing-Geschäft, FLF 2002, S. 62-67.

FISCHER, T. M./KLÖPFER, E./STERZENBACH, S., Beurteilung der Rechnungslegung nach IAS, Ergebnis der Befragung deutscher Börsennotierter Unternehmen, WPg 2004, S. 694-708.

FISCHER, T. M./WENZEL, J., Wertorientierte Berichterstattung (Value Reporting) in börsennotierten Unternehmen, Ergebnisse einer empirischer Studie, Handelshochschule, Leipzig (HHL), 1.1.2003.

FÖRSCHLE, G., Earnings per Share, FS für Jörg Baetge, Düsseldorf 1997.

FÖRSCHLE, G./KROPP, M., § 266 HGB, G. Exkurs: Optionsbezugsrechte auf Aktien (stock options) für Arbeitnehmer und Geschäftsführung, in: BERGER, A./ELLROTT, H./ FÖRSCHLE; G./HENSE, B. (Hrsg.), Beck'scher Bilanz-Kommentar, 5. Aufl., München 2003.

FRIZLEN, U./MÖHRLE, M., Aktivierung eigenentwickelter Programme in den Bilanzen der Softwarehersteller nach HGB und US-GAAP, KoR 2001, S. 233-243.

GEBHARDT, G., Empfehlungen zur Gestaltung informativer Kapitalflußrechnung nach internationalen Grundsätzen, BB 1999, S. 1314-1321.

GEBHARDT, G., Kapitalflussrechnungen, in: CASTAN, E. u.a. (Hrsg.), Beck'sches Handbuch der Rechnungslegung, Band III, München 2004, C 620.

GEBHARDT, G., Konsistente Bilanzierung von Aktienoptionen und Stock Appreciation Rights – eine konzeptionelle Auseinandersetzung mit E-DRS 11 und IFRS ED 2, BB 2003, S. 675-681.

GEBHARDT, G./NAUMANN, T. K., Grundzüge der Bilanzierung von Financial Instruments und von Absicherungszusammenhängen nach IAS 39, DB 1999, S. 1461-1469.

GEBHARDT, G./REICHARDT, R./WITTENBRINK, C., Accounting for Financial Instruments in the Banking Industry, Center for Financial Studies, Working Paper Series No. 95, Frankfurt a.M. 2002.

GEBHARDT, G./REICHARDT, R./WITTENBRINK, C., Financial Instruments – Fair Value Accounting for (not against) the Banking Industry, Center for Financial Studies, Working Paper Series No. 21/2003, Frankfurt a.M. 2003.

GEIB, G. (Hrsg.), Rechnungslegung von Versicherungsunternehmen - FS für Horst Richter, Düsseldorf 2001.

GERKE, W./SIEGERT, T. (Hrsg.), Aktuelle Herausforderungen des Finanzmanagements, Dokumentation des 57. Deutschen Betriebswirtschafter-Tags 2003, Stuttgart 2004.

GOLDMAN SACHS, Geschäftsbericht 2001.

GÖTHEL, S. R., Europäisches Bilanzrecht im Umbruch, DB, 2001, S. 2057-2061.

GREEN, D., Interim Reports, in: DAVIDSON, S. (Hrsg.), Handbook of Modern Accounting, New York 1970, S. 1-22.

GRÜNBERGER, D./GRÜNBERGER, H., IAS und US-GAAP 2002/2003: Ein systematischer Praxis-Leitfaden; (IAS 41 und FAS 145), Herne 2002.

HACHMEISTER, D./KUNATH, O., Die Bilanzierung des Geschäfts- oder Firmenwerts im Übergang auf IFRS 3, KoR 2005, S. 62-75.

HACKER, B./DOBLER, M., Empirische Untersuchung der Segmentpublizität in Deutschland, WPg 2000, S. 811-819.

HALLER, A., IAS 14 Segmentberichterstattung (Segment Reporting), in: BAETGE, J./DÖRNER, D. u.a. (Hrsg.), Rechnungslegung nach International Accounting Standards (IAS), 2. Aufl., Stuttgart 2002.

HANFT, S./KRETSCHMER, T., Quartalspublizität am Neuen Markt, AG 2001, S. 84-87.

HASBARGEN, U./SETA, B. M., IAS/IFRS Exposure Draft ED 2 „Share-based Payment" – Auswirkungen auf aktienbasierte Vergütung, BB 2003, S. 515-521.

HAYN, S./BÖSSER, J./PILHOFER, J., Erstmalige Anwendung von International Financial Reporting Standards (IFRS 1), BB 2003, S. 1607-1613.

HAYN, S./WALDERSEE, G. GRAF, IFRS/US-GAAP/HGB im Vergleich – Synoptische Darstellung für den Einzel- und Konzernabschluss, 5. Aufl., Stuttgart 2004.

HELMSCHROTT, H., Zum Einfluss von SIC 12 und IAS 39 auf die Bestimmung des wirtschaftlichen Eigentums bei Leasingvermögen, WPg 2000, S. 426-429.

HENKEL AG, Geschäftsbericht 2003.

HERZIG, N., Steuerliche und bilanzielle Probleme bei Stock Options und Stock Appreciation Rights, DB 1999, S. 1-12.

HERZIG, N./BÄR, M., Internationalisierung der Rechnungslegung und steuerliche Gewinnermittlung, WPg 2000, S. 104-119.

HERZIG, N./BÄR, M., Die Zukunft der steuerlichen Gewinnermittlung im Licht des europäischen Bilanzrechts, DB 2003, S. 1-8.

HERZIG, N./DEMPFLE, U., Konzernsteuerquote, betriebliche Steuerpolitik und Steuerwettbewerb, DB 2002, S. 1-8.

HERZIG, N./LOCHMANN, U., Steuerbilanz und Betriebsausgabenabzug bei Stock Options, WPg 2002, S. 325-344.

HEURUNG, R./KURTZ, M., Latente Steuern nach dem Temporary Differences-Konzept: Ausgewählte Problembereiche, BB 2000, S. 1775-1780.

HEYD, R., Fair Value Bewertung von Financial Instruments, in: KNOBLOCH A. P./ KRATZ, N. (Hrsg.), Neuere Finanzprodukte, FS für Wolfgang Eisele, München 2003, S. 337-368.

HEYMANN, G., Eigenkapital, in: CASTAN, E./HEYMANN, G. u.a. (Hrsg.), Beck'sches Handbuch der Rechnungslegung, Band I, München 2004, B 231.

HOFFMANN, W.-D., § 23 Aktienkursorientierte Vergütungsformen, in: LÜDENBACH, N./HOFFMANN, W.-D. (Hrsg.), Haufe IAS-Kommentar, 2. Aufl., Freiburg im Breisgau 2004.

HOFFMANN, W.-D./LÜDENBACH, N., IFRS 5 – Bilanzierung bei beabsichtigter Veräußerung von Anlagen und Einstellung von Geschäftsfeldern, BB 2004, S. 2006-2008.

HOFFMANN, W.-D./LÜDENBACH, N., Die Bilanzierung aktienorientierter Vergütungsformen nach IFRS 2 (Share-Based Payment), DStR 2004, S. 786-792.

HOMMEL, M., Neue Goodwillbilanzierung – das FASB auf dem Weg zur entobjektivierten Bilanz?, BB 2001, S. 1943-1949.

HOMMEL, M./BENKEL, M./WICH, S., IFRS 3 Business Combinations: neue Unwägbarkeiten im Jahresabschluss, BB 2004, S. 1267-1273.

HOMMEL, M./HERMANN, O., Hedge Accounting und Full Fair Value Approach in der internationalen Rechnungslegung, DB 2003, S. 2501-1506.

HUECK, A./FASTRICH, L., § 5 Stammkapital und Stammeinlagen, in: BAUMBACH, A./ HUECK, A. (Hrsg.), GmbH Gesetz, 17. Aufl., München 2000.

HÜFFER, U., AktG, 6. Auflage, München 2004.

HUMMEL, D./BÜHLER, W./SCHUSTER, L. (Hrsg.), Banken in globalen und regionalen Umbruchsituationen, FS zum 60. Geburtstag von Johann Heinrich von Stein, Stuttgart 1997.

HYPOVEREINSBANK, Finanzbericht 2002.

HYPOVEREINSBANK, Finanzbericht 2003.

HYPOVEREINSBANK, Geschäftsbericht 1998.

HYPOVEREINSBANK, Geschäftsbericht 1999.

HYPOVEREINSBANK, Geschäftsbericht 2000.

HYPOVEREINSBANK, Geschäftsbericht 2001.

HYPOVEREINSBANK, Geschäftsbericht 2002.

HYPOVEREINSBANK, Geschäftsbericht 2003.

HYPOVEREINSBANK, Zwischenbericht zum 30. September 2004.

IASB INSIGHT, July 2004, S. 4.

IASC FOUNDATION CONSTITUTION, Part A, Names and Objectives, IASCF: International Accounting Standards 2002, London 2002.

IDW, 179. Sitzung des HFA, FN-IDW, 12/2001, S. 688-689.

IDW, Prüfungshinweis PH 9.400.4/2000, Bestätigungsvermerke und Bescheinigungen zu Konzernabschlüssen bei Börsengängen an den Neuen Markt, WPg 2000, S. 1073-1081.

IDW, Stellungnahme HFA 1/1978, Die Kapitalflussrechnung als Ergänzung des Jahresabschlusses, WPg 1978, S. 207-208.

IDW, Stellungnahmen HFA 2/1988, Pensionsverpflichtungen im Jahresabschluß, WPg 1988, S. 403-405.

IDW, Stellungnahme HFA 1/1989, Zur Bilanzierung beim Leasinggeber, WPg 1989, S. 626.

IDW, Stellungnahme HFA 1/1994, Behandlung von Genussrechten im Jahresabschluss von Kapitalgesellschaften, WPg 1994, S. 419-423.

IDW, Stellungnahme HFA 1/1995, Die Kapitalflussrechnung als Ergänzung des Jahres- und Konzernabschlusses, WPg 1995, S. 210-213.

IDW, Stellungnahme RS HFA 11/2004, Bilanzierung von Software beim Anwender, WPg 2004, S. 817-820.

IDW, Stellungnahme zur Rechnungslegung, Bilanzierung von Pensionsverpflichtungen aus Altersteilzeitregelungen nach IAS und nach handelsrechtlichen Vorschriften, WPg 1998, S. 1063-1065.

IDW, Stellungnahme zur Rechnungslegung, Einzelfragen zur Anwendung von IFRS (IDW ERS HFA 2 n.F.), WPg 2004, S. 1333-1347.

J.P. MORGAN CHASE & CO., Geschäftsbericht 2003.

JÄGER R./HIMMEL H., Die Fair Value-Bewertung immaterieller Vermögenswerte vor dem Hintergrund der Umsetzung internationaler Rechnungslegungsstandards, BfuP 2003, S. 417-440.

KAHLE, H., Informationsversorgung des Kapitalmarkts über internationale Rechnungslegungsstandards, KoR 2002, S. 95-107.

KEHM, P./LAUINGER, R./RAVE, H., Umsetzung der Anforderungen des IAS 39 im Commerzbank-Konzern: ein Projektbericht, ZfgK 2003, S. 799-808.

KEMMER, M./NAUMANN, T. K., IAS 39: Warum ist die Anwendung für deutsche Banken so schwierig? (I), ZfgK 2003, S. 18-23.

KEMMER, M./NAUMANN, T. K., IAS 39: Warum ist die Anwendung für deutsche Banken so schwierig? (II), ZfgK 2003, S. 794-798

KESSLER, M./BABEL, M., Überblick zu Ausgestaltungsformen von Stock-Option-Plänen, in: KESSLER, M./SAUTER, T. (Hrsg.), Handbuch Stock Options, München 2003, Rn. 84-113.

KIESO, D. E./WEYGANDT, J. J./WARFIELD, T. D., Intermediate Accounting, 10. Aufl., New York 2001.

KIRNBERGER, C., § 19, in: BOHL, W./RIESE, J./SCHLÜTER, J. (Hrsg.), Beck'sches IFRS-Handbuch, München 2004.

KIRSCH, H., Abgrenzung latenter Steuern bei Personengesellschaften in Deutschland, DStR 2002, S. 1875-1880.

KIRSCH, H., Besonderheiten des Eigenkapitalausweises und der Eigenkapitalveränderungsrechnung nach IAS, BuW 2002, S. 309-315.

KLEIN, K.-G., Zwischenergebniseliminierung, in: CASTAN, E./HEYMANN, G. u.a. (Hrsg.), Beck'sches Handbuch der Rechnungslegung, Band II, München 2004, C 430.

KNIPPER, H. J. u.a., Commerzbank-Chef Müller: Ich werde nicht aufgeben, Handelsblatt vom 10.10.2002, S. 21.

KNOBLOCH A. P./KRATZ, N. (Hrsg.), Neuere Finanzprodukte, FS für Wolfgang Eisele, München 2003.

KNORR, L., Zwischenberichterstattung, BFuP 2001, S. 1-6.

KNORR, L./WENDLANDT, K., Standardentwurf zur erstmaligen Anwendung von International Financial Reporting Standards (IFRS), KoR 2002, S. 201-206.

KNORR, L./WIEDERHOLD, P., IASB Exposure Draft 2 „Share-based Payments" – Ende der Diskussion in Sicht? –, WPg 2003, S. 49-56.

KPMG DEUTSCHE TREUHAND-GESELLSCHAFT (Hrsg.), IFRS 1 – Erstmalige Anwendung der IFRS, Berlin 2003, S. 20.

KPMG DEUTSCHE TREUHAND-GESELLSCHAFT (Hrsg.), Rechnungslegung nach US-amerikanischen Grundsätzen, 3. Aufl., Düsseldorf 2003.

KPMG DEUTSCHE TREUHAND-GESELLSCHAFT (Hrsg.), IFRS aktuell, Stuttgart 2004.

KPMG DEUTSCHE TREUHAND-GESELLSCHAFT (Hrsg.), International Financial Reporting Standards, Eine Einführung in die Rechnungslegung nach den Grundsätzen des IASB, 3. Aufl., Stuttgart 2004.

KPMG DEUTSCHE TREUHAND-GESELLSCHAFT, KPMG's Audit Committee Quarterly II/2004, S. 25-26.

KPMG IFRG LIMITED (Hrsg.), Illustrative financial statements: first-time adoption in 2005, London 2004.

KPMG IFRG LIMITED (Hrsg.), IFRS Illustrative Financial Statements for Investment Funds, London 2004.

KPMG IFRG LIMITED (Hrsg.), Insights into IFRS, A practical Guide to International Financial Reporting Standards, London 2004.

KROPP, M./KLOTZBACH, D., Der Exposure Draft zur Änderung des IAS 39 „Financial Instruments", WPg 2002, S. 1010-1031.

KROPP, M./KLOTZBACH, D., Der Vorschlag des IASB zum Makro Hedge Accounting, WPg 2003, S. 1180-1192.

KRUMNOW, J., Das Betriebsergebnis der Banken – ein aussagefähiger Indikator?, ZfgK, 1993, S. 64-68.

KRUMNOW, J., IAS-Rechnungslegung für Banken, Die Bank 1996, S. 396-403.

KRUMNOW, J., Bankencontrolling für derivative Geschäfte, in: HUMMEL, D./ BÜHLER, W./SCHUSTER, L. (Hrsg.), Banken in globalen und regionalen Umbruchsituationen, FS zum 60. Geburtstag von Johann Heinrich von Stein, Stuttgart 1997, S. 291-315.

KRUMNOW, J., Viele Gremien für den Fair Value – Differenz zu Anschaffungskosten-Definition des Eigenkapitals in der Segmentberichterstattung oft fraglich, Börsen-Zeitung vom 07.07.2001.

KRUMNOW, J./GRAMLICH, L./LANGE, T. A./DEWNER, T. M. (Hrsg.), Gabler Bank Lexikon, 13. Aufl., Wiesbaden 2002.

KRUMNOW, J./LÖW, E., IAS 30 – Angabepflichten im Jahresabschluss von Banken und ähnlichen Finanzinstituten (Disclosures in the Financial Statements of Banks and Similar Financial Institutions), in: BAETGE, J./DÖRNER, D. u.a. (Hrsg.): Rechnungslegung nach International Accounting Standards (IAS), 2. Aufl., Stuttgart 2002.

KRUMNOW J./SPRIßLER W./BELLAVITE-HÖVERMANN, Y./KEMMER, M./ALVES, S./ BÜTTING, C./LAUINGER, R. H./LÖW, E./NAUMANN, T. K./PAUL, S./PFITZER, N./SCHARPF, P. (Hrsg.), Rechnungslegung der Kreditinstitute, Kommentar, 2. Aufl., Stuttgart 2004.

KUHN, S./SCHARPF, P., Finanzinstrumente: Neue Vorschläge zum Portfolio Hedging zinstragender Positionen nach IAS 39, DB 2003, S. 2293-2299.

KUHN, S./SCHARPF, P., Finanzinstrumente: Neue (Teil-) Exposure Drafts zu IAS 39 und Vorstellung des Exposure Draft ED 7, KoR 2004, S. 381-389.

KUNZI, D./HASBARGEN, U./KAHRE, B., Gestaltungsmöglichkeiten von Aktienoptionsprogrammen nach US-GAAP, DB 2000, S. 285-288.

KÜTING, K./HELLEN, H.-H./BRAKENSIEK, S., Leasingbilanzierung: Vorschlag zur Neuausrichtung nach dem Positionspapier der G4+1 Working Group, BB 2000, S. 1720-1721.

KÜTING, K./LANGENBUCHER, G. (Hrsg.), Internationale Rechnungslegung, Stuttgart 1999.

KÜTING, K./PILLHOFER, J./KRICHHOF, J. Die Bilanzierung von Software aus der Sicht des Herstellers nach US-GAAP und IAS, WPg 2002, S. 73-85.

KÜTING, K./RANKER, D., Tendenzen zur Auslegung der endorsed IFRS als sekundäres Gemeinschaftsrecht, BB 2004, S. 2510-2515.

KÜTING, K./ULRICH, A., Abbildung und Steuerung immaterieller Vermögensgegenstände (Teil I) –Werttreiber im normativen Zwangskorsett, DStR 2001, S. 953-960.

KÜTING, K./ULRICH, A., Abbildung und Steuerung immaterieller Vermögensgegenstände (Teil II), Werttreiber im normativen Zwangskorsett, DStR 2001, S. 1000-1004.

KÜTING, K./WEBER, C.-P., Bilanzanalyse, 3. Aufl., Stuttgart 1997.

KÜTING, K./WEBER, C.-P., Bilanzanalyse, 7. Aufl., Stuttgart 2004.

KÜTING, K./WIRTH, J., Bilanzierung von Unternehmenszusammenschlüssen nach IFRS 3, KoR 2004, S. 167-177.

LANFERMANN, J. (Hrsg.), Internationale Wirtschaftsprüfung, FS für Hans Havermann, Düsseldorf 1995.

LANFERMANN, G., EU-Richtlinienvorschlag zur Änderung der Vierten und Siebten Gesellschaftlichen Richtlinie zu Einzel- und Konzernabschluss, BB-Special 6/2004, S. 2-5.

LANGE, T. A./LÖW, E. (Hrsg.), Rechnungslegung, Steuerung und Aufsicht von Banken – Kapitalorientierung und Internationalisierung, FS zum 60. Geburtstag von Jürgen Krumnow, Wiesbaden 2004.

LANGE, T., Rückstellungen für Stock Options in Handels- und Steuerbilanz, StuW 2001, S. 137-149.

LANGNER, S., Asset Backed Securities, zfbf 2002, S. 656-673.

LENZ, H./FOCKEN, E., Die Prüfung der Segmentberichterstattung, WPg 2002, S. 853-863.

LITTEN, R./CHRISTEA, S., Asset Backed Securities in Zeiten von Basel II – Die geplante Eigenkapitalunterlegung nach den Basler ABS-Arbeitspapieren, WM 2003, S. 213-221.

LÖCKE, J., Erstmalige Aufstellung befreiender IAS-Konzernabschlüsse nach Interpretation SIC-8, DB 1998, S. 1777-1780.

LOITZ, R./RÖSSEL, C., Die Diskontierung von latenten Steuern, DB 2002, S. 645-651.

LORENZ, K., Wirtschaftliche Vermögenszugehörigkeit im Bilanzrecht, Düsseldorf 2002.

LORENZ, K., DRS 14 zur Währungsumrechnung: Darstellung und Vergleichbarkeit mit den IASB-Regelungen, KoR 2004, S. 437-441.

LORENZ, K., Wirtschaftliche Vermögenszugehörigkeit – Beispiel Leasingverhältnisse, in: WÜSTEMANN, J. (Hrsg.): Bilanzierung case by case. Lösungen nach HGB und IAS/IFRS, Heidelberg 2004, S. 74-94.

LÖW, E., Deutsche Bankabschlüsse nach International Accounting Standards, Stuttgart 2000.

LÖW, E., Bilanzierung von Finanzinstrumenten und Risikocontrolling, in: WEIßENBERGER, B. E. (Hrsg.), IFRS und Controlling, ZfCM Sonderheft 2, 2004, S. 32-41.

LÖW, E., Verlustfreie Bewertung antizipativer Sicherungsgeschäfte nach HGB – Anlehnung an internationale Rechnungslegungsvorschriften, WPg 2004, S. 1109-1123.

LÖW, E., Fair-Value-Option nicht einschränken, Börsen-Zeitung 14.07.2004.

LÖW, E., Abläufe bei IAS-Beratung müssen verbessert werden, Börsen-Zeitung vom 29. September 2004.

LÖW, E., Erleichterungen nutzen, Ausnahmen annehmen, Accounting 01/2005, S. 6-9.

LÖW, E., Partielles Endorsement von IAS 39: Fair-Value-Option, BB 2005, Heft 4, S. I.

LÖW, E./LORENZ, K., Risikoberichterstattung nach den Standards des DRSC und im internationalen Vergleich, KoR 2001, S. 211-222.

LÖW, E./LORENZ, K., Bilanzielle Behandlung von Fremdwährungsgeschäften nach deutschem Recht und nach den Vorschriften des IASB, KoR 2002, S. 234-243.

LÖW, E./LORENZ, K., Währungsumrechnung nach E-DRS 18 und nach den Regelungen des IASB, BB 2002, S. 2543-2547.

LÖW, E./ROGGENBUCK, H. E., Earnings per Share nach IAS und Gewinn pro Aktie nach DVFA für Banken, DBW 1998, S. 659-671.

LÖW, E./ROGGENBUCK, H. E., Ergebnis-je-Aktie-Kennziffern für Banken im Blickwinkel nationaler und internationaler Rechnungslegung, BB 2001, S. 1460-1468.

LÖW, E./SCHILDBACH, S., Financial Instruments – Änderungen von IAS 39 aufgrund des Amendments Project des IASB, BB 2004, S. 875-882.

LÖW, E./SCHILDBACH, S., Risikoberichterstattung nach IFRS geplant, Börsen-Zeitung vom 24.07.2004.

LÖW, E./TÖTTLER, C., Bankspezifische Aspekte der Umstellung auf IAS, in: AUER, K. V. (Hrsg.), Die Umstellung der Rechnungslegung auf IAS/US-GAAP, Wien 1998.

LÖW, E./WEIDE, T., Das Management von Stakeholder Benefits als Werttreiber in Banken, in: WAGENHOFER, A./HREBICEK, G. (Hrsg.), Wertorientiertes Management – Konzepte und Umsetzungen zur Unternehmenswertsteigerung, Stuttgart 2000, S. 239-258.

LÜDENBACH, N., Geplante Neuerungen bei Bilanzierung und Ausweis von Finanzinstrumenten nach IAS 32 und IAS 39, BB 2002, S. 2113-2119.

LÜDENBACH, N./HOFFMANN, W.-D., Der Übergang von der Handels- zur IAS-Bilanz gemäß IFRS 1, DStR 2003, S. 1498-1505.

LÜDENBACH, N./HOFFMANN, W.-D. (Hrsg.), Haufe IAS-Kommentar, Freiburg im Breisgau 2003.

LÜDENBACH, N./HOFFMANN, W.-D. (Hrsg.), Haufe IAS-Kommentar, Freiburg im Breisgau 2004.

MAAS, R., Schuldenkonsolidierung, in: CASTAN, E./HEYMANN, G. u.a. (Hrsg.), Beck'sches Handbuch der Rechnungslegung, Band II, München 2004, C 420.

MAISCH, M./WALTER, N., Die hilflose Macht, Handelsblatt vom 10.10.2002, S. 10.

MANSCH, H./WYSOCKI, K. VON (Hrsg.), Finanzierungsrechnung im Konzern: Empfehlungen des Arbeitskreises „Finanzierungsrechnung" der Schmalenbach-Gesellschaft/Deutsche Gesellschaft für Betriebswirtschaft e.V., zfbf Sonderheft Nr. 37, Düsseldorf/Frankfurt a.M. 1996.

MAUL, S./EGGENHOFER, E./LANFERMANN, G., Deregulierung der EU-Regelungen zur Kapitalaufbringung und –erhaltung, BB-Special 6/2004, S. 5-15.

MCGREGOR, W. u.a., Accounting for Leases: A New Approach, Recognition by Lessees of Assets and Liabilities Arising under Lease Contracts, 1996.

MELCHER, W./PENTER, V., Konsolidierung von Objektgesellschaften und ähnlichen Strukturen nach US-GAAP, DB 2003, S. 513-518.

MELLWIG, W., Die bilanzielle Darstellung von Leasingverträgen nach den Grundsätzen des IASC, DB 1998, Beilage 12 zu Heft Nr. 35, S. 1-16.

MELLWIG, W., Leasing im handelsrechtlichen Jahresabschluss, ZfgK 2001, S. 303-309.

MEYER, L., Full Fair Value Accounting für Versicherungsunternehmen, in: WAGNER, F. (Hrsg.), Aktuelle Fragen der Versicherungswirtschaft, Karlsruhe 2003, S. 119-137.

MUJKANOVIC, R., Die Vorschläge des Deutschen Standardisierungsrats (DSR) zur Segmentberichterstattung, AG 2000, S. 122-127.

MÜLLER, R., Die Konzernsteuerquote – Modephänomen oder ernst zu nehmende neue Kennziffer?, DStR 2002, S. 1684-1688.

MÜLLER, W., Die Zwischenberichtspublizität der deutschen Aktiengesellschaften, Düsseldorf 1976.

NAILOR, H./LENNARD, A. u.a., Leases: Implementation Of A New Approach, 2000.

NARDMANN, H., Die Segmentberichterstattung – Anforderungen nach DRS 3 im internationalen Vergleich, Herne/Berlin 2002.

NIEHUS, R./THYLL, A., Konzernabschluss nach US-GAAP – Grundlagen und Gegenüberstellung mit den deutschen Vorschriften, 2. Aufl., Stuttgart 2000, S. 100.

O.V., Banken ringen um ihren Ruf, Handelsblatt vom 10.10.2002, S.10.

O. V., Einigung in Europa über IAS 39, FAZ vom 04.10.2004.

ORDELHEIDE, D., Kapitalkonsolidierung nach der Erwerbsmethode, Anwendungsbereich und Erstkonsolidierung, in: CASTAN, E./HEYMANN, G. u.a. (Hrsg.), Beck'sches Handbuch der Rechnungslegung, Band II, München 2004, C 401.

ORDELHEIDE, D., Folgekonsolidierung nach der Erwerbsmethode, in: CASTAN, E./ HEYMANN, G. u.a. (Hrsg.), Beck'sches Handbuch der Rechnungslegung, Band II, München 2004, C 402.

ORDELHEIDE, D., Endkonsolidierung nach der Erwerbsmethode, in: CASTAN, E./ HEYMANN, G. u.a. (Hrsg.), Beck'sches Handbuch der Rechnungslegung, Band II, München 2004, C 403.

OSER, P./VATER, H., Bilanzierung von Stock Options nach US-GAAP und IAS, DB 2001, S. 1261-1268.

ÖSTERREICHISCHE VEREINIGUNG FÜR FINANZANALYSE UND ANLAGEBERATUNG, ÖVFA-Ergebnis- und Cash Flow-Formeln für den Einzel- und Konzernabschluss nach RLG, Schriftenreihe Nr. 3, Wien 1993.

PADBERG, T., Segmentpublizität und Analyse der Segmentinformationen von Kreditinstituten, KoR 2001, S. 71-80.

PAPE, J., Financial Instruments: Standard der Joint Working Group of Standard Setters, WPg 2001, S. 1458-1467.

PAPE, J./BOGAJEWSKAJA, J./BORCHMANN, T., Der Standardentwurf des IASB zur Änderung von IAS 32 und IAS 39 – Darstellung und kritische Würdigung, KoR 2002, S. 219-234.

PÄSLER, R. H./ROCKEL, S., IFRS kommt – der Spezialfonds bleibt, ZfgK 2004, S. 884-886.

PELLENS, B., Internationale Rechnungslegung, 5. Aufl., Stuttgart 2004.

PELLENS, B./CRASSELT, N., Bilanzierung von Stock Options, DB 1998, S. 217-223.

PELLENS, B./CRASSELT, N., Virtuelle Aktienoptionsprogramme im Jahresabschluss, WPg 1999, S. 765-772.

PELLENS, B./CRASSELT, N., Bilanzierung von Aktienoptionsplänen und ähnlichen Entgeltformen nach IFRS 2 „Share-based Payment", KoR 2004, S. 113-118

PELLENS, B./DETERT, K., IFRS 1 First-time Adoption of International Financial Reporting Standards, KoR 2003, S. 369–376.

PELLENS, B./FÜLBIER, R. U./GASSEN, J., Internationale Rechnungslegung, 5. Aufl., Stuttgart 2004.

PELLENS, B./GASSEN, J., IAS 33 – Ergebnis je Aktie, in: BAETGE, J./DÖRNER, D. u.a. (Hrsg.), Rechnungslegung nach International Accounting Standards (IAS), 2. Aufl., Stuttgart 2002.

PELLENS, B./SELLHORN, T./STRECKENBACH, J., Neue Abgrenzungskriterien für den Konsolidierungskreis - Zur Bilanzierung von Zweckgesellschaften nach FIN 46, KoR 2003, S. 191-194.

PERLET, H., Fair-Value-Bilanzierung von Versicherungsunternehmen, BFuP 2003, S. 441-456.

PERLET, H., Konvergenzerfordernis zwischen IFRS und US-GAAP, in: LANGE, T. A./ LÖW, E. (Hrsg.), Rechnungslegung, Steuerung und Aufsicht von Banken – Kapitalorientierung und Internationalisierung, FS zum 60. Geburtstag von Jürgen Krumnow, Wiesbaden 2004, S. 15-34.

PETRONE, K., Comparative Analysis of IAS 33, Earnings per Share" and U.S. GAAP including FASB Statement No. 128, Earnings per Share, in: BLOOMER, C. (Hrsg.), The IASC-U.S. Comparison Project: A Report on the Similarities and Differences between IASC Standards an U.S. GAAP, 2. Aufl., Norwalk 1999.

PFAFF, D., Kapitalkonsolidierung nach der Interessenzusammenführungsmethode, in: CASTAN, E./HEYMANN, G. u.a. (Hrsg.), Beck'sches Handbuch der Rechnungslegung, Band II, München 2004, C 410.

PFITZER, P./OSER, P./ORTH, C., Offene Fragen und Systemwidrigkeiten des Bilanzrechtsreformgesetzes, DB 2004, S. 2593-2602.

PFUHL, J. M., Konzernkapitalflussrechnung, Stuttgart 1994.

PORTER, T. L., Comparative Analysis of IAS 14 (1997), Segment Reporting, and U.S. GAAP including FASB Statement No. 131, Disclosures about Segments of an Enterprise and Related Information, in: BLOOMER, C. (Hrsg.), The IASC-U.S. Comparison Project: A Report on the Similarities and Differences between IASC Standards an U.S. GAAP, 2. Aufl., Norwalk 1999, S. 161-172.

POSTBANK, Geschäftsbericht 2001.

POSTBANK, Geschäftsbericht 2002.

POSTBANK, Geschäftsbericht 2003.

PRAHL, R., Bilanzierung von Financial Instruments – quo vadis?, in: LANGE, T. A./ LÖW, E. (Hrsg.), Rechnungslegung, Steuerung und Aufsicht von Banken – Kapitalorientierung und Internationalisierung, FS zum 60. Geburtstag von Jürgen Krumnow, Wiesbaden 2004, S. 207-239.

PRAHL, R./NAUMANN, T. K., Bankkonzernrechnungslegung nach neuem Recht: Grundsätzliche Konzepte, wichtige Vorschriften zum Übergang und andere ausgewählte Einzelfragen, WPg 1993, S. 235-246.

PRAHL, R./NAUMANN, T. K., Financial Instruments, Berlin 2000.

PWC DEUTSCHE REVISION, A Guide of Accounting for Derivative Instruments and Hedging Activities, o.O. 1998.

PWC DEUTSCHE REVISION, IAS für Banken, 2. Aufl., Frankfurt a.M. 2002.

RAMMERT, S., Die Bilanzierung von Aktienoptionen für Manager – Überlegungen zur Anwendung von US-GAAP im handelsrechtlichen Jahresabschluss, WPg 1998, S. 766-777.

ROß, N./BAUMUNK, S., Aktienoptionspläne nach § 192 Abs. 2 Nr. 3 AktG, in: KESSLER M./SAUTER, T. (Hrsg.), Handbuch Stock Options, München 2003, Rn. 174-279.

ROß, N./BAUMUNK, S., Wertsteigerungsrechte ohne Dividendenkomponente, in: KESSLER M./SAUTER, T. (Hrsg.), Handbuch Stock Options, München 2003, Rn. 687-765.

ROß, N./BAUMUNK, S., ED 2 Share-based Payment im Vergleich zu US-GAAP und E-DRS 11, KoR 2003, S. 29-38

RUHNKE, K./NERLICH, C., Behandlung von Regelungslücken innerhalb der IFRS, DB 2004, S. 389-395.

RUHWEDEL, F./SCHULTZE, W., Value Reporting: Theoretische Konzeption und Umsetzung bei den DAX 100 – Unternehmen, zfbf 2002, S. 602-632.

SAUTER, T./BABEL, M., Zielsetzungen von Stock-Option-Plänen; betriebswirtschaftliche Grundlagen in: KESSLER, M./SAUTER, T. (Hrsg.), Handbuch Stock Options, München 2003, Rn. 1-39.

SAUTER, T./BABEL, M., Entwicklungen in der Unternehmenspraxis – Eine empirische Studie, in: KESSLER, M./SAUTER, T. (Hrsg.), Handbuch Stock Options, München 2003, Rn. 58-71.

SAUTER, T./HEURUNG, R./FISCHER, W.-W., Erfassung von latenten Steuern im Konzernabschluss nach E-DRS 12, BB 2001, S. 1783-1788.

SCHARPF, P., Bankbilanz, Düsseldorf 2002.

SCHARPF, P., Hedge Accounting nach IAS 39: Ermittlung und bilanzielle Behandlung der Hedge (In)Effektivität, KoR 2004, Beilage 1 zu Heft 4, S. 3-22.

SCHARPF, P./LUZ, G., Risikomanagement, Bilanzierung und Aufsicht von Finanzderivaten, 3. Aufl., Stuttgart 2000.

SCHEFFLER, E., Der europäische Enforcement-Prozess – Europäischer Einfluss auf die Fortentwicklung der International Financial Reporting Standards, in: LANGE, T. A./ LÖW, E. (Hrsg.), Rechnungslegung, Steuerung und Aufsicht von Banken – Kapitalorientierung und Internationalisierung, FS zum 60. Geburtstag von Jürgen Krumnow, Wiesbaden 2004, S. 55-72.

SCHIERENBECK, H., Ertragsorientiertes Bankmanagement, Wiesbaden 1990.

SCHIERENBECK, H./HÖLSCHER, R., Bank Assurance, 4. Aufl., Stuttgart 1998.

SCHILDBACH, T., Stock Options nach den Vorstellungen der Arbeitgruppe des Deutschen Standardisierungsrates, StuB 2000, S. 1033-1038.

SCHILDBACH, T., US-GAAP, 2. Aufl., München 2002.

SCHILDBACH, T., Personalaufwand aus Managerentlohnung mittels realer Aktienoptionen – Reform der IAS im Interesse besserer Informationen?, DB 2003, S. 893-898.

SCHÖN, W., Kompetenzen der Gerichte zur Auslegung von IAS/IFRS, BB 2004, S. 763-768.

SCHRÖCK, G., Risiko- und Wertmanagement in Banken, Wiesbaden 1997.

SCHRUFF, W., Zur Bilanzierung von Stock Options nach HGB – Übernahme internationaler Rechnungslegungsstandards?, FS für Wolf Müller, München 2001.

SCHRUFF, W., IAS 39: Bilanzierungsprobleme in der Praxis, in: GERKE, W./SIEGERT, T. (Hrsg.), Aktuelle Herausforderungen des Finanzmanagements, Dokumentation des 57. Deutschen Betriebswirtschafter-Tags 2003, Stuttgart 2004, S. 91-112.

SCHRUFF, W./HASENBURG, C., Stock Option-Programme im handelsrechtlichen Jahresabschluß, BFuP 1999, S. 616-645.

SCHRUFF, W./ROTHENBURGER, M., Zur Konsolidierung von Special Purpose Entities im Konzernabschluss nach US-GAAP, IAS und HGB, WPg 2002, S. 755-765.

SCHULZE-OSTERLOH, J., HGB-Reform: Der Einzelabschluß nicht kapitalmarktorientierter Unternehmen unter dem Einfluß von IAS/IFRS, BB 2004, S. 2567-2570.

SCHULZE-OSTERLOH, J., Internationalisierung der Rechnungslegung und ihre Auswirkungen auf die Grundprinzipien des deutschen Rechts, Der Konzern 2004, S. 173-176.

SCHUM, R., Die besonderen Aspekte der Mittelflussrechnung im Bankbetrieb, Bern u.a. 1995.

SCHÜTTE, S./WAGNER, O., Die europäische Transparenz-Richtlinie – Anlegerschutz durch Information, DBk 2004, S. 26-29.

SCHWEIZERISCHE BANKGESELLSCHAFT, Geschäftsbericht 1995.

SCHWEIZERISCHER BANKVEREIN, Geschäftsbericht 1995.

SCHWEIZERISCHE KREDITANSTALT, Geschäftsbericht 1995.

SPRIßLER, W., Durch Endorsement und Enforcement auf Augenhöhe mit der SEC?, in: LANGE, T. A./LÖW, E. (Hrsg.), Rechnungslegung, Steuerung und Aufsicht von Banken – Kapitalorientierung und Internationalisierung, FS zum 60. Geburtstag von Jürgen Krumnow, Wiesbaden 2004, S. 91-120.

STEIN, J. H. VON (Hrsg.), Schriftenreihe der Stiftung für Kreditwirtschaft an der Universität Hohenheim (Bd. 8), Frankfurt a.M. 2000.

STICKEL, E./GROFFMANN, H.-D./RAU, K.-H., Gabler Wirtschaftsinformatik Lexikon, Wiesbaden 1990.

THEILE, C., Erstmalige Anwendung der IAS/IFRS, DB 2003, S. 1745–1752.

THIEL, M./PETERS, C., ED 4 „Veräußerung langfristiger Vermögenswerte und Darstellung der Aufgabe von Geschäftsbereichen" aus Sicht der Bilanzierungspraxis, BB 2003, S. 1999-2006.

THIELE, K., Partielles Endorsement vom IAS 39: Europäischer Sonderweg bei der Bilanzierung von Finanzinstrumenten, DStR 2004, S. 2162-2168.

TIMMERMANN, M., Risikocontrolling, Risikomanagement und Risikoberichterstattung von Banken, in: LANGE, T. A./LÖW, E., (Hrsg.) Rechnungslegung, Steuerung und Aufsicht von Banken - Kapitalmarktorientierung und Internationalisierung, FS zum 60. Geburtstag von Jürgen Krumnow, Wiesbaden 2004, S. 377-404.

UBS, Geschäftsbericht 2001.

UBS, Geschäftsbericht 2003.

VATER, H., Das „Passauer Modell" zur bilanziellen Abbildung von Stock Options im handelsrechtlichen Jahresabschluss, BuW 2001, S. 441-451.

VEIT, K.-R./BERNARDS, O., Anforderungen an die Segmentberichterstattung im internationalen Vergleich, WPg 1995, S. 493-498.

VOSS, B. W., Konzernrechnungslegung der Kreditinstitute, in: CASTAN, E./HEYMANN, G. u.a. (Hrsg.), Beck'sches Handbuch der Rechnungslegung, Band III, München 2004, C 810.

WAGENHOFER, A./HREBICEK, G. (Hrsg.), Wertorientiertes Management – Konzepte und Umsetzungen zur Unternehmenswertsteigerung, Stuttgart 2000

WAGNER, A., Aktiengesellschaftswesen, Das Aktiengesellschaftswesen, Schriften des Vereins für Socialpolitik, Teil IV, Verhandlungen von 1873, Leipzig 1874.

WAGNER, F. (Hrsg.), Aktuelle Fragen der Versicherungswirtschaft, Karlsruhe 2003.

WALDERSEE, G. GRAF, Bilanzierung von Finanzderivaten nach HGB, IAS und US-GAAP, in: KÜTING, K./LANGENBUCHER, G. (Hrsg.), Internationale Rechnungslegung, Stuttgart 1999, S. 239-264.

WATRIN, C./STROHM, C./STRUFFERT, R., Aktuelle Entwicklungen der Bilanzierung von Unternehmenszusammenschlüssen nach IFRS, WPg 2004, S. 1450-1461.

WEBER, C./BÖTTCHER, B./GRIESEMANN, G., Spezialfonds und ihre Behandlung nach deutscher und internationaler Rechnungslegung, WPg 2002, S. 905-918.

WEBER, E./BAUMUNK, H. (Hrsg.), IFRS Immobilie, Praxiskommentar der wesentlichen immobilienrelevanten Internationalen Financial Reporting Standards, München 2005.

WEIßENBERGER, B. E. (Hrsg.), IFRS und Controlling, ZfCM Sonderheft 2, 2004.

WEIßENBERGER, B. E./STAHL, A./VORSTIUS, S., Changing from German GAAP to IFRS or US-GAAP: A Survey of German Companies, Accounting in Europe 1/2004.

WEIßENBERGER, B. E./WEBER, J./LÖBIG, M./HAAS, C. A. J., u.a., IAS/IFRS: Quo vadis Unternehmensrechnung? Konsequenzen für die Unternehmensrechnung in deutschen Unternehmen, WHU, Advanced Controlling, Band 31.

WENDLANDT, K./KNORR, L., Das Bilanzrechtsreformgesetz – zeitliche Anwendung der wesentlichen bilanzrechtlichen Änderungen des HGB und Folgen für die IFRS-Anwender in Deutschland, KoR 2005, S. 53-57.

WERNER, T./PADBERG, T., Bankbilanzanalyse, Stuttgart 2002.

WERTHMÖLLER, T., Konsolidierte Rechnungslegung deutscher Banken, Düsseldorf 1984.

WIECHMANN, J., Ergebnis je Aktie (EPS), in: BOHL, W./RIESE, J./SCHLÜTER, J. (Hrsg.), Beck'sches IFRS-Handbuch, München 2004, S. 455-467.

WIEDMANN, H., Fair Value in der internationalen Rechnungslegung, in: LANFERMANN, J. (Hrsg.), Internationale Wirtschaftsprüfung, FS für Hans Havermann, Düsseldorf 1995, S. 779-811.

WIEDMANN, H., Bilanzrecht, 2. Aufl., München 2003.

WIEDMANN, H., Kommentierung zu § 246 HGB, Bilanzrecht, Kommentar zu den §§ 238-342a HGB, 2. Aufl., München 2003.

WIEDMANN, H., Die Rolle eines privaten Standard Setters im Endorsement- und Enforcement-Prozess, in: LANGE, T. A./LÖW, E. (Hrsg.), Rechnungslegung, Steuerung und Aufsicht von Banken – Kapitalorientierung und Internationalisierung, FS zum 60. Geburtstag von Jürgen Krumnow, Wiesbaden 2004, S. 73-90.

WOLLMERT, P./HEY, J., Bilanzierung von Stock Opitions nach internationalen Grundsätzen, in: ACHLEITNER, A.-K./WOLLMERT, P. (Hrsg.), Stock Options, 2. Aufl., Stuttgart 2002.

WÜSTEMANN, J., Geschäftswertbilanzierung nach dem Exposure Draft des IASB – Entobjektivierung auf den Spuren des FASB?, BB 2003, S. 247-253.

WÜSTEMANN, J. (Hrsg.): Bilanzierung case by case. Lösungen nach HGB und IAS/IFRS, Heidelberg 2004.

WÜSTEMANN, J./DUHR, A., Steuerung der Fremdwährungsrisiken von Tochterunternehmen im Konzern – Finanzcontrolling vs. Bilanzierung nach HGB und IAS/IFRS, BB 2003, S. 2501-2508.

WYSOCKI, K. VON (Hrsg.), Kapitalflussrechnung, Stuttgart 1998.

WYSOCKI, K. VON, IAS 7 Kapitalflussrechnungen (Cash Flow Statements), in: BAETGE, J./DÖRNER, D. u.a. (Hrsg.), Rechnungslegung nach International Accounting Standards (IAS), 2. Aufl., Stuttgart 2002.

ZEIMES, M., Zur erstmaligen Anwendung von International Financial Reporting Standards – Anmerkungen zum Standardentwurf ED 1 des IASB, WPg 2002, S. 1001-1009.

ZEIMES, M./THUY, M. G., Aktienoptionen sind als Aufwand zu erfassen, KoR 2003, S. 39-44.

ZIELKE, W./KRONNER, M., Umstrukturierung der Deutschen Börse, FB 2003, S. 44-49.

ZÜLCH, H./LIENAU, A., Bilanzierung zum Verkauf stehender langfristiger Vermögenswerte sowie aufgegebener Geschäftsbereiche nach IFRS 5, KoR 2004, S. 442-451.

ZÜLCH, H./WILLMS, J., Fair-Value-Option, StuB 2004, S. 466.

Stichwortverzeichnis

Abgang
    Abgangskriterien 451
    Abgangszeitpunkt 447f
    Ausbuchung 38, 397, 447ff, 461f, 618
    Component Approach 319f, 448ff
    Continuing Involvement Approach 448ff
    Control Approach 448ff
    Derecognition 450
    Pass-through-Arrangements 452
    Risk and Reward Approach 386ff, 448ff
    SIC-12 78f, 385ff, 397ff, 449f
    Special Purpose Entities 385ff, 396, 450
    Verfügungsmacht 348ff, 448ff, 455ff
    Verkauf 265ff, 429ff, 454ff, 480ff, 579f
    Wertpapierpensionsgeschäfte 304, 461ff
        Bilanzierung echter 461
        Bilanzierung unechter 465
        Pensionsgeber 461ff, 465ff
        Pensionsnehmer 461ff, 465ff
        Rückübertragung 454, 463ff
        Stillhalterverpflichtung 466
    Wertpapierleihegeschäfte 126, 461f, 618
        Entleiher 468f
        Rückgaberecht 468
        Verleiher 468f
    Zweckgesellschaften 78f, 314f, 396f, 449
Abschlussadressaten 20f, 130f, 823f, 908f
Abschlussprüfer 8, 23, 666, 955, 1011, 1036
Abschlussprüfung 8
Abschreibung 202f, 264ff, 361ff, 1081ff
    immaterielles Anlagevermögen 115, 279
    Leasinggegenstand 84, 691ff, 702f, 710ff
    Sachanlagevermögen 31, 80ff, 261, 920
Absicherung 67, 71, 136, 564ff, 583ff, 587ff
Accounting Regulatory Committee (ARC) 24, 423
    Siehe auch Regelungsausschuss für Rechnungslegung
AICPA 496f, 654, 976

Aktien 69ff, 194ff, 390ff, 464ff, 792ff, 827ff, 980ff, 989ff
    Inhaberaktien 182
    Namensaktien 183
    Stammaktien 179ff, 989ff, 995ff
    vinkulierte Namensaktien 182
    Vorratsaktien 182, 185
    Vorzugsaktien 176f, 182, 983f
aktienbasierte Vergütung 54, 791
    Aktienoptionspläne 792, 829f, 833
    Stock Appreciation Rights 791f
Aktienoptionen 792ff, 795ff, 807ff, 811ff, 827ff, 835ff,
    Ausübungszeitpunkt 792, 795f, 816
    Exercise Date 795ff, 828
    Gewährungszeitpunkt 796ff, 801ff
    Grant Date 796f, 799, 828, 835f
    Intrinsic Value (innerer Wert) 798f, 830ff
    potenzielle Stammaktien 998
    Vesting Date (Ende der Sperrfrist) 795, 797, 807, 828
    virtuelle 792, 831, 834
Aktienoptionspläne 792, 829f, 832f
    Angaben 824f
    Bewertung 798ff, 811f, 833f
aktiver Markt 68, 352ff, 490ff, 682
Allowed Alternative Treatment 207, 674
Als Finanzinvestition gehaltene Immobilie 54, 691, 732
Anlagespiegel 113, 115f, 227, 263ff
    immaterielles Anlagevermögen 115
    Sachanlagevermögen 115
Anschaffungskostenmethode 77, 892
Anschaffungskostenmodell 86, 202, 732
Anteile in Fremdbesitz 92, 96, 1020
Assoziierte Unternehmen 74f, 405ff
At-Equity-Bewertung 74f, 325, 330

Aufgabe von Geschäftsbereichen 978, 1028
    Siehe auch Discontinued Operations
Aufwands- und Ertragskonsolidierung 384
Ausbuchung
    Asset Backed Securities 396ff
    Finanzinstrumente 130, 449
    Leasing Forderungen 692
    Leasing Verbindlichkeiten 714
    Pensionsgeschäfte 461
    Wertminderung 718
    Wertpapierleihe 468
ausländischer Geschäftsbetrieb 586
ausstehende Einlagen 172, 183ff
Autopilot 386
Available for Sale Financial Assets Siehe
    finanzieller Vermögenswert

Bankbilanzanalyse 1037ff
    Grundlagen 1039ff
    Schritte 1047f
Barwert 440f, 513f, 696f, 703f, 710f, 769ff
Basel II 150ff, 529ff, 534ff, 917, 1063ff
Beherrschungsmöglichkeit 316
beizulegender Zeitwert 31, 46, 79ff
Berichtsformate 910f, 914ff, 402
    primäres Berichtsformat 910
    sekundäres Berichtsformat 910
Berichtswährung 276ff, 586, 611, 616ff
Beteiligung 311, 329f, 403f, 406ff
Bewertungseinheit 603
Bewertungsergebnisse 110, 1080
    Available for Sale Assets 650
    Cash Flow Hedges 215
Bilanz 49ff
    Aktiva 60ff
    Bilanzierungswechsel 97
    Gliederung 59, 402, 1021, 1024
    Grundkonzeption 58f
    Liquiditätsreserve 60f, 236
    Mindestanforderungen 59, 1041
    Mindestangaben 58, 123, 130ff
    Passiva 91ff
    Rechtsgrundlagen 51ff

Überkreuzkompensation 61, 105f
Unterschiede 56ff, 60, 62, 76f, 95f
Bilanzpolitik 38, 675, 774, 987, 1085ff
Bilanzrechtsreformgesetz (BilReG)
    8, 12, 309f, 320
Buchwertmethode 343ff
Bundesanstalt für Finanzdienst-
    leistungsaufsicht (BaFin) 311f
Business 911, 915, 923
Business Combinations 4, 29, 206ff,
    331ff, 355ff, 674, 941
    Siehe auch Unternehmenszusam-
    menschluss

Cash Generating Unit 978
Cash Flow 136f, 223f, 978, 1083f
    aus Finanzierungstätigkeit 232
    aus Investitionstätigkeit 232
    operativer Tätigkeit 232
Cash Flow Hedge 136f, 584ff, 601ff
Committee of European Securities
    Regulators (CESR) 47
Component-Approach 448, 450
Conceptual Framework Siehe
    Rahmenkonzept
Control-Konzept 78
Cost Method Siehe
    Anschaffungskostenmethode

Deemed Cost 46, 99
Defined Benefit Obligation (DBO)
    769ff, 777ff, 784
    Siehe auch Pensionsverpflichtung
Defined Benefit Plans (leistungsorien-
    tierte Pläne) 32, 771, 783
    Siehe auch Pensionszusage(n)
Defined Contribution Plans
    (beitragsorientierte Pläne) 771, 783
    Siehe auch Pensionszusage(n)
Derivat 430ff, 546ff, 552ff, 774f
Deutsche Vereinigung für Finanz-
    analyse und Anlageberatung (DVFA)
    227, 971ff, 981ff

Deutscher Rechnungslegungsstandard
   (DRS) 914
Deutscher Standardisierungsrat (DSR) 172,
   225, 1010
Deutsches Rechnungslegungs Standards
   Committee (DRSC) 172, 225, 1010
Discontinued Operations 40, 879, 973,
   978, 980
Dollar-Offset-Methode 567f, 595
Drohverlustrückstellung 748
DRS 2 225, 229ff, 251ff, 279, 1032
DRS 2-10 225f, 256f, 269f, 283ff, 299ff
DRS 3 05, 907ff, 913f, 919f, 1032
DRS 3-10 115, 280, 905ff, 943ff
DRS 3-20 905, 907f
DRS 5 150ff, 561, 1032, 1091
DRS 5-10 53ff, 130, 150ff, 656ff
DRS 5-20 561
DRS 6 1010, 1018f, 1021ff, 1031ff
DRS 7 172
DRS 8 408
DRS 10 843, 855, 869

ED 7 128ff, 140ff, 150ff, 607, 643ff
   Angaben zu den Risiken aus
      Finanzinstrumenten 645ff
         andere Risiken 143, 147, 153, 159
         Kreditrisiken 143f, 153f, 647
         Liquiditätsrisiken 143ff, 153, 156, 648
         Marktrisiken 143, 146f, 157, 648f
         operationale Risiken 143, 147, 158
   Angaben zum Kapital 644ff
   Angaben zur Bilanz 132
   Angaben zur Gewinn- und Verlust-
      rechnung 133
   geplante Regelungen 130f
   homogene Risikoklassen 135
   Kapitalmanagement 53, 130
   Risikoberichterstattung 133ff
   Value-at-Risk-Verfahren 134
   weitere Angabepflichten 136
   Ziele 128ff, 140, 150

Effektivität einer Sicherungsbeziehung
   205, 557, 561, 567ff, 581f
Effektivitätsmessung 568
Effektivzinsmethode 461ff, 470ff, 499ff
   Amortisierungszeitraum 504f
   Anwendung 501f
   Effektivzins 501
   Entgelte 503f
   erwartete Laufzeit 505ff
   Kreditgeschäft 507f
   Transaktionskosten 502f
   variabel verzinsliche Wertpapiere
      509f
eigene Aktien 218f, 990
Eigenkapital 167ff
   Abgrenzung Eigen- und Fremd-
      kapital 175f, 180, 420, 494f
   Bilanzergebnis 190ff, 196
   Definition 174ff, 318, 420, 645
   eigene Anteile 172ff, 184f, 187ff
   Eigenkapitalausweis 167
   Eigenkapitalgliederung (IFRS) 191f
   Ergebnisvortrag 190, 192
   Gewinnrücklage 187, 213, 589, 864
   gezeichnetes Kapital 92, 174f, 181ff
   Jahresergebnis 190ff, 196
   Jahresfehlbetrag 190, 213, 216
   Jahresüberschuss 173, 187f, 217
   Kapitalrücklage 216, 798, 828
   Rücklagen 174f, 183ff, 215ff
   Rücklagen für allgemeine Bank-
      risiken 174f
   sonstiges 192f
   Struktur 174, 181ff, 192, 212
Eigenkapitalinstrument 179f, 510ff,
   609, 824
Eigenkapitalveränderungsrechnung
   167ff, 990, 1033
   Bilanzierung 174ff, 193ff
   Bilanzierungsmethoden 193, 201
   Darstellung 167ff, 173, 186, 212

Differenzen aus Währungsumrechnung 169, 204, 207, 210ff, 215f
Eigenkapital 167ff, 172ff, 190ff
Eigenkapitalspiegel 8, 167ff, 170ff, 206ff
Eigenkapitalveränderungen 167ff, 174ff, 360, 408, 413,
Fehlerberichtigung 200
Funktion 167ff, 170, 173
internationale Regelungen 170ff
Konzerneigenkapitalspiegel 172, 206ff
Minderheitenanteile 96
nationale Regelungen 170ff
Neubewertungsrücklage 168, 202f
Periodenergebnis 168ff, 204f
Struktur 174, 181ff, 192ff, 212
zeitraumbezogene Bilanzierung 193f
Zwischenberichterstattung 1025ff
Eingezahltes Kapital 192
Einheitstheorie 382ff
Einzelabschluss
  nach HGB 110, 190ff, 843, 873f
  nach IFRS 35, 181, 206, 752, 839
  nach US-GAAP 903
Einzelbewertung 872
eingebettete Derivate
  Ausweis 550f
  Basisvertrag 546ff, 554ff
  Besonderheiten 516ff, 554ff
  Bewertung 474, 550
  Credit Linked Notes 442, 555
  Dual-Currency-Anleihe 556
  Equity-Kicker 495, 553
  Fremdwährungsderivate 549
  Hebelwirkung 549, 554
  hybride Instrumente 486, 494, 547
  Indexzertifikate 555
  Kündigungsrecht 547, 551ff
  Option auf Verlängerung 552f
  Regelungen 432, 547, 549ff
  Reverse Floater 554
  Separierung 744f
  Trennung 426, 547ff
  Trennungspflicht 492f, 509, 549ff

Zinsbegrenzungsvereinbarungen 547, 554, 623
Embedded Derivatives 546f, 550
Emerging Issues Task Force (EITF) 336f, 692, 860
Endorsement 43, 72, 423ff, 484, 592
  patielles 45, 72, 425ff
Enforcement 425
Entkonsolidierung 221, 371f, 389
EPS *Siehe* Ergebnis je Aktie
Equity-Methode 73ff, 114, 268, 320, 401, 852, 896, 917, 944
  Anwendung 322ff, 405f, 411
  assoziierte Unternehmen 322, 405ff
  Gemeinschaftsunternehmen 322ff, 401ff
Erfolgsanalyse 1099ff
  Produktivität 1049, 1099, 1101ff
  Rentabilität 1049, 1099f, 1111ff
  Wirtschaftlichkeit 1099, 1108ff
Erfüllungsbetrag 1209, 382
Erfüllungstag 131, 136, 443ff, 820f
Ergebnis je Aktie
  nach DVFA/SG 985ff, 993ff,
  nach HGB 971, 976
  nach US-GAAP 982ff, 989ff, 997ff
  unverwässertes 983
  verwässertes 978f, 997ff, 1006
Ergebnisvolatilität 571, 816
Ergebnisvortrag 190ff
Erstanwendung 17ff, 61
  prospektiv 18, 29, 37f, 97f
  retrospektiv 27ff, 32, 37, 97ff
Erstkonsolidierung 267, 390ff, 852
erstmalige Anwendung der IFRS *Siehe* IFRS-Erstanwendung
Ertrag 118, 251, 360, 473, 503, 854
Ertragslage 402, 200f, 1021ff, 1039ff
Ertragsteuern 111ff, 273f, 843ff, 962
Ertragsteuern auf das Ergebnis der gewöhnlichen Geschäftstätigkeit 105, 111ff, 962, 1022

Erwerbsmethode 79f, 331ff, 372, 675, 886
  Buchwertmethode 343ff
  Neubewertungsmethode 343f, 86ff
EU-Bilanzrichtlinien 7
EU-Kommission 24, 45, 423, 1011
Europäische Kommission
European Financial Reporting Advisory
  Group (EFRAG) 8, 10, 310
EU-Verordnung 18, 78, 423
Eventualschuld 355f, 437f
Exercise Date (Ausübungszeitpunkt) 796f,
  698, 702, 792, 828
Exposure Draft 52, 72, 421ff, 643ff
  The Fair Value Option 422, 424,

Factoring 448, 693, 1083
Fair Presentation 20, 45, 104, 241
Fair Value Angaben 136, 149, 161, 29
Fair Value Hedge (Absicherung des
  beizulegenden Zeitwerts) 136, 205,
  558ff, 570ff, 581ff, 590ff, 604, 619
Fair-Value-Bewertung 10f, 45f, 242f,
  325f, 424, 474ff, 499f, 512, 550, 655
Fair-Value-Option 93f, 422ff, 649f
  5. Kategorie 484, 604
  at Fair Value through Profit or Loss
    130f, 329f, 443ff, 475ff, 483ff
  Fair-Value-Kategorie 424f
feste Verpflichtung 562, 573f
Financial Accounting Standards Board
  (FASB) 4, 75, 224, 420, 968, 999
Financial Instruments 128ff, 643ff
  Anwendungsbereich 609f, 429
Finanzanlagen 60, 66ff, 72ff, 433
finanzielle Schuld 176, 180
finanzielle Verbindlichkeit 394f, 689
finanzieller Vermögenswert 63, 180,
  394f, 484, 522, 587, 642
  bis zur Endfälligkeit zu halten 66f,
    71ff, 123, 479ff, 475ff, 499f
  Konkretisierung 321ff, 652f, 905f

  zur Veräußerung verfügbare
    finanzielle Vermögenswerte 66,
    203f, 475, 483, 490
Finanzierungsleasing *Siehe* Leasing
Finanzinstrument 429ff
  Ausbuchung 447ff, 451f, 454f, 461
  Definition 429
  Forderung 441
  hybrides 179, 486, 494, 547
  Kategorisierung 476
  Reklassifizierung 130, 305
Finanzmittelfonds 239, 254, 301
First-in-First-out-Verfahren (FIFO)
  545
First-time Adoption 4, 19, 1013
  Siehe auch IFRS-Erstanwendung
Folgebewertung Finanzinstrumente
  67, 440ff, 463, 499
Folgekonsolidierung 392f, 396
Forschung und Entwicklung 665f,
  675ff, 686ff
Framework 693, 696
Fremdkapitalgeber 74, 607
Fremdkapitalkosten 673
Fremdwährungsumrechnung 520ff
  Abgrenzung monetärer von nicht
    monetären Finanzinstrumenten
    523ff
  Art der Umrechnung 521
  IAS 21 520ff, 556
  Regelungen 520ff
  Stichtagskurs 541, 543, 210f
funktionale Währung 210, 521, 525

gegenwärtige Verpflichtung 823, 355
Gemeinschaftsunternehmen 74, 117,
  851f, 976
Generally Accepted Accounting
  Principles (GAAP) 744ff, 654ff,
  827ff, 843f, 975ff
Genussrechte 176f, 182, 270, 494
Geschäfts- oder Firmenwert 750
  Siehe auch Goodwill

Geschäftssegment 498, 912
Gesetz zur Kontrolle und Transparenz
  im Unternehmensbereich (KonTraG)
  652, 905
gesichertes Grundgeschäft 557, 562, 565
Gewinn je Aktie *Siehe* Ergebnis je Aktie
Gewinn pro Aktie 965ff
  Adjustierung 982ff
  Anwendungsbereich 975f
  Berechnungsmuster 2002ff
  DVFA 976, 981, 985ff, 993, 996, 1000
  Empfehlungen 1971, 974
  Fundamentales Ergebnis je Aktie 979, 982, 984, 1004
  Rechtsgrundlagen 969ff
  US-GAAP 975, 982, 989, 995
  verwässertes Ergebnis je Aktie 978f, 997, 999, 1006
  Ziele 972ff
Gewinn- und Verlustrechnung (GuV) 101ff
  Erfolgskomponenten 102f, 106
  Erfolgspositionen 105ff
  Ertragsteuern 90f, 111ff, 846ff
  Gliederung 101, 129
  Gliederungsschema 101, 104
  Grundkonzeption 101ff
  Handelsergebnis 102f, 107ff, 133
  Hauptaufwandsarten 103, 105
  Hauptertragsarten 102f
  Mindestangaben 130
  Saldierungsverbot 104
  Substance over Form 104
Gewinnrücklagen 33f, 96f, 185ff, 168f, 173ff, 201ff, 213ff, 664, 852, 110
Gewinnverwendung 64f, 121, 988
gezeichnetes Kapital 172ff, 181ff, 215ff
Goodwill 29f, 77, 113, 208, 664, 852
  Allokation 361ff
  aktiver Unterschiedsbetrag 357f
  Cash-generating Unit 361f
  Folgebewertung 361ff
  Impairment-only Approach 362ff
  latente Steuern 852

  nach HGB 1100
  nach US-GAAP 1100
  Niederstwerttest 887
  passiver Unterschiedsbetrag 358ff
  Wertaufholung 368, 684, 867
Grant Date (Gewährungszeitpunkt)
  796f, 801ff, 828ff, 833, 835f
Grundgeschäfte 39, 489f, 560ff, 597ff
Grundsatz der Einzelbewertung 872

Handelsaktiva 66ff, 210f, 467f, 614, 943ff, 1055f
Handelsergebnis 102ff. 107ff, 467f, 519f, 578f, 964f, 1022, 1044, 1108
Handelspassiva 66ff, 92f, 163, 304, 467f, 485, 520, 551, 615, 620, 947
Handelstag 443ff
Harmonisierung 10, 791
Hedge Accounting 556ff, 590ff, 624ff
  Absicherungszusammenhang 564
  Anforderungen 561, 587, 595ff
  Bilanzierung 570ff, 580ff
  Beendigung 572, 581, 585
  Cash Flow Hedge 136f, 426, 580ff, 625, 649f
  derivative Finanzgeschäfte 562
  Dokumentation 436, 545, 561, 569, 587, 602ff
  Dollar-Offset-Methode 567f, 595
  Effektivitätsmessung 568f, 581
  Effektivitätstest 567ff, 574, 602ff
    prospektiv 594f, 591
    retrospektiv 596ff, 591
  Erstanwendung 589
  Ex-ante-Effektivitätstest 567, 587
  Ex-Post-Effektivitätstest 567ff, 602
  Fair Value Hedge 489, 570ff, 590ff
  Hedge-Faktor 568
  Ineffektivitäten 568ff, 584, 595ff
  Net Investment in a Foreign Entity 625
  Short-Cut-Methode 569, 597
  Umfang der Absicherung 564ff

US-GAAP 654
Voraussetzungen 570, 573, 587
zulässige Grundgeschäfte 562f
zulässige Sicherungsinstrumente 563f
Hedge of a Net Investment in a Foreign
  Operation 205, 559ff, 586, 625, 654
Held-to-Maturity Investment (bis zur
  Endfälligkeit zu haltender finanzieller
  Vermögenswert) *Siehe* finanzieller Vermögenswert
hybride Finanzinstrumente *Siehe*
  Finanzinstrument

IAS 1 23, 41,54, 101f, 109ff, 275, 413
IAS 2 89, 207, 233, 599, 673
IAS 7 54, 223ff, 281ff, 291f, 1023
IAS 8 45, 171, 213, 749, 864
IAS 12 54, 87, 105, 111, 116f, 843ff
IAS 14 54, 88, 114ff, 255, 903ff
IAS 16 32, 85ff, 663, 714, 726, 731f
IAS 17 54, 691ff, 880
IAS 19 5, 54, 94ff, 117, 199. 761ff
IAS 21 29, 54, 237, 319, 520ff, 715
IAS 27 77f, 129, 206, 314ff, 385f
IAS 28 129, 314, 326ff, 432, 403f
IAS 30 51ff, 271, 657f, 917, 1041
IAS 31 31, 129, 287, 319ff, 332, 402
IAS 32 41ff, 128ff, 420ff, 607ff
IAS 33 969ff
IAS 34 42, 46, 545, 844, 873, 1010ff
IAS 36 4, 682ff, 715ff, 731ff, 890ff
IAS 37 64, 121, 335, , 412f, 435ff
IAS 38 29ff, 76, 693, 714ff, 893
IAS 39 4ff, 52ff, 204f, 243f, 744ff
IAS 40 85ff, 691ff, 714, 719, 732ff
IFRIC 1 6f, 314, 423
IFRS 1 4, 17ff, 51, 98, 198, 213, 321
IFRS 2 4, 7, 37, 791ff, 843, 865
IFRS 3 4, 309ff, 674f, 750f
IFRS 4 4f, 41ff, 129, 439f, 737ff
IFRS 5 4, 51, 40f, 86ff, 315, 879ff
IFRS-Erstanwendung 24ff
  Angaben 41ff, 44, 46

Ansatz und Bewertung 26ff
Anteilsbasierte Vergütungen 37
Anwendungsbereich 22ff
Ausbuchung 28, 38
Ausnahmen 27f, 38ff, 30, 38, 100
Ausnahmeregelungen 20, 99ff
Berichtsperiode 24f, 42f
Berichtszeitpunkt 24ff, 33, 42, 46
Darstellung 25, 41ff
Deemed Costs 30ff
Erleichterungswahlrechte 27, 98ff
Erstanwender 22ff, 32ff, 44ff
Erstanwenderfähigkeit 23f
Erwerbsmethode 30
fakultative Befreiung 28
Finanzinstrumente 28, 34ff, 43
First-time Adoption 19
IFRS 1 17ff
IFRS 5 40f
IFRS-Abschlüsse 21ff
IFRS-Erstveröffentlichung 25, 42
Kategorisierung von Finanzinstrumenten 45ff
kumulierte Umrechnungsdifferenzen 28, 34
Leistungen an Arbeitnehmer 28, 32
Neubewertungsrücklage 30, 34
Partial Endorsement 24, 45
prospektive Anwendung 17ff, 33ff
Reporting Period 24f, 42
retrospektive Anwendung 17ff, 34ff
Schätzungen 28, 33, 40
Transition Period 24f, 42
Übergangszeitpunkt 24ff, 29ff
Überleitungserläuterungen 20, 44ff
Überleitungsrechungen 45f
Unternehmenszusammenschlüsse 28f
Vergleichsinformationen 20, 41
Vergleichsinformationen 41ff
Versicherungsverträge 28, 37
Wertaufhellung 100
Zielsetzung 19ff

Zwischenberichterstattung 44, 46f
Illustrative Examples 428, 750
Immaterielle Vermögenswerte
   Ansatzkriterien 664ff
   Anschaffungskosten 672ff
   Ausweis 661, 675, 685
   außerplanmäßige Abschreibung 480
   Bewertung bei der Ersterfassung 672ff
   Bewertung in den Folgeperioden 678ff
   Entwicklungsphase 665ff, 670, 684
   Forschungsphase 665ff, 670
   Herstellungskosten 672, 675f, 679f
   Implementierungs- und Betriebsphase 666f
   Neubewertung 686
   Nutzungsdauer 664, 676, 678ff
   planmäßige Abschreibungen 679
   selbsterstellte 665, 667, 675, 677
   Software 661ff, 666ff, 669ff, 678f
   Zuschreibungen 679, 684f
Immaterielles Anlagevermögen 115, 279
Immobilie als Finanzinvestition *Siehe* als Finanzinvestition gehaltene Immobilie
Immobilien-Leasing *Siehe* Leasing
Impairment *Siehe* Wertminderung
Impairment-only Approach *Siehe* Goodwill
Implementation Guidance Committee (IGC) 71, 421, 428
Improvements Project 984
Informationsfunktion 172, 243
Interessentheorie 184, 976, 984
Interessenzusammenführungsmethode 30, 207, 332, 994
International Accounting Standards (IAS) 4ff, 17ff, 51ff
International Accounting Standards Board (IASB) 4, 174, 193, 313, 970f
International Accounting Standards Committee (IASC) 7, 1010
International Accounting Standards Committee Foundation (IASCF) 3

International Financial Reporting Interpretations Committee (IFRIC) 5ff, 692
International Financial Reporting Standards (IFRS) 3ff, 17ff, 51ff
International Organization of Securities Commissions (IOSCO) 223, 421
Interne Geschäfte 588, 594
Inventories *Siehe* Vorräte
Investment Property *Siehe* als Finanzinvestition gehaltene Immobilien
IOSCO *Siehe* International Organization of Securities Commissions

Jahresberichterstattung 10
Joint Ventures 28, 34ff, 322, 495, 868

Kategorisierung von Finanzinstrumenten 45, 426, 475ff, 601
   Kategorien
      Kredite und Forderungen (loans and receivables) 442, 444, 475ff, 499f
      bis zur Endfälligkeit gehaltene Finanzinvestitionen (held to maturity investments) 442, 444, 475f, 479ff, 499f, 510
      erfolgswirksam zum beizulegenden Zeitwert bewertete Finanzinstrumente (financial assets at fair value through profit or loss) 444, 475, 484ff
      zur Veräußerung verfügbare Finanzinstrumente (available for sale investments) 444, 447, 475, 486f
      finanzielle Verbindlichkeiten 424f, 430, 475, 487ff
   aktiver Markt 490ff, 511ff
   Besonderheiten 471ff, 490ff, 512ff, 551ff
   Bewertung 510ff
   Durchhalteabsicht 123, 483

Durchhaltefähigkeit 483
Folgebewertung
  Agio 502
  Disagio 502ff, 515, 574ff
  Effektivverzinsung 503f, 507, 509, 531, 565
  Effektivzinsmethode 461f, 499ff
  Entgelte 501, 503ff, 508
  Ermittlung des Effektivzinses 501
  Erwartete Laufzeit 473, 504
  Nominalzinssatz 504, 506, 509
  Transaktionskosten 471, 501ff, 510, 575, 588
  zu fortgeführten Anschaffungskosten 472f, 477ff, 499ff
  Zusage- und Bereitstellungsprovisionen 507ff
Halteabsicht 477, 479f, 483, 499
Haltedauer 478, 545
Haltefähigkeit 479f, 483
Handelsaktivitäten 67, 70, 93, 109, 485
Handelszwecke 880
Neubewertungsrücklage 444, 465, 470, 516, 539, 542f, 571ff, 581
Tainting Rules 482
Umwidmung 71, 425, 483, 490
Wechsel der Kategorie 487f, 568
Zugang 443, 440, 479, 505, 511
Zugangsbewertung 470ff, 521, 526
Kapitalaufnahmeerleichterungsgesetz (KapAEG) 18, 971
Kapitalerhöhung 193ff, 213ff, 282, 792, 832, 1003ff
  aus Gesellschaftsmitteln 194
  bedingtes Kapital 194
  gegen Einlagen 194
  genehmigtes Kapital 194
Kapitalflussrechnung 223ff
  Anforderungen 225, 231, 281ff
  arithmetische Zusammenhänge 245f
  außerordentliche Posten 274ff
  Angaben 277ff
  Ausweis 247ff, 257ff, 264f, 274ff

Auszahlungen 239, 247f, 275f
Bewegungsbilanz 226
Cash Flow 223f, 232, 239, 249
  aus operative Geschäftstätigkeit 232
  aus Investitionstätigkeit 232, 259f, 287, 303f
  aus Finanzierungstätigkeit 232, 249, 289f, 303, 305
Darstellung 229ff, 238ff, 249ff
direkte Methode 227, 240f, 283ff
Dividenden 231f, 255f, 269ff
Eigenkapitalrentabilität 229
Einzahlungen 239, 247, 252, 265f
Einzelpositionen 257f, 271ff
Ertragsteuern 273f, 302, 305
Finanzflussrechnung 231, 233
Finanzierungsvorgänge 231f, 278
Finanzlage 259f, 285, 299f, 303f
Finanzmittelnachweis 231, 233
  freiwillige 279
Geschäftstätigkeit 236f, 239f, 254ff
Gestaltungsgrundsätze 233ff
Grundaufbau 233, 238, 253
indirekte Methode 227, 240f, 281
Interpretation 245f, 262ff, 286
Jahresüberschuss 231f, 242ff, 245ff
Kassenbestand 230, 235f, 276
Korrekturen 248ff, 262, 283
Liquiditätsbestand 230f
Liquiditätslage 229ff, 253, 278
Liquiditätsstatus 232f
Methoden 239, 304
Mindestangaben 270
Mittelflussrechnung 226f
nationale Regelungen 224
Notes 223, 229, 233, 277ff, 298
Rechtsgrundlagen 223ff
Strukturaspekte 245, 277ff
Vergleich IAS und US-GAAP 281ff
Zahlungsmittelbestand 229, 266, 277
Zahlungsmittelfonds 234ff, 276ff

Zahlungsströme 238ff, 245ff, 252ff, 266f
   Investitionstätigkeit 240, 259ff
   Finanzierungstätigkeit 240, 268ff
   operative Geschäftstätigkeit 240, 254f
   Ziele 228, 239
   Zinsauszahlungen 249f, 273
   Zinsen 249f, 271f, 281ff, 300ff
   Zuordnung 223f, 256ff, 268f, 273f
   Zusatzerläuterungen 277ff
Kapitalherabsetzung 193ff
   durch Einziehung von Aktien 195
   ordentliche 195
   vereinfachte 195
Kapitalkonsolidierung 331ff, 357ff
   Erwerbsmethode 331ff
   Investmentfonds 390ff
   sukzessiver Unternehmenserwerb 372ff
Kapitalrücklage 216, 798, 828, 1061
Kategorien
   Available for Sale Financial Assets 67, 203f, 475ff, 489, 1079ff
   Financial Assets Held for Trading 67, 477, 499
   Financial Liabilities 36, 435f, 475f
   Held for Trading 67, 442ff, 477f, 484f, 487f, 533, 1079ff
   Held to Maturity Investments 475ff, 479ff, 510, 1079ff
   Loans and Receivables Originated by the Enterprise 1079
Kennzahlenanalyse und -auswertung
   Eigenkapitalanalyse 1058ff
   Erfolgsanalyse 1049f, 1099ff
   Risikoanalyse 131, 1091ff
   Strukturanalyse 1049ff, 1068
Konsolidierung *Siehe* Konzernabschluss
Konsolidierungskreis 78f, 215ff, 315ff, 322
   Änderung 321, 323, 325, 328f, 333
   Einbeziehungsverbot 321
Konsolidierungsmethoden 57, 315ff
Konsolidierungsmaßnahmen 169, 402, 843
Konvergenz 9ff
   internationale Schritte 9f
   europäische Schritte 10f
   nationale Schritte 11f
   Rechnungslegung, einheitlich 12
Konzernabschluss 309ff
   Aufstellungspflicht 318, 321
   nach HGB 309ff, 318ff, 382f
   nach US-GAAP 309, 323, 349
   Erstellung 318, 404f
   Konsolidierung 331ff, 361ff, 371ff, 382ff, 401ff
   Konsolidierungskreis 315ff, 322
   nach HGB 315f
   Stichtag 405ff
   Vereinheitlichung 406
Kreditrisiko 131, 601f, 635f, 949f, 1053f, 1093f
Kurs/Gewinn-Verhältnis (KGV) 974f

latente Steuern 843ff
   aktive 845, 849, 851, 855
   Ansatz 863ff
   Ausweis 866ff
   Bewertung 859ff
   Differenzen, temporär 849ff, 859ff, 867f
   Equity-Methode 852
   Grundlage 872
   passive 849f, 852, 869
   Steuergutschriften, ungenutzt 855f, 868
   Steuerwert 848ff, 857ff
   Überleitungsrechnung 867, 869ff
   Verlustvorträge, ungenutzt 854ff, 867ff
Leasing 691ff
   Angabepflichten 731ff
   Anwendungsbereich 693f
   Bewertung 694f, 719, 732
   Bilanzierung 713ff, 715ff, 720ff
   Definition 696, 702, 718
   Exposure Draft 697
   Finanzierungsleasing 694ff, 704ff
   Immobilien 694f, 707f, 712ff, 732

Lease-and-Leaseback-Verträge 693
Mindestleasingzahlungen 701ff
Operating-Leasingverhältnis 692,
  694f, 697, 715, 733
Sale and Leaseback 729ff
Spezialleasing 704f, 724
Leasinggeber
  Finanzierungs-Leasing 716ff
  Operating-Leasing 719
Leasinggegenstand
  Restwert 706, 710, 714, 726, 734
Leasingnehmer
  Finanzierungs-Leasing 713ff
  Operating-Leasing 715
Leasingverhältnisse
  Barwerttest 701ff, 723ff
  Bruttoinvestition 716f
  Kaufoption 698ff, 722ff
  Klassifizierung 695ff, 709ff, 725
  Kriterien 695ff, 704f, 713, 725
  Laufzeittest 699ff, 704f, 710, 725
  Operating-Leasing 707ff, 729ff
  Verlängerungsoption 707, 725
Leistungen an Arbeitnehmer 32ff, 794
Liquiditätsrisiko 131ff, 156, 610ff, 640
Lucky Buy 360

Micro Hedge Accounting 556ff
  Absicherung 564ff
  Absicherungsmethode 560
  Anforderungen 561
  antizipative Hedges 557
  Asset-Liability-Steuerung 559
  Cash Flow Hedges 580ff
  Dokumentation 561f
  Effektivität 557, 561, 567ff, 580f
  Effektivitätstest 567ff
  Erstanwendungseffekt 589
  Fair Value Hedge Accounting 556
  Fair Value Hedges 570ff
  Firm Commitments 559, 572f
  Forecasted Transactions 559, 582ff
  Grundgeschäfte 558, 562ff, 595ff

Grundvoraussetzungen 561ff
Hedge of a Net Investment in a
  Foreign Operation 586ff
  interne Geschäfte 588f
Overhedge 584f
Sicherungsinstrumente 563f, 570
Sicherungsstrategien 558
Underhedge 584
Zinsänderungsrisiko 559, 564, 574
Macro Hedge Accounting 590ff
  abzusichernder Betrag 593
  Besonderheiten 601
  Designation 594
  Effektivitätstest 594ff
  Hedge-Strategien 603f
  Identifikation 591f
  Laufzeitbänder 592f
  Macro Cash Flow Hedge 601ff
  Neudesignation 591, 600
  Regelungen 590f
Maßgeblicher Einfluss 74, 327, 403,
  406, 987
Maßgeblichkeitsprinzip 764
Matching Principle 680
Materiality (Wesentlichkeit) 27
Methodenänderung 202
Minderheiten 80, 279, 343ff, 360, 370
  Anteil 343ff, 360
  Gesellschafter 360
  Goodwill 370
Monetäre Posten 521ff, 586
Mutterunternehmen 35f, 311ff, 320ff

Net Profit 200f, 983
Nettoveräußerungspreis 82
Nettoveräußerungswert 89
Neubewertungsmethode 86f, 343f, 887f
Neubewertungsrücklage 202f, 375f,
  75ff
  Bildung 202f
  Auflösung 202f
Neuer Markt 1010
Niederstwertprinzip 1080f

Niederstwerttest 887
Notes 112ff
    Basel II 53, 150ff
    Bilanzierungsmethoden 618f
    Eigenkapital 171f, 181ff, 192, 196
    Eventualverbindlichkeiten 121f, 125, 127, 1028
    Finanzinstrumente 483. 492
    Gewinn pro Aktie 113, 973, 978ff
    Grundkonzeption 112f
    Kapitalflussrechnung 277ff
    Konsolidierungskreis 315ff
    Konsolidierungsmethoden 315ff
    Offenlegungspflichten 114ff, 607ff, 656f, 999
        branchenübergreifend 114ff
        IAS 30 117ff
    Pensionsrückstellungen 783f
    Restlaufzeiten 113, 123ff, 229
    Risikovorsorge 113
    Segmentberichterstattung 113, 905
    Steuern 113, 854, 867ff
    Treuhandgeschäfte 113, 118
    Treuhandverbindlichkeiten 126
    Treuhandvermögen 126
    unwiderrufliche Kreditzusagen 122
    Währungsumrechnung 116
    Zwischenbericht 1027ff
Nutzungswert 82, 364, 367, 409

Offenlegung, Finanzinstrumente 420f, 429, 607ff
    Art und Umfang 613ff
    Form 612f
    HGB 650ff
    Inhalt 609ff
    US-GAAP 654ff
    Vergleich 656f
Operatingleasing *Siehe* Leasing
Option 170ff, 430f, 454ff, 698f
Optionsanleihe 185, 194

Par Value Method 184

Pensionsaufwand 769, 774ff, 783, 786
Pensionsrückstellung 764f, 769ff, 774ff
Pensionsverpflichtungen 761ff
    Anhangangaben 113
    Ausweis 761f
    Bewertung 764f, 767, 771ff
    Bewertungsparameter 766, 769ff, 772
    Curtailments (Kürzungen) 782ff
    Defined Benefit Obligation 766, 769ff, 772
    Defined Benefit Plan 32, 771, 783
    Defined Contribution Plan 771, 783
    Entwicklung 776, 774f, 768, 779
    Finanzierungsstatus 770, 774, 781
    Grundlage 774
    Korridormethode 780f
    Leistungsarten 761ff
    Offenlegung 117, 783
    Pensionsaufwand 769, 777ff
    Pensionsrückstellung 94, 774ff
    Projected Unit Credit Method 771
    Rechnungszins 764, 766ff, 778
    Rechtsgrundlage 761
    Settlements (Abfindugen/Übertragungen) 782f
Pensionszusage(n)
    bezügeabhängige 764
    direkte 770
    dynamische 765f
    Finanzierung 770
    leistungsorientierte 95, 783
    rückgedeckte 782
    statische 766
Personalaufwand 827ff, 836f, 1051f, 1102f
Portfolien 69, 400, 529f, 592ff, 600f
Preisrisiko 611
Prime Standard 1011, 1036
Publizität 102, 122, 909, 1032
Purchase Method 30, 207, 332
    Siehe auch Erwerbsmethode

Quartalsberichterstattung 974, 1009, 1011, 1017, 1036
Quotenkonsolidierung 322ff, 401ff
    Anwendungsbereich 323ff
    Methode 322ff

Rahmenkonzept 6, 174, 316, 335, 341
Rating 93, 119, 514, 764, 1065ff, 1073
Reassessment 359f
Rechnungslegung 3ff, 691f, 423, 557
    Bestandsaufnahme 3ff
    internationale 9f
    nationale 8
Reconciliation 22, 285, 783ff, 869
    Siehe auch Überleitungsrechnung
Regelungsausschuss für Rechnungslegung 10, 423
Reliability (Verlässlichkeit) 351, 661
Restrukturierung 362, 534, 961, 1046
Restrukturierungsrückstellung 358
Restwertmethode 819
Rettungserwerbe 88
Revaluation surplus 175
    Siehe auch Neubewertungsrücklage
Revenue Recognition 757
Reverse Acquisitions 333
Richtlinie 7f, 72, 385, 427, 668, 1011ff
Risiko 398f, 563ff, 610f, 740f, 1053f
Risikoberichterstattung 133ff, 150ff, 1032
Risikovorsorge 61ff, 920ff, 951ff
    Bonitätsrisiken 62, 120, 952
    für allgemeine Risiken im Bankgeschäft 57, 64, 127
    im Bankgeschäft 64, 127
    Impairment 62f, 526ff, 539ff, 542ff
    Länderrisiken 61f, 119f, 366, 535
    Offenlegung 62
    Pauschalwertberichtigungen 952, 1059ff
    Vorsorgereserven 60f, 64f, 1060f
Risikovorsorge im Kreditgeschäft 63f, 105f, 118ff, 920f, 942

Rücklagen
    offene 186
    für eigene Anteile 188f, 197
    Ausschüttungssperre 187, 843
    satzungsmäßige 188
    andere Gewinnrücklagen 187f, 197
    Auflösung 169, 187ff, 194ff, 202
    Bildung 187ff, 196ff, 202
Rückstellungen 68f, 94f, 746ff, 873f
    Pensionsrückstellungen 93f, 763ff

Sachanlagen 60, 68, 81ff, 202f, 251f
Sachanlagevermögen 31, 84f, 920
Sacheinlage 185, 194, 991, 994
Saldierung 59, 102, 106
    latente Steuern 866
    Vermögenswerte und Schulden 889
Sale and Leaseback *Siehe* Leasing
Sale-and-Leaseback-Transaktionen 729ff
Schuldenkonsolidierung 208f, 382, 384, 389f, 393ff
Securities and Exchange Commission (SEC) 75, 223, 1010, 1016ff
Segment 895, 914ff, 933f, 942f
    Abgrenzung 929, 934, 937f
    Abschreibung 951
    Ergebnis 917, 920f, 933, 961f
    Erlös 917f
    Investition 917f, 920, 945
    Schulden 946
    Überleitung 917, 923, 936, 957f
    Vermögen 917f, 920, 946
Segmentberichterstattung 901ff
    Bankenvergleich 935ff
    Berichtsformate 910f, 914f, 917f
    Rechtsgrundlagen 903ff
    Segmentabgrenzung 922ff
    Segmentpositionen 916ff, 940ff
    Ziele 907ff
Segmentpositionen 901ff
    allokiertes Kapital 920f, 948ff

Ergebnis nach Risikovorsorge 920, 956
Handelsergebnis 941, 961, 964f
Nettoertrag/-ergebnis aus Finanzgeschäften 954
Provisionsüberschuss 920, 953
Risikopositionen 920f, 945f, 962
Risikovorsorge 920f, 938, 942, 951f
Segmentverbindlichkeiten 920f, 946f
Segmentvermögen 914, 917ff, 944ff
Verwaltungsaufwand 920, 954
Zinsüberschuss 920, 941, 950, 961
Segmentpublizität 901f, 911, 948
  modern 902, 911
  traditionell 902, 911
SFAS 13 692, 701, 705f
SFAS 28 692
SFAS 95 223f, 249ff, 253ff, 281ff
SFAS 98 692
SFAS 107 654f
SFAS 109 844
SFAS 115 540, 654
SFAS 128 969ff, 979ff, 990ff, 1002
SFAS 131 918ff, 913f, 952f
SFAS 133 569, 654f
SFAS 140 655
Share Appreciation Rights *Siehe* Aktienoptionen
SIC-5 186, 196
SIC-8 4, 18f, 26, 198
SIC-9 332
SIC-12 6, 31, 78f, 385ff, 397ff, 449
SIC-15 692, 716, 719
SIC-16 184, 863, 990
SIC-17 186, 197
SIC-21 884
SIC-22 332
SIC-25 884
SIC-27 692f
SIC-28 332, 339f
SIC-33 321, 326
Sicherungsbeziehung 107, 136, 205, 557, 564, 572f, 581f, 592, 598

Dokumentation 561
Effektivitätstest 567ff
Sicherungsinstrumente 69, 136, 563f, 570, 601, 620
sonstige Risiken 625, 640, 652
Special Purpose Entity (SPE) 449f
  Siehe auch Zweckgesellschaft
Spezialleasing *Siehe* Leasing
Standing Interpretations Committee (SIC) 7, 18, 55, 193, 385
Statements of Financial Accounting Standards (SFAS) 80, 654f, 979ff
stille Lasten 94, 334, 404
stille Reserven 64, 531, 852, 1075ff
Stimmrechte 74f, 311f, 316f, 320, 493f
Stimmrechtsmehrheit 316
Stock Options *Siehe* Aktienoptionen
Stock Appreciation Rights 791f, 831ff
strukturiertes Finanzinstrument *Siehe* Finanzinstrument

Teilamortisationsverträge 710ff
  Immobilien 712f
  Mobilien 710ff
Teilkonzernabschluss 36, 78, 337
Temporary-Konzept 90, 848f
Timing-Konzept 90, 843, 848f
Tochterunternehmen 449, 894ff, 985ff
Transaktionskosten 204, 470f, 502f
Transparenz- und Publizitätsgesetz (TransPuG) 905f, 958, 1026
Treasury Shares *Siehe* eigene Aktien

Überleitungserläuterungen 20, 44ff
Überleitungsrechnungen 45f, 116, 869ff
Unternehmenszusammenschluss 206, 314, 332, 335ff, 360ff, 375ff
  Anschaffungskosten 340ff
  Definition 335ff
  Erwerbszeitpunkt 338f
  Eventualschuld 355f
  Goodwill 357ff, 361f
  IFRS-Erstanwendung 28ff, 35, 99

immaterieller Vermögenswert 664
Kaufpreisallokation 359
Latente Steuern 843
Minderheitsanteil 337
nach US-GAAP 332, 343
Tauschzeitpunkt 339
Währungsumrechnung 371
Unterschiedsbetrag 91, 237, 319, 344f, 371
    negativer 208, 358f
    positiver 345, 357

Venture-Capital-Gesellschaften 328
Verlustvortrag 173,191, 854ff, 861
Vermögenslage 749, 844ff, 1015
Vermögenswert 63, 76, 429f, 879ff
    Definition 429f
    geringwertiger 84
Versicherungsgeschäfte 737ff
    Ansatz 744, 746, 738
    Bewertung 738, 746ff, 754
    Fair Value 737, 750, 757
    Phase I 737ff
    Phase II 737, 739, 747, 757
    Ziele 755
Vesting Date (Ende der Sperrfrist)
    Siehe Aktienoptionen
Vollamortisationsverträge 709ff
    Mobilien 709f
    Immobilien 712
Vollkonsolidierung 77, 315ff, 387ff
Vorräte 794, 887f

Währungsdifferenzen 319, 586, 856
Währungsrisiko 611, 1092
Währungsumrechnung 34, 116, 210ff
    funktionale Währung 210, 521
    Umrechnungsdifferenzen 34, 210f
Wertaufholung 202, 368, 542f, 684
Wertaufholungsgebot 89
Wertminderung 243ff, 407ff, 527ff, 540ff, 683f
    Basel II 534ff
    IRB-Basisansatz 534

Standardansatz 534f
fortgeschrittener IRB-Ansatz 534f
Bemessungsgrundlage 543ff, 569
Bonitätsklassen 528
dauerhafte Wertminderung 540f
Durchschnittsmethode 545
Eigenkapitalinstrumente 429ff, 539f
Einzelwertberichtigungen 62, 530
Expected Loss Model 535
FIFO-Methode 545
finanzieller Vermögenswert 63, 484, 500, 522, 527, 587
Fremdkapitalinstrumente 484
Incurred Loss Model 528, 535, 539
Indikatoren 527, 534, 538
Kreditausfallrisiken 530
Kreditrisikostufen 530
Kreditverhältnisse 436, 491, 526
LIFO-Methode 545
Loss Events 527, 534, 538
Mindestkapitalanforderungen 534
Objektive Hinweise 527f, 532, 409
pauschalierte Einzelwertberichtigung 530
Pauschalwertberichtigungen 62ff, 530ff
Portfolien 491, 529f, 536, 591ff
Portfoliobetrachtung 528, 530f
Regelungen 435ff, 439ff, 470ff
Risikovorsorgebestand 942, 1094
signifikante Wertminderung 541f, 544
Trigger-Event 528, 538
unerwartete Zahlungen 533
unterjährige Wertminderung 546
Unwinding 533
Wertaufholung 542f
Wertberichtigungen 526ff
zu fortgeführten Anschaffungskosten bewertet 499ff, 526ff
zum Fair Value bewertet 570ff, 549ff

Wesentlichkeit 73, 104, 234, 275, 540

Zahlungsmittel 80, 228ff, 278f, 412, 880
Zeitwert *Siehe* beizulegender Zeitwert
Zinskomponente 463, 519
Zinsrisiko 146, 554ff, 610f, 626ff, 1092
Zugangsbewertung von Finanzinstrumenten 470ff
Zur Veräußerung gehaltene langfristige Vermögenswerte und aufgegebene Bereiche 879ffAbgrenzung 880ff
   Anhangangaben 889, 894
   Anwendungsbereich 880ff, 891f, 896
   aufgegebene Geschäftsbereiche 893ff
   Ausweis 881, 889f, 894ff, 897
   beizulegender Zeitwert 884
   Erstmalige Anwendung 884ff
   Folgebewertung 890f
   Folgeperioden 890ff
   Geschäfts- oder Firmenwert 884, 886ff
   Held for Sale 879, 881
   Kapitalflussrechnung 895f
   Klassifizierung 882ff, 887, 896f
   langfristige Vermögenswerte 880, 884, 891, 894
   Non-Current Assets 879
   Planänderung 892f
   planmäßige Abschreibung 890
   Umklassifizierungen 883ff, 887f, 892f
   unmittelbare Verfügbarkeit 882
   Veräußerungsabsicht 882, 890
   Veräußerungsgruppen 889ff, 894ff
   Veräußerungskosten 884ff, 896
   Wertänderungen 880, 889ff, 895
   Wertermittlung 885ff
Zweckgesellschaft 79, 385, 397
Zwischenabschluss 405, 844, 1021ff
Zwischenbericht 1009ff
   Bilanz 1019ff
   Eigenkapitalveränderungsrechnung 1025ff
   Entwicklung 1015f, 1032
   Gewinn- und Verlustrechnung 1021ff
   Kapitalflussrechnung 1023ff
   Notes 1027ff
Zwischenberichterstattung 1009ff
   Anwendungsadressaten 1012ff
      HGB 1014
      IFRS 1012
      US-GAAP 1014
   Bilanzierungs- und Bewertungsmethoden 1018f
   Komponenten 1019ff
   Prüfungsanforderungen 1036
   Rechtsgrundlagen 1009f
   Vergleichzahlen 1034f
   Veröffentlichungsfristen 1036
   Ziele 1015f
Zwischenergebniseliminierung 385